FISCOSOFT

LEGISLAÇÃO
PREVIDENCIÁRIA

Diretor de Negócios FISCOSOFT
Paschoal Naddeo de Souza Filho

Diretor de Negócios Legal Brasil
Marcelo Madalozzo

Diretor Editorial
Fulvio Santarelli

Diretora de Operações de Conteúdo
Juliana Mayumi Ono

Gerente de Conteúdo FISCOSOFT
Vanessa Miranda de Mello Pereira

Coordenadora Editorial RT
Juliana De Cicco Bianco

Coordenadora de Editoração Eletrônica RT
Roseli Campos de Carvalho

Coordenador de Produção Gráfica
Caio Henrique Andrade

Capa: Adriana Martins

Dados Internacionais de Catalogação na Publicação (CIP)
(Câmara Brasileira do Livro, SP, Brasil)

Balera, Wagner
    Legislação previdenciária anotada / Wagner Balera. – 2. ed. rev., atual. e ampl. – São Paulo : Editora Revista dos Tribunais : FISCOSoft Editora, 2013.

    ISBN 978-85-203-5042-3 (Revista dos Tribunais)

    1. Direito previdenciário 2. Direito previdenciário – Brasil 3. Direito previdenciário – Legislação – Brasil I. Título.

13-12108   CDU-34:368.4(81)

    Índice para catálogo sistemático: 1. Brasil : Direito previdenciário 34:368.4(81)

WAGNER BALERA

LEGISLAÇÃO PREVIDENCIÁRIA

anotada

2.ª EDIÇÃO
revista, atualizada e ampliada

FISCOSOFT

THOMSON REUTERS
REVISTA DOS TRIBUNAIS™

LEGISLAÇÃO PREVIDENCIÁRIA

WAGNER BALERA

2.ª edição revista, atualizada e ampliada
de acordo com a Lei 12.873/2013

© desta edição [2014]
EDITORA REVISTA DOS TRIBUNAIS LTDA.

EDITORA FISCOSOFT

FULVIO SANTARELLI
Diretor responsável

Rua do Bosque, 820 – Barra Funda
Tel. 11 3613-8400 – Fax 11 3613-8450
CEP 01136-000 – São Paulo, SP, Brasil

TODOS OS DIREITOS RESERVADOS. Proibida a reprodução total ou parcial, por qualquer meio ou processo, especialmente por sistemas gráficos, microfílmicos, fotográficos, reprográficos, fonográficos, videográficos. Vedada a memorização e/ou a recuperação total ou parcial, bem como a inclusão de qualquer parte desta obra em qualquer sistema de processamento de dados. Essas proibições aplicam-se também às características gráficas da obra e à sua editoração. A violação dos direitos autorais é punível como crime (art. 184 e parágrafos, do Código Penal), com pena de prisão e multa, conjuntamente com busca e apreensão e indenizações diversas (arts. 101 a 110 da Lei 9.610, de 19.02.1998, Lei dos Direitos Autorais).

CENTRAL DE RELACIONAMENTO RT
(atendimento, em dias úteis, das 8 às 17 horas)
Tel. 0800-702-2433

e-mail de atendimento ao consumidor: sac@rt.com.br

Visite nosso *site*: www.rt.com.br

Impresso no Brasil [11-2013]

Profissional

Fechamento desta edição [08.11.2013]

EDITORA AFILIADA

ISBN 978-85-203-5042-3

SUMÁRIO

Lei Orgânica da Seguridade Social – Lei 8.212/1991

Indice sistemático	9
Lei 8.212, de 24 de julho de 1991 (Lei Orgânica da Seguridade Social)	11

Lei dos Planos de Benefícios da Previdência Social – Lei 8.213/1991

Indice sistemático	365
Lei 8.213, de 24 de julho de 1991 (Lei dos Planos de Benefícios da Previdência Social)	367
Outras obras do autor	711

Lei Orgânica da Seguridade Social – Lei 8.212/1991

INDICE SISTEMÁTICO DA LEI 8.212/1991

Lei Orgânica da Seguridade Social
Título I
CONCEITUAÇÃO E PRINCÍPIOS CONSTITUCIONAIS

Art. 1.º 11

Título II – DA SAÚDE

Art. 2.º 18

Título III – DA PREVIDÊNCIA SOCIAL

Art. 3.º 21

Título IV – DA ASSISTÊNCIA SOCIAL

Art. 4.º 26

Título V – DA ORGANIZAÇÃO DA SEGURIDADE SOCIAL

Arts. 5.º ao 9.º 29

Título VI – DO FINANCIAMENTO DA SEGURIDADE SOCIAL – INTRODUÇÃO

Arts. 10 ao 48 45

Capítulo I – Dos contribuintes (arts. 12 ao 15) 53
    Seção I – Dos segurados (arts. 12 ao 14) 53
    Seção II – Da empresa e do empregador doméstico (art. 15) 72

Capítulo II – Da contribuição da União (arts. 16 ao 19) 75

Capítulo III – Da contribuição do segurado (arts. 20 ao 21) 86
    Seção I – Da contribuição dos segurados empregado, empregado doméstico e trabalhador avulso (art. 20) 86
    Seção II – Da contribuição dos segurados contribuinte individual e facultativo (art. 21) 92

Capítulo IV – Da contribuição da empresa (arts. 22 ao 23) 98

Capítulo V – Da contribuição do empregador doméstico (art. 24) 121

Capítulo VI – Da contribuição do produtor rural e do pescador (art. 25) 122

Capítulo VII – Da contribuição sobre a receita de concursos de prognósticos (art. 26) ... 133

Capítulo VIII – Das outras receitas (art. 27) 141

Capítulo IX – Do salário de contribuição (arts. 28 ao 29) 147

Capítulo X – Da arrecadação e recolhimento das contribuições (arts. 30 ao 46) ... 160

Capítulo XI – Da prova de inexistência de débito (arts. 47 ao 48) 236

Título VII – DAS DISPOSIÇÕES GERAIS

Arts. 49 ao 62 245

Título VIII – DAS DISPOSIÇÕES FINAIS E TRANSITÓRIAS

Capítulo I – Da modernização da Previdência Social 276

Arts. 63 ao 105 276

Capítulo II – Das demais disposições 310

LEI 8.212, DE 24 DE JULHO DE 1991

Dispõe sobre a organização da Seguridade Social, institui Plano de Custeio, e dá outras providências.

O Presidente da República

Faço saber que o Congresso Nacional decreta e eu sanciono a seguinte Lei:

Lei Orgânica da Seguridade Social

Título I
CONCEITUAÇÃO E PRINCÍPIOS CONSTITUCIONAIS

Art. 1.º A Seguridade Social compreende um conjunto integrado de ações de iniciativa dos poderes públicos e da sociedade, destinado a assegurar o direito relativo à saúde, à previdência e à assistência social.

Parágrafo único. A Seguridade Social obedecerá aos seguintes princípios e diretrizes:

a) universalidade da cobertura e do atendimento;

b) uniformidade e equivalência dos benefícios e serviços às populações urbanas e rurais;

c) seletividade e distributividade na prestação dos benefícios e serviços;

d) irredutibilidade do valor dos benefícios;

e) equidade na forma de participação no custeio;

f) diversidade da base de financiamento;

g) caráter democrático e descentralizado da gestão administrativa, com a participação da comunidade, em especial de trabalhadores, empresários e aposentados.

✍ Anotação

O artigo reproduz o conceito e os objetivos da seguridade social, aqui mais propriamente denominados princípios, que se encontram estampados

Art. 1.º • LEI ORGÂNICA DA SEGURIDADE SOCIAL

no Título VIII, da CF/1988, em seu art. 194. Para uma anotação abrangente dos princípios, vide o meu *Sistema de seguridade social*, 6. ed., São Paulo: Ed. LTr, 2012.

JURISPRUDÊNCIA

"*Tributário. Previdenciário. Processual civil. Mandado de segurança servidor inativo. Contribuição previdenciária. EC 41/2003. Constitucionalidade.* 1. O STF reconheceu a constitucionalidade da EC 41/2003, por inexistir direito adquirido frente à exigência tributária e por ausência de imunidade absoluta quanto aos rendimentos dos servidores públicos. Afirmou, também, que o princípio da irredutibilidade da remuneração não é óbice à imposição tributária, não havendo que falar em *bis in idem* ou confisco e afastou a alegação a ofensa ao princípio da isonomia, posto que a simples condição de aposentado ou pensionista do servidor não lhe retira a responsabilidade pela equidade no custeio. 2. Declaração de inconstitucionalidade, por ofensa à isonomia tributária, da diferenciação do valor referencial para não incidência da contribuição (incs. I e II do parágrafo único do art. 4.º da EC 41/2003), devendo ser ele idêntico para todos os servidores públicos, equivalendo ao limite previsto no art. 5.º da EC 41/2003, com suas periódicas atualizações" (TRF-1.ª Reg. – Processo 10052-97.2004.4.01.3800/MG – 2.ª T. Suplementar – j. 26.10.2011– rel. Juíza Federal convocada Rosimayre Gonçalves de Carvalho – *DJF1* 20.01.2012 – p. 353).

"*Agravo de instrumento. Militar. PSS. Retenção. Legislação específica. Improvimento.* 1. A matéria sob exame cinge-se à pretensa abstenção de os agravantes, militares do Exército Brasileiro, não recolherem valores a título de contribuição previdenciária. PSS, sob alegação de não se tratarem de servidores públicos civis. 2. O art. 16-A da Lei 10.887/2004, incluído pela MedProv 449/2008, atualmente convertida na Lei 11.941/2009, prevê o desconto do percentual de 11% referente ao Plano de Seguridade Social do Servidor Público (PSS) sobre valores recebidos em decorrência de decisão judicial. 3. Por sua vez, o Conselho da Justiça Federal, considerando a edição da MedProv 449, de 03.12.2008, editou a Orientação Normativa 1, de 18.12.2008, estabelecendo os procedimentos administrativos transitórios, no âmbito da Justiça Federal, para operacionalização do pagamento das requisições de pequeno valor e de precatórios. 4. O próprio STF já decidiu que '(...) após o advento da EC 41/2003, os servidores públicos passariam a contribuir para a previdência social em 'obediência aos princípios da solidariedade e do equilíbrio financeiro e atuarial, bem como aos objetivos constitucionais de universalidade, equidade na forma de participação no custeio e diversidade da base de financiamento'. 2. Os servidores públicos militares não foram excepcionados da incidência da norma, razão pela qual não subsiste a pretensa imunidade tributária relativamente à categoria (...)' (RE-AgRg 475076, j. 25.11.2008). 5. A decisão agravada deve ser mantida, na medida em que é devida a retenção do percentual a título de contribuição para o Plano de Seguridade Social. PSS, do valor depositado decorrente de decisão judicial proferida em processo de militar. 6. Entretanto, tratando-se de valores referentes à pensão militar, não é tão simples definir a alíquota aplicável, que não é uniforme a todos os militares e pensionistas, como no caso dos servidores civis, devendo ser analisado cada caso individualmente. 7. Agravo de instrumento improvido" (TRF-2.ª Reg. – AgIn 0005049-44.2011.4.02.0000 – 6.ª T. Especializada – j. 18.07.2011 – rel. Des. Federal Guilherme Calmon Nogueira da Gama – *DEJF* 27.07.2011 – p. 330).

"*Tributário – Contribuição previdenciária dos inativos – Art. 4.º da EC 41/2004 – Pacto de São José da Costa Rica – Honorários de sucumbência – Redução* – 1. O STF, no julgamento da ADIn 3105, proferiu decisão definitiva em agosto de 2004, no sentido da constitucionalidade da contribuição previdenciária dos inativos, prevista no art. 4.º da EC 41/2003, e o fez sob os seguintes fundamentos: inexistência de ofensa ao direito adquirido do servidor público que imunize os proventos das aposentadoria e pensões da incidência de tributos; e obediência aos princípios da solidariedade e do equilíbrio financeiro e atuarial, e aos objetivos constitucionais de universalidade, equidade na forma de participação no custeio e diversidade da base de financiamento da Previdência Social. 2. A parte autora pretende, na verdade, transmutar a questão buscando a análise do tema sob o enfoque do tratado internacional sobre direitos humanos, no caso, o Pacto de São José da Costa Rica, do qual o Brasil é signatário. 3. Em regra, as normas previstas em tratados, convenções ou pactos internacionais aprovadas pelo Legislativo e promulgadas pelo Presidente da República, inclusive quando preveem sobre direitos fundamentais, ingressam no ordenamento jurídico interno como atos normativos infraconstitucionais (art. 49, I, da CF/1988), com exceção da hipótese do § 3.º do art. 5.º da CF/1988, caso em que equivalem às emendas constitucionais. Não é o caso do Pacto de São José da Costa Rica (Convenção Americana de Direitos Humanos, de 1969), que não passou por este procedimento especial de internalização e, portanto, não possui status de norma constitucional. Aliás, a única convenção que até hoje submeteu-se a tal procedimento foi a Convenção Internacional sobre os Direitos das Pessoas com Deficiência e seu Protocolo Facultativo, assinada em Nova York em 30 de março de 2007, e promulgada por meio do Dec. 6.949/2009. 4. Tendo a atuação da Fazenda resumido-se à apresentação da contestação e sendo a demanda de baixa complexidade, os honorários de advogado devem ser arbitrados em R$ 1.000,00 (um mil reais)" (TRF-4.ª Reg. – AC 0014430-42.2009.404.7000/PR – 2.ª T. – rel. Des. Federal Otávio Roberto Pamplona – DJe 21.07.2010 – p. 202).

"*Agravo de petição – Execução das contribuições de terceiros – Incompetência da justiça do trabalho* – As contribuições de terceiros – que abarcam Sesi, Sesc, Sest, Senai, Senac, Senat, Sebrae e Incra, dentre outros – não foram inseridas expressamente no art. 114 da Carta Magna que, em seu § 3.º, remete tão somente ao art. 195, I, *a*, e II. Não estando as contribuições de terceiros incluídas na referida relação, falece à Justiça do Trabalho competência para proceder à sua execução. O art. 1.º, parágrafo único, da Lei 8.212/1991 dispõe que essas contribuições não constituem contribuição social para a seguridade. De acordo com o art. 11, parágrafo único, da Lei 8.212/1991, elas não podem ser assim classificadas porque não se lhes aplicam as regras impostas às contribuições para a seguridade social, dentre as quais o princípio da solidariedade universal. Reforça ainda mais este entendimento a verificação da regra do art. 240 da CF/1988, na qual se faz a expressa ressalva das contribuições para terceiros. O poder constituinte derivado não atribuiu competência ao Judiciário Trabalhista para cobrar as contribuições de terceiros, mesmo que decorrentes das sentenças por ele proferidas. Agravo parcialmente provido" (TRT-19.ª Reg. – AP 01245.2003.004.19.00-7 – rel. Des. Severino Rodrigues – DJe 31.07.2008).

"*Embargos de divergência – Tributário – Contribuição destinada ao Incra – Lei 2.613/1955 (art. 6.º, § 4.º) – Dec.-lei 1.146/1970 – LC 11/1971 – Natureza jurídica e destinação constitucional – Contribuição de intervenção no domínio econômico – Cide – Legitimidade da exigência mesmo após as Leis 8.212/1991 e 8.213/1991 – Cobrança das empresas Urbanas: possibilidade.* 1. A 1.ª Seção desta Corte, no julgamento do EREsp 770.451/SC (acórdão ainda não publicado), após acirradas discussões, decidiu rever a jurisprudência sobre a matéria relativa à contribuição destinada ao Incra. 2. Naquele julgamento discutiu-se a natureza jurídica da contribuição e sua destinação constitucional e, após análise detida da legislação pertinente, concluiu-se que a exação não teria sido extinta, subsistindo até os dias atuais e, para as demandas em que não mais se discutia a legitimidade da cobrança, afastou-se a possibilidade de compensação dos valores indevidamente pagos a título de contribuição destinada ao Incra com as contribuições devidas sobre a folha de salários. 3. Em síntese, estes foram os fundamentos acolhidos pela 1.ª Seção: (a) a referibilidade direta não é elemento constitutivo das Cides; (b) as contribuições especiais atípicas (de intervenção no domínio econômico) são constitucionalmente destinadas a finalidades não diretamente referidas ao sujeito passivo, o qual não necessariamente é beneficiado com a atuação estatal e nem a ela dá causa (referibilidade). Esse é o traço característico que as distingue das contribuições de interesse de categorias profissionais e de categorias econômicas; (c) as Cides afetam toda a sociedade e obedecem ao princípio da solidariedade e da capacidade contributiva, refletindo políticas econômicas de governo. Por isso, não podem ser utilizadas como forma de atendimento ao interesse de grupos de operadores econômicos; (d) a contribuição destinada ao Incra, desde sua concepção, caracteriza-se como contribuição especial de intervenção no domínio econômico, classificada doutrinariamente como contribuição especial atípica (CF/1967, CF/1969 e CF/1988 – art. 149); (e) o Incra herdou as atribuições da Supra no que diz respeito à promoção da reforma agrária e, em caráter supletivo, as medidas complementares de assistência técnica, financeira, educacional e sanitária, bem como outras de caráter administrativo; (f) a contribuição do Incra tem finalidade específica (elemento finalístico) constitucionalmente determinada de promoção da reforma agrária e de colonização, visando atender aos princípios da função social da propriedade e a diminuição das desigualdades regionais e sociais (art. 170, III e VII, da CF/1988); (g) a contribuição do Incra não possui referibilidade direta com o sujeito passivo, por isso se distingue das contribuições de interesse das categorias profissionais e de categorias econômicas; (h) o produto da sua arrecadação destina-se especificamente aos programas e projetos vinculados à reforma agrária e suas atividades complementares. Por isso, não se enquadram no gênero Seguridade Social (Saúde, Previdência Social ou Assistência Social), sendo relevante concluir ainda que: (h.1) esse entendimento (de que a contribuição se enquadra no gênero Seguridade Social) seria incongruente com o princípio da universalidade de cobertura e de atendimento, ao se admitir que essas atividades fossem dirigidas apenas aos trabalhadores rurais assentados com exclusão de todos os demais integrantes da sociedade; (h.2) partindo-se da pseudopremissa de que o Incra integra a 'Seguridade Social', não se compreende por que não lhe é repassada parte do respectivo orçamento para a consecução desses objetivos, em cumprimento ao art. 204 da CF/1988; (i) o único ponto em comum entre o Funrural e o Incra e, por conseguinte, entre as suas contribuições de custeio, residiu no fato de que o diploma legislativo que as fixou teve origem normativa comum, mas com finalidades totalmente diversas; (j) a contribuição para o Incra, decididamente, não tem a mesma natureza jurídica e a mesma destinação constitucional que a contribuição previdenciária sobre a folha de salários, instituída pela Lei 7.787/1989 (art. 3.º, I), tendo resistido à Constituição Federal de 1988 até os dias atuais, com amparo no art. 149 da Carta Magna, não tendo sido extinta pela Lei 8.212/1991 ou pela Lei 8.213/1991. 4. A 1.ª

Art. 1.º • Lei Orgânica da Seguridade Social

Seção do STJ, na esteira de precedentes do STF, firmou entendimento no sentido de que não existe óbice a que seja cobrada, de empresa urbana, as contribuições destinadas ao Incra e ao Funrural. 5. Agravo regimental não provido" (STJ – AgRg-EDiv-REsp 921.572/SC – Processo 2007/0215474-8 – 1.ª S. – rel. Min. Eliana Calmon – *DJ* 19.11.2007).

"*Tributário – Contribuições previdenciárias – Aposentado por tempo de serviço que continua trabalhando ou retorna ao trabalho – Art. 12, § 4.º, da Lei 8.212/1991 – Art. 2.º da Lei 9.032/1995 – Inexistência de inconstitucionalidade – Recurso do INSS e remessa oficial providos – Sentença reformada.* 1. O art. 12, § 4.º, da Lei 8.212/1991, com redação dada pelo art. 2.º da Lei 9.032/1995, não ofende o disposto no art. 195, § 4.º, e art. 154, I, da CF/1988, visto que não constitui uma nova fonte de custeio para a Seguridade Social, mas está incluída na contribuição social do trabalhador, a que se refere o *caput* e inc. I do referido dispositivo constitucional. 2. O trabalhador aposentado por tempo de serviço, que continua trabalhando ou retorna à atividade produtiva incluída no Regime da Previdência Social, reassume a condição de segurado e contribuinte obrigatório, sujeitando-se às contribuições destinadas ao custeio da Seguridade Social. 3. A atual Carta Magna cristalizou a ideia de que a seguridade social deve ser financiada por toda a sociedade, desvinculando a contribuição de qualquer contraprestação. Assim, o texto constitucional, em seu art. 195, § 5.º, veda a criação, majoração ou extensão de benefício ou serviço da Seguridade Social sem a correspondente fonte de custeio, mas não o contrário. 4. A exação em comento está embasada no princípio constitucional da seletividade e da distributividade na prestação dos benefícios e serviços, cabendo ao legislador definir quais os riscos sociais a serem cobertos pela Seguridade Social, bem como quais serão os contribuintes a serem atendidos. 5. A Previdência Social não se destina a manter o padrão de vida dos segurados, mas busca amparar o trabalhador diante de uma contingência social, que o impeça de prover, por si mesmo, a sua sobrevivência. 6. Não há que se falar em confisco, pois a contribuição exigida do aposentado que volta ao trabalho não é excessiva a ponto de impedir o provimento de suas necessidades e a manutenção de uma vida digna. 7. Os encargos de sucumbência são ônus do processo e devem ser suportados pelo vencido. Todavia, não é de se condenar o autor ao seu pagamento, por ser ele beneficiário da Justiça Gratuita. 8. Recurso do INSS e remessa oficial providos. Sentença reformada" (TRF-3.ª Reg. – AC 1202736 – Processo 2003.61.21.004738-2 – 5.ª T. – rel. Des. Federal Ramza Tartuce – *DJ* 21.11.2007).

"*Previdenciário. Aposentadoria. Benefício concedido antes da promulgação da CF/1988. Vinculação de benefício previdenciário a um número fixo de salários* mínimos. Impossibilidade. Concessão de reajustes diferenciados a benefícios pagos pelo sistema previdenciário. Inexistência de ofensa ao princípio constitucional da igualdade. 1. O critério de preservação do poder aquisitivo dos valores pagos – a título de benefício previdenciário – estabelecido pelo art. 58 do ADCT, vigorou tão somente entre 05.04.1989 e 05.04.1991. Findo este interregno, aplicam-se os critérios estabelecidos pelos órgãos encarregados da administração previdenciária. 2. Limitações ao princípio da igualdade foram inseridas no corpo da Carta Constitucional. Entre tantos, aqueles que consubstanciam-se em princípios próprios e específicos do Sistema de Seguridade Social tais como o da Seletividade e o da Distributividade, que fornecem supedâneo à concessão de reajustes maiores aos benefícios previdenciários de menor valor. 3. Apelação improvida. Sentença mantida" (TRF-1.ª Reg. – AC 01000470106 – Processo 199901000470106/BA – 2.ª T. – rel. Juiz Federal Gilda Sigmaringa Seixas (convocada) – DJU 16.09.2004, p. 30).

"Seguridade social. Servidor público. Vencimentos. Proventos de aposentadoria e pensões. Sujeição à incidência de contribuição previdenciária. Ofensa a direito adquirido no ato de aposentadoria. Não ocorrência. Contribuição social. Exigência patrimonial de natureza tributária. Inexistência de norma de imunidade tributária absoluta. EC 41/2003 (art. 4.º, caput). Regra não retroativa. Incidência sobre fatos geradores ocorridos depois do início de sua vigência. Precedentes da Corte. Inteligência dos arts. 5.º, XXXVI, 146, III, 149, 150, I e III, 194, 195, caput, II e § 6.º, da CF/1988, e art. 4.º, caput, da EC 41/2003. No ordenamento jurídico vigente, não há norma, expressa nem sistemática, que atribua à condição jurídico-subjetiva da aposentadoria de servidor público o efeito de lhe gerar direito subjetivo como poder de subtrair ad aeternum a percepção dos respectivos proventos e pensões à incidência de lei tributária que, anterior ou ulterior, os submeta à incidência de contribuição previdencial. Noutras palavras, não há, em nosso ordenamento, nenhuma norma jurídica válida que, como efeito específico do fato jurídico da aposentadoria, lhe imunize os proventos e as pensões, de modo absoluto, à tributação de ordem constitucional, qualquer que seja a modalidade do tributo eleito, donde não haver, a respeito, direito adquirido com o aposentamento. Inconstitucionalidade. Ação direta. Seguridade social. Servidor público. Vencimentos. Proventos de aposentadoria e pensões. Sujeição à incidência de contribuição previdenciária, por força de Emenda Constitucional. Ofensa a outros direitos e garantias individuais. Não ocorrência. Contribuição social. Exigência patrimonial de natureza tributária. Inexistência de norma de imunidade tributária absoluta. Regra não retroativa. Instrumento de atuação do Estado na área da previdência

Art. 2.º • Lei Orgânica da Seguridade Social

social. Obediência aos princípios da solidariedade e do equilíbrio financeiro e atuarial, bem como aos objetivos constitucionais de universalidade, equidade na forma de participação no custeio e diversidade da base de financiamento" (STF – ADI 3.105 – rel. p/ o acórdão Min. Cezar Peluso – *DJU* 18.02.2005).

Título II
DA SAÚDE

Art. 2.º A Saúde é direito de todos e dever do Estado, garantido mediante políticas sociais e econômicas que visem à redução do risco de doença e de outros agravos e ao acesso universal e igualitário às ações e serviços para sua promoção, proteção e recuperação.

Parágrafo único. As atividades de saúde são de relevância pública e sua organização obedecerá aos seguintes princípios e diretrizes:

a) acesso universal e igualitário;

b) provimento das ações e serviços através de rede regionalizada e hierarquizada, integrados em sistema único;

c) descentralização, com direção única em cada esfera de governo;

d) atendimento integral, com prioridade para as atividades preventivas;

e) participação da comunidade na gestão, fiscalização e acompanhamento das ações e serviços de saúde;

f) participação da iniciativa privada na assistência à saúde, obedecidos os preceitos constitucionais.

✐ Anotação

O artigo faz alusão ao art. 196 e seguintes da CF/1988 e se alinha, ainda, com o art. 7.º da Lei 8.080/1990 – Lei Orgânica da Saúde. Uma das maiores conquistas sociais da Constituição Federal de 1988, a saúde é regida pela diretriz maior do atendimento integral, verdadeiro postulado que se opôs frontalmente ao modelo anterior, que condicionava a prestação às disponibilidades financeiras do sistema.

Título II – Da saúde • Art. 2.º

JURISPRUDÊNCIA

"*Processual civil. Agravo regimental no recurso extraordinário com agravo. Cobertura de gastos com despesas médico-hospitalares a ser suportada pela empregadora (Petrobrás), por intermédio do benefício trabalhista denominado AMS. Assistência médica multidisciplinar. Fisioterapia. Sentença que condena a Petrobrás a arcar com o integral custeio do tratamento do autor. Turma recursal que adota os fundamentos da sentença como razão de decidir. Reexame de fatos e provas. Interpretação de cláusulas contratuais. Incidência das Súmulas 279 e 454/STF. Alegação de violação ao art. 5.º, II e XXXVI, da CF/1988. Ofensa reflexa ao texto da Carta Magna. Repercussão geral não analisada em face de outros fundamentos que obstam o seguimento do recurso extraordinário. Decisão que se mantém por seus próprios fundamentos.* 1. A repercussão geral pressupõe recurso admissível sob o crivo dos demais requisitos constitucionais e processuais de admissibilidade (art. 323 do RISTF). Consectariamente, se o recurso é inadmissível por outro motivo, não há como se pretender seja reconhecida a repercussão geral das questões constitucionais discutidas no caso (art. 102, III, § 3.º, da CF/1988). 2. O recurso extraordinário não é servil ao exame de questões que demandam o revolvimento de cláusulas contratuais, ante o óbice erigido pela Súmula 454/STF: Simples interpretação de cláusulas contratuais não dá lugar a recurso extraordinário. Precedentes. 3. A Súmula 279/STF dispõe *verbis*: Para simples reexame de prova não cabe recurso extraordinário. 4. *In casu*, o Tribunal *a quo*, ao manter a sentença por seus próprios fundamentos, pronunciou-se quanto à questão sub examine à luz do contexto fático-probatório engendrado nos autos, consoante se infere, *in verbis*: (...) trata-se de reclamação em que o autor pede cumprimento de obrigação contratual da ré autorização para a realização de procedimentos médicos. Relação consumerista demonstrada pelos documentos de f. 5. Sob esse enfoque, ressoa inequívoca a vocação para o insucesso do apelo extremo, por força do Enunciado sumular 279/STF, que interdita a esta corte, em sede de recurso extraordinário, sindicar matéria fático-probatória. Precedentes: AI 783269 AgRg, rel. Min. Joaquim Barbosa, *DJE* 02.03.2011; AI 656624 AgRg, rel. Min. Ellen Gracie, *DJE* 16.04.2010; AI 619974 AgRg, rel. Min. Carmen Lúcia, *DJE* 24.09.2010. 6. O direito adquirido, o ato jurídico perfeito e a coisa julgada, quando objeto de verificação de cada caso concreto acerca da ocorrência ou não de violação, não desafiam a instância extraordinária, posto implicar análise de matéria infraconstitucional. 7. O acórdão recorrido assentou: Recurso inominado. Seguro-saúde. Limitação do número de sessões fisioterápicas. Necessidade de continuidade da realização do procedimento atestada pelo médico assistente. Cláusula limitativa que coloca o consumidor em desvantagem exagerada por restringir direito e obrigação fundamental à natureza do pacto, que tem por finalidade maior resguardar a saúde do usuário. Art. 51, IV, § 1.º, II, do CDC. Abusividade reconhecida. Sentença mantida pelos seus próprios fundamentos. Recurso conhecido e improvido (f.). 8. Agravo regimental desprovido" (STF – Ag-RExt-AgRg 687.752/BA – 1.ª T. – j. 07.08.2012 – rel. Min. Luiz Fux– DJE 21.08.2012 – p. 24).

"Súmula 183/TJRJ. Princípio da dignidade da pessoa humana. Direito à saúde. Concessão de passe-livre. Custeio por ente público. Necessidade de laudo médico. O princípio da dignidade da pessoa humana e o direito à saúde asseguram a concessão de passe-livre ao necessitado, com custeio por ente público, desde que demonstradas a doença e o tratamento através de laudo médico" (DJERJ 09.05.2011).

"Contribuição para custeio de assistência à saúde – Inconstitucionalidade. – Nos termos do art. 194 da CF/1988, a Previdência Social, a Assistência Social e o Sistema de Saúde integram a seguridade social e têm conceitos distintos. – A Constituição Federal de 1988, em seu art. 149, § 1.º, atribuiu competência aos Estados, ao Distrito Federal e aos Municípios para instituir contribuição a ser cobrada de seus servidores para custeio de sistemas de previdência e assistência social, não fazendo, contudo, Anotação à contribuição de custeio à saúde. – Somente após o ajuizamento da ação são restituíveis os valores cobrados para custeio da saúde já que, anteriormente, o serviço de saúde encontra-se disponível ao servidor" (TJMG – Processo 1.0145.07.405355-7/001(1) – rel. Carreira Machado – DJ 22.10.2008).

"Direito administrativo e constitucional. Ressarcimento ao SUS pelas operadoras de plano de saúde privado. Caráter indenizatório. Art. 32 da Lei 9.656/1998. Constitucionalidade. 1. A inconstitucionalidade do art. 32 da Lei 9.656/1998, arguida pela Sexta Turma desta Corte, foi objeto de julgamento liminar no Tribunal Pleno do STF, na Medida Cautelar em Ação Direta de Inconstitucionalidade 1.931-8/DF. Naquela oportunidade, entendeu o STF pela inexistência de 'atentado ao devido processo legal em disposição contratual que assegurou a cobertura desses serviços que, não atendidos pelas operadoras no momento de sua necessidade, foram prestados pela rede do SUS e por instituições conveniadas e, por isso, devem ser ressarcidos à Administração Pública, mediante condições preestabelecidas em resoluções internas da Câmara de Saúde Complementar'. 2. As classificações não são verdadeiras ou falsas, mas úteis ou inúteis (Genaro Carrió). A solução da questão depende da perspectiva que se adote. Se examinado sob o ângulo do sistema tributário, há relevantes argumentos pela inconstitucionalidade da norma em questão. Todavia, a perspectiva tributária não exclui outra forma de enxergar a matéria e esta, no caso, está na compatibilidade da mencionada norma com o art. 194, parágrafo único, V, da CF/1988, que, especificando o princípio geral da solidariedade (art. 3.º, I), institui o princípio da 'equidade na forma de participação no custeio' da seguridade social. 3. Entre jogar o ônus do custeio do atendimento médico-hospitalar em questão sobre os ombros de toda a sociedade e jogá-lo sobre os ombros de operadora de plano de saúde, que tem obrigação contratual de prestar o serviço, é mais justa a última alternativa. 4. Arguição de inconstitucionalidade do art. 32 da Lei 9.656/1998 rejeitada" (TRF-1.ª Reg. – INC 2000.38.00.034572-0/MG – rel. Des. Federal João Batista Moreira – j. 15.02.2007).

"*Constitucional. Ressarcimento ao SUS por atendimento a associado de plano privado de saúde. Art. 32 da Lei 9.656/1998. Inconstitucionalidade.* I – Ao determinar que as operadoras de plano privado de saúde efetuem o ressarcimento pelo atendimento feito pelo Sistema Único de Saúde – SUS aos seus associados, a lei obrigou-as a arcar com os encargos gerados em razão do cumprimento do dever constitucionalmente imputado ao Estado (art. 196 da CF/1988) de garantir a todos o acesso universal e igualitário aos serviços de promoção, proteção e recuperação da saúde. II – Tendo direito constitucional de utilizar o SUS e o direito contratual de utilizar o plano privado de saúde, cabe ao usuário fazer a opção pelo prestador de serviço, sem que venha a ser onerado por utilizar o serviço público, que é gratuito. Não há relação jurídica entre as operadoras de plano de saúde e o Estado que decorra da relação contratual entre ela e os seus clientes, apenas pelo fato de serem eles beneficiários da Seguridade Social. III – Acresce que o § 8.º do art. 32 da Lei 9.656/1998 dispõe que 'os valores a serem ressarcidos não serão inferiores aos praticados pelo SUS e nem superiores aos praticados pelas operadoras de produtos de que tratam o inc. I e o § 1.º do art. 1.º desta Lei'. Assim, ainda que fosse devido o ressarcimento, não haveria como impor a utilização da tabela Tunep para o ressarcimento, tendo em vista que os seus valores são maiores que os pagos pelos planos de saúde aos seus conveniados pelos serviços prestados. IV – Apelação provida" (TRF-2.ª Reg. – AC 2000.51.01.029206-6 – 1.ª T. – rel. Des. Federal Antônio Cruz Netto – DJU 11.07.2005).

Título III
DA PREVIDÊNCIA SOCIAL

Art. 3.º A Previdência Social tem por fim assegurar aos seus beneficiários meios indispensáveis de manutenção, por motivo de incapacidade, idade avançada, tempo de serviço, desemprego involuntário, encargos de família e reclusão ou morte daqueles de quem dependiam economicamente.

Art. 3.º • Lei Orgânica da Seguridade Social

Parágrafo único. A organização da Previdência Social obedecerá aos seguintes princípios e diretrizes:

a) universalidade de participação nos planos previdenciários, mediante contribuição;

b) valor da renda mensal dos benefícios, substitutos do salário de contribuição ou do rendimento do trabalho do segurado, não inferior ao do salário mínimo;

c) cálculo dos benefícios considerando-se os salários de contribuição, corrigidos monetariamente;

d) preservação do valor real dos benefícios;

e) previdência complementar facultativa, custeada por contribuição adicional.

✍ Anotação

Em linha com os arts. 195, 201 e 202 da CF/1988, além da Lei 8.213/1991 (Plano de Benefícios da Previdência Social), o comando traceja os principais preceitos da Previdência Oficial: o combate a determinados riscos sociais, por intermédio de prestações mínimas. Trata-se do modelo clássico do seguro social, de corte bismarckiano, baseado nas contribuições sociais.

JURISPRUDÊNCIA

"*Tributário. Agravo interno em ação ordinária. Contribuição previdenciária. Aposentado. Retorno ao mercado de trabalho. Improvimento.* A despeito das alegações formuladas pelo recorrente, verifica-se que este não trouxe, em sua peça de irresignação, elemento algum capaz de justificar a retratação do *decisum* vergastado. O aposentado que volta a exercer atividade laborativa é, na realidade, um trabalhador, e portanto, em razão do exercício dessa nova atividade é devida a respectiva contribuição previdenciária. O inc. II do art. 195 da CF/1988 é claro em afirmar que os trabalhadores serão responsáveis pelo custeio da seguridade social, daí por que o aposentado que retorna à atividade, poderá ser, por lei, compelido a contribuir para a previdência social, cuja arrecadação destina-se à manutenção dos planos de seguridade traçados em lei ordinária. O STF já firmou entendimento de que a cobrança de contribuição previdenciária de aposentado que retorna à atividade laboral possui supedâneo no princípio da universalidade do custeio da previdência social, sendo, portanto, legítima a exigência da exação, a teor do art. 195 da CF/1988. Agravo interno improvido" (TRF-2.ª Reg. – AC 0015965-

39.2006.4.02.5101 – 3.ª T. Especializada – rel. Des. Federal Salete Maccaloz – *DEJF* 25.04.2012 – p. 216).

"Processual civil. Previdenciário. 'Desaposentação'. Cômputo do tempo de contribuição laborado após a jubilação para fins de revisão da renda mensal aposentadoria. Impossibilidade. Art. 18, § 2.º, Lei 8.213/1991. Agravo legal. Art. 557, § 1.º, do CPC. Decisão baseada em jurisprudência deste tribunal. Agravo provido. Embargos de declaração da parte autora intempestivo. O cômputo do tempo de contribuição laborado após a jubilação, para fins de revisão da renda mensal da aposentadoria, encontra óbice no art. 12, § 4.º, da Lei 8.212/1991 e art. 18, § 2.º, da Lei 8.213/1991, ao fundamento de que as contribuições recolhidas pelo aposentado pelo Regime Geral de Previdência Social (RGPS) que permanecer em atividade sujeita a este regime, ou a ele retornar, destinam-se ao custeio da Previdência Social, em homenagem ao princípio constitucional da universalidade do custeio, não gerando direito a nenhuma prestação da Previdência Social, em decorrência do exercício dessa atividade, exceto ao salário-família e à reabilitação profissional, quando empregado, entendimento assentado pela E. 3.ª Seção desta C. Corte. Decisão agravada reconsiderada e r. sentença reformada, apenas no tocante a condenação do autor nos honorários advocatícios. Agravo do INSS provido. Embargos da parte autora não conhecido" (TRF-3.ª Reg. – AgRg 0015805-61.2011.4.03.9999/SP – 7.ª T. – rel. Des. Federal Roberto Luiz Ribeiro Haddad – j. 13.08.2012 – *DEJF* 23.08.2012 – p. 1048).

"*Complementação de aposentadoria – Competência da Justiça do Trabalho* – Em face das pretensões de cunho previdenciário, há que se distinguir o título jurídico que legitima o direito: se a obrigação previdenciária deriva da lei e vincula a relação empregado/empregador e a Previdência Oficial, ou se decorre do contrato de trabalho vinculando empregado/empresa e entidade de previdência privada, que tem o patrocínio da sociedade empregadora. No primeiro caso, fica afastada a competência da Justiça do Trabalho; No segundo, deve ser reconhecida" (TRT-3.ª Reg. – RO 926/2009-060-03-00.9 – rel. Juiz convocado Vitor Salino de M. Eca – *DJe* 28.03.2011 – p. 164).

"Direitos individuais homogêneos – Segurados da previdência social – Certidão parcial de tempo de serviço – Recusa da autarquia previdenciária – Direito de petição e direito de obtenção de certidão em repartições públicas – Prerrogativas jurídicas de índole eminentemente constitucional – Existência de relevante interesse social – Ação civil pública – Legitimação ativa do Ministério Público – A função institucional do Ministério Público como 'defensor do povo' (CF, art. 129, II) – Doutrina – Precedentes – Recurso de agravo improvido. – O direito à certidão traduz prerrogativa jurídica, de extração constitucional, destinada a viabilizar, em favor do indivíduo ou de uma determinada coletividade (como a dos segurados do sistema de previdência social), a defesa (individual

Art. 3.º • LEI ORGÂNICA DA SEGURIDADE SOCIAL

ou coletiva) de direitos ou o esclarecimento de situações. – A injusta recusa estatal em fornecer certidões, não obstante presentes os pressupostos legitimadores dessa pretensão, autorizará a utilização de instrumentos processuais adequados, como o mandado de segurança ou a própria ação civil pública. – O Ministério Público tem legitimidade ativa para a defesa, em juízo, dos direitos e interesses individuais homogêneos, quando impregnados de relevante natureza social, como sucede com o direito de petição e o direito de obtenção de certidão em repartições públicas. Doutrina. Precedentes" (STJ – RE AgRg 472489 – 2.ª T. – rel. Celso de Mello – DJ 29.08.2008).

"*Tributário – Contribuições previdenciárias – Aposentado por tempo de serviço que continua trabalhando ou retorna ao trabalho – Art. 12, § 4.º, da Lei 8.212/1991 – Art. 2.º da Lei 9.032/1995 – Inexistência de inconstitucionalidade – Recurso do INSS e remessa oficial providos – Sentença reformada.* 1. O art. 12, § 4.º, da Lei 8.212/1991, com redação dada pelo art. 2.º da Lei 9.032/1995, não ofende o disposto no art. 195, § 4.º, e art. 154, I, da CF/1988, visto que não constitui uma nova fonte de custeio para a Seguridade Social, mas está incluída na contribuição social do trabalhador, a que se refere o *caput* e inc. I do referido dispositivo constitucional. 2. O trabalhador aposentado por tempo de serviço, que continua trabalhando ou retorna à atividade produtiva incluída no Regime da Previdência Social, reassume a condição de segurado e contribuinte obrigatório, sujeitando-se às contribuições destinadas ao custeio da Seguridade Social. 3. A atual Carta Magna cristalizou a ideia de que a seguridade social deve ser financiada por toda a sociedade, desvinculando a contribuição de qualquer contraprestação. Assim, o texto constitucional, em seu art. 195, § 5.º, veda a criação, majoração ou extensão de benefício ou serviço da Seguridade Social sem a correspondente fonte de custeio, mas não o contrário. 4. A exação em comento está embasada no princípio constitucional da seletividade e da distributividade na prestação dos benefícios e serviços, cabendo ao legislador definir quais os riscos sociais a serem cobertos pela Seguridade Social, bem como quais serão os contribuintes a serem atendidos. 5. A Previdência Social não se destina a manter o padrão de vida dos segurados, mas busca amparar o trabalhador diante de uma contingência social, que o impeça de prover, por si mesmo, a sua sobrevivência. 6. Não há que se falar em confisco, pois a contribuição exigida do aposentado que volta ao trabalho não é excessiva a ponto de impedir o provimento de suas necessidades e a manutenção de uma vida digna. 7. Os encargos de sucumbência são ônus do processo e devem ser suportados pelo vencido. Todavia, não é de se condenar o autor ao seu pagamento, por ser ele beneficiário da Justiça Gratuita. 8. Recurso do INSS e remessa oficial providos. Sentença reformada" (TRF-3.ª Reg. – AC 1202736 – Processo 2003.61.21.004738-2 – 5.ª T. – rel. Des. Federal Ramza Tartuce – DJ 21.11.2007).

TÍTULO III – DA PREVIDÊNCIA SOCIAL • **Art. 3.º**

"*Previdenciário – Empregado rural – Regime próprio comprovação de contrato de trabalho rural – Conversão de tempo especial em comum – Comprovação de exercício de atividade exposta a agentes agressivos e nocivos – Honorários de advogado.* – Enquanto vigeu, a Lei 3.807, de 26.08.1960 (Lei Orgânica da Previdência Social), a qual, ao estabelecer o regime geral de previdência dos empregados urbanos, determinou a obrigatoriedade à filiação, excepcionou, em seu art. 3.º, algumas categorias, dentre as quais os trabalhadores rurais. – O regime de previdência do empregado agrícola foi instituído pela Lei 4.214, de 02.03.1963, a qual, em seu art. 160, determinou que os trabalhadores rurais seriam segurados obrigatórios, cujos riscos sociais seriam cobertos pelo Fundo de Assistência e Previdência do Trabalhador Rural (art. 158), e cuja contribuição incidiria sobre a produção, diversamente do regime do trabalhador urbano, para o qual contribuição era individualizada. III – Referido diploma, em seu art. 63, estatuiu que 'o contrato de trabalho rural poderá ser oral ou escrito, por prazo determinado ou indeterminado, provando-se por qualquer meio permitido em direito especialmente, pelas anotações constantes da Carteira Profissional de Trabalhador Rural, as quais não podem ser contestadas', sendo pertinente consignar que este dispositivo não se presta somente para fins trabalhistas, vez que a Lei 4.214/1963, a qual disciplina tanto o contrato de trabalho rural e o regime previdenciário a este pertinente, não fez esta ressalva. IV – No que toca ao regime de comprovação de tempo de serviço, o art. 62 e seu § 3.º do Dec. 2.172, de 05.03.1997, estatuem que 'a prova de tempo de serviço (...) é feita mediante documentos que comprovem o exercício de atividade nos períodos a serem contados, devendo esses documentos ser contemporâneos dos fatos a comprovar mencionar as datas de início e término (...)' (*caput*), entretanto, "na falta de documento contemporâneo podem se aceitos declaração do empregador ou seu preposto, atestado de empresa ainda existente, certificado ou certidão de entidade oficial dos quais constem os dados previstos no *caput* deste artigo, desde que extraídos de registros efetivamente existentes e acessíveis à fiscalização do Instituto Nacional do Seguro Social – INSS' (§ 3.º). – Revelam-se absolutamente idôneas para demonstrar a condição de empregado rural Ficha de Trabalhador Rural e Declaração do empregador do segurado. VI – A conversão de tempo exercido em condições especiais tem como condição, em regra, a comprovação de que o segurado tenha efetivamente sido exposto a agentes nocivos ou agressivos. VII – A condenação do sucumbente aos honorários de advogado, nos feitos previdenciários, não está afastada pela invocação do art. 128 da Lei 8.213, de 24.07.1991, a um por que, em sua redação original, este só aludia à isenção de custas, a dois, que, na sua novel redação, cuja alteração se deu pela Lei 10.099, de 19.12.2000 anteriormente à propositura da presente ação), não se referiu a gratuidade qualquer" (TRF-

-2.ª Reg. – AC 313755 – Processo 2001.51.01.000874 – 6.ª T. – rel. Des. Sergio Schwaitzer – *DJU* 13.01.2004).

"*Previdenciário – Concessão de pensão por morte – Concubina* – 1. A definição de concubinato, para fins de proteção previdenciária (art. 16, § 3.º, da Lei 8.213/1991), é mais abrangente que o conceito delineado na legislação civil, uma vez que a inexistência de impedimentos matrimoniais somente se impõe ao dependente, e não ao segurado. 2. Reconhecimento de efeitos previdenciários à situação do concubinato demonstrado nos autos, não sendo impedimento, para tanto, a existência simultânea de esposa. 3 – Ostentando a condição de companheira, milita em favor da Autora a presunção de dependência econômica prevista no § 4.º do art. 16 da Lei 8.213/1991, que não é elidida pelo decurso de longo prazo entre o passamento do segurado e o requerimento, judicial, da pensão, uma vez que o liame da subordinação econômica deve ser aferido no momento da ocorrência do risco social, quando a requerente reuniu todos os pressupostos de aquisição do direito. 4 – Apelação provida" (TRF-2.ª Reg. – AC 2002.02.01.027233-5 – 6.ª T. – rel. Des. Federal Poul Erik Dyrlund – *DJU* 01.04.2003).

Título IV
DA ASSISTÊNCIA SOCIAL

Art. 4.º A Assistência Social é a política social que provê o atendimento das necessidades básicas, traduzidas em proteção à família, à maternidade, à infância, à adolescência, à velhice e à pessoa portadora de deficiência, independentemente de contribuição à Seguridade Social.

Parágrafo único. A organização da Assistência Social obedecerá às seguintes diretrizes:

a) descentralização político-administrativa;

b) participação da população na formulação e controle das ações em todos os níveis.

✍ **Anotação:**

O artigo encontra-se amoldado ao texto do art. 203 da CF/1988 e aos ditames da Lei 8.742/1993 – Lei Orgânica da Assistência Social (*DOU* 08.12.1993). A assistência social, no modelo constitucional de 1988, é o principal instrumento de apoio aos desamparados, vítimas da exclusão social.

TÍTULO IV – DA ASSISTÊNCIA SOCIAL • Art. 4.º

JURISPRUDÊNCIA

"*Previdenciário e processual civil. Benefício assistencial de prestação continuada. Reexame da prova, colhida na instância ordinária, em recurso especial. Impossibilidade. Incidência da Súmula 7/STJ. Precedentes. Agravo regimental improvido*. I. Reconhecido, pelo Tribunal de origem, que o recorrido faz jus ao benefício assistencial de prestação continuada, com preenchimento dos requisitos previstos no art. 20 da Lei 8.742/1993, a mudança de entendimento acerca da questão demandaria incursão no conjunto fático-probatório dos autos, o que é vedado, pelo enunciado da Súmula 7 desta Corte. II. Conforme a jurisprudência do STJ, 'Rever o posicionamento do Tribunal de origem, no ponto em que entendeu que a autora teria direito a benefício assistencial, demanda o reexame fático-probatório, o que é inadmissível nesta instância especial. Incidência do Enunciado 7 da Súmula desta Corte. Agravo regimental improvido' (STJ, AgRg no AREsp 199511/CE, rel. Min. Humberto Martins, 2.ª T., *DJe* de 25.09.2012). III. Agravo Regimental improvido" (STJ – Processo AgRg no AREsp 17285/PB – 2011/0131775-3 – rel. Min. Assusete Magalhães – 6.ª T. – j. 21.02.2013 – *DJe* 01.03.2013).

"*Agravo regimental em recurso ordinário em mandado de segurança. Entidade de assistência social. Imunidade. Certificado de entidade beneficente de assistência social. Cebas. Direito adquirido. Inexistência. Agravo improvido*. I. A jurisprudência desta corte é no sentido de que não existe direito adquirido à manutenção de regime jurídico de imunidade tributária. Precedentes. II. A Constituição Federal de 1988, no seu art. 195, § 7.º, conferiu imunidade às entidades beneficentes de assistência social em relação às contribuições para a seguridade social, desde que atendidos os requisitos definidos por Lei. III. Agravo regimental a que se nega provimento" (STF – MS-RO-AgR 27.101/DF – 2.ª T. – rel. Min. Ricardo Lewandowski – j. 24.04.2012 – *DJE* 14.05.2012 – p. 24).

"Agravo legal – Benefício de assistência social – Art. 203, V, da CF/1988 – Ausência de requisito para concessão de benefício – Família capaz de prover a manutenção da parte autora – Demonstrado que a parte autora é deficiente, mas tendo a sua manutenção provida por sua família, impõe-se o indeferimento do pedido de concessão do benefício de assistência social (art. 203, V, da CF/1988) – Agravo legal improvido" (TRF-3.ª Reg. – AG--AC 2007.03.99.048859-0/SP – 7.ª T. – rel. Des. Federal Eva Regina – *DJe* 25.02.2011 – p. 1051).

"*Benefício assistencial. Incapacidade para o trabalho e para a vida independente. Situação de risco social*. 1. A incapacidade para a vida independente (a) não exige que a pessoa possua uma vida vegetativa ou que seja incapaz de locomover-se; (b) não significa incapacidade para as atividades básicas do ser humano, tais como alimentar-se, fazer a higiene e vestir-se sozinho; (c) não impõe a incapacidade de expressar-se ou de comunicar-se; e (d) não pressupõe dependência total de terceiros. Precedentes do STJ e desta Corte. 2. Ante tais considerações, a incapacidade para o trabalho e para a vida independente restou reconhecida pelas conclusões da perícia médica realizada em Juízo, que constatou que o falecido autor era portador de 'artrose coxofemural esquerda severa e hipertensão portal', que o incapacitavam definitivamente. 3. *In casu*, Adão Telles, pai do autor, ajuizou ação contra o INSS, postulando a concessão de benefício assistencial ao deficiente para si, a contar de 09.09.2003, sendo julgado procedente seu pedido. De qualquer sorte, no cálculo da renda familiar *per capita*, deve ser excluído o valor auferido por pessoa idosa a título de benefício assistencial ou benefício previdenciário de renda mínima, bem como o valor auferido a título de benefício assistencial em razão de deficiência, independentemente de idade, estes últimos por aplicação analógica do parágrafo único do art. 34 da Lei 10.741/2003. 4. Comprovada a incapacidade do *de cujus* para o trabalho e para a vida independente, bem como a situação de risco social em que vivia, tem direito à concessão do benefício assistencial de prestação continuada, no período de 26.11.1997 (data do requerimento administrativo) a 02.04.2006 (data do óbito)" (TRF-4.ª Reg. – Ap/RN 2001.71.04.004567-2/RS – 5.ª T. – rel. Des. Federal Celso Kipper – *DJ* 19.01.2009).

"*Previdenciário. Benefício assistencial. Arts. 203, V, da CF/1988 e 20 da Lei 8.742/1993. Idoso. Requisitos. Renda mínima. Parcelas componentes do cálculo quanto ao seu limite objetivo. Termo inicial. Correção monetária*. 1. O amparo assistencial deve ser concedido às pessoas idosas, mediante a demonstração de não possuírem meios de prover à própria manutenção ou de tê-la provida por sua família. 2. A regência dos arts. 21, § 1.º da LOAS e 471, I, do CPC bem demarcam a relação jurídica continuativa de que se reveste a prestação, sujeita, portanto, à cláusula *rebus sic stantibus*, na medida em que o idoso e a pessoa portadora de deficiência somente farão jus ao amparo se e enquanto atenderem os seus requisitos, o que implica dizer que eventual alteração do suporte de fato ou de direito da prestação, seja quanto à incapacidade para o trabalho e a vida independente ou à miserabilidade, observado, nessa hipótese, o limite financeiro, per capita, previsto atual e objetivamente em lei (STF, ADIn 1.232, Plenário, rel. p/ o acórdão Min. Nelson Jobim, *DJU* 01.06.2001 e Rcl 2303 – AgRg, Plenário, rel. Min. Ellen Gracie, *DJU* 01.04.2005), há de ser considerado para fins de sua concessão. 3. Nesse sentido, quanto à apuração do rendimento individual dos membros da família, é razoável a exclusão de algumas receitas e despesas, cuja origem e destinação, ao fim e ao cabo, estejam em sintonia com a disciplina do benefício. Precedentes. 4. Data de início do benefício fixada a partir do seu cancelamento administrativo, em virtude da ausência de prova que afaste a situação de risco social. 5. Não tendo o julgado fixado o índice de atualização monetária, cabe estabelecer ser aplicável o indexador do IGP – DI" (TRF-4.ª Reg. – AC 2008.71.99.001146-2/RS – 6.ª T. – rel. Des. Federal Victor Luiz Dos Santos Laus – DJ 11.07.2008).

"*Previdenciário – Concessão de pensão por morte após a devida conversão do benefício assistencial em benefício previdenciário – Ausência de perda da qualidade de segurado* – I – A Constituição Federal de 1988 assegura assistência social a quem dela necessitar, independentemente de contribuição à seguridade social e tem por objetivos, entres eles, a garantia de um salário mínimo de benefício mensal à pessoa portadora de deficiência e ao idoso que comprovem não possuir meios de prover à própria manutenção ou de tê-la provida por sua família, conforme dispuser a Lei (art. 203, V, da CF/1988). II – No caso dos autos, ao *de cujus* foi concedido o benefício assistencial de amparo social à pessoa portadora de deficiência, com data de início em 01.04.1999, em que pese ter sido contribuinte da Previdência Social por longos anos. III – É certo que a qualidade de segurado da Previdência Social se extingue, em regra, após a ausência de recolhimento por mais de 12 (doze) contribuições. No entanto, tratando-se de segurado desempregado, que recolheu acima de 120 (cento e vinte) contribuições, o 'período de graça' é estendido para 36 meses, contados a partir da cessação da última contribuição (art. 15, II, §§ 1.º e 2.º, da Lei 8.213/1991). IV – O marido e pai das Autoras ainda mantinha a condição de segurado da Previdência Social, quando do requerimento administrativo que concedeu erroneamente o benefício assistencial de amparo social de pessoa portadora de deficiência, ao invés do benefício previdenciário de auxílio-doença ao qual fazia jus, eis que era portador de neoplasia maligna. V – Constatado evidente equívoco no benefício concedido ao segurado falecido, cabe a sua conversão, bem como a concessão do benefício de pensão por morte às Autoras, beneficiárias do Regime da Previdência Social, na condição de dependentes do segurado, conforme previsto no art. 16 da Lei 8.213/1991" (TRF-2.ª Reg. – AC 2002.02.01.024058-9 – 6.ª T. – rel. Des. Federal Sérgio Schwaitzer – DJU 05.09.2003).

Título V
DA ORGANIZAÇÃO DA SEGURIDADE SOCIAL

Art. 5.º As ações nas áreas de Saúde, Previdência Social e Assistência Social, conforme o disposto no Capítulo II do Título VIII da Constituição Federal, serão organizadas em Sistema Nacional de Seguridade Social, na forma desta Lei.

Art. 5.º • LEI ORGÂNICA DA SEGURIDADE SOCIAL

Anotação

A seguridade social está encravada no Título que trata da Ordem Social, cujos objetivos declarados são o "bem-estar e a justiça sociais", tendo como pedra angular o "primado do trabalho" (art. 193 da CF/1988). Esse é o vetor principal a que se deve estrita obediência e que possibilita os avanços desses programas como um todo organizado em sistema.

JURISPRUDÊNCIA

"Processual civil. Agravo regimental no recurso especial. Suposta ofensa ao art. 535 do CPC. Inexistência de vício no acórdão recorrido. Tributário. Contribuição previdenciária. Regime geral da previdência social. Valores pagos a conselheiros. Incidência. 1. Não havendo no acórdão recorrido omissão, obscuridade ou contradição, não fica caracterizada ofensa ao art. 535 do CPC. 2. O art. 12, V, f, da Lei 8.212/1991 estabelece que é segurado obrigatório da Previdência Social, como contribuinte individual, (entre outros) o associado eleito para o cargo de direção em cooperativa, desde que receba remuneração (alínea incluída pela Lei 9.876/1999). Impende ressaltar que o Capítulo IX da Lei 5.764/1971 trata dos 'Órgãos Sociais' que compõem a sociedade cooperativa, que são os seguintes: 1) Assembleia Geral. 2) Órgãos de Administração Diretoria ou Conselho de Administração. 3) Conselho Fiscal. Registre-se que os cargos existentes na Diretoria (ou Conselho de Administração) e no Conselho Fiscal devem ser ocupados por associados, eleitos pela Assembleia Geral (arts. 47 e 56). 3. A despeito do nome atribuído ao cargo, sendo ele integrante de órgão de direção da cooperativa (como é o caso dos Conselhos) e prevista remuneração pelo seu exercício, é legítima a incidência da contribuição previdenciária. 4. 'Os cargos de direção existentes nas cooperativas, desde que pelo seu exercício venham a ser remunerados, qualquer que seja o nome dado a essa remuneração, se pró-labore ou honorários, estão sujeitos à incidência de contribuições previdenciárias, mesmo que essa função, nessas circunstâncias, seja exercida por cooperados, pois o exercício de atividade remunerada vem a ser a condição preponderante, no direito previdenciário, da filiação do regime de que trata o caso' (AgRg no REsp 1.117.023/RS, 2.ª T., rel. Min. Humberto Martins, DJe de 19.08.2010). Nesse sentido: AgRg no AREsp 188.083/MG, 1.ª T., rel. Min. Benedito Gonçalves, DJe de 8.10.2012; AgRg no AREsp 177.968/MG, 1.ª T., rel. Min. Arnaldo Esteves Lima, DJe de 18.12.2012. 5. Agravo regimental não provido" (STJ – AgRg no REsp 1217848/MG – 2.ª T. – j. 07.03.2013 – rel. Min. Mauro Campbell Marques – DJe 13.03.2013).

"Mandado de segurança. Aposentadoria por tempo de serviço. Impossibilidade de Concessão. Contribuição previdenciária. Tempus regit actum. Afastada a decadência. Recolhimentos. Necessidade. Legislação aplicável da época da prestação do trabalho. Juros, correção monetária e multa devidos. Remessa oficial parcialmente provida. Recursos voluntários improvidos. – A contribuição social possui natureza peculiar, porque imanente à moderna ideia de sistema de seguridade social (arts. 194 e 195 da CF/1988 e 125 da Lei 8.213/1991). Sua natureza não se confunde com a tributária, mas indenizatória. – O sistema previdenciário brasileiro é eminentemente solidário e contributivo/retributivo, sendo indispensável a preexistência de custeio em relação ao benefício e/ou serviço a ser pago ou prestado. – O contribuir à Previdência apresenta contornos de ordem constitucional, a par dos mandamentos contidos na normatização ordinária, de modo que descabe deixar de fazê-lo, ao argumento de se ter decorrido certo lapso temporal, razão pela qual deve ser afastada a alegação de decadência. – Os recolhimentos das contribuições regem-se pela legislação aplicável à época em que prestado o mister, em obediência ao axioma *tempus regit actum*. – A correção monetária, que objetiva exprimir a real situação do débito, e os juros moratórios, oriundos da impontualidade do contribuinte, deverão obedecer a legislação vigente no decorrer do período correspondente à mora. – No tocante à multa, observar-se-á o mesmo critério para apuração do valor das contribuições, qual seja, a lei vigente à época dos fatos. – O direito ou não à aposentadoria por tempo de serviço depende do preenchimento dos requisitos legais, que dependem de demonstração que não cabem no rito angusto do mandamus, mas podem ser examinados administrativamente. Por tal motivo descabe o deferimento dessa pretensão, nessa oportunidade. – Remessa oficial parcialmente provida. Recursos voluntários improvidos" (TRF-3.ª Reg. – AMS 230491 – Processo 200061830002444 – 8.ª T. – rel. Juíza Vera Jucovsky – DJ 07.10.2008).

Art. 6.º (Revogado pela MedProv 2.216-37, de 31.08.2001, DOU 01.09.2001 – Ed. Extra, em vigor conforme o art. 2.º da EC 32/2001).

✍ Anotação

Escorado na CF/1988, art. 194, parágrafo único, VII, incumbiria ao Conselho Nacional da Seguridade Social (i) a idealização do sistema e (ii) a proposição e concretização das mudanças necessárias a conferir suporte administrativo a essa imensa estrutura a partir de certo olhar de conjunto. A revogação desse dispositivo legal, sobre retirar a "cabeça" do sistema, fragiliza o ideário da seguridade social como conjunto organizado de ações dos Poderes Públicos e da sociedade.

JURISPRUDÊNCIA

"*Previdenciário – Embargos de declaração da autora em face de acórdão – Preservação do valor real do benefício – Art. 41, caput e § 2.º, da Lei 8.213/1991 – Embargos de declaração desprovidos.* I – O Acórdão embargado manteve a Decisão de f. que confirmou a Sentença de improcedência do pedido autoral para reajustar o benefício com índices que preservem o seu valor real. II – Nos Embargos, a Autora alega omissão do Acórdão por este não ter apreciado o pleito sobre o reajuste extraordinário, disposto no § 2.º do art. 41 da Lei 8.213/1991 e ter mencionado, apenas, a questão do *caput* do referido art. 41 que dispõe sobre o reajuste ordinário ou periódico. III – Não prosperam as alegações da Autora pois o *decisum* entendeu que os índices aplicados pelo INSS mantiveram o poder aquisitivo dos benefícios, não sendo hipótese de se aplicar um reajuste extraordinário (do § 2.º) que, aliás, conforme o referido parágrafo dispõe, teria de ser proposto pelo Conselho Nacional de Seguridade Nacional, que assim não o fez. IV – Omissão, contradição ou obscuridade inexistentes, já que o Voto que integra o julgado enfrentou a questão apontada em sede de Agravo Interno; ademais, é indevida a oposição de Embargos de Declaração com a finalidade de rediscutir matéria já submetida à apreciação da Turma. V – Embargos de Declaração da Autora desprovidos" (TRF-2.ª Reg. – EDcl 2006.51.06.000567-1 – 2.ª T. – rel. Des. Federal Messod Azulay Neto – *DJ* 26.06.2009).

"*Previdenciário. Agravo interno. Reajuste de benefício. Preservação do valor real. Art. 41, § 2.º, da Lei 8.213/1991.* I – Versando a presente demanda sobre matéria exclusivamente de direito, torna-se desnecessária a produção de prova pericial ou mesmo a realização de cálculos para o deslinde da questão. Assim, descabe a alegação de cerceamento de defesa ante a negativa de oportunidade de produção de provas que não são imprescindíveis para a solução da controvérsia. II – Encontra-se amplamente pacificado na jurisprudência o entendimento de que não cabe ao Poder Judiciário a escolha de outro índice ou critério de reajustamento diverso daquele definido pelo Parlamento, sob pena de atuação indevida na anômala condição de legislador positivo, transgredindo o princípio constitucional da separação dos Poderes. III – O invocado art. 41, § 2.º, da Lei 8.213/1991 é norma dirigida ao Conselho Nacional de Seguridade Social – CNSS, concedendo-lhe a faculdade de propor um reajuste extraordinário caso fosse constatada a perda do poder aquisitivo em razão dos índices aplicados. O cumprimento do comando contido nesse dispositivo – já revogado desde a MedProv 2.187-13, de 2001 – não cabe ao Poder Judiciário, tratando-se de norma que confere mera faculdade de iniciativa ao CNSS, não gerando qualquer direito que possa ser pleiteado pelos segurados da Previdência Social. IV – Agravo interno a que se nega provimento" (TRF-2.ª Reg. – AgInt-AC 2006.51.06.000547-6 – 1.ª T. – rel. convocado p/ o acórdão Juiz Federal Aluisio Gonçalves de Castro Mendes – DJ 30.09.2008).

▶ Assim dispunha o artigo revogado:

Art. 6.º Fica instituído o Conselho Nacional da Seguridade Social, órgão superior de deliberação colegiada, com a participação da União, dos Estados, do Distrito Federal, dos Municípios e de representantes da sociedade civil.

§ 1.º O Conselho Nacional da Seguridade Social terá dezessete membros e respectivos suplentes, sendo: (Redação dada ao parágrafo pela Lei 8.619, de 05.01.1993).

a) 4 (quatro) representantes do Governo Federal, dentre os quais, 1 (um) da área de saúde, 1 (um) da área de previdência social e 1 (um) da área de assistência social;

b) 1 (um) representante dos governos estaduais e 1 (um) das prefeituras municipais;

c) oito representantes da sociedade civil, sendo quatro trabalhadores, dos quais pelo menos dois aposentados, e quatro empresários; (Redação dada à alínea pela Lei 8.619, de 05.01.1993).

d) 3 (três) representantes membros dos conselhos setoriais, sendo um de cada área da seguridade social, conforme disposto no Regimento do Conselho Nacional da Seguridade Social. (NR) (Redação dada à alínea pela Lei 9.711, de 20.11.1998, DOU 21.11.1998)

§ 2.º Os membros do Conselho Nacional da Seguridade Social serão nomeados pelo Presidente da República.

§ 3.º O Conselho Nacional da Seguridade Social será presidido por um dos seus integrantes, eleito entre seus membros, que terá mandato de 1 (um) ano, vedada a reeleição, e disporá de uma Secretaria-Executiva, que se articulará com os conselhos setoriais de cada área.

§ 4.º Os representantes dos trabalhadores, dos empresários e respectivos suplentes serão indicados pelas centrais sindicais e confederações nacionais e terão mandato de 2 (dois) anos, podendo ser reconduzidos uma única vez.

§ 5.º As áreas de Saúde, Previdência Social e Assistência Social organizar-se-ão em conselhos setoriais, com representantes da União, dos Estados, do Distrito Federal, dos Municípios e da sociedade civil.

§ 6.º O Conselho Nacional da Seguridade Social reunir-se-á ordinariamente a cada bimestre, por convocação de seu presidente, ou, extraordinariamente, mediante convocação de seu presidente ou de um terço de seus membros, observado, em ambos os casos, o prazo de até 7 (sete) dias para a realização da reunião.

§ 7.º As reuniões do Conselho Nacional da Seguridade Social serão iniciadas com a presença da maioria absoluta de seus membros, sendo exigida para deliberação a maioria simples dos votos.

§ 8.º Perderá o lugar no Conselho Nacional da Seguridade Social o membro que não comparecer a 3 (três) reuniões consecutivas ou a 5 (cinco) intercaladas, no ano, salvo se a ausência ocorrer por motivo de força maior, justificado por escrito ao Conselho, na forma estabelecida pelo seu regimento.

§ 9.º A vaga resultante da situação prevista no parágrafo anterior será preenchida através de indicação da entidade representada, no prazo de 30 (trinta) dias.

§ 10. (Revogado pela Lei 9.032, de 28.04.1995, *DOU* 29.04.1995).

§ 11. As ausências ao trabalho dos representantes dos trabalhadores em atividade, decorrentes de sua participação no Conselho, serão abonadas, computando-se como jornada efetivamente trabalhada para todos os fins e efeitos legais.

Art. 7.º (Revogado pela MedProv 2.216-37, de 31.08.2001, *DOU* 01.09.2001 – Ed. Extra, em vigor conforme o art. 2.º da EC 32/2001).

✐ Anotação:

Afronta a organicidade do sistema a supressão da mais importante das suas instâncias deliberativas – o Conselho Nacional da Seguridade Social –, que teria o relevante papel de coordenação das distintas áreas que integram esse significativo conjunto de políticas sociais.

JURISPRUDÊNCIA

"*Tributário – PIS e Cofins – Imunidade – Art. 195, § 7.º, da CF/1988 – Entidade beneficente* – 1. Destarte, para fazer jus ao benefício concedido pelo art. 195, § 7.º, da CF/1988, as entidades de assistência social devem preencher os requisitos dos dispositivos do art. 55, da Lei 8.212/1991, à exceção das modificações introduzidas pelo art. 1.º, da Lei 9.732/1998, as quais são objeto da ADIn 2.028. Na qual foi deferida medida liminar para suspender 'até a decisão final da ação direta, a eficácia do art. 1.º, na parte que alterou a redação do art. 55, III, da Lei 8.212, de 24.07.1991, e acrescentou--lhe os §§ 3.º, 4.º e 5.º, bem como dos arts. 4.º, 5.º e 7.º, da Lei 9.732, de 11.12.1998' (*DJ* 16.06.2000). 2. Na hipótese dos autos, foi demonstrado que a parte autora atende aos requisitos exigidos no art. 55, da Lei 8.212/1991, quais sejam, ser reconhecida como entidade de utilidade pública estadual

TÍTULO V – DA ORGANIZAÇÃO DA SEGURIDADE SOCIAL • Art. 7.º

ou do Distrito Federal ou municipal, bem como demonstrou ser portadora do Certificado ou Registro de Fins Filantrópicos, fornecido pelo Conselho Nacional de Serviço Social, renovável a cada 3 (três) e, apresentar anualmente ao Conselho Nacional da Seguridade Social relatório circunstanciado de suas atividades (f.). 3. Remessa oficial, tida por interposta e apelação improvida" (TRF-3.ª Reg. – AC 2000.61.12.000837-4/SP – rel. Juiz Federal convocado Leonel Ferreira – DJe 29.11.2010 – p. 594).

"ADI 2634.8/DF; Petição Inicial; data de entrada no STF: 02.04.2002; data da distribuição ao relator: 04.04.2002; rel. Min. Carlos Velloso, requerente: Partido dos Trabalhadores – PT (CF, 103, VIII, 2); requerido: Presidente da República; dispositivo legal questionado; Inconstitucionalidade por omissão do art. 194, VII, da CF/1988; resultado do mérito: decisão monocrática – negado seguimento.

Decisão do mérito – Vistos.

O Partido dos Trabalhadores – PT, com fundamento nos arts. 102, I, *a* e *p*; e 103, VIII e § 2.º, da CF/1988, propõe ação direta de inconstitucionalidade por omissão 'em face do descumprimento e da falta de emissão de norma regulamentadora do disposto no inc. VII do art. 194 da CF, o qual prevê o caráter democrático e descentralizado da gestão quadripartite da Seguridade Social' (f.).

Sustenta o autor, em síntese, o seguinte:

a) a nova redação dada ao art. 194, parágrafo único, VII, da CF/1988, por força da EC 20/1998, 'visou aprofundar a participação da sociedade na gestão da seguridade social, mantendo como objetivos primordiais o caráter democrático e descentralizado da administração' (f.), referindo-se, porém, tal concepção 'aos termos da lei que deverá organizar a seguridade social, observados os objetivos elencados no parágrafo único do art. 194 da CF'. Assim, esse dispositivo não é de aplicação automática, 'cuja eficácia plena requer integração por meio de lei ordinária' (f.). Contudo, o Presidente da República, 'em lugar de promover a regulamentação do dispositivo constitucional alterado', teria, com a edição da MedProv 1.911/1999, ocasionado um 'retrocesso institucional, posto que retirou, da estrutura administrativa governamental, órgãos que vinham, ainda que insuficientemente, atuando na gestão da Seguridade Social' (f.), a saber: o Conselho Nacional de Seguridade Social e os Conselhos Estaduais e Municipais de Previdência Social, alterando, destarte, a gestão quadripartite e criando uma omissão legislativa ao comando constitucional, tendo em vista que retirou o caráter democrático e descentralizado da administração 'concernente tanto a gestão da previdência social no âmbito federal quanto às demais esferas da federação' (f.);

Art. 7.º • Lei Orgânica da Seguridade Social

c) centralização, em um único órgão administrativo (Conselho Nacional de Previdência Social – CNPS), competente para a 'a gestão da Previdência Social, desmerecendo a intenção tanto do constituinte originário quanto do derivado, qual seja, de se ter em todos os níveis da Federação, órgãos de deliberação colegiada para o gerenciamento das atribuições relativas à Previdência Social, visto que as competências dos extintos Conselhos Estaduais e Municipais não foram delegadas a quaisquer órgãos, nem houve até o presente momento qualquer menção LEGAL dispondo sobre a criação de novos órgãos com esta mesma atribuição' (f.);

d) a EC 20/1998 'reforça a demanda por participação, para além da participação estritamente política' (f.), incluindo, desta forma, os aposentados como agentes autônomos com interesses específicos, extrapolando o tripartismo tradicional;

e) inconstitucionalidade pela não regulamentação da gestão quadripartite da seguridade social, dado que a extinção do Conselho Nacional de Seguridade Social e a inexistência de regulamentação da nova redação do art. 194, parágrafo único, VII, da CF/1988 revelam omissão no sentido de propiciar efetivas condições aos trabalhadores, empregadores e aposentados de participarem da gestão da seguridade social;

f) caracterização da inconstitucionalidade por omissão, porquanto trata-se, no caso, de projeto de lei de iniciativa privativa do Presidente da República, nos termos dos arts. 84, VI; 88 e 61, § 1.º, e da CF/1988, sendo certo que o tempo decorrido desde a promulgação da EC 20/1998 é suficiente para caracterizar a mora legislativa e a omissão do Chefe do Poder Executivo em exercer prerrogativa a ele inerente.

O autor pede, ao final, seja reconhecida e declarada, com urgência, a *inconstitucionalidade por omissão* do descumprimento do disposto no inc. VII do parágrafo único do art. 194 da CF/1988 por parte do Exmo. Sr. Presidente da República' e que este seja notificado para que envie ao Congresso Nacional 'proposta legislativa que assegure o caráter democrático e descentralizado da administração da seguridade social, mediante gestão quadripartite com a participação dos trabalhadores, empregados e aposentados nos órgãos colegiados' (f.).

Solicitaram-se informações (f.), na forma do art. 6.º da Lei 9.868/1999; o Presidente da República as prestou, sustentando-se, em síntese, o seguinte (f.):

a) inexistência de exigência constitucional no sentido de que seja criado órgão colegiado da seguridade social, porquanto o que se exige é 'que as ações que integram a definição de seguridade social sejam organizadas pelo Poder Público, atentando-se para a gestão quadripartite dos órgãos colegiados'(f.);

c) ausência de omissão legislativa inconstitucional em face do inc. VII, parágrafo único, do art. 194, CF/1988, dado que "todas as atividades que compõem o conceito de seguridade social – Saúde, estão devidamente regulamentadas, existindo um Conselho Nacional para cada um desses segmentos";

d) não exigência constitucional da participação dos aposentados em todos os conselhos existentes no âmbito da Seguridade Social, porquanto 'a sua participação estaria restrita apenas ao Conselho Nacional de Previdência Social e não nos Conselhos de Saúde ou de Assistência Social, já que nestes não haveria qualquer justificativa para se verem representados os aposentados, pois as atividades de saúde e de assistência social não se encontram voltadas especificamente para este segmento social.' (f.);

e) adequação da MedProv 1.911/1999 à reforma constitucional do sistema previdenciário, tendo em vista que o Regime Geral de Previdência Social, organizado em nível federal, passou a ser o único sistema subsidiário de previdência social, não cabendo aos Estados e Municípios qualquer interferência no âmbito desse regime. E mais: 'os extintos conselhos apenas aumentavam os gastos públicos, gerando um desperdício de receitas e, consequentemente, prejuízos à sociedade' (f.);

f) a Constituição Federal não exige a participação de Conselhos Estaduais e Municipais na formulação de políticas de previdência social, uma vez que a vontade constitucional restringiu-se à participação dos trabalhadores, dos empregadores, dos aposentados, quando for o caso, e do próprio governo federal.

O Advogado-Geral da União Substituto, Dr. Walter do Carmo Barletta, às f., requer a improcedência do pedido.

O eminente Procurador-Geral da República, Dr. Geraldo Brindeiro, opinou pelo não conhecimento da presente ADIn. (f.).

Decido.

Destaco do parecer do ilustre Procurador-Geral da República, Prof. Geraldo Brindeiro:

'(...)

9. Preliminarmente, cumpre-nos analisar o cabimento de ação direta de inconstitucionalidade por omissão no caso sob exame.

10. Prevê a Constituição Federal de 1988:

'Art. 103.

(...)

§ 2.º Declarada a inconstitucionalidade por omissão de medida para tornar efetiva norma constitucional, será dada ciência ao Poder competente para a adoção das providências necessárias e, em se tratando de órgão administrativo, para fazê-lo em trinta dias'.

11. Observe-se que a ocorrência de inconstitucionalidade por omissão se dá nos casos em que não forem praticados os atos legislativos ou administrativos necessários a tornar plenamente aplicáveis as normas constitucionais. Será cabível a propositura da presente ação direta quando a Constituição obrigar o Poder Público a emitir norma que lhe dê plena aplicabilidade, e aquele, se tornando inerte, impossibilitar o preenchimento de lacunas que tornarão plenamente eficazes as normas constitucionais.

12. Leciona Alexandre de Moraes que 'só há o cabimento da presente ação quando a Constituição obriga o Poder Público a emitir um comando normativo e este queda-se inerte, pois, como ressalta Canotilho, 'a omissão legislativa (e ampliamos o conceito também para a administrativa) só é autônoma e juridicamente relevante quando se conexiona com uma exigência constitucional de ação, não bastando o simples dever geral de legislador para dar fundamento a uma omissão constitucional. Um dever jurídico--constitucional de ação existirá quando as normas constitucionais tiverem a natureza de imposições concretamente impositivas'.' (*Direito constitucional*, 5. ed., São Paulo: Atlas, 1999).

13. Vale colacionar, por oportuno, a seguinte decisão proferida pelo C. STF:

'Ação direta de inconstitucionalidade por omissão (art. 103, § 2.º, da CF/1988)

A ação direta de inconstitucionalidade por omissão, de que trata o § 2.º do art. 103 da CF/1988, não é de ser proposta para que seja praticado determinado ato administrativo em caso concreto, mas sim visa a que seja expedido ato normativo que se torne necessário para o cumprimento de preceito constitucional que, sem ele, não poderia ser aplicado' (ADIn 19/AL, rel. o Min. Aldir Passarinho, *DJ* 14.04.1989, p. 5456).'

14. Destarte, analisando o dispositivo constitucional em tela, verifica-se que, no presente caso, não há qualquer exigência constitucional, ao contrário do que argumenta o ora requerente, de que seja criado órgão colegiado de Seguridade Social. Determina a Constituição Federal que compete ao Poder Público a organização da seguridade social, com observância obrigatória dos objetivos elencados no seu art. 194, parágrafo único, dentre os quais, 'o caráter democrático e descentralizado da gestão administrativa, com participação da comunidade, em especial dos trabalhadores, empresários e aposentados'. Assim, não se vislumbra qualquer espécie de omissão pelo Poder Público em relação ao inc. VII do parágrafo único do art. 194 da Lei Maior.

15. Além do mais, no que toca à Previdência Social, a Lei 8.213, de 24.06.1991, em seu art. 3.º, instituiu o Conselho Nacional de Previdência Social, nos seguintes termos:

'Art. 3.º Fica instituído o Conselho Nacional de Previdência Social – CNPS, órgão superior de deliberação colegiada, que terá como membros:

I – seis representantes do Governo Federal;

II – nove representantes da sociedade civil, sendo:

a) três representantes dos aposentados e pensionistas;

b) três representantes dos trabalhadores em atividade;

c) três representantes dos empregadores'.

16. O art. 17 da Lei 8.742, de 07.12.1993, relativamente ao Conselho Nacional de Assistência Social – CNAS, assim dispõe:

'Art. 17. Fica instituído o Conselho Nacional de Assistência Social (CNAS), órgão superior de deliberação colegiada, vinculado à estrutura do órgão da Administração Pública Federal responsável pela coordenação da Política Nacional de Assistência Social, cujos membros, nomeados pelo Presidente da República, têm mandato de 2 (dois) anos, permitida uma única recondução por igual período.

§ 1.º O Conselho Nacional de Assistência Social (CNAS) é composto por 18 (dezoito) membros e respectivos suplentes, cujos nomes são indicados ao órgão da Administração Pública Federal responsável pela coordenação da Política Nacional de Assistência Social, de acordo com os critérios seguintes:

I – 9 (nove) representantes governamentais, incluindo 1 (um) representante dos Estados e 1 (um) dos Municípios;

II – 9 (nove) representantes da sociedade civil, dentre representantes dos usuários ou de organização de usuários, das entidades e organizações de assistência social e dos trabalhadores do setor, escolhidos em foro próprio sob fiscalização do Ministério Público Federal'.

17. No âmbito da saúde, a Lei 378, de 13.01.1937, instituiu o Conselho Nacional de Saúde, que se encontra atualmente regido pelo Dec. 99.438, de 07.08.1990.

18. Conclui-se então que todos os segmentos que compõem o conceito de seguridade social estão devidamente regulamentados com a criação de um Conselho Nacional para cada um deles, com a participação da comunidade neles interessada, não restando, frise-se mais uma vez, configurada qualquer omissão por parte do Exmo. Sr. Presidente da República ou do Congresso Nacional. Por oportuno, cabe ressaltar que a participação dos aposentados é obrigatória apenas no Conselho Nacional de Previdência Social, e não nos

Conselhos de Saúde e Assistência Social, isso porque estas atividades não lhes estão especificamente voltadas.

19. Por fim, sobre a extinção dos Conselhos Estaduais e Municipais de Previdência Social, e do Conselho Nacional de Seguridade Social, pela MedProv 1911-8/1999, tem-se da análise da Exposição de Motivos 43, de 07.04.1999, que acompanhou a proposta de reedição da mencionada medida provisória, juntada aos autos às f., que tais medidas extintivas se adequaram perfeitamente à reforma constitucional do sistema previdenciário. Conforme ressaltado pelas informações elaboradas pela Consultoria Jurídica do Ministério da Previdência e Assistência Social, adotadas pela douta Advocacia-Geral da União, o Regime Geral de Previdência Social, organizado em nível federal, passa a ser o único sistema subsidiário de Previdência Social, de modo que não caberia mais aos Conselhos Estaduais e Municipais qualquer interferência no âmbito do Regime Geral, motivo pelo qual foram extintos. Já quanto ao Conselho Nacional de Seguridade Social afigura-se desnecessária, ante a existência dos Conselhos Nacionais de Previdência, Assistência Social e Saúde, a sua manutenção, já que as ações daquele são de competência destes, restando garantida, assim, a gestão democrática e descentralizada da administração da Seguridade Social, conforme exigido pela Carta Constitucional.

20. Ante o exposto, e pelas razões aduzidas, opina o Ministério Público Federal pelo não conhecimento da presente ação direta de inconstitucionalidade por omissão.

(...)" (f.).

Está correto o parecer.

A Constituição não exige que seja criado órgão colegiado de seguridade social, não sendo acertada a afirmativa da ocorrência de omissão na regulamentação do art. 194, VII, da CF/1988.

Do exposto, adotando o parecer da Procuradoria-Geral da República, nego seguimento ao pedido e determino o seu arquivamento.

Publique-se. – Brasília, 16 de setembro de 2002.

▶ Assim dispunha o artigo revogado:

Art. 7.º Compete ao Conselho Nacional da Seguridade Social:

I – estabelecer as diretrizes gerais e as políticas de integração entre as áreas, observado o disposto no inciso VII do art. 194 da Constituição Federal;

II – acompanhar e avaliar a gestão econômica, financeira e social dos recursos e o desempenho dos programas realizados, exigindo prestação de contas;

III – apreciar e aprovar os termos dos convênios firmados entre a seguridade social e a rede bancária para a prestação de serviços;

TÍTULO V – DA ORGANIZAÇÃO DA SEGURIDADE SOCIAL • Art. 8.º

IV – aprovar e submeter ao Presidente da República os programas anuais e plurianuais da Seguridade Social;

V – aprovar e submeter ao Órgão Central do Sistema de Planejamento Federal e de Orçamentos a proposta orçamentária anual da Seguridade Social;

VI – estudar, debater e aprovar proposta de recomposição periódica dos valores dos benefícios e dos salários de contribuição, a fim de garantir, de forma permanente, a preservação de seus valores reais;

VII – zelar pelo fiel cumprimento do disposto nesta Lei e na legislação que rege a Seguridade Social, assim como pelo cumprimento de suas deliberações;

VIII – divulgar através do Diário Oficial da União todas as suas deliberações;

IX – elaborar o seu regimento interno.

Art. 8.º As propostas orçamentárias anuais ou plurianuais da Seguridade Social serão elaboradas por Comissão integrada por 3 (três) representantes, sendo 1 (um) da área da saúde, 1 (um) da área da previdência social e 1 (um) da área de assistência social.

✍ Anotação

Segundo a CF/1988, art. 195, § 2.º, a proposta de orçamento da seguridade social será elaborada de forma integrada pelos órgãos responsáveis pela saúde, previdência social e assistência social, tendo em vista as metas e prioridades estabelecidas na lei de diretrizes orçamentárias, assegurada a cada área a gestão de seus recursos. A questão orçamentária está estreitamente relacionada com a regra da contrapartida, estampada no § 5.º do art. 195 da mesma Carta Magna, que exige a prévia definição da fonte de custeio para cada benefício ou serviço e, igualmente, ao equilíbrio financeiro e atuarial do sistema. Este último, aliás, é uma exigência expressa no *caput* do art. 201 da CF/1988.

JURISPRUDÊNCIA

"*Embargos de declaração – Teses não apreciadas – Omissão* – A aplicação de novo percentual a benefício previdenciário, por força de alteração legislativa superveniente, alcança os pendentes e os já concedidos sob a égide da legislação anterior, uma vez que se trata de norma de ordem pública, que atinge a relação de natureza continuativa entre o segurado e a previdência social, sendo certo que essa interpretação não implica retroatividade da lei e nem ofende o art. 5.º, XXXVI, da CF/1988. A vedação do art. 195, § 5.º, da CF/1988 é destinada ao legislador, o qual não pode criar ou majorar benefícios previdenciários sem a previsão da correspondente fonte de custeio" (TJAM – EDcl-REO 2008.002995-6/0001.00 – 2.ª Cam. Cív. – rel. Des. Arnaldo Campelo Carpinteiro Peres – DJe 22.03.2010 – p. 11).

"Previdenciário e constitucional – Majoração de auxílio-acidente – Lei 9.032/1995 – Extensão aos benefícios concedidos antes da sua vigência – Impossibilidade – Precedentes do STF – 1. A majoração do benefício de auxílio--acidente para o percentual 50%, implantado pela Lei 9.032/1995, não é cabível quando tal benefício tenha sido concedido antes da vigência da aludida lei. 2. Conforme atual entendimento pacífico do STF, faz-se impossível a extensão dos efeitos financeiros da lei aos benefícios de auxílio-acidente quando os requisitos para a sua concessão tenham se aperfeiçoado antes da vigência normativa, por haver afronta aos arts. 5.º, XXXVI, e 195, § 5.º, da CF/1988. 3. Recurso de agravo desprovido uniformemente" (TJPE – AG 0205303-0/01 – 8.ª Cam. Cív. – rel. Des. Ricardo de Oliveira Paes Barreto – DJe 22.03.2010 – p. 116).

"Constitucional e previdenciário – Agravo Regimental em Agravo de instrumento – Complementação de aposentadoria – Previdência privada – Abonos únicos – Matéria Infraconstitucional – Reexame de fatos e de provas – Interpretação de cláusula contratual – Súmulas 279 e 454/STF – Art. 195, § 5.º – Inaplicabilidade – 1. Apreciação do apelo extremo que requer a análise de interpretação de cláusulas contratuais e de fatos e provas da causa (Súmulas 279 e 454/STF), além de matéria de índole ordinária, hipóteses inviáveis na via do apelo extremo. 2. Impertinente, na hipótese, a suscitada ofensa ao art. 195, § 5.º, da CF/1988, por se referir tão somente à seguridade social financiada por toda a sociedade. Precedente. 3. Agravo regimental improvido" (STF – AgRg-AI 714161 – 2.ª T. – rel. Min. Ellen Gracie – DJ 18.12.2009).

Art. 9.º As áreas de Saúde, Previdência Social e Assistência Social são objeto de leis específicas, que regulamentarão sua organização e funcionamento.

✍ Anotação

A Lei 8.080/1990 dispõe sobre as condições para a promoção, proteção e recuperação da saúde, a organização e o *funcionamento* dos serviços correspon-

TÍTULO V – DA ORGANIZAÇÃO DA SEGURIDADE SOCIAL • Art. 9.º

dentes e dá outras providências. A Lei 8.212/1991 dispõe sobre a organização da Seguridade Social, institui Plano de Custeio, e dá outras providências. A Lei 8.213/1991 dispõe sobre o Plano de Benefícios da Previdência Social. A LC 108/2001 dispõe sobre a relação entre a União, os Estados, o Distrito Federal e os Municípios, suas autarquias, fundações, sociedades de economia mista e outras entidades públicas e suas respectivas entidades fechadas de previdência complementar, e dá outras providências. A LC 109/2001 dispõe sobre o Regime de Previdência Complementar. A Lei 8.742/1993 dispõe sobre a organização da Assistência Social e dá outras providências.

JURISPRUDÊNCIA

"*Administrativo e processual civil. Agravo regimental no recurso em mandado de segurança. Servidora estadual. Concurso público. Primeira investidura. Anuência às regras do edital quanto às localidades de lotação. Remoção a pedido. Lei Complementar estadual 68, de 09.12.1992. Ausência de direito líquido e certo. Critérios de conveniência e oportunidade da administração. Necessidade de tratamento de saúde próprio e de assistência a dependente não comprovados pelo órgão médico oficial. Precedentes.* 1. Trata-se de agravo regimental contra decisão que negou seguimento ao recurso ordinário, uma vez que a situação da recorrente não se enquadra em nenhuma das hipóteses legais para o deferimento da remoção, não se verificando a presença de direito líquido e certo a amparar a pretensão em face de ausência de lei específica. 2. No caso de pedido de remoção desamparado dos requisitos legais, o servidor deve submeter-se aos juízo de discricionariedade, oportunidade e de conveniência da Administração, com prevalência do interesse público em detrimento do interesse privado, que é o caso dos autos. Precedente: MS 12.887/DF, rel. Min. Napoleão Nunes Maia Filho, 3.ª Seção, DJe 09.10.2008. 3. A jurisprudência deste Superior Tribunal é no sentido de que os requisitos autorizadores da remoção por motivo de saúde (física ou psicológica) do servidor ou de seus dependentes, devem ser comprovados pelo órgão médico oficial, tal como determina o art. 49, II, c, da LC 68/1992, do Estado de Rondônia, fato que não ocorreu nos presentes autos. Precedente: RMS 18.196/PI, rel. Min. Felix Fischer, 5.ª T., DJ 08.11.2004, p. 253. 4. Agravo regimental não provido" (STJ – AgRg no RMS 32635/RO – 2010/0137069-2 – 1.ª T. – j. 17.02.2011 – rel. Min. Benedito Gonçalves – DJe 01.03.2011).

"*Processual civil e administrativo – Embargos de declaração no Agravo Regimental no Agravo de Instrumento – Ressarcimento de despesas – Sistema Único de Saúde – SUS – Art. 32 da Lei 9.656/1998 – Pretensão de prequestionar matéria constitucional – Impossibilidade –* 1. Os embargos de declaração são cabíveis quando a decisão padecer de omissão, contradição ou obscuridade, consoante dispõe o art. 535 do CPC, bem como para sanar a ocorrência de erro material. 2. Na espécie, ausente vício no acórdão a ensejar o acolhimento do recurso integrativo, uma vez que a pretensão da embargante é tão somente, na via eleita, obter a manifestação deste Tribunal sobre preceito constitucional, para fins de prequestionamento. 3. O acolhimento dos embargos declaratórios, até mesmo para fins de prequestionamento, impõe a presença de algum dos vícios previstos no art. 535 do CPC, quais sejam, contradição, omissão ou obscuridade. Dessarte, tendo em vista a não configuração de nenhum deles, na conformidade da manifestação supra, a rejeição do presente recurso integrativo é mister. 4. Embargos de declaração rejeitados" (STJ – EDcl-AgRg-REsp 1.122.973 – (2009/0123968-9) – 1.ª T – rel. Min. Benedito Gonçalves – DJe 25.03.2010 – p. 347).

"*Administrativo – Moléstia grave – Fornecimento gratuito de medicamento – Direito à vida e à saúde – Dever do Estado – Matéria fática dependente de prova* – 1. Esta Corte tem reconhecido aos portadores de moléstias graves, sem disponibilidade financeira para custear o seu tratamento, o direito de receber gratuitamente do Estado os medicamentos de comprovada necessidade. Precedentes. 2. O direito à percepção de tais medicamentos decorre de garantias previstas na Constituição Federal, que vela pelo direito à vida (art. 5.º, *caput*) e à saúde (art. 6.º), competindo à União, Estados, Distrito Federal e Municípios o seu cuidado (art. 23, II), bem como a organização da Seguridade Social, garantindo a 'universalidade da cobertura e do atendimento' (art. 194, parágrafo único, I). 3. A Carta Magna também dispõe que 'a saúde é direito de todos e dever do Estado, garantido mediante políticas sociais e econômicas que visem à redução do risco de doença e de outros agravos e ao acesso universal e igualitário às ações e serviços para sua promoção, proteção e recuperação' (art. 196), sendo que o 'atendimento integral' é uma diretriz constitucional das ações e serviços públicos de saúde (art. 198). 4. O direito assim reconhecido não alcança a possibilidade de escolher o paciente o medicamento que mais se adéque ao seu tratamento. 5. *In casu*, oferecido pelo SUS uma segunda opção de medicamento substitutivo, pleiteia o impetrante fornecimento de medicamento de que não dispõe o SUS, sem descartar em prova circunstanciada a imprestabilidade da opção ofertada. 6. Recurso ordinário improvido" (STJ – RMS 23.338 – (2008/0264294-1) – 2.ª T. – rel. Min. Eliana Calmon – DJe 17.06.2009).

"*Previdenciário – Processual civil – Competência – Concessão de amparo social – Art. 109, § 3.º, da CF/1988 – Agravo de instrumento provido* – É pacífico o entendimento jurisprudencial no sentido de que somente o INSS é o órgão operacionalizador responsável pela execução e manutenção da verba destinada à assistência social. Aplicável, no caso, o § 3.º do art. 109 da CF/1988, que faculta a propositura perante a Justiça Estadual de causas contra o Instituto Previdenciário em que figurem, no polo oposto, tanto seus segurados, como seus simples beneficiários. Agravo de instrumento provido" (TRF-3.ª Reg. – AI 2003.03.00.044946-4/SP – 7.ª T. – rel. Des. Federal Leide Polo – DJe 17.03.2010 – p. 537).

"*Previdenciário – Benefício de assistência social – Art. 203, V, da CF/1988 – Pessoa idosa – Apelação – Família capaz de prover a manutenção da parte autora – Apelação improvida* – Demonstrado que a parte autora é idosa, mas tendo a sua manutenção provida por sua família, impõe-se o indeferimento do pedido de concessão do benefício de assistência social (art. 203, V, da CF/1988). – Apelação improvida" (TRF-3.ª Reg. – AC 2005.03.99.048763-1/SP – 7.ª T. – rel. Des. Federal Eva Regina – DJe 17.03.2010 – p. 576).

"*Agravo regimental em recurso especial – Previdenciário – Assistência social – Benefício de prestação continuada – União – Ilegitimidade* – 1. 'O benefício de prestação continuada previsto no art. 203 da Constituição da República, regulamentado pela Lei 8.742/1993, muito embora não dependa de recolhimento de contribuições mensais, deverá ser executado e mantido pela Previdência Social, que tem legitimidade para tal mister' (REsp 308.711/SP, da minha relatoria, *DJ* 10.03.2003). 2. Agravo regimental improvido" (STJ – AGREsp 200500460464 – (735447 MS) – 6.ª T. – rel. Min. Hamilton Carvalhido – *DJU* 29.08.2005 – p. 00465).

Título VI
DO FINANCIAMENTO DA SEGURIDADE SOCIAL
– INTRODUÇÃO

Art. 10. A Seguridade Social será financiada por toda a sociedade, de forma direta e indireta, nos termos do art. 195 da Constituição Federal e desta Lei, mediante recursos provenientes da União, dos Estados, do Distrito Federal, dos Municípios e de contribuições sociais.

✍ Anotação

A modalidade de financiamento direto se expressa por intermédio das contribuições sociais (CF/1988, arts. 149 e 195). Por seu turno, o financiamento indireto é operado mediante dotações orçamentárias das diversas pessoas políticas mencionadas no preceito. Ademais, a União é responsável pela cobertura de insuficiências financeiras da seguridade social (Lei 8.212/1991, art. 16). Nessa linha, a CF/1988 estabelece no art. 165, § 5.º, que a lei orçamentária anual compreenderá (i) o orçamento fiscal referente aos Poderes da União, seus fundos, órgãos e entidades da administração direta e indireta, inclusive fundações instituídas e mantidas pelo Poder Público; (ii) o orçamento de investimento das empresas em que a União, direta ou indiretamente, detenha a maioria do capital social com direito a voto; e (iii) o orçamento da seguridade social, abrangendo todas as entidades e órgãos a ela vinculados, da administração direta ou indireta, bem como os fundos e as fundações instituídos e mantidos pelo Poder Público.

JURISPRUDÊNCIA

"*Embargos de declaração no recurso extraordinário. Efeitos infringentes. Excepcionalidade. Constitucional. Tributário. Finsocial. Atividade desenvolvida pelo contribuinte. Fator decisivo na aplicação da jurisprudência da Corte sobre o tributo. Julgamento com base em precedente inaplicável à ora embargada. Imunidade tributária prevista no art. 150, VI, d, da Constituição. Inaplicabilidade às contribuições sociais. Embargos acolhidos e Recurso Extraordinário desprovido.* I. Segundo a jurisprudência desta corte, a natureza das atividades desenvolvidas pelo contribuinte é fator decisivo na resolução de questões atinentes à legitimidade constitucional da cobrança dos diversos tributos abarcados sob o rótulo de Finsocial. II. Apesar de a ora embargada dedicar-se exclusivamente à prestação de serviços, o acórdão impugnado julgou a lide com base em precedente aplicável apenas às empresas que se dedicam à venda de mercadorias ou mercadorias e serviços, às instituições financeiras e às sociedades seguradoras. III. Hipótese configuradora de erro sanável, nos termos da jurisprudência desta corte, via embargos declaratórios. IV. O STF, no julgamento do RE 150.755/PE, relator para o acórdão o ministro Sepúlveda Pertence, assentou a constitucionalidade do art. 28 da Lei 7.738/1989. Ademais, concluiu-se que a exação por ele instituída possui natureza de contribuição para o financiamento da seguridade social. V. A imunidade tributária prevista no art. 150, VI, *d*, da CF/1988 abrange, exclusivamente, os impostos, não se estendendo às contribuições sociais. VI. Embargos de declaração acolhidos para, atribuindo-lhes excepcionais efeitos infringentes, negar provimento ao recurso extraordinário" (STF – RE-ED 177.308/PR – 2.ª T. – rel. Min. Ricardo Lewandowski – j. 10.04.2012 – *DJE* 02.05.2012 – p. 30).

"*Processual civil. Tributário. PIS e Cofins. Repasse nas faturas de energia elétrica. Legitimidade. Matéria submetida ao rito dos recursos repetitivos. Agravo de matéria submetida ao art. 543-c do CPC. Impossibilidade.* 1. O acórdão prolatado no âmbito do REsp 1.185.070/RS, submetido ao regime do art. 534-C do CPC, decidiu que é legítimo o repasse às tarifas de energia elétrica do valor correspondente ao pagamento da Contribuição de Integração Social (PIS) e da Contribuição para financiamento da Seguridade Social (Cofins), devido pela concessionária. 2. Ademais, a Corte Especial entendeu não ser cabível o agravo de instrumento contra a decisão que nega seguimento ao recurso especial, lastreado no art. 543-C, § 7.º, I, do CPC, pois o acórdão recorrido estaria no mesmo sentido daquele proferido em recurso representativo da controvérsia por este Superior Tribunal. Agravo regimental improvido" (STJ – AgRg-AREsp 108.539 – Processo 2012/0011675-0/MS – 2.ª T. – rel. Min. Humberto Martins – j. 03.05.2012 – DJE 21.05.2012).

"*Contribuição de terceiros. Competência da Justiça do Trabalho.* As contribuições de terceiros não estão inseridas no rol das contribuições sociais previstas no parágrafo único do art. 11 da Lei 8.212/1991, encontrando-se disciplinadas no art. 27, II, da referida Lei, que trata especificamente sobre o tema das receitas que integram o financiamento indireto da Seguridade Social, porque tais contribuições são apenas arrecadadas pela Secretaria da Receita Federal (Lei 11.457/2007) e, desta arrecadação, o INSS possui pequena participação (3,5% do produto arrecadado por força dos arts. 94 da Lei 8.212/1991 e 274 do Dec. 3.048/1999) como contraprestação pelo 'serviço prestado' às empresas ligadas ao sistema 'S' (Sesi, Senac etc.). Ou seja, o numerário arrecadado à título de contribuições a terceiros é repassado pelo INSS às respectivas entidades: Senac, Sesi, Senat, Sest Sebrae, que possuem natureza privada, embora prestem serviços de natureza pública, e conforme consta do art. 240 da CF/1988, 'ficam ressalvadas do disposto no art. 195 as atuais contribuições compulsórias dos empregados sobre as folhas de salário, destinadas às entidades privadas de função social e de formação profissional vinculadas ao sistema sindical', o que quer dizer que as contribuições do sistema 'S' não têm natureza previdenciária, pois não se incluem no art. 195 da Constituição, que versa no seu § 6.º sobre a contribuição da Seguridade Social. Percebe-se, dessa forma, que a competência da Justiça do Trabalho restringe-se às contribuições sociais, por força do art. 114, da CF/1988, no art. 195, I, *a*, também, da CF/1988, ou seja, sobre aquelas incidentes sobre 'as folhas de salário e demais rendimentos do trabalho, pagos ou creditados, a qualquer título, a pessoa física que lhe preste serviço, mesmos em vínculo empregatício', bem como 'a do trabalhador e dos demais segurados da previdência social, não incidindo contribuição sobre a aposentadoria e pensão concedidas pelo regime geral da previdência social de que trata o art. 201 da CF/1988'. As contribuições sociais, portanto, divergem das contribuições de terceiros, não se enquadrando nos limites previsto no parágrafo único do art. 876 da CLT que dispõe: 'serão executados *ex officio* os créditos previdenciários devidos em decorrência de decisão proferida pelos Juízes e Tribunais do Trabalho, resultantes de condenação ou homologação de acordo', esclarecendo que a preocupação do legislador restringe-se às contribuições devidas por empregados e empregadores à Previdência Social, não se preocupando com as contribuições de terceiro. Assim, sabendo que a EC 20/1998 concedeu à Justiça do Trabalho a competência para executar as contribuições previdenciárias decorrentes das sentenças que proferir, reforçada pela EC 45/2004 e pela Lei 11.457/2007, vale ressaltar que, no que pertine às contribuições a terceiros (Sebrae, Sesi, Senai, Sesc, Senac etc.), apesar de arrecadadas pelo INSS (art. 274 do Dec. 3.048/1999), não se destinam à Seguridade Social (capítulo II do título VIII da CF/1988) razão pela qual não se enquadram no conceito do § 3.º, do art. 114, sendo incompetente a Justiça do Trabalho para executá-las. Declaro a incompetência desta Justiça do Trabalho para executar as contribuições de terceiros, excluindo da liquidação as contribuições de terceiros" (TRT-19.ª Reg. – AgPET 00669.2005.003.19.00-0 – rel. Des. José Abílio Neves Sousa – DJ 10.10.2008).

"*Tributário. Cofins. Contribuição social. Lei Complementar n. 70/1991 e art. 195, I, da CF/1988. Inclusão do ICMS na base de cálculo da Cofins. Súmulas 68 e 94 do E. STJ.* Foi explicitado que a seguridade social, por força da sua própria definição constitucional, compreende um conjunto integrado de ações de iniciativa dos Poderes Públicos e da sociedade, destinadas a assegurar os direitos relativos à saúde, à previdência e à assistência social, e o seu financiamento, o qual será realizado de acordo com o estabelecido no art. 195 da CF/1988. As contribuições sociais destinadas à seguridade social podem ser entendidas como uma modalidade de tributo destinado ao financiamento direto da seguridade pelos que participam do mesmo grupo econômico, sendo que a prestação estatal, como em todas as contribuições, é entregue *uti universi* e abrange a previdência social, a saúde e a assistência social, parcelas construtivas do conceito maior de seguridade (art. 195 da CF/1988). A Cofins é a contribuição social incidente sobre o faturamento, locução já prevista na redação original do art. 195, I, da CF/1988, e é calculada mediante a aplicação da alíquota de dois por cento e incidirá sobre o faturamento mensal, assim considerado a receita bruta das vendas de mercadorias, de mercadorias e serviços e de serviço de qualquer natureza nos moldes do preceituado no art. 2.º, da LC 70/1991. Este mesmo art. 2.º, parágrafo único, da LC 70/1991 exclui, da receita auferida que servirá para a determinação da base de cálculo da Cofins, o valor do imposto sobre produtos industrializados, quando destacado em separado no documento fiscal; e das vendas canceladas, das devolvidas e dos descontos a qualquer título

Título VI – Do financiamento da Seguridade Social – Introdução • **Art. 11**

concedidos incondicionalmente. Entretanto esta opção legislativa e de política fiscal não importa que será excluído, por analogia O ICMS do cálculo da Cofins. O E. STJ ao examinar questão semelhante em relação ao Finsocial e ao PIS editou: a Súmula 94 – 'A parcela relativa ao ICMS inclui-se na base de calculo do Finsocial.' e a Súmula 68 – 'A parcela relativa ao ICMS inclui-se na base de cálculo do PIS.' Entendo que o valor pago a título de ICMS deve ser incluído na base de cálculo da Cofins, pois está incluído dentro do conceito de faturamento mensal da empresa, assim considerado como a receita bruta das vendas de mercadorias, de mercadorias e serviços de qualquer natureza. Precedentes do E. STJ: AgRg no Ag 623.163/PR, 1.ª T., j. 02.06.2005, rel. *DJ* 27.06.2005 p. 231; AgRg no Ag 616.722/RS, 1.ª T., j. 07.04.2005, rel. Min. Teori Albino Zavascki, *DJ* 25.04.2005, p. 231; AgRg no Ag 623.149/RS, 1.ª T., j. 17.03.2005, rel. Min. José Delgado, *DJ* 02.05.2005, p. 176; EDcl no Ag 599.946/MG, 2.ª T., j. 16.12.2004, rel. Min. Francisco Peçanha Martins, *DJ* 02.05.2005 p. 291" (TRF-2.ª Reg. – AMS 200051010301780 – 4.ª T. – rel. Des. Federal Alberto Nogueira – *DJU* 29.11.2005).

Art. 11. No âmbito federal, o orçamento da Seguridade Social é composto das seguintes receitas:

I – receitas da União;

II – receitas das contribuições sociais;

III – receitas de outras fontes.

Parágrafo único. Constituem contribuições sociais:

a) as das empresas, incidentes sobre a remuneração paga ou creditada aos segurados a seu serviço;

b) as dos empregadores domésticos;

c) as dos trabalhadores, incidentes sobre o seu salário de contribuição;

d) as das empresas, incidentes sobre faturamento e lucro;

e) as incidentes sobre a receita de concursos de prognósticos.

✱ **Remissão:** CLPS, arts. 122 a 127.

✍ **Anotação**

O comando aponta três origens distintas, no orçamento federal, para o custeio da seguridade social: (i) da União; (ii) contribuições sociais; e (iii) outras fontes. As fontes da União encontram-se enumeradas no art. 16 da

Lei 8.212/1991. As contribuições encontram guarida genérica, por sua vez, entre os arts. 20 e 26 do mesmo diploma legal, sem embargo de terem disciplina específica em outros diplomas legais. Nesse esteio, após sua vinculação ao sistema previdenciário, a pessoa descrita no art. 11 da Lei 8.213/1991 poderá ser titular do direito às prestações, desde que preencha as condições legalmente exigidas para o seu deferimento. As outras fontes estão mencionadas na Lei 8.212/1991, art. 27.

A reforma estabelecida pela EC 42, de 19.12.2003, acrescentando o inc. IV ao art. 195 da CF/1988, instituiu nova contribuição social, a ser cobrada do importador de bens ou serviços do exterior, ou de quem a lei a ele equiparar. Referida contribuição foi configurada pela Lei 10.865, de 30.04.2004.

JURISPRUDÊNCIA

"Civil e processual. Agravos regimentais no recurso especial. primeira petição de agravo regimental. Alegação de ofensa ao art. 535 do CPC. Inexistência. Recurso especial. Ausência de interesse. Inadmissibilidade. Segunda petição de Agravo Regimental. Ação de execução de título extrajudicial ajuizada na justiça comum estadual contra sociedade de economia mista. Contrato originário firmado pela extinta Portobrás (Lei 8.029/1990). Pedido de assistência formulado pela União. Possibilidade no caso. Interesses jurídico e econômico. Remessa do feito para a Justiça Federal. 1. Se as questões trazidas à discussão foram dirimidas pelo Tribunal de origem de forma suficientemente ampla e fundamentada, deve ser afastada a alegada violação ao art. 535 do CPC. 2. A ausência de sucumbência no julgamento do agravo de instrumento não justifica a interposição de recurso por parte dos recorrentes, por faltar-lhes interesse. 3. 'A União Federal, questionando na Justiça Federal a cessão dos direitos e responsabilidades à Companhia Docas do Rio de Janeiro, decorrentes do contrato que está servindo de suporte para a presente ação executiva, e sendo o orçamento do ente público o meio hábil para pagamento dos débitos desta Companhia, não há como se questionar a imperiosa necessidade de a União Federal integrar a lide, como assistente da CDRJ'. (4.ª T., REsp 397.598/RJ, rel. Min. Raul Araújo). 4. Primeiro agravo regimental a que se nega provimento e segundo agravo regimental a que se dá provimento para admitir a assistência da União Federal e a remessa dos autos à Justiça Federal" (STJ – AgRg no REsp 527.894/RJ – 2003/0049372-9 – rel. Min. Maria Isabel Gallotti – 4.ª T. – j. 18.12.2012 – DJe 04.02.2013).

TÍTULO VI – DO FINANCIAMENTO DA SEGURIDADE SOCIAL – INTRODUÇÃO • **Art. 11**

"*Previdenciário – Processual civil – Agravo – Art. 557, § 1.º, CPC – Reajuste do valor dos benefícios – EC 20/1998 e 41/2003 – Art. 20, § 1.º e art. 28, § 5.º da Lei 8.212/1991 – Precedentes do C. STJ e desta E. Corte – Agravo desprovido* – A decisão ora agravada encontra-se supedaneada em jurisprudência consolidada do Colendo STJ e desta E. Corte. – O disposto nos arts. 20, § 1.º, e 28, § 5.º, da Lei 8.212/1991, que regula as disposições constitucionais relativas ao Plano de Custeio da Seguridade Social, não autoriza o reajuste da renda mensal dos benefícios previdenciários na mesma proporção do aumento do teto do salário de contribuição. – Indevidos os reajustamentos dos benefícios nos percentuais de 10,96% (dezembro/1998), 0,91% (dezembro/2003) e 27,23% (dezembro/2004). Precedentes do C. STJ e desta E. Corte. – As razões recursais não contrapõem tais fundamentos a ponto de demonstrar o desacerto do decisum, limitando-se a reproduzir argumento visando à rediscussão da matéria nele contida – Agravo desprovido" (TRF-3.ª Reg. – AG-AC 2005.61.83.000758-0/SP – 10.ª T. – rel. Des. Federal Diva Malerbi – DJe 17.03.2010 – p. 2039).

"*Crédito previdenciário – Extinção da execução – Possibilidade* – Para que ocorra a remissão dos débitos, devem ser considerados os valores decorrentes das contribuições sociais previstas nas alíneas *a*, *b* e *c*, parágrafo único, art. 11 da Lei 8.212/1991, vencidos há cinco anos ou mais, cujo valor total consolidado seja igual ou inferior a R$10.000,00. Assim, sendo o valor da dívida da presente execução inferior a R$10.000,00 e estando, em 31.12.2007, vencido há mais de 05 anos, não há como acolher a pretensão da agravante" (TRT-13.ª Reg. – Processo 00273.2008.008.13.00-0 – rel. Des. Ana Maria Ferreira Madruga – DJe 07.10.2009 – p. 6).

"*Contribuições de terceiros – Execução – Justiça do Trabalho – Incompetência material* – A partir de uma exegese profunda e serena da ordem jurídica constitucional e legal vigente, sobretudo das normas contidas nos arts. 114, VIII; 195, I e II, e 240, todos da CF/1988, bem como do art. 11 da Lei 8.212/1991, é possível concluir que a execução de contribuição de terceiro não foi submetida à competência material outorgada à Justiça do Trabalho, como vem reconhecendo o c. TST em decisões proferidas por todas as Turmas que o compõem" (TRT-14.ª Reg. – AP 00355.2008.003.14.00-7 – rel. Des. Socorro Miranda – DE 04.09.2009).

◻ Notas ao parágrafo único:

- Art. 96 e segs. da Lei 11.196, de 21.11.2005, *DOU* 22.11.2005.

- Art. 2.º da Lei 11.457, de 16.03.2007, *DOU* 19.03.2007, que atribui à Secretaria da Receita Federal do Brasil planejar, executar, acompanhar e avaliar as atividades relativas a tributação, fiscalização, arrecadação, cobrança e recolhimento das contribuições sociais previstas nesta alínea, com efeitos a partir do primeiro dia útil do segundo mês subsequente à data de sua publicação.
- Dec. 6.922, de 05.08.2009, *DOU* 06.08.2009, que regulamenta o parcelamento de débitos dos Municípios e de suas autarquias e fundações, junto à Secretaria da Receita Federal do Brasil e à Procuradoria-Geral da Fazenda Nacional, relativos às contribuições sociais de que trata esta alínea.
- Dec. 6.804, de 20.03.2009, *DOU* 23.03.2009, que regulamenta o parcelamento de débitos dos municípios e de suas autarquias e fundações, junto à Secretaria da Receita Federal do Brasil e à Procuradoria-Geral da Fazenda Nacional, relativos às contribuições sociais de que trata esta alínea.
- Dec. 6.166, de 24.07.2007, *DOU* 25.07.2007, que regulamenta o parcelamento dos débitos dos Estados e do Distrito Federal relativos às contribuições sociais de que tratam esta alínea.
- Dec. 6.106, de 30.04.2007, *DOU* 02.05.2007 – Edição Extra, que dispõe sobre a prova de regularidade fiscal perante a Fazenda Nacional.
- Dec. 5.612, de 12.12.2005, *DOU* 13.12.2005, que regulamenta o parcelamento dos débitos dos municípios, relativos às contribuições sociais de que trata esta alínea.
- IN Conjunta SRF/SRP n. 629, de 10.03.2006, *DOU* 14.03.2006, alterada pela IN SRF/SRP n. 686, de 20 de outubro de 2006, que dispõe sobre a extinção de ofício de débito relativo às contribuições sociais prevista nesta alínea.
- Portaria Conjunta PGFN/RFB n. 15, de 15.12.2009, *DOU* 23.12.2009, que dispõe sobre os parcelamentos dos débitos inscritos na Procuradoria-Geral Federal (PGF) como Dívida Ativa do Instituto Nacional do seguro Social (INSS) e como Dívida Ativa da União, bem como os parcelamentos dos débitos inscritos na Procuradoria-Geral da Fazenda Nacional (PGFN) como Dívida Ativa da União, relativos às contribuições sociais previstas nesta alínea, às contribuições instituídas a título de substituição e às contribuições devidas a terceiros, serão efetuados junto à Secretaria da Receita Federal do Brasil (RFB).
- Portaria Conjunta PGFN/RFB 4, de 29.06.2007, *DOU* 02.07.2007, que dispõe sobre o valor mínimo da parcela mensal referente ao parcelamento especial para ingresso no Regime Especial Unificado de Arrecadação de Tributos e Contribuições devidos pelas Microempresas e Empresas de Pequeno Porte (Simples Nacional), de que trata a LC 123, de 14.12.2006, no âmbito da Fazenda Nacional.
- Portaria Conjunta RFB/INSS 10.381, de 28.05.2007, *DOU* 30.05.2007, que dispõe sobre a forma de pagamento das restituições e dos reembolsos das contribuições sociais previstas nestas alíneas.
- Portaria Interministerial MF/MPS 23, de 02.02.2006, *DOU* 03.02.2006, que dispõe sobre a compensação de ofício de débitos relativos à contribuição social prevista nesta alínea.
- Ato Declaratório Executivo RFB 51, de 31.08.2005, *DOU* 01.09.2005, que dispõe sobre a suspensão do prazo para apresentação de impugnação e recurso relativo ao lançamento das contribuições previdenciárias.

Capítulo I
Dos contribuintes

Seção I
Dos segurados

Art. 12. São segurados obrigatórios da Previdência Social as seguintes pessoas físicas:

I – como empregado:

a) aquele que presta serviço de natureza urbana ou rural à empresa, em caráter não eventual, sob sua subordinação e mediante remuneração, inclusive como diretor empregado;

b) aquele que, contratado por empresa de trabalho temporário, definida em legislação específica, presta serviço para atender a necessidade transitória de substituição de pessoal regular e permanente ou a acréscimo extraordinário de serviços de outras empresas;

c) o brasileiro ou o estrangeiro domiciliado e contratado no Brasil para trabalhar como empregado em sucursal ou agência de empresa nacional no exterior;

d) aquele que presta serviço no Brasil a missão diplomática ou a repartição consular de carreira estrangeira e a órgãos a ela subordinados, ou a membros dessas missões e repartições, excluídos o não brasileiro sem residência permanente no Brasil e o brasileiro amparado pela legislação previdenciária do país da respectiva missão diplomática ou repartição consular;

e) o brasileiro civil que trabalha para a União, no exterior, em organismos oficiais brasileiros ou internacionais dos quais o Brasil seja membro efetivo, ainda que lá domiciliado e contratado, salvo se segurado na forma da legislação vigente do país do domicílio;

f) o brasileiro ou estrangeiro domiciliado e contratado no Brasil para trabalhar como empregado em empresa domiciliada no exterior, cuja maioria do capital votante pertença a empresa brasileira de capital nacional;

g) o servidor público ocupante de cargo em comissão, sem vínculo efetivo com a União, Autarquias, inclusive em regime especial, e Fundações Públicas Federais; (Alínea acrescentada pela Lei 8.647, de 13.04.1993).

h) o exercente de mandato eletivo federal, estadual ou municipal, desde que não vinculado a regime próprio de previdência social; (Alínea acrescentada pela Lei 9.506, de 30.10.1997).

i) o empregado de organismo oficial internacional ou estrangeiro em funcionamento no Brasil, salvo quando coberto por regime próprio de previdência social; (Alínea acrescentada pela Lei 9.876, de 26.11.1999, *DOU* 29.11.1999).

Art. 12 • Lei Orgânica da Seguridade Social

j) o exercente de mandato eletivo federal, estadual ou municipal, desde que não vinculado a regime próprio de previdência social; (NR) (Alínea acrescentada pela Lei 10.887, de 18.06.2004, *DOU* 21.06.2004).

II – como empregado doméstico: aquele que presta serviço de natureza contínua a pessoa ou família, no âmbito residencial desta, em atividades sem fins lucrativos;

III – (Revogado pela Lei 9.876, de 26.11.1999, *DOU* 29.11.1999).

IV – (Revogado pela Lei 9.876, de 26.11.1999, *DOU* 29.11.1999).

V – como contribuinte individual: (NR).

a) a pessoa física, proprietária ou não, que explora atividade agropecuária, a qualquer título, em caráter permanente ou temporário, em área superior a 4 (quatro) módulos fiscais; ou, quando em área igual ou inferior a 4 (quatro) módulos fiscais ou atividade pesqueira, com auxílio de empregados ou por intermédio de prepostos; ou ainda nas hipóteses dos §§ 10 e 11 deste artigo; (Redação dada à alínea pela Lei 11.718, de 20.06.2008, *DOU* 23.06.2008).

b) a pessoa física, proprietária ou não, que explora atividade de extração mineral – garimpo, em caráter permanente ou temporário, diretamente ou por intermédio de prepostos, com ou sem o auxílio de empregados, utilizados a qualquer título, ainda que de forma não contínua;

c) o ministro de confissão religiosa e o membro de instituto de vida consagrada, de congregação ou de ordem religiosa; (NR) (Redação dada à alínea pela Lei 10.403, de 08.01.2002, *DOU* 09.01.2002).

d) revogada;

e) o brasileiro civil que trabalha no exterior para organismo oficial internacional do qual o Brasil é membro efetivo, ainda que lá domiciliado e contratado, salvo quando coberto por regime próprio de previdência social; (NR).

f) o titular de firma individual urbana ou rural, o diretor não empregado e o membro de conselho de administração de sociedade anônima, o sócio solidário, o sócio de indústria, o sócio gerente e o sócio cotista que recebam remuneração decorrente de seu trabalho em empresa urbana ou rural, e o associado eleito para cargo de direção em cooperativa, associação ou entidade de qualquer natureza ou finalidade, bem como o síndico ou administrador eleito para exercer atividade de direção condominial, desde que recebam remuneração;

g) quem presta serviço de natureza urbana ou rural, em caráter eventual, a uma ou mais empresas, sem relação de emprego;

h) a pessoa física que exerce, por conta própria, atividade econômica de natureza urbana, com fins lucrativos ou não; (Redação dada ao inciso pela Lei 9.876, de 26.11.1999, *DOU* 29.11.1999).

VI – como trabalhador avulso: quem presta, a diversas empresas, sem vínculo empregatício, serviços de natureza urbana ou rural definidos no regulamento;

VII – como segurado especial: a pessoa física residente no imóvel rural ou em aglomerado urbano ou rural próximo a ele que, individualmente ou em regime de economia familiar, ainda que com o auxílio eventual de terceiros a título de mútua colaboração, na condição de:

a) produtor, seja proprietário, usufrutuário, possuidor, assentado, parceiro ou meeiro outorgados, comodatário ou arrendatário rurais, que explore atividade:

1. agropecuária em área de até 4 (quatro) módulos fiscais; ou

2. de seringueiro ou extrativista vegetal que exerça suas atividades nos termos do inciso XII do *caput* do art. 2.º da Lei 9.985, de 18 de julho de 2000, e faça dessas atividades o principal meio de vida;

b) pescador artesanal ou a este assemelhado, que faça da pesca profissão habitual ou principal meio de vida; e

c) cônjuge ou companheiro, bem como filho maior de 16 (dezesseis) anos de idade ou a este equiparado, do segurado de que tratam as alíneas *a* e *b* deste inciso, que, comprovadamente, trabalhem com o grupo familiar respectivo. (Redação dada ao inciso pela Lei 11.718, de 20.06.2008, *DOU* 23.06.2008).

§ 1.º Entende-se como regime de economia familiar a atividade em que o trabalho dos membros da família é indispensável à própria subsistência e ao desenvolvimento socioeconômico do núcleo familiar e é exercido em condições de mútua dependência e colaboração, sem a utilização de empregados permanentes. (Redação dada ao parágrafo pela Lei 11.718, de 20.06.2008, *DOU* 23.06.2008).

§ 2.º Todo aquele que exercer, concomitantemente, mais de uma atividade remunerada sujeita ao Regime Geral de Previdência Social é obrigatoriamente filiado em relação a cada uma delas.

§ 3.º (Revogado pela Lei 11.718, de 20.06.2008, *DOU* 23.06.2008).

I – (Revogado pela Lei 11.718, de 20.06.2008, *DOU* 23.06.2008);

II – (Revogado pela Lei 11.718, de 20.06.2008, *DOU* 23.06.2008).

§ 4.º O aposentado pelo Regime Geral de Previdência Social – RGP7S que estiver exercendo ou que voltar a exercer atividade abrangida por este Regime é segurado obrigatório em relação a essa atividade, ficando sujeito às contribuições de que trata esta Lei, para fins de custeio da Seguridade Social. (Parágrafo acrescentado pela Lei 9.032, de 28.04.1995, *DOU* 29.04.1995).

§ 5.º O dirigente sindical mantém, durante o exercício do mandato eletivo, o mesmo enquadramento no Regime Geral de Previdência Social – RGPS de antes da investidura. (Parágrafo acrescentado pela Lei 9.528, de 10.12.1997, *DOU* 11.12.1997).

§ 6.º Aplica-se o disposto na alínea *g* do inciso I do *caput* ao ocupante de cargo de Ministro de Estado, de Secretário Estadual, Distrital ou Municipal, sem vínculo efetivo com a União, Estados, Distrito Federal e Municípios, suas autarquias, ainda que em regime especial, e fundações. (Parágrafo acrescentado pela Lei 9.876, de 26.11.1999, *DOU* 29.11.1999).

§ 7.º Para serem considerados segurados especiais, o cônjuge ou companheiro e os filhos maiores de 16 (dezesseis) anos ou os a estes equiparados deverão ter participação ativa nas atividades rurais do grupo familiar. (Parágrafo acrescentado pela Lei 11.718, de 20.06.2008, *DOU* 23.06.2008).

§ 8.º O grupo familiar poderá utilizar-se de empregados contratados por prazo determinado ou trabalhador de que trata a alínea g do inciso V do *caput* deste artigo, à razão de no máximo 120 (cento e vinte) pessoas por dia no ano civil, em períodos corridos ou intercalados ou, ainda, por tempo equivalente em horas de trabalho, não sendo computado nesse prazo o período de afastamento em decorrência da percepção de auxílio-doença (Parágrafo acrescentado pela Lei 11.718, de 20.06.2008, *DOU* 23.06.2008, com a redação que lhe deu a Lei 12.873/2013).

§ 9.º Não descaracteriza a condição de segurado especial:

I – a outorga, por meio de contrato escrito de parceria, meação ou comodato, de até 50% (cinquenta por cento) de imóvel rural cuja área total não seja superior a 4 (quatro) módulos fiscais, desde que outorgante e outorgado continuem a exercer a respectiva atividade, individualmente ou em regime de economia familiar;

II – a exploração da atividade turística da propriedade rural, inclusive com hospedagem, por não mais de 120 (cento e vinte) dias ao ano;

III – a participação em plano de previdência complementar instituído por entidade classista a que seja associado, em razão da condição de trabalhador rural ou de produtor rural em regime de economia familiar;

IV – ser beneficiário ou fazer parte de grupo familiar que tem algum componente que seja beneficiário de programa assistencial oficial de governo;

V – a utilização pelo próprio grupo familiar, na exploração da atividade, de processo de beneficiamento ou industrialização artesanal, na forma do § 11 do art. 25 desta Lei; e

VI – a associação em cooperativa agropecuária; e (Parágrafo acrescentado pela Lei 11.718, de 20.06.2008, *DOU* 23.06.2008, com a redação que lhe deu a Lei 12.873/2013).

VII – a incidência do Imposto Sobre Produtos Industrializados – IPI sobre o produto das atividades desenvolvidas nos termos do § 14 deste artigo (Inciso acrescentado pela Lei 12.873/2013).

§ 10. Não é segurado especial o membro de grupo familiar que possuir outra fonte de rendimento, exceto se decorrente de:

I – benefício de pensão por morte, auxílio-acidente ou auxílio-reclusão, cujo valor não supere o do menor benefício de prestação continuada da Previdência Social;

II – benefício previdenciário pela participação em plano de previdência complementar instituído nos termos do inciso IV do § 9.º deste artigo;

III – exercício de atividade remunerada em período não superior a 120 (cento e vinte) dias, corridos ou intercalados, no ano civil, observado o disposto no § 13 deste artigo; (Parágrafo acrescentado pela Lei 11.718, de 20.06.2008, *DOU* 23.06.2008, com a redação que lhe deu a Lei 12.873/2013).

IV – exercício de mandato eletivo de dirigente sindical de organização da categoria de trabalhadores rurais;

V – exercício de mandato de vereador do município onde desenvolve a atividade rural, ou de dirigente de cooperativa rural constituída exclusivamente por segurados especiais, observado o disposto no § 13 deste artigo;

VI – parceria ou meação outorgada na forma e condições estabelecidas no inciso I do § 9.º deste artigo;

VII – atividade artesanal desenvolvida com matéria-prima produzida pelo respectivo grupo familiar, podendo ser utilizada matéria-prima de outra origem, desde que a renda mensal obtida na atividade não exceda ao menor benefício de prestação continuada da Previdência Social; e

VIII – atividade artística, desde que em valor mensal inferior ao menor benefício de prestação continuada da Previdência Social. (Parágrafo acrescentado pela Lei 11.718, de 20.06.2008, *DOU* 23.06.2008).

§ 11. O segurado especial fica excluído dessa categoria:

I – a contar do primeiro dia do mês em que:

a) deixar de satisfazer as condições estabelecidas no inciso VII do *caput* deste artigo, sem prejuízo do disposto no art. 15 da Lei 8.213, de 24 de julho de 1991, ou exceder qualquer dos limites estabelecidos no inciso I do § 9.º deste artigo;

b) enquadrar-se em qualquer outra categoria de segurado obrigatório do Regime Geral de Previdência Social, ressalvado o disposto nos incisos III, V, VII e VIII do § 10 e no § 14 deste artigo, sem prejuízo do disposto no art. 15 da Lei n. 8.213, de 24 de julho de 1991; (alínea acrescentada pela Lei 11.718, de 20.06.2008, *DOU* 23.06.2008, com a redação que lhe deu a Lei 12.873/2013).

c) tornar-se segurado obrigatório de outro regime previdenciário; e (alínea acrescentada pela Lei 11.718, de 20.06.2008, *DOU* 23.06.2008, com a redação que lhe deu a Lei 12.873/2013).

d) participar de sociedade empresária, de sociedade simples, como empresário individual ou como titular de empresa individual de responsabilidade limitada em desacordo com as limitações impostas pelo § 14 deste artigo; (alínea acrescentada pela Lei 12.873/2013).

II – a contar do primeiro dia do mês subsequente ao da ocorrência, quando o grupo familiar a que pertence exceder o limite de:

a) utilização de trabalhadores nos termos do § 8.º deste artigo;

b) dias em atividade remunerada estabelecidos no inciso III do § 10 deste artigo; e

c) dias de hospedagem a que se refere o inciso II do § 9.º deste artigo. (Parágrafo acrescentado pela Lei 11.718, de 20.06.2008, *DOU* 23.06.2008).

§ 12. Aplica-se o disposto na alínea *a* do inciso V do *caput* deste artigo ao cônjuge ou companheiro do produtor que participe da atividade rural por este explorada. (Parágrafo acrescentado pela Lei 11.718, de 20.06.2008, *DOU* 23.06.2008).

§ 13. O disposto nos incisos III e V do § 10 e no § 14 deste artigo não dispensa o recolhimento da contribuição devida em relação ao exercício das atividades de que tratam os referidos dispositivos. (Parágrafo acrescentado pela Lei 11.718, de 20.06.2008, *DOU* 23.06.2008, com as modificações introduzidas pela Lei 12.873/2013).

§ 14. A participação do segurado especial em sociedade empresária, em sociedade simples, como empresário individual ou como titular de empresa individual de responsabilidade limitada de objeto ou âmbito agrícola, agroindustrial ou agroturístico, considerada microempresa nos termos da Lei Complementar n. 123, de 14 de dezembro de 2006, não o exclui de tal categoria previdenciária, desde que, mantido o exercício da sua atividade rural na forma do inciso VII do *caput* e do § 1.º, a pessoa jurídica componha-se apenas de segurados de igual natureza e sedie-se no mesmo Município ou em Município limítrofe àquele em que eles desenvolvam suas atividades. (Parágrafo acrescentado pela Lei 12.873/2013).

§ 15. (VETADO). (Parágrafo acrescentado pela Lei 12.873/2013).

✳ **Remissão:** CLPS, arts. 6.º ao 9.º.

✍ Anotação

O artigo apresenta o rol dos contribuintes pessoas físicas, utilizando-se da linguagem tradicional do seguro social: segurado. Essa categoria compreende: os (i) trabalhadores com vínculo empregatício; (ii) trabalhadores com vínculo empregatício doméstico; (iii) trabalhadores avulsos (trabalho com intermediação de determinado órgão); (iv) trabalhadores sem vínculo empregatício; e (v) trabalhadores segurados especiais (áreas rural e pesqueira).

A recente alteração, levada a efeito pela Lei 12.873/2013, não bole com a essência da atividade desenvolvida pelo segurado especial, mas fixa regime jurídico mais flexível, de arte a permitir que essa figura jurídica se ajuste à novel dinâmica da atividade no ambiente do agronegócio. É significativo, a esse respeito, que o segurado especial tanto pode operar nos padrões tradicionais, vale dizer, como figura isolada ou liderando o respectivo grupo familiar como, igualmente, associar-se em termos e cooperativa e como integrante de sociedade empresária, desde mantenha o respectivo traço característico da figura matriz, de sujeito do meio rural e desde que tais associações se constituam entre integrantes dessa mesma categoria de segurados.

TÍTULO VI – DO FINANCIAMENTO DA SEGURIDADE SOCIAL – INTRODUÇÃO • Art. 12

JURISPRUDÊNCIA

"Tributário. Embargos à execução fiscal. Contribuição previdenciária. Cargos temporários. Regime próprio municipal. Inexistência. Período anterior ao advento da EC 20/1998. 1. Verifica-se que as competências em litígio vão 12/1993 a 12/1994, inaplicável, portanto, legislação posterior, como, por exemplo, as disposições trazidas a lume com a EC 20/1998. 2. Até a promulgação da EC 20/1998, o servidor ocupante de emprega público podia estar ligado, alternativamente, a sistema próprio de previdência social ou a regime geral a partir desta Emenda Constitucional, passou a ser, obrigatoriamente, vinculado ao regime geral da previdência social. (TRF4, 1.ª T., AMS 199971000155019, rel. Juiz Amir José Finocchiaro Sarti, *DJU* 17.01.2001, p. 61). 3. '2. Por força do art. 13 da Lei 8.212/1991, o servidor civil ocupante de cargo efetivo ou o militar da união, dos estados, do Distrito Federal ou dos municípios, bem como o das respectivas autarquias e fundações, são excluídos do regime geral de previdência social (RGPS), desde que amparados por regime próprio de previdência. Por outro lado, com o advento da EC 20/1998, foi acrescido o § 13 ao art. 40 da CF/1988, que impôs ao servidor ocupante, exclusivamente, de cargo em comissão (declarado em Lei de livre nomeação e exoneração), bem como de outro cargo temporário ou de emprego público, a vinculação obrigatória ao regime geral de previdência social (RGPS). (...)' (AC 199738000597985AC, ApCív 199738000597985, rel. Juiz Federal Fausto Mendanha Gonzaga. TRF1, 6.ª T. suplementar, *E-DJF1* 21.03.2012, p. 43.) 4. '3. Em sede de controle de constitucionalidade, o STF, no julgamento da ADIN n. 2.024, proferido com eficácia *erga omnes* e efeito vinculante, sedimentou o entendimento no sentido de que o § 13 do art. 40 da CF/1988 (inserido pela EC 20/1998) é perfeitamente compatível com a vigente ordem constitucional, notadamente com a forma federativa de estado e correspondente princípio da imunidade recíproca' (ADI 2024, rel. Min. Sepúlveda Pertence, Tribunal Pleno, j. 03.05.2007, *DJe* 042, 22.06.2007, *DJ* 22.06.2007, p. 16, Ement vol. 2281-01, p. 128, *RDDT* 143/230-231, 2007). Idem. 5. Ausência de intervenção do ministério público: Inocorre qualquer vício a esse respeito, pois o próprio ministério público abdicou de manifestação no feito. 6. Instrumento de procuração do procurador federal: A representação da autarquia é calcada em base legal, por meio de seus procuradores, de forma que, no esteio da Súmula 644 do STF: Ao titular do cargo de procurador de autarquia não se exige a apresentação de instrumento de mandato para representá-la em juízo. 7. Execução fiscal contra a fazenda pública: Já foi examinada por ocasião da apelação, cujo julgamento se encontra às f., pela execução, de forma adaptada, ao estabelecido nos arts. 730 e 731 do CPC.

8. Cerceamento de defesa. Regime próprio; o próprio embargante pugnou, a todo o tempo, pelo julgamento antecipado da lide, inclusive, às f.v, intimado do retorno dos autos e para requerimento o que de direito, nada disse o município sobre produção de provas. 9. Na verdade, o que se vê nos autos é que, diante da presunção de certeza e liquidez da certidão de dívida ativa, o executado não cuidou de produzir prova robusta capaz de desconstituir tal presunção de certeza e liquidez, assim não se desincumbindo do ônus probatório que era seu (art. 333, I, do CPC). 10. Nota-se, ademais, como muito bem salientado nas contrarrazões, o item 4 da ementa da apelação do MS 1998.01.00.020.946-4, indicado pelo apelante como sendo a ele favorável, deixa claro que os servidores municipais não beneficiários do regime próprio de previdência criado pelo município são segurados obrigatórios da previdência social (INSS), referindo-se aquele julgamento à mesma competência discutida nestes autos. 11. Com efeito, permanecem incólumes os fundamentos da sentença, na medida em que resta claro que, apesar de alegar que aos servidores estaria assegurado um regime próprio, o município não produziu nenhuma prova em tal sentido, limitando-se a juntar aos autos cópia de Lei Municipal que autoriza o prefeito assinar convênio com o IPSEMG, sem, todavia, juntar o respectivo convênio. 12. Remessa oficial e apelação improvidas" (TRF-1.ª Reg. – Processo 60100720044019199/MG – 5.ª T. Suplementar – rel. Juiz Federal convocado Grigório Carlos dos Santos – j. 19.06.2012 – DJF1 29.06.2012 – p. 690).

"*Previdenciário. Aposentadoria por idade. Trabalhador rural. início de prova material. Ausência de regime de economia familiar. Impossibilidade de concessão do benefício.* 1. Para a aposentadoria de rurícola, a Lei exige idade mínima de 60 (sessenta) anos para o homem e 55 (cinquenta e cinco) anos para a mulher, requisito que, *in casu*, está comprovado nos autos. 2. São segurados obrigatórios da previdência social, na qualidade de segurado especial, o produtor, o parceiro, o meeiro e o arrendatário rurais que exerçam suas atividades, individualmente ou em regime de economia familiar, ainda que com o auxílio eventual de terceiros, bem como seus respectivos cônjuges ou companheiros e filhos maiores de 14 (quatorze) anos ou a eles equiparados, desde que trabalhem, comprovadamente, com o grupo familiar respectivo (art. 11, VII, da Lei 8.213/1991). 3. Os documentos acostados aos autos, bem como a prova testemunhal, demonstram que o autor arrenda parte de sua propriedade, havendo vários meeiros laborando em seu gleba, sendo também locatário de maquinário agrícola, descaracterizando o regime de economia familiar e impossibilitando, assim, a concessão do benefício pleiteado. 4. Ausente conjunto probatório harmônico a respeito do exercício de atividade rural no período, não se reconhece o direito ao benefício de

Título VI – Do financiamento da Seguridade Social – Introdução • Art. 12

aposentadoria rural por idade. Precedente desta corte. 5. Apelação do INSS e remessa providas" (TRF-1.ª Reg. – Processo 29851-21.2010.4.01.9199/MG – 2.ª T. – rel. Des. Federal Monica Jacqueline Sifuentes – j. 23.11.2011 – DJF1 23.01.2012 – p. 91).

"*Recurso de revista – União – Acordo judicial – Ausência de reconhecimento do vínculo empregatício – Alíquota de 20% devida pelo empregador e de 11% a cargo do prestador de serviços* – A recente edição da Orientação Jurisprudencial n. 398 da SBDI-1 do Tribunal Superior do Trabalho veio pacificar a jurisprudência no sentido de que é necessário que haja o recolhimento da contribuição previdenciária, por parte da empresa, no montante de 20% (vinte por cento), e a cargo do segurado contribuinte individual, no importe de 11% (onze por cento), sobre o valor do acordo homologado. Recurso de revista de que se conhece e a que se dá provimento" (TST – RR 736/2004-066-15-00.0 – rel. Min. Pedro Paulo Manus – DJe 11.03.2011 – p. 1122).

"*Contribuição previdenciária – Acordo homologado judicialmente sem reconhecimento de vínculo empregatício – Determinação, pelo regional, da incidência da contribuição previdenciária sobre o ajuste a cargo da empresa reclamada – Cota do trabalhador na alíquota de 11%* – 1. Discute-se, nos presentes autos, a incidência, ou não, da alíquota de 11% referente à contribuição previdenciária, que seria devida pelo Reclamante, sobre acordo homologado em juízo, sem reconhecimento de vínculo empregatício, quando o Regional já determinou a incidência da contribuição previdenciária sobre o ajuste a cargo da Reclamada. 2. A fixação das alíquotas das contribuições previdenciárias é feita em norma infraconstitucional, no caso, a Lei 8.212/1991 (arts. 12, 21, 22 e 30, § 4.º) e a Lei 10.666/2003 (art. 4.º), que estabelecem que a alíquota de contribuição de 20% é aplicável ao empregador e ao prestador de serviços, de forma cumulativa, devendo tanto a empresa como o segurado individual, cada qual com sua cota, proceder ao recolhimento da contribuição previdenciária. 3. Assim, à luz desses dispositivos e consoante entendimento dominante desta Corte, é cabível o recolhimento da contribuição previdenciária, a cargo da empresa, no montante de 20%, e a cargo do segurado contribuinte individual, no percentual de 11%, sobre o valor acordado em juízo. Recurso de revista provido" (TST – RR 129600-86.2006.5.04.0015 – rel. Min. Maria Doralice Novaes – DJe 11.03.2011 – p. 1157).

"*Previdenciário – Aposentadoria proporcional. Contagem de tempo de atividade rural. Condição de segurado especial não comprovada – Exigência de início de prova material desatendida*. Não se admite a prova exclusivamente testemunhal para fins de comprovação da atividade rural como dispõe o Enunciado 149 E. STJ. Há de se considerar cumprida tal exigência, tomando--se por princípio de prova material vestígios mínimos a esse respeito, desde que consubstanciados em documentos verossímeis, que não constam espécie. Apelação improvida" (TRF-2.ª Reg. – AC 2002.50.01.008638-2 – 2.ª T. – rel. Juíza. Federal convocada Andrea Cunha Esmeraldo – *DJ* 19.02.2010).

"*Previdenciário – Aposentadoria rural por idade – Condição de segurado especial comprovada – Exigência de início de prova material atendida – Cumprida a carência mínima exigida pelo art. 39, I c/c art. 143 da Lei 8.213/1991.* Não se admite a prova exclusivamente testemunhal para fins de comprovação da atividade rural como dispõe o Enunciado 149 do E. STJ. Há de se considerar cumprida tal exigência, tomando-se por princípio de prova material vestígios mínimos a esse respeito, desde que consubstanciados em documentos verossímeis, corroborados por prova testemunhal robusta, como na espécie. Ainda que a prova material não seja abrangente para todo o período, admite-se a complementação através de prova testemunhal, como no caso, a indicar também o cumprimento da carência necessária. Apelação improvida" (TRF-2.ª Reg. – AC 2005.50.05.001598-3 – 2.ª T. – rel. Juíza Federal convocada Andrea Cunha Esmeraldo – *DJ* 19.02.2010).

"*Acordo sem o reconhecimento do vínculo empregatício – Contribuições previdenciárias – Alíquotas incidentes – Legalidade –* Segundo o conteúdo dos arts. 12, V; 21, § 2.º; 22, III, e 43, parágrafo único, da Lei 8.212/1991 e art. 4.º da Lei 10.666/2003, sobre a quantia acordada em processo trabalhista, no qual não foi reconhecida a vinculação empregatícia, devem incidir as contribuições previdenciárias equivalentes a 20% (vinte por cento), sob a responsabilidade patronal direta, e mais 11% (onze por cento) dirigida ao trabalhador autônomo, mas, diante da inércia e omissão do tomador desses serviços, tal ônus também será suportado por ele. Agravo de Petição desprovido" (TRT-14.ª Reg. – AP 0093900-46.2007.514.0141 – 2.ª T. – rel. Des. Socorro Miranda – *DJe* 06.11.2009 – p. 16).

"*Contribuição previdenciária – Acordo homologado sem reconhecimento de vínculo empregatício – Incidência –* A conciliação entabulada nos autos ocorreu sem o reconhecimento de vínculo empregatício, por consequência, a contribuição previdenciária devida deve seguir o disposto nos arts. 22, III, 28 e 30, § 4.º da Lei 8.212/1991, que prevê o percentual de 31% sobre o valor total do acordo, sendo 20% de responsabilidade da demandada e 11% à demandante, conforme o disposto no art. 12, V, g, da Lei 8.212/1991, porém, no presente caso, devem ser de responsabilidade do reclamado, pois o valor acordado foi estipulado como líquido ao reclamante. Recurso conhecido e parcialmente provido" (TRT-14.ª Reg. – RO 00051.2009.101.14.00-6 – rel. Des. Elana Cardoso Lopes – *DE* 01.09.2009).

"*Recolhimentos previdenciários – Acordo trabalhista – Discriminação de parcelas – Honorários advocatícios – Possibilidade –* 1. Em uma transação as partes têm liberdade de negociação ampla, nada impedindo que a empresa assuma o ônus de pagar os honorários do advogado da parte contrária, como forma de viabilizar o acordo judicial. Aliás, é muito comum o trabalhador, ao discutir em audiência a possibilidade de aceitar determinada proposta de acordo, pretender recebê-la de forma líquida, haja vista que não são poucas as vezes que a empresa aceita arcar com despesas que seriam de responsabilidade do trabalhador, como os recolhimentos previdenciários (quota do empregado) e os honorários de seu advogado. 2. Lícita, portanto, na discriminação das parcelas pagas por força da conciliação judicial, a inclusão da verba honorária, não se podendo cogitar de tentativa de sonegação, até porque também o advogado é trabalhador e contribuinte obrigatório da Previdência Social e deve efetivar o recolhimento previdenciário sobre os créditos recebidos (art. 12, V, combinado com o art. 21, 28, III e 30, II, da Lei 8.212/1991), cabendo ao órgão previdenciário apenas fiscalizar tal recolhimento. 3. Recurso não provido por unanimidade" (TRT-24.ª Reg. – RO 272/2009-51-24-1-0 – 1.ª T. – rel. Des. Amaury Rodrigues Pinto Junior – DJe 17.11.2009).

"*Previdenciário. Revisão de benefício. Recolhimento de contribuições previdenciárias. Autônoma. Enquadramento na escala de salário-base. Restituição das contribuições além do montante devido.* 1. É de reduzir-se sentença *ultra petita* aos limites do pedido. 2. Quando há cumulação de pedidos de naturezas diversas, este Tribunal vem entendendo que é o objetivo final da ação que definirá de quem será a competência para o exame da controvérsia. *In casu*, o pedido de cunho tributário é acessório em relação àquele de cunho previdenciário, o que firma a competência da 3.ª Seção para o julgamento da ação. 3. Tendo o benefício da parte autora sido concedido na vigência da Lei 8.212/1991, é perfeitamente aplicável a limitação do salário de contribuição prevista no § 5.º do art. 28. 4. Segundo o disposto no art. 29, § 3.º, da Lei 8.212/1991, na redação original, 'os segurados empregado, inclusive o doméstico, e trabalhador avulso, que passarem a exercer, exclusivamente, atividade sujeita a salário-base, poderão enquadrar-se em qualquer classe até a equivalente ou a mais próxima da média aritmética simples dos seus seis últimos salários de contribuição, atualizados monetariamente, devendo observar, para acesso às classes seguintes, os interstícios respectivos'. *In casu*, os fatores de atualização a serem aplicados nos últimos seis salários de contribuição da parte autora (de 07.1991 a 12.1991) são aqueles em vigor no mês de janeiro de 1992, uma vez que a primeira contribuição, como autônoma, refere-se ao referido mês. 5. Tendo a média referida no art. 29, § 3.º, resultado em valor que se aproxima da classe 7 da escala de salário-base, descabe a pretensão ao enquadramento na classe 8. Por outro lado, deve ser revisto o proceder do INSS ao enquadrar a autora, a partir de janeiro de 1992, na classe 6. 6. Afastada a preliminar de carência de ação por ausência de anterior pedido na via administrativa, já que o acionado contestou o mérito da ação, patenteando resistência à pretensão vestibular. 7. A teor do disposto no art. 89, e seus parágrafos, da Lei 8.212/1991, é cabível a restituição das contribuições pagas além do montante devido, sem incidência de prescrição, a teor dos arts. 150, § 4.º; 165-I e 168-I, todos do CTN" (TRF-4.ª Reg. – AC 2000.04.01.121891-5/PR – 5.ª T. – rel. Des. Federal Celso Kipper – DJ 28.07.2008).

▶ Assim dispunha o inciso revogado:

III – como empresário: o titular de firma individual urbana ou rural, o diretor não empregado, o membro de conselho de administração de sociedade anônima, o sócio solidário, o sócio de indústria e o sócio cotista que participe da gestão ou receba remuneração decorrente de seu trabalho em empresa urbana ou rural.

▶ Assim dispunha o inciso revogado:

IV – como trabalhador autônomo:
a) quem presta serviço de natureza urbana ou rural, em caráter eventual, a uma ou mais empresas, sem relação de emprego;
b) a pessoa física que exerce, por conta própria, atividade econômica de natureza urbana, com fins lucrativos ou não.

▶ Assim dispunha a alínea *a* do inc. V, alterada:

a) a pessoa física, proprietária ou não, que explora atividade agropecuária ou pesqueira, em caráter permanente ou temporário, diretamente ou por intermédio de prepostos e com auxílio de empregados, utilizados a qualquer título, ainda que de forma não contínua.

▶ Assim dispunha a alínea *c* do inc. V, alterada:

c) o ministro de confissão religiosa e o membro de instituto de vida consagrada, de congregação ou de ordem religiosa, quando mantidos pela entidade a que pertencem, salvo se filiados obrigatoriamente à Previdência Social em razão de outra atividade ou a outro regime previdenciário, militar ou civil, ainda que na condição de inativos.

▶ Assim dispunha o inc. V, alterado:

V – como equiparado a trabalhador autônomo, além dos casos previstos em legislação específica:
a) a pessoa física, proprietária ou não, que explora atividade agropecuária ou pesqueira, em caráter permanente ou temporário, diretamente ou por intermédio de

prepostos e com auxílio de empregados, utilizados a qualquer título, ainda que de forma não contínua; (Redação dada à alínea pela Lei 8.540, de 22.12.1992).

b) a pessoa física, proprietária ou não, que explora atividade de extração mineral – garimpo –, em caráter permanente ou temporário, diretamente ou por intermédio de prepostos, com ou sem o auxílio de empregados, utilizados a qualquer título, ainda que de forma não contínua; (Redação dada à alínea pela Lei 9.528, de 10.12.1997, *DOU* 11.12.1997).

c) o ministro de confissão religiosa e o membro de instituto de vida consagrada e de congregação ou de ordem religiosa, este quando por ela mantido, salvo se filiado obrigatoriamente à Previdência Social em razão de outra atividade, ou a outro sistema previdenciário, militar ou civil, ainda que na condição de inativo; (Redação dada à alínea pela Lei 8.540, de 22.12.1992).

d) o empregado de organismo oficial internacional ou estrangeiro em funcionamento no Brasil, salvo quando coberto por sistema próprio de previdência social; (Redação dada à alínea pela Lei 8.540, de 22.12.1992).

e) o brasileiro civil que trabalha no exterior para organismo oficial internacional do qual o Brasil é membro efetivo, ainda que lá domiciliado e contratado, salvo quando coberto por sistema de previdência social do país do domicílio; (Alínea acrescentada pela Lei 8.540, de 22.12.1992).

▶ Assim dispunha o inc. VII, alterado:

VII – como segurado especial: o produtor, o parceiro, o meeiro e o arrendatário rurais, o pescador artesanal e o assemelhado, que exerçam essas atividades individualmente ou em regime de economia familiar, ainda que com auxílio eventual de terceiros, bem como seus respectivos cônjuges ou companheiros e filhos maiores de quatorze anos ou a eles equiparados, desde que trabalhem, comprovadamente, com o grupo familiar respectivo. (Redação dada ao inciso pela Lei 8.398, de 07.01.1992).

▶ Assim dispunha o parágrafo alterado:

§ 1.º Entende-se como regime de economia familiar a atividade em que o trabalho dos membros da família é indispensável à própria subsistência e é exercido em condições de mútua dependência e colaboração, sem a utilização de empregados.

▶ Assim dispunha o parágrafo revogado:

§ 3.º O INSS instituirá Carteira de Identificação e Contribuição, sujeita a renovação anual, nos termos do Regulamento desta Lei, que será exigida.

☐ Nota ao inc. I, alínea *g*:

- Orientação Normativa SPS 2, de 13.08.2004, *DOU* 20.08.2004, que disciplina o recolhimento das contribuições previdenciárias decorrentes da contratação de pessoal, pelos comitês financeiros de partidos políticos e candidatos a cargos eletivos, para prestação de serviço nas campanhas eleitorais.

Art. 13 • Lei Orgânica da Seguridade Social

☐ Notas ao inc. I, alínea *h*:

- IN SRP 15, de 12.09.2006, *DOU* 18.09.2006, que dispõe sobre a devolução de valores arrecadados pela Previdência Social com base nesta alínea.
- Dispositivo com execução suspensa pela Resolução SF 26, de 2005, *DOU* 22.06.2005.

☐ Nota ao inc. V, alínea *g*:

- Orientação Normativa SPS 1, de 22.08.2002, *DOU* 27.08.2002, que disciplina o recolhimento das contribuições previdenciárias decorrentes da contratação de pessoal, pelos comitês financeiros de partidos políticos e candidatos a cargos eletivos, para prestação de serviço nas campanhas eleitorais.
- O § 4.º havia sido revogado pela Lei 8.870, de 15.04.1994.

Art. 13. O servidor civil ocupante de cargo efetivo ou o militar da União, dos Estados, do Distrito Federal ou dos Municípios, bem como o das respectivas autarquias e fundações, são excluídos do Regime Geral de Previdência Social consubstanciado nesta Lei, desde que amparados por regime próprio de previdência social. (NR).

§ 1.º Caso o servidor ou o militar venham a exercer, concomitantemente, uma ou mais atividades abrangidas pelo Regime Geral de Previdência Social, tornar-se-ão segurados obrigatórios em relação a essas atividades. (NR).

§ 2.º Caso o servidor ou o militar, amparados por regime próprio de previdência social, sejam requisitados para outro órgão ou entidade cujo regime previdenciário não permita a filiação nessa condição, permanecerão vinculados ao regime de origem, obedecidas as regras que cada ente estabeleça acerca de sua contribuição. (Redação dada ao artigo pela Lei 9.876, de 26.11.1999, *DOU* 29.11.1999).

✽ **Remissão:** CLPS, arts. 4.º, I, e 6.º, § 3.º

✍ **Anotação**

O art. 40 da CF/1988 institui o chamado regime próprio de previdência dos servidores. Na esfera federal tal regime é disciplinado pela Lei 8.112, de 11.12.1990, ressalvada a situação dos militares, cujo regime é disciplinado por lei específica. O preceito admite a criação de regime próprio previdenciário mediante lei dos Municípios, dos Estados e do Distrito Federal.

A Orientação Normativa SPS 2, de 31.03.2009, DOU 02.04.2009, dispõe sobre o Regime Próprio de Previdência Social dos servidores públicos.

JURISPRUDÊNCIA

"*Administrativo. Servidor público federal. Processo administrativo disciplinar. Demissão. Prescrição. Não ocorrência. Violação ao princípio da hierarquia. Comissão processante conduzida por servidor com nível superior. Vício que se afasta. Proporcionalidade da sanção aplicada.* 1. Segundo o art. 149 da Lei 8.112/1990, o Processo Administrativo será conduzido por Comissão composta de três servidores estáveis designados pela autoridade competente, determinando que o Presidente da Comissão deverá ocupar cargo efetivo superior ou do mesmo nível do ocupado pelo indiciado, ou ter escolaridade igual ou superior à dele. 2. Os servidores que compuseram a Comissão Processante, inclusive seu Presidente, possuíam todos nível superior, apesar de ocuparem cargo de nível técnico, situação que afasta a irregularidade apontada. 3. O prazo previsto no art. 142, I, da Lei 8.112/1990 inicia-se no momento em que a Administração toma conhecimento dos fatos. No caso dos autos, não há falar em prescrição, porquanto a irregularidade veio a tona com a realização de auditoria em 2004, o PAD foi instaurado em 14.09.2007 e o ato de demissão da impetrante foi publicado no *Diário Oficial* de 26.11.2009. 4. A pena de demissão mostra-se proporcional, pois foi apurado em regular processo disciplinar que o servidor deixou de observar os procedimentos administrativos previstos para a emissão de Certidões Negativas de Débito e atuou, ainda, com dolo na emissão irregular de 66 Guias de Recolhimento da Previdência Social – GPS, com o objetivo de encobrir a irregularidade anterior. 5. Ordem denegada" (STJ – MS 15119/DF – 2010/0049200-2 – rel. Min. Jorge Mussi – 3.ª S. – j. 27.06.2012 – DJe 01.08.2012).

"*Embargos à execução fiscal – Nulidade do título executivo – Não comprovação – Lei Complementar n. 84/96, art. 1.º, I – Constitucionalidade – Servidores em cargos em comissão* – 1. Não há falar em nulidade da CDA, porquanto presentes os requisitos legais, e indicada a legislação pertinente a cada acréscimo. A falta de demonstrativo da dívida não gera a nulidade do título, porquanto não é requisito legal da CDA. Ademais, a dívida ativa regularmente inscrita é dotada de presunção *juris tantum* de certeza e liquidez, só podendo ser afastada por prova inequívoca. 2. A edição da LC 84/1996, positivou, de forma reconhecidamente constitucional (RE 258.470/RS, 1.ª T., rel. Min. Moreira Alves, publicado no DJ 12.05.00), a cobrança sobre as remunerações ou retribuições pagas a segurados empresários, trabalhadores autônomos e avulsos. 3. A Lei 9.876/1999, que alterou a redação do art. 22 da Lei 8.212/1992, majorando a alíquota da referida contribuição para 20% e revogando o dispositivo correlato da LC 84/1996, não possui qualquer vício capaz de infirmar a sua validade. Isso porque a EC 20/1998 veio a fixar expressamente a competência tributária da União para a instituição de contribuição social sobre 'a folha de salários e demais rendimentos do trabalho pagos ou creditados, a qualquer título, à pessoa física que lhe preste serviço, mesmo sem vínculo empregatício' (art. 195, I, a, da CF/1988). 4. Os servidores que ocupam exclusivamente cargos em comissão, estão submetidos ao regime geral da Previdência Social, salvo se pertencentes a regime próprio de previdência, nos termos do art. 13 da Lei 8.212/1991. 5. As diárias que excedem a 50% do valor da remuneração têm natureza salarial, incidindo, assim, a contribuição social do exercente de cargo em comissão" (TRF-4.ª Reg. – REOAC 2004.71.00.047306-4 – 2.ª T. – rel. Otávio Roberto Pamplona – DJ 17.12.2008).

▶ Assim dispunha o artigo alterado:

Art. 13. O servidor civil ou militar da União, dos Estados, do Distrito Federal ou dos Municípios, bem como o das respectivas autarquias e fundações, é excluído do Regime Geral de Previdência Social consubstanciado nesta Lei, desde que esteja sujeito a sistema próprio de previdência social.

Parágrafo único. Caso este servidor venha a exercer, concomitantemente, uma ou mais atividades abrangidas pelo Regime Geral de Previdência Social, tornar-se-á segurado obrigatório em relação a essas atividades.

Art. 14. É segurado facultativo o maior de 14 (quatorze) anos de idade que se filiar ao Regime Geral de Previdência Social, mediante contribuição, na forma do art. 21, desde que não incluído nas disposições do art. 12.

✳ Remissão: CLPS, art. 9.º.

✍ Anotação

A filiação facultativa ao sistema previdenciário depende da manifestação de vontade do interessado e do consequente pagamento das contribuições sociais. Trata-se de reminiscência da antiga figura do contribuinte em dobro na qual a pessoa, para não perder o vínculo com a Previdência Social, vertia a própria contribuição acrescida daquela que seria devida pela empresa. Definida pela Constituição a idade mínima para o ingresso do menor no mundo do trabalho, o art. 11 do Dec. 3.048/1999 fixa em 16 (dezesseis) anos essa idade para o inclusão nessa categoria. A filiação facultativa abrange, inclusive, o estagiário, nos termos do art. 12, § 2.º, da Lei 11.788/2008.

TÍTULO VI – DO FINANCIAMENTO DA SEGURIDADE SOCIAL – INTRODUÇÃO • Art. 14

JURISPRUDÊNCIA

"*Processual civil. Embargos de declaração. Inexistência de hipótese inserta no art. 535 do CPC. Servidor público estadual. Segurado facultativo. Recolhimento de contribuições. Legislação local. Súmula 208/STF.* 1. Nos termos do art. 535 do Código de Processo Civil-CPC, os embargos de declaração são cabíveis para sanar obscuridade ou contradição ou, ainda, para suprir omissão verificada no julgado, acerca de tema sobre o qual o tribunal deveria ter-se manifestado. São admitidos, também, para a correção de eventual erro material do julgado. 2. A via dos embargos de declaração não é própria para rediscussão de temas já decididos – o Tribunal *a quo*, com base na legislação local, decidiu sobre a contribuição previdenciária de ex-servidores públicos estaduais. 3. O embargante, a pretexto de omissão, não oculta a sua pretensão de modificar o resultado de julgamento, pois o pleito foi julgado de maneira desfavorável. 4. Embargos de declaração rejeitados" (STJ – EDcl-AgRg-REsp 1.259.530 – Processo 2011/0070111-4/PI – 2.ª T. – rel. Min. Castro Meira – j. 16.08.2012 – DJE 24.08.2012).

"*Previdenciário. Aposentadoria por tempo de contribuição. Segurado facultativo. Perda da qualidade de segurado. Recolhimento das contribuições previdenciárias com atraso. Possibilidade.* I. O recolhimento em atraso não impossibilita o cômputo das contribuições para obtenção do benefício (REsp 642243/PR, 6.ª T., j. 21.03.2006, rel. Min. Nilson Naves, DJ 05.06.2006, p. 324). II. Somados todos os períodos de contribuição do autor, o valor encontrado tinge 31 anos, 01 mês e 17 dias de serviço até a data do requerimento administrativo, preenchendo, portanto o tempo necessário à obtenção da aposentadoria por tempo de contribuição" (TRF-2.ª Reg. – Processo 0512593-59.2005.4.02.5101 – 1.ª T. Especializada – j. 30.05.2012 – rel. Des. Federal Paulo Espirito Santo – DEJF 15.06.2012 – p. 232).

"*Processual civil – Aposentadoria rural – Extinção sem resolução do mérito – Falta de interesse de agir da autora – Apelo da autora contra suposta sentença negatória do pedido – Razões do recurso dissociadas do conteúdo da sentença impugnada –* 1. A Sentença recorrida extinguiu o processo, sem resolução do mérito, nos termos do art. 267, VI, do CPC, por falta de interesse de agir autora, sob o fundamento que seu marido é fazendeiro, ou seja, empresário rural e nessa qualidade, segurado facultativo do RGPS. 2. Não obstante, a parte autora requer a reforma da sentença que julgou improcedente o pedido inicial, limitando-se a sustentar, genericamente, a existência de início da prova material, que, oportunamente, serão somados a prova testemunhal para o convencimento de sua condição de rurícola. 3. Não guarda, portanto, consonância com o quanto decidido. Posto isto, a apelação não pode ser conhecida, uma vez que não ataca os fundamentos da sentença recorrida, o que impede sua apreciação. 4. Apelação não conhecida" (TRF-1.ª Reg. – AC 0039211-77.2010.4.01.9199/MG – rel. Des. Francisco de Assis Betti – DJe 13.01.2011 – p. 152).

"*Direito previdenciário – Revisão de benefício – Segurado empregado – Afastamento – Recolhimento de contribuições como segurado facultativo – Escala de salários-base (art. 28 da Lei 8.212/1991) – Enquadramento – Art. 29, § 3.º, da Lei 8.212/1991 – Ausência de ilegalidade* – 1. Ao proceder à inclusão do apelante em uma das 'classes de salário-base' referidas no art. 29, § 8.º, da Lei 8.212/1991 (redação originária) e elencadas no art. 28 da mesma Lei, o INSS apurou os valores de contribuições vertidas pelo segurado, enquanto empregado, nos seis últimos meses em que esteve vinculado ao Banco do Brasil, ou seja, de fevereiro a julho de 1995. 2. Como houve, dentro do período de apuração, variação do valor máximo de contribuição, que passou de R$ 582,86 para R$ 832,66, a média encontrada não refletiu exatamente o último valor de contribuição, mas outro inferior (R$ 757,35). Consequência disso é que o segurado não se viu enquadrado na classe 10 da escala de salários-base, mas sim na classe 09, onde o salário-base era de R$ 749,39. 3. É certo que essa sistemática de apuração do salário de benefício era nitidamente danosa ao segurado, mas era legalmente imposta, não tendo o INSS como proceder diversamente. 4. Apelação desprovida" (TRF-1.ª Reg. – AC 2004.01.99.045359-8/MG – rel. Juiz Federal Guilherme Mendonça Doehler – DJe 17.03.2010 – p. 87).

"*Previdenciário. Averbação de tempo de serviço. Estágio acadêmico remunerado. Lei 3.870/1960. Art. 2.º, I, c/c art. 5.º. Inteligência. Lei 5.890/73. Segurado facultativo. Indenização das contribuições. Necessidade.* 1. Nos termos do art. 2.º, I, c/c art. 5.º da Lei 3.870/1960, vigente na época dos fatos, os estagiários não são segurados obrigatórios da Previdência Social, uma vez que não exercem atividade laborativa propriamente dita. 2. Para fins de contagem de tempo de serviço, o art. 32, § 2.º, da Lei 3.807/1960 exigia a indenização das contribuições não recolhidas, na condição de segurado obrigatório ou contribuinte facultativo. 3. Apenas com a edição da Lei 5.890/1973, o estagiário ou bolsista passou a ser considerado segurado facultativo da Previdência Social. 4. No caso dos autos, a autora pretende averbar tempo de serviço prestado como estágio acadêmico, no período 1.º.01.69 a 01.09.72, sem a correspondente indenização das contribuições, o que não encontra amparo na lei de regência. 5. Apelação não provida" (TRF-1.ª Reg. – AC 1997.01.00.040177-2/DF – 2.ª T. – rel. Des. Federal Francisco de Assis Betti – j. 05.08.2009).

"*Previdenciário. Revisão de benefício. Tempo de serviço. Militar. Especialidade. Ausência de previsão legal. Coeficiente de cálculo da aposentadoria por*

TÍTULO VI – DO FINANCIAMENTO DA SEGURIDADE SOCIAL – INTRODUÇÃO • **Art. 14**

tempo de serviço proporcional. Art. 53 da Lei 8.213/1991. Art. 29, § 8.º da Lei 8.212/1991. 1. O tempo de serviço militar é considerado como tempo de serviço 'comum' para efeito de aposentadoria por tempo de serviço. 2. A aposentadoria por tempo de serviço, para o segurado do sexo masculino, consistirá numa renda mensal de 70% (setenta por cento) do salário de benefício aos 30 (trinta) anos de serviço, mais 6% (seis por cento) deste, para cada novo ano completo de atividade, até o máximo de 100% (cem por cento) do salário de benefício aos 35 (trinta e cinco) anos de serviço. 3. O art. 29, § 8.º, da Lei 8.212/1991 faculta ao segurado que deixar de ser segurado obrigatório do Regime Geral de Previdência Social, passando a contribuir como segurado facultativo, enquadrar-se na classe mais próxima da média aritmética simples dos seus seis últimos salários de contribuição, atualizados monetariamente, no caso, até a competência anterior ao ingresso" (TRF-4.ª Reg. – Ap/RN 1999.71.08.006310-0/RS – 5.ª T. – rel. Juiz Federal Artur César de Souza – DJ 19.01.2009).

☐ Nota:

    Art. 11 do Dec. 3.048, de 06.05.1999:

    Art.11. É segurado facultativo o maior de dezesseis anos de idade que se filiar ao Regime Geral de Previdência Social, mediante contribuição, na forma do art. 199, desde que não esteja exercendo atividade remunerada que o enquadre como segurado obrigatório da previdência social.

    § 1.º Podem filiar-se facultativamente, entre outros:

    I – a dona de casa;

    II – o síndico de condomínio, quando não remunerado;

    III – o estudante;

    IV – o brasileiro que acompanha cônjuge que presta serviço no exterior;

    V – aquele que deixou de ser segurado obrigatório da previdência social;

    VI – o membro de conselho tutelar de que trata o art. 132 da Lei 8.069, de 13 de julho de 1990, quando não esteja vinculado a qualquer regime de previdência social;

    VII – o bolsista e o estagiário que prestam serviços a empresa de acordo com a Lei 6.494, de 7 de dezembro de 1977;

    VIII – o bolsista que se dedique em tempo integral a pesquisa, curso de especialização, pós-graduação, mestrado ou doutorado, no Brasil ou no exterior, desde que não esteja vinculado a qualquer regime de previdência social;

    IX – o presidiário que não exerce atividade remunerada nem esteja vinculado a qualquer regime de previdência social; Alterado pela Dec. 7.054 de 28 de dezembro de 2009

    X – o brasileiro residente ou domiciliado no exterior, salvo se filiado a regime previdenciário de país com o qual o Brasil mantenha acordo internacional; e Alterado pelo Dec. 7.054 de 28 de dezembro de 2009

XI – o segurado recolhido à prisão sob regime fechado ou semiaberto, que, nesta condição, preste serviço, dentro ou fora da unidade penal, a uma ou mais empresas, com ou sem intermediação da organização carcerária ou entidade afim, ou que exerce atividade artesanal por conta própria. Incluído pelo Dec. 7.054 de 28 de dezembro de 2009

Redação original

IX – o presidiário que não exerce atividade remunerada nem esteja vinculado a qualquer regime de previdência social; e

X – o brasileiro residente ou domiciliado no exterior, salvo se filiado a regime previdenciário de país com o qual o Brasil mantenha acordo internacional.

§ 2.º É vedada a filiação ao Regime Geral de Previdência Social, na qualidade de segurado facultativo, de pessoa participante de regime próprio de previdência social, salvo na hipótese de afastamento sem vencimento e desde que não permitida, nesta condição, contribuição ao respectivo regime próprio.

§ 3.º A filiação na qualidade de segurado facultativo representa ato volitivo, gerando efeito somente a partir da inscrição e do primeiro recolhimento, não podendo retroagir e não permitindo o pagamento de contribuições relativas a competências anteriores à data da inscrição, ressalvado o § 3.º do art. 28.

§ 4.º Após a inscrição, o segurado facultativo somente poderá recolher contribuições em atraso quando não tiver ocorrido perda da qualidade de segurado, conforme o disposto no inciso VI do art. 13.

Seção II

Da empresa e do empregador doméstico

Art. 15. Considera-se:

I – empresa – a firma individual ou sociedade que assume o risco de atividade econômica urbana ou rural, com fins lucrativos ou não, bem como os órgãos e entidades da administração pública direta, indireta e fundacional;

II – empregador doméstico – a pessoa ou família que admite a seu serviço, sem finalidade lucrativa, empregado doméstico.

Parágrafo único. Equipara-se a empresa, para os efeitos desta Lei, o contribuinte individual em relação a segurado que lhe presta serviço, bem como a cooperativa, a associação ou entidade de qualquer natureza ou finalidade, a missão diplomática e a repartição consular de carreira estrangeiras. (NR) (Redação dada ao parágrafo pela Lei 9.876, de 26.11.1999, *DOU* 29.11.1999).

✱ **Remissão:** CLPS, art. 5.º, I, e parágrafo único.

✎ Anotação

O conceito de empresa aproxima-se daquele estabelecido pela Consolidação das Leis do Trabalho, art. 2.º, mas mostra-se mais amplo do que aquele firmado pelo diploma laboral. O conceito de empregador doméstico, por sua vez, equipara-se àquele fixado pelo Dec. 71.885/1973, art. 3.º (Regulamento da Lei 5.859/1972). Há também figuras distintas equiparadas às empresas, propriamente ditas.

É o que ocorre, exemplificativamente, com as contribuições previdenciárias decorrentes da contratação de pessoal, pelos comitês financeiros de partidos políticos e candidatos a cargos eletivos, para prestação de serviço nas campanhas, de que cuida a Orientação Normativa SPS 2, de 13.08.2004, *DOU* 20.08.2004.

JURISPRUDÊNCIA

"*Processual civil. Recurso especial. Tributário. Salário-educação. Produtor rural pessoa física. Inexigibilidade da exação.* 1. A orientação das Turmas que integram a 1.ª Seção/STJ firmou-se no sentido de que a contribuição para o salário-educação somente é devida pelas empresas em geral e pelas entidades públicas e privadas vinculadas ao Regime Geral da Previdência Social, entendendo-se como tais, para fins de incidência, qualquer firma individual ou sociedade que assuma o risco de atividade econômica, urbana ou rural, com fins lucrativos ou não, conforme estabelece o art. 15 da Lei 9.424/1996, c/c o art. 2.º do Dec. 6.003/2006. 2. Assim, 'a contribuição para o salário--educação tem como sujeito passivo as empresas, assim entendidas as firmas individuais ou sociedades que assumam o risco de atividade econômica, urbana ou rural, com fins lucrativos ou não' (REsp 1.162.307/RJ, 1.ª Seção, rel. Min. Luiz Fux, *DJe* 03.12.2010 – recurso submetido à sistemática prevista no art. 543-C do CPC), razão pela qual o produtor rural pessoa física, desprovido de registro no Cadastro Nacional de Pessoa Jurídica (CNPJ), não se enquadra no conceito de empresa (firma individual ou sociedade), para fins de incidência da contribuição para o salário educação. Nesse sentido: REsp 711.166/PR, 2.ª T., rel. Min. Eliana Calmon, *DJ* 16.05.2006; REsp 842.781/RS, 1.ª T., rel. Min. Denise Arruda, *DJ* 10.12.2007. 3. Recurso especial provido" (STJ – REsp 1242636/SC – 2011/0054205-5 – rel. Min. Mauro Campbell Marques – 2.ª T. – j. 06.12.2011 – *DJe* 13.12.2011 – *RB* 579/64).

"*Empregada doméstica – Manutenção da qualidade de segurada –* O atraso no recolhimento das contribuições sociais por parte do empregador doméstico não determina a perda da qualidade de segurado, a qual é mantida durante todo o contrato de trabalho. *Auxílio-doença – Perícia judicial concludente – Qualidade de segurada – Carência – Incapacidade laboral temporária –* É devido o auxílio-doença quando, presentes os requisitos da qualidade de segurada e carência, a perícia judicial é concludente de que a segurada se encontra temporariamente incapacitada para seu trabalho" (TRF-4.ª Reg. – AC 0002140-82.2010.404.9999/RS – 5.ª T. – rel. Des. Federal Rômulo Pizzolatti – DJe 13.01.2011 – p. 309).

"*Tributário e constitucional – Contribuição social sobre a remuneração de autônomos, administradores e avulsos – Lei Complementar n. 84/1996, incs. I e II – Art. 195, § 4.º da CF – Constitucionalidade precedentes do STF – Ofensa inexistente aos arts. 154, I, e 174, § 2.º da CF/1988 – Sociedades cooperativas – Incidência* – 1. O E. STF, quando do julgamento do RE 228.321, entendeu que a remissão ao art. 154, I, da CF, contida na parte final do art. 195, § 4.º, da CF/1988 restringe-se à necessidade de lei complementar para a criação de novas contribuições, e reconheceu a constitucionalidade da LC 84/1996. 2. O art. 1.º, II, da LC 84/1996 prevê que a cobrança da contribuição será calculada sobre os valores pagos, distribuídos ou creditados aos cooperados pelos serviços prestados a terceiros, por intermédio da cooperativa, o que significa que basta a intermediação para que incida a referida contribuição. 3. O art. 174, § 2.º, da CF/1988 não confere qualquer imunidade ou isenção de tributos às cooperativas. 4. O inc. I do art. 1.º da LC 84/1996 incluiu expressamente as cooperativas como sujeito passivo da contribuição, em conformidade com o art. 195, *caput* e inc. I, da CF/1988. 5. Ademais, o art. 15, parágrafo único, da Lei 8.212/1991 equipara as cooperativas às empresas para fins de aplicação da legislação do custeio da previdência social (art. 12, parágrafo único, do Dec. 3.048/1999 (Regulamento da Previdência Social). Precedente do STJ. 6 – Apelação improvida. Mantidos os ônus da sucumbência" (TRF-2.ª Reg. – AC 1998.50.01.007579-2 – (360462) – 3.ª T. Especializada – rel. Des. Federal Paulo Barata – DJe 19.11.2009 – p. 134).

"*Contribuições do INSS – Trabalho sem vínculo de emprego prestado no âmbito doméstico* – Na prestação de serviços de natureza doméstica, na condição de diarista, sem vínculo empregatício, não há que se cogitar de incidência da contribuição previdenciária sobre o valor acordado, pois o tomador de serviços não se enquadra como contribuinte, nos termos do art. 1.º, I, da LC 84/1996 e art. 15 da Lei 8.212/1991. Quanto ao prestador de serviços, o mesmo recolhe a contribuição por iniciativa própria (art. 30, II, da Lei 8.212/1991)" (TRT 2.ª Reg. – RO 01520-2007-301-02-00-4 – (20090263701) – 3.ª T. – rel. Juíza Mercia Tomazinho – DOE/SP 08.05.2009).

▶ Assim dispunha o parágrafo alterado:

Parágrafo único. Considera-se empresa, para os efeitos desta Lei, o autônomo e equiparado em relação a segurado que lhe presta serviço, bem como a cooperativa, a associação ou entidade de qualquer natureza ou finalidade, a missão diplomática e a repartição consular de carreira estrangeiras.

Capítulo II
Da contribuição da União

Art. 16. A contribuição da União é constituída de recursos adicionais do Orçamento Fiscal, fixados obrigatoriamente na lei orçamentária anual.

Parágrafo único. A União é responsável pela cobertura de eventuais insuficiências financeiras da Seguridade Social, quando decorrentes do pagamento de benefícios de prestação continuada da Previdência Social, na forma da Lei Orçamentária Anual.

✽ **Remissão:** CLPS, arts. 131 e 132.

✎ Anotação

Segundo o art. 195 da CF/1988, a seguridade social será financiada por toda a sociedade, de forma direta e indireta, nos termos da lei, mediante recursos provenientes dos orçamentos da União, dos Estados, do Distrito Federal e dos Municípios. Anima essa ideia o princípio da solidariedade de que tratou, pioneiramente, Leão XIII, na Encíclica *Rerum novarum*, de 1891. Como se sabe, e a própria Lei 3.807/1960 (a LOPS), em seu art. 135, reconhecia de modo expresso, a dívida da União é o registro cabal da omissão do Estado brasileiro para com as suas responsabilidades constitucionais perante a previdência social. Vide, ainda, o art. 90 da presente lei.

JURISPRUDÊNCIA

"*Processual civil e previdenciário. Agravo regimental. Recurso especial. Prequestionamento. Matéria de ordem pública. Necessidade (Súmula 282/STF). Assistência social. Benefício de prestação continuada. Legitimidade da União. Demanda ajuizada antes do advento da Lei 9.720/1998.* 1. Falta o necessário prequestionamento quando o Tribunal de origem deixa de se manifestar sobre os dispositivos tidos por violados, conforme a Súmula 282/STF. 2. Nem mesmo as matérias de ordem pública dispensam o prequestionamento para serem apreciadas em âmbito especial. 3. Conforme jurisprudência do STJ, até o advento da Lei 9.720/1998, a responsabilidade pelos recursos destinados ao pagamento dos benefícios assistenciais de prestação continuada era da

União. 4. Agravo regimental improvido" (STJ – AgRg no REsp 884084/SP – 2006/0144422-2 – rel. Min. Sebastião Reis Júnior – 6.ª T. – j. 22.11.2011 – DJe 14.12.2011).

"Previdenciário e processual civil – Benefício de prestação continuada – Art. 203, V, da CF/1988 e Lei 8.742/1993 – Litisconsórcio passivo necessário entre o INSS e a União Federal – Art. 29, parágrafo único, da Lei 8.742/1993, com a redação dada pela Lei 9.720/1998 – Art. 47 e parágrafo único, do CPC – Causa envolvendo interesse de incapaz – Falta de intervenção do Ministério Público – Nulidade processual – Art. 82, I, do CPC – I – Tratando-se de causa em que há interesse de incapaz, obrigatória a intervenção do Ministério Público, nos termos do art. 82, I, do CPC, e, tal não tendo ocorrido, nulo é o processo, a teor do art. 246 do CPC. Impossibilidade de aplicação, na espécie, do art. 249, § 2.º, do CPC. II – De acordo com o art. 29, parágrafo único, da Lei 8.742/1993, com a redação dada pela Lei 9.720/1998, embora o INSS seja responsável pela execução e manutenção dos benefícios de prestação continuada, previstos no art. 20 daquele diploma legal, os recursos destinados ao seu financiamento são de responsabilidade da União Federal, que, desta forma, deve integrar a lide, na qualidade de litisconsorte passiva necessária, a teor do art. 47 e parágrafo único, do CPC, sob pena de ineficácia de eventual sentença favorável ao autor. III – Decretada a nulidade do processo, a partir do despacho que determinou a citação do INSS, inclusive, devendo nele intervir, a partir de então, o Ministério Público, citando-se a União Federal, para integrar a lide, na qualidade de litisconsorte passiva necessária. IV – Processo anulado. V – Apelação do autor prejudicada" (TRF-1.ª Reg. – AC 199701000405210/BA – 2.ª T. – rel. Des. Federal Assusete Magalhães – DJU 18.04.2005 – p. 61).

Art. 17. Para pagamento dos encargos previdenciários da União, poderão contribuir os recursos da Seguridade Social referidos na alínea *d* do parágrafo único do art. 11 desta Lei, na forma da Lei Orçamentária anual, assegurada a destinação de recursos para as ações desta Lei de Saúde e Assistência Social. (NR) (Redação dada ao artigo pela Lei 9.711, de 20.11.1998, *DOU* 21.11.1998).

✎ Anotação

As despesas da União com os proventos dos servidores federais inativos e com os respectivos pensionistas poderão ser quitadas com os recursos da

Título VI – Do financiamento da Seguridade Social – Introdução • **Art. 17**

seguridade social. Transfere-se, então, para os trabalhadores e as empresas responsabilidades que deveriam ser assumidas pelo Tesouro, com recursos do Orçamento Fiscal. Como se percebe pela redação anterior do dispositivo, transcrita abaixo, essa prática seria reduzida até o montante de 10% a partir de 1995. Com a modificação levada a efeito pela Lei 9.711, no entanto, o desvio de recursos será praticado indefinidamente.

JURISPRUDÊNCIA

"Processual civil. Tributário. Recurso ordinário em mandado de segurança. Contribuição previdenciária de servidor público. Gozo de licença para tratamento de assuntos particulares. 1. Hipótese em que o recorrente pretende ver reconhecido o direito de não recolher a contribuição previdenciária durante o período de licença para tratamento de assuntos particulares, cancelando-se, em consequência, os documentos de arrecadação já expedidos. 2. No exercício da prerrogativa prevista no § 1.º do art. 149 da CF/1988, o Estado de Minas Gerais editou a LC Estadual 64/2002, impondo ao servidor legalmente licenciado, ainda que sem vencimentos, não apenas o recolhimento da contribuição do segurado, mas também da contribuição patronal. 3. Quanto à primeira, não resta dúvida de que a sua exigência está adequada ao comando do art. 40 da CF/1988, que assegura aos servidores titulares de cargos efetivos da União, dos Estados, do Distrito Federal e dos Municípios regime de previdência de caráter contributivo e solidário, mediante contribuição do respectivo ente público, dos servidores ativos e inativos e dos pensionistas, observados critérios que preservem o equilíbrio financeiro e atuarial. 4. Vale destacar, ademais, como bem salientou o ilustre representante do *Parquet*, que o impetrante, embora afastado sem remuneração, 'não perdeu o vínculo funcional para com a Administração Estadual'. Ressaltou, ainda, que 'o período de licença é incluído na contagem de tempo de serviço para efeito de aposentadoria do servidor', tal como previsto no parágrafo único do art. 31 da LC Estadual 64/2002. 5. Na sistemática atual, segundo a abalizada doutrina de Hely Lopes Meirelles, 'não há mais tempo de serviço, porém de contribuição, sendo vedada qualquer forma de contagem de tempo de contribuição fictício (art. 40, § 10). Disso resulta que nenhum outro tempo que não seja o de contribuição poderá ser contado para fins de aposentadoria ou pensão, ou, melhor, dentro do regime peculiar de previdência social do servidor titular de cargo vitalício ou efetivo' (*Direito administrativo brasileiro*, 31. ed., atual. por Eurico de Andrade Azevedo, Délcio Balestero Aleixo e José Emmanuel Burle Filho, São Paulo: Malheiros, 2006, p. 456). 6. Assim, preservado o vínculo com a Administração, inclusive com a manutenção de todos os benefícios previdenciários, e garantida a contagem do

Art. 17 • Lei Orgânica da Seguridade Social

tempo de serviço para efeito de aposentadoria, é dever do servidor proceder ao recolhimento da respectiva contribuição previdenciária, à alíquota de 11% sobre 'a remuneração de contribuição atribuída ao cargo efetivo no mês do afastamento ou a oriunda de título declaratório, reajustada nas mesmas épocas e de acordo com os mesmos índices aplicados aos vencimentos do mesmo cargo em que se deu o afastamento' (arts. 26, § 4.º, e 28 da LC Estadual 64/2002). 7. Não procede, igualmente, a afirmação do impetrante de que, por também exercer a profissão de advogado particular, teria o direito de escolher o melhor regime de previdência e o respectivo salário de contribuição, tendo em vista a declaração de inconstitucionalidade do art. 137 da LC 65, do Estado de Minas Gerais, ocorrida no julgamento da ADI 3.043/MG, ocasião na qual a Corte Suprema deixou assentado que 'o § 1.º do art. 134 da CF/1988 repudia o desempenho, pelos membros da Defensoria Pública, de atividades próprias da advocacia privada' (Tribunal Pleno, rel. Min. Eros Grau, DJ 27.10.2006). 8. Consoante o parecer do Ministério Público Federal: 'O sistema previdenciário instituído pelas Emendas Constitucionais 3/1993 e 20/1998 possui caráter contributivo e solidário, a dizer que a responsabilidade pelo custeio das aposentadorias e da seguridade social daqueles vinculados a esse sistema há de ser compartilhado entre os empregados e empregadores, que devem arcar com as respectivas contribuições, nos limites das alíquotas definidas em lei. (...) Nada há no sistema previdenciário instituído pelas Emendas Constitucionais 3/1993 e 20/1998 que autorize a transferência de responsabilidade dos encargos previdenciários do Estado para o servidor, em qualquer hipótese, sendo certo que o disposto no art. 31 da LC Estadual 64/2002 – obrigando o servidor a recolher a contribuição patronal – constitui evidente afronta ao princípio da solidariedade em que se fundamenta o aludido sistema previdenciário.' 9. Recurso em mandado de segurança parcialmente provido, para se declarar, apenas em relação ao impetrante e a partir da impetração (Súmula 271/STF), a inexigibilidade da cobrança da contribuição patronal prevista no art. 30 da Lei Complementar 64/2002, durante o prazo em que esteve afastado do exercício do seu cargo, em decorrência do gozo de licença para tratamento de assuntos particulares" (STJ – RMS 20561/MG – 2005/0139304-2 – rel. Min. Denise Arruda – 1.ª T. – j. 20.11.2008 – DJe 09.02.2009).

"ADI (Med. Liminar) 1271-1/DF

Relator: Min. Celso de Mello

Requerente: Partido dos Trabalhadores – PT

Requerido: Presidente da República

Dispositivo legal questionado:

Medida Provisória 964, de 30 de março de 1995.

Altera as Leis 8.019 de 11 de abril de 1990, e 8.212, de 24 de julho de 1991, e dá outras providências.

Art. 1.º O art. 6.º da Lei 8.019, de 11 de abril de 1990, passa a ter a seguinte redação:

'Art. 6.º o Tesouro Nacional repassará mensalmente recursos ao FAT, de acordo com programação financeira para atender os gastos efetivos daquele Fundo com seguro-desemprego, abono salarial e programas de desenvolvimento econômico do BNDES.'

Art. 2.º Os arts. 17 e 19 da Lei 8.212, de 24 de julho de 1991, passam a ter a seguinte redação:

'Art. 17. Para pagamento dos encargos previdenciários da União, poderão contribuir os recursos da Seguridade Social referidos na alínea 'd' do parágrafo único do art. 011 desta Lei, na forma da Lei Orçamentária anual, assegurada a destinação de recursos para as ações de Saúde e Assistência Social.'

'Art. 19. O Tesouro Nacional repassará mensalmente recursos referentes às contribuições mencionadas nas alíneas 'd' e 'e' do parágrafo único do art. 011 desta Lei, destinados à execução do Orçamento da Seguridade Social.'

Art. 3.º Esta Medida Provisória entra em vigor na data de sua publicação.

Art. 4.º Fica revogada a Medida Provisória 935, de 07 de março de 1995.

Medida Provisória 989, de 28 de abril de 1995.

Aditamento à inicial PG/STF 12825.

Fundamentação constitucional:

– Art. 2.º
– Art. 62, parágrafo único
– Art. 165, § 9.º, II
– Art. 239, § 2.º

Decisão:

A inocorrência do aditamento da petição inicial em relação à MedProv 1013/95 e à MedProv 1036/96 – ato processual esse reputado imprescindível ao normal prosseguimento deste processo – atua como fator de descaracterização da própria cognoscibilidade da presente ação direta, em face de postulado essencial que rege a atividade dos magistrados e dos Tribunais em geral: o princípio da inércia da jurisdição (*ne procedat judex ex officio*).

Sendo assim, e tendo em consideração as razões expostas, não conheço da presente ação direta, restando prejudicada, em consequência, a apreciação da medida cautelar.

Brasília, 30 de junho de 1995.

Resultado da liminar: Prejudicada.

Data de julgamento da liminar: 1995

Resultado do mérito: não conhecido.

Data de julgamento do mérito: 1995".

▶ Assim dispunha o artigo alterado:

Art. 17. Para o pagamento dos Encargos Previdenciários da União (EPU) poderão contribuir os recursos da Seguridade Social, referidos na alínea "d" do parágrafo único do art. 11 desta Lei, nas proporções do total destas despesas, estipuladas pelo seguinte cronograma:

I – até 55% (cinquenta e cinco por cento), em 1992;

II – até 45% (quarenta e cinco por cento), em 1993;

III – até 30% (trinta por cento), em 1994;

IV – até 10% (dez por cento), a partir de 1995.

Art. 18. Os recursos da Seguridade Social referidos nas alíneas *a*, *b*, *c* e *d* do parágrafo único do art. 11 desta Lei poderão contribuir, a partir do exercício de 1992, para o financiamento das despesas com pessoal e administração geral apenas do Instituto Nacional do Seguro Social – INSS, do Instituto Nacional de Assistência Médica da Previdência Social – INAMPS, da Fundação Legião Brasileira de Assistência – LBA e da Fundação Centro Brasileiro para Infância e Adolescência.

✍ Anotação

Na mesma linha disposta no art. 17, supramencionado, o Tesouro também deveria arcar com as despesas de pessoal que, historicamente, constituíam a parte da União no financiamento do sistema. A receita da seguridade social deveria ser reservada, com exclusividade, para as atividades de saúde, previdência social e assistência social.

Esclareça-se que as entidades referidas, com exceção do INSS, foram extintas. Hoje em dia, o pessoal que, no passado, trabalhava nas áreas da Saúde e da Assistência Social integra os quadros da Administração Direta Federal ou foi transferido para as demais Pessoas Políticas que atuam na linha de frente da prestação das atividades sanitárias e assistenciais.

JURISPRUDÊNCIA

"*Constitucional. administrativo. Previdenciário. viúva de ex-servidor público federal. Acumulação de pensões. Segundo cargo assumido na inatividade do primeiro. Cargos inacumuláveis na ativa. Impossibilidade.* 1. A impossibilidade de dupla acumulação de proventos quanto a cargos inacumuláveis na ativa, mesmo quando se cuidando de provimentos do segundo cargo assumido após a aposentadoria no primeiro, já encontrava-se firmada na jurisprudência do STF antes da EC 20/1998, tendo aquela Corte entendido, em relação ao alcance da norma do art. 11 da EC 20/1998, que essa norma apenas preservou a situação, no período de atividade, daqueles que haviam reingressado no serviço público antes de sua vigência, não significando, contudo, a possibilidade de dupla acumulação de proventos para aposentadorias anteriores a ela, sob a vigência da CF/1988. 2. Na hipótese dos autos, o falecido esposo da autora se aposentou no cargo de Telegrafista do Ministério de Comunicações em 16.10.1980. Em seguida, admitido pela Fundação Legião Brasileira de Assistência como agente administrativo, teve seu contrato de trabalho extinto, migrando para o regime jurídico instituído pela Lei 8.112/1990, passando a acumular os vencimentos desse segundo serviço com a aposentadoria anterior, até janeiro de 1996, quando se aposentou do segundo cargo e passou a receber simultaneamente as duas aposentadorias. 3. Entretanto, considerando não serem cargos passíveis de acumulação na ativa, também não se mostra possível o recebimento de mais de uma aposentadoria oriunda de serviço estatutário e, consequentemente, de acumulação das pensões. 4. Apelação improvida" (TRF-5.ª Reg. – AC 431594 – Processo 0011067-23.2006.4.05.8100/ CE – 1.ª T. – rel. Des. Federal Manoel de Oliveira Erhardt – j. 13.10.2011 – DEJF 21.10.2011 – p. 33).

"*Administrativo. Fundação pública e legião brasileira de assistência. Natureza jurídica. Procuradores da LBA. Aplicação a estes do disposto no Dec.-lei 2.333/1987 e Dec.-lei 2.365/1987, alterado pelo Dec.-lei 2.366/1987.* 1. As fundações públicas por possuírem capacidade exclusivamente administrativa, são autarquias, aplicando-se a elas todo o regime jurídico das autarquias. Doutrina e precedentes. 2. A natureza jurídica da Legião Brasileira de Assistência é de fundação pública que, em razão da definição antes apontada, classificasse como espécie do gênero autarquia. Precedentes. 3. É aplicável o Decreto-Lei 2.365/1987 aos procuradores da LBA, sobretudo em atenção aos entendimentos esposados por esta Corte e pelo Excelso Pretório, no sentido de definirem a LBA como uma espécie do gênero autarquia. 4. No tocante à aplicação do Decreto-Lei 2.333/1987, a exegese do conteúdo da norma em comento, conjuntamente com o disposto no art. 3.º, IV, Dec. 93.237, autoriza a aplicação do Decreto-Lei 2.333/1987 aos procuradores da LBA. 5. Recurso especial da União improvido e recurso especial adesivo provido" (STJ – REsp 204.822/RJ – Processo 1999/0016112-2 – 6.ª T. – rel. Min. Maria Thereza de Assis Moura – DJ 03.09.2007).

"*Administrativo. Servidor público. Antecipação de gratificação natalina. Possibilidade de desconto pelo valor total quando da liquidação da verba, independentemente de prévio procedimento administrativo ou observância do art. 46 da Lei 8.112/1990. Apelo e remessa oficial parcialmente providos.* 1. Questionando a Impetrante ato administrativo que resultou no desconto de valores de seus proventos de aposentadoria estatutária, correta se afigura a indicação da Coordenadora Estadual de Recursos Humanos da autarquia previdenciária, pois seguramente a esta cabe a ordenação das despesas com pessoal, ativo ou aposentado, indicando os valores a serem pagos e os descontos necessários, tocando ao Siape a emissão de regras gerais sobre a matéria e o cumprimento das ordens recebidas. 2. A Impetrante era funcionária do INSS em atividade no mês de Janeiro de 1995, mês em que recebeu adiantamento da gratificação natalina daquele ano, pouco importando se a pedido ou não, abrindo à autarquia previdenciária, de seu lado, o direito de descontar dita antecipação, em sua totalidade, no mês em que tal verba seria efetivamente devida, nos exatos termos do art. 9.º do Dec.-lei 2.310/1986. 3. O desconto de antecipação de gratificação natalina, por tratado em regra especial, evidentemente não se sujeita a prévio procedimento administrativo, estando subentendida a liquidez e certeza da operação e, muito menos, deve atender à regra de parcelamento a que alude o art. 46 da Lei 8.112/1990, em verdade direcionado à recuperação de quantias pagas ao servidor público indevidamente. 4. No caso concreto vê-se que, aparentemente, equívoco ocorreu no momento em que efetivado o desconto do valor adiantado a título de gratificação natalina, pois tal teria incidido sobre os proventos normais do mês de novembro de 1995, e não quando da liquidação da própria gratificação natalina daquele ano. 5. Em tal quadro, poderá o INSS, legitimamente, descontar o valor total da gratificação antecipada, independentemente de procedimento administrativo, desde que o faça quando do pagamento do remanescente da mesma verba e, caso esta não seja suficiente a suportar aquele adiantamento, descontar dos proventos mensais de aposentadoria o que sobejar, nesse caso com aplicação do parcelamento referido no art. 46 da Lei 8.112/1990, pois aí sim haverá hipótese de pagamento indevido recuperável segundo o dispositivo referido. 6. Apelo e remessa oficial parcialmente providos" (TRF-3.ª Reg. – AMS 183176 – Processo 97.03.085567-9 – T. Suplementar 1.ª S. – rel. convocado p/ o acórdão Juiz Carlos Loverra – DJ 13.11.2007).

Art. 19. O Tesouro Nacional repassará mensalmente recursos referentes às contribuições mencionadas nas alíneas *d* e *e* do parágrafo único do art. 11 desta Lei, destinados à execução do Orçamento da Seguridade Social. (NR) (Redação dada ao artigo pela Lei 9.711, de 20.11.1998, *DOU* 21.11.1998).

Anotação

Cuida o preceito do repasse das contribuições das empresas incidentes sobre faturamento e lucro (PIS, Cofins e CSLL), inclusive a que incide sobre a importação de bens e serviços do exterior, assim como das contribuições incidentes sobre a receita de concursos de prognósticos.

JURISPRUDÊNCIA

"Tributário. Ação declaratória. Inexistência de débito. Contribuições previdenciárias. Revisão de parcelamento. Fundo de participação dos municípios. Retenção de cotas. Legalidade. GFIP. Constituição do crédito. Município. Subsídios de agentes políticos. Exclusão até edição Lei 10.887/2004. Exclusão dos débitos atingidos por prescrição. Perícia judicial. 1. Esta Corte já se posicionou no sentido de que a realização de Termo de Confissão de Dívida, efetivado pelos Municípios, garantido por cotas do Fundo de Participação dos Municípios (FPM), não afronta o art. 160, parágrafo único, I, da CF/1988. Na condição de titular do crédito relativo à cota do Fundo de Participação dos Municípios, o Município criou para si a obrigação de pagar os débitos confessados, autorizando a retenção mensal do Fundo de Participação dos Municípios – FPM, das parcelas pactuadas. 2. A cobrança dos valores correntes e dos valores parcelados devidos, considerando o Município como 'empresa' para efeitos de cobrança de contribuição previdenciária, não representa qualquer irregularidade. Isso porque, nos termos do art. 195, *caput*, da CF/1988, a Seguridade Social, será financiada por toda a sociedade, de forma direta ou indireta, nos termos da lei, mediante recursos provenientes dos orçamentos da União, dos Estados, do Distrito Federal e dos Municípios. Trata-se do princípio da solidariedade social, que enlaça o Município como contribuinte do Sistema da Seguridade. 3. O STF declarou a inconstitucionalidade das contribuições previdenciárias incidentes sobre os subsídios dos agentes políticos, detentores de mandato eletivo, instituída em período anterior à EC 20, por meio da Lei 9.506, de 1997, que inseriu a alínea *h* no inciso I, da Lei 8.212, de 1991. A partir da Lei 10.887, de 2004, entretanto, o referido tributo tornou-se devido, respeitado o princípio da anterioridade especial, permanecendo indevidos os recolhimentos efetuados em período anterior à sua vigência. Tais parcelas devem ser excluídas do parcelamento. 4. Devem ser prestigiadas as conclusões do perito, profissional equidistante das partes e que presta serviço de relevância e auxílio ao juízo, especialmente quando não apontando pelas partes fato concreto para afastar a conclusão pericial" (TRF-4.ª Reg. – APELREEX 5021593-17.2011.404.7000/PR – 2.ª T. – j. 03.09.2012 – rel. Otávio Roberto Pamplona – DE 06.09.2012).

"*Processual civil e tributário. Agravo Regimental. Compensação. Impossibilidade. Observância da legislação aplicável à época do ajuizamento da ação. Leis 8.383/1991 e 9.430/1996. Pasep, Cofins e CSSL. Tributos de espécies diferentes. Inaplicabilidade do art. 170-A do CTN. Tema já julgado pelo rito estabelecido no art. 543-C, CPC, e Resolução STJ 8/2008 – Recurso representativo da controvérsia.* 1. A demanda foi proposta em 10.10.2000, razão pela qual deve ser aplicada a Lei 9.430/1996; que dispõe ser indispensável o requerimento da contribuinte à Secretaria da Receita Federal, para ver possibilitada a compensação dos valores pagos indevidamente a título de Cofins com tributos de espécies diversas. Precedente: REsp 1032715/SP, 2.ª T., rel. Min. Eliana Calmon, DJe 22.04.2008. 2 . Não havendo o requerimento, a compensação dos valores pagos indevidamente só pode ocorrer com tributos da mesma espécie tributária e mesma destinação constitucional, o que não é o caso dos autos, pois o Pasep não tem a mesma natureza jurídica da Cofins e da CSLL. Precedentes: REsp 862030/SP, rel. Min. Denise Arruda, 1.ª T., DJe 03.04.2008; REsp 446041/RJ, rel. Min. João Otávio de Noronha, 2.ª T., DJ 14.06.2006 p. 199; REsp 811992/CE, rel. Min. João Otávio de Noronha, 2.ª T., DJ 07.04.2006 p. 249; REsp 524649/CE, rel. Min. Teori Zavascki, 1.ª T., DJ 03.05.2004 p. 106; REsp 255973/RS, rel. Min. José Delgado, 1.ª T., DJ 27.11.2000 p. 135. 3. Há a possibilidade de se proceder à compensação dos créditos pela via administrativa, em conformidade com as normas posteriores, desde que atendidos os requisitos pertinentes. 4. Não há que se falar em violação ao art. 170-A do CTN, uma vez que quando ajuizada a presente ação (10.10.2000), não havia sido incluído no precedente ordenamento jurídico tributário o referido dispositivo. Precedentes: REsp 1049518/CE, rel. Min. Eliana Calmon, 2.ª T., j. 09.12.2008, DJe 26.02.2009; AgRg no Ag 936388/SP, rel. Min. Mauro Campbell Marques, 2.ª T., j. 28.10.2008, DJe 25.11.2008; e AgRg no REsp 980.305/PR, rel. Min. Humberto Martins, 2.ª T., DJe 28.05.2008. 5. Tema já julgado pelo rito estabelecido no art. 543-C, do CPC, e Resolução STJ 8/2008 (recurso representativo da controvérsia): REsp 1.138.202-ES, 1.ª Seção, rel. Min. Luiz Fux, j. 9.12.2009. 6. Agravo regimental não provido" (STJ – AgRg-REsp 720.928/RJ – Processo 2005/0014773-5 – 2.ª T. – rel. Min. Mauro Campbell Marques – DJ 04.02.2010).

Título VI – Do financiamento da Seguridade Social – Introdução • Art. 19

"*Direito constitucional. Direito administrativo. Direito processual civil. Mandado de segurança. Município. Lei municipal que instituiu concurso de prognósticos para financiar a seguridade social. Inconstitucionalidade reconhecida em vários precedentes do STF. Hipótese de julgamento pelo colegiado. Causa madura.* 1. Na hipótese dos autos, o juízo *a quo* entendeu que a impetração voltara-se contra a lei que dispôs sobre a implantação de concurso de prognósticos como fonte de receita destinada a financiar a Seguridade Social do município, e, em razão disso, concluiu pela inadequação da via eleita, pois, nos termos da Súmula 266/STF, não cabe mandado de segurança contra lei em tese. 2. Contudo, o que, de fato, busca a impetração é a suspensão dos decretos municipais que dispuseram sobre a permissão, a título precário, para a realização de sorteios numéricos, ou seja, bingo permanente; e, estes, consubstanciam, de forma inequívoca, atos de efeitos concretos, projetando repercussão objetiva no mundo dos fatos, conquanto autorizaram o funcionamento de uma atividade que não se compreende dentre aquelas que integram o rol das atribuições constitucionais do município. 3. Tratando-se de processo extinto, sem julgamento do mérito, com base no art. 267, I, do Estatuto Processual Civil, e art. 8.º da Lei 1.533/1951, o tribunal pode julgar desde logo a lide, se a causa versar questão exclusivamente de direito e estiver em condições de imediato julgamento, devendo prosseguir este perante a E. Turma, em razão do contido na norma inscrita no § 3.º do art. 515 do CPC, introduzida na codificação pela Lei 10.352, de 26.12.2001. 4. A Constituição Federal de 1988, dispõe, no seu art. 22, *caput*, que compete privativamente à União legislar sobre sistemas de consórcios e sorteios (inc. XX), sendo certo que, na verdade, trata-se de competência exclusiva, pois, os sistemas de consórcios e sorteios, que abrangem as loterias e os bingos, constituem serviços exclusivos da União, não sendo passíveis de concessão, nos termos do art. 1.º do Dec.-lei 204/1967. 5. Assim sendo, não há espaço para nenhuma aventura legislativa em torno da matéria, visando a fazer funcionar um pseudosserviço público municipal de concurso de prognósticos, conquanto se trata de competência exclusiva da União, que não deve ser tisnada por iniciativas locais despropositadas e em descompasso com as normas constitucionais de competência e com a legislação federal de regência do assunto. 6. Em face desse quadro, os decretos municipais concedendo permissão, a título precário, para que empresas privadas realizem concursos de prognósticos são, evidentemente, inconstitucionais, como se constata do simples cotejo com a jurisprudência da Corte Excelsa alhures transcrita. 7. Veiculando os decretos mencionados permissão, a título precário, para a realização, por empresas privadas, de sorteios numéricos, devem os mesmos ser suspensos, pois, de um lado, trata-se de atos de efeitos concretos, e, de outro, invadem a esfera da competência exclusiva da União para dispor sobre sistemas de consórcios e sorteios, restando violado direito líquido e certo deste ente federativo, de legislar e dispor, exclusivamente, sobre a matéria. 8. Apelação a que se dá provimento, para reformar a sentença recorrida, e, com base no art. 515, § 3.º, do CPC, julgar desde logo a lide, concedendo a segurança pleiteada" (TRF-3.ª Reg. – AMS 177648 – Processo 97.03.003412-8 – T. Suplementar 2.ª S. – rel. Juiz Valdeci Dos Santos – *DJ* 16.07.2008).

▶ Assim dispunha o artigo alterado:

Art. 19. O Tesouro Nacional empregará os recursos destinados à execução do Orçamento da Seguridade Social aos respectivos órgãos e unidades gestoras nos mesmos prazos legais estabelecidos para a distribuição dos Fundos de Participação dos Estados, do Distrito Federal e dos Municípios.

§ 1.º Decorridos os prazos referidos no *caput* deste artigo, as dotações a serem repassadas sujeitar-se-ão à atualização monetária segundo os mesmos índices utilizados para efeito de correção dos tributos da União.

§ 2.º Os recursos oriundos da majoração das contribuições previstas nesta lei ou da criação de novas contribuições destinadas à Seguridade Social somente poderão ser utilizados para atender as ações nas áreas de saúde, previdência e assistência social.

Capítulo III
Da contribuição do segurado

Seção I
Da contribuição dos segurados empregado,
empregado doméstico e trabalhador avulso

Art. 20. A contribuição do empregado, inclusive o doméstico, e a do trabalhador avulso é calculada mediante a aplicação da correspondente alíquota sobre o seu salário de contribuição mensal, de forma não cumulativa, observado o disposto no art. 28, de acordo com a seguinte tabela: (Redação dada pela Lei 9.032, de 28.04.1995, *DOU* 29.04.1995).

Salário de contribuição	Alíquota em %
até R$ 249,80	8,00
de R$ 249,81 até R$ 416,33	9,00
de R$ 416,34 até R$ 832,66	11,00

(Valores e alíquotas dados pela Lei 9.129, de 20.11.1995, *DOU* 21.11.1995).

Título VI – Do financiamento da Seguridade Social – Introdução • **Art. 20**

§ 1.º Os valores do salário de contribuição serão reajustados, a partir da data de entrada em vigor desta Lei, na mesma época e com os mesmos índices que os do reajustamento dos benefícios de prestação continuada da Previdência Social. (Redação dada ao parágrafo pela Lei 8.620, de 05.01.1993).

§ 2.º O disposto neste artigo aplica-se também aos segurados empregados e trabalhadores avulsos que prestem serviços a microempresas. (Parágrafo acrescentado pela Lei 8.620, de 05.01.1993).

✳ **Remissão:** CLPS, art. 122, I.

✍ Anotação

A onerosidade é elemento imprescindível à caracterização das relações jurídicas de emprego, de emprego doméstico e de trabalho avulso. No contrato de emprego, por exemplo, as partes (empregado e empregador) têm obrigações recíprocas, cabendo, portanto, a cada parte, em decorrência do pacto, uma ou mais prestações economicamente mensuráveis. A obrigação elementar do empregador, decorrente do contrato, consiste no pagamento de prestação pecuniária (o salário) ao empregado. O trabalho gratuito não é objeto do contrato de emprego. Na hipótese de serviço voluntário, por seu turno, a Lei 9.608/1998 esclarece que consiste na atividade não remunerada, prestada a entidade pública ou a instituição privada sem fins lucrativos, e sobre ela não há incidência de obrigações celetistas. Assim, se não houver, por parte do trabalhador, a expectativa de recebimento de retribuição economicamente mensurável pelo trabalho prestado, não haverá verdadeira relação de emprego.

A fixação de alíquotas diferenciadas para grupos de segurados, em função do salário de contribuição, é de duvidosa constitucionalidade. Obedeceu a uma suposta classificação das remunerações em baixa renda (alíquota de 8%); média renda (9%) e máxima renda, cujo teto é o limite máximo do salário de contribuição (11%). Ocorre que a distinção possível, em termos de contribuições sociais, só pode obedecer ao critério do risco social coberto. Como todos os trabalhadores são cobertos contra os mesmos riscos, não há que se falar em progressividade das alíquotas.

Art. 20 • Lei Orgânica da Seguridade Social

Segurados empregados, inclusive domésticos e trabalhadores avulsos

TABELA VIGENTE Tabela de contribuição dos segurados empregado, empregado doméstico e trabalhador avulso, para pagamento de remuneração a partir de 1.º de janeiro de 2013	
Salário de contribuição (R$)	Alíquota para fins de recolhimento ao INSS (%)
até 1.247,70	8,00
de 1.247,71 até 2.079,50	9,00
de 2.079,51 até 4.159,00	11,00

Portaria Interministerial MPS/MF n. 15, de 10 de janeiro de 2013

TABELA VIGENTE Tabela de contribuição dos segurados contribuintes individual e facultativo	
Salário de contribuição (R$)	Alíquota para fins de recolhimento ao INSS (%)
678,00	5,00*
678,00	11,00**
678,00 até 4.159,00	20,00

*Alíquota exclusiva do microempreendedor individual e do segurado(a) facultativo que se dedique exclusivamente ao trabalho doméstico no âmbito de sua residência.

A EC 72, de 02.04.2013, deu nova redação ao parágrafo único do art. 7.º da Lei Magna.

O preceito ficou assim redigido:

"Art. 7.º (...).

(...)

Parágrafo único. São assegurados à categoria dos trabalhadores domésticos os direitos previstos nos incisos IV, VI, VII, VIII, X, XIII, XV, XVI, XVII, XVIII, XIX, XXI, XXII, XXIV, XXVI, XXX, XXXI e XXXIII e, atendidas as condições estabelecidas em lei e observada a simplificação do cumprimento das obrigações tributárias, principais e acessórias, decorrentes da relação de

TÍTULO VI – DO FINANCIAMENTO DA SEGURIDADE SOCIAL – INTRODUÇÃO • Art. 20

trabalho e suas peculiaridades, os previstos nos incisos I, II, III, IX, XII, XXV e XXVIII, bem como a sua integração à previdência social".

Conquanto ainda dependa, em boa medida, de regulamentação, o preceito concede, de imediato, o direito ao seguro-desemprego ao trabalhador doméstico e admite, em tese, que seja instituído um sistema tributário simplificado (a exemplo do que ocorre com o Simples) para essa classe de contribuintes.

JURISPRUDÊNCIA

"*Tributário. Mandado de segurança. Compensação. Contribuição social sobre a folha de salários. Índices fixados na sentença. Coisa julgada.* 1. Hipótese em que a compensação foi deferida em relação à contribuição social sobre a folha de salários, descabendo a arguição de inclusão indevida, na compensação, de contribuições concernentes à remuneração do segurado empregado. 2. Taxa Selic cuja inclusão foi autorizada pela sentença transitada em julgado. Objeção infundada. 3. Apelação e remessa oficial desprovidas" (TRF-1.ª Reg. – Processo 0000955-04.2003.4.01.3802/MG – 7.ª T. Suplementar – rel. Juiz Federal convocado Saulo José Casali Bahia – j. 24.04.2012 – *DJF-1* 01.06.2012 – p. 574).

"*Recurso de revista – Descontos previdenciários – Acordo homologado – Fato gerador – Momento da incidência de juros de mora e multa* – 1. Nos termos da Súmula 368, III, do TST, em se tratando de descontos previdenciários, o critério de apuração encontra-se disciplinado no art. 276, § 4.º, do Dec. 3.048/1999, que regulamentou a Lei 8.212/1991, e determina que a contribuição do empregado, no caso de ações trabalhistas, seja calculada mês a mês, aplicando-se as alíquotas previstas no art. 198, observado o limite máximo do salário de contribuição. 2 Embora a súmula cite apenas o art. 276, § 4.º, do Dec. 3.048/1999, subsiste que o *caput* do referido dispositivo de lei federal estabelece que, nas ações trabalhistas de que resultar o pagamento de parcelas sujeitas à incidência de contribuição previdenciária, o recolhimento das importâncias devidas à seguridade social será feito no dia dois do mês seguinte ao da liquidação. 3. Logo, no caso dos descontos previdenciários incidentes sobre as parcelas trabalhistas, oriundas de decisão judicial (sentença ou acordo homologado), somente haverá o atraso do empregador no cumprimento da obrigação de recolher o tributo, que justifique o pagamento de multa, juros e correção monetária, quando ultrapassado o prazo previsto no art. 276, *caput*, do Dec. 3.048/1999 (Precedentes). 4. Recurso de revista de que não se conhece" (TST – RR 47000-26.2008.5.20.0004 – rel. Min. Kátia Magalhães Arruda – *DJe* 18.03.2011 – p. 989).

"Relação de emprego – Vínculo doméstico – Não configuração. A Lei 5.859/1972 definiu o empregado doméstico como 'aquele que presta serviço de natureza contínua e de finalidade não lucrativa à pessoa ou à família, no âmbito residencial destas'. Ficando provado o caráter descontínuo e autônomo da prestação do serviço, resta patente a não configuração do vínculo empregatício, qualificando-se o trabalhador como doméstico eventual ou diarista" (TRT-3.ª Reg. – RO 00551-2009-143-03-00-0 – T.R. – rel. Jose Miguel de Campos – DJ 19.01.2010).

"Previdenciário. Apelação cível. Restabelecimento de aposentadoria especial. I – O responsável pelo pagamento da contribuição previdenciária devida pela remuneração paga ao trabalhador avulso pelo trabalho prestado é a empresa tomadora da mão de obra de acordo com o art. 30, I, a da Lei 8.212/1991. II – A empresa empregadora é responsável pela prova do recolhimento das contribuições, assim como o INSS é o responsável pela fiscalização, arrecadação e cobrança, mas a prova da existência de salários de contribuição está exclusivamente a cargo do empregado" (TRF-2.ª Reg. – AC 2002.51.01.514735-1 – 2.ª T. – rel. convocado p/ o acórdão Alberto Nogueira Junior – DJ 13.05.2009).

"Previdenciário. Suspensão de benefício. Procedimento regular. Devido processo legal respeitado. Exercício de atividade especial não comprovado nos autos. Tempo de serviço insuficiente para a manutenção da aposentadoria. Agravo improvido. I – O benefício previdenciário em questão foi suspenso após regular processo administrativo, em que foi observado o devido processo legal e garantido o direito ao contraditório e à ampla defesa. II – As irregularidades apuradas pelo INSS consistem na não comprovação do exercício de atividade, sob condições especiais, junto a empresa Expresso da Penha Bar Ltda., nos períodos de 01.07.1971 a 30.06.1978 e de 01.07.1986 a 28.04.1995 e na não comprovação da prestação de serviços como trabalhador avulso, no período de 01.01.1998 a 30.10.2000. III – De fato, inexiste nos autos qualquer documento que refute as irregularidades apuradas pelo INSS, deixando o autor de produzir qualquer prova em seu favor. Cumpre salientar que, ao contrário do que alega o agravante, o somatório de todo o tempo de serviço reconhecido no CNIS (f.), considerando-se as referidas atividades como tempo de serviço comum até a publicação da EC 20, em 16.12.1998, não alcança tempo suficiente para a manutenção de sua aposentadoria. IV – Agravo interno a que se nega provimento" (TRF-2.ª Reg. – AI-AC 2004.51.01.537190-9 – 1.ª T. Especializada – rel. Juiz Federal convocado Aluisio Gonçalves de C. Mendes – DJ 03.04.2009).

"Tributário. Recurso especial. Contribuição previdenciária. Servidor público cedido. Empresa pública. Ausência de vinculação ao regime geral de previdência social. Lei 9.876/1999. 1. Cuida-se de demanda em que se discute a incidência de contribuição previdenciária em face da relação regida pelo regime da Consolidação das Leis do Trabalho mantida entre o Hospital de Clínicas de Porto Alegre – HCPA e segurados empregados (cedidos por outras instituições públicas), que percebem gratificação por exercício de função de assessoramento e ou de confiança no período de agosto de 1994 a outubro de 1998. O acórdão do TRF da 4.ª Região negou provimento à apelação e à remessa oficial, mantendo-se a sentença, por entender que: (a) é possível a mudança da solução da consulta realizada pelo recorrente junto ao INSS a partir da interpretação dos arts. 146 do CTN, 48, § 12, da Lei 9.430/1996; (b) não incide contribuição previdenciária no período dos lançamentos questionados por ausência de previsão legal. A Fazenda Nacional aponta violação do art. 13, parágrafo único, da Lei 8.212/1991. Defende, em síntese, que o servidor civil ou militar, amparado pelo regime próprio de previdência social, quando cedido até 28.11.1999 a outro órgão, filia-se ao Regime Geral de Previdência, como segurado empregado, relativamente à remuneração da entidade ou órgão cessionário, pelo que deve incidir contribuição previdenciária. 2. A Procuradoria-Geral Federal, nos processos que tenham por objeto a cobrança de contribuições previdenciárias, é competente para representar judicial e extrajudicialmente o INSS, nos termos do art. 16, § 3.º, da Lei 11.457/2007. 3. O servidor público que labora em duas atividades (regime celetista e estatutário), de forma concomitante, torna-se também segurado obrigatório da Previdência Social, nos termos do art. 13, parágrafo único, da Lei 8.212/1991. 4. É indevida a exigência de contribuição previdenciária para o Regime Geral de Previdência Social, no caso de servidores cedidos à sociedade de economia mista ou empresa pública para o exercício de cargo em comissão ou função de confiança, se resta incólume sua vinculação ao regime previdenciário com o órgão de origem. 5. Na espécie, destacou o acórdão atacado que é ausente o exercício concomitante de duas atividades, uma no âmbito estatutário e outra no celetista. Nesse particular, o seguinte trecho à f.: '(...) o entendimento defendido pelo INSS não merece subsistir, visto que não restou comprovado o suporte fático previsto no parágrafo único do art. 13 da Lei 8.212/1991: a concomitância de atividades sujeitas a regimes diversos'. Considerando que os servidores cedidos estão afastados de seus cargos para ter exercício em outro órgão da administração direta ou indireta de qualquer ente federado, obviamente que a cedência exclui o efetivo labor junto ao órgão de origem. 6. Recurso especial não provido" (STJ – REsp 989.581/RS – Processo 2007/0224223-4 – 1.ª T. – rel. Min. José Delgado – DJ 04.06.2008).

Art. 21 • Lei Orgânica da Seguridade Social

"*Processual civil – Ação de repetição de indébito – Sentença proferida contra o INSS – Duplo grau de jurisdição inexistente – Apelação INSS – Prescrição – Constitucional – Tributário – Contribuição previdenciária – Lei 8.212/1991 – Gratificação natalina – Forma de cálculo da incidência – Dec. 612/1992 – Lei 8.620/1993* – 1. Nos termos do § 2.º, art. 475, do CPC, na redação dada pela Lei 10.352/2001, aplica-se o duplo grau de jurisdição necessário se a condenação ou o direito controvertido exceda a 60 salários-mínimos. 2. Independentemente da natureza da LC 118/2005, se interpretativa ou não, não pode ela retroagir em atenção ao princípio da segurança jurídica, evitando-se, desta forma, a denominada 'surpresa fiscal'. 3. Assentado pelo STF que as contribuições sociais têm natureza tributária, deve ser aplicado o prazo prescricional estabelecido pelo CTN. 4. Sujeitando-se, também, as contribuições previdenciárias ao lançamento por homologação, já foi pacificada pelo STJ a regra segundo a qual o direito de restituição extingue-se com o decurso do prazo de cinco anos, contados a partir da homologação, expressa ou tácita, do lançamento. Não ocorrida a homologação expressa do lançamento, a tácita se concretiza após cinco anos contados do fato gerador. 5. Uma vez que o Dec. 612/1992 não se cingiu aos limites da lei que regulamentou, padece de ilegalidade a disposição que contemplou o cálculo em separado da contribuição incidente sobre o 13.º salário. 6. Ainda que o art. 7.º, § 2.º, da Lei 8.620/1993 permita dupla interpretação, em decorrência da deficiente técnica legislativa utilizada, a intenção do legislador foi estabelecer que tanto as alíquotas estabelecidas no art. 20, quanto no art. 22, da Lei 8.212/1991, deveriam ser aplicadas sobre o valor bruto da gratificação natalina, separadamente da incidência sobre o salário, ou seja, ambas as alíquotas, do empregado e do empregador, devem ser aplicadas sobre o salário e sobre o décimo terceiro salário, em separado. 7. A Lei 8.620/1993 conferiu *status* legal à aplicação em separado da contribuição previdenciária sobre o 13.º salário, o que torna devida a restituição pleiteada apenas em relação aos valores recolhidos indevidamente na vigência do Dec. 612/1992, os quais, contudo, foram alcançados pela prescrição. 8. Apelação do INSS a que se dá provimento. Ônus sucumbenciais invertidos. 9. Remessa oficial não conhecida" (TRF-1.ª Reg. – AC 2004.38.01.006709-2/MG – 8.ª T. – rel. Des. Federal Maria do Carmo Cardoso – *DJU* 20.04.2006).

Seção II
Da contribuição dos segurados contribuinte
individual e facultativo

Art. 21. A alíquota de contribuição dos segurados contribuinte individual e facultativo será de vinte por cento sobre o respectivo salário de contribuição. (NR)

I – revogado;

II – revogado. (Redação dada ao *caput* pela Lei 9.876, de 26.11.1999, *DOU* 29.11.1999).

§ 1.º Os valores do salário de contribuição serão reajustados, a partir da data de entrada em vigor desta Lei, na mesma época e com os mesmos índices que os do reajustamento dos benefícios de prestação continuada da Previdência Social. (NR) (Antigo parágrafo único renomeado pela LC 123, de 14.12.2006, *DOU* 15.12.2006, rep. *DOU* 31.01.2009 – Ed. Extra, com redação dada pela Lei 9.711, de 20.11.1998, *DOU* 21.11.1998).

§ 2.º No caso de opção pela exclusão do direito ao benefício de aposentadoria por tempo de contribuição, a alíquota de contribuição incidente sobre o limite mínimo mensal do salário de contribuição será de: (Redação dada pela Lei 12.470, de 2011)

I – 11% (onze por cento), no caso do segurado contribuinte individual, ressalvado o disposto no inciso II, que trabalhe por conta própria, sem relação de trabalho com empresa ou equiparado e do segurado facultativo, observado o disposto na alínea *b* do inciso II deste parágrafo; (Incluído pela Lei 12.470, de 2011)

II – 5% (cinco por cento): (Incluído pela Lei 12.470, de 2011)

a) no caso do microempreendedor individual, de que trata o art. 18-A da Lei Complementar 123, de 14 de dezembro de 2006; (Incluído pela Lei 12.470, de 2011)

b) do segurado facultativo sem renda própria que se dedique exclusivamente ao trabalho doméstico no âmbito de sua residência, desde que pertencente a família de baixa renda. (Incluído pela Lei 12.470, de 2011)

§ 3.º O segurado que tenha contribuído na forma do § 2.º deste artigo e pretenda contar o tempo de contribuição correspondente para fins de obtenção da aposentadoria por tempo de contribuição ou da contagem recíproca do tempo de contribuição a que se refere o art. 94 da Lei 8.213, de 24 de julho de 1991, deverá complementar a contribuição mensal mediante recolhimento, sobre o valor correspondente ao limite mínimo mensal do salário de contribuição em vigor na competência a ser complementada, da diferença entre o percentual pago e o de 20% (vinte por cento), acrescido dos juros moratórios de que trata o § 3.º do art. 5.º da Lei 9.430, de 27 de dezembro de 1996. (Redação dada pela Lei 12.470, de 2011).

§ 4.º Considera-se de baixa renda, para os fins do disposto na alínea *b* do inciso II do § 2.º deste artigo, a família inscrita no Cadastro Único para Programas Sociais do Governo Federal – CadÚnico cuja renda mensal seja de até 2 (dois) salários mínimos. (Redação dada pela Lei 12.470, de 2011)

§ 5.º A contribuição complementar a que se refere o § 3.º deste artigo será exigida a qualquer tempo, sob pena de indeferimento do benefício. (Incluído pela Lei 12.507, de 2011)

✳ **Remissão:** CLPS, art. 135, II.

Art. 21 • LEI ORGÂNICA DA SEGURIDADE SOCIAL

✍ Anotação

A alíquota aplicável aos segurados contribuintes individuais e segurados facultativos, originalmente fixada em 20%, pode ser reduzida para 11% desde que o segurado abra mão do benefício de aposentadoria por tempo de contribuição. Quanto aos contribuintes individuais, a alíquota de 20% poderá ser reduzida, igualmente, para 11% se o trabalhador prestar serviços a um tomador de serviços (Lei 8.212/1991, art. 30, § 4.º).

É manifesto que essa fórmula legal não pode ser considerada inclusão previdenciária. O segurado é favorecido com redução de alíquota que, no entanto, lhe retira o direito ao benefício da aposentadoria por tempo de contribuição. Vale dizer, o excluído segue merecendo menor proteção social do que seus pares.

JURISPRUDÊNCIA

"Incidente de uniformização. Previdenciário. Qualidade de segurado. Contribuinte individual. Recolhimento de contribuições. Necessidade. 1. A simples comprovação do exercício da atividade não é suficiente para o reconhecimento da qualidade de segurado do contribuinte individual, nos casos em que o segurado é o responsável pelo recolhimento das contribuições. 2. Em se tratando de firma individual, sendo o autor o único sócio, é ele o responsável pelo referido recolhimento. 3. Incidente de uniformização da parte-ré provido" (TRF-4.ª Reg. – IUJEF 0000880-56.2007.404.7159 –RS – Turma Regional de Uniformização– j. 18.05.2012 – rel. Juíza Federal Ana Cristina Monteiro de Andrade Silva – DEJF 12.06.2012 – p. 229).

"Previdenciário. Agravo interno. Auxílio doença. Qualidade de segurado. Contribuinte individual. Juros de mora. Superveniência da Lei 11.960/2009. Honorários advocatícios. 1. Agravo Interno em ação ajuizada em face do INSS, objetivando a concessão do benefício de auxílio-doença e conversão em aposentadoria por invalidez. Na condição de contribuinte individual, não configura prova suficiente de que o agravado continuaria trabalhando. 3. De acordo com o entendimento firmado pela 3.ª Seção do E. STJ, o trabalhador que, estando incapacitado para o trabalho, ainda que deixe de contribuir, não perde a sua qualidade de segurado, não havendo, assim, motivo para modificar a decisão agravada, visto que se encontra em consonância com a jurisprudência dominante. 4. O fato é que diante da edição superveniente da Lei 11.960/2009 e em vista dos princípios da celeridade, instrumentalidade e economia processual, essa Corte vinha decidindo pela modificação das decisões agravadas, fazendo incidir, a partir do advento da Lei 11.960/2009, a nova redação do art. 1.º-F da Lei 9.494/1997, onde os juros de mora, nas condenações impostas a Fazenda Pública, passariam a ser os mesmos da caderneta de poupança. 5. Em vista das considerações contidas na decisão monocrática proferida pelo Ministro Arnaldo Esteves Lima no julgamento do REsp 1057014, com data de 20.11.2009, reavaliando a questão, passo a adotar a orientação da Corte Superior, visto que nos parece correto o entendimento do E. STJ, no sentido que a regra inserta no art. 5.º da Lei 11.960/2009, que veio alterar o critério de cálculo dos juros moratórios, previsto no art. 1.º-F da Lei 9.494/1997 é da espécie de norma instrumental material, na medida em que originam direitos patrimoniais para as partes, razão pela qual não devem incidir nos processos em andamento. 6. Cabe apenas esclarecer, quanto à fixação dos honorários advocatícios, estes não podem incidir sobre prestações vencidas após a sentença, a teor do que dispõe a Súmula 111 do Colendo STJ. 7. Agravo Interno conhecido, mas não provido" (TRF-2.ª Reg. – AgInt-AC 2002.51.10.010686-4 – 1.ª T. – rel. Des. Federal Abel Gomes – DJ 23.02.2010).

"*Previdenciário. Qualidade de segurado. Ministro de confissão religiosa. Início de prova material complementado por prova testemunhal. Recolhimento de contribuições previdenciárias. Concessão de aposentadoria por tempo de contribuição. Correção monetária. Tutela específica.* 1. Aos membros de congregação religiosa era facultada a filiação à Previdência Social na condição de segurados facultativos até 08.10.1979, com o advento da Lei 6.696/1979. A partir de então, ingressaram no RGPS como segurados obrigatórios, equiparados aos trabalhadores autônomos/contribuintes individuais. 2. Havendo início de prova material, complementado por prova testemunhal idônea, admite-se a comprovação do tempo de serviço respectivo, conforme enunciado no art. 55, § 3.º, da Lei 8.213/1991. 3. A observância e contemporaneidade do recolhimento das contribuições previdenciárias é essencial ao estabelecimento do vínculo previdenciário do segurado facultativo, o qual é responsável pela sua efetuação sob pena de perda de vínculo previdenciário. Quanto ao trabalhador autônomo/contribuinte individual, da mesma forma, só é possível a averbação de tempo de serviço perante o INSS caso comprove o recolhimento das contribuições sob seu encargo. 4. Presentes os requisitos de tempo de contribuição e carência, é devida à parte autora a aposentadoria por tempo de contribuição, nos termos dos arts. 56 e seguintes do Dec. 3.048/1999. 5. A correção monetária do crédito judicial previdenciário, a partir de maio/1996, é contada pelo IGP-DI, de acordo com o art. 10 da Lei 9.711/1998, afastando-se a aplicação do art. 31 da Lei 10.741/2003 e do art. 29-B da Lei 8.213/1991, introduzido pela MedProv 167/2004, convertida na Lei 10.887/2004. 6. Determina-se o cumprimento imediato do acórdão naquilo que se refere à obrigação de implementar o benefício, por se tratar de decisão de eficácia mandamental que deverá ser efetivada mediante as atividades de cumprimento da sentença *stricto sensu* previstas no art. 461 do CPC, sem a necessidade de um processo executivo autônomo (*sine intervallo*)" (TRF-4.ª Reg. – APELREEX 2006.71.10.000478-2 – 6.ª T. – rel. João Batista Pinto Silveira – DJ 06.02.2009).

"*Contribuição previdenciária. Interesse de agir. Prescrição. LC 118/2005. Segurado facultativo. Aposentadoria retroativa. Repetição de indébito.* É de ser afastada a alegação de falta de interesse processual, porquanto o esgotamento da via administrativa, fora hipóteses excepcionais, não é requisito indispensável para o exercício do direito de ação, bastando que se verifique a resistência do réu, o que resta configurado, no caso, por se tratar de repetição de indébito tributário. O disposto no art. 3.º da LC 118/2005 se aplica tão somente às ações ajuizadas a partir de 09 de junho de 2005, já que não pode ser considerado interpretativo, mas, ao contrário, vai de encontro à construção jurisprudencial pacífica sobre o tema da prescrição havida até a publicação desse normativo. Tendo a ação sido ajuizada em 26.06.2007, posteriormente à entrada em vigor da LC 118/2005, restam prescritas as parcelas anteriores a 26.06.2002. Tendo a União reconhecido serem indevidos os valores recolhidos pelo autor, como segurado facultativo, não atingidos pela prescrição, impõe--se a restituição das quantias pagas no período de 26.06.2002 a outubro de 2005" (TRF-4.ª Reg. – Ap/RN 2007.70.00.017159-9/PR – 1.ª T. – rel. Des. Federal Vilson Darós – DJ 11.12.2008).

"*Previdenciário – Pedido de reconhecimento de tempo estudantil – Período anterior à Lei 7.004/1982 – Impossibilidade de filiação facultativa e pagamento de contribuições retroativas – Apelação improvida.* – Apenas com a edição da Lei 7.004, de 24.06.1982 – que instituiu o Programa de Previdência Social aos Estudantes – é que se permitiu, ao estudante, vincular-se à Seguridade Social, mediante adesão facultativa (art. 3.º), não se considerando o tempo de vinculação ao aludido Programa para efeito dos regimes de Previdência Social urbana e rural (art. 11). – Com o advento da Lei 8.213/1991 – que, em seu art. 137, extinguiu o Programa de Previdência Social aos Estudantes – e de seu Regulamento – art. 8.º, parágrafo único, *c*, do Dec. 611/1992 – permitiu- se ao estudante maior de 14 (quatorze) anos filiar-se ao Regime Geral da Previdência Social, na condição de segurado facultativo, mediante contribuição, desde que não exercesse atividade que o enquadrasse como segurado obrigatório da Previdência Social (art. 13), tal como previsto no art. 11 da aludida Lei 8.213/1991. – No caso presente, o período de 01.03.1968 a 31.07.1972 – que o autor pretende ver averbado, como tempo de serviço prestado na condição de estudante, mediante indenização retroativa de contribuições – não constituía atividade anteriormente abrangida pela Previdência Social, não se lhe aplicando, pois, o disposto no art. 188 do Dec. 611/1992. – No art. 8.º, § 3.º, o Dec. 2.172/1997 vedou a filiação retroativa do segurado facultativo, bem como o pagamento de contribuições relativas a competências anteriores à data da inscrição, como pretende o apelante. – Apelação improvida" (TRF-3.ª Reg. – AC 365000 – Processo 97030183131 – 7.ª T. – rel. convocado p/ o acórdão Juiz. Rodrigo Zacharias – *DJU* 26.07.2006).

▶ Assim dispunha o título alterado:

Seção II
Da contribuição dos segurados trabalhador autônomo,
empresário e facultativo

▶ Assim dispunha o *caput* alterado:

Art. 21. A alíquota de contribuição dos segurados empresários, facultativo, trabalhador autônomo e equiparados é de vinte por cento, incidente sobre o respectivo salário de contribuição mensal, observado o disposto no inciso III do art. 28. (Redação dada ao *caput* pela Lei 9.711, de 20.11.1998, *DOU* 21.11.1998).

▶ Assim dispunha a redação anterior:

Parágrafo único. Os valores do salário de contribuição serão reajustados, a partir da data de entrada em vigor desta Lei, na mesma época e com os mesmos índices que os do reajustamento dos benefícios de prestação continuada da Previdência Social.

▶ Assim dispunha o parágrafo alterado:

§ 2.º É de 11% (onze por cento) sobre o valor correspondente ao limite mínimo mensal do salário de contribuição a alíquota de contribuição do segurado contribuinte individual que trabalhe por conta própria, sem relação de trabalho com empresa ou equiparado, e do segurado facultativo que optarem pela exclusão do direito ao benefício de aposentadoria por tempo de contribuição. (Parágrafo acrescentado pela LC 123, de 14.12.2006, *DOU* 15.12.2006, rep. *DOU* 31.01.2009 – Ed. Extra).

▶ Assim dispunham os parágrafos alterados:

§ 3.º O segurado que tenha contribuído na forma do § 2.º deste artigo e pretenda contar o tempo de contribuição correspondente para fins de obtenção da aposentadoria por tempo de contribuição ou da contagem recíproca do tempo de contribuição a que se refere o art. 94 da Lei 8.213, de 24 de julho de 1991, deverá complementar a contribuição mensal mediante o recolhimento de mais 9% (nove por cento), acrescido dos juros moratórios de que trata o § 3.º do art. 61 da Lei 9.430, de 27 de dezembro de 1996. (NR) (Redação dada ao parágrafo pela Lei 11.941, de 27.05.2009, DOU 28.05.2009).

§ 3.º O segurado que tenha contribuído na forma do § 2.º deste artigo e pretenda contar o tempo de contribuição correspondente para fins de obtenção da aposentadoria por tempo de contribuição ou da contagem recíproca do tempo de contribuição a que se refere o art. 94 da Lei 8.213, de 24 de julho de 1991, deverá complementar a contribuição mensal mediante o recolhimento de mais 9% (nove por cento), acrescido dos juros moratórios de que trata o disposto no art. 34 desta Lei. (NR) (Parágrafo acrescentado pela LC 123, de 14.12.2006, DOU 15.12.2006, rep. DOU 31.01.2009 – Ed. Extra).

▶ Assim dispunha o parágrafo alterado:

§ 4.º A contribuição complementar a que se refere o § 3.º deste artigo será exigida a qualquer tempo, sob pena de indeferimento do benefício. (NR) (Parágrafo acrescentado pela LC 128, de 19.12.2008, DOU 22.12.2008).

Capítulo IV
Da contribuição da empresa

Art. 22. A contribuição a cargo da empresa, destinada à Seguridade Social, além do disposto no art. 23, é de:

I – vinte por cento sobre o total das remunerações pagas, devidas ou creditadas a qualquer título, durante o mês, aos segurados empregados e trabalhadores avulsos que lhe prestem serviços, destinadas a retribuir o trabalho, qualquer que seja a sua forma, inclusive as gorjetas, os ganhos habituais sob a forma de utilidades e os adiantamentos decorrentes de reajuste salarial, quer pelos serviços efetivamente prestados, quer pelo tempo à disposição do empregador ou tomador de serviços, nos termos da lei ou do contrato ou, ainda, de convenção ou acordo coletivo de trabalho ou sentença normativa. (NR) (Redação dada ao inciso pela Lei 9.876, de 26.11.1999, DOU 29.11.1999).

II – para o financiamento do benefício previsto nos arts. 57 e 58 da Lei 8.213, de 24 de julho de 1991, e daqueles concedidos em razão do grau de incidência de incapacidade laborativa decorrente dos riscos ambientais do trabalho, sobre o total das remunerações pagas ou creditadas, no decorrer do mês, aos segurados empregados e trabalhadores avulsos: (Redação dada pela Lei 9.732, de 11.12.1998, DOU 14.12.1998).

a) 1% (um por cento) para as empresas em cuja atividade preponderante o risco de acidentes do trabalho seja considerado leve;

b) 2% (dois por cento) para as empresas em cuja atividade preponderante esse risco seja considerado médio;

c) 3% (três por cento) para as empresas em cuja atividade preponderante esse risco seja considerado grave.

III – vinte por cento sobre o total das remunerações pagas ou creditadas a qualquer título, no decorrer do mês, aos segurados contribuintes individuais que lhe prestem serviços; (Inciso acrescentado pela Lei 9.876, de 26.11.1999, *DOU* 29.11.1999).

IV – quinze por cento sobre o valor bruto da nota fiscal ou fatura de prestação de serviços, relativamente a serviços que lhe são prestados por cooperados por intermédio de cooperativas de trabalho. (Inciso acrescentado pela Lei 9.876, de 26.11.1999, *DOU* 29.11.1999).

§ 1.º No caso de bancos comerciais, bancos de investimentos, bancos de desenvolvimento, caixas econômicas, sociedades de crédito, financiamento e investimento, sociedades de crédito imobiliário, sociedades corretoras, distribuidoras de títulos e valores mobiliários, empresas de arrendamento mercantil, cooperativas de crédito, empresas de seguros privados e de capitalização, agentes autônomos de seguros privados e de crédito e entidades de previdência privada abertas e fechadas, além das contribuições referidas neste artigo e no art. 23, é devida a contribuição adicional de dois vírgula cinco por cento sobre a base de cálculo definida nos incisos I e III deste artigo. (NR) (Redação dada ao parágrafo pela Lei 9.876, de 26.11.1999, *DOU* 29.11.1999).

§ 2.º Não integram a remuneração as parcelas de que trata o § 9.º do art. 28.

§ 3.º O Ministério do Trabalho e da Previdência Social poderá alterar, com base nas estatísticas de acidentes do trabalho, apuradas em inspeção, o enquadramento de empresas para efeito de contribuição a que se refere o inciso II deste artigo, a fim de estimular investimentos em prevenção de acidentes.

§ 4.º O Poder Executivo estabelecerá, na forma da lei, ouvido o Conselho Nacional de Seguridade Social, mecanismos de estímulo às empresas que se utilizem de empregados portadores de deficiência física, sensorial e/ou mental com desvio do padrão médio.

§ 5.º (Revogado pela Lei 10.256, de 09.07.2001, *DOU* 10.07.2001).

§ 6.º A contribuição empresarial da associação desportiva que mantém equipe de futebol profissional destinada à Seguridade Social, em substituição à prevista nos incisos I e II deste artigo, corresponde a cinco por cento da receita bruta, decorrente dos espetáculos desportivos de que participem em todo território nacional em qualquer modalidade desportiva, inclusive jogos internacionais, e de qualquer forma de patrocínio, licenciamento de uso de marcas e símbolos, publicidade, propaganda e de transmissão de espetáculos desportivos. (Parágrafo acrescentado pela Lei 9.528, de 10.12.1997, *DOU* 11.12.1997).

§ 7.º Caberá à entidade promotora do espetáculo a responsabilidade de efetuar o desconto de cinco por cento da receita bruta decorrente dos espetáculos desportivos e o respectivo recolhimento ao Instituto Nacional do Seguro Social, no prazo de até

Art. 22 • LEI ORGÂNICA DA SEGURIDADE SOCIAL

dois dias úteis após a realização do evento. (Parágrafo acrescentado pela Lei 9.528, de 10.12.1997, DOU 11.12.1997).

§ 8.º Caberá à associação desportiva que mantém equipe de futebol profissional informar à entidade promotora do espetáculo desportivo todas as receitas auferidas no evento, discriminando-as detalhadamente. (Parágrafo acrescentado pela Lei 9.528, de 10.12.1997, DOU 11.12.1997).

§ 9.º No caso de a associação desportiva que mantém equipe de futebol profissional receber recursos de empresa ou entidade, a título de patrocínio, licenciamento de uso de marcas e símbolos, publicidade, propaganda e transmissão de espetáculos, esta última ficará com a responsabilidade de reter e recolher o percentual de cinco por cento da receita bruta decorrente do evento, inadmitida qualquer dedução, no prazo estabelecido na alínea b, inciso I, do art. 30 desta Lei. (Parágrafo acrescentado pela Lei 9.528, de 10.12.1997, DOU 11.12.1997).

§ 10. Não se aplica o disposto nos §§ 6.º ao 9.º às demais associações desportivas, que devem contribuir na forma dos incisos I e II deste artigo e do art. 23 desta Lei. (Parágrafo acrescentado pela Lei 9.528, de 10.12.1997, DOU 11.12.1997).

§ 11. O disposto nos §§ 6.º ao 9.º deste artigo aplica-se à associação desportiva que mantenha equipe de futebol profissional e atividade econômica organizada para a produção e circulação de bens e serviços e que se organize regularmente, segundo um dos tipos regulados nos arts. 1.039 a 1.092 da Lei 10.406, de 10 de janeiro de 2002 – Código Civil. (NR) (Redação dada ao parágrafo pela Lei 11.345, de 14.09.2006, DOU 15.09.2006).

§ 11-A. O disposto no § 11 deste artigo aplica-se apenas às atividades diretamente relacionadas com a manutenção e administração de equipe profissional de futebol, não se estendendo às outras atividades econômicas exercidas pelas referidas sociedades empresariais beneficiárias. (NR) (Parágrafo acrescentado pela Lei 11.505, de 18.07.2007, DOU 19.07.2007).

§ 12. (VETADO na Lei 10.170, de 29.12.2000, DOU 30.12.2000).

§ 13. Não se considera como remuneração direta ou indireta, para os efeitos desta Lei, os valores despendidos pelas entidades religiosas e instituições de ensino vocacional com ministro de confissão religiosa, membros de instituto de vida consagrada, de congregação ou de ordem religiosa em face do seu mister religioso ou para sua subsistência desde que fornecidos em condições que independam da natureza e da quantidade do trabalho executado. (Parágrafo acrescentado pela Lei 10.170, de 29.12.2000, DOU 30.12.2000).

✳ **Remissão:** CLPS, art. 122, VIII.

✍ Anotação

A variedade de contribuições previdenciárias cobradas das empresas atende à multiplicidade de situações que o mundo dos negócios apresenta.

TÍTULO VI – DO FINANCIAMENTO DA SEGURIDADE SOCIAL – INTRODUÇÃO • Art. 22

Há contribuições calculáveis sobre (i) rendimentos da mão de obra com vínculo empregatício; (ii) rendimentos da mão de obra sem vínculo empregatício; (iii) serviços prestados por cooperativas de trabalho; e (iv) receitas de espetáculos e *marketing* atreladas a associações desportivas que mantêm clubes de futebol profissionais.

Ademais, a problemática contribuição adicional para o custeio dos benefícios outorgados por conta da redução da capacidade laborativa está em fase de grandes transformações, por conta da aplicação do Fator Acidentário de Prevenção (FAP), instrumental que, no futuro, e se bem corrigido de suas falhas de concepção e de metodologia, poderá aproximar o modelo do antigo sistema de tarifação individual.

Quanto à alíquota adicional aplicável às instituições financeiras, é de manifesta inconstitucionalidade, porque confunde contribuição com imposto. O que permite contribuição mais elevada é a ocorrência de risco social mais grave. E tal situação não resultou devidamente demonstrada.

Evidentemente, a referência ao Conselho Nacional de Seguridade Social não produz efeito porque esse órgão foi extinto por Medida Provisória, consoante anotação ao art. 6.º desta Lei.

JURISPRUDÊNCIA

"*Tributário. Mandado de segurança coletivo. Desnecessidade de autorização expressa dos filiados e de relação nominal. Contribuição previdenciária. Décimo terceiro salário. Fato gerador simples. Art. 22, I, da Lei 8.212/1991. Ilegalidade do ato declaratório interpretativo (ADI) n. 42/2011. Aplicação do art. 7.º da MedProv 540/2011. Vigência à época do fato gerador.* 1 – Associações, quando impetram mandado de segurança coletivo em favor de seus filiados, atuam como substitutos processuais, não dependendo, para legitimar sua atuação em Juízo, de autorização expressa de seus associados, nem de que a relação nominal desses acompanhe a inicial do *mandamus*, consoante firmado no julgamento do MS n. 23.769/BA, Tribunal Pleno, Relatora a Ministra Ellen Gracie. (STF. RE 501953 AgR/DF. Relator Min. Dias Toffoli. 1.ª Turma. Data do Julgamento: 20.03.2012). 2. O ADI em tela viola o princípio da reserva legal porquanto extrapola o limite do poder regulamentar. 3. O fato gerador da contribuição previdenciária sobre o décimo terceiro salário ocorre somente em dezembro, motivo pelo qual seu pagamento estaria dispensado por força da substituição prevista no art. 8.º da Lei 12.546 de 2011" (TRF-4.ª Reg. – AC 5001517-02.2012.404.7108/RS – 1.ª T. – j. 20.03.2013 – rel. Maria de Fátima Freitas Labarrère – DE 22.03.2013).

"*Tributário – Agravo regimental no recurso especial – Contribuição a cargo da empresa sobre a remuneração dos trabalhadores autônomos – Base de cálculo – Portaria 1.135/2001 do MPAS* – 1. A 1.ª Seção deste Tribunal Superior, no julgamento do Mandado de Segurança 7.790/DF, de relatoria do Ministro Francisco Falcão (*DJ* 01.02.2005), consagrou entendimento no sentido de que a Portaria MPAS 1.135/2001, que aprovou o regulamento da Previdência Social, foi editada em conformidade com a Constituição Federal de 1988, a Lei 8.212/1991 e o art. 201, § 4.º, do Dec. 3.048/1999. Entendeu-se, assim, que a Portaria 1.135/2001 não está eivada de ilegalidade, pois somente se referiu à alíquota originariamente prevista em lei. 2. Agravo regimental não provido" (STJ – AgRg-REsp 1.220.245 – (2010/0204764-5) – 1.ª T. – rel. Min. Benedito Gonçalves – *DJe* 22.03.2011 – p. 343).

"*Recolhimentos previdenciários – SAT/RAT – Contribuições sociais – Competência da Justiça do Trabalho* – Prevendo o art. 22, II, da Lei 8.212/1991 que o SAT e o RAT (Dec. 6.042/2007) constituem contribuição a cargo da empresa, e como eles têm o propósito de financiar a aposentadoria especial prevista nos arts. 57 e 58 da Lei 8.213/1991 decorrente de condições laborais que prejudiquem a saúde ou a integridade física do trabalhador e os benefícios concedidos em razão de incapacidade laborativa, é notório que a parcela do SAT se insere no conceito de contribuição social, sendo competente a Justiça do Trabalho para determinar a sua apuração e recolhimento" (TRT-12.ª Reg. – AP 03706-2006-003-12-85-3 – 1.ª C. – rel. Águeda Maria Lavorato Pereira – *DJe* 10.02.2011).

"*Embargos de declaração – Existência de omissão no julgamento da apelação – Acolhimento dos declaratórios com efeitos infringentes – Embargos à execução fiscal – Contribuição previdenciária – Cooperativa – Legalidade Dec. 89.312/1984 – Apelação do INSS parcialmente provida.* 1. A teor do que dispõe o art. 535, I e II, do CPC, cabem embargos de declaração apenas quando há no acórdão obscuridade, contradição ou omissão relativa a ponto sobre o qual deveria pronunciar-se o Tribunal, descabendo, assim, sua utilização com o escopo de 'obrigar' o órgão julgador a rever orientação anteriormente esposada por ele, sob o fundamento de que não teria sido aplicado o melhor direito à espécie dos autos. Não se prestam os declaratórios à revisão do acórdão, salvo casos excepcionalíssimos, e sim ao aperfeiçoamento do julgado. 2. Existência de omissão no presente julgado. O v. acórdão embargado limitou-se a afirmar a inexistência de relação de emprego entre as cooperativas e seus associados, segurados trabalhadores autônomos da Previdência Social, quando, na realidade, a matéria discutida nos embargos à execução fiscal refere-se à exigibilidade das contribuições devidas em razão dos pagamentos feitos aos trabalhadores autônomos. 3. Na hipótese em tela discute-se o cabimento da cobrança de contribuições previdenciárias, incidente sobre os pagamentos realizados aos médicos cooperados, que prestaram serviços aos usuários do plano de saúde, na condição de autônomos, relativamente ao período compreendido entre 03.1985 e 10/1990. Não se cogita da existência de vínculo empregatício entre os médicos e a cooperativa, mas sim se é exigível o recolhimento de contribuições previdenciárias sobre a remuneração paga pela cooperativa aos médicos cooperados. 4. Os profissionais vinculados à cooperativa são considerados 'autônomos' tanto assim que deles se exige recolhimento sobre o seu salário base, que engloba todos os seus 'ganhos'. Sendo considerado trabalhador autônomo, desde que a sociedade cooperativa destine recursos financeiros em favor do profissional cooperado, entregue-lhe uma participação econômica derivada do serviço que presta na condição de cooperado, resta evidente que sobre esse valor deve incidir a alíquota da contribuição em tela. Ademais, na medida em que trabalha dedicado à cooperativa, o profissional acaba por prestar serviços que permitem à entidade sobreviver, auferindo os recursos que depois distribui. 5. As contribuições devidas a partir da competência de setembro/1989 não devem ser cobradas tendo em vista a inconstitucionalidade da Lei 7.787/1989, mantida a exigibilidade das contribuições anteriores, cuja exigência era feita com fundamento na antiga CLPS – Dec. 89.312, de 23.01.1984, que regulamentou a Lei 3.807, de 26 de agosto de 1960 (Lei Orgânica da Previdência Social) e a legislação complementar. 6. Diante da sucumbência recíproca, cada parte arcará com os honorários advocatícios de seus respectivos patronos, nos moldes do *caput* do art. 21 do Código de Processo Civil. 7. Embargos de declaração acolhidos e providos, como efeitos modificativos, para, reconhecendo a ocorrência de omissão, dar parcial provimento à apelação do INSS" (TRF-3.ª Reg. – EDcl-AC 96.03.059363-0/SP – 1.ª T. – rel. Des. Johnson Di Salvo – *DJ* 13.01.2010).

"*Tributário. Constitucional. Contribuição previdenciária. Clubes de futebol profissional. Base de cálculo. Receitas de patrocínio e publicidade. Inconstitucionalidade. Lei 8.212/1991, art. 22, § 6.º, CF/1988, art. 195, I e § 4.º.* 1. A partir da Lei 9.528/1997, a contribuição previdenciária devida pelos clubes de futebol profissional deixou de incidir sobre a folha de salários, passando a recair sobre a receita bruta decorrente de espetáculos esportivos e de verbas de patrocínio, publicidade e licenciamento de uso de marcas e símbolos. 2. Segundo a redação original do art. 195 da CF, a base de cálculo da contribuição a cargo da empresa incidia sobre a folha de salários, o faturamento e o lucro. Mesmo sob a ótica da equiparação entre faturamento e receita bruta proveniente da venda de mercadorias e serviços, considerada constitucional pelo STF, na ADC 1, não é possível alargar o conceito de faturamento, para que nele se incluam os valores recebidos em decorrência de contratos de patrocínio e publicidade, sob pena de violar o dispositivo constitucional. 3. A Constituição Federal de 1988 admite a instituição de outras fontes de custeio da seguridade social, além das mencionadas no inc. I do art. 195, de acordo com o § 4.º desse dispositivo, porém exige o atendimento dos requisitos postos no art. 154, I (veiculação por lei complementar, não cumulatividade e fato gerador e base de cálculo diversos das contribuições já previstas nos incisos do art. 195). Em se tratando de nova fonte de custeio – receitas de patrocínio e publicidade –, a contribuição dos clubes de futebol profissional não poderia ter sido criada por lei ordinária. 4. A EC 20/1998, que considera todas as receitas do contribuinte como integrantes da base de cálculo das contribuições de seguridade social, inclusive receitas financeiras, não possui o condão de legitimar legislação anterior. Isso porque o ordenamento constitucional posterior não recepciona lei inválida, originalmente viciada por inconstitucionalidade. 5. Suscita-se o incidente de arguição de inconstitucionalidade do art. 22, § 6.º, da Lei 8.212/1991, perante a Corte Especial" (TRF-4.ª Reg. – AC 2002.71.13.001664-1/RS – 1.ª T. – rel. Des. Federal Joel Ilan Paciornik – DJ 20.10.2009).

"*Contribuição previdenciária. Seguro de acidentes do trabalho – SAT. Serviços prestados mediante cessão de mão de obra. Responsabilidade solidária da empresa contratante. Faculdade do tomador de serviços a reter do cedente de mão de obra importâncias correspondentes às contribuições sociais.* 1.Conforme se verifica dos documentos acostados aos autos a Agravante é responsável tributária, pelos serviços que lhes foram prestados, por terceiros, na forma do art. 31 da Lei 8.212/1991, devendo a aferição da solidariedade ser feita no momento da exigibilidade do crédito tributário. 2. A solidariedade, *in casu*, decorre de lei, não se podendo cogitar de benefício de ordem ou ser imposto ao Fisco escusas para o seu não cumprimento, a qual poderá exigir o crédito tributário do cedente de mão de obra ou do tomador de serviços. 3.Ademais, à época da contratação da prestação de serviços a lei autorizava ao tomador 'a retenção das importâncias a este devidas para garantia do cumprimento das obrigações' 4. Recurso desprovido" (TRF-3.ª Reg. – AC 480777 – Processo 1999.03.99.033748-5 – 5.ª T. – rel. Des. Federal Baptista Pereira – DJ 14.01.2009).

"*Agravo de instrumento em recurso de revista – Contribuição previdenciária – Cota-parte do segurado empregado –* I *–* De acordo com o art. 195, I, *a*, e II, da CF/1988, a contribuição previdenciária é devida tanto pela empresa quanto pelo trabalhador que lhe presta serviços, cuja execução deve ser realizada de ofício pela Justiça do Trabalho, nos termos do art. 114, VIII, do Texto Constitucional. Agravo de instrumento provido. II *– Recurso de revista 1 – Preliminar de nulidade por negativa de prestação jurisdicional – Ausência*

Título VI – Do financiamento da Seguridade Social – Introdução • Art. 22

de prejuízo. Tendo havido prequestionamento ficto da matéria, nos moldes da Súmula 297, III, do TST, não se reconhece a nulidade do julgado regional ante a ausência de prejuízo. Inteligência do art. 796 da CLT e 244 do CPC. Recurso de revista não conhecido. 2 – *Justiça do Trabalho – Competência – Seguro de acidente do trabalho (SAT) e contribuições sociais devidas a terceiros*. A competência da Justiça do Trabalho para a execução, de ofício, das contribuições sociais se limita às destinadas à seguridade social previstas no art. 195, I, *a*, e II, da CF/1988, não se incluindo as contribuições sociais destinadas a terceiros. Precedentes. Incidente a Súmula 333/TST. Quanto ao Seguro de Acidente do Trabalho (SAT), é competente a Justiça do Trabalho para executá-lo, de ofício. De acordo com os arts. 11 e 22 da Lei 8.212/1991, 201 e 202 do Dec. 3048/1999, a contribuição para o SAT destina-se à seguridade social, precisamente ao financiamento da aposentadoria especial e dos benefícios concedidos em razão do grau de incidência de incapacidade laborativa decorrente dos riscos ambientais do trabalho. Sendo inegável que o Seguro de Acidente de Trabalho é contribuição social do empregador, que tem como destino o financiamento da seguridade social (art. 195, I, *a*, da CF/1988), conclui-se que incide sobre a remuneração percebida pelo segurado. Recurso de revista conhecido apenas quanto à competência para executar, de ofício, o seguro de acidente do trabalho e provido. 3 – *Justiça do Trabalho – Competência – Contribuição previdenciária – Cota-parte do empregado*. Sendo incontroversa nos autos a existência de relação de emprego entre as partes, é devida contribuição pelo segurado empregado, nos moldes do art. 20 da Lei 8.212/1991, a ser executada de ofício pela Justiça do Trabalho. Recurso de revista conhecido e provido" (TST – RR-2061/2006-245-01-40.1 – 3.ª T. – rel. Min. Douglas Alencar Rodrigues – DJ 15.10.2009).

"*Contribuição previdenciária. Associações esportivas. Lei 8.212/1991. Vigência. Honorários advocatícios. Art. 20, §§ 3.º e 4.º, do CPC*. O regime de substituição da contribuição patronal das entidades desportivas não mantenedoras de clube de futebol, previsto na Lei 5.939/1997, foi recepcionado pela CF/1988 e somente foi extinto com o advento da MedProv 1.523/96, posteriormente convertida na Lei 9.528/1997. O art. 20, § 4.º, do CPC, não impõe ao julgador a observância de limites percentuais mínimos ou máximos, nem estabelece a base de cálculo da verba honorária, atribuindo tal tarefa ao seu prudente arbítrio. Todavia, a orientação jurisprudencial é no sentido de respeitar os limites de 10% a 20% previstos no art. 20, § 3.º, do CPC, também nos casos em que a condenação envolve a Fazenda Pública. Tal solução só é afastada na hipótese de resultar, a observância desse critério, em valor ínfimo ou exorbitante, ante a exigência de adequação da aludida verba sucumbencial ao grau de zelo profissional, ao lugar da prestação do serviço, a natureza da causa, ao trabalho realizado pelo advogado e o tempo exigido para o seu serviço" (TRF-4.ª Reg. – AC 2000.71.00.036798-2/RS – 1.ª T. – rel. Juiz Marcelo de Nardi – DJ 17.02.2008).

"*Recurso especial – Alegada ocorrência de omissão e obscuridade no acórdão recorrido – Ausência de indicação do dispositivo legal violado – Incidência da Súmula 284/STF – Alegada violação de dispositivos constitucionais – Competência da Suprema Corte – Federação Catarinense de Futebol – Contribuição previdenciária prevista na LC 84/1996 – Cabimento.* Na espécie, apesar de ter alegado omissão e obscuridade no acórdão recorrido, a recorrente não apontou qual dispositivo legal teria sido violado pela Corte de origem. A matéria deveria ter sido abordada pelo prisma do art. 535 do CPC, a fim de que este Sodalício pudesse apreciar eventual contradição, obscuridade ou omissão no acórdão profligado. Incidência da Súmula 284/STF. Quanto à alegada violação de dispositivos constitucionais, inviável o exame do pleito da recorrente, sob pena de se ingressar no exame de matéria cuja competência está afeta à Excelsa Corte, *ex vi* do art. 102 da CF/1988. A contribuição do § 6.º do art. 22 da Lei 8.212/1991 substitui a contribuição devida sobre a remuneração dos empregados e a do SAT (art. 22, I e II) e incide sobre a receita bruta decorrente dos espetáculos desportivos de que participe a associação desportiva, como de patrocínio, licenciamento de uso de marcas e símbolos, publicidade, propaganda e de transmissão de espetáculos desportivos. Por outro lado, a contribuição criada pela LC 84/1996, com base na competência residual prevista no § 4.º do art. 195 da CF/1988, incide sobre as remunerações pagas aos segurados empresários, trabalhadores autônomos, avulsos e demais pessoas físicas sem vínculo empregatício que prestem serviços às pessoas jurídicas. Dessarte, tratando-se de contribuições destinadas à Seguridade Social distintas, com fatos geradores e bases de cálculo diversos, é plenamente cabível a sua cobrança da Federação de futebol recorrente. Saliente-se, ainda, que a LC 84/1996 não previu qualquer hipótese de isenção da mencionada contribuição à federação futebolística. Assim, em conformidade com o que restou decidido pelo Tribunal *a quo*, quanto à contribuição 'incidente sobre a remuneração paga aos trabalhadores autônomos, há que se obedecer à regra geral, devendo ser imputada ao contratante da mão de obra, quer seja a associação desportiva, quer seja a federação futebolística'. Evidenciado no caso em exame que 'é a Federação a responsável pelos trio de arbitragem, reservas e demais representantes do futebol do estado', bem como pela 'autorização da realização da partida de futebol, seu calendário, exercendo fiscalização direta sobre as bilheterias, arrecadação, pagamento dos trabalhadores etc.' (cf. parecer do Ministério Público Federal), conclui-se que a recorrente é responsável pelo recolhimento da contribuição de 15% sobre as remunerações pagas às pessoas físicas que lhe prestem serviços sem vínculo empregatício. Recurso especial improvido" (STJ – REsp 667466/SC – 2.ª T. – rel. Min. Franciulli Netto – *DJ* 20.03.2006, p. 239).

▶ Assim dispunha o inciso alterado:

I – vinte por cento sobre o total das remunerações pagas, devidas ou creditadas a qualquer título, durante o mês, aos segurados empregados que lhe prestem serviços, destinadas a retribuir o trabalho, qualquer que seja a sua forma, inclusive as gorjetas, os ganhos habituais sob a forma de utilidades e os adiantamentos decorrentes de reajuste salarial, quer pelos serviços efetivamente prestados, quer pelo tempo à disposição do empregador ou tomador de serviços, nos termos da lei ou do contrato ou, ainda, de convenção ou acordo coletivo de trabalho ou sentença normativa. (Redação dada ao inciso pela Lei 9.528, de 10.12.1997, *DOU* 11.12.1997).

▶ Assim dispunha a redação anterior:

II – para o financiamento dos benefícios concedidos em razão do grau de incidência de incapacidade laborativa decorrente dos riscos ambientais do trabalho, conforme dispuser o regulamento, nos seguintes percentuais, sobre o total das remunerações pagas ou creditadas, no decorrer do mês, aos segurados empregados e trabalhadores avulsos: (Redação dada pela Lei 9.528, de 10.12.1997, *DOU* 11.12.1997).

▶ Assim dispunha o parágrafo alterado:

§ 1.º No caso de bancos comerciais, bancos de investimentos, bancos de desenvolvimento, caixas econômicas, sociedades de crédito, financiamento e investimento, sociedades de crédito imobiliário, sociedades corretoras, distribuidoras de títulos e valores mobiliários, empresas de arrendamento mercantil, cooperativas de crédito, empresas de seguros privados e de capitalização, agentes autônomos de seguros privados e de crédito e entidades de previdência privada abertas e fechadas, além das contribuições referidas neste artigo e no art. 23, é devida a contribuição adicional de 2,5% (dois inteiros e cinco décimos por cento) sobre a base de cálculo definida no inciso I deste artigo.

▶ Assim dispunha o parágrafo revogado:

§ 5.º O disposto neste artigo não se aplica à pessoa física de que trata a alínea *a* do inciso V do art. 12 desta Lei. (Parágrafo acrescentado pela Lei 8.540, de 22.12.1992).

▶ Assim dispunha o parágrafo alterado:

§ 11. O disposto nos §§ 6.º a 9.º aplica-se à associação desportiva que mantém equipe de futebol profissional e que se organize na forma da Lei 9.615, de 24 de março de 1998. (NR) (Parágrafo acrescentado pela Lei 9.711, de 20.11.1998, *DOU* 21.11.1998).

▶ A MedProv 358, de 16.03.2007, *DOU* 19.03.2007, alterava este parágrafo, com a seguinte redação:

§ 11. O disposto nos §§ 6.º a 9.º aplica-se à associação desportiva que mantenha equipe de futebol profissional e que se organize na forma da Lei 9.615, de 24 de março de 1998. (NR).

▶ A MedProv 316, de 11.08.2006, *DOU* 11.08.2006, convertida na Lei 11.430, de 26.12.2006, *DOU* 27.12.2006, acrescentava o § 14 a este artigo, com a seguinte redação:

§ 14. Para os fins do disposto no inciso II do *caput* e no art. 10 da Lei 10.666, de 8 de maio de 2003, aplicar-se-á um único grau de risco para todos os estabelecimentos da empresa, na forma do regulamento. (NR).

Art. 22-A A contribuição devida pela agroindústria, definida, para os efeitos desta Lei, como sendo o produtor rural pessoa jurídica cuja atividade econômica seja a industrialização de produção própria ou de produção própria e adquirida de terceiros, incidente sobre o valor da receita bruta proveniente da comercialização da produção, em substituição às previstas nos incisos I e II do art. 22 desta Lei, é de:

I – dois vírgula cinco por cento destinados à Seguridade Social;

II – zero vírgula um por cento para o financiamento do benefício previsto nos arts. 57 e 58 da Lei 8.213, de 24 de julho de 1991, e daqueles concedidos em razão do grau de incidência de incapacidade para o trabalho decorrente dos riscos ambientais da atividade. (*Caput* acrescentado pela Lei 10.256, de 09.07.2001, *DOU* 10.07.2001, com efeitos a partir do dia primeiro do mês seguinte ao nonagésimo dia da publicação).

§ 1.º (VETADO na Lei 10.256, de 09.07.2001, *DOU* 10.07.2001).

§ 2.º O disposto neste artigo não se aplica às operações relativas à prestação de serviços a terceiros, cujas contribuições previdenciárias continuam sendo devidas na forma do art. 22 desta Lei. (Parágrafo acrescentado pela Lei 10.256, de 09.07.2001, *DOU* 10.07.2001, com efeitos a partir do dia primeiro do mês seguinte ao nonagésimo dia da publicação).

§ 3.º Na hipótese do § 2.º, a receita bruta correspondente aos serviços prestados a terceiros será excluída da base de cálculo da contribuição de que trata o *caput*. (Parágrafo acrescentado pela Lei 10.256, de 09.07.2001, *DOU* 10.07.2001, com efeitos a partir do dia primeiro do mês seguinte ao nonagésimo dia da publicação).

§ 4.º O disposto neste artigo não se aplica às sociedades cooperativas e às agroindústrias de piscicultura, carcinicultura, suinocultura e avicultura. (Parágrafo acrescentado pela Lei 10.256, de 09.07.2001, *DOU* 10.07.2001, com efeitos a partir do dia primeiro do mês seguinte ao nonagésimo dia da publicação).

§ 5.º O disposto no inciso I do art. 3.º da Lei 8.315, de 23 de dezembro de 1991, não se aplica ao empregador de que trata este artigo, que contribuirá com o adicional de zero vírgula vinte e cinco por cento da receita bruta proveniente da comercialização da produção, destinado ao Serviço Nacional de Aprendizagem Rural (SENAR). (Parágrafo acrescentado pela Lei 10.256, de 09.07.2001, *DOU* 10.07.2001, com efeitos a partir do dia primeiro do mês seguinte ao nonagésimo dia da publicação).

§ 6.º Não se aplica o regime substitutivo de que trata este artigo à pessoa jurídica que, relativamente à atividade rural, se dedique apenas ao florestamento e reflorestamento como fonte de matéria-prima para industrialização própria mediante a utilização de processo industrial que modifique a natureza química da madeira ou a transforme em pasta celulósica. (Parágrafo acrescentado pela Lei 10.684, de 30.05.2003, *DOU* 31.05.2003 – Ed. Extra, com efeitos a partir do mês subsequente ao do termo final do prazo nonagesimal, a que refere o § 6.º do art. 195 da Constituição Federal).

§ 7.º Aplica-se o disposto no § 6.º ainda que a pessoa jurídica comercialize resíduos vegetais ou sobras ou partes da produção, desde que a receita bruta decorrente dessa comercialização represente menos de um por cento de sua receita bruta proveniente da comercialização da produção. (NR) (Parágrafo acrescentado pela Lei 10.684, de 30.05.2003, *DOU* 31.05.2003 – Ed. Extra, com efeitos a partir do mês subsequente ao do termo final do prazo nonagesimal, a que refere o § 6.º do art. 195 da Constituição Federal).

✍ Anotação

Além do conceito previdenciário de agroindústria, o artigo em epígrafe fixa a regra matriz do custeio para a área rural, deslocando a incidência da remuneração à mão de obra para a receita da comercialização da produção rural. Exceção feita às operações relativas à prestação de serviços a terceiros, cujas contribuições sociais continuam sendo devidas sobre os rendimentos do trabalho.

JURISPRUDÊNCIA

"*Tributário. Contribuição incidente sobre a comercialização da produção rural. Produtor rural pessoa física empregador. Inconstitucionalidade.* 1. O STF, ao julgar o RE 363.852, declarou inconstitucional as alterações trazidas pelo art. 1.º da Lei 8.540/1992, que deu nova redação aos arts. 12, V e VII, 25, I e II, e 30, IV, da Lei 8.212/1991. 2. A Corte Especial deste Tribunal, ao julgar a Arguição de Inconstitucionalidade na AC n. 2008.70.16.000444-6/PR, declarou, por maioria, a inconstitucionalidade do art. 1.º da Lei 10.256/2001.

3. Indevido o recolhimento de contribuição para o Fundo de Assistência ao Trabalhador Rural (Funrural) sobre a receita bruta proveniente da comercialização da produção rural de empregadores, pessoas naturais" (TRF-4.ª Reg. – APELREEX 5004219-36.2012.404.7102/RS – 1.ª T. – j. 20.03.2013 – rel. Maria De Fátima Freitas Labarrère – *DE* 22.03.2013).

"*Processo civil. Embargos à execução fiscal. Produção integrada de frangos. Matriz e filial. Granjas pessoas físicas. Contribuição previdenciária. Parceria agrícola. Inexistência de hipótese de incidência tributária. Embargos à execução procedentes.* 1. Consta em apenso aos presentes autos três Execuções Fiscais 247/1998, 248/1998 e 249/1998, relativas, cada qual, a uma inscrição em Dívida Ativa: 32.064.418-9; 32.447.748-1; 32.064.417-0, que foram objeto de três ações de embargos respectivamente, julgadas todas conjuntamente na r. sentença de f. destes autos. 2. Entendeu o douto juízo que tal inscrição não deveria prosperar, eis que o § 2.º do art. 25 da Lei 8.870/1994 foi considerado inconstitucional pela Suprema Corte. Entretanto, não é esse o fundamento da exação inscrita, o que põe em prejuízo toda a argumentação a respeito dele. Verifica-se do relatório que a incidência de contribuições decorre da produção agrícola da filial, que funciona apenas como granja, adquirida pela matriz, agroindústria, isto é, embasa-se a apuração em primeiro lugar pela aquisição de produção agrícola de terceiros – considerados como tais as filiais – e não da incidência de contribuição sobre a própria produção agrícola entregue ao comércio. 3. A análise desta exação circunscreve-se apenas em verificar se a operação de retorno das aves à matriz por suas filiais é hipótese de aquisição de produção agrícola de terceiros a ensejar, nos termos do art. 30, III e IV, e 25, da Lei 8.212/1991, quanto à apuração sob a sua vigência, ou nos termos do art. 15, I, *a*, da Lei Complementar 11/1971 quanto ao período anterior. As demais inscrições também exigem análise semelhante. 4. Logo, o objeto de apuração fiscal não foi a produção agrícola ao comércio varejista ou diretamente ao consumidor, mas sim a relação de produção integrada de frangos entre a matriz e as filiais e entre a executada e granjas pessoas físicas. A produção integrada, identificada como parceria agrícola com filiais e terceiros, não se trata de hipótese de incidência da contribuição previdenciária. Nos termos do art. 15, I, da LC 11/1971, somente incide a contribuição nas hipóteses de que a produção agrícola é entregue ao comércio varejista ou diretamente ao consumidor. É o que se extrai da dicção das expressões normativas 'valor comercial' e 'varejo'. Do mesmo modo, o art. 25 da Lei 8.212/1991, quando diz 'comercialização da sua produção'. Logo, a parceria agrícola com terceiros e com filiais não pode ser resumida em um contrato de comércio ou um contrato de compra e venda com promessa de recompra. A análise em primeiro grau nesse sentido resta equivocada, vênia devida. 5. É

Título VI – Do financiamento da Seguridade Social – Introdução • Art. 22-A

certo que a granja perde com a mortandade das aves, arcando com prejuízos de aves havidos durante a criação; mas também não se pode ignorar que a executada também perde a ave, as vacinas, a ração, os medicamentos, de modo que a morte da ave gera prejuízo a todos os pactuantes. Logo, nem por isso, pode-se concluir que o retorno da ave pronta para o abate seja revenda ou se intitule como comércio a fim de incidir a contribuição social ora cobrada. 6. Portanto, não prosperam as cobranças 32.064.418-9; 32.447.748-1 e 32.064.417-0, cumprindo-se dar provimento ao recurso de apelação da executada-embargante e negar provimento ao recurso do exequente, bem como negar provimento à remessa oficial, para o fim de julgar procedentes os embargos à execução e julgar extinta as execuções fiscais em apenso, com o levantamento da penhora. Condeno o embargado na verba honorária de 10% (dez por cento) sobre o valor em execução em favor do embargante. 7. Apelação do embargante provida. Apelação do embargado e remessa oficial improvidas" (TRF-3.ª Reg. – Ap/RN 1999.03.99.034328-0/SP – 2.ª T. – rel. convocado p/ o acórdão Juiz Federal Alexandre Sormani – DJ 01.10.2009).

"*Mandado de segurança – Contribuição previdenciária à previdência social urbana, anterior ao regime da Lei 8.212/1991 – Agroindústria ou agrocomércio – Exigência devida.* I – As NFLDs impugnadas descrevem com precisão os fundamentos legais da exigência das contribuições previdenciárias, reportando-se o levantamento fiscal aos documentos da própria empresa autuada que tratam dos seus empregados e respectivas remunerações, apresentando-se com adequada descrição dos fatos que deram ensejo à exigência, não havendo qualquer cerceamento de defesa que pudesse tornar as notificações nulas, tanto que a autuada/impetrante identificou exatamente os fundamentos da autuação e a impugnou exaustivamente na presente ação. II – Está pacificado em nossos tribunais o entendimento de que, no regime anterior à Lei 8.212/1991 (que unificou os sistemas previdenciários urbano e rural), os trabalhadores de empresa agroindustrial ou agrocomercial, cuja atividade não os caracterizavam como tipicamente rurais, estavam vinculados à Previdência Social Urbana, inclusive para fins contributivos a cargo do seu empregador incidente sobre a remuneração a ela paga, enquanto os empregados da empresa rural que exerciam atividades tipicamente rurais estavam vinculados apenas ao Funrural com contribuições recolhidas sobre a comercialização da produção rural, tudo na forma do art. 5.º, VII a IX, do Dec. 83.081, de 24.01.1979 (é segurado obrigatório da Previdência urbana 'o empregado de empresa rural que exerce suas atividades no escritório ou loja da empresa, ou cujas atividades não o caracterizam como trabalhador rural') c.c. art. 4.º, II, do Dec. 89.312/1984, art. 3.º, § 1.º, *a*, da LC 11/1971 e art. 4.º da LC 16/1973. III – No caso em exame, conforme a documentação juntada,

Art. 22-A • LEI ORGÂNICA DA SEGURIDADE SOCIAL

as contribuições exigidas são referentes à quota patronal do período de 03.1988 a 07.1989, em que as contribuições a cargo dos empregados foram devidamente descontadas e recolhidas pela impetrante, por isso reconhecendo tratar-se de empregados em atividades urbanas, não tendo produzido nestes autos qualquer prova em sentido contrário, razão pela qual, ante os fundamentos expostos, fica mantida a possibilidade jurídica da dúplice contribuição da empresa agroindustrial ou agrocomercial, uma relativa aos empregados rurais (sobre a receita de comercialização da produção rural, destinada ao Funrural) e a outra relativa aos empregados vinculados à Previdência Urbana (contribuição patronal sobre a folha de salários respectiva). IV – Apelação da impetrante desprovida" (TRF-3.ª Reg. – AMS 136806 – Processo 136806 – T. Suplementar 1.ª S. – rel. Juiz convocado Souza Ribeiro – DJ 17.02.2009).

"*Tributário. Executivo fiscal. Cobrança de acréscimos incidentes sobre o pagamento apenas do principal do valor exigido em autuação. Contribuições previdenciárias sobre valores pagos a trabalhadores rurais de empresa agroindustrial. Fatos geradores ocorridos entre 1960 e 1967. Falta de amparo legal. Extinção da dívida principal que se estende aos acessórios. Apelo e remessa oficial improvidos.* 1. Cuida-se de remessa oficial e apelação cível interpostas face aos termos de sentença que, ainda à luz do regramento previsto no Dec.-lei n. 960/1938, julgou improcedente executivo fiscal que o INPS moveu em face da aqui Apelada para cobrança de juros, multa e correção monetária incidentes sobre pagamento feito apenas pelo valor principal sobre autuação expedida pela autarquia por falta de recolhimento de contribuições previdenciárias apuradas entre outubro de 1960 e setembro de 1967. 2. Colhe-se dos autos do procedimento administrativo em apenso que a cobrança originária, cujos acessórios são perseguidos neste executivo fiscal, se refere à falta de recolhimento de contribuições previdenciárias sobre valores pagos pela agroindústria ora Apelada a trabalhadores atuantes na lavoura, cuja produção destinava à industrialização de açúcar. 3. Na época, os estabelecimentos agroindustriais se vinculavam ao extinto INPS, substituto do também extinto IAPI, recolhendo contribuições previdenciárias apenas sobre as quantias pagas aos trabalhadores de sua área industrial, situação que se alterou quando editado o Dec.-lei 704/1969, o qual, dando nova redação ao art. 2.º do Dec.-lei 564/1969, passou a considerar segurados obrigatórios do Plano Básico de Previdência Social os empregados do setor agrário de empresa agroindustrial, indicando que, na época da exigência, nada era devido sobre os pagamentos dos rurícolas. 4. Tal Situação restou reconhecida pela Orientação de Serviço SAF – 299.63, emitida em 30 de junho de 1973 em conjunto pelo Secretário de Arrecadação e Fiscalização e pelo Procurador Geral da autarquia, determinando a extinção dos '... débitos de competência até julho de 1969, ainda não recolhidos e apurados em favor do INPS, relativos aos rurícolas das empresas agroindustriais'. 5. O fato de haver a Executada recolhido a dívida pelo seu valor originário não implica, em absoluto, obrigatoriedade de recolher os acréscimos que, na época, deixou fazê-lo, pois, uma vez extinta a dívida principal, por certo tal situação se estende aos acessórios, seguindo estes a sorte daqueles. 6. Apelo e remessa oficial improvidos" (TRF-3.ª Reg. – AC 6987 – Processo 89.03.010656-3 – T. Suplementar 1.ª S. – rel. convocado p/ o acórdão Juiz Carlos Loverra – DJ 13.03.2008).

"*Contribuição previdenciária sobre a produção rural. Enquadramento da empresa no Fundo de Previdência e Assistência Social – FPAS. Observância do seu objeto social.* O enquadramento de empresa rural no Fundo de Previdência e Assistência Social – FPAS deve ser efetuado com base no seu objeto social, e não na sua atividade preponderante. Os objetivos sociais da empresa em questão incluem, além da transformação e do beneficiamento de produtos rurais, outros próprios de empresas comuns, prestadoras de serviços a terceiros, mediante remuneração. A previsão de transformação de produtos rurais, posta em termos gerais no seu objeto social, autoriza a empresa a exercer atividade própria de agroindústria. A sua descaracterização como produtora rural implica, portanto, a obrigação de recolher as contribuições sociais na sistemática e nos índices próprios das empresas comuns. Unânime" (TRF-1.ª Reg. – AC 199838000088520/MG – 7.ª T. – rel. Des. Federal Antônio Ezequiel da Silva – j. 06.06.2006).

Art. 22-B As contribuições de que tratam os incisos I e II do art. 22 desta Lei são substituídas, em relação à remuneração paga, devida ou creditada ao trabalhador rural contratado pelo consórcio simplificado de produtores rurais de que trata o art. 25-A, pela contribuição dos respectivos produtores rurais, calculada na forma do art. 25 desta Lei. (Artigo acrescentado pela Lei 10.256, de 09.07.2001, *DOU* 10.07.2001).

✎ Anotação

A substituição opera (i) na contribuição de 20% sobre o total das remunerações pagas, devidas ou creditadas a qualquer título, durante o mês, aos segurados empregados e trabalhadores avulsos e (ii) na contribuição do Seguro contra Acidentes do Trabalho (SAT), alíquotas de 1%, 2% ou 3% balizadas pelo Fator Acidentário de Prevenção (FAP), também calculada sobre as remunerações destinadas aos segurados empregados e trabalhadores avulsos. O consórcio simplificado de produtores rurais recolhe sobre a receita da comercialização da produção rural.

JURISPRUDÊNCIA

"*Tributário e processual civil. Funrural. Pessoa física empregador. Art. 25 da Lei 8.212/1991. Legitimidade ativa ad causam. Condomínio. Inexigibilidade da contribuição. Inconstitucionalidade. Lei 10.256/2001. Limites do indébito. Atualização do débito. Taxa Selic. Lei 11.960/2009. Inaplicabilidade. Sucumbência recíproca.* 1. Demonstrada no caso a legitimidade ativa *ad causam* dos autores mediante a juntada de contrato de exploração agropecuária em regime de condomínio, registrado em cartório, no qual constam como condôminos os autores e como objeto social a exploração de atividade agrícola. 2. Segundo art. 25-A da Lei 8.212/1991, atualizado pela Lei 10.259/2001, equipara-se ao empregador rural pessoa física o consórcio simplificado de produtores rurais, formado pela união de produtores rurais pessoas físicas, mediante contrato registrado em cartório.

3. Nestes termos, demonstrada a condição dos autores de produtores rurais empregadores pessoas físicas mediante os seguintes documentos: Rais emitida em nome do condomínio e Talão de Nota Fiscal de Produtor emitido conjuntamente em nome de todos os autores. 4. É inconstitucional a contribuição sobre a comercialização dos produtos rurais, devida pelo produtor rural pessoa física com empregados, prevista pelo art. 25, incs. I e II, da Lei 8.212/1991. Precedente do STF. 5. Não há falar em exigibilidade da exação a partir da edição da Lei 10.256/2001. A Corte Especial deste Tribunal, no Incidente de Arguição de Inconstitucionalidade n. 2008.70.16.000444-6 (rel. Des. Federal Álvaro Eduardo Junqueira), declarou a inconstitucionalidade do art. 1.º da Lei 10.256/2001, por afronta a princípios insculpidos na CF/1988. 6. Conforme julgamento da referida Arguição de Inconstitucionalidade na AC n. 2008.70.16.000444-6, o reconhecimento da inexigibilidade da contribuição previdenciária incidente sobre a comercialização da produção rural (Funrural) resulta em um indébito correspondente à 'diferença da contribuição recolhida com base na comercialização da produção rural e a incidente sobre a folha de salários'. 7. Não se aplica ao caso a nova redação do art. 1.º-F da Lei 9.494/1997 dada pelo art. 5.º da Lei 11.960/2009, porquanto ela não modificou a aplicação da Taxa Selic para as repetições de indébito tributário, prevalecendo o princípio da especialidade no conflito aparente das normas. 8. Considerando-se a limitação do indébito, face ao reconhecimento do efeito repristinatório (revigoração do regime de tributação pela folha de salários – art. 22, I e II, da Lei 8.212/1991), a sucumbência

é recíproca, ficando compensados integralmente os honorários advocatícios, nos termos do art. 21, *caput*, do CPC" (TRF-4.ª Reg. – APELREEX 5000119-64.2010.404.7116/RS – 2.ª T. – j. 26.02.2013 – rel. Luciane Amaral Corrêa Münch – *DE* 28.02.2013).

"*CNPJ – Consórcios de empregadores rurais – Inscrição.* As entidades constituídas nos moldes do art. 25-A da Lei 8.212-1991, incluído pela Lei 10.256-2001, regulamentado pelo art. 200-A do Dec. 3.048-1999, na alteração promovida pelo Dec. 4.036-2001, denominadas por 'consórcio simplificado de produtores rurais', 'consórcio de empregadores rurais pessoas físicas' ou 'condomínio de empregadores rurais pessoas físicas', embora não tendo personalidade jurídica, estão sujeitas a inscrição no CNPJ. Não estão, porém, obrigadas a entrega da DIRPJ, uma vez que não são condomínios ou consórcios constituídos sob forma de sociedade por cotas, aos quais se refere art. 1.º da IN SRF 257-2002" (Solução de Consulta SRF 8.º RF 292-2007).

"*Empregador rural. Pessoa jurídica. Contrato de trabalho vigente anteriormente ao início das atividades agroindustriais. Cota patronal das contribuições previdenciárias.* A Lei Orgânica da Seguridade Social estabeleceu, como regra geral, que a contribuição a cargo da empresa destinada à Seguridade Social, incide cumulativamente sobre a folha de pagamento aos empregados e prestadores de serviço (art. 22 da Lei 8.212/1991) e sobre o faturamento e o lucro da empresa (art. 23 do mesmo diploma). Em relação às contribuições decorrentes do pagamento de salários e dos prestadores de serviço, a Lei 10.256, de 9 de julho de 2001, em seu art. 1.º, alterou a redação e acrescentou dispositivos à Lei 8.212/1991, instituindo regime substitutivo para a quantificação da cota patronal da agroindústria, do empregador rural pessoa física e do consórcio de produtores rurais que individualmente sejam pessoas físicas. Para tais contribuintes, as contribuições decorrentes da folha de pagamento, sem prejuízo daquelas decorrentes do lucro e do faturamento, substituem-se pela contribuição sobre o valor bruto da receita da comercialização da produção rural própria. Transcorrido o contrato laboral inteiramente à época em que a tomadora de serviços exercia simples atividade de produção rural e extração vegetal sem industrialização, ocorreu nesse ínterim o fato gerador das contribuições previdenciárias, razão pela qual, a cota patronal devida pela executada deve ser apurada consoante a regra geral dos arts. 22 e 23 da Lei Orgânica da Seguridade Social, sendo correta, portanto, a alíquota de 28,8% sobre a condenação, apurada pelo perito. Agravo desprovido" (TRT-24.ª Reg. – AP 1754/2006-71-24-0-7 – 2.ª T. – rel. Des. Francisco das C. Lima Filho – *DJ* 05.02.2009).

Art. 23. As contribuições a cargo da empresa provenientes do faturamento e do lucro, destinadas à Seguridade Social, além do disposto no art. 22, são calculadas mediante a aplicação das seguintes alíquotas:

I – 2% (dois por cento) sobre sua receita bruta, estabelecida segundo o disposto no § 1.º do art. 1.º do Decreto-Lei 1.940, de 25 de maio de 1982, com a redação dada pelo art. 22 do Decreto-Lei 2.397, de 21 de dezembro de 1987, e alterações posteriores;

II – 10% (dez por cento) sobre o lucro líquido do período-base, antes da provisão para o Imposto de Renda, ajustado na forma do art. 2.º da Lei 8.034, de 12 de abril de 1990;

§ 1.º No caso das instituições citadas no § 1.º do art. 22 desta Lei, a alíquota da contribuição prevista no inciso II é de 15% (quinze por cento).

§ 2.º O disposto neste artigo não se aplica às pessoas de que trata o art. 25.

✐ Anotação

O regime cumulativo do Programa de Integração Social (PIS) e da Contribuição para o Financiamento da Seguridade Social (Cofins) encontra guarida na Lei 9.718/1998 e nas Leis Complementares 70/1991 e 7/1997. O regime não cumulativo do PIS e da Cofins está amparado na Lei 10.637/2002 e na Lei 10.833/2003. A Contribuição Social sobre o Lucro Líquido (CSLL), por seu turno, vem disposta na Lei 7.689/1988 e na IN SRF 390/2004.

É evidente a desorganização do sistema tributário, que estabeleceu duas contribuições sociais, com a mesma alíquota, cobradas quase que das mesmas pessoas e não dá nenhum passo para unificá-las, com racionalização e simplificação da cobrança.

As alíquotas de referidas contribuições sociais têm sido bastante modificadas ao longo do tempo.

Presentemente, a da Contribuição sobre o Lucro é de 8% (oito por cento) nos termos da Lei 9.718/1998, citada. Já a Contribuição para o Financiamento da Seguridade Social, que desde abril de 1992 (LC 70/1991) passou a incidir sobre o faturamento mensal, teve sua alíquota básica elevada para 7,6% por força do estabelecido na Lei 10.833/2003.

A alíquota diferenciada, de que cuida o § 1.º, foi aplicada, no caso da contribuição sobre o lucro, incidindo no percentual de 15%, nos termos da Lei 11.727/2008.

Os regimes especiais de tributação também cooperam com a desorganização do financiamento da seguridade social.

TÍTULO VI – DO FINANCIAMENTO DA SEGURIDADE SOCIAL – INTRODUÇÃO • Art. 23

Aquele instituído, por exemplo, pela Lei 10.931/2004, modificado pela Lei 12.844/2013, congloba em uma única alíquota (4%) as contribuições para o PIS, a Cofins, a CSSL e o Imposto de Renda.

Nenhum estudo atuarial sustenta essas modificações que, decerto, afetam de modo negativo as receitas sociais.

JURISPRUDÊNCIA

"*Processual civil e tributário. Mandado de segurança. Preliminares de inadequação da via eleita e decadência afastadas. Prescrição quinquenal. RE 566.621/ RS. Repercussão geral. Contribuição Social sobre o Lucro Líquido (CSLL). Art. 149, § 2.º, I, da CF/1988, com a redação determinada pela EC 33, de 11.12.2001. Imunidade. Receitas decorrentes de exportação. Lucro e receita. Conceitos distintos. Interpreção Restritiva. Recurso de apelação e remessa não providos.* I. Rejeitadas as preliminares de inadequação da via eleita e decadência do direito de impetrar mandado de segurança. II. A possibilidade de utilização da via mandamental para a declaração do direito à compensação tributária é matéria pacífica, consoante o Enunciado 213 da Súmula do E. STJ. III. A incidência tributária é renovada mês a mês, razão pela qual o *mandamus* reveste-se de natureza preventiva, não se sujeitando ao prazo decadencial de 120 dias. IV. O juiz não está vinculado a examinar todos os argumentos expendidos pelas partes, nem a se pronunciar sobre todos os artigos de Lei, restando bastante que, no caso concreto, decline fundamentos suficientes e condizentes a lastrear sua decisão. V. O Plenário do STF no RE 566.621, rel. Min. Ellen Gracie, j. 04.08.2011, conforme o Informativo 634, resolveu a controvérsia em prol da aplicação da regra da prescrição de cinco anos, conforme a LC 118, publicada em 09.02.2005, para as ações ajuizadas após a respectiva *vacatio legis* de 120 dias, ou seja, a partir de 09.06.2005. Assim, para ações ajuizadas antes de 09.06.2005, o prazo é contado da homologação expressa ou tácita, esta última contada a partir de cinco anos do fato gerador (10 anos desde o fato gerador, caso não seja expressa a homologação do lançamento). Já para as ações ajuizadas a partir de 09.06.2005, o prazo é contado do recolhimento ou pagamento antecipado a que alude o art. 150, § 1.º, do CTN (art. 3.º da LC 118/2005). VI. A Contribuição Social Sobre o Lucro Líquido não é alcançada pela imunidade prevista no art. 149, § 2.º, I, da CF/1988. Embora a CSSL tenha natureza constitucional de contribuição social, receita e faturamento são tributados distintamente. O inc. I do § 2.º do art. 149 da CF/1988 tornou imune apenas as receitas decorrentes da exportação, não o lucro. É que a contribuição em questão, como o próprio nome evidencia, tem como fato gerador o lucro, conceito que não se confunde com o de receita. Para evidenciar essa diferença, basta examinar o art. 195, I, alíneas *b* e *c*. Tanto que a legislação infraconstitucional correspondente, que sobreveio à edição da EC 33/2001, já excluiu a incidência da Cofins e do PIS-Pasep sobre as receitas decorrentes de exportações, porquanto se trata de contribuições para a seguridade social fundadas na letra *b* do inc. I do art. 195 da CF/1988. Precedentes. VII. O Pleno do Colendo STF, no julgamento do RE 474132/SC (*DJ* 01.12.2010), pacificou a questão, em sentido contrário à pretensão do impetrante, quando consignou, *in verbis*: 'A imunidade prevista no art. 149, § 2.º, I, da CF/1988, introduzida pela EC 33/2001, não alcança a Contribuição Social sobre o Lucro Líquido (CSLL), haja vista a distinção ontológica entre os conceitos de lucro e receita'. VIII. A tentativa de ampliação da abrangência de norma veiculadora de imunidade, em hipótese análoga, já foi rechaçada pelo Pretório Excelso, através de decisão com trânsito em julgado, julgada sob o regime da repercussão geral, relativamente à incidência de CPMF sobre movimentações financeiras decorrentes de receitas de exportação (RE 566259/RS, rel. Min. Ricardo Lewandowski, STF, Tribunal Pleno, julgamento em 12.08.2010, *DJe* 24.09.2010), aduzindo que 'em se tratando de imunidade tributária a interpretação há de ser restritiva, atentando sempre para o escopo pretendido pelo legislador.' IX. Reconhecimento, de ofício, do novo prazo prescricional. X. Apelação e remessa não providos" (TRF-2.ª Reg. – APL-RN 0012102-07.2008.4.02.5101 – 3.ª T. Especializada – rel. Juiz Federal convocado Renato César Pessanha de Souza – j. 06.12.2011 – *DEJF* 18.01.2012 – p. 184).

"*Tributário – Agravo Regimental em Agravo de Instrumento – Aumento de alíquota da contribuição social sobre o lucro líquido – CSLL – MedProv 1.807-02/1999 – Possibilidade – Precedentes – Agravo improvido* – I – A MedProv 1.807-02/1999 e suas reedições não instituíram nova contribuição social sobre o lucro líquido, apenas majoraram alíquota já existente, o que é admitido pela jurisprudência da Corte. II – Agravo regimental improvido" (STF – AgRg-AI 776.877 – rel. Min. Ricardo Lewandowski – *DJe* 16.11.2010 – p. 36).

"*Embargos de declaração – Existência de erro material – correção* – O pedido exordial não se limitou ao reconhecimento da inconstitucionalidade da cobrança da CSLL instituída pela Lei 7.689/1988, mas também da majoração da alíquota prevista na Lei 7.856/1989 (cuja constitucionalidade foi reconhecida pelo STF), de modo que deve ser dado parcial provimento ao recurso de apelação. Reconhecida a existência de erro material. Embargos de declaração providos para fazer constar do dispositivo do acórdão a seguinte alteração: 'dou provimento aos embargos de declaração, para, modificando o resultado do julgamento, dar parcial provimento ao recurso de apelação, declarando indevidos os valores de contribuição social sobre o lucro devida em função do período-base encerrado em 31.12.1988, apenas em relação à parte decorrente da aplicação da Lei 7.689/1988. Em razão da sucumbência recíproca, a verba honorária deve ser compensada, na forma do art. 21 do CPC.' Embargos de declaração providos" (TRF-2.ª Reg. – AC 98.02.25363-4 – 4.ª T. Especializada – rel. Des. Federal Luiz Antonio Soares – DJe 21.05.2010 – p. 121).

"*Mandado de segurança – Extinção do processo sem resolução do mérito afastada – Cofins e PIS – Incidência sobre o faturamento decorrente de vendas dos produtos em regime de concessão* – 1. Não se trata de Mandado de Segurança contra Lei em Tese, pois se encontra o contribuinte sujeito ao recolhimento da Cofins e do PIS sobre o valor total da venda dos veículos aos consumidores. 2. Na via processual constitucional do Mandado de Segurança, a liquidez e a certeza do direito devem vir demonstradas *initio litis*. O *mandamus* não admite dilação probatória, daí por que a prova do alegado direito líquido e certo deve ser pré-constituída. 3. Despicienda qualquer consideração a respeito de provas atinentes à possibilidade recolhimento da Cofins e do PIS sobre a margem de lucro dos veículos vendidos aos consumidores. 4. A comprovação das atividades da impetrante não demanda maiores investigações a seu respeito, sendo aferível através de seu estatuto social, que lhe atribui o comércio de veículos, peças e acessórios como objeto social. 5. Subsunção do fato à hipótese do art. 515, § 3.º, do CPC. 6. O faturamento, para fins de apuração da base de cálculo da Cofins e do PIS, no caso das empresas sujeitas à concessão mercantil de que trata a Lei 6.729/1979, alterada pela Lei 8.132/1980, não pode ser limitado à diferença entre o preço de aquisição, junto à concedente, e o preço de venda, ao consumidor (AMS 193807, rel. Des. Federal Carlos Muta, *DJU* 25.10.2000, p. 102). 7. A base de cálculo para a apuração dos tributos em tela deve ser o faturamento, consistente no valor total dos veículos revendidos, identificando-se como receita bruta, e não a diferença entre o preço de fábrica e o preço pago pelo consumidor final. 8. Afastada a ilegalidade dos recolhimentos efetuados, resta prejudicado o pedido de compensação. 9. Apelação provida para afastar a extinção do processo sem resolução do mérito e, por força do § 3.º do art. 515 do CPC, denegar a segurança" (TRF-3.ª Reg. – AC 1999.61.00.048167-9/SP – 6.ª T. – rel. Des. Federal Lazarano Neto – DJe 18.05.2010 – p. 68).

"*Processual civil – Cofins e PIS – Substituição tributária – Leis 9.718/1998, 9.990/2000 e 10.336/2001 – Legitimidade ativa – Não configurada* – 1. O instituto da substituição tributária sobre fatos futuros, encontra-se expressamente previsto no art. 150, § 7.º, da CF/1988. 2. A redação dos arts. 4.º, 5.º e 6.º da Lei 9.718/1998 foram alteradas pelo art. 3.º da Lei 9.990/2000 e aqueles anteriormente definidos como substitutos tributários (refinarias e distribuidoras) passaram serem contribuintes e os substituídos (comerciantes varejistas) ficaram sujeitos ao disposto no art. 2.º da Lei 9.718/1998, com a alíquota zero, conforme previsto no art. 42 da MedProv 2.158/2001, vigente por força da EC 32/2001. 3. Apenas o sujeito passivo da obrigação tributária tem legitimidade ativa *ad causam* para a presente demanda. 4. Não estando a impetrante – Posto revendedor de combustíveis – Inserta no rol de contribuintes do mencionado dispositivo, ausente a legitimidade para a discussão inserida na presente demanda. 5. Precedentes jurisprudenciais" (TRF-3.ª Reg. – AC 2002.61.00.027942-9/SP – 6.ª T. – rel. Des. Federal Mairan Maia – *DJe* 18.05.2010 – p. 131).

"*Constitucional e tributário – PIS e Cofins – Base de cálculo – Lei 9.718/1998, art. 3.º, § 1.º – Inconstitucionalidade – Art. 8.º da Lei 9.718/1998 – Majoração de alíquota – Possibilidade – Lei 10.637/2002 e Lei 10.833/2003 – Constitucionalidade* – 1. A questão posta, envolve a constitucionalidade da Lei 9.718/1998, que alterou a legislação que rege o recolhimento do PIS e Cofins, ampliando o conceito de faturamento, constante na LC 70/91, para abranger 'a totalidade das receitas auferidas pela pessoa jurídica' (art. 3.º, § 1.º). 2. O Pleno do STF, ao examinar a questão, declarou, por maioria, a inconstitucionalidade do disposto no art. 3.º, § 1.º, da Lei 9.718/1998, por considerar que o ordenamento jurídico brasileiro não contempla a figura da constitucionalidade superveniente. 3. No que tange ao disposto no art. 8.º, da Lei 9.718/1998 que majorou a alíquota da Cofins de 2% para 3%, o Pretório Excelso já decidiu sobre sua constitucionalidade, quando dos julgamentos dos RE 357950/RS, RE 358273/RS e RE 390840/MG, todos da relatoria do Ministro Marco Aurélio. 4. Inexistem dúvidas quanto à incidência da Cofins e do PIS sobre todas as receitas auferidas a partir da vigência da Lei 10.833/2003 e da Lei 10.637/2002, ao menos, no que concerne às pessoas jurídicas submetidas ao regime da não cumulatividade. 5. Remessa Oficial e Apelações improvidas, mantendo a sentença em todos os seus termos" (TRF-5.ª Reg. – AMS 2006.81.00.001799-0 – (98099/CE) – 2.ª T. – rel. Des. Francisco Barros Dias – *DJe* 21.05.2010 – p. 229).

Súmula CARF 3: "Para a determinação da base de cálculo do Imposto de Renda das Pessoas Jurídicas e da Contribuição Social sobre o Lucro, a partir do ano-calendário de 1995, o lucro líquido ajustado poderá ser reduzido em, no máximo, trinta por cento, tanto em razão da compensação de prejuízo, como em razão da compensação da base de cálculo negativa".

CARF Portaria 52, de 21.12.2010, *DOU* 23.12.2010. (Retificada no *DOU* 12.01.2011)

Capítulo V
Da contribuição do empregador doméstico

Art. 24. A contribuição do empregador doméstico é de 12% (doze por cento) do salário de contribuição do empregado doméstico a seu serviço.

Parágrafo único. Presentes os elementos da relação de emprego doméstico, o empregador doméstico não poderá contratar microempreendedor individual de que trata o art. 18-A da LC 123, de 14 de dezembro de 2006, sob pena de ficar sujeito a todas as obrigações dela decorrentes, inclusive trabalhistas, tributárias e previdenciárias. (Incluído pela Lei 12.470, de 2011).

* **Remissão:** CLPS, art. 122, IX.

Anotação

Tendo em vista que o salário de contribuição está sujeito a certo limite máximo, esse mesmo limite é aplicável à contribuição social previdenciária devida pelo empregador doméstico.

JURISPRUDÊNCIA

"*Embargos de declaração. Previdenciário. Aposentadoria por tempo de serviço. Efeito modificativo do julgado. Prequestionamento*. I. O inconformismo, repisado, é o de que não podem ser computadas para efeito de carência as contribuições previdenciárias recolhidas em atraso pelo empregador doméstico. II. Caráter protelatório dos embargos reconhecido. III. Embargos de declaração rejeitados" (TRF-3.ª Reg. – EDcl-Ap-RN 0040616-85.2011.4.03.9999/SP – 9.ª T. – rel. Desig. Juiz Federal convocado Leonardo Safi – j. 16.04.2012 – *DEJF* 27.04.2012 – p. 2003).

"*Doméstica – Acordo sem reconhecimento de vínculo – Impossibilidade de equiparação do empregador doméstico à empresa ou contribuinte individual – Contribuição previdenciária indevida* – O pagamento estipulado em acordo onde não reconhecido o vínculo de emprego é, indubitavelmente, a retribuição por prestação de serviços, que também tem incidência de contribuição previdenciária, a merecer condenação da empresa no recolhimento de tal exação, entendendo-se que a prestação de serviços tenha ocorrido de maneira autônoma, por força do disposto no art. 195, I, *a*, da Carta Magna. Contudo, a prestação de serviços em âmbito doméstico impede a equiparação do empregador como contribuinte individual, na forma do art. 15, parágrafo único, da Lei 8.212/1991, tendo-se por inaplicáveis os dispositivos legais invocados nas razões recursais (arts. 22, III, 21 e 30, § 4.º da Lei 8.212/1991). Recurso da União ao qual se nega provimento" (TRT-2.ª Reg. – RO-RS 00917-2008-203-02-00-4 – (20100000074) – 4.ª T. – rel. Juiz Ricardo Artur Costa e Trigueiros – *DOE/SP* 12.02.2010).

"*Salário-maternidade – Empregada doméstica sem carteira assinada* – Trata-se de benefício previdenciário que somente é usufruído pela empregada segurada regularmente inscrita perante a Previdência Social. Se o empregador doméstico não providência a anotação da Carteira de Trabalho e os devidos recolhimentos previdenciários, frustra o gozo do benefício previdenciário. Assim, estivesse a reclamante com regular anotação de sua CTPS e com regulares recolhimentos previdenciários, o encargo do benefício de salário-maternidade seria exclusivamente da Previdência Social. Na medida em que as condições não foram preenchidas por culpa do empregador, é devida indenização pelo valor equivalente ao benefício obstaculizado" (TRT-10.ª Reg. – ROPS 00046-2004-006-10-00-4 – 1.ª T. – rel. Juíza Elke Doris Just – j. 05.05.2004).

Capítulo VI
Da contribuição do produtor rural e do pescador

(Alterado pela Lei 8.398, de 07.01.1992).

Art. 25. A contribuição do empregador rural pessoa física, em substituição à contribuição de que tratam os incisos I e II do art. 22, e a do segurado especial, referidos, respectivamente, na alínea *a* do inciso V e no inciso VII do art. 12 desta Lei, destinada à Seguridade Social, é de: (Redação dada pela Lei 10.256, de 09.07.2001, *DOU* 10.07.2001).

I – 2% da receita bruta proveniente da comercialização da sua produção;

II – 0,1% da receita bruta proveniente da comercialização da sua produção para financiamento das prestações por acidente do trabalho. (Redação dada ao *caput* pela Lei 9.528, de 10.12.1997, *DOU* 11.12.1997).

§ 1.º O segurado especial de que trata este artigo, além da contribuição obrigatória referida no *caput*, poderá contribuir, facultativamente, na forma do art. 21 desta Lei. (Redação dada ao parágrafo pela Lei 8.540, de 22.12.1992).

§ 2.º A pessoa física de que trata a alínea *a* do inciso V do art. 12 contribui, também, obrigatoriamente, na forma do art. 21 desta Lei. (Redação dada ao parágrafo pela Lei 8.540, de 22.12.1992).

§ 3.º Integram a produção, para os efeitos deste artigo, os produtos de origem animal ou vegetal, em estado natural ou submetidos a processos de beneficiamento

Título VI – Do financiamento da Seguridade Social – Introdução • Art. 25

ou industrialização rudimentar, assim compreendidos, entre outros, os processos de lavagem, limpeza, descaroçamento, pilagem, descascamento, lenhamento, pasteurização, resfriamento, secagem, fermentação, embalagem, cristalização, fundição, carvoejamento, cozimento, destilação, moagem, torrefação, bem como os subprodutos e os resíduos obtidos através desses processos. (Parágrafo acrescentado pela Lei 8.540, de 22.12.1992).

§ 4.º (Revogado pela Lei 11.718, de 20.06.2008, *DOU* 23.06.2008).

§ 5.º (VETADO na Lei 8.540, de 22.12.1992).

§ 6.º (Revogado pela Lei 10.256, de 09.07.2001, *DOU* 10.07.2001).

§ 7.º (Revogado pela Lei 10.256, de 09.07.2001, *DOU* 10.07.2001).

§ 8.º (Revogado pela Lei 10.256, de 09.07.2001, *DOU* 10.07.2001).

§ 9.º (VETADO na Lei 10.256, de 09.07.2001, *DOU* 10.07.2001).

§ 10. Integra a receita bruta de que trata este artigo, além dos valores decorrentes da comercialização da produção relativa aos produtos a que se refere o § 3.º deste artigo, a receita proveniente:

I – da comercialização da produção obtida em razão de contrato de parceria ou meação de parte do imóvel rural;

II – da comercialização de artigos de artesanato de que trata o inciso VII do § 10 do art. 12 desta Lei;

III – de serviços prestados, de equipamentos utilizados e de produtos comercializados no imóvel rural, desde que em atividades turística e de entretenimento desenvolvidas no próprio imóvel, inclusive hospedagem, alimentação, recepção, recreação e atividades pedagógicas, bem como taxa de visitação e serviços especiais;

IV – do valor de mercado da produção rural dada em pagamento ou que tiver sido trocada por outra, qualquer que seja o motivo ou finalidade; e

V – de atividade artística de que trata o inciso VIII do § 10 do art. 12 desta Lei. (Parágrafo acrescentado pela Lei 11.718, de 20.06.2008, *DOU* 23.06.2008).

§ 11. Considera-se processo de beneficiamento ou industrialização artesanal aquele realizado diretamente pelo próprio produtor rural pessoa física, desde que não esteja sujeito à incidência do Imposto Sobre Produtos Industrializados – IPI. (NR) (Parágrafo acrescentado pela Lei 11.718, de 20.06.2008, *DOU* 23.06.2008).

§ 12. (VETADO na Lei 11.933, de 28.04.2009, *DOU* 29.04.2009, com efeitos a partir de 01.10.2008).

✍ Anotação

A substituição ocorre (i) na contribuição de 20% sobre o total das remunerações pagas, devidas ou creditadas a qualquer título, durante o mês, aos segurados empregados e trabalhadores avulsos e (ii) na contribuição do

Art. 25 • Lei Orgânica da Seguridade Social

Seguro contra Acidentes do Trabalho (SAT), alíquotas de 1%, 2% ou 3% permeadas pelo Fator Acidentário de Prevenção (FAP), também calculada sobre as remunerações destinadas aos segurados empregados e trabalhadores avulsos. As contribuições do produtor rural pessoa física e do segurado especial são calculadas sobre a receita da comercialização da produção.

JURISPRUDÊNCIA

"*Tributário. Contribuição social previdenciária (Funrural). Empregador rural pessoa natural. Prescrição. Inconstitucionalidade da exação declarada pelo STF.* 1. Aplica-se a prescrição quinquenal para a repetição ou compensação de indébito tributário, às ações ajuizadas após 09.06.2005 (RE 566621). Proposta a ação em 08.06.2010, está prescrita a pretensão de repetição do indébito das parcelas recolhidas antes de 08.06.2005. 2. O STF, em sede de recurso extraordinário, submetido ao regime do art. 543-B do CPC (repercussão geral), reconheceu a inconstitucionalidade da contribuição previdenciária incidente sobre a comercialização da produção rural do produtor pessoa natural (Lei 8.540/1992, art. 1.º), sob os fundamentos de ofensa ao art. 150, II, da CF/1988, em virtude da exigência de dupla contribuição no caso de produtor rural, empregador, e necessidade de Lei Complementar para a instituição de nova fonte de custeio (RE 596177). 3. A aludida interpretação tem sido estendida à alteração promovida pela Lei 10.256/2001, editada após a EC 20/1998. Precedentes deste tribunal. 4. A apelação do autor parcialmente provida para declarar (a) a inexigibilidade da contribuição previdenciária incidente sobre a comercialização da produção rural, também na vigência da Lei 10.256/2001; e (b) o direito de restituir e/ou compensar os valores comprovadamente recolhidos, nesse período. 5. Apelação da união provida, em parte, apenas para aplicar a prescrição quinquenal, nos termos da LC 118/2005, bem assim os encargos legais, como delineado no voto" (TRF-1.ª Reg. – AC 0005786-18.2010.4.01.3813/MG – 8.ª T. – rel. Juiz Federal convocado Alexandre Buck Medrado Sampaio – j. 29.06.2012 – *DJF-1* 13.07.2012 – p. 1214).

"*Constitucional. Tributário. Contribuição social previdenciária. Empregador rural pessoa física. Empresa adquirente. Subrogação. Legitimidade. Incidência sobre a comercialização da produção. Art. 25, I e II da Lei 8.212/1991 e alterações. Inconstitucionade declarada. EC 20/1998. Exigibilidade da exação a partir da Lei 10.256/2001.* 1. O STF declarou ser inexigível a contribuição previdenciária denominada Funrural, com alíquota incidente sobre a receita bruta proveniente da comercialização da produção rural de empregadores, pessoas naturais, até o advento de Lei que a instituísse com base na EC

TÍTULO VI – DO FINANCIAMENTO DA SEGURIDADE SOCIAL – INTRODUÇÃO • **Art. 25**

20/1998 (RE 363.852/MG). 2. Reconhecida a legitimidade ativa *ad causam* da Impetrante, na qualidade de responsável tributário e adquirente de produto agrícola, que retém a contribuição incidente sobre sua comercialização. Pode, assim, postular a declaração de inexigibilidade da contribuição para o Funrural sobre o comércio da produção rural, mas não para a restituição ou compensação do tributo. Precedentes do STJ. 3. Reconhecida a ofensa ao art. 150, II, da CF/1988 em virtude da exigência de dupla contribuição quando o produtor rural é empregador, além da necessidade de Lei complementar para a instituição de nova fonte de custeio para a seguridade social, conforme se vê do RE 596.177, em análise de repercussão geral e de acordo com o art. 543-B do CPC. 4. A decisão do STF diz respeito apenas às previsões legais contidas nas Leis 8.540/1992 e 9.528/1997 e aborda somente as retenções devidas por produtores rurais, pessoas naturais e obrigações sub-rogadas da empresa adquirente, consignatária ou consumidora e da cooperativa adquirente da produção do empregador rural pessoa física. 5. É devida a contribuição ao Funrural a partir da Lei 10.256/2001, editada após a EC 20/1998, porquanto a hipótese de incidência nela prevista tem fundamento de validade no art. 195, I, da CF/1988 6. Apelação conhecida e parcialmente provida. Sentença reformada" (TRF-2.ª Reg. – AC 0000268-61.2009.4.02.5104 – 3.ª T. Especializada – rel. Juíza Federal convocada Geraldine Pinto Vital de Castro – j. 13.12.2011 – DEJF 25.01.2012 – p. 134).

"*Tributário – Contribuição social (Funrural) – Empregador rural, pessoa natural – Incidência sobre a receita bruta da comercialização da produção rural – Inconstitucionalidade – Precedente do STF – Restituição do indébito – Compensação – Pedido formulado após a edição da Lei 10.637/2002 – Possibilidade com débitos referentes a tributos e contribuições de quaisquer espécies, desde que administrados pela Secretaria da Receita Federal e observado trânsito em julgado da decisão* – 1. O STF, em recente julgado, consolidou entendimento no sentido da inconstitucionalidade do art. 1.º da Lei 8.540/1992, que deu nova redação aos arts. 12, V e VII, 25, I e II, e 30, IV, da Lei 8.212/1991, com a redação atualizada (Lei 9.528/1997), até que a legislação nova, arrimada na Emenda Constitucional 20/1998, venha a instituir a contribuição. Entendeu-se que a incidência da referida exação sobre a comercialização de produtos agrícolas pelo produtor rural, pessoa natural, configura bitributação, ofensa ao princípio da isonomia e criação de nova fonte de custeio sem lei complementar. 2. Nessa linha, consignou aquela Excelsa Corte que: '... Considerando as exceções à unicidade de incidência de contribuição previstas nos arts. 239 e 240 das Disposições Constitucionais Gerais, concluiu-se que se estaria exigindo do empregador rural, pessoa natural, a contribuição social sobre a folha de salários, como também, tendo em conta o faturamento, da

Art. 25 • LEI ORGÂNICA DA SEGURIDADE SOCIAL

Cofins, e sobre o valor comercializado de produtos rurais (Lei 8.212/1991, art. 25), quando o produtor rural, sem empregados, que exerça atividades em regime de economia familiar, só contribui, por força do disposto no art. 195, § 8.º, da CF/1988, sobre o resultado da comercialização da produção. Além disso, reputou-se que a incidência da contribuição sobre a receita bruta proveniente da comercialização pelo empregador rural, pessoa natural, constituiria nova fonte de custeio criada sem observância do art. 195, § 4.º, da CF/1988, uma vez que referida base de cálculo difere do conceito de faturamento e do de receita." (Informativo STF n. 573, 1.º a 5 de fevereiro de 2010. Proposta da União no sentido da modulação dos efeitos da decisão plenária rechaçada pela Suprema Corte de Justiça Nacional. 3. De outra parte, para a propositura da ação em que se objetiva o reconhecimento do direito à compensação de crédito tributário, é desnecessária a comprovação do recolhimento do tributo, porquanto cabe à Fazenda fiscalizar o procedimento, bem como exigir a documentação que julgar pertinente, inclusive, fazendo o lançamento de eventuais diferenças verificadas. 4. A compensação somente poderá ser efetivada após o trânsito em julgado da decisão, nos termos da disposição contida no art. 170-A do CTN (introduzida pela LC 104/2001). 5. Tendo sido o pedido de compensação efetuado após a vigência da Lei 10.637, de 30.12.2002, que alterou a redação do art. 74 da Lei 9.430/1996, resta configurada a possibilidade de compensação com débitos referentes a tributos e contribuições de quaisquer espécies, desde que administrados pela Secretaria da Receita Federal, mediante a apresentação de declaração pelo contribuinte, conforme entendimento firmado pelo STJ (REsp 908.091/SP, rel. Min. Teori Albino Zavascki, j. 13.02.2007, publicado no DJ 01.03.2007, p. 248). 6. A correção monetária deverá incidir sobre os valores desde os recolhimentos indevidos, em decorrência da Súmula 162 do STJ, com a utilização dos índices instituídos por lei. No caso deve incidir a Taxa Selic, aplicável a partir de 01.01.1996, excluindo-se qualquer índice de correção monetária ou juros de mora (art. 39, § 4.º, da Lei 9.250/1995). 7. Acerca da prescrição do direito de pleitear repetição de indébito dos tributos lançados por homologação, tenho como critério determinante a linha de orientação emanada do STJ, no sentido de que, nestes casos de tributos lançáveis por homologação, o prazo prescricional para repetição se conta na modalidade '5+5', não havendo falar em efeito retroativo do art. 3.º da LC 118, de 09.02.2005. 8. Aliás, nesse ponto, o E. STJ, em recente decisão proferida na Arguição de Inconstitucionalidade nos Embargos de Divergência em recurso especial, referente ao incidente de inconstitucionalidade do art. 4.º, segunda parte, da LC 118/2005, registrou que: '(...) Assim, na hipótese em exame, com o advento da LC 118/2005, a prescrição, do ponto de vista prático, deve ser contada da seguinte forma: relativamente aos pagamentos efetuados a partir da sua vigência (que ocorreu em 09.06.05), o prazo para a ação de repetição do indébito é de cinco a contar da data do pagamento; E relativamente aos pagamentos anteriores, a prescrição obedece ao regime previsto no sistema anterior, limitada, porém, ao prazo máximo de cinco anos a contar da vigência da lei nova' (AI nos EREsp 644736/PE, rel. Min. Teori Albino Zavascki, Corte Especial, j. 06.06.2007, *DJ* 27.08.2007 p. 170). 9. A Corte Especial deste Tribunal, seguindo entendimento já manifestado pelo STJ, declarou a inconstitucionalidade da expressão: 'observado, quanto ao art. 3.º, o disposto no art. 106, I, da Lei 5.172, de 25.10.1966 – Código Tributário Nacional, constante do art. 4.º, segunda parte, da LC 118/2005' (Arguição de Inconstitucionalidade 2006.35.02.001515-0, Des. Federal Leomar Amorim, Corte Especial, Sessão de 02.10.2008). 10. Nesse diapasão, ocorreu a prescrição das parcelas anteriores ao decênio do ajuizamento da ação, ou seja, das parcelas anteriores a 12.02.2000, tendo em vista que a presente ação mandamental foi proposta em 12.02.2010. 11. Apelação e remessa oficial não providas" (TRF-1.ª Reg. – Ap-RN 26601720104013600/MT – rel. Des. Federal Reynaldo Fonseca – *DJe* 25.03.2011 – p. 389).

"*Previdenciário – Processual civil – Segurado especial – Aposentadoria rural por idade – Comprovação da condição de rurícola – Início de prova material corroborada pela prova testemunhal – Honorários advocatícios – Apelo provido* – 1. São requisitos para aposentação de trabalhador rural: contar com 60 (sessenta) anos de idade, se homem e 55 (cinquenta e cinco) anos, se mulher e comprovar o efetivo exercício de atividade rural, ainda que de forma descontínua, no período imediatamente anterior ao requerimento do benefício, por tempo igual ao número de meses de contribuição correspondente à carência do benefício pretendido (art. 48, § 1.º e § 2.º, da Lei 8.213/1991). 2. Como início de prova documental foram juntados: (a) cópia de sua certidão de casamento onde consta a sua profissão como agricultor (f.); (b) cópia de cadastro no Ematerce (f.); (c) cópia da declaração do ITR (f.). 3. A prova testemunhal contundente e verossímil, colhida em juízo, é idônea para comprovar o exercício de atividade rural, ainda mais se corroborada por início de prova documental, tendo em vista a dificuldade encontrada pelo trabalhador rural para comprovar sua condição, por meio de prova material, seja pela precariedade do acesso aos documentos exigidos, seja pelo grau de instrução ou mesmo pela própria natureza do trabalho exercido no campo, que, na maioria das vezes, não são registrados e ficam impossibilitados de apresentarem prova escrita do período trabalhado. 4. Em relação aos honorários advocatícios, o entendimento jurisprudencial de nossos Tribunais e desta E. Corte é no sentido de que para as ações previdenciárias devem ser

fixados no percentual de 10% (dez por cento) sobre o valor da condenação, incidentes sobre as parcelas vencidas (Súmula 111/STJ). 5. Com relação as parcelas vencidas deverá incidir, a partir da vigência da Lei 11.960/2009, para fins de remuneração do capital e compensação da mora, uma única vez, até o efetivo pagamento, os índices oficiais de remuneração básica e juros aplicados às cadernetas de poupança. No período anterior à vigência da referida lei, permanece o percentual de juros fixados em 1% ao mês. 6. Apelação provida para condenar o INSS a conceder o benefício de aposentadoria por idade à parte autora, com DIB em 11.12.2006, data do requerimento administrativo, com pagamento das parcelas em atraso respeitada a prescrição quinquenal"
(TRF-5.ª Reg. – AC 0001082-17.2010.4.05.9999 – (496886/CE) – 2.ª T. – rel. Des. Francisco Barros Dias – DJe 21.05.2010 – p. 284).

"*Previdenciário – Aposentadoria por tempo de contribuição – Serviços de natureza urbana e rural – Ausência de início de prova material quanto ao período como segurado especial – Improcedência do pedido – Sentença mantida –* 1. O autor requer aposentadoria por tempo de contribuição, computando-se períodos de atividade urbana e rural. O pedido foi indeferido pelo Juízo *a quo*, sob o fundamento de que não houve início de prova material como segurado especial. 2. Nos termos do art. 55, § 3.º da Lei 8.213/1991, a comprovação do tempo de serviço só produzirá efeito quando baseada em início de prova material, não sendo admitida prova exclusivamente testemunhal. 3. A declaração de exercício de atividade rural emitida pelo Sindicato dos Trabalhadores Rurais não tem força probante, haja vista que se baseou em informações verbais prestadas pelo próprio demandante. 4. Os Contratos de Parceria Agrícola não foram firmados em 20.10.1958 e em 01.04.1984 como quer fazer crer o autor, o que pode ser facilmente constatado pela análise dos citados documentos. Tanto que o reconhecimento das assinaturas só ocorreu em 10.04.2007, demonstrando a extemporaneidade dos ajustes. Por tal razão, não servem como prova de tempo de serviço, na forma exigida pelo art. 62 do Dec. 3.048/1999. 5. Constato que o autor não preenche os requisitos necessários à concessão do benefício, resta indeferida a aposentadoria por tempo de contribuição, mantendo-se incólume a sentença vergastada. 6. Apelação improvida" (TRF-5.ª Reg. – AC 2009.05.99.003374-5 – (486530/PB) – 1.ª T. – rel. Des. Francisco Cavalcanti – DJe 19.05.2010 – p. 115).

"*Constitucional e tributário – Contribuições sociais sobre a comercialização de produtos rurais – Contribuição da pessoa física – Contribuição do segurado especial – Arguição de inconstitucionalidade afastada – Responsabilidade tributária por substituição do adquirente da produção rural – CF/1988, art. 195 –* I. CTN, art. 128. Lei 8.540/1992, art. 1.º, que conferiu nova redação aos arts. 12, V e VII, 25, I e II e 30, IV, da Lei 8.212/1991. Inconstitucionalidade da contribuição prevista no art. 25, § 2.º, da Lei 8.212/1991 ADI 1.103/DF. II. A contribuição social ao Funrural incidente sobre a comercialização de produtos rurais foi recepcionada pelo novo estatuto constitucional (ADCT, art. 34), mormente porque atende à universalidade do custeio da seguridade social e aos requisitos da competência residual, veiculação por Lei Complementar, vedação de *bis in idem* e não cumulatividade (CF, art. 195, § 4.º, c/c o art. 154, I). III. A redação dos arts. 12, V e VII, e 25, I e II, da Lei 8.212/1991, com a redação que lhes foi conferida pela Lei 8.540/1992, tem amparo constitucional no art. 195, I e § 8.º, da carta constitucional. IV. Não há *bis in idem* ou bitributação se estão todos os tributos questionados discriminados na CF/1988. V. Prevalece, na jurisprudência do Excelso pretório, o entendimento de que, para fins da composição do arquétipo de incidência fiscal, receita bruta e faturamento se equiparam, tendo esse reconhecimento ocorrido no âmbito da Emenda Constitucional 20/98. VI. O art. 30, IV, da Lei 8.212/1991, com a redação imprimida pelo art. 1.º da Lei 8.541/92 consubstancia modalidade de substituição regressiva, tendo fundamento no art. 128 do CTN. VII. Na ADI 1.103/DF o STF declarou a inconstitucionalidade do art. 25, § 2.º, da Lei 8.212/1991, com a redação da Lei 8.870/1994. VIII. Apelação parcialmente provida" (TRF-1.ª Reg. – AMS 01272290/GO – 2.ª T. Suplementar – rel. Juíza convocada Vera Carla Nelson de Oliveira Cruz – *DJU* 20.11.2001 – p. 80).

▶ Assim dispunha o artigo alterado:

Art. 25. A contribuição do empregador rural pessoa física e do segurado especial referidos, respectivamente, na alínea *a* do inciso V e no inciso VII do art. 12 desta Lei, destinada à Seguridade Social, é de:

▶ Assim dispunha o *caput* alterado:

Art. 25. A contribuição da pessoa física e do segurado especial referidos, respectivamente, na alínea *a* do inciso V e no inciso VII do art. 12 desta Lei, destinada à Seguridade Social, é de: (Redação dada pela Lei 8.540, de 22.12.1992).

I – 2% (dois por cento), no caso da pessoa física, 2,2% (dois inteiros e dois décimos por cento), no caso do segurado especial, da receita bruta da comercialização da sua produção; (Redação dada pela Lei 8.861, de 25.03.1994, *DOU* 28.03.1994.

II – um décimo por cento da receita bruta proveniente da comercialização da sua produção para financiamento de complementação das prestações por acidente de trabalho. (Inciso acrescentado pela Lei 8.540, de 22.12.1992).

▶ Assim dispunha o parágrafo revogado:

§ 4.º Não integra a base de cálculo dessa contribuição a produção rural destinada ao plantio ou reflorestamento, nem sobre o produto animal destinado a reprodução ou

Art. 25-A • LEI ORGÂNICA DA SEGURIDADE SOCIAL

criação pecuária ou granjeira e a utilização como cobaias para fins de pesquisas científicas, quando vendido pelo próprio produtor e quem a utilize diretamente com essas finalidades, e no caso de produto vegetal, por pessoa ou entidade que, registrada no Ministério da Agricultura, do Abastecimento e da Reforma Agrária, se dedique ao comércio de sementes e mudas no País. (Parágrafo acrescentado pela Lei 8.540, de 22.12.1992).

▶ Assim dispunha o parágrafo revogado:

§ 6.º A pessoa física e o segurado especial mencionados no *caput* deste artigo são obrigados a apresentar ao INSS Declaração Anual das Operações de Venda – DAV, na forma a ser definida pelo referido Instituto com antecedência mínima de 120 dias em relação à data de entrega. (Parágrafo acrescentado pela Lei 8.861, de 25.03.1994, *DOU* 28.03.1994).

▶ Assim dispunha o parágrafo revogado:

§ 7.º A falta de entrega da Declaração de que trata o parágrafo anterior, ou a inexatidão das informações prestadas, importará na suspensão da qualidade de segurado no período compreendido entre a data fixada para a entrega da declaração e a entrega efetiva da mesma ou da retificação das informações impugnadas. (Redação dada ao parágrafo pela Lei 8.870, de 15.04.1994).

▶ Assim dispunha o parágrafo revogado:

§ 8.º A entrega da Declaração nos termos do § 6.º deste artigo por parte do segurado especial é condição indispensável para a renovação automática da sua inscrição. (Redação dada ao parágrafo pela Lei 8.870, de 15.04.1994).

Art. 25-A Equipara-se ao empregador rural pessoa física o consórcio simplificado de produtores rurais, formado pela união de produtores rurais pessoas físicas, que outorgar a um deles poderes para contratar, gerir e demitir trabalhadores para prestação de serviços, exclusivamente, aos seus integrantes, mediante documento registrado em cartório de títulos e documentos.

§ 1.º O documento de que trata o *caput* deverá conter a identificação de cada produtor, seu endereço pessoal e o de sua propriedade rural, bem como o respectivo registro no Instituto Nacional de Colonização e Reforma Agrária – Incra ou informações relativas a parceria, arrendamento ou equivalente e a matrícula no Instituto Nacional do Seguro Social – INSS de cada um dos produtores rurais.

§ 2.º O consórcio deverá ser matriculado no INSS em nome do empregador a quem hajam sido outorgados os poderes, na forma do regulamento.

§ 3.º Os produtores rurais integrantes do consórcio de que trata o *caput* serão responsáveis solidários em relação às obrigações previdenciárias.

§ 4.º (VETADO) (Artigo acrescentado pela Lei 10.256, de 09.07.2001, *DOU* 10.07.2001).

TÍTULO VI – DO FINANCIAMENTO DA SEGURIDADE SOCIAL – INTRODUÇÃO • **Art. 25-A**

✎ Anotação

A Lei 6.404/1976, art. 278, § 1.º (Lei das Sociedades por Ações), esclarece que: "O consórcio não tem personalidade jurídica e as consorciadas somente se obrigam nas condições previstas no respectivo contrato, respondendo cada uma por suas obrigações, sem presunção de solidariedade". Portanto, a institucionalização da figura do consórcio para efeitos previdenciários inova de modo substancial a matéria e atende à realidade social.

JURISPRUDÊNCIA

"Tributário e processual civil. Funrural. Pessoa física empregador. Art. 25 da Lei 8.212/1991. Legitimidade ativa ad causam. Condomínio. Inexigibilidade da contribuição. Inconstitucionalidade. Lei 10.256/2001. Limites do indébito. Atualização do débito. Taxa Selic. Lei 11.960/2009. Inaplicabilidade. Sucumbência recíproca. 1. Demonstrada no caso a legitimidade ativa ad causam dos autores mediante a juntada de contrato de exploração agropecuária em regime de condomínio, registrado em cartório, no qual constam como condôminos os autores e como objeto social a exploração de atividade agrícola. 2. Segundo art. 25-A da Lei 8.212/1991, atualizado pela Lei 10.259/2001, equipara-se ao empregador rural pessoa física o consórcio simplificado de produtores rurais, formado pela união de produtores rurais pessoas físicas, mediante contrato registrado em cartório. 3. Nestes termos, demonstrada a condição dos autores de produtores rurais empregadores pessoas físicas mediante os seguintes documentos: RAIS emitida em nome do condomínio e Talão de Nota Fiscal de Produtor emitido conjuntamente em nome de todos os autores. 4. É inconstitucional a contribuição sobre a comercialização dos produtos rurais, devida pelo produtor rural pessoa física com empregados, prevista pelo art. 25, incs. I e II, da Lei 8.212/1991. Precedente do STF. 5. Não há falar em exigibilidade da exação a partir da edição da Lei 10.256/2001. A Corte Especial deste Tribunal, no Incidente de Arguição de Inconstitucionalidade n. 2008.70.16.000444-6 (Rel. Des. Federal Álvaro Eduardo Junqueira), declarou a inconstitucionalidade do art. 1.º da Lei 10.256/2001, por afronta a princípios insculpidos na Constituição Federal de 1988. 6. Conforme julgamento da referida Arguição de Inconstitucionalidade na AC 2008.70.16.000444-6, o reconhecimento da inexigibilidade da contribuição previdenciária incidente sobre a comercialização da produção rural (Funrural) resulta em um indébito correspondente à 'diferença da contribuição recolhida com base na comercialização da produção rural e a incidente sobre a folha de salários'. 7. Não se aplica ao caso a nova redação do art. 1.º-F da Lei 9.494/1997 dada pelo art. 5.º da Lei 11.960/2009, porquanto ela não modificou a aplicação da Taxa Selic para as repetições de indébito tributário, prevalecendo o princípio da especialidade no conflito aparente das normas. 8. Considerando-se a limitação do indébito, face ao reconhecimento do efeito repristinatório (revigoração do regime de tributação pela folha de salários – art. 22, incs. I e II, da Lei 8.212/1991), a sucumbência é recíproca, ficando compensados integralmente os honorários advocatícios, nos termos do art. 21, *caput*, do CPC" (TRF-4.ª Reg. – 5000119-64.2010.404.7116/RS – 2.ª T. – j. 26.02.2013 – rel. Luciane Amaral Corrêa Münch – DE 28.02.2013).

"*Processual – Tributário – Contribuição previdenciária – Comercialização de produtos rurais por produtor rural pessoa jurídica – Lei 8.212/1991 – Lei 8.870/1994 – Exigibilidade –* 1. Ao Judiciário cabe apenas declarar o direito à compensação dos valores, e cabe à Administração exigir a liquidez e certeza do crédito a ser compensado pelo contribuinte. 2. Se a causa versa sobre questão exclusivamente de direito, e encontra-se o processo em condições de imediato julgamento, pode o tribunal julgar o mérito, de acordo com o disposto no art. 515, § 3.º, do CPC. 3. Com a promulgação da CF/1988, a contribuição sobre a comercialização de produtos rurais foi recepcionada, com base no disposto no art. 195, I e § 8.º. 4. A Lei 8.212/1991 – Novo Plano de Custeio da Seguridade Social – manteve a contribuição incidente sobre a comercialização de produto rural para a pessoa física no art. 25 e a responsabilidade tributária da empresa adquirente no art. 30, III. 5. Os produtores rurais empregadores pessoas físicas, contribuinte individual (Lei 8.212/1991, art. 12, V, *a*), bem como a pessoa jurídica (empresa rural), passaram a recolher contribuições sobre a folha de salários de seus empregados (art. 15, I e parágrafo único, combinado com o art. 22 da Lei 8.212/1991), sistemática que se manteve até a edição das Leis 8.540/1992 e 8.870/1994, respectivamente. 6. A ação direta de inconstitucionalidade opera efeitos *erga omnes* e *ex tunc*, excetuados os casos em que ocorra expressa restrição de seus efeitos, por maioria dos membros do STF, em razão de segurança jurídica ou de excepcional interesse público (Lei 9.868/1999). 7. Com a declaração de inconstitucionalidade do § 2.º do art. 25 da Lei 8.870/1994 (ADI 1.103/DF), sem restrições de efeitos, houve repristinação do disposto no inc. I do art. 22 da Lei 8.212/1991 (Lei de Introdução às Normas do Direito Brasileiro, arts. 2.º e 3.º). Precedentes do STJ. 8. A decretação de inconstitucionalidade do § 2.º do art. 25 da Lei 8.870/1994 não implicou na aplicação do recolhimento da contribuição nos moldes do *caput* da mencionada norma, não atingido pela nulidade, uma vez que aplicável apenas ao empregado rural, caso diverso das agroindústrias. 9. Apelação a que se nega provimento" (TRF-1.ª Reg. – AC 1999.38.00.004467-6/MG – rel. Des. Federal Maria do Carmo Cardoso – DJe 22.01.2010 – p. 322).

"*Solidariedade – Franquia desconfiguração* – Conforme Paulo Emílio Ribeiro de Vilhena, a Franquia é o contrato 'em que empresas se vinculam, guardando-se sua personalidade, mas apenas para fins de prestação de serviços e fornecimento de mercadorias em distribuição em massa', não induzindo nessa configuração solidariedade para fins trabalhistas porque 'não denuncia ele quaisquer dos pressupostos básicos seja do grupo seja do consórcio de empresas. Nele, em especial, não aparecem quaisquer dos pontos assinalados no § 2.º do art. 2.º da CLT, já que não se forma vínculo interpessoal, vertical ou horizontalmente constituído entre empresas. Ligam-se duas empresas por linhas paralelas, que têm como jordao (*sic*) umbilical apenas um sistema de negócios'. Assim, a contrário senso, restando comprovada, como no caso, a existência de coordenação interempresarial, com o acompanhamento próximo e constante das atividades desenvolvidas pela franqueada, inclusive com o envio à proprietária da marca de mapas individuais das vendas de cada empregado, bem como o comparecimento dos prepostos desta ao estabelecimento da pretensa franqueada para a verificação das vendas e do cumprimento dos procedimentos e técnicas repassados durante o treinamento, a utilização de espaço física fornecido pela franqueada, assim como o recebimento habitual pelos empregados da franqueada de comissões, gratificações e premiações diretamente da empresa proprietária da marca, deixa de existir aquela relação paralela, com vinculação apenas para fins de prestação de serviços e fornecimento de mercadorias, configurando típica relação de direção, controle e administração, o que enseja a aplicação do art. 2.º, § 2.º, da CLT" (TRT-9.ª Reg. – RO 8446/2007-018-09-00.6 – 5.ª T. – rel. Arion Mazurkevic – *DJe* 08.12.2009 – p. 77).

Capítulo VII
Da contribuição sobre a receita de concursos de prognósticos

Art. 26. Constitui receita da Seguridade Social a renda líquida dos concursos de prognósticos, excetuando-se os valores destinados ao Programa de Crédito Educativo. (Redação dada ao "*caput*" pela Lei 8.436, de 25.06.1992).

§ 1.º Consideram-se concursos de prognósticos todos e quaisquer concursos de sorteios de números, loterias, apostas, inclusive as realizadas em reuniões hípicas, nos âmbitos federal, estadual, do Distrito Federal e municipal.

§ 2.º Para efeito do disposto neste artigo, entende-se por renda líquida o total da arrecadação, deduzidos os valores destinados ao pagamento de prêmios, de impostos e de despesas com a administração, conforme fixado em lei, que inclusive estipulará o valor dos direitos a serem pagos às entidades desportivas pelo uso de suas denominações e símbolos.

§ 3.º Durante a vigência dos contratos assinados até a publicação desta Lei com o Fundo de Assistência Social – FAS é assegurado o repasse à Caixa Econômica Federal – CEF dos valores necessários ao cumprimento dos mesmos.

✷ Remissão: CLPS, art.132, incs. II e IV.

✍ Anotação

A legislação imprimiu novo formato à antiga "quota de previdência" que, para substituir parcialmente a contribuição da União, incidia sobre diversos tributos, preços públicos e bens diversos. O modelo atual restringe aos concursos de prognósticos, assim entendido todo e qualquer concurso de sorteio de números ou quaisquer outros símbolos, loterias e apostas de qualquer natureza no âmbito federal, estadual, do Distrito Federal ou municipal, promovidos por órgãos do Poder Público ou por sociedades comerciais ou civis (Regulamento da Previdência Social, art. 212), tal incidência. Cumpre notar, porém, que o destino de parte dos valores ao Programa de Crédito Educativo (Lei 8.436, de 25.06.1992), assim como de parcela da receita ao Fundo Penitenciário Nacional (LC 79, de 07.01.1994), não encontra nenhum fundamento na Constituição.

JURISPRUDÊNCIA

"Apelação cível. Ação civil pública. Constitucional. Administrativo. Exploração da atividade lotérica. Legislação estadual. Constitucionalidade. Preliminares. Rejeição. Mérito. Paradigma. ADIn 2995/PE. Parcial provimento aos recursos. 1. A agência estadual de regulação de serviços delegados do estado de Pernambuco Arpe e serviços e administração Pernambuco da sorte Ltda. Interpõem apelações contra sentença lavrada na Ação Civil Pública 2006.83.00.011702-1, f. c/c decisão referente aos aclaratórios às f., vol. 4. 2. Ajuizada pelo Ministério Público Federal contra várias entidades, especificadas nos autos e em sua ampla maioria de natureza privada, o tema da controvérsia consiste na legalidade da exploração do segmento econômico da loteria, em seu sentido amplo, usual. O *Parquet* sustenta a inconstitucionalidade da Lei estadual 12.343, de 29.01.2003, assim como das resoluções Arpe que a regulamentam, maculando-se de ilegais os atos de credenciamento delas, f. do v. 3. A sentença julgou procedente a ação, lavrando-se o seguinte dispositivo: 'destarte, rejeito as preliminares de incompetência da Justiça Federal de 1.º grau e de chamamento do estado de

Pernambuco ao processo e, no mérito, julgo procedente o pedido, com antecipação dos efeitos da tutela, extinguindo o processo com julgamento, nos termos do art. 269, I, do CPC, para: 1) condenar a ré Arpe a se abster de explorar, renovar e/ou emitir nova autorização, credenciamento, permissão ou equivalente para terceiros de qualquer espécie de sorteio, distribuição gratuita de brindes ou loteria, promocional ou não, condenando-a à obrigação de não fazer em relação ao credenciamento das empresas para promoção destes eventos com base na Lei estadual 12.343/2003 ou em qualquer outra legislação estadual, restando definitivamente suspensos os efeitos de todas as autorizações, permissões, concessões, outorgas, credenciamentos ou atos semelhantes atualmente em vigor; e 2) condenar os demais réus a se absterem de explorar qualquer espécie de sorteio, distribuição gratuita de brindes ou loteria, promocional ou não, com base na Lei estadual 12.343/2003 ou em qualquer outra legislação estadual. Condeno cada uma das rés no pagamento de multa diária no valor de R$ 1.000,00 (um mil reais), a ser revertida em favor do Fundo Federal de Defesa dos Interesses Difusos, previsto na Lei 7.347/1985, em caso de descumprimento desta sentença. Condeno, ainda, as rés, solidariamente, no pagamento das custas processuais, e deixo de condená-la em honorários de sucumbência, uma vez que são indevidos honorários advocatícios quer ao próprio Ministério Público quer a seus membros, que não desempenham atividade de advocacia em sua atuação'. 4. Os recursos apelatórios foram recebidos no duplo efeito, conforme f., v. 4, e ambos ventilam como prejudicial ao exame de mérito da lide a nulidade da sentença, por usurpação da competência privativa do STF, destacando a Rcl 5.716-0. No mérito, almejam a improcedência total do pleito autoral. 5. Rejeita-se a preliminar de inépcia da inicial, por não ter o MPF comprovado o prejuízo do consumidor, pois cumpre a ele provocar o Poder Judiciário para coibir qualquer violação fática do direito subjetivo do cidadão decorrente da prática de atividades econômicas ilícitas e, consequentemente, ofensivas ao direito consumerista. 6. O Ministério Público Federal não está almejando aqui o controle concentrado da constitucionalidade de normas estaduais, de efeitos *erga omnes*, mas a declaração incidental, como causa de pedir, de elas colidirem com a Carta Magna para obter o reconhecimento de a regulação dos jogos de loteria caber apenas à união, impedindo-se as empresas rés de explorarem essa vertente econômica. Consequentemente, os efeitos de uma eventual tutela jurisdicional em favor do MPF seriam concretos contra um grupo específico de pessoas jurídicas. 7. Precedente: RE 372571 AGR, relator (a): Min. Ayres Britto, segunda turma, j. 27.03.2012, acórdão eletrônico *DJE*-081 divulg 25.04.2012 publ. 26.04.2012. Trecho do voto:

'dessa forma, não sendo possível a ação direta de inconstitucionalidade das normas afrontadas em face da carta de outubro, resta a possibilidade do controle difuso pretendido pelo Ministério Público, por meio da ação civil pública. Isso porque o intuito é requerer a nulidade de atos normativos, não como pedido final da ação, mas sim como causa de pedir. Nesse sentido, esta colenda corte, quando do julgamento do RE 227.159, Relator o Ministro Néri da Silveira, decidiu: (...)'. 8. Em suma, nega-se guarida às alegações de a ACP estar sendo manejada como ação de controle concentrado de constitucionalidade, bem como a de prejudicialidade da ADIn 2995/PE. No ensejo, ressalta-se que, tampouco, esquiva-se da reserva de plenário imposta pelo art. 97 da CF/1988. 9. Defende-se a ideia de a ação ter o condão de gerar um conflito federativo entre a União e o Estado de Pernambuco, atraindo a aplicação do art. 102, I, *f*, da Carta da República e a competência do STF. Reforçando essa alegação, noticia-se a Rcl 5.716, suscitada pela agência estadual de regulação de serviços delegados do Estado de Pernambuco. Arpe, através da qual o Min. Celso de Mello deferiu liminar em favor da reclamante. 10. Na Ação Civil Pública 0017870-67.2007.4.05.8300, a tratar da temática das loterias no Estado de Pernambuco e ainda em tramitação na 10.ª Vara, figura como parte autora a União, enquanto nesta demanda temos o Ministério Público Federal. Ora, não se caracterizando o MPF como unidade federativa, não se há cogitar de aplicabilidade do art. 102, I, *f*, da CF/1988. Aproveitando a oportunidade, o Ministério Público Federal detém legitimidade ativa *ad causam*, em face do art. 1.º, II e V, da Lei 7.347/1985, para defender o interesse do consumidor e preservar a ordem econômica. 11. Precedente: medida cautelar na Rcl 5951/PA, relator o Min. Celso de Mello, recurso a que foi negado seguimento, com base no art. 557, *caput*, do CPC. Trecho do voto: 'cumpre observar que a lei que dispõe sobre a ação civil pública conferiu legitimidade ativa concorrente, dentre outras entidades e órgãos, ao Ministério Público, de um lado, e à União Federal, de outro, o que permite ao *Parquet*, sempre que o entender necessário, valer-se desse importante instrumento processual de defesa dos interesses ou direitos de caráter metaindividual. Isso significa, portanto, que o Ministério Público, quando promove a ação civil pública, longe de defender o interesse de determinada entidade estatal, busca, na realidade, viabilizar a tutela jurisdicional de um interesse difuso ou de um interesse coletivo. Atuando nessa 28/245 – Poder Judiciário Tribunal Regional Federal da 5.ª Região *Diário da Justiça Eletrônico* TRF5 n. 146.0/2012 Recife/PE disponibilização: sexta-feira, 27.07.2012 específica condição, age, o Ministério Público, em nome próprio e por autoridade própria, na promoção da tutela jurisdicional de direitos identificados pela nota da metaindividualidade, e não em nome ou na representação de qualquer pessoa jurídica de direito público, como a União Federal, por exemplo'. 12. Os apelantes sustentam que o autor pretende qualificar a atividade lotérica como ilícito penal. Sendo assim, dever-se-ia observar a disposição da Súmula 38 do STJ: 'compete à justiça estadual comum, na vigência da Constituição de 1988, o processo por contravenção penal, ainda que praticada em detrimento de bens, serviços ou interesse da União ou de suas entidades'. 13. Como se pode inferir a partir da transcrição do pedido contido na ACP, relatório deste voto, não existe qualquer pretensão de punição no âmbito penal, mas de anulação dos atos de credenciamento de empresas sob o prisma do direito administrativo, exclusivamente. Preliminares todas rejeitadas, partindo-se para o exame de mérito. 14. Na essência da controvérsia posta nos autos, há todo um embate conceitual quanto aos termos 'loteria', 'concurso de prognósticos', 'atividades lotéricas', 'loteria mista' etc. A depender do estudo da amplitude dos conceitos que guiaram o constituinte originário, segundo os réus, chegar-se-ia à conclusão de o Estado de Pernambuco não ter se espraiado sobre a competência exclusiva atribuída à união no art. 22, XX, da CF/1988: 'Art. 22. Compete privativamente à União legislar sobre: XX. Sistemas de consórcios e sorteios'. 15. Poder-se-ia estender o voto com uma longa narrativa histórica do tratamento da matéria, mergulhar nas anotações da assembleia constituinte, investigar nos dicionários a conceituação de cada uma dessas palavras. Isso tudo resta infrutífero e desnecessário, porém, em virtude do inescapável pronunciamento do excelso pretório na ADIn 2995/PE, j. 13.12.2006. Lá se examinou justamente a constitucionalidade da Lei 12.343/2003, do Estado de Pernambuco, inspirado, sem sombras de dúvidas, pela interpretação teleológica e não restritiva do binômio 'consórcios e sorteios'. 16. Cumpre transcrever os seguintes trechos do paradigma a ser reverenciado no caso concreto: 'embora impressione a proposta de redução teleológica contida nos diversos estudos trazidos à colação, é certo que aqui existe uma norma clara que determina a competência da União para legislar privativamente sobre consórcios e sorteios. Considerada a letra do texto constitucional, penso que não há como excluir as loterias do âmbito normativo do inc. XX do art. 22 da CF/1988. E o fato de haver, na Constituição de 1988, outros dispositivos com anotações específicas a concursos de prognósticos não me parece suficiente para se estabelecer uma exclusão das loterias daquilo que se entende, no vernáculo, por sorteio. E não há dúvida de que a adoção de uma interpretação restritiva, na espécie, acabaria por retirar o significado normativo da decisão constituinte prevista no art. 22, XX, da CF/1988. Teria o constituinte originário pretendido limitar a competência da União exclusivamente para dispor sobre consórcios? É uma questão sensível, especialmente se se considera que a resposta negativa acaba por esvaziar a competência dos estados--membros sobre a matéria. A resposta afirmativa, porém, acrescenta o embaraço de reduzir significativamente a competência da União na matéria, ensejando, muito provavelmente, sucessivos conflitos legislativos sobre o tema. O entendimento registrado pelo Min. Jobim, mencionando o Min. Peluso e o Min. Carlos Britto, no julgamento da ADI 2847/DF, é a de que as loterias estaduais podem ser mantidas, desde que autorizadas pela legislação federal. Além disso, infere-se do referido Dec.-lei 204/1967 que as loterias estaduais já existentes podem, eventualmente, ser mantidas desde que observem o § 1.º do art. 32 do referido decreto-lei (as loterias estaduais atualmente existentes não poderão aumentar as suas emissões ficando limitadas às quantidades de bilhetes e séries em vigor na data de publicação deste decreto-lei'). Nem se diga, finalmente, que a legislação pernambucana objeto de questionamento nesta sede de controle abstrato revestir-se-ia de validade constitucional, pelo fato do Estado de Pernambuco, já em 1947, haver editado a Lei estadual 73 daquele mesmo ano, o que representaria uma particular circunstância de caráter histórico e de ordem jurídica, cuja realidade. Porque anterior ao Dec.-lei 204/1967. Legitimaria, sob tal perspectiva, e por parte dessa unidade da Federação, a instituição, por direito próprio, da exploração do serviço de loterias. Com efeito, o serviço de loteria foi instituído, no Estado de Pernambuco, pela Lei estadual 73, de 22.12.1947, tanto que a ela fez expressa menção o art. 4.º, i, da Lei 12.343/2003, ora impugnada na presente sede de controle concentrado de constitucionalidade. Vale ressaltar, neste ponto, que a Lei estadual 73/1947 foi editada em momento que antecedeu ao Dec.-lei 204/1967, a significar, portanto, que mencionado diploma legislativo surgiu em uma época em que era possível, ao Estado-membro, a exploração do serviço de loterias. Impende registrar, por relevante, que o próprio Dec.-lei 204/1967. Recebido pela atual Constituição da República –, ao estabelecer o monopólio da União sobre o serviço de loteria, preservou a situação das loterias estaduais então existentes, fixando normas estritas destinadas a reger-lhes o funcionamento, observados os seguintes termos: é importante assinalar, senhora presidente, que o Estado de Pernambuco. Que poderia, até mesmo, manter o serviço de loteria, tal como existente no momento da edição do Dec.-lei 204/1967 (art. 32). Desrespeitou, no entanto, os limites veiculados nesse diploma legislativo promulgado pela União Federal, vindo, com fundamento na legislação estadual, ora questionada nesta sede de fiscalização abstrata, não só a ampliar os serviços de loteria, mas, sobretudo, a instituir novas modalidades lotéricas sequer previstas pelo Dec.--lei 204/1967, como aquelas referidas no art. 8.º da Lei pernambucana 12.343/2003: loteria de números, loteria instantânea, videoloteria, sistema lotérico 'on line/real time', bingo e loteria mista'. 17. Com base em tal paradigma do STF, qual seja, a ADIn 2995/PE, pode-se concluir que: a) todas as permissões para funcionamento de loterias, em sentido amplo, concedidas em Pernambuco pela Lei estadual 12.343/2003, são inconstitucionais, porque usurpam a competência privativa da união estabelecida no art. 22, XX, da CF/1988; b) isso não significa que se encontra totalmente proibida a exploração do ramo lotérico nesse estado da Federação, pois segundo os arts. 32 e 33 do Dec.-lei 204/1967, 'no que não colidir com os termos do presente decreto-lei, as loterias estaduais continuarão regidas pelo Dec.-lei 6.259, de 10.02.1944'; c) tendo em vista que a Lei estadual 73/1947 é anterior à entrada em vigor do Dec.-lei 204/1967 e ambos foram recepcionados pela Carta da República de 1988, logicamente as loterias baseadas na referida norma estadual são legais. 29/245 Poder Judiciário Tribunal Regional Federal da 5.ª Região *Diário da Justiça Eletrônico* TRF5 n. 146.0/2012 Recife/PE disponibilização: sexta-feira, 27.07.2012 apelações parcialmente providas apenas para reconhecer a possibilidade de funcionamento de loterias nos estritos termos da Lei estadual 73/1947" (TRF-5.ª Reg. – AC 0011702-83.2006.4.05.8300/PE – 1.ª T. – rel. Des. Federal José Maria Lucena – j. 19.07.2012 – *DEJF* 30.07.2012 – p. 26).

"*Civil. Loteria do certo e do errado. Publicidade enganosa. Inexistência.* 1. As regras da Loteria do Certo e do Errado foram amplamente divulgadas na imprensa oficial, nos jornais de grande circulação no País e nos boletos das apostas, não havendo que se falar em publicidade enganosa. 2. A apelada juntou aos autos documentação acerca das regras gerais dos concursos de prognósticos, publicadas no *Diário Oficial*, de orientações enviadas aos revendedores em 06.1991 para o esclarecimento das principais dúvidas formuladas pelos apostadores quanto à Loteria do Certo e do Errado, e de divulgação do jogo e de suas regras na imprensa. 3. O apelante fundamenta sua irresignação nas próprias deduções que o nome do jogo e sua apresentação teriam lhe incutido, de modo a concluir que poderia simplesmente errar todos os jogos para se sagrar ganhador. Não fez prova, todavia, de que procurou se informar sobre o regramento do jogo, que era público, inclusive na casa lotérica em que realizou suas apostas. 4. Apelação desprovida" (TRF-3.ª Reg. – AC 326594 – Processo 96.03.052462-0 – 5.ª T. – rel. Des. Federal André Nekatschalow – *DJ* 05.11.2009).

"*Tributário e processual civil – ISS – Concursos de prognósticos – Violação do art. 535 do CPC – Ocorrência – Recurso especial provido – Retorno dos autos à origem*. 1. Existente a alegada violação do art. 535 do CPC, pois os argumentos veiculados por ocasião da oposição de embargos de declaração, indispensáveis para o deslinde da controvérsia, não foram apreciados pelo Tribunal de origem. 2. Desde a inicial, o recorrente invoca a aplicação do art. 8.º, do Dec.-lei 406/1968 e o item 46 de sua lista anexa; o art. 56 da Lei Municipal 1.364/1988; Lei Municipal 716/1985; art. 5.º, V, da Lei Municipal 1.044/1987; art. 8.º, XLVI, da Lei Municipal 691/1984. 3. Verificado que a omissão de análise de tais questões são relevantes para desate da controvérsia e a inércia do Tribunal de origem em apreciá-los significa negativa de prestação jurisdicional, tenho que houve violação do art. 535 do CPC, uma vez que o Tribunal de Justiça não prestou a jurisdição na medida em que foi provocado. Agravo regimental improvido" (STJ – AgRg-REsp 706.332/RJ – Processo 2004/0168805-3 – 2.ª T. – rel. Min. Humberto Martins – *DJ* 19.09.2008).

"*Recurso especial – Concurso de prognósticos – 'Sena posterior' – Perda do recibo da aposta – Comprovação por outros meios – Revisão probatória – Inadmissibilidade – Súmula 7/STJ. Alegação de ofensa a portaria. Não inclusão dessa espécie de Ato Normativo no conceito de 'Lei Federal' do art. 105, III, da CF/1988 – Precedentes*. I – Reconhecido na instância de origem que o autor era o ganhador do prêmio da 'Sena Posterior', com base nas provas em direito admitidas, inadmissível, neste âmbito recursal, a reapreciação das razões que garantiram o direito pleiteado (Súmula 7/STJ). II – Inadmissível o conhecimento do recurso especial na parte em que indica ofensa ao comando de portaria, por não estar essa espécie de ato normativo compreendida na expressão 'lei federal', constante do art. 105, III, alínea *a*, da CF/1988. Precedentes. Recurso especial não conhecido" (STJ – REsp 636175/PB – 3.ª T. – rel. Min. Castro Filho – *DJU* 27.03.2006, p. 264).

"*Processo civil – Recurso especial – Prequestionamento – Concurso de prognósticos – Extravio do bilhete premiado – Prova da condição de ganhador* – I – O prequestionamento, entendido como a necessidade de o tema objeto do recurso haver sido examinado pela decisão atacada, constitui exigência inafastável da própria previsão constitucional, ao tratar do recurso especial, impondo-se como um dos principais requisitos ao seu conhecimento. Nos termos das Súmulas 282 e 356 do STF, não se admite o recurso especial que suscita tema não prequestionado pelo Tribunal de origem. II – Não há restrição aos meios de prova para a comprovação da condição de ganhador de prêmio de loteria na hipótese de extravio do bilhete premiado. III – O Tribunal de origem concluiu, com base na análise detida da prova, que o apostador realmente realizou a aposta premiada, conclusão que não pode ser avaliada por esta Corte, por se tratar de matéria de fato (Súmula 7/STJ).

Recurso especial improvido" (STJ – REsp 717.507 – (2005/0006765-6) – 3.ª T – rel. Min. Sidnei Beneti – *DJe* 18.12.2009 – p. 1440).

Capítulo VIII
Das outras receitas

Art. 27. Constituem outras receitas da Seguridade Social:

I – as multas, a atualização monetária e os juros moratórios;

II – a remuneração recebida por serviços de arrecadação, fiscalização e cobrança prestados a terceiros;

III – as receitas provenientes de prestação de outros serviços e de fornecimento ou arrendamento de bens;

IV – as demais receitas patrimoniais, industriais e financeiras;

V – as doações, legados, subvenções e outras receitas eventuais;

VI – 50% (cinquenta por cento) dos valores obtidos e aplicados na forma do parágrafo único do art. 243 da Constituição Federal;

VII – 40% (quarenta por cento) do resultado dos leilões dos bens apreendidos pelo Departamento da Receita Federal;

VIII – outras receitas previstas em legislação específica.

Parágrafo único. As companhias seguradoras que mantêm o seguro obrigatório de danos pessoais causados por veículos automotores de vias terrestres, de que trata a Lei 6.194, de dezembro de 1974, deverão repassar à Seguridade Social 50% (cinquenta por cento) do valor total do prêmio recolhido e destinado ao Sistema Único de Saúde – SUS, para custeio da assistência médico-hospitalar dos segurados vitimados em acidentes de trânsito.

✍ Anotação:

Tais receitas integram o modo de financiamento indireto do sistema de seguridade social.

JURISPRUDÊNCIA

"*Embargos à execução fiscal. Remessa oficial. Intimação. AR. Prescrição. CDA. Presunção de liquidez e certeza. Cofins. Lei 9.718/1998. Alargamento da base de cálculo. Inconstitucionalidade. Majoração da alíquota. Possibilidade. ICMS. Transferências. Multa. Selic. Encargo legal.* 1. Conquanto a sentença tenha sido publicada após a inclusão do § 2.º no art. 475 do CPC, o direito controvertido é de valor superior a sessenta salários mínimos, devendo ser considerada como interposta a remessa oficial. 2. A intimação da Fazenda por AR, quando a ação executiva for ajuizada em Comarca que não possua representação do órgão exequente é permitida, consoante o disposto no art. 6.º, § 2.º, introduzido pela MedProv 2.180-35/2001 à Lei 9.028/1995. 3. É inconstitucional o art. 46 da Lei 8.212/1991 que prevê o prazo de 10 anos para que a Seguridade Social ajuíze a cobrança de seus créditos, por invadir área reservada à Lei complementar, consoante decisão proferida no Inag n. 2004.04.01.026097-8/RS pela Corte Especial deste E. Tribunal. 4. Nos tributos sujeitos a lançamento por homologação, considera-se constituído o crédito tributário no momento da declaração realizada pelo contribuinte. Somente nos casos em que o vencimento ocorrer após a entrega da declaração é que se cogita contar como marco inicial da prescrição a data do vencimento do tributo. 5. O fato de constar como fundamento legal da CDA o art. 3.º, § 1.º, da Lei 9.718/1998, não é suficiente para invalidá-la. A exigibilidade da Cofins não foi afetada pela decisão do STF no RE 357.950/RS, visto que a declaração de inconstitucionalidade de uma norma acarreta a repristinação da norma anterior que por ela havia sido revogada. Na prática, isso significa que a Cofins é devida em conformidade com o regramento legal anterior. A LC 70/1991 e deve ser apurada de acordo com as bases de cálculo previstas nessa legislação. 6. O título executivo possui os requisitos de exigibilidade e certeza, já que persiste a obrigação de o contribuinte pagar a Cofins, ainda que em conformidade com a LC 70/1991. Desse atributo advém a liquidez, já que o seu *quantum* é determinado e conhecido. 7. Cabe à parte embargante demonstrar que o valor cobrado a título de PIS e Cofins foi mensurado em bases de cálculo indevidas, extrapolando a receita bruta da empresa, porquanto a CDA se embasa em declarações prestadas pelo próprio contribuinte. À administração tributária não incumbe revisar de ofício a CDA, pois a decisão do STF foi proferida em sede de controle difuso de constitucionalidade, não possuindo efeito vinculante. 8. No caso presente, a embargante limita-se a afirmar, genericamente, que a exigência fiscal inclui outras receitas além da resultante da venda de mercadorias, sem apresentar qualquer documento ou planilha demonstrando a efetiva incidência do tributo sobre base inconstitucional. 9. Está pacificado na jurisprudência que o valor do ICMS apurado no preço de venda de mercadorias se inclui na base de cálculo do PIS e da Cofins. Precedentes do STJ e deste Tribunal. Súmulas n.s 68 e 94 do STJ. 10. Esta Colenda Turma, em reiteradas decisões, vem decidindo pela constitucionalidade da majoração da alíquota da Cofins promovida pelo art. 8.º da Lei 9.718/1998, por estar na conformidade do art. 195 da CF/1988, devendo, apenas, na cobrança da referida contribuição, ser observado prazo nonagesimal, contado a partir da MedProv 1.724/1998, convertida na Lei 9.718/1998. Nesse sentido foi a posição do STF, em julgamento dos Rexts 357950 e 346084, em 09.11.2005. 11. A disposição constante no art. 3.º, § 2.º, III, da Lei 9.718/1998, posteriormente revogada pela MedProv 1.991-18/2000, não era autoaplicável no período de sua vigência, posto ter cometido ao Poder Executivo a edição de norma regulamentadora a ser observada para que se efetivasse a exclusão nela cogitada. 12. A multa fixada em 20% não se configura confiscatória, sendo admissível em face do art. 61 da Lei 9.430/1996. 13. A questão relativa à possibilidade de incidência de correção monetária sobre a multa já foi examinada pelo extinto TFR, que cristalizou seu entendimento com a edição da Súmula 45: 'As multas fiscais, sejam moratórias ou punitivas, estão sujeitas à correção monetária'. 14 Aplicabilidade da Taxa Selic, a teor do disposto no art. 13 da Lei 9.065/1995. 15. O encargo legal do Dec.-lei 1.025/1969 é, de acordo com o previsto no art. 3.º da Lei 7.711/1988, destinado a cobrir todos os gastos efetuados pela União com a arrecadação da dívida pública, não havendo qualquer irregularidade em sua cobrança. Ademais, é pacífica a jurisprudência desta Corte e do STJ no sentido de aplicabilidade do encargo" (TRF-4.ª Reg. – AC 2007.71.99.009347-4/RS – 1.ª T. – rel. Des. Federal Joel Ilan Paciornik – j. 14.12.2011 – *DEJF* 12.01.2012 – p. 223). CPC, art. 475; Lei 8.212, art. 46; CF/1988, art. 195

"*Embargos à execução fiscal – Contribuição previdenciária – Retenção de 11% (onze por cento) – Atualização monetária do crédito tributário – Selic – Legitimidade – Limitação dos juros de mora – Inexistência – Redução do percentual da multa moratória para 20%* – 1. Contribuição previdenciária. Retenção de 11% (onze por cento). Incidência sobre o valor das notas fiscais de prestação de serviços. Lei 8.212/1991, art. 31, na redação da Lei 9.711/1998. Constitucionalidade. Precedentes. 2. Legitimidade da aplicação da Selic na correção do crédito tributário (Leis 8.981/1995, art. 84, e 9.065/1995, art. 13). Precedentes desta Corte e do STJ. 3. Súmula 648/STF. 'A norma do § 3.º do art. 192 da CF/1988, revogada pela EC 40/2003, que limitava a taxa de juros reais a 12% ao ano, tinha sua aplicabilidade condicionada à edição de lei complementar.' 4. Compatibilidade dos arts. 84 da Lei 8.981/1995 e 13 da Lei 9.065/1995 com o art. 161, § 1.º, do CTN. Precedentes desta Corte e do STJ. 5. Legitimidade da aplicação retroativa, com fundamento no art. 106, II, *c*, do CTN, do art. 35 da Lei 8.212/1991, que remeteu a fixação do percentual da multa ao art. 61, *caput*, § 2.º, da Lei 9.430/1996, o qual a limitou em 20%. Precedentes desta Corte e do STJ. 6. Apelação do embargante provida em parte. Apelação do INSS que se julga prejudicada"

(TRF-1.ª Reg. – AC 200338020009104/MG – rel. Juiz Federal Leão Aparecido Alves – DJe 10.08.2011 – p. 441).

"*Processo civil – Embargos à execução fiscal – Requisitos da CDA observados – Demonstrativo de débito – Desnecessidade – Presunção de certeza e liquidez mantida – Juros de mora – Art. 192, § 3.º, CF/1988 – Não aplicação sobre débitos tributários – Anatocismo não configurado – Multa fiscal – Percentual fixado em lei – Construção civil – Imóvel residencial familiar – Ampliação de área para além dos limites ensejadores da isenção da contribuição – Contribuição devida – Sentença mantida –* I – Segundo se verifica da Certidão de Dívida Ativa anexada às f. destes autos, os requisitos formais para a validade da CDA foram observados, pois o referido título executivo cumpre as exigências estabelecidas no art. 2.º, § 5.º, da Lei 6.830/1980 e art. 202 do CTN, apontando o período da dívida, o montante atualizado do débito, além de indicar as parcelas referentes ao valor originário, multa, juros, a origem, natureza e fundamento legal da dívida e dos encargos incidentes, bem como número do processo administrativo, data da inscrição e número de inscrição em dívida ativa. II – Assim, a referida CDA não apresenta qualquer vício, ao contrário, traz todos os requisitos previstos em lei. Além disso, é desnecessária a anexação do demonstrativo de cálculo na execução fiscal, uma vez que a Lei 6.830/1980 dispõe, expressamente, que a petição inicial será instruída com a Certidão de Dívida Ativa, que dela fará parte integrante, como se estivesse transcrita (art. 6.º, § 1.º), e nada menciona sobre o demonstrativo de débito. Inaplicável, à espécie, o art. 614, II, do CPC, pois a execução fiscal se rege por lei específica (Lei 6.830/1980), aplicando-se subsidiariamente o regramento processual ordinário apenas em caso de lacuna legislativa. III – Quanto aos juros de mora, a jurisprudência pátria sempre afirmou ser incabível a limitação dos juros em 12% ao ano, porquanto o art. 192, § 3.º, da CF/1988, revogada pela EC 40, de 29.05.2003, não tinha, antes da sua revogação, incidência sobre os débitos tributários, por se referir aos contratos inerentes ao sistema financeiro nacional. Além disso, tal dispositivo era também dependente de regulamentação por norma infraconstitucional. Tal entendimento restou plasmado na Súmula 648/STF. No mesmo sentido, a Súmula Vinculante 7. IV – Em relação à alegação da ocorrência de anatocismo, cumpre esclarecer que as relações existentes entre o contribuinte e o Fisco são reguladas por legislação específica, e os juros de mora incidentes sobre o crédito tributário devem ser aplicados na forma determinada pela legislação que rege a matéria. De qualquer modo, não logrou o embargante demonstrar que tal fato ocorreu no cálculo da dívida em execução nos autos principais. V – A multa moratória serve para compelir o contribuinte a pagar até o dia estipulado, e não quando lhe for conveniente; por outro lado, compensa o erário por não dispor dos valores concomitantemente com as despesas que assume e deve, por seu turno, cumprir em dia. Acrescente-se, ainda, que é legítima a cobrança de juros de mora simultaneamente à multa fiscal moratória, pois esta deflui da desobediência ao prazo fixado em lei, revestindo-se de nítido caráter punitivo, enquanto que aqueles visam à compensação do credor pelo atraso no recolhimento do tributo. VI – O percentual da multa fiscal é fixado em lei, não sendo dado ao Poder Judiciário modificá-lo a pretexto de ser elevado, abusivo ou confiscatório. E o percentual da multa cobrada, no caso concreto, apesar de elevado, não pode ser considerado excessivo, e muito menos confiscatório. VII – As construções com área inferior a 70 metros quadrados são isentas de contribuição à Seguridade Social, desde que a construção residencial unifamiliar, destinada a uso próprio, do tipo econômico, seja executada sem a utilização de mão de obra assalariada (art. 30, VIII, da Lei 8.212/1991, c.c. art. 44 do Dec. 612/1992, vigente à época). VIII – No caso dos autos, alega o apelante que, inicialmente, a obra construída possuía 69,68 metros quadrados, portanto isenta de contribuição previdenciária. Todavia, posteriormente, sofreu um acréscimo de 17,25 metros quadrados, correspondente à área de serviço que lhe foi acrescentada, obra que somente foi concluída em janeiro de 1995, fazendo com que o imóvel passasse a totalizar 86,93 metros quadrados. IX – Assim, a área construída do imóvel ultrapassou o limite legal para a isenção, pelo que é devida contribuição à Seguridade Social incidente sobre toda a construção e não apenas sobre a parte acrescida, por ausência de previsão legal. X – Correta, pois, a r. sentença de primeiro grau, em julgar improcedentes os presentes embargos à execução fiscal. XI – Recurso de apelação do embargante desprovido. Sentença mantida" (TRF-3.ª Reg. – AC 2002.03.99.021022-0/SP – 2.ª T. – rel. Juiz Federal convocado Alexandre Sormani – *DJe* 21.01.2010 – p. 202).

"*Penal. Recurso em sentido estrito. Apropriação indébita previdenciária. Art. 168-A do Código Penal princípio da insignificância: Inaplicabilidade. Descabimento, no caso concreto, em razão do valor superior ao limite de extinção do crédito tributário.* 1. Recurso em sentido estrito interposto pelo Ministério Público Federal contra decisão que rejeitou denúncia imputando ao réu o crime do art. 168-A do Código Penal, ao fundamento de atipicidade da conduta, aplicando o princípio da insignificância, em razão do valor do débito ser inferior ao limite estabelecido para o ajuizamento das execuções fiscais. 2. A aplicação do princípio da insignificância em matéria de crimes contra a ordem tributária deve ser feita com extrema cautela, pois a receita tributária é bem indisponível, sendo a atividade de lançamento plenamente vinculada (CTN, art. 142) e, além disso, a remissão total ou parcial do crédito tributário está sujeita à reserva legal (CTN, art. 172) e a anistia não abrange atos qualificados em lei como crimes e contravenções (CTN, art. 180). 3. Dentre as receitas tributárias, as destinadas ao financiamento da seguridade social, pela sua especial destinação, merecem importância ainda maior, a ponto de ter o legislador constituinte derivado, na EC 20/1998, vedado a concessão de remissão ou anistia das contribuições previdenciárias incidente sobre a folha de salários, em limite superior ao fixado em lei complementar (§ 11 do art. 195). 4. No crime tipificado no art. 168-A, § 1.º, I, do CP, o bem jurídico tutelado não se restringe ao interesse econômico do Estado na arrecadação da contribuição previdenciária, pois pune-se a infidelidade daqueles que tem o encargo de arrecadar tributos de outrem e repassá-los ao Estado, protegendo valores que vão muito além do simples prejuízo causado ao Fisco pelo não recolhimento do tributo. 5. Após o advento da Lei 9.983/2000, se o valor da contribuição previdenciária descontada dos segurados e não repassada à Previdência Social for inferior ao limite estabelecido pela Previdência Social para o ajuizamento das execuções fiscais, o juiz poderá deixar de aplicar a pena. 6. Assim, a aplicação do princípio da insignificância em tais casos implicaria em equiparar a hipótese definida pelo legislador como sendo de perdão judicial a uma hipótese ensejadora de conclusão de atipicidade da conduta. 7. Ainda que admitida, em tese, a aplicação do princípio da insignificância, no caso dos autos o montante que foi, em tese, indevidamente apropriado não autoriza a sua aplicação, na esteira do entendimento do STJ, no sentido de que a aplicação do princípio da insignificância ao delito de apropriação indébita de contribuições previdenciárias somente é cabível quando o montante do tributo sonegado ultrapasse R$ 100,00 (cem reais), a teor do art. 18, § 1.º, da Lei 10.522/2002. 8. Recurso provido" (TRF-3.ª Reg. – RSE 4749 – 1.ª T. – rel. convocado p/ o acórdão Juiz Federal Márcio Mesquita – DJ 24.07.2007).

"*Constitucional. Tributário. Contribuição ao Incra. Empresa urbana. Constitucionalidade. Art. 195 da CF/1988. Princípio da solidariedade.* 1. A contribuição ao Incra pode ser exigida das empresas urbanas, como ocorre desde a sua instituição pela Lei 2.613/1955, quando era destinada ao Serviço Social Rural. 2. Atualmente, a contribuição é devida nos termos do Dec.-lei 1.146/1970 e da LC 11/1971, que elevou o adicional para 2,6%, sendo que 2,4% foram destinados ao Funrural e o restante 0,2% ao Incra. A base de cálculo da contribuição permaneceu a mesma, bem como a sujeição passiva do tributo – todos os empregadores, incluindo as empresas urbanas e rurais –, conforme dispunha a Lei 2.613/1955, que deu origem à contribuição em questão. 3. A Lei 7.787/1989 suprimiu somente a contribuição ao Funrural (art. 3.º, § 1.º), enquanto que a Lei 8.212/1991, editada com o objetivo de regulamentar o Plano de Custeio da Seguridade Social, não dispôs acerca da contribuição ao Incra, não interferindo em sua arrecadação pelo INSS, que figura como mero órgão arrecadador, sendo a receita destinada à autarquia agrária. 4. Tratando-se de contribuição social, em razão de sua finalidade, deve obediência ao art. 195 da CF/1988, que cuida do princípio da solidariedade, ao determinar que A seguridade social será financiada por toda a sociedade, de forma direta e indireta, nos termos da lei, mediante recursos provenientes dos orçamentos da União, dos Estados, do Distrito Federal e dos Municípios... 5. Apelação improvida" (TRF-3.ª Reg. – AC 93.03.110093-0 – 6.ª T. – rel. Des. Federal Consuelo Yoshida – *DJ* 30.10.2006).

Capítulo IX
Do salário de contribuição

Art. 28. Entende-se por salário de contribuição:

I – para o empregado e trabalhador avulso: a remuneração auferida em uma ou mais empresas, assim entendida a totalidade dos rendimentos pagos, devidos ou creditados a qualquer título, durante o mês, destinados a retribuir o trabalho, qualquer que seja a sua forma, inclusive as gorjetas, os ganhos habituais sob a forma de utilidades e os adiantamentos decorrentes de reajuste salarial, quer pelos serviços efetivamente prestados, quer pelo tempo à disposição do empregador ou tomador de serviços nos termos da lei ou do contrato ou, ainda, de convenção ou acordo coletivo de trabalho ou sentença normativa; (Redação dada ao inciso pela Lei 9.528, de 10.12.1997, *DOU* 11.12.1997).

II – para o empregado doméstico: a remuneração registrada na Carteira de Trabalho e Previdência Social, observadas as normas a serem estabelecidas em regulamento para a comprovação do vínculo empregatício e do valor da remuneração;

III – para o contribuinte individual: a remuneração auferida em uma ou mais empresas ou pelo exercício de sua atividade por conta própria, durante o mês, observado o limite máximo a que se refere o § 5.º; (NR) (Redação dada ao inciso pela Lei 9.876, de 26.11.1999, *DOU* 29.11.1999).

IV – para o segurado facultativo: o valor por ele declarado, observado o limite máximo a que se refere o § 5.º. (Inciso acrescentado pela Lei 9.876, de 26.11.1999, *DOU* 29.11.1999).

§ 1.º Quando a admissão, a dispensa, o afastamento ou a falta do empregado ocorrer no curso do mês, o salário de contribuição será proporcional ao número de dias de trabalho efetivo, na forma estabelecida em regulamento.

§ 2.º O salário-maternidade é considerado salário de contribuição.

§ 3.º O limite mínimo do salário de contribuição corresponde ao piso salarial, legal ou normativo, da categoria ou, inexistindo este, ao salário mínimo, tomado no seu valor mensal, diário ou horário, conforme o ajustado e o tempo de trabalho efetivo durante o mês. (Redação dada ao parágrafo pela Lei 9.528, de 10.12.1997, *DOU* 11.12.1997).

§ 4.º O limite mínimo do salário de contribuição do menor aprendiz corresponde à sua remuneração mínima definida em lei.

§ 5.º O limite máximo do salário de contribuição é de Cr$ 170.000,00 (cento e setenta mil cruzeiros), reajustado a partir da data da entrada em vigor desta Lei, na mesma época e com os mesmos índices que os do reajustamento dos benefícios de prestação continuada da Previdência Social.

§ 6.º No prazo de 180 (cento e oitenta) dias, a contar da data de publicação desta Lei, o Poder Executivo encaminhará ao Congresso Nacional projeto de lei estabelecendo a previdência complementar, pública e privada, em especial para os que possam contribuir acima do limite máximo estipulado no parágrafo anterior deste artigo.

§ 7.º O décimo terceiro salário (gratificação natalina) integra o salário de contribuição, exceto para o cálculo de benefício, na forma estabelecida em regulamento. (Redação dada ao parágrafo pela Lei 8.870, de 15.04.1994).

§ 8.º Integram o salário de contribuição pelo seu valor total: (Redação dada ao parágrafo pela Lei 9.528, de 10.12.1997, *DOU* 11.12.1997).

a) o total das diárias pagas, quando excedente a cinquenta por cento da remuneração mensal; (Alínea acrescentada pela Lei 9.528, de 10.12.1997, *DOU* 11.12.1997).

b) (Vetada na Lei 9.528, de 10.12.1997, *DOU* 11.12.1997).

c) (Revogada pela Lei 9.711, de 20.11.1998, *DOU* 21.11.1998).

§ 9.º Não integram o salário de contribuição para os fins desta Lei, exclusivamente: (Redação dada ao parágrafo pela Lei 9.528, de 10.12.1997, *DOU* 11.12.1997).

a) os benefícios da previdência social, nos termos e limites legais, salvo o salário-maternidade; (Redação dada à alínea pela Lei 9.528, de 10.12.1997, *DOU* 11.12.1997).

b) as ajudas de custo e o adicional mensal recebidos pelo aeronauta nos termos da Lei 5.929, de 30.10.1973.

c) a parcela in natura recebida de acordo com os programas de alimentação aprovados pelo Ministério do Trabalho e da Previdência Social, nos termos da Lei 6.321, de 14.04.1976.

d) as importâncias recebidas a título de férias indenizadas e respectivo adicional constitucional, inclusive o valor correspondente à dobra da remuneração de férias de que trata o art. 137 da Consolidação das Lei do Trabalho – CLT; (Redação dada à alínea pela Lei 9.528, de 10.12.1997, *DOU* 11.12.1997).

e) as importâncias: (Redação dada à alínea pela Lei 9.528, de 10.12.1997).

1. previstas no inciso I do art. 10 do Ato das Disposições Constitucionais Transitórias; (Item acrescentado pela Lei 9.528, de 10.12.1997, *DOU* 11.12.1997).

Título VI – Do financiamento da Seguridade Social – Introdução • Art. 28

2. relativas à indenização por tempo de serviço, anterior a 05 de outubro de 1988, do empregado não optante pelo Fundo de Garantia do Tempo de Serviço – FGTS; (Item acrescentado pela Lei 9.528, de 10.12.1997, *DOU* 11.12.1997).

3. recebidas a título da indenização de que trata o art. 479 da CLT; (Item acrescentado pela Lei 9.528, de 10.12.1997, *DOU* 11.12.1997).

4. recebidas a título da indenização de que trata o art. 14 da Lei 5.889, de 08 junho de 1973; (Item acrescentado pela Lei 9.528, de 10.12.1997, *DOU* 11.12.1997).

5. recebidas a título de incentivo à demissão; (Item acrescentado pela Lei 9.528, de 10.12.1997, *DOU* 11.12.1997).

6. recebidas a título de abono de férias na forma dos arts. 143 e 144 da CLT; (Item acrescentado pela Lei 9.711, de 20.11.1998, *DOU* 21.11.1998).

7. recebidas a título de ganhos eventuais e os abonos expressamente desvinculados do salário; (Item acrescentado pela Lei 9.711, de 20.11.1998, *DOU* 21.11.1998).

8. recebidas a título de licença-prêmio indenizada; (Item acrescentado pela Lei 9.711, de 20.11.1998, *DOU* 21.11.1998).

9. recebidas a título da indenização de que trata o art. 9.º da Lei 7.238, de 29 de outubro de 1984; (Item acrescentado pela Lei 9.711, de 20.11.1998, *DOU* 21.11.1998).

f) a parcela recebida a título de vale-transporte, na forma da legislação própria;

g) a ajuda de custo, em parcela única, recebida exclusivamente em decorrência de mudança de local de trabalho do empregado, na forma do art. 470 da CLT; (Redação dada à alínea pela Lei 9.528, de 10.12.1997, *DOU* 11.12.1997).

h) as diárias para viagens, desde que não excedam a 50% (cinquenta por cento) da remuneração mensal;

i) a importância recebida a título de bolsa de complementação educacional de estagiário, quando paga nos termos da Lei 6.494, de 7 de dezembro de 1977;

j) a participação nos lucros ou resultados da empresa, quando paga ou creditada de acordo com lei específica;

l) o abono do Programa de Integração Social – PIS e do Programa de Assistência ao Servidor Público – Pasep; (Alínea acrescentada pela Lei 9.528, de 10.12.1997, *DOU* 11.12.1997).

m) os valores correspondentes a transporte, alimentação e habitação fornecidos pela empresa ao empregado contratado para trabalhar em localidade distante da de sua residência, em canteiro de obras ou local que, por força da atividade, exija deslocamento e estada, observadas as normas de proteção estabelecidas pelo Ministério do Trabalho; (Alínea acrescentada pela Lei 9.528, de 10.12.1997, *DOU* 11.12.1997).

n) a importância paga ao empregado a título de complementação ao valor do auxílio-doença, desde que este direito seja extensivo à totalidade dos empregados da empresa; (Alínea acrescentada pela Lei 9.528, de 10.12.1997, *DOU* 11.12.1997).

o) as parcelas destinadas à assistência ao trabalhador da agroindústria canavieira, de que trata o art. 36 da Lei 4.870, de 1.º de dezembro de 1965; (Alínea acrescentada pela Lei 9.528, de 10.12.1997, *DOU* 11.12.1997).

p) o valor das contribuições efetivamente pago pela pessoa jurídica relativo a programa de previdência complementar, aberto ou fechado, desde que disponível à totalidade de seus empregados e dirigentes, observados, no que couber, os arts. 9.º e 468 da CLT; (Alínea acrescentada pela Lei 9.528, de 10.12.1997, *DOU* 11.12.1997).

q) o valor relativo à assistência prestada por serviço médico ou odontológico, próprio da empresa ou por ela conveniado, inclusive o reembolso de despesas com medicamentos, óculos, aparelhos ortopédicos, despesas médico-hospitalares e outras similares, desde que a cobertura abranja a totalidade dos empregados e dirigentes da empresa; (Alínea acrescentada pela Lei 9.528, de 10.12.1997, *DOU* 11.12.1997).

r) o valor correspondente a vestuários, equipamentos e outros acessórios fornecidos ao empregado e utilizados no local do trabalho para prestação dos respectivos serviços; (Alínea acrescentada pela Lei 9.528, de 10.12.1997, *DOU* 11.12.1997).

s) o ressarcimento de despesas pelo uso de veículo do empregado e o reembolso creche pago em conformidade com a legislação trabalhista, observado o limite máximo de seis anos de idade, quando devidamente comprovadas as despesas realizadas; (Alínea acrescentada pela Lei 9.528, de 10.12.1997, *DOU* 11.12.1997).

t) o valor relativo a plano educacional, ou bolsa de estudo, que vise à educação básica de empregados e seus dependentes e, desde que vinculada às atividades desenvolvidas pela empresa, à educação profissional e tecnológica de empregados, nos termos da Lei 9.394, de 20 de dezembro de 1996, e: (Redação dada pela Lei 12.513, de 2011).

1. não seja utilizado em substituição de parcela salarial; e (Incluído pela Lei 12.513, de 2011).

2. o valor mensal do plano educacional ou bolsa de estudo, considerado individualmente, não ultrapasse 5% (cinco por cento) da remuneração do segurado a que se destina ou o valor correspondente a uma vez e meia o valor do limite mínimo mensal do salário de contribuição, o que for maior; (Incluído pela Lei 12.513, de 2011).

u) a importância recebida a título de bolsa de aprendizagem garantida ao adolescente até quatorze anos de idade, de acordo com o disposto no art. 64 da Lei 8.069, de 13 de julho de 1990; (Alínea acrescentada pela Lei 9.528, de 10.12.1997, *DOU* 11.12.1997).

v) os valores recebidos em decorrência da cessão de direitos autorais; (Alínea acrescentada pela Lei 9.528, de 10.12.1997, *DOU* 11.12.1997).

x) o valor da multa prevista no § 8.º do art. 477 da CLT. (Alínea acrescentada pela Lei 9.528, de 10.12.1997, *DOU* 11.12.1997).

y) o valor correspondente ao vale-cultura. (Incluído pela Lei 12.761, de 2012).

Título VI – Do financiamento da Seguridade Social – Introdução • Art. 28

§ 10. Considera-se salário de contribuição, para o segurado empregado e trabalhador avulso, na condição prevista no § 5.º do art. 12, a remuneração efetivamente auferida na entidade sindical ou empresa de origem. (Parágrafo acrescentado pela Lei 9.528, de 10.12.1997, *DOU* 11.12.1997).

* **Remissão:** CLPS, arts. 122, 135 e 136.

Anotação

O artigo cuida da base de cálculo das contribuições sociais incidentes sobre os rendimentos pagos aos segurados, exceto o especial. No § 9.º, o texto firma, taxativamente, rubricas que integram essa base de cálculo, mas que, por vontade do legislador infraconstitucional, foram expressamente excluídas do campo de incidência do tributo.

Na nova regra (alínea *t*) estão isentos os valores que tenham por escopo (a) proporcionar educação básica a empregados e seus dependentes e (b) fomentar a educação profissional e tecnológica de empregados. Note-se, por oportuno, que os dependentes estão acobertados apenas na modalidade "educação básica", nela compreendidos: (1) educação infantil; (2) o ensino fundamental; e (3) o ensino médio (Lei 9.394/1996, art. 21, I), desde que o plano esteja vinculado às atividades desenvolvidas pela empresa. Não há previsão, entretanto, para curso de língua estrangeira. E há isenção quando se tem plano educacional (profissional e tecnológico) almejando (i) a educação de formação inicial e continuada ou qualificação profissional; (ii) a educação profissional técnica de nível médio; e (iii) a educação profissional tecnológica de graduação e pós-graduação para empregados (Lei 9.394/1996, art. 39, § 2.º). Também inexiste previsão para curso de língua estrangeira. Outro detalhe está no teto pecuniário: o valor mensal relativo ao plano educacional, considerado individualmente, não poderá ultrapassar 5% da remuneração do trabalhador a que se destina ou o valor correspondente a R$ 1.762,29 (uma vez e meia o valor do limite mínimo mensal do salário de contribuição – Portaria MPS 2/2012), o que for maior. Já o valor correspondente ao vale-cultura, incluído pela Lei 12.761/2012, será de R$ 50,00 mensais por usuário. O vale-cultura deverá ser fornecido ao trabalhador que perceba até 5 salários mínimos mensais. Os trabalhadores com renda superior a 5 salários mínimos também poderão receber o vale-cultura, desde que garantido o atendimento à totalidade dos empregados que recebam valores inferiores àquele teto. O trabalhador poderá ter descontado de sua remuneração o percentual máximo de 10% do vale-cultura de acordo com o que vier a ser definido em regulamento.

JURISPRUDÊNCIA

"*Tributário. Contribuição previdenciária sobre horas extras.* O pagamento de horas extraordinárias integra o salário de contribuição, em razão da natureza remuneratória, sujeitando-se, portanto, à incidência de contribuição previdenciária. Precedentes do STJ" (TRF-4.ª Reg. – 5026402-75.2010.404.7100/RS – 1.ª T. – j. 20.03.2013 – rel. Maria de Fátima Freitas Labarrère – *DE* 22.03.2013).

"*Processual civil. Contribuição previdenciária. INCIDÊNCIA. Reembolso de despesas de funcionários transferidos. Natureza indenizatória não caracterizada. Reexame do conjunto fático-probatório. Impossibilidade. Súmula 7/STJ.* 1. O Tribunal Regional, com base na análise das provas dos autos, consignou que a empresa não comprovou que as verbas relativas ao reembolso de despesas percebidas por funcionários transferidos eram pagas apenas eventualmente, o que denota o caráter remuneratório da quantia paga ao empregado, integrando o salário de contribuição. Confira-se o seguinte trecho do acórdão recorrido: 'In casu, a autora não comprovou que as indigitadas verbas eram pagas apenas eventualmente, assim como não restou comprovado o valor dos gastos efetuados pelos empregados. Assim sendo, é impossível considerar como indenizatórias essas verbas pagas pela autora aos seus empregados'. 2. Percebe-se que é inviável analisar a tese defendida no recurso especial – de que as verbas pagas pela empresa possuem natureza eventual e compensatória, e não remuneratória –, a qual busca afastar as premissas fáticas estabelecidas pelo acórdão recorrido. Aplicação da Súmula 7/STJ. 3. Agravo Regimental não provido" (STJ – AgRg-REsp 1.254.646 – Processo 2011/0111821-7/RJ – 2.ª T. – rel. Min. Herman Benjamin – j. 26.06.2012 – *DJE* 01.08.2012).

"*Processual civil e tributário. Contribuição previdenciária. Salário-maternidade. Remuneração de férias gozadas. Natureza salarial. Incidência. Aviso prévio indenizado. Natureza indenizatória. Não incidência. Precedentes.* 1. É pacífico no STJ o entendimento de que o salário-maternidade não tem natureza indenizatória, mas sim remuneratória, razão pela qual integra a base de cálculo da contribuição previdenciária. 2. O pagamento de férias gozadas possui natureza remuneratória e salarial, nos termos do art. 148 da CLT, e integra o salário de contribuição. Saliente-se que não se discute, no apelo, a incidência da contribuição sobre o terço constitucional. 3. O valor pago ao trabalhador a título de aviso prévio indenizado, por não se destinar a retribuir o trabalho e possuir cunho indenizatório, não está sujeito à incidência da contribuição previdenciária sobre a folha de salários. Precedentes do STJ. 4. Agravos Regimentais não providos" (STJ – AgRg-EDcl-AREsp 135.682 – Processo 2012/0011815-1/MG – 2.ª T. – rel. Min. Herman Benjamin; j. 29.05.2012 – DJE 14.06.2012).

"*Tributário – Agravo regimental no recurso especial – Contribuição previdência – Reembolso de despesas de educação – Salário de contribuição – Precedente do STJ – Agravo não provido* – 1. O STJ já decidiu que os pagamentos realizados pela Companhia Vale do Rio Doce aos seus empregados, a título de reembolso de despesas com educação, são suscetíveis de incidência de contribuição previdenciária, porquanto representam complemento salarial de natureza permanente (REsp 496.737/RJ, rel. Min. José Delgado, 1.ª T., *DJe* 13.10.03). 2. Agravo regimental não provido" (STJ – AgRg-REsp 1.200.651 – (2010/0119181-0) – 1.ª T. – rel. Min. Arnaldo Esteves Lima – *DJe* 28.10.2011 – p. 365).

"*Processual civil e tributário – Agravo regimental nos embargos de declaração no agravo de instrumento – Violação do art. 535, II, do CPC – Inocorrência – Contribuição previdenciária – Gratificação natalina – Incidência* – 1. Não há violação do art. 535, II, do CPC, quando o Tribunal de origem apresenta, de forma inequívoca, fundamentação sobre a questão jurídica que lhe foi proposta, muito embora com posição em sentido contrário ao interesse da parte. 2. Entendimento de ambas as Turmas que compõem a 1.ª Seção do STJ no sentido da incidência de contribuição previdenciária sobre a gratificação natalina, por constituir verba que integra a base de cálculo do salário de contribuição. Precedentes: EDcl no AgRg no REsp 971.020/RS, rel. Min. Herman Benjamin, *DJ* 02.02.2010, AgRg no REsp 957.719/SC, rel. Min. Luiz Fux, *DJ* 2.12.2009, REsp 809.370/SC, rel. Min. Teori Albino Zavascki, *DJ* 23.09.2009, REsp 956.289/RS, rel. Min. José Delgado, *DJ* 23.06.2008. 3. Agravo regimental não provido" (STJ – AgRg nos EDcl 394.558/RJ – 1.ª T. – rel. Min. Benedito Gonçalves – *DJe* 16.08.2011 – p. 364).

"*Agravo de Instrumento em execução – Contribuição previdenciária – Acordo homologado judicialmente – Auxílio-alimentação – Natureza jurídica* – Não demonstrada a alegada violação direta e literal de dispositivo da Constituição da República, única hipótese autorizada pelo legislador ordinário para o processamento do recurso de revista nos feitos em execução, forçoso concluir pela improsperabilidade do recurso de revista. A discussão acerca da natureza jurídica da parcela auxílio-alimentação, para efeito da incidência de contribuição previdenciária, reveste-se de contornos nitidamente infraconstitucionais, não autorizando concluir pela violação de nenhum dispositivo da Constituição da República. Agravo de instrumento não provido" (TST – AIRR 516/2006-301-01-40.8 – rel. Min. Lelio Bentes Corrêa – *DJe* 14.05.2010 – p. 286).

"*Acordo judicial antes da sentença – Contribuição previdenciária* – O acordo havido entre partes encerra as controvérsias e põe fim à lide. Se não há coisa julgada, as partes são livres para transacionar as verbas e seus valores. Se não há nos autos qualquer prova ou reconhecimento da obrigação tributária não há incidência da contribuição previdenciária. No caso, foi celebrado acordo e houve discriminação de parcelas indenizatórias e salariais. Incidência de contribuição previdenciária somente sobre as últimas. *Vale-transporte – Contribuição previdenciária* – Em havendo rescisão do contrato de trabalho, o vale-transporte não pode mais ser concedido ao trabalhador. Por essa razão, tal benefício tem natureza indenizatória. Recurso ordinário a que se nega provimento" (TRT-2.ª Reg. – RO 01274-2008-382-02-00-6 – (20091092170) – 10.ª T. – rel. Juíza Marta Casadei Momezzo – *DOE/SP* 19.02.2010).

"*Acordo homologado – Contribuições previdenciárias – Indenização de vale-transporte* – Hipótese de incidência da orientação contida na Súmula 31 deste Tribunal Regional da 4.ª Região, no sentido de ser indevida a incidência de contribuição previdenciária sobre o valor acordado entre as partes a título de indenização do vale transporte. Aviso prévio indenizado. Incidem contribuições previdenciárias sobre o aviso prévio indenizado, conforme entendimento consagrado na Súmula 49 deste TRF-4.ª Reg. Recurso da União provido no aspecto" (TRT-4.ª Reg. – RO 0025700-30.2008.5.04.0561 – 7.ª T. – rel. Des. Beatriz Zoratto Sanvicente – *DJe* 20.05.2010).

"*Direito procesual civil e tributário – Vale-tranporte – Auxílio-creche – Incidencia da contribuição previdenciária – Dado parcial provimento ao recurso* – 1. Insurge-se o Banco Bradesco S/A contra sentença do MM. Juízo de 1.º grau, que, nos autos da ação ordinária ajuizada em face do Instituto Nacional do Seguro Social – INSS, objetivando a anulação de débito fiscal lançado e notificado pela Autarquia Previdenciária, no sentido de autuar a instituição financeira, ora apelante, pelo não recolhimento da contribuição devida sobre valores pagos a empregados sobre o reembolso de vale-transporte e auxílio-creche/babá, julgou improcedente o pedido autoral, ao reconhecer que o vale-transporte e o auxílio-creche/babá, são benesses legais que não têm natureza salarial por expressa disposição legal, acrescentando, no entanto, que a sua concessão em desconformidade com a modalidade legal, desnatura tais benefícios, passando a ser caracterizar como remuneração, e, nessa qualidade, integrantes do salário de contribuição para efeito de incidência da contribuição previdenciária. 2. Reconhecida a decadência quinquenal para constituição dos créditos tributários cujos fatos geradores tenham ocorrido após a CF/1988. 3. Configurada a correção da R. sentença apelada, na medida em que restou evidenciado que as parcelas pagas aos empregados a título de vale-transporte e auxílio-babá integram a base de cálculo da contribuição previdenciária, na hipótese de o empregador não efetuar o desconto destas parcelas de seus empregados. 4. Precedentes jurisprudenciais. 5. Dado parcial provimento ao recurso para excluir da cobrança os créditos tributários sobre os quais tenha operado a decadência. 6. Honorários compensados" (TRF-2.ª Reg. – AC 1999.02.01.032094-8 – 4.ª T. Especializada – rel. Des. Federal Lana Regueira – DJe 16.12.2009 – p. 49).

"*Tributário – Decadência – Prescrição – Contribuição social – Arts. 45 e 46 da Lei 8.212/1991 – Inconstitucionalidade – Participação nos lucros da empresa – Honorários – Majoração* – 1. Contribuições sociais, depois de 01.03.1989, quando entrou em vigor o Sistema Tributário Nacional (art. 34 do ADCT) submetem-se ao prazo prescricional quinquenal. 2. Inconstitucionalidade dos art. 45 e 46 da Lei 8.212/1991 declarada pela Corte Especial deste Tribunal no julgamento das Arguições de inconstitucionalidade no AI n. 2000.04.01.092228-3 e no AI n. 2004.04.01.026097-8, respectivamente, por invadir matéria reservada à lei complementar, em afronta ao art. 146, III, alínea *b*, da CF/1988. 3. Pagamento de débito confessado por meio de GFIP atrai a aplicação do art. 150, § 4.º, do CTN e não do art. 173, I, do mesmo Codex. 4. Atingidos pela decadência os débitos fiscais das competências anteriores a cinco anos do lançamento da diferença pretendida, bem como da respectiva multa por desatendimento de obrigação acessória. 5. A natureza não salarial da verba 'participação nos lucros ou resultados da empresa' e sua desvinculação da remuneração do empregado é prevista no art. 7.º, XI, da CF/1988, norma de eficácia plena. Quanto à forma de participação, norma de eficácia contida, atingiu sua plenitude com a regulamentação efetivada por meio da MedProv 794/1994 e sucessivas reedições, até convolação na Lei 10.101/2000. 6. A existência de acordos e negociações particulares e coletivas entre a autora e seus empregados evidencia a ausência de burla à lei regulamentadora da participação dos empregados nos lucros da empresa, cuja verba não incide contribuição previdenciária, atinge a finalidade da norma constitucional e não ofende o disposto no art. 214, § 10, do Dec. 3.048/1999. 7. Desconstituídas as notificações fiscais do principal e da obrigação acessória, em razão da decadência parcial e da não incidência. 8. Considerados prequestionados os artigos de lei elencados. 9. Majorada a verba advocatícia para 5% sobre o elevado valor da causa, em razão da apresentação de defesa administrativa e judicial em processo com quatro volumes, nos termos do art. 20, § 4.º, do CPC, levando em conta as alíneas do § 3.º do mesmo dispositivo legal, a serem corrigidos pelo IPCA-E. 10. Apelação da União e remessa oficial improvidas e parcialmente provido o apelo da autora" (TRF-4.ª Reg. Ap-RN

2007.72.09.000105-0/SC – 1.ª T. rel. Des. Federal Álvaro Eduardo Junqueira – DJe 15.12.2009 – p. 184).

"*Processual civil e tributário – Contribuição previdenciária – Participação nos lucros ou resultados – Isenção – Necessidade de observância à legislação específica* – 1. Embasado o acórdão recorrido também em fundamentação infraconstitucional autônoma e preenchidos os demais pressupostos de admissibilidade, deve ser conhecido o recurso especial. 2. O gozo da isenção fiscal sobre os valores creditados a título de participação nos lucros ou resultados pressupõe a observância da legislação específica regulamentadora, como dispõe a Lei 8.212/1991. 3. Descumpridas as exigências legais, as quantias em comento pagas pela empresa a seus empregados ostentam a natureza de remuneração, passíveis, pois, de serem tributadas. 4. Ambas as Turmas do STF têm decidido que é legítima a incidência da contribuição previdenciária mesmo no período anterior à regulamentação do art. 7.º, XI, da CF/1988, atribuindo-lhe eficácia dita limitada, fato que não pode ser desconsiderado por esta Corte. 5. Recurso especial não provido" (STJ – REsp 856.160 – (2006/0118223-8) – 2.ª T. – rel. Min. Eliana Calmon – DJe 23.06.2009).

Súmula 60/AGU, de 08.12.2011 – DOU 09.12.2011: "Não há incidência de contribuição previdenciária sobre o vale transporte pago em pecúnia, considerando o caráter indenizatório da verba."

▶ Assim dispunha o inciso alterado:

I – para o empregado e trabalhador avulso: a remuneração efetivamente recebida ou creditada a qualquer título, durante o mês, em uma ou mais empresas, inclusive os ganhos habituais sob a forma de utilidades, ressalvado o disposto no § 9.º e respeitados os limites dos § § 3.º, 4.º e 5.º deste artigo.

▶ Assim dispunha o inciso alterado:

III – para o trabalhador autônomo e equiparado, empresário e facultativo: o salário-base, observado o disposto no art. 29.

▶ Assim dispunha o parágrafo alterado:

§ 3.º O limite mínimo do salário de contribuição é de um salário mínimo, tomado no seu valor mensal, diário ou horário, conforme o ajustado e o tempo de trabalho efetivo durante o mês.

▶ Assim dispunha o parágrafo alterado:

§ 8.º O valor total das diárias pagas, quando excedente a 50% (cinquenta por cento) da remuneração mensal, integra o salário de contribuição pelo seu valor total.

TÍTULO VI – DO FINANCIAMENTO DA SEGURIDADE SOCIAL – INTRODUÇÃO • **Art. 29**

▶ Assim dispunha a alínea revogada:

c) as gratificações e verbas, eventuais concedidas a qualquer título, ainda que denominadas pelas partes de liberalidade, ressalvado o disposto no § 9.º (Redação dada ao parágrafo pela Lei 9.528, de 10.12.1997, *DOU* 11.12.1997).

▶ Assim dispunham as alíneas alteradas:

t) o valor relativo a plano educacional que vise à educação básica, nos termos do art. 21 da Lei 9.394, de 20 de dezembro de 1996, e a cursos de capacitação e qualificação profissionais vinculados às atividades desenvolvidas pela empresa, desde que não seja utilizado em substituição de parcela salarial e que todos os empregados e dirigentes tenham acesso ao mesmo; (NR) (Redação dada à alínea pela Lei 9.711, de 20.11.1998, *DOU* 21.11.1998).

t) o valor relativo a plano educacional que vise ao ensino fundamental e a cursos de capacitação e qualificação profissionais vinculados às atividades desenvolvidas pela empresa, desde que todos os empregados e dirigentes tenham acesso ao mesmo; (Alínea acrescentada pela Lei 9.528, de 10.12.1997, *DOU* 11.12.1997).

Art. 29. (Revogado pela Lei 9.876, de 26.11.1999, *DOU* 29.11.1999).

✳ **Remissão:** CLPS, arts. 136, II, 137 a 148 e 216.

✍ Anotação

A Escala de Salários-Base teve validade como base de cálculo das contribuições de empresários, trabalhadores autônomos e segurados facultativos. Permitindo que o segurado se enquadrasse naquela faixa que mais se aproximasse da real remuneração que auferia em média, exigia o respeito ao tempo de filiação ao RGPS para que ocorresse a progressão na escala. Também eram admitidas a regressão a degraus inferiores e ulterior progressão, sempre respeitados os interstícios legais.

JURISPRUDÊNCIA

"*Processual civil e previdenciário – Embargos de devedor – sentença – Correção monetária dos 36 salários de contribuição – Execução fundada em salários de contribuição Diversos – Desarmonia do cálculo ao objeto da condenação – Embargos procedentes – Apelação provida –* 1. Por sentença condenatória, mantida pelo Tribunal, foi acolhido o pedido do autor para 'determinar ao INSS que proceda à revisão do cálculo da Renda Mensal Inicial do Autor, aplicando a correção monetária, com base nos índices determinados pela legislação de regência, no período respectivo, aos 36 últimos salários de contribuição, todos esses corrigidos monetariamente, afastada a limitação em função de valores teto, uma vez que não autorizadas no texto da CF/1988'. 2. O cálculo que instrui a pretensão executiva, a pretexto de liquidar o valor devido, nos termos da condenação imposta, recalculou o salário de benefício, considerando salários de contribuição diversos daqueles utilizados pelo INSS. Este fato resta explicitado pela manifestação do INSS às f., corroborada pela Contadoria Judicial. 3. Ante estas premissas, a existência do crédito pretendido em execução não decorre da incidência ou não de correção monetária dos 36 salários de contribuição, nem da inobservância do teto para o salário de benefício, já que, consoante igualmente esclarecido pela Contadoria Judicial além do crédito pretendido não ultrapassar o teto referido, os índices de atualização monetária utilizados pelo Embargados, identificam-se com aqueles também utilizados pelo INSS. Deriva o crédito apurado a título de diferenças devidas, da consideração de salários de contribuição substancialmente diversos daqueles utilizados pelo INSS quando da concessão do benefício. Especificamente, porque o INSS considerou os salários de contribuição, observando o cumprimento da escala de salários base e o cumprimento dos interstícios necessários para a evolução entre elas, ao passo que o cálculo apresentado pelo Embargado desprezou este critério técnico. 4. Ignorar a observância dos interstícios para progredir na escala de salários base para contribuição é fato que não se confunde com limitação do salário de benefício ao teto legal, expressamente afastado pela sentença condenatória. É critério que mesmo sem se considerar o limite máximo para os salários de contribuição e de benefício, deve ser observado por imposição da legislação então vigente, por representar parâmetro atuarial para as prestações previdenciárias próprias aos segurados contribuintes individuais. 5. Porém, certo ou não o comportamento do INSS ao considerar os salários de contribuição em observância à adequada evolução do segurado na escala de salários base, é fato que não se insere no objeto da ação proposta e, notadamente, da condenação em razão dela estabelecida. Assim, não está o Embargado autorizado, considerando-se a necessidade de fidelização da execução ao título executivo, a rever os critérios eleitos pelo INSS para a definição dos salários de contribuição em face da escala de salários base e a observância dos interstícios para a respectiva evolução. 6. Nestas razões, o crédito apurado em execução está divorciado do título executivo, restrito à correção monetária dos 36 (trinta e seis) salários de contribuição integrantes do período básico de cálculo. Providência, entretanto, já efetivada pelo INSS, seja porque comprovado nos autos, seja porque se trata de benefício previdenciário concedido em 07.08.1992, quando já implementado o novo regime previdenciário em conformidade com a CF/1988.7. Apelação a que se dá provimento. Honorários de sucumbência arbitrados em 10% (dez por cento) sobre o valor da causa" (TRF-1.ª Reg. – AC 2001.38.00.039729-5 – 1.ª T. – rel. Juiz Federal Itelmar Raydan Evangelista – *DJ* 03.12.2007).

▶ Assim dispunha o artigo revogado:

Art. 29. O salário-base de que trata o inciso III do art. 28 é determinado conforme a seguinte tabela:

ESCALA DE SALÁRIOS-BASE		
Classe	Salário-Base	Número Mínimo de Meses de Permanência em Cada Classe (Interstícios)
1	1 (um) salário-mínimo	12
2	Cr$ 34.000,00	12
3	Cr$ 51.000,00	12
4	Cr$ 68.000,00	12
5	Cr$ 85.000,00	24
6	Cr$ 102.000,00	36
7	Cr$ 119.000,00	36
8	Cr$ 136.000,00	60
9	Cr$ 153.000,00	60
10	Cr$ 170.000,00	-

§ 1.º Os valores do salário de contribuição serão reajustados, a partir da data de entrada em vigor desta Lei, na mesma data e com os mesmos índices que os do reajustamento dos benefícios de prestação continuada da Previdência Social.

§ 2.º O segurado que se filiar ao Regime Geral de Previdência Social como facultativo, ou em decorrência de filiação obrigatória cuja atividade seja sujeita a salário-base, será enquadrado na classe inicial da tabela.

§ 3.º Os segurados empregado, inclusive o doméstico, e trabalhador avulso, que passarem a exercer, exclusivamente, atividade sujeita a salário-base, poderão enquadrar-se em qualquer classe até a equivalente ou a mais próxima da média aritmética simples dos seus seis últimos salários de contribuição, atualizados monetariamente, devendo observar, para acesso às classes seguintes, os interstícios respectivos.

§ 4.º O segurado que exercer atividades simultâneas sujeitas a salário-base contribuirá com relação a apenas uma delas.

§ 5.º Os segurados empregado, inclusive o doméstico, e trabalhador avulso que passarem a exercer, simultaneamente, atividade sujeita a salário-base, serão enquadrados na classe inicial, podendo ser fracionado o valor do respectivo salário-base, de forma que a soma de seus salários de contribuição obedeça ao limite fixado no § 5.º do art. 28.

§ 6.º Os segurados empregado, inclusive o doméstico, e trabalhador avulso, que exercem, simultaneamente, atividade sujeita a salário-base, ficarão isentos de contribuição sobre a escala, no caso de que o seu salário atingir o limite máximo do salário de contribuição fixado no § 5.º do art. 28.

§ 7.º O segurado que exercer atividade sujeita a salário-base e, simultaneamente, for empregado, inclusive doméstico, ou trabalhador avulso, poderá, se perder o vínculo empregatício, rever seu enquadramento na escala de salário-base, desde que não ultrapasse a classe equivalente ou a mais próxima da média aritmética simples dos seus seis últimos salários de contribuição de todas as atividades, atualizados monetariamente.

§ 8.º O segurado que deixar de exercer atividade que o incluir como segurado obrigatório do Regime Geral de Previdência Social e passar a contribuir como segurado facultativo, para manter essa qualidade, deve enquadrar-se na forma estabelecida na escala de salários-base em qualquer classe, até a equivalente ou a mais próxima da média aritmética simples dos seus seis últimos salários de contribuição, atualizados monetariamente.

§ 9.º O aposentado por idade ou por tempo de serviço pelo Regime Geral de Previdência Social – RGPS, que estiver exercendo ou que voltar a exercer atividade abrangida por este Regime e sujeita a salário-base, deverá enquadrar-se na classe cujo valor seja o mais próximo do valor de sua remuneração. (Parágrafo acrescentado pela Lei 9.032, de 28.04.1995, *DOU* 29.04.1995).

§ 10. Não é admitido o pagamento antecipado de contribuição para suprir o interstício entre as classes.

§ 11. Cumprido o interstício, o segurado pode permanecer na classe em que se encontra, mas em nenhuma hipótese isto ensejará o acesso a outra classe que não a imediatamente superior, quando ele desejar progredir na escala.

§ 12. O segurado em dia com as contribuições poderá regredir na escala até a classe que desejar, devendo, para progredir novamente, observar o interstício da classe para a qual regrediu e os das classes seguintes, salvo se tiver cumprido anteriormente todos os interstícios das classes compreendidas entre aquela para a qual regrediu e à qual deseja retornar.

Capítulo X
DA ARRECADAÇÃO E RECOLHIMENTO DAS CONTRIBUIÇÕES

Art. 30. A arrecadação e o recolhimento das contribuições ou de outras importâncias devidas à Seguridade Social obedecem às seguintes normas: (Redação dada ao *caput* pela Lei 8.620, de 05.01.1993).

I – A empresa é obrigada a:

a) arrecadar as contribuições dos segurados empregados e trabalhadores avulsos a seu serviço, descontando-as da respectiva remuneração;

b) recolher os valores arrecadados na forma da alínea *a* deste inciso, a contribuição a que se refere o inciso IV do art. 22 desta Lei, assim como as contribuições a seu cargo incidentes sobre as remunerações pagas, devidas ou creditadas, a qualquer título, aos segurados empregados, trabalhadores avulsos e contribuintes individuais a seu serviço até o dia 20 (vinte) do mês subsequente ao da competência; (Redação dada à alínea pela Lei 11.933, de 28.04.2009, *DOU* 29.04.2009, conversão da Medida Provisória 447, de 14.11.2008, *DOU* 17.11.2008, com efeitos a partir de 01.10.2008).

c) recolher as contribuições de que tratam os incisos I e II do art. 23, na forma e prazos definidos pela legislação tributária federal vigente;

II – os segurados contribuinte individual e facultativo estão obrigados a recolher sua contribuição por iniciativa própria, até o dia quinze do mês seguinte ao da competência; (NR) (Redação dada ao inciso pela Lei 9.876, de 26.11.1999, *DOU* 29.11.1999).

III – a empresa adquirente, consumidora ou consignatária ou a cooperativa são obrigadas a recolher a contribuição de que trata o art. 25 até o dia 20 (vinte) do mês subsequente ao da operação de venda ou consignação da produção, independentemente de essas operações terem sido realizadas diretamente com o produtor ou com intermediário pessoa física, na forma estabelecida em regulamento; (Redação dada ao inciso pela Lei 11.933, de 28.04.2009, *DOU* 29.04.2009, conversão da Medida Provisória 447, de 14.11.2008, *DOU* 17.11.2008, com efeitos a partir de 01.10.2008).

IV – a empresa adquirente, consumidora ou consignatária ou a cooperativa ficam sub-rogadas nas obrigações da pessoa física de que trata a alínea *a* do inciso V do art. 12 e do segurado especial pelo cumprimento das obrigações do art. 25 desta Lei, independentemente de as operações de venda ou consignação terem sido realizadas diretamente com o produtor ou com intermediário pessoa física, exceto no caso do inciso X deste artigo, na forma estabelecida em regulamento; (Redação dada ao inciso pela Lei 9.528, de 10.12.1997, *DOU* 11.12.1997).

V – o empregador doméstico está obrigado a arrecadar a contribuição do segurado empregado a seu serviço e a recolhê-la, assim como a parcela a seu cargo, no prazo referido no inciso II deste artigo; (Redação dada ao inciso pela Lei 8.444, de 20.07.1992).

VI – o proprietário, o incorporador definido na Lei 4.591, de 16 de dezembro de 1964, o dono da obra ou condômino da unidade imobiliária, qualquer que seja a forma de contratação da construção, reforma ou acréscimo, são solidários com o construtor, e estes com a subempreiteira pelo cumprimento das obrigações para com a Seguridade Social, ressalvado o seu direito regressivo contra o executor ou contratante da obra e admitida a retenção de importância a este devida para garantia do cumprimento dessas obrigações, não se aplicando, em qualquer hipótese, o benefício de ordem; (Redação dada ao inciso pela Lei 9.528, de 10.12.1997, *DOU* 11.12.1997).

VII – exclui-se da responsabilidade solidária perante a Seguridade Social o adquirente de prédio ou unidade imobiliária que realizar a operação com empresa de comercialização ou incorporador de imóveis, ficando estes solidariamente responsáveis com o construtor;

Art. 30 • Lei Orgânica da Seguridade Social

VIII – nenhuma contribuição à Seguridade Social é devida se a construção residencial unifamiliar, destinada ao uso próprio, de tipo econômico, for executada sem mão de obra assalariada, observadas as exigências do regulamento;

IX – as empresas que integram grupo econômico de qualquer natureza respondem entre si, solidariamente, pelas obrigações decorrentes desta Lei;

X – a pessoa física de que trata a alínea *a* do inciso V do art. 12 e o segurado especial são obrigados a recolher a contribuição de que trata o art. 25 desta Lei no prazo estabelecido no inciso III deste artigo, caso comercializem sua produção: (Redação dada ao inciso pela Lei 9.528, de 10.12.1997, *DOU* 11.12.1997).

a) no exterior; (Alínea acrescentada pela Lei 9.528, de 10.12.1997, *DOU* 11.12.1997).

b) diretamente, no varejo, ao consumidor pessoa física; (Alínea acrescentada pela Lei 9.528, de 10.12.1997, *DOU* 11.12.1997).

c) à pessoa física de que trata a alínea *a* do inciso V do art. 12; (Alínea acrescentada pela Lei 9.528, de 10.12.1997, *DOU* 11.12.1997).

d) ao segurado especial; (Alínea acrescentada pela Lei 9.528, de 10.12.1997, *DOU* 11.12.1997).

XI – aplica-se o disposto nos incisos III e IV deste artigo à pessoa física não produtor rural que adquire produção para venda no varejo a consumidor pessoa física. (Inciso acrescentado pela Lei 9.528, de 10.12.1997, *DOU* 11.12.1997).

XII – sem prejuízo do disposto no inciso X do *caput* deste artigo, o produtor rural pessoa física e o segurado especial são obrigados a recolher, diretamente, a contribuição incidente sobre a receita bruta proveniente:

a) da comercialização de artigos de artesanato elaborados com matéria-prima produzida pelo respectivo grupo familiar;

b) de comercialização de artesanato ou do exercício de atividade artística, observado o disposto nos incisos VII e VIII do § 10 do art. 12 desta Lei; e

c) de serviços prestados, de equipamentos utilizados e de produtos comercializados no imóvel rural, desde que em atividades turística e de entretenimento desenvolvidas no próprio imóvel, inclusive hospedagem, alimentação, recepção, recreação e atividades pedagógicas, bem como taxa de visitação e serviços especiais; (Inciso acrescentado pela Lei 11.718, de 20.06.2008, *DOU* 23.06.2008).

XIII – o segurado especial é obrigado a arrecadar a contribuição de trabalhadores a seu serviço e a recolhê-la no prazo referido na alínea *b* do inciso I do *caput* deste artigo. (Inciso acrescentado pela Lei 11.718, de 20.06.2008, *DOU* 23.06.2008).

§ 1.º. (Revogado pela Lei 9.032, de 28.04.1995, *DOU* 29.04.1995).

§ 2.º Se não houver expediente bancário nas datas indicadas:

I – nos incisos II e V do *caput* deste artigo, o recolhimento deverá ser efetuado até o dia útil imediatamente posterior; e

II – na alínea *b* do inciso I e nos incisos III, X e XIII do *caput* deste artigo, até o dia útil imediatamente anterior. (NR) (Redação dada ao parágrafo pela Lei 11.933,

Título VI – Do financiamento da Seguridade Social – Introdução • Art. 30

de 28.04.2009, *DOU* 29.04.2009, conversão da MedProv 447, de 14.11.2008, *DOU* 17.11.2008, com efeitos a partir de 01.10.2008).

§ 3.º Aplica-se à entidade sindical e à empresa de origem o disposto nas alíneas *a* e *b* do inciso I, relativamente à remuneração do segurado referido no § 5.º do art. 12. (Parágrafo acrescentado pela Lei 9.528, de 10.12.1997, *DOU* 11.12.1997).

§ 4.º Na hipótese de o contribuinte individual prestar serviço a uma ou mais empresas, poderá deduzir, da sua contribuição mensal, quarenta e cinco por cento da contribuição da empresa, efetivamente recolhida ou declarada, incidente sobre a remuneração que esta lhe tenha pago ou creditado, limitada a dedução a nove por cento do respectivo salário de contribuição. (Parágrafo acrescentado pela Lei 9.876, de 26.11.1999, *DOU* 29.11.1999).

§ 5.º Aplica-se o disposto no § 4.º ao cooperado que prestar serviço a empresa por intermédio de cooperativa de trabalho. (Parágrafo acrescentado pela Lei 9.876, de 26.11.1999, *DOU* 29.11.1999).

§ 6.º O empregador doméstico poderá recolher a contribuição do segurado empregado a seu serviço e a parcela a seu cargo relativas à competência novembro até o dia 20 de dezembro, juntamente com a contribuição referente ao 13.º (décimo terceiro) salário, utilizando-se de um único documento de arrecadação. (NR) (Parágrafo acrescentado pela Lei 11.324, de 19.07.2006, *DOU* 20.07.2006, conversão da MedProv 284, de 06.03.2006, *DOU* 07.03.2006).

§ 7.º A empresa ou cooperativa adquirente, consumidora ou consignatária da produção fica obrigada a fornecer ao segurado especial cópia do documento fiscal de entrada da mercadoria, para fins de comprovação da operação e da respectiva contribuição previdenciária. (Parágrafo acrescentado pela Lei 11.718, de 20.06.2008, *DOU* 23.06.2008).

§ 8.º Quando o grupo familiar a que o segurado especial estiver vinculado não tiver obtido, no ano, por qualquer motivo, receita proveniente de comercialização de produção deverá comunicar a ocorrência à Previdência Social, na forma do regulamento. (Parágrafo acrescentado pela Lei 11.718, de 20.06.2008, *DOU* 23.06.2008).

§ 9.º Quando o segurado especial tiver comercializado sua produção do ano anterior exclusivamente com empresa adquirente, consignatária ou cooperativa, tal fato deverá ser comunicado à Previdência Social pelo respectivo grupo familiar. (NR) (Parágrafo acrescentado pela Lei 11.718, de 20.06.2008, *DOU* 23.06.2008).

✳ **Remissão:** CLPS, arts. 139, 141, 142 e 152, I, alínea *c.*

✎ **Anotação**

Diversas regras, abarcando a arrecadação e o recolhimento das contribuições sociais, a serem seguidas pelas empresas, pelos segurados contribuintes individuais, pelos empregadores domésticos e pelos segurados especiais. A área de construção civil, e suas ramificações, mereceu especial cuidado. Também está institucionalizada a estrutura de sub-rogação das contribuições sociais previdenciárias da área rural, rechaçadas no Recurso Extraordinário 363.852.

JURISPRUDÊNCIA

"*Tributário. Contribuição incidente sobre a comercialização da produção rural. Produtor rural pessoa física empregador.* 1. O STF, ao julgar o RE 363.852, declarou inconstitucional as alterações trazidas pelo art. 1.º da Lei 8.540/1992, que deu nova redação aos arts. 12, V e VII, 25, I e II, e 30, IV, da Lei 8.212/1991. 2. A Corte Especial deste Tribunal, ao julgar a Arguição de Inconstitucionalidade na AC 2008.70.16.000444-6/PR, declarou, por maioria, a inconstitucionalidade do art. 1.º da Lei 10.256/2001. 3. Indevido o recolhimento de contribuição para o Fundo de Assistência ao Trabalhador Rural (Funrural) sobre a receita bruta proveniente da comercialização da produção rural de empregadores, pessoas naturais" (TRF-4.ª Reg. – AC 5000418-62.2010.404.7109/RS – 1.ª T. – j. 20.03.2013 – rel. Maria de Fátima Freitas Labarrère – DE 22.03.2013).

"*Tributário e processual civil. Agravo Regimental no Agravo de Instrumento. Contribuição previdenciária. Secretário da Receita Federal. Ilegitimidade.* 1. A jurisprudência de ambas as Turmas que compõem a 1.ª Seção desta Corte é no sentido de que o Secretário da Receita Federal é parte ilegítima para figurar no polo passivo do Mandado de Segurança impetrado com o fim de evitar o recolhimento de contribuições previdenciárias, uma vez que é o Delegado da Receita Federal do Brasil da jurisdição competente a autoridade coatora responsável pela arrecadação, cobrança e fiscalização de tais tributos. 2. Agravo Regimental não provido" (STJ – AgRg-Ag 1.425.805 – Processo 2011/0174531-3/DF – 1.ª T. – rel. Min. Benedito Gonçalves – j. 02.08.2012 – DJE 08.08.2012).

"*Tributário – Contribuições previdenciárias – Mão de obra utilizada na construção civil – Multa legal* – 1. A aferição indireta é admissível quando ausentes os documentos necessários à fiscalização ou quando há irregularidade na escrita fiscal da empresa. Exegese do art. 148 do CTN e do art. 33 da Lei 8.212/1991. 2. Não obstante tenha a obra sido erigida pelo embargante, na condição de pedreiro, com o auxílio de sua família, sem o emprego de mão de obra assalariada, de se afastar a aplicação do art. 30, VIII, da Lei 8.212, por não se tratar de construção residencial unifamiliar, destinada ao uso próprio. 3. Considerado o valor constatado pela perícia técnica para incidência da exação. 4. A aplicação da multa legal não pode ser tida como abusiva ou confiscatória" (TRF-4.ª Reg. – AC 2006.71.99.004970-5/RS – 1.ª T. – rel. Des. Federal Álvaro Eduardo Junqueira – *DJe* 25.05.2010 – p. 269).

"*Embargos à execução fiscal – Construtora – Decadência – CUB* – 1. Após a CF/1988, as contribuições previdenciárias readquiriram a natureza tributária, sujeitando-se às regras do CTN, relativas à decadência e à prescrição. 2. Para os fins do art. 173, I, do CTN, desde que a autoridade fiscal constate omissão ou inexatidão do sujeito passivo, é cabível o lançamento de ofício, pouco importando se o contribuinte entregou a DCTF ou GFIP ou recolheu o tributo antecipadamente. A autoridade administrativa dispõe do prazo de cinco anos, após o próprio exercício em que poderia realizar o lançamento de ofício, para constituir o crédito tributário. 3. Os prazos previstos nos arts. 150, § 4.º, e 173, I, do CTN, são excludentes. Entendimento contrário acarreta a aplicação cumulativa de duas causas de extinção do crédito tributário, o que contradiz tanto o ponto de vista da doutrina como do sistema do CTN. 4. É inconstitucional o *caput* do art. 45 da Lei 8.212/1991, que prevê o prazo de 10 anos para que a Seguridade Social apure e constitua seus créditos, por invadir área reservada à lei complementar. 5. A utilização do CUB encontra amparo no art. 33, § 4.º, da Lei 8.212/1991, que autoriza a apuração do montante dos salários pagos pela execução de obra de construção civil mediante cálculo da mão de obra empregada, proporcional à área construída e ao padrão de execução da obra. 6. Apelação improvida" (TRF-4.ª Reg. Ap-RN 2004.71.02.005723-2/RS – 1.ª T. – rel. Des. Federal Joel Ilan Paciornik – *DJe* 15.12.2009 – p. 240).

"*Execução fiscal – Obra de construção civil – Contribuições previdenciárias – Não apresentação de documentos fiscais – Definição da base de cálculo – Arbitramento – Excesso de execução – Ausência de comprovação – Juros de mora – Legalidade –* I – Havendo sido designado o prazo de trinta dias para apresentação de documentos pelo contribuinte, no termo de início da ação fiscal, e decorrido este lapso temporal sem que tenha sido cumprida a exigência, justifica-se o arbitramento da base de cálculo das contribuições previdenciárias pela fiscalização. II – Alegações de excesso de execução que se mostram desacompanhadas de elementos probatórios que demonstrem a sua veracidade, inclusive por que não se traz as folhas de pagamento e recibos que comprovem em quanto importou o custo de pessoal para realização da obra, de modo a viabilizar o cálculo das contribuições previdenciárias devidas. III – Definição do valor da obra, constatado no termo de recebimento documentado pelo contratante, que indica um gasto com pessoal em montante até superior àquele arbitrado pela fiscalização, reforçando a presunção de liquidez e certeza do título executivo. IV. Juros de mora incidentes à razão de 1% (um por cento) ao mês, em conformidade com a disciplina do art.

161, § 1.º, do CTN, c/c o art. 3.º, I, da Lei 8.218/1991, não se aplicando a pretensão do contribuinte, no sentido de reduzir pela metade este percentual, haja vista que não se trata de relação regida pelo direito civil. V – Apelação improvida" (TRF-5.ª Reg. – AC 138042 – (98.05.21225-4) – SE – 1.ª T. – rel. Des. Federal convocado Ivan Lira de Carvalho – *DJU* 19.12.2002 – p. 586).

▶ Assim dispunha a redação anterior:

b) recolher o produto arrecadado na forma da alínea *a* deste inciso, a contribuição a que se refere o inciso IV do *caput* do art. 22 desta Lei, assim como as contribuições a seu cargo incidentes sobre as remunerações pagas, devidas ou creditadas, a qualquer título, aos segurados empregados, trabalhadores avulsos e contribuintes individuais a seu serviço até o dia 10 (dez) do mês seguinte ao da competência; (Redação dada à alínea pela Lei 11.488, de 15.06.2007, *DOU* 15.06.2007 – Ed. Extra, conversão da MedProv 351, de 22.01.2007, *DOU* 22.01.2007 – Ed. Extra).

▶ Assim dispunha o inciso alterado:

II – os segurados trabalhador autônomo e equiparados, empresário e facultativo estão obrigados a recolher sua contribuição por iniciativa própria, até o dia quinze do mês seguinte ao da competência; (Redação dada ao inciso pela Lei 8.620, de 05.01.1993, *DOU* 06.01.1993).

▶ Assim dispunha o inciso alterado:

III – a empresa adquirente, consumidora ou consignatária ou a cooperativa são obrigadas a recolher a contribuição de que trata o art. 25, até o dia dez do mês subsequente ao da operação de venda ou consignação da produção, independentemente de estas operações terem sido realizadas diretamente com o produtor ou com intermediário pessoa física, na forma estabelecida em regulamento; (Redação dada ao inciso pela MedProv 351, de 22.01.2007, *DOU* 22.01.2007 – Ed. Extra).

▶ Assim dispunha o inciso alterado:

IV – o adquirente, o consignatário ou a cooperativa ficam sub-rogados nas obrigações da pessoa física de que trata a alínea *a* do inciso V do art. 12 e do segurado especial pelo cumprimento das obrigações do art. 25 desta Lei, exceto no caso do inciso X deste artigo, na forma estabelecida em regulamento; (Redação dada pela Lei 8.540, de 22.12.1992).

▶ Assim dispunha o inciso alterado:

VI – o proprietário, o incorporador definido na Lei 4.591, de 16 de dezembro de 1964, o dono da obra ou o condômino da unidade imobiliária, qualquer que seja a forma de contratação da construção, reforma ou acréscimo, são solidários com o construtor pelo cumprimento das obrigações para com a Seguridade Social, ressalvado o seu direito regressivo contra o executor ou contratante da obra e admitida a retenção de importância a este devida para garantia do cumprimento dessas obrigações;

▶ Assim dispunha o inciso alterado:

X – a pessoa física de que trata a alínea *a* do inciso V do art. 12 e o segurado especial são obrigados a recolher a contribuição de que trata o art. 25 desta Lei no prazo estabelecido no inciso III deste artigo, caso comercializem a sua produção no exterior ou, diretamente, no varejo, ao consumidor. (Redação dada pela Lei 8.540, de 22.12.1992).

▶ Assim dispunha a redação anterior:

§ 2.º Se não houver expediente bancário nas datas indicadas, o recolhimento deverá ser efetuado no dia útil imediatamente posterior. (NR) (Redação dada ao parágrafo pela Lei 9.876, de 26.11.1999, *DOU* 29.11.1999).

Art. 31. A empresa contratante de serviços executados mediante cessão de mão de obra, inclusive em regime de trabalho temporário, deverá reter 11% (onze por cento) do valor bruto da nota fiscal ou fatura de prestação de serviços e recolher, em nome da empresa cedente da mão de obra, a importância retida até o dia 20 (vinte) do mês subsequente ao da emissão da respectiva nota fiscal ou fatura, ou até o dia útil imediatamente anterior se não houver expediente bancário naquele dia, observado o disposto no § 5.º do art. 33 desta Lei. (NR) (Redação dada ao *caput* pela Lei 11.933, de 28.04.2009, *DOU* 29.04.2009, conversão da MedProv 447, de 14.11.2008, *DOU* 17.11.2008, com efeitos a partir de 01.10.2008).

§ 1.º O valor retido de que trata o *caput* deste artigo, que deverá ser destacado na nota fiscal ou fatura de prestação de serviços, poderá ser compensado por qualquer estabelecimento da empresa cedente da mão de obra, por ocasião do recolhimento das contribuições destinadas à Seguridade Social devidas sobre a folha de pagamento dos seus segurados. (Redação dada ao parágrafo pela Lei 11.941, de 27.05.2009, *DOU* 28.05.2009).

§ 2.º Na impossibilidade de haver compensação integral na forma do parágrafo anterior, o saldo remanescente será objeto de restituição. (Redação dada ao parágrafo pela Lei 9.711, de 20.11.1998, *DOU* 21.11.1998).

§ 3.º Para os fins desta Lei, entende-se como cessão de mão de obra a colocação à disposição do contratante, em suas dependências ou nas de terceiros, de segurados que realizem serviços contínuos, relacionados ou não com a atividade-fim da empresa, quaisquer que sejam a natureza e a forma de contratação. (Redação dada ao parágrafo pela Lei 9.711, de 20.11.1998, *DOU* 21.11.1998).

§ 4.º Enquadram-se na situação prevista no parágrafo anterior, além de outros estabelecidos em regulamento, os seguintes serviços:

I – limpeza, conservação e zeladoria;

II – vigilância e segurança;

III – empreitada de mão de obra;

IV – contratação de trabalho temporário na forma da Lei 6.019, de 03 de janeiro de 1974. (Redação dada ao parágrafo pela Lei 9.711, de 20.11.1998, *DOU* 21.11.1998).

§ 5.º O cedente da mão de obra deverá elaborar folhas de pagamento distintas para cada contratante. (NR) (Parágrafo acrescentado pela Lei 9.711, de 20.11.1998, *DOU* 21.11.1998).

§ 6.º Em se tratando de retenção e recolhimento realizados na forma do *caput* deste artigo, em nome de consórcio, de que tratam os arts. 278 e 279 da Lei 6.404, de 15 de dezembro de 1976, aplica-se o disposto em todo este artigo, observada a participação de cada uma das empresas consorciadas, na forma do respectivo ato constitutivo. (NR) (Parágrafo acrescentado pela Lei 11.941, de 27.05.2009, *DOU* 28.05.2009).

✳ **Remissão:** CLPS, arts. 139, 145 e 174.

✍ **Anotação**

A arrecadação de contribuições sociais no âmbito dos serviços realizados por empresas interpostas oferece dificuldades de controle fiscal. A sistemática estabelecida pelo artigo em exame busca resolver tal problema, focalizando especialmente as atividades estruturadas sob cessão de mão de obra ou empreitada.

JURISPRUDÊNCIA

Processual civil e tributário. Mandado de segurança. Omissão da autoridade pública. Decadência da impetração não configurada. Retenção 11% valor nota fiscal. Compensação com débitos relativos à contribuição previdenciária incidente sobre folha pagamento empregados. Possibilidade de restituição do saldo remanescente. Necessidade de dilação probatória. Inadequadação via eleita. 1. Não há que se falar em decadência da impetração, no caso de omissão da autoridade pública, quando a lei não fixa prazo para a prática do ato administrativo, na medida em que não existe um marco temporal para servir de termo inicial para a contagem do prazo de 120 dias. Precedente desta Corte. 2. Tendo a Apelante prestado serviço de engenharia para outras empresas, houve a retenção de 11% (onze por cento) do valor bruto das notas ou das faturas relativas ao contrato, a título de contribuição previdenciária dos empregados, nos termos do art. 31, da Lei 8.212/1991, na sua redação anterior. 3. Nos termos da lei, a antecipação tributária utilizada no recolhimento da contribuição previdenciária incidente sobre a folha de pagamento dos empregados, será objeto de restituição de quantia paga, caso não se verifique o fato gerador presumido (art. 150, § 7.º, CF/1988). 4. No caso concreto, não há como se verificar, da documentação carreada aos autos, se a Impetrante ainda possui débito relativo à contribuição previdenciária em questão, passível de compensação na forma do § 1.º do art. 31, ou se inexiste qualquer débito desse jaez, para que o saldo remanescente seja-lhe restituído. 5. O desate da questão litigiosa depende de dilação probatória, o que afasta a utilização da via estreita do mandado de segurança, que reclama prova pré-constituída. 6. Apelação desprovida" (TRF-1.ª Reg. – AMS 2004.42.00.002148-0/RR – 5.ª T. – rel. Wilson Alves de Souza – j. 12.03.2013 – e-DJF1 22.03.2013 – p. 582).

"*Tributário. Embargos à execução fiscal. Contribuição previdenciária. Empresa tomadora do serviço. Solidariedade. Aferição indireta antes da Lei 9.711/1998. Impossibilidade. Precedentes de ambas as turmas de direito público.* 1. No regime vigente até a Lei 9.711/1998, a empresa tomadora dos serviços era apenas devedora solidária da obrigação tributária de pagar a contribuição previdenciária. 2. Somente a partir da Lei 9.711/1998 (que deu nova redação ao art. 31 da Lei 8.212/1991) a empresa tomadora dos serviços passou a ser responsável, por substituição tributária, pela retenção de 11% (onze por cento) do valor bruto da respectiva nota fiscal ou fatura, bem como pelo recolhimento, no prazo legal, da importância retida. A partir daí passou a ser possível aplicar a técnica da aferição indireta do § 6.º do art. 33 da Lei 8.212/1991 diretamente em relação à sua contabilidade, porquanto passou a competir a ela o dever de apurar e efetivar retenções em nome da empresa cedente. 3. Não se está a 'negar a solidariedade entre a empresa contratante e a cedente de mão de obra antes da Lei 9.711/1998. O óbice à cobrança intentada pela Fazenda Pública é a forma utilizada para apurar o crédito tributário, porquanto se utilizou da aferição indireta a partir do exame da contabilidade do devedor solidário apenas deixando de buscar os elementos necessários junto à empresa cedente, de modo a tratar o devedor solidário como se substituto tributário fosse, em relação a fatos geradores anteriores à nova sistemática estabelecida a partir da Lei 9.711/1998' (AGRG no REsp 1.175.241/RS, rel. Min. Mauro Campbell Marques, DJe 06.08.10) 4. Agravo regimental não provido" (STJ – AgRg-REsp 1.177.139 – Processo 2010/0012409-5/RS – 2.ª T. – rel. Min. Castro Meira – j. 28.02.2012 – DJE 12.03.2012).

"*Tributário – Art. 31 da Lei 8.212/1991, com redação conferida pela Lei 9.711/1998 – Retenção de 11% sobre faturas de prestação de serviços – Empresas optantes pelo Simples – Impossibilidade – Precedente da 1.ª Seção do E. STJ –* I – A 1.ª Seção, do E. STJ, no julgamento dos Embargos de Divergência 511.001/MG, Relator o Ministro Teori Zavascki, *DJU* de 11.04.2005, concluiu que as empresas prestadoras de serviço optantes pelo Simples não estão sujeitas à retenção do percentual de 11% prevista no art. 31 da Lei

8.212/1991, com redação conferida pela Lei 9.711/1998. II – O sistema de arrecadação destinado às empresas optantes pelo Simples é incompatível com o regime de substituição tributária previsto no art. 31 da Lei 8.212/1991. A retenção, pelo tomador de serviços, do percentual de 11% sobre o valor da fatura implica supressão do benefício de pagamento unificado destinado às microempresas e empresas de pequeno porte. III – Agravo de instrumento provido" (TRF-2.ª Reg. – AG 2009.02.01.003933-7 – 4.ª T. Especializada – rel. Des. Federal Lana Regueira – DJe 24.05.2010 – p. 115).

"*Tributário – Contribuição previdenciária – Empresa tomadora de serviços – Construção civil – Retenção de 11% sobre o valor bruto da nota fiscal ou fatura – Art. 31 da Lei 8.212/1991 – Responsabilidade do tomador do serviço* – 1. Estão sujeitas à retenção de 11% sobre o valor bruto da nota fiscal as empresas prestadoras de serviços mediante cessão de mão de obra, na forma do disposto no art. 31 da Lei 8.212/1991. 2. Não se pode confundir a cessão de mão de obra (objeto social de empresa, chamada locadora, que disponibiliza seus empregados para prestar serviços a outra, denominada tomadora) com a prestadora de serviços que se utiliza de seus próprios empregados, que trabalham subordinados a esta. 3. Embora a lei tenha criado instrumentos de controle do recolhimento das contribuições, estabelecendo, para o tomador, a obrigação de exigir comprovantes dos recolhimentos feitos pela prestadora quando do pagamento dos serviços prestados, e posteriormente a obrigatoriedade de retenção de valores, nos termos do art. 31 da Lei 8.212, com a redação dada pela Lei 9.711/1998, a responsabilidade solidária não prescinde da realização de lançamento contra a prestadora. 4. A responsabilidade pelo recolhimento das contribuições nos casos de cessão de mão de obra previstos no art. 31 da Lei 8.212/1991 não engloba a hipótese de construção civil, porquanto a mesma Lei, em seu art. 30, VI, tratou de conferir-lhe tratamento especial. 5. Apelação desprovida" (TRF-4.ª Reg. AC 2005.71.00.010495-6/RS – 1.ª T. – rel. Des. Federal Álvaro Eduardo Junqueira – DJe 15.12.2009 – p. 176).

"*Processo civil e tributário – Contribuição previdenciária – Empresas prestadoras de serviço – Retenção de 11% – Art. 31 da Lei 8.212/1991 – Constitucionalidade* – I. A contribuição social sobre a folha de salários e demais rendimentos do trabalho está disciplinada no art. 22 da Lei 8.212/1991. II. O art. 31 da Lei 8.212/1991, com a redação dada pela Lei 9.711/1998, não cria nova contribuição social, apenas estabelece nova forma de arrecadação da contribuição social sobre a folha de salários, na hipótese de cessão de mão de obra. III. É prevista a compensação do valor retido pela tomadora quando do recolhimento das contribuições sociais incidentes sobre a folha de pagamento dos segurados da empresa cedente de mão de obra. IV. O fato

TÍTULO VI – DO FINANCIAMENTO DA SEGURIDADE SOCIAL – INTRODUÇÃO • **Art. 31**

gerador da contribuição social guarda relação com a atividade econômica de pagamento de cessão de mão de obra, em regime de terceirização, razão pela qual entendo que se aplica à espécie o disposto no art. 128 do CTN. O faturamento da empresa cedente está estreitamente relacionado com o pagamento de seus empregados, caracterizando-a como empresa intermediária na absorção de mão de obra pela empresa cessionária. V. Não procede a alegação de ofensa ao art. 195, § 4.º, da Lei Maior, vez que a contribuição social discutida nestes autos é incidente sobre a folha de salários, prevista no inc. I do dispositivo constitucional. VI. Recurso do INSS e remessa oficial providos" (TRF-3.ª Reg. – AMS 2003.61.00.014055-9/SP – (264967) – 1.ª T. – rel. Des. Federal Vesna Kolmar – *DJU* 15.02.2007).

Súmula 65 do CARF: "Inaplicável a responsabilidade pessoal do dirigente de órgão público pelo descumprimento de obrigações acessórias, no âmbito previdenciário, constatadas na pessoa jurídica de direito público que dirige".

▶ Assim dispunha a redação anterior:

Art. 31. A empresa contratante de serviços executados mediante cessão de mão de obra, inclusive em regime de trabalho temporário, deverá reter 11% (onze por cento) do valor bruto da nota fiscal ou fatura de prestação de serviços e recolher a importância retida até o dia 10 (dez) do mês subsequente ao da emissão da respectiva nota fiscal ou fatura em nome da empresa cedente da mão de obra, observado o disposto no § 5.º do art. 33 desta Lei. (NR) (Redação dada ao *caput* pela Lei 11.488, de 15.06.2007, *DOU* 15.06.2007 – Ed. Extra, conversão da MedProv 351, de 22.01.2007, *DOU* 22.01.2007 – Ed. Extra).

Os efeitos produzidos por este artigo têm vigência a partir de 01.02.1999, mantida, até esta data, a legislação anterior, conforme segue abaixo, nos termos do art. 29 da Lei 9.711, de 20.11.1998, *DOU* 21.11.1998.

▶ Assim dispunha a redação anterior:

§ 1.º O valor retido de que trata o *caput*, que deverá ser destacado na nota fiscal ou fatura de prestação de serviços, será compensado pelo respectivo estabelecimento da empresa cedente da mão de obra, quando do recolhimento das contribuições destinadas à Seguridade Social devidas sobre a folha de pagamento dos segurados a seu serviço. (Redação dada ao parágrafo pela Lei 9.711, de 20.11.1998, *DOU* 21.11.1998).

▶ Assim dispunha a redação anterior:

§ 2.º Entende-se como cessão de mão de obra a colocação à disposição do contratante, em suas dependências ou nas de terceiros, de segurados que realizem serviços contínuos relacionados direta ou indiretamente com as atividades normais da empresa, tais como construção civil, limpeza e conservação, manutenção, vigilância e outros, independentemente da natureza e da forma de contratação. (Redação dada ao parágrafo acrescentado pela Lei 9.032, de 28.04.1995, *DOU* 29.04.1995).

▶ Assim dispunha o parágrafo alterado:

§ 3.º A responsabilidade solidária de que trata este artigo somente será elidida se for comprovado pelo executor o recolhimento prévio das contribuições incidentes sobre a remuneração dos segurados incluída em nota fiscal ou fatura correspondente aos serviços executados, quando da quitação da referida nota fiscal ou fatura. (Parágrafo acrescentado pela Lei 9.032, de 28.04.1995, *DOU* 29.04.1995).

▶ Assim dispunha o parágrafo alterado:

§ 4.º Para efeito do parágrafo anterior, o cedente da mão de obra deverá elaborar folhas de pagamento e guia de recolhimento distintas para cada empresa tomadora de serviço, devendo esta exigir do executor, quando da quitação da nota fiscal ou fatura, cópia autenticada da guia de recolhimento quitada e respectiva folha de pagamento. (Parágrafo acrescentado pela Lei 9.032, de 28.04.1995, *DOU* 29.04.1995).

Art. 32. A empresa é também obrigada a:

I – preparar folhas de pagamento das remunerações pagas ou creditadas a todos os segurados a seu serviço, de acordo com os padrões e normas estabelecidos pelo órgão competente da Seguridade Social;

II – lançar mensalmente em títulos próprios de sua contabilidade, de forma discriminada, os fatos geradores de todas as contribuições, o montante das quantias descontadas, as contribuições da empresa e os totais recolhidos;

III – prestar à Secretaria da Receita Federal do Brasil todas as informações cadastrais, financeiras e contábeis de seu interesse, na forma por ela estabelecida, bem como os esclarecimentos necessários à fiscalização; (Redação dada ao inciso pela Lei 11.941, de 27.05.2009, *DOU* 28.05.2009, conversão da MedProv 449, de 03.12.2008, *DOU* 04.12.2008).

IV – declarar à Secretaria da Receita Federal do Brasil e ao Conselho Curador do Fundo de Garantia do Tempo de Serviço – FGTS, na forma, prazo e condições estabelecidos por esses órgãos, dados relacionados a fatos geradores, base de cálculo e valores devidos da contribuição previdenciária e outras informações de interesse do INSS ou do Conselho Curador do FGTS; (Redação dada ao inciso pela Lei 11.941, de 27.05.2009, *DOU* 28.05.2009, conversão da MedProv 449, de 03.12.2008, *DOU* 04.12.2008).

V – (Vetado na Lei 10.403, de 08.01.2002, *DOU* 09.01.2002).

VI – comunicar, mensalmente, aos empregados, por intermédio de documento a ser definido em regulamento, os valores recolhidos sobre o total de sua remuneração ao INSS. (Incluído pela Lei 12.692/2012)

Título VI – Do financiamento da Seguridade Social – Introdução • **Art. 32**

§ 1.º (Revogado pela Lei 11.941, de 27.05.2009, *DOU* 28.05.2009, conversão da MedProv 449, de 03.12.2008, *DOU* 04.12.2008).

§ 2.º A declaração de que trata o inciso IV do *caput* deste artigo constitui instrumento hábil e suficiente para a exigência do crédito tributário, e suas informações comporão a base de dados para fins de cálculo e concessão dos benefícios previdenciários. (Redação dada ao parágrafo pela Lei 11.941, de 27.05.2009, *DOU* 28.05.2009, conversão da MedProv 449, de 03.12.2008, *DOU* 04.12.2008).

§ 3.º (Revogado pela Lei 11.941, de 27.05.2009, *DOU* 28.05.2009, conversão da MedProv 449, de 03.12.2008, *DOU* 04.12.2008).

§ 4.º (Revogado pela Lei 11.941, de 27.05.2009, *DOU* 28.05.2009, conversão da MedProv 449, de 03.12.2008, *DOU* 04.12.2008).

0 a 5 segurados	1/2 valor mínimo
6 a 15 segurados	1 x o valor mínimo
16 a 50 segurados	2 x o valor mínimo
51 a 100 segurados	5 x o valor mínimo
101 a 500 segurados	10 x o valor mínimo
501 a 1000 segurados	20 x o valor mínimo
1001 a 5000 segurados	35 x o valor mínimo
> de 5000 segurados	50 x o valor mínimo

§ 5.º (Revogado pela Lei 11.941, de 27.05.2009, *DOU* 28.05.2009, conversão da MedProv 449, de 03.12.2008, *DOU* 04.12.2008).

§ 6.º (Revogado pela Lei 11.941, de 27.05.2009, *DOU* 28.05.2009, conversão da MedProv 449, de 03.12.2008, *DOU* 04.12.2008).

§ 7.º (Revogado pela Lei 11.941, de 27.05.2009, *DOU* 28.05.2009, conversão da MedProv 449, de 03.12.2008, *DOU* 04.12.2008).

§ 8.º (Revogado pela Lei 11.941, de 27.05.2009, *DOU* 28.05.2009, conversão da MedProv 449, de 03.12.2008, *DOU* 04.12.2008).

§ 9.º A empresa deverá apresentar o documento a que se refere o inciso IV do *caput* deste artigo ainda que não ocorram fatos geradores de contribuição previdenciária, aplicando-se, quando couber, a penalidade prevista no art. 32-A desta Lei. (Redação dada ao parágrafo pela Lei 11.941, de 27.05.2009, *DOU* 28.05.2009, conversão da MedProv 449, de 03.12.2008, *DOU* 04.12.2008).

§ 10. O descumprimento do disposto no inciso IV do *caput* deste artigo impede a expedição da certidão de prova de regularidade fiscal perante a Fazenda Nacional. (Redação dada ao parágrafo pela Lei 11.941, de 27.05.2009, *DOU* 28.05.2009, conversão da MedProv 449, de 03.12.2008, *DOU* 04.12.2008).

§ 11. Em relação aos créditos tributários, os documentos comprobatórios do cumprimento das obrigações de que trata este artigo devem ficar arquivados na empresa até que ocorra a prescrição relativa aos créditos decorrentes das operações a que se refiram. (NR) (Redação dada ao parágrafo pela Lei 11.941, de 27.05.2009, *DOU* 28.05.2009, conversão da MedProv 449, de 03.12.2008, *DOU* 04.12.2008).

§ 12. (Vetado). (Incluído pela Lei 12.692/2012)

* **Remissão:** CLPS, art. 140.

Anotação

Aqui são estatuídas inúmeras obrigações acessórias (ou deveres instrumentais, como prefere a doutrina tributária), que giram em torno das obrigações principais. Convém recordar que o Código Tributário Nacional equipara a obrigação acessória à principal para efeito de incidência da penalidade pecuniária (art. 113, § 3.º, do CTN).

A Guia de Recolhimento do Fundo de Garantia do Tempo de Serviço e Informações à Previdência Social (GFIP) é, presentemente, o mais poderoso instrumento de controle da vida fiscal do contribuinte, sobre ser elemento indispensável para a alimentação dos bancos de dados do sistema de seguridade social.

A exigência de apresentação da GFIP é disciplinada pelo Regulamento da Previdência Social, art. 225.

JURISPRUDÊNCIA

"*Execução fiscal. Embargos. Contribuições previdenciárias. Documentos exigidos no procedimento fiscal. Dupla fiscalização.* 1. A realização de acordo trabalhista não exime a empresa de suas obrigações tributárias, nem quanto ao pagamento das contribuições sociais – observada a possibilidade de dedução dos valores a esse título, lá creditados –, sequer das obrigações acessórias (art. 113, § 2.º, do CTN), como a entrega de documentos no interesse da fiscalização dos tributos. 2. Embora afirme a embargante haver comunicado, à época, sobre os acordos firmados na Justiça Trabalhista, não procedeu à entrega da documentação ao auditor fiscal, limitando-se a informar que se encontravam no 'Ministério do Trabalho'. 3. A requisição de informações cadastrais, financeiras e contábeis de das empresas, e dos demais esclarecimentos necessários à comprovação das obrigações relacionadas, inclusive, às contribuições previdenciárias, até que ocorra a prescrição dos respectivos créditos tributários, é prerrogativa da fiscalização, conforme determinam o Código Tributário Nacional (art. 113, § 2.º) e a legislação

Título VI – Do financiamento da Seguridade Social – Introdução • **Art. 32**

tributária aplicável (Lei 8.212/1991, art. 32, II e § 11). 4. Revelaria *bis in idem* a aplicação de multas relativas a idêntico período caso coincidissem as hipóteses de incidência, o que não é o caso dos autos" (TRF-4.ª Reg. – AC 5009464-93.2010.404.7200/SC – 2.ª T. – rel. Luciane Amaral Corrêa Münch – j. 13.11.2012 – DE 14.11.2012,).

"Processual civil e tributário. Recurso especial representativo de controvérsia. Art. 543-C, do CPC. Contribuição previdenciária. Tributo sujeito a lançamento por homologação. Entrega da GFIP (Lei 8.212/1991). Alegação de descumprimento de obrigação acessória. Alegação de divergência entre os valores declarados e os efetivamente recolhidos. Crédito tributário objeto de declaração do contribuinte. Recusa no fornecimento de CND. Possibilidade. Ausência de prequestionamento. Súmulas 282 e 356 do C. STF. 1. A Lei 8.212/1991, com a redação dada pela Lei 9.528/1997, determina que o descumprimento da obrigação acessória de informar, mensalmente, ao INSS, dados relacionados aos fatos geradores da contribuição previdenciária, é condição impeditiva para expedição da prova de inexistência de débito (art. 32, IV e § 10). 2. A Lei 8.212/1991, acaso afastada, implicaria violação da Súmula Vinculante 10/STF: 'Viola a cláusula de reserva de plenário (CF, art. 97) a decisão de órgão fracionário de tribunal que, embora não declare expressamente a inconstitucionalidade de lei ou ato normativo do poder público, afasta sua incidência, no todo ou em parte.' 3. A divergência entre os valores declarados nas GFIPs 04.2002, 06.2002, 07.2002, 08.2002, 09.2002, 10.2002, 11.2003, 12.2003 e 01.2003 (f.) e os efetivamente recolhidos também impede a concessão da pretendida certidão de regularidade fiscal, porquanto já constituídos os créditos tributários, bastando que sejam encaminhados para a inscrição em dívida ativa. 4. A existência de saldo devedor remanescente, consignada pelo Juízo *a quo*, faz exsurgir o óbice inserto na Súmula 7/STJ, impedindo o reexame do contexto fático probatório dos autos capaz, eventualmente, de ensejar a reforma do julgado regional. 5. O requisito do prequestionamento é indispensável, por isso que inviável a apreciação, em sede de recurso especial, de matéria sobre a qual não se pronunciou o Tribunal de origem, incidindo, por analogia, o óbice das Súmulas 282 e 356/STF. 6. *In casu*, a questão relativa à impenhorabilidade dos bens da recorrente, viabilizando a expedição de certidão de regularidade fiscal não foi objeto de análise pelo acórdão recorrido, nem sequer foram opostos embargos declaratórios com a finalidade de prequestioná-la, razão pela qual impõe-se óbice intransponível ao conhecimento do recurso nesse ponto. 7. Recurso especial desprovido. Acórdão submetido ao regime do art. 543-C do CPC e da Resolução STJ 08.2008" (STJ – REsp 1042585/RJ 2008/0063265-2 – rel. Min. Luiz Fux – 1.ª S. – j. 12.05.2010 – DJe 21.05.2010 – *LEXSTJ* vol. 250 – p. 144).

"*Tributário – Auto de infração – Descumprimento de obrigação acessória – Omissão de dados na GFIP – Art. 32, IV, da Lei 8.212/1991 – Não caracterizado o efeito confiscatório da multa* – 1. O sujeito passivo está obrigado a apresentar a Guia de Recolhimento do Fundo de Garantia por Tempo de Serviço e Informações à Previdência Social – GFIP, consoante disposto na Lei 9.528/1997. A não apresentação da guia ou sua apresentação com dados não correspondentes aos fatos geradores ou, ainda, preenchimento com erro, sujeitará os responsáveis às multas previstas na Lei 8.212/1991 e suas alterações. 2. A entrega da GFIP, bem como o seu preenchimento de forma correta, é uma obrigação tributária previdenciária acessória, cuja natureza jurídica é de obrigação de fazer ou não fazer, sendo que seu descumprimento faz nascer fato gerador de obrigação principal (multa), passível de autuação de ofício com lavratura de auto de infração. 3. No caso dos autos, a própria apelante assume o descumprimento dessa obrigação, sendo correta a multa aplicada pelo Fisco (§ 5.º do art. 32 da Lei 8.212/1991), até porque a irregularidade confessada pela apelante não foi sanada, no prazo de defesa, em processo administrativo. 4. O art. 32, § 4.º de sobredita lei, limita o *quantum* da multa, que chega no caso efetivo a 2% a 7% da base de cálculo, evitando a configuração do confisco vedado constitucionalmente. 5. Indevida a aplicação da Teoria da infração continuada se a lei fixa como base de cálculo da penalidade o valor de contribuição devido em cada competência. 6. Recurso de apelação improvido" (TRF-2.ª Reg. – AC 2004.51.02.000979-6 – 4.ª T. Especializada – rel. Des. Federal Luiz Antonio Soares – DJe 16.12.2009 – p. 44).

"*Tributário – Denúncia espontânea – Pagamento integral do tributo mediante guias DARF e compensação declarada à Receita Federal – Exclusão da multa* – 1. O pagamento espontâneo do tributo, antes de qualquer ação fiscalizatória da Fazenda Pública, acrescido dos juros de mora previstos na legislação de regência, enseja a aplicação do art. 138 do CTN, eximindo o contribuinte das penalidades decorrentes de sua falta. 2. O art. 138 do CTN não faz distinção entre multa moratória e multa punitiva, aplicando-se o favor legal da denúncia espontânea a qualquer espécie de multa. 3. Nos tributos sujeitos a lançamento por homologação, declarados em DCTF e pagos com atraso, o contribuinte não pode invocar o art. 138 do CTN para se exonerar da multa de mora, consoante a Súmula 360/STJ. Tal entendimento deriva da natureza jurídica da DCTF, GFIP ou outra declaração com idêntica função, uma vez que, formalizando a existência do crédito tributário, possuem o efeito de suprir a necessidade de constituição do crédito por meio de lançamento e de qualquer ação fiscal para a cobrança do crédito. 4. Todavia, enquanto o contribuinte não prestar a declaração, mesmo que recolha o tributo extemporaneamente, desde que pelo valor integral, permanece a possibilidade de fazer o pagamento do tributo sem a multa moratória, pois nesse caso inexiste qualquer instrumento supletivo da ação fiscal. 5. A exegese firmada pelo STJ é plenamente aplicável às hipóteses em que o tributo é pago com atraso, mediante PER/DCOMP, antes de qualquer procedimento do Fisco e, por extensão, da entrega da DCTF. A declaração de compensação realizada perante a Receita Federal, de acordo com a redação do art. 74 da Lei 9.430/1996, dada pela Lei 10.637/2002, extingue o crédito tributário, sob condição resolutória de sua ulterior homologação. Até que o Fisco se pronuncie sobre a homologação, seja expressa ou tacitamente, no prazo de cinco anos, a compensação tem o mesmo efeito do pagamento antecipado" (TRF-4.ª Reg. – AC 2008.70.05.004151-5/PR – 1.ª T. – rel. Des. Federal Joel Ilan Paciornik – DJe 15.12.2009 – p. 178).

"*Tributário – Denúncia espontânea – Apresentação de GFIP antes do pagamento integral do tributo – Exclusão da multa – Impossibilidade* – 1. O pagamento espontâneo do tributo, antes de qualquer ação fiscalizatória da Fazenda Pública, acrescido dos juros de mora previstos na legislação de regência, enseja a aplicação do art. 138 do CTN, eximindo o contribuinte das penalidades decorrentes de sua falta. 2. O art. 138 do CTN não faz distinção entre multa moratória e multa punitiva, aplicando-se o favor legal da denúncia espontânea a qualquer espécie de multa. 3. Nos tributos sujeitos a lançamento por homologação, declarados em DCTF e pagos com atraso, o contribuinte não pode invocar o art. 138 do CTN para se exonerar da multa de mora, consoante a Súmula 360/STJ. Tal entendimento deriva da natureza jurídica da DCTF, GFIP ou outra declaração com idêntica função, uma vez que, formalizando a existência do crédito tributário, possuem o efeito de suprir a necessidade de constituição do crédito por meio de lançamento e de qualquer ação fiscal para a cobrança do crédito. 4. Todavia, enquanto o contribuinte não prestar a declaração, mesmo que recolha o tributo extemporaneamente, desde que pelo valor integral, permanece a possibilidade de fazer o pagamento do tributo sem a multa moratória, pois nesse caso inexiste qualquer instrumento supletivo da ação fiscal. 5. A exegese firmada pelo STJ é plenamente aplicável às hipóteses em que o tributo é pago com atraso, antes de qualquer procedimento do Fisco e, por extensão, da entrega da DCTF ou GFIP. 6. No caso em comento, os valores apurados pelo contribuinte já tinham sido informados à Previdência Social, antes da quitação do tributo. Portanto, havendo a apresentação da GFIP antes da realização do pagamento do tributo, não está esse pagamento amparado pelo benefício da denúncia espontânea" (TRF-4.ª Reg. – Ap-RN 2008.72.03.000709-9/SC – 1.ª T. – rel. Des. Federal Joel Ilan Paciornik – DJe 15.12.2009 – p. 223).

Art. 32 • LEI ORGÂNICA DA SEGURIDADE SOCIAL

▶ Assim dispunha o inciso alterado:

III – prestar ao Instituto Nacional do Seguro Social (INSS) e ao Departamento da Receita Federal (DRF) todas as informações cadastrais, financeiras e contábeis de interesse dos mesmos, na forma por eles estabelecida, bem como os esclarecimentos necessários à fiscalização.

▶ Assim dispunha o inciso alterado:

IV – informar mensalmente ao Instituto Nacional do Seguro Social – INSS, por intermédio de documento a ser definido em regulamento, dados relacionados aos fatos geradores de contribuição previdenciária e outras informações de interesse do INSS. (Inciso acrescentado pela Lei 9.528, de 10.12.1997, *DOU* 11.12.1997).

▶ Assim dispunha a redação anterior:

§ 1.º O Poder Executivo poderá estabelecer critérios diferenciados de periodicidade, de formalização ou de dispensa de apresentação do documento a que se refere o inciso IV, para segmentos de empresas ou situações específicas. (Parágrafo acrescentado pela Lei 9.528, de 10.12.1997, *DOU* 11.12.1997).

▶ Assim dispunha o parágrafo alterado:

§ 2.º As informações constantes do documento de que trata o inciso IV, servirão como base de cálculo das contribuições devidas ao Instituto Nacional do Seguro Social – INSS, bem como comporão a base de dados para fins de cálculo e concessão dos benefícios previdenciários. (Parágrafo acrescentado pela Lei 9.528, de 10.12.1997, *DOU* 11.12.1997).

▶ Assim dispunha o parágrafo revogado:

§ 3.º O regulamento disporá sobre local, data e forma de entrega do documento previsto no inciso IV. (Parágrafo acrescentado pela Lei 9.528, de 10.12.1997, *DOU* 11.12.1997).

▶ Assim dispunha o parágrafo revogado:

§ 4.º A não apresentação do documento previsto no inciso IV, independentemente do recolhimento da contribuição, sujeitará o infrator à pena administrativa correspondente a multa variável equivalente a um multiplicador sobre o valor mínimo previsto no art. 92, em função do número de segurados, conforme quadro abaixo: (Parágrafo e tabela acrescentados pela Lei 9.528, de 10.12.1997, *DOU* 11.12.1997).

▶ Assim dispunha o parágrafo revogado:

§ 5.º A apresentação do documento com dados não correspondentes aos fatos geradores sujeitará o infrator à pena administrativa correspondente à multa de cem por cento do valor devido relativo à contribuição não declarada, limitada aos valores previstos no parágrafo anterior. (Parágrafo acrescentado pela Lei 9.528, de 10.12.1997, *DOU* 11.12.1997).

Título VI – Do financiamento da Seguridade Social – Introdução • Art. 32-A

▶ Assim dispunha o parágrafo revogado:

§ 6.º A apresentação do documento com erro de preenchimento nos dados não relacionados aos fatos geradores sujeitará o infrator à pena administrativa de cinco por cento do valor mínimo previsto no art. 92, por campo com informações inexatas, incompletas ou omissas, limitada aos valores previstos no § 4.º. (Parágrafo acrescentado pela Lei 9.528, de 10.12.1997, *DOU* 11.12.1997).

▶ Assim dispunha o parágrafo revogado:

§ 7.º A multa de que trata o § 4.º sofrerá acréscimo de cinco por cento por mês calendário ou fração, a partir do mês seguinte àquele em que o documento deveria ter sido entregue. (Parágrafo acrescentado pela Lei 9.528, de 10.12.1997, *DOU* 11.12.1997).

▶ Assim dispunha o parágrafo revogado:

§ 8.º O valor mínimo a que se refere o § 4.º será o vigente na data da lavratura do auto de infração. (Parágrafo acrescentado pela Lei 9.528, de 10.12.1997, *DOU* 11.12.1997).

▶ Assim dispunha o parágrafo alterado:

§ 9.º A empresa deverá apresentar o documento a que se refere o inciso IV, mesmo quando não ocorrerem fatos geradores de contribuição previdenciária, sob pena de multa prevista no § 4.º. (Parágrafo acrescentado pela Lei 9.528, de 10.12.1997, *DOU* 11.12.1997).

▶ Assim dispunha o parágrafo alterado:

§ 10. O descumprimento do disposto no inciso IV é condição impeditiva para expedição da prova de inexistência de débito para com o Instituto Nacional do Seguro Social – INSS. (Parágrafo acrescentado pela Lei 9.528, de 10.12.1997, *DOU* 11.12.1997).

Art. 32-A. O contribuinte que deixar de apresentar a declaração de que trata o inciso IV do *caput* do art. 32 desta Lei no prazo fixado ou que a apresentar com incorreções ou omissões será intimado a apresentá-la ou a prestar esclarecimentos e sujeitar-se-á às seguintes multas: (Acrescentado pela Lei 11.941, de 27.05.2009, *DOU* 28.05.2009, conversão da MedProv 449, de 03.12.2008, *DOU* 04.12.2008).

I – de R$ 20,00 (vinte reais) para cada grupo de 10 (dez) informações incorretas ou omitidas; e (Redação dada ao inciso pela Lei 11.941, de 27.05.2009, *DOU* 28.05.2009, conversão da MedProv 449, de 03.12.2008, *DOU* 04.12.2008).

II – de 2% (dois por cento) ao mês-calendário ou fração, incidentes sobre o montante das contribuições informadas, ainda que integralmente pagas, no caso de falta de entrega da declaração ou entrega após o prazo, limitada a 20% (vinte por cento), observado o disposto no § 3.º deste artigo. (Redação dada ao inciso pela Lei

Art. 32-A • Lei Orgânica da Seguridade Social

11.941, de 27.05.2009, *DOU* 28.05.2009, conversão da MedProv 449, de 03.12.2008, *DOU* 04.12.2008).

§ 1.º Para efeito de aplicação da multa prevista no inciso II do *caput* deste artigo, será considerado como termo inicial o dia seguinte ao término do prazo fixado para entrega da declaração e como termo final a data da efetiva entrega ou, no caso de não apresentação, a data da lavratura do auto de infração ou da notificação de lançamento. (Redação dada ao parágrafo pela Lei 11.941, de 27.05.2009, *DOU* 28.05.2009, conversão da MedProv 449, de 03.12.2008, *DOU* 04.12.2008).

§ 2.º Observado o disposto no § 3.º deste artigo, as multas serão reduzidas:

I – à metade, quando a declaração for apresentada após o prazo, mas antes de qualquer procedimento de ofício; ou

II – a 75% (setenta e cinco por cento), se houver apresentação da declaração no prazo fixado em intimação. (Parágrafo acrescentado pela Lei 11.941, de 27.05.2009, *DOU* 28.05.2009, conversão da MedProv 449, de 03.12.2008, *DOU* 04.12.2008).

§ 3.º A multa mínima a ser aplicada será de:

I – R$ 200,00 (duzentos reais), tratando-se de omissão de declaração sem ocorrência de fatos geradores de contribuição previdenciária; e

II – R$ 500,00 (quinhentos reais), nos demais casos. (NR) (Parágrafo acrescentado pela Lei 11.941, de 27.05.2009, *DOU* 28.05.2009, conversão da MedProv 449, de 03.12.2008, *DOU* 04.12.2008).

✍ Anotação

São fixadas, aqui, de forma pormenorizada, as multas aplicáveis à omissão na entrega ou à entrega inadequada de Guias de Recolhimento do Fundo de Garantia do Tempo de Serviço e Informações à Previdência Social. O legislador, pela severidade das penas que impôs, revela a importância dessas Guias para a alimentação dos bancos de dados do sistema previdenciário e, igualmente, para o controle do cumprimento da obrigação tributária.

Os valores fixados pelo preceito são reajustados periodicamente por intermédio de ato normativo expedido pelo Poder Executivo.

Para os valores atuais, vide Portaria Interministerial MPS/MF 15, de 10 de janeiro de 2013.

JURISPRUDÊNCIA

"Trata-se de agravo de instrumento, com pedido de antecipação da tutela recursal, interposto por Metisa Metalúrgica Timboense S/A contra decisão

Título VI – Do financiamento da Seguridade Social – Introdução • **Art. 32-A**

do MM. Juiz Federal da 2.ª Vara Federal de Blumenau-SC que, nos autos da Ação Ordinária 5010483-51.2012.404.7205, indeferiu a antecipação dos efeitos da tutela pretendida para assegurar a sua reinclusão no parcelamento previsto na Lei 11.941, de 2009, com a aplicação dos descontos de que tratam os arts. 1.º e 7.º da mesma Lei e a suspensão da exigibilidade dos créditos tributários relativos aos DEBCADs 37.115.849-4, 37.115.854-0, 37.132.821-7, 37.132.822-5 e 37.15.852-4. Alega a agravante, em síntese, que efetuou pedido de adesão ao parcelamento instituído pela Lei 11.941/2009, e, antes da época da consolidação, efetuou o pagamento à vista de quantia suficiente para liquidar os créditos tributários referentes aos quatro primeiros DEBCADs, com a aplicação dos descontos previstos nos arts. 1.º e 7.º da mesma Lei. No entanto, o pagamento foi apropriado pela Receita Federal do Brasil como mero abatimento dos débitos, sem a aplicação das reduções legais. Sustenta que o pagamento foi efetuado tempestivamente, pelo que faz jus aos descontos legais. Postula ainda a redução da multa referente ao DEBCAD 37.15.852-4, tendo em vista a possibilidade de aplicação retroativa do disposto no art. 32-A, I, da Lei 8.212/1991, com base no art. 106, II, c, do CTN, e a inclusão desses créditos no programa de parcelamento, por ter efetuado o pedido de adesão tempestivamente, em junho de 2011, antes, pois, da abertura do prazo para consolidação. Ressalta, por fim, a existência de risco de dano grave e de difícil reparação, consistente na deflagração de ação penal contra seus diretores, na iminente expropriação do seu patrimônio em executivo fiscal e na impossibilidade de obtenção de certidão de regularidade e sua inscrição no Cadin. É o relatório. Tudo bem visto e examinado, passo a decidir. O agravo deve ser admitido, uma vez que tempestivo. Passo ao exame da antecipação da tutela recursal. Pelo que se vê dos autos, a agravante efetuou pedido de adesão ao programa de parcelamento instituído pela Lei 11.941/2009, na data de 30-11-2009 (Evento 1 – OUT4). Em 30.07.2010, efetuou o pagamento a vista da quantia total de R$ 1.950.394,46, postulando a aplicação das reduções legais (Evento 1 – OUT7 e 21). O pedido de aplicação das reduções, porém, foi indeferido, por não ter sido efetuado o pagamento dentro do prazo estipulado pelo art. 7.º da Lei 11.941/2009 (30.11.2009), restando o valor recolhido utilizado apenas para abater parte dos créditos tributários (Evento 1 – DEC8-9), sem os benefícios legais. Pois bem. Assim dispõe o art. 7.º da Lei 11.941/2009:

'Art. 7.º A opção pelo pagamento a vista ou pelos parcelamentos de débitos de que trata esta Lei deverá ser efetivada até o último dia útil do 6.º (sexto) mês subsequente ao da publicação desta Lei.

§ 1.º As pessoas que se mantiverem ativas no parcelamento de que trata o art. 1.º desta Lei poderão amortizar seu saldo devedor com as reduções de que trata o inciso I do § 3.º do art. 1.º desta Lei, mediante a antecipação no pagamento de parcelas.

§ 2.º O montante de cada amortização de que trata o § 1.º deste artigo deverá ser equivalente, no mínimo, ao valor de 12 (doze) parcelas.

§ 3.º A amortização de que trata o § 1.º deste artigo implicará redução proporcional da quantidade de parcelas vincendas'.

Verifico, em sede de cognição sumária, que a empresa agravante efetuou o pedido de adesão ao programa fiscal tempestivamente, de acordo com o prazo estabelecido no *caput* do art. 7.º da Lei 11.941/2009. Ademais, de acordo com os §§ 1.º e 2.º desse dispositivo, efetuou a amortização do saldo devedor acima do montante mínimo, pelo que faria jus às reduções previstas no art. 1.º, § 3.º, I, da mesma Lei. Assim, parece ser ilegal limitar-se a aplicação das reduções legais somente aos pagamentos à vista efetuados até 30.11.2009 (data a que se refere o art. 7.º), uma vez que a lei não faz exigência quanto ao prazo para a amortização com a aplicação dos descontos, bastando que seja efetuada na vigência do parcelamento, o que parece ser o caso. Quanto aos créditos tributários referentes ao DEBCAD 37.15.852-4, o pedido de adesão foi efetuado em junho de 2011, ou seja, após o prazo estipulado no art. 7.º da Lei 11.941/2009, sendo certo que o parcelamento a que se refere o art. 65 da Lei 12.249/2010, não se aplica aos débitos fiscais administrados pela Receita Federal do Brasil. Além do mais, não verifico o risco de dano grave e de difícil reparação a que a agravante estaria sujeita caso não seja deferida, em sede de antecipação dos efeitos da tutela, a pretendida redução da multa, uma vez que isso não implicaria a suspensão da exigibilidade dos créditos tributários, nem, pois, eliminaria o alegado estado de perigo. Em conclusão, vislumbro plausibilidade jurídica nas alegações da agravante, apenas no que toca ao direito à aplicação das reduções previstas na Lei 11.941/2009, aos créditos tributários referentes aos DEBCADs 37.115.849-4, 37.115.854-0, 37.132.821-7, 37.132.822-5, além de haver risco de dano grave e de difícil reparação, consistente na condenação criminal dos seus diretores e nas restrições decorrentes da inscrição no Cadin e na impossibilidade de obtenção de certidão de regularidade fiscal. Ante o exposto, defiro em parte o pedido de antecipação da tutela recursal, para o fim de suspender a exigibilidade dos créditos tributários referentes aos DEBCADs 37.115.849-4, 37.115.854-0, 37.132.821-7, 37.132.822-5, o que faço com base no art. 527, III, do Código de Processo Civil. Comunique-se ao juiz da causa com urgência. Intime-se a parte agravada para responder" (TRF-4.ª Reg. – AG 5016010-65.2012.404.0000/SC – 2.ª T. – rel. Luiz Carlos Cervi – j. 25.09.2012 – *DE* 25.09.2012,).

"*Tributário – Contradição entre a fundamentação e decisão – Inexistência – Multa – Gradação – Art. 32, IV, §§ 4.º e 5.º, Lei 8.212/1991 – Redução – Lei 11.941/2009 – Regime de compensação – Art. 74 da Lei 9.430/1996 – Honorária – Adequação –* 1. Multa aplicada por ausência de informação em GFIP dos recolhimentos das contribuições devidas a contribuintes individuais, em reclamatórias trabalhistas, a trabalhadores cooperados e a segurados empregados. 2. Multa abatida na via administrativa e reduzida em 25% porque quitada no prazo de intimação de 30 dias, mediante compensação com prejuízos fiscais. 3. A expressão constante no voto '50% do valor imposto' se refere ao valor da multa imposta e não ao valor do imposto, mesmo porque se esse fosse o parâmetro desejado, deveria o voto consignar 'valor da contribuição', vez que não se confunde imposto com contribuição. 4. A multa por ausência de informação ao fisco previdenciário do recolhimento das contribuições devidas é prevista no art. 32, IV, da Lei 8.212/1991, com redação dada pelo art. 26 da Lei 11.941/2009, que também acrescentou o art. 32-A, na lei de custeio. 5. A lei nova que dispõe acerca da multa a ser aplicada de forma menos severa, aplica-se ao fato pretérito, nos termos do art. 106, II, c, do CTN. 6. A ausência de informação em GFIP comporta a aplicação de multa de R$ 20,00 por informação errônea, cumulada com multa de 2% sobre o valor das contribuições, limitada a 20%, e esse montante reduzido a 75% se pago dentro do prazo de intimação, na forma do art. 32-A, I e II, e § 2, II, da Lei 8.212/1991. 7. Sanada contradição na ementa para que, na parte onde consta 'na forma prevista no art. 66, § 1.º, da Lei 8.383/1991', leia-se 'na forma do art. 74 da Lei 9.430/1996 com a redação da Lei 10.637/2002'. 8. O acórdão não contrariou o disposto nos arts. 2.º e 26, parágrafo único, da Lei 11.457/2007, que tratam das atribuições da Secretaria da Receita Federal e do prazo para o repasse dos valores compensados ao Fundo do Regime Geral de Previdência Social. 9. Considerados prequestionados os arts. 2.º e 26, parágrafo único, da Lei 11.457/2007, nos termos das Súmulas 282 e 356/STF e 98 e 211/STJ. 10. Condenada a autora em honorários advocatícios de 10% sobre o valor da multa a ser apurada na forma acima delineada e a União em 10% sobre a diferença resultante entre este valor e o valor da causa, compensando-se entre si, a serem corrigidos pelo IPCA-E, desde a data do ajuizamento da ação, nos termos do art. 21, *caput*, do CPC" (TRF-4.ª Reg. – EDcl-AC 2006.71.00.026396-0/RS – 1.ª T. – rel. Des. Federal Álvaro Eduardo Junqueira – *DJe* 15.12.2009 – p. 187).

▶ Assim dispunha o inciso alterado:

I – de dois por cento ao mês-calendário ou fração, incidente sobre o montante das contribuições informadas, ainda que integralmente pagas, no caso de falta de entrega da declaração ou entrega após o prazo, limitada a vinte por cento, observado o disposto no § 3.º; e (Inciso acrescentado pela MedProv 449, de 03.12.2008, *DOU* 04.12.2008).

▶ Assim dispunha o inciso alterado:

II – de R$ 20,00 (vinte reais) para cada grupo de dez informações incorretas ou omitidas. (Inciso acrescentado pela MedProv 449, de 03.12.2008, *DOU* 04.12.2008).

▶ Assim dispunha o parágrafo alterado:

§ 1.º Para efeito de aplicação da multa prevista no inciso I do *caput*, será considerado como termo inicial o dia seguinte ao término do prazo fixado para entrega da declaração e como termo final a data da efetiva entrega ou, no caso de não apresentação, a data da lavratura do auto de infração ou da notificação de lançamento. (Parágrafo acrescentado pela MedProv 449, de 03.12.2008, *DOU* 04.12.2008).

Art. 32-B. Os órgãos da administração direta, autarquias, fundações e empresas públicas da União, dos Estados, do Distrito Federal e dos Municípios, cujas Normas Gerais de Direito Financeiro para elaboração e controle dos orçamentos estão definidas pela Lei 4.320, de 17 de março de 1964, e pela LC 101, de 2000, ficam obrigados, na forma estabelecida pela Secretaria da Receita Federal do Brasil do Ministério da Fazenda, a apresentar: (Incluído pela Lei 12.810/2013, *DOU* 16.05.2013).

I – a contabilidade entregue ao Tribunal de Controle Externo; e (Incluído pela Lei 12.810/2013, *DOU* 16.05.2013)

II – a folha de pagamento. (Incluído pela Lei 12.810/2013, *DOU* 16.05.2013).

Parágrafo único. As informações de que trata o *caput* deverão ser apresentadas até o dia 30 de abril do ano seguinte ao encerramento do exercício. (Incluído pela Lei 12.810/2013, *DOU* 16.05.2013).

✐ Anotação

A Lei 4.320/1964 estatui normas gerais de Direito Financeiro para elaboração e controle dos orçamentos e balanços da União, dos Estados, dos Municípios e do Distrito Federal. De acordo com seu art. 2.º, a Lei do Orçamento conterá a discriminação da receita e despesa de forma que evidencie a política econômica financeira e o programa de trabalho do Governo, obedecidos os princípios de unidade, universalidade e anualidade.

Já a LC 101/2000 estabelece normas de finanças públicas voltadas para a responsabilidade na gestão. Segundo seu texto, a responsabilidade na gestão fiscal pressupõe a ação planejada e transparente, em que se previnem riscos e corrigem desvios capazes de afetar o equilíbrio das contas públicas, mediante o cumprimento de metas de resultados entre receitas e despesas e a obediência a limites e condições no que tange a renúncia de receita, geração de despesas com pessoal, da seguridade social e outras, dívidas consolidada e mobiliária, operações de crédito, inclusive por antecipação de receita, concessão de garantia e inscrição em "Restos a Pagar".

A ideia, portanto, é fortalecer perante a União, os Estados, os Municípios e o Distrito Federal questões de orçamento e de finanças públicas com a entrega de documentos à Secretaria da Receita Federal do Brasil, especificamente as demonstrações contábeis e folhas de pagamentos.

A reestruturação do sistema de controle é exigência da publicidade, dogma constitucional que rege a atividade da Administração Pública.

JURISPRUDÊNCIA

"*Processual civil. Execução fiscal em Vara Federal. Conselho profissional. Inconstitucionalidade do § 3.º do art. 13 da Lei 4.320/1964 e do art. 2.º da Lei 11.000/2004 não declarada pelo STF. Presunção de constitucionalidade das leis. ADIn 1717/5/DF. Inaplicabilidade.* 1. A Lei 4.320, de 14.04.1964, que instituiu o conselho federal e os conselhos regionais de odontologia, assim como seu Decreto regulamentador (Dec. 68.704, de 03.06.1971), delegam aos conselhos regionais a fixação das suas contribuições. A Lei 11.000/2004 é no mesmo sentido (art. 2.º): 'Os conselhos de fiscalização de profissões regulamentadas são autorizados a fixar, cobrar e executar as contribuições anuais, devidas por pessoas físicas ou jurídicas, bem como as multas e os preços de serviços, relacionados com suas atribuições legais, que constituirão receitas próprias de cada conselho'. Referidas normas estão em pleno vigor, sem notícia de afastamento ou suspensão de sua vigência por decisão da suprema corte e, portanto, gozam da presunção de legalidade e constitucionalidade. 2. O STF, ao examinar a Lei 9.649/1998 (ADI 1.717-6/DF), declarou a inconstitucionalidade do art. 58, *caput* e parágrafos. Tal decisão, entretanto, não afeta o caso, pois o aludido acórdão do STF, rel. Min. Sidney Sanches, só e apenas afirmou que os conselhos de fiscalização (porque autarquias criadas por Lei, sujeitas ao controle pelo TCU) não poderiam ser transmudados em entidades privadas, já porque indelegáveis a tais entes atividade típica de estado, que abrange até poder de polícia, de tributar e de punir; mais não foi dito, dele não se podendo extrair a conclusão ampla de que o ato de delegar competência tributária seria, só por si e sempre, inconstitucional (o STF não

Art. 32-B • LEI ORGÂNICA DA SEGURIDADE SOCIAL

fez tal afirmação, em linha de controle abstrato de constitucionalidade). 3. Apelação provida. 4. Peças liberadas pelo relator, em Brasília, 12 de junho de 2012. para publicação do acórdão" (TRF-1.ª Reg. – Processo 0048028-13.2009.4.01.3300 – BA; 7.ª T. – rel. Des. Federal Luciano Tolentino Amaral; j. 12.06.2012 – DJF1 22.06.2012 –p. 717).

"*Processual civil e administrativo. Violação do art. 535 do CPC. Inexistência. Violação da LC 101/2000. Fundamentação deficiente. Súmula 284/STF. Análise de lei local. Impossibilidade. Súmula 280/STF. Aumento de despesa. Previsão orçamentária. Exceção legal. Decisão judicial. Precedentes. Súmula 83/STJ. Agravo conhecido para negar seguimento ao recurso especial.* 1. Inexistente a alegada violação do art. 535 do CPC, pois a prestação jurisdicional foi dada na medida da pretensão deduzida, como se depreende da leitura do acórdão recorrido, que enfrentou os temas abordados no recurso de apelação, qual seja, violação da Lei de Responsabilidade Fiscal. 2. O agravante não indicou efetivamente quais os dispositivos da LC 101/2000 foram violados, para sustentar sua irresignação. As razões do recurso especial devem exprimir, com transparência e objetividade, os motivos pelos quais a parte visa reformar o *decisum*, indicando o dispositivo legal que entende ter sido violado. Óbice da Súmula 284/STF, por analogia. 3. O Tribunal de origem, ao apreciar a matéria controvertida, sustentou toda a sua fundamentação na análise das Leis Municipais (LC 05/1993 e 12/1997). Todavia, o exame de normas de caráter local é inviável na via do recurso especial, em face da vedação prevista na Súmula 280/STF, segundo a qual 'por ofensa a direito local não cabe recurso extraordinário'. 4. O entendimento pacífico desta Corte é no sentido de que há exceção legal quanto aos limites orçamentários quando as despesas excedentes forem decorrentes de decisão judicial – LC 101/2000 (LRF), no seu art. 19, § 1.º, IV. Precedentes. Súmula 83/STJ. Agravo regimental não conhecido" (STJ – AgRg-Ag-REsp 117.428 – Processo 2012/0007034-3/MG – 2.ª T. – rel. Min. Humberto Martins – j. 21.08.2012 – DJE 28.08.2012).

"*Processual. Administrativo. Dispositivos apontados como violados. Ausência de prequestionamento. Servidor público municipal. Vencimentos. Plano de cargos, carreiras e salários (PCCS) instituído pela administração. Prescrição. Súmula 85/STJ.* 1. Os arts. 189 e 193 do Código Civil, 219, § 5.º, e 269, 460 e 535, do Código de Processo Civil, e 21 e seguintes da LC 101/2000 não foram enfrentados, quer implícita ou explicitamente, pelo acórdão recorrido, o que determina a incidência das Súmulas 282 e 356 do Excelso STF. 2. Nos termos da jurisprudência pacífica desta Corte, nas discussões de recebimento de vantagens pecuniárias em que não houve negativa inequívoca do próprio direito reclamado, tem-se relação de trato sucessivo, aplicando-se a Súmula 85/STJ, que prevê a prescrição apenas em relação ao período anterior a cinco

TÍTULO VI – DO FINANCIAMENTO DA SEGURIDADE SOCIAL – INTRODUÇÃO • **Art. 32-C**

anos da propositura da ação. Agravo regimental improvido" (STJ – AgRg-Ag--REsp 136.259 – Processo 2012/0041218-7/SP – 2.ª T. – rel. Min. Humberto Martins – j. 16.08.2012 – *DJE* 28.08.2012).

"*Agravo regimental no agravo em recurso especial. Processual. Administrativo. Servidor público municipal. Santos/SP. Plano de cargos, carreiras e salários (PCCS) instituído pela administração. Prescrição. Súmula 85/STJ. Ausência de prequestionamento de dispositivos apontados como violados constantes na Lei de Responsabilidade Fiscal.* 1. O agravante não trouxe argumentos novos capazes de infirmar os fundamentos que alicerçaram a decisão agravada, razão que enseja a negativa de provimento ao agravo regimental. 2. Nos termos da jurisprudência pacífica desta Corte, nas discussões de recebimento de vantagens pecuniárias em que não houve negativa inequívoca do próprio direito reclamado, tem-se relação de trato sucessivo, aplicando-se a Súmula 85/STJ, que prevê a prescrição apenas em relação ao período anterior a cinco anos da propositura da ação. Precedentes. 3. No tocante aos arts. 21 e seguintes da LC 101/2000 verifica-se que estes não foram debatidos no V. acórdão recorrido, não servindo de fundamento à conclusão adotada pelo Tribunal de origem, restando desatendido, portanto, o requisito do prequestionamento. Incidente, à hipótese, a Súmula 211 desta Corte. 4. Agravo regimental não provido" (STJ – AgRg-Ag-REsp 185.884 – Processo 2012/0113336-4/SP – 2.ª T. – rel. Min. Mauro Campbell Marques – j. 16.08.2012 – *DJE* 22.08.2012).

Art. 32-C. O segurado especial responsável pelo grupo familiar que contratar na forma do § 8.º do art. 12 apresentará as informações relacionadas ao registro de trabalhadores, aos fatos geradores, à base de cálculo e aos valores das contribuições devidas à Previdência Social e ao Fundo de Garantia do Tempo de Serviço – FGTS e outras informações de interesse da Secretaria da Receita Federal do Brasil, do Ministério da Previdência Social, do Ministério do Trabalho e Emprego e do Conselho Curador do FGTS, por meio de sistema eletrônico com entrada única de dados, e efetuará os recolhimentos por meio de documento único de arrecadação.

§ 1.º Os Ministros de Estado da Fazenda, da Previdência Social e do Trabalho e Emprego disporão, em ato conjunto, sobre a prestação das informações, a apuração, o recolhimento e a distribuição dos recursos recolhidos e sobre as informações geradas por meio do sistema eletrônico e da guia de recolhimento de que trata o *caput*.

§ 2.º As informações prestadas no sistema eletrônico de que trata o *caput* têm caráter declaratório, constituem instrumento hábil e suficiente para a exigência dos tributos e encargos apurados e substituirão, na forma regulamentada pelo ato conjunto que prevê o § 1.º, a obrigatoriedade de entrega de todas as informações, formulários e declarações a que está sujeito o grupo familiar, inclusive as relativas ao recolhimento do FGTS.

§ 3.º O segurado especial de que trata o *caput* está obrigado a arrecadar as contribuições previstas nos incisos X, XII e XIII do *caput* do art. 30, os valores referentes ao FGTS e os encargos trabalhistas sob sua responsabilidade, até o dia 7 (sete) do mês seguinte ao da competência.

§ 4.º Os recolhimentos devidos, nos termos do § 3.º deverão ser pagos por meio de documento único de arrecadação.

§ 5.º Se não houver expediente bancário na data indicada no § 3.º, o recolhimento deverá ser antecipado para o dia útil imediatamente anterior.

§ 6.º Os valores não pagos até a data do vencimento sujeitar-se-ão à incidência de acréscimos e encargos legais na forma prevista na legislação do Imposto sobre a Renda e Proventos de Qualquer Natureza para as contribuições de caráter tributário, e conforme o art. 22 da Lei 8.036, de 11 de maio de 1990, para os depósitos do FGTS, inclusive no que se refere às multas por atraso.

§ 7.º O recolhimento do valor do FGTS na forma deste artigo será creditado diretamente em conta vinculada do trabalhador, assegurada a transferência dos elementos identificadores do recolhimento ao agente operador do fundo.

§ 8.º O ato de que trata o § 1.º regulará a compensação e a restituição dos valores dos tributos e dos encargos trabalhistas recolhidos, no documento único de arrecadação, indevidamente ou em montante superior ao devido.

§ 9.º A devolução de valores do FGTS, depositados na conta vinculada do trabalhador, será objeto de norma regulamentar do Conselho Curador e do Agente Operador do Fundo de Garantia do Tempo de Serviço.

§ 10. O produto da arrecadação de que trata o § 3.º será centralizado na Caixa Econômica Federal.

§ 11. A Caixa Econômica Federal, com base nos elementos identificadores do recolhimento, disponíveis no sistema de que trata o *caput* deste artigo, transferirá para a Conta Única do Tesouro Nacional os valores arrecadados dos tributos e das contribuições previstas nos incisos X, XII e XIII do *caput* do art. 30.

§ 12. A impossibilidade de utilização do sistema eletrônico referido no *caput* será objeto de regulamento, a ser editado pelo Ministério da Fazenda e pelo Agente Operador do FGTS.

§ 13. A sistemática de entrega das informações e recolhimentos de que trata o *caput* poderá ser estendida pelas autoridades previstas no § 1.º para o produtor rural pessoa física de que trata a alínea *a* do inciso V do *caput* do art. 12.

§ 14. Aplica-se às informações entregues na forma deste artigo o disposto no § 2.º do art. 32 e no art. 32-A. (Preceito incluído pela Lei 12.873, de 24.10.2013).

✱ **Remissão:** Não há.

TÍTULO VI – DO FINANCIAMENTO DA SEGURIDADE SOCIAL – INTRODUÇÃO • **Art. 33**

✍ Anotação

O comando, com seus parágrafos, estatui, de forma minuciosa, o regime jurídico que rege a contratação de trabalhadores por parte do segurado especial. Consiste, do ponto de vista pragmático, na equiparação do segurado especial à empresa, com todos os deveres fiscais materiais e instrumentais que informam a relação de custeio.

O artigo transforma a relação jurídica em algo de extrema complexidade, o que exigirá do segurado especial verdadeiro aparato de contabilização, inclusive a demandar recursos informáticos.

É enigmática a referência à devolução de valores do FGTS a que se refere o § 9.º. A quantia vertida à conta vinculada só em situações extremamente especiais é objeto de devolução ao tomador de serviços. Possivelmente a norma regulamentar melhor esclarecerá a questão.

Art. 33. À Secretaria da Receita Federal do Brasil compete planejar, executar, acompanhar e avaliar as atividades relativas à tributação, à fiscalização, à arrecadação, à cobrança e ao recolhimento das contribuições sociais previstas no parágrafo único do art. 11 desta Lei, das contribuições incidentes a título de substituição e das devidas a outras entidades e fundos. (Redação dada ao *caput* pela Lei 11.941, de 27.05.2009, *DOU* 28.05.2009, conversão da MedProv 449, de 03.12.2008, *DOU* 04.12.2008).

§ 1.º É prerrogativa da Secretaria da Receita Federal do Brasil, por intermédio dos Auditores-Fiscais da Receita Federal do Brasil, o exame da contabilidade das empresas, ficando obrigados a prestarem todos os esclarecimentos e informações solicitados, o segurado e os terceiros responsáveis pelo recolhimento das contribuições previdenciárias e das contribuições devidas a outras entidades e fundos. (Redação dada ao parágrafo pela Lei 11.941, de 27.05.2009, *DOU* 28.05.2009, conversão da MedProv 449, de 03.12.2008, *DOU* 04.12.2008).

§ 2.º A empresa, o segurado da Previdência Social, o serventuário da Justiça, o síndico ou seu representante, o comissário e o liquidante de empresa em liquidação judicial ou extrajudicial são obrigados a exibir todos os documentos e livros relacionados com as contribuições previstas nesta Lei. (Redação dada ao parágrafo pela Lei 11.941, de 27.05.2009, *DOU* 28.05.2009, conversão da MedProv 449, de 03.12.2008, *DOU* 04.12.2008).

§ 3.º Ocorrendo recusa ou sonegação de qualquer documento ou informação, ou sua apresentação deficiente, a Secretaria da Receita Federal do Brasil pode, sem prejuízo da penalidade cabível, lançar de ofício a importância devida. (Redação dada ao parágrafo pela Lei 11.941, de 27.05.2009, *DOU* 28.05.2009, conversão da MedProv 449, de 03.12.2008, *DOU* 04.12.2008).

Art. 33 • Lei Orgânica da Seguridade Social

§ 4.º Na falta de prova regular e formalizada pelo sujeito passivo, o montante dos salários pagos pela execução de obra de construção civil pode ser obtido mediante cálculo da mão de obra empregada, proporcional à área construída, de acordo com critérios estabelecidos pela Secretaria da Receita Federal do Brasil, cabendo ao proprietário, dono da obra, condômino da unidade imobiliária ou empresa corresponsável o ônus da prova em contrário. (Redação dada ao parágrafo pela Lei 11.941, de 27.05.2009, *DOU* 28.05.2009, conversão da MedProv 449, de 03.12.2008, *DOU* 04.12.2008).

§ 5.º O desconto de contribuição e de consignação legalmente autorizadas sempre se presume feito oportuna e regularmente pela empresa a isso obrigada, não lhe sendo lícito alegar omissão para se eximir do recolhimento, ficando diretamente responsável pela importância que deixou de receber ou arrecadou em desacordo com o disposto nesta Lei.

§ 6.º Se, no exame da escrituração contábil e de qualquer outro documento da empresa, a fiscalização constatar que a contabilidade não registra o movimento real de remuneração dos segurados a seu serviço, do faturamento e do lucro, serão apuradas, por aferição indireta, as contribuições efetivamente devidas, cabendo à empresa o ônus da prova em contrário.

§ 7.º O crédito da seguridade social é constituído por meio de notificação de lançamento, de auto de infração e de confissão de valores devidos e não recolhidos pelo contribuinte. (Redação dada ao parágrafo pela Lei 11.941, de 27.05.2009, *DOU* 28.05.2009, conversão da MedProv 449, de 03.12.2008, *DOU* 04.12.2008).

§ 8.º Aplicam-se às contribuições sociais mencionadas neste artigo, as presunções legais de omissão de receita previstas nos §§ 2.º e 3.º do art. 12 do Decreto-Lei 1.598, de 26 de dezembro de 1977, e nos arts. 40, 41 e 42 da Lei 9.430, de 27 de dezembro de 1996. (NR) (Parágrafo acrescentado pela Lei 11.941, de 27.05.2009, *DOU* 28.05.2009, conversão da MedProv 449, de 03.12.2008, *DOU* 04.12.2008).

✳ **Remissão:** CLPS, art. 141.

✍ Anotação

A centralização, na Receita Federal do Brasil, das tarefas de fiscalização, arrecadação, cobrança e recolhimento das contribuições sociais previstas nas alíneas *a*, *b* e *c* do parágrafo único do art. 11 da Lei 8.212/1991, e das contribuições instituídas a título de substituição, contraria a diretriz constitucional da descentralização da gestão da seguridade social.

O art. 1.º da Lei 11.457, de 16.03.2007, alterou a denominação da Secretaria da Receita Federal para Secretaria da Receita Federal do Brasil.

JURISPRUDÊNCIA

"*Tributário – Débito previdenciário – Multa – Descumprimento de obrigação acessória – Retroatividade de lei mais benigna – Lei 11.941/2009* – 1. A multa por irregularidades na contabilidade do contribuinte tem previsão legal no art. 33, §§ 2.º e 3.º, da Lei 8.212/1991. 2. A lei nova que dispõe acerca da multa a ser aplicada de forma menos severa, aplica-se ao fato pretérito, nos termos do art. 106, II, *c*, do CTN. 3. Apelação provida em parte" (TRF-4.ª Reg. – AC 2005.71.17.004869-1/RS – 1.ª T. – rel. Des. Federal Álvaro Eduardo Junqueira – DJe 25.05.2010 – p. 295).

"*Incompetência da Justiça do Trabalho – Parcelamento do débito previdenciário exequendo – Lei 11.941/2009* – Nos termos da Súmula 368, I, do TST, a competência da Justiça do Trabalho, quanto à execução das contribuições previdenciárias, limita-se às sentenças condenatórias em pecúnia que proferir e aos valores, objeto de acordo homologado, que integrem o salário de contribuição. Sendo assim, compete a esta Especializada tão somente executar os valores devidos, e não deferir o parcelamento do débito previdenciário exequendo, nos moldes da Lei 11.941/2009, eis que tal medida deve ser requerida pelo devedor junto ao órgão previdenciário. O art. 12 da referida lei confere à Secretaria da Receita Federal do Brasil e à Procuradoria-Geral da Fazenda Nacional, no âmbito de suas respectivas competências, o encargo de editar os atos necessários à execução dos parcelamentos de que trata a citada lei, inclusive quanto à forma e ao prazo para confissão dos débitos a serem parcelados, de modo que o procedimento em questão deve observar os trâmites administrativos próprios, não podendo ser levado a efeito pela via judicial" (TRT-3.ª Reg. – AP 1200/1998-110-03-00.1 – rel. Juiz convocado Vitor Salino de M. Eca – DJe 24.05.2010 – p. 52).

Súmula CARF 6: "É legítima a lavratura de auto de infração no local em que foi constatada a infração, ainda que fora do estabelecimento do contribuinte".

Súmula CARF 7: "A ausência da indicação da data e da hora de lavratura do auto de infração não invalida o lançamento de ofício quando suprida pela data da ciência".

Súmula CARF 8: "O Auditor Fiscal da Receita Federal é competente para proceder ao exame da escrita fiscal da pessoa jurídica, não lhe sendo exigida a habilitação profissional de contador".

Súmula CARF 9: "É válida a ciência da notificação por via postal realizada no domicílio fiscal eleito pelo contribuinte, confirmada com a assinatura do recebedor da correspondência, ainda que este não seja o representante legal do destinatário".

Súmula CARF 27: "É valido o lançamento formalizado por Auditor-Fiscal da Receita Federal do Brasil de jurisdição diversa da do domicílio tributário do sujeito passivo".

▶ Assim dispunha o artigo alterado:

Art. 33. Ao Instituto Nacional do Seguro Social – INSS compete arrecadar, fiscalizar, lançar e normatizar o recolhimento das contribuições sociais previstas nas alíneas *a*, *b* e *c* do parágrafo único do art. 11, bem como as contribuições incidentes a título de substituição; e à Secretaria da Receita Federal – SRF compete arrecadar, fiscalizar, lançar e normatizar o recolhimento das contribuições sociais previstas nas alíneas *d* e *e* do parágrafo único do art. 11, cabendo a ambos os órgãos, na esfera de sua competência, promover a respectiva cobrança e aplicar as sanções previstas legalmente. (Redação dada ao *caput* pela Lei 10.256, de 09.07.2001, *DOU* 10.07.2001).

▶ Assim dispunha o parágrafo alterado:

§ 1.º É prerrogativa do Instituto Nacional do Seguro Social (INSS) e do Departamento da Receita Federal (DRF) o exame da contabilidade da empresa, não prevalecendo para esse efeito o disposto nos arts. 17 e 18 do Código Comercial, ficando obrigados a empresa e o segurado a prestar todos os esclarecimentos e informações solicitados.

▶ Assim dispunha o parágrafo alterado:

§ 2.º A empresa, o servidor de órgãos públicos da administração direta e indireta, o segurado da Previdência Social, o serventuário da Justiça, o síndico ou seu representante, o comissário e o liquidante de empresa em liquidação judicial ou extrajudicial são obrigados a exibir todos os documentos e livros relacionados com as contribuições previstas nesta Lei.

▶ Assim dispunha o parágrafo alterado:

§ 3.º Ocorrendo recusa ou sonegação de qualquer documento ou informação, ou sua apresentação deficiente, a Secretaria da Receita Federal do Brasil pode, sem prejuízo da penalidade cabível, lançar de ofício a importância devida, cabendo à empresa ou ao segurado o ônus da prova em contrário. (Redação dada ao parágrafo pela MedProv 449, de 03.12.2008, *DOU* 04.12.2008).

▶ Assim dispunha a redação anterior:

§ 4.º Na falta de prova regular e formalizada, o montante dos salários pagos pela execução de obra de construção civil pode ser obtido mediante cálculo da mão de obra empregada, proporcional à área construída, de acordo com critérios estabelecidos pela

TÍTULO VI – DO FINANCIAMENTO DA SEGURIDADE SOCIAL – INTRODUÇÃO • **Art. 34**

Secretaria da Receita Federal do Brasil, cabendo ao proprietário, dono da obra, condômino da unidade imobiliária ou empresa corresponsável o ônus da prova em contrário. (Redação dada ao parágrafo pela MedProv 449, de 03.12.2008, *DOU* 04.12.2008)

▶ Assim dispunha o parágrafo alterado:

§ 7.º O crédito da seguridade social é constituído por meio de notificação de débito, auto de infração, confissão ou documento declaratório de valores devidos e não recolhidos apresentado pelo contribuinte. (Parágrafo acrescentado pela Lei 9.528, de 10.12.1997, *DOU* 11.12.1997).

Art. 34. (Revogado pela Lei 11.941, de 27.05.2009, *DOU* 28.05.2009, conversão da MedProv 449, de 03.12.2008, *DOU* 04.12.2008).

✱ Remissão: CLPS, arts. 143 e 203.

✎ Anotação

A aplicação da taxa referencial do Sistema Especial de Liquidação e de Custódia (Selic), na forma aqui estabelecida, vigorava desde o ano de 1997. Antes da Selic, aplicava-se a Unidade Fiscal de Referência (UFIR), extinta pela MedProv 2.176-79/2001.

JURISPRUDÊNCIA

"*Execução de créditos previdenciários juros de mora e multa – Fato gerador – Prestação de serviços* – A partir da edição da MedProv 449 de 03.12.08, convertida na Lei 11.941/2009, que alterou o art. 43 da Lei 8.212/1991, o fato gerador das contribuições sociais é o trabalho prestado ao longo do contrato, devendo incidir sobre estas os acréscimos legais moratórios vigentes relativamente a cada uma das competências abrangidas, constituídos da multa de mora e dos juros de mora na forma dos arts. 34 e 35 da Lei 8.212/1991. Agravo de Petição a que se dá provimento" (TRT-3.ª Reg. – AP 994/2008-094-03-00.4 – rel. Des. Julio Bernardo do Carmo – *DJe* 24.05.2010 – p. 99).

"*Contribuição previdenciária – Vencimento da obrigação – Encargos legais* – A incidência de multa e juros de mora previstos no art. 34 e 35 da Lei 8.212/1991 somente é possível quando configurada a mora no recolhimento das contribuições sociais, cujo vencimento ocorre a partir do dia dois do mês seguintes à liquidação da sentença, de acordo com o art. 276 do Dec. 3.048/1999" (TRT-5.ª Reg. – AP 0069200-84.1998.5.05.0492 – 2.ª T. – rel. Dalila Andrade – DJe 14.05.2010).

▶ Assim dispunha o artigo revogado:

Art. 34. As contribuições sociais e outras importâncias arrecadadas pelo INSS, incluídas ou não em notificação fiscal de lançamento, pagas com atraso, objeto ou não de parcelamento, ficam sujeitas aos juros equivalentes à taxa referencial do Sistema Especial de Liquidação e de Custódia – Selic, a que se refere o art. 13 da Lei 9.065, de 20 de junho de 1995, incidentes sobre o valor atualizado, e multa de mora, todos de caráter irrelevável. (Artigo restabelecido pela Lei 9.528, de 10.12.1997, DOU 11.12.1997).

Parágrafo único. O percentual dos juros moratórios relativos aos meses de vencimentos ou pagamentos das contribuições corresponderá a um por cento. (Parágrafo acrescentado pela Lei 9.528, de 10.12.1997, DOU 11.12.1997).

Art. 35. Os débitos com a União decorrentes das contribuições sociais previstas nas alíneas *a*, *b* e *c* do parágrafo único do art. 11 desta Lei, das contribuições instituídas a título de substituição e das contribuições devidas a terceiros, assim entendidas outras entidades e fundos, não pagos nos prazos previstos em legislação, serão acrescidos de multa de mora e juros de mora, nos termos do art. 61 da Lei 9.430, de 27 de dezembro de 1996. (Redação dada ao *caput* pela Lei 11.941, de 27.05.2009, *DOU* 28.05.2009, conversão da MedProv 449, de 03.12.2008, *DOU* 04.12.2008).

Parágrafo único. (Revogado pela Lei 8.218, de 29.08.1991, *DOU* 30.08.1991).

§ 1.º (Revogado pela Lei 11.941, de 27.05.2009, *DOU* 28.05.2009, conversão da MedProv 449, de 03.12.2008, *DOU* 04.12.2008).

§ 2.º (Revogado pela Lei 11.941, de 27.05.2009, *DOU* 28.05.2009, conversão da MedProv 449, de 03.12.2008, *DOU* 04.12.2008).

§ 3.º (Revogado pela Lei 11.941, de 27.05.2009, *DOU* 28.05.2009, conversão da MedProv 449, de 03.12.2008, *DOU* 04.12.2008).

§ 4.º (Revogado pela Lei 11.941, de 27.05.2009, *DOU* 28.05.2009, conversão da MedProv 449, de 03.12.2008, *DOU* 04.12.2008).

✳ **Remissão:** CLPS, art. 143.

✎ Anotação

O preceito sobrepôs-se ao que dispunha o revogado art. 34, objeto da anotação acima, ao adotar a sistemática definida pelo art. 61 da Lei 9.430/1996, segundo a qual débitos para com a União, decorrentes de tributos e contribuições administradas pela RFB, não pagos nos prazos previstos na legislação específica, serão acrescidos de multa de mora, calculada à taxa de 0,33% por dia de atraso. O percentual de multa a ser aplicado fica limitado a 20%.

Ademais, serão igualmente cobrados juros de mora, sujeitos à taxa Selic.

JURISPRUDÊNCIA

"*Embargos à execução fiscal – Prescrição – Taxa Selic – Multa de mora – Encargo legal* – 1. Nos tributos sujeitos a lançamento por homologação, considera-se constituído o crédito tributário no momento da declaração realizada pelo contribuinte. Somente nos casos em que o vencimento ocorrer após a entrega da declaração é que se cogita contar como marco inicial da prescrição a data do vencimento do tributo. 2. Aplicabilidade da Taxa Selic, a teor do disposto no art. 13 da Lei 9.065/1995. 3. A multa fixada em 20% não se configura confiscatória, sendo admissível em face do art. 61 da Lei 9.430/1996. 4. O encargo legal de 20% previsto no Dec.-lei 1.025/1969 substitui, nas execuções fiscais, a verba honorária. Aplicação da Súmula 168/TFR. 5. Apelação parcialmente provida, tão somente para afastar a condenação da embargante ao pagamento dos honorários advocatícios" (TRF-4.ª Reg. – AC 2006.71.10.000994-9/RS – 1.ª T. – rel. Des. Federal Joel Ilan Paciornik – *DJe* 15.12.2009 – p. 194).

"*Embargos à execução fiscal – Multa de mora – Princípio da retroatividade da lei mais benigna – Inaplicabilidade da MedProv 449/2008, sob pena de reformatio* in pejus – 1. A multa é devida em razão do descumprimento da obrigação por parte do contribuinte, nos estritos percentuais da lei de regência, à época da exação. Descabe falar em confisco, quando o valor da penalidade obedece a critérios de razoabilidade, especialmente ao permanecer abaixo do principal da dívida. 2. Tendo em vista o entendimento firmado na arguição de inconstitucionalidade AC 1998.04.01.020236-8/RS, deve ser mantida a sentença que determinou a redução da multa nos termos do art. 35, da Lei 8.212/1991 (com redação dada pela Lei 9.528/1997) c/c art. 106, II, alínea *c* do CTN. 3. Não obstante a Lei 11.941/2009 tenha alterado o art. 35 da Lei 8.212/1991 determinando que a multa de mora deva obedecer ao disposto no art. 61 da Lei 9.430/1996, no caso *sub examine* esta nova alteração não deve prevalecer, sob pena de *reformatio in pejus*, uma vez que inexistente insurgência da embargante quanto a este tópico" (TRF-4.ª Reg. – Apelação/Reexame Necessário 2001.71.08.006129-9/RS – 1.ª T. – rel. Des. Federal Joel Ilan Paciornik – *DJe* 15.12.2009 – p. 197).

Súmula CARF 4: "A partir de 1.º de abril de 1995, os juros moratórios incidentes sobre débitos tributários administrados pela Secretaria da Receita

Art. 35 • Lei Orgânica da Seguridade Social

Federal são devidos, no período de inadimplência, à taxa referencial do Sistema Especial de Liquidação e Custódia – Selic para títulos federais".
Portaria CARF 52/2010. *DOU* 23.12.2010. (Retificada no *DOU* 12.01.2011)

▶ Assim dispunha a redação anterior:

Art. 35. Sobre as contribuições sociais em atraso, arrecadadas pelo INSS, incidirá multa de mora, que não poderá ser relevada, nos seguintes termos: (Redação dada ao *caput* pela Lei 9.876, de 26.11.1999, *DOU* 29.11.1999).

I – (...)

a) oito por cento, dentro do mês de vencimento da obrigação; (Redação dada à alínea pela Lei 9.876, de 26.11.1999, *DOU* 29.11.1999).

b) quatorze por cento, no mês seguinte; (Redação dada à alínea pela Lei 9.876, de 26.11.1999, *DOU* 29.11.1999).

c) vinte por cento, a partir do segundo mês seguinte ao do vencimento da obrigação; (Redação dada à alínea pela Lei 9.876, de 26.11.1999, *DOU* 29.11.1999).

II – (...)

a) vinte e quatro por cento, em até quinze dias do recebimento da notificação; (Redação dada à alínea pela Lei 9.876, de 26.11.1999, *DOU* 29.11.1999).

b) trinta por cento, após o décimo quinto dia do recebimento da notificação; (Redação dada à alínea pela Lei 9.876, de 26.11.1999, *DOU* 29.11.1999).

c) quarenta por cento, após apresentação de recurso desde que antecedido de defesa, sendo ambos tempestivos, até quinze dias da ciência da decisão do Conselho de Recursos da Previdência Social – CRPS; (Redação dada à alínea pela Lei 9.876, de 26.11.1999, *DOU* 29.11.1999).

d) cinquenta por cento, após o décimo quinto dia da ciência da decisão do Conselho de Recursos da Previdência Social – CRPS, enquanto não inscrito em Dívida Ativa; (Redação dada à alínea pela Lei 9.876, de 26.11.1999, *DOU* 29.11.1999).

III – (...)

a) sessenta por cento, quando não tenha sido objeto de parcelamento; (Redação dada à alínea pela Lei 9.876, de 26.11.1999, *DOU* 29.11.1999).

b) setenta por cento, se houve parcelamento; (Redação dada à alínea pela Lei 9.876, de 26.11.1999, *DOU* 29.11.1999).

c) oitenta por cento, após o ajuizamento da execução fiscal, mesmo que o devedor ainda não tenha sido citado, se o crédito não foi objeto de parcelamento; (Redação dada à alínea pela Lei 9.876, de 26.11.1999, *DOU* 29.11.1999).

d) cem por cento, após o ajuizamento da execução fiscal, mesmo que o devedor ainda não tenha sido citado, se o crédito foi objeto de parcelamento. (Redação dada à alínea pela Lei 9.876, de 26.11.1999, *DOU* 29.11.1999).

▶ Assim dispunha o parágrafo revogado:

Parágrafo único. É facultada a realização de depósito, à disposição da Seguridade Social, sujeito aos mesmos percentuais dos incisos I e II acima, conforme o caso, para apresentação de defesa.

TÍTULO VI – DO FINANCIAMENTO DA SEGURIDADE SOCIAL – INTRODUÇÃO • **Art. 35-A**

▶ Assim dispunha o parágrafo revogado:

§ 1.º Na hipótese de parcelamento ou reparcelamento, incidirá um acréscimo de vinte por cento sobre a multa de mora a que se refere o *caput* e seus incisos. (Parágrafo acrescentado pela Lei 9.528, de 10.12.1997, *DOU* 11.12.1997).

▶ Assim dispunha o parágrafo revogado:

§ 2.º Se houver pagamento antecipado à vista, no todo ou em parte, do saldo devedor, o acréscimo previsto no parágrafo anterior não incidirá sobre a multa correspondente à parte do pagamento que se efetuar. (Parágrafo acrescentado pela Lei 9.528, de 10.12.1997, *DOU* 11.12.1997).

▶ Assim dispunha o parágrafo revogado:

§ 3.º O valor do pagamento parcial, antecipado, do saldo devedor de parcelamento ou do reparcelamento somente poderá ser utilizado para quitação de parcelas na ordem inversa do vencimento, sem prejuízo da que for devida no mês de competência em curso e sobre a qual incidirá sempre o acréscimo a que se refere o § 1.º deste artigo. (Parágrafo acrescentado pela Lei 9.528, de 10.12.1997, *DOU* 11.12.1997).

▶ Assim dispunha o parágrafo revogado:

§ 4.º Na hipótese de as contribuições terem sido declaradas no documento a que se refere o inciso IV do art. 32, ou quando se tratar de empregador doméstico ou de empresa ou segurado dispensados de apresentar o citado documento, a multa de mora a que se refere o *caput* e seus incisos será reduzida em cinquenta por cento. (Parágrafo acrescentado pela Lei 9.876, de 26.11.1999, *DOU* 29.11.1999).

Art. 35-A. Nos casos de lançamento de ofício relativos às contribuições referidas no art. 35 desta Lei, aplica-se o disposto no art. 44 da Lei 9.430, de 1996. (NR) (Artigo acrescentado pela Lei 11.941, de 27.05.2009, *DOU* 28.05.2009, conversão da MedProv 449, de 03.12.2008, *DOU* 04.12.2008).

✎ Anotação

De acordo com o art. 44 da Lei 9.430/1996, nos casos de lançamento de ofício e em linhas bastante gerais, aplicar-se-ão as seguintes multas: (i) 75% sobre a totalidade ou diferença de imposto ou contribuição nos casos de falta de pagamento ou recolhimento, de falta de declaração e nos de declaração inexata; e (ii) 50%, exigida isoladamente sobre o valor do pagamento mensal. Além desses comandos genéricos, o regramento estabelece outros detalhes bastante importantes.

A Portaria Conjunta PGFN/RFB 14, de 04.12.2009, *DOU* 08.12.2009, dispõe sobre a aplicação do disposto no preceito, nos casos em que especifica.

JURISPRUDÊNCIA

"Embargos à execução fiscal. CDA. Presunção de liquidez e certeza. Multa. Aplicação da lei posterior mais benéfica. 1. Consoante disposição do art. 204 do CTN e do art. 3.º da Lei 6.830/1980, a dívida regularmente inscrita goza da presunção de certeza e liquidez, a qual só pode ser ilidida por prova inequívoca em sentido contrário. 2. Redução da multa nos termos do art. 35, da Lei 8.212/1991 (com a redação dada pela Lei 11.941/2009) c/c art. 106, II, alínea *c* do CTN, retroatividade benigna. 3. O art. 35-A da Lei 8.212/1991, que determina a aplicação do art. 44 da Lei 9.430/1996 aos lançamentos de ofício relativos a contribuições previdenciárias, incide a partir da vigência da Lei 11.941/2009. Interpretação em sentido contrário ofende o disposto no art. 144 do CTN, que determina a aplicação da lei vigente à época do fato gerador, ainda que posteriormente modificada ou revogada. 4. O art. 35 da Lei 8.212/1991, na redação anterior à Lei 11.941/2009, estabelece somente multas de mora, inclusive quando houver lançamento de ofício. O legislador considerou irrelevante, para efeito de aplicação da multa de mora, o fato de haver ou não informação a respeito do débito na GFIP. 5. Apelação parcialmente provida, para determinar a redução da multa" (TRF-4.ª Reg. – AC 2008.71.00.001469-5/RS – 1.ª T. – rel. Joel Ilan Paciornik – j. 16.12.2009 – DE 19.01.2010).

"Tributário – Embargos à execução fiscal – Indeferimento de prova pericial – Cerceamento de defesa não configurado – Preliminar rejeitada – Multa ex officio – Redução para 50% – Aplicabilidade do art. 44, II, da Lei 9.430/1996 – Encargo de 20% – Dec.-lei 1.025/1969 – Substituição da condenação em honorários advocatícios em caso de improcedência – Súmula 168/TFR – I – Não tendo a Embargante oferecido nenhum elemento de convicção a fim de deixar clara a imprescindibilidade da prova pericial para o julgamento dos embargos, seu indeferimento não caracteriza cerceamento de defesa. Nos termos do CPC, o juiz deve analisar a necessidade da dilação probatória, indeferindo-a se entendê-la desnecessária ou impertinente. Preliminar rejeitada. II – Multa *ex officio*, em face da falta de recolhimento do tributo, fixada em 75%. Efeito confiscatório verificado na cobrança desse acréscimo. Redução para 50%, em consonância com o art. 44, II, da Lei 9.430/1996. Precedentes desta Turma.

III – Encargo de 20% (vinte por cento), previsto no art. 1.º, do Dec.-lei 1.025/1969, devido nas execuções fiscais promovidas pela União, a fim de custear as despesas com a cobrança judicial de sua dívida ativa, substituindo, nos embargos, a condenação em honorários advocatícios, em caso de improcedência desses (Súmula 168/TFR). IV – Afastada a condenação da Embargante na verba honorária a que foi condenada, porquanto o referido encargo substitui os honorários advocatícios no caso de improcedência dos embargos. V – Preliminar rejeitada. Apelação provida" (TRF-3.ª Reg. – AC 1999.03.99.007932-0/SP – 6.ª T. – rel. Des. Federal Regina Costa – DJe 18.05.2010 – p. 61).

Art. 36. (Revogado pela Lei 8.218, de 29.08.1991, *DOU* 30.08.1991).

✳ **Remissão:** CLPS, art. 143.

✎ Anotação

Na ausência de previsão legal, aplica-se a regra geral do art. 161, § 1.º, do CTN quanto à incidência de juros. Em se tratando de exações federais, inclusive as contribuições previdenciárias, há legislação específica – Lei 9.430, de 27.12.1996, prevendo não apenas a incidência de juros, regulada pelo preceito revogado, como igualmente a incidência de multa, nos termos do art. 35, anteriormente citado e anotado.

JURISPRUDÊNCIA

"Contribuição previdenciária – Leis 7.787/1989 e 8.212/1991 – Compensação – Correção monetária do valor recolhido indevidamente – Aplicação do IPC nos meses de janeiro e fevereiro de 1989 e no período de março de 1990 a fevereiro de 1991, INPC de março a dezembro de 1991, seguida pela Ufir e Selic a partir de janeiro de 1996 – Recurso parcialmente provido, na parte conhecida – No que diz respeito aos índices do INPC, UFIR e IPC nos meses de março e abril de 1990 e fevereiro de 1991, o agravo não deve ser conhecido uma vez que a decisão recorrida foi proferida nos exatos termos do inconformismo. Correta a utilização do índice do IPC no período de maio de 1990 a janeiro de 1991 e da Selic a partir de janeiro de 1996. Precedentes do E. STJ. Inaplicabilidade do IPC nos meses de janeiro e fevereiro de 1989 porquanto o

recolhimento da contribuição social a cargo do empregador incidente sobre a folha de salários, enquanto veiculada nas Leis 7.787/1989 e 8.212/1991, na sua parte indevida, ocorreu somente a partir da competência de setembro de 1989. Agravo legal parcialmente provido, na parte conhecida" (TRF-3.ª Reg. – AC 97.03.001257-4/SP – 1.ª T. – rel. Des. Federal Oliveira Lima – DJe 21.05.2010 – p. 20).

"*Processual civil e tributário. Agravo Regimental. Embargos à execução fiscal. Tributo sujeito a lançamento por homologação. Entrega da declaração pelo contribuinte. Notificação. Prévio processo administrativo. Lançamento. Desnecessidade. Taxa Selic. Legalidade. Precedentes.*

1. Em se tratando de tributo sujeito a lançamento por homologação, como o caso dos autos (ICMS), é despicienda a instauração de prévio processo administrativo ou notificação para que haja a constituição do crédito tributário, tornando-se exigível a partir da declaração feita pelo contribuinte.

2. É firme o posicionamento jurisprudencial de ambas as Turmas que compõem a Seção de Direito Público desta Corte no sentido da legalidade do emprego da Taxa Selic – que engloba atualização monetária e juros – na atualização monetária dos débitos fiscais tributários, tanto na esfera federal, quanto na esfera estadual, dependendo esta de previsão legal para a sua incidência.

3. Agravo regimental não provido" (AgRg no Ag 1114509/MG– 2.ª T. – rel. Min. Mauro Campbell Marques – j. 07.05.2009 – DJe 27.05.2009).

"*Processo civil e tributário – Agravo legal – Art. 557, § 1.º, do Código de Processo Civil – Compensação de contribuições previdenciárias incidentes sobre pró-labore de administradores e autônomos (Leis 7.787/1989 e 8.212/1991) – Correção monetária – IPC no mês de maio/90 – Cabimento – Recurso parcialmente provido* – 1. O art. 557 do Código de Processo Civil autoriza o relator a julgar monocraticamente qualquer recurso – E também a remessa oficial, nos termos da Súmula 253/STJ – Desde que sobre o tema recorrido haja jurisprudência dominante em Tribunais Superiores; Foi o caso dos autos. 2. Não conhecer do agravo legal quanto ao pedido de inclusão dos expurgos inflacionários de março/1990, abril/1990 e fev./1991, pois a decisão monocrática à f. aplicou o Provimento 26/2001 da COGE o qual prevê a inclusão desses meses. 3. Aplicabilidade do índice do IPC no mês de maio de 1990 diante de jurisprudência do STJ. 4. A decisão monocrática do Relator determinou aplicação de correção monetária pela UFIR de janeiro de 1992 a 31.12.1995, sendo indevidos supostos expurgos do Plano Real, e afastou os pretendidos juros 'compensatórios' de 1% ao mês, na esteira da jurisprudência tranquila do STJ. 5. De outro lado, a Selic só haverá de incidir a partir de 01.01.1996

(REsp 651.523/RJ, 2.ª T., j. 22.02.2005, *DJ* 11.04.2005, p. 264, Relator Min. Castro Meira; REsp 667.803/SP, 2.ª T., j. 05.10.2004, *DJ* 13.12.2004, p. 351, Relator Min. João Otavio de Noronha; REsp 414.960/SC, 2.ª T., j. 17.02.2004, *DJ* 29.03.2004, p. 188, Relator Min. Castro Meira; REsp 735.975/SP, 2.ª T., j. 05.05.2005, rel. Min. Castro Meira, *DJ* 12.09.2005, p. 304; REsp 526.455/SP, 2.ª T., j. 16.11.2004, rel. Min. Franciulli Neto, *DJ* 25.04.2005, p. 279). 6. Agravo legal da parte autora conhecido em parte e parcialmente provido" (TRF-3.ª Reg. – AG-AC 96.03.071000-8/SP – 1.ª T. – rel. Des. Federal Johnson Di Salvo – *DJe* 14.05.2010 – p. 81).

▶ Assim dispunha o artigo revogado:

Independentemente da multa variável do artigo anterior, são devidos, de pleno direito, em caráter irrelevável, pela falta de cumprimento do disposto no art. 30 desta lei, juros de mora de 1% ao mês ou fração, calculados sobre o valor do débito atualizado na forma prevista no art. 34.

Art. 37. Constatado o não recolhimento total ou parcial das contribuições tratadas nesta Lei, não declaradas na forma do art. 32, a falta de pagamento de benefício reembolsado ou o descumprimento de obrigação acessória, será lavrado auto de infração ou notificação de lançamento. (NR) (Redação dada ao artigo pela Lei 11.941, de 27.05.2009, *DOU* 28.05.2009, conversão da MedProv 449, de 03.12.2008, *DOU* 04.12.2008).

§ 1.º (Revogado pela Lei 11.941, de 27.05.2009, *DOU* 28.05.2009, conversão da MedProv 449, de 03.12.2008, *DOU* 04.12.2008).

§ 2.º (Revogado pela Lei 11.941, de 27.05.2009, *DOU* 28.05.2009, conversão da MedProv 449, de 03.12.2008, *DOU* 04.12.2008).

✱ **Remissão:** CLPS, art. 141.

✏ Anotação

O art. 460 da IN RFB 971/2009 estabelece que são documentos de constituição do crédito previdenciário (a) a Guia de Recolhimento do Fundo de Garantia do Tempo de Serviço e Informações à Previdência Social (GFIP); (b) o Lançamento do Débito Confessado (LDC); (c) o Auto de Infração

(AI); (d) a Notificação de Lançamento (NL); e (e) o Débito Confessado em GFIP (DCG).

O preceito cuida, decerto, do descumprimento da obrigação tributária no âmbito administrativo. Sendo apurado o fato em esfera judicial, em particular pela Justiça do Trabalho, o *iter* de apuração será distinto.

A GFIP, conquanto não seja o lançamento da contribuição social, contém todos os elementos de apuração do tributo. É a modalidade de lançamento por homologação.

A NL é o instrumento clássico do lançamento direto ou *ex officio*, decorrente da omissão do dever do contribuinte.

JURISPRUDÊNCIA

"*Penal e processual penal* – Emendatio libelli – *Sonegação fiscal* – Art. 2.º da Lei 8.137/1990 – Exaurimento da via administrativa – Condição de procedibilidade – 1. É certo que ao Tribunal é dada a possibilidade de efetuar a *emendatio libelli*, na medida em que consiste em simples operação de correção da acusação no aspecto da qualificação jurídica do fato, e que, em processo penal, o réu se defende dos fatos e, não, da tipificação. Ocorre que o legislador impôs, em caso de recurso exclusivo da defesa, uma limitação à sua realização, qual seja, que a pena do acusado não pode ser agravada, na forma do art. 617 do CPP. 2. O STF, no julgamento do HC 81.611-8/DF, cujo Relator foi o eminente Min. Sepúlveda Pertence, firmou entendimento no sentido de que o término do processo administrativo perante a Receita Federal constitui condição objetiva de punibilidade, baseando-se nas seguintes premissas: (a) os delitos previstos no art. 1.º da Lei 8.137/1990 configuram-se como crimes materiais; (b) compete privativamente ao Fisco a constituição do crédito tributário; (c) antes do lançamento definitivo do crédito tributário, com a lavratura do auto de infração definitivo, inexiste certeza objetiva sobre a existência e o quantum da obrigação tributária; (d) o exaurimento do processo administrativo-fiscal de lançamento é condição objetiva de punibilidade dos crimes contra a ordem tributária; (e) a inexistência de constituição definitiva do crédito tributário, demonstrando a sua exigibilidade, impede a propositura da ação penal, por faltar-lhe justa causa; (f) a instauração da ação penal antes de findo o procedimento administrativo-fiscal implicaria em constrangimento ilegal. 3. Numa evolução jurisprudencial, observa-se que o Supremo tem estendido esse raciocínio, aplicado inicialmente apenas ao art. 1.º da Lei 8.137/1990, a outros delitos, até mesmo aos que não se revestem da natureza de crimes contra a ordem tributária, mas que guardam com estes uma similaridade conceitual, ostentando a condição de delitos materiais, tais quais o art. 168-A do CP (apropriação indébita previdenciária), entendo ser também necessário para estes que, anteriormente à deflagração da ação penal, a Administração Pública se manifeste, em caráter definitivo, acerca da existência ou não da evasão fiscal. 4. Aos delitos tipificados nos incs. do art. 2.º da Lei 8.137/1990 mostra-se plenamente razoável aplicar o mesmo raciocínio construído pelo STF para o art. 1.º do mesmo diploma legal, tendo em vista que a lógica de ambos é exatamente a mesma, qual seja, aferir se, efetivamente, o Estado entende que o contribuinte deixou de pagar, de alguma forma, por algum motivo, e tem que complementar o pagamento do tributo. 5. Apelação do MPF desprovida e Apelação da defesa provida" (TRF-2.ª Reg. – ACr 2006.51.01.513035-6 – (6632) – 1.ª T. Especializada – rel. Des. Federal Maria Helena Cisne – *DJe* 20.05.2010 – p. 204).

"*Constitucional – Tributário – Relação de trabalho – Existência – Questão prejudicial – Análise pela Justiça Federal – Possibilidade para fins de definição do regime tributário de recolhimentos previdenciários* – 1. Embora o reconhecimento do vínculo trabalhista, é dizer, da existência de relação de emprego seja competência constitucional da Justiça do Trabalho (CF, art. 114), pode ser enfrentado como questão prejudicial, e, portanto, fora dos limites objetivos da coisa julgada (CPC, arts. 468, e 469, III), em ação anulatória de débito fiscal oriundo de aplicação de legislação tributária previdenciária referente à relação de emprego a relações jurídicas entre pessoa jurídica de direito privado e prestadores de serviço. 2. Não maltrata a norma constitucional a análise pela jurisdição federal comum de relação jurídica para fins de subsunção ao arquétipo da relação de emprego enquanto questão prejudicial, pois, no presente caso, a natureza jurídica da relação entre a autora e as pessoas por ela contratadas não é objeto da lide, mas questão antecedente lógica necessária ao deslinde da controvérsia acerca do regime tributário incidente na espécie, o que se consubstancia competência desta Justiça Federal. 3. A questão prejudicial na espécie poderá ou não ser objeto de ação autônoma no âmbito da jurisdição trabalhista, podendo, inclusive, ensejar uma relação de prejudicialidade externa hábil a suspender este feito, *ex vi* do art. 265, IV, *a*, do CPC. Tal hipótese, entretanto, não ocorre nos autos, e a decisão da questão prejudicial não fará coisa julgada entre as partes, a teor dos arts. 468, e 469, III, do CPC. 4. A única vedação incidente no caso dos autos é quanto à ampliação dos limites objetivos da coisa julgada, mediante a propositura de ação declaratória incidental, a qual não poderá ser admitida, pois teria por objeto pedido afeto à competência de justiça especializada, no caso, a Justiça do Trabalho. 5. Logo, é de concluir-se inexistir óbice à análise da natureza da relação jurídica entre a autora e seus contratados, se relação de prestação de serviço ou de emprego, com o escopo de aferir a que regime tributário previdenciário estão submetidos os recolhimentos por ela efetuados. E dito tema – Natureza jurídica de relação entre tomador e prestador de serviço – Já foi enfrentado como questão prejudicial por esta Turma nos seguintes precedentes: AC 1998.01.00.035043-0/MA, rel. Juiz convocado Vallisney de Souza Oliveira, *DJ* 09.09.2004, p. 36; AC 1997.01.00.018150-2/MG, rel. Juiz convocado Wilson Alves de Souza, *DJ* 19.08.2004, p. 80; AC 1998.01.00.049234-8/MG, rel. Juiz convocado Leão Aparecido Alves, *DJ* 29.07.2004, p. 87. 6. É possível à Fiscalização Previdenciária, independente de prévio pronunciamento da Justiça do Trabalho ou da Fiscalização do Trabalho, aferir a natureza da relação jurídica submetida a seu crivo, podendo discordar da qualificação jurídica dada pela partes e qualificá-la diversamente para efeitos da incidência da legislação tributária previdenciária. E essa é a dicção do art. 109 do CTN: 'Os princípios gerais de direito privado utilizam-se para pesquisa da definição, do conteúdo e do alcance de seus institutos, conceitos e formas, mas não para definição dos respectivos efeitos tributários'. 7. Hipótese fática em que a prova é robusta em favor da autora, inclusive com produção de perícia técnica, a comprovar a inexistência de vínculo trabalhista, consubstanciando o equívoco da Administração Tributária Previdenciária, a ensejar a desconstituição do auto de infração lavrado pelo INSS" (TRF-1.ª Reg. – AC 199901000816752/MG – 3.ª T. Suplementar – rel. Juiz Federal convocado Antonio Cláudio Macedo da Silva – *DJU* 12.05.2005 – p. 141).

Súmula CARF n. 21: "É nula, por vício formal, a notificação de lançamento que não contenha a identificação da autoridade que a expediu".

Súmula CARF n. 33: "A declaração entregue após o início do procedimento fiscal não produz quaisquer efeitos sobre o lançamento de ofício".

Súmula CARF n. 46: "O lançamento de ofício pode ser realizado sem prévia intimação ao sujeito passivo, nos casos em que o Fisco dispuser de elementos suficientes à constituição do crédito tributário".

CARF Portaria 52, de 21.12.2010, *DOU* 23.12.2010. (Retificada no *DOU* 12.01.2011)

▶ Assim dispunha o artigo alterado:

Art. 37. Constatado atraso total ou parcial no recolhimento de contribuições tratadas nesta Lei, ou em caso de falta de pagamento de benefício reembolsado, a fiscalização lavrará notificação de débito, com discriminação clara e precisa dos fatos geradores, das contribuições devidas e dos períodos a que se referem, conforme dispuser o regulamento.

TÍTULO VI – DO FINANCIAMENTO DA SEGURIDADE SOCIAL – INTRODUÇÃO • Art. 38

▶ Assim dispunha o parágrafo revogado:

§ 1.º Recebida a notificação do débito, a empresa ou segurado terá o prazo de 15 (quinze) dias para apresentar defesa, observado o disposto em regulamento. (Antigo parágrafo único renumerado pela Lei 9.711, de 20.11.1998, *DOU* 21.11.1998).

▶ Assim dispunha o parágrafo revogado:

§ 2.º Por ocasião da notificação de débito ou, quando for o caso, da inscrição na Dívida Ativa do Instituto Nacional do Seguro Social – INSS, a fiscalização poderá proceder ao arrolamento de bens e direitos do sujeito passivo, conforme dispuser aquela autarquia previdenciária, observado, no que couber, o disposto nos §§ 1.º a 6.º, 8.º e 9.º do art. 64 da Lei 9.532, de 10 de dezembro de 1997. (NR) (Parágrafo acrescentado pela Lei 9.711, de 20.11.1998, *DOU* 21.11.1998).

Art. 38. (Revogado pela Lei 11.941, de 27.05.2009, *DOU* 28.05.2009, conversão da MedProv 449, de 03.12.2008, *DOU* 04.12.2008).

§ 1.º (Revogado pela Lei 11.941, de 27.05.2009, *DOU* 28.05.2009, conversão da MedProv 449, de 03.12.2008, *DOU* 04.12.2008).

§ 2.º (Revogado pela Lei 9.528, de 10.12.1997, *DOU* 11.12.1997).

§ 3.º (Revogado pela Lei 11.941, de 27.05.2009, *DOU* 28.05.2009, conversão da MedProv 449, de 03.12.2008, *DOU* 04.12.2008).

§ 4.º (Revogado pela Lei 11.941, de 27.05.2009, *DOU* 28.05.2009, conversão da MedProv 449, de 03.12.2008, *DOU* 04.12.2008).

§ 5.º (Revogado pela Lei 11.941, de 27.05.2009, *DOU* 28.05.2009, conversão da MedProv 449, de 03.12.2008, *DOU* 04.12.2008).

§ 6.º (Revogado pela Lei 11.941, de 27.05.2009, *DOU* 28.05.2009, conversão da MedProv 449, de 03.12.2008, *DOU* 04.12.2008).

§ 7.º (Revogado pela Lei 11.941, de 27.05.2009, *DOU* 28.05.2009, conversão da MedProv 449, de 03.12.2008, *DOU* 04.12.2008).

§ 8.º (Revogado pela Lei 11.941, de 27.05.2009, *DOU* 28.05.2009, conversão da MedProv 449, de 03.12.2008, *DOU* 04.12.2008).

§ 9.º (Revogado pela Lei 11.941, de 27.05.2009, *DOU* 28.05.2009, conversão da MedProv 449, de 03.12.2008, *DOU* 04.12.2008).

§ 10. (Revogado pela Lei 11.941, de 27.05.2009, *DOU* 28.05.2009, conversão da MedProv 449, de 03.12.2008, *DOU* 04.12.2008).

§ 11. (Revogado pela Lei 11.941, de 27.05.2009, *DOU* 28.05.2009, conversão da MedProv 449, de 03.12.2008, *DOU* 04.12.2008).

§ 12. (Revogado pela Lei 11.941, de 27.05.2009, *DOU* 28.05.2009, conversão da MedProv 449, de 03.12.2008, *DOU* 04.12.2008).

Art. 38 • LEI ORGÂNICA DA SEGURIDADE SOCIAL

§ 13. (Revogado pela Lei 11.941, de 27.05.2009, *DOU* 28.05.2009, conversão da MedProv 449, de 03.12.2008, *DOU* 04.12.2008).

§ 14. (Revogado pela Lei 11.941, de 27.05.2009, *DOU* 28.05.2009, conversão da MedProv 449, de 03.12.2008, *DOU* 04.12.2008).

✳ Remissão: CLPS, art. 159.

✎ Anotação

O artigo ora avaliado tratava do parcelamento de contribuições previdenciárias. Atualmente, os créditos previdenciários, inclusive os oriundos de contribuições arrecadadas para outros fundos ou entidades (terceiros), podem ser objeto de parcelamento perante a Receita Federal do Brasil. Trata-se de acordo celebrado entre a Secretaria da Receita Federal do Brasil e o devedor, que objetiva o pagamento parcelado das contribuições e demais importâncias devidas à seguridade social e não recolhidas em época própria, incluídas ou não em notificação. O pedido importa em confissão irretratável da dívida e configura confissão extrajudicial, nos termos dos arts. 348, 353 e 354 do CPC.

| JURISPRUDÊNCIA

"Constitucional e tributário – Mandado de segurança – Fundo de participação dos municípios e receita corrente líquida municipal – Retenção para quitação de débitos previdenciários em atraso e obrigações previdenciárias correntes. Termo de Amortização de Dívida Fiscal/TADF. Crédito previdenciário. Constituição. Guia de Recolhimento ao Fundo de Garantia do Tempo de Serviço e Informações à Previdência Social. FIP. Legitimidade. CF/1988, art. 160, parágrafo único, I, Leis 8.212/1991, arts. 32, IV, e § 2.º, e 38, § 12, e 9.639/1998, arts. 2.º, parágrafo único, e 5.º, §§ 3.º e 4.º, Dec. 2.803/1998, art. 1.º e seus §§ 3.º e 4.º. (a) Recurso. Apelação em mandado de segurança. (b) Decisão de origem. Concessão da segurança. I – A Constituição Federal de 1988 (art. 160, parágrafo único, I) autoriza a retenção de recursos financeiros dos municípios para pagamento de créditos do Instituto Nacional do Seguro Social – INSS. Consequentemente, esse procedimento não ofende o princípio constitucional da autonomia municipal. II – Os acordos de parcelamento celebrados entre os municípios e o Instituto Nacional do Seguro Social – INSS devem, obrigatoriamente, conter cláusula que autorize a retenção do Fundo de Participação dos Estados e do Fundo de Participação dos Municípios em valor correspondente às obrigações previdenciárias correntes do mês anterior ao recebimento desses

(Leis 8.212/1991 art. 38, § 12, e 9.639/1998, art. 5.º). III – Os valores mensais das obrigações previdenciárias correntes são apurados com espeque na Guia de Recolhimento ao Fundo de Garantia do Tempo de Serviço e Informações à Previdência Social – GFIP, constituindo as informações nela insertas Termo de Confissão de Dívida e dispensando processo administrativo contencioso para inscrição em dívida ativa do Instituto Nacional do Seguro Social – INSS se não forem pagas. (Lei 8.212/1991, art. 32, IV, e § 2.º; Dec. 2.803/1998, art. 1.º e seus §§ 3.º e 4.º). IV – A amortização do débito previdenciário parcelado, acrescido das obrigações previdenciárias correntes, poderá comprometer, mensalmente, até 15% (quinze por cento) da Receita Corrente Líquida Municipal (Lei 9.639/1998, art. 5.º, § 4.º). V – Celebrado entre o Município e o Instituto Nacional do Seguro Social – INSS Termo de Amortização de Dívida Fiscal que autorizava as retenções de 3% (três por cento) da cota do Fundo de Participação dos Municípios para pagamento de débitos previdenciários em atraso e de 15% (quinze por cento) da Receita Corrente Líquida Municipal para quitação de obrigações previdenciárias correntes, legítimas as que não ultrapassaram os limites contratuais. VI – Apelação provida. VII – Remessa oficial prejudicada. VIII – Sentença reformada. IX – Segurança denegada" (TRF-1.ª Reg. – AMS 2005.33.00.003865-2 – 7.ª T. – rel. Des. Federal Catão Alves – *DJe* 09.01.2009).

▶ Assim dispunha o artigo revogado:

Art. 38. As contribuições devidas à Seguridade Social, incluídas ou não em notificação de débito, poderão, após verificadas e confessadas, ser objeto de acordo para pagamento parcelado em até 60 (sessenta) meses, observado o disposto em regulamento.

▶ Assim dispunha a redação anterior:

§ 1.º Não poderão ser objeto de parcelamento as contribuições descontadas dos empregados, inclusive dos domésticos, dos trabalhadores avulsos, as decorrentes da sub-rogação de que trata o inciso IV do art. 30 e as importâncias retidas na forma do art. 31, independentemente do disposto no art. 95. (Redação dada ao parágrafo pela Lei 9.711, de 20.11.1998, *DOU* 21.11.1998).

▶ Assim dispunha o parágrafo revogado:

§ 2.º Não pode ser firmado acordo para pagamento parcelado se as contribuições tratadas no parágrafo anterior não tiverem sido pagas.

▶ Assim dispunha o parágrafo revogado:

§ 3.º A empresa ou segurado que, por ato próprio ou de terceiros tenha obtido, em qualquer tempo, vantagem ilícita em prejuízo direto ou indireto da Seguridade Social,

Art. 38 • Lei Orgânica da Seguridade Social

através de prática de crime previsto na alínea *j* do art. 95, não poderá obter parcelamentos, independentemente das sanções administrativas, cíveis ou penais cabíveis.

▶ Assim dispunha o parágrafo revogado:

§ 4.º As contribuições de que tratam os incisos I e II do art. 23 serão objeto de parcelamento, de acordo com a legislação específica vigente.

▶ Assim dispunha a redação anterior:

§ 5.º Será admitido o reparcelamento, por uma única vez, desde que o devedor recolha, no ato da solicitação, dez por cento do saldo devedor atualizado. (Parágrafo acrescentado pela Lei 9.528, de 10.12.1997, *DOU* 11.12.1997).

▶ Assim dispunha o parágrafo revogado:

§ 6.º Sobre o valor de cada prestação mensal decorrente de parcelamento serão acrescidos, por ocasião do pagamento, juros equivalentes à taxa referencial do Sistema Especial de Liquidação e de Custódia – Selic, a que se refere o art. 13 da Lei 9.065, de 20 de junho de 1995, para títulos federais, acumulada mensalmente, calculados a partir do 1.º dia do mês da concessão do parcelamento até o mês anterior ao do pagamento e de um por cento relativamente ao mês do pagamento. (Parágrafo acrescentado pela Lei 9.528, de 10.12.1997, *DOU* 11.12.1997).

▶ Assim dispunha o parágrafo revogado:

§ 7.º O deferimento do parcelamento pelo Instituto Nacional do Seguro Social – INSS fica condicionado ao pagamento da primeira parcela. (Parágrafo acrescentado pela Lei 9.528, de 10.12.1997, *DOU* 11.12.1997).

▶ Assim dispunha o parágrafo revogado:

§ 8.º Na hipótese do parágrafo anterior, não sendo paga a primeira parcela ou descumprida qualquer cláusula do acordo de parcelamento, proceder-se-á à inscrição da dívida confessada, salvo se já tiver sido inscrita na Dívida Ativa do Instituto Nacional do Seguro Social – INSS e à sua cobrança judicial. (Parágrafo acrescentado pela Lei 9.528, de 10.12.1997, *DOU* 11.12.1997).

▶ Assim dispunha o parágrafo revogado:

§ 9.º O acordo celebrado com o Estado, o Distrito Federal ou o Município conterá cláusula em que estes autorizem a retenção do Fundo de Participação dos Estados – FPE ou do Fundo de Participação dos Municípios – FPM e o repasse ao Instituto Nacional do Seguro Social – INSS do valor correspondente a cada prestação mensal, por ocasião do vencimento desta. (Parágrafo acrescentado pela Lei 9.639, de 25.05.1998).

▶ Assim dispunha a redação anterior:

§ 10. O acordo celebrado com o Estado, o Distrito Federal ou o Município conterá, ainda, cláusula em que estes autorizem, quando houver a falta de pagamento de débitos vencidos ou de prestações de acordos de parcelamento, a retenção do Fundo de Participação dos Estados – FPE ou do Fundo de Participação dos Municípios – FPM e o repasse ao Instituto Nacional do Seguro Social – INSS do valor correspondente à mora, por ocasião da primeira transferência que ocorrer após a comunicação da autarquia previdenciária ao Ministério da Fazenda. (Redação dada ao parágrafo pela MedProv 2.187-13, de 24.08.2001, *DOU* 27.08.2001, em vigor conforme o art. 2.º da EC 32/2001).

▶ Assim dispunha o parágrafo revogado:

§ 11. Não é permitido o parcelamento de dívidas de empresa com falência decretada. (NR) (Parágrafo acrescentado pela Lei 9.711, de 20.11.1998, *DOU* 21.11.1998).

▶ Assim dispunha o parágrafo revogado:

§ 12. O acordo previsto neste artigo conterá cláusula em que o Estado, o Distrito Federal e o Município autorize a retenção do FPE e do FPM e o repasse à autarquia previdenciária do valor correspondente às obrigações previdenciárias correntes do mês anterior ao do recebimento do respectivo Fundo de Participação. (Parágrafo acrescentado pela MedProv 2.187-13, de 24.08.2001, *DOU* 27.08.2001, em vigor conforme o art. 2.º da EC 32/2001).

▶ Assim dispunha o parágrafo revogado:

§ 13. Constará, ainda, no acordo mencionado neste artigo, cláusula em que o Estado, o Distrito Federal ou o Município autorize a retenção pelas instituições financeiras de outras receitas estaduais, distritais ou municipais nelas depositadas e o repasse ao INSS do restante da dívida previdenciária apurada, na hipótese em que os recursos oriundos do FPE e do FPM não forem suficientes para a quitação do parcelamento e das obrigações previdenciárias correntes. (Parágrafo acrescentado pela MedProv 2.187-13, de 24.08.2001, *DOU* 27.08.2001, em vigor conforme o art. 2.º da EC 32/2001).

▶ Assim dispunha o parágrafo revogado:

§ 14. O valor mensal das obrigações previdenciárias correntes, para efeito deste artigo, será apurado com base na respectiva Guia de Recolhimento do Fundo de Garantia do Tempo de Serviço e de Informações à Previdência Social – GFIP ou, no caso de sua não apresentação no prazo legal, estimado, utilizando-se a média das últimas doze competências recolhidas anteriores ao mês da retenção prevista no § 12 deste artigo, sem prejuízo da cobrança ou restituição ou compensação de eventuais diferenças. (NR) (Parágrafo acrescentado pela MedProv 2.187-13, de 24.08.2001, *DOU* 27.08.2001, em vigor conforme o art. 2.º da EC 32/2001).

Art. 39. O débito original e seus acréscimos legais, bem como outras multas previstas em lei, constituem dívida ativa da União, promovendo-se a inscrição em livro próprio daquela resultante das contribuições de que tratam as alíneas *a*, *b* e *c* do parágrafo único do art. 11 desta Lei. (Redação dada ao *caput* pela Lei 11.457, de 16.03.2007, *DOU* 19.03.2007, com efeitos a partir do primeiro dia útil do segundo mês subsequente à data de sua publicação).

§ 1.º (Revogado pela Lei 11.501, de 11.07.2007, *DOU* 12.07.2007, conversão da MedProv 359 de 16.03.2007, *DOU* 19.03.2007, com efeitos a partir de 02.05.2007).

§ 2.º É facultado aos órgãos competentes, antes de ajuizar a cobrança da dívida ativa de que trata o *caput* deste artigo, promover o protesto de título dado em garantia, que será recebido pro solvendo. (Redação dada ao parágrafo pela Lei 11.457, de 16.03.2007, *DOU* 19.03.2007, com efeitos a partir do primeiro dia útil do segundo mês subsequente à data de sua publicação).

§ 3.º Serão inscritas como dívida ativa da União as contribuições que não tenham sido recolhidas ou parceladas resultantes das informações prestadas no documento a que se refere o inciso IV do art. 32 desta Lei. (NR) (Redação dada ao parágrafo pela Lei 11.457, de 16.03.2007, *DOU* 19.03.2007, com efeitos a partir do primeiro dia útil do segundo mês subsequente à data de sua publicação).

✳ **Remissão:** CLPS, art. 144, § 2.º.

Anotação

Na hipótese de inadimplemento por parte do contribuinte, o Erário encaminhará o crédito devidamente formalizado e, portanto, exigível, para inscrição em dívida ativa, de modo que produza o título executivo extrajudicial que lhe dará exequibilidade: a Certidão de Dívida Ativa. A formalização do crédito tributário, ou seja, a representação documental de que o crédito existe em determinado montante perante certo contribuinte ciente da sua obrigação, pode se dar de várias maneiras, não estando, de modo algum, restrita ao lançamento por parte da autoridade. Um exemplo repousa na confissão de dívida tributária por meio de documento declaratório. Sabe-se que o processo de execução fiscal encontra-se disciplinado pela Lei 6.830/1980, a qual, em conjunto com o Código de Processo Civil, cuida da cobrança da Dívida Ativa da União, dos Estados, do Distrito Federal, dos Municípios e das respectivas autarquias.

JURISPRUDÊNCIA

"*Agravo regimental no recurso especial. Apropriação indébita previdenciária. Princípio da insignificância. Aplicabilidade. Art. 20 da Lei 10.522/2002.*

1. Esta Corte reconhece a incidência do princípio da insignificância nos crimes de apropriação indébita previdenciária, quando for constatado que o valor suprimido não é superior a R$ 10.000,00 (dez mil reais). 2. A Lei 11.457/2007 considera como dívida ativa da União os débitos decorrentes das contribuições previdenciárias, dando-lhes tratamento similar aos débitos tributários. 3. O mesmo raciocínio aplicado ao delito de descaminho, quanto à incidência do princípio da insignificância, deve ser adotado para o crime de não recolhimento das contribuições para a previdência social. 4. Não trazendo o agravante tese jurídica capaz de modificar o posicionamento anteriormente firmado, é de se manter a decisão agravada na íntegra, por seus próprios fundamentos. 5. Em sede de recurso especial não se analisa suposta afronta a dispositivo constitucional, sob pena de usurpação da competência atribuída ao E. STF. 6. Agravo regimental a que se nega provimento" (STJ – AgRg no RE 2011/0137804-7 – rel. Min. Og Fernandes – 6.ª T. – j. 06.11.2012 – DJe 16.11.2012).

"*Processo civil – Recurso especial representativo de controvérsia – Art. 543-C do CPC – Tributário – Processo administrativo fiscal – Verificação de divergências entre valores declarados na GFIP e valores recolhidos (pagamento a menor) – Tributo sujeito a lançamento por homologação (contribuição previdenciária) – Desnecessidade de lançamento de ofício supletivo – Crédito tributário constituído por ato de formalização praticado pelo contribuinte (declaração) – Recusa ao fornecimento de Certidão Negativa de Débito (CND) ou de Certidão Positiva com Efeitos de Negativa (CPEN) – Possibilidade –* 1. A entrega de Declaração de Débitos e Créditos Tributários Federais – DCTF, de Guia de Informação e Apuração do ICMS – GIA, ou de outra declaração dessa natureza, prevista em lei, é modo de constituição do crédito tributário, dispensando a Fazenda Pública de qualquer outra providência conducente à formalização do valor declarado (Precedente da 1.ª Seção submetido ao rito do art. 543-C do CPC: REsp 962.379/RS, rel. Min. Teori Albino Zavascki, j. 22.10.2008, DJe 28.10.2008). 2. A Guia de Recolhimento do Fundo de Garantia por Tempo de Serviço e Informações à Previdência Social (GFIP) foi definida pelo Dec. 2.803/1998 (revogado pelo Dec. 3.048/1999), consistindo em declaração que compreende os dados da empresa e dos trabalhadores, os fatos geradores de contribuições previdenciárias e valores devidos ao INSS, bem como as remunerações dos trabalhadores e valor a ser recolhido a título de FGTS. As informações prestadas na GFIP servem como base de cálculo das contribuições arrecadadas pelo INSS. 3. Portanto, a GFIP é um dos modos de constituição do créditos devidos à Seguridade Social, consoante se dessume da leitura do art. 33, § 7.º, da Lei 8.212/1991 (com a redação dada pela Lei 9.528/1997), segundo o qual 'o crédito da seguridade social é constituído por meio de notificação de débito, auto de infração, confissão ou documento declaratório de valores devidos e não recolhidos apresentado pelo contribuinte'. 4. Deveras, a relação jurídica tributária inaugura-se com a ocorrência do fato jurídico tributário, sendo certo que, nos tributos sujeitos a lançamento por homologação, a exigibilidade do crédito tributário se perfectibiliza com a mera declaração efetuada pelo contribuinte, não se condicionando a ato prévio de lançamento administrativo, razão pela qual, em caso de não pagamento ou pagamento parcial do tributo declarado, afigura-se legítima a recusa de expedição da certidão negativa ou positiva com efeitos de negativa (Precedente da 1.ª Seção submetido ao rito do art. 543-C do CPC: REsp 1.123.557/RS, rel. Min. Luiz Fux, j. 25.11.2009). 5. Doutrina abalizada preleciona que: 'GFIP. Apresentada declaração sobre as contribuições previdenciárias devidas, resta formalizada a existência do crédito tributário, não tendo mais, o contribuinte inadimplente, direito à certidão negativa. Divergências de GFIP. Ocorre a chamada 'divergência de GFIP/GPS' quando o montante pago através de GPS não corresponde ao montante declarado na GFIP. Valores declarados como devidos nas GFIPs e impagos ou pagos apenas parcialmente ensejam a certificação da existência do débito quanto ao saldo. Há o que certificar. Efetivamente, remanescendo saldo devedor, considera-se-o em aberto, impedindo a obtenção de certidão negativa de débito. Em tendo ocorrido compensação de valores retidos em notas fiscais, impende que o contribuinte faça constar tal informação da GFIP, que tem campo próprio para retenção sobre nota fiscal/fatura. Não informando, o débito estará declarado e em aberto, não ensejando a obtenção de certidão negativa' (PAULSEN, Leandro. *Direito tributário* – Constituição e Código Tributário à luz da doutrina e da jurisprudência. 10. ed. Porto Alegre: Livraria do Advogado e Escola Superior da Magistratura Federal do Rio Grande do Sul, 2008. p. 1264). 6. *In casu*, restou assente, no Tribunal de origem, que: 'No caso dos autos, a negativa da autoridade coatora decorreu da existência de divergência de GFIPs, o que, ao contrário do afirmado pela impetrante, caracteriza a existência de crédito tributário da Fazenda Pública, fator impeditivo à expedição da Certidão Negativa de Débitos. (...) Nessa esteira, depreende-se que o crédito tributário derivado de documento declaratório prescinde de qualquer procedimento administrativo ou de notificação ao contribuinte para que se considere constituído, uma vez que a declaração do sujeito passivo equivale ao lançamento, tornando o crédito tributário formalizado e imediatamente exigível. A Guia de Recolhimento de Fundo de Garantia e Informações à Previdência Social – GFIP é documento fiscal declaratório, do qual devem constar todos os dados essenciais à identificação do valor do tributo relativo ao exercício competente. Assim, a GFIP é suficiente à constituição do crédito tributário e, na hipótese de ausência de pagamento do tributo declarado ou pagamento a menor, enseja a inscrição em dívida ativa, independentemente de prévia notificação ou instauração de procedimento administrativo fiscal. (...) Também não faz jus o apelado à Certidão Positiva de Débito com efeitos de Negativa prevista no art. 206 do CTN, considerando que, embora cabível nos casos em que há crédito tributário constituído e exigível, este deverá estar com a exigibilidade suspensa de acordo com qualquer das hipóteses elencadas nos arts. 151 e 155 do CTN, ou em cobrança executiva, devidamente garantido por penhora, o que não restou demonstrado no presente caso'. 7. Consequentemente, revela-se legítima a recusa da autoridade impetrada em expedir Certidão Negativa de Débito (CND) ou de Certidão Positiva com Efeitos de Negativa (CPEN) quando a autoridade tributária verifica a ocorrência de pagamento a menor, em virtude da existência de divergências entre os valores declarados na Guia de Recolhimento do FGTS e Informações à Previdência Social (GFIP) e os valores efetivamente recolhidos mediante guia de pagamento (GP) (Precedentes do STJ: AgRg-Ag 1.179.233/SP, rel. Min. Castro Meira, 2.ª T., j. 03.11.2009, *DJe* 13.11.2009; AgRg-REsp 1.070.969/SP, rel. Min. Benedito Gonçalves, 1.ª T., j. 12.05.2009, *DJe* 25.05.2009; REsp 842.444/PR, 2.ª T., j. 09.09.2008, rel. Min. Eliana Calmon, *DJe* 07.10.2008; AgRg-Ag 937.706/MG, rel. Min. Herman Benjamin, 2.ª T., j. 06.03.2008, *DJe* 04.03.2009; e AgRg-EAg 670.326/PR, rel. Min. Teori Albino Zavascki, 1.ª Seção, j. 14.06.2006, *DJ* 01.08.2006). 8. Hipótese que não se identifica com a alegação de mero descumprimento da obrigação acessória de informar, mensalmente, ao INSS, dados relacionados aos fatos geradores da contribuição previdenciária (art. 32, IV e § 10, da Lei 8.212/1991). 9. Recurso especial desprovido. Acórdão submetido ao regime do art. 543-C do CPC e da Res. STJ 8/2008" (STJ – REsp 1.143.094 – 1.ª S. – rel. Min. Luiz Fux – *DJe* 01.02.2010).

"*Remessa necessária – Tributário – Execução fiscal – Contribuição previdenciária – Aplicação do prazo prescricional para cobrança – Honorários advocatícios – Princípio da causalidade* – 1. O prazo prescricional das contribuições previdenciárias submete-se às seguintes regras: (a) Antes da edição da Lei 5.172/1966 (Código Tributário Nacional) prazo prescricional de trinta anos; (b) De 1.º de janeiro de 1967 até a vigência da Lei 6.830/1980, prazo de cinco anos; (c) Com o restabelecimento do art. 144 da Lei 3.807/1960 (§ 9.º do art. 2.º da Lei Lei 6.830/1980) até a entrada em vigor do atual Sistema Tributário Nacional em 01.03.1989, prazo prescricional de trinta anos. Em sendo assim, considerando que o período da divida em cobrança se estende de março de 1969 a maio de 1970; A ação executiva foi ajuizada em 30.01.1973 (citação em 27.01.1973); O requerimento para inclusão dos sócios responsáveis somente foi aviado em 04.04.2005; Bem assim que não se verifica, no curso do processamento, a incidência de causas suspensivas ou interruptivas do prazo prescricional, é patente a prescrição da pretensão executiva da Fazenda Pública. 2. A jurisprudência do colendo STJ é firme no sentido de que em executivo fiscal, sendo cancelada a inscrição da dívida ativa e já tendo ocorrido a citação do devedor, mesmo sem resposta, a extinção do feito implica na condenação da Fazenda Pública ao pagamento dos ônus deda sucumbência (REsp 689705/RN). 3. Remessa necessária conhecida e desprovida" (TRF-2.ª Reg. – REO-ACív. 1973.51.01.212262-6 – 4.ª T. Especializada – rel. Des. Federal Luiz Antonio Soares – DJe 19.05.2010 – p. 185).

▶ Assim dispunha a redação anterior:

Art. 39. O débito original atualizado monetariamente, a multa variável e os juros de mora sobre ele incidentes, bem como outras multas previstas nesta Lei, devem ser lançados em livro próprio destinado à inscrição na dívida ativa do INSS quanto às contribuições sociais cuja atribuição para arrecadar, fiscalizar, lançar e normatizar o recolhimento seja da Secretaria da Receita Previdenciária do Ministério da Previdência Social ou da Fazenda Nacional, quando esta atribuição for da Secretaria da Receita Federal do Ministério da Fazenda. (NR) (Redação dada ao caput pela Lei 11.098, de 13.01.2005, DOU 14.01.2005, com efeitos a partir de publicação do ato referido no inciso I do art. 8.º da referida Lei).

▶ A MedProv 258, de 21.07.2005, DOU 22.07.2005, que teve seu prazo de vigência encerrado no dia 18.11.2005 pelo Ato Declaratório do Presidente da Mesa do Congresso Nacional CN n. 40, de 21.11.2005, DOU 21.11.2005, alterava este caput, com a seguinte redação:

Art. 39. O débito original e seus acréscimos legais, bem assim outras multas previstas em lei, serão inscritos em dívida ativa da União pela Procuradoria-Geral da Fazenda Nacional.

▶ Assim dispunha o parágrafo revogado:

§ 1.º A certidão textual do livro de que trata este artigo serve de título para o Instituto Nacional do Seguro Social (INSS), por intermédio de seu procurador ou representante legal, promover em juízo a cobrança da dívida ativa, segundo o mesmo processo e com as mesmas prerrogativas e privilégios da Fazenda Nacional.

▶ Assim dispunha o parágrafo alterado:

§ 2.º Os órgãos competentes podem, antes de ajuizar a cobrança da dívida ativa, promover o protesto de título dado em garantia de sua liquidação, ficando, entretanto, ressalvado que o título será sempre recebido pro solvendo.

TÍTULO VI – Do financiamento da Seguridade Social – Introdução • **Art. 41**

▶ Assim dispunha o parágrafo alterado:

§ 3.º O não recolhimento ou não parcelamento dos valores contidos no documento a que se refere o inciso IV do art. 32 importará na inscrição na Dívida Ativa do Instituto Nacional do Seguro Social – INSS. (Parágrafo acrescentado pela Lei 9.528, de 10.12.1997, *DOU* 11.12.1997).

Art. 40. VETADO

✍ **Anotação**

Na mensagem de veto o Presidente da República afirma que não se poderia atribuir responsabilidade ao administrador pela falta de cumprimento do precatório no prazo assinalado pelo preceito.

▶ Assim dispunha o artigo vetado:

Art. 40. A cobrança judicial de importância devida à Previdência Social por empresa cujos bens são legalmente impenhoráveis é feita, depois de transitada em julgado a sentença condenatória, mediante precatório expedido à empresa pelos Juízes competentes, a requerimento da Previdência Social, inocorrendo o diretor ou administrador da empresa na pena de crime de desobediência, além da responsabilidade funcional cabível, se não cumprir o precatório dentro de 30 (trinta) dias.

Art. 41. (Revogado pela Lei 11.941, de 27.05.2009, *DOU* 28.05.2009, conversão da MedProv 449, de 03.12.2008, *DOU* 04.12.2008).

✱ **Remissão:** CLPS, arts. 145, 146, 148 e 150, § 2.º.

✍ **Anotação**

O administrador que deixasse de cumprir os regramentos previdenciários sujeitava-se às multas da Lei 8.212/1991.

JURISPRUDÊNCIA

"*Tributário – Administrativo – Multa – Art. 41 da Lei 8.212/1991 – Responsabilidade pessoal do gestor público – Art. 137, I, do CTN – Aplicabilidade*

– *Necessidade de comprovação da culpabilidade do agente público* – MedProv 449 (convertida na Lei 11.941/2009) – Art. 106, II, do CTN – 1. A responsabilidade pessoal do agente público por força das obrigações tributárias só incide quando pratica atos com excesso de poder ou infração à Lei atuando com dolo o que é diverso do exercício regular de administração, mandato, função, cargo ou emprego. Inteligência do art. 137, I, do CTN. 2. É que a multa de que trata o art. 41 da Lei 8.212/1991 somente deve ser imputada pessoalmente ao agente público se demonstrado o excesso de mandato ou o cometimento da infração com dolo ou culpa, já que essa regra deve ser interpretada em harmonia com o disposto no art. 137, I, do CTN, que expressamente exclui a responsabilidade pessoal daqueles que agem no exercício regular do mandato. Realmente, o 'art. 137, I, do CTN, exclui expressamente a responsabilidade pessoal daqueles que agem no exercício regular do mandato, sobrepondo-se tal norma ao disposto nos arts. 41 e 50, da Lei 8.212/1991'. (REsp. 236.902/RN, 1.ª T., rel. Min. Milton Luiz Pereira, DJU 11.03.2002). Precedentes: AgRg no REsp. 902.616/RN, 2.ª T., rel. Min. Humberto Martins, DJU 18.12.2008. REsp. 834.267/AL, 2.ª T., rel. Min. Eliana Calmon, DJU 10.11.2008 – REsp. 898.507/PE, 2.ª T., rel. Min. Castro Meira, DJU 11.09.2008 – e REsp 838.549/SE, 1.ª T., rel. Min. Francisco Falcão, DJU 28.09.2006 – 3. Deveras a Lei 9.476/1997 concedeu anistia aos agentes políticos e aos dirigentes de órgãos públicos estaduais, do Distrito Federal e municipais a quem, porventura, tenham sido impostas penalidades pecuniárias decorrentes do art. 41 da Lei 8.212/1991. 4. A MedProv 449, convertida na Lei 11.941/2009, revogou expressamente o art. 41 da Lei 8.212/1991 dispondo no art. 79, I, *verbis*: Art. 79. Ficam revogados: I – os §§ 1.º e 3.º a 8.º do art. 32, o art. 34, os §§ 1.º a 4.º do art. 35, os §§ 1.º e 2.º do art. 37, os arts. 38 e 41, o § 8.º do art. 47, o § 2.º do art. 49, o parágrafo único do art. 52, o inciso II do *caput* do art. 80, o art. 81, os §§ 1.º, 2.º, 3.º, 5.º, 6.º e 7.º do art. 89 e o parágrafo único do art. 93 da Lei 8.212, de 24.07.1991. 5. A *lex mitior* deve retroagir seus efeitos, nos termos do art. 106, II, *a* do CTN. 6. *In casu*, a recorrida foi autuada pela ausência de apresentação de Guias de Recolhimento do Fundo de Garantia do Tempo de Serviço e Informações à Previdência Social – GFIP, assim como pela inclusão inexata de dados em outras guias, durante o período em que fora titular do cargo de Secretária da Secretaria Municipal de Saúde, sendo certo que o aresto recorrido assentou a ausência de responsabilidade da recorrida. Fato insindicável nesta Corte (Súm 07). 7. Recurso especial parcialmente conhecido e nesta parte desprovido" (STJ – REsp 981.511 – (2007/0200485-8) – 1.ª T. – rel. Min. Luiz Fux – *DJe* 18.12.2009 – p. 1261).

"Tributário – Prefeito – Pagamento de multa – Não cumprimento – Obrigação acessória – Construção civil – Os arts. 41 e 50 da Lei 8.212/1991 não têm o condão de fazer prefeito municipal responder pessoalmente pelo pagamento de multa decorrente de descumprimento da obrigação acessória de comunicar ao INSS obra de construção civil, para fins de matrícula, sobretudo se não está provado que a ele incumbia tal dever, e não a servidor encarregado de supervisionar a obra ou ao próprio construtor. Assim, é devida a decretação da nulidade da CDA e da respectiva execução ajuizada" (TRF-4.ª Reg. – AC 2002.04.01.029219-3/SC – 1.ª T. – rel. Des. Federal Maria Lúcia Luz Leiria – *DJU* 05.11.2003 – p. 745).

▶ Assim dispunha o artigo revogado:

> Art. 41. O dirigente de órgão ou entidade da administração federal, estadual, do Distrito Federal ou municipal, responde pessoalmente pela multa aplicada por infração de dispositivos desta Lei e do seu regulamento, sendo obrigatório o respectivo desconto em folha de pagamento, mediante requisição dos órgãos competentes e a partir do primeiro pagamento que se seguir à requisição.

Art. 42. Os administradores de autarquias e fundações públicas, criadas e mantidas pelo Poder Público, de empresas públicas e de sociedades de economia mista sujeitas ao controle da União, dos Estados, do Distrito Federal ou dos Municípios, que se encontrarem em mora, por mais de 30 (trinta) dias, no recolhimento das contribuições previstas nesta Lei, tornam-se solidariamente responsáveis pelo respectivo pagamento, ficando ainda sujeitos às proibições do art. 1.º e às sanções dos arts. 4.º e 7.º do Decreto-Lei 368, de 19 de dezembro de 1968.

✳ **Remissão:** CLPS, arts. 41 e 42.

✎ Anotação

É cada vez mais comum o direcionamento do processo executivo fiscal contra sócios ou diretores da pessoa jurídica executada. Mesmo quando esta é solvente e nomeia bens à penhora em valor suficiente para garantir toda a dívida, a responsabilidade dos seus dirigentes ou integrantes é invocada, notadamente quando os bens destes últimos são considerados de mais fácil alienação. O artigo ora avaliado responsabiliza os administradores públicos.

JURISPRUDÊNCIA

"*Tributário – Embargos à execução fiscal – Validade do lançamento – Notificação – Desnecessidade – Denúncia espontânea – Impossibilidade – Multa – Legalidade – Confisco – Inexistência – Taxa Selic – Aplicabilidade – Encargo legal – Condenação em honorários advocatícios – Incabimento* – 1. Sob a ótica desta Corte, em se tratando de débitos confessados pelo próprio contribuinte, dispensa-se a figura do ato formal de lançamento. 2. Desde o momento da declaração, que se confunde com o próprio lançamento, comprovada está a desnecessidade de notificação, pois o contribuinte/embargante tinha pleno conhecimento da dívida. 3. Não prospera o argumento de que a multa deve ser excluída, isso porque, nos termos do art. 138 do CTN, tão somente o pagamento integral acompanhado dos juros de mora tem o condão de afastar a responsabilidade pela infração e, por conseguinte, a imposição da multa pelo inadimplemento no modo e tempo. 4. O descumprimento da obrigação tributária por parte do contribuinte importa imposição de multa, nos estritos termos da lei especial, não tendo o administrador público, nem o Judiciário, discricionariedade para alterar essa disposição. 5. No julgamento do Incidente de Arguição de Inconstitucionalidade na AC 2000.04.01.063415-0/RS, esta Corte Especial, na esteira de precedentes do STF, sufragou o entendimento de que as multas até o limite de 100% do principal não ofendem o princípio da vedação ao confisco. 6. Havendo legislação específica determinando que os juros serão cobrados de acordo com a taxa Selic e não havendo limite para os mesmos, perfeitamente aplicável tal taxa ao débito exequendo. 7. Na dicção da Súmula 168 do TFR, o encargo de 20%, do Dec.-lei 1.025/1969, é sempre devido nas execuções fiscais da União e substitui, nos embargos, a condenação do devedor em honorários advocatícios" (TRF-4.ª Reg. – AC 2001.72.08.000987-5/SC – 1.ª T. – rel. Des. Federal Joel Ilan Paciornik – *DJe* 15.12.2009 – p. 192).

"*Contrato nulo – Condenação de ex-prefeito – Impossibilidade* – A pretensão de ver declarada a responsabilização 'solidária' de administrador municipal através de uma reclamação trabalhista, por direitos advindos de uma contratação nula, é impossível. Os atos dos Administradores Públicos estão limitados por leis, inclusive a de Responsabilidade Fiscal, e estão sujeitos à fiscalização dos Tribunais de Contas, das Câmaras Municipais e até mesmo do Ministério Público. Sabido ainda que os Prefeitos Municipais têm 'foro privilegiado', ou mais corretamente, por prerrogativa de função, e apenas na jurisdição própria podem ser acionados para responderem por seus atos praticados em nome dos munícipes a quem representam" (TRT-3.ª Reg. – RO 01118-2007-100-03-00-1 – 6.ª T. – rel. Des. Antônio Fernando Guimarães – *DJe* 03.07.2008).

Art. 43. Nas ações trabalhistas de que resultar o pagamento de direitos sujeitos à incidência de contribuição previdenciária, o juiz, sob pena de responsabilidade, determinará o imediato recolhimento das importâncias devidas à Seguridade Social. (Redação dada ao *caput* pela Lei 8.620, de 05.01.1993, *DOU* 06.01.1993).

§ 1.º Nas sentenças judiciais ou nos acordos homologados em que não figurarem, discriminadamente, as parcelas legais relativas às contribuições sociais, estas incidirão sobre o valor total apurado em liquidação de sentença ou sobre o valor do acordo homologado. (Antigo parágrafo único renomeado e com redação dada pela Lei 11.941, de 27.05.2009, *DOU* 28.05.2009, conversão da MedProv 449, de 03.12.2008, *DOU* 04.12.2008).

§ 2.º Considera-se ocorrido o fato gerador das contribuições sociais na data da prestação do serviço. (Parágrafo acrescentado pela Lei 11.941, de 27.05.2009, *DOU* 28.05.2009, conversão da MedProv 449, de 03.12.2008, *DOU* 04.12.2008).

§ 3.º As contribuições sociais serão apuradas mês a mês, com Anotação ao período da prestação de serviços, mediante a aplicação de alíquotas, limites máximos do salário de contribuição e acréscimos legais moratórios vigentes relativamente a cada uma das competências abrangidas, devendo o recolhimento ser efetuado no mesmo prazo em que devam ser pagos os créditos encontrados em liquidação de sentença ou em acordo homologado, sendo que nesse último caso o recolhimento será feito em tantas parcelas quantas as previstas no acordo, nas mesmas datas em que sejam exigíveis e proporcionalmente a cada uma delas. (Redação dada ao parágrafo pela Lei 11.941, de 27.05.2009, *DOU* 28.05.2009, conversão da MedProv 449, de 03.12.2008, *DOU* 04.12.2008).

§ 4.º No caso de reconhecimento judicial da prestação de serviços em condições que permitam a aposentadoria especial após 15 (quinze), 20 (vinte) ou 25 (vinte e cinco) anos de contribuição, serão devidos os acréscimos de contribuição de que trata o § 6.º do art. 57 da Lei 8.213, de 24 de julho de 1991. (Parágrafo acrescentado pela Lei 11.941, de 27.05.2009, *DOU* 28.05.2009, conversão da MedProv 449, de 03.12.2008, *DOU* 04.12.2008).

§ 5.º Na hipótese de acordo celebrado após ter sido proferida decisão de mérito, a contribuição será calculada com base no valor do acordo. (Redação dada ao parágrafo pela Lei 11.941, de 27.05.2009, *DOU* 28.05.2009, conversão da MedProv 449, de 03.12.2008, *DOU* 04.12.2008).

§ 6.º Aplica-se o disposto neste artigo aos valores devidos ou pagos nas Comissões de Conciliação Prévia de que trata a Lei 9.958, de 12 de janeiro de 2000. (NR) (Parágrafo acrescentado pela Lei 11.941, de 27.05.2009, *DOU* 28.05.2009, conversão da MedProv 449, de 03.12.2008, *DOU* 04.12.2008).

✍ Anotação

O artigo reafirma o regime financeiro de competência aplicado às contribuições sociais previdenciárias, bastante diferente do regime financeiro de caixa inerente ao imposto de renda. Além de cristalizar o regime financeiro de competência, a nova redação dada ao artigo destoa da maciça jurisprudência e legislação passadas, atestando que o acordado prevalece sobre o julgado e até sobre o liquidado (§ 5.º).

JURISPRUDÊNCIA

"*Agravo de Instrumento. Recurso de revista. Execução. Contribuição previdenciária. Fato gerador. Multa e juros de mora*. O recolhimento previdenciário deve ser realizado no prazo estabelecido no art. 276, *caput*, do Dec. 3.048/1999: Nas ações trabalhistas de que resultar o pagamento de direitos sujeitos à incidência de contribuição previdenciária, o recolhimento das importâncias devidas à seguridade social será feito no dia dois do mês seguinte ao da liquidação da sentença. Com efeito, a nova redação atribuída ao art. 43 da Lei 8.212/1991, dada pela Lei 11.941/2009 (conversão da MedProv 449 de 03.12.2008), em nada altera o posicionamento aqui adotado. Embora referido dispositivo tenha passado a prever que o fato gerador da contribuição previdenciária é a prestação de serviços, a mora só se verificará na hipótese do tributo não ser recolhido no prazo legalmente previsto, isto é, na data em que se tornar exigível. Em suma, há evidente distinção entre fato gerador e constituição em mora. Precedentes da SBDI-1 do TST. Agravo de instrumento não provido" (TST – AIRR 70800-67.2004.5.02.0443 – 8.ª T. – rel. Min. Maria Laura Franco Lima de Faria – *DEJT* 31.08.2012 – p. 2919).

"*Recurso de revista do reclamante*. Jornada contratual de 6 horas. Horas extras habituais. Intervalo intrajornada. Aplicação do art. 71, *caput* e §§ 1.º e 4.º, da CLT. Inteligência da OJ 380 da e. SBDI-1/TST. Ultrapassada habitualmente a jornada de seis horas de trabalho, é devido o gozo do intervalo intrajornada mínimo de uma hora, obrigando o empregador a remunerar o período para descanso e alimentação não usufruído como extra, acrescido do respectivo adicional, na forma prevista no art. 71, *caput* e § 4.º, da CLT e da OJ 380 da SBDI-1 do TST. Recurso de revista conhecido e provido. Recurso de revista da reclamada. Contribuição previdenciária. Fato gerador. Juros. Momento oportuno. O art. 43 da Lei 8.212/1991 registra que nas ações trabalhistas de que resultar o pagamento de direitos sujeitos à incidência de contribuição previdenciária, o juiz, sob pena de responsabilidade, determinará o imediato recolhimento das importâncias devidas à seguridade social. E o art. 276, *caput*, do Dec. 3.048/1999 é taxativo ao proclamar que o recolhimento será feito no dia dois do mês seguinte à liquidação da sentença nas ações trabalhistas em que resultar pagamento dos direitos sujeitos à incidência da contribuição previdenciária. Assim, indubitável que, se haverá pagamento apenas em decorrência de determinação judicial, somente após tal marco poder-se-á falar em juros de mora e multa. Recurso de revista parcialmente conhecido e provido. Recurso de revista conhecido e provido. Conclusão: Recurso de revista do reclamante conhecido e parcialmente provido e recurso de revista da reclamada conhecido e provido" (TST – RR 64300-93.2008.5.12.0013 – 3.ª T. – rel. Min. Alexandre de Souza Agra – DEJT 31.08.2012 – p. 1833).

"*Contribuição previdenciária – Acordo judicial – Ausência de reconhecimento do vínculo de emprego – Contribuinte individual – Parcelas indenizatórias – Ausência de discriminação – Recolhimento da alíquota de 11% referente à contribuição do prestador e de 20% relativa à contribuição do tomador dos serviços incidentes sobre o valor total do acordo – Recolhimento a encargo do tomador dos serviços* – 1. O art. 195, I, *a*, da CF/1988 determina a incidência da contribuição previdenciária sobre os rendimentos do trabalho pagos à pessoa física, a qualquer título, ainda que não se tenha reconhecido o vínculo de emprego. De outro lado, a norma consagrada no art. 43, parágrafo único, da Lei 8.212/1991 dispõe que, 'nas sentenças judiciais ou nos acordos homologados em que não figurarem, discriminadamente, as parcelas legais relativas à contribuição previdenciária, essa incidirá sobre o valor total apurado em liquidação de sentença ou sobre o valor do acordo homologado'. 2. Tem-se por imperiosa a incidência da contribuição previdenciária sobre o valor total do acordo, quando ausente a discriminação das parcelas em face do não reconhecimento do vínculo de emprego. 3. A partir do exame detido dos dispositivos de lei e da Constituição da República pertinentes, necessário se faz reconhecer a procedência da pretensão deduzida pela União, relativa ao recolhimento da contribuição previdenciária sobre o acordo judicial homologado nos autos, sendo 20% a encargo da empresa e 11% do trabalhador, incidentes sobre o montante transacionado. 4. Diante do não reconhecimento do vínculo empregatício, deve o trabalhador ser enquadrado na categoria de contribuinte individual, resultando devida a contribuição em favor da Previdência Social, observada a alíquota de 11%. 5. Nos termos do art. 4.º da Lei 10.666/2003, incumbe ao tomador dos serviços o recolhimento da contribuição previdenciária devida pelo trabalhador autônomo, descontando-a da respectiva remuneração. 6. Recurso de revista conhecido e provido" (TST – RR 114/2008-061-02-00 – rel. Min. Lelio Bentes Corrêa – DJe 12.03.2010 – p. 399).

"*Execução – Contribuição previdenciária – Acordo judicial homologado após o trânsito em julgado da sentença* – 1. O art. 114, § 3.º, da CF/1988, ao dispor sobre a competência desta Justiça Especial para 'executar, de ofício, as contribuições sociais previstas no art. 195, I, *a*, e II, e seus acréscimos legais, decorrentes das sentenças que proferir', pressupõe a estrita observância do fato gerador para a incidência de tais contribuições. 2. Extrai-se do art. 195, I, *a*, e II, da CF/1988 que a contribuição previdenciária incidirá sobre os rendimentos do trabalho pagos ou creditados à pessoa física. Não é, portanto, a sentença (ou o acórdão) com trânsito em julgado que define o fato gerador para incidência das contribuições previdenciárias – Que surgirá, havendo posterior acordo, com o pagamento da quantia avençada. 3. A decisão proferida pelo Tribunal Regional, no caso concreto, guarda sintonia com o que dispõe o art. 764, § 3.º, da Consolidação das Leis do Trabalho, evidenciando-se inegável a possibilidade de realização de avença que ponha fim à lide mesmo após a homologação da conta de liquidação. 4. Nessa hipótese, os descontos previdenciários terão por base de cálculo o valor acordado, desde que observada a natureza das parcelas e a proporcionalidade devida em relação às verbas de natureza salarial deferidas na decisão transitada em julgado, sob pena de violação do art. 5.º, XXXVI, da CF/1988. 5. Agravo de instrumento não provido" (TST – AIRR 468/2007-231-04-40 – rel. Min. Lelio Bentes Corrêa – *DJe* 12.03.2010 – p. 420).

SÚMULA 64, de 14.05.2012, da Advocacia-Geral da União – *DOU* 17.05.2012: "As contribuições sociais destinadas às entidades de serviço social e formação profissional não são executadas pela Justiça do Trabalho".

SÚMULA 67, de 03.12.2012, da Advocacia-Geral da União – *DOU* 04.12.2012: Ementa: "Na Reclamação Trabalhista, até o trânsito em julgado, as partes são livres para discriminar a natureza das verbas objeto do acordo judicial para efeito do cálculo da contribuição previdenciária, mesmo que tais valores não correspondam aos pedidos ou à proporção das verbas salariais constantes da petição inicial".

▶ Assim dispunha o parágrafo alterado:

Parágrafo único. Nas sentenças judiciais ou nos acordos homologados em que não figurarem, discriminadamente, as parcelas legais relativas à contribuição previdenciária, esta incidirá sobre o valor total apurado em liquidação de sentença ou sobre o valor do acordo homologado. (Parágrafo acrescentado pela Lei 8.620, de 05.01.1993, *DOU* 06.01.1993).

▶ Assim dispunha o parágrafo alterado:

§ 3.º As contribuições sociais serão apuradas mês a mês, com Anotação ao período da prestação de serviços, mediante a aplicação de alíquotas, limites máximos do salário de contribuição e acréscimos legais moratórios vigentes relativamente a cada uma das competências abrangidas, devendo o recolhimento das importâncias devidas ser efetuado

Título VI – Do financiamento da Seguridade Social – Introdução • **Art. 44**

até o dia dez do mês seguinte ao da liquidação da sentença ou da homologação do acordo. (Parágrafo acrescentado pela MedProv 449, de 03.12.2008, *DOU* 04.12.2008).

▶ Assim dispunha o parágrafo alterado:

§ 5.º O acordo celebrado após ter sido proferida decisão de mérito não prejudicará ou de qualquer forma afetará o valor e a execução das contribuições dela decorrentes. (Parágrafo acrescentado pela MedProv 449, de 03.12.2008, *DOU* 04.12.2008)

Art. 44. (Revogado pela Lei 11.501, de 11.07.2007, *DOU* 12.07.2007, conversão da MedProv 359 de 16.03.2007, *DOU* 19.03.2007, com efeitos a partir de 02.05.2007).

✍ Anotação

Segundo a CF/1988, art. 114, VIII, compete à Justiça do Trabalho processar e julgar a execução, de ofício, das contribuições sociais previstas no art. 195, I, *a*, e inc. II, e seus acréscimos legais, decorrentes das sentenças que proferir. A Consolidação das Leis do Trabalho, em seu art. 832, estabelece que da decisão judicial deverão constar (i) o nome das partes; (ii) o resumo do pedido e da defesa; (iii) a apreciação das provas; (iv) os fundamentos da decisão; e (v) a respectiva conclusão. As decisões cognitivas ou homologatórias deverão sempre indicar a natureza jurídica das parcelas constantes da condenação ou do acordo homologado, inclusive o limite de responsabilidade de cada parte pelo recolhimento da contribuição previdenciária, se for o caso (CLT, art. 832, § 3.º). A União será intimada das decisões homologatórias de acordos que contenham parcela indenizatória, facultando-lhe a interposição de recurso relativo aos tributos que lhe forem devidos (CLT, art. 832, § 4.º).

JURISPRUDÊNCIA

"*Execução previdenciária – Expedição de ofício ao Cartório de Registro de Imóveis* – Ao fixar a competência da Justiça do Trabalho para executar as contribuições previdenciárias decorrentes das sentenças por ela proferidas, o art. 114, VIII, da CF/1988 não afasta a obrigatoriedade de a União, na qualidade de credora, oferecer bens passíveis de sofrer a constrição judicial. Nessa esteira, não há falar em expedição de ofício ao Cartório do Registro de Imóveis, tarefa que pode ser cumprida pela própria Exequente, conforme dispõe o art. 14 da Lei 8.620/1993" (TRT-3.ª Reg. – AP 772/2009-003-03-00.0 – rel. Juíza convocada Taisa Maria M. de Lima – DJe 25.05.2010 – p. 118).

"*Ação declaratória – Nulidade do processo de execução – Ausência de título judicial executivo válido* – O reclamante ajuizou ação declaratória à guisa de 'reclamação trabalhista', para, sob a égide do art. 11, § 1.º, da CLT, pleitear anotação da CTPS para fins de prova junto a Previdência Social. O reclamante cumulou pedidos condenatórios ao pedido declaratório. Falece, portanto, a agravante União Federal título judicial executivo hábil para a formação e a tramitação regular do processo de execução lastreado em mera sentença declaratória que não constituiu qualquer crédito trabalhista na forma da previsão legal constitucional do art. 114, VIII, da CF/1988 vigente. Declarada a nulidade do processo de execução por ausência de título judicial executivo válido" (TRT-3.ª Reg. – AP 555/2009-100-03-00.0 – rel. Juiz convocado Milton V. Thibau de Almeida – DJe 24.05.2010 – p. 39).

"*Execução fiscal – Incompetência da Justiça Federal – Nulidade da decisão* – Nula decisão que extinguiu o feito, proferida por Juiz incompetente, posto que exarada em momento posterior ao advento da EC 45, de 30.12.2004, publicada no *DOU* 252, do dia 31 de dezembro do mesmo ano, quando não detinha mais a Justiça Federal competência para apreciar e julgar execuções fiscais decorrentes das penalidades administrativas impostas aos empregadores pelos órgãos de fiscalização das relações de trabalho, competência esta transferida para a Justiça do Trabalho (art. 114, VII, da CF/1988), que deve manifestar-se sobre o pedido de arquivamento sem baixa na distribuição" (TRT-7.ª Reg. – AP 44600-73.2006.5.07.0003 – 1.ª T. – rel. Manoel Arízio Eduardo de Castro – DJe 25.05.2010 – p. 12).

"I – *Execução responsável subsidiário* – A teor do disposto no art. 827, parágrafo único, do Código Civil, aplicável por força do art. 8.º, parágrafo único, da CLT, a responsabilidade subsidiária é o reforço da garantia do pagamento dos créditos do trabalhador, bastando a inadimplência da obrigação para que se inicie a execução contra o devedor subsidiário, a quem incumbe a indicação de bens livres e desembaraçados, quantos bastem para solver o débito, pertencentes ao devedor principal. II – *Contribuições sociais destinadas ao sistema 'S' – Competência da Justiça do Trabalho – Reconhecimento* – O art. 114, VIII, da CF/1988 estipula ser da Justiça do Trabalho a competência para processar, de ofício, a execução das contribuições sociais previstas no art. 195, I, *a*, e II, o que inclui as do sistema S" (TRT-8.ª Reg. – AP 0083200-66.2007.5.08.0015 – rel. Des. Federal Marcus Augusto Losada Maia – DJe 21.05.2010 – p. 6).

TÍTULO VI – DO FINANCIAMENTO DA SEGURIDADE SOCIAL – INTRODUÇÃO • **Art. 45**

▶ Assim dispunha o artigo revogado:

Art. 44. A autoridade judiciária velará pelo fiel cumprimento do disposto no artigo anterior, inclusive fazendo expedir notificação ao Instituto Nacional do Seguro Social – INSS, dando-lhe ciência dos termos da sentença ou do acordo celebrado. (Redação dada ao artigo pela Lei 8.620, de 05.01.1993).

▶ A MedProv 258, de 21.07.2005, *DOU* 22.07.2005, que teve seu prazo de vigência encerrado no dia 18.11.2005 pelo Ato Declaratório do Presidente da Mesa do Congresso Nacional CN n. 40, de 21.11.2005, *DOU* 21.11.2005, alterava este artigo, com efeitos a partir de 15.08.2005, com a seguinte redação:

Art. 44. A autoridade judiciária velará pelo cumprimento do disposto no art. 43, inclusive fazendo expedir notificação à Procuradoria da Fazenda Nacional, dando-lhe ciência dos termos da sentença ou do acordo celebrado.

Art. 45. (Revogado pela LC 128, de 19.12.2008, *DOU* 22.12.2008).

§ 1.º (Revogado pela LC 128, de 19.12.2008, *DOU* 22.12.2008).

§ 2.º (Revogado pela LC 128, de 19.12.2008, *DOU* 22.12.2008).

§ 3.º (Revogado pela LC 128, de 19.12.2008, *DOU* 22.12.2008).

§ 4.º (Revogado pela LC 128, de 19.12.2008, *DOU* 22.12.2008).

§ 5.º (Revogado pela LC 128, de 19.12.2008, *DOU* 22.12.2008).

§ 6.º (Revogado pela LC 128, de 19.12.2008, *DOU* 22.12.2008).

§ 7.º (Revogado pela LC 128, de 19.12.2008, *DOU* 22.12.2008).

✱ **Remissão:** CLPS, art. 209.

Anotação

A Súmula Vinculante 8/STF determinou: "São inconstitucionais o parágrafo único do art. 5.º do Decreto-Lei 1.569/1977 e os arts. 45 e 46 da Lei 8.212/1991, que tratam de prescrição e decadência de crédito tributário".

JURISPRUDÊNCIA

"*Tributário e processual civil. Decadência. Omissão. Questões fundamentais para a análise do instituto. Entrega de declaração pelo contribuinte. Ato que constitui o crédito tributário. Fraude, dolo ou simulação. Circunstâncias que afetam o termo inicial*. 1. Cuida-se, na origem, de Ação Anulatória de crédito tributário oriundo de contribuições previdenciárias cujos fatos geradores teriam ocorrido no período de janeiro de 1993 a outubro de 1998. 2. No recurso especial, além da preliminar de violação do art. 535 do CPC, a Fazenda Nacional busca afastar a decadência do crédito tributário oriundo de fatos geradores ocorridos no ano de 1998. 3. O instituto da decadência não foi apreciado de maneira completa, tendo persistido omissão quanto a circunstâncias fundamentais para a correta prestação jurisdicional. 4. Conforme sustentado pela recorrente nos embargos de declaração opostos (f.) e por ela reiterado no recurso especial (f.), a análise dessa causa extintiva não dispensa o enfrentamento dos seguintes pontos: (a) se ficou evidenciada a existência de dolo, fraude ou simulação por parte do contribuinte; (b) se, em relação ao período sob controvérsia, parte do crédito anulado já tinha sido constituído previamente pela entrega de declaração pelo sujeito passivo. 5. Sobre o primeiro ponto, de acordo com a jurisprudência consolidada do STJ, a decadência do direito de constituir o crédito tributário é regida pelo art. 150, § 4.º, do CTN, quando se trata de tributo sujeito a lançamento por homologação e o contribuinte realiza o respectivo pagamento parcial antecipado, sem que se constate a ocorrência de dolo, fraude ou simulação. À luz do art. 173, I, do CTN, o prazo decadencial tem início no primeiro dia do exercício seguinte àquele em que o lançamento de ofício poderia ter sido realizado, nos casos em que a lei não prevê o pagamento antecipado da exação ou quando, a despeito da previsão legal, tal não ocorre, inexistindo declaração prévia do débito (REsp 973.733/SC, rel. Min. Luiz Fux, 1.ª Seção, *DJe* 18.09.2009, submetido ao art. 543-C do CPC). 6. No tocante aos créditos relativos ao ano de 1998 (até o mês de outubro), se fosse o caso de incidir a regra do art. 173, I, do CTN, o termo inicial da decadência teria sido 1.º de janeiro de 1999. Como a notificação do lançamento ocorreu em 26.06.2003 (f.), nesse instante ainda não se teria atingido o prazo quinquenal. 7. Além disso, deve ser apreciado se o provimento judicial anulatório alcançou créditos já constituídos previamente pela entrega da declaração pelo contribuinte, uma vez que, confirmada a hipótese, não existiria mais prazo decadencial em curso, mas sim a prescrição (REsp 1.120.295/SP, rel. Min. Luiz Fux, 1.ª Seção, *DJe* 21.05.2010, submetido ao art. 543-C do CPC). 8. Como se percebe, as questões que não foram analisadas são fundamentais para o deslinde da controvérsia e, por se tratar de matéria de ordem pública, devem ser conhecidas até mesmo de ofício nas instâncias ordinárias. 9. Recurso especial parcialmente provido para anular o acórdão recorrido" (STJ – REsp 1340386/PE 2012/0178536-5 – 2.ª T. – rel. Min. Herman Benjamin – j. 07.02.2013 – *DJe* 08.03.2013).

TÍTULO VI – DO FINANCIAMENTO DA SEGURIDADE SOCIAL – INTRODUÇÃO • Art. 45

"*Tributário. Contribuição previdenciária. Lançamento por arbitramento. Prazo decadencial quinquenal. Art. 173, I, do CTN. Vício formal do inc. II do art. 173 do CTN afastado pela Corte de origem. Verificação. Súmula 7/STJ.* 1. O art. 173, II, do CTN versa sobre a decadência do direito de a Fazenda Pública constituir o crédito tributário quando sobrevém decisão definitiva, judicial ou administrativa, que anula o lançamento anteriormente efetuado, em face da verificação de vício formal. Nesse caso, o marco decadencial inicia-se na data em que se tornar definitiva a aludida decisão anulatória. 2. *In casu*, o Tribunal de origem, soberano na análise das circunstâncias fáticas e probatórias da causa, ao dar provimento ao recurso de apelação da contribuinte e ao apreciar os embargos de declaração opostos pela Fazenda Nacional, afastou a configuração da hipótese prevista no inciso II do art. 173 do CTN, por entender que o equívoco do agente fiscal, no lançamento anterior (NFLD 35.387.001-3), o qual ensejou sua nulidade e substituição por outro (NFLD 35.446.272-5), não configura vício formal a atrair a aplicação da referida disposição legal. 3. Modificar o acórdão recorrido, como pretende a recorrente, no sentido da configuração do vício formal, demandaria o reexame de todo o contexto fático-probatório dos autos, o que é defeso a esta Corte em vista do óbice da Súmula 7/STJ. Agravo regimental improvido" (STJ – AgRg no AREsp 246032/PE 2012/0217849-6 – rel. Min. Humberto Martins – 2.ª T. – j. 05.02.2013 – DJe 19.02.2013).

"*Tributário. Contribuições sociais. Súmula Vinculante 8/STF. Prazo decadencial de 5 (cinco) anos. Lançamento por homologação. Débito declarado e pago extemporaneamente. Termo* a quo. *Art. 174 do CTN. Vencimento da exação ou apresentação da declaração. Matéria decidida pelo STJ, sob o regime do art. 543-C do CPC*. 1. Como se sabe, quanto ao prazo decadencial para a constituição de créditos decorrentes da incidência de contribuição social previdenciária, a orientação da suprema corte é no sentido de que são inconstitucionais o parágrafo único do art. 5.º do Dec.-lei 1.569/1977 e os arts. 45 e 46 da Lei 8.212/1991, que tratam de prescrição e decadência de crédito tributário (Súmula vinculante 8/STF). Dessa forma, resta ratificada a sujeição das contribuições previdenciárias ao prazo decadencial quinquenal, conforme previsto no Código Tributário Nacional. 2. Acerca dos tributos sujeitos a lançamento por homologação, o STJ, utilizando-se da sistemática prevista no art. 543-C do CPC, firmou entendimento no sentido de que a própria declaração apresentada pelo contribuinte constitui o crédito tributário, não havendo que se falar em decadência. Neste contexto, conforme preceitua o art. 174, *caput*, do CTN, dispõe o fisco de 5 (cinco) anos, a partir da constituição definitiva do crédito tributário, para proceder à sua cobrança. Tal prazo prescricional é contado a partir do dia seguinte ao vencimento da exação ou da entrega da declaração pelo contribuinte, o que for posterior, somente a partir de quando o crédito se tornaria definitivamente constituído. 3. Precedentes do STJ e do TRF1: EDCL no REsp 363.259/SC, rel. Min. Herman Benjamin, segunda turma, j. 15.05.2007, *DJE* 25.08.2008; EDAC 0017995-36.2005.4.01.9199/MG, 7.ª T., rel. Des. Federal Luciano Tolentino Amaral, conv. Juiz Federal Renato Martins Prates (convocado), *E-DJF1*, p. 204 de 16.09.2011. 4. Remessa oficial e apelação não providas" (TRF-1.ª Reg. – Ap-RN 2005.38.00.044134-2/MG – 6.ª T. Suplementar – rel. Juiz Federal convocado Fausto Mendanha Gonzaga – j. 30.07.2012 – *DJF1* 08.08.2012 – p. 236).

"*Tributário. Contribuição previdenciária. Decadência. Inconstitucionalidade do art. 45 da Lei 8.212/1991. Prestação de serviços mediante cessão de mão de obra. Responsabilidade solidária. Administração pública. Aferição indireta. Vinculação dos servidores municipais ao Regime Geral de Previdência Social. SAT. Taxa Selic.* 1. O art. 45 da Lei 8.212/1991, que prevê o prazo de 10 anos para que a seguridade social apure e constitua seus créditos, é inconstitucional, por invadir área reservada à lei complementar, segundo a Súmula Vinculante 8. 2. O termo inicial do prazo de decadência é o primeiro dia do ano seguinte àquele em que o contribuinte deveria ter realizado o pagamento, segundo o art. 173, I, do CTN. 3. O art. 31, §§ 3.º e 4.º, da Lei 8.212/1991, criou uma obrigação para a empresa prestadora dos serviços – elaborar folhas de pagamento e guias de recolhimento distintas para cada empresa tomadora do serviço – e outra para a tomadora – exigir cópia autenticada da guia quitada e da respectiva folha de pagamento –, sob pena de sujeição passiva indireta da contratante. O vínculo obrigacional, em relação ao responsável solidário, decorre unicamente de um dever instituído por lei e descumprido pelo sujeito obrigado à sua observância. 4. O arbitramento não constitui uma modalidade de lançamento, mas uma técnica, um critério substitutivo que a legislação permite, excepcionalmente, quando o contribuinte não cumpre com seus deveres de apresentar as declarações obrigatórias por lei. O pressuposto para que a autoridade fiscal se valha do arbitramento é a omissão do sujeito passivo, recusa ou sonegação de informação ou a irregularidade das declarações ou documentos que devem ser utilizados para o cálculo do tributo. 5. A presunção de que os empregados da empresa contratada receberam 40% do valor constante na nota fiscal, sem qualquer elemento concreto que corrobore essa base de cálculo, é manifestamente ilegal, porque o art. 22, I, da Lei 8.212/1991, estabelece que a base de cálculo da contribuição a cargo da empresa corresponde a 20% sobre o total das remunerações efetivamente pagas, devidas ou creditadas a qualquer título. 6. Pode-se reclamar o dever da empresa contratante de verificar o cumprimento, por parte da contratada, de pagar as contribuições previdenciárias devidas e de elaborar a folha de pagamento, em relação à nota fiscal ou fatura de serviço; todavia, para valer-se da aferição indireta, cumpre à autoridade fiscal analisar a contabilidade da empresa prestadora e verificar se houve o pagamento das contribuições previdenciárias e se o montante recolhido corresponde à base de cálculo do tributo. 7. O contratante dos serviços responde apenas pelo pagamento das contribuições devidas, e não pelas informações necessárias para o lançamento tributário, pois não é competente para apurar o montante do tributo devido e fiscalizar a exatidão e regularidade do seu recolhimento. Somente a inspeção *in loco* das empresas prestadoras poderia fornecer elementos precisos a respeito da omissão ou não veracidade dos dados informados na folha de pagamento e nas guias de recolhimento. 8. O art. 71, § 2.º, da Lei 8.666/1993, estende à Administração Pública a responsabilidade solidária com o contratado pelos encargos previdenciários resultantes da execução do contrato, nos termos do art. 31 da Lei 8.212/1991. 9. O regime jurídico administrativo a que se subordinam os servidores do Município, tanto os efetivos como os ocupantes de cargos de provimento em comissão, não implica, necessariamente, a efetiva vinculação a sistema próprio de previdência social, no âmbito municipal, que garanta os benefícios mínimos de aposentadoria e pensão. Nesse ponto, não merece vingar o apelo, porque o Município sequer alegou a existência de regime próprio de previdência social. 10. No período posterior à EC 20/1998, que introduziu o § 13 ao art. 40 da CF/1988, torna-se obrigatória a filiação do servidor ocupante de cargo em comissão ao regime geral de previdência social. 11. O legislador deixou certa margem de discricionariedade ao Chefe do Executivo, quanto à definição do que é atividade preponderante da empresa, para fins de classificação do grau de risco de acidentes de trabalho. Não há violação aos princípios da legalidade e da tipicidade, pois os elementos essenciais da contribuição ao SAT estão definidos no art. 22, II, da Lei 8.212/1991 (hipótese de incidência, base de cálculo, alíquota e sujeito passivo). O decreto regulamentar apenas concretizou o comando da lei ordinária, não autoexecutável, para que ela produza seus efeitos regulares. 12. Uma vez que há legislação específica dispondo de modo diverso, afasta-se a incidência da taxa de 1% ao mês, prevista no art. 161, § 1.º, do CTN, aplicando-se à dívida parcelada a taxa Selic" (TRF-4.ª Reg. – Ap/RN 2002.72.01.002929-4/SC – 1.ª T. – rel. Des. Federal Joel Ilan Paciornik – *DJ* 02.06.2009).

▶ Assim dispunha o *caput* revogado:

Art. 45. O direito da Seguridade Social apurar e constituir seus créditos extingue-se após 10 (dez) anos contados:

Art. 45 • Lei Orgânica da Seguridade Social

I – do primeiro dia do exercício seguinte àquele em que o crédito poderia ter sido constituído;

II – da data em que se tornar definitiva a decisão que houver anulado, por vício formal, a constituição de crédito anteriormente efetuada.

▶ Assim dispunha a redação anterior:

§ 1.º Para comprovar o exercício de atividade remunerada, com vistas à concessão de benefícios, será exigido do contribuinte individual, a qualquer tempo, o recolhimento das correspondentes contribuições. (NR) (Redação dada ao parágrafo pela Lei 9.876, de 26.11.1999, *DOU* 29.11.1999).

▶ Assim dispunha a redação anterior:

§ 2.º Para apuração e constituição dos créditos a que se refere o § 1.º deste artigo, a Seguridade Social utilizará como base de incidência o valor da média aritmética simples dos maiores salários de contribuição, reajustados, correspondentes a 80% (oitenta por cento) de todo o período contributivo decorrido desde a competência julho de 1994. (Redação dada ao parágrafo pela LC 123, de 14.12.2006, *DOU* 15.12.2006, rep. *DOU* 31.01.2009 – Ed. Extra).

▶ Assim dispunha o parágrafo revogado:

§ 3.º No caso de indenização para fins da contagem recíproca de que tratam os arts. 94 a 99 da Lei 8.213, de 24 de julho de 1991, a base de incidência será a remuneração sobre a qual incidem as contribuições para o regime específico de previdência social a que estiver filiado o interessado, conforme dispuser o regulamento, observado o limite máximo previsto no art. 28 desta Lei. (Parágrafo acrescentado pela Lei 9.032, de 28.04.1995, *DOU* 29.04.1995).

▶ Assim dispunha a redação anterior:

§ 4.º Sobre os valores apurados na forma dos §§ 2.º e 3.º deste artigo incidirão juros moratórios de 0,5% (zero vírgula cinco por cento) ao mês, capitalizados anualmente, limitados ao percentual máximo de 50% (cinquenta por cento), e multa de 10% (dez por cento). (Redação dada ao parágrafo pela LC 123, de 14.12.2006, *DOU* 15.12.2006, rep. *DOU* 31.01.2009 – Ed. Extra).

▶ Assim dispunha o parágrafo revogado:

§ 5.º O direito de pleitear judicialmente a desconstituição de exigência fiscal fixada pelo Instituto Nacional de Seguro Social – INSS no julgamento de litígio em processo administrativo fiscal extingue-se com o decurso do prazo de 180 dias, contados da intimação da referida decisão. (Parágrafo acrescentado pela Lei 9.639, de 25.05.1998, *DOU* 26.05.1998).

▶ Assim dispunha o parágrafo revogado:

§ 6.º O disposto no § 4.º não se aplica aos casos de contribuições em atraso a partir da competência abril de 1995, obedecendo-se, a partir de então, às disposições

Título VI – Do financiamento da Seguridade Social – Introdução • **Art. 45-A**

aplicadas às empresas em geral. (Parágrafo acrescentado pela Lei 9.876, de 26.11.1999, *DOU* 29.11.1999).

▶ Assim dispunha o parágrafo revogado:

§ 7.º A contribuição complementar a que se refere o § 3.º do art. 21 desta Lei será exigida a qualquer tempo, sob pena de indeferimento do benefício. (NR) (Parágrafo acrescentado pela LC 123, de 14.12.2006, *DOU* 15.12.2006, rep. *DOU* 31.01.2009 – Ed. Extra).

Art. 45-A. O contribuinte individual que pretenda contar como tempo de contribuição, para fins de obtenção de benefício no Regime Geral de Previdência Social ou de contagem recíproca do tempo de contribuição, período de atividade remunerada alcançada pela decadência deverá indenizar o INSS.

§ 1.º O valor da indenização a que se refere o *caput* deste artigo e o § 1.º do art. 55 da Lei 8.213, de 24 de julho de 1991, corresponderá a 20% (vinte por cento):

I – da média aritmética simples dos maiores salários de contribuição, reajustados, correspondentes a 80% (oitenta por cento) de todo o período contributivo decorrido desde a competência julho de 1994; ou

II – da remuneração sobre a qual incidem as contribuições para o regime próprio de previdência social a que estiver filiado o interessado, no caso de indenização para fins da contagem recíproca de que tratam os arts. 94 a 99 da Lei 8.213, de 24 de julho de 1991, observados o limite máximo previsto no art. 28 e o disposto em regulamento.

§ 2.º Sobre os valores apurados na forma do § 1.º deste artigo incidirão juros moratórios de 0,5% (cinco décimos por cento) ao mês, capitalizados anualmente, limitados ao percentual máximo de 50% (cinquenta por cento), e multa de 10% (dez por cento).

§ 3.º O disposto no § 1.º deste artigo não se aplica aos casos de contribuições em atraso não alcançadas pela decadência do direito de a Previdência constituir o respectivo crédito, obedecendo-se, em relação a elas, as disposições aplicadas às empresas em geral. (Artigo acrescentado pela LC 128, de 19.12.2008, *DOU* 22.12.2008).

✍ Anotação

Desde que percebidas, pelo Poder Público, as contribuições sociais, nenhum obstáculo pode existir ao reconhecimento de tempo de atividade sujeita à incidência fiscal. O prazo decadencial, no caso, aproveitaria quem dele não quer se valer.

JURISPRUDÊNCIA

"*Previdenciário. Aposentadoria especial. Atividade especial. Contribuinte individual. Equipamentos de proteção individual. Cumprimento imediato do acórdão.* 1. O reconhecimento da especialidade e o enquadramento da atividade exercida sob condições nocivas são disciplinados pela lei em vigor à época em que efetivamente exercidos, passando a integrar, como direito adquirido, o patrimônio jurídico do trabalhador. 2. Até 28.04.1995 é admissível o reconhecimento da especialidade por categoria profissional ou por sujeição a agentes nocivos, aceitando-se qualquer meio de prova (exceto para ruído e calor); a partir de 29.04.1995 não mais é possível o enquadramento por categoria profissional, devendo existir comprovação da sujeição a agentes nocivos por qualquer meio de prova até 05.03.1997 e, a partir de então, por meio de formulário embasado em laudo técnico, ou por meio de perícia técnica. 3. O tempo de serviço sujeito a condições nocivas à saúde, prestado pela parte autora na condição de contribuinte individual, deve ser reconhecido como especial 4. Os equipamentos de proteção individual não são suficientes, por si só, para descaracterizar a especialidade da atividade desempenhada pelo segurado, devendo cada caso ser apreciado em suas particularidades. 5. Implementados mais de 25 anos de tempo de atividade sob condições nocivas e cumprida a carência mínima, é devida a concessão do benefício de aposentadoria especial, a contar da data do requerimento administrativo, nos termos do § 2.º do art. 57 c/c art. 49, II, da Lei 8.213/1991. 6. Determinado o cumprimento imediato do acórdão no tocante à implantação do benefício, a ser efetivada em 45 dias, nos termos do art. 461 do CPC" (TRF-4.ª Reg. – APELREEX 5000925-96.2010.404.7214/SC – 6.ª T. – rel. Celso Kipper – j. 19.03.2013 – DE 19.03.2013).

"*Previdenciário e administrativo – Pedido de expedição de certidão de tempo de contribuição para fins de contagem recíproca – Impossibilidade de recusa pelo INSS, ao argumento da ausência de recolhimentos de contribuições na condição de contribuinte individual, em período concomitante com vínculo empregatício anotado em CTPS. Sentença mantida.* Eventuais irregularidades no recolhimento das contribuições na condição de contribuinte individual, em período concomitante àquele em que o segurado manteve vínculo empregatício anotado em CTPS, não permitem o indeferimento da expedição da certidão de tempo de contribuição, relativamente ao intervalo laborado como empregado – para o qual a responsabilidade pelo pagamento das contribuições é do empregador" (JESC – RCI 2007.72.51.006986-2 – 2.ª T. R. – rel. Ivori Luís da Silva Scheffer – j. 18.02.2009).

"*Previdenciário. Aposentadoria por tempo de serviço. Contribuinte individual. Recolhimento das exações previdenciárias. Procedência parcial da demanda. Sucumbência recíproca.* 1. Para a averbação de tempo de serviço prestado por segurado autônomo, faz-se necessário averiguar-se se houve o escorreito recolhimento das contribuições previdenciárias atinentes a esse período, tarefa que está ao encargo do demandante, visto que ele próprio é o responsável tributário (art. 30, II, da Lei 8.212/1991). 2. Ausente a satisfação da integralidade das exações, mas estando comprovado o efetivo desempenho das atividades, deve este ser declarado para fins de futura averbação. 3. Reconheço a sucumbência como recíproca, determinando que os honorários e as custas processuais sejam recíproca e proporcionalmente distribuídos e compensados entre si, nos termos do art. 21 do CPC" (TRF-4.ª Reg. – AC 2005.04.01.025035-7/RS – 5.ª T. – rel. Juiz Federal Fernando Quadros da Silva – DJ 05.10.2009).

"*Embargos de declaração. Erro de fato. Efeitos infringentes. Contribuinte individual. Recolhimento das contribuições previdenciárias em atraso. Decadência. Impenhorabilidade. Sucumbência.* 1. O STJ tem admitido o uso de embargos de declaração com efeitos infringentes, em caráter excepcional, para a correção de premissa equivocada, com base em erro de fato, sobre a qual tenha se fundado o acórdão embargado, quando tal for decisivo para o resultado do julgamento. 2. O julgado considerou erroneamente que se tratava de simples cobrança de contribuições previdenciárias não recolhidas à época própria quando, na verdade, se trata de cobrança da indenização de contribuinte individual para obtenção de benefício previdenciário. 3. O legislador facultou ao contribuinte individual a possibilidade de recolher as contribuições previdenciárias não recolhidas à época própria e não mais exigíveis para fins de obtenção de benefício previdenciário. Inexistindo dever do Credor em fiscalizar esta categoria, não se pode falar em decadência. 4. Desconstitui-se a penhora realizada sobre o imóvel no qual a entidade familiar reside, nos termos da Lei 8.009/1990. 5. Mantida a penhora sobre o outro imóvel de propriedade da Embargante, por inexistir qualquer prova de impenhorabilidade. 6. Em face da sucumbência recíproca, os honorários advocatícios são compensados, na forma do art. 21, *caput*, do CPC" (TRF-4.ª Reg. – EDcl-AC 2008.72.99.002586-4/SC – 2.ª T. – rel. Juíza Federal Vânia Hack De Almeida – DJ 09.09.2009).

"*Mandado de segurança. Contribuinte individual. Contribuições previdenciárias não recolhidas. Indenização necessária para contagem de tempo de serviço.* – A ocorrência de decadência do prazo para o INSS apurar e constituir o crédito tributário, ou de prescrição, não liberam o segurado do ônus de recolher contribuições caso queira ver reconhecida a contagem recíproca do tempo de serviço. – O INSS não é obrigado a reconhecer tempo de serviço àqueles que não contribuíram. – Indenização necessária de modo a repor o patrimônio da autarquia, na exata dimensão do que deixou de receber na época própria. – Cálculo do principal e da multa com base na legislação da época do trabalho, correspondente ao momento em que o recolhimento foi omitido. – Juros e correção monetária de acordo com a normatização vigente ao tempo da correspondente mora, conforme as leis que se sucederam e concernentes aos períodos respectivos. – Aplicação do art. 45 da Lei 8.212/1991 e parágrafos apenas na hipótese de inexistência de elementos suficientes à comprovação dos valores percebidos pela prestação laboral. – Apelação e remessa oficial não providas" (TRF-3.ª Reg. – AMS 195997 – Processo 1999.03.99.101086-8 – 8.ª T. – rel. Des. Federal Therezinha Cazerta – *DJ* 07.10.2008).

Art. 46. (Revogado pela LC 128, de 19.12.2008, *DOU* 22.12.2008).

✳ **Remissão:** CLPS, art. 209.

✍ **Anotação**

A Súmula Vinculante 8/STF determinou: "São inconstitucionais o parágrafo único do art. 5.º do Decreto-Lei 1.569/1977 e os arts. 45 e 46 da Lei 8.212/1991, que tratam de prescrição e decadência de crédito tributário".

JURISPRUDÊNCIA

"*Administrativo. Agravo Regimental no Agravo de Instrumento. Servidores municipais inativos. Contribuições previdenciária e de saúde. Repetição de indébito. Matéria local. Súmula 280/STF. Prescrição. Ausência de prequestionamento. Súmula 282/STF. Juros. Inaplicabilidade da Lei 9.494/1997. Agravo não provido.* 1. No recurso especial inadmitido, o Município sustenta a legalidade dos descontos, os quais foram realizados com amparo na Constituição Federal e nas legislações locais (Lei municipal 2.232/1960 e Dec. 1.932/1960). Contudo, descabe reexaminar a causa em face do óbice da Súmula 280/STF. 2. Não se conhece da matéria a respeito da qual não houve decisão pelo Tribunal a quo. Incidência da Súmula 282/STF. 3. Em se tratando de repetição de indébito relativa à contribuição de natureza tributária, é firme a jurisprudência do STJ no sentido de que a atualização monetária deve observar a legislação de regência para a cobrança de tributos. Precedente da 1.ª Seção. 4. Agravo regimental não provido" (STJ –AgRg no Ag 1388832/SP 2011/0020430-7 – rel. Min. Arnaldo Esteves Lima – 1.ª T. – j. 19.02.2013 – DJe 25.02.2013).

"*Agravo Regimental no Agravo de Instrumento. Tributário. Execução fiscal. Contribuição previdenciária. Termo inicial da prescrição intercorrente. Prazo a ser observado. Legislação vigente ao tempo em que determinado o arquivamento do processo. Arquivamento posterior à entrada em vigor da CF/1988. Prazo quinquenal da prescrição intercorrente. Incidência da Súmula 314/STJ. Precedentes da 1.ª Seção. Agravo Regimental da Fazenda Nacional desprovido.* 1. É entendimento assente nesta Corte Superior que, quanto ao prazo de prescrição intercorrente aplicável à Execução Fiscal para a cobrança de débito referente a período em que as contribuições previdenciárias não possuía natureza tributária, deve ser observada a respectiva legislação vigente à época do arquivamento da Execução Fiscal (AgRg nos EDcl no REsp 1.158.763/RJ, rel. Min. Humberto Martins, *DJe* 04.03.2011). 2. E ainda, caso sobrevenha alteração da legislação, reduzindo o prazo da prescrição durante o arquivamento do feito, o termo *a quo* do novo prazo será o da data da lei vigente que o determinou, salvo se a prescrição, iniciada na vigência da lei antiga, vier a se completar, segundo a norma anterior, em menos tempo (REsp 1.015.302/PE, rel. Min. Herman Benjamin, *DJe* 19.12.2008). 3. *In casu*, constata-se que a decisão do arquivamento foi proferida em 03.04.1997, ou seja, em data posterior à Constituição da República de 1988, quando o lapso prescricional passou a ser quinquenal, portanto a prescrição intercorrente segue o novo prazo estabelecido a partir da entrada em vigor da CF/1988. 4. Tem-se desse modo que o quinquênio extintivo da pretensão transcorreu totalmente, visto que os autos do processo ficaram paralisados por período superior a cinco anos. Incide *in casu* a Súmula 314/STJ, segundo a qual não localizados os bens penhoráveis, suspende-se o processo por um ano, findo o qual se inicia o prazo da prescrição quinquenal intercorrente. 5. Agravo regimental da Fazenda Nacional desprovido" (STJ – AgRg no Ag 1221309/RJ 2009/0137199-3 – rel. Min. Napoleão Nunes Maia Filho – 1.ª T. – j. 19.02.2013 – *DJe* 28.02.2013).

"*Embargos à execução fiscal – Prescrição – Não ocorrência – Prova pericial – Desnecessidade – Presunção de certeza da CDA – Regularidade do título executivo – Multa legal – Selic –* 1. Os arts. 45 e 46 da Lei 8.212/1991 foram declarados inconstitucionais nesta Corte no julgamento da Arguição de Inconstitucionalidade no AI 2004.04.01.026097-8, e no STF, em Questão de Ordem nos REs 556664, 559882 e 560626, por invadir matéria reservada à lei complementar, em afronta ao art. 146, III, *b*, da CF/1988. 2. A prescrição obedece o disposto no art. 174 do CTN, inicia-se com a constituição definitiva do crédito e é interrompida pela citação do devedor, nos termos do art. 174, parágrafo único, I, do CTN, redação original, prévia à redação dada pela LC 118/2005. 3. Hipótese em que não configurada a prescrição. 4. A produção probatória tem como destinatário final o juiz da causa, pois visa formar o seu convencimento acerca da lide proposta, de modo que o deferimento a respeito determinada prova vai depender de sua avaliação quanto à necessidade da mesma, diante das provas já existentes. Assim, convicto o Magistrado da suficiência das provas existentes para o julgamento do feito, não há falar em cerceamento de defesa, tampouco em prejuízo para a prestação jurisdicional, pois a dilação probatória se constitui num meio auxiliar do juiz e não das partes. 5. A arguição de nulidade da CDA por parte da embargante deve vir acompanhada de prova inequívoca de sua ocorrência, não se mostrando suficiente para o afastamento de sua presunção de certeza e liquidez (nos termos do art. 3.º da Lei 6.830/80 – LEF) a mera afirmação de que os dados nela insertos não estão corretos ou são incompreensíveis. 6. A aplicação da multa legal não pode ser tida como abusiva ou confiscatória. 7. A capitalização e a aplicação dos juros de mora acima do limite constitucional de 12% ao ano não viola o princípio da legalidade por não ser autoaplicável o art. 192, § 3.º, da CF/1988, dispositivo que, até o advento da EC 40/2003, estava pendente de regulamentação, conforme entendimento do STF. 8. A incidência da Selic sobre os créditos fiscais se dá por força de instrumento legislativo próprio (lei ordinária), sem importar qualquer afronta à CF/1988" (TRF-4.ª Reg. – Ap-RN 0002171-05.2010.404.9999/PR – 1.ª T. – rel. Des. Federal Álvaro Eduardo Junqueira – DJe 25.05.2010 – p. 273).

▶ Assim dispunha o artigo revogado:

Art. 46. O direito de cobrar os créditos da Seguridade Social, constituídos na forma do artigo anterior, prescreve em 10 (dez) anos.

Capítulo XI
Da prova de inexistência de débito

Art. 47. É exigida Certidão Negativa de Débito – CND, fornecida pelo órgão competente, nos seguintes casos: (Redação dada ao *caput* pela Lei 9.032, de 28.04.1995, DOU 29.04.1995).

I – da empresa:

a) na contratação com o Poder Público e no recebimento de benefícios ou incentivo fiscal ou creditício concedido por ele;

Título VI – Do financiamento da Seguridade Social – Introdução • **Art. 47**

b) na alienação ou oneração, a qualquer título, de bem imóvel ou direito a ele relativo;

c) na alienação ou oneração, a qualquer título, de bem móvel de valor superior a Cr$ 2.500.000,00 (dois milhões e quinhentos mil cruzeiros) incorporado ao ativo permanente da empresa;

d) no registro ou arquivamento, no órgão próprio, de ato relativo a baixa ou redução de capital de firma individual, redução de capital social, cisão total ou parcial, transformação ou extinção de entidade ou sociedade comercial ou civil e transferência de controle de cotas de sociedades de responsabilidade limitada; (Redação dada à alínea pela Lei 9.528, de 10.12.1997, *DOU* 11.12.1997).

II – do proprietário, pessoa física ou jurídica, de obra de construção civil, quando de sua averbação no registro de imóveis, salvo no caso do inciso VIII do art. 30.

§ 1.º A prova de inexistência de débito deve ser exigida da empresa em relação a todas as suas dependências, estabelecimentos e obras de construção civil, independentemente do local onde se encontrem, ressalvado aos órgãos competentes o direito de cobrança de qualquer débito apurado posteriormente.

§ 2.º A prova de inexistência de débito, quando exigível ao incorporador, independe da apresentada no registro de imóveis por ocasião da inscrição do memorial de incorporação.

§ 3.º Fica dispensada a transcrição, em instrumento público ou particular, do inteiro teor do documento comprobatório de inexistência de débito, bastando a Anotação ao seu número de série e data da emissão, bem como a guarda do documento comprobatório à disposição dos órgãos competentes.

§ 4.º O documento comprobatório de inexistência de débito poderá ser apresentado por cópia autenticada, dispensada a indicação de sua finalidade, exceto no caso do inciso II deste artigo.

§ 5.º O prazo de validade da Certidão Negativa de Débito – CND é de sessenta dias, contados da sua emissão, podendo ser ampliado por regulamento para até cento e oitenta dias. (NR) (Redação dada ao parágrafo pela Lei 9.711, de 20.11.1998, *DOU* 21.11.1998).

§ 6.º Independe de prova de inexistência de débito:

a) a lavratura ou assinatura de instrumento, ato ou contrato que constitua retificação, ratificação ou efetivação de outro anterior para o qual já foi feita a prova;

b) a constituição de garantia para concessão de crédito rural, em qualquer de suas modalidades, por instituição de crédito pública ou privada, desde que o contribuinte referido no art. 25, não seja responsável direto pelo recolhimento de contribuições sobre a sua produção para a Seguridade Social;

c) a averbação prevista no inciso II deste artigo, relativa a imóvel cuja construção tenha sido concluída antes de 22 de novembro de 1966.

d) o recebimento pelos Municípios de transferência de recursos destinados a ações de assistência social, educação, saúde e em caso de calamidade pública. (NR) (Parágrafo acrescentado pela Lei 11.960, de 29.06.2009, *DOU* 30.06.2009).

e) a averbação da construção civil localizada em área objeto de regularização fundiária de interesse social, na forma da Lei 11.977, de 7 de julho de 2009. (Incluído pela Lei 12.424, de 2011)

§ 7.º O condômino adquirente de unidades imobiliárias de obra de construção civil não incorporada na forma da Lei 4.591, de 16 de dezembro de 1964, poderá obter documento comprobatório de inexistência de débito, desde que comprove o pagamento das contribuições relativas à sua unidade, conforme dispuser o regulamento.

§ 8.º (Revogado pela Lei 11.941, de 27.05.2009, *DOU* 28.05.2009, conversão da MedProv 449, de 03.12.2008, *DOU* 04.12.2008).

✳ **Remissão:** CLPS, arts. 149 e 150.

✐ Anotação

O Código Tributário Nacional, em seu art. 205, firma que "A lei poderá exigir que a prova da quitação de determinado tributo, quando exigível, seja feita por certidão negativa, expedida à vista de requerimento do interessado, que contenha todas as informações necessárias à identificação de sua pessoa, domicílio fiscal e ramo de negócio ou atividade e indique o período a que se refere o pedido". O documento comprobatório de regularidade fiscal quanto a contribuições devidas à seguridade social e arrecadadas pela Receita Federal do Brasil é a Certidão Negativa de Débito (CND). Havendo créditos não vencidos, ou créditos em curso de cobrança executiva para os quais tenha sido efetivada a penhora regular e suficiente à sua cobertura, ou créditos cuja exigibilidade esteja suspensa, será expedida uma Certidão Positiva de Débito com Efeitos de Negativa (CPD-EN).

A prova da regularidade fiscal será efetuada nos termos do Dec. 6.106, de 30.04.2007, *DOU* 02.05.2007.

JURISPRUDÊNCIA

"Tributário. Embargos de declaração. Mandado de segurança. Entrega da GFIP. Descumprimento de obrigação acessória. Alegação de divergência entre os valores declarados e os efetivamente recolhidos. Recusa no fornecimento de CND. Legitimidade. Inexistência de omissão, contradição ou obscuridade. 1. As

alegações desenvolvidas nos embargos não traduzem hipótese de qualquer dos vícios enumerados no art. 535 do CPC, visto que revelam o mero inconformismo do recorrente em relação ao teor do julgado, evidenciando a pretensão de se obter rejulgamento do especial. 2. Na espécie, o aresto embargado foi claro e baseado em julgamento de recurso repetitivo pela 1.ª Seção desta Corte (REsp 1.042.585/RJ), ao concluir pela impossibilidade de expedição de Certidão Negativa de Débitos – CND, na hipótese em que há descumprimento de obrigação acessória, consistente na entrega de Informações à Previdência Social (GFIP), assim como a existência de divergência entre os valores declarados pelo contribuinte em GFIP e os efetivamente recolhidos. 3. Embargos de declaração rejeitados" (STJ STJ – EDcl-REsp 1.283.981 – Processo 2011/0234757-2/CE – 2.ª T. – rel. Min. Mauro Campbell Marques – j. 19.06.2012 – DJE 27.06.2012).

"*Agravo Regimental. Mandado de segurança. Ministro de Estado do Planejamento, Orçamento e Gestão. Importância depositada na Caixa Econômica Federal. CEF. Liberação. Certidão Negativa de Débito. CND. Ausência de ato praticado pela autoridade coatora.* O mandado de segurança encontra-se inviabilizado nesta Corte por não ter o impetrante demonstrado a prática de qualquer ato ou interferência pelo Ministro de Estado do Planejamento, Orçamento e Gestão, única autoridade coatora apontada na inicial, verificando-se, na verdade, alguns óbices no site da Receita Federal e no âmbito da própria Caixa Econômica Federal. Agravo regimental improvido" (STJ – AgRg-MS 17.765 – Processo 2011/0264149-5/DF – 1.ª S. – rel. Min. Cesar Asfor Rocha – j. 25.04.2012 – DJE 04.05.2012).

"*Usucapião – Condomínio irregular – Unidade autônoma – Registro público – Especificação do condomínio – Averbação da construção – Litisconsórcio necessário – Unitariedade da matrícula* – 1. Para que seja possível declarar o domínio sobre unidades autônomas, imprescindível a promoção da especificação do condomínio e a averbação da construção, medidas que antecedem o pedido de usucapião. 2. Os diversos proprietários das frações ideais de localização imprecisa devem integrar o polo ativo da demanda, em litisconsórcio necessário, pois a comunhão que resulta da multiplicidade de títulos de domínio sobre uma área impede o exercício da usucapião por apenas um dos condôminos. Portanto, é impossível juridicamente a usucapião individual de unidade condominial quando se trata de condomínio irregular, isto é, não constituído juridicamente no registro de imóveis. 3. Em decorrência da usucapião, a abertura da matrícula só é possível com a descrição do imóvel como um todo, pois inviável a abertura de matrícula para fração ideal, ante o princípio da unitariedade, que preconiza que a cada imóvel deve corresponder uma única matrícula e a cada matrícula um único imóvel. 4. Na hipótese dos autos, a demanda deveria ser ajuizada com todos os ocupantes para em seguida ser regularizada a questão do registro. 5. Apelação a que se nega provimento" (TRF-3.ª Reg. – AC 2010.61.05.008667-0/SP – 1.ª T. – rel. Des. Federal José Lunardelli – DJe 17.11.2011 – p. 127).

"*Tributário – Mandado de segurança – CND – CPD-EN – Ausência de prova pré-constituída – Existência de débitos* – 1. A apelante não apresentou prova pré-constituída de inexistência de débito fiscal, sendo descabida a emissão de certidão de regularidade fiscal quando existem outros débitos desprovidos de qualquer garantia ou causa de suspensão de exigibilidade, em nome da impetrante. 2. A sentença deve ser mantida, para que o pedido seja julgado improcedente, impedindo a emissão da certidão pleiteada. 3. Apelação improvida" (TRF-2.ª Reg. – AMS 2003.51.01.028355-8 – 4.ª T. Especializada – rel. Des. Federal Luiz Antonio Soares – DJe 21.05.2010 – p. 124).

"*Apelação – Contribuição social incidente sobre mão de obra de construção civil – Fato gerador é o período da construção – Registros efetuados em 2004 – Prazo decadencial não concretizado – Verba honorária mantida* – 1. Trata-se de ação ordinária que visa a nulidade da cobrança da contribuição social no valor de R$ 26.398,48 (vinte e seis mil trezentos e noventa e oito reais e quarenta e oito centavos) vinculada à obra implementada em imóvel de sua propriedade e, por conseguinte, a expedição de certidão negativa de débito – CND. A sentença originária, às f., julgou improcedente os pedidos autorais sob o fundamento de que as provas que emergem dos autos demonstram que a obra teve início no ano de 2004, não havendo, portanto, que se falar em decadência do fisco previdenciário em constituir os créditos devidos. 2. *In casu*, como demonstra a análise fática acima e verifica-se nos autos, o processo de regularização do objeto desta lide ocorreu em 2004, momento em que o apelante tornou-se proprietário dos terrenos em litígio perante a lei (art. 1.245 do CC). Salienta-se que os atos jurídicos privados não afetam o nascimento da obrigação tributária, ou seja, o fato gerador do tributo. 3. Nas contribuições incidentes sobre mão de obra de construção civil a contagem para o prazo decadencial é relacionada com os fatos geradores da contribuição, isto é, o período da construção, e não comprovado por outro documento (salvo o "habite-se"), uma vez que se trata de contribuições arrecadadas a título de remuneração de trabalho de segurados empregados. Dessa forma, não há documento hábil nos autos para afastar a cobrança dos créditos tributários refutados pelo apelante. 4. O prazo decadencial para a constituição do crédito tributário e o prazo prescricional para sua cobrança, ainda que se trate de contribuições para a seguridade social, é de 5 (cinco) anos, na forma do art. 173 e 174 do CTN. No caso concreto, considerando-se que os créditos previdenciários em questão foram constituídos em 2004, não há que se falar que o INSS decaiu do direito de constituí-los, muito menos prescreveu o direito. 5. Não faz jus à redução da verba honorária o apelante. 6. Apelação improvida" (TRF-2.ª Reg. – AC 2006.50.01.000973-3 – 4.ª T. Especializada – rel. Des. Federal Luiz Antonio Soares – DJe 19.05.2010 – p. 196).

"*Tributário – CND – Parcelamento em dia – Desnecessidade de garantia – Precedentes* – 1. É vedado condicionar a expedição de CND ao oferecimento de garantia do débito, quando houver parcelamento em dia da dívida no órgão previdenciário. 2. Precedentes. 3. Apelação improvida" (TRF-3.ª Reg. – Ap-RN 95.03.077657-0/SP – T. Suplementar 1.ª S. – rel. Juiz Federal convocado Cesar Sabbag – DJe 22.12.2009 – p. 71).

Súmula 17/AGU, de 19.06.2002 – *DOU* 20.01.2012: "Suspensa a exigibilidade do crédito pelo parcelamento concedido, sem a exigência de garantia, esta não pode ser imposta como condição para o fornecimento da certidão positiva de débito com efeito de negativa, estando regular o parcelamento da dívida, com o cumprimento, no prazo, das obrigações assumidas pelo contribuinte".

Súmula 18/AGU, de 19.06.2002 – *DOU* 20.01.2012: "Da decisão judicial que determinar a concessão de Certidão Negativa de Débito (CND), em face da inexistência de crédito tributário constituído, não se interporá recurso".

▶ Assim dispunha a alínea alterada:

d) no registro ou arquivamento, no órgão próprio, de ato relativo à baixa ou redução de capital de firma individual, redução do capital social, cisão total ou parcial, transformação ou extinção de entidade ou sociedade comercial ou civil;

▶ Assim dispunha o parágrafo alterado:

§ 5.º O prazo de validade da Certidão Negativa de Débito – CND é de 6 (seis) meses, contados da data de sua emissão. (Redação dada ao parágrafo pela Lei 9.032, de 28.04.1995, *DOU* 29.04.1995).

▶ Assim dispunha o parágrafo revogado:

§ 8.º No caso de parcelamento, a Certidão Negativa de Débito – CND somente será emitida mediante a apresentação de garantia, ressalvada a hipótese prevista na alínea *a* do inciso I deste artigo. (Parágrafo acrescentado pela Lei 9.032, de 28.04.1995, *DOU* 29.04.1995).

Art. 48. A prática de ato com inobservância do disposto no artigo anterior, ou o seu registro, acarretará a responsabilidade solidária dos contratantes e do oficial que lavrar ou registrar o instrumento, sendo o ato nulo para todos os efeitos.

§ 1.º Os órgãos competentes podem intervir em instrumento que depender de prova de inexistência de débito, a fim de autorizar sua lavratura, desde que o débito seja pago no ato ou o seu pagamento fique assegurado mediante confissão de dívida fiscal com o oferecimento de garantias reais suficientes, na forma estabelecida em regulamento.

§ 2.º Em se tratando de alienação de bens do ativo de empresa em regime de liquidação extrajudicial, visando à obtenção de recursos necessários ao pagamento dos credores, independentemente do pagamento ou da confissão de dívida fiscal, o Instituto Nacional do Seguro Social – INSS poderá autorizar a lavratura do respectivo instrumento, desde que o valor do crédito previdenciário conste, regularmente, do quadro geral de credores, observada a ordem de preferência legal. (Redação dada ao parágrafo pela Lei 9.639, de 25.05.1998).

§ 3.º O servidor, o serventuário da Justiça, o titular de serventia extrajudicial e a autoridade ou órgão que infringirem o disposto no artigo anterior incorrerão em multa aplicada na forma estabelecida no art. 92, sem prejuízo da responsabilidade administrativa e penal cabível. (Parágrafo acrescentado pela Lei 9.639, de 25.05.1998).

✱ **Remissão:** CLPS, art. 150.

Anotação

Aqui se estabelece claramente a responsabilidade daqueles que descumpriram o regramento firmado no art. 47 sobredito. É, inclusive, cominada a solidariedade entre as pessoas envolvidas na transação.

JURISPRUDÊNCIA

"*Direito administrativo. Servidor público. Responsabilidade civil. Ausência de comprovação de culpa. Art. 333, I, CPC.* 1. Remessa e apelação cível interposta pela UNIÃO FEDERAL em face de sentença originária do Juízo da 14.ª Vara Federal da Seção Judiciária do Rio de Janeiro, que julgou improcedente o pedido da ora apelante. A União pretendia a condenação do réu a pagar a quantia de R$ 44.000,00, corrigida monetariamente e acrescida de juros. Sustenta em sua inicial que o réu teria recebido indevidamente valores que foram depositados na conta corrente de sua mãe, servidora aposentada, a título de proventos. 2. A União não logrou comprovar, ao longo da instrução, que o réu tenha sido responsável pelos saques efetuados na conta de sua falecida mãe. 3. Às f. consta listagem de todos os cheques sacados após a morte da genitora do réu, que se deu em 04.03.1991. Veja-se que nenhum dos cheques foi pago ao réu. Um deles foi pago a sua esposa, Andréa Imperial, em 06.03.1991, sendo que o cheque foi emitido em 01.02.1991, ou seja, quando a mãe ainda era viva. Os demais foram pagos a Wallace Hermann Junior, a partir de 17.11.1992 até 03.09.1993. Entretanto, conforme certidão de óbito às f., o réu faleceu em 04.11.1992, ou seja, em data anterior ao pagamento destes cheques. 3. Incumbindo ao autor o ônus da prova quanto ao fato constitutivo de seu direito, nos termos do inc. I, art. 333, do CPC, impõe-se negar provimento ao presente recurso. 4. Tranquilo é o entendimento, tanto na doutrina como na jurisprudência, de que na falta deste elemento na qual se funda a responsabilidade subjetiva – culpa, jamais poderá imputar-se resultado danoso a qualquer agente. 5. Remessa necessária e apelação improvidas" (TRF-2.ª Reg. – AC/RN 2002.02.01.019486-5 – 6.ª T. – rel. Des. Federal Guilherme Calmon Nogueira Da Gama – DJ 08.10.2009).

"*Administrativo – Processual civil – Pensão instituída por servidor público – Benefício concedido com base nas Leis 1.711/1952 e 3.373/1958 – Cobrança de verbas atrasadas desde a data do óbito até a data do requerimento – Legitimidade passiva do INSS e da União Federal – Prescrição – Inocorrência – Filha absolutamente incapaz – Requerimento administrativo – Interrupção – Art. 40, § 5.º (atual § 3.º) da CF/1988.* I – Tanto o INSS quanto a União Federal possuem legitimidade passiva *ad causam*. O INSS porque, não obstante a natureza estatutária do benefício em tela, mantinha e geria o mesmo por força do disposto no art. 349 do Dec. 83.080/1979 (Regulamento dos Benefícios da Previdência Social), e a UNIÃO porque, com o advento da Lei 8.112/1990, passou a ser integralmente responsável pela manutenção das pensões estatutárias concedidas antes desta lei (arts. 248 e 252). II – Nesse sentido, à Autarquia cabe pagar as diferenças devidas à autora desde a data do óbito do ex-servidor até 31.12.1990, sendo de responsabilidade da UNIÃO o pagamento das verbas atrasadas do período compreendido entre 1.º de janeiro de 1991 e a data do requerimento administrativo. III – Não ocorre a prescrição em relação ao exercício dos direitos dos absolutamente incapazes. Cessada a incapacidade da autora, não há se falar em prescrição, tendo em vista que a mesma foi interrompida por requerimento administrativo. IV – Improcede a alegação de não cumprimento, por parte da autora, do encargo de provar que os réus deixaram de realizar o pagamento das pensões no período reclamado, pois, como cediço, o ônus da prova incumbe 'ao réu, quanto à existência de fato impeditivo, modificativo ou extintivo do direito do autor', sendo inviável à autora a produção de prova negativa. V – Não obstante a pensão em questão tenha sido concedida com amparo na Lei 3.373/1958 (art. 4.º), a Constituição de 1988 (art. 40, § 5.º, atual § 3.º) determina que a pensão por morte de servidor público federal corresponderá à totalidade de seus vencimentos ou proventos, até o limite estabelecido em lei, tendo a autoaplicabilidade de tal dispositivo sido declarada, em caso análogo, pelo E. STF. Por unanimidade, negado provimento ao recurso e parcialmente provida a remessa necessária)" (TRF-2.ª Reg. – AC 199451020301116 – 7.ª T. – rel. Des. Federal Sergio Schwaitzer – DJU 09.11.2005).

"*Mandado de segurança*. 2. Desaparecimento de talonários de tíquetes- -alimentação. Condenação do impetrante, em processo administrativo disciplinar, de ressarcimento ao erário do valor do prejuízo apurado. 3. Decisão da Mesa Diretora da Câmara dos Deputados de desconto mensais, em folha de pagamento, sem a autorização do servidor. 4. Responsabilidade civil de servidor. Hipótese em que não se aplica a autoexecutoriedade do procedimento administrativo. 5. A Administração acha-se restrita às sanções de natureza administrativa, não podendo alcançar, compulsoriamente, as consequências civis e penais. 6. À falta de prévia aquiescência do servidor, cabe à Administração propor ação de indenização para a confirmação, ou não, do ressarcimento apurado na esfera administrativa. 7. O art. 46 da Lei 8.112, de 1990, dispõe que o desconto em folha de pagamento é a forma como poderá ocorrer o pagamento pelo servidor, após sua concordância com a conclusão administrativa ou a condenação judicial transitada em julgado. 8. Mandado de Segurança deferido" (STF – MS 24182/DF – Tribunal Pleno – rel. Min. Maurício Corrêa – DJU 03.09.2004).

"*Administrativo – Mandado de segurança – Servidoras públicas – INSS – Demissão – Ilegitimidade passiva* ad causam *e inadequação da via eleita – Rejeição – Dosimetria da pena – Princípio da proporcionalidade – Não observância – Ilegalidade – Concessão* – 1 – São de autoria do Exm.º Sr. Ministro de Estado da Previdência e Assistência Social os atos praticados objetos deste writ, quais sejam, as Portarias 5.752 e 5.753, ambas de 05.05.2000, que determinaram a demissão das impetrantes do quadro de servidores do Instituto Nacional do Seguro Social – INSS. Ilegitimidade passiva *ad causam* rejeitada. 2 – Falece de juridicidade a assertiva da inadequação da via processual eleita, posto que os autos estão com provas fartamente produzidas, sendo estas pré-constituídas. Logo, desnecessária a dilação probatória. Preliminar desacolhida. 3 – No mérito, deve a autoridade competente, na aplicação da penalidade, em respeito ao princípio da proporcionalidade (devida correlação na qualidade e quantidade da sanção, com a grandeza da falta e o grau de responsabilidade do servidor), observar as normas contidas no ordenamento jurídico próprio, verificando a natureza da infração, os danos para o serviço público, as circunstâncias atenuantes ou agravantes e os antecedentes funcionais do servidor. Inteligência do art. 128, da Lei 8.112/90. 4 – Ademais registro que, por se tratar de demissão, pena capital aplicada a um servidor público, a afronta ao princípio supracitado constitui desvio de finalidade por parte da Administração, tornando a sanção aplicada ilegal, sujeita a revisão pelo Poder Judiciário. Deve a dosagem da pena, também, atender ao princípio da individualização inserto na Constituição Federal de 1988 (art. 5.º, XLVI), traduzindo-se na adequação da punição disciplinar à falta cometida. 5 – Precedente da 3.ª Seção (MS 6.663/DF). 6 – Preliminares rejeitadas e ordem concedida para determinar que sejam anulados os atos que impuseram a pena de demissão às impetrantes, com a consequente reintegração das mesmas nos cargos que ocupavam, sem prejuízo de que, em nova e regular decisão, a administração pública aplique a penalidade adequada à infração administrativa que ficar efetivamente comprovada. 7 – Quanto aos efeitos financeiros, estes devem ser pleiteados na via própria, a teor da Súmula 271/STF. Custas *ex lege*. Sem honorários advocatícios a teor das Súmulas 512/STF e 105/STJ" (STJ – MS 7005/DF – 3.ª S. – rel. Min. Jorge Scartezzini – *DJU* 04.02.2002).

▶ Assim dispunha o parágrafo alterado:

§ 2.º O servidor, o serventuário da Justiça e a autoridade ou órgão que infringirem o disposto no artigo anterior incorrerão em multa aplicada na forma estabelecida no art. 92, sem prejuízo da responsabilidade administrativa e pena cabível.

Título VII
DAS DISPOSIÇÕES GERAIS

Art. 49. A matrícula da empresa será efetuada nos termos e condições estabelecidos pela Secretaria da Receita Federal do Brasil. (Redação dada ao *caput* pela Lei 11.941, de 27.05.2009, *DOU* 28.05.2009, conversão da MedProv 449, de 03.12.2008, *DOU* 04.12.2008).

§ 1.º No caso de obra de construção civil, a matrícula deverá ser efetuada mediante comunicação obrigatória do responsável por sua execução, no prazo de 30 (trinta) dias, contado do início de suas atividades, quando obterá número cadastral básico, de caráter permanente. (Redação dada ao parágrafo pela Lei 11.941, de 27.05.2009, *DOU* 28.05.2009, conversão da MedProv 449, de 03.12.2008, *DOU* 04.12.2008).

Art. 49 • Lei Orgânica da Seguridade Social

§ 2.º (Revogado pela Lei 11.941, de 27.05.2009, *DOU* 28.05.2009, conversão da MedProv 449, de 03.12.2008, *DOU* 04.12.2008).

§ 3.º O não cumprimento do disposto no § 1.º deste artigo sujeita o responsável a multa na forma estabelecida no art. 92 desta Lei. (Redação dada ao parágrafo pela Lei 11.941, de 27.05.2009, *DOU* 28.05.2009, conversão da MedProv 449, de 03.12.2008, *DOU* 04.12.2008).

§ 4.º O Departamento Nacional de Registro do Comércio – DNRC, por intermédio das Juntas Comerciais bem como os Cartórios de Registro Civil de Pessoas Jurídicas prestarão, obrigatoriamente, à Secretaria da Receita Federal do Brasil todas as informações referentes aos atos constitutivos e alterações posteriores relativos a empresas e entidades neles registradas. (NR) (Redação dada ao parágrafo pela Lei 11.941, de 27.05.2009, *DOU* 28.05.2009, conversão da MedProv 449, de 03.12.2008, *DOU* 04.12.2008).

§ 5.º A matrícula atribuída pela Secretaria da Receita Federal do Brasil ao produtor rural pessoa física ou segurado especial é o documento de inscrição do contribuinte, em substituição à inscrição no Cadastro Nacional de Pessoa Jurídica – CNPJ, a ser apresentado em suas relações com o Poder Público, inclusive para licenciamento sanitário de produtos de origem animal ou vegetal submetidos a processos de beneficiamento ou industrialização artesanal, com as instituições financeiras, para fins de contratação de operações de crédito, e com os adquirentes de sua produção ou fornecedores de sementes, insumos, ferramentas e demais implementos agrícolas. (Parágrafo acrescentado pela Lei 11.718, de 20.06.2008, *DOU* 23.06.2008).

§ 6.º O disposto no § 5.º deste artigo não se aplica ao licenciamento sanitário de produtos sujeitos à incidência de Imposto sobre Produtos Industrializados ou ao contribuinte cuja inscrição no Cadastro Nacional de Pessoa Jurídica – CNPJ seja obrigatória. (NR) (Parágrafo acrescentado pela Lei 11.718, de 20.06.2008, *DOU* 23.06.2008).

✶ **Remissão:** CLPS, art. 151.

✎ Anotação

Considera-se matrícula a identificação dos sujeitos passivos perante a Previdência Social, podendo ser o número do (i) Cadastro Nacional de Pessoa Jurídica (CNPJ) para empresas e equiparados a ele obrigados; ou (ii) Cadastro Específico do INSS (CEI) para equiparados à empresa desobrigados da inscrição no CNPJ, obra de construção civil, produtor rural contribuinte individual, segurado especial, consórcio de produtores rurais, titular de cartório, adquirente de produção rural e empregador doméstico (IN RFB 971/2008, art. 17). A inscrição ou a matrícula serão efetuadas, conforme o caso, (i) simultaneamente com a inscrição no CNPJ, para as pessoas jurídicas ou equiparados; e (ii) no CEI, no prazo de trinta dias contados do início de suas atividades, para o equiparado à empresa, quando for o caso, e obra de construção civil. O cadastramento, embora guarde a expressão antiga, é realizado pela Receita Federal do Brasil.

JURISPRUDÊNCIA

"*Mandado de segurança. Tributário. Funrural. Produtor rural pessoa física empregador. Inexigibilidade. Art. 25 da Lei 8.212/1991. Inconstitucionalidade declarada pelo STF. Lei 10.256/2001. Inconstitucionalidade parcial. Compensação. Possibilidade. Prescrição quinquenal.* 1. É inconstitucional a contribuição incidente sobre a comercialização da produção rural pelo produtor pessoa natural empregador. 2. Declarada inconstitucional a Lei 10.256/2001 pela Corte Especial deste Regional, com redução de texto, para abstrair do *caput* do art. 25 da Lei 8.212/1991 as expressões 'contribuição do empregador rural pessoa física, em substituição à contribuição de que tratam os incs. I e II do art. 22', e 'na alínea *a* do inc. V', mantida a contribuição do segurado especial, na forma prevista nos incs. I e II do art. 25 da Lei 8.212/1991 (AC 2008.70.16.000444-6, rel. Des. Federal Álvaro Eduardo Junqueira, j. 30.06.2011, publicada no *DE* de 20.07.20011). 3. A declaração de inconstitucionalidade tem efeito repristinatório em relação à legislação que pretendia promover alteração ou revogar, implicando, no caso, o restabelecimento da exação incidente sobre a folha de salários. Precedentes do STF. 4. Determinada a compensação tributária das parcelas recolhidas anteriormente aos cinco anos que antecedem a propositura da ação. 5. Apelo e remessa oficial providos em parte" (TRF-4.ª Reg. – APELREEX 5000520-05.2010.404.7103/RS – 1.ª T. – rel. Álvaro Eduardo Junqueira – j. 11.04.2012 – *DE* 12.04.2012).

"*Embargos à execução fiscal. matrícula perante o INSS. Obra de construção civil. Ilegitimidade passiva do prefeito.* 1. Não cabe a responsabilização pessoal do Prefeito Municipal pela infração de não matricular no ente público competente as obras de construção civil (art. 49, I, *b*, Lei 8.212/1991). A lei imputa a multa ao responsável, não se podendo atribuir ao próprio Prefeito a obrigação de cumprir o comando legal. 2. É certo que a fiscalização e o acompanhamento de obras de construção civil realizadas pelo município são tarefas delegadas a agentes públicos e, neste caso, a execução fiscal deveria ter sido direcionada à pessoa jurídica de direito público e não à pessoa física do Prefeito que, de outro modo, responderia com seu patrimônio por todos os atos administrativos praticados na sua gestão, independentemente de culpa ou dolo. 3. Apelação e remessa oficial não providas" (TRF-3.ª Reg.

– AC 353251 – Processo 96030982032 – T. Suplementar 1.ª S. – rel. Juiz João Consolim – DJ 10.09.2008).

"*Tributário. Contribuição previdenciária. Obra de construção civil. Responsabilidade solidária. Legitimidade ativa ad causam da empresa prestadora de serviços. Ausência de fiscalização da empresa contratada. Aferição indireta. Nulidade do lançamento. Decadência. Reconhecimento de ofício. Honorários advocatícios. Majoração.* 1. Em se tratando de responsabilidade solidária, a cobrança da dívida pode ser dirigida contra ambos os devedores solidários, sem benefício de ordem. O fato de o INSS ter ajuizado a execução fiscal somente contra a proprietária, contratante dos serviços de obra de construção civil, não exclui a legitimidade ativa *ad causam* da construtora, prestadora dos serviços, porque, caso não consiga obter sucesso na demanda, ele pode também acioná-la. 2. A autora foi notificada, juntamente com o contratante dos serviços, para apresentar defesa administrativa, o que torna patente a sua titularidade em relação ao direito cuja tutela invoca na inicial, de feição meramente declaratória negativa ou desconstitutiva, conforme o enfoque que se dê ao provimento. 3. A sujeição passiva indireta decorre de relações de caráter administrativo que criam deveres e prescrevem sanções pelo descumprimento desses deveres, a exemplo da responsabilidade solidária. Por ser completamente estranho à obrigação tributária, não há de ser exigida do responsável solidário a comprovação de todos os elementos que deram origem ao fato gerador da contribuição previdenciária. 4. Conquanto a responsabilidade solidária da tomadora de serviços seja indiscutível, a Lei 8.212/1991 não autoriza o lançamento por aferição indireta, sem que haja a verificação da efetiva base de cálculo do tributo. O fato de a Lei admitir a responsabilização solidária do proprietário ou dono da obra, contratante dos serviços de construção civil, não implica, necessariamente, permissão legal para apurar o débito em bases completamente irreais. 5. O pressuposto para que a autoridade fiscal se valha do arbitramento é a omissão do sujeito passivo, recusa ou sonegação de informação ou a irregularidade das declarações ou documentos que devem ser utilizados para o cálculo do tributo. Não se pode considerar irregular a documentação apresentada, por mero desacordo formal, se não houve inspeção *in loco* da empresa que prestou as informações ou declarações, com o intuito de obter elementos precisos a respeito da omissão ou não veracidade dos dados informados na folha de pagamento e nas guias de recolhimento. 6. O fisco deve buscar sempre aproximar-se da realidade econômica da matéria tributável, valendo-se dos meios de pesquisa ao seu alcance. Somente quando restarem eliminadas todas as possibilidades de descoberta direta da base real do tributo, legitima-se a aferição indireta. Cumpre à autoridade fiscal analisar a contabilidade da empresa prestadora dos serviços e verificar se o montante recolhido a título de contribuição previdenciária efetivamente corresponde à base de cálculo do tributo. Caso o contribuinte impugne o lançamento, corrigindo os vícios encontrados pela fiscalização e apresentando as declarações impostas pela lei, a autoridade fiscal deve apreciar os documentos, a fim de verificar se têm valor probatório, obedecem às determinações legais e está correto o montante tributável. 7. A falta de matrícula da obra no INSS ou de folha de pagamento distinta para cada obra de construção civil não implica o descumprimento da obrigação tributária, mas sim dos deveres instrumentais ou formais, chamados de obrigações acessórias, previstos nos arts. 256, § 3.º, e 225, § 9.º, do Dec. 3.048/1999. A fiscalização apegou-se a um único aspecto, de caráter meramente formal, presumindo a irregularidade do recolhimento das contribuições previdenciárias, sem investigar de fato os documentos fiscais e comerciais da empresa, com o objetivo de conciliar o fato jurídico-tributário (a utilização de mão de obra) com o lançamento. 8. Além de subverter completamente o princípio do informalismo a favor do administrado (ou formalismo moderado), foram desprezados pela fiscalização os princípios da verdade material e do dever de investigação. Os poderes concedidos à fiscalização devem ser utilizados a fim de conseguir a maior aproximação possível com a verdade material. Consistindo em poderes-deveres, o fisco não possui a escolha entre usá-los ou não usá-los, porque estão à sua disposição para que a verdade dos fatos possa ser alcançada. 9. Não havendo o pagamento antecipado do tributo, dispõe a autoridade administrativa do prazo de cinco anos, após o próprio exercício em que poderia realizar o lançamento de ofício, para constituir o crédito tributário, nos termos do art. 173, I, do CTN. 10. É absolutamente inviável a aplicação conjunta dos arts. 150, § 4.º, e 173, I, do CTN, somando-se o prazo da homologação tácita com o prazo propriamente dito de decadência, por implicar a aplicação cumulativa de duas causas de extinção do crédito tributário. 11. É inconstitucional o *caput* do art. 45 da Lei 8.212/1991 que prevê o prazo de 10 anos para que a Seguridade Social apure e constitua seus créditos, por invadir área reservada à lei complementar. 12. A utilização do percentual de 10% sobre o valor da causa, para fixar a verba honorária, não redunda em montante exagerado, de modo que não onera demasiadamente o vencido e remunera merecidamente o patrono do vencedor na demanda" (TRF-4.ª Reg. – AC 2004.70.00.015745-0 – 1.ª T. – rel. Joel Ilan Paciornik – *DJ* 26.08.2008).

"*Solução de consulta SRF 8.ª RF 441, de 4 de dezembro de 2008, DOU 09.02.2009*

Assunto: Contribuições Sociais Previdenciárias

Construção civil. Obra executada sob responsabilidade de pessoa física. Equiparação a empresa para os efeitos da legislação previdenciária. Regularização. Aferição indireta. Equipara-se a empresa, para os efeitos da legislação previdenciária, o proprietário ou dono de obra de construção civil, quando pessoa física, em relação a segurado que lhe presta serviço. Tal equiparação é limitada ao cumprimento das obrigações previdenciárias decorrentes da utilização de mão de obra própria. À pessoa física que executa obra de construção civil, na condição de equiparada a empresa, não é conferida personalidade jurídica, de forma que não se insere no contexto de pessoa jurídica de direito privado, *stricto sensu*, nos termos do Código Civil. A regularização de obra de construção civil sob responsabilidade de pessoa física equiparada a empresa, sem inscrição do ato constitutivo no respectivo registro, obedecerá ao critério de Aferição Indireta, com base na área construída e no padrão da construção, deduzindo-se os recolhimentos efetuados na Matrícula CEI e relativos aos segurados que prestaram serviços na referida obra" (Dispositivos legais: arts. 44 e 45 da Lei 10.406, de 2002; art. 15, parágrafo único, da Lei 8.212, de 1991; art. 12, IV, do Dec. 3.048, de 1999; arts. 433 e 475, § 1.º, da IN MPS/SRP 3, de 2005. Cláudio Ferreira Valladão – Chefe).

▶ Assim dispunha a redação anterior:

Art. 49.

I – simultaneamente com a inscrição no Cadastro Nacional da Pessoa Jurídica – CNPJ; (Redação dada ao inciso pela Lei 9.711, de 20.11.1998, *DOU* 21.11.1998).

II – perante o Instituto Nacional de Seguro Social – INSS no prazo de 30 (trinta) dias contados do início de suas atividades, quando não sujeita a inscrição no Cadastro Nacional da Pessoa Jurídica – CNPJ. (NR) (Redação dada ao inciso pela Lei 9.711, de 20.11.1998, *DOU* 21.11.1998).

▶ Assim dispunha o parágrafo alterado:

§ 1.º Independentemente do disposto neste artigo, o Instituto Nacional do Seguro Social (INSS) procederá à matrícula:

a) de ofício, quando ocorrer omissão;

b) de obra de construção civil, mediante comunicação obrigatória do responsável por sua execução, no prazo do inciso II.

▶ Assim dispunha a redação anterior:

§ 2.º O não cumprimento do disposto no § 1.º sujeita o responsável a multa na forma estabelecida no art. 92. (Redação dada ao parágrafo pela MedProv 449, de 03.12.2008, *DOU* 04.12.2008).

TÍTULO VII – DAS DISPOSIÇÕES GERAIS • **Art. 50**

▶ Assim dispunha a redação anterior:

§ 3.º O Departamento Nacional de Registro do Comércio – DNRC, por intermédio das Juntas Comerciais, bem como os Cartórios de Registro Civil de Pessoas Jurídicas, prestarão, obrigatoriamente, à Secretaria da Receita Federal do Brasil todas as informações referentes aos atos constitutivos e alterações posteriores relativos a empresas e entidades neles registradas. (NR) (Redação dada ao parágrafo pela MedProv 449, de 03.12.2008, *DOU* 04.12.2008).

▶ Assim dispunha a redação anterior:

§ 4.º (Revogado pela MedProv 449, de 03.12.2008, *DOU* 04.12.2008).

Art. 50. Para fins de fiscalização do INSS, o Município, por intermédio do órgão competente, fornecerá relação de alvarás para construção civil e documentos de "habite-se" concedidos. (Redação dada pela Lei 9.476, de 1997).

✍ Anotação

O comando impõe fórmula de cooperação entre diferentes esferas do Poder Público, tudo em prol da melhoria dos controles da atividade dos contribuintes e da arrecadação. A fiscalização, como já se sabe, é efetuada presentemente pela Receita Federal do Brasil.

JURISPRUDÊNCIA

"*Ação Direta de Inconstitucionalidade – Lei municipal 3.478/2006 – Provimento de cargos públicos – Regulamentação expedida pelo Poder Legislativo – Vício de iniciativa* – A Lei Municipal 3.478/2006 disciplina o provimento de cargos públicos no Município de Viamão, matéria que, a par de desbordar do estrito poder regulamentar, está sujeita aos princípios da reserva legal e da legalidade, cuja iniciativa do projeto de lei é privativa do Poder Executivo. Violação dos arts. 8.º, e 10, II, *b*, da Constituição Estadual, em razão do princípio da simetria estrutural (arts. 18, 25, 29 e 32 da CF/1988 e 11 do ADCT). Ação direta de inconstitucionalidade procedente. Votos vencidos" (TJRS – ADI 70015723885 – Órgão Especial – redator p/ o acórdão Des. Adão Sérgio do Nascimento Cassiano – *DJRS* 04.01.2007).

Art. 51 • Lei Orgânica da Seguridade Social

▶ A MedProv 449, de 03.12.2008, *DOU* 04.12.2008, foi convertida na Lei 11.941, de 27.05.2009, *DOU* 28.05.2009 (que mereceu veto presidencial quanto a este ponto), dera a seguinte redação ao preceito:

Art. 50. O Município ou o Distrito Federal, por intermédio do órgão competente, fornecerá mensalmente à Secretaria da Receita Federal do Brasil relação de alvarás para construção civil e documentos de "habite-se" concedidos.

§ 1.º A obrigação de que trata o *caput* deverá ser atendida mesmo nos meses em que não houver concessão de alvarás e documentos de "habite-se".

§ 2.º O descumprimento do disposto neste artigo acarretará a aplicação da penalidade prevista no inciso I do art. 57 da MedProv 2.158-35, de 24 de agosto de 2001. (NR) (Redação dada ao artigo pela MedProv 449, de 03.12.2008, *DOU* 04.12.2008).

Art. 51. O crédito relativo a contribuições, cotas e respectivos adicionais ou acréscimos de qualquer natureza arrecadados pelos órgãos competentes, bem como a atualização monetária e os juros de mora, estão sujeitos, nos processos de falência, concordata ou concurso de credores, às disposições atinentes aos créditos da União, aos quais são equiparados.

Parágrafo único. O Instituto Nacional do Seguro Social – INSS reivindicará os valores descontados pela empresa de seus empregados e ainda não recolhidos.

✱ **Remissão:** CLPS, art. 152.

✍ Anotação

Os créditos fiscais, entre os quais se encontram os relativos às contribuições sociais, são revestidos de privilégio no momento da cobrança, especialmente nas situações em que o devedor passa por atribulações, como a falência, a concordata e o concurso de credores. Tanto o art. 188 do CTN quanto o art. 29 da Lei das Execuções Fiscais fazem expressa referência a esse privilégio que, no entanto, cede passo diante do crédito trabalhista e do decorrente de acidentes do trabalho. Modernamente, no âmbito da recuperação judicial, o art. 57 da Lei 11.101/2005 fixa que após a juntada aos autos do plano aprovado pela assembleia geral de credores ou decorrido o prazo legal sem objeção destes, o devedor apresentará certidões negativas de débitos tributários nos termos dos arts. 151, 205 e 206 do CTN. Já na seara da falência, o art. 83 da Lei 11.101/2005 aponta os créditos tributários na terceira posição da classificação de créditos.

A referência ao INSS deve se entendida, hoje em dia, como aplicável à Receita Federal do Brasil, a quem incumbe a cobrança das contribuições sociais. A reivindicação é procedimento aplicável aos processos falimentares e diz respeito, exclusivamente, aos valores descontados dos segurados pelas empresas e não recolhidos, a serem restituídos nos termos da Súmula 417/STF.

JURISPRUDÊNCIA

"*Tributário. Processual civil. Falência. Pedido de restituição da contribuição previdenciária descontada dos empregados e não repassada ao INSS. Ausência de comprovação da origem do crédito. Reexame de fatos e provas. Impossibilidade. Súmula 7/STJ. 1. Os valores correspondentes às contribuições previdenciárias descontadas dos salários dos empregados, e não recolhidos à Previdência Social, podem ser reivindicados pelo INSS e devem ser restituídos antes do pagamento de qualquer crédito, ainda que trabalhista, tendo em vista que tais valores não compõem o patrimônio do falido. Precedentes. 2. Incidência da Súmula 417/STF: 'Pode ser objeto de restituição, na falência, dinheiro em poder do falido, recebido em nome de outrem, ou do qual, por lei ou contrato, não tivesse ele a disponibilidade.' 3. Hipótese em que o Tribunal de origem expressamente consignou a ausência de provas quanto à origem do crédito. Desconstituir tal premissa requer, necessariamente, o reexame de fatos e provas o que é vedado a esta Corte por esbarrar no óbice da Súmula 7/STJ. Agravo regimental improvido*" (STJ – AgRg no REsp 1276806/RS 2011/0214489-1 – rel. Min. Humberto Martins – 2.ª T. – j. 14.08.2012 – DJe 20.08.2012).

"*Processual civil e tributário – Embargos de declaração – Execução de contribuição previdenciária – Agravo de Instrumento contra decisão que indeferiu a inclusão dos sócios da executada no polo passivo da ação – Nome do corresponsável incluído na CDA gerando presunção relativa que pode ser ilidida por meio de regular interposição de embargos à execução, onde existe possibilidade de dilação probatória – Recurso provido – 1. Ressalvada a posição pessoal do Relator, desde que a pessoa seja sócia ou exerça poderes de administração e gerência da empresa na época da ocorrência do fato gerador, incide a regra do parágrafo único do art. 13 da Lei 8.620/1993, estabelecendo presunção relativa de corresponsabilidade, justificando a inclusão do nome desse sócio/diretor na CDA. Como coobrigado, ficando ressalvado a ele ilidir a presunção através de embargos à execução onde há amplo espaço para se demonstrar a irresponsabilidade. 2. Assim, desde que a pessoa era sócia da empresa por cotas de responsabilidade limitada na época da ocorrência do fato gerador, incide a regra do art. 13 da Lei 8.620/1993. 3. Não se pode admitir que o* fisco fique sem ter a quem dirigir a cobrança do crédito fiscal em face da sociedade não mais existir, mesmo porque a falência da empresa executada não constitui isenção capaz de livrar o insolvente de suas obrigações. 4. Recurso provido" (TRF-3.ª Reg. – EDcl-AI 2008.03.00.036477-8/SP – 1.ª T. – rel. Des. Federal Johnson Di Salvo – b 21.05.2010 – p. 37).

"*Recuperação judicial – Créditos previdenciários já consolidados – Execução – Competência – Justiça Estadual comum* – Muito embora o art. 6.º, § 7.º, da Lei 11.101/2005 estabeleça, de forma clarividente, que 'as execuções de natureza fiscal não são suspensas pelo deferimento da recuperação judicial' – Dentre as quais se encontra a execução das contribuições previdenciárias, cuja natureza jurídica é tributária –, o E. STF, ao julgar o RE 583.955/RJ, que versou acerca da competência para processar e julgar a execução de créditos trabalhistas no caso de empresa em fase de recuperação judicial, decidiu, de forma abrangente, com suporte no princípio da universalidade do juízo falimentar, de acordo com o qual este exerce uma *vis attractiva* sobre todas as ações de interesse da massa falida, que 'o legislador ordinário adotou o entendimento, consolidado na doutrina e na jurisprudência, segundo o qual, uma vez decretada a falência – E agora na recuperação judicial –, a execução de todos os créditos, inclusive os de natureza trabalhista, deve ser processada no juízo falimentar' (trecho do acórdão de relatoria do Exmo. Min. Ricardo Lewandowski). Assim, de acordo com o raciocínio jurídico adotado pela Suprema Corte, também ao Juízo Falimentar deverá ser submetida a execução dos créditos previdenciários já consolidados em sentença trabalhista, até porque diretamente decorrentes dos próprios créditos trabalhistas. Diante disso, por disciplina judiciária, refluo no meu posicionamento anterior e me rendo ao referido entendimento da Suprema Corte, razão pela qual mantenho incólume a decisão do Juízo de origem que extinguiu a presente execução e determinou a expedição de certidão de habilitação de crédito a quem de direito e que tivesse interesse em se habilitar perante o Juízo Cível da recuperação judicial" (TRT-23.ª Reg. – AP 00197.2008.081.23.00-1 – rel. Des. Tarcísio Valente – DJe 17.05.2010 – p. 13).

"*Execução – Insolvência civil – Habilitação de créditos – Contribuição previdenciária* – A Justiça do Trabalho é competente para executar as contribuições previdenciárias, na forma do art. 876, parágrafo único da CLT. Contudo, sobrevindo a insolvência da empresa, exaure-se sua competência para os atos de constrição, os quais se transferem para o juízo universal da falência. Por tal razão não prospera o pleito de penhora no rosto dos autos falimentares para garantia de execução dos créditos previdenciários" (TRT-10.ª Reg. – AP 00530-2005-001-10-00-2 – 1.ª T. – rel. Juiz João Luis Rocha Sampaio – DJe 19.09.2008).

Art. 52. Às empresas, enquanto estiverem em débito não garantido com a União, aplica-se o disposto no art. 32 da Lei 4.357, de 16 de julho de 1964. (NR) (Redação dada ao *caput* pela Lei 11.941, de 27.05.2009, *DOU* 28.05.2009, conversão da MedProv 449, de 03.12.2008, *DOU* 04.12.2008).

Parágrafo único. (Revogado pela Lei 11.941, de 27.05.2009, *DOU* 28.05.2009, conversão da MedProv 449, de 03.12.2008, *DOU* 04.12.2008).

✻ **Remissão:** CLPS, art. 156.

Anotação

As pessoas jurídicas, enquanto estiverem em débito não garantido para com a União e suas autarquias, por falta de recolhimento de imposto, taxa ou contribuição, no prazo legal, não poderão: (i) distribuir quaisquer bonificações a seus acionistas; e (ii) dar ou atribuir participação de lucros a seus sócios ou quotistas, bem como a seus diretores e demais membros de órgãos dirigentes, fiscais ou consultivos. A inobservância a esse regramento importa em multa que será imposta (i) às pessoas jurídicas que distribuírem ou pagarem bonificações ou remunerações, em montante igual a 50% das quantias distribuídas ou pagas indevidamente; e (ii) aos diretores e demais membros da administração superior que receberem as importâncias indevidas, em montante igual a 50% dessas importâncias.

JURISPRUDÊNCIA

"Processual civil – Tributário – Recurso especial – Alegada contrariedade ao art. 535 do CPC – Não ocorrência – Contribuição previdenciária – Art. 31 da Lei 8.212/1991 – Retenção de 11% sobre as faturas de prestação de serviço das empresas optantes pelo Simples – Existência de outros débitos perante o INSS – Impossibilidade de restituição do saldo remanescente – Recurso provido – 1. Esta Corte de Justiça já se manifestou no sentido de que, em casos em que a empresa possui outros débitos com o INSS, não deve ser autorizada a restituição dos valores retidos em cumprimento à Lei 9.711/1998. 2. O art. 31, § 2.º, da Lei 8.212/1991 dispõe que somente na impossibilidade de compensação integral, o saldo remanescente será objeto de restituição. *In casu*, de acordo com o noticiado pela sentença e pelo aresto combatido, a empresa prestadora de serviços encontra-se em débito com a Previdência Social, não fazendo jus, desse modo, à restituição postulada" (REsp 674.362/SC, 1.ª T., rel. Min. José Delgado, *DJ* 6.6.2005). 3. Recurso especial provido"

(STJ – REsp 965.936 – (2007/0153212-8) – 1.ª T. – rel. Min. Denise Arruda – *DJe* 10.12.2009 – p. 828).

"*Tributário: contribuição previdenciária – Entidade filantrópica – CF, art. 195, § 7.º – Lei 8.212/1991, art. 55 – Cota patronal – Isenção –* I – A entidade beneficente de assistência social (filantrópica) está isenta constitucionalmente da cota patronal da contribuição previdenciária, inclusive a destinada a terceiros, desde que preenchidos os requisitos legais (art. 195, § 7.º, da CF/1988 e art. 55 da Lei 8.212/1991), mas não daquela descontada dos empregados, regularmente recolhida pelo mesmo, tampouco das contribuições cuja destinação é a outras entidades (terceiros), como é o caso do Sesc, Sesi, Senai, Senac, Sebrae, Funrural, Incra e Salário Educação, tão somente arrecadadas, cobradas e fiscalizadas pelo INSS, que as repassa para as referidas entidades, nos termos do art. 94 da Lei 8.212/1991. II – A autora foi considerada instituição de utilidade pública pelo Dec. 86.431/1981, possui o certificado de entidade de fins filantrópicos e atestado de registro, bem como declaração de validade, todos expedidos pelo próprio órgão da previdência social (f.), aptos à comprovação dos requisitos necessários à sua isenção tributária. Não resta dúvida, portanto, de que ela goza da isenção tributária de entidade filantrópica. III – O fato de ela não ter o certificado e estar em débito com a Previdência quando da fiscalização não tem o condão de obstar o seu direito à isenção, ulteriormente reconhecido no âmbito administrativo e garantido constitucionalmente (CF/1988, art. 195, § 7.º). IV – A matéria relativa aos honorários advocatícios rege-se pelo disposto no art. 20, § 4.º, do CPC, devendo ser fixados em 10% sobre o valor da causa, atualizado. V – Recurso do INSS e remessa oficial parcialmente providos" (TRF-3.ª Reg. – AC 2001.03.99.012271-4 – (677419) – 2.ª T. – rel. Des. Federal Cecília Mello – *DJU* 15.09.2006).

▶ Assim dispunha o *caput* alterado:

> Art. 52. À empresa em débito para com a Seguridade Social é proibido:
> I – distribuir bonificação ou dividendo a acionista;
> II – dar ou atribuir cota ou participação nos lucros a sócio-cotista, diretor ou outro membro de órgão dirigente, fiscal ou consultivo, ainda que a título de adiantamento.

▶ Assim dispunha o parágrafo revogado:

> Parágrafo único. A infração do disposto neste artigo sujeita o responsável à multa de 50% (cinquenta por cento) das quantias que tiverem sido pagas ou creditadas a partir da data do evento, atualizadas na forma prevista no art. 34.

Art. 53. Na execução judicial da dívida ativa da União, suas autarquias e fundações públicas, será facultado ao exequente indicar bens à penhora, a qual será efetivada concomitantemente com a citação inicial do devedor.

§ 1.º Os bens penhorados nos termos deste artigo ficam desde logo indisponíveis.

§ 2.º Efetuado o pagamento integral da dívida executada, com seus acréscimos legais, no prazo de 2 (dois) dias úteis contados da citação, independentemente da juntada aos autos do respectivo mandado, poderá ser liberada a penhora, desde que não haja outra execução pendente.

§ 3.º O disposto neste artigo aplica-se também às execuções já processadas.

§ 4.º Não sendo opostos embargos, no caso legal, ou sendo eles julgados improcedentes, os autos serão conclusos ao juiz do feito, para determinar o prosseguimento da execução.

* **Remissão:** CLPS, arts. 144 e 145.

Anotação

O comando é manifestamente draconiano e não resiste ao confronto com o direito de ação. O Código de Processo Civil, em seu art. 620, *determina* que o procedimento de execução será o menos gravoso para o executado. O que se permite ao Poder Público, credor, é que pleiteie a substituição do bem penhorado, nos termos do inc. II do art. 15 da Lei das Execuções Fiscais. Caberá sempre ao devedor, no entanto, a indicação do bem a ser penhorado, podendo a Fazenda Pública recusá-lo desde que o faça com jurídicos fundamentos.

JURISPRUDÊNCIA

"*Processual civil e tributário – Execução fiscal – Nomeação de bem à penhora – Recusa – Imóvel situado em outro estado –* 1. A exequente pode recusar o bem de terceiro indicado à penhora pela parte executada (art. 9.º, IV, da LEF), mormente quando o imóvel oferecido se situa em outro Estado, acarretando dificuldades à satisfação imediata do credor. Precedentes da Primeira e da Quarta Turmas desta Corte. 2. Agravo de instrumento ao qual se nega provimento" (TRF-5.ª Reg. – AGTR 2008.05.00.085262-5 – (91905/SE) – 1.ª T. – rel. Des. Francisco Cavalcanti – DJe 19.05.2010 – p. 198).

"*Tributário – Processual civil – Garantia – Fiança bancária – Possibilidade – Condição – Inexistência de ressalvas de valor, tempo ou qualquer outra –* 1.

Trata-se de agravo interno e de agravo de instrumento, com pedido de efeito suspensivo, interposto pela União Federal, em face da decisão (f.) proferida pelo Juízo da 4.ª Vara Federal de Execução Fiscal – Seção Judiciária do Rio de Janeiro no processo n. 2008.51.01.501157-1, que acolheu a carta de fiança bancária ofertada como garantia do débito, nos moldes do art. 15, I, da LEF, suspendendo a exigibilidade do crédito tributário. 2. A carta de fiança bancária, desde que sem ressalvas de valor, tempo ou valor é suficiente para garantir o crédito tributário, produzindo todos os efeitos inerentes à garantia, de forma a ensejar a expedição de certidão positiva de débitos com efeito de negativa. 3. Outro não pode ser o entendimento em decorrência da interpretação sistemática dos arts. 9.º e 15, I, da Lei 6.830/1980, que erige a fiança bancária a nível equivalente ao depósito em dinheiro, em sede de execução fiscal, ao tratar da possibilidade de substituição de garantia, que prescinde inclusive de autorização por parte da credora/exequente. 5. A carta de fiança bancária apresentada pelo contribuinte atende, no mais, ao padrão acima explicitado. 6. Agravo de instrumento não provido. Agravo interno prejudicado" (TRF-2.ª Reg. – AG 2009.02.01.009361-7 – 4.ª T. Especializada – rel. Des. Federal Luiz Antonio Soares – *DJe* 16.12.2009 – p. 46).

Art. 54. Os órgãos competentes estabelecerão critério para a dispensa de constituição ou exigência de crédito de valor inferior ao custo dessa medida.

✍ Anotação

O comando está alinhado com o art. 14, § 3.º, II, da Lei de Responsabilidade Fiscal, que admite a possibilidade de *"cancelamento de débito cujo montante seja inferior aos dos respectivos custos de cobrança"*. A Portaria 915, de 16 de setembro de 2009, da Procuradoria-Geral Federal estabelece que não devem ser inscritos débitos de valor inferior a R$ 1.000,00. Por seu turno, a Portaria MPS 1.293/2005 firmou que os créditos da Previdência Social decorrentes de decisões oriundas da Justiça do Trabalho de importância igual ou inferior ao valor-piso de R$ 120,00, R$ 140,00 ou R$ 150,00, de acordo com a Unidade da Federação e não pagos espontaneamente, deixam de ser executados, com fundamento no princípio da eficiência contido no *caput* do art. 37 da CF/1988 c/c os incs. IV do art. 156 e III do art. 172, ambos do CTN e art. 54 da Lei 8.212/1991 (art. 1.º).

TÍTULO VII – DAS DISPOSIÇÕES GERAIS • **Art. 54**

A Portaria MPS 296, de 08.08.2007, publicada no *DOU* 09.08.2007, determina que dívidas de até R$ 10 mil de contribuintes do Instituto Nacional do Seguro Social (INSS) não sejam cobradas na Justiça e que aquelas em processo de cobrança sejam arquivadas, sem baixa na execução.

JURISPRUDÊNCIA

"*Tributário – Cofins – Alteração da base de cálculo – Inconstitucionalidade – Majoração da alíquota – Constitucionalidade – Compensação com a CSLL futura – Impossibilidade – Lei 9.718/1998 – Prescrição – Compensação – Correção monetária –* 1. O STF, em julgamentos recentes (RE 585.235 e RE 527.602), onde foi observada a sistemática da repercussão geral, confirmou entendimento no sentido da inconstitucionalidade do dispositivo que alargou a base de cálculo do PIS e da Cofins, art. 3.º, § 1.º, da Lei 9.718/1998, para reconhecer que a receita bruta seria a 'totalidade das receitas auferidas' pelas empresas. 2. Permanece a constitucionalidade da majoração da alíquota da Cofins para 3% sobre o faturamento. 3. É vedada a compensação dos créditos do adicional da Cofins com a CSLL devida em exercícios futuros, nos termos do art. 8.º, § 3.º, da Lei 9.718/1998, tendo em vista o art. 150, § 6.º, da CF/1988. 4. O e. STJ, em julgamento dos EDiv em REsp 327043, decidiu, por unanimidade, que se aplica o prazo prescricional do referido art. 3.º da LC 118/2005 às ações ajuizadas a partir de 09 de junho de 2005, o que não se verifica na hipótese dos autos. Aplicável ao caso, portanto, o prazo prescricional de dez anos previsto no CTN, não há parcelas postuladas atingidas pela prescrição. 5. Na forma da Lei 8.383/1991, é possível a compensação dos valores pagos indevidamente com prestações vincendas das próprias contribuições, extinguindo-se o crédito sob condição resolutória da ulterior homologação (art. 150, § 1.º, do CTN). 6. Cuidando-se de tributo objeto de contestação judicial, para que a compensação tenha o condão de operar a extinção do crédito tributário, deve ser efetivada depois do trânsito em julgado da decisão. 7. A Lei 9.430/1996 não derrogou o art. 66 da Lei 8.383/1991, no que se refere aos tributos e contribuições administrados pela Receita Federal, podendo o contribuinte escolher o regime de compensação que lhe convier. 8. Optando o contribuinte pelo regime da Lei 8.383/1991, deve compensar o crédito com prestações vincendas de tributo da mesma espécie e destinação constitucional, a partir do trânsito em julgado, extinguindo-se o crédito sob condição resolutória da ulterior homologação. 9. Se o contribuinte escolher pelo sistema da Lei 9.430/1996, pode compensar com qualquer tributo ou contribuição arrecadado pela Receita Federal, porém deve apresentar declaração na via administrativa e submeter-se às regras postas na Lei, inclusive a que proíbe a utilização do crédito antes do trânsito em julgado da sentença. 10. O provimento judicial limita-se a declarar o direito do contribuinte a realizar a compensação, seja nos moldes da Lei 8.383/1991, seja de acordo com a Lei 9.430/96, sem que isso implique antecipação ou substituição do juízo administrativo. 11. A correção monetária deve incidir sobre os valores desde a data do pagamento indevido, com incidência da taxa Selic, aplicável a partir de 01.01.1996, excluindo-se qualquer índice de correção monetária ou juros de mora (art. 39, § 4.º, da Lei 9.250/1995)" (TRF-4.ª Reg. – Ap-RN 1999.04.01.102451-0/PR – 1.ª T. – rel. Des. Federal Joel Ilan Paciornik – DJe 15.12.2009 – p. 300).

Súmula 452/STJ: "A extinção das ações de pequeno valor é faculdade da Administração Federal, vedada a atuação judicial de ofício". 07.06.2010.

Art. 55. (Revogado pela Lei 12.101, de 27.11.2009, DOU 30.11.2009).
I – (Revogado pela Lei 12.101, de 27.11.2009, DOU 30.11.2009).
II – (Revogado pela Lei 12.101, de 27.11.2009, DOU 30.11.2009).
III – (Revogado pela Lei 12.101, de 27.11.2009, DOU 30.11.2009).
IV – (Revogado pela Lei 12.101, de 27.11.2009, DOU 30.11.2009).
V – (Revogado pela Lei 12.101, de 27.11.2009, DOU 30.11.2009).
§ 1.º (Revogado pela Lei 12.101, de 27.11.2009, DOU 30.11.2009).
§ 2.º (Revogado pela Lei 12.101, de 27.11.2009, DOU 30.11.2009).
§ 3.º (Revogado pela Lei 12.101, de 27.11.2009, DOU 30.11.2009).
§ 4.º (Revogado pela Lei 12.101, de 27.11.2009, DOU 30.11.2009).
§ 5.º (Revogado pela Lei 12.101, de 27.11.2009, DOU 30.11.2009).
§ 6.º (Revogado pela Lei 12.101, de 27.11.2009, DOU 30.11.2009).

✻ **Remissão:** CLPS, art. 153, § 5.º.

Anotação

Em linhas gerais, está isenta das contribuições de que tratam os arts. 22 e 23 da Lei 8.212/1991, bem como das contribuições devidas a outras entidades ou fundos, a pessoa jurídica de direito privado constituída como Entidade Beneficente de Assistência Social que, cumulativamente, comprove (i) ser reconhecida como de utilidade pública federal; (ii) ser reconhecida como de utilidade pública estadual ou do Distrito Federal ou municipal; (iii) ser

TÍTULO VII – DAS DISPOSIÇÕES GERAIS • Art. 55

portadora do Registro e do Certificado de Entidade Beneficente de Assistência Social (CEAS), fornecidos pelo Conselho Nacional de Assistência Social; (iv) promover a assistência social beneficente aos destinatários da política nacional de assistência social; (v) não remunerar diretores, conselheiros, sócios, instituidores ou benfeitores e não lhes conceder vantagens ou benefícios a qualquer título; (vi) aplicar integralmente o eventual resultado operacional na manutenção e no desenvolvimento de seus objetivos institucionais, apresentando, anualmente, à RFB relatório circunstanciado de suas atividades; e (vii) estar em situação regular em relação às contribuições sociais.

JURISPRUDÊNCIA

"*Contribuição previdenciária – Cota patronal – Fundação pública* – Mesmo sendo a executada fundação pública, para obter isenção na contribuição previdenciária, é necessário que obtenha tal declaração junto ao órgão arrecadador, atendendo a previsão legal. Agravo não provido" (TRT-4.ª Reg. – AP 0038800-12.2006.5.04.0015 – 9.ª T. – rel. Juíza convocada Lucia Ehrenbrink – DJe 20.05.2010).

"*Homologação de acordo – Isenção da contribuição previdenciária – Parcelas de natureza indenizatória* – Havendo cumprimento da determinação expressa no § 3.º do art. 832 da CLT e não sendo as parcelas acordadas de natureza salarial, é descabida a pretensão do INSS de incidência da contribuição previdenciária sobre o valor do acordo" (TRT-12.ª Reg. – RO 00182-2007-024-12-00-8 – 5.ª C. – rel. Lília Leonor Abreu – DJe 24.05.2010).

"*Previdenciário – Entidade de assistência social – Isenção – Imunidade – Cebas – Direito adquirido – Inexistência – Dilação probatória – Impossibilidade* – 1. A alegada incompetência da autoridade fiscal que representou ao Conselho Nacional de Assistência Social – CNAS não foi comprovada nos autos. Ademais, a ratificação por autoridade superior, inquestionavelmente competente, afasta o suposto vício. 2. O entendimento mais recente do STJ é de que (a) inexiste direito adquirido a regime jurídico-fiscal, de modo que a imunidade da contribuição previdenciária patronal assegurada às entidades filantrópicas, prevista no art. 195, § 7.º, da CF/1988, tem sua manutenção subordinada ao atendimento das condições previstas na legislação superveniente; (b) é legítima a exigência prevista no art. 3.º, VI, do Dec. 2.536/1998, no que se refere à demonstração de aplicação de um mínimo de 20% da receita bruta anual em gratuidade. Precedentes: MS 10.558/DF, 1.ª Seção, Min. José Delgado, j. 11.10.2006 e MS 10.758/DF, rel. para acórdão Min. Teori Zavascki, j. 25.10.2006. 3. Inviável a discussão, em Mandado de Segurança, sobre o cumprimento da exigência de aplicação de percentual mínimo em gratuidade pela entidade filantrópica (Decretos 752/1993 e 2.536/1998), que exigiria dilação probatória. Resguardada a faculdade de o impetrante demonstrar seu direito por via própria, desde que cumpridos os requisitos específicos. Precedente: MS 11.394/DF, rel. Min. Luiz Fux, j. 14.02.2007, *DJ* 02.04.2007. 4. A remissão prevista pela Lei do ProUni (art. 11, § 2.º, da Lei 11.096/2005) refere-se exclusivamente às entidades que não cumpriram o percentual de 20% com gratuidade, não abarcando o descumprimento das demais exigências legais (art. 55 da Lei 8.212/1991), em especial a de não distribuição de benefícios aos diretores, ou a finalidade exclusivamente assistencial (razões para o cancelamento do Cebas, na hipótese presente). 5. O julgamento do *mandamus* prejudica os Embargos de Declaração opostos contra decisão que cassou a liminar. 6. Segurança denegada" (STJ – MS 10.629 – (2005/0075711-1) – 1.ª S. – rel. Herman Benjamin – *DJe* 19.12.2008 – p. 949).

▶ Assim dispunha a redação anterior:

Art. 55. Fica isenta das contribuições de que tratam os arts. 22 e 23 desta Lei a entidade beneficente de assistência social que atenda aos seguintes requisitos cumulativamente:

▶ Assim dispunha o inciso revogado:

I – seja reconhecida como de utilidade pública federal e estadual ou do Distrito Federal ou municipal;

▶ Assim dispunha a redação anterior:

II – seja portadora do Registro e do Certificado de Entidade Beneficente de Assistência Social, fornecidos pelo Conselho Nacional de Assistência Social, renovado a cada três anos; (Redação dada ao inciso pela MedProv 2.187-13, de 24.08.2001, *DOU* 27.08.2001, em vigor conforme o art. 2.º da EC 32/2001).

▶ Assim dispunha a redação anterior:

III – promova, gratuitamente e em caráter exclusivo, a assistência social beneficente a pessoas carentes, em especial a crianças, adolescentes, idosos e portadores de deficiência; (Redação dada ao inciso pela Lei 9.732, de 11.12.1998, *DOU* 14.12.1998)

▶ Assim dispunha o inciso revogado:

IV – não percebam seus diretores, conselheiros, sócios, instituidores ou benfeitores, remuneração e não usufruam vantagens ou benefícios a qualquer título;

Título VII – Das disposições gerais • **Art. 55**

▶ Assim dispunha a redação anterior:

V – aplique integralmente o eventual resultado operacional na manutenção e desenvolvimento de seus objetivos institucionais apresentando, anualmente ao órgão do INSS competente, relatório circunstanciado de suas atividades. (Redação dada ao inciso pela Lei 9.528, de 10.12.1997, *DOU* 11.12.1997).

▶ Assim dispunha o parágrafo revogado:

§ 1.º Ressalvados os direitos adquiridos, a isenção de que trata este artigo será requerida ao Instituto Nacional do Seguro Social – INSS, que terá o prazo de 30 (trinta) dias para despachar o pedido.

▶ Assim dispunha o parágrafo revogado:

§ 2.º A isenção de que trata este artigo não abrange empresa ou entidade que, tendo personalidade jurídica própria, seja mantida por outra que esteja no exercício da isenção.

▶ Assim dispunha o parágrafo revogado:

§ 3.º Para fins deste artigo, entende-se por assistência social beneficente a prestação gratuita de benefícios e serviços a quem dela necessitar. (Parágrafo acrescentado pela Lei 9.732, de 11.12.1998, *DOU* 14.12.1998).

▶ Assim dispunha o parágrafo revogado:

§ 4.º O Instituto Nacional do Seguro Social – INSS cancelará a isenção se verificado o descumprimento do disposto neste artigo. (Parágrafo acrescentado pela Lei 9.732, de 11.12.1998, *DOU* 14.12.1998).

▶ Assim dispunha o parágrafo revogado:

§ 5.º Considera-se também de assistência social beneficente, para os fins deste artigo, a oferta e a efetiva prestação de serviços de pelo menos sessenta por cento ao Sistema Único de Saúde, nos termos do regulamento. (NR) (Parágrafo acrescentado pela Lei 9.732, de 11.12.1998, *DOU* 14.12.1998).

▶ Assim dispunha o parágrafo revogado:

§ 6.º A inexistência de débitos em relação às contribuições sociais é condição necessária ao deferimento e à manutenção da isenção de que trata este artigo, em observância ao disposto no § 3.º do art. 195 da Constituição. (Parágrafo acrescentado pela MedProv 2.187-13, de 24.08.2001, *DOU* 27.08.2001, em vigor conforme o art. 2.º da EC 32/2001).

Art. 56. A inexistência de débitos em relação às contribuições devidas ao Instituto Nacional do Seguro Social – INSS, a partir da publicação desta Lei, é condição necessária para que os Estados, o Distrito Federal e os Municípios possam receber as transferências dos recursos do Fundo de Participação dos Estados e do Distrito Federal – FPE e do Fundo de Participação dos Municípios – FPM, celebrar acordos, contratos, convênios ou ajustes, bem como receber empréstimos, financiamentos, avais e subvenções em geral de órgãos ou entidades da administração direta e indireta da União.

§ 1.º Revogado pela Medida Provisória 2.187-13, de 24.08.2001, *DOU* 27.08.2001.

§ 2.º Os recursos do FPE e do FPM não transferidos em decorrência da aplicação do *caput* deste artigo poderão ser utilizados para quitação, total ou parcial, dos débitos relativos às contribuições de que tratam as alíneas *a* e *c* do parágrafo único do art. 11 desta Lei, a pedido do representante legal do Estado, Distrito Federal ou Município. (Parágrafo acrescentado pela Lei 12.810/2013)

✎ Anotação

Eis aí importante restrição à inadequada ação administrativa. As transferências constitucionais correspondem a parcelas de recursos arrecadados e repassados aos Estados e Municípios por força de mandamentos estabelecidos na própria Constituição Federal, entre eles os recursos provenientes (i) do Fundo de Participação dos Estados (FPE); (ii) do Fundo de Participação dos Municípios (FPM); (iii) do Imposto Territorial Rural (ITR); ou (iv) do Imposto sobre Operações Financeiras/Ouro (IOF-Ouro). A inexistência de débitos previdenciários é condição *sine qua non* ao repasse de tais numerários.

A Lei 8.620/1993, mais taxativa, coloca em linguagem direta o preceito que se ajusta ao presente, ao dizer:

"Art. 16. A existência de débitos junto ao Instituto Nacional do Seguro Social, não renegociados ou renegociados e não saldados, nas condições estabelecidas em lei, importará na indisponibilidade dos recursos existentes, ou que venham a ingressar nas contas dos órgãos ou entidades devedoras de que trata o artigo anterior, abertas em quaisquer instituições financeiras, até o valor equivalente ao débito apurado na data da expedição de solicitação do Instituto Nacional do Seguro Social ao Banco Central do Brasil, incluindo o principal, corrigido monetariamente as multas e os juros".

O parágrafo segundo permite, ademais, que os recursos que menciona venham a ser utilizados para a amortização dos débitos das entidades, inclusive aqueles relativos à contribuição dos segurados.

TÍTULO VII – DAS DISPOSIÇÕES GERAIS • **Art. 56**

JURISPRUDÊNCIA

"*Constitucional e tributário – Mandado de segurança – Fundo de participação dos municípios e receita corrente líquida municipal* – Retenção para quitação de débitos previdenciários em atraso e obrigações previdenciárias correntes. Termo de Amortização de Dívida Fiscal/TADF. Crédito previdenciário. Constituição. Guia de Recolhimento ao Fundo de Garantia do Tempo de Serviço e Informações à Previdência Social. FIP. Legitimidade. CF/1988, art. 160, parágrafo único, I, Leis 8.212/1991, arts. 32, IV, e § 2.º, e 38, § 12, e 9.639/1998, arts. 2.º, parágrafo único, e 5.º, §§ 3.º e 4.º, Dec. 2.803/1998, art. 1.º e seus §§ 3.º e 4.º. (a) Recurso. Apelação em mandado de segurança. (b) Decisão de origem. Concessão da segurança. I – A Constituição Federal (art. 160, parágrafo único, I) autoriza a retenção de recursos financeiros dos municípios para pagamento de créditos do Instituto Nacional do Seguro Social – INSS. Consequentemente, esse procedimento não ofende o princípio constitucional da autonomia municipal. II – Os acordos de parcelamento celebrados entre os municípios e o Instituto Nacional do Seguro Social – INSS devem, obrigatoriamente, conter cláusula que autorize a retenção do Fundo de Participação dos Estados e do Fundo de Participação dos Municípios em valor correspondente às obrigações previdenciárias correntes do mês anterior ao recebimento desses. (Leis 8.212/1991, art. 38, § 12, e 9.639/1998, art. 5.º). III – Os valores mensais das obrigações previdenciárias correntes são apurados com espeque na Guia de Recolhimento ao Fundo de Garantia do Tempo de Serviço e Informações à Previdência Social – GFIP, constituindo as informações nela insertas Termo de Confissão de Dívida e dispensando processo administrativo contencioso para inscrição em dívida ativa do Instituto Nacional do Seguro Social – INSS se não forem pagas. (Lei 8.212/1991, art. 32, IV, e § 2.º; Dec. 2.803/1998, art. 1.º e seus §§ 3.º e 4.º). IV – A amortização do débito previdenciário parcelado, acrescido das obrigações previdenciárias correntes, poderá comprometer, mensalmente, até 15% (quinze por cento) da Receita Corrente Líquida Municipal (Lei 9.639/1998, art. 5.º, § 4.º). V – Celebrado entre o Município e o Instituto Nacional do Seguro Social – INSS Termo de Amortização de Dívida Fiscal que autorizava as retenções de 3% (três por cento) da cota do Fundo de Participação dos Municípios para pagamento de débitos previdenciários em atraso e de 15% (quinze por cento) da Receita Corrente Líquida Municipal para quitação de obrigações previdenciárias correntes, legítimas as que não ultrapassaram os limites contratuais. VI – Apelação provida. VII – Remessa oficial prejudicada. VIII – Sentença reformada. IX – Segurança denegada" (TRF-1.ª Reg. – AMS 2005.33.00.003865-2 – 7.ª T. – rel. Des. Federal Catão Alves – *DJe* 09.01.2009).

Art. 57 • LEI ORGÂNICA DA SEGURIDADE SOCIAL

▶ Assim dispunha o parágrafo revogado e, posteriormente, renumerado:

Parágrafo único. Para o recebimento do Fundo de Participação dos Estados e do Distrito Federal – FPE e do Fundo de Participação dos Municípios – FPM, bem como a consecução dos demais instrumentos citados no *caput* deste artigo, os Estados, o Distrito Federal e os Municípios deverão apresentar os comprovantes de recolhimento das suas contribuições ao Instituto Nacional do Seguro Social – INSS referentes aos 3 (três) meses imediatamente anteriores ao mês previsto para a efetivação daqueles procedimentos.

Art. 57. Os Estados, o Distrito Federal e os Municípios serão, igualmente, obrigados a apresentar, a partir de 1.º de junho de 1992, para os fins do disposto no artigo anterior, comprovação de pagamento da parcela mensal referente aos débitos com o Instituto Nacional do Seguro Social – INSS, existentes até 1.º de setembro de 1991, renegociados nos termos desta Lei.

✎ **Anotação**

O dispositivo comunica-se diretamente à ideia disposta no art. 56 sobredito.

JURISPRUDÊNCIA

"*Tributário e processual civil – Termo de amortização de débitos previdenciários – Lei de Responsabilidade Fiscal – Suposta ofensa ao art. 42 da Lei Complementar 101/2000 – Débito da Câmara Municipal – Responsabilidade do Município* – 1. Não prospera a alegação de ofensa ao art. 42 da Lei complementar 101/2000, porque houve o reconhecimento de dívida preexistente. Não foi criada nova dívida, apenas avençou-se a forma de pagamento. 2. Cabe ao município, e não à Câmara de Vereadores, responder perante o INSS em virtude de dívida oriunda do não recolhimento de contribuições previdenciárias. 3. Apelação improvida" (TRF-1.ª Reg. – AC 2005.40.00.001616-5/PI – rel. Juiz Federal Cleberson José Rocha – DJe 22.01.2010 – p. 294).

"*Tributário – Processual civil – Mandado de segurança – MUNICÍPIO – Expedição de Certidão Positiva de Débitos com Efeitos de Negativa (CPD-EN) – Anulatória de débito ajuizada* – 1. O crédito tributário encontra-se com sua exigibilidade suspensa pela propositura da ação anulatória, que, por referir-se a débito de titularidade da Fazenda Pública Municipal, dispensa o depósito prévio do valor ou a penhora de bens, em face da indisponibilidade dos bens públicos, bem como à solvabilidade de que gozam as unidades políticas. 2. Somente o crédito tributário, definitivamente constituído, é capaz de obstar a expedição de Certidão Negativa de Débitos ou Certidão Positiva de Débitos com Efeitos de Negativa, não bastando, para tanto, que exista mera obrigação tributária em tese. 3. Apelação do INSS e remessa oficial a que se nega provimento" (TRF-1.ª Reg. – AC 2002.38.00.017637-7/MG – rel. Des. Federal Maria do Carmo Cardoso – *DJe* 22.01.2010 – p. 349).

"*Tributário – Fundo de Participação dos Municípios – Bloqueio – Possibilidade – Limitação a 15% da receita líquida municipal mensal – Emendas Constitucionais 3/1993 e 29/2000 – Art. 160 da CF/1988 – CPD-EN –* I – Nos termos do parágrafo único do art. 160 da CF/1988, com a nova redação introduzida pela Emenda Constitucional 3/1993 e acréscimos da EC 29/2000, é legal e possível o bloqueio de verba do FPM, quando o Município encontra-se inadimplente para com as autarquias federais. II – São legais as cláusulas do Termo de Amortização da Dívida Fiscal assinado pelo Município e o INSS, posto que em conformidade com art. 5.º da Lei 9.639/1998 e art. 38, § 12, Lei 8.212/1991, alterado pela MedProv 2.187/2001. III – Parcelado e amortizado compulsoriamente do FPM o débito em discussão, não há de se falar em óbice à CPD-EN, exclusivamente 'em face do crédito a que se refere o Termo de Amortização de Dívida Fiscal'. IV – Apelação e remessa oficial parcialmente providas, para determinar que a expedição da ordem é exclusivamente em relação ao débito em discussão" (TRF-1.ª Reg. – Ap-RN 2007.33.11.006105-7/BA – rel. Juiz Federal Osmane Antônio dos Santos – *DJe* 22.01.2010 – p. 372).

Art. 58. Os débitos dos Estados, do Distrito Federal e dos Municípios para com o Instituto Nacional do Seguro Social – INSS, existentes até 1.º de setembro de 1991, poderão ser liquidados em até 240 (duzentos e quarenta) parcelas mensais.

§ 1.º Para apuração dos débitos será considerado o valor original, atualizado pelo índice oficial utilizado pela Seguridade Social para correção de seus créditos. (Parágrafo renumerado pela Lei 8.444, de 20.07.1992).

§ 2.º As contribuições descontadas até 30 de junho de 1992 dos segurados que tenham prestado serviços aos Estados, ao Distrito Federal e aos Municípios poderão ser objeto de acordo para parcelamento em até doze meses, não se lhes aplicando o disposto no § 1.º do art. 38 desta Lei. (Parágrafo acrescentado pela Lei 8.444, de 20.07.1992).

✍ Anotação

Com o esclarecimento já anteriormente referido, aqui, de que os débitos são para com a União, o comando cria alargado parcelamento para entes da

Art. 58 • LEI ORGÂNICA DA SEGURIDADE SOCIAL

Administração Pública, dobrando o prazo previsto nos Atos das Disposições Constitucionais Transitórias (ADCT), art. 57: "Os débitos dos Estados e dos Municípios relativos às contribuições previdenciárias até 30 de junho de 1988 serão liquidados, com correção monetária, em cento e vinte parcelas mensais, dispensados os juros e multas sobre eles incidentes, desde que os devedores requeiram o parcelamento e iniciem seu pagamento no prazo de cento e oitenta dias a contar da promulgação da Constituição".

JURISPRUDÊNCIA

"*Constitucional e tributário – Mandado de segurança – Fundo de participação dos municípios e receita corrente líquida municipal* – Retenção para quitação de débitos previdenciários em atraso e obrigações previdenciárias correntes. Termo de Amortização de Dívida Fiscal/TADF. Crédito previdenciário. Constituição. Guia de Recolhimento ao Fundo de Garantia do Tempo de Serviço e Informações à Previdência Social. FIP. Legitimidade. CF/1988, art. 160, parágrafo único, I, Leis 8.212/1991, arts. 32, IV, e § 2.º, e 38, § 12, e 9.639/1998, arts. 2.º, parágrafo único, e 5.º, §§ 3.º e 4.º, Dec. 2.803/1998, art. 1.º e seus §§ 3.º e 4.º. (a) Recurso. Apelação em mandado de segurança. (b) Decisão de origem. Concessão da segurança. I – A Constituição Federal (art. 160, parágrafo único, I) autoriza a retenção de recursos financeiros dos municípios para pagamento de créditos do Instituto Nacional do Seguro Social – INSS. Consequentemente, esse procedimento não ofende o princípio constitucional da autonomia municipal. II – Os acordos de parcelamento celebrados entre os municípios e o Instituto Nacional do Seguro Social – INSS devem, obrigatoriamente, conter cláusula que autorize a retenção do Fundo de Participação dos Estados e do Fundo de Participação dos Municípios em valor correspondente às obrigações previdenciárias correntes do mês anterior ao recebimento desses. (Leis 8.212/1991, art. 38, § 12, e 9.639/1998, art. 5.º). III – Os valores mensais das obrigações previdenciárias correntes são apurados com espeque na Guia de Recolhimento ao Fundo de Garantia do Tempo de Serviço e Informações à Previdência Social – GFIP, constituindo as informações nela insertas Termo de Confissão de Dívida e dispensando processo administrativo contencioso para inscrição em dívida ativa do Instituto Nacional do Seguro Social – INSS se não forem pagas. (Lei 8.212/1991, art. 32, IV, e § 2.º; Dec. 2.803/1998, art. 1.º e seus §§ 3.º e 4.º). IV – A amortização do débito previdenciário parcelado, acrescido das obrigações previdenciárias correntes, poderá comprometer, mensalmente, até 15% (quinze por cento) da Receita Corrente Líquida Municipal (Lei 9.639/1998, art. 5.º, § 4.º). V – Celebrado entre o Município e o Instituto

Título VII – Das disposições gerais • **Art. 59**

Nacional do Seguro Social – INSS Termo de Amortização de Dívida Fiscal que autorizava as retenções de 3% (três por cento) da cota do Fundo de Participação dos Municípios para pagamento de débitos previdenciários em atraso e de 15% (quinze por cento) da Receita Corrente Líquida Municipal para quitação de obrigações previdenciárias correntes, legítimas as que não ultrapassaram os limites contratuais. VI – Apelação provida. VII – Remessa oficial prejudicada. VIII – Sentença reformada. IX – Segurança denegada" (TRF-1.ª Reg. – AMS 2005.33.00.003865-2 – 7.ª T. – rel. Des. Federal Catão Alves – *DJe* 09.01.2009).

Art. 59. O Instituto Nacional do Seguro Social – INSS implantará, no prazo de 90 (noventa) dias a contar da data da publicação desta Lei, sistema próprio e informatizado de cadastro dos pagamentos e débitos dos Governos Estaduais, do Distrito Federal e das Prefeituras Municipais, que viabilize o permanente acompanhamento e fiscalização do disposto nos arts. 56, 57 e 58 e permita a divulgação periódica dos devedores da Previdência Social.

✐ **Anotação**

O cumprimento dessa tarefa foi bastante facilitado com a instituição do Certificado de Regularidade Previdenciária (CRP), que será exigido nos casos de:

I – realização de transferências voluntárias de recursos pela União;

II – celebração de acordos, contratos, convênios ou ajustes;

III – concessão de empréstimos, financiamentos, avais e subvenções em geral de órgãos ou entidades da Administração direta e indireta da União;

IV – liberação de recursos de empréstimos e financiamentos por instituições financeiras federais; e

V – pagamento dos valores referentes à compensação previdenciária devidos pelo Regime Geral de Previdência Social – RGPS, em razão do disposto na Lei 9.796, de 05.05.1999.

Os dados oficiais sobre os regimes de previdência social dos Estados, do Distrito Federal e dos Municípios e as informações quanto aos critérios examinados para a emissão do CRP constam do Sistema de Informações dos Regimes Públicos de Previdência Social – Cadprev.

Art. 60 • Lei Orgânica da Seguridade Social

JURISPRUDÊNCIA

"*Tributário – Administrativo – Processual civil – Certidão Negativa de Débito – Cadastros restritivos – Decisão que deferiu liminar em ação cautelar – Sentença de improcedência – Não restabelecimento dos efeitos pelo recurso de apelação recebido no duplo efeito – Higidez do crédito tributário não afastado* – 1. A hipótese é de Medida Cautelar Incidental proposta pelo Município de Venturosa – PE, em face do Instituto Nacional do Seguro Social – INSS, objetivando, em suma, a suspensão da exigibilidade do crédito tributário registrado na NFLD 353975303 e, por consequência, seja expedida em seu favor Certidão Negativa de Débito – CND ou Certidão Positiva de Débito com Efeito de Negativa CPD-EN, bem como sua não inclusão nos Cadastros de Devedores. 2. A pretensão deduzida na presente medida cautelar cuida de restaurar os efeitos jurídicos oriundos de uma liminar que não mais subsiste no mundo jurídico. O juiz *a quo*, ao sentenciar a Ação Cautelar Inominada 2006.83.05.001719-8, revogou a liminar anteriormente deferida. Daí resulta que a simples interposição da apelação, recebida com ambos os efeitos, não tem o condão de, por si só, restaurar os efeitos da liminar. 3. O Município requerente não se desincumbiu do ônus de provar a ausência de higidez do crédito tributário a que se refere a NFLD 35397530-3. 4. Improcedência do pedido cautelar" (TRF-5.ª Reg. – MCTR 2008.05.00.115478-4 – 2.ª T. – rel. Des. Francisco Barros Dias – *DJe* 18.12.2009 – p. 226).

"*Constitucional e tributário – Parcelamento de débito – Celebração de contrato entre o município agravante e o INSS – Adesão ao termo de amortização de dívida fiscal (TADF) – retenção do FPM – Possibilidade – Agravo de Instrumento autoral improvido* – 1. A retenção de parcela do FPM tem fundamento em avença firmada entre o Município Agravante e o INSS, mediante a garantia e possibilidade de bloqueio de parcela do Fundo de Participação do Município. 2. Agravo de Instrumento autoral improvido. Decisão de primeiro grau mantida incólume" (TRF-5.ª Reg. – AI 54954-PB – 1.ª T. – rel. Des. Federal Ubaldo Ataíde – *DJU* 15.10.2004 – p. 730).

Art. 60. O pagamento dos benefícios da Seguridade Social será realizado por intermédio da rede bancária ou por outras formas definidas pelo Ministério da Previdência Social. (Redação dada pela Lei 11.941/2009).

Parágrafo único. (Revogado pela MedProv 2.170-36, de 23.08.2001, *DOU* 24.08.2001, em vigor conforme o art. 2.º da EC 32/2001).

✽ **Remissão:** CLPS, art. 217.

TÍTULO VII – DAS DISPOSIÇÕES GERAIS • Art. 60

✍ Anotação

À vista das dimensões do território brasileiro, é salutar compartilhar a obrigação de pagamento dos benefícios previdenciários com as instituições financeiras.

JURISPRUDÊNCIA

"*Processo civil e administrativo – Seguro-desemprego – Contrato de trabalho declarado nulo – Equiparação à demissão do trabalhador decorrente de culpa recíproca – Descabimento* – 1. A hipótese é de recurso interposto pela UNIÃO objetivando a reforma da decisão que, liminarmente, determinou ao Gerente Regional do Ministério do Trabalho em Campina Grande que defira o pedido de seguro desemprego formulado pela Impetrante e, após o deferimento pelo MTE, ao Gerente da CEF que libere as parcelas do seguro desemprego em favor da impetrante, devendo fazê-lo de uma só vez em razão do atraso. 2. O seguro-desemprego consiste em benefício previdenciário temporário, que tem por objetivo proporcionar assistência financeira ao trabalhador involuntariamente privado do emprego, não sendo devido em caso de o empregado pedir demissão, for dispensado por justa causa ou por culpa recíproca, ou ainda tiver o contrato a prazo determinado expirado. 3. A jurisprudência do c. STJ equipara a hipótese de nulidade do contrato de trabalho, pela ausência de concurso público, à demissão do trabalhador decorrente de culpa recíproca. 4. No caso dos autos, tendo sido proferida decisão trabalhista em Ação Civil Pública determinando a dispensa imediata de todos os trabalhadores contratados sem prévia aprovação em concurso público e sob o regime da CLT, há que se considerar não haver plausibilidade do direito dos impetrantes ao seguro-desemprego, havendo que ser reformada a decisão agravada que o concedeu em sede de liminar. 5. Agravo de Instrumento provido" (TRF-5.ª Reg. – AGTR 2009.05.00.089572-0 – 2.ª T. – rel. Des. Francisco Barros Dias – *DJe* 22.01.2010 – p. 234).

▶ Assim dispunha o *caput* alterado:

> Art. 60. A arrecadação da receita prevista nas alíneas *a*, *b* e *c* do parágrafo único do art. 11, e o pagamento dos benefícios da Seguridade Social serão realizados através da rede bancária ou por outras formas, nos termos e condições aprovados pelo Conselho Nacional de Seguridade Social.

▶ Assim dispunha o parágrafo revogado:

Parágrafo único. Os recursos da Seguridade Social serão centralizados em banco estatal federal que tenha abrangência em todo o País.

Art. 61. As receitas provenientes da cobrança de débitos dos Estados e Municípios e da alienação, arrendamento ou locação de bens móveis ou imóveis pertencentes ao patrimônio do Instituto Nacional do Seguro Social – INSS, deverão constituir reserva técnica, de longo prazo, que garantirá o seguro social estabelecido no Plano de Benefícios da Previdência Social.

Parágrafo único. É vedada a utilização dos recursos de que trata este artigo, para cobrir despesas de custeio em geral, inclusive as decorrentes de criação, majoração ou extensão dos benefícios ou serviços da Previdência Social, admitindo-se sua utilização, excepcionalmente, em despesas de capital, na forma da lei de orçamento.

✒ Anotação

O comando desvela, ainda que de modo indireto, duas realidades distintas: o vulto dos débitos de Estados e de Municípios, cujo recebimento será efetuado a longo prazo e o vasto patrimônio imobiliário do INSS, em grande parte muito mal administrado em termos de rendimento de alugueres. De todo modo, a preocupação com a constituição de reserva técnica demonstra previdência para o futuro, no qual deve ser observado com rigor o equilíbrio financeiro e atuarial do sistema, como determina o art. 201 da CF/1988.

JURISPRUDÊNCIA

"*Administrativo e constitucional – União homoafetiva – Pensão por morte de servidor – União estável – Não reconhecimento – Ausência de fonte de custeio –* I – Em que pesem a existência de dispositivos constitucionais que asseguram expressamente o direito à igualdade e vedam qualquer forma de discriminação – Inclusive aquela relativa à orientação sexual, e o fato de a Constituição não proibir nem muito menos criminalizar as uniões homossexuais, descabe, a partir de tais circunstâncias, concluir ter sido a intenção do legislador constituinte estender às parcerias homoafetivas as consequências jurídicas da união estável entre homens e mulheres, haja vista os termos expressos do § 3.º do art. 226 da Constituição. II – Superar a falta de disposição do legislador em aprovar comando legal afastando expressamente a distinção de sexos como requisito para a caracterização das uniões estáveis aptas a merecer o amparo estatal, ainda que a pretexto de vencer preconceito inaceitável, significaria conferir ao magistrado o poder de atuar como legislador positivo, decidindo a seu bel-prazer quais os preconceitos – Dentre os vários que permeiam o tecido social – Que deveriam e os que não deveriam ser socialmente aceitos, numa perigosa subversão de papéis que, em última análise, poria em risco a própria estrutura do Estado Democrático de Direito, em cujo rol de seus mais caros princípios situa-se o da separação dos Poderes da República. III – A concessão automática da pensão por morte instituída por servidor homossexual em favor de seu parceiro afetivo exige lei específica e fonte de custeio, tendo em vista as disposições inscritas no art. 195, *caput*, e seu § 5.º, da CF/1988, aplicáveis às pensões dos servidores públicos nos casos de óbitos ocorridos após a vigência da EC 20/1998, que acrescentou o § 12 ao art. 40 da CF/1988. IV – Remessa necessária e Apelação do INSS providas. Sentença reformada. Pedido inicial julgado improcedente" (TRF-2.ª Reg. – AC 2003.51.02.008169-7 – (361518) – 8.ª T. Especializada – rel. Juiz Federal convocado Marcelo Pereira – DJe 21.05.2010 – p. 292).

"*Constitucional e previdenciário – Agravo Regimental em Agravo de Instrumento – Complementação de aposentadoria – Previdência privada – Abonos únicos – Matéria infraconstitucional – Reexame de fatos e de provas – Interpretação de cláusula contratual – Súmulas 279 e 454/STF – Art. 195, § 5.º – Inaplicabilidade –* 1. Apreciação do apelo extremo que requer a análise de interpretação de cláusulas contratuais e de fatos e provas da causa (Súmulas 279 e 454/STF), além de matéria de índole ordinária, hipóteses inviáveis na via do apelo extremo. 2. Impertinente, na hipótese, a suscitada ofensa ao art. 195, § 5.º, da CF/1988, por se referir tão somente à seguridade social financiada por toda a sociedade. Precedente. 3. Agravo regimental improvido" (STF – AgRg-AI 714161 – 2.ª T. – rel. Min. Ellen Gracie – DJ 18.12.2009).

Art. 62. A contribuição estabelecida na Lei 5.161, de 21 de outubro de 1966, em favor da Fundação Jorge Duprat Figueiredo de Segurança e Medicina do Trabalho – Fundacentro, será de 2% (dois por cento) da receita proveniente da contribuição a cargo da empresa, a título de financiamento da complementação das prestações por acidente do trabalho, estabelecida no inciso II do art. 22.

Parágrafo único. Os recursos referidos neste artigo poderão contribuir para o financiamento das despesas com pessoal e administração geral da Fundação Jorge

Art. 62 • LEI ORGÂNICA DA SEGURIDADE SOCIAL

Duprat Figueiredo de Segurança e Medicina de Trabalho – Fundacentro. (Parágrafo acrescentado pela Lei 9.639, de 25.05.1998).

❋ **Remissão:** CLPS, art. 177.

✍ Anotação

A antiga dissociação entre as legislações trabalhista e previdenciária foi superada a partir do Dec. 4.882/2003, que acresceu o § 11 ao art. 68 do Dec. 3.048/1999 e dispôs que *"as avaliações ambientais deverão considerar a classificação dos agentes nocivos e os limites de tolerância estabelecidos pela legislação trabalhista, bem como a metodologia e os procedimentos de avaliação estabelecidos pela Fundação Jorge Duprat Figueiredo de Segurança e Medicina do Trabalho – Fundacentro"*. Logo, a dotação prevista é medida de alto alcance porque permite o estabelecimento, a partir dos estudos da Fundacentro, de mecanismos de prevenção dos riscos sociais combatidos, especialmente aqueles que impliquem a redução, a diminuição e a perda da capacidade laborativa do trabalhador, bem como a morte do profissional.

JURISPRUDÊNCIA

"Agravo interno – Previdenciário – restabelecimento de benefício – Observância do devido processo legal – Contagem de tempo especial – Período laborado no Banerj – Comprovada a exposição a ruído excessivo – Suficiência da prova apresentada. A comprovação da exposição ao agente ruído excessivo, previsto no código 1.1.6, do Dec. 53.831/1964, através de métodos e equipamentos próprios para medição, imprescinde da elaboração de laudo técnico. A simples menção em formulário padronizado – SB 40/Dirben 8030 – da constatação do ruído no ambiente de trabalho não expressa certeza e precisão necessária para a caracterização da nocividade. Admite-se a produção de prova indireta tendo em vista que vários dos locais em que a Autora trabalhou encontram-se desativados. Nesse passo, a Autora juntou laudo técnico do empregador, denominado 'Relatório de Visita', assim como laudos de perícia judicial elaborados perante a Justiça do Trabalho, que, embora não tenha figurado como parte nas reclamações trabalhistas, referem-se ao mesmo local em que trabalhava, atestando-se que apresentava níveis de ruído médio acima de 90 db. Além disso, foi juntado laudo da Fundacentro, sobre as condições de riscos no ambiente de trabalho da unidade Gepro – Gerência de Processamento, situada na Rua do Propósito, n. 130, Gamboa, Rio de Janeiro, onde traba-

lhou a Autora, na maior parte do período, revelando que os índices de ruído encontrados, de modo permanente, ultrapassavam os limites de tolerância, com alusão especificamente aos locais discriminados no relatório – Gepro/ Cetal e outros. No caso vertente, foi atestado pelo Banerj, à f. e confirmado à f. que a Autora trabalhou exatamente, no setor Gepro – Gerência de Processamento, tal como se referem os laudos já assinalados, inclusive, da Fundacentro. Acrescente-se que, quanto ao 'Relatório de Visita', de acordo com a solicitação da CIPA – Comissão Interna de Prevenção de Acidentes do Edifício Propósito, ficou consignado que no setor Gepro/Cetal o nível de ruído variou entre 85 a 90 dB, com funcionamento de cinco máquinas, e atingiu o nível de 97 dB, com o funcionamento de todas as máquinas, sendo que apenas no setor SALA DE IMPRESSORAS se evidenciou índice de ruído inferior. De todo modo, vale lembrar que o Colendo STJ, já pacificou o entendimento no sentido de que até 05.03.1997 deve-se considerar como insalubre a exposição a ruídos superiores a 80 decibéis. Admitindo-se a contagem de tempo especial do período laborado no Banerj, conclui-se que foram preenchidos os requisitos para a concessão do benefício, impondo-se o seu restabelecimento. Recurso a que se nega provimento" (TRF-2.ª Reg. – AC 2002.51.01.500576-3 – 2.ª T. – rel. Juíza Federal convocada Andrea Cunha Esmeraldo – DJ 19.02.2010).

"*Previdenciário. Agravo interno. Aposentadoria por tempo de serviço. Conversão de tempo de serviço especial em comum. Ausência de laudo técnico individualizado. Improvimento.* 1. A prova documental produzida não é apta a comprovar o direito vindicado, uma vez que os laudos genéricos elaborados pela Fundacentro não têm o condão de provar que o tempo de serviço exercido pelo Agravante na Gepro era, de fato, especial. 2 – Ademais, quanto ao agente físico ruído, sempre foi exigido laudo técnico. A simples menção em formulário padronizado indicando a presença do referido agente no ambiente de trabalho não é capaz de imprimir certeza e precisão necessárias para caracterizar a insalubridade, haja vista que os níveis de ruído são registrados por equipamentos próprios de medição, que exigem conhecimento técnico e específico, restando, assim, insuficiente apenas a apresentação de formulário, vez que necessário laudo técnico individualizado. 3. Agravo interno ao qual se nega provimento" (TRF-2.ª Reg. – AI-AC 2002.02.01.026164-7 – 1.ª T. – rel. Juíza Federal convocada Marcia Helena Nunes – DJ 27.03.2009).

"*Ementa embargos de declaração – Omissão reconhecida – Previdenciário – Restabelecimento de aposentadoria por tempo de serviço – Contagem de tempo especial – Idoneidade da documentação apresentada capaz de demonstrar a exposição a ruído excessivo – Prova indireta – Afastada a irregularidade na concessão do benefício.* I – Omissão sobre ponto relevante, uma vez que, na espécie, não foram enfrentadas e solvidas todas as questões jurídicas litigiosas desveladas na causa. II – A comprovação da exposição ao agente ruído excessivo, previsto no código 1.1.6, do Dec. 53.831/1964, através de métodos e equipamentos próprios para medição, imprescinde da elaboração de laudo técnico. III – Excepcionalmente, admite-se a prova indireta consistente de laudos elaborados em sede da Justiça do Trabalho, que se aproveitam à espécie, eis que se referem ao mesmo local de trabalho da Autora, corroborados por laudo fornecido pela Fundacentro. IV – O 'relatório de visita' elaborado pelo Banerj não se presta às conclusões da Auditoria do INSS, tampouco a declaração de terceiro noticiando a ocorrência de fraude na emissão de documentos para a obtenção indevida de benefícios, eis que não há prova efetiva de que a Autora tenha se valido desse expediente. V – Reconhecida a exposição a ruído acima de 80 dB, no período assinalado, conclui-se que a Autora completou tempo suficiente para a concessão do benefício, impondo-se seu restabelecimento" (TRF-2.ª Reg. – AC – 335388 – 200151015247640 – 2.ª T. – rel. Des. Federal Andrea Cunha Esmeraldo – *DJ* 02.10.2008).

Título VIII
DAS DISPOSIÇÕES FINAIS E TRANSITÓRIAS

Capítulo I
Da modernização da Previdência Social

Art. 63. (Revogado pela MedProv 2.216-37, de 31.08.2001, *DOU* 01.09.2001 – Ed. Extra, em vigor conforme o art. 2.º da EC 32/2001).

✍ Anotação

O Dec. 97.936/1989 instituiu o Cadastro Nacional do Trabalhador, destinado a catalogar informações de interesse do trabalhador e do Poder Público. Atualmente, tais dados estão inseridos no Cadastro Nacional de Informações Sociais (CNIS) a que faz expressa referência o art. 29-A da Lei 8.213, com a redação que lhe deu a LC 128/2008. Toda a temática dos vínculos e das remunerações dos segurados, para fins de cálculo do salário de benefício, comprovação de filiação ao Regime Geral de Previdência Social, tempo de contribuição e relação de emprego, consta desse banco de dados.

JURISPRUDÊNCIA

"*Previdenciário – Agravo regimental no recurso especial – Aposentadoria por idade – Trabalhador rural – Não comprovação dos requisitos – Início de prova material desconstituído – Agravo improvido –* 1. A matéria dos autos não comporta maiores discussões no âmbito das Turmas que compõem a 3.ª Seção deste Superior Tribunal, havendo entendimento predominante no sentido de que, na ausência de início de prova material a corroborar os depoimentos testemunhais, não há como reconhecer o direito da parte autora à concessão da aposentadoria por idade. O Tribunal *a quo*, com base no conjunto fático-probatório, entendeu que, não obstante a existência de início de prova documental, tal prova foi ilidida pela comprovação, através de pesquisa no CNIS, do exercício de atividade urbana pela própria autora. 2. Agravo regimental improvido" (STJ – AgRg-REsp 904.925 – (2006/0259493-9) – 5.ª T. – rel. Min. Arnaldo Esteves Lima – *DJe* 24.05.2010 – p. 692).

▶ Assim dispunha o artigo revogado:

Art. 63. Fica instituído o Conselho Gestor do Cadastro Nacional do Trabalhador – CNT, criado na forma dos Decretos n.s 97.936, de 10 de julho de 1989, e 99.378, de 11 de julho de 1990.

Parágrafo único. O Conselho Gestor do Cadastro Nacional do Trabalhador é vinculado ao Ministério do Trabalho e da Previdência Social, que assegurará condições para o seu funcionamento.

Art. 64. (Revogado pela MedProv 2.216-37, de 31.08.2001, *DOU* 01.09.2001 – Ed. Extra, em vigor conforme o art. 2.º da EC 32/2001).

✍ Anotação

A gestão do CNIS é realizada por um Conselho composto de integrantes de diversos órgãos do Estado brasileiro.

Art. 65 • LEI ORGÂNICA DA SEGURIDADE SOCIAL

JURISPRUDÊNCIA

"*Previdenciário – Aposentadoria por idade – Trabalhadora rural – Início de prova documental – Ausência – Exercício de atividade urbana – Não comprovação – Pedido improcedente – Sentença mantida –* 1. Não comprovada a qualidade de trabalhadora rural (art. 11, I, *a*, da Lei 8.213/1991) ou de segurada especial (art. 11, VII, da Lei 8.213/1991), a suplicante não tem direito ao benefício de aposentadoria por idade, na forma do art. 143 da Lei 8.213/1991. 2. Restou comprovado que o esposo da autora exerceu atividades urbanas, conforme CNIS Cadastro Nacional de Informações Sociais, de modo que o documento apresentado é insuficiente para comprovar o exercício de atividade rural da suplicante, apenas pela extensão da qualificação profissional de seu cônjuge. 3. Apelação a que se nega provimento" (TRF-1.ª Reg. – Ap 2006.35.03.003817-2/GO – rel. Juiz Federal Miguel Ângelo de Alvarenga Lopes – *DJe* 25.05.2010 – p. 114).

▶ Assim dispunha o artigo revogado:

> Art. 64. Ao Conselho Gestor do Cadastro Nacional do Trabalhador incumbe supervisionar e fiscalizar os trabalhos de implantação do Cadastro Nacional do Trabalhador, bem como sugerir as medidas legais e administrativas que permitam, no prazo máximo de 4 (quatro) anos a contar da dada de publicação desta Lei, a existência na Administração Pública Federal de cadastro completo dos trabalhadores e das empresas.

Art. 65. (Revogado pela MedProv 2.216-37, de 31.08.2001, *DOU* 01.09.2001 – Ed. Extra, em vigor conforme o art. 2.º da EC 32/2001).

✍ **Anotação**

De acordo com a Lei 8.490/1992, que dispõe sobre a organização da Presidência da República e dos Ministérios e dá outras providências, o Conselho Gestor do Cadastro Nacional do Trabalhador passou a denominar-se Conselho Gestor do Cadastro Nacional de Informações Sociais (art. 19, § 3.º).

JURISPRUDÊNCIA

"*Previdenciário – Aposentadoria por idade – Trabalhador rural – Descaracterização – Início de prova material – Vínculo urbano – Pensão morte – Servidor público – Prova exclusivamente testemunhal – Impossibilidade –* 1. Para a aposentadoria de rurícola, a lei exige idade mínima de 60 (sessenta) anos para o homem e 55 (cinquenta e cinco) anos para a mulher, requisito que, *in casu*, está comprovado nos autos. 2. Ausência de comprovação do exercício de atividade rural no período imediatamente anterior ao requerimento do benefício (art. 48, §§ 1.º e 2.º, da Lei 8.213/1991), tendo em vista que consta dos autos documentos (CTPS – Carteira de Trabalho e Previdência Social e CNIS – Cadastro Nacional de Informações Sociais) no sentido de que o cônjuge da autora exerceu atividade tipicamente urbana por período considerável (entre os anos de 1991 e 1995), sendo certo que a autora recebe pensão por morte do cônjuge, na qualidade de servidor público, desde 09.10.1995, o que descaracteriza a alegada condição de segurada especial. Precedentes desta Corte e do STJ. 3. Não se admite prova exclusivamente testemunhal para a comprovação do exercício de atividade rural (Súmulas 149/STJ e 27/TRF da 1.ª Região). 4. Apelação da autora não provida" (TRF-1.ª Reg. – AC 2008.01.99.045982-6/MG – rel. Des. Federal Monica Sifuentes – *DJe* 20.05.2010 – p. 95).

▶ Assim dispunha o artigo revogado:

Art. 65. O Conselho Gestor do Cadastro Nacional do Trabalhador terá 12 (doze) membros titulares e igual número de suplentes, nomeados pelo Ministro do Trabalho e da Previdência Social para mandato de 4 (quatro) anos, sendo:

I – 6 (seis) representantes do Governo Federal;

II – 3 (três) representantes indicados pelas centrais sindicais ou confederações nacionais de trabalhadores;

III – 3 (três) representantes das Confederações Nacionais de Empresários.

§ 1.º A presidência do Conselho Gestor será exercida por um de seus membros, eleito para mandato de 1 (um) ano, vedada a recondução.

§ 2.º O Conselho Gestor tomará posse no prazo de 30 (trinta) dias a contar da data de publicação desta Lei.

§ 3.º No prazo de até 60 (sessenta) dias após sua posse, o Conselho Gestor aprovará seu regimento interno e o cronograma de implantação do Cadastro Nacional do Trabalhador – CNT, observado o prazo limite estipulado no art. 64.

Art. 66. (Revogado pela MedProv 2.216-37, de 31.08.2001, *DOU* 01.09.2001 – Ed. Extra, em vigor conforme o art. 2.º da EC 32/2001).

✐ Anotação

O preceito, de cunho manifestamente transitório, teve cumprimento no momento em que se viu implantado o Cadastro Nacional do Trabalhador (Dec. 97.936/1989).

Art. 66 • LEI ORGÂNICA DA SEGURIDADE SOCIAL

JURISPRUDÊNCIA

"*Penal e processual penal. Estelionato qualificado. Comprovação da materialidade e do dolo. Majoração da pena-base. Consequências do crime.* 1. A materialidade delitiva se extrai não só das informações do CNIS, como também das declarações dos próprios réus e de vários indícios constantes dos autos, sendo que os endereços dos réus constantes no processo administrativo são incompatíveis com os declarados pelos mesmos, bem como o de algumas das empresas cujos vínculos empregatícios foram contabilizados como tempo de contribuição são inexistentes. 2. O dolo dos réus se extrai de todos estes mesmos elementos, demonstrando que tinham ciência da fraude na concessão da aposentadoria, agindo, ao menos, com dolo eventual, assumindo o risco da produção do resultado. 3. A majoração da pena-base, levada a efeito pelo Juízo sentenciante, se justifica, não em virtude do prejuízo ao erário público, inerente ao próprio delito, mas sim em decorrência dos valores que foram desviados desta autarquia, pois, além de a aposentadoria ter sido concedida no teto máximo, a percepção da vantagem indevida perdurou, no caso do réu, de 1997 até, pelo menos, 2005, e, da ré, de 1997 até, pelo menos, a data da sentença (13.08.2009), onde foi determinado o cancelamento definitivo do benefício. 4. Correta a fixação da pena-base acima do mínimo legal, visto que os valores percebidos irregularmente não foram de pequena monta, causando efeitos gravosos aos cofres previdenciários, merecendo, assim, uma reprimenda mais severa. 5. Apelações desprovidas" (TRF-2.ª Reg. – ACr 2004.51.01.500842-6 – 2.ª T. – rel. Des. Federal Liliane Roriz – DJ 18.02.2010).

"*Penal. Estelionato qualificado. Materialidade comprovada. Autoria. Elemento subjetivo do tipo. Dolo. Não comprovação.* 1. A ação tipificada no delito de estelionato, imputado ao acusado, consiste na obtenção de vantagem ilícita, para si ou para outrem, em prejuízo alheio, induzindo ou mantendo alguém em erro, mediante artifício, ardil ou qualquer outro meio fraudulento. 2. As informações colhidas do chamado Cadastro Nacional de Informações Sociais – CNIS, que é alimentado por informações fornecidas pelos empregadores através da RAIS, não servem, por si só, para demonstrar a irregularidade na concessão do benefício e, muito menos, para sustentar um decreto condenatório, diante da magnitude do direito à liberdade, mormente nos casos em que o processo concessório original foi extraviado. 3. No caso concreto, a materialidade do delito foi confirmada por outros elementos, além do CNIS, que apontaram, também, para a inconsistência de alguns vínculos concessórios. 4. Quanto à autoria não há nos autos prova segura capaz de atribuir ao apelado, com a certeza que se exige um decreto condenatório, a responsabilidade por tal fato, tampouco o dolo de lesar o INSS. 5. O decreto condenatório exige a certeza quanto à ocorrência do crime e a participação do agente no fato delituoso. Em face da ausência de provas contundentes da autoria, impõe-se a absolvição, tudo em nome do consagrado princípio *in dubio pro reo*. 6. Recurso de apelação provido" (TRF-2.ª Reg. – ACr 2004.51.01.530207-9 – 2.ª T. – rel. Des. Federal Liliane Roriz – *DJ* 09.02.2010).

▶ Assim dispunha o artigo revogado:

> Art. 66. Os órgãos públicos federais, da administração direta, indireta ou fundacional envolvidos na implantação do Cadastro Nacional do Trabalhador – CNT se obrigam, nas respectivas áreas, a tomar as providências necessárias para o cumprimento dos prazos previstos nesta Lei, bem como do cronograma a ser aprovado pelo Conselho Gestor.

Art. 67. Até que seja implantado o Cadastro Nacional do Trabalhador – CNT, as instituições e órgãos federais, estaduais, do Distrito Federal e municipais, detentores de cadastros de empresas e de contribuintes em geral, deverão colocar à disposição do Instituto Nacional do Seguro Social – INSS, mediante a realização de convênios, todos os dados necessários à permanente atualização dos cadastros da Previdência Social.

✎ Anotação

A anotação ao art. 63 esclarece que os dados serão remetidos ao CNIS. Convênios com instituições públicas cooperam na ampliação da gama de informações que o Cadastro deve conter.

JURISPRUDÊNCIA

"*Processual civil – Embargos de declaração – Ausência dos pressupostos de admissibilidade* – 1. Alegou-se que o acórdão embargado incorreu em omissão quando deixou de se pronunciar sobre os seguintes aspectos: (a) atividade laboral com vínculo urbano exercida pelo esposo da Autora; (b) a aplicação dos critérios de atualização dos valores, nos termos do que preceitua o art. 1.º-F, da Lei 9.494/1997. 2. Quanto a alegação de omissão no tocante à atividade laboral de vínculo urbano exercida pelo esposo da autora, tenho-a por desprovida de lastro probante. É que não há nos autos nenhum documento (tal como afirma a Autarquia em relação à suposta consulta realizada no CNIS) que venha a corroborar tal afirmativa. 3. Descabida a irresignação pela suposta ausência de análise da nova redação dada ao art. 1.º-F, da Lei 9.494/1997 pela Lei 11.960/2009, haja vista que através de uma simples leitura do conteúdo do voto, especificamente às f., é possível espancar quaisquer dúvidas que pairem sobre o tema suscitado. 4. Decisão que está devidamente fundamentada, eis que apreciou todas as questões trazidas à baila, observados os limites objetivos da demanda. 5. A ausência de pressupostos de admissibilidade dos Embargos de Declaração, implica na impossibilidade de se acolher o recurso, até mesmo para fins de prequestionamento. Embargos de Declaração improvidos" (TRF-5.ª Reg. – APELREEX 2009.05.99.004113-4/01 – (8778/PB) – 3.ª T. – rel. Des. Geraldo Apoliano – *DJe* 19.05.2010 – p. 333).

Art. 68. O Titular do Cartório de Registro Civil de Pessoas Naturais fica obrigado a comunicar, ao INSS, até o dia 10 de cada mês, o registro dos óbitos ocorridos no mês imediatamente anterior, devendo da relação constar a filiação, a data e o local de nascimento da pessoa falecida. (Redação dada ao *caput* pela Lei 8.870, de 15.04.1994).

§ 1.º No caso de não haver sido registrado nenhum óbito, deverá o Titular do Cartório de Registro Civil de Pessoas Naturais comunicar este fato ao INSS no prazo estipulado no *caput* deste artigo. (Parágrafo acrescentado pela Lei 8.870, de 15.04.1994).

§ 2.º A falta de comunicação na época própria, bem como o envio de informações inexatas, sujeitará o Titular de Cartório de Registro Civil de Pessoas Naturais à penalidade prevista no art. 92 desta Lei. (Redação dada ao parágrafo pela Lei 9.476, de 23.07.1997).

§ 3.º A comunicação deverá ser feita por meio de formulários para cadastramento de óbito, conforme modelo aprovado pelo Ministério da Previdência e Assistência Social. (Parágrafo acrescentado pela MedProv 2.187-13, de 24.08.2001, *DOU* 27.08.2001, em vigor conforme o art. 2.º da EC 32/2001).

§ 4.º No formulário para cadastramento de óbito deverá constar, além dos dados referentes à identificação do Cartório de Registro Civil de Pessoas Naturais, pelo menos uma das seguintes informações relativas à pessoa falecida:

a) número de inscrição do PIS/Pasep;

b) número de inscrição no Instituto Nacional do Seguro Social – INSS, se contribuinte individual, ou número de benefício previdenciário – NB, se a pessoa falecida for titular de qualquer benefício pago pelo INSS;

c) número do CPF;

d) número de registro da Carteira de Identidade e respectivo órgão emissor;

TÍTULO VIII – DAS DISPOSIÇÕES FINAIS E TRANSITÓRIAS • Art. 68

e) número do título de eleitor;

f) número do registro de nascimento ou casamento, com informação do livro, da folha e do termo;

g) número e série da Carteira de Trabalho. (NR) (Parágrafo acrescentado pela MedProv 2.187-13, de 24.08.2001, *DOU* 27.08.2001, em vigor conforme o art. 2.º da EC 32/2001).

✍ Anotação

A Resolução DC/INSS 5/1999 determinou que o Instituto Nacional do Seguro Social (INSS) oficiasse os Serviços de Registro Civil de Pessoas Naturais sobre a obrigatoriedade da comunicação. O tema permanece em aberto porquanto o INSS alega que não recebe as informações, e os Cartórios insistem em que têm enviado os dados com regularidade. O texto legal é suficientemente claro, no entanto tramita projeto de lei na Câmara, já aprovado no Senado, especificando a responsabilidade do titular do Cartório de Registro Civil de Pessoas Naturais quanto ao envio das informações. Falta de comunicação na época própria, bem como o envio de informações inexatas, sujeitará o titular à multa prevista no art. 92 da Lei 8.212/1991.

JURISPRUDÊNCIA

"*Previdenciário – Pensão por morte – Trabalhador rural – Segurado especial – Instituidor do benefício – Cônjuge varão – Dependência econômica – Tempo de serviço rural – Início de prova material – Certidão de casamento – Certidão de óbito – Certificado de dispensa de incorporação profissão – Trabalhador rural – Solução pro misero – Termo inicial do benefício – Citação – Honorários advocatícios – Juros de mora – Fixação –* 1. É assegurada a pensão por morte à companheira e aos filhos menores de trabalhador rural, na qualidade de dependentes previdenciários presumidos, nos termos da lei de regência. 2. Comprovada a condição de rurícola do instituidor da pensão, segurado especial, por início razoável de prova material, confirmada por testemunhas, assiste a sua companheira o direito a pensão por morte. 3. A qualificação profissional como lavrador, agricultor ou rurícola, constante de assentamentos de registro civil constitui início de prova material para fins de averbação de tempo de serviço e de aposentadoria previdenciária, e é extensível à esposa, adotando, nessa hipótese, a solução *pro misero*. Precedentes do STJ (REsp 272.365/SP e AR 719/SP) e desta Corte (EIAC 1999.01.00.089861-6-DF). 4. 'Não é admissível a prova exclusivamente testemunhal para reconhecimento de tempo de exercício de atividade urbana e rural (Lei 8.213/1991, art. 55, § 3.º)'. TRF-1.ª Reg., Súmula 27. 5. O INSS não está sujeito ao pagamento das custas processuais nas ações ajuizadas no Estado de Mato Grosso, conforme se confere do disposto no art. 3.º, I, da Lei 7.603/2001. 6. Quanto à data inicial do benefício pensão por morte, a Lei 8.213/1991, em seu art. 74, I e II, dispõe que a aposentadoria será devida a partir da data do óbito quando requerida até trinta dias após o evento morte, ou da data do requerimento administrativo, observada a prescrição quinquenal. Tendo em vista que a ação foi ajuizada 30 (trinta) dias após o evento morte, ausente requerimento administrativo, fixo o termo inicial a partir da citação. 7. Em tema previdenciário, fixa-se o cálculo dos juros moratórios em 1% ao mês, a partir da citação, consoante entendimento do E. STJ. 8. A correção monetária incide a partir do vencimento de cada parcela devida, consoante Súmulas 43 e 148/STJ, combinadas com o art. 1.º, *caput*, da Lei 6.899/1981, conforme os índices do Manual de Cálculos da Justiça Federal (CJF); 9. Honorários advocatícios fixados em 10% sobre o valor da condenação, até a data do julgamento (certidão), não devendo incidir sobre as parcelas vincendas. 10. Apelação provida" (TRF-1.ª Reg. – AC 2006.01.99.044578-0/MG – rel. Des. Federal José Amilcar Machado – *DJe* 25.05.2010 – p. 120).

"*Previdenciário – Administrativo – Ação civil pública – Auxílio-maternidade – Documentação – Prova do parto – atestado de nascido vivo proveniente da República Oriental do Uruguai* – 1. Embora, de regra, seja absolutamente legítima a exigência da certidão de nascimento, documento dotado de fé pública, para comprovação da maternidade, em casos em que o parto é feito em país vizinho e limítrofe em razão da inexistência de estabelecimento hospitalar hábil a efetuar partos, é impositivo seja a exigência adequada à realidade fática. Se a omissão do estado em prover uma solução para a obtenção do registro civil impede que disponham os interessados de tal documento, tal realidade veda, também, que o mesmo estado exija tal documentação para comprovação da condição fática necessária à obtenção de benefício previdenciário devido pelo estado. 2. O direito às prestações previdenciárias é de ordem constitucional e assim também o direito do menor à proteção familiar, social e estatal, indiretamente atingido, já que o salário maternidade tem por escopo substituir a renda da mãe enquanto esta se dedique aos primeiros tempos de vida do filho. 3. O INSS dispõe de meios para atestar a veracidade da alegada condição de maternidade, inclusive podendo lançar mão, em caso de dúvida, da via pericial, conforme estabelece o art. 95 do Dec. 3048/1999, com a redação dada pelo Dec. 3.668/2000. 4. Também o Dec. 5.105, de 14.06.2004, dispõe que os documentos emitidos na fronteira dos países signatários do acordo, serão aceitos, para fins previdenciários, mesmo que em língua estrangeira, pelos órgãos nacionais. 5. Procedência do pedido para que, com relação a segurados residentes no município de Barra do Quaraí, o INSS, atendidos os demais requisitos, acolha, como comprovação da maternidade, para fins de concessão de salário-maternidade, em lugar da certidão de nascimento do filho, a declaração de nascido com vida de hospital de Bella Union/ROU, quando lá nascida a criança" (TRF-4.ª Reg. – Processo 2003.71.03.002009-2 – 6.ª T. – rel. Des. Federal João Batista Pinto Silveira – *DJe* 13.12.2007).

▶ Assim dispunha o parágrafo alterado:

§ 2.º A falta de comunicação na época própria, bem como o envio de informações inexatas sujeitará o Titular da Serventia à multa de dez mil UFIR. (Parágrafo acrescentado pela Lei 8.870, de 15.04.1994).

Art. 69. O Ministério da Previdência e Assistência Social e o Instituto Nacional do Seguro Social – INSS manterão programa permanente de revisão da concessão e da manutenção dos benefícios da Previdência Social, a fim de apurar irregularidades e falhas existentes. (Redação dada ao *caput* pela Lei 9.528, de 10.12.1997, *DOU* 11.12.1997).

§ 1.º Havendo indício de irregularidade na concessão ou na manutenção de benefício, a Previdência Social notificará o beneficiário para apresentar defesa, provas ou documentos de que dispuser, no prazo de trinta dias. (Redação dada ao parágrafo pela Lei 9.528, de 10.12.1997, *DOU* 11.12.1997).

§ 2.º A notificação a que se refere o parágrafo anterior far-se-á por via postal com aviso de recebimento e, não comparecendo o beneficiário nem apresentando defesa, será suspenso o benefício, com notificação ao beneficiário por edital resumido publicado uma vez em jornal de circulação na localidade. (Redação dada ao parágrafo pela Lei 9.528, de 10.12.1997, *DOU* 11.12.1997).

§ 3.º Decorrido o prazo concedido pela notificação postal ou pelo edital, sem que tenha havido resposta, ou caso seja considerada pela Previdência Social como insuficiente ou improcedente a defesa apresentada, o benefício será cancelado, dando-se conhecimento da decisão ao beneficiário. (Redação dada ao parágrafo pela Lei 9.528, de 10.12.1997, *DOU* 11.12.1997).

§ 4.º Para efeito do disposto no *caput* deste artigo, o Ministério da Previdência Social e o Instituto Nacional do Seguro Social – INSS procederão, no mínimo a cada 5 (cinco) anos, ao recenseamento previdenciário, abrangendo todos os aposentados e pensionistas do regime geral de previdência social. (NR) (Parágrafo acrescentado pela Lei 10.887, de 18.06.2004, *DOU* 21.06.2004).

✱ **Remissão:** CLPS, art. 207.

Art. 69 • Lei Orgânica da Seguridade Social

✍ **Anotação**

Conquanto o objetivo principal do preceito seja o de coibir a ocorrência de casos de fraude e má-fé, cumpre atentar para os bens jurídicos maiores da segurança jurídica, da coisa julgada e do ato jurídico perfeito, que não podem ser violados em singelo procedimento de revisão, no qual não pode faltar o contraditório. A nomenclatura do Ministério é aquela a que faz referência o § 4.º porque a área da Assistência Social, mencionada no *caput*, hoje em dia integra o Ministério do Desenvolvimento Social e Combate à Fome.

JURISPRUDÊNCIA

"*Previdenciário – Agravo interno – Mandado de segurança – Suspensão do benefício baseada em dados do CNIS – Irregularidades – Necessidade de produção de provas* – I. Deve prevalecer a decisão de f., que deu provimento ao recurso, determinando o restabelecimento do benefício previdenciário do segurado. II. Nas hipóteses em que ocorre suspeita de irregularidade na concessão de um determinado benefício previdenciário, o Instituto Nacional do Seguro Social tem o dever de, dentro do regular procedimento administrativo, diligenciar com base em todos os meios de prova admitidos em direito para averiguar a veracidade dos dados apresentados e constando-se a existência de erros que maculem o benefício previdenciário concedido ele deve ser cancelado, sendo importante destacar que o poder de autotutela conferido à Administração Pública deve ser interpretado em consonância com os princípios da ampla defesa e do contraditório esculpidos constitucionalmente. III. Mesmo que o cruzamento das informações administradas pelos vários sistemas governamentais, proporcionado pelo CNIS, faça com que este seja um instrumento importantíssimo para inibir fraudes na concessão de benefícios previdenciários, não pode, por si só, servir como base para o cancelamento do benefício previdenciário concedido. IV. Agravo interno não provido" (TRF-2.ª Reg. – AMS 2005.51.01.507193-1 – 2.ª T. – rel. Juíza Sandra Meirim Chalu Barbosa de Campos – DJU 26.03.2007).

"*Previdenciário – Restabelecimento de benefício – Procedimento administrativo – Inobservância do contraditório e ampla defesa* – A administração, em atenção ao princípio da legalidade, tem o poder-dever de anular seus próprios atos quando eivados de vícios que os tornem ilegais (Súmulas 346 e 473/STF). Entretanto, este poder-dever deve ser limitado no tempo sempre que se encontrar situação que, frente a peculiares circunstâncias, exija a proteção jurídica de beneficiários de boa-fé, em decorrência dos princípios da segurança jurídica e da proteção da confiança. Precedentes do STF. Há violação ao devido processo legal, a justificar o restabelecimento do benefício, se o INSS, no procedimento administrativo de revisão, não obedeceu ao disposto no art. 69 da Lei 8.212/1991, cancelando a pensão por morte da impetrante sem que houvesse qualquer notificação ou comunicação prévia àquela para a apresentação de defesa" (TRF-4.ª Reg. – REO-MS 2007.70.00.006079-0 – T. Suplementar – rel. Des. Federal Fernando Quadros da Silva – *DJe* 14.12.2007).

"Constitucional – Previdenciário – Processual civil – Apelação em mandado de segurança – Suspensão de benefício previdenciário – Não configurada a decadência para a impetração do writ *– Julgamento do mérito (§ 3.º, do art. 515, do CPC, com a redação dada pela Lei 10.352/2001) – Não violação aos princípios do contraditório e da ampla defesa, e do devido processo legal – Não comprovação do tempo legal mínimo para obtenção do benefício – 1 –* Ressaltado que a gratuidade de Justiça, deferida em favor da parte Autora, não foi invalidada, apesar da previsão do pagamento de custas na forma da Lei constante da sentença. 2 – O Mandado de Segurança interposto com o objetivo de restabelecer o pagamento de benefício previdenciário, o qual foi suspenso em decorrência da apuração de irregularidade do ato de sua concessão. 3 – Não configurada a decadência do direito de impetrar mandado de segurança. Apesar da obrigação previdenciária ter natureza de trato sucessivo, o entendimento é de que o ato de suspensão do benefício é único, de efeitos permanentes. Jurisprudência já pacificada no E. STJ, e verificada através dos julgados de suas 5.ª e 6.ª Turmas (AGA 342906/RJ, rel. Min. Gilson Dipp, 5.ª T., STJ, julgamento em 12.06.2001, à unanimidade; REsp 316240/RJ, rel. Min. Fernando Gonçalves, 6.ª T., STJ, j. 07.06.2001, à unanimidade). 4 – No caso em questão, foram observados dois momentos distintos. O primeiro momento foi a ordem de suspensão, contra a qual corre o prazo de 120 dias a partir da sua ciência, e o segundo, um momento posterior, é o efetivo não pagamento, a concretização da ordem de suspensão, que gera um novo prazo decadencial de 120 dias para interposição do *mandamus*. 5 – O presente *writ* visa atacar o ato de suspensão do benefício previdenciário, que ocorreu apenas em setembro de 2002 (extrato semestral do benefício às f.). O Impetrante tomou conhecimento da ordem para cancelar o benefício em 18.03.1999 (notificação postal e o respectivo aviso de recebimento às f.). Tal ordem não foi respeitada, haja vista que o benefício continuou a ser pago até 04.09.2002 (docs. De f., juntados pela própria Autarquia Previdenciária, e o extrato semestral). Deste modo, o presente writ foi interposto antes que se esgotasse o prazo decadencial de 120 (cento e vinte) dias. 6 – Estando a causa em condições de imediato julgamento (art. 515, § 3.º, do CPC, redação dada pela Lei 10.352/01), passou-se à análise do mesmo. 7 – O ato administrativo de concessão do

benefício previdenciário é dotado de presunção de legitimidade até prova em contrário, somente podendo ser invalidado através de regular processo administrativo ou judicial, obedecendo, assim, a princípios constitucionais, tais como o do contraditório, da ampla defesa e da legalidade. Não pode a Autarquia Ré suspender o benefício sem antes dar oportunidade ao segurado de provar seu direito, de acordo com os princípios estabelecidos no art. 5.º, LIV e LV, e na Lei 8.212/1991, em seu art. 69 e parágrafos (com redação dada pela Lei 9.528/1997), a qual não autoriza o bloqueio/suspensão, ou cancelamento do benefício previdenciário, sem que o beneficiário seja formal e, comprovadamente, notificado para apresentar sua defesa. 8 – Pacífica é a aplicação da Súmula 160, do extinto Tribunal Federal de Recursos, *in verbis*: 'A suspeita de fraude, na concessão de benefício previdenciário, não enseja, de plano a sua suspensão ou cancelamento, mas dependerá de apuração em procedimento administrativo'. 9 – Foi observado o princípio do devido processo legal. Verifica-se que apesar de a notificação ter sido enviada ao endereço correto, esta foi indevidamente assinada por terceiro (f.). Contudo, o vício foi sanado em virtude da manifestação oportuna do Impetrante (f.-v.), trazendo a sua defesa e os documentos que estavam em seu poder (f.). A Autarquia Previdenciária corretamente, e eficazmente, realizou a notificação da suspensão do benefício, que recebida pelo próprio Impetrante (f.). 10 – O INSS examinou a documentação apresentada pelo segurado (f.). À luz desses elementos, os cálculos foram refeitos, daí resultando que o autor, à época do requerimento de aposentadoria, não perfazia o tempo legal mínimo para obtenção do benefício (f.). 11 – O seu cancelamento foi considerado legítimo, posto que respaldado em procedimento de revisão, com guarda das formalidades legais. 12 – Afastada a decadência, e no mérito denegado o *writ*" (TRF-2.ª Reg. – MAS 2002.51.01.523912-9 – 5.ª T. – rel. Des. Alberto Nogueira – *DJU* 25.10.2004 – p. 170).

▶ Assim dispunha o *caput* alterado:

Art. 69. O Instituto Nacional do Seguro Social (INSS) deverá iniciar, a partir de 60 (sessenta) dias, e concluir, no prazo de 2 (dois) anos, a contar da data da publicação desta Lei, um programa de revisão da concessão e da manutenção dos benefícios da Previdência Social, a fim de apurar irregularidades e falhas porventura existentes.

▶ Assim dispunha o parágrafo alterado:

§ 1.º O programa deverá ter como etapa inicial a revisão dos benefícios concedidos por acidentes do trabalho.

▶ Assim dispunha o parágrafo alterado:

§ 2.º Os resultados do programa de revisão a que se refere o *caput* deste artigo deverão constituir fonte de informações para implantação e manutenção do Cadastro de Beneficiários da Previdência Social.

▶ Assim dispunha o parágrafo alterado:

§ 3.º O programa de revisão da concessão e da manutenção dos benefícios poderá contar com auxílio de auditoria independente.

Art. 70. Os beneficiários da Previdência Social, aposentados por invalidez, ficam obrigados, sob pena de sustação do pagamento do benefício, a submeterem-se a exames médico-periciais, estabelecidos na forma do regulamento, que definirá sua periodicidade e os mecanismos de fiscalização e auditoria.

✐ Anotação

O preceito objetiva coibir comportamento ilícito de alguém que, já não estando incapacitado para o trabalho, prossegue percebendo, indevidamente, o benefício, em detrimento da comunidade protegida. Independentemente de sua idade, cumpre ao beneficiário submeter-se a exame médico a cargo da Previdência Social, processo de reabilitação profissional por ela prescrito e custeado e tratamento, exceto o cirúrgico e a transfusão de sangue, que são facultativos.

JURISPRUDÊNCIA

"*Previdenciário e processual civil – Aposentadoria por invalidez – Cancelamento – Restabelecimento por força de liminar concedida em ação civil pública – Percepção das parcelas pretéritas – Impossibilidade –* 1. Descabe determinar-se o pagamento das parcelas pretéritas à data em que o benefício foi reativado por força de liminar proferida em Ação Civil Pública. A decisão que ensejou o restabelecimento da aposentadoria por invalidez foi objeto de Apelação Cível, na qual esta colenda 3.ª T. acolheu a preliminar de ilegitimidade ativa *ad causam* do Ministério Público Federal, julgando, assim, prejudicadas as Apelações e a Remessa Necessária, sem adentrar, portanto, no exame do mérito da demanda. 2. Necessidade do trânsito em julgado da decisão prolatada na Ação Civil Pública ou na que venha de ser proferida em Ação Ordinária ao acaso eventualmente proposta, na qual se discuta acerca do mérito do cancelamento do benefício do Autor, para que se possa aferir acerca da legitimidade ou não de tal supressão, e, por conseguinte, constatar se o Apelante faz, ou não, jus às parcelas passadas. Precedente. Apelação improvida" (TRF-5.ª Reg. – AC 0000921-93.2001.4.05.8100 – (493873/CE) – 3.ª T. – rel. Des. Geraldo Apoliano – *DJe* 19.05.2010 – p. 289).

Art. 71. O Instituto Nacional do Seguro Social – INSS deverá rever os benefícios, inclusive os concedidos por acidente do trabalho, ainda que concedidos judicialmente, para avaliar a persistência, atenuação ou agravamento da incapacidade para o trabalho alegada como causa para a sua concessão.

Parágrafo único. Será cabível a concessão de liminar nas ações rescisórias e revisional, para suspender a execução do julgado rescindendo ou revisando, em caso de fraude ou erro material comprovado. (Parágrafo acrescentado pela Lei 9.032, de 28.04.1995, *DOU* 29.04.1995).

✎ **Anotação**

A Perícia Médica do INSS deverá, na forma estabelecida no art. 71 da Lei 8.212/1991 e no art. 46 do Dec. 3.048/1999, rever o benefício de aposentadoria por invalidez, inclusive o decorrente de acidente do trabalho, a cada dois anos, contados da data de seu início, para avaliar a persistência, atenuação ou o agravamento da incapacidade para o trabalho, alegada como causa de sua concessão. Constatada a capacidade para o trabalho, o segurado ou seu representante legal deverá ser notificado, por escrito, para, se não concordar com a decisão, apresentar defesa, provas ou documentos que dispuser, no prazo regulamentar.

JURISPRUDÊNCIA

"*Previdenciário – Restabelecimento de auxílio-doença e conversão em aposentadoria por invalidez – Aids – Incapacidade total e definitiva* – Demonstrado que na data da suspensão administrativa o segurado mantinha a limitação laborativa, deve ser restabelecido o auxílio-doença indevidamente suspenso, sendo convertido em aposentadoria por invalidez a partir do laudo judicial, quando evidenciada a incapacidade total e definitiva" (TRF-4.ª Reg. – AC

2009.71.99.002446-1 – T. Suplementar – rel. Des. Luís Alberto D'azevedo Aurvalle – *DJe* 23.06.2009).

"*Processual civil – Mandado de segurança – Cancelamento de benefício de aposentadoria por invalidez – Impetração após transcurso de 120 dias da ciência do ato hostilizado – Decadência da ação mandamental – Art. 18, Lei 1.533/1951 – Processo extinto sem julgamento do mérito –* 1. O impetrante pretende a anulação do ato que encerrou o pagamento de seu benefício de aposentadoria por invalidez, com o consequente restabelecimento do mesmo, sob a alegação de que a suspensão do benefício ocorreu sem observância do devido processo legal, configurando-se, assim, abuso de poder. No entanto, ele teve ciência de que seu benefício foi suspenso em 16.08.1996, através de documento expedido pela Auditoria Estadual do INSS no Piauí, e somente impetrou o presente mandado de segurança em 14.08.1997, ou seja, quando já ultrapassado o prazo decadencial de 120 (cento e vinte) dias, nos termos do art. 18, da Lei 1.533/1951. 2. Considerando que entre a data de ciência da suspensão do benefício e a data da impetração do presente *mandamus* transcorreu lapso temporal superior ao legalmente previsto para o ingresso em juízo nesta modalidade, reconhecida é a decadência, com fulcro no art. 18 da Lei 1.533/1951. 3. Remessa oficial a que se dá provimento para decretar a extinção do processo sem julgamento do mérito a teor do art. 18 da Lei 1.533/1951. Fica prejudicada a apelação. Sem honorários (Súmulas 105/STJ e 512/STF). Custas pagas" (TRF-1.ª Reg. – AMS 199901000471303/PI – 1.ª T. Suplementar – rel. Juiz Federal Mark Yshida Brandão – *DJU* 31.03.2005 – p. 34).

Art. 72. O Instituto Nacional do Seguro Social (INSS) promoverá, no prazo de 180 (cento e oitenta) dias a contar da publicação desta Lei, a revisão das indenizações associadas a benefícios por acidentes do trabalho, cujos valores excedam a Cr$ 1.700.000,00 (um milhão e setecentos mil cruzeiros).

Anotação

O valor, em termos históricos, correspondia a dez vezes o limite máximo do salário de contribuição. Como esse limite, hoje em dia, nos termos da Portaria Interministerial MPS/MF 15, de 10 de janeiro de 2013 – *DOU* 11.01.2013, está fixado em R$ 4.159,00, deve ser entendido que indenizações que excedam a dez vezes esse valor devem ser submetidas a processo de revisão.

JURISPRUDÊNCIA

"1. *Acidente do trabalho apelação interposta pelo INSS – Ausência de recolhimento do porte de remessa e retorno – Deserção – Não conhecimento.* A falta de recolhimento pela autarquia do porte de remessa e retorno no momento da interposição do recurso impõe a pena de deserção, considerando o disposto no art. 511, *caput*, do Código de Processo Civil c/c a Lei Estadual 11.608/2003. 2. *Acidente do trabalho – Lesão em punho direito – Benefício acidentário devido.* A lesão constatada em punho direito de obreiro executor de tarefa manual, que impede a execução de sua tarefa habitual a contento, dá ensejo à indenização acidentária" (TJSP – Ap 994060811538 (5703645100) – 16.ª CDPub. – rel. Amaral Vieira – j. 09.02.2010).

"*Previdenciário. Revisional de benefício decorrente de acidente do trabalho. Benefícios concedidos pelo INSS. Competência da Justiça Estadual. Precedentes do STJ e do STF.* Compete à Justiça Estadual processar e julgar, também em grau de recurso, as ações visando a concessão e a revisão de benefício previdenciário concedido pelo INSS, decorrente de acidente do trabalho. Precedentes do STF e do STJ" (TRF-4.ª Reg. – QO-AC 2008.72.99.002795-2/SC – 6.ª T. – rel. Des. Federal João Batista Pinto Silveira – DJ 23.01.2009).

"*Previdenciário – Aposentadoria por invalidez – Benefício previdenciário – Ausência de caráter acidentário – Exegese dos arts. 108, II, e 109, § 3.º e 4.º, da CF/1988 c/c o art. 15, III, da Lei 5.010, de 30.05.1966 – Competência recursal do Tribunal Regional Federal – Conflito de competência suscitado* 1. Inexistindo vara da Justiça Federal, ao juiz estadual compete conhecer e julgar os processos que se refiram a benefícios de natureza previdenciária ajuizados contra o INSS por segurados ou beneficiários residentes na comarca. No entanto, o recurso cabível será sempre para o Tribunal Regional Federal na área de jurisdição do juiz de primeiro grau. 2. Se a pretensão do autor é a revisão de benefício previdenciário comum, para efeito de firmar a competência da Justiça Federal, pouco importa que por equívoco tenha ele se referido na inicial a acidente do trabalho. Há declaração de voto vencido" (TJSC – AC 2005.006175-9 – 2.ª C. Dir. Públ. – rel. Des. Luiz Cézar Medeiros – DJU 15.07.2005).

Art. 73. O setor encarregado pela área de benefícios no âmbito do Instituto Nacional do Seguro Social – INSS deverá estabelecer indicadores qualitativos e quantitativos para acompanhamento e avaliação das concessões de benefícios realizadas pelos órgãos locais de atendimento.

✎ Anotação

Os benefícios de valor inferior ao limite de alçada do Gerente-Executivo, ou seja, os benefícios de valor inferior a vinte vezes o limite máximo do salário de contribuição, quando do reconhecimento inicial do direito, da revisão e da manutenção da prestação, serão supervisionados pelas Agências da Previdência Social (APS) e Divisões ou Serviços de Benefícios, sob critérios aleatórios preestabelecidos pela Direção Central, para acompanhamento gerencial das atividades desenvolvidas (IN INSS 20/2007, art. 428). A Diretoria de Benefícios e a Auditoria Geral, por intermédio das respectivas Coordenações Gerais, deverão, periodicamente e por amostragem, supervisionar e avocar os processos do reconhecimento inicial, da revisão ou dos comandos de atualização de benefícios, a fim de monitorar as atividades desenvolvidas pelas Divisões/Serviços de Benefícios e Agências (IN INSS 20/2007, art. 429).

JURISPRUDÊNCIA

"Processual civil – Mandado de segurança – Restabelecimento de benefício previdenciário – Auxílio-doença – Alta médica prefixada – Ausência de perícia na data do cancelamento do benefício – Pedido procedente – Sentença mantida – 1. Tendo sido confirmado pela própria autarquia previdenciária a suspensão do benefício de auxílio-doença do impetrante sem a realização de perícia médica na data do cancelamento, para comprovar o seu restabelecimento para suas atividades laborais, correta a sentença que determinou o restabelecimento do benefício até que seja feita a avaliação médica circunstanciada do impetrante. 2. Apelação e remessa oficial às quais se nega provimento" (TRF-1.ª Reg. – AC 2006.33.00.012082-4/BA – rel. Des. Federal José Amilcar Machado – *DJe* 25.05.2010 – p. 112).

"Penal – Recurso em sentido estrito – Crime de estelionato previdenciário – Delito permanente – Termo a quo *do prazo prescricional – Data da suspensão administrativa do benefício – Inocorrência da prescrição pela pena* in abstrato *– Provimento do recurso –* I – A prática do delito de estelionato, mediante concessão fraudulenta de benefício previdenciário, com recebimento de prestações periódicas, constitui delito permanente, devendo o termo inicial da prescrição contar-se da cessação da permanência, ou seja, da data da interrupção do recebimento das prestações. II –A pena máxima *in abstrato* do delito do art. 171, § 3.º, do CP é de 6 (seis) anos e 8 (oito) meses, o que acarreta na prescrição *in abstrato* em 12 (doze) anos, conforme o disposto no art. 109, III, do CP. IV – Em considerando não ter sido ultrapassado o prazo de 12 anos entre a data do cancelamento administrativo do benefício

previdenciário e a do recebimento da denúncia, não está prescrita a pretensão punitiva estatal. V – Recurso em sentido estrito a que se dá provimento para determinar o regular prosseguimento do feito" (TRF-2.ª Reg. – RSE 2007.51.17.005205-2 – 1.ª T. Especializada – rel. Des. Federal Maria Helena Cisne – DJe 24.05.2010 – p. 6).

Art. 74. Os postos de benefícios deverão adotar como prática o cruzamento das informações declaradas pelos segurados com os dados de cadastros de empresas e de contribuintes em geral quando da concessão de benefícios.

Anotação

Os créditos relativos a pagamento de benefícios, cujos valores se enquadrem na alçada do Gerente-Executivo, serão conferidos e revisados criteriosamente pelas Agências da Previdência Social (APS) que, concluindo pela regularidade dos números, instruirá o processo com despacho fundamentado. As Divisões/Serviços de Benefícios, Serviços/Seções de Orientação do Reconhecimento Inicial/Manutenção de Direitos/Revisão de Direitos e APS deverão verificar o direito ao benefício, cotejando os dados existentes no Sistema do Cadastro Nacional de Informações Sociais (CNIS) com as informações constantes no processo (IN INSS 20/2007, art. 427).

JURISPRUDÊNCIA

"*Previdenciário – Processo civil – Agravo previsto no § 1.º do art. 557 do CPC – Regularização da representação processual e da condição de necessitada – Discrepâncias de nome esclarecidas – Atividade urbana – CTPS rasurada – Anotação extemporânea de vínculo empregatício – Art. 386 do CPC – Aposentadoria por idade urbana – Renda mensal – Forma de cálculo – I – A autora apresentou a declaração de pobreza e o instrumento de procuração exigidos por este Juízo, restando regularizada sua representação processual, bem como demonstrada sua condição de necessitada, a justificar o deferimento do benefício da assistência judiciária gratuita. Também comprovou a demandante que o nome correto de sua mãe é Maria José da Conceição, tendo inclusive comprovado a retificação de tal dado junto ao CNIS. II – No que tange à discrepância existente quanto ao nome da demandante constante na folha de identificação de sua CTPS (Joana Correa) e os demais documentos constantes dos autos (Joana Correa Carlos), verifica-se que está justificada pelo seu casamento, conforme consta registrado na própria carteira. III – Nos termos do art. 386 do Código de Processo Civil, o juiz apreciará livremente a fé que deva merecer o documento, quando em ponto substancial e sem ressalva contiver entrelinhas, emenda, borrão ou cancelamento, sendo a contestação formulada pela autarquia-ré peça processual suficiente a impugnar a validade da anotação na carteira de trabalho. IV – A dúvida surgida em razão de aparente rasura/irregularidade no ano do término do vínculo na empresa Companhia Fiação e Tecelagem São Pedro – Fábrica 'Maria Candida', resolve-se levando-se em conta o conjunto da carteira profissional, ou seja, o contrato de trabalho e as respectivas anotações relativas às férias, aumentos salariais, etc., que, no caso dos autos, favorecem a tese da parte autora. Pela mesma razão, o fato de o registro do vínculo empregatício ter ocorrido extemporaneamente, não tem o condão de retirar sua presunção de validade. V – O benefício de aposentadoria por idade deferido à parte autora, deve ser calculado com obediência às disposições contidas no art. 50 da Lei 8.213/1991. VI – Agravo previsto no § 1.º do art. 557 do CPC, interposto pelo INSS, improvido" (TRF-3.ª Reg. – AG-AC 2007.03.99.014430-0/SP – 10.ª T. – rel. Des. Federal Sergio Nascimento – *DJe* 20.05.2010 – p. 445).

Art. 75. (Revogado pela Lei 9.711, de 20.11.1998, *DOU* 21.11.1998).

✎ Anotação

A liberação do pagamento de benefícios de valores mais elevados demandaria a concordância de autoridades mais graduadas da hierarquia do órgão gestor do RGPS. Conquanto o preceito tenha deixado de figurar expressamente no Diploma legal, é objeto de disciplina regulamentar. Atualmente, consoante os termos da Portaria Interministerial MPS/MF 15, de 10 de janeiro de 2013 – *DOU* DE 11.01.2013, art. 9.º, a partir de 1.º de janeiro de 2013, o pagamento mensal de benefícios de valor superior a R$ 83.180,00 (oitenta e três mil cento e oitenta reais) deverá ser autorizado expressamente pelo Gerente-Executivo do INSS, observada a análise da Divisão ou do Serviço de Benefícios.

JURISPRUDÊNCIA

"*Previdenciário. Pensão por morte. Tutela antecipada revogação. Natureza alimentar. Irrepetibilidade. Temperamento. Valor alto. Prestação periódica de ali-*

mentos. Não configurado. Indisponibilidade valor. Recurso parcialmente provido. 1. O princípio da irrepetibilidade dos alimentos merece temperamento nos casos em que o valor recebido em sede de antecipação dos efeitos da tutela constitui um alto montante, o qual não se refere a prestação periódica de alimentos. 2. O benefício recebido nessas condições, se, de fato, não houver sofrido uma destinação alimentar, deverá ser indisponibilizado na conta corrente do beneficiário, a fim de assegurar eventual devolução em sede de cognição exauriente. Contudo, se o benefício destinou-se exclusivamente à subsistência do beneficiário, não deve ser restituído dada a sua natureza alimentar. 3. Recurso parcialmente provido. Acórdão – Vistos, relatados e discutidos estes autos, acordam os Desembargadores da 2.ª Câm. do TJES, na conformidade da ata de julgamento e das notas taquigráficas, à unanimidade, dar provimento parcial ao recurso. Os Srs. Desembargadores Manoel Alves Rabelo e William Couto Gonçalves votaram com o Sr. Desembargador Relator. Vitória (ES), 10 de março de 2009. Desembargador Manoel Alves Rabelo, pres.; Desembargador Samuel Meira Brasil Jr., relator" (TJES – AI- -AI 024089001101 – 2.ª Cam. Civ. – rel. Samuel Meira Brasil Junior – *DJ* 10.03.2009).

▶ Assim dispunha o artigo revogado:

Art. 75. O pagamento mensal dos benefícios de valores entre Cr$ 999.000,00 (novecentos e noventa e nove mil cruzeiros) e Cr$ 5.000.000,00 (cinco milhões de cruzeiros) sujeitar-se-á a expressa autorização das Diretorias Regionais do Instituto Nacional do Seguro Social – INSS.

Parágrafo único. Os benefícios de valores superiores ao limite estipulado no *caput* terão seu pagamento mensal condicionado à autorização da presidência do Instituto Nacional do Seguro Social – INSS.

Art. 76. O Instituto Nacional do Seguro Social – INSS deverá proceder ao recadastramento de todos aqueles que, por intermédio de procuração, recebem benefícios da Previdência Social.

Parágrafo único. O documento de procuração deverá, a cada semestre, ser revalidado pelos órgãos de atendimento locais.

✍ Anotação

Trata-se do corolário das medidas que almejam pôr fim aos crimes cometidos contra a Previdência Social.

TÍTULO VIII – DAS DISPOSIÇÕES FINAIS E TRANSITÓRIAS • **Art. 77**

JURISPRUDÊNCIA

"*Previdenciário. Restabelecimento de benefício. Ausência de contestação do INSS. Suspensão de pagamento de benefício por falha no recadastramento. Injustificada e excessiva demora no restabelecimento dos pagamentos gera dano moral. Sentença reformada. Recurso provido*" (TRU-2.ª Reg. – Processo 20085151003216001 – T.R. – rel. Eduardo André Brandão de Brito Fernandes – j. 29.04.2009).

"*Previdenciário – Aposentadoria por idade – Erro do inss ao fornecer número de inscrição indevido ao segurado após recadastramento.* – Há que ser concedida aposentadoria por idade, verificando que o segurado preencheu requisitos necessários para sua concessão (idade tempo de contribuição). – O fato de o INSS ter fornecido número de inscrição de terceiro erroneamente ao segurado ao efetuar recadastramento, não impede o pagamento do benefício devido. Cabe a Autarquia providenciar o acerto do número de inscrição do segurado, sem prejuízo para o mesmo. Remessas e apelação improvidas" (TRF-2.ª Reg. – AC 1999.51.01.029014-4 – 1.ª T. – rel. Des. Federal Maria Helena Cisne – *DJU* 07.01.2004).

Art. 77. (Revogado pela MedProv 2.216-37, de 31.08.2001, *DOU* 01.09.2001 – Ed. Extra, em vigor conforme o art. 2.º da EC 32/2001).

✍ **Anotação**

Essa importante fórmula permitiria a democratização das estruturas, em linha com o art. 194, parágrafo único, VII, da CF/1988. Nas reuniões sobre a reforma previdenciária levadas a efeito pelo Conselho de Desenvolvimento Econômico e Social foi sugerida a recriação dessas instâncias. E, de fato, o Conselho Nacional de Previdência Social editou Resolução instituindo 96 Conselhos, de natureza consultiva, para cumprirem tal papel.

▶ Assim dispunha o artigo revogado:

> Art. 77. Fica autorizada a criação de Conselhos Municipais de Previdência Social, órgãos de acompanhamento e fiscalização das ações na área previdenciária, com a participação de representantes da comunidade.

Art. 78 • Lei Orgânica da Seguridade Social

Parágrafo único. As competências e o prazo para a instalação dos Conselhos referidos no *caput* deste artigo serão objeto do regulamento desta Lei.

Art. 78. O Instituto Nacional do Seguro Social - INSS, na forma da legislação específica, fica autorizado a contratar auditorias externas, periodicamente, para analisar e emitir parecer sobre demonstrativos econômico-financeiros e contábeis, arrecadação, cobrança e fiscalização das contribuições, bem como pagamento dos benefícios, submetendo os resultados obtidos à apreciação do Conselho Nacional da Seguridade Social.

✎ Anotação

As atuais regras de organização e maximização de recursos não podem prescindir dos serviços especializados, ainda que privados. Compete ao Conselho Nacional de Previdência Social, nos termos do art. 296 do Regulamento aprovado pelo Dec. 3.048/1999, aprovar, se for o caso, a contratação de auditoria externa para apreciação das contas do INSS.

JURISPRUDÊNCIA

"Decisão 30/2000 - TCU - PLENÁRIO

1. Processo TC-000.728/98-5

2. Classe de Assunto: II - Denúncia

3. Interessado: Identidade preservada (art. 55, § 1.º, da Lei 8.443/1992, c/c o art. 35, § 4.º, II, da Res. 77/1996 - TCU).

4. Entidade: Instituto Nacional do Seguro Social - INSS

5. Relator: Min. Guilherme Palmeira

6. Representante do Ministério Público: Dr. Paulo Soares Bugarin

7. Unidade Técnica: 7.ª Secretaria de Controle Externo

8. Decisão: O Tribunal Pleno, ante as razões expostas pelo relator, decide:

8.1 conhecer da presente denúncia para, no mérito, considerá-la procedente;

8.2 determinar ao INSS que:

8.2.1 limite-se a efetuar contratações com dispensa de licitação fundamentada no art. 24, XIII, da Lei 8.666/1993 quando, comprovadamente, houver nexo entre esse dispositivo, a natureza da instituição contratada e

Título VIII – Das disposições finais e transitórias • Art. 79

o objeto contratual, este necessariamente relativo a ensino, a pesquisa ou a desenvolvimento institucional, o que não é o caso de serviços de consultoria organizacional;

8.2.2 em qualquer contratação efetuada com dispensa de licitação, observe, com rigor, o disposto no art. 26 da Lei 8.666/1993, de modo que sejam devidamente justificados os motivos da escolha do fornecedor ou executante e os preços pactuados;

8.3 não conhecer da solicitação formulada pela Câmara de Vereadores de Barra Mansa – RJ, por não preencher os requisitos de admissibilidade fixados no art. 71, VII, da CF/1988 e nos arts. 1.º, III, e 184 do Regimento Interno desta Corte;

8.4 retirar a chancela de sigiloso que recai sobre os autos;

8.5 dar ciência desta Decisão, bem como do Relatório e do Voto que a fundamentam, ao interessado, à presidência do INSS e à Câmara de Vereadores de Barra Mansa – RJ;

8.6 determinar a juntada dos autos às contas do INSS relativas ao exercício de 1997, para exame em conjunto.

9. Ata 02/2000 – Plenário

10. Data da Sessão: 26.01.2000 – Extraordinária de Caráter Reservado.

11. Especificação do *quorum*:

11.1 Ministros presentes: Iram Saraiva (pres.), Adhemar Paladini Ghisi, Adylson Motta, Walton Alencar Rodrigues, Guilherme Palmeira (relator) e os Ministros-Substitutos José Antonio Barreto de Macedo e Benjamin Zymler"

Ministro relator Iram Saraiva Guilherme Palmeira, pres.

Publicado no *DOU* 04.02.2000.

Art. 79. (Revogado pela Lei 9.711, de 20.11.1998, *DOU* 21.11.1998).

✍ Anotação

Conquanto a extinção do Conselho Nacional da Seguridade Social tenha degradado a democratização das estruturas do sistema, a figura do Ouvidor, não mais da seguridade, e sim da previdência, foi mantida. Órgão vinculado diretamente ao Ministro de Estado, nos termos da Portaria Ministerial 5.716/1999, assim foi definido, com o respectivo catálogo de atribuições:

"Art. 1.º Ao Ouvidor-Geral, atuando na defesa dos princípios de legalidade, legitimidade, impessoalidade, moralidade, economicidade, publicidade administrativa, bem como na defesa dos direitos e interesses individuais do cidadão-cliente, especialmente do usuário dos serviços da Previdência Social, incluindo o acompanhamento das reclamações contra atos e omissões cometidos pelos agentes integrantes dos órgãos e unidades da estrutura administrativa do Ministério da Previdência Social-MPAS, cabe:

I – receber as reclamações, sugestões ou representações relativas à prestação de serviços afetos à Previdência Social e adotar os procedimentos adequados;

II – receber denúncias de práticas de irregularidades e de atos de improbidade administrativa, envolvendo esses agentes, encaminhando-as para apuração;

III – dar conhecimento aos órgãos de direção superior da Previdência Social sobre reclamações a respeito das deficiências em suas respectivas áreas, para a adoção de medidas próprias destinadas a prevenir, reprimir e fazer cessarem práticas e condutas inadequadas de órgãos e servidores, melhorando a qualidade do serviço e do atendimento aos clientes;

IV – realizar, por iniciativa própria, inspeções e auditorias operacionais preparatórias, com a finalidade de apurar a procedência de reclamações ou denúncias que lhe forem dirigidas e recomendar ou indicar, quando cabível, a instauração de sindicância e processos administrativos aos órgãos competentes".

JURISPRUDÊNCIA

"Previdenciário. Agravo interno. Reajuste de benefício. Preservação do valor real. Art. 41, § 2.º, da Lei 8.213/1991. I – Versando a presente demanda sobre matéria exclusivamente de direito, torna-se desnecessária a produção de prova pericial ou mesmo a realização de cálculos para o deslinde da questão. Assim, descabe a alegação de cerceamento de defesa ante a negativa de oportunidade de produção de provas que não são imprescindíveis para a solução da controvérsia. II – Encontra-se amplamente pacificado na jurisprudência o entendimento de que não cabe ao Poder Judiciário a escolha de outro índice ou critério de reajustamento diverso daquele definido pelo Parlamento, sob pena de atuação indevida na anômala condição de legislador positivo, transgredindo o princípio constitucional da separação dos Poderes. III – O invocado art. 41, § 2.º, da Lei 8.213/1991 é norma dirigida ao Conselho Nacional de Seguridade Social – CNSS, concedendo-lhe a faculdade de propor um reajuste extraordinário caso fosse constatada a perda do poder aquisitivo em razão dos índices aplicados. O cumprimento do comando contido nesse dispositivo – já revogado desde a MedProv 2.187-13/2001 – não cabe ao Poder Judiciário, tratando-se de norma que confere mera faculdade de iniciativa ao CNSS, não gerando qualquer direito que possa ser pleiteado pelos segurados da Previdência Social. IV – Agravo interno a que se nega provimento" (TRF-2.ª Reg. – AgInt-AC 2006.51.06.000547-6 – 1.ª T. – rel. convocado p/ o acórdão Juiz Federal Aluisio Gonçalves de Castro Mendes – *DJ* 30.09.2008).

▶ Assim dispunha o artigo revogado:

> Art. 79. O Conselho Nacional da Seguridade Social – CNSS deverá indicar cidadão de notório conhecimento na área para exercer a função de Ouvidor Geral da Seguridade Social, que terá mandato de 2 (dois) anos, sendo vedada a sua recondução.
> § 1.º Caberá ao Congresso Nacional aprovar a escolha do Ouvidor referido no *caput* deste artigo.
> § 2.º As atribuições do Ouvidor Geral da Seguridade Social serão definidas em lei específica.

Art. 80. Fica o Instituto Nacional do Seguro Social – INSS obrigado a:

I – enviar às empresas e aos seus segurados, quando solicitado, extrato relativo ao recolhimento das suas contribuições; (Redação pela Lei 12.692, de 2012)

II – (Revogado pela Lei 11.941, de 27.05.2009, *DOU* 28.05.2009, conversão da MedProv 449, de 03.12.2008, *DOU* 04.12.2008).

III – emitir e enviar aos beneficiários o Aviso de Concessão de Benefício, além da memória de cálculo do valor dos benefícios concedidos;

IV – reeditar versão atualizada, nos termos do Plano de Benefícios, da Carta dos Direitos dos Segurados;

V – divulgar, com a devida antecedência, através dos meios de comunicação, alterações porventura realizadas na forma de contribuição das empresas e segurados em geral;

VI – descentralizar, progressivamente, o processamento eletrônico das informações, mediante extensão dos programas de informatização de postos de atendimento e de Regiões Fiscais;

VII – disponibilizará ao público, inclusive por meio de rede pública de transmissão de dados, informações atualizadas sobre as receitas e despesas do regime geral de previdência social, bem como os critérios e parâmetros adotados para garantir o equilíbrio financeiro e atuarial do regime. (NR) (Inciso acrescentado pela Lei 10.887, de 18.06.2004, *DOU* 21.06.2004).

Art. 80 • Lei Orgânica da Seguridade Social

✎ **Anotação**

A Portaria MPS 296/2009, que aprova o Regimento Interno do Instituto Nacional do Seguro Social (INSS), estabelece em seu art. 1.º que o Instituto é o gestor do Regime Geral. As tarefas cominadas pelo preceito são pertinentes à gestão ordinária do referido Regime.

O art. 368 do Dec. 3.048/1999 esclarece que incumbe ao interessado requerer as informações que forem de seu interesse.

JURISPRUDÊNCIA

"Previdenciário – Suspensão de benefício – Procedimento Administrativo – Irregularidades – Ausência de direito líquido e certo – Decadência administrativa afastada 1. A revisão de benefício previdenciário, determinada por lei (art. 69 da Lei 8.212/1991) não se consubstancia em mera faculdade, mas em um poder-dever da autoridade pública de revisar seus próprios atos quando eivados de vícios que os tornem ilegais. 2 – O procedimento administrativo instaurado para apurar irregularidades na concessão de benefício deve ensejar a notificação ao segurado para que, se assim desejar, ofereça defesa. Tal notificação faz-se por meio de correspondência com aviso de recebimento, constituindo ônus exclusivo do segurado manter os cadastros da autarquia previdenciária atualizados com o respectivo endereço. 3 – Nos termos do entendimento firmado pelo STJ nos autos dos Mandados de Segurança 9112/DF, 9115/DF e 9157/DF, restou definido que a Lei 9.784/1999 tem como termo *a quo*, para os atos que lhe são anteriores, a data de sua publicação – 01.02.1999, e não a data do ato atacado. Assim, é de ser a decadência afastada na hipótese destes autos. 4 – Benefício de aposentadoria por tempo de serviço concedido em 28.12.1990 (f.) e suspenso em 01.06.2003 (f.). De acordo com a Auditoria do INSS (f.), verificou-se ter sido utilizado para o ato concessório o PIS 1.242.040.337-3, cadastrado em 28.08.1990, não tendo sido localizada nenhuma inscrição individual em nome da impetrante, além de não constar no CNIS (f.) recolhimentos ou vínculos empregatícios para o NIT 1.242.040.337-3. Na hipótese dos autos, a impetrante não foi capaz de trazer aos autos prova da regularidade do seu benefício, trouxe apenas a carta de concessão (f.). No entanto, o INSS sustentou que não poderia um benefício ter sido concedido em 28.12.1990 (f.) com o n. do PIS cadastrado somente meses antes da concessão do benefício. 5 – Em se tratando de mandado de segurança, necessária a demonstração, por prova pré-constituída da liquidez e certeza do direito alegado, o que não se verifica na presente hipótese, uma vez que a impetrante, apenas se limitou a alegar a regularidade da concessão do benefício, sem nada carrear aos autos em seu respaldo,

não se podendo, por tudo que dos autos consta, restabelecer um benefício apenas com base na respectiva carta de concessão. 6 – Remessa Necessária e Apelação a que se dá provimento. Reforma da sentença" (TRF-2.ª Reg. – AMS 58698 – Processo 2003.51.01.518627-0 – 1.ª T. Especializada – rel. convocada p/ o acórdão Juíza Federal Marcia Helena Nunes – DJ 23.10.2007).

"*Previdenciário – Suspensão de benefício – Procedimento administrativo – Devido processo legal – Ampla defesa – Contraditório – Notificação do segurado – Indícios de irregularidades na concessão – Ausência de direito líquido e certo* 1. A revisão de benefício previdenciário, determinada por lei (art. 69 da Lei 8.212/1991) não se consubstancia em mera faculdade, mas em um poder--dever da autoridade pública de revisar seus próprios atos quando eivados de vícios que os tornem ilegais. 2. O procedimento administrativo instaurado para apurar irregularidades na concessão de benefício deve ensejar a notificação ao segurado para que, se assim desejar, ofereça defesa. Tal notificação faz-se por meio de correspondência com aviso de recebimento, constituindo ônus exclusivo do segurado manter os cadastros da autarquia previdenciária atualizados com o respectivo endereço. 3. O benefício de aposentadoria por tempo de contribuição da impetrante (espécie 42), iniciado em 04.07.2001 (f.-v.), veio a ser suspenso, em 01.05.2003 (f.), por força de revisão levada a efeito pela Auditoria Geral do INSS. 4. No tocante às irregularidades, não foram comprovados nem o vínculo empregatício da impetrante com a empresa E.E. I. Ltda., no período de 15.11.1968 a 30.12.1971 (anterior ao CNIS) nem os recolhimentos, como contribuinte individual, no período de 01.01.1973 a 30.12.1998. Nada foi juntado aos autos que pudesse comprovar os recolhimentos como contribuinte individual, que abrange a maior parte do tempo de contribuição do impetrante e só se comprovou sua inscrição no NIT em 25.06.2001, às vésperas da irregular aposentação. 5. Havendo indícios de irregularidades, não infirmados pela parte, inexiste direito líquido e certo a ser amparado por mandado de segurança, dependendo o pedido do segurado da valoração de prova. 6. Apelação a que se nega provimento" (TRF-2.ª Reg. – AMS 53740 200351040017824 – 1.ª T. – rel. Juíza Federal convocada p/ o acórdão Marcia Helena – DJU 25.09.2006).

▶ Assim dispunha o inciso alterado:

I – enviar às empresas e aos contribuintes individuais, quando solicitado, extratos de recolhimento das suas contribuições;

▶ Assim dispunha o inciso revogado:

II – emitir automaticamente e enviar às empresas avisos de cobrança de débitos;

Art. 81. (Revogado pela Lei 11.941, de 27.05.2009, *DOU* 28.05.2009, conversão da MedProv 449, de 03.12.2008, *DOU* 04.12.2008).

✍ **Anotação**

A Portaria MPS 567/2003 determinava que o Instituto Nacional do Seguro Social cumprisse tal comando. Segundo o art. 1.º do referido ato normativo ministerial, a Autarquia estaria autorizada a divulgar lista atualizada dos devedores das contribuições, devidamente inscritos em Dívida Ativa, bem como relatório circunstanciado das medidas adotadas para cobrança e execução dos montantes devidos.

JURISPRUDÊNCIA

"*Processual civil e tributário. Recurso ordinário em mandado de segurança. Lista de devedores. Disciplina legal no sentido de que apenas aqueles que possuem débitos parcelados não devem ser relacionados. Ampliação para as situações de discussão judicial com apresentação de garantia. Prova incontroversa. Ordem concedida.* 1. A lista de devedores da Fazenda do Estado do Rio Grande do Sul foi instituída pelo art. 13 da Lei Estadual 6.537/1973, com a redação dada pela Lei Estadual 12.209/2004. Trata-se de documento público de caráter informativo e de conteúdo similar ao do denominado Cadin, cuja constitucionalidade foi reconhecida pelo STF. 2. A referida lei prevê regra geral no sentido de que a lista conterá o nome dos devedores, ressalvados os casos em que houver parcelamento. Acrescentou a faculdade – conforme razões de conveniência e oportunidade – de a Receita Estadual, por atos de natureza infralegal, excetuar também as hipóteses de débito discutido judicialmente, com apresentação de garantia (art. 13, § 1.º), ou de adotar, alternativamente, os mesmos critérios utilizados no Cadin/RS (art. 13, § 2.º). 3. O STJ possui o entendimento de que a discussão judicial do débito, acompanhada de sua garantia integral, é causa de suspensão do registro do nome do devedor no Cadin federal. Trata-se de situação similar à versada nos autos que reflete a mesma orientação do art. 206 do CTN, isto é, emissão de Certidão Positiva com Efeitos de Negativa, a qual livra de restrições o devedor, que poderá desempenhar normalmente suas atividades, como se estivesse em situação de plena regularidade perante o Fisco. 4. O art. 13, §§ 1.º e 2.º, da Lei Estadual 6.537/1973 deve ser lido à luz da jurisprudência do STJ, razão pela qual não constará da relação de devedores o débito que estiver em fase de discussão judicial, acompanhado de garantia integral – como comprovado *in casu* . 5. Recurso Ordinário provido" (STJ – RMS 22.794/RS – Processo 2006/0211291-5 – 2.ª T. – rel. Min. Herman Benjamin – *DJ* 30.09.2009).

"*Tributário. PAES. Parcelamento especial. Impugnação às condições. Opção do contribuinte. Faculdade. Respeito ao determinado pela lei que institui o programa*. 1. O PAES é um amplo benefício fiscal concedido a quem deve e tem dificuldades para regularizar sua situação perante a Receita Federal ou o INSS (desde que em relação às contribuições patronais), assim sendo, a opção pelo parcelamento constitui faculdade da parte que, aderindo, deve fazê-lo de acordo com as condições impostas e não buscar alterá-lo da maneira e forma que melhor lhe aproveite. 2. Tendo o Poder Público facultado aos devedores o pagamento de suas dívidas de forma menos onerosa, tem-se como salutar cautela estabelecer condições e restrições, inclusive fulcradas no princípio da moralidade pública, porquanto seria temerário dar tratamento facilitado sem que sejam tomadas as cautelas pertinentes. 3. Não se há falar em imposição legal, mas sim de opção do contribuinte, que o faz a fim de regularizar sua situação fiscal, parcelando seus débitos em condições bastante favoráveis, tais como prazo alargado de pagamento e taxa de juros diferenciada. 4. Assim é que a jurisprudência há muito espancou a pretensão formulada por alguns contribuintes – ainda não satisfeitos com as cláusulas insofismavelmente benéficas instituídas pelos programas de parcelamento fiscal, visando a desconsiderar as cláusulas onerosas para aproveitar tão somente aquelas que lhes aprouvessem. 5. Em relação à possibilidade de inclusão das contribuições previdenciárias descontadas dos empregados e não recolhidas, não merece melhor sorte a impetrante, porquanto a Lei 10.684/2003 especificou que somente os débitos junto ao INSS oriundos de contribuições patronais poderão ser objeto de pagamento parcelado, então, as contribuições previdenciárias descontadas dos empregados não o poderão. 6. Se a devedora pretende fazer a opção pela inclusão no PAES deve sujeitar-se às condições estabelecidas pela lei que institui o Programa, não sendo cabível falar-se em cláusulas abusivas ou sustentar a inconstitucionalidade dos preceitos com que discorda" (TRF-4.ª Reg. – AMS 2003.71.01.004546-0/RS – 1.ª T – rel. Des. Federal Joel Ilan Paciornik – *DJ* 08.07.2008).

"*Multa* – Compromisso de compra e venda – Cobrança – Sanção devida pelo não cumprimento do termo aditivo ao contrato em que os compromissários vendedores ora apelantes, se comprometiam a regularizara o imóvel junto ao INSS, promovendo o registro dentro do prazo certo – Desnecessidade de notificação aos devedores uma vez que o mero vencimento do prazo estipulado na anversa caracteriza-se a mora – Recursos improvidos" (TJSP – AC 191.903-4/6 – 10.ª CDPriv. – rel. Octavio Helene – j. 15.08.2006).

Art. 82 • Lei Orgânica da Seguridade Social

▶ Assim dispunha o artigo revogado:

Art. 81. O Instituto Nacional do Seguro Social – INSS divulgará, trimestralmente, lista atualizada dos devedores das contribuições previstas nas alíneas *a*, *b* e *c* do parágrafo único do art. 11, bem como relatório circunstanciado das medidas administrativas e judiciais adotadas para a cobrança e execução da dívida.

§ 1.º O relatório a que se refere o *caput* deste artigo será encaminhado aos órgãos da administração federal direta e indireta, às entidades controladas direta ou indiretamente pela União, aos registros públicos, cartórios de registro de títulos e documentos, cartórios de registro de imóveis e ao sistema financeiro oficial, para os fins do § 3.º do art. 195 da Constituição Federal e da Lei 7.711, de 22 de dezembro de 1988.

§ 2.º O Ministério do Trabalho e da Previdência Social fica autorizado a firmar convênio com os governos estaduais e municipais para extensão, àquelas esferas de governo, das hipóteses previstas no art. 1.º da Lei 7.711, de 22 de dezembro de 1988.

Art. 82. A Auditoria e a Procuradoria do Instituto Nacional do Seguro Social – INSS deverão, a cada trimestre, elaborar relação das auditorias realizadas e dos trabalhos executados, bem como dos resultados obtidos, enviando-a a apreciação do Conselho Nacional da Seguridade Social.

✍ Anotação

À Procuradoria Federal Especializada, órgão de execução da Procuradoria-Geral Federal, compete, entre outras atividades, representar judicial e extrajudicialmente o INSS e outras entidades, mediante designação da Procuradoria-Geral Federal; e zelar pela observância da Constituição, das leis e dos atos emanados dos Poderes Públicos, sob a orientação normativa da Procuradoria-Geral Federal e da Advocacia-Geral da União. No que tange à auditoria interna, a qual complementará os trabalhos da auditoria externa pontuada no art. 78 da Lei 8.212/1991, o leque de trabalhos pode ser muito mais amplo.

JURISPRUDÊNCIA

"*Tributário – Contribuições previdenciárias – Nulidade da CDA – Assinatura pelo procurador autárquico – Multa fiscal – Redução – Taxa Selic – Decadência* – 1. A CDA preenche os requisitos do art. 202 do CTN e do art. 2.º, § 5.º, da LEF. Nulidade não evidenciada. 2. Consoante determina o art. 17 da LC 73/1993, a Procuradoria do INSS acumula as funções de inscrição em dívida ativa com a representação judicial da Autarquia. 3. É entendimento pacífico desta Corte que, por força do art. 106, II, *c*, do CTN, aplica-se de forma retroativa, sobre fatos ainda não definitivamente julgados, a lei tributária que imponha penalidades mais brandas ao contribuinte. Multa reduzida para 20%. 4. É legítima a aplicação da Taxa Selic. Precedentes do STJ. 5. A teor da Súmula Vinculante 8, 'são inconstitucionais os arts. 45 e 46 da Lei 8.212/1991, que tratam de prescrição e decadência de crédito tributário'. 6. Decadência parcial, pois transcorridos mais de cinco anos entre o primeiro dia do exercício em que o lançamento poderia ter sido efetuado e a data da constituição definitiva de parte do crédito tributário" (TRF-4.ª Reg. – AC 2006.71.08.017538-2/RS – 1.ª T. – rel. Des. Federal Maria de Fátima Freitas Labarrère – *DJe* 25.05.2010 – p. 311).

"Mandado de segurança – Servidor público – Pena de demissão – Procedimento administrativo disciplinar – Ato irregular de concessão de benefício previdenciário – Segurado que detinha a qualidade de esposo da servidora do INSS – Suficiência do conjunto probatório – Razoabilidade e proporcionalidade da pena de demissão – Ordem denegada – 1. É inegável que o procedimento administrativo disciplinar de que resultou a pena de demissão da impetrante, não se lastreou em provas evasivas ou critérios destituídos de valor. Teve seu início com apuração de irregularidades denunciadas à auditoria do INSS e os fatos foram devidamente corroborados com a prova testemunhal e documental. 2. A pena de demissão foi imposta a partir de elementos convincentes da postura desprestigiosa da impetrante em relação às suas responsabilidades funcionais, que concedeu a seu marido aposentadoria por tempo de serviço, fraudando a documentação relativa a atividades laborativas, aferidos em procedimento administrativo disciplinar realizado em harmonia com os princípios embasadores da atividade sancionadora da Administração, pelo que não há ilegalidade no ato de demissão. 3. Ordem denegada" (STJ – MS 10.900 – (2005/0128830-5) – 3.ª S. – rel. Min. Celso Limongi – *DJe* 18.12.2009 – p. 1255).

"Processual civil – Agravo interno – Benefício previdenciário suspenso após conclusão de auditoria do INSS e decurso do prazo para apresentação de defesa do segurado. Observância do devido processo legal. Recurso não provido" (TRF-2.ª Reg. – AG-Ap 2004.51.01.520165-2 – 2.ª T. Especializada – rel. Des. Federal Messod Azulay Neto – *DJe* 18.12.2009 – p. 144).

Art. 83. O Instituto Nacional do Seguro Social – INSS deverá implantar um programa de qualificação e treinamento sistemático de pessoal, bem como promover a reciclagem e redistribuição de funcionários conforme as demandas dos órgãos

Art. 83 • Lei Orgânica da Seguridade Social

regionais e locais, visando a melhoria da qualidade do atendimento e o controle e a eficiência dos sistemas de arrecadação e fiscalização de contribuições, bem como de pagamento de benefícios.

✍ Anotação

Tem-se aqui verdadeiro rol de preceitos inerentes à boa administração de qualquer empresa.

JURISPRUDÊNCIA

"Penal – Crime de estelionato praticado contra o INSS – Prova de acusação precária – Ônus da prova cabe a acusação – Decisão de absolvição mantida – Recurso ministerial improvido – Decisão mantida – Pena concretizada na sentença – Delito instantâneo – Consumação no recebimento da primeira parcela do benefício – Prazo prescricional superado em relação ao corréu – Decretação da extinção da punibilidade – Recurso da defesa provido. 1 –Comprovada a materialidade delitiva por meio dos autos de Representação e documentos que o acompanham (f.), e em especial pelas declarações de f. das empresas onde supostamente o réu teria trabalhado, no sentido de que ele nunca fez parte do seu quadro de funcionários, o que foi corroborado pela própria confissão do réu Carlos Domingos Grecca. 2. A autoria delitiva imputada a corré Leoniza não ficou demonstrada de forma cristalina, nos autos, por serem os elementos coligidos pela acusação inaptos a sustentar um édito de condenação. 3. Não houve oitiva de testemunhas de acusação, e o órgão acusatório não conseguiu colher prova no sentido de que a ré, Leoniza Bezerra, na qualidade de servidora pública do INSS, tinha conhecimento da falsidade dos vínculos empregatícios constantes da CTPS apresentada por Carlos Domingos Grecca, e que ela teria, de má-fé, concedido o benefício previdenciário. E, mais, não se esclareceu nos autos se a corré Leoniza Bezerra conhecia e tinha qualquer envolvimento ou vínculo com o beneficiário da fraude, bem como se lhe foi oferecido ou pago qualquer retribuição pecuniária pela concessão indevida da aposentadoria por tempo de serviço. 4. A ré, ouvida em juízo, negou qualquer participação no delito, alegando que, em sua atividade de serviços relacionados a concessão de benefícios junto ao INSS, não tinha condições de detectar se os documentos apresentados pelos interessados eram falsos ou verdadeiros, não tendo recebido da autarquia previdenciária nenhum tipo de treinamento para poder constatar possíveis irregularidades nos documentos apresentados pelo interessado. E, a falta de preparo dos funcionários da agência do INSS foi confirmada pela testemunha de defesa, na época, chefe da agência local onde foi concedido o benefício indevido e fraudulento. 5. O que ficou claro é que, na época, havia

Título VIII – Das disposições finais e transitórias • **Art. 84**

muitos problemas no referido Posto do INSS, com deficiência no sistema de informática, além da falta de preparo dos seus funcionários, que não tinham condições de detectar a autenticidade ou não dos documentos apresentados pelos interessados. 6. O que se extrai dos autos são apenas presunções, as quais não podem ensejar a prolação de uma decisão condenatória em relação a Leoniza. 7. O ônus da prova cabe a acusação, e não há qualquer prova produzida pela acusação a evidenciar que a apelada tinha ciência da falsidade dos documentos apresentados pelo corréu Carlos Domingos Grecca e, que, no efetivo exercício de suas funções como servidora pública da autarquia federal, atuou de má-fé ao conceder o benefício previdenciário de forma indevida e fraudulenta, bem como, se assim agiu, teve como motivação, para beneficiar um terceiro, interesses pessoais ou pecuniários. 8. Recurso ministerial a que se nega provimento. Absolvição mantida quanto a ré Leoniza Bezerra Costa. 9. O delito de estelionato praticado contra a Previdência Social tem natureza de crime instantâneo, que se consuma com a obtenção da primeira parcela indevida, não se podendo conceber que a consumação do delito só venha a ocorrer com o recebimento da última parcela como quer a acusação, até porque todas as elementares do tipo já se concretizaram naquela oportunidade. 10. Uma vez cristalizada a pena na sentença, ou seja, 10 meses e 7 dias de reclusão,para o corréu Carlos Domingos Grecca, conclui-se que a sanção prescreve em 2 anos, a teor do art. 109, VI, do CP. 11. Ora, entre a data do primeiro pagamento indevido (novembro de 84) e a data do recebimento da denúncia (30.08.2002) tal prazo de tempo já restou ultrapassado, não remanescendo mais ao Estado o direito de punir o réu pelo delito que praticou, sendo imperiosa a decretação da extinção da punibilidade do réu Carlos Domingos Grecca, pela ocorrência da prescrição da pretensão punitiva estatal, com base na previsão contida do art. 107, IV, do CP, em combinação com o disposto no art. 109, VI, e §§ 1.º e 2.º do art. 110 do mesmo diploma legal. 12. Apelação do Ministério Público improvida. Apelação do réu provida, para decretar a extinção da punibilidade do corréu" (TRF-3.ª Reg. – ACR 17180 – Processo 200403990259381 – 5.ª T. – rel. Juíza Ramza Tartuce – *DJ* 16.09.2008).

Art. 84. (Revogado pela MedProv 2.216-37, de 31.08.2001, *DOU* 01.09.2001 – Ed. Extra, em vigor conforme o art. 2.º da EC 32/2001).

✍ Anotação

Em linha com a CF/1988, art. 194, parágrafo único, VII, caberia ao Conselho Nacional da Seguridade Social (i) a idealização do sistema e (ii)

Art. 85 • LEI ORGÂNICA DA SEGURIDADE SOCIAL

as mudanças necessárias para organização da estrutura como um todo. A revogação do art. 6.º da Lei 8.212/1991 indicou grande perda para o ideal da seguridade social.

JURISPRUDÊNCIA

"*Previdenciário. Agravo interno. Reajuste de benefício. Preservação do valor real. Art. 41, § 2.º, da Lei 8.213/1991.* I – Versando a presente demanda sobre matéria exclusivamente de direito, torna-se desnecessária a produção de prova pericial ou mesmo a realização de cálculos para o deslinde da questão. Assim, descabe a alegação de cerceamento de defesa ante a negativa de oportunidade de produção de provas que não são imprescindíveis para a solução da controvérsia. II – Encontra-se amplamente pacificado na jurisprudência o entendimento de que não cabe ao Poder Judiciário a escolha de outro índice ou critério de reajustamento diverso daquele definido pelo Parlamento, sob pena de atuação indevida na anômala condição de legislador positivo, transgredindo o princípio constitucional da separação dos Poderes. III – O invocado art. 41, § 2.º, da Lei 8.213/1991 é norma dirigida ao Conselho Nacional de Seguridade Social – CNSS, concedendo-lhe a faculdade de propor um reajuste extraordinário caso fosse constatada a perda do poder aquisitivo em razão dos índices aplicados. O cumprimento do comando contido nesse dispositivo – já revogado desde a MedProv 2.187-13/2001 – não cabe ao Poder Judiciário, tratando-se de norma que confere mera faculdade de iniciativa ao CNSS, não gerando qualquer direito que possa ser pleiteado pelos segurados da Previdência Social. IV – Agravo interno a que se nega provimento" (TRF-2.ª Reg. – AgInt-AC 2006.51.06.000562-2 – 1.ª T. – rel. convocado p/ o acórdão Juiz Federal Aluisio Gonçalves de Castro Mendes – *DJ* 19.09.2008).

▶ Assim dispunha o artigo revogado:

> Art. 84. O Conselho Nacional da Seguridade Social, no prazo máximo de 60 (sessenta) dias a partir de sua instalação, criará comissão para acompanhar o cumprimento, pelo Ministério do Trabalho e da Previdência Social, das providências previstas nesta Lei, bem como de outras destinadas à modernização da Previdência Social.

Capítulo II
Das demais disposições

Art. 85. O Conselho Nacional da Seguridade Social será instalado no prazo de 30 (trinta) dias após a promulgação desta Lei.

TÍTULO VIII – DAS DISPOSIÇÕES FINAIS E TRANSITÓRIAS • **Art. 85**

Anotação

Instalado, o CNSS atuou até sua inexplicável extinção pela MedProv 1.799-5, de 13 de maio de 1999.

JURISPRUDÊNCIA

"*Direito previdenciário. Agravo interno. Reajuste extraordinário. Art. 41, § 2.º, da Lei 8.213/1991.* I – A proposição do reajuste extraordinário previsto no antigo § 2.º do art. 41 da Lei 8.213/1991 constituía uma faculdade, cuja atribuição era exclusiva do Conselho Nacional da Seguridade Social – CNSS. II – O Judiciário não pode outorgar no caso concreto o referido reajuste, sob pena de agir como legislador positivo, além de faltar a respectiva fonte de custeio (art. 195, § 5.º, da CF/1988). III – Agravo interno desprovido" (TRF-2.ª Reg. – AC 2006.51.06.000490-3 – 2.ª T. – rel. Des. André Fontes – DJ 29.08.2008).

"*Previdenciário e processual civil. Embargos de declaração. Reapreciação de matéria já decidida. Não cabimento. Inexistência de vícios (art. 535 do CPC). Aplicação de multa (art. 538, parágrafo único, do CPC). Recurso não provido.* – Nas decisões monocráticas e no acórdão embargado, foram apreciadas, exaustivamente, as questões concernentes à impossibilidade do reajuste do benefício previdenciário mediante aplicação dos índices de inflação a fim de preserva-lhe o valor real, ante a inexistência de previsão legal neste tocante, conforme estabelece o art. 201, § 4.º, da CF/1988, bem como da concessão de reajuste extraordinário previsto no art. 41, § 2.º, da Lei 8.213/1991, uma vez que não há qualquer manifestação do Conselho Nacional da Seguridade Social a quem cabe propor o referido reajuste, não havendo que se falar em contradição, nem mesmo em obscuridade. – É sabido que a interposição dos embargos de declaração com a finalidade de sanar os vícios da obscuridade, contradição ou omissão e ainda de prequestionamento não é presumivelmente recurso protelatório a ensejar a aplicação da multa por abuso do direito de recorrer disposta no parágrafo único do art. 538 do CPC. – Contudo, o embargante se insurge contra questões já apreciadas, aduzindo os mesmos fundamentos já combatidos quando da análise dos recursos de apelação, embargos de declaração, agravo interno e agora em novos embargos de declaração, insistindo em tese rigorosamente vencida, eis que já pacificado o entendimento jurisprudencial sobre a matéria e revelando o seu intuito evidentemente protelatório e caracterizador do verdadeiro abuso do direito de recorrer, o que impede o aceleramento das questões *sub judice* e atenta contra os princípios da prestação jurisdicional efetiva, da celeridade e da lealdade processual. – Afigurando-se manifestamente infundado e protelatório o inconformismo do embargante, é de se aplicar a multa prevista no art. 538, parágrafo único, do CPC, a ser fixada em 1% (cinco por cento) sobre o valor atualizado da causa, ficando a interposição de novos recursos condicionada ao prévio recolhimento do respectivo valor. – Embargos de declaração não providos, com aplicação de multa" (TRF-2.ª Reg. – ED EM AC 391909 2006.51.06.000897-0 – 2.ª T. Especializada – rel. Des. Federal Messod Azulay Neto – *DJ* 18.05.2009).

Art. 85-A. Os tratados, convenções e outros acordos internacionais de que Estado estrangeiro ou organismo internacional e o Brasil sejam partes, e que versem sobre matéria previdenciária, serão interpretados como lei especial. (Artigo acrescentado pela Lei 9.876, de 26.11.1999, *DOU* 29.11.1999).

✎ Anotação

O Brasil mantém Acordo de Previdência Social com os seguintes países:

a) Argentina, mediante Acordo assinado em 20 de agosto de 1980, aprovado pelo Dec. Legislativo 95, de 5 de outubro de 1982, promulgado pelo Dec. 87.918, de 7 de dezembro de 1982, com entrada em vigor em 18 de dezembro de 1982, sendo o Ajuste Administrativo assinado em 6 de julho de 1990, Acordo Bilateral derrogado em 31 de maio de 2005, data anterior à entrada em vigor do Acordo Multilateral de Seguridade Social do Mercado Comum do Sul;

b) Cabo Verde, mediante Acordo assinado em 7 de fevereiro de 1979, publicado no *DOU* 1.º de março de 1979; com entrada em vigor em 7 de fevereiro de 1979;

c) Espanha, mediante acordo assinado em 16 de maio de 1991, aprovado pelo Decreto Legislativo 123, de 2 de outubro de 1995, promulgado pelo Dec. 1689, de 7 de novembro de 1995, com entrada em vigor em 1.º de dezembro de 1995;

d) Grécia, mediante Acordo assinado em 12 de setembro de 1984, aprovado pelo Decreto Legislativo 3, de 23 de outubro de 1987, promulgado pelo Dec. 99.088, de 9 de março de 1990, com entrada em vigor em 1.º de julho de 1990, sendo o Ajuste Administrativo assinado em 16 de julho de 1992;

e) Chile, mediante Acordo assinado em 16 de outubro de 1993, aprovado pelo Decreto Legislativo 75, de 4 de maio de 1995, promulgado pelo

TÍTULO VIII – DAS DISPOSIÇÕES FINAIS E TRANSITÓRIAS • **Art. 85-A**

Dec. 1.875, de 25 de abril de 1996, com entrada em vigor em 1.º de março de 1996;

f) Itália, mediante Acordo assinado em 30 de janeiro 1974, aprovado pelo Dec. 80.138, de 11 de agosto de 1977, com entrada em vigor em 5 de agosto de 1977;

g) Luxemburgo, mediante Acordo assinado em 16 de setembro de 1965, aprovado pelo Decreto Legislativo 52/1966, promulgado pelo Dec. 60.968, de 7 de julho de 1967, com entrada em vigor em 1.º de agosto de 1967;

h) Uruguai, mediante Acordo assinado em 27 de janeiro de 1977, aprovado pelo Decreto Legislativo 67, de 5 de outubro de 1978, promulgado pelo Dec. 85.248, de 13 de outubro de 1980, com entrada em vigor em 1.º de outubro de 1980, sendo o Ajuste Administrativo assinado em 11 de setembro de 1980, Acordo Bilateral derrogado em 31 de maio de 2005, data anterior à entrada em vigor do Acordo Multilateral de Seguridade Social do Mercado Comum do Sul;

i) Portugal, mediante Acordo assinado em 7 de maio de 1991, aprovado pelo Decreto Legislativo 95, de 23 de dezembro de 1992, promulgado pelo Dec. 1.457, de 17 de abril de 1995, com entrada em vigor em 25 de março de 1995, sendo o Ajuste Administrativo assinado em 7 de maio de 1991; e

j) Mercosul (Argentina, Uruguai e Paraguai), Acordo Multilateral de Seguridade Social do Mercado Comum do Sul celebrado em 15 de dezembro de 1997, aprovado pelo Decreto Legislativo 451, de 14 de novembro de 2001, em vigor a partir de 1.º de maio de 2005.

k) Após longa tramitação, foi integrada à ordem jurídica pátria a Convenção 102/1952, da Organização Internacional do Trabalho, que cuida das Normas Mínimas de Seguridade Social (Decreto Legislativo 269/2008).

JURISPRUDÊNCIA

"*Previdenciário. Aposentadoria por tempo de serviço. Concessão. Reconhecimento de atividade especial. Comprovação. Conversão. Tempo de serviço no exterior (República Argentina). Acordo bilateral de seguridade social (Dec. 87.918/1982). Tempus regit actum. Acordo multilateral de seguridade social do Mercosul (Dec. 5.722/2006). Aplicação a atos jurídicos futuros. Possibilidade. Totalização dos períodos de contribuição. Possibilidade. Cálculo de RMI. Proporcionalidade. Benefício eventualmente composto de duas parcelas, se satisfeitos os requisitos em ambos os países. Determinação da concessão do benefício na Argentina. Impossibilidade. Trâmite de pedido de aposentadoria pelos organismos de ligação*. 1. Uma vez exercida atividade enquadrável como especial sob a égide da legislação que a ampara, o segurado adquire o direito ao reconhecimento como tal e ao acréscimo decorrente da sua conversão em tempo de serviço comum no âmbito do Regime Geral de Previdência Social. A Lei 9.711/1998 e o Regulamento Geral da Previdência Social aprovado pelo Dec. 3.048, de 06.05.1999, resguardam o direito adquirido de os segurados terem convertido o tempo de serviço especial em comum, até 28.05.1998, observada, para fins de enquadramento, a legislação vigente à época da prestação do serviço. 2. Até 28.04.1995 é admissível o reconhecimento da especialidade por categoria profissional ou por sujeição a agentes nocivos, aceitando-se qualquer meio de prova (exceto para ruído); a partir de 29.04.1995 não mais é possível o enquadramento por categoria profissional, devendo existir comprovação da sujeição a agentes nocivos por qualquer meio de prova até 05.03.1997 e, a partir de então e até 28.05.1998, por meio de formulário embasado em laudo técnico, ou por meio de perícia técnica. 3. Nos termos do que preconiza a regra do *tempus regit actum*, tendo o segurado laborado na Argentina entre a década de 60 e 70, bem como datando o requerimento administrativo de 2000, deve-se aplicar o Dec. 87.918/1982 para fins de verificação do seu direito à contagem do tempo laborado no exterior, bem como à concessão de aposentadoria por tempo de serviço no Brasil. 4. Aplicação do Dec. 5.722/2006 quanto a questões de procedimentos ainda pendentes, ressaltando-se não se tratar de aplicação retroativa, porque referente a atos ainda inocorridos, estando, desde já, ressalvados os direitos adquiridos. 5. A verificação do direito à aposentadoria em cada Estado Acordante se dará com a soma ('totalização', nos termos do Dec. 87.918/1982) dos períodos laborados em cada um dos países, como 'se os períodos de seguro totalizados houvessem sido cumpridos sob sua própria legislação' (art. VIII, *a*, do Dec. 87.918/1982). É possível que o segurado possua, quando do requerimento de concessão, apenas direito à aposentadoria em um dos Estados Acordantes, o que não impede a concessão proporcional. 6. Os valores correspondentes a cada entidade gestora (Brasil e Argentina) serão resultantes da proporção estabelecida entre o período totalizado e o tempo cumprido sob a legislação de seu próprio Estado, vedada a concessão de benefício com valor inferior a um salário mínimo (art. XII, *a*, do Dec. 87.918/1982, bem como do art. 201, § 2.º). 7. Não é de competência deste juízo verificar o direito do autor à aposentadoria na República Argentina, pela impossível de sua condenação ao pagamento, em decorrência das imunidades de jurisdição e execução, insuperáveis no caso. O próprio Acordo Bilateral de Seguridade Social do Brasil e da Argentina (Dec. 87.918/1982) determina que o exame de mérito – do direito à aposentadoria – caberá, independentemente, a cada

Título VIII – Das disposições finais e transitórias • **Art. 85-A**

Estado Acordante, não se podendo questionar a decisão de aposentadoria. 8. O trâmite do pedido de aposentadoria na Argentina deve ocorrer através dos 'Organismos de Ligação' (art. 1, *d*, do Dec. 5.722/2006 c/c art. 2, n. 3, da regulamentação administrativa do Acordo de Seguridade Social do Mercosul), com o estabelecimento de regras para apresentação, por meio deles, de solicitações ao outro país Acordante, quanto às prestações pecuniárias (Título VI da regulamentação administrativa do Acordo de Seguridade Social do Mercosul)" (TRF-4.ª Reg. – APELREEX 2004.71.04.009576-7/RS – T. Suplementar – rel. Luís Alberto D'azevedo Aurvalle – DJ 22.02.2010).

"*Previdenciário. Recurso especial. Aposentadoria por tempo de serviço. Ofensa ao art. 94 da Lei 8.213/1991. Não ocorrência. Compensação entre o regime geral da previdência social e o regime de previdência dos servidores públicos federais. Descabimento. Responsabilidade financeira pelas contribuições. Período laborado no exterior. Acordo de previdência social celebrado entre Brasil e Uruguai. Dec. 85.248/1980. Contagem para fins de aposentadoria por tempo de serviço. Impossibilidade. Espécie de benefício estranha à legislação previdenciária uruguaia. Recurso especial provido.* 1. Na dicção do art. 94 da Lei de Benefícios: 'Para efeito dos benefícios previstos no Regime Geral de Previdência Social ou no serviço público é assegurada a contagem recíproca do tempo de contribuição na atividade privada, rural e urbana, e do tempo de contribuição ou de serviço na administração pública, hipótese em que os diferentes sistemas de previdência social se compensarão financeiramente'. 2. Na eventual hipótese de concessão do benefício pretendido, a responsabilidade financeira pelas contribuições previdenciárias referentes ao tempo de serviço prestado no Uruguai deveria ser suportada por aquele país. Ao INSS incumbiria, tão somente, processar o pedido de averbação do período laboral, nos termos do art. III do Ajuste Administrativo para a Aplicação do Acordo Brasileiro-Uruguaio de Previdência Social. 3. O ordenamento jurídico uruguaio admite, apenas, a concessão de benefícios por velhice, invalidez, morte, natalidade e enfermidade. Incabível, portanto, a contagem recíproca do tempo de serviço, porquanto inexistente, na legislação previdenciária uruguaia, a previsão legal do benefício de aposentadoria por tempo de serviço. 4. Recurso especial provido" (STJ – REsp 638.630/RS – Processo 2004/0023243-7 – 5.ª T. – rel. Min. Arnaldo Esteves Lima – DJ 02.02.2009).

"*Previdenciário. Aposentadoria por tempo de serviço. Acordo previdenciário Brasil-Argentina. Reconhecimento do tempo de serviço prestado em um país para contagem e averbação no outro. Desnecessidade de compensação entre os regimes na ordem constitucional anterior. Benefício de aposentadoria por tempo de serviço expressamente contemplado no acordo. Embargos infringentes improvidos.* 1. Requerida aposentadoria por tempo de serviço sob a égide da Constituição

Art. 86 • LEI ORGÂNICA DA SEGURIDADE SOCIAL

de 1969 e os dispositivos da Lei 3.807/1960 (LOPS) e do Dec. 83.080/1979, não há falar-se em compensação financeira entre os regimes para fins de contagem recíproca de tempo de serviço, pois que se trata de medida estabelecida, apenas, com a Constituição de 1988. Ademais, a compensação, se existisse, deveria se suceder entre os órgãos gestores, não competindo ao segurado diligenciar nesse sentido. 2. A existência de acordo previdenciário entre a República Federativa do Brasil e a República Argentina, aprovado pelo Dec. Legislativo 95, de 05.10.1982, e promulgado pelo Dec. 87.918, de 07.12.1982, onde se estabeleceram os benefícios previdenciários a que os cidadãos de ambos os países teriam direito, afasta a possibilidade de o INSS recusar a concessão de aposentadoria por tempo de serviço no Brasil a cidadão argentino sob o argumento de não haver tratamento recíproco, já que prevista essa possibilidade expressamente. A reciprocidade decorre do acordo firmado, aprovado pelo Congresso Nacional e promulgado pelo Presidente da República. 3. Embargos infringentes a que se nega provimento" (TRF-1.ª Reg. – EI 1997.01.00.064480-6/BA – Processo 199701000644806 – 1.ª S. – rel. Des. Federal José Amilcar Machado – j. 07.10.2008).

"*Constitucional e administrativo. Pensão por morte de ex-combatente. Art. 1.º do Dec.-lei 1.544/1939, art. 26 da Lei 3.765/1960, art. 30 da Lei 4.242/1963 e Lei 5.315/1967.* I – Sendo de trato sucessivo a relação posta nestes autos, não há prescrição do fundo de direito, mas tão somente das parcelas anteriores ao prazo prescricional de cinco anos, contado da propositura da demanda, tendo em vista que os vencimentos, proventos e pensões, tanto de natureza previdenciária quanto estatutária, caracterizam-se por serem irrenunciáveis e imprescritíveis, podendo ser requerido a qualquer tempo. II – Ao conceder ao ex-combatente, bem como aos seus herdeiros, pensão igual à estipulada pelo art. 26 da Lei 3.765/1960, a Lei 4.242/1963 assegurou a eles o mesmo direito concedido aos voluntários e militares do Exército e da Marinha que prestaram serviço de guerra nas campanhas do Uruguai e do Paraguai, de que trata o art. 1.º do Dec.-lei 1.544/1939. III – Ante à ausência de comprovação da efetiva participação do pai da autora em operações de guerra, decorre que ela não possui direito à pensão por morte de ex-combatente, de forma que a sentença é de ser mantida. IV – Apelação improvida" (TRF-3.ª Reg. – AC 1298987 – Processo 2006.61.04.006424-7 – 2.ª T. – rel. Juíza Cecilia Mello – *DJ* 19.06.2008).

Art. 86. (Revogado pela MedProv 2.216-37, de 31.08.2001, *DOU* 01.09.2001 – Ed. Extra, em vigor conforme o art. 2.º da EC 32/2001).

TÍTULO VIII – DAS DISPOSIÇÕES FINAIS E TRANSITÓRIAS • **Art. 86**

✍ Anotação

A Lei 8.742/1993 dispõe sobre a organização da Assistência Social e dá outras providências. Seu art. 17 firma a instituição do Conselho Nacional de Assistência Social (CNAS), órgão superior de deliberação colegiada, vinculado à estrutura do órgão da Administração Pública Federal responsável pela coordenação da Política Nacional de Assistência Social. O Dec. 5.858/2006 delega competência ao Ministro de Estado do Desenvolvimento Social e Combate à Fome para designação dos membros do CNAS e altera o Dec. 5.003/2004, que dispõe sobre o processo de escolha dos representantes da sociedade civil naquele Conselho.

JURISPRUDÊNCIA

"*Agravo Regimental em recurso especial. Direito tributário. Contribuição previdenciária. Imunidade tributária. Art. 195, § 7.º, da CF/1988. Matéria constitucional. Preenchimento dos requisitos contidos no art. 55 da Lei 8.212/1991. Reexame de prova. Súmula 7/STJ.* 1. A análise de questão cujo deslinde reclama a apreciação de matéria de natureza constitucional é inviável no âmbito de cabimento do recurso especial. 2. O Tribunal de origem reconheceu, com base nas provas acostadas aos autos, que a autora é entidade beneficente de assistência social, detentora do certificado de entidade de fins filantrópicos fornecido pelo Conselho Nacional de Assistência Social – CNAS, atende aos requisitos contidos no art. 55 da Lei 8.212/1991 e faz jus ao benefício da imunidade de contribuição para a seguridade social, previsto no § 7.º do art. 195 da CF/1988. 3. Torna-se forçoso reconhecer que inverter a conclusão do acórdão recorrido, no sentido de que a autora não possui o certificado de filantropia e não preenche os requisitos legais para fazer jus à referida imunidade tributária, insula-se no universo fáctico-probatório, consequencializando a necessária reapreciação da prova, o que é vedado no enunciado n. 7 da Súmula do STJ. 4. A pretensão de simples reexame de prova não enseja recurso especial." (Súmula do STJ, Enunciado 7). 5. Agravo regimental improvido" (STJ – AgRg-REsp 1.128.688/RJ – Processo 2009/0139805-0 – 1.ª T. – rel. Min. Hamilton Carvalhido – DJ 24.02.2010).

"*Tributário. Execução fiscal. Exceção de pré-executividade. Imunidade. Certificado de entidade beneficente de assistência social. Caráter declaratório. Exclusão parcial da dívida. Incabimento de honorários.* 1. A exceção de pré-executividade não comporta discussões que demandam dilação probatória. Na situação dos autos, a condição de entidade imune da agravante restou comprovada, pelo menos quanto às contribuições atinentes à quota patronal encartadas em uma das CDA. 2. Para a obtenção do Certificado de Entidade Beneficente de Assistência Social, concedido pelo Conselho Nacional de Assistência Social, é sabido que a entidade submete-se a um minucioso processo administrativo, mediante o qual tem de demonstrar o cumprimento aos requisitos postos no art. 3.º do Dec. 2.536/1998, que nada mais são do que uma explicitação dos requisitos postos pelo art. 55 da Lei 8.212/1951. Sendo um ato administrativo de caráter declaratório, que certifica uma situação preexistente, tem eficácia *ex tunc*, abarcando os três anos anteriores ao seu requerimento, por ser este o período a que se refere a documentação que embasou a emissão do certificado pelo CNAS, conforme determina o art. 4.º do Dec. 2.536/1998, que regulamenta a concessão do Cebas, previsto na Lei 8.742/1993. Assim, não há negar a condição da agravante de entidade imune quanto às contribuições previdenciárias a seu cargo, haja vista a legitimidade do certificado acostado. 3. Descabe cogitar-se da fixação de honorários advocatícios quando não se está frente a sentença, cujo efeito é o de extinguir a execução fiscal, mas, sim, de decisão interlocutória que reconheceu, apenas, a inexigibilidade de parcela da dívida exequenda. 4. Agravo legal improvido" (TRF-4.ª Reg. – Ag-AI 2008.04.00.041597-1/RS – 1.ª T. – rel. Juiz Federal Marcos Roberto Araújo dos Santos – DJ 27.01.2009).

"*Previdenciário. Entidade de assistência social. Isenção. Imunidade. Cebas. Direito adquirido. Inexistência. Dilação probatória. Impossibilidade.* 1. A alegada incompetência da autoridade fiscal que representou ao Conselho Nacional de Assistência Social – CNAS não foi comprovada nos autos. Ademais, a ratificação por autoridade superior, inquestionavelmente competente, afasta o suposto vício. 2. O entendimento mais recente do STJ é de que (a) inexiste direito adquirido a regime jurídico-fiscal, de modo que a imunidade da contribuição previdenciária patronal assegurada às entidades filantrópicas, prevista no art. 195, § 7.º, da CF/1988, tem sua manutenção subordinada ao atendimento das condições previstas na legislação superveniente; (b) é legítima a exigência prevista no art. 3.º, VI, do Dec. 2.536/1998, no que se refere à demonstração de aplicação de um mínimo de 20% da receita bruta anual em gratuidade. Precedentes: MS 10.558/DF, 1.ª Seção, Min. José Delgado, j. 11.10.2006 e MS 10.758/DF, rel. para acórdão Min. Teori Zavascki, j. 25.10.2006. 3. Inviável a discussão, em Mandado de Segurança, sobre o cumprimento da exigência de aplicação de percentual mínimo em gratuidade pela entidade filantrópica (Decs. 752/1993 e 2.536/1998), que exigiria dilação probatória. Resguardada a faculdade de o impetrante demonstrar seu direito por via própria, desde que cumpridos os requisitos específicos. Precedente: MS 11.394/DF, rel. Min. Luiz Fux, j. 14.02.2007, *DJ* 02.04.2007. 4. A remissão prevista pela Lei do ProUni (art. 11, § 2.º, da Lei 11.096/2005) refere-se exclusivamente

TÍTULO VIII – DAS DISPOSIÇÕES FINAIS E TRANSITÓRIAS • **Art. 87**

às entidades que não cumpriram o percentual de 20% com gratuidade, não abarcando o descumprimento das demais exigências legais (art. 55 da Lei 8.212/1991), em especial a de não distribuição de benefícios aos diretores, ou a finalidade exclusivamente assistencial (razões para o cancelamento do Cebas, na hipótese presente). 5. O julgamento do *mandamus* prejudica os Embargos de Declaração opostos contra decisão que cassou a liminar. 6. Segurança denegada" (STJ – MS 10.629 – Processo 2005/0075711-1/DF – 1.ª S. – rel. Min. Herman Benjamin – *DJ* 19.12.2008).

▶ Assim dispunha o artigo revogado:

Art. 86. Enquanto não for aprovada a Lei de Assistência Social, o representante do conselho setorial respectivo será indicado pelo Conselho Nacional da Seguridade Social.

Art. 87. Os orçamentos das pessoas jurídicas de direito público e das entidades da administração pública indireta devem consignar as dotações necessárias ao pagamento das contribuições da Seguridade Social, de modo a assegurar a sua regular liquidação dentro do exercício.

Anotação

A norma objetiva disciplinar a forma pela qual os órgãos públicos cumprirão suas obrigações para com a seguridade social. Cuida de dois aspectos distintos. O primeiro, da forma de financiamento direta prevista no art. 195 da CF/1988 que, taxativamente, ordena que todas as pessoas políticas financiarão o sistema de proteção social. É necessário, para tanto, que o orçamento das pessoas políticas expressamente preveja o montante dos valores a serem repassados à União. Disso tratou a EC 29/2000, ao dispor sobre as verbas destinadas à saúde. Essa Emenda foi disciplinada pela LC 141, de janeiro de 2012. O outro aspecto diz respeito ao modo pelo qual as diversas entidades públicas cumprirão com as respectivas obrigações fiscais, como sujeitos passivos tributários das contribuições sociais. Também aí o aspecto orçamentário é relevante. O tema foi alvo de intensa polêmica jurisprudencial porque a legislação permitiu que fossem retidas verbas do Fundo de Participação dos Municípios para pagamento de débitos dessas pessoas políticas para com o INSS.

JURISPRUDÊNCIA

"TRF-5 – ApCív 362747 PE 2002.83.00.004470-0 (TRF-5)

Data de publicação: 29.08.2007

Ementa: *Tributário. Constitucional. Processual civil. Apelação cível em medida cautelar. Fundo de participação dos municípios. Retenção. Fumus boni iuris. Periculum in mora. Caracterização.* – Em se tratando de retenção de FPM, veio ao ordenamento jurídico a Lei 9.639/1998, a dispor sobre amortização e parcelamento de dívidas oriundas de contribuições sociais e outras importâncias devidas ao INSS. – A Constituição da República, no seu art. 160, parágrafo único, autoriza o condicionamento de repasse de verbas dos Municípios ao pagamento de crédito da União e suas autarquias. – Legitimidade da retenção das cotas do FPM, observados os limites legais contidos no art. 1.º da Lei 9.639/1998. – Presença, em parte, do *fumus boni iuris*, razão pela qual reputa-se legal a retenção das verbas do FPM devidas ao Município requerente, desde que observados os limites legais. – No que concerne ao *periculum in mora*, resta indiscutível a sua caracterização, ante as consequências prejudiciais que podem advir ao requerente, acaso o bloqueio do repasse do FPM se dê em sua totalidade, o que poderia comprometer o funcionamento regular dos serviços públicos. – Manutenção da r. sentença recorrida, que considerou legítimo o bloqueio das cotas do FPM, respeitando-se o limite de 9% (nove por cento), previsto no art. 1.º, da Lei 9.639/1998. – Apelação e remessa obrigatória a que se nega provimento."

"TRF-1 – Remessa *Ex Officio REO* 540 MA 2004.37.01.000540-6 (TRF-1)

Data de publicação: 02.03.2012

Ementa: *Tributário e constitucional. Repasse de verbas relativas ao fundo de participação dos municípios – FPM. Retenção. Valores declarados em GFIP. Possibilidade.* 1. A entrega dos recursos do FPM ao município está condicionada à inexistência de créditos em favor do INSS. 2. Nos termos do art. 32 da Lei 8.212/1991, regulamentada pelo Dec. 2.803/1998, o crédito previdenciário é constituído e exigível a partir da entrega da GFIP. 3. Legítima a retenção pelo INSS das quotas referentes ao FPM, para quitação das obrigações correntes, nos termos do art. 160, parágrafo único, I, da CF/1988, da Lei 8.212/1991. Não há ofensa ao princípio da autonomia municipal no procedimento. 4. Legalidade da retenção se houver constituição do crédito, seja por auto lançamento (GFIP e/ou parcelamento) ou de ofício. 5. Remessa oficial a que se dá provimento para denegar a segurança."

TÍTULO VIII – DAS DISPOSIÇÕES FINAIS E TRANSITÓRIAS • **Art. 88**

Art. 88. Os prazos de prescrição de que goza a União aplicam-se à Seguridade Social, ressalvado o disposto no art. 46.

* **Remissão:** CLPS, art. 210.

Anotação

Dispunha o vetusto Dec. 20.910/1932:

"*As dívidas passivas da União, dos Estados e dos Municípios, bem assim todo e qualquer direito ou ação contra a Fazenda federal, estadual ou municipal, seja qual for a sua natureza, prescreve em cinco anos contados da data do ato ou fato do qual se originaram*".

Tal preceito foi estendido aos órgãos da Administração Indireta, nos termos do art. 2.º do Dec.-lei 4.597, de 19.08.1942, que assim se expressa:

"*O Dec. 20.910, de 6 de janeiro de 1932, que regula a prescrição quinquenal, abrange as dívidas passivas das autarquias, ou entidades e órgãos paraestatais, criados por lei e mantidos mediante impostos, taxas ou quaisquer contribuições exigidas em virtude de lei federal, estadual ou municipal, bem como a todo e qualquer direito ou ação contra os mesmos*".

O preceito da Lei 8.212 observa a mesma sistemática.

JURISPRUDÊNCIA

"*Processual civil e civil. Agravo regimental no agravo de instrumento. Ação indenizatória contra o INSS. Prescrição quinquenal. Dec. 20.910/1932. Precedentes desta Corte. Honorários advocatícios. Revisão dos critérios de fixação. Súmula 7/STJ. 1. O entendimento pacífico nesta Corte é de que o prazo prescricional para o ajuizamento de ação indenizatória contra a Fazenda Pública é o quinquenal, nos termos do art. 1.º do Dec. 20.910/1932. Precedentes. 2. A revisão dos critérios adotados pelo acórdão recorrido na fixação dos honorários de sucumbência é vedada na via especial por força da Súmula 7/STJ. 3. Agravo regimental não provido*" (STJ – AgRg no Ag 977654/RS 2007/0260428-6 – publ. 12.02.2009)

"*Responsabilidade civil do INSS. Indenização por danos morais e materiais decorrentes da demora na concessão de benefício previdenciário. Prescrição quinquenal. Dec. 20.910/1932. Ocorrência. I – O prazo prescricional de ações indenizatórias ajuizadas contra a Fazenda Pública é de cinco anos, nos termos* do art. 1.º, do Dec. 20.910/1932. II – Apelação improvida" (TRF-3 – ApCív 8278 MS 2006.60.00.008278-9 – publ. 16.06.2011).

"Ementa: *Constitucional. Administrativo. Lei 8.112/1990. Pensão estatutária. Ilegitimidade passiva ad causam do INSS. Prescriçãoquinquenal.* – Trata-se de apelação interposta pelo Instituto Nacional do Seguro Social – INSS em face de sentença que julgou procedente o pedido inicial, condenando-o ao pagamento das parcelas vencidas no período de junho de 1983 até maio de 1993 e a União Federal ao pagamento das parcelas vencidas no período de 25 de maio de 1993 até outubro de 1996; – A legitimidade passiva da relação processual pertence à União Federal, pois a edição da Lei 8.112/1990 (art. 248), o Instituto Nacional do Seguro Social – INSS não é mais responsável pelo pagamento de pensões estatutárias; – Prescritas as parcelas não reclamadas no quinquênio que antecedeu a propositura da ação, eis que trata-se de prestações de trato sucessivo contra a Fazenda Pública; Dec. 20.910/1932 e Súmula 85/STJ" (TRF-2.ª Reg. – ApCív 199751011009132/ RJ 1997.51.01.100913-2, publ. 25.05.2011).

Art. 89. As contribuições sociais previstas nas alíneas *a, b* e *c* do parágrafo único do art. 11 desta Lei, as contribuições instituídas a título de substituição e as contribuições devidas a terceiros somente poderão ser restituídas ou compensadas nas hipóteses de pagamento ou recolhimento indevido ou maior que o devido, nos termos e condições estabelecidos pela Secretaria da Receita Federal do Brasil. (Redação dada ao *caput* pela Lei 11.941, de 27.05.2009, *DOU* 28.05.2009, conversão da MedProv 449, de 03.12.2008, *DOU* 04.12.2008).

§ 1.º (Revogado pela Lei 11.941, de 27.05.2009, *DOU* 28.05.2009, conversão da MedProv 449, de 03.12.2008, *DOU* 04.12.2008).

§ 2.º (Revogado pela Lei 11.941, de 27.05.2009, *DOU* 28.05.2009, conversão da MedProv 449, de 03.12.2008, *DOU* 04.12.2008).

§ 3.º (Revogado pela Lei 11.941, de 27.05.2009, *DOU* 28.05.2009, conversão da MedProv 449, de 03.12.2008, *DOU* 04.12.2008).

§ 4.º O valor a ser restituído ou compensado será acrescido de juros obtidos pela aplicação da taxa referencial do Sistema Especial de Liquidação e de Custódia – Selic para títulos federais, acumulada mensalmente, a partir do mês subsequente ao do pagamento indevido ou a maior que o devido até o mês anterior ao da compensação ou restituição e de 1% (um por cento) relativamente ao mês em que estiver sendo efetuada. (Redação dada ao parágrafo pela Lei 11.941, de 27.05.2009, *DOU* 28.05.2009, conversão da MedProv 449, de 03.12.2008, *DOU* 04.12.2008).

Título VIII – Das disposições finais e transitórias • **Art. 89**

§ 5.º (Revogado pela Lei 11.941, de 27.05.2009, *DOU* 28.05.2009, conversão da MedProv 449, de 03.12.2008, *DOU* 04.12.2008).

§ 6.º (Revogado pela Lei 11.941, de 27.05.2009, *DOU* 28.05.2009, conversão da MedProv 449, de 03.12.2008, *DOU* 04.12.2008).

§ 7.º (Revogado pela Lei 11.941, de 27.05.2009, *DOU* 28.05.2009, conversão da MedProv 449, de 03.12.2008, *DOU* 04.12.2008).

§ 8.º Verificada a existência de débito em nome do sujeito passivo, o valor da restituição será utilizado para extingui-lo, total ou parcialmente, mediante compensação. (NR) (Parágrafo acrescentado pela Lei 11.196, de 21.11.2005, *DOU* 22.11.2005, com efeito determinado pelo seu art. 132, VI).

§ 9.º Os valores compensados indevidamente serão exigidos com os acréscimos moratórios de que trata o art. 35 desta Lei. (Parágrafo acrescentado pela Lei 11.941, de 27.05.2009, *DOU* 28.05.2009, conversão da MedProv 449, de 03.12.2008, *DOU* 04.12.2008).

§ 10. Na hipótese de compensação indevida, quando se comprove falsidade da declaração apresentada pelo sujeito passivo, o contribuinte estará sujeito à multa isolada aplicada no percentual previsto no inciso I do *caput* do art. 44 da Lei 9.430, de 1996, aplicado em dobro, e terá como base de cálculo o valor total do débito indevidamente compensado. (Parágrafo acrescentado pela Lei 11.941, de 27.05.2009, *DOU* 28.05.2009, conversão da MedProv 449, de 03.12.2008, *DOU* 04.12.2008).

§ 11. Aplica-se aos processos de restituição das contribuições de que trata este artigo e de reembolso de salário-família e salário-maternidade o rito previsto no Dec. 70.235, de 6 de março de 1972. (NR) (Parágrafo acrescentado pela Lei 11.941, de 27.05.2009, *DOU* 28.05.2009, conversão da MedProv 449, de 03.12.2008, *DOU* 04.12.2008).

✱ **Remissão:** CLPS, art. 216.

✎ Anotação

Valores pagos a mais poderão ser restituídos ou compensados pelo contribuinte, segundo sua própria opção. A IN RFB 900/2008 disciplina a restituição e a compensação de quantias recolhidas a título de tributo administrado pela Secretaria da Receita Federal do Brasil, a restituição e a compensação de outras receitas da União arrecadadas mediante Documento de Arrecadação de Receitas Federais (DARF) ou Guia da Previdência Social (GPS), o reembolso de salário-família e salário-maternidade e dá outras providências.

JURISPRUDÊNCIA

"*Tributário. Mandado de segurança. Prescrição. LC 118/05. Contribuição previdenciária sobre verbas indenizatórias. Compensação. Prazo prescricional. Tributo sujeito a lançamento por homologação. Marco temporal eleito pelo STF para aplicabilidade da LC 118/2005. Prescrição das parcelas recolhidas há mais de cinco anos do ajuizamento. Reconhecido o direito da impetrante, o indébito pode ser objeto de compensação com parcelas relativas a tributo de mesma espécie e destinação constitucional, devidamente corrigidas pela Selic desde a data do recolhimento*" (TRF-4.ª Reg. – AC 5003213-76.2012.404.7107/RS – 1.ª T. – rel. Maria De Fátima Freitas Labarrère – j. 20.03.2013 – DE 22.03.2013).

"*Processual civil – Prequestionamento da matéria abarcada pela ADIn 1.102/DF – Inexistência de violação do art. 535 do CPC – Tributário – Contribuição previdenciária sobre a remuneração paga a administradores autônomos e avulsos – Limites à compensação*. 1. Inexiste violação do art. 535 do CPC quando a prestação jurisdicional é dada na medida da pretensão deduzida. 2. *In casu*, a Corte de origem enfrentou o questionamento acerca do alcance, pela ADIn 1.102/DF, da remunerações pagas a 'avulsos' quando reconhecida a inconstitucionalidade das expressões 'autônomos' e 'administradores'. Agravo regimental parcialmente provido, para decotar da decisão agravada a alegada ausência de prequestionamento e suprir o pronunciamento acerca da violação do art. 535 do Código de Processo Civil" (STJ – AgRg-REsp 1.118.641/RJ – Processo 2009/0010327-0 – 2.ª T. – rel. Min. Humberto Martins – DJ 25.11.2009).

"*Tributário. Recurso especial. Contribuição social. Inativos e pensionistas. MedProv 1.415/1996. Lei 9.630/1998. Isenção. Análise prejudicada. Direito à restituição dos valores indevidamente recolhidos. Precedentes. Recurso desprovido*. 1. 'A exigência da contribuição previdenciária incidente sobre os vencimentos dos servidores, ativos e inativos, e dos pensionistas, instituída pela Lei 9.783/1999, vincula-se ao controle de sua adequação à Lei Maior, o que extrapola a competência outorgada ao STJ' (REsp 429.644/AL, 2.ª T., rel. Min. João Otávio de Noronha, DJ 02.08.2006). 2. Prejudicialidade da análise da controvérsia em face da supressão do art. 7.º da MedProv 1.415/1996, em suas reedições, e isenção concedida aos servidores públicos inativos pelo disposto no art. 1.º, parágrafo único, da Lei 9.630/1998. 3. Conforme jurisprudência deste STJ, se o STF declarou que a exação imposta pela MedProv 1.415/1996 foi eliminada do mundo jurídico e que o seu art. 7.º foi desconstituído desde sua origem, o servidor público inativo tem direito à restituição dos valores indevidamente recolhidos a título de contribuição previdenciária. 4. Recurso especial não conhecido" (STJ – REsp 656.927/CE – Processo 2004/0059454-9 – 2.ª T. – rel. Juiz Carlos Fernando Mathias – *DJ* 13.05.2008).

"*Recurso especial. Contribuição do salário-educação. Compensação com contribuições previdenciárias destinadas ao custeio da seguridade social. Impossibilidade. Precedentes.* O art. 212, § 5.º, da CF/1988, com a redação dada pela EC 14/1996, dispõe que 'o ensino fundamental público terá como fonte adicional de financiamento a contribuição social do salário-educação, recolhida pelas empresas, na forma da lei'. Na lição de Sergio Pinto Martins, a referida contribuição 'não serve para financiar a Seguridade Social, mas o ensino básico' e 'é arrecadada e fiscalizada pelo INSS e posteriormente transferida para os órgãos pertinentes de educação'. Dessarte, uma vez que a contribuição do salário-educação se destina a financiar o ensino básico, os valores recolhidos indevidamente a título da contribuição em exame não podem ser compensados com outras contribuições arrecadadas pelo INSS que se destinam ao custeio da Seguridade Social. Na espécie, portanto, não tem aplicação o § 1.º do art. 66 da Lei 8.383/1991, que 'permite a compensação entre tributos e contribuições distintas, desde que sejam da mesma espécie e apresentem a mesma destinação orçamentária' (REsp 438.580/MG, rel. Min. Castro Meira, *DJ* 1.12.2003). Precedentes" (STJ – REsp 475969/RJ 2002/0144446-7 – 2.ª T. – rel. Min. Franciulli Neto – *DJ* 05.09.2005).

"*Tributário – Contribuição previdenciária – Compensação – Correção monetária na repetição de indébito – Lei 9.250/1995* – Em repetição de indébito a devolução pode ser feita em espécie, via precatório, ou por compensação, na forma da lei. Lei 9.250/1995 que indicou como incidente na compensação, a correção monetária pelos índices da taxa Selic. Embargos de divergência conhecidos e rejeitados" (STJ – EREsp 244443-PR – 1.ª S. – rel. Min. Eliana Calmon – *DJU* 25.03.2002).

▶ Assim dispunha o *caput* alterado:

> Art. 89. Somente poderá ser restituída ou compensada contribuição para a Seguridade Social arrecadada pelo Instituto Nacional do Seguro Social – INSS, na hipótese de pagamento ou recolhimento indevido.

▶ Assim dispunha o parágrafo revogado:

> § 1.º Admitir-se-á apenas a restituição ou a compensação de contribuição a cargo da empresa, recolhida ao INSS, que, por sua natureza, não tenha sido transferida ao custo de bem ou serviço oferecido à sociedade.

▶ Assim dispunha o parágrafo revogado:

§ 2.º Somente poderá ser restituído ou compensado, nas contribuições arrecadadas pelo INSS, o valor decorrente das parcelas referidas nas alíneas *a, b,* e c do parágrafo único do art. 11 desta Lei.

▶ Assim dispunha o parágrafo revogado:

§ 3.º Em qualquer caso, a compensação não poderá ser superior a trinta por cento do valor a ser recolhido em cada competência.

▶ Assim dispunha o parágrafo alterado:

§ 4.º Na hipótese de recolhimento indevido, as contribuições serão restituídas ou compensadas atualizadas monetariamente.

▶ Assim dispunha o parágrafo revogado:

§ 5.º Observado o disposto no § 3.º, o saldo remanescente em favor do contribuinte, que não comporte compensação de uma só vez, será atualizado monetariamente.

▶ Assim dispunha o parágrafo revogado:

§ 6.º A atualização monetária de que tratam os §§ 4.º e 5.º deste artigo observará os mesmos critérios utilizados na cobrança da própria contribuição.

Art. 90. O Conselho Nacional da Seguridade Social, dentro de 180 (cento e oitenta) dias da sua instalação, adotará as providências necessárias ao levantamento das dívidas da União para com a Seguridade Social.

✎ Anotação

Como já se fez referência, aqui, na anotação ao art. 16, incumbiria à União custear, parcialmente, a seguridade social. Aliás, a antiga Lei 3.807/1960 (LOPS) demonstrou, no art. 135, que a União nunca cumpriu esse dever constitucional e acabou contraindo enorme dívida para com o sistema previdenciário, cujo saldamento aquela regra determinava e explicitava. O teor do preceito demonstra que a União prosseguiu deixando de cumprir com sua obrigação social e, de 1960 em diante, ficou devedora, em valores que jamais foram apurados. E, com a extinção do Conselho Nacional de Seguridade Social (não teria sido esse um dos motivos para a extinção?), ninguém mais foi incumbido da auditagem dessa imensa dívida social do Estado para com a comunidade protegida. O mais impressionante é que, passados mais de cinquenta anos desde o primeiro registro da dívida da União, nenhuma providência administrativa ou judicial tenha sido tomada para que se apurasse o respectivo montante e se definisse o modo de pagamento de tais valores. A ausência de referência a jurisprudência, na sequência desta anotação, comprova o silêncio que se impôs a respeito do tema.

Art. 91. Mediante requisição da Seguridade Social, a empresa é obrigada a descontar, da remuneração paga aos segurados a seu serviço, a importância proveniente de dívida ou responsabilidade por eles contraída junto à Seguridade Social, relativa a benefícios pagos indevidamente.

* **Remissão:** CLPS, art. 219.

Anotação

O art. 115 da Lei 8.213/1991 estabelece que podem ser descontados dos benefícios (i) as contribuições devidas pelo segurado à Previdência Social; (ii) o pagamento de benefícios além do devido; (iii) o imposto de renda retido na fonte; (iv) a pensão de alimentos decretada em sentença judicial; (v) as mensalidades de associações e demais entidades de aposentados legalmente reconhecidas, desde que autorizadas por seus filiados; e (vi) o pagamento de empréstimos, financiamentos e operações de arrendamento mercantil concedidos por instituições financeiras e sociedades de arrendamento mercantil, públicas e privadas, quando expressamente autorizado pelo beneficiário, até o limite de trinta por cento do valor do benefício.

JURISPRUDÊNCIA

"*Previdenciário. Majoração de benefício. Tutela antecipada cassada. Indevida restituição de valores. Entendimento da terceira seção do STJ. Embargos de declaração. Rejeição. Vício. Inocorrência.* 1. Provimento atacado proferido em sintonia com a jurisprudência da 3.ª Seção desta Corte que, em julgamento realizado dia 14.05.2008, no REsp 991.030/RS, rejeitou a tese defendida pela Autarquia sem declarar a inconstitucionalidade do art. 115 da Lei de Benefícios, o qual regula o desconto de benefício pago a maior por ato administrativo. 2. Naquela ocasião, prevaleceu a compreensão de que a presença da boa-fé da parte recorrida deve ser levada em consideração em atenção ao princípio da irrepetibilidade dos alimentos, sobretudo na hipótese em que a majoração do benefício se deu em cumprimento à ordem judicial anterior ao julgamento do RE 415.454/SC pelo STF. 3. Dado que inexiste no acórdão embargado qualquer omissão, obscuridade ou contradição, rejeitam-se os presentes declaratórios" (STJ – EDcl-AgRg-REsp 1.072.385/RS – Processo 2008/0152405-5 – 5.ª T. – rel. Min. Jorge Mussi – DJ 06.04.2009).

"*Previdenciário. Majoração de benefício. Tutela antecipada cassada. Indevida restituição de valores. Entendimento da terceira seção do STJ. Embargos de declaração. Vício. Não ocorrência. Rejeição.* 1. Provimento atacado proferido em sintonia com a jurisprudência da 3.ª Seção desta Corte que, em julgamento realizado dia 14.05.2008, no REsp 991.030/RS, rejeitou a tese defendida pela Autarquia sem declarar a inconstitucionalidade do art. 115 da Lei de Benefícios, o qual regula o desconto de benefício pago a maior por ato administrativo. 2. Naquela ocasião, prevaleceu a compreensão de que a presença da boa-fé da parte recorrida deve ser levada em consideração em atenção ao princípio da irrepetibilidade dos alimentos, sobretudo, na hipótese em que a majoração do benefício se deu em cumprimento à ordem judicial anterior ao julgamento do RE 415.454/SC pelo STF. 3. Dado que inexiste no acórdão embargado qualquer omissão, obscuridade ou contradição, rejeitam-se os presentes declaratórios" (STJ – EDcl-AgRg-EDcl-REsp 988.179 – Processo 2007/0217676-2/RS – 5.ª T. – rel. Min. Jorge Mussi – DJ 19.12.2008).

Art. 92. A infração de qualquer dispositivo desta Lei para a qual não haja penalidade expressamente cominada sujeita o responsável, conforme a gravidade da infração, a multa variável de Cr$ 100.000,00 (cem mil cruzeiros) a Cr$ 10.000.000,00 (dez milhões de cruzeiros), conforme dispuser o regulamento.

✱ **Remissão:** CLPS, arts. 143, § 40, 156, parágrafo único, 172 e 221.

✎ Anotação

A partir de 1.º de janeiro de 2013, o valor da multa pela infração a qualquer dispositivo do Regulamento da Previdência Social, para a qual não haja penalidade expressamente cominada (art. 283), varia, conforme a gravidade da infração, de R$ 1.717,38 a R$ 171.736,10, nos termos do inc.

V do art. 8.º da Portaria Interministerial MPS/MF 15, de 10.01.2013, *DOU* 11.01.2013, que atualiza tais expressões monetárias.

JURISPRUDÊNCIA

"*Notificação fiscal de lançamento. parcela descontada dos segurados. – GFIP. Termo de confissão. Juros Selic. Aplicação. – Multa moratória. Caráter não confiscatória.* Uma vez que a notificada remunerou segurados, descontando as contribuições previdenciárias por eles devidas, conforme informação nos registros documentais da empresa, deveria a notificada efetuar o recolhimento à Previdência Social. Não efetuando o recolhimento a notificada passa a ter a responsabilidade sobre o mesmo. Conforme dispõe o art. 225, § 1.º do RPS, aprovado pelo Dec. 3.048/1999 os dados informados em GFIP constituem termo de confissão de dívida quando não recolhidos os valores nela declarados. A cobrança de juros está prevista em lei específica da previdência social, art. 34 da Lei 8.212/1991, desse modo foi correta a aplicação do índice pela fiscalização federal.Não possui natureza de confisco a exigência da multa moratória, conforme prevê o art. 35 da Lei 8.212/1991. Não recolhendo na época própria o contribuinte tem que arcar com o ônus de seu inadimplemento. Se não houvesse tal exigência haveria violação ao princípio da isonomia, pois o contribuinte que não recolhera no prazo fixado teria tratamento similar àquele que cumprira em dia com suas obrigações fiscais. Recurso Voluntário Negado" (2CC – Processo 35464.000290/2007-01 – 5.ª C. – rel. Adriana Sato – *DJ* 08.01.2009).

"*Auto de infração. Folha de pagamentos. Obrigação.* Constitui infração punível na forma da lei deixar de preparar folhas de pagamentos das remunerações pagas ou creditadas a todos os segurados a seu serviço, de acordo com os padrões e normas estabelecidos, conforme disposto no art. 225, I, e § 9.º, do Regulamento da Previdência Social – RPS, aprovado pelo Dec. 3.048/1999.É obrigatória a inclusão em folhas de todos os pagamentos a segurados, independente da natureza salarial. Compete à autoridade fiscal identificar as parcelas integrantes ou não da base de cálculo das contribuições previdenciárias. *Relevação. Requisitos.*A multa somente será relevada se o infrator primário não tiver incorrido em agravantes e comprovar a correção da falta até a decisão da autoridade julgadora competente, nos termos da redação original do art. 291, § 1.º, do Regulamento da Previdência Social, vigente à época da lavratura. Recurso Voluntário Negado" (2CC – Processo 37284.007259/2006-56 – 5.ª C. – rel. Liege Lacroix Thomasi – *DJ* 08.01.2009).

"*Tributário. Contribuição previdenciária. Não apresentação de documento ou livro. 'Lançamentos englobados'. Inadmissibilidade. Arts. 32, II, e 33, § 2.º, da Lei 8.212/1991. Multa. Honorários advocatícios.* 1. A aplicação de multa por violação ao § 2.º do art. 33 da Lei 8.212/1991, pressupõe recusa, sonegação ou apresentação deficiente de documento ou livro em poder da empresa executada. 2. A ocorrência de lançamentos englobados de pagamentos efetuados a pessoas físicas e jurídicas constitui infração, uma vez que os honorários pagos àquelas são fatos geradores de contribuições previdenciárias, ao passo que os pagos a estas não (art. 32, II, da Lei 8.212/1991, c/c o art. 225, § 13, do RPS). 3. Honorários advocatícios fixados em 10% (dez por cento) sobre o valor atribuído à causa, em consonância com o entendimento da 2.ª T." (TRF-4.ª Reg. – AC 2004.71.07.006902-3 – 2.ª T. – rel. Eloy Bernst Justo – *DJ* 14.05.2008).

Súmula CARF 14: "A simples apuração de omissão de receita ou de rendimentos, por si só, não autoriza a qualificação da multa de ofício, sendo necessária a comprovação do evidente intuito de fraude do sujeito passivo".

Súmula CARF 31: "Descabe a cobrança de multa de ofício isolada exigida sobre os valores de tributos recolhidos extemporaneamente, sem o acréscimo da multa de mora, antes do início do procedimento fiscal".

Súmula CARF 47: "Cabível a imputação da multa de ofício à sucessora, por infração cometida pela sucedida, quando provado que as sociedades estavam sob controle comum ou pertenciam ao mesmo grupo econômico".

CARF Portaria 52, de 21.12.2010, *DOU* 23.12.2010. (Retificada no *DOU* 12.01.2011)

Art. 93. (Revogado pela Lei 9.639, de 25.05.1998).

Parágrafo único. (Revogado pela Lei 11.941, de 27.05.2009, *DOU* 28.05.2009, conversão da MedProv 449, de 03.12.2008, *DOU* 04.12.2008).

✳ Remissão: CLPS, art. 221.

✍ Anotação

A Súmula Vinculante 21/STF estabelece: "É inconstitucional a exigência de depósito ou arrolamento prévios de dinheiro ou bens para admissibilidade de recurso administrativo". O preceito revogado, por conseguinte, continha disposição inconstitucional que violava o direito de defesa.

O parágrafo único do preceito, igualmente revogado, cuidava da relevação da multa.

JURISPRUDÊNCIA

"*Embargos à Execução. Empresa optante da tributação pelo lucro presumido. Livro caixa. Desnecessidade de registro.* 1 – O livro caixa independe de registro, sendo exigido apenas a numeração de suas folhas de forma sequencial e a existência de termo de abertura, onde serão registrados a finalidade do lançamento, o nome do contribuinte e o número de sua inscrição no CNPJ ou CPF, e o termo de encerramento, nos mesmos moldes do termo de abertura, ressaltando-se que tanto um quanto o outro deverão estar devidamente datados e assinados pelo contribuinte ou seu representante legal e pelo contabilista responsável. 2. Logo, mostra-se legítima a relevação da multa imposta nos termos do art. 291, § 1.º, do Dec. 3.048/1999, já que o contribuinte apresentou seus livros no prazo defensivo, sanando a omissão anteriormente punida. 3. Remessa necessária e apelação não providas" (TRF--2.ª Reg. – AC 2002.51.13.000488-7 – 4.ª T. Especializada – rel. Des. Federal Luiz Antonio Soares – DJ 27.04.2009).

"*Auto de infração – Constitui infração a empresa apresentar GFIP com dados não correspondentes aos fatos geradores de todas as contribuições previdenciárias. Relevação da multa só é possível até a data da emissão da decisão/notificação.* A falta de informação em GFIP da remuneração dos segurados empregados, acarreta a lavratura de Auto de Infração. Art. 32, IV, § 5.º, da Lei 8.212/1991. A multa somente será relevada se o infrator for primário, não tiver incorrido em agravantes e comprovar a correção da falta até a data da ciência da decisão da autoridade que julgar o auto de infração, art. 291, § 1.º, do Regulamento da Previdência Social, redação vigente até a edição do Dec. 6.032, em 01.02.2007. Recurso Negado" (2CC – Processo 36830.005069/2006-06 – 5.ª C. – rel. Liege Lacroix Thomasi – DJ 09.01.2009).

"*TIAD. Entrega ao preposto. Regularidade do procedimento.* O TIAD não tem que ser entregue ao representante legal da empresa, é suficiente a entrega do termo ao preposto. Não há exigência em ato normativo de que o TIAD seja recebido pelo representante legal da sociedade. Desse modo, sendo regular a intimação para apresentação de documentos, não há que se falar em cerceamento do direito de defesa. *NFLD. Auto de infração. Duplicidade na cobrança. Inexistência.* A falta de recolhimento das contribuições previdenciárias enseja a lavratura de NFLD. No presente caso não estão sendo cobradas as contribuições não recolhidas, mas sim a penalidade pecuniária pelo descumprimento de obrigação acessória. *Atenuação ou relevação da multa. Pedido no prazo de defesa. Inexistência.* A atenuação da multa está prevista no *caput* do art. 291 do RPS, consistindo na correção da falta até a decisão da autoridade julgadora competente. Por sua vez, a relevação da multa está prevista no art. 291, § 1.º, do RPS, requerendo para sua aplicação: o pedido dentro do prazo de defesa, mesmo que não seja contestada a infração; primariedade do infrator; correção da falta; sem agravantes na ação fiscal. Conforme demonstrado, tanto para a atenuação, como para a relevação da multa é requisito essencial a correção da falta, bem como que haja o pedido dentro do prazo de defesa. A atenuação e a relevação da multa são benefícios concedidos ao infrator, sendo uma contrapartida oferecida pelo órgão fiscal. Caso esse infrator corrija a falta, ficará responsável por um débito de menor valor, caso atenda aos demais requisitos a multa será relevada. Uma vez sendo em beneficio do infrator, é necessário que este atenda aos requisitos exigidos pelo Fisco e na forma pelo órgão estabelecida, traduzida no Regulamento da Previdência Social, aprovado pelo Dec. 3.048/1999. Corroborando esse entendimento foi publicado o Parecer CJ/MPS 3.194/2003. Recurso Voluntário Negado" (2CC – Processo 36262.000428/2006-12 – 5.ª C. – rel. Marco André Ramos Vieira – *DJ* 08.01.2009).

▶ Assim dispunha o *caput* revogado:

> Art. 93. O recurso contra a decisão do INSS que aplicar multa por infração a dispositivo da legislação previdenciária só terá seguimento se o interessado o instruir com a prova do depósito da multa atualizada monetariamente, a partir da data da lavratura. (Redação dada pela Lei 8.870, de 15.04.1993).

▶ Assim dispunha o parágrafo revogado:

> Parágrafo único. A autoridade que reduzir ou relevar multa recorrerá de ofício para autoridade hierarquicamente superior, na forma estabelecida em regulamento.

Art. 94. (Revogado pela Lei 11.501, de 11.07.2007, *DOU* 12.07.2007, conversão da MedProv 359 de 16.03.2007, *DOU* 19.03.2007, com efeitos a partir de 02.05.2007).

§ 1.º (Revogado pela Lei 11.501, de 11.07.2007, *DOU* 12.07.2007, conversão da MedProv 359 de 16.03.2007, *DOU* 19.03.2007, com efeitos a partir de 02.05.2007).

§ 2.º (Revogado pela Lei 11.501, de 11.07.2007, *DOU* 12.07.2007, conversão da MedProv 359 de 16.03.2007, *DOU* 19.03.2007, com efeitos a partir de 02.05.2007).

✍ Anotação

A Constituição Federal de 1988 cuidou das contribuições sociais no capítulo direcionado ao sistema tributário nacional (art. 149). No art. 195, detalhou esse tópico enumerando as espécies de contribuições para o patrocínio das ações destinadas a assegurar os direitos relativos à saúde, à previdência social e à assistência social. No art. 240, a Carta Magna preocupou-se em manter o antigo recolhimento das contribuições sociais calculadas com base nas folhas de salários dos empregadores, apartando esses pagamentos daqueles destinados à Seguridade Social. Os códigos da tabela do Fundo de Previdência e Assistência Social (FPAS) identificam a atividade econômica da empresa e direcionam as contribuições a uma das principais entidades privadas: (i) Serviço Social do Comércio (Sesc); (ii) Serviço Nacional de Aprendizagem Comercial (Senac); (iii) Serviço Social da Indústria (Sesi); (iv) Serviço Nacional de Aprendizagem Industrial (Senai); (v) Serviço Social do Transporte (Sest); (vi) Serviço Nacional de Aprendizagem do Transporte (Senat); (vii) Serviço Nacional de Aprendizagem Rural (Senar); (viii) Serviço Nacional de Aprendizagem do Cooperativismo (Sescoop); (ix) Serviço Brasileiro de Apoio às Micro e Pequenas Empresas (Sebrae); (x) Instituto Nacional de Colonização e Reforma Agrária (Incra); (xi) Fundo Nacional de Desenvolvimento da Educação (FNDE); (xii) Diretoria de Portos e Costas, do Ministério da Marinha (DPC); e (xiv) Fundo Aeroviário.

JURISPRUDÊNCIA

"*Incompetência da Justiça do Trabalho – Execução de contribuições devidas a terceiros – Sistema 'S' – CF/1988, art. 114, VIII* – 1. O art. 114, VIII, da CF/1988 fixou a competência da Justiça do Trabalho para executar de ofício as contribuições previdenciárias previstas no art. 195, I, *a*, e II, da Carta Magna decorrentes das sentenças que proferir. 2. Na hipótese vertente, o acórdão regional assentou que a Justiça do Trabalho é incompetente para executar as contribuições de terceiros. 3. Com efeito, os citados dispositivos constitucionais limitam a competência da Justiça do Trabalho para a execução das quotas das contribuições previdenciárias devidas pelo empregador e pelo empregado, não havendo como se incluir as contribuições devidas a terceiros, cuja arrecadação e fiscalização é atribuição do INSS, conforme dispõe o art.

Art. 94 • Lei Orgânica da Seguridade Social

94 da Lei 8.212/1991. Outrossim, o art. 240 da CF/1988 determina expressamente que as contribuições a terceiros, a saber, as destinadas às entidades privadas de serviço social e de formação profissional (sistema 'S'), são ressalvadas do disposto no art. 195 da CF/1988. 4. Nesse compasso, a decisão recorrida está em consonância com o art. 114, VIII, da CF/1988, uma vez que não cabe à Justiça do Trabalho a execução de contribuições devidas a terceiros que não a contribuição previdenciária." (TST AIRR-669/2005-021-04-40.8, rel. Min. Ives Gandra Martins Filho). II – Se o termo de conciliação vale como decisão irrecorrível (art. 831, da CLT), segue-se que o recurso cabível, pela União, relativo às contribuições previdenciárias, de que trata o art. 832, § 4.º, da CLT, é o agravo de petição (art. 897, *a*, da CLT)" (TRT-8.ª Reg. – RO 0131600-28.2009.5.08.0117 – rel. Des. Federal Vicente Jose Malheiros da Fonseca – DJe 25.03.2010 – p. 54).

"*Ação anulatória de débito fiscal. Contribuição previdenciária. Reexame necessário. Parcial conhecimento. Decadência. Art. 173, II, CTN. Inaplicabilidade. Reconhecimento de vício material.* 1. A questão do prazo para a constituição do crédito tributário relativo a contribuições previdenciárias encontra-se pacificada no âmbito da Corte Suprema, consoante Súmula Vinculante 8. Dessa forma, descabida a remessa oficial neste tópico. 2. Por outro lado, o termo inicial de contagem deste prazo permanece passível de discussão nos autos. A definição acerca da incidência ou não do art. 173, II, do CTN enseja a manifestação desta Corte por força do art. 475, I, do CPC. Reexame necessário parcialmente conhecido. 3. Na hipótese *sub judice*, o INSS anulou diversos lançamentos efetuados sob fundamento de que a natureza de pessoa jurídica de direito público da parte autora tornaria indevida a cobrança das contribuições de terceiros e da multa de mora. Assim, diante da impossibilidade técnica de operacionalizar a exclusão desses valores, houve por bem anular todos lançamentos realizados. 4. Ocorre que, em março de 2007, foram lavradas duas novas NFLD (n. 37.069.978-5 e 37.069.979-3), reiterando as que foram anuladas anteriormente, excluindo apenas a contribuição para terceiros e a multa moratória. 5. Nesse contexto, a parte autora defende a configuração da decadência pois a anulação não teria atingido o curso do prazo para a constituição do crédito tributário. Já União alega que o vício teria natureza formal, invocando a aplicação do art. 173, II, do CTN. 6. Segundo os despachos administrativos depreende-se que a anulação teve por motivo o reconhecimento de vício de natureza material. Ao contrário do que sustenta a União, a impossibilidade técnica de operacionalizar a exclusão da multa constituiu mera decorrência do vício que acarretou a retificação dos lançamentos. 7. Dessa forma, revela-se inaplicável o art. 173, II, do CTN, iniciando-se a contagem do prazo a partir do primeiro dia do exercício seguinte àquele em que o lançamento poderia ter sido efetuado (art. 173, I, CTN), na linha exposta pela sentença. 8. Esta Turma tem-se orientado no sentido de estabelecer a condenação em verba honorária no patamar de 10% sobre o valor da causa, quando a sentença é despida de eficácia preponderante de condenação, sendo admissível a análise, caso a caso, quando tal valor afigura-se exorbitante ou ínfimo. No presente caso, considerando o valor da causa (R$ 966.892,20) e o fato de não ter sido necessária maior dilação probatória, a fixação dos honorários advocatícios em R$ 10.000,00 (dez mil reais) revela-se adequado a remunerar a atuação do causídico no presente caso. 9. Remessa oficial conhecida em parte para, neste limite, negar-lhe provimento. Apelações das partes desprovidas" (TRF-4.ª Reg. – AC 2008.70.10.000113-1/PR – 2.ª T. – rel. Juíza Vânia Hack De Almeida – *DJ* 03.06.2009).

"Embargos à execução fiscal. Agravo de Instrumento. Nomeação de bens à penhora. Legitimidade do INSS. Contribuição à Diretoria de Portos e Costas (DPC). Contribuição ao Incra. Salário-educação. Incidência sobre a remuneração de avulsos. Multa de mora. Selic. Compensação de créditos previdenciários com contribuição a terceiros. 1. O AI 2000.04.01.070698-7 foi provido para acolher os bens nomeados à penhora pela embargante e não mais pende de julgamento. 2. O ente autárquico possui legitimidade para figurar em lides cuja questão debatida é o salário-educação, porquanto o INSS arrecada e fiscaliza a contribuição, apenas repassando os valores ao FNDE, observando-se, portanto, o art. 119 do CTN. Nesse sentido: 3. Nos termos do Dec.-lei 828/1969 e Lei 5.461/1968, os quais se encontram em pleno vigor, a contribuição ao DPC foi instituída para aprimoramento de um segmento específico da sociedade, os portuários e trabalhadores do setor marítimo e as empresas desse setor, que antes contribuíam para o Senai, passaram a contribuir ao DPC, pois se trata de desmembramento daquela. 4. A contribuição ao Incra classifica-se como contribuição especial de intervenção no domínio econômico, não é caracterizada pela referibilidade direta, na medida em que as pessoas compelidas ao seu recolhimento não são necessariamente seus beneficiários. 5. O STF já fixou entendimento de que o Incra destina-se a cobrir os riscos aos quais estão sujeitos todos os trabalhadores, desimportando a natureza do vínculo laboral. Por conseguinte, legítima sua incidência sobre remuneração paga aos trabalhadores autônomos e aos avulsos. 6. O Salário-Educação é constitucional e foi instituído visando financiar, de forma suplementar, o ensino fundamental. A contribuição possui natureza tributária desde a CF/1988 e foi disciplinada pela conversão da MedProv 1.518 na Lei 9.424/1996. 7. Todavia, nos termos do art. 15 da Lei 9.424/1996, que remete ao art. 12, I, da Lei 8.212, de 24 de julho de 1991, resta clara a exclusão de trabalhadores autônomos, avulsos e administradores do pagamento de Salário-Educação, pois é primordial a configuração do vínculo empregatício. 8. Aplicada a legislação tributária mais benéfica atinente à multa de mora (art. 35 da Lei 8.212/1991), é alcançado o percentual de 40%. Afastado o caráter confiscatório da penalidade pecuniária. 9. Deduzido do valor apurado em cada competência, o percentual de 25% das contribuições devidas para segurados, empresa e SAT, em atenção à coisa julgada nos autos de anterior ação judicial, que limitou a esse percentual o direito do contribuinte à compensação de seus créditos em cada competência. 10. A multa de 20% prevista no art. 61 da Lei 9.430/1996 alcança somente os débitos para com a Secretaria da Fazenda Nacional e não se estende às contribuições previdenciárias por ausência de previsão. 11. A compensação pode ser discutida em embargos à execução, se já realizada em data pretérita, mas vedada a pretensão compensatória nesta sede, consoante art. 16.§ 3.º, da Lei 6.830/1980. 12. Incabível a pretensão à compensação de 100% do valor devido em cada competência. 13. Se a coisa julgada limitou a compensação a 25% em cada competência e apenas com créditos previdenciários, mesmo que respeitado esse percentual, indevida a compensação com contribuições de terceiros, de espécie diversa. 14. Não conhecido o apelo do INSS em relação à aplicação da Selic, por ausência de interesse recursal. 15. Parcialmente provida a remessa oficial e o apelo do INSS, na parte conhecida, para reconhecer a exigibilidade da contribuição ao Incra e dar parcial provimento ao apelo da embargante para reduzir a multa para 40%" (TRF-4.ª Reg. – Ap/RN 2000.71.01.002900-3 – 1.ª T. – rel. Álvaro Eduardo Junqueira – *DJ* 30.06.2009).

"*Tributário. Processo civil. Medida liminar. Contribuição ao Sesc, Senac e Sebrae. Empresa prestadora de serviços. Improvimento do agravo.* – 1. A jurisprudência das 3.ª e 4.ª Turmas deste Tribunal Regional Federal posicionou-se no sentido de não estarem as empresas prestadoras de serviço sujeitas ao recolhimento das contribuições destinadas ao Sesc, Senac e Sebrae. – 2. Decisão agravada que está em consonância com a jurisprudência desta Corte Regional Federal sobre a matéria. – 3. Agravo improvido" (TRF-1.ª Reg. – AI 2001.01.00.021096/MG – 4.ª T. – rel. Des. Ítalo Fioravanti Sabo Mendes – *DJ* 06.05.2002).

Súmula 64/AGU, de 14.09.2009, *DOU* 17.05.2012: "As contribuições sociais destinadas às entidades de serviço social e formação profissional não são executadas pela Justiça do Trabalho."

▶ Assim dispunha o artigo revogado:

Art. 94. O Instituto Nacional do Seguro Social – INSS poderá arrecadar e fiscalizar, mediante remuneração de 3,5% do montante arrecadado, contribuição por lei devida a terceiros, desde que provenha de empresa, segurado, aposentado ou pensionista a ele vinculado, aplicando-se a essa contribuição, no que couber, o disposto nesta Lei. (Redação dada ao *caput* pela Lei 9.528, de 10.12.1997, *DOU* 11.12.1997).

▶ Assim dispunha o parágrafo revogado:

§ 1.º O disposto neste artigo aplica-se, exclusivamente, às contribuições que tenham a mesma base utilizada para o cálculo das contribuições incidentes sobre a remuneração paga ou creditada a segurados, ficando sujeitas aos mesmos prazos, condições, sanções e privilégios, inclusive no que se refere à cobrança judicial. (Parágrafo acrescentado pela Lei 11.080, de 30.12.2004, *DOU* 31.12.2004).

▶ Assim dispunha o parágrafo revogado:

§ 2.º A remuneração de que trata o *caput* deste artigo será de 1,5% (um inteiro e cinco décimos por cento) do montante arrecadado pela aplicação do adicional de contribuição instituído pelo § 3.º do art. 8.º da Lei 8.029, de 12 de abril de 1990. (NR) (Parágrafo acrescentado pela Lei 11.080, de 30.12.2004, *DOU* 31.12.2004).

Art. 95. (Revogado pela Lei 9.983, de 14.07.2000, *DOU* 17.07.2000, com vigência 90 dias após a publicação).

§ 1.º (Revogado pela Lei 9.983, de 14.07.2000, *DOU* 17.07.2000).

§ 2.º A empresa que transgredir as normas desta Lei, além das outras sanções previstas, sujeitar-se-á, nas condições em que dispuser o regulamento:

a) à suspensão de empréstimos e financiamentos, por instituições financeiras oficiais;

b) à revisão de incentivos fiscais de tratamento tributário especial;

c) à inabilitação para licitar e contratar com qualquer órgão ou entidade da administração pública direta ou indireta federal, estadual, do Distrito Federal ou municipal;

d) à interdição para o exercício do comércio, se for sociedade mercantil ou comerciante individual;

e) à desqualificação para impetrar concordata;

f) à cassação de autorização para funcionar no país, quando for o caso.

§ 3.º (Revogado pela Lei 9.983, de 14.07.2000, *DOU* 17.07.2000).

§ 4.º (Revogado pela Lei 9.983, de 14.07.2000, *DOU* 17.07.2000).

§ 5.º (Revogado pela Lei 9.983, de 14.07.2000, *DOU* 17.07.2000).

✳ **Remissão:** CLPS, art. 122, I/IV.

… Anotação

O Código Penal abarca diversos crimes na seara previdenciária, especificamente (i) a apropriação indébita previdenciária, no art. 168-A; (ii) a falsificação de documento público, no art. 297; e (iii) a sonegação de contribuição previdenciária, no art. 337-A. A Lei ora anotada, cujo preceito segue vigente tão somente no que concerne ao § 2.º, cuida de restrições financeiras (inabilitação para obtenção de empréstimos e financiamentos com instituições públicas); fiscais (denegação de incentivos); administrativas (impedimento à licitação e contratação com o Poder Público); comerciais (ilegitimidade para requerer a concordata) e civis (cassação de autorização para atuar no país).

JURISPRUDÊNCIA

"Penal e processual penal – Apropriação indébita previdenciária – Art. 168-A do CP – Materialidade, autoria e dolo – Configuração – Dificuldades financeiras não comprovadas – Independência das instâncias administrativa e penal – Dosimetria da pena – 1. Sobre a tipificação da conduta descrita na denúncia, não há que se falar em *abolitio criminis*. É verdade que o não recolhimento dos tributos em tela se deu entre agosto de 1991 a julho de 1993, de maneira que ocorreu na vigência do art. 95, *d*, da Lei 8.212, válida a partir de 24.07.1991. Com a edição do art. 168-A, do Código Penal, na redação dada pela Lei 9.983, *DOU* 17.07.2000 (cuja eficácia se deu após 90 dias de sua edição), tratando-se de norma penal mais branda no tocante ao preceito secundário, houve retroatividade benéfica nos moldes do art. 5.º, XL, da CF/1988. 2. Por meio dos documentos coligidos aos autos ficou suficientemente demonstrado que a empresa, por meio de seu administrador, descontou das folhas de salário dos empregados as contribuições previdenciárias respectivas, sem o devido repasse ao Instituto Nacional do Seguro Social – INSS, restando materializado o crime de Apropriação Indébita Previdenciária. 3. O procedimento administrativo instaurado pela autarquia previdenciária, demonstrando o desconto dos valores do salário dos empregados à título de contribuição previdenciária e a ausência do repasse aos cofres do INSS é hábil a servir como prova da materialidade do delito de apropriação indébita previdenciária, tendo em vista que tal procedimento é revestido de presunção de legitimidade, veracidade e legalidade. 4. Cabe à defesa providenciar prova de que vigora, em prol dos réus, causa que excepcione o crime ou que importe na decretação da extinção de sua punibilidade, bem assim qualquer outra situação que implique na sustação do feito criminal, fato que não ocorreu nos autos. 5. A autoria delitiva também restou comprovada, tendo em vista que

as provas produzidas no processo confirmaram que o réu, na qualidade de administrador da pessoa jurídica, foi o responsável pela omissão deliberada em repassar as contribuições previdenciárias descontadas dos empregados da empresa. 6. Para a caracterização do delito previsto no art. 168-A, do Código Penal, basta o dolo genérico, não se exigindo a demonstração da intenção de auferir proveito com o não recolhimento ou, ainda, o desígnio de fraudar a Previdência Social. 7. O dolo deve ser aferido no momento da conduta omissiva, pouco importando, para fins de aferição do elemento volitivo, que, após a consumação do delito, os agentes demonstrem a intenção de reparar o dano causado ao patrimônio previdenciário, vindo a inscrever o débito em programa de parcelamento fiscal. 8. As dificuldades financeiras são próprias nos ciclos econômicos, ainda mais em ambientes recessivos como os presenciados na realidade econômica brasileira contemporânea. Todavia, não é qualquer oscilação que permite a exclusão do dolo, ou a configuração de estado de necessidade e inexigibilidade de conduta diversa suficiente para elidir a obrigação tributária e as consequentes repercussões penais. Para que se configure a causa supralegal de exclusão da culpabilidade, deve ser suficientemente comprovado que o empresário enfrentou grave crise financeira, advinda de fatos alheios a sua vontade, justificando-se, assim, o não repasse das contribuições previdenciárias em espécie, seja para honrar o salário dos empregados, seja para sua sobrevivência ou da própria empresa, onde se apura, inclusive, a disposição de bens particulares, hipótese que não restou demonstrada nos autos. 9. Conforme entendimento unânime desta 2.ª T. (TRF3, HC 31724, rel. Juiz Henrique Herkenhoff, j. 14.10.2008), o crime de apropriação indébita previdenciária, por ser de natureza formal, não exige o prévio esgotamento da via administrativa como condição de procedibilidade, havendo, desse modo, total independência entre as esferas administrativa e penal. 10. Diante da observância dos critérios legais (arts. 68 e 44 e seguintes, do CP), a pena fixada na sentença deve ser mantida. 11. Apelação a que se nega provimento" (TRF-3.ª Reg. – ACr 2002.61.09.006785-8/SP – 2.ª T. – rel. Des. Federal Cotrim Guimarães – DJe 11.03.2010 – p. 238).

"*Recurso especial – Penal e processual penal – Omissão no recolhimento de contribuições previdenciárias – Art. 95, 'd', da Lei 8.212/1991 – Revogação pela Lei 9.983/2000 – Abolitio criminis – Não ocorrência – Animus rem sibi habendi – Comprovação desnecessária* – A simples conduta de deixar de recolher as contribuições devidas aos cofres públicos já é o suficiente para a caracterização do delito previsto no art. 95, d, da Lei 8.212/1991. Não há necessidade em se demonstrar o *animus rem sibi habendi*, uma vez que o tipo subjetivo se esgota no dolo. O art. 168-A, § 1.º, do Código Penal, acrescentado pela Lei 9.983/2000, conquanto tenha revogado o disposto no art. 95 da

Art. 95 • LEI ORGÂNICA DA SEGURIDADE SOCIAL

Lei 8.212/1991, manteve a figura típica anterior no seu aspecto substancial, não fazendo desaparecer o delito em questão. Nos termos do art. 156 do CPP, a prova da alegação incumbe a quem a fizer, cabendo à defesa, e não à acusação, demonstrar a ocorrência de fato alegado em seu favor. Recurso provido" (STJ – REsp 685.203/RJ – 5.ª T. – rel. Min. José Arnaldo da Fonseca – *DJU* 28.03.2005 – p. 310) JCPP.156 JCP.168A JLCPS.95 JLCPS.95.D

▶ Assim dispunha o *caput* revogado:

Art. 95. Constitui crime:

a) deixar de incluir na folha de pagamentos da empresa os segurados empregado, empresário, trabalhador avulso ou autônomo que lhe prestem serviços;

b) deixar de lançar mensalmente nos títulos próprios da contabilidade da empresa o montante das quantias descontadas dos segurados e o das contribuições da empresa;

c) omitir total ou parcialmente receita ou lucro auferidos, remunerações pagas ou creditadas e demais fatos geradores de contribuições, descumprindo as normas legais pertinentes.

d) deixar de recolher, na época própria, contribuição ou outra importância devida à Seguridade Social e arrecadada dos segurados ou do público;

e) deixar de recolher contribuições devidas à Seguridade Social que tenham integrado custos ou despesas contábeis relativos a produtos ou serviços vendidos;

f) deixar de pagar salário-família, salário-maternidade, auxílio-natalidade ou outro benefício devido a segurado, quando as respectivas quotas e valores já tiverem sido reembolsados à empresa;

g) inserir ou fazer inserir em folha de pagamentos, pessoa que não possui a qualidade de segurado obrigatório;

h) inserir ou fazer inserir em Carteira de Trabalho e Previdência Social do empregado ou em documento que deva produzir efeito perante a Seguridade Social, declaração falsa ou diversa da que deveria ser feita;

i) inserir ou fazer inserir em documentos contábeis ou outros relacionados com as obrigações da empresa declaração falsa ou diversa da que deveria constar, bem como omitir elementos exigidos pelas normas legais ou regulamentares específicas;

j) obter ou tentar obter, para si ou para outrem, vantagem ilícita, em prejuízo direto ou indireto da Seguridade Social ou de suas entidades, induzindo ou mantendo alguém em erro, mediante artifício, contrafação, imitação, alteração ardilosa, falsificação ou qualquer outro meio fraudulento.

▶ Assim dispunha o parágrafo revogado:

§ 1.º No caso dos crimes caracterizados nas alíneas *d, e* e *f*, deste artigo, a pena será aquela estabelecida no art. 5.º da Lei 7.492, de 16 de junho de 1986, aplicando-se à espécie as disposições constantes dos arts. 26, 27, 30, 31 e 33 do citado diploma legal.

TÍTULO VIII – DAS DISPOSIÇÕES FINAIS E TRANSITÓRIAS • **Art. 96**

▶ Assim dispunha o parágrafo revogado:

§ 3.º Consideram-se pessoalmente responsáveis pelos crimes acima caracterizados o titular de firma individual, os sócios solidários, gerentes, diretores ou administradores que participem ou tenham participado da gestão de empresa beneficiada, assim como o segurado que tenha obtido vantagens.

▶ Assim dispunha o parágrafo revogado:

§ 4.º A Seguridade Social, através de seus órgãos competentes, e de acordo com o regulamento, promoverá a apreensão de comprovantes de arrecadação e de pagamento de benefícios, bem como de quaisquer documentos pertinentes, inclusive contábeis, mediante lavratura do competente termo, com a finalidade de apurar administrativamente a ocorrência dos crimes previstos neste artigo.

▶ Assim dispunha o parágrafo revogado:

§ 5.º O agente político só pratica o crime previsto na alínea *d* do *caput* deste artigo, se tal recolhimento for atribuição legal sua. (Parágrafo acrescentado pela Lei 9.639, de 25.05.1998).

Art. 96. O Poder Executivo enviará ao Congresso Nacional, anualmente, acompanhando a Proposta Orçamentária da Seguridade Social, projeções atuariais relativas à Seguridade Social, abrangendo um horizonte temporal de, no mínimo, 20 (vinte) anos, considerando hipóteses alternativas quanto às variáveis demográficas, econômicas e institucionais relevantes.

✍ Anotação

O comando cuida do denominado *Plano de Custeio*, que consiste na estimativa das receitas e das despesas do sistema, aptas a dar a devida fundamentação técnica ao orçamento da seguridade social. A proposta deverá compreender as dotações destinadas a atender às ações de saúde, de previdência e de assistência social, obedecendo ao disposto nos arts. 194, 195, 196, 199, 200, 201, 203, 204 e 212, § 4.º, da CF/1988 e contando, entre outros, com recursos provenientes (i) das contribuições sociais previstas na Carta Magna; (ii) da contribuição para o plano de seguridade social do servidor, que será utilizada para despesas com encargos previdenciários da União; (iii) do orçamento fiscal; e (iv) das demais receitas diretamente arrecadadas pelos órgãos, fundos e entidades que integram, exclusivamente, tal orçamento.

Art. 97 • LEI ORGÂNICA DA SEGURIDADE SOCIAL

O dispositivo demonstra o equívoco conceitual do legislador que, ao ementar a Lei em comento, diz que esta "institui Plano de Custeio...". Em verdade, o Plano de Custeio irá figurar como anexo à proposta orçamentária, como sublinha a norma em comento.

JURISPRUDÊNCIA

"Constitucional. Tributário. Previdenciário. Salário de contribuição. Dec. 612 e subsequentes. Gratificação natalina. Incidência em separado. Legalidade. Lei 8.620, de 08.01.1993. – O disposto no art. 195, § 5.º, da CF/1988, segundo o qual nenhum benefício ou serviço da seguridade social poderá ser criado, majorado ou estendido sem a correspondente fonte de custeio total, homenageia o equilíbrio atuarial, firmando a necessária correlação entre as contribuições e as suas fontes de custeio. – Violaria dito princípio, de magnitude constitucional, a técnica de se considerar, para efeito de incidência, o salário e o décimo-terceiro conjuntamente. Isso porque para aqueles que já contribuiriam sobre o teto, de maior capacidade contributiva, não haveria nenhuma incidência da exação, ao passo que aqueles que contribuiriam sobre valor abaixo do teto, de menores condições, haveria mais grave tributação, o que acabaria por violar outros princípios, quais o da equidade na forma de participação do custeio (art. 194, V) e o da capacidade contributiva (art. 145, § 1.º). – Se do plexo normativo em que se acha inserida a lei não se poderia extrair outra interpretação, sob pena de grave violação e ofensa a princípios constitucionais, não se pode afirmar que o regulamento exorbitou os limites da Lei 8.212/1991, senão que explicitou o que já estava nela implícito. – De todo modo, pode-se inferir que a última contribuição incidente sobre a gratificação natalina ao qual se pretende ver restituída diz respeito a fato gerador ocorrido em período no qual já não há qualquer dúvida a respeito da legalidade da incidência em separado, merecendo, portanto, prosperar a pretensão recursal. – Apelação provida" (TRF-5.ª Reg. – AC – 385820 – Processo 200484000096588/RN – 2.ª T. – rel. Des. Federal José Baptista – DJU 01.07.2006).

Art. 97. Fica o Instituto Nacional do Seguro Social – INSS autorizado a proceder a alienação ou permuta, por ato da autoridade competente, de bens imóveis de sua propriedade considerados desnecessários ou não vinculados às suas atividades operacionais. (Redação dada ao *caput* pela Lei 9.528, de 10.12.1997, *DOU* 11.12.1997).

§ 1.º Na alienação a que se refere este artigo será observado o disposto no art. 18 e nos incisos I, II e III do art. 19, da Lei 8.666, de 21 de junho de 1993, alterada pelas Leis n.s 8.883, de 8 de junho de 1994, e 9.032, de 28 de abril de 1995. (Parágrafo acrescentado pela Lei 9.528, de 10.12.1997, *DOU* 11.12.1997).

§ 2.º (VETADO na Lei 9.528, de 10.12.1997, *DOU* 11.12.1997).

* **Remissão:** CLPS, art. 137.

Anotação

O dispositivo legal outorga à autarquia federal autorização para (i) transferir para outrem ou (ii) trocar em transação comercial bens imóveis desnecessários ou desvinculados de suas atividades.

JURISPRUDÊNCIA

"*Civil – Locação predial urbana – Ação de despejo – Imóvel pertencente ao antigo Iapas – Regência pelo Código Civil –* Trata-se de apelação cível em face de sentença que julgou procedente ação de despejo ajuizada pelo antigo Iapas, e determinou a desocupação do imóvel de propriedade da autarquia. – Agravo retido improvido, uma vez que a preliminar de carência de ação, por falta de legitimidade ativa e interesse processual da autarquia, rejeitada pelo despacho saneador, se confunde com o mérito da demanda. – A questão já foi objeto de apreciação por esta c. Turma Especializada, que entendeu que a locação dos imóveis de propriedade do antigo Iapas, atualmente sucedido pelo INSS, é regida pelo Código Civil de 1916, vigente à época da celebração do contrato de locação e quando a sentença foi proferida, e a sua retomada se processa na forma do art. 1.209 do CC, não estando a entidade de direito público obrigada a justificar o motivo do pedido. Assim, cabível o despejo nos moldes requeridos. – Tendo em vista que uma das lojas existentes no imóvel foi objeto de permuta, a mesma não mais pertence ao INSS, devendo ser desconsiderada na execução do despejo. – Agravo retido conhecido e improvido. Apelação improvida" (TRF-2.ª Reg. – AC 95.02.17442-9 – 8.ª T. – rel. convocada p/ o acórdão Juíza Federal Maria Alice – *DJ* 05.10.2009).

"*Administrativo e processo civil. Ação popular. Permuta de imóveis públicos – Licitação x dispensa. Ação temerária. Litigância de má-fé.* I. A alienação de imóveis públicos se faz, regra geral, mediante prévia licitação, nos termos do art.17, I, da Lei 8.666/1993. II. A licitação pode, entretanto, ser dispensada quando se trate de permuta com imóvel destinado ao atendimento das finalidades precípuas da administração, cujas necessidades de instalação e localização condicionem a sua escolha, desde que o preço seja compatível com o valor de mercado, segundo avaliação prévia (art. 17, I, c, c/c art. 24, X, ambos da Lei 8.666/1993). III. Caso concreto em que diversos imóveis pertencentes ao INSS eram alugados a preços muito abaixo do mercado, enquanto, ao mesmo tempo, a Autarquia precisava alugar prédios com valor elevado para manter suas agências de atendimento ao público. Válida a decisão consequente, estribada no art. 2.º da Lei 8.057/1990, em permutar os imóveis do INSS por outros que melhor lhe servissem, dentro de determinada localidade e atendendo a determinadas características. IV. Os imóveis particulares e da autarquia foram submetidos à avaliação pela CEF e por empresa particular, chegando-se à conclusão de que seus preços de mercado eram compatíveis, tornando-se viável a permuta. V. Posterior necessidade de obras de adaptação, mesmo com elevado valor, é irrelevante, pois todo e qualquer prédio que a Administração venha a tomar para si por qualquer forma de aquisição sempre precisa passar por adaptações das mais diversas visando acomodar pessoal, equipamentos e o serviço que ali será especificamente sediado. A Lei 8.666/1993 não leva em consideração a necessidade de adaptações futuras, mas apenas o valor de mercado segundo o estado atual do imóvel, para efeito de comparação visando permuta. VI. A temeridade da ação e a litigância de má-fé do particular Apelante não estão cabalmente demonstradas e caem diante do simples fato de que o MPF em primeiro grau se colocou a seu lado e inclusive apelou contra sentença de improcedência, mostrando, assim, que a ação não era descabida e, apesar de não merecer procedência em seu mérito, baseou-se em fatos questionáveis e geradores de dúvida fundada sobre a legalidade e o prejuízo para o patrimônio público. VII. O fato de a Apelante ser também advogada dos inquilinos do INSS que tiveram por extintos seus contratos de locação não é suficiente para deduzir a litigância de má-fé. Um advogado que no exercício de sua profissão fica sabendo a respeito de fato que pensa ser uma ofensa ao patrimônio público, tem o dever cívico de agir e não fica impedido de fazê-lo apenas porque um seu cliente tem problemas conexos com o objeto da ação popular. VIII. Apelação da parte Autora provida parcialmente, acolhendo-se também em parte o parecer do MPF em segundo grau, para afastar a condenação em litigância de má-fé e em custas por temeridade da ação. Apelação do MPF improvida" (TRF-1.ª Reg. – AC 2001.01.00.039701-3/MG – 5.ª T. – rel. Juiz Federal Cesar Augusto Bearsi – DJ 09.11.2006).

TÍTULO VIII – DAS DISPOSIÇÕES FINAIS E TRANSITÓRIAS • **Art. 98**

▶ Assim dispunha o artigo alterado:

Art. 97. O segurado empregador rural que vinha contribuindo para o Regime de Previdência Social, instituído pela Lei 6.260, de 6 de novembro de 1975, agora segurado obrigatório do Regime Geral de Previdência Social, na forma do inciso III ou da alínea *a* do inciso IV do art. 12, passa a contribuir na forma do art. 21, enquadrando-se na escala de salários-base, definida no art. 29, a partir da classe inicial até a mais próxima ou a correspondente a 1/120 (um cento e vinte avos) da média dos valores sobre os quais incidiram suas três últimas contribuições anuais, respeitados os limites mínimo e máximo da referida escala.

Art. 98. Nas execuções fiscais da dívida ativa do INSS, o leilão judicial dos bens penhorados realizar-se-á por leiloeiro oficial, indicado pelo credor, que procederá à hasta pública: (*Caput* restabelecido e com redação dada pela Lei 9.528, de 10.12.1997, *DOU* 11.12.1997).

I – no primeiro leilão, pelo valor do maior lance, que não poderá ser inferior ao da avaliação; (Redação dada ao inciso pela Lei 9.528, de 10.12.1997, *DOU* 11.12.1997).

II – no segundo leilão, por qualquer valor, excetuado o vil. (Redação dada ao inciso pela Lei 9.528, de 10.12.1997, *DOU* 11.12.1997).

§ 1.º Poderá o juiz, a requerimento do credor, autorizar seja parcelado o pagamento do valor da arrematação, na forma prevista para os parcelamentos administrativos de débitos previdenciários. (Redação dada ao parágrafo pela Lei 9.528, de 10.12.1997, *DOU* 11.12.1997).

§ 2.º Todas as condições do parcelamento deverão constar do edital de leilão. (Redação dada ao parágrafo pela Lei 9.528, de 10.12.1997, *DOU* 11.12.1997).

§ 3.º O débito do executado será quitado na proporção do valor de arrematação. (Redação dada ao parágrafo pela Lei 9.528, de 10.12.1997, *DOU* 11.12.1997).

§ 4.º O arrematante deverá depositar, no ato, o valor da primeira parcela. (Redação dada ao parágrafo pela Lei 9.528, de 10.12.1997, *DOU* 11.12.1997).

§ 5.º Realizado o depósito, será expedida carta de arrematação, contendo as seguintes disposições:

a) valor da arrematação, valor e número de parcelas mensais em que será pago;

b) constituição de hipoteca do bem adquirido, ou de penhor, em favor do credor, servindo a carta de título hábil para registro da garantia;

c) indicação do arrematante como fiel depositário do bem móvel, quando constituído penhor;

d) especificação dos critérios de reajustamento do saldo e das parcelas, que será sempre o mesmo vigente para os parcelamentos de débitos previdenciários. (Redação dada ao parágrafo pela Lei 9.528, de 10.12.1997, *DOU* 11.12.1997).

Art. 98 • Lei Orgânica da Seguridade Social

§ 6.º Se o arrematante não pagar, no vencimento, qualquer das parcelas mensais, o saldo devedor remanescente vencerá antecipadamente, que será acrescido em cinquenta por cento de seu valor a título de multa, e, imediatamente inscrito em dívida ativa e executado. (Redação dada ao parágrafo pela Lei 9.528, de 10.12.1997, *DOU* 11.12.1997).

§ 7.º Se no primeiro ou no segundo leilões a que se refere o *caput* não houver licitante, o INSS poderá adjudicar o bem por cinquenta por cento do valor da avaliação. (Redação dada ao parágrafo pela Lei 9.528, de 10.12.1997, *DOU* 11.12.1997).

§ 8.º Se o bem adjudicado não puder ser utilizado pelo INSS, e for de difícil venda, poderá ser negociado ou doado a outro órgão ou entidade pública que demonstre interesse na sua utilização. (Redação dada ao parágrafo pela Lei 9.528, de 10.12.1997, *DOU* 11.12.1997).

§ 9.º Não havendo interesse na adjudicação, poderá o juiz do feito, de ofício ou a requerimento do credor, determinar sucessivas repetições da hasta pública. (Redação dada ao parágrafo pela Lei 9.528, de 10.12.1997, *DOU* 11.12.1997).

§ 10. O leiloeiro oficial, a pedido do credor, poderá ficar como fiel depositário dos bens penhorados e realizar a respectiva remoção. (Redação dada ao parágrafo pela Lei 9.528, de 10.12.1997, *DOU* 11.12.1997).

§ 11. O disposto neste artigo aplica-se às execuções fiscais da Dívida Ativa da União. (NR) (Parágrafo acrescentado pela Lei 10.522, de 19.07.2002, *DOU* 22.07.2002).

Anotação

A dívida ativa, hoje em dia, é da União, uma vez que incumbe à Receita Federal do Brasil cobrar os créditos das contribuições sociais de seguridade social. Todas as menções ao INSS efetuadas pelo preceito devem ser, destarte, entendidas como referidas à União. Inclusive, a possibilidade de parcelamento dos valores deve submeter-se aos procedimentos de parcelamento de débitos aplicáveis aos tributos federais.

O Dec. 21.981/1932 regula a profissão de leiloeiro. Para ser leiloeiro, é necessário provar (i) ser cidadão brasileiro e estar no gozo dos direitos civis e políticos; (ii) ser maior de 25 anos; (iii) ser domiciliado no lugar em que pretenda exercer a profissão há mais de cinco anos; (iv) ter idoneidade, comprovada com apresentação de caderneta de identidade e de certidões negativas dos distribuidores, no Distrito Federal, da Justiça Federal e das varas criminais da justiça local, ou de folhas corridas, passadas pelos cartórios dessas mesmas justiças.

JURISPRUDÊNCIA

"*Execução fiscal. Penhora dos únicos bens do executado em execução movida por terceiro ao devedor. Leilão negativo. Adjudicação pelo credor sem depósito*

TÍTULO VIII – DAS DISPOSIÇÕES FINAIS E TRANSITÓRIAS • **Art. 98**

do valor de débito previdenciário, embora ciente da existência deste, mediante pedido de reserva do seu valor, feito ao juízo. Cessão dos bens adjudicados a terceiro. Homologação pelo juízo inócua. Fraude contra credor caracterizada. I. Nula a cessão a terceiro de bens adjudicados em Execução sem depósito do valor de débito previdenciário exigido em Execução Fiscal, do qual o adjudicante tinha ciência, mediante pedido de reserva do seu valor, caracterizando fraude ao credor daquele por serem tais bens os únicos pertencentes ao patrimônio do Executado. II. Agravo de Instrumento provido. III. Decisão reformada" (TRF-1.ª Reg. – Ag 1999.01.00.040795-2 – 7.ª T. – rel. Des. Federal Antônio Ezequiel da Silva – DJ 08.02.2010).

"*Processual civil e tributário. Recurso especial. Execução fiscal. Leilão negativo. Sucessão de hastas públicas. Possibilidade.* 1. As execuções fiscais que tenham como objeto dívida ativa da União ou do INSS, à míngua de adjudicação pelo credor-exequente após a segunda praça, admitem a sucessão das hastas públicas. 2. É que a Lei 8.212, de 24.07.1991, no art. 98 – com redação dada pela Lei 9.528, de 10.12.1997 –, dispõe que, *verbis*:

'Art. 98. Nas execuções fiscais da dívida ativa do INSS, o leilão judicial dos bens penhorados realizar-se-á por leiloeiro oficial, indicado pelo credor, que procederá à hasta pública:

I – no primeiro leilão, pelo valor do maior lance, que não poderá ser inferior ao da avaliação;

II – no segundo leilão, por qualquer valor, excetuado o vil. (...).

§ 9.º Não havendo interesse na adjudicação, poderá o juiz do feito, de ofício ou a requerimento do credor, determinar sucessivas repetições da hasta pública. (Incluído pela Lei 9.528, de 10.12.1997) (...).

§ 11. O disposto neste artigo aplica-se às execuções fiscais da Dívida Ativa da União. (Redação dada pela Lei 10.522, de 19.07.2002)'. 3. Deveras, a execução fiscal também é informada pelo princípio da especificidade, segundo o qual o credor não é obrigado a receber coisa diversa da quantia constante da CDA, por isso que, a pretexto de impor uma interpretação literal e absenteísta ao art. 24 da Lei 6.830/1980, não ressoa razoável impor a adjudicação ao exequente. 4. O juiz, na aplicação das regras processuais, pode valer-se de método integrativo-analógico, máxime entre leis fiscais processuais. 5. Recurso especial provido" (STJ – REsp 800228/MG 2005/0196129-3 – rel. Min. Luiz Fux – Órgão Julgador – j. 15.05.2007 – DJ 31.05.2007 – p. 355).

"*Processual civil e tributário. Execução fiscal. Arrematação declarada nula pela instância ordinária. Prequestionamento implícito. Princípio da instrumentalidade das formas. Nulidade não configurada.* 1. Nulidade da arrematação decretada pela instância ordinária, em virtude da ausência de intimação anterior do INSS, bem como em face da vislumbrada inutilidade do leilão para satisfação do crédito da autarquia previdenciária, objeto da execução fiscal, tendo em vista a preferência de crédito trabalhista de valor superior ao do imóvel penhorado. 2. Inocorrência da nulidade prequestionada implicitamente e enfrentada no voto condutor. 3. À luz do princípio da instrumentalidade das formas, não se revela razoável o desfazimento da arrematação sob a invocação de que o preço (que se afirma ter sido vil) seria absorvido pelo crédito trabalhista detentor de preferência legal. 4. A máxima *pas des nullités sans grief* revela a inocuidade do desfazimento da arrematação. 5. Aplicação analógica da tese assentada no REsp 440811/RS, da relatoria do Ministro Teori Albino Zavascki, publicado no DJ 28.02.2005, no sentido de que: '1. A alienação de bem gravado com hipoteca sem intimação do titular do direito real importa, em princípio, a possibilidade a este de requerer o desfazimento da arrematação, ou, caso não a requeira, a subsistência do ônus em face do credor hipotecário. Trata-se de mecanismo de preservação da pAnotação (sic) legal de que desfruta o credor titular de direito real de garantia frente ao credor quirografário. 2. O caso concreto, porém, apresenta relevante particularidade: a arrematação que o credor hipotecário pretende desfazer foi realizada em sede de execução fiscal. O credor com penhora, nessa hipótese, além de não ser quirografário, possui crédito que 'prefere a qualquer outro, seja qual for a natureza ou o tempo da constituição deste, ressalvados os créditos decorrentes da legislação do trabalho'" (CTN, art. 186). Diante da pAnotação (sic) do crédito tributário sobre o crédito hipotecário, e uma vez certificada a inexistência de outros bens penhoráveis, e mesmo a insuficiência do valor do bem constrito para satisfazer o débito fiscal, conclui-se não haver qualquer sentido prático na decretação da nulidade da alienação. Trata-se de medida que nenhum proveito traria ao credor hipotecário, obrigado a realizar novo leilão, cujo produto, de qualquer sorte, teria de ser destinado à satisfação do débito tributário'. 6. Precedente: REsp 723.297/SC, deste relator, publicado no DJ 06.03.2006. 7. Recurso especial provido" (STJ – REsp 728707 – 200500316990/SC – 1.ª T. – rel. Min. Luiz Fux – DJU 05.10.2006).

"*Execução fiscal. Contribuição previdenciária. Leilões sucessivos. Possibilidade* 1. Não impede a Lei de Execuções Fiscais a realização de leilões sucessivos, se nos anteriores não houve licitantes, mormente em se tratando de débito previdenciário, em que a Lei 8.212/1991 dispõe que a hasta pública pode ser feita sucessivas vezes (art. 89, § 9.º), ainda que tal procedimento deponha contra o bom funcionamento dos procedimentos judiciários. 2. Provimento do agravo de instrumento" (TRF-1.ª Reg. – AI 20010100016642-5-PA – 3.ª T. – rel. Des. Federal Olindo Menezes – Publ. 16.07.2002).

TÍTULO VIII – DAS DISPOSIÇÕES FINAIS E TRANSITÓRIAS • **Art. 99**

▶ Assim dispunha o artigo alterado:

Art. 98. Os processos judiciais nos quais é a Previdência Social exequente, cuja última movimentação houver ocorrido até 31 de dezembro de 1984, e estiverem paralisados por ausência da localização do executado ou de bens para garantir a execução, e cujo valor originário do débito for inferior, na data do lançamento, ao equivalente a cinquenta Obrigações Reajustáveis do Tesouro Nacional, são declarados extintos, cabendo ao Poder Judiciário, com prévia intimação, providenciar a baixa e o arquivamento do feito. (Redação dada pela Lei 8.620, de 05.01.1993).

Art. 99. O Instituto Nacional do Seguro Social – INSS poderá contratar leiloeiros oficiais para promover a venda administrativa dos bens, adjudicados judicialmente ou que receber em dação de pagamento. (Artigo restabelecido e com redação dada pela Lei 9.528, de 10.12.1997, *DOU* 11.12.1997).

Parágrafo único. O INSS, no prazo de sessenta dias, providenciará alienação do bem por intermédio do leiloeiro oficial. (Parágrafo acrescentado pela Lei 9.528, de 10.12.1997, *DOU* 11.12.1997).

✎ Anotação

Em muitas regiões do país as execuções fiscais previdenciárias são marcadas pelo insucesso, seja por não encontrarem bens passíveis de garantir a dívida, seja pelas sucessivas hastas públicas negativas, sem sequer haver o comparecimento de arrematantes. Com o cadastramento de leiloeiros efetuados pela Procuradoria-Geral, permite-se tornar os leilões do INSS realmente produtivos, no sentido de transformar a garantia existente em real pagamento da dívida.

JURISPRUDÊNCIA

"Trata-se de agravo de instrumento contra decisão exarada nestes termos: 'Defiro o pedido de evento 90 – PET 1 para que a venda direta seja também disponibilizada aos leiloeiros oficiais Vicente Alves Pereira Neto e Giovanni S. Wesdoerfe'. Insurge-se a agravante, inicialmente, contra a determinação de alienação por venda direta. No mais, sustenta que a maioria dos créditos da execução fiscal n. 2004.72.06.000317-0 encontra-se prescrita, sobretudo, aqueles das CDAs 35.399.072-8, 35.399.073-6 e 35.515.601-6, que se referem a créditos compreendidos entre setembro/1998 a outubro/2001. Quanto à

Execução Fiscal 2004.72.06.000316-9, aduz que os valores abrangidos pelos períodos concernentes entre janeiro/1998 e dezembro/2002 também se encontram inexigíveis, correspondendo a um *quantum* de 72% do montante pretendido. Argumenta, pois, que os créditos inscritos nas Certidões de Dívida Ativa sob o n. 35.399.074-4, 35.399.075-2, 35.515.600-8, 35.515.602-4, 35.515.603-2, 35.515.604-0, 35.515.605-9 e 35.515.606-7, os quais se relacionam com os períodos de janeiro/1998 a dezembro/2002, devem ter a sua cobrança obstada. Defende que o Juízo deprecado não poderia ter determinado a venda direta, pois somente poderia dar seguimento às decisões emanadas pelo Juízo deprecante. Roga seja atribuído efeito suspensivo ao recurso. Decido. Não vejo relevância na fundamentação, visto que a decisão ora apontada como agravada não foi a que determinou a venda direta do bem. Deveras, a venda direta foi deferida pela decisão correspondente ao evento 86, que já foi objeto de insurgência por meio do AgIn 50130028020124040000. Assim, o despacho atinente ao evento 104, ora apontado como agravado, não tem caráter decisório, mas, sim, tem caráter de ato ordinatório, pois apenas visou a dar andamento à venda direta antes determinada, sendo, pois, irrecorrível, à luz do art. 504 do CPC.

E, ainda que assim não fosse, ou seja, ainda que a decisão do evento 104 se tratasse de uma decisão interlocutória, verdade é que as razões do agravo não contestam a determinação do Juízo deprecado de que a que a venda direta seja também disponibilizada aos leiloeiros oficiais Vicente Alves Pereira Neto e Giovanni S. Wesdoerfe. À evidência, o presente agravo de instrumento insurge-se apenas contra a determinação de venda direta em si, que foi levada a efeito, como dito, pela decisão do evento 86, cuja impugnação já ocorreu por meio de outro agravo de instrumento. Em relação às alegações de prescrição, forçoso atentar que não foram objeto de exame pela decisão apontada como agravada, razão pela qual não podem neste momento ser conhecidas, sob pena de supressão de instância. Ademais, não há olvidar que as alegações de prescrição devem ser suscitadas perante o juízo deprecante, e não perante o juízo deprecado, já que este somente é competente para o exame de questões relacionadas a vícios ou defeitos da penhora. Isso posto, nego seguimento ao agravo de instrumento, *ex vi* do art. 527, I, c/c art. 557, *caput*, do CPC. Intimem-se. Publique-se" (TRF-4.ª Reg. – AG 5017263-88.2012.404.0000 – 1.ª T. – rel. Joel Ilan Paciornik – j. 03.12.2012 – DE 04.12.2012).

"*Processual civil e tributário. Recurso especial. Execução fiscal. Leilão negativo. Sucessão de hastas públicas. Possibilidade.* 1. As execuções fiscais que tenham como objeto dívida ativa da União ou do INSS, à míngua de adjudicação pelo credor-exequente após a segunda praça, admitem a sucessão das hastas públicas. 2. É que a Lei 8.212, de 24 de julho de 1991, no art. 98 – com redação dada pela Lei 9.528, de 10 de dezembro de 1997 –, dispõe que, *verbis*: 'Art. 98. Nas execuções fiscais da dívida ativa do INSS, o leilão judicial dos bens penhorados realizar-se-á por leiloeiro oficial, indicado pelo credor, que procederá à hasta pública:

I – no primeiro leilão, pelo valor do maior lance, que não poderá ser inferior ao da avaliação;

II – no segundo leilão, por qualquer valor, excetuado o vil.

(...)

§ 9.º Não havendo interesse na adjudicação, poderá o juiz do feito, de ofício ou a requerimento do credor, determinar sucessivas repetições da hasta pública. (Incluído pela Lei 9.528, de 10.12.1997).

(...).

§ 11. O disposto neste artigo aplica-se às execuções fiscais da Dívida Ativa da União. (Redação dada pela Lei 10.522, de 19.07.2002)'. 3. Deveras, a execução fiscal também é informada pelo princípio da especificidade, segundo o qual o credor não é obrigado a receber coisa diversa da quantia constante da CDA, por isso que, a pretexto de impor uma interpretação literal e absenteísta ao art. 24 da Lei 6.830/1980, não ressoa razoável impor a adjudicação ao exequente. 4. O juiz, na aplicação das regras processuais, pode valer-se de método integrativo-analógico, máxime entre leis fiscais processuais. 5. Recurso especial provido" (REsp 800228/MG – REsp 2005/0196129-3 – rel. Min. Luiz Fux (1122) – 1.ª T. – j. 15.05.2007 – *DJ* 31.05.2007 – p. 355)

▶ Assim dispunha o artigo alterado:

Art. 99. Fica o Instituto Nacional do Seguro Social (INSS) autorizado a firmar convênios com as entidades beneficentes de assistência social, que atendam ao disposto no art. 55 desta Lei, para o recebimento em serviços, conforme normas definidas pelo Conselho Nacional da Seguridade Social, dos valores devidos à Seguridade Social, correspondente ao período de 1.º de setembro de 1977 até a data de publicação desta Lei.

Prazo prorrogado até 16 de abril de 1994, data de entrada em vigor da Lei 8.870/94.

Art. 100. (Revogado pela Lei 9.528, de 10.12.1997, *DOU* 11.12.1997).

✎ Anotação

Dispositivo antagônico e contrário ao art. 201 da CF/1988.

JURISPRUDÊNCIA

"Identificação: ADI (Med. Liminar) 4374

Origem: Distrito Federal

Entrada no STF: 27.01.2010

Relator: Ministro Presidente

Partes:

Requerente:

Associação Brasileira das Instituições de Previdência e Assistência Estaduais e Municipais (CF 103, 0IX)

Requerido:

Presidente da República/Congresso Nacional

Dispositivo legal questionado:

Art. 015, da Lei Federal 10.887, de 18 de junho de 2004, na redação conferida pelo art. 171, da Lei Federal 11.784, de 22 de setembro de 2008.

Lei 11.784, de 22 de setembro de 2008.

Dispõe sobre a reestruturação do Plano Geral de Cargos do Poder Executivo – PGPE, de que trata a Lei 11.357, de 19 de outubro de 2006, do Plano Especial de Cargos da Cultura, de que trata a Lei 11.233, de 22 de dezembro de 2005, do Plano de Carreira dos Cargos Técnico-Administrativos em Educação, de que trata a Lei 11.091, de 12 de janeiro de 2005, da Carreira de Magistério Superior, de que trata a Lei 7.596, de 10 de abril de 1987, do Plano Especial de Cargos do Departamento de Polícia Federal, de que trata a Lei 10.682, de 28 de maio de 2003, do Plano de Carreira dos Cargos de Reforma e Desenvolvimento Agrário, de que trata a Lei 11.090, de 7 de janeiro de 2005, da Carreira de Perito Federal Agrário, de que trata a Lei 10.550, de 13 de novembro de 2002, da Carreira da Previdência, da Saúde e do Trabalho, de que trata a Lei 11.355, de 19 de outubro de 2006, da Carreira de Fiscal Federal Agropecuário, de que trata a Medida Provisória 2.229-43, de 6 de setembro de 2001, e a Lei 10.883, de 16 de junho de 2004, dos Cargos de Agente de Inspeção Sanitária e Industrial de Produtos de Origem Animal, Agente de Atividades Agropecuárias, Técnico de Laboratório e Auxiliar de Laboratório do Quadro de Pessoal do Ministério da Agricultura, Pecuária e Abastecimento, de que tratam respectivamente as Leis 11.090, de 7 de janeiro de 2005, e 11.344, de 8 de setembro de 2006, dos Empregos Públicos de Agentes de Combate às Endemias, de que trata a Lei 11.350, de 5 de outubro de 2006, da Carreira de Policial Rodoviário Federal, de que trata a Lei 9.654, de 2 de junho de 1998, do Plano Especial

Título VIII – Das disposições finais e transitórias • Art. 100

de Cargos do Departamento de Polícia Rodoviária Federal, de que trata a Lei 11.095, de 13 de janeiro de 2005, da Gratificação de Desempenho de Atividade de Execução e Apoio Técnico à Auditoria no Departamento Nacional de Auditoria do Sistema Único de Saúde – GDASUS, do Plano de Carreiras e Cargos do Hospital das Forças Armadas – PCCHFA, do Plano de Carreira e Cargos de Magistério do Ensino Básico, Técnico e Tecnológico, e do Plano de Carreira do Ensino Básico Federal; fixa o escalonamento vertical e os valores dos soldos dos militares das Forças Armadas; altera a Lei 8.745, de 9 de dezembro de 1993, que dispõe sobre a contratação por tempo determinado para atender à necessidade temporária de excepcional interesse público, a Lei 8.112, de 11 de dezembro de 1990, que dispõe sobre o regime jurídico dos servidores públicos civis da União, das autarquias e das fundações públicas federais, a Lei 10.484, de 3 de julho de 2002, que dispõe sobre a criação da Gratificação de Desempenho de Atividade Técnica de Fiscalização Agropecuária – GDATFA, a Lei 11.356, de 19 de outubro de 2006, a Lei 11.507, de 20 de julho de 2007; institui sistemática para avaliação de desempenho dos servidores da administração pública federal direta, autárquica e fundacional; revoga dispositivos da Lei 8.445, de 20 de julho de 1992, a Lei 9.678, de 3 de julho de 1998, dispositivo da Lei 8.460, de 17 de setembro de 1992, a Tabela II do Anexo I da MedProv 2215-10, de 31 de agosto de 2001, a Lei 11.359, de 19 de outubro de 2006; e dá outras providências.

Art. 171. O art. 015 da Lei 10.887, de 18 de junho de 2004, passa a vigorar com a seguinte redação:

'Art. 015. Os proventos de aposentadoria e as pensões de que tratam os arts. 001.º e 002.º desta Lei serão reajustados, a partir de janeiro de 2008, na mesma data e índice em que se der o reajuste dos benefícios do regime geral de previdência social, ressalvados os beneficiados pela garantia de paridade de revisão de proventos de aposentadoria e pensões de acordo com a legislação vigente.'

Fundamentação constitucional:

– Art. 018

– Art. 024, §§ 001.º e 002.º

– Art. 025, § 001.º

– Art. 030, 00I e 0II

Resultado da liminar:

Aguardando Julgamento

Resultado final:

Aguardando Julgamento."

Art. 100 • Lei Orgânica da Seguridade Social

"*Direito civil e processual civil – Previdência privada – Prescrição quinquenal – Litisconsórcio necessário – Denunciação à lide – Ilegitimidade passiva – Transação e quitação – Devolução das contribuições pessoais – Correção monetária plena – FGTS – Juros moratórios* – 1. Aplica-se o prazo prescricional de cinco anos aos pleitos em que se cobra a correção monetária de expurgos inflacionários sobre parcelas de reserva de poupança, uma vez que discute direitos advindos de previdência complementar. 2. Reputa-se necessário o litisconsórcio apenas quando há previsão legal e em casos em que a matéria fático-jurídica exige a análise da lide em um só feito. 3. Torna-se indispensável a denunciação à lide somente nas hipóteses em que o denunciado está compelido, por força de lei ou contrato, a abonar as consequências advindas da procedência do pleito na demanda principal. 4. O pagamento das contribuições efetuadas pelos autores em favor da requerida, por si só demonstra a relação contratual existente entre os litigantes, circunstância que legitima a ré para figurar no polo passivo da demanda. 5. Não há que se falar em renúncia ao direito pleiteado, eis que a transação efetivada entre as partes, buscou, tão só, a mudança do ente previdenciário e não a renúncia de direito relacionado com a atualização monetária. 6. Pactuando as partes a correção monetária pela ORTN, extinta esta, devem ser considerados os índices oficiais substitutos (OTN e BTN), aplicando-se, todavia, o IPC nos meses em que ocorreram reconhecidos expurgos procedidos pelos planos econômicos do governo, consoante jurisprudência amplamente dominante no E. STJ. 7. A correção monetária plena deve ser aplicada, isso porque esta objetiva, tão somente, manter no tempo o valor real da dívida, não gerando acréscimo ao montante do débito nem traduzindo sanção punitiva. 8. Não se aplica o enunciado de n. 252 do STJ, o qual excluiu os percentuais dos expurgos inflacionários referentes aos meses de junho/1987, março/1990, maio/1990, já que a súmula refere-se, especificamente, à correção dos saldos das contas de FGTS. 9. Mostra-se pertinente a incidência de juros moratórios, porquanto objetivam a compensação pelo retardamento do pagamento do débito. 10. Apelo da ré parcialmente provido para acolher a prejudicial de mérito e julgar improcedente o pedido em relação a quatro autores, eis que a pretensão está extinta, com fulcro no art. 269, IV, do Código de Processo Civil, prestigiando os demais termos da r. sentença guerreada" (TJDFT – Processo 20050110845949 – (397153) – rel. Des. Mario-zam Belmiro – *DJe* 15.12.2009 – p. 78).

▶ Assim dispunha o artigo revogado:

Art. 100. O Instituto Nacional do Seguro Social (INSS), em caráter excepcional, fica autorizado a cancelar em até 30% (trinta por cento) o valor dos débitos vencidos dos Governos Estaduais, do Distrito Federal e das Prefeituras Municipais.

Título VIII – Das disposições finais e transitórias • **Art. 102**

Art. 101. (Revogado pela MedProv 2.187-13, de 24.08.2001, *DOU* 27.08.2001, em vigor conforme o art. 2.º da EC 32/2001).

✳ **Remissão:** CLPS, art. 25.

✍ **Anotação**

O dispositivo tratava da variação do limite mínimo do salário de contribuição, ou seja, do próprio salário mínimo.

JURISPRUDÊNCIA

"Ação rescisória. Previdenciário. Cálculo do salário de contribuição. Art. 202 da CF/1988. Teto-limite. Legalidade. Art. 29, § 2.º, da Lei 8.213/1991. Pedido improcedente. 1. A lei previdenciária, dando cumprimento ao que dispunha a redação original do art. 202 da CF/1988, determinou que o valor de qualquer benefício previdenciário de prestação continuada seria calculado com base no salário de benefício, que consiste na média aritmética dos últimos trinta e seis salários de contribuição, atualizados mês a mês, de acordo com a variação integral do INPC, sendo certo, ainda, que este não poderá ser inferior a um salário mínimo e nem superior ao do limite máximo do salário de contribuição na data do início do benefício (arts. 28, 29 e 31 da Lei 8.213/1991). 2. O salário de benefício poderá ser restringido pelo teto máximo previsto no art. 29, § 2.º, da Lei 8.213/1991, inexistindo incompatibilidade deste dispositivo com o art. 136, que versa sobre questão diversa, atinente a critério de cálculo utilizado antes da vigência da referida lei. Precedentes 3. Pedido improcedente" (AR 2892/SP – Ação Rescisória 2003/0153387-7 – rel. Min. Maria Thereza de Assis Moura (1131) – rev. Min. Napoleão Nunes Maia Filho (1133) – 3.ª S. – j. 24.09.2008 – *DJe* 04.11.2008).

▶ Assim dispunha o artigo revogado:

Art. 101. Os valores e os limites do salário de contribuição, citados nos arts. 20, 21, 28 e § 5.º e 29, serão reajustados, a partir de abril de 1991 até a data da entrada em vigor desta Lei, nas mesmas épocas e com os mesmos índices utilizados para o reajustamento do limite mínimo do salário de contribuição neste período.

Art. 102. Os valores expressos em moeda corrente nesta Lei serão reajustados nas mesmas épocas e com os mesmos índices utilizados para o reajustamento dos benefícios de prestação continuada da Previdência Social. (Redação dada ao artigo

Art. 102 • Lei Orgânica da Seguridade Social

pela MedProv 2.187-13, de 24.08.2001, *DOU* 27.08.2001, em vigor conforme o art. 2.º da EC 32/2001).

§ 1.º O disposto neste artigo não se aplica às penalidades previstas no art. 32-A desta Lei. (Parágrafo acrescentado pela Lei 11.941, de 27.05.2009, *DOU* 28.05.2009, conversão da MedProv 449, de 03.12.2008, *DOU* 04.12.2008).

§ 2.º O reajuste dos valores dos salários de contribuição em decorrência da alteração do salário-mínimo será descontado por ocasião da aplicação dos índices a que se refere o *caput* deste artigo. (NR) (Redação dada ao parágrafo pela Lei 11.941, de 27.05.2009, *DOU* 28.05.2009, conversão da MedProv 449, de 03.12.2008, *DOU* 04.12.2008).

✎ Anotação

De acordo com o art. 41-A da Lei 8.213/1991, o valor dos benefícios em manutenção será reajustado, anualmente, na mesma data do reajuste do salário mínimo, *pro rata*, de acordo com suas respectivas datas de início ou do último reajustamento, com base no Índice Nacional de Preços ao Consumidor (INPC), apurado pela Fundação Instituto Brasileiro de Geografia e Estatística (IBGE).

A IN INSS 20/2007, em seu art. 97, fixa que os valores dos benefícios em manutenção serão reajustados na mesma data de reajuste do salário mínimo, *pro rata*, de acordo com suas respectivas datas de início ou do seu último reajustamento, com base no percentual definido em Decreto do Poder Executivo, observando-se (i) a preservação do valor real do benefício; (ii) a atualização anual; e (iii) a variação de preços de produtos necessários e relevantes para a aferição da manutenção do valor de compra dos benefícios.

Os Ministérios da Previdência Social e da Fazenda materializam esses reajustes via Portaria. A última, a Portaria Interministerial MPS/MF 15/2013, dispôs sobre o salário mínimo e o reajuste dos benefícios pagos pelo Instituto Nacional do Seguro Social (INSS) e dos demais valores constantes do Regulamento da Previdência Social (RPS).

O art. 32-A foi acrescentado à Lei 8.212/1991 pela Lei 11.941/2009, conversão da MedProv 449/2008.

JURISPRUDÊNCIA

"*Previdenciário – Agravo regimental no recurso especial – Previdenciário – Cálculo do salário de contribuição – Art. 202 da CF/1988 – Teto-limite – Legali-

TÍTULO VIII – DAS DISPOSIÇÕES FINAIS E TRANSITÓRIAS • **Art. 102**

dade – Compatibilidade dos arts. 29 e 136 da Lei 8.213/1991 – Agravo regimental improvido – 1. A 3.ª Seção deste Sodalício, no julgamento do REsp Repetitivo 1112574/MG, fixou entendimento, já assentado por esta Corte, de que os benefícios concedidos após a promulgação da Constituição Federal de 1988, com renda mensal recalculada com base no art. 144 da Lei 8.213/1991, terão o reajuste inicial do salário de benefício limitado ao valor do respectivo salário de contribuição, em atenção ao disposto nos arts. 29, § 2.º, e 33 da Lei 8.213/1991. 2. O salário de benefício poderá ser restringido pelo teto máximo previsto no art. 29, § 2.º, da Lei 8.213/1991, inexistindo incompatibilidade deste dispositivo com o art. 136, que versa sobre questão diversa, atinente a critério de cálculo utilizado antes da vigência da referida lei. Precedentes. 3. Agravo regimental improvido" (STJ – AgRg-REsp 905.841 – (2006/0262374-6) – 6.ª T – rel. Min. Maria Thereza de Assis Moura – DJe 15.03.2010 – p. 1011).

"Previdenciário. Agravo interno. IRSM de fevereiro de 1994. Critérios de reajuste utilizados em 1997, 1999, 2000 e 2001 pelo INSS. Constitucionalidade. Precedentes do STF. 1. Agravo Interno em ação ajuizada em face do INSS, objetivando o recálculo do RMI do seu benefício de aposentadoria mediante aplicação do IRSM de fevereiro de 1994, bem como a revisão dos reajustes aplicados em 1997, 1999, 2000 e 2001. 2. Na época da concessão do benefício da agravante, o cálculo da RMI consistia na média aritmética dos 36 últimos salários de contribuição, aplicando-se a este valor um percentual previsto em lei. Assim, os salários de contribuição são sempre anteriores à data de concessão do benefício. Portanto, conclui-se que seria impossível aplicar um índice do IRSM relativo ao mês de fevereiro de 1994 a qualquer salário de contribuição da agravante, pois a data de concessão de seu benefício é de 23.11.1993. 3. No que se refere à inconstitucionalidade dos reajustes aplicados pela autarquia, a questão já foi pacificada pelo Plenário do STF, que pôs fim à divergência ao decidir pela constitucionalidade dos índices de reajuste utilizado pelo INSS nos benefícios previdenciários, nos anos de 1997, 1999, 2000 e 2001. Precedentes do STF. 4. Agravo Interno conhecido, mas não provido" (TRF-2.ª Reg. – AgInt-AC 2003.51.08.001726-4 – 1.ª T. – rel. Des. Federal Abel Gomes – DJ 23.02.2010).

"Previdenciário. Revisão de benefício. Atualização do salário de contribuição. Aplicação do IRSM de fevereiro de 1994. Teto. Art. 21, § 3.º, da Lei 8.880/1994. Honorários advocatícios. Juros de mora. Correção monetária. 1. Na atualização dos salários de contribuição, utilizados no cálculo da renda mensal inicial, deve incidir o IRSM de fevereiro de 1994, no percentual de 39,67%. Precedentes do Tribunal e do STJ. 2. Interesse processual dos autores na 'Limitação do salário de benefício, conforme estabelece o art. 21, § 3.º da Lei 8.880/94 ('Na hipótese da média apurada nos termos deste artigo resultar superior ao limite máximo

do salário de contribuição vigente no mês de início do benefício, a diferença percentual entre esta média e o referido limite será incorporada ao valor do benefício juntamente com o primeiro reajuste do mesmo após a concessão, observado que nenhum benefício assim reajustado poderá superar o limite máximo do salário de contribuição vigente na competência em que ocorrer o reajuste') em respeito ao pedido formulado na inicial'. (AC 2003.38.00.037640-6/MG, rel. Des. Federal Luiz Gonzaga Barbosa Moreira, 1.ª T., *DJ* 28.06.2004, p. 4). Extinção do feito afastada. 3. Juros moratórios de 1% ao mês, a partir da citação Honorários advocatícios fixados em 10% sobre o valor da condenação, até a data da prolação da sentença (Súmula 111/STJ). Correção monetária apurada nos termos das Súmulas 43 e 148/STJ. 4. Apelações e remessa oficial parcialmente providas" (TRF-1.ª Reg. – AC 2003.38.00.060447-9/MG – 1.ª T. – rel. Des. Federal José Amilcar Machado – *DJU* 30.05.2005).

▶ Assim dispunha o artigo alterado:

> Art. 102. Os valores expressos em cruzeiros nesta Lei serão reajustados, a partir de abril de 1991, à exceção do disposto nos arts. 20, 21, 28, § 5.º, e 29, nas mesmas épocas e com os mesmos índices utilizados para o reajustamento dos benefícios de prestação continuada da Previdência Social, neste período.

▶ Assim dispunha o parágrafo alterado:

> § 2.º O reajuste dos valores dos salários de contribuição em decorrência da alteração do salário mínimo será descontado quando da aplicação dos índices a que se refere o *caput.* (NR) (Antigo parágrafo único renomeado pela MedProv 449, de 03.12.2008, *DOU* 04.12.2008 e acrescentado pela MedProv 2.187-13, de 24.08.2001, *DOU* 27.08.2001, em vigor conforme o art. 2.º da EC 32/2001).

Art. 103. O Poder Executivo regulamentará esta Lei no prazo de 60 (sessenta) dias a partir da data de sua publicação.

✍ Anotação

Foram dois os primitivos regulamentos, da Lei 8.212, o revogado Dec. 356/1991, e da Lei 8.213, Dec. 357, do mesmo ano. Editados em dezembro, não observaram o prazo legal. O atual Regulamento da Previdência Social compreende a disciplina infralegal das duas leis e foi aprovado pelo Dec. 3.048/1999. A IN RFB 971/2009 também cuida das normas gerais de tributação previdenciária e de arrecadação das contribuições sociais destinadas à

Previdência Social e as destinadas a outras entidades ou fundos, administradas pela Secretaria da Receita Federal do Brasil (RFB).

JURISPRUDÊNCIA

"*Processo civil – Tributário – Agravo legal – CND – Falta de GFIP –* 1. O direito à obtenção da certidão positiva com efeitos de negativa, prevista pelo art. 206, do CTN, pressupõe a existência de débitos com a exigibilidade suspensa por qualquer das causas previstas no art. 151 do mesmo diploma legal (moratória; depósito integral do valor; reclamações e recursos administrativos; concessão de medida liminar em mandado de segurança; concessão de medida liminar ou de tutela antecipada, em outras espécies de ação judicial e, por fim, o parcelamento) ou em curso de cobrança executiva em que tenha sido efetivada a penhora em valor suficiente para garantir o débito. 2. A obrigação de apresentar declaração mensal de dados pelo contribuinte ao INSS foi introduzida pela Lei 9.528/1997, cuja regulamentação foi feita por meio do Dec. 3.048/1999, com vigência a partir do exercício de 1999, a qual instituiu a chamada GFIP – Guia de Recolhimento do Fundo de Garantia do Tempo de Serviço e Informações à Previdência Social. 3. De acordo com o disposto no art. 32, IV, da Lei 8.212/1991, a empresa está obrigada a informar mensalmente ao INSS, por intermédio da GFIP, os dados relacionados aos fatos geradores de contribuição previdenciária, bem como outras informações de interesse do INSS. Estabelece, também, a obrigatoriedade da entrega da GFIP ainda que na ausência de fato gerador. Neste caso, trata-se da chamada GPFIP negativa. Ressalte-se que sem tais informações não há como se atestar a existência de débitos previdenciários. 4. Veja-se que pelo art. 33, § 7.º, da Lei 8.212/1991 o crédito da seguridade social é constituído por meio de notificação de débito, auto de infração, confissão ou documento declaratório de valores devidos. 5. A GFIP tem natureza declaratória e é documento imprescindível à constituição do crédito tributário, e não da obrigação em si, pois esta nasce no momento da ocorrência do fato gerador. Entretanto, feita a declaração de valores devidos e não tendo sido feito o seu recolhimento, resta formalizado o crédito tributário, conferindo à GFIP além da natureza declaratória em si, natureza de lançamento por homologação. 6. Na ausência de sua entrega ou divergência entre valores declarados e recolhidos, dado o seu caráter imprescindível para a fiscalização pelo INSS, nos termos do art. 32, § 10, da Lei 8.212/1991, é condição impeditiva para expedição da prova de inexistência de débito. Precedente do STJ. 7. Agravo legal a que se nega provimento" (TRF-3.ª Reg. – AG-ApRN 2003.61.05.002764-7/SP – 1.ª T. – rel. Juíza Federal convocada Raquel Perrini – *DJe* 25.08.2011 – p. 68).

Art. 104 • Lei Orgânica da Seguridade Social

"*Contribuições previdenciárias – Verbas destinadas a terceiros – Competência da Justiça do Trabalho* – Nos termos do art. 114, VIII, da CF/1988, a Justiça do Trabalho é competente para 'a execução, de ofício, das contribuições sociais previstas no art. 195, I, *a*, e II, e seus acréscimos legais, decorrentes das sentenças que proferir'. O art. 195, I, da CF/1988, refere-se às contribuições sociais a cargo do empregador, discriminando na alínea *a* as incidentes sobre 'a folha de salários e demais rendimentos do trabalho pagos ou creditados, a qualquer título, à pessoa física que lhe preste serviço, mesmo sem vínculo empregatício'. Em decorrência, são devidos pelo empregador todas as contribuições sociais incidentes sobre a folha de pagamentos e não apenas aquelas discriminadas pela Lei 8.212/1991 (Lei Orgânica da Seguridade Social) e pelo Dec. 3.048/1999 (Regulamento da Previdência Social), devendo ser mantida a exigência das contribuições para terceiros, que são espécies de contribuições sociais (arts. 240 da CF/1988 e 11, parágrafo único, *a*, da Lei 8.212/1991), que possuem previsão legal específica e também incidem sobre a folha de salários. Agravo de petição da executada conhecido em parte e não provido" (TRT-9.ª Reg. – AP 18554/2005-001-09-00.3 – S. Especializada – rel. Luiz Celso Napp – *DJe* 09.03.2010 – p. 34).

"*Responsabilidade subsidiária – Contribuição previdenciária sobre aviso prévio* – 1. Observada a culpa *in eligendo et vigilando* por parte do tomador do serviço, que não diligenciou quanto ao cumprimento das obrigações atinentes à empresa prestadora de serviços, deve ser confirmado o julgado que considerou atraída a responsabilidade subsidiária do recorrente. 2. Impossível a integração das importâncias recebidas a título de aviso prévio nos encargos previdenciários com fulcro nas disposições contidas no Dec. 6.727, de 12 de janeiro de 2009, que revogou a alínea *f* do inc. V do § 9.º. O do art. 214, do Regulamento da Previdência Social, uma vez que a r. sentença foi prolatada em 08.08.2008, na vigência do Dec. 3.048/1999, que disciplinava a não integração do aviso prévio nos encargos sociais. Logo, inaplicável ao caso em comento legislação editada em data posterior à decisão" (TRT-11.ª Reg. – RO 11346/200701111-00.1 – rel. Des. Vera Lúcia Câmara de Sá Peixoto – *DJe* 18.03.2010 – p. 3).

Art. 104. Esta Lei entrará em vigor na data de sua publicação.

✍ Anotação

O legislador descumpriu, expressamente, o cronograma normativo que fora tracejado pelo art. 59 do ADCT, que assim dispusera:

TÍTULO VIII – DAS DISPOSIÇÕES FINAIS E TRANSITÓRIAS • **Art. 105**

"Art. 59. Os projetos de lei relativos à organização da seguridade social e aos planos de custeio e de benefício serão apresentados no prazo máximo de seis meses da promulgação da Constituição ao Congresso Nacional, que terá seis meses para apreciá-los.

Parágrafo único. Aprovados pelo Congresso Nacional, os planos serão implantados progressivamente nos dezoito meses seguintes".

Em julho de 1991 já tinham decorrido mais de oito meses desde a data em que, por vontade do constituinte, todas as disposições relativas à seguridade social deveriam estar em plena vigência.

Art. 105. Revogam-se as disposições em contrário.

Anotação

Essa cláusula, da praxe normativa, deve aqui ser entendida como fazendo referência à revogação da Lei Orgânica da Previdência Social – a conhecida LOPS, de n. 3.807, de 23 de agosto de 1960 – com as sua incontáveis alterações, afinal consolidadas pelo Dec. 89.312, de 23 de janeiro de 1984 (Consolidação das Leis da Previdência Social – CLPS).

Brasília, 24 de julho de 1991; 170.º da Independência e 103.º da República.

FERNANDO COLLOR
Antonio Magri

Lei dos Planos de Benefícios da Previdência Social – Lei 8.213/1991

INDICE SISTEMÁTICO DA LEI 8.213/1991

Lei dos Planos de Benefícios da Previdência Social

Título I – DA FINALIDADE E DOS PRINCÍPIOS BÁSICOS DA PREVIDÊNCIA SOCIAL

Arts. 1.º ao 8.º 367

Título II – DO PLANO DE BENEFÍCIOS DA PREVIDÊNCIA SOCIAL

Art. 9.º 380

Capítulo único – Dos regimes de Previdência Social 380

Título III – DO REGIME GERAL DE PREVIDÊNCIA SOCIAL

Arts. 10 ao 124 383

Capítulo I – Dos beneficiários (arts. 10 ao 17) 383
    Seção I – Dos segurados (arts. 11 ao 15) 384
    Seção II – Dos dependentes (art. 16) 408
    Seção III – Das inscrições (art. 17) 417

Capítulo II – Das prestações em geral (arts. 18 ao 124) 420
    Seção I – Das espécies de prestações (arts. 18 ao 23) 420
    Seção II – Dos períodos de carência (arts. 24 ao 27) 439
    Seção III – Do cálculo do valor dos benefícios (arts. 28 ao 40) 454
        Subseção I – Do salário de benefício (arts. 28 ao 32) 454
        Subseção II – Da renda mensal do benefício (arts. 33 ao 40) 473
    Seção IV – Do reajustamento do valor dos benefícios (art. 41) 490
    Seção V – Dos benefícios (arts. 42 ao 87) 501

Subseção I – Da aposentadoria por invalidez (arts. 42 ao 47)........................... 501
Subseção II – Da aposentadoria por idade (arts. 48 ao 51) 511
Subseção III – Da aposentadoria por tempo de serviço (arts. 52 ao 56) 520
Subseção IV – Da aposentadoria especial (arts. 57 ao 58) 532
Subseção V – Do auxílio-doença (arts. 59 ao 64) 538
Subseção VI – Do salário-família (arts. 65 ao 70) 551
Subseção VII – Do salário-maternidade (arts. 71 ao 73).................................... 556
Subseção VIII – Da pensão por morte (arts. 74 ao 79)....................................... 566
Subseção IX – Do auxílio-reclusão (art. 80)... 580
Subseção X – Dos pecúlios (arts. 81 ao 85) 582
Subseção XI – Do auxílio-acidente (art. 86) 587
Subseção XII – Do abono de permanência em serviço (art. 87) 592
Seção VI – Dos serviços (arts. 88 ao 93) 593
Subseção I – Do serviço social (arts. 88).. 593
Subseção II – Da habilitação e da reabilitação profissional (arts. 89 ao 93) . 594
Seção VII – Da contagem recíproca de tempo de serviço (arts. 94 ao 99).................. 600
Seção VIII – Das disposições diversas relativas às prestações (arts. 100 ao 124)..... 607

Título IV – DAS DISPOSIÇÕES FINAIS E TRANSITÓRIAS

Arts. 125 ao 156.. 661

LEI 8.213,
DE 24 DE JULHO DE 1991

Dispõe sobre os Planos de Benefícios da Previdência Social e dá outras providências.

O Presidente da República

Faço saber que o Congresso Nacional decreta e eu sanciono a seguinte Lei:

Lei dos Planos de Benefícios da Previdência Social

Título I
DA FINALIDADE E DOS PRINCÍPIOS BÁSICOS
DA PREVIDÊNCIA SOCIAL

Art. 1.º A Previdência Social, mediante contribuição, tem por fim assegurar aos seus beneficiários meios indispensáveis de manutenção, por motivo de incapacidade, desemprego involuntário, idade avançada, tempo de serviço, encargos familiares e prisão ou morte daqueles de quem dependiam economicamente.

✳ **Remissão:** art. 1.º da CLPS.

✎ Anotação

A Previdência Social, à luz dos Planos de Benefícios da Previdência Social disciplinados pela presente lei (LBPS), Lei 8.213, de 24.07.1991, *DOU* 14.08.1991, está ligada ao conceito de risco ou necessidade econômica que será suprida pelos "meios indispensáveis de manutenção" a que alude o preceito. Tais meios serão os benefícios e os serviços que, a seu modo, proporcionam segurança (proteção) a quem dela necessite. Aliás, a Previdência Social é parte integrante da seguridade social, como

Art. 1.º • LEI DOS PLANOS DE BENEFÍCIOS DA PREVIDÊNCIA SOCIAL

definida pelo art. 194 da CF/1988: "A seguridade social compreende um conjunto integrado de ações de iniciativa dos Poderes Públicos e da sociedade, destinadas a assegurar os direitos relativos à saúde, à previdência e à assistência social".

Seguridade social: solidariedade entre gerações de sujeitos protegidos. Consiste no *"conjunto de medidas constitucionais de proteção dos direitos individuais e coletivos concernentes à saúde, à previdência, e à assistência social"*, como defini no livro *Noções preliminares de direito previdenciário* (2. ed., São Paulo: Quartier Latin, 2010, p. 89). É a "proteção que a sociedade proporciona a seus membros, mediante uma série de medidas públicas contra as privações econômicas e sociais que, de outra forma, derivam do desaparecimento ou em forte redução de sua subsistência como consequência de enfermidade, maternidade, acidente de trabalho ou enfermidade profissional, desemprego, invalidez, velhice e também a proteção em forma de assistência médica e ajuda às famílias com filhos" (Convenção OIT 102/1952, ratificada pelo Dec. Legislativo 269/2008).

Previdência Social: seguro social, mediante contribuição. Objetiva reconhecer e conceder direitos aos segurados e respectivos dependentes. Trata-se de técnica de proteção social que propicia meios indispensáveis à subsistência, por motivo de doença, maternidade, incapacidade, idade avançada, tempo de contribuição, encargos de família, prisão, desemprego involuntário ou a morte, através de contribuição vertida pela sociedade e pelos participantes.

A Previdência Social é *"uma técnica de proteção que depende da articulação entre o Poder Público e os demais atores social. Estabelece diversas formas de seguro, para o qual ordinariamente contribuem os trabalhadores, o patronato e o Estado e mediante o qual se intenta reduzir ao mínimo os riscos sociais, notadamente os mais graves: doença, velhice, invalidez, acidentes no trabalho e desemprego"* (vide o meu *Noções*, cit., p. 67).

A finalidade da Previdência Social consiste em assegurar os meios imprescindíveis de manutenção do segurado e de sua família.

A Previdência Social é integrada pelos seguintes órgãos: MPS, responsável pela formulação da política previdenciária, proposição de normatização de legislação previdenciária, acompanhamento e análise das ações do INSS; INSS, encarregado de reconhecer direitos, conceder e pagar os benefícios da Previdência Social, em conformidade com a legislação previdenciária; Dataprev, responsável pela informatização e pela tecnologia utilizada pela Previdência Social.

Título I – Da finalidade e dos princípios básicos da Previdência Social • Art. 1.º

JURISPRUDÊNCIA

"*Administrativo. Previdenciário. Segurado da Previdência Social. Enfermidade cardíaca. Pretensão de livre tratamento médico-hospitalar. Mandado de segurança. Instrumento processual impróprio. Autoridade impetrada. Ilegitimidade.* A Constituição Federal de 1988 define a Seguridade Social como um conjunto integrado de ações de iniciativa dos poderes públicos e da sociedade, sendo certo que no tocante aos serviços de assistência a saúde, são eles prestados por meio do Sistema Único de Saúde, organizado em rede regionalizada de hospitais públicos e hospitais particulares conveniados, cujo atendimento deve fundar-se nos princípios de universalidade, uniformidade e seletividade (CF/1988, art. 194). (...)" (STJ – MS 3.369/DF – 3.ª S. – rel. Min. Vicente Leal – j. 25.06.1997 – DJ 01.09.1997 – p. 40718).

"*Previdenciário. Direito à pensão por morte da ex-mulher. Superveniente necessidade econômica. Vida sob o mesmo teto até o evento morte. Alimentos dispensados no acordo da separação por serem prescindíveis à época.* I – A Previdência Social tem por fim assegurar a seus beneficiários meios indispensáveis de manutenção por motivo inclusive de morte de quem os mesmos dependiam economicamente. Diz art. 1.º da Lei 8.213/1991; (...)" (TRF-2.ª Reg. – AC 2002.02.01.019590-0/RJ – 1.ª T. – rel. Des. Federal Ney Fonseca – j. 10.02.2003).

"*Agravo Regimental no Agravo em Recurso especial. Previdenciário. Repetição de valores pagos em razão de decisão judicial (tutela antecipada) posteriormente revogada. Impossibilidade. Precedentes. Agravo Regimental desprovido.*

1. Não há violação do art. 535 do CPC quando o acórdão recorrido, integrado por julgado proferido em embargos de declaração, dirime,de forma expressa, congruente e motivada, as questões suscitadas nas razões recursais.

2. Não cabe a repetição de valores pagos a título de benefício previdenciário por força de antecipação de tutela posteriormente revogada, tendo em vista a natureza alimentar da verba.

3. Agravo regimental desprovido" (AgRg/REsp137699 –RS – rel. Min. João Otávio de Noronha – DJ 28.08.2013).

"*Previdenciário. Conversão do benefício em URV. Ação rescisória. Restituição de valores pagos. Impossiblidade. Natureza Alimentar do benefício. Aplicação do princípio da irrepetibilidade dos alimentos. Precedentes. Caráter acessório dos valores recebidos. Solvência do devedor. Questão nova.* I – É indevida a restituição dos valores recebidos a título de conversão da renda mensal do benefício previdenciário em URV por se tratar de benefício previdenciário, que tem natureza alimentar. Valores sujeitos ao princípio da irrepetibilidade dos alimentos (...)" (STJ – AgRg/REsp 714.220/RS – 3.ª S. – rel. Min. Felix Fischer – DJ 11.04.2005).

"*Previdenciário. Processo civil. Restabelecimento de aposentadoria. Antecipação de tutela. Ação julgada improcedente. Restituição dos valores pagos. Impossibilidade. Caráter alimentar do benefício. Recurso especial conhecido e improvido.* 1. O STJ firmou entendimento no sentido da impossibilidade da devolução dos proventos percebidos a título de benefício previdenciário, em razão do seu caráter alimentar, incidindo, na hipótese, o princípio da irrepetibilidade dos alimentos. 2. Recurso especial conhecido e improvido" (STJ – REsp 446.892/RS – 3.ª S. – rel. Min. Arnaldo Esteves Lima – DJ 18.12.2006).

'*Previdenciário. Conversão de benefício previdenciário em URV. Impossibilidade de restituição dos valores recebidos por força da decisão rescindenda. Ação rescisória. Cabimento. Súmula 343/STF. Inaplicabilidade. Antecipação de tutela. Análise dos requisitos. Súmula 7. Impossibilidade.*

Uma vez reconhecida a natureza alimentar dos benefícios previdenciários, descabida é a restituição requerida pela Autarquia, em razão do princípio da irrepetibilidade dos alimentos. (...).

Recursos do INSS e de Camilo Osmar Klein desprovidos' (REsp 728.728/RS, 5.ª T., rel. Min. José Arnaldo da Fonseca, DJU 09.05.2005, p. 474)" (STJ – 5.ª T., decisão monocrática proferida no REsp 988.573/RS – rel. Min. Napoleão Nunes Maia Filho – DJU 03.10.2007)

Art. 2.º A Previdência Social rege-se pelos seguintes princípios e objetivos:

I – universalidade de participação nos planos previdenciários;

II – uniformidade e equivalência dos benefícios e serviços às populações urbanas e rurais;

III – seletividade e distributividade na prestação dos benefícios;

IV – cálculo dos benefícios considerando-se os salários de contribuição corrigidos monetariamente;

V – irredutibilidade do valor dos benefícios de forma a preservar-lhes o poder aquisitivo;

VI – valor da renda mensal dos benefícios substitutos do salário de contribuição ou do rendimento do trabalho do segurado não inferior ao do salário mínimo;

VII – previdência complementar facultativa, custeada por contribuição adicional;

VIII – caráter democrático e descentralizado da gestão administrativa, com a participação do governo e da comunidade, em especial de trabalhadores em atividade, empregadores e aposentados.

Título I – Da finalidade e dos princípios básicos da Previdência Social • **Art. 2.º**

Parágrafo único. A participação referida no inciso VIII deste artigo será efetivada a nível federal, estadual e municipal.

* **Remissão:** arts. 194, parágrafo único, I a VII, e 195 da CF/1988.

Anotação

Os princípios e objetivos da Previdência Social coincidem com os objetivos da Seguridade Social.

Dando cumprimento ao parágrafo único, o Dec. 4.874/2000, cria os Conselhos de Previdência Social – CPS como unidades descentralizadas do CNPS.

A previdência complementar facultativa, a que aludia o modificado § 7.º do art. 201 da CF/1988, foi substituída, no sistema de seguridade social, pela previdência complementar, nos termos do art. 202, com a redação que lhe deu a EC 20/1998. Tal regime é disciplinado pelas Leis Complementares 108 e 109/2001.

JURISPRUDÊNCIA

"Previdenciário. Embargos de divergência. Reconhecimento de tempo de serviço rural para contagem de aposentadoria urbana. RGPS. Recolhimento das contribuições previdenciárias. Desnecessidade. Embargos acolhidos. 1. Não é exigível o recolhimento das contribuições previdenciárias, relativas ao tempo de serviço prestado pelo segurado como trabalhador rural, ocorrido anteriormente à vigência da Lei 8.213/1991, para fins de aposentadoria urbana pelo RGPS, a teor do disposto no art. 55, § 2.º, da Lei 8.213/1991. 2. A Constituição Federal de 1988 instituiu a uniformidade e a equivalência entre os benefícios dos segurados urbanos e rurais, disciplinado pela Lei 8.213/1991, garantindo-lhes o devido cômputo, com a ressalva de que, apenas nos casos de recolhimento de contribuições para regime de previdência diverso, haverá a necessária compensação financeira entre eles. 3. Embargos de divergência acolhidos" (STJ – REsp 576.741/RS – 3.ª S. – rel. Min. Hélio Quaglia Barbosa – j. 25.05.2005 – DJ 06.06.2005 – p.178).

"Previdenciário. Pensão por morte. Curatelado. Qualidade de dependente. Falta de previsão legal. 1. Não há previsão na legislação previdenciária nem interpretação plausível que autorize o pagamento do benefício de pensão por morte ao curatelado, tão somente em virtude dessa condição, sob pena de violação aos princípios da legalidade, da seletividade e da imprescindibilida-

de de previsão da correspondente fonte de custeio, fundamentos básicos do sistema previdenciário. 2. Reexame necessário e apelação do INSS providos" (TRF-3.ª Reg. – AC 719.556/SP – 10.ª T. – rel. Des. Federal Jediael Galvão – j. 27.03.2007 – DJU 18.04.2007, p. 571).

"*Previdenciário. Pensão por morte. Viúva separada que dispensou à pensão alimentícia. Perda da qualidade de dependente. Art. 18, I, Dec. 83.080/1979.* 1. A legislação aplicável à pensão por morte é a vigente na data do óbito do segurado. 2. A interpretação do art. 18, I, do Dec. 83.080/1979, faz concluir que o cônjuge divorciado ou separado judicialmente ou de fato que não recebia pensão alimentícia não detém a qualidade de dependente, não sendo, portanto, beneficiária da pensão por morte. 3. A legislação previdenciária, no que concerne a enumeração do *rol* de benefícios e serviços, bem como dos seus beneficiários, há de ser sempre literal, não podendo criar beneficiários que a lei não selecionou. 4. A obediência ao princípio da seletividade, que a Constituição Federal de 1988 denomina de objetivo da seguridade social, faz com que o legislador selecione as contingências protegidas pelo sistema, bem como os beneficiários dessa proteção. 5. Apelação improvida" (TRF-3.ª Reg. – AC 653.791/SP – 2.ª T. – rel. Juíza convocada Marisa Santos – j. 10.12.2002 – DJU 11.02.2003 – p.194).

"*Agravo regimental. Recurso especial. Previdenciário. Benefício. Manutenção do valor real.* I – Os critérios pertinentes à preservação do valor real dos benefícios previdenciários foram definidos com o advento da Lei 8.213/1991, que dispôs sobre os PBPS. O critério de reajuste previsto no art. 41 da supracitada lei, qual seja, o INPC, foi sucedido pela Lei 8.542/1992, que estabeleceu o IRSM, e pela Lei 8.880/94, que instituiu o IPC-R. Com o advento da Lei 9.711/1998, o critério a ser aplicado no cálculo dos benefícios foi novamente alterado, instituindo-se o IGP-DI, conforme dicção do art. 7.º da Lei 9.711/1998. Posteriormente foi realizada nova modificação com o advento da MedProv 2.022-17, de 23.05.2000, sucessivamente reeditada até a MedProv 2.187-13, de 24.08.2001. II – Portanto, o índice a ser utilizado é aquele previsto na lei, não cabendo ao segurado o direito à escolha do percentual que, segundo seu entendimento, melhor refletiria a reposição do valor real do benefício. Agravo regimental desprovido" (STJ – AgRg no REsp 447.138/RS – 5.ª T. – rel. Min. Felix Fischer – j. 12.08.2003 – DJ 29.09.2003 – p. 310).

"*Previdenciário. Recurso especial. Reajuste de benefício. Aplicação do índice IGP-DI nos reajustamentos de 06.1997, 06.1999, 06.2000 e 06.2001. Impossibilidade. Preservação do valor real do benefício.* O reajustamento dos benefícios previdenciários deve obedecer, a partir de 01.05.1996, à variação acumulada do IGP-DI. Nos anos posteriores, até junho de 2001, deve obedecer aos critérios estabelecidos pelo legislador infraconstitucional, em obediência ao disposto no art. 201, § 4.º, da CF/1988, por meio das Medidas Provisórias 1.572-1/1997 (7,76%), 1.663-10/1998 (4,81%), 1.824/1999 (4,61%), 2.022-17/2000 (5,81%) e 2.187-11/2001 (7,66%). Não há que se falar em ausência de preservação do valor real do benefício, por força do entendimento esposado pelo STF, no sentido de que a aplicação dos índices legais pelo INSS, para o reajustamento dos benefícios previdenciários, não constitui ofensa às garantias de irredutibilidade do valor do benefício e preservação de seu valor real. Recurso especial desprovido" (STJ – REsp 505.446/RS – 5.ª T. – rel. Min. José Arnaldo da Fonseca – j. 04.10.2005 – DJ 14.11.2005 – p. 370).

"*Previdenciário. Reajuste de benefício. Irredutibilidade do valor do benefício. Preservação do valor real. Existência.* 1. Esta Corte entende que a aplicação dos índices legais pelo INSS no reajustamento dos benefícios previdenciários não ofende as garantias da irredutibilidade do valor do benefício e da preservação do valor real, vez que o constituinte delegou ao legislador ordinário a incumbência de fixar os critérios de alteração. 2. Agravo regimental a que se nega provimento" (STJ – AgRg no REsp 509.436/RS – 6.ª T. – rel. Min. Paulo Medina – j. 09.09.2003 – DJ 29.09.2003 – p. 359).

"*Agravo regimental em recurso especial. Alegação de ofensa a dispositivos constitucionais. Impossibilidade. Inexistência de previsão legal de repasse dos índices de reajustes do salário de contribuição ao salário de benefício. Adoção do critério do art. 41 da Lei 8.213/1991 não ofende as garantias da irredutibilidade do valor dos benefícios e à preservação do seu valor real. Decisão mantida.* 1. A ofensa a dispositivos constitucionais haveria de ser suscitada em recurso extraordinário, nos termos do art. 102, III, da CF/1988, e não nesta sede. 2. Inexiste previsão legal de que os reajustes do salário de contribuição sejam repassados ao salário de benefício. 3. O reajuste dos benefícios previdenciários devem obedecer os critérios do art. 41 da Lei 8.213/1991, que não ofendem as garantias da irredutibilidade do valor dos benefícios e a preservação do seu valor real. 4. Agravo regimental improvido" (STJ – AgRg no REsp 1.019.510/PR – 5.ª T. – rel. Min. Jorge Mussi – j. 21.08.2008 – DJ 29.09.2008).

"*Previdência Social. Irredutibilidade do benefício. Preservação permanente de seu valor real.* – No caso não houve redução do benefício, porquanto já se firmou a jurisprudência desta Corte no sentido de que o princípio da irredutibilidade é garantia contra a redução do *quantum* que se recebe, e não daquilo que se pretende receber para que não haja perda do poder aquisitivo em decorrência da inflação. – De outra parte, a preservação permanente do valor real do benefício – e, portanto, a garantia contra a perda do poder aquisitivo – se faz, como preceitua o art. 201, § 2.º, da CF/1988, conforme critérios definidos em lei, cabendo, portanto, a esta estabelecê-los" (STF – RE 263.252/PR – 1.ª T. – rel. Min. Moreira Alves – DJ 23.06.2000).

Art. 3.º • LEI DOS PLANOS DE BENEFÍCIOS DA PREVIDÊNCIA SOCIAL

"*Recurso especial. Previdenciário. Revisão de benefício. Índices aplicáveis. INPC e legislações subsequentes. Manutenção do valor real. Litigância de má-fé. Reexame da condenação. Impossibilidade. Súmula 7/STJ.* A adoção dos índices legais pelo INSS assegura a irredutibilidade do valor dos benefícios e preserva seu valor real. Precedentes. A apreciação da condenação por litigância de má-fé imposta nas instâncias ordinárias exige o reexame do conjunto fático-probatório constante nos autos. Óbice da Súmula 7/STJ. Precedentes. Recurso conhecido e parcialmente provido" (STJ – REsp 513.337/RJ – 5.ª T. – rel. Min. José Arnaldo da Fonseca – j. 04.08.2005 – DJ 05.09.2005 – p.455).

"*Recurso especial submetido aos ditames do art. 543-c do CPC e da Resolução 8/STJ. Previdenciário. Valor do salário de benefício. Teto. Limite máximo do salário de contribuição. Compreensão dos arts. 29, § 2.º, 33 e 136, todos da Lei 8.213/1991.* I – O Plano de Benefícios da Previdência Social – PBPS, dando cumprimento ao art. 202, *caput*, da CF/1988 (redação original), definiu o valor mínimo do salário de benefício, nunca inferior ao salário mínimo, e seu limite máximo, nunca superior ao limite máximo do salário de contribuição. (...)" (STJ – REsp 1.112.574/MG – 3.ª S. – rel. Min. Felix Fischer. – j. 26.08.2009 – DJe 11.09.2009).

"*Civil. Embargos à ação monitória. Previdência privada. Ingresso. Caráter facultativo. Inteligência dos arts. 1.º da LC 109/2001 e 202 da CF/1988. Provimento.* I. Em se tratando de Previdência Privada Complementar, a filiação é sempre facultativa, nos termos do art. 1.º da LC 109/2001 e 202 da CF/1988. Precedente desta Corte e do STF. II. Recurso especial conhecido e provido" (STJ – REsp 920.702/PR – 4.ª T. – Min. Aldir Passarinho Júnior – j. 18.03.2010 – DJe 19.04.2010).

"*Súmula 3/TNU/JEF*: 'Os benefícios de prestação continuada, no RGPS devem ser reajustados com base no IGP-DI nos anos de 1997, 2000 e 2001'. Cancelada em 30.09.2003" (TNU/JEF – Súmula 3 – j. 29.04.2003 – DJ 09.05.2003 – p. 00725).

"*Súmula 7/STJ*: Reexame de prova. Recurso especial. A pretensão de simples reexame de prova não enseja recurso especial" (STJ – Súmula 7 – j. 28.06.1990 – DJ 03.07.1990).

Art. 3.º Fica instituído o Conselho Nacional de Previdência Social – CNPS, órgão superior de deliberação colegiada, que terá como membros:

I – seis representantes do Governo Federal; (Redação dada ao inciso pela Lei 8.619, de 05.01.1993, *DOU* 06.01.1993).

TÍTULO I – DA FINALIDADE E DOS PRINCÍPIOS BÁSICOS DA PREVIDÊNCIA SOCIAL • **Art. 3.º**

II – nove representantes da sociedade civil, sendo: (Redação dada ao inciso pela Lei 8.619, de 05.01.1993, *DOU* 06.01.1993).

a) três representantes dos aposentados e pensionistas; (Redação dada à alínea pela Lei 8.619, de 05.01.1993, *DOU* 06.01.1993).

b) três representantes dos trabalhadores em atividade; (Redação dada à alínea pela Lei 8.619, de 05.01.1993, *DOU* 06.01.1993).

c) três representantes dos empregadores. (Redação dada à alínea pela Lei 8.619, de 05.01.1993, *DOU* 06.01.1993).

§ 1.º Os membros do CNPS e seus respectivos suplentes serão nomeados pelo Presidente da República, tendo os representantes titulares da sociedade civil mandato de 02 (dois) anos, podendo ser reconduzidos, de imediato, uma única vez.

§ 2.º Os representantes dos trabalhadores em atividade, dos aposentados, dos empregadores e seus respectivos suplentes serão indicados pelas centrais sindicais e confederações nacionais.

§ 3.º O CNPS reunir-se-á, ordinariamente, uma vez por mês, por convocação de seu Presidente, não podendo ser adiada a reunião por mais de 15 (quinze) dias se houver requerimento nesse sentido da maioria dos conselheiros.

§ 4.º Poderá ser convocada reunião extraordinária por seu Presidente ou a requerimento de um terço de seus membros, conforme dispuser o regimento interno do CNPS.

§ 5.º (Parágrafo revogado pela Lei 9.528, de 10.12.1997, *DOU* 11.12.1997).

§ 6.º As ausências ao trabalho dos representantes dos trabalhadores em atividade, decorrentes das atividades do Conselho, serão abonadas, computando-se como jornada efetivamente trabalhada para todos os fins e efeitos legais.

§ 7.º Aos membros do CNPS, enquanto representantes dos trabalhadores em atividade, titulares e suplentes, é assegurada a estabilidade no emprego, da nomeação até um ano após o término do mandato de representação, somente podendo ser demitidos por motivo de falta grave, regularmente comprovada através de processo judicial.

§ 8.º Competirá ao Ministério do Trabalho e da Previdência Social proporcionar ao CNPS os meios necessários ao exercício de suas competências, para o que contará com uma Secretaria-Executiva do Conselho Nacional de Previdência Social.

§ 9.º O CNPS deverá se instalar no prazo de 30 (trinta) dias a contar da publicação desta Lei.

✱ **Remissão:** arts. 10, 194, VII, da CF/1988.

✍ Anotação

Em cumprimento ao mandamento constitucional (art. 194, VII, redação da EC 20/1998), a Lei 8.213/1991 instituiu o Conselho Nacional de Previdência

Art. 3.º • Lei dos Planos de Benefícios da Previdência Social

Social, órgão colegiado de deliberação, composto a partir da Lei 8.619/1993, de 15 membros, nomeados pelo Presidente da República.

Criado pela Lei 8.213/1991, o CNPS avalia planos e programas realizados pela administração previdenciária, com vistas na busca de melhor desempenho dos serviços prestados à comunidade protegida.

O Conselho Nacional de Previdência Social (CNPS), em funcionamento desde 1991, é o canal institucional pelo qual o Ministério da Previdência Social (atual denominação do antigo Ministério do Trabalho e da Previdência Social, nos termos do art. 25, XVIII da MedProv 103, de 01.01.2003, *DOU* 01.01.2003, convertida na Lei 10.683, de 28.05.2003, *DOU* 29.05.2003) desenvolve o diálogo com representantes da sociedade. Incumbe aos Conselhos Estaduais e Municipais, instituídos pelo Dec. 4.874/2003, assessorar o CNPS em suas tarefas.

Os CPS não substituem a Ouvidoria-Geral da Previdência Social (OGPS).

A OGPS é responsável por tratar de situações específicas do beneficiário que queira apresentar denúncias, reclamações, críticas, elogios e sugestões dos cidadãos quanto aos serviços e atendimento prestados pelos órgãos integrantes do Poder Publico.

▶ Assim dispunha o inciso alterado:

I – 4 (quatro) representantes do Governo Federal;

▶ Assim dispunha o inciso alterado:

II – 7 (sete) representantes da sociedade civil, sendo:

▶ Assim dispunha a alínea *a* do inc. II, alterada:

a) 2 (dois) representantes dos aposentados e pensionistas;

▶ Assim dispunha a alínea *b* do inc. II, alterada:

b) 2 (dois) representantes dos trabalhadores em atividades;

▶ Assim dispunha a alínea *c* do inc. II, alterada:

c) 3 (três) representantes dos empregadores.

▶ Assim dispunha o § 5.º revogado:

§ 5.º As decisões do conselho serão tomadas com a presença de, no mínimo, 6 (seis) de seus membros.

Art. 4.º Compete ao Conselho Nacional de Previdência Social – CNPS:

I – estabelecer diretrizes gerais e apreciar as decisões de políticas aplicáveis à Previdência Social;

II – participar, acompanhar e avaliar sistematicamente a gestão previdenciária;

III – apreciar e aprovar os planos e programas da Previdência Social;

IV – apreciar e aprovar as propostas orçamentárias da Previdência Social, antes de sua consolidação na proposta orçamentária da Seguridade Social;

V – acompanhar e apreciar, através de relatórios gerenciais por ele definidos, a execução dos planos, programas e orçamentos no âmbito da Previdência Social;

VI – acompanhar a aplicação da legislação pertinente à Previdência Social;

VII – apreciar a prestação de contas anual a ser remetida ao Tribunal de Contas da União, podendo, se for necessário, contratar auditoria externa;

VIII – estabelecer os valores mínimos em litígio, acima dos quais será exigida a anuência prévia do Procurador-Geral ou do Presidente do INSS para formalização de desistência ou transigência judiciais, conforme o disposto no art. 132;

IX – elaborar e aprovar seu regimento interno.

Parágrafo único. As decisões proferidas pelo CNPS deverão ser publicadas no *Diário Oficial da União*.

Remissão: art. 296 do RPS; arts. 6.º e 7.º do PCSS.

Anotação

O CNPS tem como principal objetivo pôr em ato o caráter democrático e descentralizado da administração previdenciária, em cumprimento ao disposto no art. 194, parágrafo único, VII, da CF/1988, que ordena a gestão quadripartite, com a participação do Governo, dos trabalhadores em atividade, dos empregadores e dos aposentados.

Compete ao MPS dotar o CNPS dos meios necessários para o cabal exercício das respectivas competências.

A referência ao Procurador-Geral está superada. As funções jurídicas desse antigo órgão são hoje realizadas pela Advocacia-Geral da União.

Art. 5.º Compete aos órgãos governamentais:

I – prestar toda e qualquer informação necessária ao adequado cumprimento das competências do CNPS, fornecendo inclusive estudos técnicos;

Art. 6.º • Lei dos Planos de Benefícios da Previdência Social

II – encaminhar ao CNPS, com antecedência mínima de 2 (dois) meses do seu envio ao Congresso Nacional, a proposta orçamentária da Previdência Social, devidamente detalhada.

✳ **Remissão:** art. 5.º, XIV e XXXIII, da CF/1988; art. 219 do RBPS.

✎ Anotação

A referência a órgãos governamentais deve, aqui, ser entendida como aplicável tanto a todas as entidades revestidas de personalidade política, como os Estados e Municípios, que colheriam tais elementos por intermédio dos Conselhos Estaduais e Municipais, que foram reinstituídos, como também àquelas esferas de governo que possam colher elementos aptos a proporcionar o melhor desempenho da Previdencia Social.

Art. 6.º Haverá, no âmbito da Previdência Social, uma Ouvidoria-Geral, cujas atribuições serão definidas em regulamento (Redação do *caput* do artigo dada pela Lei 9.711, de 20.11.1998, *DOU* 21.11.1998).

§ 1.º (excluído pela Lei 9.711, de 20.11.1998).

§ 2.º (excluído pela Lei 9.711, de 20.11.1998).

✳ **Remissão:** MedProv 1.663-10/1998.

✎ Anotação

A figura do *Ombudsman*, espécie de órgão autônomo da estrutura do Estado, aqui designado Ouvidor-Geral, é mais um canal capaz de realizar certo controle de qualidade sobre o atendimento aos beneficiários.

▶ Assim dispunha o *caput* do art. 6.º alterado:

Art. 6.º: O Conselho Nacional de Previdência Social (CNPS) deverá indicar cidadão de notório conhecimento na área para exercer a função de Ouvidor-Geral da Previdência Social, que terá mandato de 2 (dois) anos, sendo vedada a sua recondução.

TÍTULO I – DA FINALIDADE E DOS PRINCÍPIOS BÁSICOS DA PREVIDÊNCIA SOCIAL • **Art. 7.º**

▶ Assim dispunha o § 1.º do art. 6.º excluído:

§ 1.º Caberá ao Congresso Nacional aprovar a escolha do ouvidor referido no *caput* deste artigo.

▶ Assim dispunha o § 2.º do art. 6.º excluído:

§ 2.º As atribuições do Ouvidor-Geral da Previdência Social serão definidas em lei específica.

Art. 7.º (Artigo revogado pela MedProv 2.216-37, de 31.08.2001, *DOU* 01.09.2001).

✱ **Remissão:** MedProv 1.799-5/1999; MedProv 2.216-37/2001; art. 221 do RBPS.

✎ Anotação

Como se apontou na anotação efetuada ao art. 7.º da Lei 8.212/1991, essa norma democratizava as estruturas do sistema de proteção social brasileiro, que se tornaria acessível à comunidade, a quem se conferia voz para a apresentação de propostas e sugestões destinadas ao aperfeiçoamento das instituições e do serviço público da Previdência Social.

▶ Assim dispunha o artigo revogado:

Art. 7.º Ficam instituídos os Conselhos Estaduais e os Conselhos Municipais de Previdência Social – respectivamente CEPS e CMPS –, órgãos de deliberação colegiada, subordinados ao Conselho Nacional de Previdência Social, observando para a sua organização e instalação, no que couber, os critérios estabelecidos nesta Lei para o CNPS, adaptando-os para a esfera estadual ou municipal.

§ 1.º Os membros dos CEPS serão nomeados pelo Presidente do CNPS e o dos CMPS, pelos presidentes dos CEPS.

§ 2.º Os representantes dos trabalhadores em atividade e seus respectivos suplentes serão indicados, no caso dos CEPS, pelas federações ou centrais sindicais, e, no caso dos CMPS, pelos sindicatos ou, na ausência destes, pelas federações ou ainda, em último caso, pelas centrais sindicais ou confederações nacionais.

§ 3.º Os representantes dos aposentados e seus respectivos suplentes serão indicados, no caso dos CEPS, pelas federações ou confederações, e, no caso dos CMPS, pelas associações ou, na ausência destes, pelas federações.

Art. 8.º • Lei dos Planos de Benefícios da Previdência Social

§ 4.º Os representantes dos empregadores e seus respectivos suplentes serão indicados, no caso dos CEPS, pelas federações, e, no caso dos CMPS, pelos sindicatos, associações ou, na ausência destes, pelas federações.

Art. 8.º (Artigo revogado pela MedProv 2.216-37, de 31.08.2001, *DOU* 01.09.2001).

✱ **Remissão:** MedProv 2.216-37/2001; art. 222 do RBPS.

▶ Assim dispunha o artigo revogado:

Art. 8.º Compete aos CEPS e ao CMPS, nos âmbitos estadual e municipal, respectivamente:

I – cumprir e fazer cumprir as deliberações do CNPS;

II – acompanhar e avaliar sistematicamente a gestão previdenciária;

III – propor ao CNPS planos e programas para a Previdência Social;

IV – acompanhar, apreciar e dar conhecimento ao CNPS, através de relatórios gerenciais por este definidos, a execução dos planos, programas e orçamentos;

V – acompanhar a aplicação da legislação pertinente à Previdência Social;

VI – elaborar seus regimentos internos.

Título II
DO PLANO DE BENEFÍCIOS DA PREVIDÊNCIA SOCIAL

Capítulo único
Dos regimes de Previdência Social

Art. 9.º A Previdência Social compreende:

I – o Regime Geral de Previdência Social;

II – o Regime Facultativo Complementar de Previdência Social.

§ 1.º O Regime Geral de Previdência Social – RGPS garante a cobertura de todas as situações expressas no art. 1.º desta Lei, exceto as de desemprego involuntário, objeto de lei específica, e de aposentadoria por tempo de contribuição para o trabalhador

TÍTULO II – DO PLANO DE BENEFÍCIOS DA PREVIDÊNCIA SOCIAL • **Art. 9.º**

de que trata o § 2.º do art. 21 da Lei 8.212, de 24 de julho de 1991 (Redação dada ao parágrafo pela LC 123, de 14.12.2006, *DOU* 15.12.2006).

§ 2.º O Regime Facultativo Complementar de Previdência Social será objeto de lei específica.

✳ **Remissão:** art. 201, § 7.º, da CF/1988; EC 20/1998, 41/2003 e 47/2005; arts. 2.º a 4.º da CLPS.

✎ Anotação

O ordenamento jurídico brasileiro, por meio do constituinte de 1988, previu três tipos de regimes previdenciários, níveis distintos de proteção social: o Regime Geral de Previdência Social, para os trabalhadores em geral; o Regime Próprio de Previdência Social, que cobre os servidores públicos civis e militares, a que faz expressa referência o art. 12 desta lei, e o Regime de Previdência Privada, contratual e facultativo.

Regime previdenciário: arcabouço de normas disciplinadoras da relação jurídica previdenciária, garantindo aos beneficiários a cobertura do seguro social na hipótese de virem a ser atingidos pelos riscos cobertos.

A EC 20/1998, ao reformar o art. 201 da CF/1988, aponta como características do regime geral o caráter contributivo e a filiação obrigatória, requisitos que também estão presentes nos regimes próprios dos servidores públicos. Quanto ao Regime Facultativo Complementar da Previdência Social, de que cuidava o inc. II, do preceito anotado, este não mais subsiste, tendo em vista a supressão, no Texto Constitucional, do respectivo fundamento de validade, que se achava estampado no § 7.º do mesmo art. 201.

A *Previdência complementar*, por seu turno, será objeto de disciplina específica, nos termos estabelecidos pelo art. 202, e sua característica é a filiação facultativa, baseada em regime contratual.

Quanto à cobertura do risco do desemprego involuntário, ela foi objeto de disciplina específica, por intermédio da Lei 7.998/1990.

JURISPRUDÊNCIA

"Civil. Embargos à ação monitória. Previdência privada. Ingresso. Caráter facultativo. inteligência dos arts. 1.º da LC 109/2001 e 202 da CF/1988. Provimento. I. Em se tratando de previdência privada complementar, a filiação é sempre facultativa, nos termos do art. 1.º da LC 109/2001 e art. 202 da

CF/1988. Precedente desta Corte e do STF II. Recurso especial conhecido e provido" (STJ – REsp 920.702/PR – 4.ª T. – rel. Min. Aldir Passarinho Junior – j. 18.03.2010 – DJ 19.04.2010).

"*Direito civil e processual civil. Recurso especial. Ação de cobrança de contribuições previdenciárias. Previdência privada de caráter complementar. Facultatividade. Filiação E contribuição.* – Ninguém pode ser compelido a permanecer filiado a Regime de Previdência Privada de caráter complementar, o qual a própria CF/1988 estabelece ser facultativo (art. 202), notadamente quando há coexistência harmoniosa entre a Constituição Federal de 1988 e a LC 109/2001, harmonia que não se repete entre estas e as leis estaduais que nortearam a fundamentação do acórdão recorrido. – Ao se falar na faculdade de agregação ao regime de previdência privada de caráter complementar não se pode olvidar que tal possibilidade decorre justamente do princípio da livre associação, previsto na CF/1988 (art. 5.º, XX), o qual apresenta duas facetas: a positiva, concernente à livre filiação ao regime escolhido, e a negativa, consistente na liberdade de desligar-se da Carteira, exercitando, assim, o princípio da autonomia da vontade. – Há que se ter em consideração, neste particular, que o direito de livre associação é cláusula pétrea da CF/1988, o que não autoriza a edição de lei, quer seja estadual, quer seja federal, que imponha a filiação a qualquer entidade associativa, sob pena de quebra de preceito erigido constitucionalmente como intocável. – Presente a competência concorrente entre os Estados e a União para legislar sobre matéria previdenciária, fica suspensa a lei estadual naquilo que se contraponha ao texto de lei federal. – O filiado que se desliga do regime de previdência privada complementar tem o direito de resgatar as parcelas que recolheu, o que levou, inclusive, à edição de Súmula no âmbito da Segunda Seção no sentido de que 'a restituição das parcelas pagas a plano de previdência privada deve ser objeto de correção plena, por índice que recomponha a efetiva desvalorização da moeda' (Súmula 289/STJ). – Se assim já se decidiu, muito mais pode o filiado defender-se para não ser forçado a permanecer nesta condição *ad aeternum*, tampouco obrigado a recolher compulsoriamente as contribuições à Carteira. Recurso especial conhecido e parcialmente provido" (STJ – REsp 615.088/PR – 3.ª T. – rel. Min. Nancy Andrighi – j. 15.08.2006 – DJ 04.09.2006 – p. 260).

"*Súmula 289/STJ: Restituição das parcelas. Previdência privada. Correção monetária. Índice de desvalorização da moeda.* A restituição das parcelas pagas a plano de previdência privada deve ser objeto de correção plena, por índice que recomponha a efetiva desvalorização da moeda" (STJ – Súmula 289 – j. 28.04.2004 – DJ 13.05.2004).

► Assim dispunha o § 1.º do inc. II alterado:

§ 1.º O Regime Geral de Previdência Social – RGPS garante a cobertura de todas as situações expressas no art. 1.º desta Lei, exceto a de desemprego involuntário, objeto de lei específica.

Título III
DO REGIME GERAL DE PREVIDÊNCIA SOCIAL

Capítulo I
Dos beneficiários

Art. 10. Os beneficiários do Regime Geral de Previdência Social classificam-se como segurados e dependentes, nos termos das Seções I e II deste capítulo.

✳ **Remissão:** arts. 2.º a 4.º da CLPS.

✎ Anotação

O Regime Geral de Previdência Social (RGPS) é incumbido de proporcionar a proteção social aos trabalhadores que atuam na esfera privada. De filiação obrigatória e caráter contributivo, também admite em seus quadros aqueles que queiram a ele aderir de modo facultativo. Beneficiários do RGPS são denominados segurados e dependentes.

Integram o RGPS os trabalhadores urbanos e os rurais, bem como os respectivos dependentes.

JURISPRUDÊNCIA

"*Previdenciário. Ação declaratória de tempo de serviço. Competência delegada da Justiça Estadual.* Mesmo as causas nas quais o autor pretende o reconhecimento da qualidade de segurado, ou beneficiário da Previdência Social, devem ser processadas e julgadas na Justiça Estadual (CF/1988, art. 109, § 3)" (TRF-4.ª Reg. – AG 23.127/PR – 5.ª T. – rel. Tadaaqui Hirose – j. 01.10.1998 – *DJ* 04.11.1998 – p. 498).

"*Agravo de Instrumento. Processual civil. Ação previdenciária. Art. 109, § 3.º, da CF/1988. Competência domicílio do segurado.* I – A competência excepcional da Justiça Estadual, estabelecida no art. 109, § 3.º, da CF/1988, constitui benefício processual do segurado ou beneficiário da Previdência Social que alcança apenas o Juízo Estadual do foro do domicílio do autor da ação. II – Agravo desprovido" (TRF-3.ª Reg. – AI – 152.610/SP – rel. Juiz Peixoto Junior – j. 12.11.2002 – *DJU* 04.02.2003 – p. 459).

STF – Súmula 689 – 24.09.2003 – *DJ* 9.10.2003, p. 5 – *DJ* 10.10.2003, p. 5 – *DJ* 13.10.2003, p. 5: "O segurado pode ajuizar ação contra a instituição previdenciária perante o Juízo Federal do seu domicílio ou nas Varas Federais da capital do Estado-membro".

"*Agravo de Instrumento mandado de segurança. Previdenciário. Pensão por morte. Filho da segurada. Benefício até completar 21 anos de idade. Lei 8.213/1991. Maioridade civil.* 18 anos completos. Permanência do direito à pensão até a idade prevista da legislação especial. Legislação estadual (LCE 282/2004) contrária à Lei 8.213/1991. 1. O beneficiário não perde esta qualidade ao atingir a idade prevista no art. 6.º, II, *c*, da LCE 282/2004 (18 anos). A Lei 8.213/1991 prevê que são beneficiários do RGPS, na condição de dependente do segurado, o filho não emancipado, de qualquer condição, menor de 21 (vinte e um) anos ou inválido (art. 16, I). (...). 3. 'A redução do limite etário para a definição da capacidade civil aos 18 anos não altera o disposto no art. 16, I, da Lei 8.213/1991, que regula específica situação de dependência econômica para fins providenciarias e outra situações similares de proteção, previstas em legislação especial' (Enunciado da Jornada de Direito Civil promovida pelo Conselho da Justiça Federal em setembro de 2002). 4. 'A legislação estadual em espécie se encontra cabalmente contrária à legislação federal, tendo em vista que, a previsão no que concerne a pensão por morte na esfera federal é de direito ao filho até que complete vinte e um anos, enquanto, na esfera estadual (LCE 282/2004) este direito está limitado a 18 (dezoito) anos'" (TJES – AI 24.069.008.928/ES – 2.ª Câm. Cív. – rel. Elpídio José Duque – j. 22.05.2007 – *DJ* 25.06.2007).

Seção I

Dos segurados

Art. 11. São segurados obrigatórios da Previdência Social as seguintes pessoas físicas: (Redação dada ao *caput* do artigo pela Lei 8.647, de 13.04.1993, *DOU* 14.04.1993).

I – como empregado:

a) aquele que presta serviço de natureza urbana ou rural à empresa, em caráter não eventual, sob sua subordinação e mediante remuneração, inclusive como diretor empregado;

b) aquele que, contratado por empresa de trabalho temporário, definida em legislação específica, presta serviço para atender a necessidade transitória de substituição de pessoal regular e permanente ou a acréscimo extraordinário de serviços de outras empresas;

c) o brasileiro ou o estrangeiro domiciliado e contratado no Brasil para trabalhar como empregado em sucursal ou agência de empresa nacional no exterior;

d) aquele que presta serviço no Brasil a missão diplomática ou a repartição consular de carreira estrangeira e a órgãos a elas subordinados, ou a membros dessas missões e repartições, excluídos o não brasileiro sem residência permanente no Brasil e o brasileiro amparado pela legislação previdenciária do país da respectiva missão diplomática ou repartição consular;

e) o brasileiro civil que trabalha para a União, no exterior, em organismos oficiais brasileiros ou internacionais dos quais o Brasil seja membro efetivo, ainda que lá domiciliado e contratado, salvo se segurado na forma da legislação vigente do país do domicílio;

f) o brasileiro ou estrangeiro domiciliado e contratado no Brasil para trabalhar como empregado em empresa domiciliada no exterior, cuja maioria do capital votante pertença a empresa brasileira de capital nacional;

g) o servidor público ocupante de cargo em comissão, sem vínculo efetivo com a União, Autarquias, inclusive em regime especial, e Fundações Públicas Federais; (alínea incluída pela Lei 8.647/1993).

h) o exercente de mandato eletivo federal, estadual ou municipal, desde que não vinculado a regime próprio de previdência social; (alínea incluída pela Lei 9.506, de 30.10.1997, *DOU* 31.10.1997).

i) o empregado de organismo oficial internacional ou estrangeiro em funcionamento no Brasil, salvo quando coberto por regime próprio de previdência social; (alínea incluída pela Lei 9.876, de 26.11.1999, *DOU* 29.11.1999).

j) o exercente de mandato eletivo federal, estadual ou municipal, desde que não vinculado a regime próprio de previdência social. (alínea incluída pela Lei 10.887, de 18.06.2004, *DOU* 21.06.2004).

II – como empregado doméstico: aquele que presta serviço de natureza contínua a pessoa ou família, no âmbito residencial desta, em atividades sem fins lucrativos;

III – (inciso revogado pela Lei 9.876, de 26.11.1999).

IV – (inciso revogado pela Lei 9.876, de 26.11.1999).

a) (alínea revogada pela Lei 9.876, de 26.11.1999);

b) (alínea revogada pela Lei 9.876, de 26.11.1999);

V – como contribuinte individual: (Redação dada ao inciso pela Lei 9.876, de 26.11.1999).

a) a pessoa física, proprietária ou não, que explora atividade agropecuária, a qualquer título, em caráter permanente ou temporário, em área superior a 4 (quatro) módulos fiscais; ou, quando em área igual ou inferior a 4 (quatro) módulos fiscais ou atividade pesqueira, com auxílio de empregados ou por intermédio de prepostos; ou ainda nas hipóteses dos §§ 9.º e 10 deste artigo; (Redação dada à alínea pela Lei 11.718, de 20.06.2008, *DOU* 23.06.2008).

b) a pessoa física, proprietária ou não, que explora atividade de extração mineral – garimpo, em caráter permanente ou temporário, diretamente ou por intermédio de prepostos, com ou sem o auxílio de empregados, utilizados a qualquer título, ainda que de forma não contínua; (Redação dada à alínea pela Lei 9.876, de 26.11.1999, *DOU* 29.11.1999).

c) o ministro de confissão religiosa e o membro de instituto de vida consagrada, de congregação ou de ordem religiosa; (Redação dada à alínea pela Lei 10.403, de 08.01.2002, *DOU* 09.01.2002).

d) (Alínea revogada pela Lei 9.876, de 26.11.1999, *DOU* 29.11.1999).

e) o brasileiro civil que trabalha no exterior para organismo oficial internacional do qual o Brasil é membro efetivo, ainda que lá domiciliado e contratado, salvo quando coberto por regime próprio de previdência social; (Redação dada à alínea pela Lei 9.876, de 26.11.1999, *DOU* 29.11.1999).

f) o titular de firma individual urbana ou rural, o diretor não empregado e o membro de conselho de administração de sociedade anônima, o sócio solidário, o sócio de indústria, o sócio gerente e o sócio cotista que recebam remuneração decorrente de seu trabalho em empresa urbana ou rural, e o associado eleito para cargo de direção em cooperativa, associação ou entidade de qualquer natureza ou finalidade, bem como o síndico ou administrador eleito para exercer atividade de direção condominial, desde que recebam remuneração; (Alínea incluída pela Lei 9.876, de 26.11.1999, *DOU* 29.11.1999).

g) quem presta serviço de natureza urbana ou rural, em caráter eventual, a uma ou mais empresas, sem relação de emprego; (Alínea incluída pela Lei 9.876, de 26.11.1999, *DOU* 29.11.1999).

h) a pessoa física que exerce, por conta própria, atividade econômica de natureza urbana, com fins lucrativos ou não. (Alínea incluída pela Lei 9.876, de 26.11.1999, *DOU* 29.11.1999).

VI – como trabalhador avulso: quem presta, a diversas empresas, sem vínculo empregatício, serviço de natureza urbana ou rural definidos no Regulamento;

VII – como segurado especial: a pessoa física residente no imóvel rural ou em aglomerado urbano ou rural próximo a ele que, individualmente ou em regime de economia familiar, ainda que com o auxílio eventual de terceiros, na condição de: (Redação dada ao inciso pela Lei 11.718, de 20.06.2008).

a) produtor, seja proprietário, usufrutuário, possuidor, assentado, parceiro ou meeiro outorgados, comodatário ou arrendatário rurais, que explore atividade: (Alínea incluída pela Lei 11.718, de 20.06.2008).

1. agropecuária em área de até 4 (quatro) módulos fiscais; (Item incluído pela Lei 11.718, de 20.06.2008).

2. de seringueiro ou extrativista vegetal que exerça suas atividades nos termos do inciso XII do *caput* do art. 2.º da Lei 9.985, de 18 de julho de 2000, e faça dessas atividades o principal meio de vida; (Item incluído pela Lei 11.718, de 20.06.2008).

b) pescador artesanal ou a este assemelhado que faça da pesca profissão habitual ou principal meio de vida; e (Alínea incluída pela Lei 11.718, de 20.06.2008).

c) cônjuge ou companheiro, bem como filho maior de 16 (dezesseis) anos de idade ou a este equiparado, do segurado de que tratam as alíneas *a* e *b* deste inciso, que, comprovadamente, trabalhem com o grupo familiar respectivo. (Alínea incluída pela Lei 11.718, de 20.06.2008).

§ 1.º Entende-se como regime de economia familiar a atividade em que o trabalho dos membros da família é indispensável à própria subsistência e ao desenvolvimento socioeconômico do núcleo familiar e é exercido em condições de mútua dependência e colaboração, sem a utilização de empregados permanentes. (Redação dada ao parágrafo pela Lei 11.718, de 20.06.2008).

§ 2.º Todo aquele que exercer, concomitantemente, mais de uma atividade remunerada sujeita ao Regime Geral de Previdência Social é obrigatoriamente filiado em relação a cada uma delas.

§ 3.º O aposentado pelo Regime Geral de Previdência Social – RGPS que estiver exercendo ou que voltar a exercer atividade abrangida por este Regime é segurado obrigatório em relação a essa atividade, ficando sujeito às contribuições de que trata a Lei 8.212, de 24 de julho de 1991, para fins de custeio da Seguridade Social (Parágrafo incluído pela Lei 9.032, de 28.04.1995, *DOU* 29.04.1995).

§ 4.º O dirigente sindical mantém, durante o exercício do mandato eletivo, o mesmo enquadramento no Regime Geral de Previdência Social – RGPS de antes da investidura. (Parágrafo incluído pela Lei 9.528, de 10.12.1997).

§ 5.º Aplica-se o disposto na alínea *g* do inciso I do *caput* ao ocupante de cargo de Ministro de Estado, de Secretário Estadual, Distrital ou Municipal, sem vínculo efetivo com a União, Estados, Distrito Federal e Municípios, suas autarquias, ainda que em regime especial, e fundações. (Parágrafo incluído pela Lei 9.876, de 26.11.1999, *DOU* 29.11.1999).

§ 6.º Para serem considerados segurados especiais, o cônjuge ou companheiro e os filhos maiores de 16 (dezesseis) anos ou os a estes equiparados deverão ter participação ativa nas atividades rurais do grupo familiar. (Parágrafo incluído pela Lei 11.718, de 20.06.2008).

§ 7.º O grupo familiar poderá utilizar-se de empregados contratados por prazo determinado ou de trabalhador de que trata a alínea g do inciso V do *caput*, à razão de no máximo 120 (cento e vinte) pessoas por dia no ano civil, em períodos corridos ou intercalados ou, ainda, por tempo equivalente em horas de trabalho, não sendo computado nesse prazo o período de afastamento em decorrência da percepção de auxílio-doença (Acrescentado pela Lei 11.718, de 2008, e modificado pela Lei 12.873, de 24.10.2013).

§ 8.º Não descaracteriza a condição de segurado especial: (Parágrafo incluído pela Lei 11.718, de 20.06.2008).

I – a outorga, por meio de contrato escrito de parceria, meação ou comodato, de até 50% (cinquenta por cento) de imóvel rural cuja área total não seja superior a 4 (quatro) módulos fiscais, desde que outorgante e outorgado continuem a exercer a respectiva atividade, individualmente ou em regime de economia familiar; (Inciso incluído pela Lei 11.718, de 20.06.2008).

II – a exploração da atividade turística da propriedade rural, inclusive com hospedagem, por não mais de 120 (cento e vinte) dias ao ano; (Inciso incluído pela Lei 11.718, de 20.06.2008).

III – a participação em plano de previdência complementar instituído por entidade classista a que seja associado em razão da condição de trabalhador rural ou de produtor rural em regime de economia familiar; e (Inciso incluído pela Lei 11.718, de 20.06.2008).

IV – ser beneficiário ou fazer parte de grupo familiar que tem algum componente que seja beneficiário de programa assistencial oficial de governo; (Inciso incluído pela Lei 11.718, de 20.06.2008).

V – a utilização pelo próprio grupo familiar, na exploração da atividade, de processo de beneficiamento ou industrialização artesanal, na forma do § 11 do art. 25 da Lei 8.212, de 24 de julho de 1991; (Inciso incluído pela Lei 11.718, de 20.06.2008).

VI – a associação em cooperativa agropecuária; e (Acrescentado pela Lei 11.718, de 2008, e modificado pela Lei 12.873, de 24.10.2013).

VII – a incidência do Imposto Sobre Produtos Industrializados – IPI sobre o produto das atividades desenvolvidas nos termos do § 12. (Acrescentado pela Lei 11.718, de 2008, e modificado pela Lei 12.873, de 24.10.2013).

§ 9.º Não é segurado especial o membro de grupo familiar que possuir outra fonte de rendimento, exceto se decorrente de: (Parágrafo incluído pela Lei 11.718, de 20.06.2008).

I – benefício de pensão por morte, auxílio-acidente ou auxílio-reclusão, cujo valor não supere o do menor benefício de prestação continuada da Previdência Social; (Inciso incluído pela Lei 11.718, de 20.06.08).

II – benefício previdenciário pela participação em plano de previdência complementar instituído nos termos do inciso IV do § 8.º deste artigo; (Inciso incluído pela Lei 11.718, de 20.06.2008).

III – exercício de atividade remunerada em período não superior a 120 (cento e vinte) dias, corridos ou intercalados, no ano civil, observado o disposto no § 13 do art. 12 da Lei 8.212, de 24 de julho de 1991; (Acrescentado pela Lei 11.718, de 2008, e modificado pela Lei 12.873, de 24.10.2013).

IV – exercício de mandato eletivo de dirigente sindical de organização da categoria de trabalhadores rurais; (Inciso incluído pela Lei 11.718, de 20.06.2008).

V – exercício de mandato de vereador do Município em que desenvolve a atividade rural ou de dirigente de cooperativa rural constituída, exclusivamente, por segurados especiais, observado o disposto no § 13 do art. 12 da Lei 8.212, de 24 de julho de 1991; (Inciso incluído pela Lei 11.718, de 20.06.2008).

VI – parceria ou meação outorgada na forma e condições estabelecidas no inciso I do § 8.º deste artigo; (Inciso incluído pela Lei 11.718, de 20.06.2008).

VII – atividade artesanal desenvolvida com matéria-prima produzida pelo respectivo grupo familiar, podendo ser utilizada matéria-prima de outra origem, desde que a renda mensal obtida na atividade não exceda ao menor benefício de prestação continuada da Previdência Social; e (Inciso incluído pela Lei 11.718, de 20.06.2008).

VIII – atividade artística, desde que em valor mensal inferior ao menor benefício de prestação continuada da Previdência Social. (Inciso incluído pela Lei 11.718, de 20.06.2008).

§ 10. O segurado especial fica excluído dessa categoria: (Parágrafo incluído pela Lei 11.718, de 20.06.2008).

I – a contar do primeiro dia do mês em que: (Inciso incluído pela Lei 11.718, de 20.06.2008).

a) deixar de satisfazer as condições estabelecidas no inciso VII do *caput* deste artigo, sem prejuízo do disposto no art. 15 desta Lei, ou exceder qualquer dos limites estabelecidos no inciso I do § 8.º deste artigo; (Alínea incluída pela Lei 11.718, de 20.06.2008).

b) enquadrar-se em qualquer outra categoria de segurado obrigatório do Regime Geral de Previdência Social, ressalvado o disposto nos incisos III, V, VII e VIII do § 9.º e no § 12, sem prejuízo do disposto no art. 15; (Acrescentado pela Lei 11.718, de 2008, e modificado pela Lei 12.873, de 24.10.2013).

c) tornar-se segurado obrigatório de outro regime previdenciário; e (Acrescentado pela Lei 11.718, de 2008, e modificado pela Lei 12.873, de 24.10.2013).

d) participar de sociedade empresária, de sociedade simples, como empresário individual ou como titular de empresa individual de responsabilidade limitada em desacordo com as limitações impostas pelo § 12; (Acrescentado pela Lei 12.873, de 24.10.2013).

II – a contar do primeiro dia do mês subsequente ao da ocorrência, quando o grupo familiar a que pertence exceder o limite de: (Inciso incluído pela Lei 11.718, de 20.06.2008).

a) utilização de terceiros na exploração da atividade a que se refere o § 7.º deste artigo; (Alínea incluída pela Lei 11.718, de 20.06.2008).

b) dias em atividade remunerada estabelecidos no inciso III do § 9.º deste artigo; e (Alínea incluída pela Lei 11.718, de 20.06.2008).

c) dias de hospedagem a que se refere o inciso II do § 8.º deste artigo. (Alínea incluída pela Lei 11.718, de 20.06.2008).

§ 11. Aplica-se o disposto na alínea *a* do inciso V do *caput* deste artigo ao cônjuge ou companheiro do produtor que participe da atividade rural por este explorada. (Parágrafo incluído pela Lei 11.718, de 20.06.2008).

§ 12. A participação do segurado especial em sociedade empresária, em sociedade simples, como empresário individual ou como titular de empresa individual de responsabilidade limitada de objeto ou âmbito agrícola, agroindustrial ou agroturístico, considerada microempresa nos termos da LC 123, de 14 de dezembro de 2006, não o exclui de tal categoria previdenciária, desde que, mantido o exercício da sua atividade rural na forma do inciso VII do *caput* e do § 1.º, a pessoa jurídica componha-se apenas de segurados de igual natureza e sedie-se no mesmo Município ou em Município limítrofe àquele em que eles desenvolvam suas atividades. (Parágrafo incluído pela Lei 12.873, de 24.10.2013).

✳ **Remissão:** art. 195, II e § 8.º, da CF/1988; arts. 6.º e 9.º da CLPS.

✐ Anotação

É segurado obrigatório da Previdência Social quem trabalha, assim entendida a pessoa física que exerça atividade remunerada, efetiva ou eventual, de natureza urbana ou rural, com ou sem vínculo de emprego, a título precário ou não, bem como aquele que a lei define como tal, observadas, quando for o caso, as exceções previstas no texto legal.

Esse preceito especifica os cinco grupos pricipais em que se divide a categoria dos segurados obrigatórios: empregado, doméstico, avulso, contribuinte individual e segurado especial.

TÍTULO III – DO REGIME GERAL DE PREVIDÊNCIA SOCIAL • Art. 11

O trabalho temporário é definido pela Lei 6.019, de 03.01.1974, *DOU* 04.01.7194, como "*aquele prestado por pessoa física a uma empresa, para atender à necessidade transitória de substituição de seu pessoal regular e permanente ou à acréscimo extraordinário de serviços*" (art. 2.º).

Convém lembrar que o garimpeiro, antes catalogado na Constituição como segurado especial, é hoje em dia inserido na categoria dos contribuintes individuais, por força da Lei 8.398/1992, que alterou a redação do inc. VII do art. 12 da Lei 8.212/1991.

A categoria referida na alínea g do inc. I foi inserida por expressa determinação do § 13 do art. 40 da CF/1988. É figura híbrida de servidor que, tendo sido excluído do regime próprio, fica sob a cobertura do regime geral.

Em razão do julgamento do RE 351.717-1, o Senado Federal, por meio da Resolução 26/2005, suspendeu a execução da alínea h do inc. I aqui anotado.

Por fim, anote-se que, em conformidade com o mandamento constitucional estampado no art. 7.º, XXXIII, o menor aprendiz, a partir da idade de 14 anos, deve ser catalogado no rol dos segurados obrigatórios. Aliás, o art. 3.º, II, da IN INSS/PRES 20/2007, cuida expressamente do tema.

São introduzidas diversas modificações no regime jurídico do segurado especial, em plena conformidade com o que se estabeleceu, por igual, no Plano de Custeio, consoante anotação que se fez ao art. 11 daquele diploma.

JURISPRUDÊNCIA

"*Constitucional. Tributário. Previdência Social. Contribuição social: Parlamentar: Exercente de mandato eletivo federal, estadual ou municipal. Lei 9.506, de 30.10.1997. Lei 8.212, de 24.07.1991. CF/1988, art. 195, II, sem a EC 20/1998; art. 195, § 4.º; art. 154, I.*

I – A Lei 9.506/1997, § 1.º do art. 13, acrescentou a alínea *h* ao inc. I do art. 12 da Lei 8.212/1991, tornando segurado obrigatório do regime geral de previdência social o exercente de mandato eletivo, desde que não vinculado a regime próprio de previdência social.

II – Todavia, não poderia a lei criar figura nova de segurado obrigatório da previdência social, tendo em vista o disposto no art. 195, II, da CF/1988. Ademais, a Lei 9.506/1997, § 1.º, do art. 13, ao criar figura nova de segurado obrigatório, instituiu fonte nova de custeio da seguridade social, instituindo contribuição social sobre o subsídio de agente político. A instituição dessa nova contribuição, que não estaria incidindo sobre 'a folha de salários, o faturamento e os lucros" (CF/1988, art. 195, I, sem a EC 20/1998), exigiria a técnica da competência residual da União, art. 154, I, *ex vi* do disposto no art. 195, § 4.º, ambos da CF/1988 É dizer, somente por lei complementar poderia ser instituída citada contribuição.

III – Inconstitucionalidade da alínea *h* do inc. I do art. 12 da Lei 8.212/1991, introduzida pela Lei 9.506/1997, § 1.º, do art. 13.

IV – RE conhecido e provido" (RE 351.717-1 – rel. Min. Carlos Velloso – DJ 21.11.2003).

"*Recurso especial. Acidente do trabalho. Emprego rural.* – Ainda que exerça atividade rural, o empregado e considerado segundo a categoria da empresa. No caso dos autos, aquela atividade se restringia a recolher matéria-prima para industrialização" (STJ – REsp 6533/SP – 2.ª T. – rel. Min. Luiz Vicente Cemicchiaro – j. 05.12.1990 – DJ 18.02.1991 – p. 1028).

"*Previdenciário. Aposentadoria por idade. Trabalhadora rural. Início de prova documental. Ausência.* Afastada a extensão da qualificação do cônjuge. 1. Não comprovada a qualidade de trabalhadora rural (art. 11; I, *a*, da Lei 8.213/1991) ou de segurada especial (art. 11, VII, da Lei 8.213/1991), a autora não tem direito ao benefício de aposentadoria por idade, na forma do art. 143 da Lei 8.213/1991. 2. A qualificação profissional do cônjuge é extensível à esposa, desde que em harmonia com as demais provas constantes dos autos. 3. A consulta ao Cadastro Nacional de Informações Sociais, acostada aos autos (f.), atesta que o marido da autora exerceu atividade urbana nas empresas Monte Belo S/A Agricultura, Indústria e Comércio e Sigra S/A Indústria e Comércio de Produtos Têxteis, na Prefeitura Municipal de Pouso Alegre/MG e no Condomínio do Edifício Dona Bela, além de se inscrever como segurado facultativo da Previdência Social, aposentando-se como comerciário (f.), de maneira que não pode a autora pretender ter estendida, a seu favor, a qualificação profissional de lavrador do marido, constante de certidão de casamento, para fins de percepção da aposentadoria vindicada. 4. 'Não é admissível prova exclusivamente testemunhal para o reconhecimento de tempo de exercício de atividade urbana e rural' (Súmula 27/TRF-1.ª Reg.). 5. Apelação e remessa oficial, tida por interposta, a que se dá provimento para julgar improcedente o pedido" (TRF-1.ª Reg. – AC 2006.38.10.004484-5/MG – 1.ª T. – rel. Juiz Federal Antônio Francisco do Nascimento – j. 29.07.2009 – DJe 22.09.2009 – p. 279).

"*Trabalhador rural enquadrado como segurado especial. Produtor. Parceiro. Meeiro. Arrendatário rural. Aposentadoria por tempo de serviço. Período de carência. Contribuição facultativa.* 1. O trabalhador rural enquadrado como segurado especial (produtor, parceiro, meeiro e arrendatário rural exercentes de suas atividades individualmente ou em regime de economia familiar –

CF/1988, art. 195, § 8.º) para fins de aposentadoria por tempo de serviço deve comprovar um número mínimo de contribuições mensais facultativas (período de carência), uma vez que a contribuição obrigatória, incidente sobre a receita bruta da comercialização de sua produção (2,5%), apenas assegura a aposentadoria por idade ou por invalidez, auxílio-doença, auxílio-reclusão e pensão. Lei 8.213/1991 – arts. 11, VII, 24, 25, 26, III e 39, I e II. 2. Recurso especial conhecido e provido" (STJ – REsp 270.330/SP – 6.ª T. – rel. Min. Fernando Gonçalves – j. 16.11.2000 – DJ 11.12.2000 – p. 252).

"*Previdenciário. Aposentadoria por idade. Trabalhadora rural*. Qualificação do marido da suplicante como empregador rural em certificados de cadastro de imóvel rural junto ao Incra. Documentos comprobatórios da condição da autora de proprietária de grandes áreas rurais. Atividade rural não desempenhada em regime de economia familiar. Art. 11, VII, da Lei 8.213/1991. 1. O benefício da aposentadoria por idade é concedido mediante a comprovação da qualidade de trabalhador rural, em regime de economia familiar, por prova material plena e por prova testemunhal baseada em início de prova documental, na forma do art. 55, § 3.º, da Lei 8.213/1991, bem como a idade superior a 55 anos. 2. O patrimônio e a produtividade do imóvel rural pertencente à suplicante revelam que esta não exercia trabalho rural em regime de economia familiar. Ademais, o marido da suplicante se inscreveu perante a Previdência Social como empresário. 3. São segurados obrigatórios da Previdência Social, na qualidade de segurado especial, o produtor, o parceiro, o meeiro e o arrendatário rurais que exerçam suas atividades, individualmente ou em regime de economia familiar, ainda que com o auxílio eventual de terceiros, bem como seus respectivos cônjuges ou companheiros e filhos maiores de 14 (quatorze) anos ou a eles equiparados, desde que trabalhem, comprovadamente, com o grupo familiar respectivo (art. 11, VII, da Lei 8.213/1991). 4. Remessa oficial a que se dá provimento para julgar improcedente o pedido" (TRF-1.ª Reg. – REO 2007.01.99.040353-2/MT – 1.ª T. – rel. Des. Federal Antônio Sávio de Oliveira Chaves – j. 15.04.2009 – DJe 23.06.2009 – p. 82).

"*Previdenciário e processual civil. Apelação intempestiva. Aposentadoria por idade rural. Requisitos. Atividade rural. Início de prova material. Sistema de arrendamento. Contratação eventual de terceiros. Antecipação de tutela.* (...). 4. A contratação eventual de terceiros não descaracteriza o regime de economia familiar, à luz do que dispõem o inc. VII e os §§ 1.º e 7.º do art. 11 da LBPS. (...)" (TRF-4.ª Reg. – APELREEX 27.950/PR – 5.ª T. – rel. Celso Kipper – j. 18.11.2008 – DJe 09.12.2008).

"*Previdenciário. Aposentadoria por idade. Trabalhador rural. Documentos comprobatórios da condição do autor de produtor rural. Atividade rural não desempenhada em regime de economia familiar. Art. 11, VIII, da Lei 8.213/1991.* Apelação provida: pedido improcedente. 1. O benefício da aposentadoria por idade é concedido mediante a comprovação da condição de trabalhador rural, em regime de economia familiar, por prova material plena e por prova testemunhal baseada em início de prova documental, na forma do art. 39, I, da Lei 8.213/1991, bem como a idade superior a 60 anos. 2. O patrimônio e a produtividade do imóvel rural pertencente ao suplicante revela que este era produtor rural, descaracterizando o exercício de trabalho rural em regime de economia familiar. 3. São segurados obrigatórios da Previdência Social, na qualidade de segurado especial, o produtor, o parceiro, o meeiro e o arrendatário rurais que exerçam suas atividades, individualmente ou em regime de economia familiar, ainda que com o auxílio eventual de terceiros, bem como seus respectivos cônjuges ou companheiros e filhos maiores de 14 (quatorze) anos ou a eles equiparados, desde que trabalhem, comprovadamente, com o grupo familiar respectivo (art. 11, VII, da Lei 8.213/1991). 4. Provida a apelação interposta pelo INSS, para julgar improcedente o pedido, deve ser revogada a antecipação de tutela concedida na sentença. 5. Apelação e remessa oficial, tida por interposta, a que se dá provimento" (TRF-1.ª Reg. – AC 2008.01.99.001806-7/MG – 1.ª T. – rel. Des. Federal Antônio Sávio de Oliveira Chaves – j. 15.06.2009 – e-*DJe* 28.07.2009 – p. 79).

"Deve ser computado para fins previdenciários o comprovado trabalho rural do menor de 14 (quatorze) anos em regime de economia familiar. Precedentes. Recolhimento das respectivas contribuições. Falta de prequestionamento. Inovação. Agravo regimental improvido" (STJ – AgRg no Ag 459693/RS – 6.ª T. – rel. Min. Nilson Naves – j. 23.08.2005 – *DJ* 06.02.2006 – p. 367).

"*Recurso especial. Acidente do trabalho. Aposentadoria especial. Auxílio-acidente.* A lei não proíbe o trabalho do aposentado. Considere-se o caráter alimentar do salário. O direito não pode ficar alheio a realidade social, sob pena de as normas perderem eficácia. É lícito a qualquer pessoa buscar reforço para o seu orçamento. Consequentemente, ainda que aposentado, evidenciado o acidente no trabalho, e de ser aplicada a lei da infortunística" (STJ – REsp 6535/SP – 2.ª T. – rel. Min. Luiz Vicente Cemicchiaro – j. 05.12.1990 – *DJ* 18.02.1991 – p. 1028).

"*Súmula 27/TRF-1.ª Reg.*: 'não é admissível prova exclusivamente testemunhal para reconhecimento de tempo de exercício de atividade urbana e rural (Lei 8.213/1991, art. 55, § 3.º)'" (TRF-1.ª Reg. – Súmula 27 – *DJU* 08.12.1994 – p. 72002).

"*Enunciado 22/CRPS*: Considera-se segurada especial a mulher que, além das tarefas domésticas, exerce atividades rurais com o grupo familiar respectivo, aproveitando-se-lhe as provas materiais apresentadas em nome de seu cônjuge ou companheiro, corroboradas por meio de pesquisa, entrevista ou Justificação Administrativa" (Resolução CRPS 2/2007, de 30.03.2006 – *DOU* 07.04.2006).

"*Enunciado 7/CRPS*: 'O tempo de serviço prestado no exterior a empresa não vinculada à Previdência Social brasileira não pode ser computado, salvo tratado de reciprocidade entre Brasil e Estado Estrangeiro onde o trabalho, prestado num, seja contado no outro, para os efeitos dos benefícios ali previstos'" (Portaria Ministerial 3.286, de 27.09.1973, *DOU* 08.10.1973 – Prejulgado 5-B).

Resolução 2/CRPS, *DOU* 07.04.2006.

▶ Assim dispunha o inc. III do art. 11 revogado:

III – como empresário: o titular de firma individual urbana ou rural, o diretor não empregado, o membro de conselho de administração de sociedade anônima, o sócio solidário, o sócio de indústria e o sócio cotista que participe da gestão ou receba remuneração decorrente de seu trabalho em empresa urbana ou rural;

▶ Assim dispunha o inc. IV do art. 11 revogado:

IV – como trabalhador autônomo:

▶ Assim dispunha a alínea *a* do inc. IV do art. 11 revogada:

a) quem presta serviço de natureza urbana ou rural, em caráter eventual, a uma ou mais empresas, sem relação de emprego;

▶ Assim dispunha a alínea *b* do inc. IV do art. 11 revogada:

b) a pessoa física que exerce, por conta própria, atividade econômica de natureza urbana, com fins lucrativos ou não;

▶ Assim dispunha o inc. V e alíneas do art. 11, na versão original:

V – como equiparado a trabalhador autônomo, além dos casos previstos em legislação específica:

a) a pessoa física, proprietária ou não, que explora atividade agropecuária, pesqueira ou de extração de minerais, em caráter permanente ou temporário, diretamente ou através de prepostos e com auxílio de empregados, utilizados a qualquer título, ainda que de forma não contínua;

b) o ministro de confissão religiosa e o membro de instituto de vida consagrada e de congregação ou de ordem religiosa, este quando por ela mantido, salvo se filiado obrigatoriamente à Previdência Social em razão de outra atividade, ou a outro sistema previdenciário, militar ou civil, ainda que na condição de inativo;

c) o empregado de organismo oficial internacional ou estrangeiro em funcionamento no Brasil, salvo quando coberto por sistema próprio de previdência social;

d) o brasileiro civil que trabalha no exterior para organismo oficial internacional do qual o Brasil é membro efetivo, ainda que lá domiciliado e contratado, salvo quando coberto por sistema de previdência social do país do domicílio;

▶ Assim dispunham as alíneas do inc. V do art. 11, na redação dada pela Lei 9.528, de 10.12.1997:

a) a pessoa física, proprietária ou não, que explora atividade agropecuária ou pesqueira, em caráter permanente ou temporário, diretamente ou por intermédio de prepostos e com o auxílio de empregados, utilizados a qualquer título, ainda que de forma não contínua;

b) pessoa física, proprietária ou não, que explora atividade de extração mineral – garimpo –, em caráter permanente ou temporário, diretamente ou por intermédio de prepostos, com ou sem auxílio de empregados, utilizados a qualquer título, ainda que de forma não contínua;

c) o ministro de confissão religiosa e o membro de instituto de vida consagrada e de congregação ou de ordem religiosa, este quando por ela mantido, salvo se filiado obrigatoriamente à Previdência Social em razão de outra atividade, ou a outro sistema previdenciário, militar ou civil, ainda que na condição de inativo;

d) o empregado de organismo oficial internacional ou estrangeiro em funcionamento no Brasil, salvo quando coberto por sistema próprio de previdência social;

▶ Assim dispunha a alínea *e* do inc. V do art. 11, incluída pela Lei 9.528, de 10.12.1997:

e) o brasileiro civil que trabalha no exterior para organismo oficial internacional do qual o Brasil é membro efetivo, ainda que lá domiciliado e contratado, salvo quando coberto por sistema de previdência social do país do domicílio.

▶ Assim dispunha a alínea *a* do inc. V do art. 11, alterada pela Lei 9.876, de 26.11.1999, *DOU* 29.11.1999:

a) a pessoa física, proprietária ou não, que explora atividade agropecuária ou pesqueira, em caráter permanente ou temporário, diretamente ou por intermédio de prepostos e com auxílio de empregados, utilizados a qualquer título, ainda que de forma não contínua;

▶ Assim dispunha a alínea *c* do inc. V do art. 11, alterada pela Lei 9.876, de 26.11.1999, *DOU* 29.11.1999:

c) o ministro de confissão religiosa e o membro de instituto de vida consagrada, de congregação ou de ordem religiosa, quando mantidos pela entidade a que pertencem, salvo se filiados obrigatoriamente à Previdência Social em razão de outra atividade ou a outro regime previdenciário, militar ou civil, ainda que na condição de inativos;

TÍTULO III – DO REGIME GERAL DE PREVIDÊNCIA SOCIAL • **Art. 11**

▶ Assim dispunha a alínea *d* do inc. V do art. 11, revogada pela Lei 9.876, de 26.11.1999, *DOU* 29.11.1999:

d) o empregado de organismo oficial internacional ou estrangeiro em funcionamento no Brasil, salvo quando coberto por sistema próprio de previdência social; (Alínea realinhada pela Lei 9.528, de 10.12.1997).

▶ Assim dispunha o inc. VII do art. 11 alterado:

VII – como segurado especial: o produtor, o parceiro, o meeiro e o arrendatário rurais, o garimpeiro, o pescador artesanal e o assemelhado, que exerçam suas atividades, individualmente ou em regime de economia familiar, ainda que com o auxílio eventual de terceiros, bem como seus respectivos cônjuges ou companheiros e filhos maiores de 14 (quatorze) anos ou a eles equiparados, desde que trabalhem, comprovadamente, com o grupo familiar respectivo.

▶ Assim dispunha o § 1.º do art. 11 alterado:

§ 1.º Entende-se como regime de economia familiar a atividade em que o trabalho dos membros da família é indispensável à própria subsistência e é exercido em condições de mútua dependência e colaboração, sem a utilização de empregados.

▶ Assim dispunha o § 7.º do art. 11 alterado:

§ 7.º O grupo familiar poderá utilizar-se de empregados contratados por prazo determinado ou de trabalhador de que trata a alínea *g* do inciso V do *caput* deste artigo, em épocas de safra, à razão de, no máximo, 120 (cento e vinte) pessoas/dia no ano civil, em períodos corridos ou intercalados ou, ainda, por tempo equivalente em horas de trabalho.

▶ Assim dispunha o inc. VI do § 8.º do art. 11 alterado:

VI – a associação em cooperativa agropecuária.

▶ Assim dispunha o inc. III do § 9.º do art. 11 alterado:

III – exercício de atividade remunerada em período de entressafra ou do defeso, não superior a 120 (cento e vinte) dias, corridos ou intercalados, no ano civil, observado o disposto no § 13 do art. 12 da Lei 8.212, de 24 de julho de 1991;

▶ Assim dispunha a alínea *b* do inc. I do § 10 do art. 11 alterada:

b) se enquadrar em qualquer outra categoria de segurado obrigatório do Regime Geral de Previdência Social, ressalvado o disposto nos incs. III, V, VII e VIII do § 9.º deste artigo, sem prejuízo do disposto no art. 15 desta Lei; e

▶ Assim dispunha a alínea *c* do inc. I do § 10 do art. 11 alterada:

c) tornar-se segurado obrigatório de outro regime previdenciário; (Alínea incluída pela Lei 11.718, de 20.06.2008).

Art. 12 • Lei dos Planos de Benefícios da Previdência Social

Art. 12. O servidor civil ocupante de cargo efetivo ou o militar da União, dos Estados, do Distrito Federal ou dos Municípios, bem como o das respectivas autarquias e fundações, são excluídos do Regime Geral de Previdência Social consubstanciado nesta Lei, desde que amparados por regime próprio de previdência social (Redação dada ao artigo pela Lei 9.876, de 26.11.1999).

§ 1.º Caso o servidor ou o militar venham a exercer, concomitantemente, uma ou mais atividades abrangidas pelo Regime Geral de Previdência Social, tornar-se-ão segurados obrigatórios em relação a essas atividades (Parágrafo incluído pela Lei 9.876, de 26.11.1999).

§ 2.º Caso o servidor ou o militar, amparados por regime próprio de previdência social, sejam requisitados para outro órgão ou entidade cujo regime previdenciário não permita a filiação, nessa condição, permanecerão vinculados ao regime de origem, obedecidas as regras que cada ente estabeleça acerca de sua contribuição. (Parágrafo incluído pela Lei 9.876, de 26.11.1999).

✳ **Remissão:** arts. 39 a 40 e 149, parágrafo único, da CF/1988; EC 19/1998, 20/1998, 42/2003 e 47/2005; arts. 4.º, I, 6.º, § 3.º, da CLPS.

Os Regimes Próprios foram disciplinados por intermédio da Lei 9.717/1998.

✎ Anotação

Está excluído do Regime Geral de Previdência Social aquele a quem foi conferido Regime Próprio de Previdência Social. Destarte, se alguém aderiu a regime próprio de previdência social, não poderá filiar-se ao RGPS, exceto se mantiver duplo vínculo laborativo. Destaque-se, ainda, que os servidores militares são regidos por regime previdenciário especial, distinto assim do regime geral como do regime próprio aplicável aos servidores civis.

JURISPRUDÊNCIA

"*MS. Servidor público. Sistema previdenciário impróprio. Ressalva do art. 12, da Lei 8.213/1991. Não incidência. sujeição ao RGPS.* De acordo com as disposições do art. 201 da CF/1988 e do Dec. 2.173/1997 a previdência social abrange a aposentadoria e as pensões dos seus beneficiários, assim, se o Município não tem sistema previdenciário que se submeta a esta definição, resulta que os seus servidores não são alcançados pela ressalva contida na parte final do art. 12 da Lei 8.213/1991, sujeitando-se ao RGPS. Sentença reformada em sede de reexame necessário. Prejudicado o recurso voluntário"

(TJMG – AC 1.0000.00.174910-0/000 – 3.ª Câm. Cív. – rel. Des. Lucas Sávio V. Gomes – j. 25.05.2000 – DJ 21.06.2000).

"*Constitucional. Administrativo. Mandado de segurança. Pensão previdenciária. Viúva de servidor público municipal. Norma municipal que prevê o pagamento de pensão. Inexistência de regime próprio. Ausência de fonte de custeio obrigatória por lei. Sujeição ao RGPS – INSS. Inconstitucionalidade da norma municipal. Ausência de direito líquido e certo. Denegação da ordem postulada. Reforma da sentença monocrática.* Entre as mudanças introduzidas no sistema previdenciário brasileiro pela EC 20, uma das mais importantes é a determinação, contida no *caput* do art. 40 da CF/1988, de manter-se um regime de caráter contributivo para os servidores públicos titulares de cargos efetivos, preservando-se o equilíbrio financeiro e atuarial do sistema. – O art. 221, I, do Estatuto dos Servidores Públicos Municipais, o qual assegura pensão à família do servidor falecido na forma ali tratada, sem a respectiva fonte de custeio para a implantação de tal benefício, é inconstitucional e fere indiscutivelmente os princípios da legalidade, da moralidade, da impessoalidade e o princípio da simetria com o centro, próprios da ordem federativa brasileira" (TJMG – ACRN 1.0582.07.007269-6/003/MG – 7.ª Câm. Cív. – rel. Des. Edivaldo George dos Santos – j. 31.03.2009).

"*Enunciado 6/CRPS*: O ingresso do segurado em regime próprio de previdência pelo mesmo emprego, importa a sua exclusão automática da Previdência Social para o qual não pode contribuir como facultativo" (Portaria Ministerial 3.286, de 27.09.1973, *DOU* 08.10.73- Prejulgado 3-c).

Resolução 2/CRPS, *DOU* 07.04.2006.

▶ Assim dispunha o art. 12 e seu parágrafo único, alterados:

Art. 12. O servidor civil ou militar da União, dos Estados, do Distrito Federal ou dos Municípios, bem como o das respectivas autarquias e fundações, é excluído do Regime Geral de Previdência Social consubstanciado nesta lei, desde que esteja sujeito a sistema próprio de previdência social.

Parágrafo único. Caso este servidor venha a exercer, concomitantemente, uma ou mais atividades abrangidas pelo Regime Geral de Previdência Social, tornar-se-á segurado obrigatório em relação a essas atividades.

Art. 13. É segurado facultativo o maior de 14 (quatorze) anos que se filiar ao Regime Geral de Previdência Social, mediante contribuição, desde que não incluído nas disposições do art. 11.

Art. 13 • LEI DOS PLANOS DE BENEFÍCIOS DA PREVIDÊNCIA SOCIAL

❋ **Remissão:** arts. 6.º, 9.º e 53 do Dec. 83.081/1979; arts. 13, 23, 38, §§ 2.º e 8.º, do RCPS; arts. 25, § 1.º, e 29, §§ 2.º e 8.º, do PCSS; art. 15, VI, e 55, III e V, do PBPS; art. 11 do RPS.

✍ **Anotação**

Esse dispositivo tem por missão dar cumprimento à universalidade da cobertura e do atendimento, prevista no art. 194, I, da CF/1988, um dos objetivos da Seguridade Social.

O art. 13 conferia a qualidade de segurado facultativo a quem, sendo maior de 14 (quatorze) anos, não se enquadrasse em nenhum dos grupos supracitados e, não participando de regime próprio de previdência, manifestasse interesse na obtenção da cobertura do Regime Geral, mediante contribuição.

Tendo o inc. XXXIII do art. 7.º da CF/1988, com a redação que lhe foi dada pela EC 20/1998, fixado a idade mínima de 16 (dezesseis) anos para o trabalho do menor, o comando legal deve amoldar a esse vetor o exercício da faculdade legal.

Nesse sentido, já dispôs o art. 11 do Dec. 3.048/1999.

JURISPRUDÊNCIA

"*Previdenciário. Segurado facultativo. Estudante.* I – É segurado facultativo da previdência o maior de 14 (quatorze) anos que se filiar ao regime previdenciário mediante contribuição e desde que não incluído nas exceções previstas em lei (art. 13, da Lei 8.213/1991). II – Dentre os que podem ser segurados facultativos encontra-se o estudante, que não esteja exercendo atividade que o impeça (art. 8.º, parágrafo único, c, Dec. 611/1992). III – Ocorrendo reconhecimento de filiação em período que a atividade não exigia filiação previdenciária obrigatória, tal período, uma vez indenizado o INSS pelas contribuições não pagas, pode ser averbado (art. 189 da Lei 611/1991). IV – Negado provimento à remessa" (TRF-1.ª Reg. – REO 1998.01.00.064350-4/DF – 2.ª T. – rel. Juiz Carlos Fernando Mathias – j. 27.03.2001 – DJ 07.06.2001 – p. 97).

"*Previdenciário. Averbação de tempo de serviço urbano. Estudante e dona de casa. Segurado facultativo. Filiação. Contribuições.* Leis 7.004/1982 e 8.213/1991. Decretos 357/1991, 611/1992, 2.172/1997 e 3.048/1999. Impossibilidade. Recurso desprovido. Sentença mantida. 1. O pedido formulado refere-se à insurgência da Apelante contra sentença que, julgando improcedente o pedido de declaração de tempo de serviço urbano, prestado pela mesma nas atividades de estudante e dona de casa, como segurada facultativa, nos períodos de 1964 a 1968 e 1974 a 1985, respectivamente, deixou de condenar o INSS a averbar o referido tempo de labor. 2. Reconhecimento de período de trabalho como estudante (1964 a 1968) que não encontra amparo na Lei 7.004/1982, que instituiu o Programa de Previdência Social dos Estudantes e determinou que o tempo de vinculação não seria considerado para efeito dos regimes de Previdência Social urbana e rural (art. 11). Somente a partir da égide da Lei de Benefícios (Lei 8.213/1991) instituiu-se a possibilidade de filiação dos estudantes como segurados facultativos, mediante contribuições e desde que os mesmos não exercessem atividades sujeitas ao RGPS (art. 13). Precedente desta Corte: AMS n. 19990100010860-0/MG, 2.ª T. Suplementar, rel.: Juiz Federal Convocado Carlos Alberto Simões de Tomaz, DJU de 03.06.2004, p. 157). 3. Por semelhante modo, também não é possível o reconhecimento do tempo de serviço prestado como dona de casa, entre 1974 e 1985. Ao segurado facultativo não é possível retroceder no tempo, a período que precedeu a legislação em vigor, em face da inexistência de enquadramento no Regime Previdenciário anterior. Só se pode considerar a filiação do segurado facultativo a partir do recolhimento de sua primeira contribuição, após sua volitiva inscrição no Regime, exceto quando há lei que, tornando a atividade obrigatória, concede ao segurado a faculdade de recolher período anterior à obrigatoriedade, o que não é o caso dos autos. 4. Na condição de dona de casa, a Apelante somente poderia ser admitida como filiada ao Regime da Previdência Social, na qualidade de contribuinte, com o advento do Dec. 357/1991, que veio de regulamentar a Lei de Benefícios. Como o pedido de reconhecimento e averbação do tempo de serviço prestado pela Apelante como dona de casa, encontra-se consignado entre 1974 e 1985, não há como o mesmo prosperar, porquanto inexistente enquadramento legal a ampará-lo, à míngua da condição de contribuinte da mesma, que naquela época inexistia. Precedente desta Corte: AMS 930119978-5/AC, rel.: Desembargador Federal Amílcar Machado, DJU 02.05.1995, p. 25401. 5. Recurso de apelação da segurada desprovido. Sentença mantida" (TRF-1.ª Reg. – AC 1999.34.00.031805-9/DF – 1.ª T. – rel. Des. Federal Luiz Gonzaga Barbosa Moreira – j. 25.06.2007 – DJ 24.09.2007 – p. 4).

"*Previdenciário. Estudante. Tempo de serviço. 1. O simples estudante jamais teve direito de cômputo de tempo de serviço perante regime previdenciário. 2. A Lei 8.213/1991 não institui direito algum, muito menos retroativo, para a categoria do estudante, que se contribuir, como qualquer outra pessoa (dona de casa, quem perdeu o emprego e não quer perder a qualidade de segurado após o período de graça etc.), será um segurado facultativo, desde que já não* revista a condição de segurado obrigatório. 3. Computar tempo de serviço demanda, por óbvio, ter trabalhado em qualquer tipo de atividade, o que se aparta diametralmente da condição de simples estudante e também não deve ser confundida com a figura do aluno-aprendiz, não presente na espécie em exame. 4. Apelação improvida" (TRF-1.ª Reg. – AC 2000.01.00.128018-3/ MG – 2.ª T. – rel. Juiz Federal César Augusto Bearsi – j. 31.08.2005 – DJ 21.09.2005 – p. 73).

"*Previdenciário. Averbação de tempo de serviço. Estudante. Filiação facultativa à Previdência Social. Efeito retroativo: impossibilidade. Leis 7.004/1982 e 8.213/1991. Dec. 611/92 e 2.172/97.* 1. A Lei 7.004/1982 instituiu o Programa de Previdência Social dos Estudantes e determinou que o tempo de vinculação não será considerado para efeito dos regimes de Previdência Social urbana e rural (art. 11). 2. Com a vigência da Lei 8.213/1991 o estudante pôde filiar-se à Previdência como segurado facultativo, mediante contribuição, desde que não exercesse atividade sujeita ao Regime Geral da Previdência (art. 13), podendo, inclusive, ter reconhecido o tempo de serviço exercido anteriormente em atividade abrangida pela Previdência, conforme determinação do art. 188 do Dec. 611/1992, hoje revogado. 3. A partir da edição do Dec. 2.172/1997 a filiação retroativa do segurado facultativo foi vedada, bem como o pagamento de contribuições relativas a competências anteriores à data da inscrição (art. 8.º, § 3.º). 4. O período de estudante, anterior ao advento da Lei 7.004/1982, não pode ser computado para fins de reconhecimento de tempo de serviço, por falta de legislação à época que admitisse a classe dos estudantes como segurados facultativos da Previdência Social. Precedentes desta Corte e do STJ. 5. Apelação não provida" (TRF-1.ª Reg. – AMS 1999.01.00.010860-0/MG – 2.ª T. – rel. Juiz Federal Carlos Alberto Simões de Tomaz – j. 12. 05. 2004 – DJ 03.06.2004, p. 157).

"*Enunciado 10/CRPS (Revogado).* 'O desempregado ou o segurado licenciado do emprego, sem auferir remuneração só manterá o vínculo com a Previdência Social durante os prazos legalmente previstos, os quais só garantirá pelo pagamento da contribuição como segurado facultativo'."

✍ Anotação

Baseado em antigo parecer da Consultoria Jurídica, que se consolidou nos Prejulgados 7-D e 8 (Portaria Ministerial 3.286, de 27.09.1973, *DOU* 08.10.73), ainda que tenha sido revogado pela Resolução 2/MPS/CRPS, de 30.03.2006 (*DOU* 07.04.2006), é revestido de cunho integrativo. O sujeito de direito pode inscrever-se como facultativo desde que não esteja revestido dos atributos do segurado obrigatório.

Título III – Do regime geral de Previdência Social • **Art. 15**

Art. 14. Consideram-se:

I – empresa – a firma individual ou sociedade que assume o risco de atividade econômica urbana ou rural, com fins lucrativos ou não, bem como os órgãos e entidades da administração pública direta, indireta ou fundacional;

II – empregador doméstico – a pessoa ou família que admite a seu serviço, sem finalidade lucrativa, empregado doméstico.

Parágrafo único. Equipara-se a empresa, para os efeitos desta Lei, o contribuinte individual em relação a segurado que lhe presta serviço, bem como a cooperativa, a associação ou entidade de qualquer natureza ou finalidade, a missão diplomática e a repartição consular de carreira estrangeiras (Redação dada pela Lei 9.876, de 26.11.1999).

✳ **Remissão:** arts. 5.º, XVIII, 21, XXV, 194, §§ 3.º e 4.º, e 192, VIII, da CF/1988; art. 5.º, I e parágrafo único, da CLPS.

✎ Anotação

Vide anotação do art. 15 da Lei 8.212/1991.

▶ Assim dispunha o parágrafo único do art. 14 alterado:

Parágrafo único. Considera-se empresa, para os efeitos desta lei, o autônomo e equiparado em relação a segurado que lhe presta serviço, bem como a cooperativa, a associação ou entidade de qualquer natureza ou finalidade, a missão diplomática e a repartição consular de carreira estrangeiras.

Art. 15. Mantém a qualidade de segurado, independentemente de contribuições:

I – sem limite de prazo, quem está em gozo de benefício;

II – até 12 (doze) meses após a cessação das contribuições, o segurado que deixar de exercer atividade remunerada abrangida pela Previdência Social ou estiver suspenso ou licenciado sem remuneração;

III – até 12 (doze) meses após cessar a segregação, o segurado acometido de doença de segregação compulsória;

IV – até 12 (doze) meses após o livramento, o segurado retido ou recluso;

V – até 3 (três) meses após o licenciamento, o segurado incorporado às Forças Armadas para prestar serviço militar;

VI – até 6 (seis) meses após a cessação das contribuições, o segurado facultativo.

§ 1.º O prazo do inciso II será prorrogado para até 24 (vinte e quatro) meses se o segurado já tiver pago mais de 120 (cento e vinte) contribuições mensais sem interrupção que acarrete a perda da qualidade de segurado.

§ 2.º Os prazos do inciso II ou do § 1.º serão acrescidos de 12 (doze) meses para o segurado desempregado, desde que comprovada essa situação pelo registro no órgão próprio do Ministério do Trabalho e da Previdência Social.

§ 3.º Durante os prazos deste artigo, o segurado conserva todos os seus direitos perante a Previdência Social.

§ 4.º A perda da qualidade de segurado ocorrerá no dia seguinte ao do término do prazo fixado no Plano de Custeio da Seguridade Social para recolhimento da contribuição referente ao mês imediatamente posterior ao do final dos prazos fixados neste artigo e seus parágrafos.

* **Remissão:** arts. 7.º a 9.º da CLPS.

Anotação

A manutenção da qualidade de segurado não está sujeita a limite de prazo. Sua condicionante é a contribuição que, havendo percepção de beneficio, será suspensa. O segurado continuará filiado à Previdência Social após a cessação das contribuições durante 12 (doze) meses. É o denominado "período de graça". Terá direito à cobertura adicional por mais 12 (doze) meses se já tiver vertido 120 (cento e vinte) contribuições. Tal período se estende, por fim, a 36 (trinta e seis) meses em favor do desempregado se essa situação for informada aos Órgãos do Ministério do Trabalho e Emprego, para fins de oferta de emprego.

O inc. III refere-se àquela doença epidemiológica em que a vigilância sanitária obriga o isolamento do paciente, a fim de evitar a difusão da contaminação. Esse prazo é utilizado quando o segurado não tem direito a concessão de auxílio-doença. Se tiver direito ao benefício será enquadrado no inc. II.

Mesmo em caso de fuga, o segurado filiado à Previdência Social conserva seus direitos previdenciários durante o período de 12 (doze) meses.

JURISPRUDÊNCIA

"*Previdenciário. Concessão de benefícios. Salário-maternidade. Segurada empregada. Art. 97 do Dec. 3.048/1999. Ilegalidade.* 1. Existindo nos autos documentos que comprovam a maternidade e a condição de segurada, na qualidade de empregada, independentemente de carência, estão presentes os requisitos legais para a concessão do benefício de salário-maternidade. 2. O art. 97 do Dec. 3.048/1999, ao estipular como requisito para o deferimento do salário-maternidade a existência de vínculo empregatício, mostra-se ilegal, já que extrapola a Lei de Benefícios, a qual apenas exige, para a concessão do benefício, a maternidade e a qualidade de segurada da mãe – condição esta que se mantém, mesmo para a segurada que deixa de ser empregada, pelos interregnos previstos no art. 15 da LBPS" (TRF-4.ª Reg. – AC 1.221/RS – 6.ª T. – rel. Sebastião Ogê Muniz – j. 30.04.2008 – DJe 27.06.2008).

"*Previdenciário. Salário-maternidade. Segurada empregada urbana. Manutenção da qualidade de segurada. Art. 15 da Lei 8.213/1991. Honorários advocatícios.* 1. Demonstrada a maternidade e a manutenção da qualidade de segurada, nos termos do art. 15 da LBPS, é devido à autora o salário-maternidade, ainda que cessado o vínculo empregatício na data do nascimento. 2. Honorários advocatícios mantidos em 10% sobre o valor da condenação" (TRF-4.ª Reg. – AC 8.813/RS – 6.ª T. – rel. João Batista Pinto Silveira – j. 19.12.2007 – 6.ª T. – DJe 25.01.2008).

"*Previdenciário. Carência de ação. Afastada. Interesse de agir configurado. Salário-maternidade. Segurada empregada. Manutenção da qualidade de segurada. Art. 15 da Lei 8.213/1991. Consectários.* 1. A jurisprudência consolidou o entendimento no sentido de ser necessário, para que se configure a lide e, assim, o interesse processual, o prévio requerimento administrativo, não obstante a inexigência do esgotamento da via administrativa, a teor da Súmula 213/TFR (extinto) ou a caracterização da resistência do INSS à pretensão da parte autora, consistente na impugnação do mérito da causa em Juízo, seja em sede de contestação, alegações finais ou apelação. 2. Demonstrada a maternidade e a manutenção da qualidade de segurada, nos termos do art. 15 da LBPS, é devido à autora o salário-maternidade, ainda que cessado o vínculo empregatício na data do nascimento. 3. Mantidos os índices conforme fixados na sentença *a quo*" (TRF-4.ª Reg. – AC 974/PR – T. Suplementar – rel. Luís Alberto D'Azevedo Aurvalle – j. 07.05.2008 – DJe 20.06.2008).

"*Seguridade social. Previdenciário. Juizado Especial Federal. Incidente de uniformização de interpretação de Lei Federal. Manutenção da qualidade de segurado. Condição de desempregado.* Dispensa do registro perante o Ministério do Trabalho e da Previdência Social quando for comprovada a situação de desemprego por outras provas constantes dos autos. Princípio do livre convencimento motivado do juiz. O registro na Carteira de Trabalho e Previdência Social – CTPS da data da saída do requerido no emprego e a ausência de registros posteriores não são suficientes para comprovar a condição de desempregado. Incidente de uniformização do INSS provido. Precedentes do STJ. Lei 8.213/1991, art. 15. Lei 10.259/2001, art. 14, § 4.º, da CF/1988, art. 201, III. 1. O art. 15 da Lei 8.213/1991 elenca as hipóteses em que há a prorrogação da qualidade de segurado, independentemente do recolhimento de contribuições previdenciárias. 2. No que diz respeito à hipótese sob análise, em que o requerido alega ter deixado de exercer atividade remunerada abrangida pela Previdência Social, incide a disposição do inc. II e dos §§ 1.º e 2.º do citado art. 15 de que é mantida a qualidade de segurado nos 12 (doze) meses após a cessação das contribuições, podendo ser prorrogado por mais 12 (doze) meses se comprovada a situação por meio de registro no órgão próprio do Ministério do Trabalho e da Previdência Social. 3. Entretanto, diante do compromisso constitucional com a dignidade da pessoa humana, esse dispositivo deve ser interpretado de forma a proteger não o registro da situação de desemprego, mas o segurado desempregado que, por esse motivo, encontra-se impossibilitado de contribuir para a Previdência Social. 4. Dessa forma, esse registro não deve ser tido como o único meio de prova da condição de desempregado do segurado, especialmente considerando que, em âmbito judicial, prevalece o livre convencimento motivado do Juiz e não o sistema de tarifação legal de provas. Assim, o registro perante o Ministério do Trabalho e da Previdência Social poderá ser suprido quando for comprovada tal situação por outras provas constantes dos autos, inclusive a testemunhal. 5. No presente caso, o Tribunal *a quo* considerou mantida a condição de segurado do requerido em face da situação de desemprego apenas com base no registro na CTPS da data de sua saída no emprego, bem como na ausência de registros posteriores. 6. A ausência de anotação laboral na CTPS do requerido não é suficiente para comprovar a sua situação de desemprego, já que não afasta a possibilidade do exercício de atividade remunerada na informalidade. 7. Dessa forma, não tendo o requerido produzido nos autos prova da sua condição de desempregado, merece reforma o acórdão recorrido que afastou a perda da qualidade de segurado e julgou procedente o pedido; sem prejuízo, contudo, da promoção de outra ação em que se enseje a produção de prova adequada. 8. Incidente de Uniformização do INSS provido para fazer prevalecer a orientação ora firmada" (STJ – AC 7.115/PR – rel. Min. Napoleão Nunes Maia Filho – j. 10.03.2010 – *DJ* 06.04.2010).

"*Previdenciário. Aposentadoria por idade. Perda da qualidade de segurado. Inocorrência. Cumulação com proventos de reforma militar. Possibilidade. Termo inicial do benefício. Multa. Correção monetária. Juros de mora. Honorários advocatícios.* 1. Laborando e contribuindo para o RGPS por mais de dezessete anos ininterruptos, até os 64 anos e 03 meses de idade, faz *jus* o autor à concessão da respectiva aposentadoria etária, sem que se cogite da perda de sua qualidade de segurado porque, ao preencher os requisitos para a aposentação, o autor se enquadrava na regra inserta no art. 15, II, da Lei 8.213/1991. 2. 'A norma previdenciária não cria óbice a percepção de duas aposentadorias em regimes distintos, quando os tempos de serviços realizados em atividades concomitantes sejam computados em cada sistema de previdência, havendo a respectiva contribuição para cada um deles' (REsp 687.479/RS – 5.ª T. – Rel Min. Laurita Vaz – DJ 30.05.2005 – p. 410). 3. Faltante prévia postulação administrativa, o termo inicial do benefício é fixado na data da citação do INSS. 4. A cominação de multa pelo Juízo *a quo* em caso de não implantação do benefício no prazo de 30 (trinta) dias, é incompatível com os preceitos legais da Administração Pública. Precedentes. 5. A correção monetária das parcelas devidas será feita com base nos índices estabelecidos no Manual de Cálculos da Justiça Federal. 6. Juros de mora mantidos em 1% ao mês, incidindo a partir da citação em relação às parcelas a ela anteriores, e de cada vencimento, para as subsequentes. 7. Honorários advocatícios arbitrados em 10% do valor das parcelas vencidas até a data da prolação da sentença, porque consentânea essa fixação com as diretrizes contidas nos §§ 3.º e 4.º do art. 20 do CPC e com o enunciado da Súmula 111/STJ. 8. Apelação desprovida. 9. Remessa oficial a que se dá parcial provimento" (TRF-1.ª Reg. – AC 2004.34.00.008901/DF – 2.ª T. – rel. Des. Federal Neuza Maria Alves da Silva – 26.11.2007 – DJ 13.12.2007 – p.104).

"*Previdenciário. Pensão por morte. Data do óbito. Manutenção da qualidade de segurado. Art. 15, II, § 2.º, da Lei 8.213/1991, art. 11 do Dec. 611/1992. Direito ao benefício*. 1. Estando o ex-segurado, na data de seu óbito, no período de graça, conforme dispõe o art. 15, II, § 2.º, da Lei 8.213/1991 e art. 10, II, § 2.º, do Dec. 611/1992, uma vez que restou comprovado o seu desemprego, essa condição jurídica e fática de desempregado não é descaracterizada em decorrência de haver contribuído ao INSS como segurado facultativo. 2. Comprovada a condição de desempregado, por meio do competente registro na CTPS da concessão de Seguro Desemprego, conserva a qualidade de segurado da Previdência Social, pelo prazo previsto no art. 15, II, § 2.º, da Lei 8.213/1991 e art. 11 do Dec. 611/1992 vigente à data do óbito. 3. Encontrando-se em harmonia com as normas legais aplicáveis à espécie, a sentença deve ser mantida. 4. Apelação e remessa oficial não providas" (TRF-1.ª Reg. – AC 2000.01.00.068563-6/MG – 2.ª T. – rel. Juíza Federal Maria Helena Carreira Alvim Ribeiro – j. 31.08.2005 – DJ 20.09.2005 – p. 74).

"*Previdenciário. Concessão de auxílio-doença. Antecipação de tutela. Ausência dos requisitos.* – Para a concessão de auxílio-doença necessário o preenchimento de três requisitos: qualidade de segurado, nos termos do art. 15 da

LBPS, incapacidade para o exercício de atividade laborativa e cumprimento do período de carência. – Comprovada a prorrogação do período de graça, nos termos do art. 15, § 2.º, da Lei 8.213/1991 e, portanto, a manutenção da qualidade de segurado. – Os documentos juntados aos autos, contudo, são insuficientes para comprovar a alegada incapacidade laborativa da agravante. – Agravo de instrumento a que se nega provimento" (TRF-3.ª Reg. – AI 30.435/SP – 8.ª T. – rel. Juiz Convocado Rodrigo Zacharias – j. 12.04.2010).

"*Enunciado 31/CRPS: Seguridade social. Salário maternidade. Segurada desempregada. Lei 8.213/1991, art. 15.* Nos períodos de que trata o art. 15, da Lei 8.213/1991, é devido o salário maternidade à segurada desempregada que não tenha recebido indenização por demissão sem justa causa durante a estabilidade gestacional, vedando-se, em qualquer caso, o pagamento em duplicidade" (Resolução 2/CRPS, de 07.05.2007 – DOU 01.06.2007).

"*Enunciado 24/CRPS. Seguridade social. CRPS. Benefício. Auxílio-reclusão.* A mera progressão da pena do instituidor do benefício ao regime semiaberto não ilide o direito dos seus dependentes ao auxílio reclusão, salvo se for comprovado exercer ele atividade remunerada que lhes garanta a subsistência" (Revogado pela Res. 2/MPS/CRPS, de 30.03.2006 – DOU 07.04.2006).

✍ Anotação

Conquanto tenha sido revogado, o Enunciado fornece razoável critério de interpretação do sentido e alcance do benefício devido ao dependente.

Seção II

Dos dependentes

Art. 16. São beneficiários do Regime Geral de Previdência Social, na condição de dependentes do segurado:

I – o cônjuge, a companheira, o companheiro e o filho não emancipado, de qualquer condição, menor de 21 (vinte e um) anos ou inválido ou que tenha deficiência intelectual ou mental que o torne absoluta ou relativamente incapaz, assim declarado judicialmente; (Redação dada ao inciso pela Lei 12.470/2011).

II – os pais;

III – o irmão não emancipado, de qualquer condição, menor de 21 (vinte e um) anos ou inválido ou que tenha deficiência intelectual ou mental que o torne absoluta ou relativamente incapaz, assim declarado judicialmente; (Redação dada ao inciso pela Lei 12.470/2011).

IV – (Inciso revogado pela Lei 9.032, de 28.04.1995, *DOU* 29.04.1995).

§ 1.º A existência de dependente de qualquer das classes deste artigo exclui do direito às prestações os das classes seguintes.

§ 2.º O enteado e o menor tutelado equiparam-se a filho mediante declaração do segurado e desde que comprovada a dependência econômica na forma estabelecida no Regulamento. (Redação dada ao parágrafo pela Lei 9.528, de 10.12.1997, *DOU* 11.12.1997).

§ 3.º Considera-se companheira ou companheiro a pessoa que, sem ser casada, mantém união estável com o segurado ou com a segurada, de acordo com o § 3.º do art. 226 da Constituição Federal.

§ 4.º A dependência econômica das pessoas indicadas no inciso I é presumida e a das demais deve ser comprovada.

✷ **Remissão:** art. 201, V, e 226, § 3.º, da CF/1988; arts. 10 a 13 da CLPS.

✎ Anotação

O liame entre o dependente e o segurado tanto pode ser de ordem familiar quanto econômica. Esta última, em determinadas situações, é presumida.

São duas as classes de dependentes: os presumidos, catalogados no inc. I do preceito, cuja dependência econômica não exige demonstração, e os comprovados, a quem cumpre demonstrar que vivem a cargo do segurado.

De todo modo, a invalidez deve sempre ser atestada pelo perito médico da Previdência Social, que constatará ser a incapacidade para o trabalho total e permanente e anterior à data em que completou 21 (vinte e um) anos.

A expressão "filhos de qualquer condição" permanece como reminiscência imprópria de tempos antigos. Hoje, a CF/1988 proíbe qualquer distinção, consoante comanda o art. 227, § 6.º, nos seguintes termos: *"Os filhos, havidos ou não da relação do casamento, ou por adoção, terão os mesmos direitos e qualificações, proibidas quaisquer designações discriminatórias relativas à filiação"*.

Segue enquadrado na classe dos presumidos, nos termos do art. 76, § 2.º da Lei 8.213/1991: *"o cônjuge divorciado ou separado judicialmente ou de fato que recebia pensão de alimentos concorrerá em igualdade de condições com os dependentes referidos no inciso I do art. 16 desta Lei"*.

Enteados ou menores de 21 anos que estejam sob tutela do segurado possuem os mesmos direitos dos filhos, desde que não possuam bens para garantir seu sustento e sua educação.

A Ação Civil Pública 2000.71.00.009347-0 determina que companheiro(a) homossexual de segurado(a) terá direito a pensão por morte e auxílio-reclusão, desde que comprovada a vida em comum.

Dentro da mesma classe ocorre a concorrência, com rateio entre os beneficiários, da prestação devida. Havendo dependentes de qualquer das classes superiores, os integrantes da classe inferior não farão jus aos benefícios.

A declaração de dependentes, a dependência econômica e a inexistência de dependentes preferenciais estão disciplinadas na IN 45/PRES/INSS, de 06.08.2010.

É estranhíssima a exclusão de menor sob guarda do rol de dependentes, consoante dispunha a primitiva redação do § 2.º do art. 16.

O pretexto utilizado pelo Poder Executivo para propor a exclusão foi o comum em todas as distintas fórmulas de redução de direitos sociais: a existência de fraudes.

Respondeu a essa argumentação o Ministro Arnaldo Esteves Lima, do STJ, no voto que proferiu nos EDiv em REsp 844.598-PI, ao afirmar: "... *existem muitas [guardas] que são legítimas, a pessoa obtém a guarda de um menor legitimamente, pois quer proteger, tem condições, acha que é justo e merecido. Mas, aquele menor que está legitimamente numa situação desta, será colocado numa vala comum porque existem fraudes? As fraudes devem ser combatidas pela fiscalização, pela polícia, pelo aparelho preventivo e repressivo que a legislação coloca à disposição da nossa sociedade*".

Contra essa cabal afronta aos direitos da criança e do adolescente carentes insurgiu-se o Ministério Público, que aforou diversas ações civis públicas propugnando pelo retorno à proteção social do menor sob guarda. A jurisprudência aqui colacionada revela o estado atual da questão, ora submetida ao juízo do STF em sede de ADI 4.878 – DF, aforada pela Procuradoria-Geral da República.

JURISPRUDÊNCIA

"*Embargos de declaração. Previdenciário. Benefício de prestação continuada. Art. 16, III, da Lei 8.213/1991. Cálculo da renda per capita familiar.* I. Nos termos do inc. II do art. 16 da Lei 8.213/1991, os pais são dependentes dos filhos, sendo o núcleo familiar, no caso destes autos, formado pela autora, o ex-marido e o filho, maior e capaz, sendo ele solteiro. II. Por ocasião do estudo social, ficou comprovado que o grupo familiar auferia renda de R$ 570,00 (quinhentos e setenta reais), correspondendo a renda *per capita* familiar a 61% do salário mínimo da época, e superior a ¼ do salário mínimo, critério objetivo estabelecido pelo STF, impondo-se o não acolhimento do pedido de concessão do benefício assistencial previsto no art. 203, V, da CF/1988, nos termos do § 3.º do art. 20 da Lei 8.742/1993, cuja constitucionalidade restou confirmada no julgamento da ADIn 1.232-1, e, mais recentemente, do Agravo Regimental na Reclamação 2303-6-RS. III. Os embargos de declaração não são, no sistema processual vigente, o meio adequado à substituição da orientação dada pelo julgador, mas tão somente de sua integração, nos estreitos limites impostos pelo art. 535 do CPC. IV. Na ausência de vício a reclamar a integração do julgado, descabe falar-se em prequestionamento dos dispositivos aventados pelo embargante. V. Embargos de declaração do Ministério Público Federal rejeitados" (TRF-3.ª Reg. – APELREE 884.703/SP – 9.ª T. – rel. Des. Federal Marisa Santos – j. 12.04.2010 – DJ 22.04.2010 – p. 2163).

"*Pensão militar. Companheira de falecido militar. Ampla e incontroversa prova da convivência more uxoria. Art. 226, § 3.º, da CF/1988. Juros de mora. Honorários advocatícios.* – Ação objetivando a concessão de 50% da pensão militar por falecimento do companheiro da Autora. – A teor do art. 226, § 3.º, da CF/1988, a convivência *more uxorio* é equiparada a união estável como entidade familiar. – Nos termos do art. 16, I, da Lei 8.213, a companheira é dependente do segurado, bastando que comprove a união estável. – Os documentos juntados aos autos e o depoimento de testemunhas comprovam a necessária união estável à obtenção da pensão pretendida. – Juros de mora fixados em 6% ao ano, de acordo com a Lei" (TRF-2.ª Reg. – APELREEX 433.718/RJ – 5.ª T. – rel. Des. Federal Paulo Espírito Santo – j. 28.01.2009 – DJU 26.02.2009 – p. 121-122).

"*Previdenciário. Concessão do benefício de amparo social. Lei 8.742/1993. Portador de deficiência. Incapacidade laborativa. Incapacidade de manutenção pela família. § 3.º do art. 20 da LOAS. Antecipação de tutela.* 1. Analisando os autos, verifica-se que a prova da deficiência do Autor restou superada, tendo em vista o laudo pericial acostado às f., que atesta ser este portador de 'Retardo Mental Grave' e 'Epilepsia' e a interdição decretada no Juízo de Direito da Vara Única da Comarca de Carmo à f. que evidenciam a inaptidão para o trabalho, bem como para a vida independente. 2. No tocante à ausência de meios para prover a própria manutenção ou tê-la provida pela família, como exige o art. 20 da LOAS, depreende-se, pela documentação dos autos, em especial pelo Auto de Constatação de f., que o Autor mora de favor com a sua irmã e representante legal, além do cunhado e os dois sobrinhos, menores de idade (f.), sendo apurado que a única renda é a proveniente do que recebe o cunhado, no total de R$ 1.200,00, sendo que o

Art. 16 • Lei dos Planos de Benefícios da Previdência Social

Autor entre consultas médicas e medicamentos de uso contínuo, tem gastos mensais em torno de R$ 100,00. 3. Não se trata, obviamente, de considerar inconstitucional o dispositivo que estabelece o requisito da renda *per capita* familiar superior a ¼ do salário mínimo (§ 3.º do art. 20 da LOAS), até porque o STF, como mencionado pelo INSS em seu recurso, já concluiu pela constitucionalidade de tal preceito (ADIn 1232-1), mas de interpretá--lo de forma sistemática, isto é, considerando-o como parâmetro objetivo capaz de configurar a condição de miserabilidade daqueles que, atendidos os demais requisitos, recebem abaixo do mesmo, sem prejuízo de situações outras que revelam, a despeito de preciso enquadramento legal, a condição de hipossuficiência devidamente configurada. Jurisprudência do Colendo STJ e desta Corte. 4. O próprio texto da Lei ao definir família, conforme o § 1.º do art. 20 da LOAS, excluiu o cunhado, pois este não está relacionado entre as pessoas referidas no art. 16 da Lei 8.213/1991: 'Para os efeitos do disposto no *caput*, entende-se por família o conjunto de pessoas elencadas no art. 16 da Lei 8.213, de 24 de julho de 1991, desde que vivam sob o mesmo teto.' 5. Recurso provido para determinar que a Autarquia conceda ao Autor o benefício de amparo social, no valor correspondente a 01 (um) salário mínimo, a contar da data da propositura da ação, inclusive restabelecendo a antecipação de tutela concedida, com fulcro no art. 273 do CPC. Determinado, outrossim, a incidência sobre as parcelas vencidas de correção monetária na forma da Lei 6.899/1981, acrescidas de juros de mora de 6% ao ano a contar da citação, até dezembro de 2002, e de 1% ao mês a partir de janeiro de 2003, mês da entrada em vigor do CC/2002, além de honorários fixados em 10% sobre o valor da condenação" (TRF-2.ª Reg. – AC 384.272/RJ – 1.ª T. – rel. Des. Federal Abel Gomes – j. 20.03.2007 – *DJU* 19.04.2007 – p. 108-109).

"*Previdenciário. Pensão por morte. Trabalhador urbano. Qualidade de segurado na data do óbito comprovada por registro em carteira de trabalho. Mãe. Dependência econômica em relação ao filho. Comprovação. Pedido procedente.* 1. Não há discussão alguma quanto à qualidade de segurado do instituidor do benefício, tendo em vista que na data do óbito ele estava registrado em empresa privada exercendo a função de caldeireiro. 2. A dependência econômica da mãe em relação ao filho, deve ser comprovada para efeitos de recebimento de pensão por morte, tendo em vista que não se insere na presunção legal inserta no art. 16, I e § 4.º, da Lei 8.213/1991. 3. Assim, tendo a autora juntado documentos que comprovam a sua convivência com o instituidor da pensão sob o mesmo teto, bem como registros em carteira de trabalho e em contrato de trabalho e seu filho, constando a sua designação como única dependente, tudo isso corroborado por testemunhos idôneos, assiste-lhe o direito ao benefício. 4. Remessa oficial a que se nega provimento" (TRF-1.ª Reg. – REO 2002.33.00.016391-8/BA – 1.ª T. – rel. Des. Federal José Amilcar Machado – j. 02.09.2009 – DJe 22.09.2009 – p. 101).

"*Previdenciário e processual civil. Remessa oficial. Não conhecimento. Pensão por morte. Ex-cônjuge. Necessidade econômica. Comprovação.* Para fazer jus ao pensionamento, o cônjuge separado judicialmente, o qual não mais dispõe da presunção de dependência econômica estabelecida no art. 16, § 4.º, da LBPS, deverá comprovar a necessidade da percepção do benefício, o que inocorreu" (TRF-4.ª Reg. – AC 4.655/RS – T. Suplementar – rel. Ricardo Teixeira do Valle Pereira – j. 07.02.2007 – DJe 14.02.2007).

"*Previdenciário. Pensão por morte. Irmã maior e capaz. Falta de qualidade de dependente. Ação de improcedência mantida.* Não há como reconhecer a qualidade de dependente da autora em relação ao seu irmão falecido, já que ela é maior e capaz, não se enquadrando no disposto no art. 16, III, da LBPS" (TRF-4.ª Reg. – AC 28.059/RS – 6.ª T. – rel. Alcides Vettorazzi – j. 13.08.2008 – DJe 19.08.2008).

"*Previdenciário. Pensão por morte. Ex-cônjuge. Necessidade econômica não comprovada.* Para fazer jus ao pensionamento, o cônjuge separado judicialmente, o qual não mais dispõe da presunção de dependência econômica estabelecida no art. 16, § 4.º, da LBPS, deverá comprovar a necessidade da percepção do benefício, o que inocorreu no caso dos autos" (TRF-4.ª Reg. – AC 15.240/PR – T. Suplementar – rel. Ricardo Teixeira do Valle Pereira – j. 11.04.2007 – DJe 27.04.2007).

"*Súmula 74/TRF-4.ª Reg.: Seguridade social. Previdência social. Pensão por morte. Dependente. Extinção aos 21 anos, mesmo se estudante de curso superior. Lei 8.213/1991, arts. 16, I, e 78.* Extingue-se o direito à pensão previdenciária por morte do dependente que atinge 21 anos, ainda que estudante de curso superior" (TRF-4.ªR. – Súmula 74 – DJ 02.02.2006 – p. 524).

"*Processual civil e previdenciário. Recurso especial. Decisão monocrática. Negativa de seguimento. Relator. Possibilidade. Art. 557 do CPC. Redação da Lei 9.756/1998. Intuito. Desobstrução de pautas dos tribunais. Menor sob guarda. § 2.º do art. 16 da Lei 8.231/9191. Equiparação a filho. Fins previdenciários. Lei 9.528/1997. Rol de dependência. Exclusão. Proteção ao menor. Art. 33, § 3.º, da Lei 8.069/1990. ECA. Guarda e dependência econômica comprovação. Benefício. Concessão. Possibilidade. Precedentes do STJ. Agravo Interno desprovido.*

I – A discussão acerca da possibilidade de o relator decidir o recurso interposto isoladamente, com fulcro no art. 557 do Código de Processo Civil, encontra-se superada no âmbito desta Colenda Turma. A jurisprudência firmou-se no sentido de que, tratando-se de recurso manifestamente improcedente, prejudicado, deserto, intempestivo ou contrário a jurisprudência dominante do respectivo tribunal, do STF ou de Tribunal Superior, inocorre nulidade da decisão quando o relator não submete o feito à apreciação do órgão colegiado, indeferindo monocraticamente o processamento do recurso.

II – Na verdade, a reforma manejada pela Lei 9.756/1998, que deu nova redação ao art. 557 da Lei Processual Civil, teve o intuito de desobstruir as pautas dos tribunais, dando preferência a julgamentos de recursos que realmente reclamam apreciação pelo órgão colegiado.

III – A redação anterior do § 2.º do art. 16 da Lei 8.213/1991 equiparava o menor sob guarda judicial ao filho para efeito de dependência perante o Regime Geral de Previdência Social. No entanto, a Lei 9.528/1997 modificou o referido dispositivo legal, excluindo do rol do art. 16 e parágrafos esse tipo de dependente.

IV – Todavia, a questão merece ser analisada à luz da legislação de proteção ao menor.

V – Neste contexto, a Lei 8.069/1990 – Estatuto da Criança e do Adolescente – prevê, em seu art. 33, § 3.º, que: 'a guarda confere à criança ou adolescente a condição de dependente, para todos os fins e efeitos de direito, inclusive previdenciário.'

VI – Desta forma, restando comprovada a guarda deve ser garantido o benefício para quem dependa economicamente do instituidor, como ocorre na hipótese dos autos. Precedentes do STJ.

VII – Agravo interno desprovido."

"Previdenciário. Recurso especial. Pensão por morte. Menor sob guarda. Dependente do segurado. Equiparação a filho. Legislação de proteção ao menor e adolescente. Observância.

1. A Lei 9.528/1997, dando nova redação ao art. 16 da Lei de Beneficios da Previdencia Social, suprimiu o menor sob guarda do rol de dependentes do segurado.

Ocorre que, a questão referente ao menor sob guarda deve ser analisada segundo as regras da legislação de proteção ao menor: a CF/1988 – dever do poder público e da sociedade na proteção da criança e do adolescente (art. 227, caput e § 3.º, II) e o Estatuto da Criança e do Adolescente – é conferida ao menor sob guarda a condição de dependente para todos os efeitos, inclusive previdenciários (art. 33, § 3.º, Lei 8.069/1990).

Recurso especial desprovido" (STJ – REsp 642915 – rel. Min. Laurita Vaz – DJU 16.10.2006).

"*Previdenciário. Menor sob guarda. § 2.º do art. 16 da Lei 8.213/1991. Equiparação a filho. Fins previdenciários. Lei 9.528/1997. Rol de dependência. Exclusão. Proteção ao menor. Art. 33, § 3.º FS Lei 8.069/1990, ECA. Guarda e dependência econômica. Comprovação. Benefício. Concessão. Possibilidade. Precedentes do STJ. Agravo Interno desprovido.*

I- A redação anterior do § 2.º do art. 16 da Lei 8.213/1991 equiparava o menor sob guarda judicial ao filho para efeito de dependência perante o RGPS. No entanto, a Lei 9.528/1997 modificou o referido dispositivo legal, excluindo do rol do art. 16 e parágrafos esse tipo de dependente.

II- Todavia, a questão merece ser analisada à luz da legislação de proteção ao menor.

III- Neste contexto, a Lei 8.069/1990 – Estatuto da Criança e do Adolescente – prevê em seu art. 33, § 3.º, que: 'a guarda confere à criança ou adolescente a condição de dependente, para todos os fins e efeitos de direito, inclusive previdenciário.'

IV- Desta forma, restando comprovada a guarda deve ser garantido o benefício para quem dependa economicamente do instituidor, como ocorre com a hipótese dos autos. Precedentes do STJ.

Agravo interno desprovido" (STJ – Ag REsp 684077 – rel. Min. Gilson Dipp – *DJU* 21.02.2005).

"*Decisão* 1. Trata-se de recurso extraordinário contra acórdão do Tribunal Regional Federal da 4.ª Região, o qual, em síntese, entendeu que tendo a prova documental demonstrado que o segurado falecido contribuía para o sustento do menor de forma integral, auxiliando-o também na formação moral e em sua proteção, é deferido o benefício de pensão e que a Lei 9.528/1997 não revogou expressamente o § 3.º do art. 33 do Estatuto da Criança e do Adolescente, o qual confere ao menor sob guarda a condição de dependente para todos os efeitos, inclusive previdenciários.

2. Admitido o recurso, subiram os autos.

3. Instado a se manifestar (f.), o Ministério Público Federal opinou pelo provimento do recurso (f.).

4. A orientação desta Suprema Corte firmou-se no sentido de que deve ser aplicada ao benefício previdenciário a legislação vigente à época da aquisição do direito à benesse. Nesse sentido: RE 415.454/SC, Plenário, rel. Min. Gilmar Mendes, DJE 26.10.2007; RE 391.121-AgR/RN, rel. Min. Carlos Velloso, DJ 06.05.2005.

5. Em caso similar no RE 553.010/RN, rel. Min. Joaquim Barbosa, DJ 25.04.2005, assim se pronunciou:

'(...).

O STF firmou jurisprudência acerca da inexistência de direito adquirido a regime jurídico (cf. o julgamento da ADI 3.105).

Se, na ação, pleiteia-se concessão de benefício de pensão por morte a menor designada como dependente sob guarda nos termos do art. 16 da Lei 8.213/1991, e verificando-se que esse tipo de designação foi extinta, em 1997, pela Lei 9.528, não há direito adquirido ao benefício nos casos em que o falecimento do beneficiário tenha ocorrido depois da alteração legislativa.'

6. Portanto, evidencia-se que o acórdão recorrido está em confronto com a jurisprudência desta Corte, motivo pelo qual conheço do recurso extraordinário e dou-lhe provimento, com fundamento no art. 557, § 1.º-A, do CPC. Invertam-se os ônus da sucumbência, salvo se a recorrida for beneficiária da justiça gratuita.

Publique-se" (STF – RE 461.514/RS – rel. Min. Ellen Gracie – DJe 27.02.2009 – destacamos).

"Recurso especial. Direito previdenciário. Pensão por morte. MedProv 1.523/1996, reeditada até sua conversão na Lei 9.528/1997. Menor sob guarda excluído do rol de dependentes para fins previdenciários. Recurso especial provido.

I. A questão *sub examine* diz respeito a possibilidade do menor sob guarda usufruir do benefício de pensão por morte, após as alterações promovidas no art. 16, § 2.º, da Lei 8.213/1991, pela MedProv 1.523/1996, reeditada até sua conversão na Lei 9.528 em 10.12.1997 que, por sua vez, o teria excluído do rol de dependentes de segurados da Previdência Social.

II. No julgamento dos EDiv 727.716/CE, Rel Min. Celso Limongi (desembargador convocado), a Corte Especial, apreciando incidente de inconstitucionalidade do art. 16, § 2.º, da Lei 8.213/1991, na redação dada pela citada Medida Provisória, exarou entendimento de que, como a lei superveniente não teria negado o direito a equiparação, mas apenas se omitido em prevê-lo, não haveria inconstitucionalidade a ser declarada.

III. O entendimento já assentado no âmbito da 3.ª Seção é no sentido de que a concessão da pensão por morte deve se pautar pela lei em vigor na data do óbito do segurado, instituidor do benefício.

IV. Após as alterações legislativas ora em análise, não é mais possível a concessão da pensão por morte ao menor sob guarda, sendo também inviável a sua equiparação ao filho de segurado, para fins de dependência.

V. Recurso especial provido" (STJ – 5.ª T. – rel. Min. Gilson Dipp – REsp 720706/SE – DJe 31.08.2011 – sublinhei).

Leia mais: http://jus.com.br/artigos/23497/o-menor-sob-guarda-e-a-sua--nao-condicao-de-dependente-do-segurado-do-rgps-para-fins-de-recebimento--de-pensao-por-morte/2#ixzz2fBS0Tld5.

"13/JR/CRPS – *Seguridade social. CRPS. Dependente. Dependência econômica pode ser parcial, devendo, no entanto, representar um auxílio substancial, permanente e necessário, cuja falta acarretaria desequilíbrio dos meios de subsistência do dependente.* A dependência econômica pode ser parcial, devendo, no entanto, representar um auxílio substancial, permanente e necessário, cuja falta acarretaria desequilíbrio dos meios de subsistência do dependente" (Referências: Dec. 611/1992, art. 19, § 6.º, Prejulgado 12).

▶ Assim dispunha o inc. I do art. 16 em sua redação original:

I – o cônjuge, a companheira, o companheiro e o filho, de qualquer condição, menor de 21 (vinte e um) anos ou inválido;

▶ Assim dispunha o inc. I do art. 16 alterado:

I – o cônjuge, a companheira, o companheiro e o filho não emancipado, de qualquer condição, menor de 21 (vinte e um) anos ou inválido;

▶ Assim dispunha o inc. III do art. 16 em sua redação original:

III – o irmão, de qualquer condição, menor de 21 (vinte e um) anos ou inválido;

▶ Assim dispunha o inc. III do art. 16 alterado:

III – o irmão não emancipado, de qualquer condição, menor de 21 (vinte e um anos) ou inválido;

▶ Assim dispunha o inc. IV do art. 16 revogado:

IV – a pessoa designada, menor de 21 (vinte e um) anos ou maior de 60 (sessenta) anos ou inválida.

▶ Assim dispunha o § 2.º do art. 16 alterado:

§ 2.º Equiparam-se a filho, nas condições do inciso I, mediante declaração do segurado: o enteado; o menor que, por determinação judicial, esteja sob a sua guarda; e o menor que esteja sob sua tutela e não possua condições suficientes para o próprio sustento e educação.

Seção III

Das inscrições

Art. 17. O Regulamento disciplinará a forma de inscrição do segurado e dos dependentes.

§ 1.º Incumbe ao dependente promover a sua inscrição quando do requerimento do benefício a que estiver habilitado. (Redação dada ao parágrafo pela Lei 10.403, de 08.01.2002, DOU 09.01.2002).

§ 2.º O cancelamento da inscrição do cônjuge se processa em face de separação judicial ou divórcio sem direito a alimentos, certidão de anulação de casamento, certidão de óbito ou sentença judicial, transitada em julgado.

§ 3.º (Parágrafo revogado pela Lei 11.718, de 20.06.2008, DOU 23.06.2008).

§ 4.º A inscrição do segurado especial será feita de forma a vinculá-lo ao respectivo grupo familiar e conterá, além das informações pessoais, a identificação da propriedade em que desenvolve a atividade e a que título, se nela reside ou o Município onde reside e, quando for o caso, a identificação e inscrição da pessoa responsável pelo grupo familiar. (Incluído pela Lei 11.718, de 20.06.2008, DOU 23.06.2008 e modificado pela Lei 12.873, de 24.10.2013).

§ 5.º O segurado especial integrante de grupo familiar que não seja proprietário ou dono do imóvel rural em que desenvolve sua atividade deverá informar, no ato da inscrição, conforme o caso, o nome do parceiro ou meeiro outorgante, arrendador, comodante ou assemelhado. (Incluído pela Lei 11.718, de 20.06.2008, DOU 23.06.2008).

§ 6.º REVOGADO. (Incluído pela Lei 11.718, de 20.06.2008, DOU 23.06.2008 e revogado pela Lei 12.873, de 24.10.2013).

✻ **Remissão:** arts. 14 a 17 da CLPS; Leis 9.876/1999, 10.403/2002, 10.666/2003 e 11.718/2008; arts. 19 a 23 do Dec. 83.080/1979; itens 1.3 a 1.5 da Portaria SPS 2/1979; arts. 18 a 21 do RPS.

✍ **Anotação**

A inscrição é ato administrativo de natureza formal. Permite a identificação e a qualificação do interessado na eventual prestação de benefício.

Para o empregado, a inscrição será automaticamente efetuada pelo registro do emprego na Carteira de Trabalho e Previdência Social.

De outros trabalhadores pode ser exigida, nos termos do Regulamento, a formalização mediante instrumento específico.

O § 2.º do art. 4.º da MedProv 83/2002, convertida na Lei 10.666, de 08 de maio de 2003, dispõe: "art. 4.º: (...). § 2.º: a cooperativa de trabalho e a pessoa jurídica são obrigadas a efetuar a inscrição no Instituto Nacional do Seguro Social – INSS dos seus cooperados e contratados, respectivamente, como contribuintes individuais, se ainda não inscritos".

Título III – Do regime geral de Previdência Social • **Art. 17**

JURISPRUDÊNCIA

"*Previdenciário. Pensão por morte. Dependência econômica comprovada. Ausência de designação expressa. Prescindibilidade. Reexame de provas. Recurso especial.* 1. A exigência de inscrição dos dependentes do ex-segurado, nos termos da Lei 8.213/1991, art. 17, § 1.º, visa apenas facilitar a comprovação, junto à administração da autarquia previdenciária, da vontade do instituidor em elegê-los como beneficiários da pensão por morte, assim como a situação de dependência econômica; sua ausência não impede, entretanto, a concessão do benefício, se comprovados os requisitos por outros meios idôneos de prova. 2. 'A pretensão de simples reexame de prova não enseja recurso especial' (Súmula 07/STJ). 3. Recurso especial não conhecido" (STJ – REsp 269453/SC – 5.ª T. – rel. Min. Edson Vidigal – 13.09.2000 – DJ 09.10.2000 – p. 2001).

"*Previdenciário. Pensão por morte. Pais. Dependência econômica comprovada. Ausência de designação expressa. Prescindibilidade.* 1. A exigência de inscrição dos dependentes do ex-segurado, nos termos da Lei 8.213/1991, art. 17, § 1.º, visa apenas facilitar a comprovação, junto à administração da autarquia previdenciária, da vontade do instituidor em elegê-los como beneficiários da pensão por morte, assim como a situação de dependência econômica; sua ausência não impede, entretanto, a concessão do benefício, se comprovados os requisitos por outros meios idôneos de prova. 2. Recurso conhecido e provido" (STJ – REsp 202.847/PI – 5.ª T. – rel. Min. Edson Vidigal – 20.05.1999 – DJ 21.06.1999 – p. 197).

"*Súmula 7/STJ: reexame de prova. Recurso especial.* A pretensão de simples reexame de prova não enseja recurso especial"
(STJ – Súmula 7 – j. 28.06.1990 – DJ 03.07.1990).

"*15/JR/CRPS – Seguridade social. CRPS. Dependente.* Existência de beneficiária preferencial não impede que o segurado inscreva, para fins meramente declaratórios, pessoa que viva sob sua dependência econômica. (Revogado). 'A existência de beneficiária preferencial não impede que o segurado inscreva, para fins meramente declaratórios, pessoa que viva sob sua dependência econômica.' Revogado pela Res. MPS/CRPS 2, de 30.03.2006" (*DOU* 07.04.2006). Referências: Dec. 611/1992, art. 19. Prejulgado 14-B.

▶ Assim dispunha o § 1.º do art. 17 alterado:

> § 1.º Incumbe ao segurado a inscrição de seus dependentes, que poderão promovê-la se ele falecer sem tê-la efetivado.

▶ Assim dispunha o § 3.º do art. 17 revogado:

§ 3.º A Previdência Social poderá emitir identificação específica, para os segurados referidos nos incisos III, IV, V, VI e VII do art. 11 e no art. 13 desta Lei, para produzir efeitos exclusivamente perante ela, inclusive com a finalidade de provar a filiação.

▶ Assim dispunha o § 4.º do art. 17 alterado:

§ 4.º A inscrição do segurado especial será feita de forma a vinculá-lo ao seu respectivo grupo familiar e conterá, além das informações pessoais, a identificação da propriedade em que desenvolve a atividade e a que título, se nela reside ou o Município onde reside e, quando for o caso, a identificação e inscrição da pessoa responsável pela unidade familiar.

▶ Assim dispunha o § 6.º do art. 17 revogado:

§ 6.º Simultaneamente com a inscrição do segurado especial, será atribuído ao grupo familiar número de Cadastro Específico do INSS – CEI, para fins de recolhimento das contribuições previdenciárias. (Incluído pela Lei 11.718, de 20.06.2008, *DOU* 23.06.2008).

Capítulo II

Das prestações em geral

Seção I

Das espécies de prestações

Art. 18. O Regime Geral de Previdência Social compreende as seguintes prestações, devidas inclusive em razão de eventos decorrentes de acidente do trabalho, expressas em benefícios e serviços:

I – quanto ao segurado:

a) aposentadoria por invalidez;

b) aposentadoria por idade;

c) aposentadoria por tempo de contribuição; (Redação dada à alínea pela LC 123, de 14.12.2006, *DOU* 15.12.2006).

d) aposentadoria especial;

e) auxílio-doença;

f) salário-família;

g) salário-maternidade;

h) auxílio-acidente;

i) (Alínea revogada pela Lei 8.870, de 15.04.1994, *DOU* 16.04.1994).

II – quanto ao dependente:

a) pensão por morte;
b) auxílio-reclusão;
III – quanto ao segurado e dependente:
a) (Alínea revogada pela Lei 9.032, de 28.04.1995, *DOU* 20.04.1995).
b) serviço social;
c) reabilitação profissional.

§ 1.º Somente poderão beneficiar-se do auxílio-acidente os segurados incluídos nos incisos I, VI e VII do art. 11 desta Lei (Redação dada ao parágrafo pela Lei 9.032, de 20.04.1995, *DOU* 29.04.1995).

§ 2.º O aposentado pelo Regime Geral de Previdência Social – RGPS que permanecer em atividade sujeita a este Regime, ou a ele retornar, não fará jus a prestação alguma da Previdência Social em decorrência do exercício dessa atividade, exceto ao salário-família e à reabilitação profissional, quando empregado (Redação dada ao parágrafo pela Lei 9.528, de 10.12.1997, *DOU* 11.12.1997).

§ 3.º O segurado contribuinte individual, que trabalhe por conta própria, sem relação de trabalho com empresa ou equiparado, e o segurado facultativo que contribuam na forma do § 2.º do art. 21 da Lei 8.212, de 24 de julho de 1991, não farão jus à aposentadoria por tempo de contribuição (Parágrafo incluído pela LC 123, de 14.12.2006, *DOU* 15.12.2006).

✽ **Remissão:** arts. 6.º, § 7.º, e 17 da CLPS; LC 123/2006.

✍ Anotação

Benefícios são prestações pecuniárias exigíveis pelos beneficiários, como definira, com cunho doutrinário, o antigo Regulamento aprovado pelo Dec. 83.080/1979.

Serviços são prestações de fazer colocadas à disposição dos beneficiários. Diferentemente do que ocorria no antigo sistema de previdência social, os serviços são igualmente exigíveis pelo sujeito de direito.

JURISPRUDÊNCIA

"*Previdenciário. Pensão por morte. Qualidade de segurado. Dependência econômica. Correção monetária. Verba honorária.* 1. A pensão é benefício previdenciário conferido aos dependentes (art. 18, II, *a*, da Lei 8.213) do segurado falecido, desde que o evento morte tenha ocorrido antes da perda daquela qualidade. 2. Conforme se depreende da documentação acostada aos autos, restou comprovado o falecimento do pai da autora, além da sua condição de segurado da Previdência Social. 3. A dependência econômica da autora em relação ao *de cujus*, na hipótese, é presumida, a teor do disposto no art. 16, I, da Lei 8.213/1991. 4. A correção monetária computa-se pelos mesmos índices que atualizam os benefícios em manutenção. 5. A verba honorária deverá ser fixada em 10% (dez por cento) sobre o valor da condenação, sem incidência sobre as prestações vincendas, em observância do art. 20, §§ 3.º e 4.º, do CPC. 6. Apelação do INSS a que se nega provimento e remessa oficial, dada por ocorrida, a que se dá parcial provimento" (TRF-3.ª Reg. – AC 413.459/SP – 5.ª T. – rel. Juiz convocado Erik Gramstrup – j. 05.08.2002 – DJU 18.11.2002 – p. 777).

"*Previdenciário. Revisão de benefício. Reconhecimento de labor urbano após a DER. Impossibilidade. Art. 18, § 2.º, da LBPS.* 1. O termo inicial da aposentadoria por tempo de serviço, nos termos dos arts. 54 c/c 49, II, da LBPS, deve ser a Data da Entrada do Requerimento, independentemente de o direito à aposentação vir a ser efetivamente demonstrado após a DER. 2. É defeso utilizar-se tempo de serviço posterior à DER para fins de incrementar renda mensal inicial de amparo proporcional – intelecção do art. 18, § 2.º, da Lei 8.213/1991. 3. Os honorários advocatícios a serem suportados pela parte autora deverão ser fixados em R$ 350,00 (trezentos e cinquenta reais). Suspensa a exigibilidade dos mesmos em face da AJG. 4. Apelação provida. Remessa oficial provida" (TRF-4.ª Reg. – AC AC 224 – RS –T. Suplementar – rel. Luís Alberto D'Azevedo Aurvalle – j. – 28.03.2007 – DJe 17.04.2007).

"*Tributário. Contribuição previdenciária. Aposentado. Art. 12, § 4.º, da Lei 8.212/1991 e art. 18, § 2.º, da Lei 8.213/1991. Art. 195 da CF/1988.* 1. Embora o aposentado pelo Regime Geral que volte ao mercado de trabalho somente faça *jus* ao salário-família e à reabilitação profissional (§ 2.º do art. 18 da Lei 8.213/1991, na redação que lhe foi conferida pela Lei 9.528/1997), o ordenamento constitucional, com base no princípio da solidariedade social, comporta a exigibilidade de contribuições previdenciárias sobre a remuneração percebida, nenhuma ilegalidade havendo a macular o disposto no art. 12, § 4.º, da Lei 8.212/1991. 2. Precedentes desta Corte" (TRF-4.ª Reg. – AC 2002.71.01.005907-7/RS – 2.ª T. – rel. Des. Federal Dirceu de Almeida Soares – DOU 21.07.2004 – p. 611).

"*Recurso especial. Eletricitário. Atividade perigosa. Aposentadoria especial. Idade mínima. Exigência não contemplada pela legislação em vigor. Precedente dessa Corte.* – Não cabe nesta via a discussão sobre matéria fática (Súmula 7/STJ) e nem o próprio recorrente nega que o obreiro desenvolvesse Atividade perigosa. O requisito etário não e mais contemplado pela legislação em vigor (art. 57 da Lei 8.213/1991 e art. 292 do Dec. 611/1992), que exige apenas o cumprimento do período de carência relativo a contribuição e o tempo mínimo de trabalho. – recurso conhecido, mas desprovido" (STJ – REsp 134802/MG – 5.ª T. – rel. Min. José Arnaldo da Fonseca – 03.03.1998 – *DJ* 30.03.1998 – p. 111).

▶ Assim dispunha a alínea *c* do inc. I do art. 18 alterada:

c) aposentadoria por tempo de serviço;

▶ Assim dispunha a alínea *i* do inc. I do art. 18 revogada:

i) abono de permanência em serviço;

▶ Assim dispunha a alínea *a* do inc. III do art. 18 revogada:

a) pecúlios;

▶ Assim dispunha o § 1.º do art. 18 alterado:

§ 1.º Só poderão beneficiar-se do auxílio-acidente e das disposições especiais relativas a acidente do trabalho os segurados e respectivos dependentes mencionados nos incisos I, VI e VII do art. 11 desta lei, bem como os presidiários que exerçam atividade remunerada.

▶ Assim dispunha o § 2.º do art. 18 na versão original:

§ 2.º O aposentado pelo Regime Geral de Previdência Social que permanecer em atividade sujeita a este regime, ou a ela retornar, somente tem direito à reabilitação profissional, ao auxílio-acidente e aos pecúlios, não fazendo jus a outras prestações, salvo as decorrentes de sua condição de aposentado, observado o disposto no art. 122 desta lei.

▶ Assim dispunha o § 2.º do art. 18 na redação dada pela Lei 9.032, de 28.04.1995:

§ 2.º O aposentado pelo Regime Geral de Previdência Social (RGPS) que permanecer em atividade sujeita a este regime, ou a ela retornar, não fará jus a prestação alguma da Previdência Social em decorrência do exercício dessa atividade, exceto ao salário-família, à reabilitação profissional e ao auxílio-acidente, quando empregado.

Art. 19. Acidente do trabalho é o que ocorre pelo exercício do trabalho a serviço da empresa ou pelo exercício do trabalho dos segurados referidos no inciso VII do art. 11 desta Lei, provocando lesão corporal ou perturbação funcional que cause a morte ou a perda ou redução, permanente ou temporária, da capacidade para o trabalho.

Art. 19 • LEI DOS PLANOS DE BENEFÍCIOS DA PREVIDÊNCIA SOCIAL

§ 1.º A empresa é responsável pela adoção e uso das medidas coletivas e individuais de proteção e segurança da saúde do trabalhador.

§ 2.º Constitui contravenção penal, punível com multa, deixar a empresa de cumprir as normas de segurança e higiene do trabalho.

§ 3.º É dever da empresa prestar informações pormenorizadas sobre os riscos da operação a executar e do produto a manipular.

§ 4.º O Ministério do Trabalho e da Previdência Social fiscalizará e os sindicatos e entidades representativas de classe acompanharão o fiel cumprimento do disposto nos parágrafos anteriores, conforme dispuser o Regulamento.

✳ **Remissão:** arts. 7.º, XXVIII, e 201 da CF/1988; arts. 161 a 162 da CLPS; arts. 221 a 222 do Dec. 83.080/1979; Lei 6.367/1976; Lei 10.666/2003 e 430/2006; Dec. 6.042/2007; Dec. 79.037/1976; Lei 6.195/1974; Dec. 76.022/1975; arts. 18, § 1.º, 20 a 23 e 120 do PBPS; arts. 138 a 177 do Dec. 611/1992; arts. 130 a 161 do RBPS.

✎ **Anotação**

A concepção clássica de acidente do trabalho foi ampliada pela legislação, que equipara a tais eventos, nos termos do art. 20 da Lei 8.213/1991, as doenças profissionais e do trabalho.

São várias as Convenções da OIT relativas ao tema dos acidentes do trabalho: Convenção 19, Igualdade de Tratamento (acidente do trabalho), aprovada em 1925 e ratificada pelo Dec. Legislativo 24, de 29 de maio de 1956 e Convenção 155, segurança e saúde dos trabalhadores, de 1981, ratificada pelo Dec. Legislativo 2/1992.

No entanto, o Brasil não ratificou, até o momento, a Convenção 121/1964, que cuida das prestações acidentárias em geral.

Os cuidados com a saúde do trabalhador constituem obrigação da empresa. Com a apuração dos eventos pela via do Fator Acidentário de Prevenção (FAP), disciplinado por intermédio das Resoluções 1.308 e 1.309/2009 e 1.316/2010, todas expedidas pelo Conselho Nacional de Previdência Social, a empresa será bonificada com redução de alíquotas se investir na prevenção e terá agravada a contribuição se os índices de acidentalidade superarem a média do setor de produção a que pertença.

Incumbe ao Ministério do Trabalho e Emprego, nos termos da Lei 10.683, de 28.05.2003, a fiscalização do cumprimento, pela empresa, das normas de segurança e higiene no trabalho.

JURISPRUDÊNCIA

"Acidente de trabalho. Acidente tipo. Problemas abdominais e cortes no joelho. Nexo causal comprovado.

'Sempre que a redução da capacidade laborativa resultar em sequela incapacitante e guardar nexo causal com a atividade do obreiro, o auxílio--acidente será devido'" (2.º TACSP – Ap. s/Rev. 511.966 – rel. Juiz Aclibes Burgarelli – j. 05.05.1998 – *DJ* 18.09.1998).

"Acidente de trabalho. Termo inicial do benefício.

O benefício acidentário é devido a partir do momento em que o INSS toma ciência do mal incapacitante e pode, se quiser, conceder a indenização, administrativamente" (2.º TACSP – Ap. s/Rev. 541.895/0/SP – rel. Juiz Souza Moreira – j. 10.02.1999).

"Acidente de trabalho. Auxílio-acidente. Termo inicial. Há nos autos prova segura de que o afastamento do trabalho e o recebimento de benefício temporários são consequentes à doença comprovada, razão pela qual o termo inicial do benefício fica estabelecido como o dia seguinte ao da última alta médica. É como determina o § 2.º do art. 86 da Lei. 8.213/1991" (2.º TACSP – Ap. Cív. 549.685/5 – São Caetano do Sul – rel. Juiz Irineu Pedrotti – j. 23.06.1995).

"Previdenciário. Exaustão da via administrativa. Prévia Comunicação do Acidente de Trabalho – CAT. Desnecessidade. Súmula 89/STJ. Correção monetária. Lei 6.899/1981. Súmula 71/TFR, 43/STJ e 148/STJ. Honorários advocatícios. Reexame de prova. Base de cálculo. Súmula 111/STJ. Prestações vincendas. Exclusão. – Não é condição de procedibilidade da ação acidentária a exaustão da via administrativa (Súmula 89/STJ). – Somente após a edição da Lei 8.213/1991 tornou-se obrigatória a instrução da petição inicial da ação acidentária com a prova de notificação do evento a Previdência Social. – Em tema de cobrança judicial de benefícios previdenciários, a E. 3.ª Seção consolidou o entendimento jurisprudencial de que a correção monetária das parcelas pagas com atraso incide na forma prevista na Lei 6.899/1981 e deve ser aplicada a partir do momento em que eram devidas, compatibilizando-se a aplicação simultânea das Súmulas 43 e 148, deste Tribunal. – Os referidos débitos, por consubstanciarem dívidas de valor, por sua natureza alimentar, devem ter preservado o seu valor real no momento do pagamento. – Uma vez observados os parâmetros legais, torna-se descabida a reapreciação, via especial, do *quantum* fixado a título de honorários advocatícios nas instâncias ordinárias, em razão do óbice da Súmula 7, desta Corte. – Quanto a ação de cobrança de benefício previdenciário, na base de cálculo dos honorários

advocatícios, não se incluem prestações vincendas, a teor da Súmula 111, deste Tribunal. – Recurso parcialmente conhecido e nesta extensão provido" (STJ – REsp 146151/SP – 6.ª T. – rel. Min. Vicente Leal – j. 07.10.1997 – DJ 03.11.1997 – p. 56402).

"*Acidente do trabalho. Auxílio-acidente. Prescrição. Vínculo empregatício. Ausência de prévia CAT. Leis 6.367/1976 e Lei 8.213/1991. Norma de regência. Valor do benefício. Correção monetária. Lei 6.899/1981. Adoção de índices divulgados pela corregedoria de Justiça. Súmulas 43 e 148/STJ. Juros moratórios. Percentual. Termo a quo.* A ação acidentária prescreve em cinco anos, contados a partir da constatação pericial realizada em juízo, ou mesmo da perícia na via administrativa promovida pela autarquia previdenciária. Hipótese em que os benefícios acidentários hão de ser deferidos a partir do respectivo laudo. Se o acidente do trabalho é aquele que ocorre pelo exercício do trabalho, a serviço da empresa, ainda que não comprovado que o acidentado possuía carteira de trabalho assinada por seu empregador à época do evento, deve ser concedido o benefício acidentário ao mesmo, pois tal omissão é passível de apuração pela autarquia previdenciária, através de fiscalização própria. O que não se pode é negar o benefício ao acidentado sob esse argumento, pois, se assim se fizer, se estará negando ao mesmo, mais uma vez, o reconhecimento de um direito seu. A obrigação de comunicar o infortúnio ao INSS, de emitir a CAT é do empregador e não do empregado, portanto, não pode ser tida como de condição de procedibilidade da ação judicial. Em obediência ao princípio *tempus regit actum*, rege as indenizações acidentárias a lei vigente à época em que se verificou o fato gerador, ou seja à época em que ocorreu o acidente de trabalho. (...)" (TJMG – AC 2.0000.00.326048-6/000(1) – rel. Min. Paulo Cézar Dias – j. 16.05.2001).

"*Acidentário. Recurso especial. Auxílio-acidente. Redução auditiva. Nexo causal. Súmula 7/STJ. Cumulação de benefícios.* 1. Redução auditiva decorrente da agressividade do ambiente laboral resulta no direito a percepção do auxílio-acidente. 2. Aferir o grau da perda da audição e matéria de prova, cujo reexame na instância extraordinária e vedado pela Súmula 7/STJ. 3. O regulamento da lei acidentaria não pode alterá-la, impondo limitações aos benefícios nela concedidos. 4. Consoante entendimento pacífico nesta Corte, não há impedimento legal a cumulação da aposentadoria especial com o auxílio-acidente, benefícios de natureza e custeio" (STJ – REsp 19325/SP – 2.ª T. – rel. Min. Francisco Peçanha Martins – j. 01.04.1992 – DJ 15.06.1992 – p. 9249).

"*Administrativo. Meio ambiente do trabalho. Penalidade administrativa imposta ao empregador por órgão de fiscalização das relações de trabalho. EC 45/2004. EPI. Fornecimento e uso obrigatórios. Controle do uso. Responsabili-*

dade do empregador. Art. 19, § 1.º, da Lei 8.213/1991. arts. 157, 158, 200 e 632, todos da CLT. Norma Regulamentar 6 do Ministério do Trabalho. Poder disciplinar e poder controlador do empregador. Ampla defesa assegurada. Culpa in vigilando comprovada. Indeferimento de prova testemunhal no procedimento administrativo. Inutilidade da prova pretendida. 1. Compete ao STJ julgar recurso envolvendo penalidade administrativa imposta aos empregadores por Órgão de fiscalização das relações de trabalho, quando houver sentença de mérito proferida antes da promulgação da EC 45/2004. Precedentes do STF e do STJ. 2. É cabível a aplicação de sanção administrativa ao empregador que, embora coloque EPI à disposição do empregado, deixa de fiscalizar e fazer cumprir as normas de segurança, aí incluído o controle do uso efetivo do equipamento. 3. No campo da segurança do trabalho, por força da sistemática do Estado Social, ao empregador impõe-se a obrigação primária de zelar, de forma ativa e insistente, pela saúde e segurança do trabalhador. 4. A obrigação primária de zelo pela saúde e segurança do trabalhador compõe-se de um conjunto de obrigações secundárias ou derivadas, organizadas em modelo pentagonal, dotadas de conexidade recíproca e qualificadas como de ordem pública e interesse social: obrigação de dar (= fornecimento do EPI, troca incontinenti na hipótese de avaria, e manutenção periódica), obrigação de orientar (= dever de educar, treinar e editar as necessárias normas internas, bem como de alertar sobre as consequências sancionatórias da omissão de uso), obrigação de fiscalizar (= dever de verificar, sistemática e permanentemente, o uso correto do equipamento), obrigação de punir (= dever de impor sanção apropriada ao empregado que se recuse a usar ou use inadequadamente o EPI), e obrigação de comunicar (= dever de levar ao conhecimento dos órgãos competentes irregularidades no próprio EPI e no seu uso). 5. Eventual culpa concorrente do trabalhador não exclui, nem mitiga, a reprovabilidade social da conduta do empregador-infrator. Inocorrência, ademais, de responsabilidade administrativa objetiva, pois na hipótese dos autos está plenamente demonstrada a culpa *in vigilando* da empresa. 6. No que se refere às exigências de EPI, o empregador, para dizer-se em plena sintonia com o espírito e conteúdo do ordenamento jurídico de tutela do trabalhador exposto a riscos, precisa cumprir, de maneira cumulativa e simultânea, as obrigações de dar, orientar, fiscalizar, punir e comunicar. 7. Não contraria o princípio constitucional da ampla defesa ato da autoridade administrativa que indefere requerimento para produção de prova testemunhal em que se pretendia comprovar o fornecimento de EPI e a edição de norma interna obrigando o seu uso pelos empregados. Prova incapaz de derrubar a autuação, alicerçada em imputação diversa daquela a que se relaciona a pretensão probatória. 8. Reconhecimento da legalidade da autuação lavrada pela Delegacia Regional do Trabalho. 9. Recurso especial conhecido e provido" (STJ – REsp 171.927/SC – 2.ª T. – rel. Min. Herman Benjamin – j. 06.02.2007).

"*Enunciado 21/1999*. O simples fornecimento de equipamento de proteção individual de trabalho pelo empregador não exclui a hipótese de exposição do trabalhador aos agentes nocivos à saúde, devendo ser considerado todo o ambiente de trabalho".

Resolução 1/MPS/CRPS, de 11.11.1999, *DOU* 18.11.1999

Art. 20. Consideram-se acidente do trabalho, nos termos do artigo anterior, as seguintes entidades mórbidas:

I – doença profissional, assim entendida a produzida ou desencadeada pelo exercício do trabalho peculiar a determinada atividade e constante da respectiva relação elaborada pelo Ministério do Trabalho e da Previdência Social;

II – doença do trabalho, assim entendida a adquirida ou desencadeada em função de condições especiais em que o trabalho é realizado e com ele se relacione diretamente, constante da relação mencionada no inciso I.

§ 1.º Não são consideradas como doença do trabalho:

a) a doença degenerativa;

b) a inerente a grupo etário;

c) a que não produza incapacidade laborativa;

d) a doença endêmica adquirida por segurado habitante de região em que ela se desenvolva, salvo comprovação de que é resultante de exposição ou contato direto determinado pela natureza do trabalho.

§ 2.º Em caso excepcional, constatando-se que a doença não incluída na relação prevista nos incisos I e II deste artigo resultou das condições especiais em que o trabalho é executado e com ele se relaciona diretamente, a Previdência Social deve considerá-la acidente do trabalho.

✻ **Remissão:** art. 162, IV, da CLPS; art. 221 do Dec. 83.080/1979; Lei 6.367/1976 e Dec. 79.037/1976; Lei 5.316/1967 e Dec. 61.784/1967; Dec.-lei 893/1969; anexo II do RBPS; arts. 19 a 23 do PBPS; art. 140 do Dec. 611/1992; art. 132 do RBPS.

✒ Anotação

A equiparação das doenças profissionais e do trabalho foi introduzida pela Lei 5.316/1967, e incorporada ao texto da Lei Orgânica consolidada pelo Dec. 77.077/1976 (CLPS).

Doenças inerentes à determinada profissão, também chamadas tecnopatias, vieram relacionadas inicialmente pelo próprio Ministério do Trabalho. As demais, ditas mesopatias, resultam de condições especiais ou excepcionais em que a atividade se realiza (é a lição de OSWALDO OPITZ).

A distinção é da maior importância porque, enquanto na primeira a relação de causa e efeito entre a doença e o trabalho é presumida, na outra deve ser comprovada.

A IN INSS/PRES 31/2008, demonstrando que o tema irá evoluir para verdadeiro aperfeiçoamento conceitual das doenças profissionais ou do trabalho, assim ordena:

"*Art. 4.º Os agravos associados aos agentes etiológicos ou fatores de risco de natureza profissional e do trabalho das listas A e B do anexo II do Dec. 3.048/1999; presentes nas atividades econômicas dos empregadores, cujo segurado tenha sido exposto, ainda que parcial e indiretamente, serão considerados doenças profissionais ou do trabalho, nos termos dos incisos I e II, art. 20 da Lei 8.213/1991*".

JURISPRUDÊNCIA

"*Doença profissional. Atividade com notório potencial de lesividade ao trabalhador. Ausência de pausas, exames periódicos e instruções. Culpa do empregador.* A moléstia profissional por natureza é perfidiosa e comumente instala-se de forma sub-reptícia no organismo humano, podendo sua sintomatologia manifestar-se apenas após o término da relação de trabalho. Entretanto, age com culpa o empregador que se despreocupa em monitorar atividades de esforço repetitivo, sobrecarga muscular estática ou dinâmica, e não providencia pausas necessárias, nos termos da NR 17.6.3, bem como, os exames periódicos, previstos no art. 168, III, da CLT, além de não instruir os empregados, através de ordens de serviço, quanto às precauções a tomar, consoante art. 157, I e II, da CLT, em atividades do empreendimento sabidamente com potencial de nocividade à saúde dos operários. Portanto, o conceito de culpa do empregador, no acidente ou doença do trabalho, não se limita à relação imediatista do dano causado, mas também à sua inércia diante da particularidades que cercam a atividade laboral" (TRT/SP – 00916200500802002/RO – Ac. 6.ª T. – 20090366896 – rel. Valdir Florindo – DOE 22.05.2009).

"*Acidente de trabalho. Lesão de esforço repetitivo*. Caracterizada a moléstia e a sua etiologia de natureza profissional, devido o benefício acidentário" (2.º TACSP – Ap. s/Rev. 541.895/0/SP – rel. Juiz Souza Moreira – j. 10.02.1999).

"Acidente de trabalho. Doença profissional ou do trabalho. Epicondilite. Nexo causal e incapacidade parcial comprovados. Concessão do auxílio acidente de 50%" (3.º TACSP – Ap. Cív. 549.685/5 – São Caetano do Sul – Juiz Irineu Pedrotti – j. 23.08.1999).

"Recurso de revista. Estabilidade provisória. Doença profissional. Não há como se vislumbrar violação literal do art. 118 da Lei 8.213/1991, como exige a alínea c do art. 896 da CLT, nem contrariedade à Orientação Jurisprudencial 230 da SBDI-1/TST (convertida no item II da Súmula 378), tendo em vista que, consoante registrou o Regional, na hipótese dos autos, a reclamante foi dispensada, imotivadamente, dias após os afastamentos médicos para tratamento da enfermidade, sendo certo que os necessários encaminhamentos e retornos ao Instituto Previdenciário foram frustrados por ato unilateral da reclamada, isto é, a possibilidade de afastamento do trabalho foi frustrada pelo empregador que, ademais, lavrou documentos, tais como laudo médico e CAT, reconhecendo a possível necessidade de alteração das funções laborais da obreira. Recurso de revista não conhecido" (TST – Recurso de Revista 814.196/2001-0 – 8.ª T. – rel. Min. Dora Maria da Costa – j. 21.05.2008 – Jurisprudência/TST).

"Conflito de competência. Ação de indenização. Doença profissional. Competência da justiça comum. A doença profissional e a doença do trabalho estão compreendidas no conceito de acidente do trabalho (Lei 8.213, art. 20) e, nesses casos, a competência para o julgamento da lide tem sido reconhecida em favor da justiça estadual. Conflito conhecido, declarando-se competente o Juízo de Direito da Sétima Vara Cível da Comarca de Guarulhos/SP, suscitado" (STJ – Conflito de Competência 36.109/SP – 2.ª S. – rel. Min. Castro Filho – j. 09.10.2002 – DJ 03.02.2003 – p. 261).

"Conflito de competência. Doença profissional e doença do trabalho. A doença profissional, aquela produzida ou desencadeada pelo exercício do trabalho peculiar a determinada atividade, bem assim a doença do trabalho, aquela adquirida ou desencadeada em função de condições especiais em que o trabalho é realizado, estão assimiladas ao acidente do trabalho (Lei 8.213, art. 20); as ações propostas em função delas devem, por conseguinte, ser processadas e julgadas pela Justiça Estadual (CF/1988, art. 109, I). Conflito conhecido para declarar competente o MM. Juiz de Direito da 22.ª Vara Cível da Comarca de São Paulo" (STJ – Conflito de Competência 21.756/SP – 2.ª S. – rel. Min. Ari Pargendler – j. 25.08.1999 – DJ 08.03.2000 – p. 44).

"Súmula 15/ STJ. Competência – Acidente do trabalho. Compete à Justiça Estadual processar e julgar os litígios decorrentes de acidente do trabalho" (08.11.1990 – DJ 14.11.1990).

Art. 21. Equiparam-se também ao acidente do trabalho, para efeitos desta Lei:

I – o acidente ligado ao trabalho que, embora não tenha sido a causa única, haja contribuído diretamente para a morte do segurado, para redução ou perda da sua capacidade para o trabalho, ou produzido lesão que exija atenção médica para a sua recuperação;

II – o acidente sofrido pelo segurado no local e no horário do trabalho, em consequência de:

a) ato de agressão, sabotagem ou terrorismo praticado por terceiro ou companheiro de trabalho;

b) ofensa física intencional, inclusive de terceiro, por motivo de disputa relacionada ao trabalho;

c) ato de imprudência, de negligência ou de imperícia de terceiro ou de companheiro de trabalho;

d) ato de pessoa privada do uso da razão;

e) desabamento, inundação, incêndio e outros casos fortuitos ou decorrentes de força maior;

III – a doença proveniente de contaminação acidental do empregado no exercício de sua atividade;

IV – o acidente sofrido pelo segurado ainda que fora do local e horário de trabalho:

a) na execução de ordem ou na realização de serviço sob a autoridade da empresa;

b) na prestação espontânea de qualquer serviço à empresa para lhe evitar prejuízo ou proporcionar proveito;

c) em viagem a serviço da empresa, inclusive para estudo quando financiada por esta dentro de seus planos para melhor capacitação da mão de obra, independentemente do meio de locomoção utilizado, inclusive veículo de propriedade do segurado;

d) no percurso da residência para o local de trabalho ou deste para aquela, qualquer que seja o meio de locomoção, inclusive veículo de propriedade do segurado.

§ 1.º Nos períodos destinados a refeição ou descanso, ou por ocasião da satisfação de outras necessidades fisiológicas, no local do trabalho ou durante este, o empregado é considerado no exercício do trabalho.

§ 2.º Não é considerada agravação ou complicação de acidente do trabalho a lesão que, resultante de acidente de outra origem, se associe ou se superponha às consequências do anterior.

✱ **Remissão:** art. 162 da CLPS.

✏ Anotação

Depois da descrição genérica do art. 19, e do relato das situações previstas no art. 20, o legislador amplia, ainda mais, o conceito de acidente do trabalho estabelecendo equiparações que, girando em torno da prestação de trabalho, justificam igual medida de proteção social.

Nos moldes do § 4.º do art. 141 do RBPS, "será considerado agravamento de acidente do trabalho aquele sofrido pelo acidentário quando estiver sob a responsabilidade da reabilitação profissional".

JURISPRUDÊNCIA

"*Garantia de emprego. Doença não profissional*. Constatado que não existente nexo causal entre a doença que acometeu o empregado, acarretando a percepção de auxílio-doença, e as atividades por ele desenvolvidas, não há como reconhecê-la como acidente de trabalho, nos termos do art. 21 da Lei 8.213/1991. Por via de consequência, impossível também o reconhecimento da garantia no emprego prevista no art. 118 da mesma Lei" (TRT-12.ª Reg. – RO-V 6713/2001 – 1.ª T. – (0104102) – rel. Juiz Gerson Paulo Taboada Conrado – j. 16.01.2002).

"*Administrativo. Servidor civil. Aposentadoria por invalidez permanente. Acidente em serviço. comprovação.* (...). 4. Equipara-se ao acidente em serviço o dano físico ou mental decorrente de agressão sofrida e não provocada pelo servidor no exercício do cargo ou sofrido no percurso da residência para o trabalho e vice-versa (Lei 8.112/90, art. 212) 5. Também por outro fundamento faria *jus*, o Autor, à revisão de seu benefício: a alienação mental é doença grave e incurável, especificada em lei, geradora do direito à aposentadoria com proventos integrais, a teor do art. 186, *caput* e § 1.º, I. E, ainda que à época da aposentação do servidor não estivesse caracterizada a doença mental, mas houvesse sido adquirida em momento posterior, teria ele direito à transformação de proventos proporcionais em integrais, por força do art. 190 da mesma Lei 8.112/1990. 6. Apelação desprovida e Remessa Oficial parcialmente provida para afastar a condenação em custas" (TRF-1.ª Reg. – AC 1999.34.00.016177-2/DF – 1.ª T. – rel. Des. Federal Luiz Gonzaga Barbosa Moreira – j. 13.03.2008 – *DJe* 01.07.2008 – p. 23).

"*Acidente de trabalho. Percurso entre a residência e o local da prestação dos serviços*. A alínea *d*, do inc. IV, do art. 21, da Lei 8.213/1991 equipara o acidente de trabalho ao acidente sofrido pelo segurado no percurso da residência para o local de trabalho ou deste para aquela, qualquer que seja o meio de locomoção, inclusive veículo de propriedade do segurado. O art. 118 da Lei 8.213/1991 assegura a estabilidade provisória no emprego tão somente em face da ocorrência de acidente de trabalho, independentemente de culpa. Para fins da estabilidade provisória, pouco importa quem tenha causado o acidente, tratando-se de garantia legal objetiva" (TRT/SP – 01885200533202005/RO – Ac. 4.ª T. – 20090563152 – rel. Sérgio Winnik – *DOE* 07.08.2009).

Art. 21-A. A perícia médica do INSS considerará caracterizada a natureza acidentária da incapacidade quando constatar ocorrência de nexo técnico epidemiológico entre o trabalho e o agravo, decorrente da relação entre a atividade da empresa e a entidade mórbida motivadora da incapacidade elencada na Classificação Internacional de Doenças – CID, em conformidade com o que dispuser o regulamento (Artigo incluído pela Lei 11.430, de 26.12.2006, *DOU* 27.12.2006).

§ 1.º A perícia médica do INSS deixará de aplicar o disposto neste artigo quando demonstrada a inexistência do nexo de que trata o *caput* deste artigo (Parágrafo incluído pela Lei 11.430, de 26.12.2006, *DOU* 27.12.2006).

§ 2.º A empresa poderá requerer a não aplicação do nexo técnico epidemiológico, de cuja decisão caberá recurso com efeito suspensivo, da empresa ou do segurado, ao Conselho de Recursos da Previdência Social. (Parágrafo incluído pela Lei 11.430, de 26.12.2006, *DOU* 27.12.2006).

* **Remissão:** Leis 11.403/2006, 10.666/2003; art. 126 do PBPS; Dec. 6.042/2007; Resoluções CNPS 1.101/1998, 1.236/2004; ADI 3.931/2007; Portaria MPS 323/2007; IN INSS 16/2007 e 31/2008.

Anotação

A MedProv 316/2006, convertida na Lei 11.430/2006, criou um instituto técnico novo no direito previdenciário. Trata-se do NTEP, que substituiu o nexo causal do Dec. Legislativo 3.724/1919.

O NTEP consiste, basicamente, em atribuir à perícia médica do INSS a prerrogativa, diante das alegações do segurado requerente de auxílio-doença e de informações de que dispuser, de estabelecer relação sinalagmática entre a incapacidade, designada como agravo, e o ambiente de trabalho da empresa.

Evidentemente, tal situação deve ser submetida ao contraditório. Por essa razão, a empresa poderá interpor recurso ao CRPS tão logo tome conhecimento da concessão de benefício em espécie acidentária por nexo técnico profissional ou do trabalho, para apresentar seus argumentos e produzir as provas das respectivas alegações que desfaçam o nexo técnico com o trabalho, consoante autoriza a IN INSS/PRES 31/2008, com base no art. 126 da Lei 8.213/1991.

Art. 21-A • LEI DOS PLANOS DE BENEFÍCIOS DA PREVIDÊNCIA SOCIAL

JURISPRUDÊNCIA

"*Recurso Ordinário da reclamante. Acidente do trabalho.* Presumível o 'nexo técnico epidemiológico entre o trabalho e o agravo', nos termos do art. 21-A da Lei 8.213/1991, porquanto a doença apresentada pela reclamante tem, segundo o Regulamento da Previdência Social, relação com o trabalho por ela desempenhado na ré. Incumbia à reclamada fazer prova a infirmar essa presunção, ônus do qual não se desfez. Laudo médico que não apresenta qualquer fundamentação para a afirmativa de ausência de nexo de causalidade. Indenização correspondente a lucros cessantes, despesas com tratamento e por danos morais devidas. Apelo parcialmente provido" (TRT-4.ª Reg. – AC 01540-2006-383-04-00-4/RO – 1.ª T. – rel. Juíza Euridice Josefina Bazo Tôrres – j. 28.06.2007 – DJ 24.07.2008).

"*Recurso Ordinário da reclamada. Doença ocupacional. Nexo de causalidade.* Presumível o 'nexo técnico epidemiológico entre o trabalho e o agravo', nos termos do art. 21-A da Lei 8.213/1991, porquanto a doença apresentada pela reclamante tem, segundo o Regulamento da Previdência Social, relação com o trabalho por ela desempenhado na ré. Incumbia à reclamada fazer prova a infirmar essa presunção, ônus do qual não se desfez. Laudo médico que conclui pela possibilidade de nexo de causalidade entre a lesão e a atividade laboral. Testemunhas que indicam que a tarefa preponderante da empregada era de digitação. Indenização correspondente a danos patrimoniais e danos morais devidas. Apelo desprovido. Recurso ordinário da reclamante. Pensão mensal vitalícia. Em nenhum momento a prova dos autos aponta para a existência de definitiva redução ou perda da capacidade laborativa. Por tal motivo, não há falar, na hipótese, em direito à pensão mensal vitalícia. Provimento negado" (TRT-4.ª Reg. – AC 01.540/RO – 1.ª T. – rel. Juíza Euridice Josefina Bazo Tôrres – DJ 24.07.2008).

"*1. Acidente do trabalho. Ação de indenização por danos materiais, estéticos e morais. Doença ocupacional. Diagnóstico de 'doença de behçet'.* Constatação do nexo de causalidade entre a atividade laboral e as várias patologias diagnosticadas, que resultaram na aposentadoria do empregado. 2. Prescrição. Termo inicial. 3. Lucros cessantes. Pensão vitalícia. Deferimento. 4. Danos emergentes. Despesas médicas. Ausência de comprovação. Ressarcimento indevido. Arts. 21-A e 121, ambos da Lei 8.213/1991; arts. 186, 927, 949 e 950, todos do CC; art. 5.º, V e X, e art. 7.º, XXIX, ambos da CF/1988. Registro de Voto-vencido" (TRT-4.ª Reg. – AC 00366-2005-761-04-00-7/RO – 1.ª T. – rel. Juíza Maria Helena Mallmann – DJ 05.02.2007).

"ADI 3.931/2007: ainda não julgada. Dispositivo legal questionado: art. 21-A da Lei 8.213/1991, acrescentado pela Lei 11.430/2006, resultante da conversão em lei da MedProv 316/2006, e dos §§ 3.º e 5.º a 13 do art. 337 do Regimento da Previdência Social, aprovado pelo Dec. 3048, de 6 de maio de 1999, com a redação que lhes deu o Dec. 6.042/2007.

ADI 3931

Origem: Distrito Federal

Petição Inicial

Data de Entrada no STF: 26.07.2007

Distribuição

Data da Distribuição ao Relator: 02.08.2007

Relator: Ministra Cármen Lúcia

Partes

Requerente: Confederação Nacional Da Indústria – CNI

Requerido: Presidente da República; Congresso Nacional

Dispositivo Legal Questionado

Inconstitucionaliade do art. 21-A da Lei 8.213/1991, acrescentado pela Lei 11.430/2006, e o art. 337, §§ 3.º e 5.º a 13, do Regulamento da Previdência Social, aprovado pelo Dec. 3.048/1999, nos termos do Dec. 6.042/2007.

Decisão (Petição Avulsa STF 117.301/2008).

Negativa de pedido de intervenção na Ação Direta de Inconstitucionalidade 3.931 na condição de *amicus curiae*.

Anamatra. Pedido de reconsideração. Negativa.

1. Insurge-se a Associação Nacional dos Magistrados da Justiça do Trabalho – Anamatra contra o indeferimento de seu pedido de intervenção no feito, inclusive para fins de sustentação oral, na condição de *amica curiae* (petição 117.301/2008).

Afirma, com apoio no que decidido na ADIN 3.045 (rel. Min. Celso de Mello, Plenário, *DJ* 01.06.2007), que, para a intervenção de terceiros no processo de controle concentrado de constitucionalidade, 'o que se revela necessário é que [a interessada] possua 'razões que tornem desejável e útil a sua atuação processual na causa, em ordem a proporcionar meios que viabilizem uma adequada resolução do litígio constitucional".

Sustenta, então, que os dispositivos apontados como inconstitucionais pela Autora da presente ação (art. 21-A da Lei 8.213/1991, acrescentado pela Lei 11.430/2006, e o art. 337, §§ 3.º e 5.º a 13, do Regulamento da Previdência Social, aprovado pelo Dec. 3.048/1999, nos termos do Dec. 6.042/2007), ao estabelecerem as regras e o método a serem utilizados para a caracterização de acidente do trabalho, criaram 'presunção relativa em favor do trabalhador exposto a agentes nocivos (...), em total obediência ao princípio da proporcionalidade, como igualmente ajustou-se ao princípio in dubio pro operario'.

2. Ora, conforme assume a própria Requerente, não é cabível recurso da decisão que inadmite a intervenção de terceiro, na qualidade de amicus curiae, em ação direta de inconstitucionalidade (§ 2.º do art. 7.º da Lei 9.868/1999), sob pena de criar-se tumulto processual (v.g., ADPF 54, rel. Min. Marco Aurélio, decisão monocrática, DJ 13.08.2004).

3. Ademais, as razões da Requerente não infirmam o fundamento da decisão ora impugnada, no sentido de que 'a decisão a ser proferida nesta ação direta de inconstitucionalidade em nada afetará a atuação profissional, a situação financeira ou as prerrogativas inerentes aos juízes da Justiça do Trabalho'. Tanto se mostra bastante para afastar não apenas a utilidade processual de sua intervenção no caso, como também eventual fundamento jurídico a amparar a pretensão.

Também, a imparcialidade ínsita ao mister dos representados pela Requerente lança questionamentos sérios sobre a conveniência jurídica de sua atuação processual na defesa de dispositivos que imputa favoráveis aos empregados e que poderão vir a ser objeto de seus cuidados, para o que se requer imparcialidade.

4. Pelo exposto, mantenho a decisão impugnada.

Junte-se a petição.

Publique-se.

Brasília, 28 de outubro de 2008.

Ministra Cármen Lúcia

Relatora" (STF – ADI 3.931/2007 – rel. Min. Cármen Lúcia – Autos Conclusos à Relatora para decisão de mérito da ADI 3.931 desde 26.11.2008).

▶ Assim dispunha o art. 21-A, incluído pela MedProv 316, de 11.08.2006:

> Art. 21-A. Presume-se caracterizada incapacidade acidentária quando estabelecido o nexo técnico epidemiológico entre o trabalho e o agravo, decorrente da relação entre a atividade da empresa e a entidade mórbida motivadora da incapacidade, em conformidade com o que dispuser o regulamento.

Art. 22. A empresa deverá comunicar o acidente do trabalho à Previdência Social até o 1.º (primeiro) dia útil seguinte ao da ocorrência e, em caso de morte, de imediato, à autoridade competente, sob pena de multa variável entre o limite mínimo e o limite máximo do salário de contribuição, sucessivamente aumentada nas reincidências, aplicada e cobrada pela Previdência Social.

§ 1.º Da comunicação a que se refere este artigo receberão cópia fiel o acidentado ou seus dependentes, bem como o sindicato a que corresponda a sua categoria.

§ 2.º Na falta de comunicação por parte da empresa, podem formalizá-la o próprio acidentado, seus dependentes, a entidade sindical competente, o médico que o assistiu ou qualquer autoridade pública, não prevalecendo nestes casos o prazo previsto neste artigo.

§ 3.º A comunicação a que se refere o § 2.º não exime a empresa de responsabilidade pela falta do cumprimento do disposto neste artigo.

§ 4.º Os sindicatos e entidades representativas de classe poderão acompanhar a cobrança, pela Previdência Social, das multas previstas neste artigo.

§ 5.º A multa de que trata este artigo não se aplica na hipótese do *caput* do art. 21-A (Parágrafo incluído pela Lei 11.430, de 26.12.2006, *DOU* 27.12.2006).

* **Remissão:** art. 172 da CLPS.

Anotação

A comunicação imediata do acidente do trabalho é dever instrumental que permite, a um só tempo, melhor apuração do grau de sinistralidade das atividades das empresas e o controle dos benefícios postulados pelo segurado.

JURISPRUDÊNCIA

"*Previdenciário. Custeio. Auto de infração. Acidente do trabalho. Não informados ao INSS. Descaracterização. Ausência de comprovação*. I – É dever da empresa, informar ao INSS, os acidentes de trabalho ocorridos na empresa, nos termos do art. 22, da Lei 8.213/1991, sob pena de configurar-se infração ao dever previdenciário formal, impondo à fiscalização a lavratura do competente Auto de Infração, com a consequente imposição da penalidade. II – Cabe ao Contribuinte demonstrar que os acidentes laborais informados nos documentos internos da própria empresa, não se enquadraria na tipificação legal de acidente de trabalho. Recurso voluntário negado" (MF – AC 141.253 – 6.ª C. do 2.º Conselho de Contribuintes – j. 22.11.2007).

"*Recurso de revista. Estabilidade acidentária. Requisitos. Art. 118 da Lei 8.213/1991. Ausência de comunicação do acidente pela empresa.* O afastamento do serviço por período superior a 15 dias e a consequente percepção do auxílio-doença acidentário constituem pressupostos para a aquisição do direito à estabilidade provisória prevista no art. 118 da Lei 8.213/1991. No entanto, se tais exigências não foram atendidas pelo trabalhador por culpa exclusiva do empregador, que deixa de cumprir a obrigação de comunicar o acidente de trabalho à Previdência Social (art. 22, *caput*, da Lei 8.213/1991), é lícito considerá-las implementadas, à luz da regra contida no art. 129 do CC/2002. Recurso de revista conhecido, por divergência jurisprudencial e provido. Ementa: Recurso de revista. Compensação. Verbas de natureza trabalhista. (...)" (TST – RR 8642/2002-900-02-00.0 – 1.ª T. – rel. Min. Convocado Altino Pedrozo dos Santos – DJ 13.05.2005).

"*Recurso de revista. Estabilidade acidentária. Requisitos. Art. 118 da Lei 8.213/1981. Ausência de comunicação do acidente pela empresa.* O afastamento do serviço por período superior a 15 dias e a consequente percepção do auxílio-doença acidentário constituem pressupostos para a aquisição do direito à estabilidade provisória prevista no art. 118 da Lei 8.213/1991. No entanto, se tais exigências não foram atendidas pelo trabalhador por culpa exclusiva do empregador, que deixa de cumprir a obrigação de comunicar o acidente de trabalho à Previdência Social (art. 22, *caput*, da Lei 8.213/1991), é lícito considerá-las implementadas, à luz da regra contida no art. 129 do CC/2002. Recurso de revista não conhecido" (TST – RR 512.927/1998.6 – 1.ª T. – rel. Juiz convocado Altino Pedrozo dos Santos – DJU 25.06.2004).

Art. 23. Considera-se como dia do acidente, no caso de doença profissional ou do trabalho, a data do início da incapacidade laborativa para o exercício da atividade habitual, ou o dia da segregação compulsória, ou o dia em que for realizado o diagnóstico, valendo para este efeito o que ocorrer primeiro.

✽ **Remissão:** art. 162, § 5.º, da CLPS.

✍ Anotação

O critério temporal do benefício é definido, pelo preceito, para os casos de doença profissional e do trabalho. O comando ordena o momento a partir do qual será devida a prestação, fazendo prevalecer aquele que seja mais favorável ao segurado.

TÍTULO III – DO REGIME GERAL DE PREVIDÊNCIA SOCIAL • Art. 24

JURISPRUDÊNCIA

"*Previdenciário. Ação acidentária. Benefício. Termo inicial da concessão (art. 23 da Lei 8.213/1991). Honorários advocatícios. Condenação prestações vincendas. Súmula 111/STJ.* Termo inicial do benefício é o da apresentação do laudo pericial em juízo. Os honorários advocatícios, nas ações previdenciárias, não incidem sobre prestações vincendas (Súmula 111/STJ), mas apenas sobre as prestações vencidas até a prolação da sentença. Recurso conhecido e desprovido" (STJ – REsp 182.358/SP – rel. Min. Jose Arnaldo da Fonseca – *DJU* 23.11.1998).

"*Previdenciário. Acidentária. Termo inicial. Perícia judicial. Honorários advocatícios. Súmula 111/STJ. Incidência. Revisão do percentual. Súmula 7/STJ.* – Não há infringência ao art. 535, II, do CPC, quando o Tribunal *a quo*, embora rejeitando os embargos de declaração opostos ao acórdão, pronunciou-se sobre as matérias a ele submetidas. Precedentes. – O termo inicial para a concessão do benefício de auxílio-acidente é o da apresentação do laudo médico-pericial em juízo, quando não reconhecida a incapacidade administrativamente. – Nas ações acidentárias, os honorários advocatícios não incidem sobre as prestações vincendas, assim consideradas as posteriores à prolação da sentença monocrática. – O recurso especial não é a via adequada para se proceder à revisão do percentual fixado a título de honorários advocatícios nas instâncias ordinárias, em razão do óbice da Súmula 7/STJ. Precedentes. – Recurso parcialmente conhecido e, nessa parte, provido" (STJ – REsp 401.127/SP – 5.ª T. – rel. Min. Jorge Scartezzini – j. 19.03.2002 – *DJ* 29.04.2002).

"*Súmula 111/STJ*: os honorários advocatícios, nas ações previdenciárias, não incidem sobre prestações vincendas" (STJ – Súmula 111 – *DJ* 13.10.1994, p. 27430).

"*Súmula 7/STJ: reexame de prova. Recurso especial.* A pretensão de simples reexame de prova não enseja recurso especial" (STJ – Súmula 7 – j. 28.06.1990 – *DJ* 03.07.1990).

Seção II
Dos períodos de carência

Art. 24. Período de carência é o número mínimo de contribuições mensais indispensáveis para que o beneficiário faça jus ao benefício, consideradas a partir do transcurso do primeiro dia dos meses de suas competências.

Art. 24 • Lei dos Planos de Benefícios da Previdência Social

Parágrafo único. Havendo perda da qualidade de segurado, as contribuições anteriores a essa data só serão computadas para efeito de carência depois que o segurado contar, a partir da nova filiação à Previdência Social, com, no mínimo, 1/3 (um terço) do número de contribuições exigidas para o cumprimento da carência definida para o benefício a ser requerido (Vide MedProv 242/2005).

* **Remissão:** arts. 18 a 19 da CLPS; MedProv 83/2002 e 242/2005.

✐ Anotação

A carência revela, a seu modo, o elo distante do seguro social com o seguro privado. Na perspectiva constitucional da universalidade da cobertura e do atendimento, estampada no art. 194, parágrfo único, I, da Lei Magna, o instituto deveria ter sido eliminado. Mesmo tendo sido reduzido em seu alcance e sua extensão, porém, parece prosseguir como instrumento de contenção das prestações.

Observe-se que o parágrafo único fora revogado pela MedProv 242/2005. Mas essa medida provisória resultou rejeitada pelo Ato Declaratório 1 do Senado Federal de 20.07.2005, por lhe faltarem os pressupostos da urgência e relevância. Portanto, o parágrafo segue vigente.

O art. 3.º da Lei 10.666/2003, regulando a situação dos cooperados, prevê que a eles não se aplica a situação relativa à perda da qualidade de segurado, para efeitos de concessão das aposentadorias por tempo de contribuição e especial.

"§ 1.º Na hipótese de aposentadoria por idade, a perda da qualidade de segurado não será considerada para a concessão desse benefício, desde que o segurado conte com, no mínimo, o tempo de contribuição correspondente ao exigido para efeito de carência na data do requerimento do benefício."

JURISPRUDÊNCIA

"Aposentadoria. Nova filiação. Carência. Arts. 24 e 142 da LBPS. Regra de transição. 1. Dispõe o parágrafo único do art. 24 da LBPS que aos segurados, em caso de perda da qualidade, é assegurado o cômputo das contribuições anteriores, desde que, a partir da nova filiação, cumpram pelo menos um terço das contribuições exigidas para cumprimento da carência do benefício pretendido. 2. Com base no art. 142 da LBPS, o impetrante tem direito adquirido a contar as contribuições anteriores, e ao gozo do prazo reduzido

de carência, apenas sendo exigível que seja cumprido um terço da carência a partir da nova filiação. 3. Apelação do INSS e remessa oficial improvidas" (TRF-4.ª Reg. – AMS 5.306/RS – T. Especial – rel. José Paulo Baltazar Junior – j. 26.01.2005 – DJ 16.02.2005 – p. 451).

"*Previdenciário. Embargos infringentes. Aposentadoria por idade. Trabalhador urbano. Perda da qualidade de segurado, no regime anterior, antes do implemento da carência. Impossibilidade de concessão.* – Nos termos do parágrafo único do art. 24 da LBPS, se houve perda da qualidade de segurado, as contribuições anteriores a essa data só serão computadas para efeito de carência depois que o segurado contar, a partir da nova filiação à Previdência Social, com, no mínimo, 1/3 (um terço) do número de contribuições. Na hipótese, não houve recolhimento de contribuições no regime atual, ocorrendo a perda da qualidade de segurado na vigência da lei anterior que, em caso de reingresso, previa novo cumprimento dos prazos de carência" (TRF-4.ª Reg. – EIAC 287/RS – 3.ª S. – rel. Tadaaqui Hirose – j. 12.02.2003 – DJ 12.03.2003 – p. 577).

"*Previdenciário. Embargos infringentes. Aposentadoria por idade. Trabalhador urbano. Perda da qualidade de segurado, no regime anterior, antes do implemento da carência. Impossibilidade de concessão.* – Nos termos do parágrafo único do art. 24 da LBPS, se houve perda da qualidade de segurado, as contribuições anteriores a essa data só serão computadas para efeito de carência depois que o segurado contar, a partir da nova filiação à Previdência Social, com, no mínimo, 1/3 (um terço) do número de contribuições. Na hipótese, não houve recolhimento de contribuições no regime atual, ocorrendo a perda da qualidade de segurado na vigência da lei anterior que, em caso de reingresso, previa novo cumprimento dos prazos de carência" (TRF-4.ª Reg. – EIAC 287/RS – 3.ª S. – rel. Tadaaqui Hirose – j. 12.02.2003 – DJ 12.03.2003, p. 577).

"Processo: 95.03.087493-9

Classe: 283857 AC – SP

Origem: 93.0000076-2 – Vara 4 Suzano – SP

Assunto: Benefícios em espécie – Direito previdenciário

Ementa: *Previdenciário. Aposentadoria por idade. Perda da condição de segurado. Período de carência. Nova filiação social.* I – Considera-se cumprido o período de carência se o segurado que perdeu essa condição, novamente se vincula à Previdência Social e cumpre, na segunda filiação, pelo menos um terço da carência exigida para a concessão do benefício pleiteado. Inteligência do art. 24 e parágrafo único da Lei 8.213/1991. II – Preenchidos os requisitos legais necessários à concessão da aposentadoria por idade, impositivo reconhecer-se ao autor o direito à sua percepção. III – O termo inicial do benefício deve coincidir com a data da citação da autarquia previdenciária, momento em que tomou conhecimento da pretensão do autor e a ela resistiu. IV – Os honorários advocatícios devem ser fixados em quinze por cento sobre o valor da condenação. V – Recurso do INSS improvido. Parcialmente provido o recurso do Autor.

Acórdão: Vistos, relatados e discutidos estes autos, em que são partes as acima indicadas, decide a 2.ª T. do Tribunal Regional da Terceira Região, por votação unânime, negar provimento ao recurso do INSS e dar parcial provimento ao recurso do autor, nos termos do voto do Senhor Juiz Relator, e na conformidade da ata de julgamento, que ficam fazendo parte integrante do presente julgado.

Custas, como de Lei.

Voto: O Exmo. Sr. Juiz Aricê Amaral: Apelam o Instituto Nacional do Seguro Social – INSS e autor, da sentença do MM. Juiz de Direito da 4.ª Vara da Comarca de Suzano – SP, que reconheceu ao autor, o direito à aposentadoria por idade.

O INSS, ora primeiro recorrente, pleiteia a reforma do *decisum* ao argumento de que:

a) houve a perda da condição de segurado;

b) falta de contribuição aos cofres da Previdência Social.

O autor, em seu apelo adesivo, propugna por alteração nos seguintes pontos:

a) majoração dos honorários advocatícios:

b) alteração do termo inicial do beneficio.

Ingresso, agora, na análise das questões suscitadas pelo INSS.

Emerge à evidência que, não obstante descontínuos os períodos de contribuição, a vinculação do Autor à Previdência Social sofreu solução de continuidade, nos períodos compreendidos de 12.06.1965 a 10.06.1982; 11.01.1983 a 21.05.1986 e 04.10.1987 caracterizando a perda da condição de segurado.

Contudo, em 01.06.1991, o Autor voltou afiliar-se à Previdência Social tendo comprovado ter contribuído até a data da propositura da ação.

Nessa ocasião, já estava em vigor a Lei 8.213, de 24.07.1991, que em seu art. 24 e parágrafo único dispõe:

'Art. 24: período de carência é o número mínimo de contribuições mensais indispensáveis para que o beneficiário faça *jus* ao beneficio, consideradas a partir do transcurso do primeiro dia dos meses de suas competências.

Parágrafo único. Havendo perda da qualidade de segurado, as contribuições anteriores a essa data só serão computadas para efeito de carência depois que o segurado contar, a partir da nova filiação à Previdência Social, com, no mínimo, 1/3 (um terço) do número de contribuições exigidas para o cumprimento da carência exigida para o beneficio a ser requerido'.

Verifico, ainda, que o Autor pleiteou aposentadoria por idade, beneficio para o qual o art. 142, da Lei 8.213, de 1991 estabelece carência de 66 (sessenta e seis) contribuições mensais, quando requerido em 1993. Ora, 1/3 (um terço) de 66 (sessenta e seis), são 22 (vinte e duas) contribuições. É dizer, na filiação iniciada em junho de 1991, o Apelante deveria, para cumprir o período de carência da aposentadoria por idade, comprovar que verteu 22 (vinte e duas) contribuições. Ele demonstrou que recolheu 23 (vinte e três) contribuições.

Destarte, cumprido com folga o período de carência, pois, para completar as 66 (sessenta e seis) contribuições legalmente exigidas, pode aproveitar parte daquelas recolhidas nas primeiras filiações.

Quanto à/alta de contribuições, sem razão o INSS.

Com efeito, o dever de proceder ao recolhimento das contribuições era do ex-patrão e não do empregado ingresso, agora, na análise do recurso adesivo do autor.

Quanto ao termo inicial, incensurável a sentença que fixou a contar da citação.

No que respeita aos honorários advocatícios, com razão o Autor, vez que devem ser calculados em 15% (quinze por cento) sobre o valor da condenação.

Ante o exposto, conheço ambos os recursos.

Nego provimento ao recurso do INSS.

Dou parcial provimento ao recurso do Autor para fixar os honorários advocatícios em 15% sobre o valor da condenação.

É o voto" (TRF-3.ª Reg. – AC 95.03.087493-9/SP – 2.ª T. – rel. Des. Federal Arice Amaral – j. 24.06.1997 – *DJ* 06.08.1997).

"Enunciado 8/CRPS:

Fixada a data do início da incapacidade antes da

perda da qualidade de segurado, a falta de contribuição posterior não

prejudica o seu direito as prestações previdenciárias"

(Portaria Ministerial 3.286, de 27.09.1973, *DOU* 08.10.1973 – Prejulgado 7-A).

Resolução 2/CRPS, *DOU* 07.04. 2006

"Enunciado 9:

Não corre o prazo prescricional do direito ao benefício, embora o segurado tenha interrompido as contribuições por mais doze meses, se seu vínculo empregatício estava *sub judice*" (Portaria Ministerial 3.286, de 27.09.1973, *DOU* 08.10.1973 – Prejulgado 7-A). Revogado pela Resolução 2/CRPS, *DOU* 07.04. 2006.

✍ Anotação

O Enunciado se revestia de manifesto cunho doutrinário. Enquanto o vínculo empregatício estiver sub judice o valor das contribuições ainda pode ser objeto de questionamento e, até mesmo, de definição da obrigação de recolher.

Art. 25. A concessão das prestações pecuniárias do Regime Geral de Previdência Social depende dos seguintes períodos de carência, ressalvado o disposto no art. 26:

I – auxílio-doença e aposentadoria por invalidez: 12 (doze) contribuições mensais;

II – aposentadoria por idade, aposentadoria por tempo de serviço e aposentadoria especial: 180 contribuições mensais (Redação dada ao inciso pela Lei 8.870, de 15.04.1994, *DOU* 16.04.1994).

III – salário-maternidade para as seguradas de que tratam os incisos V e VII do art. 11 e o art. 13: dez contribuições mensais, respeitado o disposto no parágrafo único do art. 39 desta Lei (Inciso incluído pela Lei 9.876, de 26.11.1999).

Parágrafo único. Em caso de parto antecipado, o período de carência a que se refere o inciso III será reduzido em número de contribuições equivalente ao número de meses em que o parto foi antecipado (Incluído pela Lei 9.876, de 26.11.1999).

✻ Remissão: EC 20/1998; MedProv 381/1993 e 242/2005; art. 18 da CLPS.

✍ Anotação

A gradativa implantação do período de carência para as aposentadorias por tempo de contribuição foi fixada no art. 142, com especial atenção no ingresso dos trabalhadores rurais no Regime Geral de Previdência Social. Quanto aos demais, seguem padrões internacionais do seguro social.

A "aposentadoria por tempo de serviço", a partir do comando estampado no art. 201, § 7.º, da CF/1988, com a redação que lhe deu a EC 20/1998, foi substituída pela "aposentadoria por tempo de contribuição".

JURISPRUDÊNCIA

"*Previdência Social. Aposentadoria por invalidez, auxílio-doença ou benefício assistencial. Qualidade de segurado e carência. Incapacidade total e temporária. Direito adquirido. Valor e reajustes do benefício. Honorários advocatícios. Juros de mora.* – A Lei 8.213/1991, Lei de Benefícios da Previdência Social, garante o auxílio-doença e a aposentadoria por invalidez aos segurados que, estando ou não percebendo auxílio-doença, forem considerados temporariamente ou definitivamente incapazes para o exercício de atividade que lhes garanta a subsistência, por meio de perícia médica, observada a carência legalmente estipulada (arts. 25, 26, 42 e 43, lei cit.). – Presentes os requisitos de carência e qualidade de segurada, razão porque se impõe a concessão de auxílio-doença (art. 59 da Lei 8.213/1991). – Afastamento do trabalho em virtude da doença incapacitante. Direito adquirido. É devido o benefício de auxílio-doença (§ 1.º, art. 102, Lei 8.213/1991). – Laudo pericial que atestou incapacidade total e temporária, passível de correção por meio de intervenção cirúrgica. – Quanto à apuração do valor do benefício e dos seus reajustes, cumpre ao INSS, respeitada a regra do art. 201, da CF/1988, obedecer ao disposto na Lei 8.213/1991 e legislação subsequente, no que for pertinente ao caso. – Manutenção do percentual da verba honorária em 10% (dez por cento), considerados a natureza, o valor e as exigências da causa, conforme art. 20, §§ 3.º e 4.º, do CPC. Base de cálculo também mantida sobre as parcelas vencidas até a data da sentença, nos termos da Súmula 111/STJ, atualizadas monetariamente e com juros moratórios. – Quanto aos juros de mora, o art. 1.062 do CC de 1916 mandava aplicá-los à base de 0,5% (meio por cento) ao mês, desde que não convencionado de modo diverso. Nos débitos da União e respectivas autarquias, bem como nos previdenciários, incidiam na forma do estatuto civil (art. 1.º da Lei 4.414/1964). O art. 406 do CC/2002 (Lei 10.406/2002, em vigor a partir de 11.01.2003), alterou tal sistemática e preceituou que devem ser fixados conforme a taxa que estiver em vigor, relativamente à mora do pagamento de impostos devidos à Fazenda Nacional. O art. 161, § 1.º, do CTN reza que, se lei não dispuser de modo diverso, o crédito tributário não pago no vencimento é acrescido de juros calculados à taxa de 1% (um por cento) ao mês. Assim, a taxa de juros moratórios dos débitos previdenciários é regulada pelo CC a partir de sua entrada em vigor, que, de seu turno, se reporta à taxa incidente nos débitos tributários, e é, atualmente, de 1% (um por cento) ao mês, contada nos termos do art. 219 do CPC. Juros de mora, corrigidos, de ofício, para 1% (um por cento) ao mês, a partir da entrada em vigor do CC/2002. – Apelação da parte autora improvida. De ofício, estabelecido o critério de apuração do valor e reajustes do benefício e corrigidos, por erro material, os juros de mora" (TRF-3.ª Reg. – AC 998.452 SP – 8.ª T. – rel. Des. Federal Vera Jucovsky – j. 04.04.2005 – DJU 16.05.2005 – p. 383).

"*Previdenciário. Aposentadoria por tempo de serviço rural. Carência não preenchida*. 1. A obtenção do benefício de aposentadoria por tempo de serviço está condicionada ao preenchimento da carência mínima, nos termos do art. 25, II, c/c. o art. 142, ambos da Lei 8.213/1991, com a redação da Lei 9.032/1995, e à comprovação do exercício de atividade laborativa, em consonância com o disposto nos arts. 52 e 53 do mesmo diploma legal, requisitos que devem ser preenchidos até 15.12.1998, data da edição da EC 20. 2. Para que seja concedida aposentadoria por tempo de serviço ao segurado rurícola, deve este comprovar o cumprimento da carência exigível. 3. O tempo de serviço do segurado trabalhador rural anterior à vigência da Lei 8.213/1991, dado ser contado independentemente do recolhimento de contribuições, é ineficaz para fins de carência, definida como número mínimo de contribuições mensais indispensáveis para que o beneficiário faça *jus* a certos benefícios. 4. A assistência judiciária não isenta a parte dela beneficiada dos eventuais encargos de sucumbência, pois o art. 12 da Lei 1.060/1950 não afasta tal condenação. Apenas limita sua execução à alteração de fortuna, prevendo prazo prescricional de 5 (cinco) anos. 5. Reexame necessário e apelação providos" (TRF-3.ª Reg. – AC 767.829/SP – 9.ª T. – rel. Juiz convocado André Nekatschalow – j. 08.09.2003 – DJU 02.10.2003 – p. 250).

"*Previdenciário. Aposentadoria por invalidez. Ocupante exclusivamente de cargo em comissão. Filiação compulsória ao regime geral da Previdência Social (EC 20/1998). Contribuição, sem interrupção, a previdência estadual e INSS. Reciprocidade de contribuições previdenciárias. Sequela de lesão preexistente. Incapacidade reconhecida por perícia judicial. Benefício devido.* 1. Sendo o segurado contribuinte, ocupante, exclusivamente, de cargo em comissão na Assembleia Legislativa de Minas Gerais, desde 08.02.1995, passando ao Regime Geral de Previdência Social, a partir de 16.12.1998, por força do § 13.º, art. 40 da CF/1988, modificado pela EC 20/1998 e tendo ele contribuído, anteriormente, sem solução de continuidade, a Instituto de Previdência Social do Estado de Minas Gerais, está amparado pelo princípio da reciprocidade de contribuições previdenciárias insculpido no § 9.º do art. 201 da CF/1988, cumprida, pois, a carência exigida no inc. I do art. 25 da Lei 8.213/1991 para a concessão de aposentadoria por invalidez. 2. A aposentadoria por invalidez pressupõe o preenchimento de requisitos, quais sejam, a qualidade de segurado do Instituto Nacional de Previdência Social – INSS, o cumprimento da carência legal e a incapacidade permanente insusceptível de reabilitação para o exercício de atividade que garanta a sua subsistência (art. 42, da Lei 8.213/1991). 3. Embora a sequela seja preexistente à filiação do segurado ao Regime Geral da Previdência Social, não representa este fato óbice à concessão da aposentadoria/invalidez, na espécie, em face do disposto no § 2.º do art. 42 da Lei 8.213/1991 que ressalva, em sua parte final, hipóteses de incapacidade sobrevinda por motivo de progressão ou agravamento de lesão ou moléstia. 4. Existência de direito a aposentadoria por invalidez vindicada, diante da conclusão da perícia médica oficial, a partir do laudo datado de 10.10.2002, em razão de estar o segurado incapacitado permanentemente para o trabalho, sem possibilidade de readaptação. 5. Essa aposentadoria deverá corresponder a 100% (cem por cento) do salário de benefício (art. 44 da Lei 8.213/1991). 6. As prestações em atraso devem ser pagas de uma só vez, monetariamente corrigidas de acordo com a Lei 6.899/1981, pelos índices previstos no Manual de Cálculos da Justiça Federal, aprovado pelo Conselho da Justiça Federal, incidindo desde a data do vencimento de cada parcela em atraso (Súmulas 148/STJ e 19/TRF-1.ª Reg.). 7. Os juros de mora corretamente fixados no percentual de 1% ao mês devem incidir sobre as prestações vencidas a partir da citação e, daí em diante sobre as que se vencerem até o efetivo pagamento (Súmula 204/STJ). 8. Os honorários advocatícios, corretamente fixados no mínimo legal de 10% (dez por cento), devem incidir sobre as prestações vencidas, na data da sentença recorrida, consoante os critérios constantes do art. 20, § 3.º, alíneas *a*, *b* e *c*, do CPC, devendo ser excluídas da base de cálculos as prestações vencidas após essa data (Súmula 111/STJ). 9. Recurso de apelação e remessa oficial, tida por interposta, providos em parte" (TRF-1.ª Reg. – AC 2001.38.00.040162-7/MG – 2.ª T. – rel. Des. Federal Carlos Moreira Alves – j. 05.03.2007 – *DJ* 26.03.2007 – p. 73).

"*Mandado de segurança. Aposentadoria por tempo de serviço. Tempo de serviço urbano não utilizado para concessão de benefício no regime público. Possibilidade. Segurada filiada ao RGPS após a Lei 8.213/1991. Carência.* 1. Não há vedação legal para a concessão de mais de uma aposentadoria em regimes diversos desde que os tempos sejam computados em cada sistema de previdência, uma única vez, com a respectiva contribuição. 2. Somente é vedada a contagem do mesmo tempo de serviço para a concessão de mais de um benefício previdenciário. 3. Tendo a segurada se filiado ao RGPS após a publicação da Lei 8.213/1991, a carência exigida para a concessão de benefício previdenciário é aferida de acordo com o comando contido no art.

25 da LBPS, e não pela regra de transição do art. 142 da indigitada lei. 4. Apelação parcialmente provida" (TRF-4.ª T. – AMS 7.842/PR – T. Suplementar – rel. Luciane Amaral Corrêa Münch – j. 06.12.2006 – DJe 12.01.2007).

▶ Assim dispunha o inc. II do art. 25 alterado:

II – aposentadoria por idade, aposentadoria por tempo de serviço, aposentadoria especial e abono de permanência em serviço: 180 (cento e oitenta) contribuições mensais.

Art. 26. Independe de carência a concessão das seguintes prestações:

I – pensão por morte, auxílio-reclusão, salário-família e auxílio-acidente; (Redação dada ao inciso pela Lei 9.876, de 26.11.1999).

II – auxílio-doença e aposentadoria por invalidez nos casos de acidente de qualquer natureza ou causa e de doença profissional ou do trabalho, bem como nos casos de segurado que, após filiar-se ao Regime Geral de Previdência Social, for acometido de alguma das doenças e afecções especificadas em lista elaborada pelos Ministérios da Saúde e do Trabalho e da Previdência Social a cada três anos, de acordo com os critérios de estigma, deformação, mutilação, deficiência, ou outro fator que lhe confira especificidade e gravidade que mereçam tratamento particularizado;

III – os benefícios concedidos na forma do inciso I do art. 39, aos segurados especiais referidos no inciso VII do art. 11 desta Lei;

IV – serviço social;

V – reabilitação profissional;

VI – salário-maternidade para as seguradas empregada, trabalhadora avulsa e empregada doméstica (Inciso incluído pela Lei 9.876, de 26.11.1999).

✵ **Remissão:** art. 18, § 2.º, da CLPS.

✍ Anotação

O preceito confirma a tendência de eliminação gradativa da carência. Entre outras situações, deixa de ser exigível para a concessão da pensão por morte.

Quanto ao rol de moléstias enumerado no inc. II, convém atentar para a periodicidade da respectiva atualização.

Atualmente, está fixado no art. 152 da IN 45, de agosto de 2010, o catálogo em referência e compreende as seguintes moléstias:

a) tuberculose ativa;

TÍTULO III – DO REGIME GERAL DE PREVIDÊNCIA SOCIAL • Art. 26

b) hanseníase;

c) alienação mental;

d) neoplasia maligna;

e) cegueira;

f) paralisia irreversível e incapacitante;

g) cardiopatia grave;

h) doença de Parkinson;

i) espondiloartrose anquilosante;

j) nefropatia grave;

l) estado avançado da doença de Paget (osteíte deformante);

m) Síndrome da Imunodeficiência Adquirida – AIDS;

n) contaminação por radiação com base em conclusão da medicina especializada; ou

o) hepatopatia grave.

JURISPRUDÊNCIA

"(...) Lei 8.213/1991, em seu art. 26, I, elenca os benefícios previdenciários que independem de carência. Entre eles está a pensão por morte, assegurada à mãe do segurando que, por isso, tem direito à pensão previdenciária" (TRF--1.ª Reg. – AC 94.01.35359-0/MG – 1.ª T. Suplementar – DJ 19.09.2002).

"Embargos infringentes. Previdenciário. Aposentadoria rural por idade. Regime de economia familiar. Período de carência. Não comprovação. Recurso provido. 1. São requisitos para a concessão do benefício rurícola por idade: a comprovação da qualidade de segurado especial, a idade mínima de 60 anos para o sexo masculino ou 55 anos para o feminino, bem como a carência exigida na data em que implementado o requisito etário, sem necessidade de recolhimento das contribuições (art. 26, III, e 55, § 2.º, da LBPS). 2. Não tendo a autora se desincumbido de provar o trabalho rural no período de carência, ou seja, antes do implemento do requisito etário ou do requerimento administrativo, não tem direito a receber a aposentadoria rural por idade. 3. Embargos infringentes providos para manter a sentença de improcedência" (TRF-4.ª Reg. – EINF 23.171/PR – 3.ª S. – rel. Luís Alberto D'Azevedo Aurvalle – j. 06.11.2008 – DJe 21.11.2008).

"Previdenciário. Salário-maternidade. Prescrição quinquenal. Empregada. Ilegitimidade passiva do INSS afastada. Lei 10.710/2003. Efeitos em momento posterior ao requerimento administrativo do benefício. Maternidade e qualidade *de segurada comprovadas. Concessão do benefício. Reforma da sentença.* 1. Afastada a prescrição quinquenal, uma vez que não transcorreu lapso superior a cinco anos entre o nascimento da filha da autora e a propositura da ação. 2. A Lei 10.710/2003, que determinou que compete à empresa pagar o salário-maternidade à respectiva empregada gestante, consignou que seus efeitos somente serão produzidos em relação aos benefícios requeridos a partir de 01.09.2003, data posterior ao requerimento administrativo do benefício, que ocorreu em 14.02.2003. Ilegitimidade passiva do INSS afastada. 3. A concessão do benefício de salário-maternidade à Segurada da Previdência Social está condicionada ao atendimento de dois requisitos: comprovação da maternidade e demonstração da qualidade de segurada. 3. Nos termos do art. 26, VI, da Lei 8.213/1991, o benefício de salário-maternidade independe do cumprimento de carência. 4. A correção monetária é devida nos termos da Lei 6.899/1981, a partir do vencimento de cada parcela (Súmulas 43/STJ e 148/STJ). 5. Os juros de mora são devidos à razão de 1% ao mês, a partir da citação, considerada a natureza alimentar da dívida. 6. Os honorários advocatícios devem ser fixados em 10% (dez por cento) sobre o valor da condenação. 7. Na Justiça do Estado de Goiás, o INSS está isento de custas, por força do disposto no art. 1.º, § 1.º, da Lei 9.289/19, c/c o art. 36, III, da Lei Estadual 14.376/2002. 8. Apelação provida" (TRF-1.ª Reg. – AC 2005.01.99.054295-4/GO – 1.ª T. – rel. Des. Federal Carlos Olavo – j. 14.10.2009 – DJe 18.12.2009 – p. 277).

"*Decisão da liminar da ADI 2.110/2000: Direito constitucional e previdenciário. Previdência social. Cálculo dos benefícios. Fator previdenciário. Salário--maternidade: Carência. Salário-família. Revogação de lei complementar por lei ordinária. Ação Direta de Inconstitucionalidade:* A) dos arts. 25, 26, 29 e 67 da Lei 8.213, de 24.07.1991, com a redação que lhes foi dada pelo art. 2.º da Lei 9.876, de 26.11.1999; b) dos arts. 3.º, 5.º, 6.º, 7.º e 9.º da Lei 9.876, de 26.11.1999, este último na parte em que revoga a Lei Complementar 84, de 18.01.1996; c) do art. 67 da Lei 8.213, de 24.07.1991, na parte em que contém estas expressões: 'e à apresentação anual de atestado de vacinação obrigatória'. Alegação de violação aos arts. 6.º, 7.º, XXIV, 24, XII, 193, 201, II, IV, e §§ 1.º, 3.º e 7.º, da CF/1988. *Medida cautelar.* 1. Na ADI 2.111 já foi indeferida a suspensão cautelar do arts. 3.º e 2.º da Lei 9.876/1999 (este último na parte em que deu nova redação ao art. 29 da Lei 8.213/1991). 2. O art. 5.º da Lei 9.876/1999 é norma de desdobramento, que regula o cálculo do salário de benefício, mediante aplicação do fator previdenciário, cujo dispositivo não foi suspenso na referida ADI n. .111. Pelas mesmas razões não é suspenso aqui. 3. E como a norma relativa ao 'fator previdenciário' não foi suspensa, é de se preservar, tanto o art. 6.º, quanto o art. 7.º da Lei 9.876/1999, exatamente para que não se venha, posteriormente, a alegar a violação de direitos adquiridos, por falta de ressalva expressa. 4. Com relação à pretendida suspensão dos arts. 25, 26 e de parte do art. 67 da Lei 8.213/1991, em sua redação originária e também na que lhe foi dada pela Lei 9.876/1999, bem como do art. 9.º desta última, os fundamentos jurídicos da inicial ficaram seriamente abalados com as informações do Congresso Nacional, da Presidência da República e, sobretudo, com o parecer da Consultoria Jurídica do Ministério da Previdência e Assistência Social, não se vislumbrando, por ora, nos dispositivos impugnados, qualquer afronta às normas da CF/1988. 5. Medida cautelar indeferida, quanto a todos os dispositivos impugnados" (STF – Liminar – ADI 2.110/2000 – Plenário – rel. Min. Cármen Lúcia – j. 16.03.2000 – DJ 05.12.2003. Aguardando Julgamento final).

"ADI 2.110/2000: dispositivo legal questionado: arts. 25, 26, 29 e 67, na parte que acrescenta 'e de comprovação de frequência à escola do filho ou equiparado' da Lei 8.213/1991, com a redação dada pelo art. 2.º da Lei 9.876/1999, assim como dos seus arts. 3.º, 5.º, 6.º e 7.º; do art. 9.º da Lei 9.876/1999, na parte que revoga a LC 84/1996; e do art. 67 da Lei 8.213/1991, em sua redação original, na parte que acrescentou 'e a apresentação anual de atestado de vacinação obrigatória'" (STF – ADI 2.110/2000 – rel. Min. Cármen Lúcia – em análise desde 01.12.1999).

"*ADI 2.111/2000: Direito constitucional e previdenciário. Previdência Social: cálculo do benefício. Fator previdenciário. Ação Direta de Inconstitucionalidade da Lei 9.876/1999, ou, ao menos, do respectivo art. 2.º, na parte em que alterou a redação do art. 29, caput, incisos e §§ da Lei 8.213/1991, bem como de seu art. 3.º alegação de inconstitucionalidade formal da lei, por violação ao art. 65, parágrafo único, da CF/1988 e de que seus arts. 2.º (na parte referida) e 3.º implicam inconstitucionalidade material, por afronta aos arts. 5.º, XXXVI, e 201, §§ 1.º e 7.º, da CF/1988 e ao art. 3.º da EC 20/1998. Medida cautelar.* 1. Na inicial, ao sustentar a inconstitucionalidade formal da Lei 9.876/1999, por inobservância do parágrafo único do art. 65 da CF/1988, segundo o qual 'sendo o projeto emendado, voltará à Casa iniciadora', não chegou a autora a explicitar em que consistiram as alterações efetuadas pelo Senado Federal, sem retorno à Câmara dos Deputados. Deixou de cumprir, pois, o inc. I do art. 3.º, da Lei 9.868/1999, segundo o qual a petição inicial da ADI deve indicar 'os fundamentos jurídicos do pedido em relação a cada uma das impugnações'. Enfim, não satisfeito esse requisito, no que concerne à alegação de inconstitucionalidade formal de toda a Lei 9.868/1999, a ADI não é conhecida, nesse ponto, ficando, a esse respeito, prejudicada a medida cautelar. 2. Quanto à alegação de inconstitucionalidade material do art. 2.º da Lei 9.876/1999, na parte em que deu nova redação ao art. 29, *caput*, incisos e §§, da Lei 8.213/1991, a um primeiro exame, parecem corretas as objeções da Presidência da República e do Congresso Nacional. É que o art. 201, §§ 1.º e 7.º, da CF/1988, com a redação dada pela EC 20/1998, cuidaram apenas, no que aqui interessa, dos requisitos para a obtenção do benefício da aposentadoria. No que tange ao montante do benefício, ou seja, quanto aos proventos da aposentadoria, propriamente ditos, a CF/1988, em seu texto originário, dele cuidava no art. 202. O texto atual da CF/1988, porém, com o advento da EC 20/1998, já não trata dessa matéria, que, assim, fica remetida 'aos termos da lei', a que se referem o *caput* e o § 7.º do novo art. 201. Ora, se a Constituição Federal de 1988, em seu texto em vigor, já não trata do cálculo do montante do benefício da aposentadoria, ou melhor, dos respectivos proventos, não pode ter sido violada pelo art. 2.º da Lei 9.876/1999, que, dando nova redação ao art. 29 da Lei 8.213/1991, cuidou exatamente disso. E em cumprimento, aliás, ao *caput* e ao § 7.º do novo art. 201. 3. Aliás, com essa nova redação, não deixaram de ser adotados, na Lei, critérios destinados a preservar o equilíbrio financeiro e atuarial, como determinado no *caput* do novo art. 201. O equilíbrio financeiro é o previsto no orçamento geral da União. E o equilíbrio atuarial foi buscado, pela Lei, com critérios relacionados com a expectativa de sobrevida no momento da aposentadoria, com o tempo de contribuição e com a idade, até esse momento, e, ainda, com a alíquota de contribuição correspondente a 0,31. 4. Fica, pois, indeferida a medida cautelar de suspensão do art. 2.º da Lei 9.876/1999, na parte em que deu nova redação ao art. 29, *caput*, incisos e §§, da Lei 8.213/1991. 5. Também não parece caracterizada violação do inc. XXXVI do art. 5.º, da CF/1988 pelo art. 3.º da Lei impugnada. É que se trata, aí, de norma de transição, para os que, filiados à Previdência Social até o dia anterior ao da publicação da Lei, só depois vieram ou vierem a cumprir as condições exigidas para a concessão dos benefícios do RGPS. 6. Enfim, a Ação Direta de Inconstitucionalidade não é conhecida, no ponto em que impugna toda a Lei 9.876/1999, ao argumento de inconstitucionalidade formal (art. 65, parágrafo único, da CF/1988). É conhecida, porém, quanto à impugnação dos arts. 2.º, na parte em que deu nova redação ao art. 29, seus incisos e §§ da Lei 8.213/1991, e 3.º daquele diploma. Mas, nessa parte, resta indeferida a medida cautelar" (STF – Liminar – ADI 2.111/2000 – Plenário – rel. Min. Cezar Peluso – j. 16.03.2000 – *DJ* 05.12.2003. Aguardando Julgamento final).

▶ Assim dispunha o inc. I do art. 26 alterado:

I – pensão por morte, auxílio-reclusão, salário-família, salário-maternidade, auxílio-acidente e pecúlios;

Art. 27. Para cômputo do período de carência, serão consideradas as contribuições:

I – referentes ao período a partir da data da filiação ao Regime Geral de Previdência Social, no caso dos segurados empregados e trabalhadores avulsos referidos nos incisos I e VI do art. 11;

II – realizadas a contar da data do efetivo pagamento da primeira contribuição sem atraso, não sendo consideradas para este fim as contribuições recolhidas com atraso referentes a competências anteriores, no caso dos segurados empregado doméstico, contribuinte individual, especial e facultativo, referidos, respectivamente, nos incisos II, V e VII do art. 11 e no art. 13. (Redação dada ao inciso pela Lei 9.876, de 26.11.1999).

✳ **Remissão:** art. 18, § 1.º, da CLPS.

✍ Anotação

A apuração do período de carência não pode deixar de considerar a data do recolhimento, pois o critério temporal é o vetor essencial a ser avaliado, além do dado complementar do efetivo recolhimento da contribuição.

Percebe-se, por essa razão, o trato diferenciado dos dois grupos de segurados: aqueles dos quais o empregador deduz na fonte a contribuição devida e aqueles que devem vertê-las por seus próprios meios.

JURISPRUDÊNCIA

"*Previdenciário. Aposentadoria por tempo de serviço de cônjuge de produtor rural. Exercício de atividade em regime de economia familiar. Carência contributiva.* I – Prestação previdenciária que depende, para sua concessão, do preenchimento do requisito da carência contributiva, que não se perfaz com a contribuição incidente sobre a comercialização dos produtos agrícolas, só tendo direito ao benefício o segurado especial na condição de contribuinte facultativo. Inteligência do art. 27, II, da LBPS. II – Hipótese de postulação deduzida por autora na exclusiva condição de cônjuge de produtor rural em regime de economia familiar. III – Face à ausência do pressuposto da carência contributiva é indevido o benefício de aposentadoria por tempo de serviço. IV – Recurso de apelação da autora improvido" (TRF-3.ª Reg. – AC 48.534/SP – 2.ª T. – rel. Juiz Peixoto Junior – j. 04.12.2001 – *DJU* 17.06.2002 – p. 476).

▶ Assim dispunha o inc. II do art. 27 alterado:

II - realizadas a contar da data do efetivo pagamento da primeira contribuição sem atraso, não sendo consideradas para este fim as contribuições recolhidas com atraso referentes a competências anteriores, no caso dos segurados referidos nos incisos II, III, IV, V e VII, este enquanto contribuinte facultativo, do art. 11 e no art. 13 desta Lei.

Seção III
Do cálculo do valor dos benefícios

Subseção I
Do salário de benefício

Art. 28. O valor do benefício de prestação continuada, inclusive o regido por norma especial e o decorrente de acidente do trabalho, exceto o salário-família e o salário-maternidade, será calculado com base no salário de benefício. (Redação dada ao *caput* pela Lei 9.032, de 28.04.1995, *DOU* 29.04.1995).

§ 1.º (Parágrafo revogado pela Lei 9.032, de 28.04.1995).

§ 2.º (Parágrafo revogado pela Lei 9.032, de 28.04.1995).

§ 3.º (Parágrafo revogado pela Lei 9.032, de 28.04.1995).

§ 4.º (Parágrafo revogado pela Lei 9.032, de 28.04.1995).

✳ **Remissão:** art. 21, I e II, da CLPS.

✍ **Anotação**

A expressão "benefício de prestação continuada", no direito atual, apresenta dois significados distintos. O primeiro indica as prestações de trato sucessivo devidas pelo Regime Geral, enquanto o segundo é utilizado pela Lei Orgânica da Assistência Social (LOAS) (Lei 8.742/1993) para designar a prestação devida ao idoso e à pessoa portadora de deficiência, concedida nos termos do art. 203, V, da CF/1988.

O salário de benefício é a base de cálculo da renda mensal do benefício e nada mais é do que a média de certo número de salários de contribuição apurado em determinado lapso de tempo conhecido como período básico de cálculo.

JURISPRUDÊNCIA

"*Ação revisional. Benefício previdenciário. Auxílio-doença. Conversão em aposentadoria por invalidez. Ausência de interrupção na concessão dos benefí-*

cios. Salário de benefício. Cálculo correto. Aplicação dos arts. 28 e 44 da Lei 8.213/1991 e art. 36, § 7.º do Dec. 3.048/1999. Não incidência do § 5.º do art. 29 da Lei 8.213/1991. Improcedência dos pedidos. Nos termos do Dec. 3.048/1999 que veio a regulamentar o art. 28 da Lei 8.213/1991, a renda mensal inicial da aposentadoria por invalidez concedida por transformação de auxílio doença será de 10% do salário de benefício que serviu de base para o cálculo da renda mensal inicial do auxílio-doença. Em casos de conversão de auxílio-doença em aposentadoria por invalidez não se aplica o art. 29, § 5.º da Lei 8.213/1991 posto regulamentar apenas casos de pagamentos esporádicos, sem continuidade. Trata de hipóteses em que o indivíduo recebe algum tipo de benefício, mas acaba por retornar a sua atividade" (TJMG – AC 1.0024.06.103700-8/001/BH – 18.ª Câm. Cív.– rel. Unias Silva – j. 20.11.2007 – DJ 12.12.2007).

"*Agravo regimental em Recurso especial. Previdenciário. Cálculo do salário de contribuição. Teto-limite. legalidade. Art. 29, § 2.º, da Lei 8.213/1991.* 1. A norma inscrita no art. 202 da CF/1988 (redação anterior à EC 20/1998) constitui '(...) disposição dirigida ao legislador ordinário, a quem cabe definir os critérios necessários ao seu cumprimento – o que foi levado a efeito pelas Leis 8.212 e 8.213, ambas de 1991. Tem-se, portanto, que o benefício deve ser calculado de acordo com a legislação previdenciária editada'. (...). 2. A lei previdenciária, dando cumprimento ao art. 202, *caput*, da CF/1988, determinou que o valor de qualquer benefício previdenciário de prestação continuada, à exceção do salário-família e salário-maternidade, será calculado com base no salário de benefício, que consiste na média aritmética dos últimos 36 (trinta e seis) salários de contribuição, atualizados mês a mês, de acordo com a variação integral do INPC, sendo certo, ainda, que este não poderá ser inferior a um salário mínimo e nem superior ao do limite máximo do salário de contribuição na data do início do benefício (arts. 28, 29 e 31 da Lei 8.213/1991). 3. De acordo com a lei previdenciária, a média aritmética dos últimos 36 (trinta e seis) salários de contribuição atualizados pelo INPC tem como produto o salário de benefício, que deverá ser restringido pelo teto máximo previsto no § 2.º do art. 29 da Lei 8.213/1991, para só depois ser calculada a renda mensal inicial do benefício previdenciário. 4. Inexiste incompatibilidade entre as regras dos arts. 136 e 29, § 2.º, da Lei 8.213/1991, que visa, sim, preservar íntegro o valor da relação salário de contribuição/salário de benefício, não havendo falar, pois, em eliminação dos respectivos tetos. Precedentes. 5. Agravo regimental improvido" (STJ – AgRg/REsp 531.409/SP – 6.ª T. – rel. Min. Hamilton Carvalhido – j. 28.10.2003 – DJ 15.12.2003 – p. 429).

"*Recurso especial. Previdenciário. Salário de contribuição de benefício acidentário. Fator de multiplicação.* Consoante o § 2.º do art. 28, da Lei 8.213/1991, em vigor à época dos fatos, 'entende-se como salário de contribuição vigente no dia do acidente o contratado para ser pago por mês, dia ou hora, no mês do acidente, que será multiplicado por trinta quando diário, ou por duzentos e quarenta quando horário, para corresponder ao valor mensal que servirá de base de cálculo para o benefício'. Recurso parcialmente conhecido e, nesta parte, provido" (STJ – REsp 184.226/SP – 5.ª T. – Min. José Arnaldo da Fonseca – j. 20.02.2003 – DJ 24.03.2003 – p. 260).

"*Agravo Regimental em Recurso Extraordinário.* 2. Salário de benefício. Renda mensal. Aplicação do teto. Art. 29, § 2.º, da Lei 8.213/1991. 3. recurso especial que atende a pretensão do recorrente. prejudicialidade. 4. Agravo regimental a que se nega provimento" (STF – RE 349.727 AgR – BA – 2.ª T. – rel. Ministro Gilmar Mendes – j. 18.10.2005 – DJ 18.11.2005 – p. 00020).

"*Agravo Regimental. Previdenciário. Revisão da renda mensal inicial. Apuração. Arts. 28 e 29 da Lei 8.213/1991. Índices de correção. Critério do legislador. Concessão administrativa ou judicial. Distinção inexistente.* 1. A LBPS estabelece o procedimento para a apuração do salário de benefício dispondo que, para aqueles de caráter continuado, inclusive o decorrente de acidente de trabalho, hipótese dos autos, seu valor é o resultante da média aritmética simples dos maiores salários de contribuição correspondentes a oitenta por cento de todo o período contributivo (arts. 28 e 29, II). 2. Cuidando-se de benefício concedido após a CF/1988, esta garante a correção de todos os salários de contribuição considerados para a apuração do salário de benefício (arts. 201, *caput*, e § 3.º e 202 – redação original), não especificando, contudo, os índices a serem utilizados na correção dos referidos salários de contribuição, deixando-os a critério do legislador ordinário. 3. Nesse contexto, tem-se que a legislação de regência dispõe expressamente sobre a forma de cálculo do valor do benefício previdenciário, sem prever qualquer diferença para sua concessão, seja na via administrativa ou na judicial. 4. Assim, se o segurado não viu reconhecido administrativamente seu direito e se obriga a recorrer ao Poder Judiciário, o benefício há de ser implantado com a observância da legislação pertinente, à semelhança do concedido diretamente pela autarquia, corrigindo-se as parcelas atrasadas. 5. Agravo regimental a que se nega provimento" (STJ – AgRg no Ag 889.499/SP – 6.ª T. – rel. Min. Paulo Gallotti – j. 05.05.2009 – DJe 25.05.2009).

▶ Assim dispunha o *caput* do art. 28 alterado:

> Art. 28. O valor do benefício de prestação continuada, inclusive o regido por norma especial, exceto o salário-família e o salário-maternidade, será calculado com base no salário de benefício.

▶ Assim dispunha o § 1.º do art. 28 revogado:

§ 1.º Quando o benefício for decorrente de acidente do trabalho, considerar-se-á, ao invés do salário de benefício calculado de acordo com o disposto nesta subseção, o salário de contribuição vigente no dia do acidente se mais vantajoso, aplicando-se-lhe o disposto no § 2.º do art. 29.

▶ Assim dispunha o § 2.º do art. 28 revogado:

§ 2.º Entende-se como salário de contribuição vigente no dia do acidente ou contratado para ser pago por mês, dia ou hora, no mês do acidente, que será multiplicado por trinta quando diário, ou por duzentos e quarenta quando horário, para corresponder ao valor mensal que servirá de base de cálculo para o benefício.

▶ Assim dispunha o § 3.º do art. 28 revogado:

§ 3.º Quando a jornada de trabalho não for de oito horas diárias, será adotada, para fins do disposto no parágrafo anterior, a base de cálculo a ela correspondente.

▶ Assim dispunha o § 4.º do art. 28 revogado:

§ 4.º Quando, entre o dia do acidente do trabalho e a data do início do benefício, ocorrer reajustamento por dissídio coletivo ou alteração do salário-mínimo, o benefício deverá iniciar-se também com a renda mensal reajustada, nos mesmos índices deste ou de acordo com a política salarial.

Art. 29. O salário de benefício consiste: (Redação dada ao *caput* pela Lei 9.876, de 26.11.1999).

I – para os benefícios de que tratam as alíneas *b* e *c* do inciso I do art. 18, na média aritmética simples dos maiores salários de contribuição correspondentes a oitenta por cento de todo o período contributivo, multiplicada pelo fator previdenciário; (Inciso incluído pela Lei 9.876, de 26.11.1999).

II – para os benefícios de que tratam as alíneas *a*, *d*, *e* e *h* do inciso I do art. 18, na média aritmética simples dos maiores salários de contribuição correspondentes a oitenta por cento de todo o período contributivo. (Inciso incluído pela Lei 9.876, de 26.11.1999).

§ 1.º (Parágrafo revogado pela Lei 9.876, de 26.11.1999).

§ 2.º O valor do salário de benefício não será inferior ao de um salário mínimo, nem superior ao do limite máximo do salário de contribuição na data de início do benefício.

§ 3.º Serão considerados para cálculo do salário de benefício os ganhos habituais do segurado empregado, a qualquer título, sob forma de moeda corrente ou de utilidades, sobre os quais tenha incidido contribuições previdenciárias, exceto o décimo-terceiro salário (gratificação natalina). (Redação dada ao parágrafo pela Lei 8.870, de 15.04.1994, *DOU* 16.04.1994).

§ 4.º Não será considerado, para o cálculo do salário de benefício, o aumento dos salários de contribuição que exceder o limite legal, inclusive o voluntariamente concedido nos 36 (trinta e seis) meses imediatamente anteriores ao início do benefício, salvo se homologado pela Justiça do Trabalho, resultante de promoção regulada por normas gerais da empresa, admitida pela legislação do trabalho, de sentença normativa ou de reajustamento salarial obtido pela categoria respectiva.

§ 5.º Se, no período básico de cálculo, o segurado tiver recebido benefícios por incapacidade, sua duração será contada, considerando-se como salário de contribuição, no período, o salário de benefício que serviu de base para o cálculo da renda mensal, reajustado nas mesmas épocas e bases dos benefícios em geral, não podendo ser inferior ao valor de 1 (um) salário mínimo.

§ 6.º O salário de benefício do segurado especial consiste no valor equivalente ao salário-mínimo, ressalvado o disposto no inciso II do art. 39 e nos §§ 3.º e 4.º do art. 48 desta Lei. (Redação dada ao parágrafo pela Lei 11.718, de 20.06.2008).

I – (Inciso revogado pela Lei 11.718, de 20.0620.08);

II – (Inciso revogado Lei 11.718, de 20.06.2008).

§ 7.º O fator previdenciário será calculado considerando-se a idade, a expectativa de sobrevida e o tempo de contribuição do segurado ao se aposentar, segundo a fórmula constante do Anexo desta Lei. (Parágrafo incluído pela Lei 9.876, de 26.11.1999).

§ 8.º Para efeito do disposto no § 7.º, a expectativa de sobrevida do segurado na idade da aposentadoria será obtida a partir da tábua completa de mortalidade construída pela Fundação Instituto Brasileiro de Geografia e Estatística – IBGE, considerando-se a média nacional única para ambos os sexos. (Parágrafo incluído pela Lei 9.876, de 26.11.1999).

§ 9.º Para efeito da aplicação do fator previdenciário, ao tempo de contribuição do segurado serão adicionados: (Parágrafo incluído pela Lei 9.876, de 26.11.1999).

I – cinco anos, quando se tratar de mulher; (Inciso incluído pela Lei 9.876, de 26.11.1999).

II – cinco anos, quando se tratar de professor que comprove exclusivamente tempo de efetivo exercício das funções de magistério na educação infantil e no ensino fundamental e médio; (Inciso incluído pela Lei 9.876, de 26.11.1999).

III – dez anos, quando se tratar de professora que comprove exclusivamente tempo de efetivo exercício das funções de magistério na educação infantil e no ensino fundamental e médio (Inciso incluído pela Lei 9.876, de 26.11.1999).

§ 10. (Parágrafo acrescido pela MedProv 242, de 24.03.2005, rejeitada pelo Ato Declaratório 1 do Senado Federal de 20.07.2005).

✹ **Remissão:** arts. 194, IV, e 201, §§ 3.º a 5.º, da CF/1988; art. 21, I e II, da CLPS.

✍ Anotação

O salário de benefício, base de cálculo da prestação, é determinado pela regra contida nos incs. I e II. Somente não se aplica ao salário-família (cujo valor é adrede definido pela lei) e ao salário-maternidade, que também restou estipulado em quantia fixa pela norma de regência. Considerando determinado período básico de cálculo (PBC), a norma ordena o modo como será apurada essa base sobre a qual será aplicado determinado percentual definidor do valor da renda mensal a ser paga ao beneficiário.

O *fator previdenciário* será calculado considerando-se a idade, a expectativa de sobrevida e o tempo de contribuição do segurado ao se aposentar. A expectativa de sobrevida do segurado na idade da aposentadoria será obtida a partir da tábua completa de mortalidade construída pelo IBGE, considerando-se a média nacional única para ambos os sexos. Publicada a tábua de mortalidade, os benefícios previdenciários requeridos a partir dessa data considerarão a nova expectativa de sobrevida.

O fator previdenciário é calculado segundo fórmula que leva em conta o Tempo de Contribuição (TC), a expectativa de sobrevida (Es) e a idade (Id) dos segurados. Na obtenção do fator, deve o tempo de contribuição (TC) ser multiplicado pelo valor fixo de 0,31 (a) e dividido pela expectativa de sobrevida determinada pela Tábua de Mortalidade do IBGE vigente na data de cálculo da aposentadoria. Em seguida, deve ser acrescido a esse montante um percentual obtido com base na idade e no tempo de contribuição.

Ressalvas quanto ao cálculo do salário de benefício:

No caso da aposentadoria por idade, a utilização do fator previdenciário é opcional.

Segurados que ingressaram no Regime Geral de Previdência Social antes da publicação da Lei 9.876/1999, somente utilizam para cálculo do salário de benefício os salários de contribuição existentes desde julho de 1994.

No cálculo de benefícios por incapacidade, quando existirem menos de 144 salários de contribuição no período básico de cálculo, serão utilizados para cálculo do salário de benefício todos os salários de contribuição.

Quem cumpriu os requisitos para a aposentadoria antes da Lei 9.876/1999, mas não exerceu o direito à época, poderá fazê-lo a qualquer tempo, apurado o salário de benefício com o antigo período de 36 (trinta e seis) salários de contribuição anteriores ao implemento dos requisitos, como fixado na legislação anterior ao citado diploma legal. O valor inicial do benefício será calculado considerando-se como período básico de cálculo os meses de contribuição imediatamente anteriores ao mês em que o segurado completou o tempo de contribuição, trinta anos para a mulher e trinta e cinco anos para o homem.

Como se trata de quantias nominalmente fixadas, os valores do limite mínimo e do limite máximo do salário de benefício são fixados em ato normativo ministerial na mesma época em que ocorre o reajustamento do salário-mínimo.

Atualmente, tais valores foram fixados pela Portaria Interministerial MPS/MF 15, de 2013, em R$ 678,00 (seiscentos e setenta e oito reais) e R$ 4.159,00 (quatro mil, cento e cinquenta e nove reais), respectivamente.

A Lei 9.876, de 26.11.1999, art. 3.º, fixou disposição transitória sobre salário de benefício, nos seguintes termos:

"Art. 3.º Para o segurado filiado à Previdência Social até o dia anterior à data de publicação desta Lei, que vier a cumprir as condições exigidas para a concessão dos benefícios do Regime Geral de Previdência Social, no cálculo do salário de benefício será considerada a média aritmética simples dos maiores salários de contribuição, correspondentes a, no mínimo, oitenta por cento de todo o período contributivo decorrido desde a competência julho de 1994, observado o disposto nos incisos I e II do *caput* do art. 29 da Lei 8.213/1991, com a redação dada por esta Lei.

§ 1.º Quando se tratar de segurado especial, no cálculo do salário de benefício serão considerados um treze avos da média aritmética simples dos maiores valores sobre os quais incidiu a sua contribuição anual, correspondentes a, no mínimo, oitenta por cento de todo o período contributivo decorrido desde a competência julho de 1994, observado o disposto nos incisos I e II do § 6.º do art. 29 da Lei 8.213, de 1991, com a redação dada por esta Lei.

§ 2.º no caso das aposentadorias de que tratam as alíneas "b", "c" e "d" do inciso I do art. 18, o divisor considerado no cálculo da média a que se refere o *caput* e o § 1.º não poderá ser inferior a sessenta por cento do período decorrido da competência julho de 1994 até a data de início do benefício, limitado a cem por cento de todo o período contributivo.

Art. 4.º (...).

Art. 5.º Para a obtenção do salário de benefício, o fator previdenciário de que trata o art. 29 da Lei 8.213/1991, com a redação desta Lei, será aplicado de forma progressiva, incidindo sobre um sessenta avos da média aritmética de que trata o art. 3.º desta Lei, por mês que se seguir a sua publicação, cumulativa e sucessivamente, até completar sessenta avos da referida média" (Redação dada pela republicação da Lei 9.876, de 26.11.1999, no dia 06.12.1999).

Art. 6.º É garantido ao segurado que até o dia anterior à data de publicação desta Lei tenha cumprido os requisitos para a concessão de benefício o cálculo segundo as regras até então vigentes".

Art. 7.º É garantido ao segurado com direito a aposentadoria por idade a opção pela não aplicação do fator previdenciário a que se refere o art. 29 da Lei 8.213/1991, com a redação dada por esta Lei".

JURISPRUDÊNCIA

"*Previdenciário. Constitucional. Revisão de benefício concedido na vigência da Lei 8.213/1991. RMI. Arts. 29 e 31 da Lei 8.213/1991, e alterações subsequentes. Reajustamento do benefício. Critérios de reajuste. Preservação do valor real.* 1. Não há que se falar em nulidade da sentença, por falta de fundamentação, quando esta expõe, de forma clara, os fundamentos em que o juiz analisou as questões de fato e de direito. 2. A Lei 8.213/1991, em seu art. 29, estabeleceu a sistemática de cálculo da Renda Mensal Inicial dos benefícios previdenciários considerando a média dos salários de contribuição referentes aos últimos 36 (trinta e seis) meses, com a devida atualização monetária. 3. O demonstrativo de cálculo da renda mensal inicial da aposentadoria do autor revela que o INSS apurou o valor inicial do benefício corrigindo monetariamente todos os trinta e seis salários de contribuição utilizados no período básico de cálculo em conformidade com a legislação de regência, não havendo, por conseguinte, ilegalidade na fixação da RMI do benefício. 4. Não há previsão legal para a pretensão do autor de atualização dos salários de contribuição utilizados no período básico de cálculo da sua aposentadoria pelo índice de reajuste do teto máximo dos salários de contribuição, pois os critérios de correção monetária devem ser os estabelecidos na legislação em vigor. 5. O benefício do autor foi concedido após a promulgação da CF/1988 e, portanto, não foi alcançado pela determinação inserta no art. 58 do ADCT, que assegurou, aos benefícios concedidos até 05.10.1988, o direito à equivalência do seu valor com o número de salários mínimos estabelecido na ocasião da concessão. Assim, inaplicável a revisão do art. 58 do ADCT. 6. O reajustamento dos benefícios previdenciários, a partir da entrada em vigor do novo Plano de Benefícios da Previdência Social, deve observar o disposto no art. 41, II, da Lei 8.213/1991 e alterações subsequentes, atendendo à determinação constitucional de que a preservação do valor real dos benefícios se dá com a aplicação dos critérios de reajuste previstos em lei. 7. Previsão inserida na Lei 11.430/2006, que atualizou a Lei 8.213/1991 estabelecendo que: 1o valor dos benefícios em manutenção será reajustado, anualmente, na mesma data do reajuste do salário mínimo, *pro rata*, de acordo com suas respectivas datas de início ou do último reajustamento, com base no Índice Nacional de Preços ao Consumidor – INPC, apurado pela Fundação Instituto Brasileiro de Geografia e Estatística – IBGE. (...)'. 8. A preservação do valor real dos benefícios previdenciários ocorre com observância aos critérios e índices estabelecidos em lei, defeso ao Poder Judiciário estabelecer a aplicação de índices de reajuste diferentes, não havendo falar, pois, em ofensa às garantias de irredutibilidade do valor dos benefícios e da preservação do seu valor real, bem assim em qualquer inconstitucionalidade na Lei 8.213/1991. 9. Apelação e remessa oficial providas" (TRF-1.ª Reg. – AC 0002084-86.2002.4.01.9199/MG – 2.ª T. – rel. Des. Federal Neuza Maria Alves da Silva – j. 05.05.2010 – DJe 20.05.2010 – p. 71).

"*Agravo Regimental. Recurso especial. Violação a dispositivos constitucionais. Impossibilidade. Previdenciário. Salário de contribuição. Limite. Arts. 29, § 2.º, e 136 da Lei 8.213/1991. Decisão mantida por seus próprios fundamentos.* 1. É inviável o exame de afronta a dispositivos constitucionais em sede de recurso especial, instrumento processual que se destina a garantir a autoridade e aplicação uniforme da legislação federal. 2. Os arts. 29, § 2.º, e 33 da Lei 8.213 dispõem que o salário de benefício deve observar o limite máximo do respectivo salário de contribuição. 3. Não há como abrigar agravo regimental que não logra desconstituir os fundamentos da decisão atacada. 4. Agravo regimental a que se nega provimento" (STJ – AgRg/REsp 939.977/MG – rel. Min. Paulo Gallotti – 6.ª T. – j. 11.09.2007 – DJ 08.10.2007 – p. 409).

"*Previdenciário. Benefício acidentário. Salário básico. Atualização.* Em sendo o caso de ocorrer reajustamento salarial, por dissídio coletivo, entre a data do acidente e o início do benefício, não ofende a regra explícita do § 4.º, do art. 29, da Lei 8.213, nem a de qualquer outro dispositivo de lei, a determinação sentencial de reajustar-se o benefício a base dos mesmos índices acordados" (STJ – REsp 64.336/SP – 5.ª T. – rel. Min. José Dantas – j. 10.09.1996 – DJ 30.09.1996 – p. 36648)" (TRF-1.ª Reg. – AC 2000.01.00.040723-3/RO – 2.ª T. – rel. Juiz Federal Carlos Alberto Simões de Tomaz – j. 12.11.2004 – DJ 16.12.2004 – p. 77).

"*Previdenciário. Aposentadoria por tempo de serviço. Salário de contribuição. Período básico de cálculo. Data do afastamento do emprego. Art. 29 da Lei 8.213/1991.* 1. O salário de benefício é calculado, preferencialmente, pela média dos 36 (trinta e seis) últimos salários de contribuição do período imediatamente anterior ao afastamento da atividade, que é o caso dos autos. Inteligência do art. 29 da LBPS (redação original). 2. Remessa oficial improvida" (TRF-4.ª Reg. – REO 21.337/RS – 5.ª T. – rel. Luiz Antonio Bonat – j. 11.03.2008 – DJe 12.05.2008).

"Revisão da RMI de aposentadoria por invalidez precedida de auxílio-doença. Aplicação do art. 29, § 5.º, da Lei 8.213/1991 em detrimento do art. 36, § 7.º, do Dec. 3.048/1999. 1. O art. 29, § 5.º, da Lei 8.213/1991, estabelece que se no período básico de cálculo, o segurado tiver recebido benefícios por incapacidade, sua duração será contada, considerando-se como salário de contribuição, no período, o salário de benefício que serviu de base para o cálculo da renda mensal, reajustado nas mesmas épocas e bases dos benefícios em geral, não podendo ser inferior ao valor de 1 (um) salário mínimo. 2. O art. 36, § 7.º, do Dec. 3.048, reza que a RMI da aposentadoria por invalidez concedida por transformação de auxílio-doença será de 100% do salário de benefício que serviu de base para o cálculo da RMI do auxílio-doença, reajustado pelos mesmos índices de correção dos benefícios em geral. Sendo este o critério utilizado pelo INSS para o cálculo da RMI da aposentadoria da parte recorrida. 3. O decreto é editado para explicar e regulamentar a lei, facilitando sua execução, aclarando seus mandamentos e orientando sua aplicação. Sendo ato inferior à lei não pode contrariá-la ou ir além do que ela permite. Diante do confronto da lei e do decreto, que dispõem de maneira diversa sobre o mesmo assunto, cabe ao intérprete afastar a aplicação deste em benefício daquela. Assim, o cálculo da RMI da aposentadoria por invalidez deve ter como parâmetro a regra esculpida na Lei 8.213/1991. Se a LBPS não limitou a sua aplicação aos benefícios de incapacidade que foram intercalados por retorno ao trabalho não pode o intérprete fazer tal restrição. 4. Incidente de Uniformização a que se nega provimento" (TNU – PU de Interpretação de Lei Federal 2007.51510053687/RJ – TNU – rel. Maria Divina Vitória – j. 21.11.2008).

"Previdenciário. Aposentadoria por tempo de serviço. Salário de contribuição. Período básico de cálculo. Data do afastamento do emprego. Art. 29 da Lei 8.213/1991. 1. O salário de benefício é calculado, preferencialmente, pela média dos 36 (trinta e seis) últimos salários de contribuição do período imediatamente anterior ao afastamento da atividade, que é o caso dos autos. Inteligência do art. 29 da LBPS (redação original). 2. Remessa oficial improvida" (TRF-4.ª Reg. – REO 21.337/RS – 5.ª T. – rel. Luiz Antonio Bonat – j. 11.03.2008 – DJe 12.05.2008).

▶ Assim dispunha o *caput* do art. 29 alterado:

> Art. 29. O salário de benefício consiste na média aritmética simples de todos os últimos salários de contribuição dos meses imediatamente anteriores ao do afastamento da atividade ou da data da entrada do requerimento, até o máximo de 36 (trinta e seis), apurados em período não superior a 48 (quarenta e oito) meses.

Art. 29 • LEI DOS PLANOS DE BENEFÍCIOS DA PREVIDÊNCIA SOCIAL

▶ Assim dispunham os incs. II e III, agrupados no atual inc. II do art. 29 pela Lei 9.876, de 26.11.1999:

II – para os benefícios de que tratam as alíneas *a* e *d* do inciso I do art. 18, na média aritmética simples dos maiores salários de contribuição correspondente a oitenta por cento de todo o período contributivo; (alterado pela MedProv 242/2005 e que posteriormente foi rejeitada pelo Ato Declaratório 1 do Senado Federal de 20.07.2005).

III – para os benefícios de que tratam as alíneas *e* e *h* do inciso I, do art. 18, e na hipótese prevista no inciso II do art. 26, na média aritmética simples dos 36 (trinta e seis) últimos salários de contribuição ou, não alcançando esse limite, na média aritmética simples dos salários de contribuição existentes (acrescentado pela MedProv 242/2005 e que) posteriomente rejeitada pelo Ato Declaratório n. 1 do Senado Federal de 20.07.2005.

▶ Assim dispunha o § 1.º do art. 29 revogado:

§ 1.º No caso de aposentadoria por tempo de serviço, especial ou por idade, contando o segurado com menos de 24 (vinte e quatro) contribuições no período máximo citado, o salário de benefício corresponderá a 1/24 (um vinte e quatro avos) da soma dos salários de contribuição apurados.

▶ Assim dispunha o § 3.º do art. 29 alterado:

§ 3.º Serão considerados para o cálculo do salário de benefício os ganhos habituais do segurado empregado, a qualquer título, sob forma de moeda corrente ou de utilidades, sobre os quais tenha incidido contribuição previdenciária.

▶ Assim dispunha o § 6.º do art. 29 alterado:

§ 6.º No caso de segurado especial, o salário de benefício, que não será inferior ao salário mínimo, consiste: (Incluído pela Lei 9.876, de 26.11.1999).

▶ Assim dispunha o inc. I do § 6.º do art. 29 revogado:

I – para os benefícios de que tratam as alíneas *b* e *c* do inciso I do art. 18, em um treze avos da média aritmética simples dos maiores valores sobre os quais incidiu a sua contribuição anual, correspondentes a oitenta por cento de todo o período contributivo, multiplicada pelo fator previdenciário; (Inciso incluído pela Lei 9.876, de 26.11.1999).

▶ Assim dispunha o inc. II do § 6.º do art. 29 revogado:

II – para os benefícios de que tratam as alíneas *a*, *d*, *e* e *h* do inciso I do art. 18, em um treze avos da média aritmética simples dos maiores valores sobre os quais incidiu a sua contribuição anual, correspondentes a oitenta por cento de todo o período contributivo. (Inciso incluído pela Lei 9.876, de 26.11.1999).

▶ Assim dispunha do § 10 do art. 29 revogado:

§ 10. A renda mensal do auxílio-doença e aposentadoria por invalidez, calculada de acordo com o inciso III, não poderá exceder a remuneração do trabalhador, considerada em seu valor mensal, ou seu último salário de contribuição no caso de remuneração variável (acrescido pela MedProv 242/2005. posteriormente rejeitada pelo Ato Declaratório 1 do Senado Federal, de 20.07.2005).

Art. 29-A. O INSS utilizará as informações constantes no Cadastro Nacional de Informações Sociais – CNIS sobre os vínculos e as remunerações dos segurados, para fins de cálculo do salário de benefício, comprovação de filiação ao Regime Geral de Previdência Social, tempo de contribuição e relação de emprego (Redação dada ao *caput* do artigo pela LC 128/2008).

§ 1.º O INSS terá até 180 (cento e oitenta) dias, contados a partir da solicitação do pedido, para fornecer ao segurado as informações previstas no *caput* deste artigo. (Parágrafo incluído pela Lei 10.403, de 08.01.2002).

§ 2.º O segurado poderá solicitar, a qualquer momento, a inclusão, exclusão ou retificação de informações constantes do CNIS, com a apresentação de documentos comprobatórios dos dados divergentes, conforme critérios definidos pelo INSS. (Redação dada ao parágrafo pela LC 128/2008).

§ 3.º A aceitação de informações relativas a vínculos e remunerações inseridas extemporaneamente no CNIS, inclusive retificações de informações anteriormente inseridas, fica condicionada à comprovação dos dados ou das divergências apontadas, conforme critérios definidos em regulamento. (Parágrafo incluído pela LC 128/2008).

§ 4.º Considera-se extemporânea a inserção de dados decorrentes de documento inicial ou de retificação de dados anteriormente informados, quando o documento ou a retificação, ou a informação retificadora, forem apresentados após os prazos estabelecidos em regulamento. (Parágrafo incluído pela LC 128/2008).

§ 5.º Havendo dúvida sobre a regularidade do vínculo incluído no CNIS e inexistência de informações sobre remunerações e contribuições, o INSS exigirá a apresentação dos documentos que serviram de base à anotação, sob pena de exclusão do período. (Parágrafo incluído pela LC 128/2008).

✳ **Remissão:** LC 128/2008.

Anotação

O CNIS é poderoso instrumento de apuração de elementos definidores da situação jurídica do segurado e da renda mensal inicial dos benefícios.

Todos os elementos disponíveis nesse banco de dados devem ser colocados à disposição do interessado para aditamento de dados e oportuna retificação.

Art. 29-B • LEI DOS PLANOS DE BENEFÍCIOS DA PREVIDÊNCIA SOCIAL

JURISPRUDÊNCIA

"*Previdenciário. Salário de contribuição. Dados constantes do CNIS. Retificação. Possibilidade. Art. 29-A, § 2.º, da Lei 8.213/1991.* 1. O art. 29-A, *caput,* da Lei 8.213/1991, determina que 'o INSS utilizará as informações constantes do CNIS sobre os vínculos e as remunerações dos segurados, para fins de cálculo do salário de benefício, comprovação de filiação ao Regime Geral de Previdência Social, tempo de contribuição e relação de emprego'. 2. O § 2.º do mesmo art., por sua vez, garante ao segurado o direito de solicitar, 'a qualquer momento, a inclusão, exclusão ou retificação de informações constantes do CNIS, com a apresentação de documentos comprobatórios dos dados divergentes, conforme critérios definidos pelo INSS'. 3. Comprovada a incorreção dos registros constantes do CNIS, a partir de informações prestadas pelo empregador, deve ser atendido o pleito de alteração dos dados daquele Cadastro" (TRF-4.ª Reg. – AC 4.016/RS – 6.ª T. – rel. Des. Federal Celso Kipper – j. 28.10.2009 – 13.11.2009).

▶ Assim dispunha o art. 29-A, *caput,* alterado:

> Art. 29-A. O INSS utilizará, para fins de cálculo do salário de benefício, as informações constantes no Cadastro Nacional de Informações Sociais – CNIS sobre as remunerações dos segurados (Artigo incluído pela Lei 10.403, de 08.01.2002).

▶ Assim dispunha o § 2.º do art. 29-A alterado:

> § 2.º O segurado poderá, a qualquer momento, solicitar a retificação das informações constantes no CNIS, com a apresentação de documentos comprobatórios sobre o período divergente. (Parágrafo incluído pela Lei 10.403, de 08.01.2002).

Art. 29-B. Os salários de contribuição considerados no cálculo do valor do benefício serão corrigidos mês a mês de acordo com a variação integral do Índice Nacional de Preços ao Consumidor – INPC, calculado pela Fundação Instituto Brasileiro de Geografia e Estatística – IBGE (Artigo incluído pela Lei 10.877, de 04.06.2004, *DOU* 07.06.2004).

✻ **Remissão:** MedProv 167/2004; Leis 9.528/1997 e 10.887/2004; Dec. 5.545/2005; art. 33 do RPS.

✍ Anotação

A irredutibilidade no valor dos benefícios depende da adequada correção de todos os salários de contribuição utilizados na apuração do salário

Título III – Do regime geral de Previdência Social • Art. 30

de benefício, consoante determina o art. 201, § 3.º, da CF/1988. Conviria apurar se o INPC é boa medida da inflação do período a ser considerado.

JURISPRUDÊNCIA

"*Acidente de trabalho. Revisão da RMI do auxílio-doença. Salário de benefício aferido com base em todos os salários de contribuição existentes no período contributivo. Impossibilidade. Incidência do art. 29, II, da Lei 8.213/1991. Cálculo do auxílio-doença com base somente nos 80% (oitenta por cento) maiores salários de contribuição para fins de obtenção da renda mensal inicial do benefício*. No cálculo do salário de benefício do auxílio-doença acidentário deve ser levada em conta a média aritmética simples dos maiores salários de contribuição, correspondentes a 80% (oitenta por cento) de todo o período contributivo, desprezando-se, portanto, os 20% (vinte por cento) menores salários de contribuição. (...). Dado o caráter alimentar da obrigação relativa a benefício acidentário, os juros de mora são devidos à taxa de 1% ao mês, a partir da citação, quanto às prestações vencidas anteriormente a ela, e a partir do vencimento de cada parcela que for posteriormente devida. Nas ações acidentárias os honorários advocatícios devem ser fixados em 10% sobre o valor das prestações vencidas até a data da publicação da sentença. Inteiro teor: (...) art. 29-B, da Lei 8.213/1991, com a redação dada pela MedProv 167, de 19.02.2004, convertida na Lei 10.887, de 18.06.2004, elege o INPC apenas para corrigir os salários de contribuição considerados no cálculo do salário de benefício com vistas à apuração da RMI do benefício previdenciário ou acidentário: 'art. 29-B: os salários de contribuição considerados no cálculo do valor do benefício serão corrigidos mês a mês de acordo com a variação integral do INPC, calculado pelo IBGE'" (TJSC – RN 2009.073542-3/SC – 4.ª C – rel. Des. Jaime Ramos – j. 18.03.2010).

Art. 30. (Art. revogado pela Lei 9.032/1995).

I – (Inciso revogado pela Lei 9.032, de 28.04.1995, *DOU* 29.04.1995);

II – (Inciso revogado pela Lei 9.032, de 28.04.1995, *DOU* 29.04.1995).

✹ **Remissão:** art. 164, § 5.º, da CLPS.

✍ Anotação

As normas relativas aos direitos sociais deveriam estar sob a proteção do denominado princípio da proibição de retrocesso. A revogação do preceito em questão, colocando na vala comum os benefícios acidentários, representou indiscutível retrocesso social.

JURISPRUDÊNCIA

"*Acidente do trabalho. Benefícios. Remuneração variável. Salário de contribuição.* I – no caso de remuneração variável, o benefício deve ser calculado pela média aritmética dos últimos salários de contribuição e não pelo valor do salário do dia do acidente. Lei 6.367/1976, art. 5.º, § 4.º, Lei 8.213, de 24.07.1991, art. 30. Precedentes da Corte Especial. II – embargos de divergência conhecidos e recebidos" (STF – REsp 66.433/SP – CE – rel. Min. Antônio de Pádua Ribeiro – j. 06.03.1996 – *DJ* 25.03.1996 – p. 8536).

▶ Assim dispunha o art. 30, *caput*, revogado:

Art. 30. No caso de remuneração variável, no todo ou em parte, qualquer que seja a causa da variação, o valor do benefício de prestação continuada decorrente de acidente do trabalho, respeitado o percentual respectivo, será calculado com base na média aritmética simples:

▶ Assim dispunha o inc. I do art. 30 revogado:

I – dos 36 (trinta e seis) maiores salários de contribuição apurados em período não superior a 48 (quarenta e oito) meses imediatamente anteriores ao do acidente, se o segurado contar, nele, mais de 36 (trinta e seis) contribuições.

▶ Assim dispunha o inc. II do art. 30 revogado:

II – dos salários de contribuição compreendidos nos 36 (trinta e seis) meses imediatamente anteriores ao do acidente ou no período de que trata o inciso I, conforme mais vantajoso, se o segurado contar com 36 (trinta e seis) ou menos contribuições nesse período.

Art. 31. O valor mensal do auxílio-acidente integra o salário de contribuição, para fins de cálculo do salário de benefício de qualquer aposentadoria, observado, no que couber, o disposto no art. 29 e no art. 86, § 5.º (Artigo revogado pela Lei 8.880, de 27.05.1994 e restabelecido com nova redação pela Lei 9.528, de 10.12.1997, *DOU* 11.12.1997).

✱ **Remissão:** art. 86 do PBPS.

✍ Anotação

O auxílio-acidente é de manifesto conteúdo indenizatório. Ao integrar o cálculo no salário de contribuição, para a concessão do salário de benefício da aposentadoria, essa verba permite que a proteção social acidentária incremente, em definitivo, a prestação que será concedida.

JURISPRUDÊNCIA

"*Apelação cível. Ordinária. Benefício previdenciário. Auxílio-acidente. Aposentadoria por invalidez. Cumulação. Concessão anterior à Lei 9.528/1997. Mesmo fato gerador. Impossibilidade. Improcedência.* O auxílio-acidente, antes da alteração promovida pela Lei 9.528/1997, era vitalício e podia ser cumulado com qualquer outro benefício, inclusive a aposentadoria. O beneficiário só tem direito à cumulação do auxílio-acidente com a aposentadoria quando sua concessão for anterior à Lei 9.528/1997, e não resultar do mesmo fato gerador. Precedentes do STJ" (TJMG – AC 1.0479.04.079328-9/001 – 11.ª Câm. Cív. – rel. Des. Marcelo Rodrigues – j. 15.07.2009).

"*Previdenciário. Processual civil. Agravo legal (art. 557, § 1.º, do CPC). Revisão de benefício. Cálculo da renda mensal inicial. IRSM de fevereiro de 1994 (39,67%). Salário de contribuição integrantes do período básico de cálculo. Aposentadoria por invalidez precedida de auxílio-doença. Competências anteriores a março de 1994. Aplicabilidade.* 1. A quaestio posta em Juízo não cuida de reajuste de benefício em manutenção, cujo deslinde obedece às regras dispostas no art. 41 da Lei 8.213/1991, mas de atualização dos salários de contribuição que compõem o período básico de cálculo, aplicando-se o índice de 39,67%, relativo ao IRSM integral de fevereiro de 1994. 2. Não há, por certo, correlação entre pedido, causa de pedir e a decisão monocrática proferida em grau de apelação, restando, desta feita, violada a determinação do CPC. 3. O art. 31 da Lei 8.213/1991 que, na redação original, determinava a atualização dos salários de contribuição pelo INPC, foi alterado pelo art. 9.º, § 2.º, da Lei 8.542/1992, segundo o qual 'a partir da referência janeiro de 1993, o IRSM substitui o INPC para todos os fins previstos nas Leis 8.212 e 8.213, ambas de 24 de julho de 1991', disposição essa mantida também pela Lei 8.700/1993. 4. Com o advento da Lei 8.880/1994, os salários de contribuição anteriores ao mês de março de 1994 passaram a ser atualizados pelo índice de 39,67%, relativo a fevereiro desse ano, nos termos da Resolução IBGE 20, publicada no *DOU* de 22.03.1994. 5. O salário de benefício que serviu de base para o cálculo da renda mensal da aposentadoria por invalidez, decorrente do auxílio-doença mantido até então, deve ser considerado como salário de contribuição, a teor do § 5.º do art. 29 da Lei de Benefícios. 6. Tendo em vista que o período básico de cálculo da aposentadoria por invalidez da qual é beneficiário o autor abrangeu intervalo anterior a março de 1994, resta evidente que a regra trazida pela Lei 8.880, editada em 27.05.1994 (art. 21, *caput* e § 1.º), deverá ser aplicada. 7. Feito anulado de ofício a partir da decisão monocrática de f. Prejudicados a apelação e o agravo legal. Pedido inicial parcialmente procedente. Tutela específica concedida" (TRF-3.ª Reg. – AC 1.006.787/SP – 9.ª T. – rel. Des. Federal Nelson Bernardes – j. 01.02.2010 – DJe 04.02.2010 – p. 502).

"*Previdenciário. Caráter vitalício do auxílio-acidente verificado no momento da consolidação da lesão. Vitaliciedade e inclusão no cálculo da renda mensal inicial configura* bis in idem. *Decisão mantida.* 1. Verifica-se caráter vitalício do benefício acidentário no momento da consolidação da lesão que lhe origina, *in casu*, ocorrida em 13.02.1998, quando já em vigor a regra impeditiva da acumulação do auxílio-acidente com qualquer aposentadoria. 2. Com o advento da Lei 9.528/1997, o auxílio-acidente passou a integrar o salário de contribuição, perdendo, assim, a característica de vitaliciedade (art. 31 da Lei 8.213). 3. Agravo regimental improvido" (STJ – AgRg/REsp 952.968/DF – 5.ª T. – rel. Min. Jorge Mussi – j. 27.03.2008 – DJe 12.05.2008).

"Presentes o nexo causal e a incapacidade parcial e permanente, de rigor a concessão do benefício de auxílio-acidente, com a sua integração no salário de contribuição, para fins do cálculo do salário de benefício da aposentadoria. Inteligência do art. 31, da Lei 8.213/1991" (TJSP – Ap 994.061.003.790 (6.062.875.500) – SP – 17.ª Câm. de Direito Público – rel. Ricardo Graccho – j. 04.05.2010 – Reg. 18.05.2010).

"*Previdenciário. Agravo Regimental no Agravo de Instrumento contra decisão que indeferiu o processamento do Recurso especial. Benefício previdenciário. Correção monetária dos salários de contribuição. Aplicação dos índices definidos pela legislação infraconstitucional. Reconhecimento pelo tribunal de origem da correta aplicação dos índices legais. Agravo Regimental desprovido.* 1. O egrégio STF já firmou o entendimento de que os dispositivos constitucionais que determinam a obrigação de correção monetária não são autoaplicáveis, remetendo ao legislador ordinário a definição do critério de correção com a determinação dos índices que reflitam a inflação do período, de modo a preservar o valor real do salário de contribuição. 2. Dando cumprimento ao comando constitucional, foi editada a Lei 8.213/1991, que definiu as regras de cálculo da Renda Mensal Inicial dos benefícios previdenciários e fixou, na redação original do art. 31 da Lei 8.213/1991, os critérios de atualização dos salários de contribuição. 3. No presente caso, conforme reconhecido pelas instâncias ordinárias, o salário de benefício do recorrente foi calculado com base nos salários de contribuição, atualizados, mês a mês, pela variação integral do Índice Nacional de Preços ao Consumidor, conforme determina o art. 31 da Lei 8.213/1991, em sua redação original, motivo pelo qual não há que se falar em redução dos seus valores reais. 4. Não cabe à parte a escolha do índice inflacionário aplicável, devendo ser observado aquele previsto em lei, ainda que não corresponda matematicamente ao que se verificou na inflação do período. 5. Agravo Regimental desprovido" (STJ – AgRg/Ag 937.613/SP – rel. Min. Napoleão Nunes Maia Filho – 5.ª T. – j. 27.10.2009 – DJe 30.11.2009).

▶ Assim dispunha o art. 31, *caput*, revogado e restabelecido:

> Art. 31. Todos os salários de contribuição computados no cálculo do valor do benefício serão ajustados, mês a mês, de acordo com a variação integral do Índice Nacional de Preços ao Consumidor (INPC), calculado pela Fundação Instituto Brasileiro de Geografia e Estatística (IBGE), referente ao período decorrido a partir da data de competência do salário de contribuição até a do início do benefício, de modo a preservar os seus valores reais (Artigo revogado pela Lei 8.880, de 27.05.1994).

Art. 32. O salário de benefício do segurado que contribuir em razão de atividades concomitantes será calculado com base na soma dos salários de contribuição das atividades exercidas na data do requerimento ou do óbito, ou no período básico de cálculo, observado o disposto no art. 29 e as normas seguintes:

I – quando o segurado satisfizer, em relação a cada atividade, as condições do benefício requerido, o salário de benefício será calculado com base na soma dos respectivos salários de contribuição;

II – quando não se verificar a hipótese do inciso anterior, o salário de benefício corresponde à soma das seguintes parcelas:

a) o salário de benefício calculado com base nos salários de contribuição das atividades em relação às quais são atendidas as condições do benefício requerido;

b) um percentual da média do salário de contribuição de cada uma das demais atividades, equivalente à relação entre o número de meses completo de contribuição e os do período de carência do benefício requerido;

III – quando se tratar de benefício por tempo de serviço, o percentual da alínea *b* do inciso II será o resultante da relação entre os anos completos de atividade e o número de anos de serviço considerado para a concessão do benefício.

§ 1.º O disposto neste artigo não se aplica ao segurado que, em obediência ao limite máximo do salário de contribuição, contribuiu apenas por uma das atividades concomitantes.

§ 2.º Não se aplica o disposto neste artigo ao segurado que tenha sofrido redução do salário de contribuição das atividades concomitantes em respeito ao limite máximo desse salário.

* Remissão: art. 22 da CLPS.

✍ Anotação

O artigo disciplina o cálculo do salário de benefício e a renda inicial da prestação devida ao segurado exercente de duas ou mais atividades vinculadas ao Regime Geral. Com a introdução, pela Lei 9.876/1999, de novo período básico de cálculo e do fator previdenciário, o cálculo depende de elementos adicionais.

JURISPRUDÊNCIA

"Previdenciário. Agravo Interno. Mandado de segurança. Inacumulatividade de aposentadoria e pensões. Improvimento. 1 – O instituidor foi empregado celetista da Caixa Econômica Federal e do Banco do Brasil S.A. Assim, ambas as empresas recolhiam contribuições previdenciárias sobre os vencimentos do instituidor e as repassavam à autarquia previdenciária, vale dizer, o *de cujus* não era filiado a regime próprio de previdência social, não era estatuário. Isto porque as empresas públicas e de economia mista sujeitam-se ao mesmo regime das empresas privadas, inclusive quanto às relações trabalhistas, segundo o que dispõe o art. 173, § 1.º, II, da CF/1988. 2 – Assim sendo, é patente que o falecido segurado era filiado ao RGPS e regido, portanto, pela Lei 8.213/1991, que cuida da concessão de benefícios pelo INSS. Nesse sentido, a circunstância, nada incomum, de que o instituidor possuía duas fontes de contribuição não lhe conferia o direito a gozar de duas aposentadorias, tendo em vista a vedação do art. 124, II, da Lei de Benefícios. 3 – Na hipótese de pluralidade de recolhimentos simultâneos, pode-se aplicar, para o cálculo da renda mensal inicial do único benefício de aposentadoria permitido, a fórmula prevista no art. 32 da Lei 8.213/1991, que faz justiça às contribuições recolhidas pelos segurados em diferentes fontes. 4 – Agravo interno a que se nega provimento" (TRF-2.ª Reg. – AMS 69.939/RJ – 1.ª T. – rel. Juíza Federal convocada Márcia Helena Nunes – j. 26.05.2009 – *DJU* 26.06.2009 – p. 193).

Título III – Do regime geral de Previdência Social • **Art. 33**

Subseção II

Da renda mensal do benefício

Art. 33. A renda mensal do benefício de prestação continuada que substituir o salário de contribuição ou o rendimento do trabalho do segurado não terá valor inferior ao do salário-mínimo, nem superior ao do limite máximo do salário de contribuição, ressalvado o disposto no art. 45 desta Lei.

✻ **Remissão:** art. 201, § 29, da CF/1988; art. 17 do ADCT; arts. 23, § 2.º, a/c, e 116 da CLPS.

✍ Anotação

Há situações nas quais os beneficiários percebem, de conformidade com disciplina legislativa da época da concessão do benefício, importâncias superiores ao limite do salário de contribuição.

Entretanto, o art. 17 do Ato das Disposições Constitucionais Transitórias deixava bastante claro que:

"Art. 17. Os vencimentos, a remuneração, as vantagens e os adicionais, bem como os proventos de aposentadoria que estejam sendo percebidos em desacordo com a Constituição serão imediatamente reduzidos aos limites dela decorrentes, não se admitindo, neste caso, invocação de direito adquirido ou percepção de excesso a qualquer título".

Portanto, a limitação constitucional prevaleceria, inclusive, sobre o direito adquirido.

A renda mensal do benefício não poderá ser inferior ao salário mínimo, nem superior ao teto, que corresponderá ao limite máximo do salário de contribuição.

A constitucionalidade das normas que impõem teto máximo aos benefícios previdenciários já está devidamente reconhecida pela jurisprudência (STJ – REsp 438.617 – 5.ª T. – rel. Min. Jorge Scartezzini – *DJU* 19.12.2003; STJ – REsp 524.347 – 5.ª T. – rel. Min. Jorge Scartezzini – *DJU* 03.11.2003; STJ – REsp 432.060 – 6.ª T. – rel. Min. Hamilton Carvalhido – *DJU* 19.12.2002; STJ – EDREsp 217.791 – 6.ª T. – rel. Min. Vicente Leal – *DJU* 28.05.2001; TRF-4.ª – EIAC 1998.04.01.0735589 – 3.ª S. – rel. Des. Federal Nylson Paim de Abreu – *DJU* 24.11.1999; TRF-4.ª – EIAC 96.04.459546 – 3.ª S. – rel. Des. Federal Wellington M. de Almeida – *DJU* 07.10.1998).

Art. 33 • LEI DOS PLANOS DE BENEFÍCIOS DA PREVIDÊNCIA SOCIAL

JURISPRUDÊNCIA

"*Previdenciário. Revisão de benefício. Conversão dos benefícios previdenciários em URV. Alteração do teto pelo art. 14 da EC 20/1998. Pretensão de manutenção do coeficiente de proporcionalidade entre a renda mensal e o teto. Improcedência das pretensões.* (...). 2. O limite máximo de salário de contribuição constitui igualmente o limite máximo para o salário de benefício (§ 2.º do art. 29 da Lei 8.213/1991) e para a renda mensal inicial de benefício previdenciário (art. 33 da Lei 8.2123/1991). (...). O art. 14 da EC 20/1998 determinou a modificação, e não o reajustamento do teto. Assim, não acarretou automático reajuste para os benefícios previdenciários. Reflexo somente haveria se a emenda assim tivesse determinado, mas tal não se deu. (...). 15. A interpretação dada pelo recorrente às normas infraconstitucionais, a partir dos arts. 20, § 1.º, e 28, § 5.º, da Lei 8.212/1991, não merece acolhida. 16. Isso porque os percentuais de reajuste reclamados pelo recorrente, como acréscimo no valor da renda mensal do seu benefício previdenciário, destinavam-se tão somente a compatibilizar o teto do salário de contribuição, em observância ao disposto no art. 33, da Lei 8.213/1991, com o novo limite máximo do valor do benefício previdenciário fixado pelas EC 20/1998 e 41/2003. (...). 20. Com efeito, não há vedação legal ao aumento do teto do salário de contribuição sem a consequente majoração do valor do benefício, o que não se pode olvidar é o que dispõe o art. 33 da Lei 8.213/1991: 'art. 33: a renda mensal do benefício de prestação continuada que substituir o salário de contribuição ou o rendimento do trabalho do segurado não terá valor inferior ao do salário-mínimo, nem superior ao do limite máximo do salário de contribuição, ressalvado o disposto no art. 45 desta Lei'. 21. Como se vê, a renda mensal do benefício não pode ser superior ao valor do limite máximo do salário de contribuição. 22. Por isso é que nas duas oportunidades em que houve elevação do limite máximo para o valor dos benefícios do regime geral de previdência social (EC 20/1998 e EC 41/2003), apenas isso, sem nenhum reflexo quanto ao valor dos benefícios em manutenção naquelas épocas, houve necessidade, para evitar que se passasse a ter benefício com renda mensal superior ao limite máximo, de reajustar-se o valor do salário de contribuição até o teto necessário para atender ao disposto no art. 33, acima transcrito. (...). 27. Recurso desprovido" (TRF-4.ª Reg. – AC 33.686 – (2000.71.00.033686-9)/RS – 5.ª T. – rel. Juiz Ricardo Teixeira do Valle Pereira – *DJU* 04.02.2004 – p. 585).

"*Previdenciário. RMI. Revisão. Conversão em URV. Redutor. Inexistência. Reajuste do salário mínimo em 8,04%. Setembro de 1994. Atualização dos salários de contribuição relativos à competência fevereiro de 1994 pelo IRSM do referido* mês. *Salário de benefício. Limitação. Valor teto. Salário de contribuição. Teto. Arts. 29, § 2.º, e 33 da Lei 8.213/1991.* 1. Remessa oficial tida por interposta, embora não tenha sido a sentença submetida ao reexame necessário pelo juízo *a quo*, ao fundamento de incidência na hipótese do art. 475, § 2.º, do CPC, na redação que lhe foi conferida pela Lei 10.352/2001, o qual, entretanto, não se aplica ao caso, em face da iliquidez da condenação. Precedentes. (...). Cuidando-se de pretensão a reajuste de benefícios de prestação continuada devidos pela previdência social, assim prestações de sucessivo trato, a prescrição alcança apenas as parcelas pretéritas ao quinquênio anterior ao ajuizamento da demanda, não se cogitando de prescrição do impropriamente denominado fundo do direito. 3. Sentença que deduziu, cumpridamente, os motivos por que acolheu a pretensão formulada pelos autores, não se podendo falar em falta de fundamentação. Questão preliminar rejeitada. 4. Orientação jurisprudencial assente no sentido de que, na atualização monetária dos salários de contribuição anteriores a março de 1994, deve incidir o IRSM relativo a fevereiro daquele ano, da ordem de 39,67%. 5. O Plenário desta Corte Regional, quanto à aposentadoria, declarou incidentalmente a inconstitucionalidade das disposições inscritas no § 2.º do art. 29 e no art. 33 da Lei 8.213/1991, quanto à expressão 'nem superior ao do limite máximo do salário de contribuição na data do início do benefício', e 'nem superior ao do limite máximo do salário de contribuição'. 6. Só aproveita aos benefícios previdenciários de renda mínima o aumento do salário mínimo em setembro de 1994, não interferindo com os demais, de valor superior ao piso nacional de salários. 7. Juros de mora mantidos no percentual de 1% (um por cento) ao mês, em face da orientação jurisprudencial majoritária na 1.ª Seção desta Corte Regional, fazendo-se harmônica ao entendimento preconizado pelo STJ. Ressalva de entendimento em contrário do Relator. 8. Honorários advocatícios fixados no percentual de 10% sobre o valor da condenação, excluídas, porém, da respectiva base de cálculo, as prestações vencidas após a prolação do julgado singular, à luz da orientação jurisprudencial do STJ a propósito. 9. Quanto à atualização monetária, incide ela, conforme entendimento também assente nesta Corte, desde o momento em que cada prestação se tornou devida, observados os índices preconizados no Manual de Procedimentos para os Cálculos na Justiça Federal do CJF. 10. Apelação do INSS não provida. 11. Apelação dos autores e remessa oficial, tida por interposta, parcialmente providas" (TRF-1.ª Reg. – AC 2001.38.00.037322-2/MG – 2.ª T. – rel. Des. Federal Carlos Moreira Alves – j. 14.12.2005 – *DJ* 12.06.2006 – p. 90).

"*Direitos constitucional e previdenciário. Revisão de benefício. Alteração no teto dos benefícios do regime geral de previdência. Reflexos nos benefícios concedidos antes da alteração. Emendas Constitucionais 20/1998 e 41/2003. Direito intertemporal: ato jurídico perfeito. Necessidade de interpretação da lei infraconstitucional. Ausência de ofensa ao princípio da irretroatividade das leis. Recurso Extraordinário a que se nega provimento.*

1. Há pelo menos duas situações jurídicas em que a atuação do STF como guardião da Constituição da República demanda interpretação da legislação infraconstitucional: a primeira respeita ao exercício do controle de constitucionalidade das normas, pois não se declara a constitucionalidade ou inconstitucionalidade de uma lei sem antes entendê-la; a segunda, que se dá na espécie, decorre da garantia constitucional da proteção ao ato jurídico perfeito contra lei superveniente, pois a solução de controvérsia sob essa perspectiva pressupõe sejam interpretadas as leis postas em conflito e determinados os seus alcances para se dizer da existência ou ausência da retroatividade constitucionalmente vedada.

2. Não ofende o ato jurídico perfeito a aplicação imediata do art. 14 da EC 20/1998 e do art. 5.º da EC 41/2003 aos benefícios previdenciários limitados a teto do regime geral de previdência estabelecido antes da vigência dessas normas, de modo a que passem a observar o novo teto constitucional.

3. Negado provimento ao recurso extraordinário" (STF – RE 564.354/SE – rel. Min. Carmen Lúcia – *DJ* 15.02.2011).

Art. 34. No cálculo do valor da renda mensal do benefício, inclusive o decorrente de acidente do trabalho, serão computados: (Redação dada ao *caput* do artigo pela Lei 9.032, de 28.04.1995, *DOU* 29.04.1995).

I – para o segurado empregado e trabalhador avulso, os salários de contribuição referentes aos meses de contribuições devidas, ainda que não recolhidas pela empresa, sem prejuízo da respectiva cobrança e da aplicação das penalidades cabíveis; (Inciso incluído pela Lei 9.032, de 28.04.1995, *DOU* 29.04.1995).

II – para o segurado empregado, o trabalhador avulso e o segurado especial, o valor mensal do auxílio-acidente, considerado como salário de contribuição para fins de concessão de qualquer aposentadoria, nos termos do art. 31; (Redação dada ao inciso pela Lei 9.528, de 10.12.1997, *DOU* 11.12.1997).

III – para os demais segurados, os salários de contribuição referentes aos meses de contribuições efetivamente recolhidas (Inciso incluído pela Lei 9.528, de 10.12.1997, *DOU* 11.12.1997).

✳ **Remissão:** arts. 36 a 37 do PBPS; Leis 9.032/1995 e 9.528/1997; art. 34, §§ 1.º a 5.º, do Dec. 611/1992; art. 36 do RPS; arts. 79 a 86 da IN 118/2005.

Anotação

A norma segue a lógica da relação de custeio (Lei 8.212/1991). Enquanto as contribuições do segurado empregado e do trabalhador avulso sempre serão computadas – tendo em vista que, nos termos da citada Lei de Custeio, os descontos sempre se presumem regularmente efetuados (§ 5.º do art. 33) – as dos demais só serão integradas ao cálculo da renda mensal do benefício desde que tenham, efetivamente, sido recolhidas.

É significativo, ademais, que o segurado empregado, o avulso e o especial, tenham incorporado ao valor do salário de contribuição a quantia percebida a título de auxílio-acidente, permitindo notável incremento no valor da renda mensal. Tal providência justifica-se porquanto, sem embargo da respectiva natureza indenizatória (art. 86 do diploma ora anotado) a prestação cumpre papel remuneratório de igual importância.

JURISPRUDÊNCIA

"Constitucional. Previdenciário. Benefício: cálculo da renda mensal. CF/1988, art. 201, §§ 2.º e 3.º, e art. 202: não autoaplicabilidade. Afronta reflexa. I. – O STF decidiu, em sessão plenária, vencidos os Ministros Marco Aurélio, Carlos Velloso, Néri da Silveira e Sepúlveda Pertence, que o § 3.º do art. 201, e o art. 202, da CF/1988, não são autoaplicáveis: RE 193.456, Min. Maurício Corrêa p/ o acórdão, Plenário, 26.02.1997. II. – À Lei 8.213/1991 coube a fixação dos critérios de reajustamento dos benefícios previdenciários para assegurar-lhes, em caráter permanente, o valor real. III. – A ofensa indireta, reflexa, ao texto constitucional, não constitui contencioso capaz de admitir o recurso extraordinário. IV. – Agravo não provido" (STF – RE 270245 AgR/RJ – 2.ª T. – rel. Min. Carlos Velloso – j. 18.06.2002 – DJ 23.08.2002 – p. 000103).

▶ Assim dispunham o art. 34, *caput*, e parágrafo único alterados:

Art. 34. No cálculo do valor da renda mensal do benefício do segurado empregado e trabalhador avulso, serão contados os salários de contribuição referentes aos meses de contribuições devidas, ainda que não recolhidas pela empresa, sem prejuízo da respectiva cobrança e da aplicação das penalidades cabíveis.

Parágrafo único. Para os demais segurados, somente serão computados os salários de contribuição referentes aos meses de contribuição efetivamente recolhidas.

Art. 35 • LEI DOS PLANOS DE BENEFÍCIOS DA PREVIDÊNCIA SOCIAL

▶ ₓAssim dispunha o inc. II do art. 34 alterado:

II – para os demais segurados, somente serão computados os salários de contribuição referentes aos meses de contribuições efetivamente recolhidas. (Inciso incluído pela Lei 9.032, de 28.04.1995, DOU 29.04.1995).

Art. 35. Ao segurado empregado e ao trabalhador avulso que tenham cumprido todas as condições para a concessão do benefício pleiteado mas não possam comprovar o valor dos seus salários de contribuição no período básico de cálculo, será concedido o benefício de valor mínimo, devendo esta renda ser recalculada, quando da apresentação de prova dos salários de contribuição.

✵ **Remissão:** arts. 36 e 37 do PBPS; Lei 10.666/2003; art. 34, §§ 1.º a 5.º, do Dec. 611/1992; art. 36, §§ 3.º a 5.º, do RPS.

✎ **Anotação**

Essa norma, que trata da situação específica de quem não consegue comprovar os valores dos salários de contribuição, é destinada ao empregado, ao temporário e ao avulso, pois o procedimento relativo ao empregado doméstico é regulado no art. 36 seguinte. Estão incluídos os servidores que não sejam cobertors por regime próprio (art. 12 do PBPS) e excluídos o contribuinte individual, o facultativo e o segurado especial.

JURISPRUDÊNCIA

"*Direito processual civil e previdenciário. Agravo Interno recálculo da RMI. Período básico de cálculo. Cumprimento de todos os requisitos necessários para a concessão do benefício de aposentadoria na data da rescisão do último vínculo.* – Ao segurado é garantido o direito ao cálculo da renda mensal inicial com base nas regras vigentes à época do cumprimento dos requisitos para a concessão do benefício previdenciário, nos termos do art. 6.º da Lei 9.876/1999. – Tendo o segurado cumprido todos os requisitos necessários à concessão de sua aposentadoria em 13.03.1989 (data da rescisão do seu último vínculo empregatício), o período básico de cálculo do benefício deve considerar o lapso temporal estabelecido entre março de 1986 e fevereiro de 1989, devendo ser ignorada a data de fevereiro de 1991, quando a segurada efetuou uma única contribuição como contribuinte individual. – A concessão de um benefício no valor de um salário mínimo, nos termos do art. 35 da Lei 8.213, só tem aplicação quando inexiste comprovação do valor dos salários de contribuição, o que não ocorreu no caso concreto. – Agravo interno a que se nega provimento" (TRF-2.ª Reg. – AC 417.567/RJ – 1.ª T. – rel. Juiz Federal convocado Marcello Ferreira de Souza Granado – j. 16.06.2009 – *DJU* 10.07.2009 – p. 139).

Art. 36. Para o segurado empregado doméstico que, tendo satisfeito as condições exigidas para a concessão do benefício requerido, não comprovar o efetivo recolhimento das contribuições devidas, será concedido o benefício de valor mínimo, devendo sua renda ser recalculada quando da apresentação da prova do recolhimento das contribuições.

* **Remissão:** arts. 35 e 37 do PBPS; art. 34, §§ 1.º a 5.º, do Dec. 611/1992; art. 36, § 3.º, do RPS.

Anotação

O preceito impõe uma estranhável discriminação entre trabalhadores.

De fato, a comprovação do recolhimento efetivo não é exigida dos segurados empregados, em geral. Milita em favor deles, historicamente, a presunção de que o desconto (observe-se: o desconto, não o recolhimento) foi efetivamente efetuado.

O preceito garante ao trabalhador doméstico benefício no valor mínimo, se não resultar demonstrado o efetivo recolhimento das devidas contribuições.

O preceito deve ser entendido em harmonia com o dispositivo anterior, estendidas as providências cautelares ali mencionadas à categoria do empregado doméstico.

JURISPRUDÊNCIA

"*Previdenciário. Aposentadoria por idade. Empregada doméstica. Carência. Comprovação. Recurso especial.* 1. O recolhimento da contribuição devida pela empregado doméstica é responsabilidade do empregador, cabendo ao INSS fiscalizar e exigir o cumprimento de tal obrigação. 2. Preenchidos os seus demais requisitos, não se indefere pedido de aposentadoria por idade quando, exclusivamente, não comprovado o efetivo recolhimento das contribuições previdenciárias devidas (Lei 8.213/1991, art. 36). 3. Recurso especial conhecido, mas não provido" (STJ, REsp 272.648/SP – 5.ª T. – rel. Min. Edson Vidigal, DJ 04.02.2002).

"*Direito previdenciário. Tempo de contribuição. Empregado doméstico.* 1. O segurado empregado doméstico, desde que atenda os demais requisitos previstos em lei, não é obrigado a comprovar o recolhimento das contribuições para obtenção de benefício de valor mínimo, nos termos do art. 36, da Lei 8.213/1991. 2. Para que seja concedido benefício em valor superior ao mínimo, em conformidade com as regras gerais, o segurado empregado doméstico deverá comprovar o efetivo recolhimento das contribuições relativas ao período de carência, além do atendimento aos demais requisitos exigidos pela lei de regência, em conformidade com o art. 27, II, da Lei 8.213/1991. 3. Para fins de contagem recíproca, nos termos do art. 96, IV, da Lei 8.213/1991, não havendo a comprovação do recolhimento das contribuições previdenciárias correspondentes ao tempo que se pretende contar, há a necessidade de indenizar o período respectivo" (Parecer 2.585/MPAS/CJ – Min. Roberto Brant – 26.09.2001).

"Enunciado 18/CRPS: Não se indefere benefício sob fundamento de falta de recolhimento de contribuição previdenciária quando esta obrigação for devida pelo empregador" (Resolução 1/CRPS, de 11.11.1999).

Art. 37. A renda mensal inicial, recalculada de acordo com o disposto nos arts. 35 e 36, deve ser reajustada como a dos benefícios correspondentes com igual data de início e substituirá, a partir da data do requerimento de revisão do valor do benefício, a renda mensal que prevalecia até então.

✷ **Remissão:** arts. 35 e 36 do PBPS; art. 34, §§ 2.º a 5.º, do Dec. 611/1992; art. 35 do PBPS.

✎ **Anotação**

Reajustes da renda mensal: providência indispensável à preservação do direito do segurado ao valor real do benefício.

| JURISPRUDÊNCIA |

"*Previdenciário. Remessa oficial. Benefício de valor mínimo. Revisão. Salários de contribuição não comprovados na data do requerimento. Pagamento de *diferenças. Lei 8.213/1991. Março inicial. Honorários de advogado.* 1. Remessa oficial tida por interposta. 2. As diferenças decorrentes da revisão de benefício concedido no valor mínimo, em face da não comprovação dos salários de contribuição integrantes do período básico de cálculo (LBPS, art. 35), só são devidas a partir da data em que o segurado postulou a alteração da renda de seu benefício, restando assegurado, a contar da concessão, apenas o direito aos reajustes deferidos aos demais benefícios congêneres, com idêntica data de início (LBPS, art. 37). 3. Os honorários advocatícios devem ser fixados em 10% sobre o valor das parcelas vencidas até a data da sentença (computadas, a esse, fim, as prestações pagas por conta da tutela antecipada no curso da lide), a teor das Súmulas 111/STJ e 76 desta Corte, e não sobre o total da condenação como decidido no Juízo *a quo*" (TRF-4.ª Reg. – AC 1.289/RS – 5.ª T. – rel. Alcides Vettorazzi – j. 29.07.2008 – DJe 18.08.2008).

"*Súmula 77/TRF-4.ª Reg.: Seguridade social. Previdência social. Benefício previdenciário. Renda mensal inicial. IRSM de fev./94 (39,67%). Inclusão. Lei 8.213/1991, arts. 37 e 41. Lei 8.880/1994, art. 21, § 1.º.* O cálculo da renda mensal inicial de benefício previdenciário concedido a partir de março de 1994 inclui a variação integral do IRSM de fevereiro de 1994 (39,67%)" (TRF-4.ª Reg. – Súmula 77 – DJ 08.02.2006 – p. 289-290).

Art. 38. Sem prejuízo do disposto nos arts. 35 e 36, cabe à Previdência Social manter cadastro dos segurados com todos os informes necessários para o cálculo da renda mensal dos benefícios.

✽ **Remissão:** art. 67 do PCSS; Lei 10.403/2002 (CNIS); Lei 11.430/2006; arts. 17, 21-A e 106 do PBPS.

✍ Anotação

A paciente elaboração do cadastro teve início com a criação do Cadastro Geral dos Empregados e Desempregados (Caged), o mais antigo registro da movimentação do emprego, datado de 1965, e foi ampliado com os dados dos programas do PIS, do Pasep e do FGTS. Tal cadastro é, hoje, realidade em constante aperfeiçoamento, consubstanciado no Cadastro Nacional de Informações Sociais (CNIS).

Vide, a propósito, comentário ao art. 29-A desta Lei e ao art. XXX da Lei 8.212/1991.

JURISPRUDÊNCIA

"*Previdenciário. Benefício de aposentadoria por tempo de serviço. Professor. Carência e tempo de contribuição. Contagem. Sistemas de previdência distintos. Regime geral e estatutário. Possibilidade. 1. Se o autor comprovou que trabalhou como professor, nos termos do que prevê a CF/1988 (§ 8.º do art. 201), com carteira assinada, por mais de 30 anos, não há falar que ele não preencheu os requisitos de carência e tempo de contribuição. 2. Tratando-se de empregado, a responsabilidade pelo recolhimento das contribuições é do empregador e cabe à Previdência Social, nos termos do art. 38 da LBPS, manter cadastro dos segurados. (...)*" (TRF-4.ª Reg. – AC 22.711/RS – 6.ª T. – rel. Luís Alberto D'Azevedo Aurvalle – j. 27.07.2005 – *DJ* 17.08.2005 – p. 772).

Art. 38-A. O Ministério da Previdência Social desenvolverá programa de cadastramento dos segurados especiais, observado o disposto nos §§ 4.º e 5.º do art. 17 desta Lei, podendo para tanto firmar convênio com órgãos federais, estaduais ou do Distrito Federal e dos Municípios, bem como com entidades de classe, em especial as respectivas confederações ou federações. (*Caput* do artigo incluído pela Lei 11.718, de 20.06.2008).

§ 1.º O programa de que trata o *caput* deste artigo deverá prever a manutenção e a atualização anual do cadastro, e as informações nele contidas não dispensam a apresentação dos documentos previstos no art. 106 desta Lei. (Parágrafo incluído pela Lei 11.718, de 20.06.2008).

§ 2.º Da aplicação do disposto neste artigo não poderá resultar nenhum ônus para os segurados, sejam eles filiados ou não às entidades conveniadas (Parágrafo incluído pela Lei 11.718, de 20.06.2008).

* **Remissão:** Lei 11.718/2008.

Anotação

É bem mais complexa a tarefa de cadastramento dos segurados especiais, tendo em vista a ausência de dados nos registros históricos das instituições oficiais.

De todo modo, informações em registros do Ministério do Desenvolvimento Agrário (MDA), do Instituto Nacional de Colonização e Reforma Agrária (Incra), do Ministério da Pesca e Aquicultura (MPA), da Secretaria

Título III – Do regime geral de Previdência Social • Art. 39

da Receita Federal do Brasil (RFB), do Ministério do Trabalho e Emprego (MTE) e da Secretaria Especial de Políticas de Promoção da Igualdade Racial (Seppir) estão sendo coletadas para a formatação do chamado CNIS-Rural.

Art. 39. Para os segurados especiais, referidos no inciso VII do art. 11 desta Lei, fica garantida a concessão:

I – de aposentadoria por idade ou por invalidez, de auxílio-doença, de auxílio-reclusão ou de pensão, no valor de 1 (um) salário mínimo, e de auxílio-acidente, conforme disposto no art. 86, desde que comprove o exercício de atividade rural, ainda que de forma descontínua, no período, imediatamente anterior ao requerimento do benefício, igual ao número de meses correspondentes à carência do benefício requerido; ou (Inciso modificado pela Lei 12.873, de 24.10.2013).

II – dos benefícios especificados nesta Lei, observados os critérios e a forma de cálculo estabelecidos, desde que contribuam facultativamente para a Previdência Social, na forma estipulada no Plano de Custeio da Seguridade Social.

Parágrafo único. Para a segurada especial fica garantida a concessão do salário-maternidade no valor de 1 (um) salário mínimo, desde que comprove o exercício de atividade rural, ainda que de forma descontínua, nos 12 (doze) meses imediatamente anteriores ao do início do benefício (Parágrafo incluído pela Lei 8.861, de 25.03.1994, *DOU* 28.03.1994).

✳ **Remissão:** art. 194, II, da CF/1988; arts. 391 a 400 da CLT; LC 11/1971; Leis 8.398/1992, 8.540/1992, 8.861/1994 e 8.870/1994.

✎ Anotação

Segurado especial:

– a pessoa física residente no imóvel rural ou em aglomerado urbano ou rural próximo a ele que, individualmente ou em regime de economia familiar, ainda que com o auxílio eventual de terceiros, na condição de produtor, seja proprietário, usufrutuário, possuidor, assentado, parceiro ou meeiro outorgados, comodatário ou arrendatário rurais, que explore atividade agropecuária em área de até quatro módulos fiscais; de seringueiro ou extrativista vegetal que faça dessas atividades o principal meio de vida;

– pescador artesanal ou a este assemelhado que faça da pesca profissão habitual ou principal meio de vida; e o cônjuge ou companheiro, bem como filho maior de dezesseis anos de idade ou a este equiparado que, comprovadamente, trabalhem com o grupo familiar respectivo.

Os garimpeiros, por força de exclusão estabelecida na Lei 8.398/1992, estão enquadrados na categoria dos contribuintes individuais.

A modificação introduzida pela Lei 12.873, de 2013, acrescenta o auxílio-acidente ao rol dos benefícios que o inc. I enumera.

JURISPRUDÊNCIA

"*Agravo legal. Aposentadoria por idade rural. Ausência de requisitos para concessão de benefício.* – O benefício da aposentadoria por idade para o trabalhador rural está previsto nos arts. 39; 48, § 1.º; e 143 da Lei 8.213/1991, sendo certo que, quando se trata de concessão de benefício previdenciário, aplica-se a legislação vigente à época em que o segurado preencheu os pressupostos necessários à sua concessão. – O conjunto probatório não é apto a demonstrar a atividade rurícola da parte autora pelo tempo necessário exigido por lei. – A situação da parte autora, evidenciada pelo próprio pedido da aposentadoria rural por idade no valor de um salário mínimo, obsta a devolução – agravo legal parcialmente provido" (TRF-3.ª Reg. – APELREE 1.066.584/SP – 7.ª T. – rel. Des. Federal Eva Regina – j. 15.03.2010 – *DJe* 30.03.2010 – p. 825).

"*Previdenciário. Processual civil. Remessa oficial tida por interposta. Aposentadoria por idade. Trabalhadora rural. Início de prova material. Descaracterização. CNIS. Trabalhadora urbana. Prova testemunhal contraditória. Período de carência não comprovado. Impossibilidade de concessão de benefício. Tutela cassada.* 1. Remessa oficial, tida por interposta, de sentença proferida na vigência da Lei 9.469/1997. Não incide, na hipótese, os arts. 475, § 2.º, do CPC ou 13 da Lei 10.259/2001, em virtude de não ter sido demonstrado que o conteúdo econômico do pleito é de valor inferior a 60 salários mínimos. 2. O benefício da aposentadoria por idade é concedido mediante a comprovação da condição de trabalhador rural, ou de produtor rural em regime de economia familiar, por prova material plena ou por prova testemunhal baseada em início de prova documental, na forma do art. 39, I, da Lei 8.213/1991, bem como a idade superior a 60 anos para homem e 55 anos para mulher. 3. Não obstante a certidão de casamento indicar a condição de rurícola do marido (f.), condição extensível à esposa, o INSS às f. apresentou documentos (INFBEN/CNIS) que comprovam que a autora possui vínculos urbanos, tendo percebido o benefício de auxílio-doença previdenciário na atividade de comerciária no período de 06.07.2006 a 06.08.2006 e os dois registros

TÍTULO III – DO REGIME GERAL DE PREVIDÊNCIA SOCIAL • Art. 39

no INSS perante as empresas Vou Varrendo Prestação de Serviços Ltda. no período de 01.01.2002 a 31.12.2004 e Vassoura Mágica Serviços de Limpeza Ltda. nos períodos de 01.08.2005 a 10.2005 e 01.04.2006 a 06.2006, 4. Dessa forma, a qualificação de rurícola do marido, constante da referida certidão, não pode se estender a autora, posto que restou comprovado que a mesma era trabalhadora urbana. 5. Além do mais, a prova testemunhal foi contraditória (f.) em relação às informações apontadas no CNIS, revelando a fragilidade do conjunto probatório produzido, o que não traduz a certeza e segurança jurídica necessárias para concessão do pedido inicial. A própria autora em audiência realizada em 16.08.2007 (f.) respondeu: 'que sempre trabalhou na roça plantando milho, fazendo farinha e até a presente data continua nesta condição (...); Que trabalhou um mês na empresa 'Vou varrendo', por um mês na Vassoura Mágica, mas logo voltou para a atividade rural'. 6. Os honorários de advogado devem ser fixados em R$ 465,00, com base no art. 20, §§ 3.º e 4.º, do CPC. 7. Deferido o pedido de assistência judiciária gratuita, fica suspensa a condenação da verba de sucumbência enquanto perdurar a situação de pobreza da autora, pelo prazo máximo de cinco anos (Lei 1.060/1950, art. 12). 8. Apelação e remessa oficial, tida por interposta, providas para reformar a sentença e julgar improcedente o pedido de concessão do benefício de aposentadoria por idade de trabalhadora rural. Cassada a antecipação dos efeitos da tutela concedida em sentença" (TRF-1.ª Reg. – AC 2008.01.99.046030-0/GO – 2.ª T. – rel. Des. Federal Francisco de Assis Betti – j. 05.08.2009 – DJe 01.10.2009 – p.142).

"*Previdenciário. Trabalhadora rural. Salário-maternidade. Documentos insuficientes à aferição da efetiva atividade campesina. Exercício de atividade urbana remunerada. Regime de economia familiar. Descaracterização. Não concessão do benefício.* 1. Para o deferimento de salário-maternidade é indispensável a comprovação do exercício de labor no campo, ainda que de forma descontínua, nos dez meses anteriores ao requerimento do benefício. (art. 39, parágrafo único, da Lei 8.213/1991 c/c art. 93, § 2.º, do Dec. 3.048/1999). 2. É pacífico o entendimento de que, diante das dificuldades do rurícola em obter documentos que comprovem sua atividade, deve o juiz valorar o início de prova documental, desde que idôneo e harmônico com a prova testemunhal colhida em Juízo, a fim de formar o seu convencimento. 3. O início de prova material, de *acordo* com a interpretação sistemática da lei, é aquele feito mediante documentos que comprovem o exercício da atividade nos períodos a serem contados, devendo ser contemporâneos dos fatos a comprovar, indicando, ainda, o período e a função exercida pelo trabalhador. 4. Para comprovar referida atividade campesina, a autora colacionou aos autos os seguintes documentos: Certidão de Nascimento dos Filhos, nascidos em 04.10.1999 e 10.06.2002, fato que gerou o benefício em questão; Cartão de Vacinação da Criança; Certidão do TRE-CE, onde consta a profissão da demandante como estudante, bolsista, estagiário e assemelhados. 5. A prova testemunhal colhida em juízo afirma que a autora viajou para estudar em Juazeiro do Norte em 1996, somente retornado em 2002, não *informando* em nenhum momento que a mesma exercia atividade rural naquela cidade, durante o período de carência do benefício. 6. Ademais, de acordo com *informações prestadas pela Dataprev, através do CNIS* – Cadastro Nacional de *Informações* Sociais (f.), constata-se que a demandante e seu marido exerceram atividade urbana no período de 1997 a 2007, o que torna evidente a descaracterização da condição de segurada especial da apelante. 7. *Pela* análise do conjunto probatório trazido aos autos é de se concluir que a autora não exerceu atividade rural no período de carência exigido na legislação previdenciária; assim, não atendidos os requisitos legais, inviável se torna a concessão do benefício de Salário-Maternidade, tal como requerido. 8. Apelação do particular improvida" (TRF-5.ª Reg. – AC 448736/CE – 0001863-10.2008.4.05.9999 – Publ. 05.11.2008).

"*Previdenciário. Ação declaratória de tempo de serviço em atividade rural. Ausência de início de prova material contemporânea ao período alegado. Prova oral frágil e incoerente. Atividade urbana. Descaracterização do regime de economia familiar. Improcedência do pedido.* 1. A hipótese dos autos consiste na verificação da prova de atividade agrícola exercida pelo apelante, em regime de economia familiar, no período de junho de 1975 a fevereiro de 1981. 2. Sabe-se que a exigência legal para demonstração de tempo de serviço rural, no que toca à prova dos fatos, satisfaz-se com a presença de indícios, que não têm a mesma configuração da prova plena; por outro lado, referida prova indiciária deve ser contemporânea ao período que o requerente deseja ver reconhecido. 3. *In casu*, as provas colacionadas pelo autor, a saber, Certidão de Casamento, realizado em Campinas-SP, com data de 09.11.1988; a ficha de identificação de sócio do Sindicato dos Trabalhadores Rurais de Assaré-CE, com inscrição em 2000, e os comprovantes de recolhimento de contribuição sindical, referente ao período de 2000 a 2004, não são suficientes para o efeito pretendido, pois não indicam, ao menos, início de prova material do exercício da atividade rural no período de 1975 a 1981; o depoimento testemunhal, colhido em juízo, por sua vez, é claro ao afirmar que o demandante, neste período, viajou algumas vezes para Campinas, em São Paulo, a fim de trabalhar, não sabendo precisar em que atividade. 4. Ademais, de acordo com informações prestadas pela Dataprev, através do CNIS – Cadastro Nacional de Informações Sociais (f.), constata-se que o demandante exerceu atividade urbana exatamente no perídodo alegado, ou seja, de 01.05.1975 a 30.10.1978 e de 01.10.1979 a 01.10.1981, o que descaracteriza o regime de economia familiar e retira do requerente o direito de ver reconhecido o tempo de serviço no período alegado. 5. Apelação do INSS provida para reformar integralmente a sentença, com a consequente inversão dos ônus sucumbenciais, restando a sua exigibilidade suspensa em razão de ser o autor beneficiário da Justiça Gratuita" (TRF-5.ª Reg. –AC 439013/CE – 2008.05.99.000493-5 – publ. 22.07.2008).

"*Previdenciário. Segurada especial. Salário-maternidade. Comprovação da atividade rural. Cumprimento do período de carência. Juros moratórios e honorários advocatícios.* 1. Na forma disposta pelo art. 39, parágrafo único, da Lei 8.213/1991, é devido à segurada especial o benefício salário-maternidade, no valor de um (01) salário-mínimo, durante cento e vinte (120) dias, desde que seja comprovado o exercício de atividade rural, ainda que de forma descontínua, nos doze (12) meses imediatamente anteriores ao do início do benefício. (...)" (TRF-5.ª Reg. – AC 451.368/PB – rel. Des. Federal Francisco Barros Dias – j. 16.12.2008 – DJ 28.01.2009).

"*Súmula 32/AGU*: para fins de concessão dos benefícios dispostos nos arts. 39, I, parágrafo único, e 143 da Lei 8.213/1991, serão considerados como início razoável de prova material documentos públicos e particulares dotados de fé pública, desde que não contenham rasuras ou retificações recentes, nos quais conste expressamente a qualificação do segurado, de seu cônjuge, enquanto casado, ou companheiro, enquanto durar a união estável, ou de seu ascendente, enquanto dependente deste, como rurícola, lavrador ou agricultor, salvo a existência de prova em contrário" (AGU – Súmula 32 – DOU 10, 11 e 12.06.2008).

Art. 40. É devido abono anual ao segurado e ao dependente da Previdência Social que, durante o ano, recebeu auxílio-doença, auxílio-acidente ou aposentadoria, pensão por morte ou auxílio-reclusão (Vide Dec. 6.927, de 06.08.2009,. 7.782/2012 e 8.064/2013).

Parágrafo único. O abono anual será calculado, no que couber, da mesma forma que a Gratificação de Natal dos trabalhadores, tendo por base o valor da renda mensal do benefício do mês de dezembro de cada ano.

✱ **Remissão:** art. 201, § 6.º, da CF/1988; art. 59 do ADCT; art. 54, I e II, da CLPS.

✍ Anotação

Abono anual é o *nomem iuris* do décimo terceiro salário devido pelo INSS ao beneficiário que, durante o ano, tenha recebido auxílio-doença, auxílio-acidente, aposentadoria, pensão por morte, auxílio-reclusão ou salário--maternidade.

IN 45/2010:

"Art. 345. O abono anual, conhecido como décimo terceiro salário ou gratificação natalina, corresponde ao valor da renda mensal do benefício no mês de dezembro ou no mês da alta ou da cessação do benefício, para o segurado que recebeu auxílio-doença, auxílio-acidente, aposentadoria, salário--maternidade, pensão por morte ou auxílio-reclusão, na forma do que dispõe o art. 120 do RPS.

§ 1.º O recebimento de benefício por período inferior a doze meses, dentro do mesmo ano, determina o cálculo do abono anual de forma proporcional.

§ 2.º O período igual ou superior a quinze dias, dentro do mês, será considerado como mês integral para efeito de cálculo do abono anual.

§ 3.º O valor do abono anual correspondente ao período de duração do salário-maternidade será pago, em cada exercício, juntamente com a última parcela do benefício nele devido.

§ 4.º O abono anual incidirá sobre a parcela de acréscimo de vinte e cinco por cento, referente ao auxílio acompanhante, observado o disposto no art. 120 do RPS.

§ 5.º O pagamento do abono anual de que trata o art. 40 da Lei 8.213, de 1991, poderá ser realizado de forma parcelada, na forma de ato específico".

JURISPRUDÊNCIA

"(...). *Benefício de prestação continuada. Art. 203, V, da CF/1988.* – Deficiência e necessidade de obtenção da prestação – Requisitos preenchidos. Abono anual indevido. Termo inicial. Sentença *ultra petita*. Tutela antecipada mantida. (...). V – No que diz respeito ao abono anual, por outro lado, mostra-se descabida a condenação do Instituto ao seu pagamento, eis que tal verba é destinada exclusivamente aos benefícios previdenciários mencionados no art. 40 da Lei 8.213/1991, orientação confirmada expressamente pela norma do art. 17 do Dec. 1.744/1995, que 'regulamenta o benefício à pessoa portadora de deficiência e ao idoso', segundo o qual o 'benefício de prestação continuada (...) não gera direito a abono anual'" (TRF-3.ª Reg. – AC 897.385/SP – 9.ª T. – rel. Des. Federal Marisa Santos – j. 02.05.2005 – *DJU* 02.06.2005 – p. 677).

"*Previdenciário. Aposentadoria rural por idade. Início de prova material. Prova testemunhal. Abono anual. Custas processuais.* (...). 3. É direito dos aposentados por idade, invalidez ou tempo de serviço (comum ou especial) e daqueles que recebem auxílio-acidente, bem como dos pensionistas e os dependentes auferindo pensão por morte ou auxílio-reclusão, o abono anual previsto no art. 40 da LBPS. (...). 5. Apelo do INSS improvido" (TRF-4.ª Reg. – AC 10.988/SC – 6.ª T. – rel. Cláudia Cristina Cristofani – j. 02.03.1999 – DJ 31.03.1999 – p. 416).

"*Previdenciário e constitucional. Aposentadoria por idade. Trabalhadora rural. Abono anual. Art. 40 da Lei 8.213/1991. Consequência lógica da concessão do benefício*. 1. Aposentadoria rural por idade concedida desde a citação, data a partir da qual o abono anual deve incidir. 2. O abono anual é parte integrante do benefício, consequência lógica de sua concessão. 3. Apelação desprovida. Previdenciário e constitucional. Aposentadoria por idade. Trabalhadora rural. Abono anual. Art. 40 da Lei 8.213/1991. Consequência lógica da concessão do benefício. 1. Aposentadoria rural por idade concedida desde a citação, data a partir da qual o abono anual deve incidir. 2. O abono anual é parte integrante do benefício, consequência lógica de sua concessão. 3. Apelação desprovida" (TRF-1.ª Reg. – AC 14.161/RO – 2.ª T. – rel. Juiz Federal Pompeu de Sousa Brasil – DJe 02.09.2008 – p. 323).

"*Recurso especial. Previdenciário. Auxílio-acidente. Abono anual. Concessão. Possibilidade. Honorários advocatícios. Prestações vincendas. Súmula 111/STJ. Exclusão*. 1. É devido o pagamento do abono anual ao segurado que percebeu auxílio-acidente durante o ano, independentemente do percentual que fora estabelecido para o benefício. 2. A referência à gratificação de natal dos trabalhadores, no parágrafo único do art. 40 da Lei 8.213/1991, está apenas para o estabelecimento da forma de cálculo do benefício acessório anual e, não, para distinguir os segurados que percebem auxílio-acidente nos percentuais de 30%, 40% ou 60% do salário de contribuição. 3. O enunciado da Súmula 111/STJ exclui do valor da condenação as prestações vincendas, para os fins de cálculo dos honorários advocatícios, nas ações previdenciárias, aí incluídas as acidentárias. 4. Recurso parcialmente conhecido" (STJ – REsp 95.684/SP – 6.ª T. – rel. Min. Hamilton Carvalhido – DJU 24.03.2003).

"*Abono anual*. A partir de 1990, a Lei 8.114/1990 e o art. 40, Lei 8.213/1991, dispensam à gratificação natalina dos pensionistas o mesmo tratamento da gratificação natalina dos trabalhadores, vale dizer, correspondente a 1/12 do valor do benefício de dezembro por mês de percepção do exercício" (TRF-4.ª Reg. – AC 97.04.072060-2/PR – 5.ª T. – rel. Maria Lúcia Leiria – j. 04.11.1999).

Seção IV
Do reajustamento do valor dos benefícios

Art. 41. (Artigo, incisos e parágrafos revogados pela Lei 11.430, de 26.12.2006, DOU 27.12.2006).

✴ **Remissão:** arts. 194, IV, e 201, § 4.º, da CF/1988; art. 25 da CLPS.

✍ **Anotação**

Este art. 41 foi totalmente revogado pela Lei 11.430/2006, permanecendo em seu lugar o art. 41-A, comentado a seguir.

JURISPRUDÊNCIA

"Direito constitucional, previdenciário e processual civil. Recurso Extraordinário. Cálculo do benefício. Arts. 201, § 2.º, e 202, caput, da CF/1988. Art. 41, II, da Lei 8.213/1991: constitucionalidade. Agravo. 1. Não conseguiram os agravantes abalar os fundamentos da decisão agravada e dos precedentes nela referidos. 2. Aliás, em caso análogo, a 1.ª Turma desta Corte no julgamento do RE 231.412-RS, rel. Ministro Sepúlveda Pertence, *DJU* de 10.06.1999, assim decidiu: 'EMENTA: *Previdenciário*: reajuste inicial de benefício concedido nos termos do art. 202, *caput*, da CF/1988: constitucionalidade do disposto no art. 41, II, da L. 8213/1991. Ao determinar que 'os valores dos benefícios em manutenção serão reajustados, de acordo com as suas respectivas datas, com base na variação integral do INPC', o art. 41, II, da Lei 8.213/1991 (posteriormente revogado pela Lei 8.542/1992), não infringiu o disposto nos arts. 194, IV, e 201, § 2.º, CF/1988, que asseguram, respectivamente, a irredutibilidade do valor dos benefícios e a preservação do seu valor real: se na fixação da renda mensal inicial já se leva em conta o valor atualizado da média dos trinta e seis últimos salários de contribuição (CF/1988, art. 202, *caput*), não há justificativa para que se continue a aplicar o critério previsto na Súmula 260 do extinto Tribunal Federal de Recursos ('no primeiro reajuste do benefício previdenciário, deve-se aplicar o índice integral do aumento verificado, independentemente do mês de concessão'). 3. Adotados os fundamentos deduzidos no precedente referido, o agravo resta improvido'" (STF – RE 256103 AgR – MG – 1.ª T. – rel. Min. Sydney Sanches – j. 09.04.2002 – *DJ* 14.06.2002 – p. 00143).

"*Previdenciário. Recurso especial. Agravo regimental. Revisional de benefício. Correção monetária. Índice 147,06%. Art. 41 da Lei 8.213/1991. (...).* Na vigência da Lei 8.213/1991, o primeiro reajuste do benefício previdenciário deve ser orientado pelos critérios previstos no art. 41, II, desse diploma legal. Inaplicabilidade do enunciado da Súmula 260/TFR. Incidência da Súmula 7/STJ. Agravo desprovido" (STJ – AgRg/REsp 505.839/RS – 5.ª T. – rel. Min. José Arnaldo da Fonseca – j. 28.09.2005 – DJ 07.11.2005 – p. 332).

"*Recurso especial. Previdenciário. Revisão de cálculo de benefício. Plano de custeio e benefícios. Equivalência salarial. Art. 41, da Lei 8.213/1991. Fixação de teto.* Descabida a aplicação do princípio da equivalência salarial com o número de salários mínimos à época da concessão do benefício previdenciário, concedidos na vigência da Lei 8.213, pois a própria Lei, em seu art. 41, I e II, estabelece a fórmula do cálculo do valor inicial da aposentadoria e dita regras para seu reajustamento. 'O art. 136 da Lei 8.213/1991 não interfere em qualquer determinação do art. 29 da mesma lei, por versarem sobre questões diferentes. Enquanto aquele ordena a exclusão do valor teto do salário de contribuição para um determinado cálculo, este estipula limite máximo para o próprio salário de benefício' (Precedentes) Recurso do obreiro não conhecido e provido o recurso da autarquia" (STJ – REsp 640.697/MG – 5.ª T. – rel. Min. José Arnaldo da Fonseca – j. 07.06.2005 – DJ 01.08.2005 – p. 525).

"*Recurso especial. Previdenciário. Revisão de cálculo de benefício. Plano de custeio e benefícios. Equivalência salarial. Art. 41, da Lei 8.213.* Descabida a aplicação do princípio da equivalência salarial com o número de salários mínimos à época da concessão do benefício previdenciário, concedidos na vigência da Lei 8.213, pois a própria Lei, em seu art. 41, I e II, estabelece a fórmula do cálculo do valor inicial da aposentadoria e dita regras para seu reajustamento. Precedentes. Recurso não conhecido" (STJ – REsp 354.105/RS – 5.ª T. – rel. Min. José Arnaldo da Fonseca – j. 06.08.2002 – DJ 02.09.2002 – p. 225).

"*Previdenciário. Agravo Interno. Pagamento administrativo pago com atraso. Culpa. Correção monetária. Lei 8.213, art. 41, § 6.º.* 1. As prestações continuadas da Previdência Social têm caráter alimentar, não se justificando o pagamento de valores atrasados sem correção monetária, sendo irrelevante se apurar quem deu causa a referido atraso, pois aceitar entendimento contrário equivaleria a pagar benefício em importância inferior à devida, mormente em se considerando que a atualização monetária não constitui acréscimo, mas mera forma de restaurar o poder aquisitivo da moeda, repondo o seu valor ao *status quo ante*. 2. Considerando que a autarquia previdenciária reconheceu ser devido o benefício previdenciário desde a data do requerimento administrativo, cumprindo com o que dispõe a alínea *b* do inc. I do art. 49 da Lei 8.213/1991, não pode deixar de pagar as prestações devidas desde então com a devida atualização, haja vista que a correção monetária não constitui penalidade, mas sim mecanismo que visa recompor o valor da moeda corroída pela inflação. 3. Agravo interno não provido" (TRF-3.ª Reg. – AC 1.019.051/SP – 10.ª T. – rel. Des. Federal Galvão Miranda – j. 12.07.2005 – DJU 03.08.2005 – p. 528).

"*Recurso especial. Previdenciário. Revisão de cálculo de benefício. Plano de custeio e benefícios. Equivalência salarial. Art. 41, da Lei 8.213. Fixação de teto.* Descabida a aplicação do princípio da equivalência salarial com o número de salários mínimos à época da concessão do benefício previdenciário, concedidos na vigência da Lei 8.213/1991, pois a própria Lei, em seu art. 41, I e II, estabelece a fórmula do cálculo do valor inicial da aposentadoria e dita regras para seu reajustamento. 'O art. 136 da Lei 8.213/1991 não interfere em qualquer determinação do art. 29 da mesma lei, por versarem sobre questões diferentes. Enquanto aquele ordena a exclusão do valor teto do salário de contribuição para um determinado cálculo, este estipula limite máximo para o próprio salário de benefício' (Precedentes) Recurso do obreiro não conhecido e provido o recurso da autarquia" (STJ – REsp 243.067/RS – 5.ª T. – rel. Min. José Arnaldo da Fonseca – j. 04.04.2000 – DJ 15.05.2000 – p. 190).

"*Previdenciário. Constitucional. Revisão de benefício. Recálculo da renda mensal inicial. Inclusão de parcelas salariais reconhecidas em reclamação trabalhista. Possibilidade. Reajustamento do benefício. Critérios de reajuste. Lei 8.213/1991 e alterações subsequentes. Preservação do valor real.* 1. Os juros moratórios, considerando a sua natureza acessória em relação à condenação principal, são considerados pedidos implícitos e, assim, independem de requerimento expresso da parte. Preliminar rejeitada. 2. Para propositura de ação previdenciária não há necessidade do anterior exaurimento da via administrativa ou de sua prévia provocação. Preliminar rejeitada. 3. É devida a revisão do cálculo da RMI do benefício do autor, com a inclusão, nos salários de contribuição que compuseram o período básico de cálculo, das parcelas salariais reconhecidas em reclamação trabalhista, sobre as quais foram recolhidas as contribuições previdenciárias. 4. O reajustamento dos benefícios previdenciários, a partir da entrada em vigor do novo Plano de Benefícios da Previdência Social, deve observar o disposto no art. 41, II, da Lei 8.213/1991 e alterações subsequentes, atendendo à determinação constitucional de que a preservação do valor real dos benefícios se dá com a aplicação dos critérios de reajuste previstos em lei. 5. Previsão inserida na Lei 11.430/2006, que atualizou a Lei 8.213/1991 estabelecendo que: 'o valor dos benefícios em manutenção será reajustado, anualmente, na mesma data do reajuste do salário mínimo, *pro rata*, de acordo com suas respectivas

TÍTULO III – DO REGIME GERAL DE PREVIDÊNCIA SOCIAL • Art. 41

datas de início ou do último reajustamento, com base no Índice Nacional de Preços ao Consumidor – INPC, apurado pela Fundação Instituto Brasileiro de Geografia e Estatística – IBGE. (...)'. 6. A preservação do valor real dos benefícios previdenciários ocorre com observância aos critérios e índices estabelecidos em lei, defeso ao Poder Judiciário estabelecer a aplicação de índices de reajuste diferentes, não havendo falar, pois, em ofensa às garantias de irredutibilidade do valor dos benefícios e da preservação do seu valor real, bem assim em qualquer inconstitucionalidade na Lei 8.213/1991. 7. Correção monetária aplicada nos termos da Lei 6.899/1981, observando-se os índices previstos no Manual de Orientação de Procedimentos para Cálculos na Justiça Federal, incidindo desde o momento em que cada prestação se tornou devida. 8. Juros de mora de 1% ao mês, a partir da citação, quanto às prestações a ela anteriores, em sendo o caso, e da data dos respectivos vencimentos no tocante às posteriormente vencidas. 9. Havendo sucumbência recíproca, os honorários de advogado devem ser compensados, na forma do art. 21, *caput*, do CPC. 10. Apelação do INSS e recurso adesivo do autor desprovidos e remessa oficial parcialmente provida" (TRF-1.ª Reg. – AC 0008202-47.2000.4.01.3800/MG – 2.ª T. – rel. Des. Federal Neuza Maria Alves da Silva – j. 05.05.2010 – *DJe* 20.05.2010 – p. 55).

"*Previdenciário. Agravo Interno. Pagamento administrativo pago com atraso. CULPA. Correção monetária. Lei 8.213, art. 41 § 6.º.* 1. As prestações continuadas da Previdência Social têm caráter alimentar, não se justificando o pagamento de valores atrasados sem correção monetária, sendo irrelevante se apurar quem deu causa a referido atraso, pois aceitar entendimento contrário equivaleria a pagar benefício em importância inferior à devida, mormente em se considerando que a atualização monetária não constitui acréscimo, mas mera forma de restaurar o poder aquisitivo da moeda, repondo o seu valor ao *status quo ante*. 2. Considerando que a autarquia previdenciária reconheceu ser devido o benefício previdenciário desde a data do requerimento administrativo, cumprindo com o que dispõe a alínea *b* do inc. I do art. 49 da Lei 8.213/1991, não pode deixar de pagar as prestações devidas desde então com a devida atualização, haja vista que a correção monetária não constitui penalidade, mas sim mecanismo que visa recompor o valor da moeda corroída pela inflação. 3. Agravo interno não provido" (TRF-3.ª Reg. – AC 1.019.051/SP – 10.ª T. rel. Des. Federal Galvão Miranda – j. 12.07.2005 – *DJU* 03.08.2005 – p. 528).

"*Súmula 71/TFR: Correção monetária. Prestações de benefícios. Previdenciários em atraso.* A correção monetária incide sobre as prestações de benefícios previdenciários em atraso, observado o critério do salário mínimo vigente na época da liquidação da obrigação" (TFR – Súmula 71 – j. 18.02.1981 – *DJ* 06.03.1981).

"*Súmula 260/TFR: Primeiro e subsequentes reajustes do benefício previdenciário. Índices do aumento.* No primeiro reajuste do benefício previdenciário, deve-se aplicar o índice integral do aumento verificado, independentemente do mês da concessão, considerado, nos reajustes subsequentes, o salário mínimo então atualizado" (TFR – Súmula 260 – j. 21.09.1988 – *DJ* 29.09.1988).

"*Súmula 36/TRF-1.ª Reg.*: O inciso II do art. 41, da Lei 8.213/1991, revogado pela Lei 8.542/92, era compatível com as normas constitucionais que asseguram o reajuste dos benefícios para preservação de seu valor real (Lei 8.213/1991, art. 55, § 3.º)" (TRF-1.ª Reg. – Súmula 36 – j. 09.10.1996 – *DJ* 14.10.1996 – p. 77398).

"*Súmula 7/STJ: reexame de prova. Recurso especial.* A pretensão de simples reexame de prova não enseja recurso especial" (STJ – Súmula 7 – j. 28.06.1990 – *DJ* 03.07.1990).

"*Súmula 3/TNU/JEF*: Os benefícios de prestação continuada, no regime geral da Previdência Social, devem ser reajustados com base no IGP-DI nos anos de 1997, 2000 e 2001. Cancelada em 30.09.2003" (TNU/JEF – Súmula 3 – j. 29.04.2003 – *DJ* 09.05.2003 – p. 00725).

▶ Assim dispunha o art. 41, *caput*, na versão original:

Art. 41. O reajustamento dos valores de benefícios obedecerá às seguintes normas:

▶ Assim dispunha o art. 41, *caput*, na redação dada pela MedProv 2.187-13, de 24.08.2001, *DOU* 27.08.2001:

Art. 41. Os valores dos benefícios em manutenção serão reajustados, a partir de 1.º de junho de 2001, *pro rata*, de acordo com suas respectivas datas de início ou do seu último reajustamento, com base em percentual definido em regulamento, observados os seguintes critérios:

▶ Assim dispunha o art. 41, *caput*, revogado:

Art. 41. Os valores dos benefícios em manutenção serão reajustados a partir de 2004, na mesma data de reajuste do salário mínimo, *pro rata*, de acordo com suas respectivas datas de início ou do seu último reajustamento, com base em percentual definido em regulamento, observados os seguintes critérios: (Redação dada ao *caput* pela Lei 10.699, de 09.07.2003). (Vide MedProv 316/2006).

▶ Assim dispunha o inc. I do art. 41 na versão original:

I – é assegurado o reajustamento dos benefícios para preservar-lhes, em caráter permanente, o valor real da data de sua concessão;

TÍTULO III – DO REGIME GERAL DE PREVIDÊNCIA SOCIAL • **Art. 41**

▶ Assim dispunha o inc. I do art. 41 revogado:

I – preservação do valor real do benefício; (Redação dada ao inciso pela MedProv 2.187-13/2001, posteriormente revogada pela MedProv 316/2006).

▶ Assim dispunha o inc. II do art. 41 revogado:

II – os valores dos benefícios em manutenção serão reajustados, de acordo com suas respectivas datas de início, com base na variação integral do INPC, calculado pelo IBGE, nas mesmas épocas em que o salário-mínimo for alterado, pelo índice da cesta básica ou substituto eventual. (Inciso revogado pela Lei 8.542, de 23.12.1992, *DOU* 31.12.1992).

▶ Assim dispunha o inc. III do art. 41 revogado:

III – atualização anual; (Inciso incluído pela MedProv 2.187-13/2001, posteriormente revogada pela MedProv 316/2006).

▶ Assim dispunha o inc. IV do art. 41 revogado:

IV – variação de preços de produtos necessários e relevantes para a aferição da manutenção do valor de compra dos benefícios. (Inciso incluído pela MedProv 2.187-13/2001, posteriormente revogada pela MedProv 316/2006.

▶ Assim dispunha o § 1.º do art. 41 revogado:

§ 1.º O disposto no inciso II poderá ser alterado por ocasião da revisão da política salarial. (Parágrafo tacitamente revogado em função da exclusão do inc. II deste artigo, pela Lei 8.542, de 23.12.1992). (Vide MedProv 316/2006).

▶ Assim dispunha o § 2.º do art. 41 revogado:

§ 2.º Na hipótese de se constatar perda de poder aquisitivo com a aplicação do disposto neste artigo, o Conselho Nacional de Seguridade Social – CNSS poderá propor um reajuste extraordinário para recompor esse valor, sendo feita igual recomposição das faixas e limites fixados para os salários de contribuição. (Revogado pela MedProv 2.187-13/2001). (Vide MedProv 316/2006).

▶ Assim dispunha o § 3.º do art. 41 revogado:

§ 3.º Nenhum benefício reajustado poderá exceder o limite máximo do salário de benefício na data do reajustamento, respeitados os direitos adquiridos. (Vide MedProv 316/2006).

▶ Assim dispunha o § 4.º do art. 41 na versão original:

§ 4.º Os benefícios devem ser pagos até o 10.º (décimo) dia útil do mês seguinte ao de sua competência, podendo o CNPS reduzir este prazo.

Art. 41 • Lei dos Planos de Benefícios da Previdência Social

▶ Assim dispunha o § 4.º do art. 41 na redação dada pela Lei 8.444, de 20.07.1992, DOU 21.07.1992:

§ 4.º Os benefícios devem ser pagos do primeiro ao décimo dia útil do mês seguinte ao de sua competência, observada a distribuição proporcional do número de beneficiários por dia de pagamento.

▶ Assim dispunha o § 4.º do art. 41 revogado:

§ 4.º A partir de abril de 2004, os benefícios devem ser pagos do primeiro ao quinto dia útil do mês seguinte ao de sua competência, observada a distribuição proporcional do número de beneficiários por dia de pagamento. (Redação dada ao parágrafo pela Lei 10.699, de 09.07.2003). (Vide MedProv 316/2006).

▶ Assim dispunha o § 5.º do art. 41 na versão original:

§ 5.º O primeiro pagamento de renda mensal do benefício será efetuado até 45 (quarenta e cinco) dias após a data da apresentação, pelo segurado, da documentação necessária à sua concessão.

▶ Assim dispunha o § 5.º do art. 41 revogado:

§ 5.º Em caso de comprovada inviabilidade operacional e financeira do Instituto Nacional do Seguro Social, o Conselho Nacional de Previdência Social poderá autorizar, em caráter excepcional, que o pagamento dos benefícios de prestação continuada concedidos a partir de 1.º de agosto de 1992 seja efetuado do décimo primeiro ao décimo segundo dia útil do mês seguinte ao de sua competência, retornando-se à regra geral, disposta no § 4.º deste artigo, tão logo superadas as dificuldades. (Parágrafo incluído pela Lei 8.444, de 20.07.1992, DOU 21.07.1992). (Vide MedProv 316/2006).

▶ Assim dispunha o § 6.º do art. 41 na versão original:

§ 6.º O pagamento de parcelas relativas a benefício, efetuado com atraso por responsabilidade da Previdência Social, será atualizado de acordo com a variação do Índice Nacional de Preços ao Consumidor – INPC, verificado no período compreendido entre o mês em que deveria ter sido pago e o mês do efetivo pagamento.

▶ Assim dispunha o § 6.º do art. 41 revogado:

§ 6.º O primeiro pagamento de renda mensal do benefício será efetuado até 45 (quarenta e cinco) dias após a data da apresentação, pelo segurado, da documentação necessária a sua concessão. (Parágrafo renumerado do § 5.º para § 6.º pela Lei 8.444, de 20.07.1992). (Vide MedProv 316/2006).

▶ Assim dispunha o § 7.º do art. 41 revogado:

§ 7.º O pagamento de parcelas relativas a benefício, efetuado com atraso por responsabilidade da Previdência Social, será atualizado de acordo com a variação do

Índice Nacional de Preços ao Consumidor – INPC, verificado no período compreendido entre o mês em que deveria ter sido pago e o mês do efetivo pagamento. (Parágrafo renumerado do § 6.º para § 7.º pela Lei 8.444, de 20.07.1992).

▶ Assim dispunha o § 8.º do art. 41 revogado:

§ 8.º Para os benefícios que tenham sofrido majoração devido à elevação do salário mínimo, o referido aumento deverá ser descontado quando da aplicação do disposto no *caput*, de acordo com normas a serem baixadas pelo Ministério da Previdência e Assistência Social. (Parágrafo incluído pela MedProv 2.187-13/2001, posteriormente revogada pela MedProv 316/2006).

▶ Assim dispunha o § 9.º do art. 41 revogado:

§ 9.º Quando da apuração para fixação do percentual do reajuste do benefício, poderão ser utilizados índices que representem a variação de que trata o inciso IV deste artigo, divulgados pela Fundação Instituto Brasileiro de Geografia e Estatística – IBGE ou de instituição congênere de reconhecida notoriedade, na forma do regulamento. (Parágrafo incluído pela MedProv 2.187-13/2001, posteriormente revogada pela MedProv 316/2006).

Art. 41-A. O valor dos benefícios em manutenção será reajustado, anualmente, na mesma data do reajuste do salário mínimo, *pro rata*, de acordo com suas respectivas datas de início ou do último reajustamento, com base no Índice Nacional de Preços ao Consumidor – INPC, apurado pela Fundação Instituto Brasileiro de Geografia e Estatística – IBGE (Vide MedProv 316/2006). (Artigo incluído pela Lei 11.430, de 26.12.2006, *DOU* 27.12.2006).

§ 1.º Nenhum benefício reajustado poderá exceder o limite máximo do salário de benefício na data do reajustamento, respeitados os direitos adquiridos. (Parágrafo incluído pela Lei 11.430, de 26.12.2006, *DOU* 27.12.2006).

§ 2.º Os benefícios com renda mensal superior a um salário mínimo serão pagos do primeiro ao quinto dia útil do mês subsequente ao de sua competência, observada a distribuição proporcional do número de beneficiários por dia de pagamento. (Redação dada ao parágrafo pela Lei 11.665, de 29.04.2008, *DOU* 30.04.2008).

§ 3.º Os benefícios com renda mensal no valor de até um salário mínimo serão pagos no período compreendido entre o quinto dia útil que anteceder o final do mês de sua competência e o quinto dia útil do mês subsequente, observada a distribuição proporcional dos beneficiários por dia de pagamento. (Redação dada ao parágrafo pela Lei 11.665, de 29.04.2008, *DOU* 30.04.2008).

§ 4.º Para os efeitos dos §§ 2.º e 3.º deste artigo, considera-se dia útil aquele de expediente bancário com horário normal de atendimento. (Redação dada ao parágrafo pela Lei 11.665, de 29.04.2008, *DOU* 30.04.2008).

Art. 41-A • LEI DOS PLANOS DE BENEFÍCIOS DA PREVIDÊNCIA SOCIAL

§ 5.º O primeiro pagamento do benefício será efetuado até quarenta e cinco dias após a data da apresentação, pelo segurado, da documentação necessária a sua concessão. (Redação dada ao parágrafo pela Lei 11.665, de 29.04.2008, *DOU* 30.04.2008).

§ 6.º Para os benefícios que tenham sido majorados devido à elevação do salário mínimo, o referido aumento deverá ser compensado no momento da aplicação do disposto no *caput* deste artigo, de acordo com normas a serem baixadas pelo Ministério da Previdência Social. (Redação dada ao parágrafo pela Lei 11.665, de 29.04.2008, *DOU* 30.04.2008).

✳ **Remissão:** art. 201, § 4.º, da CF/1988; art. 41 do PBPS; MedProv 316/2006; Lei 11.430/2006; Súmula 260/TRF.

✎ Anotação

O preceito deve dar cumprimento ao § 4.º do art. 201 da CF/1988, que assegura "*o reajustamento dos benefícios para preservar-lhes, em caráter permanente, o valor real, conforme critérios definidos em Lei*".

Com o advento da Lei 11.430/2006, o INPC passa a ser o índice de correção monetária das parcelas de benefício previdenciário pagas com atraso.

Evidentemente, a regra estampada no § 5.º é consequência elementar do princípio constitucional da eficiência, de que cuida o *caput* do art. 37 da CF/1988.

JURISPRUDÊNCIA

"*Previdenciário. Constitucional. Equivalência salarial. Proporcionalidade do percentual do benefício previdenciário. Impossibilidade. Verba honorária.* 1. A Constituição Federal de 1988, em seu art. 201, § 2.º, com redação anterior à EC 20/1998, estabeleceu que 'é assegurado o reajustamento dos benefícios para preservar-lhes, em caráter permanente, o valor real, conforme critérios definidos em lei'. 2. Previsão inserida na MedProv 316/2006, em seu art. 41-A, no sentido de que 'o valor dos benefícios em manutenção será reajustado, anualmente, na mesma data do reajuste do salário mínimo, *pro rata*, de acordo com suas respectivas datas de início ou do último reajustamento, com base no Índice Nacional de Preços ao Consumidor – INPC, apurado pela Fundação Instituto Brasileiro de Geografia e Estatística – IBGE'. 3. A preservação do valor real dos benefícios previdenciários ocorre com observância aos critérios e índices estabelecidos em lei, defeso ao Poder Judiciário estabelecer a aplicação de índices de reajuste diferentes, não havendo falar, pois, em ofensa às garantias de irredutibilidade do valor dos benefícios e da preservação do seu valor real, bem assim em qualquer inconstitucionalidade na Lei 8.213/1991. 4. Verba honorária fixada em R$ 60,00 (sessenta reais), a ser suportada pela parte autora, ficando sua cobrança suspensa em face da gratuidade deferida (Lei 1.060/50). 5. Remessa oficial provida" (TRF-1.ª Reg. – REO 2001.34.00.009759–1/DF – 2.ª T. – rel. Des. Federal Neuza Alves – j. 17.01.2007).

"*Trata-se de recurso especial interposto pelo INSS, com fundamento no art. 105, III, alínea a da CF/1988, contra acórdão proferido pelo TJRS, cuja ementa restou assim definida: Apelação Cível. Previdenciário. Acidente de trabalho. LER/DORT. Auxílio-acidente. Redução da capacidade laboral.* 1. Caracterizada a diminuição da capacidade laboral, bem como configurado o liame entre o trabalho e a lesão, faz *jus* o autor ao benefício de auxílio-acidente mensal, o qual deverá corresponder a 50% do salário de benefício, em virtude de previsão legal expressa, art. 86, parágrafo único, da Lei 8.213/1991, alterado pela Lei 9.032/1995 e com redação dada pela Lei 9.528/1997. 2. No que se refere ao março inicial do benefício, este deve ser fixado no dia seguinte ao da alta médica do primeiro auxílio-doença acidentário indevidamente cancelado, consoante melhor exegese do art. 86, § 2.º, da Lei 8.213/1991, descontados os meses em que a autora recebeu auxílio-doença. 3. O índice de correção monetária a ser utilizado é o do IGP-DI. Entendimento do STJ. 4. Os juros de mora devem ser fixados à razão de 12% ao ano, desde a citação, conforme o entendimento do STJ. 5. As custas processuais são devidas por metade, consoante a Súmula 2 do extinto Tribunal de Alçada e o art. 11, *a*, do Regimento de Custas – Lei 8.121/1985. 6. Honorários advocatícios fixados em 20% sobre o valor da condenação, incidindo apenas sobre as parcelas vencidas até a prolação da sentença, de acordo com o teor da Súmula 111/STJ. (...). Foram opostos embargos de declaração, que restaram rejeitados. No recurso especial, a autarquia previdenciária alega, inicialmente, violação ao disposto no art. 535 do CPC. Sustenta que, não obstante a oposição de embargos de declaração, o e. Tribunal de origem teria deixado de se pronunciar a respeito do disposto nos arts. 31 da Lei 10.741/2003, e 41-A da Lei 8.213/1991, pertinente à aplicação do Índice Nacional de Preços ao Consumidor – INPC na correção monetária das parcelas de benefício previdenciário pagas com atraso. Caso ultrapassada a alegação inicial, assevera o INSS a violação pelo v. acórdão impugnado ao disposto nos arts. 31 da Lei 10.741/2003, e 41-A da Lei 8.213/1991. Afirma a aplicação, a partir de 01.04.2006, do INPC como índice de correção monetária das parcelas de benefício previdenciário pagas com atraso. Sem as contrarrazões, admitido o recurso, subiram os autos a esta Corte. Decido. O recurso merece prosperar" (STJ – REsp 1.160.319 – Decisão monocrática – rel. Min. Felix Fischer – *DJe* 11.11.2009).

Súmula 38, de 16.09.2008 – DOU 19.09.2008 "Incide a correção monetária sobre as parcelas em atraso não prescritas, relativas aos débitos de natureza alimentar, assim como aos benefícios previdenciários, desde o momento em que passaram a ser devidos, mesmo que em período anterior ao ajuizamento de ação judicial."

▶ Assim dispunha o § 2.º do art. 41-A alterado:

§ 2.º Os benefícios com renda mensal superior a um salário mínimo serão pagos do primeiro ao quinto dia útil do mês subsequente ao de sua competência, observada a distribuição proporcional do número de beneficiários por dia de pagamento (Redação dada ao parágrafo pela MedProv 404, de 11.12.2007).

▶ Assim dispunha o § 3.º do art. 41-A alterado:

§ 3.º Os benefícios com renda mensal no valor de até um salário mínimo serão pagos no período compreendido entre o quinto dia útil que anteceder o final do mês de sua competência e o quinto dia útil do mês subsequente, observada a distribuição proporcional dos beneficiários por dia de pagamento (Reda;cão dada ao parágrafo pela MedProv 404, de 11.12.2007).

▶ Assim dispunha o § 4.º do art. 41-A alterado:

§ 4.º Para os efeitos dos §§ 2.º e 3.º, considera-se dia útil aquele de expediente bancário com horário normal de atendimento (Redação dada ao parágrafo pela MedProv 404, de 11.12.2007).

▶ Assim dispunha o § 5.º do art. 41-A alterado:

§ 5.º O primeiro pagamento do benefício será efetuado até quarenta e cinco dias após a data da apresentação, pelo segurado, da documentação necessária à sua concessão (Parágrafo incluído pela MedProv 404, de 11.12.2007).

▶ Assim dispunha o § 6.º do art. 41-A alterado:

§ 6.º Para os benefícios que tenham sido majorados devido à elevação do salário mínimo, o referido aumento deverá ser compensado quando da aplicação do disposto no *caput*, de acordo com os procedimentos estabelecidos pelo Ministério da Previdência Social (Parágrafo incluído pela MedProv 404, de 11.12.2007).

Seção V
Dos benefícios

Subseção I
Da aposentadoria por invalidez

Art. 42. A aposentadoria por invalidez, uma vez cumprida, quando for o caso, a carência exigida, será devida ao segurado que, estando ou não em gozo de auxílio-doença, for considerado incapaz e insusceptível de reabilitação para o exercício de atividade que lhe garanta a subsistência, e ser-lhe-á paga enquanto permanecer nesta condição.

§ 1.º A concessão de aposentadoria por invalidez dependerá da verificação da condição de incapacidade mediante exame médico-pericial a cargo da Previdência Social, podendo o segurado, às suas expensas, fazer-se acompanhar de médico de sua confiança.

§ 2.º A doença ou lesão de que o segurado já era portador ao filiar-se ao Regime Geral de Previdência Social não lhe conferirá direito à aposentadoria por invalidez, salvo quando a incapacidade sobrevier por motivo de progressão ou agravamento dessa doença ou lesão.

✳ **Remissão:** arts. 40, I, e 201, I, da CF/1988; art. 30 da CLPS.

✎ Anotação

A aposentadoria por invalidez, juntamente com o auxílio-doença, é concedida por incapacidade do segurado para o trabalho. Trata-se de prestação continuada, de risco imprevisível, de insuscetível reabilitação. Configura prestação provisória, sujeitando o segurado a exames periódicos para verificação da evolução da moléstia.

JURISPRUDÊNCIA

"*Previdência social. Aposentadoria por invalidez. Procedência. Preliminar rejeitada. Qualidade de segurado e carência. Incapacidade. Termo inicial. Valor e reajustes do benefício. Honorários advocatícios e periciais.* – Rejeitada a preliminar de impossibilidade jurídica do pedido, uma vez que foi bem rechaçada pelo Juiz *a quo*. – Presentes os requisitos de carência e qualidade de segurada, razão porque se impõe a concessão da aposentadoria por invalidez (art. 42 da Lei 8.213/1991). – Ação ajuizada no prazo de 12 (doze) meses, relativos ao 'período de graça' previsto no art. 15, II, da Lei 8.213/1991. – Laudo médico que atestou incapacidade total e permanente. – Termo inicial do benefício mantido na data do ajuizamento, pois a parte autora requereu administrativamente o benefício o qual lhe foi indeferido indevidamente. (...)" (TRF-3.ª Reg. – 912.433/SP – 8.ª T. – rel. Des. Federal Vera Jucovsky – j. 06.06.2005 – DJU 13.07.2005 – p. 221).

"*Previdenciário. Aposentadoria por invalidez. Art. 42, LBPS. Possibilidade reabilitação. Nova perícia. Anulação sentença.* Anulada a sentença, a fim de que se reabra a instrução processual e novo laudo pericial seja realizado, preferencialmente por médico ortopedista, com esclarecimentos acerca da eventual incapacidade laborativa total e permanente do autor para qualquer profissão ou da possibilidade de reabilitação para outras atividades" (TRF-4.ª Reg. – AC 1.492/SC – T. Suplementar – rel. Fernando Quadros da Silva – j. 20.06.2007 – DJe 19.07.2007).

"*Processual civil. Agravo. Ação previdenciária. Aposentadoria por invalidez. Doença de curso crônico. Agravamento. Art. 42, § 2.º da LBPS.* I – Em se tratando de doenças degenerativas e de curso crônico, não necessariamente doença é coincidente com incapacidade. II – Dessa forma, é possível extrair a conclusão de que, ainda que a requerente tenha relatado que começou a sentir dores na coluna no ano de 1997, houve agravamento das enfermidades de que é portadora, restando caracterizada a situação prevista no art. 42, § 2.º da Lei 8.213/1991, que confere ao segurado direito à obtenção do benefício previdenciário se houver agravamento ou progressão da doença que o acomete, ainda que esta seja anterior à filiação ao RGPS. III – Agravo interposto pelo réu improvido" (TRF-3.ª Reg. – AC 46.666/SP – 10.ª T. – rel. Des. Federal Sergio Nascimento – j. 28.04.2009).

"*Aposentadoria por invalidez. Efeitos.* A aposentadoria por invalidez é causa de suspensão do contrato de trabalho, consoante norma expressa inscrita no art. 475, da CLT. No período, desobriga-se o empregador de parcelas decorrentes do contrato de trabalho, pois inerente à modalidade de suspensão do pacto laboral aqui inserindo-se as férias com 1/3. Ainda sob as regras do dito dispositivo legal e levando-se em conta os termos dos arts. 42 – 47, da Lei 8.213/1991, sujeita o empregado, nessa condição, a avaliações periódicas pelo órgão previdenciário. Caso seja reabilitado no prazo de 5 anos, total ou parcialmente, reinicia sua prestação laboral, na mesma função ou em outra compatível, respectivamente. Inegável, pois, a manutenção do contrato de trabalho no período e, consequentemente, indevidas as férias aqui postuladas, tomando-se em conta, no mais, os termos do art. 133, IV, da CLT" (TRT-2.ª Reg. – AC 20030557067 – 3.ª T. – rel. Mercia Tomazinho – j. 14.10.2003 – DJ 04.11.2003).

TÍTULO III – DO REGIME GERAL DE PREVIDÊNCIA SOCIAL • **Art. 43**

"*Previdenciário. Acidentária. Prévio Requerimento administrativo. Desnecessidade. Conversão auxílio-doença em aposentadoria.* 1. 'A ação acidentária prescinde do exaurimento da via administrativa' (Súmula 89/STJ). 2. Estando comprovado o nexo causal e a absoluta incapacidade laboral, faz jus, o segurado que percebe auxílio-doença, à conversão para a aposentadoria acidentária (art. 42, § 1.º da Lei 8.213/1991). 3. Recurso não conhecido" (STJ – REsp 232.244/RJ – 6.ª T. – rel. Min. Hamilton Carvalhido – j. 23.11.1999 – *DJ* 05.06.2000 – p. 245).

"*Súmula 85/STJ: Relação jurídica de trato sucessivo. Fazenda pública devedora. Prescrição.* Nas relações jurídicas de trato sucessivo em que a Fazenda Pública figure como devedora, quando não tiver sido negado o próprio direito reclamado, a prescrição atinge apenas as prestações vencidas antes do quinquênio anterior à propositura da ação" (STJ – Súmula 85 – j. 18.06.1993 – *DJ* 02.07.1993).

Art. 43. A aposentadoria por invalidez será devida a partir do dia imediato ao da cessação do auxílio-doença, ressalvado o disposto nos §§ 1.º, 2.º e 3.º deste artigo.

§ 1.º Concluindo a perícia médica inicial pela existência de incapacidade total e definitiva para o trabalho, a aposentadoria por invalidez será devida: (Redação dada ao *caput* do art. pela Lei 9.032, de 28.04.1995, *DOU* 29.04.1995).

a) ao segurado empregado, a contar do décimo sexto dia do afastamento da atividade ou a partir da entrada do requerimento, se entre o afastamento e a entrada do requerimento decorrerem mais de trinta dias; (Redação dada à alínea pela Lei 9.876, de 26.11.1999, *DOU* 29.11.1999).

b) ao segurado empregado doméstico, trabalhador avulso, contribuinte individual, especial e facultativo, a contar da data do início da incapacidade ou da data da entrada do requerimento, se entre essas datas decorrerem mais de trinta dias (Redação dada à alínea pela Lei 9.876, de 26.11.1999, *DOU* 29.11.1999).

§ 2. Durante os primeiros quinze dias de afastamento da atividade por motivo de invalidez, caberá à empresa pagar ao segurado empregado o salário. (Redação dada ao parágrafo pela Lei 9.876, de 26.11.1999, *DOU* 29.11.1999).

§ 3.º (Parágrafo revogado pela Lei 9.032, de 28.04.1995, *DOU* 29.04.1995).

✱ **Remissão:** art. 30, § 3.º, da CLPS.

✍ Anotação

O preceito põe de manifesto que a concessão da aposentadoria por invalidez não tem como *conditio sine qua non* o deferimento de auxílio-doença prévio, como pareceu ocorrer, durante largo tempo, na práxis administrativa da Previdência Social. Se, desde logo, ficar demostrada a incapacidade total e definitiva para o exercício de qualquer trabalho, é direito subjetivo do segurado a outorga dessa prestação.

O valor devido no período de espera – lapso de tempo de 15 dias a que alude o parágrafo – é revestido de natureza salarial, configurando uma das hipóteses de interrupção do contrato de trabalho. É bem verdade que a linguagem normativa da CLT: Em caso de seguro-doença ou auxílio-enfermidade, o empregado é considerado em licença remunerada, durante o prazo desse benefício (art. 476) confunde, a seu modo, os institutos. Mas, conceitualmente, só se pode considerar suspenso o contrato após a fruição do período de licença. Do 16.º dia do afastamento em diante, ocorrerá a suspensão do contrato de trabalho do empregado.

JURISPRUDÊNCIA

"Direito previdenciário e processual civil. Agravo legal. Aposentadoria por invalidez. Incapacidade parcial. Livre convencimento motivado. Preenchimento dos requisitos. TERMO Inicial. Data do início da incapacidade. Improvimento. 1. A análise levada a efeito pelo Juiz deve atender ao princípio do livre convencimento motivado, pelo qual, a partir do caso concreto que lhe foi posto, e após a apresentação de provas e argumentos dispostos pelas partes, tem ele liberdade para decidir acerca de seu conteúdo de forma que considerar mais adequada, conforme seu entendimento e convicção, mas dentro dos limites impostos pela lei e pela CF/1988, e dando motivação à sua decisão. A síntese deste princípio encontra-se no art. 131, do CPC. 2. No que concerne ao termo inicial do benefício, dispõe o art. 43, § 1.º, alínea *b*, da LBPS, que a aposentadoria por invalidez é devida a contar da data do início da incapacidade ou da data de entrada do requerimento. 3. Recurso improvido" (TRF-3.ª Reg. – AC 4.014/SP – 10.ª T. – rel. Juíza Convocada Marisa Cucio – j. 04.05.2010 – DJe-85 12.05.2010).

"(...). Não havendo no laudo como avaliar desde quando ocorreu a incapacidade da autora, o termo inicial para o recebimento do benefício deve ser fixado a partir da citação" (TRF-3.ª Reg. – Reg. 90/0335737-4 – 1.ª T. – rel. Juiz Jorge Scartezzini – DOESP de 27.05.1991 – p. 73).

"(...). Se não é possível localizar no tempo o início da doença do segurado; se o órgão previdenciário recebeu dele, normalmente, as contribuições mensais e se a incapacidade laborativa independe de período de carência, ainda que o estado mórbido fosse anterior ao seu ingresso no Sistema de

Previdência, a aposentadoria-invalidez não lhe poderia ter sido negada" (TRF-1.ª Reg. – Reg. 89/0105242-3 – 1.ª T. – rel. Juiz Catão Alves – *DJU-II* 03.06.1991 – p. 12441).

▶ Assim dispunha o § 1.º do art. 43 alterado:

§ 1.º Concluindo a perícia médica inicial pela existência de incapacidade total e definitiva para o trabalho, a aposentadoria por invalidez, quando decorrente de acidente do trabalho, será concedida a partir da data em que o auxílio-doença deveria ter início, e, nos demais casos, será devida:

▶ Assim dispunha a alínea *a* do § 1.º do art. 43 alterada:

a) ao segurado empregado ou empresário, definidos no art. 11 desta lei, a contar do 16.º (décimo sexto) dia do afastamento da atividade ou a partir da data da entrada do requerimento se entre o afastamento e a entrada do requerimento decorrerem mais de 30 (trinta) dias;

▶ Assim dispunha a alínea *b* do § 1.º do art. 43 alterada:

b) ao segurado empregado doméstico, autônomo e equiparado, trabalhador avulso, segurado especial ou facultativo, definidos nos arts. 11 e 13 desta lei, a contar da data do início da incapacidade ou da data da entrada do requerimento, se entre essas datas decorrerem mais de 30 (trinta) dias.

▶ Assim dispunha o § 2.º do art. 43 alterado:

§ 2.º Durante os primeiros 15 (quinze) dias de afastamento da atividade por motivo de invalidez, caberá à empresa pagar ao segurado empregado o salário ou, ao segurado empresário, a remuneração.

▶ Assim dispunha o § 3.º do art. 43 revogado:

§ 3.º Em caso de doença de segregação compulsória, a aposentadoria por invalidez independerá de auxílio-doença prévio e de exame médico-pericial pela Previdência Social, sendo devida a partir da data da segregação.

Art. 44. A aposentadoria por invalidez, inclusive a decorrente de acidente do trabalho, consistirá numa renda mensal correspondente a 100% (cem por cento) do salário de benefício, observado o disposto na Seção III, especialmente no art. 33 desta Lei. (Redação dada ao *caput* pela Lei 9.032, de 28.04.1995, *DOU* 29.04.1995).

§ 1.º (Parágrafo revogado pela Lei 9.528, de 10.12.1997, *DOU* 11.12.1997).

Art. 44 • LEI DOS PLANOS DE BENEFÍCIOS DA PREVIDÊNCIA SOCIAL

§ 2.º Quando o acidentado do trabalho estiver em gozo de auxílio-doença, o valor da aposentadoria por invalidez será igual ao do auxílio-doença se este, por força de reajustamento, for superior ao previsto neste artigo.

✳ **Remissão:** arts. 40, I, e 201, I, da CF/1988; art. 30, § 1.º, da CLPS.

✍ **Anotação**

O cálculo da aposentadoria por invalidez deverá se processar regularmente a fim de que seja constatado que o valor respectivo não supera o do auxílio-doença, hipótese em que deve ocorrer a conversão.

JURISPRUDÊNCIA

"Previdenciário. Revisão. Aposentadoria por invalidez acidentária. Art. 44, 'b', da Lei 8.213/1991. Atualização monetária. Necessidade assistência permanente. Art. 45 da LBPS. Honorários advocatícios. 1. Conforme o disposto no art. 44, b da Lei 8.213/1991, a aposentadoria por invalidez acidentária deve ser igual a 100% do salário de contribuição vigente no dia do acidente do trabalho ou do salário de benefício ressalvada a hipótese mais benéfica ao segurado. 2. A atualização monetária das parcelas vencidas deverá obedecer os critérios estabelecidos nas Lei 8.213/1991, Lei 8.542/1992 e seguintes, desde a data dos vencimento de cada parcela, inclusive daquelas anteriores ao ajuizamento da ação, em consonância com a Súmula 43/STJ e a Súmula 148/STJ. 3. Comprovação da necessidade de assistência permanente, a teor do contido no art. 45 da LBPS. 4. Hipótese de sucumbência recíproca mantida. 5. Apelação do INSS improvida. Apelação do autor parcialmente provida" (TRF-4.ª Reg. – AC 46.050/PR – 6.ª T. – rel. Nylson Paim de Abreu – j. 16.03.1999 – DJ 31.03.1999 – p. 371).

▶ Assim dispunha o art. 44, *caput*, alterado:

Art. 44. A aposentadoria por invalidez, observado o disposto na Seção III deste capítulo, especialmente no art. 33, consistirá numa renda mensal correspondente a:

a) 80% (oitenta por cento) do salário de benefício, mais 1% (um por cento) deste, por grupo de 12 (doze) contribuições, não podendo ultrapassar 100% (cem por cento) do salário de benefício; ou

b) 100% (cem por cento) do salário de benefício ou do salário de contribuição vigente no dia do acidente, o que for mais vantajoso, caso o benefício seja decorrente de acidente do trabalho.

TÍTULO III – DO REGIME GERAL DE PREVIDÊNCIA SOCIAL • **Art. 45**

▶ Assim dispunha o § 1.º do art. 44 revogado:

§ 1.º No cálculo do acréscimo previsto na alínea *a* deste artigo, será considerado como período de contribuição o tempo em que o segurado recebeu auxílio-doença ou outra aposentadoria por invalidez.

Art. 45. O valor da aposentadoria por invalidez do segurado que necessitar da assistência permanente de outra pessoa será acrescido de 25% (vinte e cinco por cento).

Parágrafo único. O acréscimo de que trata este artigo:

a) será devido ainda que o valor da aposentadoria atinja o limite máximo legal;

b) será recalculado quando o benefício que lhe deu origem for reajustado;

c) cessará com a morte do aposentado, não sendo incorporável ao valor da pensão.

❋ **Remissão:** art. 164, § 4.º, da CLPS; art. 43 do RBPS; art. 45 do RPS.

✍ Anotação

Trata-se da situação conhecida como "grande invalidez", na qual é concedido o adicional de 25% sobre o valor do benefício, apto a satisfazer o dispêndio extraordinário que o segurado terá com a necessidade de ajuda de alguém para manutenção de vida digna.

As hipóteses em que tal adicional será devido estão previstas no art. 45 do Regulamento, a saber: 1. Cegueira total. 2. Perda de nove dedos das mãos ou superior a esta. 3. Paralisia dos dois membros superiores ou inferiores. 4. Perda dos membros inferiores, acima dos pés, quando a prótese for impossível. 5. Perda de uma das mãos e de dois pés, ainda que a prótese seja possível. 6. Perda de um membro superior e outro inferior, quando a prótese for impossível. 7. Alteração das faculdades mentais com grave perturbação da vida orgânica e social. 8. Doença que exija permanência contínua no leito. 9. Incapacidade permanente para as atividades da vida diária.

▌ JURISPRUDÊNCIA

"*Previdenciário. Aposentadoria por invalidez. Assistência permanente. Art. 45 da LBPS. Acréscimo retroativo.* Deve ser mantida a sentença que determinou o pagamento do acréscimo de 25% sobre o benefício de aposentadoria por invalidez percebido pelo autor no período entre a data da inativação (01.12.1998) e o deferimento do acréscimo (20.10.1903)" (TRF-4.ª Reg. – AC 2.815/RS – T. Suplementar – rel. Luciane Amaral Corrêa Munch – j. 16.05.2007 – DJe 06.06.2007).

Art. 46. O aposentado por invalidez que retornar voluntariamente à atividade terá sua aposentadoria automaticamente cancelada, a partir da data do retorno.

✳ Remissão: art. 31, parágrafo único, da CLPS.

✍ Anotação

O retorno ao trabalho do segurado aposentado por invalidez se dá, regularmente, após a alta médica. Porém, pode ocorrer, igualmente, por ato de vontade daquele que, voltando ao trabalho, terá o benefício cancelado. Nada impede, é claro, que mantida a causa da invalidez, novo benefício seja requerido, cumpridos os requisitos legais.

JURISPRUDÊNCIA

"*Aposentadoria por invalidez. Retorno voluntário ao trabalho. Benefício indevido.* É indevida a manutenção da aposentadoria por invalidez a partir do momento em que o trabalhador retorna voluntariamente ao exercício de trabalho remunerado" (TRF-4.ª Reg. – AC 33.874/PR – 5.ª T. – rel. Rômulo Pizzolatti – j. 24.06.2008 – DJe 28.07.2008).

"*Auxílio-doença e aposentadoria por invalidez. Perícia judicial. Retorno voluntário ao trabalho. Benefício indevido.* É indevido o restabelecimento de auxílio-doença ou a concessão de aposentadoria por invalidez quando, embora incapacitado para o exercício da atividade laborativa que habitualmente exerça, tiver o segurado retornado voluntariamente ao trabalho em função diversa (TRF-4.ª Reg. – AC 1.416/RS – 5.ª T. – rel. Rômulo Pizzalatti – j. 28.10.2008 – DJe 10.11.2008).

"*Aposentadoria por invalidez. Retorno voluntário ao trabalho. Benefício indevido.* É indevida a manutenção da aposentadoria por invalidez a partir do momento em que o trabalhador retorna voluntariamente ao exercício de trabalho remunerado" (TRF-4.ª Reg. – AC 33.874/PR – 5.ª T. – rel. Rômulo Pizzalatti – j. 24.06.2008 – *DJe* 28.07.2008).

"*Prescrição. Aposentadoria por invalidez. Empregado com idade superior a 55 anos.* 1. A aposentadoria por invalidez não extingue o contrato de trabalho, à luz do art. 475 da CLT. Irrelevante a circunstância de se tratar de empregado com idade superior a 55 anos. 2. O benefício ostenta natureza nitidamente condicional e provisória, independendo da idade do beneficiário, pois vincula-se unicamente à incapacidade laborativa que deu causa à suspensão do contrato de trabalho. Inteligência dos arts. 46 do Dec. 357/1991 e 46 da Lei 8.213/1991, que preveem expressamente a possibilidade de o aposentado por invalidez retornar à atividade de forma espontânea e a qualquer tempo, fazendo cessar a concessão do benefício, sem qualquer distinção em razão de idade. 3. Por conseguinte, em face da suspensão do contrato de trabalho, não corre o prazo prescricional quanto ao direito de ação de empregado aposentado por invalidez, ainda que maior de 55 anos. 4. Recurso de revista de que se conhece e a que se dá provimento" (TST – AC 438 674 – 1.ª T. – rel. Desig. Min. João Oreste Dalazen – j. 04.06.2003 – *DJ* 01.08.2003).

Art. 47. Verificada a recuperação da capacidade de trabalho do aposentado por invalidez, será observado o seguinte procedimento:

I – quando a recuperação ocorrer dentro de 5 (cinco) anos, contados da data do início da aposentadoria por invalidez ou do auxílio-doença que a antecedeu sem interrupção, o benefício cessará:

a) de imediato, para o segurado empregado que tiver direito a retornar à função que desempenhava na empresa quando se aposentou, na forma da legislação trabalhista, valendo como documento, para tal fim, o certificado de capacidade fornecido pela Previdência Social; ou

b) após tantos meses quantos forem os anos de duração do auxílio-doença ou da aposentadoria por invalidez, para os demais segurados;

II – quando a recuperação for parcial, ou ocorrer após o período do inciso I, ou ainda quando o segurado for declarado apto para o exercício de trabalho diverso do qual habitualmente exercia, a aposentadoria será mantida, sem prejuízo da volta à atividade:

a) no seu valor integral, durante 6 (seis) meses contados da data em que for verificada a recuperação da capacidade;

b) com redução de 50% (cinquenta por cento), no período seguinte de 6 (seis) meses;

c) com redução de 75% (setenta e cinco por cento), também por igual período de 6 (seis) meses, ao término do qual cessará definitivamente.

✳ **Remissão:** art. 31 da CLPS.

✎ Anotação

O gradiente estabelecido pelo preceito para o retorno ao trabalho é justificável muito mais por razões de ordem laborativa – exigências de adaptação ao ambiente de trabalho que, possivelmente esteve sujeito a transformações – do que por motivo previdenciário.

De todo modo, a regra configura, a seu modo, a existência de indiscutível liame entre as diversas expressões dos direitos sociais, como definidos pelo art. 6.º da Constituição de 1988.

JURISPRUDÊNCIA

"*Aposentadoria provisória. Invalidez. Prescrição.* Reza o art. 475 da CLT, que o empregado aposentado por invalidez terá suspenso o seu contrato de trabalho durante o prazo fixado pelas leis previdenciárias para a efetivação do benefício. O art. 47, I, da Lei 8.213/1991, que dispõe sobre os Planos de Benefícios da Previdência Social, estabelece o período de cinco anos para o cancelamento da aposentadoria, nos seguintes termos: 'verificada a recuperação da capacidade de trabalho do aposentado por invalidez, será observado o seguinte procedimento: I – quando a recuperação ocorrer dentro de 5 (cinco) anos, contados da data do início da aposentadoria por invalidez ou do auxílio-doença que a antecedeu sem interrupção, o benefício cessará'. Tal entendimento, também, está contido no Enunciado 160/TST, ao estabelecer que, cancelada a aposentadoria por invalidez, mesmo após cinco anos, o trabalhador terá direito a retornar ao emprego. Igualmente, o STF emitiu verbete preconizando que tem direito de regressar ao emprego, ou de ser indenizado em caso de recusa do empregador, o aposentado que recupera a capacidade de trabalho dentro de cinco anos a contar da aposentadoria, que se torna definitiva após esse prazo. Suspendendo a aposentadoria por invalidez o contrato de trabalho, não há como correr o prazo prescricional. Consoante o previsto no art. 170, I, do CC, não corre a prescrição, pendendo condição suspensiva. Observe-se que esse dispositivo faz remissão ao art. 118 do CC, que subordina a eficácia do ato à condição suspensiva, com o que, enquanto esta não se verificar, não se terá adquirido o direito a que ele visa. Recurso conhecido e provido" (TST – RR 364.757 – 3.ª T. – rel. Juíza convocada Eneida Melo – j. 18.10.2000 – *DJ* 24.11.2000 – p. 621).

"*Súmula 160/TST*: Cancelada a aposentadoria por invalidez, mesmo após 05 (cinco) anos, o trabalhador terá direito de retornar ao emprego, facultado, porém, ao empregador indenizá-lo na forma da lei. (Se a invalidez for decorrente de acidente do trabalho nos termos do art. 118 da LBPS, a indenização deverá ser paga em dobro, nos moldes dos arts. 475, § 1.º e 497, ambos da CLT)" (TST – Súmula 160 – j. 11.10.1982 – *DJ* 19, 20 e 21.11.2003 (Mantida)).

Subseção II

Da aposentadoria por idade

Art. 48. A aposentadoria por idade será devida ao segurado que, cumprida a carência exigida nesta Lei, completar 65 (sessenta e cinco) anos de idade, se homem, e 60 (sessenta), se mulher. (Redação dada ao *caput* do artigo pela Lei 9.032, de 28.04.1995, *DOU* 29.04.1995).

§ 1.º Os limites fixados no *caput* são reduzidos para sessenta e cinquenta e cinco anos no caso de trabalhadores rurais, respectivamente homens e mulheres, referidos na alínea *a* do inciso I, na alínea *g* do inciso V e nos incisos VI e VII do art. 11. (Redação dada ao parágrafo pela Lei 9.876, de 26.11.1999, *DOU* 29.11.1999).

§ 2.º Para os efeitos do disposto no § 1.º deste artigo, o trabalhador rural deve comprovar o efetivo exercício de atividade rural, ainda que de forma descontínua, no período imediatamente anterior ao requerimento do benefício, por tempo igual ao número de meses de contribuição correspondente à carência do benefício pretendido, computado o período a que se referem os incisos III a VIII do § 9.º do art. 11 desta Lei. (Redação dada ao parágrafo pela Lei 11.718, de 20.06.2008).

§ 3.º Os trabalhadores rurais de que trata o § 1.º deste artigo que não atendam ao disposto no § 2.º deste artigo, mas que satisfaçam essa condição, se forem considerados períodos de contribuição sob outras categorias do segurado, farão jus ao benefício ao completarem 65 (sessenta e cinco) anos de idade, se homem, e 60 (sessenta) anos, se mulher. (Parágrafo incluído pela Lei 11.718, de 20.06.2008).

§ 4.º Para efeito do § 3.º deste artigo, o cálculo da renda mensal do benefício será apurado de acordo com o disposto no inciso II do *caput* do art. 29 desta Lei, considerando-se como salário de contribuição mensal do período como segurado especial o limite mínimo de salário de contribuição da Previdência Social. (Parágrafo incluído pela Lei 11.718, de 20.06.2008).

✱ **Remissão:** arts. 40, III, *d*, e 201, § 7.º, I, da CF/1988; art. 32 da CLPS.

Art. 48 • Lei dos Planos de Benefícios da Previdência Social

✍ **Anotação**

O benefício da aposentadoria por idade, antes chamada de "aposentadoria por velhice" (CLPS), diferencia trabalhadores urbanos e rurais e homens e mulheres, a fim de, nos termos constitucionais, garantir a isonomia.

A Lei 10.666/2003, em seu art. 3.º, § 2.º, regulando a fórmula de cálculo da aposentadoria por idade do cooperado, estabelece que esta obedecerá ao disposto no art. 3.º, *caput* e § 2.º, da Lei 9.876/1999 ou, não havendo salário de contribuição recolhido no período a partir da competência julho de 1994, ao disposto no art. 35 da lei que ora está sendo anotada.

JURISPRUDÊNCIA

"Previdenciário. Aposentadoria por idade. Trabalhador rural. Início de prova material. Ausência. Documentos desprovidos de fé pública ou não contemporâneos aos fatos alegados. Prova exclusivamente testemunhal. Impossibilidade. Devolução dos valores recebidos a título de antecipação de tutela. Impossibilidade. 1. Para a aposentadoria de rurícola, a lei exige idade mínima de 60 (sessenta) anos para o homem e 55 (cinquenta e cinco) anos para a mulher, requisito que, in casu, está comprovado nos autos. 2. Ausência de comprovação do exercício de atividade rural no período imediatamente anterior ao requerimento do benefício (art. 48, §§ 1.º e 2.º, da Lei 8.213/1991), tendo em vista que os documentos apresentados (declaração de exercício de atividade rural emitida por sindicato dos trabalhadores rurais, o requerimento de dispensa de inscrição de produtor rural, o termo de reconhecimento de dispensa de inscrição estadual de microprodutor rural de carteira e os recibos de compra de produtos rurais) não são públicos ou não são contemporâneos aos fatos alegados. Precedentes desta Corte e do STJ. 3. Não se admite prova exclusivamente testemunhal para a comprovação do exercício de atividade rural (Súmulas 149/STJ e 27/TRF-1.ª Reg.). 4. Resguardo o direito da parte de não devolver as parcelas já recebidas, a título de antecipação dos efeitos da tutela, diante do seu caráter alimentar, considerando, ainda, a hipossuficiência do segurado e o fato de que as recebeu de boa-fé. Precedentes do STJ. 5. Apelação do INSS provida" (TRF-1.ª Reg. – AC 0000267-87.2008.4.01.3601/MT – 2.ª T. – rel. Juíza Federal Monica Sifuentes – j. 24.02.2010 – *DJe* 29.03.2010 – p. 112).

"Previdenciário. Aposentadoria por idade. Trabalhador rural. Interesse de agir. Início de prova material. Prova testemunhal. Art. 461, § 4.º, do CPC. Tutela específica da obrigação de fazer. Multa não devida. Correção monetária. Juros de

TÍTULO III – DO REGIME GERAL DE PREVIDÊNCIA SOCIAL • Art. 48

mora. Honorários advocatícios. 1. A ausência de requerimento administrativo não afasta o interesse de agir do trabalhador rural que pleiteia aposentadoria. Precedentes do STJ. 2. Para a aposentadoria de rurícola, a lei exige idade mínima de 60 (sessenta) anos para o homem e 55 (cinquenta e cinco) anos para a mulher, requisito que está comprovado nos autos. 3. Presente, no caso, início razoável de prova material, consubstanciada na carteira de identificação emitida por Sindicato Rural, carteira de identificação emitida pela Associação dos Pequenos Produtores Rurais e Licença de Ocupação de área rural. 4. Existência de prova testemunhal que, em consonância com os documentos apresentados, comprova o exercício da atividade rural no período imediatamente anterior ao requerimento do benefício (que pode ser integral ou descontínuo), a teor do disposto no art. 48, §§ 1.º e 2.º, da Lei 8.213/1991. (...). 7. Direito ao benefício de aposentadoria rural por idade reconhecido, no valor de um salário mínimo, a contar da citação, diante da ausência de prova de requerimento administrativo. 8. Não é devida a fixação prévia de multa diária na decisão que defere a tutela específica da obrigação (art. 461, § 4.º, do CPC) contra o INSS. Precedentes desta Corte. 9. As prestações em atraso devem ser pagas de uma só vez, monetariamente corrigidas de acordo com a Lei 6.899/1981, pelos índices previstos no Manual de Cálculos da Justiça Federal, aprovado pelo Conselho da Justiça Federal, incidindo tal correção desde a data do vencimento de cada parcela em atraso (Súmulas 148/STJ e 19/TRF-1.ª Reg.). 10. Juros de mora devidos no percentual de 1% (um por cento) ao mês a partir da citação (Súmula 204/STJ). 11. Honorários advocatícios fixados em 10% sobre as prestações vencidas até a data da prolação da sentença, atendendo ao disposto na Súmula 111/STJ. 12. Apelação do INSS não provida. Remessa oficial tida por interposta, nos termos da Súmula 423/STF, provida em parte" (TRF-1.ª Reg. – AC 2007.01.99.006343-9/MT – 2.ª T. – rel. Juíza Monica Sifuentes – 07.10.2009 – *DJe* 26.11.2009 – p. 151).

"(...) Não é necessário que o segurado implemente simultaneamente a carência e a idade para a concessão do benefício de aposentadoria por idade" (STJ – REsp 450.078/RS – 6.ª T. – rel. Maria Thereza de Assis Moura – *DJ* 26.03.2007 – p. 298).

"*Súmula 149/STJ: Prova testemunhal. Atividade rurícola. Benefício previdenciário.* A prova exclusivamente testemunhal não basta a comprovação da atividade rurícola, para efeito da obtenção de benefício" (STJ – Súmula 149 – 07.12.1995 – *DJ* 18.12.1995).

"*Súmula 27/TRF-1.ª Reg.*: não é admissível prova exclusivamente testemunhal para reconhecimento de tempo de exercício de atividade urbana e rural (Lei 8.213/1991, art. 55, § 3.º)" (TRF-1.ª Reg. – Súmula 27 – j. 23.11.1994 – *DJ* 09.12.1994 – p. 72002).

Art. 49 • Lei dos Planos de Benefícios da Previdência Social

"*Súmula 72/TRF-4.ª Reg.: Seguridade social. Previdência social. Trabalhador rural. Aposentadoria urbana e pensão rural. Cumulação. Possibilidade. Lei 8.213/1991, arts. 48, 74 e 124. É possível cumular aposentadoria urbana e pensão rural*" (TRF-4.ª Reg. – Súmula 72 – DJ 02.02.2006 – p. 524).

"*Súmula 73/TRF-4.ª Reg.: Seguridade social. Previdência social. Trabalhador rural. Aposentadoria rural. Prova testemunhal. Início de prova material. Regime de economia familiar. Documentos de terceiros (membros do grupo parental). Admissibilidade. Lei 8.213/1991, arts. 48, 55, § 3.º. Admitem-se como início de prova material do efetivo exercício de atividade rural, em regime de economia familiar, documentos de terceiros, membros do grupo parental*" (TRF-4.ª Reg. – Súmula 73 – DJ 02.02.2006 – p. 524).

▶ Assim dispunha o art. 48, *caput* e parágrafo único, alterado:

Art. 48. A aposentadoria por idade será devida ao segurado que, cumprida a carência exigida nesta lei, completar 65 (sessenta e cinco) anos de idade, se homem, ou 60 (sessenta), se mulher, reduzidos esses limites para 60 e 55 anos de idade para os trabalhadores rurais, respectivamente homens e mulheres, referidos na alínea *a* do inciso I e nos incisos IV e VII do art. 11.

Parágrafo único. A comprovação de efetivo exercício de atividade rural será feita com relação aos meses imediatamente anteriores ao requerimento do benefício, mesmo que de forma descontínua, durante período igual ao da carência do benefício, ressalvado o disposto no inciso II do art. 143.

▶ xAssim dispunha o § 1.º do art. 48 alterado:

§ 1.º Os limites fixados no *caput* são reduzidos para 60 (sessenta) e 55 (cinquenta e cinco) anos no caso dos que exercem atividades rurais, exceto os empresários, respectivamente homens e mulheres, referidos na alínea *a* dos incisos I e IV e nos incisos VI e VII do art. 11 desta lei.

▶ xAssim dispunha o § 2.º do art. 48 alterado:

§ 2.º Para os efeitos do disposto no parágrafo anterior, o trabalhador rural deve comprovar o efetivo exercício de atividade rural, ainda que de forma descontínua, no período imediatamente anterior ao requerimento do benefício, por tempo igual ao número de meses de contribuição correspondente à carência do benefício pretendido (Parágrafo incluído pela Lei 9.032, de 28.04.1995, *DOU* 29.04.1995).

Art. 49. A aposentadoria por idade será devida:

I – ao segurado empregado, inclusive o doméstico, a partir:

a) da data do desligamento do emprego, quando requerida até essa data ou até 90 (noventa) dias depois dela; ou

b) da data do requerimento, quando não houver desligamento do emprego ou quando for requerida após o prazo previsto na alínea *a*;

II – para os demais segurados, da data da entrada do requerimento.

* **Remissão:** art. 32, § 1.º, I e II, da CLPS.

Anotação

Os arts. 54 e 57, § 2.º, fazem desse preceito a regra geral para as aposentadorias. E a principal polêmica que produziu, na jurisprudência, foi o respectivo confronto com o art. 453 da CLT, cujo § 2.º, incluído pela Lei 9.528, de 10.12.1999, assim fora redigido:

"§ 2.º O ato de concessão de benefício de aposentadoria a empregado que não tiver completado 35 anos de serviço, se homem, ou trinta, se mulher, importa em extinção do vínculo empregatício" (*Parágrafo incluído pela Lei 9.528, de 10.12.1997*).

O comando da lei trabalhista, portanto, implicava a atribuição de certo efeito ao ato de concessão da aposentadoria que ia além da relação previdenciária.

Esse assunto foi resolvido, definitivamente, pelo STF que, ao julgar a Ação de Inconstitucionalidade 1721-3 (vide *infra*), entendeu que são distintas as relações jurídicas e, por conseguinte, o ato de aposentadoria não gera efeitos sobre o contrato de trabalho.

De conformidade com a Lei 9.876/1999, a aposentadoria por idade não sofre os efeitos do fator previdenciário.

JURISPRUDÊNCIA

"*Previdenciário. Aposentadoria por tempo de serviço. Segurado facultativo. Perda da qualidade de segurado. Recolhimentos em atraso superior a seis meses. Prova e reconhecimento pelo inss de sua efetivação. Alegação de greve do instituto no período. Circunstâncias alheias. Fixação do termo inicial do benefício. Data de entrada do requerimento administrativo. Arts. 49 e 54 da Lei 8.213/1991. Recurso de apelação do segurado provido. Remessa oficial parcialmente provida. Súmula 111/STJ. Recurso de apelação do INSS desprovido. Sentença reformada em parte.* 1. Acerca da perda da qualidade de segurado do autor, não merece censura a sentença recorrida por seus próprios fundamentos, vez que a interrupção no recolhimento das contribuições previdenciárias ocorreu por

Art. 49 • LEI DOS PLANOS DE BENEFÍCIOS DA PREVIDÊNCIA SOCIAL

circunstâncias alheias à vontade daquele. Ademais, todas as contribuições devidas e em atraso (período compreendido entre 09.1991 a 03.1992) foram efetivamente recolhidas pelo Autor, cujos valores foram vistoriados e autorizados pelo INSS, conforme se confere às f. 2. Com razão o segurado quanto à data inicial do benefício, eis que a Lei 8.213/1991 em seu art. 54 c/c 49, I, b, dispõe que a aposentadoria será devida a partir da data do requerimento administrativo, ou seja: 15.04.1998 (cf. f.) para todos os efeitos previdenciários. Somente à míngua deste é que se poderia fixar a condenação a partir da data da citação, como fez a sentença de primeiro grau, que, portanto, vai reformada sob este aspecto. Precedentes desta Corte: (...). 3. Por força da remessa oficial, determina-se a incidência do enunciado da Súmula 111/STJ, que prediz *verbis*: 'os honorários advocatícios, nas ações previdenciárias, não incidem sobre as prestações vencidas após a sentença'. 4. Recurso de apelação do Autor provido. Remessa oficial parcialmente provida, somente para que se faça incidir a Súmula 111/STJ. Recurso de apelação do INSS desprovido. 5. Sentença reformada parcialmente" (TRF-1.ª Reg. – AC 2000.01.00.069574-3/MG – 1.ª T. – rel. Des. Federal Luiz Gonzaga Barbosa Moreira – j. 12.09.2007 – DJ 03.12.2007 – p. 20).

"*Previdenciário. Aposentadoria por tempo de serviço. Revisão do benefício. Marco inicial. Art. 49 da LBPS. Consectários.* 1. A aposentadoria por tempo de serviço, cumpridas as condições necessárias à inativação, é devida desde a data do requerimento administrativo. Inteligência do art. 49, da LBPS 2. A correção monetária deve ser calculada pelo IGP-DI, incidindo a partir da data do vencimento de cada parcela, nos termos dos Enunciados das Súmulas 43/STJ e 148/STJ. 3. Honorários advocatícios fixados em 10% sobre o valor da condenação. (...)" (TRF-4.ª Reg. – AC 1.309/RS – 6.ª T. – rel. Rômulo Pizzolatti – j. 24.05.2006 – DJ 07.06.2006 – p. 624).

"*Ação Direta de Inconstitucionalidade. Art. 3.º da MedProv 1.596-14/1997, convertida na Lei 9.528/1997, que adicionou ao art. 453 da Consolidação das Leis do Trabalho um segundo parágrafo para extinguir o vínculo empregatício quando da concessão da aposentadoria espontânea. Procedência da ação.*

1. A conversão da medida provisória em lei prejudica o debate jurisdicional acerca da '*relevância e urgência*' dessa espécie de ato normativo.

2. Os *valores sociais do trabalho* constituem: a) fundamento da República Federativa do Brasil (inc. IV do art. 1.º da CF); b) alicerce da *Ordem Econômica*, que tem por finalidade *assegurar a todos existência digna, conforme os ditames da justiça social,* e, por um dos seus princípios, a busca do *pleno emprego* (art. 170, *caput* e inc. VIII); c) base de toda a *Ordem Social* (art. 193). Esse arcabouço principiológico, densificado em regras como a do inc. I do art. 7.º da Magna Carta e as do art. 10 do ADCT/1988, desvela um

mandamento constitucional que perpassa toda relação de emprego, no sentido de sua desejada continuidade.

3. A Constituição Federal de 1988 versa a aposentadoria como um benefício que se dá mediante o exercício regular de um direito. E o certo é que o regular exercício de um direito não é de colocar o seu titular numa situação jurídico-passiva de efeitos ainda mais drásticos do que aqueles que resultariam do cometimento de uma falta grave (sabido que, nesse caso, a ruptura do vínculo empregatício não opera automaticamente).

4. O direito à aposentadoria previdenciária, uma vez objetivamente constituído, se dá no âmago de uma relação jurídica entre o *segurado* do Sistema Geral de Previdência e o Instituto Nacional de Seguro Social. Às expensas, portanto, de um sistema atuarial-financeiro que é gerido por esse Instituto mesmo, e não às custas desse ou daquele empregador.

5. O Ordenamento Constitucional não autoriza o legislador ordinário a criar modalidade de rompimento automático do vínculo de emprego, em desfavor do trabalhador, na situação em que este apenas exercita o seu direito de aposentadoria espontânea, sem cometer deslize algum.

6. A mera concessão da aposentadoria voluntária ao trabalhador não tem por efeito extinguir, instantânea e automaticamente, o seu vínculo de emprego.

7. Inconstitucionalidade do § 2.º do art. 453 da Consolidação das Leis do Trabalho, introduzido pela Lei 9.528/1997" (STF – ADIn 1721-3 – rel. Min. Carlos Britto – *DJU* 29.06.2007).

Art. 50. A aposentadoria por idade, observado o disposto na Seção III deste Capítulo, especialmente no art. 33, consistirá numa renda mensal de 70% (setenta por cento) do salário de benefício, mais 1% (um por cento) deste, por grupo de 12 (doze) contribuições, não podendo ultrapassar 100% (cem por cento) do salário de benefício.

✱ **Remissão:** arts. 40, III, e 202, I, da CF/1988; art. 32 da CLPS.

✍ Anotação

A fixação de certo piso para o valor da aposentadoria atende ao critério da garantia das necessidades básicas. Presume a redução de certos dispêndios que, para exercer o trabalho, o segurado realiza necessariamente, tais como transporte, alimentação, vestuário etc. Atende, ademais, às exigências do cálculo atuarial realizado ainda ao tempo da edição da Lei Orgânica da Previdência Social – Lei 3.807/1960.

JURISPRUDÊNCIA

"*Previdenciário. Aposentadoria por idade urbana. revisão de RMI. Cômputo do tempo rural. Ausência de contribuições previdenciárias. Impossibilidade.* – No caso da aposentadoria por idade urbana, é necessário que haja o aporte contributivo para a majoração da RMI (art. 50, da Lei 8.213/1991), ao passo que, no amparo por tempo de serviço, o acréscimo de 6% no coeficiente básico de cálculo da renda mensal inicial é devido por ano de atividade, independentemente de ter havido recolhimento de contribuições (art. 53 da LBPS). Ausentes as contribuições atinentes ao tempo rural, inviável o pretendido acréscimo, uma vez que se está diante da primeira espécie de jubilação referida" (TRF-4.ª Reg. – AC 5.500/RS – 5.ª T. – rel. Victor Luiz dos Santos Laus – j. 06.12.2005 – DJ 11.04.2006 – p. 584).

"*Previdenciário. Aposentadoria por idade urbana. revisão de RMI. Cômputo do tempo rural. Ausência de contribuições previdenciárias. Impossibilidade.* – No caso da aposentadoria por idade urbana, é necessário que haja o aporte contributivo para a majoração da RMI (art. 50 da Lei 8.213/1991), ao passo que, no amparo por tempo de serviço, o acréscimo de 6% no coeficiente básico de cálculo da renda mensal inicial é devido por ano de atividade, independentemente de ter havido recolhimento de contribuições (art. 53 da LBPS). Ausentes as contribuições atinentes ao tempo rural, inviável o pretendido acréscimo, uma vez que se está diante da primeira espécie de jubilação referida" (TRF-4.ª Reg. – AC 5.500/RS – 5.ª T. – rel. Victor Luiz dos Santos Laus – j. 06.12.2005 – DJ 11.04.2006 – p. 584).

Art. 51. A aposentadoria por idade pode ser requerida pela empresa, desde que o segurado empregado tenha cumprido o período de carência e completado 70 (setenta) anos de idade, se do sexo masculino, ou 65 (sessenta e cinco) anos, se do sexo feminino, sendo compulsória, caso em que será garantida ao empregado a indenização prevista na legislação trabalhista, considerada como data da rescisão do contrato de trabalho a imediatamente anterior à do início da aposentadoria.

✳ **Remissão:** arts. 40, II, e 201, § 7.º, I, da CF/1988; art. 32, § 3.º, da CLPS.

TÍTULO III – DO REGIME GERAL DE PREVIDÊNCIA SOCIAL • Art. 51

✍ Anotação

Esse artigo é manifesta afronta ao valor social do trabalho – art. 1.º, IV, da CF/1988 – e revela espécie de discriminação em razão da idade vedada pelo art. 3.º, IV, da mesma Lei Magna, sobre violar o direito fundamental ao livre exercício do trabalho, assegurado pelo inc. XIII do art. 5.º .

Os romanos, quando deparavam com tamanha aberração, senteciavam: *"non leges essent, sed monstra legum"*.

JURISPRUDÊNCIA

"Recurso de Revista. Aposentadoria compulsória. Multa de 40% do FGTS. Violação do art. 51 da Lei 8.213/1991. Divergência jurisprudencial. Súmula 296/TST. Incidência. A decisão regional está assente em premissa *sui generis* existente na espécie, qual seja, o fato de a Reclamante, mesmo tendo completado 65 (sessenta e cinco) anos de idade, não ter sido compulsoriamente aposentada, segundo determina o art. 51 da Lei 8.213/1991, o que só veio a ocorrer quando completou 70 (setenta anos de idade). Por isso, entendeu o Regional que o seu desligamento alegadamente compulsório, nesse caso, teria os efeitos da demissão imotivada, para fins de indenização das verbas trabalhistas, incluída, nesse caso, a multa do art. 18, § 1.º, da Lei 8.036/1990. Considerando que a divergência jurisprudencial suscitada não contempla essa circunstância, tem-se por inespecíficos os arestos colacionados, o que atrai o óbice da Súmula 296/TST. Recurso de Revista não conhecido. Gratificação de função. Incorporação. Possibilidade. Divergência jurisprudencial. Súmula 126/TST. Incidência. Cotejando-se os fundamentos do acórdão regional, ante as razões apresentadas pela Recorrente em seu Recurso de Revista, verifica-se que o deslinde da controvérsia pressupõe o revolvimento dos elementos fático-probatórios de convicção produzidos nos autos, o que não se admite nesta instância recursal, por óbice da orientação contida na Súmula 126/TST. Recurso de Revista não conhecido" (TST – RR 209 209/2004-006-05-00.6 – 2.ª T. – rel. José Simpliciano Fontes de F. Fernandes – j. 14.03.2007 – DJ 13.04.2007).

"Aposentadoria compulsória por idade. Contrato de trabalho. Efeitos. A aposentadoria por idade ocorre por iniciativa do empregador, motivo pelo qual é denominada compulsória, mas não afasta o direito do empregado ao recebimento da indenização prevista na legislação trabalhista, na forma do art. 51 da Lei 8.213/1991, pelo que se equipara à rescisão sem justa causa, no que tange ao pagamento das verbas rescisórias. Recurso Ordinário obreiro

Art. 52 • LEI DOS PLANOS DE BENEFÍCIOS DA PREVIDÊNCIA SOCIAL

provido" (TRT-2.ª Reg. – RO 01622-2005-315-02-00-0/SP – 12.ª T. – rel. Davi Furtado Meirelles – j. 13.08.2009 – DJ 28.08.2009).

Subseção III
Da aposentadoria por tempo de serviço

Art. 52. A aposentadoria por tempo de serviço será devida, cumprida a carência exigida nesta Lei, ao segurado que completar 25 (vinte e cinco) anos de serviço, se do sexo feminino, ou 30 (trinta) anos, se do sexo masculino.

✳ **Remissão:** arts. 40, III, *a* a *c*, e 201, § 7.º, I, da CF/1988; EC 20/1998 e 41/2003; art. 33 da CLPS.

✍ **Anotação**

Com a promulgação da EC 20, quem ingressou no Regime Geral a partir de 15.12.1998, não mais fará jus à aposentadoria proporcional. Aquele que já estivesse coberto pelo Regime Geral naquela data teria garantido o benefício na proporção do respectivo tempo de trabalho. No caso dos homens, entre 30 e 35 anos de trabalho e, no caso das mulheres, dos 25 aos 29 anos de trabalho.

Quanto aos demais, devem comprovar efetiva contribuição, não bastando a demonstração do simples tempo de serviço.

JURISPRUDÊNCIA

"*Previdenciário. Rurícola. Tempo de serviço. Contagem recíproca. Reconhecimento. Prova testemunhal. Declaração de ex-empregador não contemporânea ao fato declarado. Início de prova material. Não configuração. Súmula 149/STJ.* I – Em obediência ao art. 202, II, da CF/1988, editou-se a Lei 8.213/1991, cujos art. 52 e seguintes forneceram o regramento legal sobre o benefício previdenciário aqui pleiteado, e segundo os quais restou afirmado ser devido ao segurado da Previdência Social que completar 25 (vinte e cinco) anos de serviço, se mulher, ou 30 (trinta) anos, se homem, evoluindo o valor do benefício de um patamar inicial de 70% do salário de benefício para o máximo de 100%, caso completados 30 (trinta) anos de serviço, se do sexo feminino, ou 35 (trinta e cinco) anos, se do sexo masculino. II – A tais requisitos, some-se o cumprimento da carência, acerca da qual previu o art.

25, II, da Lei 8.213/1991 ser de 180 (cento e oitenta) contribuições mensais no caso de aposentadoria por tempo de serviço. III – Ao segurado trabalhador rural, foi assegurado o cômputo do tempo de serviço anterior à data de início de vigência da Lei 8.213/1991, independentemente do recolhimento das contribuições a ele correspondentes, exceto para efeito de carência, conforme previsto no § 2.º do art. 55. IV – Não sendo a apelada servidora pública, de contagem recíproca não se trata, mas sim, de cômputo do tempo de serviço em atividade exclusivamente privada, na qual compreendem-se as espécies urbana e rural, motivo pelo qual não se aplica o art. 96, IV, da Lei 8.213/1991. V – A regra da reciprocidade, prevista no § 2.º do art. 202 da CF/1988, na redação anterior à EC 20/1998, restringe-se ao tempo de contribuição na administração pública e na atividade privada, nesta última inserindo-se as espécies rural e urbana, que não exigem compensação entre si. VI – Na CTPS da apelada consta o registro de diversos contratos de trabalho, ocorridos a partir de maio de 1973 até janeiro de 1996, cuja soma dos períodos laborados perfaz pouco mais de 18 (dezoito) anos. VII – Para o reconhecimento do tempo de serviço do trabalhador não registrado, é exigido pelo menos um início de prova documental razoável, não sendo admitida prova exclusivamente testemunhal, nos termos do § 3.º do art. 55 da Lei acima citada. VIII – A declaração prestada pelo proprietário das terras onde exerceu atividade rural não pode ser tida como início de prova material, por não ser contemporânea aos fatos que se pretende provar (art. 55, § 3.º, da Lei 8.213/1991). IX – 'A prova exclusivamente testemunhal não basta à comprovação da atividade rurícola, para efeito da obtenção de beneficio previdenciário' (Súmula 149/STJ) X – Apelação do INSS provida" (TRF-3.ª Reg. – AC 343.614/SP – 9.ª T. – rel. Des. Federal Marisa Santos – j. 22.09.2003 – *DJU* 23.10.2003 – p. 210).

"*Previdenciário. Aposentadoria por tempo de serviço de rurícola. Necessidade de comprovação dos requisitos tempo de serviço e carência. Art. 52 c/c art. 25, II, e art. 142 da Lei 8.213/1991.* 1. O segurado rurícola, enquadrado como segurado especial, tem direito apenas à percepção dos benefícios elencados art. 39, I, e seu parágrafo único, da LBPS. 2. A percepção dos demais benefícios previstos no art. 18 da LBPS está condicionada à contribuição sobre a escala de salário-base, na qualidade de segurado facultativo, como dispõem o art. 27, II e o art. 39, II, da Lei 8.213/1991. 3. Como a parte autora é segurada inscrita na Previdência Social anteriormente a 24 de julho de 1991, conforme previsão do art. 142 da Lei 8.213/1991, necessária a comprovação de contribuições pelo período mencionado na tabela nele inserta. 4. Não restando comprovadas tais contribuições, não merece prosperar a ação" (TRF-

-4.ª Reg. – AC 29.350/RS – 5.ª T. – rel. Tadaaqui Hirose – 17.12.1996 – *DJ* 03.02.1999 – p. 641).

"Direito adquirido à aposentadoria proporcional (30 anos) que se confunde com a aposentadoria os 35 anos de serviço. Aplicação da legislação vigente ao tempo em que o segurado completou o tempo necessário à obtenção do benefício na forma integral" (TRF-5.ª Ap. Civ. 31.348/RN – 4.ª T. – rel. Juiz Lázaro Guimarães, BJ TRF 5.ª n. 51, 20.01.1994).

"*Súmula 149/STJ: Prova testemunhal. Atividade rurícola. Benefício previdenciário.* A prova exclusivamente testemunhal não basta a comprovação da atividade rurícola, para efeito da obtenção de benefício" (STJ – Súmula 149 – 07.12.1995 – *DJ* 18.12.1995).

Art. 53. A aposentadoria por tempo de serviço, observado o disposto na Seção III deste Capítulo, especialmente no art. 33, consistirá numa renda mensal de:

I – para a mulher: 70% (setenta por cento) do salário de benefício aos 25 (vinte e cinco) anos de serviço, mais 6% (seis por cento) deste, para cada novo ano completo de atividade, até o máximo de 100% (cem por cento) do salário de benefício aos 30 (trinta) anos de serviço;

II – para o homem: 70% (setenta por cento) do salário de benefício aos 30 (trinta) anos de serviço, mais 6% (seis por cento) deste, para cada novo ano completo de atividade, até o máximo de 100% (cem por cento) do salário de benefício aos 35 (trinta e cinco) anos de serviço.

✻ **Remissão:** arts. 40, III, *a* e *c*, e 201, § 7.º, I, da CF/1988; EC 20/1998; art. 33 da CLPS.

✐ Anotação

Com o propósito de garantir a distinção entre os segurados de sexos distintos, o cálculo da prestação obedece, com rigor, as etapas do tempo de trabalho.

Teria justificativa atuarial, cumpre supor, o percentual de 6 % (seis por cento) que se acrescenta a cada ano de trabalho. No entanto, a lógica do tempo de serviço, a seu modo, quebra o conceito de cálculo atuarial ao permitir a contagem de tempo de trabalho no qual não tenham sido vertidas as respectivas cotas de contribuição.

JURISPRUDÊNCIA

"1. Agravo Regimental em Agravo de Instrumento. 2. Recurso que não demonstra o desacerto da decisão agravada. 3. Previdenciário. Aposentadoria proporcional. Cálculo do benefício. Art. 53, II, da Lei 8.213, de 1991. Matéria restrita ao âmbito da legislação infraconstitucional. Ofensa reflexa à CF/1988. Precedente. 4. Agravo regimental a que se nega provimento" (STF – AI 447577 AgR – SP – 2.ª T. – rel. Min. Gilmar Mendes – j. 31.05.2005 – DJ 01.07.2005 – p. 00058).

"*Previdenciário. Aposentadoria por tempo de serviço. Reconhecimento de tempo de serviço urbano. Averbação. Prova material. Elevação do coeficiente de cálculo para 100% (cem por cento) do salário de benefício. Art. 53, II, Lei 8.213/1991.* 1. A comprovação do tempo de serviço, na forma estabelecida pela legislação, ocorre com a apresentação de documentação mínima necessária para permitir a demonstração efetiva de que o segurado exerceu atividade laborativa no período vindicado, com a sua consequente averbação para fins previdenciários. 2. Os documentos juntados aos autos, consistentes nas alterações do contrato social da empresa Serralheria São Francisco Ltda., devidamente arquivados na Junta Comercial do Estado de Minas Gerais, evidenciam, de forma inequívoca, que o autor efetivamente participou daquela sociedade comercial, como sócio cotista, desde 01.08.1974 até a sua retirada em 15.05.1991, os quais, por si sós, se mostram idôneos e possuem a robustez necessária para a comprovação do período de trabalho alegado pelo autor de 01.08.1974 a 01.12.1975. 3. A ausência de recolhimento das contribuições previdenciárias não constitui óbice ao reconhecimento do tempo de serviço postulado pelo autor, uma vez que a responsabilidade pelo recolhimento da exação era da empresa, consoante a previsão do art. 235 do Dec. 72.771/1973, vigente na época dos fatos. 4. O reconhecimento do período de trabalho reclamado pelo autor (de 01.08.1974 a 01.12.1975 – 01 ano e 04 meses) tem como consequência a alteração do seu tempo de serviço para 36 (trinta e seis) anos, 02 (dois) meses e 13 (treze) dias e, por conseguinte, a elevação do coeficiente inicial de cálculo de sua aposentadoria para o percentual de 100% (cem por cento) do salário de benefício, observando-se a regra de cálculo estabelecida no art. 53, II, da Lei 8.213/1991. 5. Correção monetária aplicada nos termos da Lei 6.899/1981, observando-se os índices previstos no Manual de Orientação de Procedimentos para Cálculos na Justiça Federal, incidindo desde o momento em que cada prestação se tornou devida. 6. Juros de mora, na espécie, de 0,5% (meio por cento) ao mês, à míngua de recurso da parte interessada, devendo fluir a partir da citação, quanto às prestações a ela anteriores, em sendo o caso, e da data dos respectivos vencimentos no tocante às posteriormente vencidas. 7. Havendo sucumbência recíproca, os honorários de advogado devem ser compensados, na forma do art. 21, *caput*, do CPC. 8. Apelação e remessa oficial parcialmente providas" (TRF--1.ª Reg. – AC 1998.01.00.032207-5/MG – 2.ª T. – rel. Des. Federal Neuza Maria Alves da Silva – 24.03.2010 – DJe 30.04.2010 – p. 09).

"*Previdenciário. Revisão de benefícios. Aposentadoria proporcional. Art. 202, § 1.º da CF/1988 (redação anterior à EC 20/1998). Art. 53, I e II, da LBPS.* I – A Constituição Federal de 1988 atribuiu ao legislador ordinário a regulamentação da apuração do percentual de cálculo do benefício. II – O critério relacionado à aplicação do coeficiente de cálculo do benefício rege-se pela sistemática do art. 53, I e II, da LBPS. III – Recurso do INSS e remessa oficial providos" (TRF-3.ª Reg. – AC 111.823/SP – rel. Juiz Peixoto Junior – j. 14.03.2000 – DJU 14.02.2001 – p. 152).

"*Súmula 49/TRF-4.ª Reg.*: o critério de cálculo da aposentadoria proporcional estabelecido no art. 53 da Lei 8.213/1991 não ofende o texto constitucional" (TRF-4.ª Reg. – Súmula 49 – DJ 07.04.1998, p. 381).

"*Enunciado 4/CRPS: Seguridade social. Tempo de serviço. Ação judicial. Procedência com base na confissão ficta ou prova exclusivamente testemunhal. Inadmissibilidade. Dec. 611/1992, arts. 60 e 61. Lei 8.213/1991, art. 55, § 3.º.* Consoante inteligência do § 3.º, do art. 55, da Lei 8.213/1991, não será admitida como eficaz para comprovação de tempo de contribuição e para os fins previstos na legislação previdenciária, a ação Reclamatória Trabalhista em que a decisão não tenha sido fundamentada em início razoável de prova material contemporânea constante nos autos do processo" (Resolução 2/CRPS, de 30.03.2006 – DOU 07.04.2006).

Art. 54. A data do início da aposentadoria por tempo de serviço será fixada da mesma forma que a da aposentadoria por idade, conforme o disposto no art. 49.

✽ **Remissão:** art. 33, § 2.º, da CLPS.

✍ **Anotação**

Vide anotação ao preceito anterior.

Art. 55. O tempo de serviço será comprovado na forma estabelecida no Regulamento, compreendendo, além do correspondente às atividades de qualquer das categorias de segurados de que trata o art. 11 desta Lei, mesmo que anterior à perda da qualidade de segurado:

I – o tempo de serviço militar, inclusive o voluntário, e o previsto no § 1.º do art. 143 da Constituição Federal, ainda que anterior à filiação ao Regime Geral de Previdência Social, desde que não tenha sido contado para inatividade remunerada nas Forças Armadas ou aposentadoria no serviço público;

II – o tempo intercalado em que esteve em gozo de auxílio-doença ou aposentadoria por invalidez;

III – o tempo de contribuição efetuada como segurado facultativo; (Redação dada ao inciso pela Lei 9.032, de 28.04.1995, *DOU* 29.04.1995).

IV – o tempo de serviço referente ao exercício de mandato eletivo federal, estadual ou municipal, desde que não tenha sido contado para efeito de aposentadoria por outro regime de previdência social; (Redação dada ao inciso pela Lei 9.506, de 30.10.1997, *DOU* 31.10.1997).

V – o tempo de contribuição efetuado por segurado depois de ter deixado de exercer atividade remunerada que o enquadrava no art. 11 desta Lei;

VI – o tempo de contribuição efetuado com base nos arts. 8.º e 9.º da Lei 8.162, de 8 de janeiro de 1991, pelo segurado definido no art. 11, inciso I, alínea "g", desta Lei, sendo tais contribuições computadas para efeito de carência. (Inciso incluído pela Lei 8.647, de 13.04.1993, *DOU* 14.04.1993).

§ 1.º A averbação de tempo de serviço durante o qual o exercício da atividade não determinava filiação obrigatória ao anterior Regime de Previdência Social Urbana só será admitida mediante o recolhimento das contribuições correspondentes, conforme dispuser o Regulamento, observado o disposto no § 2.º. (Vide Lei 8.212/1991).

§ 2.º O tempo de serviço do segurado trabalhador rural, anterior à data de início de vigência desta Lei, será computado independentemente do recolhimento das contribuições a ele correspondentes, exceto para efeito de carência, conforme dispuser o Regulamento.

§ 3.º A comprovação do tempo de serviço para os efeitos desta Lei, inclusive mediante justificação administrativa ou judicial, conforme o disposto no art. 108, só produzirá efeito quando baseada em início de prova material, não sendo admitida prova exclusivamente testemunhal, salvo na ocorrência de motivo de força maior ou caso fortuito, conforme disposto no Regulamento.

§ 4.º Não será computado como tempo de contribuição, para efeito de concessão do benefício de que trata esta subseção, o período em que o segurado contribuinte individual ou facultativo tiver contribuído na forma do § 2.º do art. 21 da Lei 8.212, de 24 de julho de 1991, salvo se tiver complementado as contribuições na forma do § 3.º do mesmo artigo. (Parágrafo incluído pela LC 123, de 14.12.2006, *DOU* 15.12.2006).

✽ **Remissão:** arts. 40, III, 143, § 1.º, e 201, § 2.º, da CF/1988; art. 33, § 3.º, da CLPS.

✍ **Anotação**

O comando, genérico, é aplicável à maioria dos benefícios e beneficiários.

JURISPRUDÊNCIA

"*Previdenciário. Averbação. Tempo de serviço rural. Segurado especial. Regime de economia familiar. Prova.* 1. A prova do exercício da atividade rural em regime de economia familiar exige início de prova material complementada por prova testemunhal [arts. 55, § 3.º, 106, parágrafo único, da Lei 8.213/1991 e Súmula 149/STJ]. 2. Como início razoável de prova material devem ser apresentados documentos idôneos e contemporâneos [Súmula 34/TNU/JEF] ao período a ser reconhecido, ainda que em nome de terceiros. 3. Não há necessidade de que seja apresentado um documento para cada ano postulado, porém, é inviável o reconhecimento de extenso lapso temporal com base em prova documental insuficiente. 4. Para caracterização do regime de economia familiar, é exigência inexorável que o labor rurícola seja indispensável à subsistência e exercido em condições de mútua dependência e colaboração. Descaracteriza o regime de economia familiar [art. 11, § 1.º, da Lei 8.213/1991] a existência de vínculo urbano do cônjuge. 5. A prova de que o genitor era proprietário de terras, de forma isolada, não é suficiente para comprovar o exercício de atividade rural em regime de economia familiar. 6. Recurso improvido" (TRF-4.ª Reg. Recurso contra Sentença 2006.72.95.015254-4 – Turma Recursal da SJSC – rel. Juiz Fernando Zandoná – j. 26.10.2006).

"*Previdenciário. Ação rescisória. Aposentadoria por tempo de serviço. Comprovação do exercício de atividade rural. Início de prova material. Documento em nome do pai. Matéria de interpretação controvertida nos tribunais. Incidência da Súmula 343/STF. Violação a literal disposição de lei não demonstrada.* I. Incide, na espécie, o óbice da Súmula 343/STF, diante da ampla dissensão em torno dos critérios admissíveis para a comprovação do exercício de atividade rural, o que se repete na hipótese de interessado em ter computado o labor rural com amparo em documento expedido em nome do pai. II. Orientações em ambos os sentidos nos Tribunais Regionais Federais da 1.ª e 4.ª Regiões, e no âmbito desta Corte precedente em que não admitida a utilização de documento em nome do pai para servir de prova indiciária da prestação de trabalho rural pelo filho. III. Assim, é inegável ser a matéria posta na ação originária, envolvendo a forma de comprovação do exercício de atividade para os fins do art. 55, § 3.º, da Lei 8.213/1991, de interpretação controvertida nos tribunais, a impossibilitar o sucesso deste feito, eis que não demonstrada a violação a literal disposição de lei, bastante, nos termos do inc. V do art. 485, CPC. IV. Acrescente-se não ser viável falar-se em vulneração ao disposto no art. 106 da Lei 8.213/1991, mesmo em tese: a uma, porque o dispositivo em questão não alude à possibilidade de cômputo de tempo de serviço exercido pelo filho com amparo em documento emitido em nome do pai; a duas, porque, como rol exemplificativo, as hipóteses de admissibilidade de comprovação de atividade laborativa são fixadas em cada caso concreto, em função do conceito aberto veiculado pela norma, o que, em regra, obsta que se reconheça violação frontal à sua previsão. V. Representa um sofisma o argumento do autor de que a obtenção de Certificado Militar e Título de Eleitor não teria o condão de colaborar na produção de documentos em seu próprio nome para servir de prova indiciária, e isso porque a qualificação profissional a ser neles inserida depende, à evidência, de mera declaração do interessado, vale dizer, se a documentação em comento vier sem a qualificação do interessado é porque ao emissor da documentação não foi disponibilizada a informação atinente à profissão então desempenhada. VI. Observe-se, também, não ter o autor impugnado outro dos fundamentos utilizados no aresto para não admitir a utilização da certidão de casamento de seu pai como início de prova material, qual seja, o fato de o documento ser extemporâneo ao período de trabalho rural que se quer computar para fins de concessão da aposentadoria por tempo de serviço postulada no feito subjacente, o que, por si só, já bastaria para inviabilizar o acerto da pretensão rescindente formulada na exordial da presente ação. VII. Por fim, registre-se o posicionamento reiterado da jurisprudência no sentido de que a rescisão por ofensa a dispositivo legal requer a sua afronta direta, não se admitindo que se configure quando envolvidas interpretações possíveis do dispositivo. VIII. É também entendimento pretoriano o de não se permitir ação rescisória para o simples reexame de tese, ou com o objetivo de reparar eventual injustiça da decisão rescindenda. IX. Ação rescisória julgada improcedente" (TRF-3.ª Reg. – AR 4.929/SP – 3.ª S. – rel. Des. Federal Marisa Santos – j. 11.12.2008 – DJe 21.01.2009 – p. 191).

"*Previdência Social. Aposentadoria por invalidez. Rurícola. Qualidade de segurado e carência. Incapacidade. Termo inicial. Valor. Abono anual. Honorários advocatícios e periciais. Custas e despesas processuais. Correção monetária e juros de mora. Tutela antecipada.* (...). – Cópia de certidão de nascimento de filha da parte autora, constando sua qualificação como lavradora. Forte início de prova material corroborada por testemunhos (§ 3.º, art. 55, Lei 8.213/1991). (...)" (TRF-3.ª Reg. – 8.ª T. – AC 1.008.710/SP – rel. Des. Federal Vera Jucovsky – j. 24.04.2005 – DJU 25.05.2005 – p. 341).

Art. 55 • LEI DOS PLANOS DE BENEFÍCIOS DA PREVIDÊNCIA SOCIAL

"*Processo civil. Previdenciário. Trabalhador urbano. Tempo de serviço. Prova material.* 1. Cabível o reconhecimento de tempo de serviço, para fins de averbação e obtenção de beneficio previdenciário, tão somente se existente início razoável de prova material, não sendo admitida prova exclusivamente testemunhal, a teor do § 3.º do art. 55 da Lei 8.213/1991. 2. Recurso conhecido e provido" (STJ – REsp 141.336/RN – 6.ª T. – rel. Min. Luiz Vicente Cernicchiaro – j. 26.08.1997 – DJ 30.03.1998 – p. 153).

"*Previdenciário. Ação declaratória positiva. Trabalhadora rural. Regime de economia familiar. Início de prova material. Prova testemunhal aceitável.* 1. A trabalhadora rural tem direito a contagem do tempo de serviço, se anterior à Lei 8.213/1991, independe de prova do recolhimento de contribuições (arts. 55, § 2.º, e 96, V, da LBPS), desde que comprove, por meio juridicamente hábil, a condição laborativa invocada (trabalhadora rural). 2. Havendo início de prova material, é aceitável a prova testemunhal para a comprovação da qualidade de trabalhador rural. 3. Apelação provida" (TRF-5.ª Reg. – AC 236.573/PB – 4.ª T. – rel. Des. Federal Napoleão Maia Filho – j. 10.04.2001 – DJ 01.06.2001 – p.544).

"*Previdenciário. Trabalhador rural. Aposentadoria por idade. Indícios de prova material.* 1. O trabalhador rural tem direito à aposentadoria especial, a saber, 60 anos, se homem, e 55 anos, se mulher, conforme com o art. 201, § 7.º, II, da CF/1988, bem como a contagem do tempo de serviço, se anterior à Lei 8.213/1991, independentemente de prova do recolhimento de contribuições (arts. 55, § 2.º, e 96, V, da LBPS). 2. A exigência legal para a demonstração de tempo de serviço rural satisfaz-se com a presença de indícios de prova material. 3. Apelação provida" (TRF-5.ª Reg. – AC 255.147/CE – 4.ª T. – rel. Des. Federal Napoleão Maia Filho – j. 13.08.2002 – DJ 13.09.2002 – p. 1819).

"*Previdenciário. Embargos de divergência. Reconhecimento de tempo de serviço rural para contagem de aposentadoria urbana. RGPS. Recolhimento das contribuições previdenciárias. Desnecessidade. Embargos acolhidos.* 1. Não é exigível o recolhimento das contribuições previdenciárias, relativas ao tempo de serviço prestado pelo segurado como trabalhador rural, ocorrido anteriormente à vigência da Lei 8.213/1991, para fins de aposentadoria urbana pelo RGPS, a teor do disposto no art. 55, § 2.º, da Lei 8.213/1991. 2. A Constituição Federal de 1988 instituiu a uniformidade e a equivalência entre os benefícios dos segurados urbanos e rurais, disciplinado pela Lei 8.213/1991, garantindo-lhes o devido cômputo, com a ressalva de que, apenas nos casos de recolhimento de contribuições para regime de previdência diverso, haverá a necessária compensação financeira entre eles. 3. Embargos de divergência acolhidos" (STJ – REsp 576.741/RS – 3.ª S. – rel. Min. Hélio Quaglia Barbosa – j. 25.05.2005 – *DJ* 06.06.2005 – p. 178).

"*Súmula 5/TNU/JEF*: a prestação de serviço rural por menor de 12 a 14 anos, até o advento da Lei 8.213/1991, devidamente comprovada, pode ser reconhecida para fins previdenciários" (TNU/JEF – Súmula 5 – *DJ* 25.09.2003 – p. 493).

"*Súmula 10/TNU/JEF*: o tempo de serviço rural anterior à vigência da Lei 8.213/1991 pode ser utilizado para fins de contagem recíproca, assim entendida aquela que soma tempo de atividade privada, rural ou urbana, ao de serviço público estatutário, desde que sejam recolhidas as respectivas contribuições previdenciárias" (TNU/JEF – j. 27.11.2003 – *DJ* 03.12.2003 – p. 607).

"*Súmula 24/TNU/JEF*: o tempo de serviço do segurado trabalhador rural anterior ao advento da Lei 8.213/1991, sem o recolhimento de contribuições previdenciárias, pode ser considerado para a concessão de benefício previdenciário do RGPS, exceto para efeito de carência, conforme a regra do art. 55, § 2.º, da Lei 8.213/1991" (TNU/JEF – Súmula 24 – *DJ* 10.03.2005 – p. 539).

"*Súmula 27/AGU*: para concessão de aposentadoria no RGPS, é permitido o cômputo do tempo de serviço rural exercido anteriormente à Lei 8.213, de 24 de julho de 1991, independente do recolhimento das contribuições sociais respectivas, exceto para efeito de carência. Lei 8.213/1991, art. 55, § 2.º" (AGU – Súmula 27 – *DOU* 10, 11 e 12.06.2008).

"*Súmula 27/TRF-1.ª Reg.*: não é admissível prova exclusivamente testemunhal para reconhecimento de tempo de exercício de atividade urbana e rural (Lei 8.213/1991, art. 55, § 3.º)" (TRF-1.ª Reg. – Súmula 27 – j. 23.11.1994 – *DJ* 09.12.1994 – p. 72002).

"*Súmula 34/TNU/JEF*: para fins de comprovação do tempo de labor rural, o início de prova material deve ser contemporâneo à época dos fatos a provar" (TNU/JEF – Súmula 34 – *DJ* 04.08.2006 – p. 00750).

"*Súmula 149/STJ*: *Prova testemunhal. Atividade rurícola. Benefício previdenciário.* A prova exclusivamente testemunhal não basta a comprovação da atividade rurícola, para efeito da obtenção de beneficio" (STJ – Súmula 149 – 07.12.1995 – *DJ* 18.12.1995).

"*Súmula 343/STF*: não cabe ação rescisória por ofensa a literal disposição de lei, quando a decisão rescindenda se tiver baseado em texto legal de interpretação controvertida nos tribunais" (STF – Súmula 343 – j. 13.12.1963).

"*Súmula 27/AGU*: para concessão de aposentadoria no RGPS, é permitido o cômputo do tempo de serviço rural exercido anteriormente à Lei 8.213/1991, independente do recolhimento das contribuições sociais respectivas, exceto para efeito de carência" (AGU – Súmula 27 – j. 09.06.2008 – *DOU* 10.06; 11.06 e 12.06.2008).

"*Enunciado 4/CRPS*. Consoante inteligência do § 3.º, do art. 55, da Lei 8.213/1991, não será admitida como eficaz para comprovação de tempo de contribuição e para os fins previstos na legislação previdenciária, a ação Reclamatória Trabalhista em que a decisão não tenha sido fundamentada em início razoável de prova material contemporânea constante nos autos do processo" (Resolução 2/CRPS, de 30.03.2006 – *DOU* 07.04.2006).

▶ Assim dispunha o inc. III do art. 55 alterado:

III – o tempo de contribuição efetuado como segurado facultativo, desde que antes da vigência desta lei;

▶ Assim dispunha o inc. IV do art. 55 alterado:

IV – o tempo de serviço referente ao exercício de mandato eletivo federal, estadual ou municipal, desde que não tenha sido contado para a inatividade remunerada nas Forças Armadas ou aposentadoria no serviço público;

Art. 56. O professor, após 30 (trinta) anos, e a professora, após 25 (vinte e cinco) anos de efetivo exercício em funções de magistério poderão aposentar-se por tempo de serviço, com renda mensal correspondente a 100% (cem por cento) do salário de benefício, observado o disposto na Seção III deste Capítulo.

✳ **Remissão:** arts. 40, III, e 201, § 8.º, da CF/1988; EC 18/1981 e 20/1998; art. 38 da CLPS.

✏ Anotação

São considerados professores, nos termos da Lei 11.301/2006, os especialistas em educação, diretores e coordenadores de escolas e assessores pedagógicos (Lei 11.301/2006).

JURISPRUDÊNCIA

"*Previdenciário. Concessão de aposentadoria por tempo de serviço. Atividade especial. Professor. Regra excepcional. Honorários advocatícios.* 1. Presentes

TÍTULO III – DO REGIME GERAL DE PREVIDÊNCIA SOCIAL • **Art. 56**

os requisitos de tempo de serviço e carência até 15.12.1998, é devida à parte autora a aposentadoria pelas regras previstas na Lei 8.213/1991, limitando-se o cômputo do tempo de serviço àquela data. Inaplicáveis, portanto, as regras da EC 20/1998 em face do direito adquirido à concessão do benefício antes da vigência desse diploma. 2. O enquadramento da atividade de professor como especial só é possível até 09.07.1981, data da publicação da EC 18/1981, isso porque depois passou a ser tratada como uma regra excepcional. 3. Nas ações previdenciárias, os honorários advocatícios devem ser fixados no percentual de 10% (dez por cento) sobre o valor da condenação, assim consideradas as parcelas devidas até a prolação da sentença" (TRF-4.ª Reg. – AC 2001.04.01.077345-2 – rel. João Batista Pinto Silveira – j. 25.02.2005).

"*ADI. Contagem proporcional do tempo de serviço prestado sob o regime de aposentadoria especial e sob regime diverso. Impugnação do § 6.º do art. 126, da Constituição do Estado de São Paulo: o tempo de serviço prestado sob o regime de aposentadoria especial será computado da mesma forma, quando o servidor ocupar outro cargo de regime idêntico, ou pelo critério da proporcionalidade, quando se trate de regimes diversos.* 1. O art. 40, III, *b*, da CF/1988 assegura o direito à aposentadoria especial 'aos trinta anos de efetivo exercício nas funções de magistério, se professor, e vinte e cinco, se professora, com proventos integrais'; outras exceções podem ser previstas em lei complementar (CF/1988, art. 40, § 1.º), 'no caso de exercício de atividades consideradas penosas, insalubres ou perigosas'. 2. A expressão 'efetivo exercício em funções de magistério' contém a exigência de que o direito à aposentadoria especial dos professores só se aperfeiçoa quando cumprido totalmente este especial requisito temporal no exercício das específicas funções de magistério, excluída qualquer outra. 3. Não é permitido ao constituinte estadual nem à lei complementar federal fundir normas que regem a contagem do tempo de serviço para aposentarias sob regimes diferentes, contando proporcionalmente o tempo de serviço exercido em funções diversas. 4. Ação direta conhecida e julgada procedente, por maioria, para declarar a inconstitucionalidade do § 6.º do art. 126 da Constituição do Estado de São Paulo, porque o art. 40 da CF/1988 é de observância obrigatória por todos os níveis de Poder. Precedente: ADI 178-7/RS" (STF – ADI 755-6 – Pleno – rel. Min. Maurício Correa – DJ 06.12.1996 – p. 48707).

Súmula 726/STF – 26.11.2003 – DJ 9.12.2003, p. 1; DJ 10.12.2003, p. 1; DJ 11.12.2003, p. 1.

Para efeito de aposentadoria especial de professores, não se computa o tempo de serviço prestado fora da sala de aula.

Subseção IV
Da aposentadoria especial

Art. 57. A aposentadoria especial será devida, uma vez cumprida a carência exigida nesta Lei, ao segurado que tiver trabalhado sujeito a condições especiais que prejudiquem a saúde ou a integridade física, durante 15 (quinze), 20 (vinte) ou 25 (vinte e cinco) anos, conforme dispuser a lei (Redação dada ao *caput* pela Lei 9.032, de 28.04.1995, *DOU* 29.04.1995).

§ 1.º A aposentadoria especial, observado o disposto no art. 33 desta Lei, consistirá numa renda mensal equivalente a 100% (cem por cento) do salário de benefício. (Redação dada ao parágrafo pela Lei 9.032, de 28.04.1995, *DOU* 29.04.1995).

§ 2.º A data de início do benefício será fixada da mesma forma que a da aposentadoria por idade, conforme o disposto no art. 49.

§ 3.º A concessão da aposentadoria especial dependerá de comprovação pelo segurado, perante o Instituto Nacional do Seguro Social – INSS, do tempo de trabalho permanente, não ocasional nem intermitente, em condições especiais que prejudiquem a saúde ou a integridade física, durante o período mínimo fixado. (Redação dada ao parágrafo pela Lei 9.032, de 28.04.1995, *DOU* 29.04.1995).

§ 4.º O segurado deverá comprovar, além do tempo de trabalho, exposição aos agentes nocivos químicos, físicos, biológicos ou associação de agentes prejudiciais à saúde ou à integridade física, pelo período equivalente ao exigido para a concessão do benefício. (Redação dada ao parágrafo pela Lei 9.032, de 28.04.1995, *DOU* 29.04.1995).

§ 5.º O tempo de trabalho exercido sob condições especiais que sejam ou venham a ser consideradas prejudiciais à saúde ou à integridade física será somado, após a respectiva conversão ao tempo de trabalho exercido em atividade comum, segundo critérios estabelecidos pelo Ministério da Previdência e Assistência Social, para efeito de concessão de qualquer benefício. (Parágrafo incluído pela Lei 9.032, de 28.04.1995, *DOU* 29.04.1995).

§ 6.º O benefício previsto neste artigo será financiado com os recursos provenientes da contribuição de que trata o inciso II do art. 22 da Lei 8.212, de 24 de julho de 1991, cujas alíquotas serão acrescidas de doze, nove ou seis pontos percentuais, conforme a atividade exercida pelo segurado a serviço da empresa permita a concessão de aposentadoria especial após quinze, vinte ou vinte e cinco anos de contribuição, respectivamente. (Redação dada ao parágrafo pela Lei 9.732, de 11.12.1998, *DOU* 14.12.1998).

§ 7.º O acréscimo de que trata o parágrafo anterior incide exclusivamente sobre a remuneração do segurado sujeito às condições especiais referidas no *caput*. (Parágrafo incluído pela Lei 9.732, de 11.12.1998, *DOU* 14.12.1998).

§ 8.º Aplica-se o disposto no art. 46 ao segurado aposentado nos termos deste artigo que continuar no exercício de atividade ou operação que o sujeite aos agentes nocivos constantes da relação referida no art. 58 desta Lei. (Parágrafo incluído pela Lei 9.732, de 11.12.1998, *DOU* 14.12.1998).

* **Remissão:** arts. 40, § 1.º, e 201, § 1.º, da CF/1988; art. 15 da EC 20/1998; art. 35 da CLPS; Lei 10.666, de 08.05.2003.

Anotação

A aposentadoria especial não se confunde com a aposentadoria estabelecida em legislação especial. Cuida o preceito das situações em que, pela natureza "especial" da atividade, caracterizada pela insalubridade, ou periculosidade, o tempo de trabalho é reduzido para 15, 20 ou 25 anos de serviço, mesmo que não de forma consecutiva, desde que, em caráter habitual e permanente, tenha havido a exposição do segurado a agentes nocivos físicos, químicos e biológicos, em níveis além da tolerância legal, sem a utilização eficaz de EPI ou em face de EPC insuficientes, mediante comprovação técnica exaustiva dos fatos. A legislação especial, como lembra Annibal Fernandes, é fruto da influência política de certos grupos sobre o legislador que, sem nenhuma justificativa, resolve diferenciar a proteção social destes (*Previdência social...*, cit., p. 202).

A Lei 10.666/2003 estende a sistemática de cobertura da aposentadoria especial ao cooperado filiado à cooperativa de trabalho.

A referência ao Ministério, como já esclarecido aqui, deve ser entendida como aplicável ao Ministério da Previdência Social.

JURISPRUDÊNCIA

"*Previdenciário. Aposentadoria integral. Conversão de tempo especial em comum. Lei 9.032/1995. Irretroatividade. Exposição a agente agressivo (ruído e óleos minerais) em caráter habitual e permanente. Definição legal quanto ao nível de tolerância. Interpretação ampliativa e retroativa. Juros de mora. Honorários advocatícios. Correção monetária.* 1. Subsiste a possibilidade de conversão de tempo especial em comum, mesmo após o advento da Lei 9.711/1998, porque a revogação do § 5.º do art. 57 da Lei 8.213/1991, prevista no art. 32 da MedProv 1.663-15, de 20.11.1998, não foi mantida quando da conversão da referida Medida Provisória na Lei 9.711, em 20.11.1998. 2. O cômputo do tempo de serviço prestado em condições especiais deve observar a legislação vigente à época da prestação laboral, tal como disposto no § 1.º do art. 70 do Dec. 3.048/1999, com redação do Dec. 4.827/2003. 3. Não devem receber interpretação retroativa as alterações promovidas no art. 57 da Lei 8.213/1991 pela Lei 9.032/1995, especialmente no tocante à necessidade de comprovação, para fins de aposentadoria especial, de efetiva exposição aos agentes potencialmente prejudiciais à saúde ou integridade física do trabalhador (Precedente desta Turma). Portanto, até 28 de abril de 1995, data do advento da Lei 9.032, a comprovação de serviço prestado em condições especiais pode ser feita nos moldes anteriormente previstos. (...)" (TRF-1.ª Reg. – AC 2002.38.00.053025-9/MG – 1.ª T. – rel. Des. Federal Carlos Olavo – j. 03.11.2008 – DJe 02.12.2008 – p. 45).

"*Previdenciário. Atividade especial. Comprovação. Reconhecimento. Dec. 89.312/1984. Aposentadoria especial. Concessão do benefício.* 1. Uma vez exercida atividade enquadrável como especial, sob a égide da legislação que a ampara, o segurado adquire o direito ao reconhecimento como tal no âmbito do Regime Geral de Previdência Social. 2. Constando dos autos a prova necessária a demonstrar o exercício de atividade sujeita a condições especiais, conforme a legislação vigente na data da prestação do trabalho, o respectivo tempo de serviço deve ser computado, juntamente com os períodos de labor urbano reconhecidos pela Autarquia Previdenciária, para fins de concessão do benefício de aposentadoria especial. 3. Para efeitos de concessão de aposentadoria especial, consoante o disposto no art. 57 da Lei 8.213/1991, *caput* e §§ 1.º a 4.º e 6.º a 8.º, todos com a redação conferida pela Lei 9.032/1995, o benefício será devido ao segurado que comprovar ter laborado em atividade profissional sujeita a condições que prejudiquem a saúde ou a integridade física durante 15 (quinze), 20 (vinte) ou 25 (vinte e cinco) anos, nos termos do art. 58 da LBPS, com a redação introduzida pela Lei 9.528/1997 e pelo art. 70 do Dec. 3.048/1999 (na sua redação original). 4. Constando dos autos a prova necessária a demonstrar o trabalho conforme a atividade profissional, sujeito a condições especiais que prejudiquem a saúde ou a integridade física durante todo o período mínimo exigido, de acordo com o enquadramento previsto na legislação previdenciária vigente à época, ou mediante prova pericial, deve ser reconhecido o respectivo tempo de labor, para fins de concessão de aposentadoria especial. 5. Se o segurado contava 25 anos completos de atividade laboral especial até a data de entrada da concessão do benefício, faz *jus* à aposentadoria especial, com o coeficiente de cálculo de 100% do salário de benefício, nos termos dos art. 29, II, e 57, § 1.º (na redação conferida pela Lei 9.032/1995) da Lei 8.213/1991, a contar da referida data (30.03.1984). 6. Parcelas vencidas atualizadas monetariamente de acordo com os critérios estabelecidos na Lei 9.711/98 (IGP-DI), desde a data dos vencimentos de cada uma, inclusive daquelas anteriores ao ajuizamento da ação, em consonância com os enunciados 43 e 148 da Súmula do STJ. 7. Juros de mora mantidos em 6% ao ano, a contar do trânsito em julgado da decisão, à míngua de irresignação a respeito. (...). Remessa oficial parcialmente provida" (TRF-4.ª Reg. – REO 3.378/RS – 6.ª T. – rel. Nylson Paim de Abreu – 13.04.2005 – DJ 27.04.2005 – p. 891).

"*Previdenciário. Aposentadoria especial – Art. 57 da Lei 8.213/1991.* 1 – A partir de 28.04.1995 (Lei 9.032) passou a ser imprescindível a apresentação de laudo pericial, tanto para a conversão de tempo de serviço especial quanto para a concessão de aposentadoria especial. Referido laudo é dispensável em relação ao período pretérito, desde que a atividade se subsuma ao rol previsto nos Dec. 53.831/1964 e 83.080/1979. Ainda que a atividade do segurado não esteja prevista nestes Decretos, pode a mesma ser considerada perigosa, insalubre ou penosa, desde que haja comprovação mediante perícia judicial. 2 – As condições especiais de trabalho deveriam ser definidas por lei, e sendo, portanto, competência discricionária do legislador ordinário, pode se dar a indicação das condições prejudiciais à saúde ou à integridade física do segurado tanto por meio de consideração da sua atividade profissional, erigindo-se uma presunção, quanto através da efetiva necessidade de comprovação da exposição ao agente nocivo. Inexiste qualquer incompatibilidade entre o art. 57, *caput*, da Lei 8.213/1991, em sua redação original, e o art. 202, II, da CF/1988, no texto anterior à EC 20/1998, mormente por aquele prever o segurado como 'sujeito a condições especiais', e não a atividade profissional. 3 – No que concerne ao enquadramento da atividade do segurado como serviço de caráter especial, releva consignar que o mesmo exerceu atividade de 'soldador', hipótese que se subsume à presunção legal constante do item 2.5.3. do Dec. 53.831/1964, o que é corroborado pelas Informações sobre Atividades com Exposição a Agentes Agressivos (SBs-40) colacionadas aos autos (60/62). (...). 5 – Remessa necessária e apelação desprovidas" (TRF-2.ª Reg. – REO 278.439 – 6.ª T. – rel. Des. Federal Poul Erik Dyrlund, DJU 15.08.2003 – p. 381).

Súmula 29/AGU, de 09 de junho de 2008, DOU 20.01.2012: "Atendidas as demais condições legais, considera-se especial, no âmbito do RGPS, a atividade exercida com exposição a ruído superior a 80 decibéis até 05.03.1997, superior a 90 decibéis desta data até 18.11.2003, e superior a 85 decibéis a partir de então."

▶ Assim dispunha o *caput* do art. 57, alterado:

Art. 57. A aposentadoria especial será devida, uma vez cumprida a carência exigida nesta lei, ao segurado que tiver trabalhado durante 15 (quinze), 20 (vinte) ou 25 (vinte e cinco) anos, conforme a atividade profissional, sujeito a condições especiais que prejudiquem a saúde ou a integridade física.

▶ Assim dispunha o § 1.º do art. 57 alterado:

§ 1.º A aposentadoria especial, observado o disposto na Seção III deste capítulo, especialmente no art. 33, consistirá numa renda mensal de 85% (oitenta e cinco por cento) do salário de benefício, mais 1% (um por cento) deste, por grupo de 12 (doze) contribuições, não podendo ultrapassar 100% (cem por cento) do salário de benefício.

▶ Assim dispunha o § 3.º do art. 57 alterado:

§ 3.º O tempo de serviço exercido alternadamente em atividade comum e em atividade profissional sob condições especiais que sejam ou venham a ser consideradas prejudiciais à saúde ou à integridade física será somado, após a respectiva conversão, segundo critérios de equivalência estabelecidos pelo Ministério do Trabalho e da Previdência Social, para efeito de qualquer benefício.

▶ Assim dispunha o § 4.º do art. 57 alterado:

§ 4.º O período em que o trabalhador integrante de categoria profissional enquadrada neste artigo permanecer licenciado do emprego, para exercer cargo de administração ou de representação sindical, será contado para aposentadoria especial.

▶ Assim dispunha o § 6.º do art. 57 alterado:

§ 6.º É vedado ao segurado aposentado, nos termos deste artigo, continuar no exercício de atividade ou operações que o sujeitem aos agentes nocivos constantes da relação referida no art. 58 desta Lei.

Art. 58. A relação dos agentes nocivos químicos, físicos e biológicos ou associação de agentes prejudiciais à saúde ou à integridade física considerados para fins de concessão da aposentadoria especial de que trata o artigo anterior será definida pelo Poder Executivo. (Redação dada ao *caput* pela Lei 9.528, de 10.12.1997, *DOU* 11.12.1997).

§ 1.º A comprovação da efetiva exposição do segurado aos agentes nocivos será feita mediante formulário, na forma estabelecida pelo Instituto Nacional do Seguro Social – INSS, emitido pela empresa ou seu preposto, com base em laudo técnico de condições ambientais do trabalho expedido por médico do trabalho ou engenheiro de segurança do trabalho nos termos da legislação trabalhista. (Redação dada ao parágrafo pela Lei 9.732, de 11.12.1998, *DOU* 14.12.1998).

§ 2.º Do laudo técnico referido no parágrafo anterior deverão constar informação sobre a existência de tecnologia de proteção coletiva ou individual que diminua a intensidade do agente agressivo a limites de tolerância e recomendação sobre a sua adoção pelo estabelecimento respectivo. (Redação dada ao parágrafo pela Lei 9.732, de 11.12.1998, *DOU* 14.12.1998).

§ 3.º A empresa que não mantiver laudo técnico atualizado com referência aos agentes nocivos existentes no ambiente de trabalho de seus trabalhadores ou que emitir documento de comprovação de efetiva exposição em desacordo com o respectivo laudo estará sujeita à penalidade prevista no art. 133 desta Lei. (Parágrafo incluído pela Lei 9.528, de 10.12.1997, *DOU* 11.12.1997).

§ 4.º A empresa deverá elaborar e manter atualizado perfil profissiográfico abrangendo as atividades desenvolvidas pelo trabalhador e fornecer a este, quando da rescisão do contrato de trabalho, cópia autêntica desse documento. (Parágrafo incluído pela Lei 9.528, de 10.12.1997, *DOU* 11.12.1997).

✻ **Remissão:** arts. 40, § 1.º, e 201, § 1.º, da CF/1988; EC 20/1998.

Anotação

O dispositivo legal em comento determinou que a relação de atividades profissionais prejudiciais à integridade física ou à saúde é fixada em Decreto. Atualmente, esse rol consta do Anexo IV do Dec. 3.048/1999, com as posteriores alterações.

JURISPRUDÊNCIA

"*Previdenciário e processual civil. Aposentadoria especial. Exposição a agentes nocivos. Prova pericial indispensável para o julgamento da lide. Sentença anulada. Agravo retido provido.* 1. A legislação que disciplina a prestação de serviço em atividades especiais estabelece que a sua comprovação far-se-á por meio de formulário emitido com base em laudo técnico de condições ambientais do trabalho, expedido por médico do trabalho ou engenheiro de segurança do trabalho, como se verifica do disposto no art. 58, § 1.º, da Lei 8.213/1991, com a redação dada pela Lei 9.528/1997. 2. (...). 3. Não apresentado laudo técnico de condições ambientais do trabalho, necessária a produção de prova pericial, procedimento indispensável para se comprovar a exposição do autor a agentes nocivos. 4. Agravo retido a que se dá provimento para anular a sentença e determinar o retorno dos autos à instância de origem para que seja realizada prova pericial, onde o perito deverá informar, conclusivamente, se o autor exerceu atividades exposto a agentes nocivos, de forma habitual e permanente, não ocasional, nem intermitente, no período compreendido entre 23.06.1975 e 04.03.2002, após o que, observadas as formalidades legais, deve ser proferida nova sentença, como se entender de direito. Prejudicadas as apelações" (TRF-1.ª Reg. – AC 0022330-96.2005.4.01.3800/MG – 1.ª T. – Des. Federal Ângela Maria Catão Alves – j. 07.04.2010 – DJe 04.05.2010 – p. 193).

"*Súmula 198/TFR: Requisitos. Aposentadoria especial. Perícia judicial. Atividade perigosa, insalubre ou penosa. Inscrição em regulamento.* Atendidos os demais requisitos, é devida a aposentadoria especial, se perícia judicial constata que a atividade exercida pelo segurado é perigosa, insalubre ou penosa, mesmo não inscrita em regulamento" (TRF – Súmula 198 – j. 20.11.1985 – DJ 02.12.1985).

▶ Assim dispunha o *caput* do art. 58 alterado:

Art. 58. A relação de atividades profissionais prejudiciais à saúde ou à integridade física será objeto de lei específica.

▶ Assim dispunha o § 1.º do art. 58 alterado:

§ 1.º A comprovação da efetiva exposição do segurado aos agentes nocivos será feita mediante formulário, na forma estabelecida pelo Instituto Nacional do Seguro Social – INSS, emitido pela empresa ou seu preposto, com base em laudo técnico de condições ambientais do trabalho expedido por médico do trabalho ou engenheiro de segurança do trabalho.

▶ Assim dispunha o § 2.º do art. 58 alterado:

§ 2.º Do laudo técnico referido no parágrafo anterior deverão constar informação sobre a existência de tecnologia de proteção coletiva que diminua a intensidade do agente agressivo a limites de tolerância e recomendação sobre a sua adoção pelo estabelecimento respectivo.

Subseção V

Do auxílio-doença

Art. 59. O auxílio-doença será devido ao segurado que, havendo cumprido, quando for o caso, o período de carência exigido nesta Lei, ficar incapacitado para o seu trabalho ou para a sua atividade habitual por mais de 15 (quinze) dias consecutivos.

Parágrafo único. Não será devido auxílio-doença ao segurado que se filiar ao Regime Geral de Previdência Social já portador da doença ou da lesão invocada como causa para o benefício, salvo quando a incapacidade sobrevier por motivo de progressão ou agravamento dessa doença ou lesão (Dispositivo convalidado pelo Ato Declaratório 1, do Senado Federal, de 20.07.2005).

* **Remissão:** art. 26 da CLPS.

Anotação

A lógica do parágrafo único é própria de qualquer seguro. Se o risco, já então sinistro, existisse à época da filiação, a admissão do segurado constituiria em gravame injustificável para a comunidade protegida.

JURISPRUDÊNCIA

"*Previdenciário. Auxílio-doença. Doença preexistente. Improcedência da ação.* Ainda que se considere que o autor era segurado da Previdência Social e que cumpriu a carência exigida, conclui-se, pelas provas carreadas aos autos, que se trata de doença incapacitante preexistente à nova filiação ao RGPS, não sendo caso de agravamento, caso em que incide a primeira parte do parágrafo único do art. 59 da LBPS, sendo indevido o benefício de auxílio-doença postulado" (TRF-4.ª Reg. – APELREEX 2.404/RS – 6.ª T. – rel. João Batista Pinto Silveira – j. 28.01.2009 – DJE 06.02.2009).

"*Previdência Social. Auxílio-doença. Rurícola. Qualidade de segurado e carência. Incapacidade total e temporária. Reforma da sentença para a concessão de auxílio-doença. Termo inicial. Valor e reajustes do benefício. Abono anual. Honorários advocatícios. Custas e despesas processuais. Correção monetária e juros de mora.* – Presentes os requisitos, razão pela qual concedido o benefício de auxílio-doença (art. 59 da Lei 8.213/1991). – Cópia de CTPS com vínculos empregatícios para o exercício de atividade rural. Forte início de prova material corroborada por testemunhos (§ 3.º, art. 55, Lei 8.213/1991). – Parte autora que recebeu auxílio-doença administrativamente. Ação ajuizada no prazo de 12 (doze) meses, relativos ao 'período de graça' previsto no art. 15, I e II, da Lei 8.213/1991. – A comprovação do recolhimento de contribuições previdenciárias não pode ser exigida da parte autora, segurada obrigatória da Previdência Social, na qualidade de empregado ou trabalhador avulso, referidos nos incs. I e VI, do art. 11, da Lei 8.213/1991, de modo que a obrigação relativa à arrecadação e recolhimento das contribuições é do empregador (art. 30, I, *a*, Lei 8.212/1991). – Laudo médico que não atestou incapacidade total, contudo, em razão da parte autora se encontrar em constante tratamento, inclusive com indicação de cirurgia, deve ser reconhecida como total e temporária, ante a impossibilidade de, no momento, retornar ao trabalho. – Termo inicial fixado na data da citação, momento em que se tornou resistida a pretensão (art. 219 do CPC), posto que, a elaboração do exame pericial não implica seja a respectiva data em que foi feito, a do surgimento da incapacidade laboral. Não há correlação entre a submissão da parte à perícia e a incapacidade, apenas a contar de tal momento. – Quanto à apuração do valor do benefício e dos seus reajustes, cumpre ao INSS, respeitada a regra do art. 201 CF/1988, obedecer ao disposto na Lei 8.213/1991 e legislação subsequente, no que for pertinente ao caso. – Concedido o abono anual, nos termos do art. 7.º, VIII, da CF/1988 e do art. 40 e seu parágrafo único da Lei 8.213/1991. – Verba honorária fixada em 10% (dez por cento) sobre as parcelas vencidas até sentença, nos termos da Súmula 111/STJ, com atualização monetária e juros de mora. – A autarquia é isenta do pagamento de custas e despesas processuais. – No que tange à correção monetária das parcelas devidas em atraso, deve obedecer aos critérios do Provimento 26 da Corregedoria-Geral da Justiça Federal da 3.ª Região, de 10 de setembro de 2001, incluindo-se os índices expurgados pacificados no STJ, conforme percentagens nos meses apontados no Capítulo V, item 1. – Quanto aos juros de mora, o art. 1.062 do CC/1916 mandava aplicá-los à base de 0,5% (meio por cento) ao mês, desde que não convencionado de modo diverso. Nos débitos da União e respectivas autarquias, bem como nos previdenciários, incidiam na forma do estatuto civil (art. 1.º da Lei 4.414/1964). O art. 406 do novo CC (Lei 10.406/2002, em vigor a partir de 11.01.2003), alterou tal sistemática e preceituou que devem ser fixados conforme a taxa que estiver em vigor, relativamente à mora do pagamento de impostos devidos à Fazenda Nacional. O art. 161, § 1.º, do CTN reza que, se lei não dispuser de modo diverso, o crédito tributário não pago no vencimento é acrescido de juros calculados à taxa de 1% (um por cento) ao mês. Assim, a taxa de juros moratórios dos débitos previdenciários é regulada pelo CC/2002 a partir de sua entrada em vigor, que, de seu turno, se reporta à taxa incidente nos débitos tributários, e é, atualmente, de 1% (um por cento) ao mês, contada nos termos do art. 219 do CPC. – Apelação parcialmente provida" (TRF--3.ª Reg. – AC 1.015.264/SP – 8.ª T. – rel. Des. Federal Vera Jucovsky – j. 23.05.2005 – DJU 15.06.2005 – p. 480).

"Previdenciário. Aposentadoria por invalidez. Perda da condição de segurado. Período de graça. ampliação. Inaplicabilidade. 1. A aposentadoria por invalidez é devida ao segurado considerado incapaz ou insusceptível de reabilitação para o exercício de atividade que lhe garanta a subsistência, enquanto permanecer nesta condição; o auxílio-doença àquele incapacitado

TÍTULO III – DO REGIME GERAL DE PREVIDÊNCIA SOCIAL • Art. 59

temporariamente para o exercício de suas atividades habituais (Lei 8.213/1991, arts. 42 e 59). 2. Conserva todos os direitos perante a previdência social, independentemente de contribuições, aquele que deixar de exercer atividade remunerada abrangida pela previdência social ou estiver suspenso ou licenciado sem remuneração, por até 12 meses após a cessação das contribuições (LBPS, art. 15, II e § 3.º). 3. Se o autor contava apenas 82 contribuições, inaplicável a ampliação do período de graça prevista no art. 15, § 1.º da Lei 8.213/1991, o qual exige o mínimo de 120 contribuições" (TRF-4.ª Reg. – AC 2000.72.02.001016-9/SC – 5.ª T. – rel. Des. Federal Fernando Quadros da Silva – DOU 29.06.2004 – p. 321).

"*Agravo Regimental em Agravo de Instrumento. Tributário. Contribuição previdenciária. Auxílio-doença. Primeiros quinze dias de afastamento. Auxílio-acidente. 1/3 constitucional de férias. Aviso prévio indenizado. Agravo Regimental não provido.* 1. Estando a empresa contribuinte na iminência de sofrer sanções administrativas em razão do não recolhimento do tributo, resta presente o *periculum in mora*, a ensejar a concessão de liminar no mandado de segurança impetrado. 2. Os primeiros quinze dias de afastamento do empregado, por motivo de doença, constituem causa interruptiva do contrato de trabalho, portanto, os valores pagos pelo empregador, nesse período, não têm natureza salarial, mas sim indenizatória, não se sujeitando, à incidência de contribuição previdenciária, que tem por base de cálculo a remuneração percebida habitualmente (arts. 59 e 60, § 3.º, da Lei 8.213/1991). 3. O adicional de 1/3 de férias não integra o conceito de remuneração, razão pela qual não há de falar-se em incidência de contribuição previdenciária. 4. O pagamento substitutivo do tempo que o empregado trabalharia se cumprisse o aviso prévio em serviço não se enquadra como salário, porque a dispensa de cumprimento do aviso objetiva disponibilizar mais tempo ao empregado para a procura de novo emprego, possuindo nítida feição indenizatória. Mesmo não se vislumbrando esse caráter no aviso prévio indenizado, em face da sua absoluta não habitualidade, ajusta-se à previsão do item 7 da alínea *e* do § 9.º do art. 28, não devendo integrar o salário de contribuição. 5. Agravo regimental a que se nega provimento" (TRF-1.ª Reg. – AGA 2009.01.00.019773-0/MG – 8.ª T. – rel. Juiz Federal Osmane Antonio dos Santos – j. 07.08.2009 – DJe 21.08.2009 – p. 498).

"*Previdenciário. Auxílio-doença. Qualidade de segurado. Carência. Requisitos preenchidos. Pensão por morte.* O auxílio-doença é devido ao segurado que, havendo cumprido o período de carência exigido pela lei, quando for o caso, ficar incapacitado para o seu trabalho ou para sua atividade habitual por mais de quinze dias consecutivos (art. 59 da Lei 8.213/1991). É entendimento pacificado dos Tribunais não ocorrer a perda da qualidade de segurado quando este deixa de contribuir para a previdência social em decorrência de moléstia incapacitante para o trabalho (...). Preenchidos os requisitos legais, faz *jus* a parte autora ao benefício de auxílio-doença desde 04.04.2001 até seu óbito, ocorrido em 05.01.2002, nos termos do art. 59 da Lei 8.213/1991, e a partir de então seu esposo, João Alberto dos Santos Boeno, possui direito à concessão de pensão por morte, nos termos do art. 74 e ss. da LBPS" (TRF-4.ª Reg. – AC 45.570/PR – T. Suplementar – rel. Luciane Amaral Corrêa Münch – j. 14.12.2006 – DJe 24.01.2007).

"*Constitucional. Previdenciário. Processual civil. Auxílio-doença. Incapacidade para o trabalho. Comprovação. Prova pericial e perícia do INSS. Divergência. Observância do laudo do* expert. 1. Para a concessão do auxílio-doença é indispensável a comprovação da incapacidade do segurado para o trabalho ou para atividade habitual por mais de 15 dias consecutivos (art. 59, da Lei 8.213/1991). 2. Utilizando-se o juiz sentenciante de dados concretos constantes de laudo do *expert*, improcede alegação de ausência de razões determinantes da sentença guerreada. 3. Confirmada a incapacidade do segurado para o trabalho mediante perícia médica oficial, correta a concessão do auxílio--doença. 4. Concluindo perícia médica oficial pela incapacidade do segurado fica respondido o requisito necessário para concessão de auxílio-doença. 5. Embora o juiz não esteja adstrito às conclusões de laudos periciais, ocorrendo divergências entre provas periciais, há que prevalecer o laudo do perito oficial, em razão de maior equidistância das partes e de ser de absoluta confiança do juízo, sobretudo se não encontra o julgador motivação para proceder de maneira diversa. Precedente desta Corte. 6. Apelação do INSS improvida" (TRF-1.ª Reg. – AC 01000262808/DF – 1.ª T. Suplementar – rel. Juiz Federal Convidado Antonio Cláudio Macedo da Silva – *DJU* 02.10.2003 – p. 76).

"*Súmula 25/AGU*: será concedido auxílio-doença ao segurado considerado temporariamente incapaz para o trabalho ou sua atividade habitual, de forma total ou parcial, atendidos os demais requisitos legais, entendendo-se por incapacidade parcial aquela que permita sua reabilitação para outras atividades laborais. Lei 8.213/1991, art. 59, *caput*)" (AGU – Súmula 25 – *DOU* 10, 11 e 12.06.2008).

"*Enunciado 28/CRPS: Seguridade social. Previdenciário. Auxílio-doença. Processamento de ofício. Dec. 3.048/1999, art. 76. Lei 8.213/1991. Art. 59.* Não se aplica o disposto no art. 76 do RPS, aprovado pelo Dec. 3.048/1999, para justificar a retroação do termo inicial do benefício auxílio doença requerido após o trigésimo dia do afastamento da atividade, nos casos em que a perícia médica do INSS fixar a data de início da incapacidade anterior à data de entrada do requerimento, tendo em vista que esta hipótese não implica em ciência pretérita da Previdência Social" (Resolução 5/CRPS, de 29.11.2006, *DOU* 01.12.2006).

▶ Assim dispunha o parágrafo único do art. 59 convalidado:

Parágrafo único. Não será devido auxílio-doença ao segurado que se filiar ao Regime Geral de Previdência Social já portador da doença ou da lesão invocada como causa para o benefício, salvo quando a incapacidade, após cumprida a carência, sobrevier por motivo de progressão ou agravamento dessa doença ou lesão. (Dispositivo alterado pela MedProv 242, de 24.03.2005, posteriormente rejeitada pelo Ato Declaratório 1, do Senado Federal, de 20.07.2005).

Art. 60. O auxílio-doença será devido ao segurado empregado a contar do décimo sexto dia do afastamento da atividade, e, no caso dos demais segurados, a contar da data do início da incapacidade e enquanto ele permanecer incapaz (Redação dada ao *caput* pela Lei 9.876, de 26.11.1999, *DOU* 29.11.1999).

§ 1.º Quando requerido por segurado afastado da atividade por mais de 30 (trinta) dias, o auxílio-doença será devido a contar da data da entrada do requerimento.

§ 2.º (Parágrafo revogado pela Lei 9.032, de 28.04.1995, *DOU* 29.04.1995).

§ 3.º Durante os primeiros quinze dias consecutivos ao do afastamento da atividade por motivo de doença, incumbirá à empresa pagar ao segurado empregado o seu salário integral. (Redação dada ao parágrafo pela Lei 9.876, de 26.11.1999, *DOU* 29.11.1999).

§ 4.º A empresa que dispuser de serviço médico, próprio ou em convênio, terá a seu cargo o exame médico e o abono das faltas correspondentes ao período referido no § 3.º, somente devendo encaminhar o segurado à perícia médica da Previdência Social quando a incapacidade ultrapassar 15 (quinze) dias.

✳ **Remissão:** art. 26, §§ 2.º e 3.º, da CLPS.

✍ Anotação

O denominado "período de espera" de quinze dias, presente na maior parte das leis do seguro social, integra o formato do benefício. Nos primeiros quinze dias o empregado perceberá a respectiva remuneração e será considerado licenciado do seu emprego (vide art. 63).

JURISPRUDÊNCIA

"*Agravo Interno. Previdenciário. Auxílio-doença. Requerimento após 30 dias do afastamento da atividade. CAT – Comunicação de Acidente de Trabalho.* 1. Informando a CAT que a Autora se afastou de suas atividades laborativas em 01.12.2000 e somente deu entrada no requerimento administrativo para a concessão de auxílio-doença em 02.03.2001, está inserida na regra do § 1.º do art. 60 da Lei 8.213/1991, segundo a qual, quando requerido o auxílio-doença após 30 (trinta) dias do afastamento da atividade, o mesmo será devido a contar da data do requerimento. 2. A CAT não pode ser considerada como requerimento administrativo de benefício, eis que se trata de obrigação legal imposta ao Empregador, nos termos do art. 22 da Lei 8.213/1991. 3. O benefício de auxílio-doença de que é titular a Autora não foi deferido em razão de acidente de trabalho, a despeito da CAT extraída pelo empregador, tendo a Autarquia expressamente afastado tal caracterização. 4. Agravo Interno desprovido" (TRF-2.ª Reg. – AC 2001.51.01.531490-1/RJ – 2.ª T. Especializada – rel. Juiz Federal convocado Marcelo – j. 21.06.2007 – *DJ* 29.06.2007 – p. 242).

"*Recurso especial. Contribuição previdenciária incidente sobre as verbas recebidas nos 15 primeiros dias de afastamento em virtude de doença. Impossibilidade. Benefício de natureza previdenciária que não se sujeita à incidência da contribuição previdenciária. Precedentes.* A E. 1.ª Seção, em alguns precedentes, já manifestou posicionamento acerca da não incidência da contribuição previdenciária nos valores recebidos nos 15 primeiros dias decorrentes do afastamento por motivo de doença. A corroborar esta linha de argumentação, impende trazer à baila o preceito normativo do art. 60, da Lei 8.213/1991, o qual dispõe que 'o auxílio-doença será devido ao segurado empregado a contar do décimo sexto dia do afastamento da atividade, e, no caso dos demais segurados, a contar da data do início da incapacidade e enquanto ele permanecer incapaz'. Aliás, essa é a interpretação que se extrai do § 3.º do art. 60 da Lei 8.213/1991, *verbis*: 'durante os primeiros 15 dias consecutivos ao do afastamento da atividade por motivo de doença, incumbirá à empresa pagar ao segurado empregado seu salário integral'. À medida que não se constata, nos 15 primeiros dias, a prestação de efetivo serviço, não se pode considerar salário o valor recebido nesse interregno. Recurso especial provido" (STJ – REsp 720.817/SC – 2.ª T. – rel. Min. Franciulli Netto – *DJ* 21.06.2005).

"*Ação de cobrança. Auxílio-doença acidentário. Data do início do benefício. Requerimento após o trigésimo dia de afastamento da atividade. Impossibilidade de retroação da data inicial de pagamento.* O auxílio-doença acidentário será devido a contar da data do requerimento, quando requerido pelo segurado após o trigésimo dia de seu afastamento da atividade laboral. Inteligência do art. 60, § 1.º, da Lei 8.213/1991. Não comprovando o autor os fatos constitutivos de seu direito (art. 333, I, CPC), no sentido de que ficou impossibilitado de realizar o requerimento do benefício dentro do prazo estipulado, é improcedente o seu pedido de retroação do pagamento do auxílio-doença à data inicial da sua incapacidade" (TJMG – AC 1.0701.07.204876-5/001 – 12.ª Câm. Cív. – rel. Alvimar de Ávila – j. 18.02.2009 – *DJ* 16.03.2009).

▶ Assim dispunha o *caput* do art. 60 alterado:

> Art. 60. O auxílio-doença será devido ao segurado empregado e empresário a contar do 16.º (décimo sexto) dia do afastamento da atividade, e no caso dos demais segurados, a contar da data do início da incapacidade e enquanto ele permanecer incapaz.

▶ Assim dispunha o § 2.º do art. 60 revogado:

> § 2.º O disposto no § 1.º não se aplica quando o auxílio-doença for decorrida de acidente do trabalho.

▶ Assim dispunha o § 3.º do art. 60 alterado:

> § 3.º Durante os primeiros 15 (quinze) dias consecutivos ao do afastamento da atividade por motivo de doença, incumbirá à empresa pagar ao segurado empregado o seu salário integral ou, ao segurado empresário, a sua remuneração.

Art. 61. O auxílio-doença, inclusive o decorrente de acidente do trabalho, consistirá numa renda mensal correspondente a 91% (noventa e um por cento) do salário de benefício, observado o disposto na Seção III, especialmente no art. 33 desta Lei. (Redação dada ao artigo pela Lei 9.032, de 28.04.1995, *DOU* 29.04.1995).

✱ **Remissão:** arts. 26 a 29 da CLPS.

✏ Anotação

O percentual de 91% responde a certo raciocínio matemático. Tomando a contribuição média prevista na redação primitiva da Lei 8.212/1991, como referência, o legislador confere o benefício no valor correspondente ao que se poderia denominar "salário líquido" do segurado.

Tal circunstância tem permitido que, em certas situações, o valor da prestação ultrapasse o da remuneração que o segurado percebia quando em atividade, com consequente desestímulo ao retorno ao trabalho.

JURISPRUDÊNCIA

"*Previdenciário. Revisão da renda mensal. Auxílio-doença e aposentadoria por invalidez. Benefícios não decorrentes de acidente do trabalho. Honorários advocatícios.* 1. Não há qualquer prova nos autos no sentido de que o autor tenha sofrido um acidente de trabalho em 1982, sendo que o auxílio-doença que lhe foi concedido em 16.12.1993 e convertido em aposentadoria por invalidez em 01.07.1997 não foram de natureza acidentária, mas sim previdenciária (espécies 31 e 32 respectivamente). 2. Manutenção da sentença que determinou a revisão da renda mensal do auxílio-doença do autor, de acordo com o disposto nos arts. 61 e 29 da LBPS em sua redação original, já que tal benefício foi concedido em 1993, bem como a revisão da renda mensal da aposentadoria por invalidez em conformidade com o art. 44, *caput*, da LBPS com a redação dada pela Lei 9.032/1995, já que a conversão ocorreu em julho de 1997, observando-se, para tanto, os salários de contribuição constantes dos documentos de f. 3. Nas ações previdenciárias, os honorários advocatícios devem ser fixados no percentual de 10% (dez por cento) sobre o valor das parcelas devidas até a data da sentença, consoante Súmula 76 desta Corte" (TRF-4.ª Reg. – AC 583/RS – 6.ª T. – rel. João Batista Pinto Silveira – j. 02.05.2007 – *DJe* 18.05.2007).

▶ Assim dispunha o art. 61 e alíneas, alterado:

Art. 61. O auxílio-doença, observado o disposto na Seção III deste capítulo, especialmente no art. 33, consistirá numa renda mensal correspondente a:

a) 80% (oitenta por cento) do salário de benefício, mais 1% (um por cento) deste, por grupo de 12 (doze) contribuições, não podendo ultrapassar 92% (noventa e dois por cento) do salário de benefício; ou

b) 92% (noventa e dois por cento) do salário de benefício ou do salário de contribuição vigente no dia do acidente, o que for mais vantajoso, caso o benefício seja decorrente de acidente do trabalho.

Art. 62. O segurado em gozo de auxílio-doença, insusceptível de recuperação para sua atividade habitual, deverá submeter-se a processo de reabilitação profissional para o exercício de outra atividade. Não cessará o benefício até que seja dado como

TÍTULO III – DO REGIME GERAL DE PREVIDÊNCIA SOCIAL • Art. 62

habilitado para o desempenho de nova atividade que lhe garanta a subsistência ou, quando considerado não recuperável, for aposentado por invalidez.

* **Remissão:** art. 26, §§ 4.º e 5.º, da CLPS.

Anotação

Ao definir o modo pelo qual deveria ser operada a reabilitação, o sítio do MPS esclarece que *"o atendimento é feito por equipe de médicos, assistentes sociais, psicólogos, sociólogos, fisioterapeutas e outros profissionais"*. Trabalho que, em tese, deveria ser realizado na Agência da Previdência Social por profissional ou equipe especializada tem sido descurado por conta da indisponibilidade de estrutura das unidades de atendimento. Como consequência, o benefício é mantido por tempo indeterminado. Cumpre notar, porém, que se trata de direito subjetivo do segurado que poderá, a qualquer tempo, reclamar a prestação de tal serviço.

JURISPRUDÊNCIA

"Previdenciário. Remessa oficial. Auxílio-doença. Ausência de recuperação, habilitação para nova atividade ou aposentadoria por invalidez. Cessação do benefício. Não cabimento. 1. A segurada em gozo de auxílio-doença, insusceptível de recuperação para sua atividade habitual, deverá submeter-se a processo de reabilitação profissional para o exercício de outra atividade, não podendo o INSS cessar o benefício até que a trabalhadora esteja habilitada para o desempenho de nova atividade que lhe garanta a subsistência ou, quando considerada não recuperável, for aposentada por invalidez, conforme dispõe o art. 62 da Lei 8.213/1991. 2. Inexistindo, nos quadros da empresa empregadora, função compatível à condição física da segurada, cabe ao INSS manter o auxílio-doença até que a trabalhadora esteja efetivamente recuperada, reabilitada ou aposentada por invalidez. 3. Remessa oficial não provida" (TRF-1.ª Reg. – REO/MS 2000.38.01.001211-3/MG – 1.ª T. – rel. Des. Federal José Amilcar Machado – j. 24.06.2009 – DJe 21.07.2009 – p. 19).

"Previdenciário. Auxílio-doença. Persistência da incapacidade laborativa comprovada por perícia judicial. Cancelamento do benefício sem que se procedesse à reabilitação profissional do segurado. I – A teor do art. 62 da Lei 8.213/1991, a cessação do auxílio-doença dar-se-á precipuamente em duas hipóteses: (i) na constatação da incapacidade definitiva para qualquer ati-

vidade, o que redundará na sua conversão em aposentadoria por invalidez, ou (ii) no momento em que o segurado estiver capacitado profissionalmente para o exercício de outro trabalho que lhe garanta o sustento. II – Os exames médico-periciais realizados pelo perito judicial e pelo próprio assistente técnico da ré confirmam o estado de incapacidade do autor para sua ocupação habitual desde o cancelamento. III – Não merecem prosperar as razões de recursais no sentido de que os laudos periciais não descartam o exercício de atividade distinta da habitualmente exercida pelo autor, já que a apelante não logrou comprovar um dos requisitos autorizadores da cessação do benefício, a saber, a reabilitação profissional do segurado. IV – Se o autor ainda se encontra incapacitado para o exercício para a sua atividade habitual e a autarquia previdenciária não promoveu a sua reabilitação profissional, afigura-se ilegal o cancelamento do auxílio-doença. IV – O termo inicial do benefício deve retroagir à data do seu cancelamento, pois comprovada pela perícia médica que desde àquela época o autor estava incapacitado para o trabalho" (TRF-2.ª Reg. – AC 1999.02.01.046055-2/RJ – 6.ª T. – rel. Des. Federal André Fontes – j. 10.10.2001).

"Previdenciário e processual civil. Auxílio-doença. Incapacidade laboral constatada por prova pericial. Possibilidade de reabilitação profissional. Art. 62 da Lei 8.213/1991. Termo inicial do benefício fixado na data da cessação do último auxílio-doença. Correção monetária. Juros de mora. Honorários de advogado. Apelações do INSS e do autor e remessa oficial não providas. 1. Comprovada, por perícia médica oficial, que o autor ainda se encontrava incapacitado para o trabalho no momento da cessação do seu último benefício de auxílio-doença, merece ser prestigiada a decisão que determinou o restabelecimento do benefício. 2. O benefício de auxílio-doença do autor deverá ser restabelecido e mantido até que ele seja submetido a processo de reabilitação profissional, consoante dispõe o art. 62 da Lei 8.213/1991. 3. O segurado em gozo de auxílio-doença, insusceptível de recuperação para sua atividade habitual, deverá submeter-se a processo de reabilitação profissional para o exercício de outra atividade. Não cessará o benefício até que seja dado como habilitado para o desempenho de nova atividade que lhe garanta a subsistência ou, quando considerado não recuperável, for aposentado por invalidez. (art. 62 da Lei 8.213/1991). 4. A correção monetária das diferenças pecuniárias deve ser calculada nos termos da Lei 6.899/1981, a partir do vencimento de cada parcela (Súmulas 43/STJ e 148/STJ). 5. Os juros de mora são de 1% (um por cento) ao mês, a partir da citação. 6. Honorários de advogado mantidos no percentual de 5% (cinco por cento) do valor das prestações vencidas até a data da prolação da sentença, considerando a sucumbência parcial do autor. 7. Os honorários advocatícios, nas ações previdenciárias, não incidem sobre prestações vincendas. (Súmula 111/STJ). 8. Apelações do INSS e do autor e remessa oficial a que se nega provimento" (TRF-1.ª Reg. – AC 2005.38.06.002473-0/MG – 1.ª T. – rel. Des. Federal Antônio Sávio de Oliveira Chaves – DJ 15.07.2008 – p. 45).

"Apelação Cível. Ação ordinária para manutenção de benefício c/c cobrança de atrasados. Pedido julgado improcedente. Recurso. Pretensão de concessão de aposentadoria por invalidez. Impossibilidade ante a redução parcial da capacidade laborativa. Pedido alternativo para concessão de auxílio-doença acidentário. Inadmissibilidade. Inexistência de nexo causal entre a doença e a atividade laboral desenvolvida pela autora. Decisão mantida. A aposentadoria por invalidez é passível de concessão quando o segurado for considerado incapaz para o trabalho e desde que não haja condições de reabilitá-lo profissionalmente, de modo a não permitir o exercício de alguma atividade que possa garantir a sua subsistência, em obediência aos arts. 42 e 62 da Lei 8.213/1991 e art. 79 do Dec. Federal 3.048/1999. A incapacidade laborativa que enseja o recebimento do auxílio doença deve ser temporária, pois, no caso de permanecer a sequela que lhe diminui a aptidão funcional, deverá o auxílio doença ser convertido em auxílio acidente, em obediência ao art. 86 da Lei 8.213/1991. Se inexiste o nexo causal entre a doença apresentada e o trabalho desenvolvido, não há que se falar em concessão de benefícios por parte do INSS. Recurso desprovido" (TJPR –AC 0431319-5 – Pato Branco – 6.ª Câm. Cív. – rel. Des. Idevan Lopes – j. 01.04.2008).

"Previdenciário. Auxílio-doença. Cassação do benefício. Impossibilidade. Ausência de laudo pericial comprovando a capacidade laboral. Lei 8.213/1991, art. 62. – Sem a juntada aos autos do laudo administrativo, é de se afastar a alegação de que o segurado estava recuperado, mormente quando restou plenamente comprovado, mediante perícia judicial, que o segurado é portador de Mal de Chagas, sendo absolutamente incapaz para o trabalho. – Inteligência do art. 62, da Lei 8.213/1991. – Recurso especial não conhecido" (STJ – REsp 352.199/AL – 6.ª T. – rel. Min. Vicente Leal – j. 18.04.2002 – DJ 17.05.2002– p. 207).

"Previdenciário. Recurso especial. Auxílio-doença. Art. 62 da Lei 8.213/1991. Reexame de prova. Impossibilidade. Súmula 7/STJ. Examinando-se art. 62 da Lei 8.213/1991, constata-se que cabe ao Médico Perito do INSS, após exame do segurado, opinar sobre suas condições, física e mental, ponderando a possibilidade de seu retorno ao trabalho ou da necessidade de uma reabilitação ou readaptação para nova atividade que lhe garanta a subsistência, ou ainda, que lhe seja concedida a aposentadoria por invalidez. No caso em exame, o deslinde da questão implica, necessariamente, num revolvimento da matéria fática já debatida nos autos, para que seja definido se o segurado preenche ou não os requisitos legais exigidos para a concessão do benefício pleiteado, o que encontra óbice na Súmula 7/STJ. Precedentes desta Corte. Recurso não conhecido" (STJ – REsp 448.459/AL – rel. Min. Jorge Scartezzini – *DJU* 04.08.2003 – p. 00367).

Art. 63. O segurado empregado em gozo de auxílio-doença será considerado pela empresa como licenciado.

Parágrafo único. A empresa que garantir ao segurado licença remunerada ficará obrigada a pagar-lhe durante o período de auxílio-doença a eventual diferença entre o valor deste e a importância garantida pela licença.

✳ **Remissão:** art. 28 da CLPS.

Anotação

Em verdade, o período de fruição do auxilio-doença é definido, pela CLT, como hipótese de suspensão do contrato de trabalho. Assim dispôs a Consolidação: "Art. 476. Em caso de seguro-doença ou auxílio-enfermidade, o empregado é considerado em licença não remunerada, durante o prazo desse benefício".

A regra referida no parágrafo único diz respeito ao teor do contrato de trabalho que, nesse caso, foi tornado cogente pelo comando anotado.

JURISPRUDÊNCIA

"*Mandado de segurança. Previdenciário. Auxílio-doença. Pedido administrativo. Perda da qualidade de segurado. Inocorrência. Art. 15, I e II, e art. 63 da Lei 8.213/1991.* – Não é de se acolher a arguição de decadência, tendo em vista que na data da impetração, ainda estava sendo apreciado recuso administrativo, questionando o ato administrativo impugnado, que não se havia aperfeiçoado; – Cessada determinada prestação previdenciária, *in casu,* auxílio-doença, somente, após 12 meses, contados deste momento, perde o impetrante a qualidade de segurado, consoante o art. 15, I e II c/c art. 63, da Lei 8.213/1991; – De acordo com a prova pré-constituída carreada aos presentes autos, o requerimento administrativo foi formulado quando, ainda, detinha o impetrante a qualidade de segurado da Previdência Social; – É ilegal e abusivo o ato administrativo que obsta a apreciação do requerimento, sob o fundamento de perda de qualidade de segurado do impetrante, olvidando as regras contidas na Lei de Planos de Benefícios da Previdência Social" (Lei 8.213/1991) (TRF-2.ª Reg. – AC/MS 48.840/RJ – 2.ª T. – Des. Federal Paulo Espírito Santo – j. 10.12.003).

Art. 64: (Artigo revogado pela Lei 9.032, de 28.04.1995, *DOU* 29.04.1995).

▶ Assim dispunha o art. 64 revogado:

Art. 64. Após a cessação do auxílio-doença acidentário e do retorno ao trabalho, havendo agravamento de sequela que resulte na reabertura do benefício, o novo salário de contribuição será considerado no cálculo.

Subseção VI
Do salário-família

Art. 65. O salário-família será devido, mensalmente, ao segurado empregado, exceto ao doméstico, e ao segurado trabalhador avulso, na proporção do respectivo número de filhos ou equiparados nos termos do § 2.º do art. 16 desta Lei, observado o disposto no art. 66.

Parágrafo único. O aposentado por invalidez ou por idade e os demais aposentados com 65 (sessenta e cinco) anos ou mais de idade, se do sexo masculino, ou 60 (sessenta) anos ou mais, se do feminino, terão direito ao salário-família, pago juntamente com a aposentadoria.

✱ **Remissão:** art. 7.º, XI, da CF/1988; art. 40 da CLPS.

✎ Anotação

Operando a seletividade, o art. 7.º, XI, da CF/1988 restringiu aos segurados de baixa renda o pagamento do salário-família.

A qualificação da baixa renda remonta ao critério de fixação do salário de contribuição dos segurados empregados da primitiva redação da Lei 8.212/1991. O valor seria equivalente, à época, a três salários mínimos. O mesmo critério foi adotado pela EC 20/1998, cujo art. 13, definindo o limite máximo da remuneração daqueles que poderiam perceber o salário-família e o auxílio-reclusão, registrou o valor nominal de R$ 360,00, correspondente, naquele momento, a três salários mínimos.

Hoje em dia, o valor é fixado em ato normativo ministerial sempre que ocorre a alteração do valor do salário mínimo.

Vigora, hoje, a Portaria Interministerial MPS/MF 15/2013, que fixou em R$ 971,78 o valor que seria considerado, para efeitos de concessão do benefício, como baixa renda.

Percebe-se, de pronto, a enorme distorção que o tema comporta.

Considerado o salário mínimo atual, de R$ 678,00, a baixa renda primitiva, correspondente a três salários mínimos (os tais R$ 360,00 da EC 20/1998), foi reduzida a pouco mais de um salário mínimo e meio.

O benefício é devido ao segurado que tenha filhos de até 14 anos de idade ou inválidos de qualquer idade.

As mesmas razões que justificam a inclusão dos menores sob guarda no rol de dependentes militam em favor do pagamento do salário-família aos segurados que tenham sob seus cuidados menores de que obtiveram a guarda.

JURISPRUDÊNCIA

"*Previdenciário. Concessão de salário-família. Art. 65, da Lei 8.213/1991.* 1. De acordo com o art. 65, da Lei 8.213/1991, 'o salário-família será devido, mensalmente, ao segurado empregado, exceto ao doméstico, e ao segurado trabalhador avulso, na proporção do respectivo número de filhos'. Dispõe, ainda, o art. 67, do mesmo diploma legal: 'o pagamento do salário-família é condicionado à apresentação da certidão de nascimento do filho'. 2. A autora instruiu seu pedido com documentos, nos quais comprova ser segurada da Previdência Social, na qualidade de empregada da empresa Panificação Joyce Ltda, da qual foi afastada por motivo de doença, bem como, através de certidão, o nascimento de seu filho, Felipe da Silva Brantes, em 09.01.1987. Logo, restaram preenchidos os requisitos necessários à concessão do salário-família, como se vê das normas acima transcritas. 3. Apelação e remessa *ex officio* improvidas" (TRF-2.ª Reg. – AC 282.126 – 2.ª T. – rel. Des. Federal Antônio Cruz Netto – j. 17.09.2003 – DJU 14.10.2003 – p. 107).

"*Salário-maternidade. Crédito salarial. Prazo prescricional de 5 anos. Empregada doméstica. Concessão. Salário-família. Indevido. Auxílio-natalidade. Falta de recurso específico.* 1. O prazo nonagesimal para requerimento do salário-maternidade constitui limite para o uso dos valores durante o gozo da respectiva licença, não se constituindo em prazo prescricional para o recebimento dessa verba salarial, decorrente de trabalho legalmente presumido e mesmo como garantia de isonômico tratamento com as seguradas empregada e avulsa. 2. Cabível o crédito salarial do salário-maternidade no prazo prescricional de 5 anos, a contar do período em que poderia ter sido exercido esse direito e incidindo isoladamente sobre cada parcela salarial. 3. Demonstrada a condição de segurada, é devido o salário-maternidade. 4. Somente deixará de existir o benefício previdenciário de auxílio natalidade, com a implementação do benefício eventual – de natureza assistencial – criado pela Lei 8.742, de 07.12.1983 (art. 40). 5. Não possui a doméstica direito ao salário-família, na forma do art. 65 da Lei 8 213/91" (TRF-4.ª Reg. – REO-AC 2000.04.01.005016-4/RS – 6.ª T. – rel. Juiz Néfi Cordeiro – *DJU* 16.01.2002 – p. 1286).

"*Salário-família. Requisitos para sua concessão.* Nos termos do art. 65 da Lei 8.213/1991, o salário-família será devido, mensalmente, ao segurado empregado, exceto ao doméstico e ao segurado trabalhador avulso, na proporção do respectivo número de filhos ou equiparados" (TRT-3.ª Reg. – RO 5214/03 – 1.ª T. – rel. Juiz José Marlon de Freitas – *DJMG* 30.05.2003 – p. 06).

Art. 66. O valor da cota do salário-família por filho ou equiparado de qualquer condição, até 14 (quatorze) anos de idade ou inválido de qualquer idade é de:

I – Cr$ 1.360,00 (um mil trezentos e sessenta cruzeiros), para o segurado com remuneração mensal não superior a Cr$ 51.000,00 (cinquenta e um mil cruzeiros);

II – Cr$ 170,00 (cento e setenta cruzeiros), para o segurado com remuneração mensal superior a Cr$ 51.000,00 (cinquenta e um mil cruzeiros).

✻ **Remissão:** art. 7.º, XII, da CF/1988; art. 41 da CLPS.

Anotação

Seguindo esse critério, com as correções nos valores do salário mínimo, a Portaria Interministerial 15/MPS/MF, de 10.01.2013, *DOU* 11.01.2013, estabelece, em seu art. 4.º, que:

"Art. 4.º O valor da cota do salário-família por filho ou equiparado de qualquer condição, até 14 (quatorze) anos de idade, ou inválido de qualquer idade, a partir de 1.º de janeiro de 2013, é de:

I – R$ 33,16 (trinta e três reais e dezesseis centavos) para o segurado com remuneração mensal não superior a R$ 646,55 (seiscentos e quarenta e seis reais e cinquenta e cinco centavos);

II – R$ 23,36 (vinte e três reais e trinta e seis centavos) para o segurado com remuneração mensal superior a R$ 646,55 (seiscentos e quarenta e seis reais e cinquenta e cinco centavos) e igual ou inferior a R$ 971,78 (novecentos e setenta e um reais e setenta e oito centavos)".

Art. 67. O pagamento do salário-família é condicionado à apresentação da certidão de nascimento do filho ou da documentação relativa ao equiparado ou ao inválido, e à apresentação anual de atestado de vacinação obrigatória e de comprovação de frequência à escola do filho ou equiparado, nos termos do regulamento (Redação dada ao artigo pela Lei 9.876, de 26.11.1999, *DOU* 29.11.1999).

✱ **Remissão:** art. 42, §§ 2.º a 4.º, da CLPS.

✍ Anotação

O pagamento do salário-família exige a devida comprovação do direito do segurado. Há, no preceito, uma mescla de exigência a um só tempo técnica (certidão de nascimento) e política (atestação de vacinas e de frequência à escola).

A seu modo, o comando unifica a compreensão do legislador a respeito dos direitos sociais no seu todo considerados como partes integrantes da condição humana.

JURISPRUDÊNCIA

"*Salário-família. Requisitos.* Nos termos do art. 67 da Lei 8.213/1991, c/c art. 84 do Dec. 3.048/1999, o pagamento da cota do salário-família exige do empregado o preenchimento cumulativo de três requisitos: a apresentação de certidão de nascimento do filho menor de 14 (quatorze) anos, a apresentação anual de atestado de vacinação obrigatória e a comprovação de frequência escolar do filho. Sem o atendimento dessas condições pelo trabalhador, não há como impor à empregadora a obrigação de efetuar o pagamento do benefício em comento. Horas *in itinere*. Utilização de transporte intermunicipal.

TÍTULO III – DO REGIME GERAL DE PREVIDÊNCIA SOCIAL • **Art. 68**

O deslocamento de empregado realizado por meio de transporte público intermunicipal não enseja o pagamento de horas *in itinere*, mormente quando restar demonstrado que, apesar da distância percorrida, o local de trabalho não é de difícil acesso e também por ser esta uma modalidade de transporte público" (TRT-14.ª Reg. – RO 19220080911400 – 2.ª T. – rel. Juíza Socorro Miranda – j. 06.11.2008 – DJe 13.11.2008).

"*Salário-família. Termo de responsabilidade. Exigência. Ônus do empregador.* É do empregador o ônus de exigir a formalização de termo de responsabilidade mediante o qual o empregado declara o preenchimento de todos os requisitos necessários à percepção do salário-família, a fim de se eximir de futuras alegações de inadimplência. Assim não procedendo, é lícito o deferimento das cotas do salário-família postuladas pelo trabalhador que, em Juízo, comprova fazer *jus* ao benefício. Recurso parcialmente provido" (TRT-13.ª Reg. – RO 00924.2007.001.13.00-6 – 1.ª T. – rel. Juíza Margarida Alves de Araujo Silva – j. 06.05.2008).

▶ Assim dispunha o art. 67 alterado:

> Art. 67. O pagamento do salário-família é condicionado à apresentação da certidão de nascimento do filho ou da documentação relativa ao equiparado ou ao inválido, e à apresentação anual de atestado de vacinação obrigatório do filho.

Art. 68. As cotas do salário-família serão pagas pela empresa, mensalmente, junto com o salário, efetivando-se a compensação quando do recolhimento das contribuições, conforme dispuser o Regulamento.

§ 1.º A empresa conservará durante 10 (dez) anos os comprovantes dos pagamentos e as cópias das certidões correspondentes, para exame pela fiscalização da Previdência Social.

§ 2.º. Quando o pagamento do salário não for mensal, o salário-família será pago juntamente com o último pagamento relativo ao mês.

✳ **Remissão:** art. 42 da CLPS.

✎ Anotação

O salário-família é pago pelo empregador mediante o denominado mecanismo do reembolso. Após efetuar o pagamento, o empregador deduz o

Art. 69 • LEI DOS PLANOS DE BENEFÍCIOS DA PREVIDÊNCIA SOCIAL

montante gasto com as cotas do salário-família das quantias que deve recolher a título de contribuição social ao Poder Público.

JURISPRUDÊNCIA

"*Salário-família. Benefício previdenciário. Requisitos para a concessão. Lei 8.213/1991.* Os arts. 67 e 68 da Lei 8.213/1991 exigem a apresentação, pelo trabalhador, da certidão de nascimento do dependente e respectivo atestado de vacinação, para fazer *jus* à percepção do salário-família que, embora antecipado pelo empregador, detém cunho previdenciário e assim é posteriormente compensado junto ao INSS. A finalidade do referido preceito legal é identificar o dependente junto à autarquia previdenciária e comprovar-se estar vivo, devendo a empregadora apenas efetivar o pagamento do salário-família se apresentadas a certidão de nascimento e o atestado de vacinação obrigatória do menor, inclusive porque, doutro modo, estaria sujeito a não poder proceder à compensação previdenciária ante o contido no Memo-Circular 745/78 do extinto Inamps, item 5.1, ainda vigente" (TRT-10.ª T. – ROPS 1227200301810007/DF – 3.ª T. – rel. Des. Alexandre Nery de Oliveira – j. 05.05.2004 – *DJ* 14.05.2004).

Art. 69. O salário-família devido ao trabalhador avulso poderá ser recebido pelo sindicato de classe respectivo, que se incumbirá de elaborar as folhas correspondentes e de distribuí-lo.

✱ Remissão: art. 42, § 5.º, da CLPS.

Art. 70. A cota do salário-família não será incorporada, para qualquer efeito, ao salário ou ao benefício.

✱ Remissão: art. 65, parágrafo único, da CLPS.

Subseção VII

Do salário-maternidade

Art. 71. O salário-maternidade é devido à segurada da Previdência Social, durante 120 (cento e vinte) dias, com início no período entre 28 (vinte e oito) dias antes do parto e a data de ocorrência deste, observadas as situações e condições previstas na legislação no que concerne à proteção à maternidade (Redação dada ao *caput* pela Lei 10.710, de 05.08.2003, *DOU* 06.08.2003).

TÍTULO III – DO REGIME GERAL DE PREVIDÊNCIA SOCIAL • Art. 71

Parágrafo único. (Dispositivo revogado pela Lei 9.528, de 10.12.1997, *DOU* 11.12.1997).

* **Remissão:** arts 7.º, XVIII, e 201, II, da CF/1988; art. 14 da EC 20/1998; art. 44 da CLPS; Lei 11.170, de 09.09.2008.

Anotação

O salário-maternidade é conquista internacional das trabalhadoras desde a Convenção n. 3, datada do mesmo ano em que foi criada a OIT. Aceita pelo Brasil, a Convenção jamais obteve eficácia no plano interno do nosso direito e chegou a ser denunciada pelo Governo do Brasil, ainda que desde 1934 figurasse de modo expresso nas Constituições.

A lei brasileira, obediente ao paradigma internacional, fez migrar o tema do direito do trabalho para o direito previdenciário.

O período de licença poderá ser dilatado para 180 dias, nos termos da Lei 11.170/2008, mediante incentivo fiscal a ser concedido às empresas.

JURISPRUDÊNCIA

"*Previdenciário. Salário-maternidade. Empregada rural. Requisitos legais. Comprovação da maternidade e qualidade de segurada. Vínculo empregatício. Desnecessidade. Art. 97 do Dec. 3.048/1999. Ilegalidade.* 1. Nos termos dos arts. 71 e ss. da Lei 8.213/1991, é devido o salário-maternidade às empregadas que fizerem prova do nascimento dos filhos e da qualidade de seguradas na data do parto, independentemente do cumprimento de período de carência (art. 26 da LBPS). 2. O art. 97 do Dec. 3.048/1999, ao estipular como requisito para o deferimento do salário-maternidade a existência de vínculo empregatício, mostra-se ilegal, já que extrapola a Lei de Benefícios, a qual apenas exige, para a concessão do benefício, a maternidade e a qualidade de segurada da mãe – condição esta que se mantém, mesmo para a segurada que deixa de ser empregada, pelos interregnos previstos no art. 15 da LBPS. 3. Preenchidos os requisitos legais, é de se conceder o benefício à autora" (TRF-4.ª Reg. – AC 2.051/SC – 5.ª T. – Celso Kipper – j. 20.05.2007 – *DJe* 15.06.2007).

"*Tributário. Contribuição previdenciária. Salário-maternidade. Pretensão à exigência do INSS contra o empregador. Art. 71, da Lei 8.213/1991, com redação dada pela Lei 9.876/1999.* – É razoável o entendimento de que não incidem as contribuições previdenciárias a cargo do empregador sobre o valor do salário-maternidade devido às seguradas mães pelo INSS; – É irrelevante para emprestar natureza ao instituto a denominação que lhe é atribuída, daí porque o salário-maternidade, a despeito do nome, não constitui salário, donde não ensejar cobrança das contribuições previdenciárias a cargo do empregador; – Durante o período de licença-maternidade o contrato de trabalho resta suspenso e, consequentemente, sem produzir efeitos; – Agravo de instrumento improvido. Agravo inominado prejudicado" (TRF-5.ª Reg. – 2.ª T. – AI 40.189/PE – rel. Des. Federal Paulo Roberto de Oliveira Lima – *DJU* 11.08.2003).

"Previdenciário. Salário-maternidade. Valor do benefício. Juros de mora. Correção monetária. Honorários advocatícios. Custas processuais. Recurso provido. Sentença reformada. 1. Demonstrado que, na época do nascimento de seu filho, a parte autora era segurada da Previdência e cumprira a carência exigida no art. 25, III, da Lei 8.213/1991, impõe-se a concessão do salário-maternidade (art. 71 da Lei 8.213/1991). (...)" (TRF-3.ª Reg. – AC 765.099 – 5.ª T. – rel. Des. Federal Ramza Tartuce – *DJU* 27.05.2003 – p. 258).

▶ Assim dispunha o *caput* do art. 71, na versão original:

> Art. 71. O salário-maternidade é devido à segurada empregada, à trabalhadora avulsa e à empregada doméstica, durante 28 (vinte e oito) dias antes e 92 (noventa e dois) dias depois do parto, observadas as situações e condições previstas na legislação no que concerne à proteção à maternidade.

▶ Assim dispunha o *caput* do art. 71, na redação da Lei 8.861, de 25.03.1994:

> Art. 71. O salário-maternidade é devido à segurada empregada, à trabalhadora avulsa, à empregada doméstica e à segurada especial, observado o disposto no parágrafo único do art. 39 desta lei, durante 120 (cento e vinte) dias, com início no período entre 28 (vinte e oito) dias antes do parto e a data de ocorrência deste, observadas as situações e condições previstas na legislação no que concerne à proteção à maternidade. (Redação dada ao *caput* pela Lei 8.861, de 25.03.1994, *DOU* 28.03.1994).

▶ Assim dispunha o *caput* do art. 71 alterado:

> Art. 71. O salário-maternidade é devido à segurada da Previdência Social, durante cento e vinte dias, com início no período entre vinte e oito dias antes do parto e a data de ocorrência deste, observadas as situações e condições previstas na legislação no que concerne à proteção à maternidade, sendo pago diretamente pela Previdência Social. (Redação dada ao *caput* pela Lei 9.876, de 26.11.1999, *DOU* 29.11.1999).

TÍTULO III – DO REGIME GERAL DE PREVIDÊNCIA SOCIAL • **Art. 71-B**

▶ Assim dispunha o parágrafo único do art. 71 revogado:

> Parágrafo único. A segurada especial e a empregada doméstica podem requerer o salário-maternidade até 90 (noventa) dias após o parto. (Dispositivo incluído pela Lei 8.861, de 25.03.1994, *DOU* 28.03.1994).

Art. 71-A. Ao segurado ou segurada da Previdência Social que adotar ou obtiver guarda judicial para fins de adoção de criança é devido salário-maternidade pelo período de 120 (cento e vinte) dias.

§ 1.º O salário-maternidade de que trata este artigo será pago diretamente pela Previdência Social.

§ 2.º Ressalvado o pagamento do salário-maternidade à mãe biológica e o disposto no art. 71-B, não poderá ser concedido o benefício a mais de um segurado, decorrente do mesmo processo de adoção ou guarda, ainda que os cônjuges ou companheiros estejam submetidos a Regime Próprio de Previdência Social. (NR).

✳ **Remissão:** Não há.

✎ **Anotação**

O incentivo à adoção justifica a extensão do benefício aos adotantes e àqueles que obtenham a guarda judicial das crianças.

▶ Assim dispunha o *caput* do art. 71-A alterado:

> Art. 71-A. À segurada da Previdência Social que adotar ou obtiver guarda judicial para fins de adoção de criança é devido salário-maternidade pelo período de 120 (cento e vinte) dias, se a criança tiver até 1 (um) ano de idade, de 60 (sessenta) dias, se a criança tiver entre 1 (um) e 4 (quatro) anos de idade, e de 30 (trinta) dias, se a criança tiver de 4 (quatro) a 8 (oito) anos de idade. (Artigo incluído pela Lei 10.421, de 15.04.2002).

Art. 71-B. No caso de falecimento da segurada ou segurado que fizer jus ao recebimento do salário-maternidade, o benefício será pago, por todo o período ou pelo tempo restante a que teria direito, ao cônjuge ou companheiro sobrevivente que tenha a qualidade de segurado, exceto no caso do falecimento do filho ou de seu abandono, observadas as normas aplicáveis ao salário-maternidade.

Art. 71-C • Lei dos Planos de Benefícios da Previdência Social

§ 1.º O pagamento do benefício de que trata o *caput* deverá ser requerido até o último dia do prazo previsto para o término do salário-maternidade originário.

§ 2.º O benefício de que trata o *caput* será pago diretamente pela Previdência Social durante o período entre a data do óbito e o último dia do término do salário-maternidade originário e será calculado sobre:

I – a remuneração integral, para o empregado e trabalhador avulso;

II – o último salário de contribuição, para o empregado doméstico;

III – 1/12 (um doze avos) da soma dos 12 (doze) últimos salários de contribuição, apurados em um período não superior a 15 (quinze) meses, para o contribuinte individual, facultativo e desempregado; e

IV – o valor do salário mínimo, para o segurado especial.

§ 3.º Aplica-se o disposto neste artigo ao segurado que adotar ou obtiver guarda judicial para fins de adoção. (Artigo acrescentado pela Lei 12.873, de 24.10. 2013).

✱ **Remissão:** Não há.

✐ Anotação

O preceito disciplina a sucessão do beneficiário falecido pelo cônjuge ou companheiro sobrevivente. Não tem nenhum cabimento a restrição aos segurados dessa sucessão. Ou o benefício está destinado a proteger a família, como é de sua história e da sua essência, ou é mero instrumento financeiro O próprio comando cria verdadeira contradição interna ao afirmar que, em caso de abandono da criança adotada, o salário-maternidade se extingue.

Art. 71-C. A percepção do salário-maternidade, inclusive o previsto no art. 71-B, está condicionada ao afastamento do segurado do trabalho ou da atividade desempenhada, sob pena de suspensão do benefício. (Artigo acrescentado pela Lei 12.873, de 24.10.2013).

✱ **Remissão:** Não há.

✐ Anotação

O preceito cria condição elementar para a manutenção do benefício: que haja o efetivo afastamento do trabalho, de modo a que o utente da prestação cuide, efetivamente, daquele a quem presta a assistência familiar

Art. 72. O salário-maternidade para a segurada empregada ou trabalhadora avulsa consistirá numa renda mensal igual a sua remuneração integral (Redação dada ao *caput* pela Lei 9.876, de 26.11.1999, *DOU* 29.11.1999).

§ 1.º Cabe à empresa pagar o salário-maternidade devido à respectiva empregada gestante, efetivando-se a compensação, observado o disposto no art. 248 da Constituição Federal, quando do recolhimento das contribuições incidentes sobre a folha de salários e demais rendimentos pagos ou creditados, a qualquer título, à pessoa física que lhe preste serviço (Redação dada ao parágrafo pela Lei 10.710, de 05.08.2003, *DOU* 06.08.2003).

§ 2.º A empresa deverá conservar durante 10 (dez) anos os comprovantes dos pagamentos e os atestados correspondentes para exame pela fiscalização da Previdência Social (Parágrafo incluído pela Lei 10.710, de 05.08.2003, *DOU* 06.08.2003).

§ 3.º O salário-maternidade devido à trabalhadora avulsa e à empregada do microempreendedor individual de que trata o art. 18-A da LC 123, de 14 de dezembro de 2006, será pago diretamente pela Previdência Social. (Redação dada pela Lei 12.470/2011).

✱ **Remissão:** arts. 37, XI, e 248 da CF/1988; art. 14 da EC 20/1998; arts. 44 e 139, § 10, da CLPS.

Anotação

O salário-maternidade da empregada gestante será pago pelo empregador, que promoverá a compensação do respectivo valor com as contribuições sociais que deve ao Poder Público. Quando devido à avulsa, será pago diretamente pela Previdência Social.

A segurada gestante empregada terá direito a perceber o valor integral do salário-maternidade, projeção da respectiva remuneração, sem a limitação imposta pelo art. 14 da EC 20/1998, consoante decidiu o STF, nos termos da jurisprudência infracitada.

JURISPRUDÊNCIA

"ADI 1.946 – Ação Direta de Inconstitucionalidade
Origem: Distrito Federal
Rel. Min. Sydney Sanches
Requerente: Partido Socialista Brasileiro – PSB

Requeridos: Mesas da Câmara dos Deputados e do Senado Federal; Ministro de Estado da Previdência e Assistência Social
Julgamento: 03.04.2003
Órgão Julgador: Tribunal Pleno

"*Direito constitucional, previdenciário e processual civil. Licença-gestante. Salário. Limitação. Ação direta de inconstitucionalidade do art. 14 da EC 20, de 15.12.1998. Alegação de violação ao disposto nos arts. 3.º, IV, 5.º, I, 7.º, XVIII, e 60, § 4.º, IV, da CF/1988.*

1. O legislador brasileiro, a partir de 1932 e mais claramente desde 1974, vem tratando o problema da proteção à gestante, cada vez menos como um encargo trabalhista (do empregador) e cada vez mais como de natureza previdenciária. Essa orientação foi mantida mesmo após a CF/1988, cujo art. 6.º determina: a proteção à maternidade deve ser realizada 'na forma desta Constituição', ou seja, nos termos previstos em seu art. 7.º, XVIII: 'licença à gestante, sem prejuízo do empregado e do salário, com a duração de cento e vinte dias'.

2. Diante desse quadro histórico, não é de se presumir que o legislador constituinte derivado, na EC 20/1998, mais precisamente em seu art. 14, haja pretendido a revogação, ainda que implícita, do art. 7.º, XVIII, da CF/1988 originária. Se esse tivesse sido o objetivo da norma constitucional derivada, por certo a EC 20/1998 conteria referência expressa a respeito. E, à falta de norma constitucional derivada, revogadora do art. 7.º, XVIII, a pura e simples aplicação do art. 14 da EC 20/1998, de modo a torná-la insubsistente, implicará um retrocesso histórico, em matéria social-previdenciária, que não se pode presumir desejado.

3. Na verdade, se se entender que a Previdência Social, doravante, responderá apenas por R$ 1.200,00 (hum mil e duzentos reais) por mês, durante a licença da gestante, e que o empregador responderá, sozinho, pelo restante, ficará sobremaneira, facilitada e estimulada a opção deste pelo trabalhador masculino, ao invés da mulher trabalhadora. Estará, então, propiciada a discriminação que a CF/1988 buscou combater, quando proibiu diferença de salários, de exercício de funções e de critérios de admissão, por motivo de sexo (art. 7.º, XXX, da CF/1988), proibição, que, em substância, é um desdobramento do princípio da igualdade de direitos, entre homens e mulheres, previsto no inc. I do art. 5.º, da CF/1988. Estará, ainda, conclamado o empregador a oferecer à mulher trabalhadora, quaisquer que sejam suas aptidões, salário nunca superior a R$ 1.200,00, para não ter de responder pela diferença. Não é crível que o constituinte derivado, de 1998, tenha chegado a esse ponto, na chamada Reforma da Previdência Social, desatento a tais consequências. Ao menos não é de se presumir que o tenha feito, sem o dizer expressamente, assumindo a grave responsabilidade.

4. A convicção firmada, por ocasião do deferimento da Medida Cautelar, com adesão de todos os demais Ministros, ficou agora, ao ensejo deste julgamento de mérito, reforçada substancialmente no parecer da Procuradoria-Geral da República.

5. Reiteradas as considerações feitas nos votos, então proferidos, e nessa manifestação do Ministério Público federal, a Ação Direta de Inconstitucionalidade é julgada procedente, em parte, para se dar, ao art. 14 da EC 20, de 15.12.1998, interpretação conforme à CF/1988, excluindo-se sua aplicação ao salário da licença gestante, a que se refere o art. 7.º, XVIII, da CF/1988.

6. Plenário.

Decisão unânime" (STF – ADIn 1.946-5 – Pleno – rel. Sydney Sanches – j. 03.04.2003 – *DJ* 16.05.2003 – p. 00090).

▶ Assim dispunha o *caput* do art. 72 alterado:

Art. 72. O salário-maternidade para a segurada empregada ou trabalhadora avulsa consistirá numa renda mensal igual à sua remuneração integral e será pago pela empresa, efetivando-se a compensação quando do recolhimento das contribuições, sobre a folha de salários.

▶ Assim dispunha o § 3.º do art. 72 alterado:

§ 3.º O salário-maternidade devido à trabalhadora avulsa será pago diretamente pela Previdência Social. (Parágrafo incluído pela Lei 10.710, de 05.08.2003, *DOU* 06.08.2003).

Art. 73. Assegurado o valor de um salário-mínimo, o salário-maternidade para as demais seguradas, pago diretamente pela Previdência Social, consistirá: (Redação dada ao *caput* pela Lei 10.710, de 05.08.2003, *DOU* 06.08.2003).

I – em um valor correspondente ao do seu último salário de contribuição, para a segurada empregada doméstica; (Inciso incluído pela Lei 9.876, de 26.11.1999, *DOU* 29.11.1999).

II – em um doze avos do valor sobre o qual incidiu sua última contribuição anual, para a segurada especial; (Inciso incluído pela Lei 9.876, de 26.11.1999, *DOU* 29.11.1999).

III – em um doze avos da soma dos doze últimos salários de contribuição, apurados em um período não superior a quinze meses, para as demais seguradas. (Inciso incluído pela Lei 9.876, de 26.11.1999, *DOU* 29.11.1999).

✳ **Remissão:** art. 7.º, XVIII, da CF/1988; art. 44 da CLPS.

✍ **Anotação**

Hipóteses nas quais o salário-maternidade será pago diretamente pela Previdência Social, em valores que se ajustam à base contributiva da segurada.

JURISPRUDÊNCIA

"*Decisão*: Trata-se de Agravo Regimental interposto contra decisão que negou seguimento ao recurso extraordinário. Eis o teor da decisão agravada:

'Trata-se de recurso extraordinário contra acórdão que manteve sentença que reconheceu o direito ao salário-maternidade à segurada desempregada.

Neste RE, fundado no art. 102, III, *a*, da CF/1988, alegou-se, em suma, ofensa aos arts. 2.º, 7.º, XXXVI, e 195, § 5.º, da mesma CF/1988. O Subprocurador-Geral da República Rodrigo Janot de Barros Monteiro opinou pelo não conhecimento do recurso (f.). A pretensão recursal não merece prosperar. O acórdão recorrido decidiu a questão à luz da legislação infraconstitucional aplicável à espécie (Lei 8.213/1991). Assim, a afronta à CF/1988, se ocorrente, seria indireta. Incabível, portanto, o recurso extraordinário. Isso posto, nego seguimento ao recurso (CPC, art. 557, *caput*)' (f.).

O agravante sustenta, em suma, que a decisão deve ser reformada, insistindo, dessa forma, no processamento do recurso extraordinário. Argumenta que, no caso, há afronta direta à CF/1988.

Bem reexaminada a questão, verifica-se que a decisão atacada não merece reforma, visto que o agravante não aduziu novos argumentos capazes de afastar as razões nela expendidas.

Com efeito, o acórdão recorrido manteve a sentença de 1.º Grau por seus próprios fundamentos (f.).

Esta, por sua vez, fundamentou-se na interpretação da Lei 8.213/1991 para conceder o benefício, qual seja, o salário-maternidade, *in verbis*:

'De qualquer sorte, a segurada ex-empregada, que esteja no período de graça, não fica ao total desamparo, pois o art. 73, III, da Lei 8.213/1991, assegurou o salário-maternidade 'as demais seguradas' e entendo que a desempregada que não tenha perdido a qualidade de segurada se enquadra nessa categoria' (f.).

Assim, verifica-se que a discussão acerca dos requisitos para concessão do salário-maternidade dependeria do exame da legislação infraconstitucional (Lei 8.213/1991). Desse modo, conforme ressaltado na decisão agravada, a ofensa à CF/1988, se ocorrente, se daria de forma indireta ou reflexa, o que torna inviável o recurso extraordinário. Nesse sentido, transcrevo ementas de julgados de ambas as Turmas desta Corte:

'*Agravo Regimental no Agravo de Instrumento. Previdenciário. Requisitos para concessão de salário-maternidade. Lei 8.213/1991. Impossibilidade da análise da legislação infraconstitucional. Ofensa constitucional indireta. Agravo Regimental ao qual se*

nega provimento' (AI 640.745-AgR/SC – rel. Min. Cármen Lúcia).

'1. *Recurso.* Extraordinário. Prequestionamento. Comprovação de que a matéria recursal foi devidamente prequestionada. Decisão agravada. Reconsideração. Provado o prequestionamento da matéria recursal, devem ser examinados os demais requisitos de admissibilidade do recurso extraordinário.

2. *Recurso.* Extraordinário. Inadmissibilidade. Matéria infraconstitucional. Agravo regimental não provido. Não se admite recurso extraordinário que teria por objeto alegação de ofensa que, irradiando-se de má interpretação, aplicação, ou, até, inobservância de normas infraconstitucionais, seria apenas indireta à CF/1988' (RE 572.304-AgR/SC – rel. Min. Cezar Peluso – grifos no original.

Por fim, observe-se que o Plenário deste Tribunal reconheceu a validade constitucional da norma legal que inclui, na esfera de atribuições do Relator, a competência para negar seguimento, por meio de decisão monocrática, a recursos, pedidos ou ações, quando inadmissíveis, intempestivos, sem objeto ou que veiculem pretensão incompatível com a jurisprudência predominante deste Supremo Tribunal:

'A tese dos impetrantes, da suposta incompetência do relator para denegar seguimento a mandado de segurança, encontra firme repúdio neste Tribunal. A Lei 8.038/1990, art. 38, confere-lhe poderes processuais, para, na direção e condução do processo, assim agir. Agravo regimental improvido' (MS 21.734-AgR/MS – rel. Min. Ilmar Galvão).

Nesse sentido, nos termos do art. 21, § 1.º, do RISTF, poderá o Relator:

'(...) negar seguimento a pedido ou recurso manifestamente inadmissível, improcedente ou contrário à jurisprudência dominante ou a Súmula do Tribunal, deles não conhecer em caso de incompetência manifesta, encaminhando os autos ao órgão que repute competente, bem como cassar ou reformar, liminarmente, acórdão contrário à orientação firmada nos termos do art. 543-B do CPC'.

Isso posto, nego seguimento ao agravo regimental (art. 21, § 1.º, do RISTF).

Publique-se.

Brasília, 16 de março de 2010 – Min. Ricardo Lewandowski" (STF – RE 464704 AgR – SC – Decisão Monocrática – rel. Min. Ricardo Lewandowski – j. 16.03.2010 – DJe-059 05.04.2010).

▶ Assim dispunha o *caput* do art. 73, na versão original:

Art. 73. O salário-maternidade será pago diretamente pela Previdência Social à empregada doméstica, em valor correspondente ao do seu último salário de contribuição.

▶ Assim dispunha o *caput* do art. 73, na redação da Lei 8.861, de 25.03.1994:

Art. 73. O salário-maternidade será pago diretamente pela Previdência Social a empregada doméstica, em valor correspondente ao do seu último salário de contribuição, e à segurada especial, no valor de 1 (um) salário mínimo, observado o disposto no regulamento desta lei.

▶ Assim dispunha o *caput* do art. 73 alterado:

Art. 73. Assegurado o valor de um salário mínimo, o salário-maternidade para as demais seguradas consistirá: (Redação dada ao *caput* pela Lei 9.876, de 26.11.1999, *DOU* 29.11.1999).

Subseção VIII
Da pensão por morte

Art. 74. A pensão por morte será devida ao conjunto dos dependentes do segurado que falecer, aposentado ou não, a contar da data: (Redação dada ao *caput* pela Lei 9.528, de 10.12.1997, *DOU* 11.12.1997).

I – do óbito, quando requerida até trinta dias depois deste; (Inciso incluído pela Lei 9.528, de 10.12.1997, *DOU* 11.12.1997).

II – do requerimento, quando requerida após o prazo previsto no inciso anterior; (Inciso incluído pela Lei 9.528, de 10.12.1997, *DOU* 11.12.1997).

III – da decisão judicial, no caso de morte presumida. (Inciso incluído pela Lei 9.528, de 10.12.1997, *DOU* 11.12.1997).

✱ **Remissão:** art. 201, V, da CF/1988; arts. 10 a 13 e 47 a 53 da CLPS.

✎ Anotação

A pensão por morte será devida, ainda que verificada a perda da qualidade do segurado, desde que o falecido tenha cumprido, antes, a carência necessária à obtenção da aposentadoria.

JURISPRUDÊNCIA

"*Previdenciário. União estável. Pensão. Reconhecimento. Provas testemunhais e documentais*. Os documentos acostados satisfazem plenamente o critério para a comprovação da união estável, previsto nos arts. 226 e 201, V, da CF/1988, art. 74 da Lei 8.213/1991 e art. 22 do Dec. 3.048/1999, desta forma, demonstra-se flagrantemente ilegal o indeferimento administrativo da pensão. Comprovada a união estável, deve ser concedida a pensão por morte para a companheira. – Apelação e remessa necessária não providas" (TRF-2.ª Reg. – AC 262.329/RJ – 1.ª T. Rel. Des. Federal Aluisio Gonçalves de Castro Mendes – j. 13.03.2006 – *DJU* 30.03.2006 – p. 67).

"*Previdenciário e constitucional. Pensão por morte. Perda da qualidade de segurado. Reclamação trabalhista. Comprovação do vínculo laboral. Mantida a qualidade de segurado. Devida a pensão a esposa. Termo a quo. Requerimento. Correção monetária. Juros de mora. Verba honorária*. 1. É assegurada a pensão por morte ao dependente de segurado previdenciário, que em decorrência de presunção legal é dependente, nos termos da lei de regência. 2. Atendidos os requisitos indispensáveis à concessão do benefício previdenciário –, é devido o benefício de pensão por morte (art. 74, da Lei 8.213/1991). 3. Conquanto o INSS tenha sustentado o entendimento de que incidente a perda de qualidade de segurado, às f. foi anexada Ata de Conciliação firmada pelo representante do Espólio de Dario Benedito e pelo preposto da empresa Motel Oásis, na qual a Reclamada reconhece vínculo laboral de 08.10.2001 a 28.03.2003, tendo o Juízo Trabalhista determinado a notificação do INSS para as providências que entender pertinentes. 4. Ante a existência de requerimento administrativo, o termo inicial do benefício deve ser contado a partir daquela data, nos termos do inc. II do art. 74 da Lei 8.213/1991. 5. Correção monetária aplicada nos termos da Lei 6.899/1981, observando-se os índices previstos no Manual de Orientação de Procedimentos para Cálculos na Justiça Federal, incidindo desde o momento em que cada prestação se tornou devida. 6. Juros de mora fixados em 1% ao mês, a partir da citação, quanto às prestações a ela anteriores, em sendo o caso, e da data dos respectivos vencimentos no tocante às posteriormente vencidas. 7. Verba honorária mantida em 10% (dez por cento) sobre o valor da condenação, incidindo somente sobre as parcelas vencidas até o momento da prolação da sentença (Súmula 111/STJ). 8. Apelação desprovida. 9. Remessa oficial parcialmente provida" (TRF-1.ª Reg. – AC 0000422-82.2005.4.01.9199/MG – 2.ª T. – rel. Des. Federal Neuza Maria Alves da Silva – j. 17.05.2010 – *DJe* 07.04.2010 – p. 80).

Art. 75 • LEI DOS PLANOS DE BENEFÍCIOS DA PREVIDÊNCIA SOCIAL

"*Previdenciário. Pensão por morte. Satisfação dos requisitos do art. 74 da Lei 8.213/1991.* Nos termos do art. 74 da LBPS, a pensão por morte é devida a contar da data do óbito do segurado" (TRF-4.ª Reg. – AC 38.403/SC – 5.ª T. – rel. Maria Lúcia Luz Leiria – j. 11.12.1997 – DJ 04.03.1998 – p. 614).

"*Previdenciário. Pensão por morte. Qualidade de segurado. Comprovação. Termo inicial. Correção monetária. Juros de mora.* 1. Comprovada a qualidade de segurado do *de cujus* como trabalhador empregado, faz *jus* a parte autora ao benefício de pensão por morte. 2. O marco inicial da pensão por morte é a data do requerimento administrativo, quando efetuado após trinta dias do falecimento (art. 74, I, LBPS). 3. A correção monetária deve ser calculada conforme os índices oficiais, incidindo a partir da data do vencimento de cada parcela, e, a partir de agosto de 2006, pelo INPC. 4. A partir da vigência e eficácia da Lei 11.960/2009, a atualização monetária e os juros de mora deverão respeitar os índices oficiais de remuneração básica e juros aplicados às cadernetas de poupança" (TRF-4.ª Reg. – APELREEX 923/PR – 5.ª T. – rel. Maria Isabel Pezzi Klein – j. 06.10.2009 – DJe 19.10.2009).

"*Enunciado 26/CRPS: Seguridade social. Previdenciário. Pensão por morte. Cônjuge ou companheiro do sexo masculino. Lei 8.213/1991, art. 74.* A concessão da pensão por morte ao cônjuge ou companheiro do sexo masculino, no período compreendido entre a promulgação da CF/1988 e o advento da Lei 8.213/1991, rege-se pelas normas do Dec. 83.080, de 24.01.1979, seguido pela CLPS expedida pelo Dec. 89.312, de 23.01.1984, que continuaram a viger até o advento da Lei 8.213/1991, aplicando-se tanto ao trabalhador do regime previdenciário rural quanto ao segurado do regime urbano" (Resolução 3/CRPS, de 29.08.2006 – DOU 31.08.2006).

▶ xAssim dispunha o *caput* do art. 74, alterado:

> Art. 74. A pensão por morte será devida ao conjunto dos dependentes do segurado que falecer, aposentado ou não, a contar da data do óbito ou da decisão judicial, no caso de morte presumida.

Art. 75. O valor mensal da pensão por morte será de cem por cento do valor da aposentadoria que o segurado recebia ou daquela a que teria direito se estivesse aposentado por invalidez na data de seu falecimento, observado o disposto no art. 33 desta Lei. (Redação dada ao artigo pela Lei 9.528, de 10.12.1997, *DOU* 11.12.1997).

✴ **Remissão:** art.48 da CLPS.

TÍTULO III – DO REGIME GERAL DE PREVIDÊNCIA SOCIAL • Art. 75

✒ Anotação

O quantitativo dessa prestação progrediu da configuração inicial estabelecida pela LOPS, correspondente a 50% do valor do benefício de aposentadoria a que o segurado teria direito, acrescido de 10% a título de cota individual, para um percentual de 80% com a promulgação da Lei ora anotada. Posteriormente, a partir de 1997, o benefício foi elevado à expressão máxima atual.

Depois de longa batalha judicial, em que se intentava estabelecer a isonomia entre todos os beneficiários da pensão, mediante a fixação da alíquota de 100% para todos os benefícios, independentemente da data em que a prestação tenha sido concedida, a jurisprudência acabou aceitando a discriminação entre pensionistas.

JURISPRUDÊNCIA

"Recurso Extraordinário. Interposto pelo Instituto Nacional do Seguro Social (INSS), com fundamento no art. 102, III, 'a', da CF/1988, em face de acórdão de turma recursal dos Juizados Especiais Federais. Benefício previdenciário: pensão por morte (Lei 9.032, de 28.04.1995).

1. No caso concreto, a recorrida é pensionista do INSS desde 25.06.1972, recebendo através do benefício n. 020.719.902-7, aproximadamente o valor de R$ 248,94. Acórdão recorrido que determinou a revisão do benefício de pensão por morte, com efeitos financeiros correspondentes à integralidade do salário de benefícios da previdência geral, a partir da vigência da Lei 9.032/1995.

2. Concessão do referido benefício ocorrida em momento anterior à edição da Lei 9.032/1995. No caso concreto, ao momento da concessão, incidia a Lei 8.213, de 24 de julho de 1991.

3. O recorrente (INSS) alegou: (i) suposta violação ao art. 5.º, XXXVI, da CF/1988 (ofensa ao ato jurídico perfeito e ao direito adquirido); e (ii) desrespeito ao disposto no art. 195, § 5.º, da CF/1988 (impossibilidade de majoração de benefício da seguridade social sem a correspondente indicação legislativa da fonte de custeio total).

4. Análise do prequestionamento do recurso: os dispositivos tidos por violados foram objeto de adequado prequestionamento. Recurso Extraordinário conhecido.

5. Referência a acórdãos e decisões monocráticas proferidos quanto ao tema perante o STF: RE (AgR) n. 414.735/SC, 1.ª T., unânime, rel. Min.

Eros Grau, *DJ* 29.04.2005; RE 418.634/SC, rel. Min. Cezar Peluso, decisão monocrática, *DJ* 15.04.2005; e RE 451.244/SC, rel. Min. Marco Aurélio, decisão monocrática, *DJ* 08.04.2005.

6. Evolução do tratamento legislativo do benefício da pensão por morte desde a promulgação da CF/1988: arts. 201 e 202 na redação original da Constituição, edição da Lei 8.213/1991 (art. 75), alteração da redação do art. 75 pela Lei 9.032/1995, alteração redacional realizada pela EC 20, de 15 de dezembro de 1998.

7. Levantamento da jurisprudência do STF quanto à aplicação da lei previdenciária no tempo. Consagração da aplicação do princípio *tempus regit actum* quanto ao momento de referência para a concessão de benefícios nas relações previdenciárias. Precedentes citados: RE 258.570/RS, 1.ª T., unânime, rel. Min. Moreira Alves, *DJ* 19.04.2002; RE (AgR) n. 269.407/RS, 2.ª T., unânime, rel. Min. Carlos Velloso, *DJ* 02.08.2002; RE (AgR) n. 310.159/RS, 2.ª T., unânime, rel. Min. Gilmar Mendes, *DJ* 06.08.2004; e MS n. 24.958/DF, Pleno, unânime, rel. Min. Marco Aurélio, *DJ* 01.04.2005.

8. Na espécie, ao reconhecer a configuração de direito adquirido, o acórdão recorrido violou frontalmente a Constituição, fazendo má aplicação dessa garantia (CF/1988, art. 5.º, XXXVI), conforme consolidado por esta Corte em diversos julgados: RE 226.855/RS, Plenário, maioria, rel. Min. Moreira Alves, *DJ* 13.10.2000; RE 206.048/RS, Plenário, maioria, rel. Min. Marco Aurélio, Red. p/ o acórdão Min. Nelson Jobim, *DJ* 19.10.2001; RE 298.695/SP, Plenário, maioria, rel. Min. Sepúlveda Pertence, *DJ* 24.10.2003; AI (AgR) n. 450.268/MG, 1.ª T., unânime, rel. Min. Sepúlveda Pertence, *DJ* 27.05.2005; RE (AgR) n. 287.261/MG, 2.ª T., unânime, rel. Min. Ellen Gracie, *DJ* 26.08.2005; e RE 141.190/SP, Plenário, unânime, rel. Ilmar Galvão, *DJ* 26.05.2006.

9. De igual modo, ao estender a aplicação dos novos critérios de cálculo a todos os beneficiários sob o regime das leis anteriores, o acórdão recorrido negligenciou a imposição constitucional de que lei que majora benefício previdenciário deve, necessariamente e de modo expresso, indicar a fonte de custeio total (CF/1988, art. 195, § 5.º). Precedente citado: RE 92.312/SP, 2.ª T., unânime, rel. Min. Moreira Alves, j. 11.04.1980.

10. Na espécie, o benefício da pensão por morte configura-se como direito previdenciário de perfil institucional cuja garantia corresponde à manutenção do valor real do benefício, conforme os critérios definidos em lei (CF/1988, art. 201, § 4.º).

11. Ausência de violação ao princípio da isonomia (CF/1988, art. 5.º, *caput*) porque, na espécie, a exigência constitucional de prévia estipulação

da fonte de custeio total consiste em exigência operacional do sistema previdenciário que, dada a realidade atuarial disponível, não pode ser simplesmente ignorada.

12. O cumprimento das políticas públicas previdenciárias, exatamente por estar calcado no princípio da solidariedade (CF/1988, art. 3.º, I), deve ter como fundamento o fato de que não é possível dissociar as bases contributivas de arrecadação da prévia indicação legislativa da dotação orçamentária exigida (CF/1988, art. 195, § 5.º). Precedente citado: julgamento conjunto das ADI's n. 3.105/DF e 3.128/DF, rel. Min. Ellen Gracie, Red. p/o acórdão, Min. Cezar Peluso, Plenário, maioria, *DJ* 18.02.2005.

13. Considerada a atuação da autarquia recorrente, aplica-se também o princípio da preservação do equilíbrio financeiro e atuarial (CF/1988, art. 201, *caput*), o qual se demonstra em consonância com os princípios norteadores da Administração Pública (CF/1988, art. 37).

14. Salvo disposição legislativa expressa e que atenda à prévia indicação da fonte de custeio total, o benefício previdenciário deve ser calculado na forma prevista na legislação vigente à data da sua concessão. A Lei 9.032/1995 somente pode ser aplicada às concessões ocorridas a partir de sua entrada em vigor.

15. No caso em apreço, aplica-se o teor do art. 75 da Lei 8.213/1991 em sua redação ao momento da concessão do benefício à recorrida.

16. Recurso conhecido e provido para reformar o acórdão recorrido" (STF – RE 416827-8/SC – rel. Min. Gilmar Mendes – *DJ* 26-10-2007 – p. 00042).

"*Previdenciário. Agravo Interno em Apelação Cível. Revisão de benefício. Pensão por morte. Princípio do tempus regit actum. DIB em 13.02.1987. Leis 9.032/1995 e 9.528/1997. Inaplicação.* 1. É indevida a majoração do percentual da pensão cujo direito à concessão fora adquirido anteriormente à edição da lei mais benéfica, devendo, portanto, ser calculado de acordo com a legislação vigente à época em que atendidos os requisitos necessários, em respeito ao princípio do *tempus regit actum*. 2. *In casu*, o benefício de pensão por morte foi concedido em 13.02.1987, ou seja, quando nem estava em vigor, ainda, a Lei 8.213, de 24.07.1991. Assim, as modificações introduzidas ao art. 75 da Lei 8.213/1991, determinadas pelas Leis 9.032/1995 e 9.528/1997, ao coeficiente de cálculo de pensão por morte, não devem ser aplicadas ao benefício da parte autora, pois o mesmo já se encontrava implantado antes do seu advento. 3. Agravo interno desprovido" (TRF-2.ª Reg. – AC 452.293/RJ – 2.ª T. – rel. Des. Federal Liliane Roriz – j. 12.11.2009 – *DJU* 25.11.2009 – p. 24).

"*Agravo Interno. Previdenciário. Revisão de pensão por morte. Art. 75 da Lei 8.213/1991*. I – As pensões por morte recebidas pelas autoras devem ser revistas para se enquadrarem ao critério estabelecido no art. 75 da Lei 8.213/1991, com a alteração introduzida pela Lei 9.032, de 28.04.1995, ainda que tenham sido concedidas sob a égide de diploma legal anterior, sob pena de violação ao princípio da isonomia; II – Precedentes jurisprudenciais do STJ; III – 'O valor mensal da pensão por morte concedida antes da Lei 9.032, de 28 de abril de 1995, deve ser revisado de acordo com a nova redação dada ao art. 75 da Lei 8.213/1991' (Súmula 15 da Turma Nacional de Uniformização das Decisões das Turmas Recursais dos Juizados Especiais Federais); IV – Agravo Interno desprovido" (TRF-2.ª Reg. – AGTAC 158.464/RJ – 2.ª T. – rel. Des. Federal Ana Paula Vieira de Carvalho – j. 26.07.2005 – DJU 01.08.2005 – p. 216).

"*Súmula 15/TNU/JEF*: o valor mensal da pensão por morte concedida antes da Lei 9.032/1995, deve ser revisado de acordo com a nova redação dada ao art. 75 da Lei 8.213/1991" (TNU/JEF – Súmula 5 – DJ 24.05.2004 – p. 00459).

"*Embargos de declaração recebidos como Agravo Regimental. Alegação de intempestividade do Agravo De Instrumento. Inocorrência. Previdenciário. INSS. Pensão por morte. Lei 9.032/1995. Aumento do salário de benefício. Efeito retroativo. Impossibilidade*. A decisão concessiva de revisão para 100% do salário de benefício nas hipóteses de pensão por morte, aposentadoria por invalidez e aposentadoria especial, instituídas em período anterior ao da vigência da Lei 9.032/1995, é contrária à Constituição. Agravo regimental a que se nega provimento" (STF – 2.ª T. – AI 621944 ED/PR – PR – EDcl no AgIn – rel. Min. Joaquim Barbosa – j. 09.10.2007 – DJ 07-12-2007 – p. 00096).

▶ Assim dispunha o art. 75, na versão original:

Art. 75. O valor mensal da pensão por morte será:

a) constituído de uma parcela, relativa à família, de 80% (oitenta por cento) do valor da aposentadoria que o segurado recebia ou a que teria direito, se estivesse aposentado na data do seu falecimento, mais tantas parcelas de 10% (dez por cento) do valor da mesma aposentadoria quantos forem os seus dependentes, até o máximo de 2 (duas); e

b) 100% (cem por cento) do salário de benefício ou do salário de contribuição vigente no dia do acidente, o que for mais vantajoso, caso o falecimento seja consequência de acidente do trabalho.

▶ Assim dispunha o art. 75 alterado:

Art. 75. O valor mensal da pensão por morte, inclusive a decorrente de acidente do trabalho, consistirá numa renda mensal correspondente a 100% (cem por cento) do salário de benefício, observado o disposto na Seção III, especialmente no art. 33 desta Lei. (Redação dada ao artigo pela Lei 9.032, de 28.04.1995, *DOU* 29.04.1995).

Art. 76. A concessão da pensão por morte não será protelada pela falta de habilitação de outro possível dependente, e qualquer inscrição ou habilitação posterior que importe em exclusão ou inclusão de dependente só produzirá efeito a contar da data da inscrição ou habilitação.

§ 1.º O cônjuge ausente não exclui do direito à pensão por morte o companheiro ou a companheira, que somente fará jus ao benefício a partir da data de sua habilitação e mediante prova de dependência econômica.

§ 2.º O cônjuge divorciado ou separado judicialmente ou de fato que recebia pensão de alimentos concorrerá em igualdade de condições com os dependentes referidos no inciso I do art. 16 desta Lei.

✱ **Remissão:** art. 49 da CLPS.

Anotação

O prazo máximo de deferimento da pensão por morte do segurado, com a juntada dos documentos necessários quando da requisição, é de 45 dias.

JURISPRUDÊNCIA

"Previdenciário. Quota-parte de pensão por morte. Habilitação posterior de dependente. Art. 76 da Lei 8.213/1991. Descontos. Impossibilidade. 1. Busca a impetrante a suspensão dos descontos que vem sendo efetuados pelo INSS em sua pensão, em virtude do reconhecimento da existência de outra dependente do *de cujus*. 2. 'A concessão da pensão por morte não será protelada pela falta de habilitação de outro possível dependente, e qualquer inscrição ou habilitação posterior que importe em exclusão ou inclusão de dependente só produzirá efeito a contar da dada de sua inscrição ou habilitação' (art. 76 da Lei 8.213/1991). 3. Pleiteada inicialmente a pensão apenas pela viúva, a ela deve ser deferido o benefício por inteiro, sem prejuízo de eventual habilitação posterior de outros beneficiários. 4. O INSS pagou a pensão devida à viúva do segurado, que era a única dependente habilitada à época da morte, e, não tendo havido habilitação da outra dependente nessa época, não pode ser imputada a impetrante a responsabilidade pelo não pagamento da outra habilitada. (...). 5. Os juros moratórios, nos benefícios previdenciários em atraso estes são devidos no percentual de 1% (um por cento) ao mês, a partir da citação, em face de sua natureza alimentar (...). 6. Apelação a que se nega provimento e remessa oficial a que se dá parcial provimento" (TRF-1.ª Reg.

– AMS 0016656-74.2004.4.01.3800/MG – 1.ª T. – rel. Des. Federall Ângela Maria Catão Alves – j. 09.12.2009 – DJe 24.03.2010 – p. 77).

"*Previdenciário. Pensão por morte. Companheira. Prova da união estável.* 1. A legislação previdenciária não é exaustiva quanto aos meios de prova da união estável. Servem, desse modo, para a sua comprovação, quaisquer outros documentos que indiquem a existência do vínculo, especialmente quando reforçados por prova testemunhal idônea. 2. Comprovada a união estável, torna-se presumida a dependência econômica, nos termos do art. 13, I, c/c art. 14, § 2.º, da CLPS, em vigor na data do óbito do segurado. 3. A posterior inscrição de dependente habilita-o à pensão a contar da habilitação administrativa ou, na falta desta, a contar do ajuizamento da ação – art. 76 da Lei 8.213/1991" (TRF-4.ª Reg. – AC 2002.04.01.051591-1/RS – 5.ª T. – rel. Des. Federal Néfi Cordeiro – DOU 09.06.2004 – p. 475-476).

Art. 77. A pensão por morte, havendo mais de um pensionista, será rateada entre todos em partes iguais (Redação dada ao *caput* pela Lei 9.032, de 28.04.1995, *DOU* 29.04.1995).

§ 1.º Reverterá em favor dos demais a parte daquele cujo direito à pensão cessar. (Redação dada ao parágrafo pela Lei 9.032, de 28.04.1995, *DOU* 29.04.1995).

§ 2.º A parte individual da pensão extingue-se: (Redação dada ao parágrafo pela Lei 9.032, de 28.04.1995, *DOU* 29.04.1995).

I – pela morte do pensionista; (Inciso incluído pela Lei 9.032, de 28.04.1995, *DOU* 29.04.1995).

II – para o filho, a pessoa a ele equiparada ou o irmão, de ambos os sexos, pela emancipação ou ao completar 21 (vinte e um) anos de idade, salvo se for inválido ou com deficiência intelectual ou mental que o torne absoluta ou relativamente incapaz, assim declarado judicialmente; (Redação dada ao inciso pela Lei 12.470/2011).

III – para o pensionista inválido pela cessação da invalidez e para o pensionista com deficiência intelectual ou mental, pelo levantamento da interdição. (Redação dada pela Lei 12.470/2011).

§ 3.º Com a extinção da parte do último pensionista a pensão extinguir-se-á. (Parágrafo incluído pela Lei 9.032, de 28.04.1995, *DOU* 29.04.1995).

§ 4.º A parte individual da pensão do dependente com deficiência intelectual ou mental que o torne absoluta ou relativamente incapaz, assim declarado judicialmente, que exerça atividade remunerada, será reduzida em 30% (trinta por cento), devendo ser integralmente restabelecida em face da extinção da relação de trabalho ou da atividade empreendedora. (Parágrafo incluído pela Lei 12.470/2011).

✱ Remissão: LPS de 1976, art. 56.

Anotação

O valor da pensão por morte é montante integral, único, correspondente, no momento atual, à totalidade do benefício a que faria jus o segurado se estivesse vivo.

Havendo diversos dependentes, o valor da prestação será dividido em partes iguais, incorporando-se a cota individualizada ao direito dos beneficiários remanescentes à medida que ocorra a perda da qualidade de dependente.

JURISPRUDÊNCIA

"*Previdenciário e processual civil. Pensão por morte. Concorrência entre esposa e companheira. Possibilidade. Rateio do valor do benefício. Art. 77 da Lei 8.213/1991. Súmula 159/TFR (extinto). Proteção do Estado à família. Falecimento do cônjuge sobrevivente. Pagamento da integralidade da pensão à beneficiária remanescente: § 1.º do art. 77 da Lei 8.213/1991. Correção monetária. Juros de mora. Honorários de advogado. Apelação do INSS e remessa oficial não providas. Apelação da autora provida.* 1. A legislação previdenciária exige, para fins de percepção do benefício de pensão por morte de companheira, a comprovação da existência de união estável entre ela e o segurado falecido, assim reconhecida como a convivência duradoura, pública e continuada, nos termos do art. 226, § 3.º, da CF/1988. 2. Comprovada nos autos a união estável entre a autora e o ex-segurado M.F. (ou omitir?), nos termos do art. 226, § 3.º, da CF/1988, ela faz *jus* ao restabelecimento de sua cota do benefício de pensão por morte decorrente do falecimento do ex-companheiro, a contar da data do cancelamento indevido. 3. Nos termos do art. 16, § 4.º, da Lei 8.213/1991, a dependência econômica da autora em relação ao ex-segurado é presumida. 4. É legítima a divisão da pensão previdenciária entre a esposa e a companheira, atendidos os requisitos exigidos. (Súmula 159/TFR – extinto) 5. A pensão por morte, havendo mais de um pensionista, será rateada entre todos em parte iguais (art. 77 da Lei 8.213/1991). 6. Com o falecimento da esposa do *de cujus* aos 21.06.2003, cessou a sua cota-parte da pensão e, a partir de então, o benefício deverá ser pago em sua integralidade, à autora, que é a única beneficiária remanescente. 7. Reverterá em favor dos demais a parte daquele cujo direito à pensão cessar. (§ 1.º do art. 77 da Lei 8.213/1991). 8. A correção monetária deve ser calculada nos termos da Lei 6.899/1981, a partir do vencimento de cada parcela (Súmulas 43/STJ e 148/STJ). 9. Os juros de mora são de 1% (um por cento) ao mês, a partir da citação. 10. Verba honorária mantida em 10% (dez por cento) sobre o valor das prestações vencidas até a data da prolação a sentença, em conformidade com o art. 20, § 4.º, do CPC, e a jurisprudência deste Tribunal. 11. Apelação do INSS e remessa oficial a que se nega provimento e apelação da autora a que se dá provimento" (TRF-1.ª Reg. – AC 2005.01.99.023520-4/MG – 1.ª T. – rel. Des. Federal Antônio Sávio de Oliveira Chaves – j. 24.09.2008).

"*Previdenciário. Pensão por morte. União estável. Início de prova material. Prova testemunhal. Comprovação. Livre convencimento do juiz. Rateio entre os beneficiários.* 1. À companheira de segurado falecido é devido o benefício da pensão por morte, desde que comprovada a união estável. (...). 4. Nos termos do art. 77 da Lei 8.213/1991, a pensão por morte, havendo mais de um pensionista, será rateada entre todos em parte iguais. Apelação improvida" (TRF-5.ª Reg. – AC 427.578/PE – 3.ª T. – rel. Des. Federal Geraldo Apoliano – j. 05.03.2008 – DJ 05.06.2008 – p. 362).

"*Previdenciário. Pensão por morte. Filho maior de 21 anos. Prorrogação até 24 anos. Universitário. Impossibilidade.* 1. O direito à pensão por morte cessa quando o beneficiário completar 21 (vinte e um) anos de idade, salvo se for inválido (Lei 8.213/1991, art. 77, § 2.º, II), sendo irrelevante, então, o fato de se tratar de estudante universitário. 2. A extensão do benefício até os 24 anos de idade, se estudante, viola o disposto no art. 195, § 5.º, da CF/1988, que dispõe que nenhum benefício ou serviço da seguridade social poderá ser criado, majorado ou estendido sem a correspondente fonte de custeio, já que o sistema de previdência é baseado em equilíbrio financeiro e atuarial. 3. Inaplicável a analogia à legislação militar, vez que tal instituto jurídico de integração exige uma lacuna no Direito Positivo inexistente no presente caso, eis que a lei é expressa na fixação do critério, não cabendo ao Judiciário criar condição de beneficiário sem o devido amparo legal nem legislar positivamente, em substituição ao legislador ordinário. 4. Apelação desprovida" (TRF-2.ª Reg. – AC 200851015235631/RJ – 2.ª T. Especializada – rel. Des. Federal Liliane Roriz – j. 15.04.2010 – DJ 27.04.2010 – p. 137-138).

"*Previdenciário. Ação declaratória. Autor criado pela* de cujus *como se filho fosse. Dependência econômica. Não comprovação. Condição de segurada da* de cujus. *Inexistência.* 1. Hipótese em que o contexto probatório demonstrou existir mero vínculo afetivo entre o requerente e a falecida, os quais se tratavam como mãe e filho, porém, sem haver quaisquer indícios legais de adoção ou guarda. 2. Inexistindo elementos suficientes à demonstração da efetiva dependência econômica da parte autora em relação a *de cujus*, justifica-se o indeferimento do benefício de pensão por morte, porquanto não atendida a exigência inserta no art. 16, I, da Lei 8.213/1991. 3. Não é possível conceder benefício de pensão por morte se a *de cujus* não era segurada da Previdência Social, mas tão somente dependente de segurado falecido. Com a morte da beneficiária, extingue-se a pensão, não havendo que se falar em transferência do benefício. Inteligência do art. 77 da Lei 8.213/1991. 4. Apelação improvida" (TRF-4.ª Reg. – AC 45782 – RS –T. Suplementar – rel. Luís Alberto D'Azevedo Aurvalle – j. 30.05.2007 – DJe 19.06.2007).

"Previdenciário. Manutenção do recebimento de pensão por morte até os 24 anos de idade ou até a conclusão de curso universitário. Não cabimento. Não devolução das parcelas recebidas, de boa-fé, pela parte autora, em virtude de erro administrativo. 1. Segundo o disposto no inc. II do § 2.º do art. 77, da Lei 8.213/1991, a pensão se extingue para o filho quando este completa 21 anos de idade, salvo se for inválido, não obstando a cessação do pensionamento o fato de o beneficiário estar frequentando curso universitário. Súmula 74/TRF-4.ª Reg. 2. Tendo o INSS, em virtude de erro administrativo, pago o benefício de pensão por morte após ter a autora completado 21 anos de idade, não pode cobrar tais valores, que foram recebidos de boa-fé. Precedentes do STJ e desta Corte" (TRF-4.ª Reg. – AC 532/RS – 5.ª T. – rel. Alcides Vettorazzi – j. 29.07.2008 – DJe 18.08.2008).

"Previdenciário. Pensão por morte. Filho maior de 21 anos. Impossibilidade. 1. A Lei 8.213/1991, art. 77, § 2.º, II, estabelece a idade de 21 anos do filho como termo final para a percepção do benefício de pensão, salvo se for inválido, o que não é o caso da parte autora. 2. Apelação improvida" (TRF-4.ª Reg. – AC 1.613/RS – T. Suplementar – rel. Fernando Quadros da Silva – j. 28.05.2008 – DJe 08.07.2008).

"Súmula 43/STJ: Correção monetária. Ato ilícito. Incide correção monetária sobre dívida por ato ilícito a partir da data do efetivo prejuízo" (STJ – Súmula 43 – j. 14.05.1992 – DJ 20.05.1992).

"Súmula 74/TRF-4.ª Reg.: Seguridade social. Previdência social. Pensão por morte. Dependente. Extinção aos 21 anos, mesmo se estudante de curso superior. Lei 8.213/1991, arts. 16, I, e 78. Extingue-se o direito à pensão previdenciária por morte do dependente que atinge 21 anos, ainda que estudante de curso superio" (TRF-4.ª Reg. – Súmula 74 – DJ 02.02.2006 – p. 524).

"Súmula 148/STJ: Débitos relativos a benefício previdenciário. Correção monetária. Os débitos relativos a benefício previdenciário, vencidos e cobrados em juízo após a vigência da Lei 6.899/1981, devem ser corrigidos monetariamente na forma prevista nesse diploma legal" (STJ – Súmula 148 – j. 07.12.1995 – DJ 18.12.1995).

"Súmula 159/TFR: Divisão da pensão previdenciária entre a esposa e a companheira. Legitimidade. É legítima a divisão da pensão previdenciária entre a esposa e a companheira, atendidos os requisitos exigidos" (TFR – Súmula 159 – j. 06.06.1984 – DJ 13.06.1984).

▶ Assim dispunha o art. 77 alterado:

Art. 77. A pensão por morte, havendo mais de um pensionista:

I – será rateada entre todos, em partes iguais;

II – reverterá em favor dos demais a parte daquele cujo direito à pensão cessar.

▶ Assim dispunham os parágrafos do art. 77 alterados:

§ 1.º O direito à parte da pensão por morte cessa:

a) pela morte do pensionista;

b) para o filho ou irmão ou dependente designado menor, de ambos os sexos, que completar 21 (vinte e um) anos de idade, salvo se for inválido;

c) para o pensionista inválido, pela cessação da invalidez;

§ 2.º Com a extinção da parte do último pensionista a pensão se extinguirá.

▶ Assim dispunha o inc. II do § 2.º do art. 77 alterado:

II – para o filho, a pessoa a ele equiparada ou o irmão, de ambos os sexos, pela emancipação ou ao completar 21 (vinte e um) anos de idade, salvo se for inválido; (Inciso incluído pela Lei 9.032/1995).

▶ Assim dispunha o inc. III do § 2.º do art. 77 alterado:

III – para o pensionista inválido, pela cessação da invalidez. (Inciso incluído pela Lei 9.032/1995).

Art. 78. Por morte presumida do segurado, declarada pela autoridade judicial competente, depois de 6 (seis) meses de ausência, será concedida pensão provisória, na forma desta Subseção.

§ 1.º Mediante prova do desaparecimento do segurado em consequência de acidente, desastre ou catástrofe, seus dependentes farão jus à pensão provisória independentemente da declaração e do prazo deste artigo.

§ 2.º Verificado o reaparecimento do segurado, o pagamento da pensão cessará imediatamente, desobrigados os dependentes da reposição dos valores recebidos, salvo má-fé.

✳ **Remissão:** art. 53 da CLPS.

✎ Anotação

A pensão por morte é devida em razão da ausência denominada, para esse efeito, morte presumida. Concedida a título provisório, a pensão cessará, naturalmente, se o segurado retornar ao convívio social.

JURISPRUDÊNCIA

"*Previdenciário. Declaração de morte presumida. Art. 78 da Lei 8.213/1991. Declaração de ausência. CPC. Procedimentos diversos. Possibilidade jurídica do pedido. INSS. Legitimidade passiva.* I – A providência jurisdicional pleiteada é de competência do Juízo Federal e tem por escopo respaldar eventual pedido de habilitação à prestação previdenciária; II – A declaração de ausência para fins exclusivamente previdenciários não se confunde com a declaração de ausência com finalidade sucessória, prevista nos arts. 1.159 a 1.169 do CPC, na qual se opera a transferência e a partilha do patrimônio do ausente para os seus herdeiros. Utiliza-se o conceito de ausência da Lei Civil, mas não o seu prazo para o reconhecimento da morte presumida; III – A condição de cônjuge de J.R. (certidão de casamento de f.) enseja à Autora a situação de beneficiária a legitimar o ajuizamento da presente demanda; IV – A autora alegou que o seu marido está desaparecido desde o dia 20.02.1999, o que restou demonstrado pelo registro de ocorrência de f., bem como pelos depoimentos das testemunhas, às f.; V – A presunção de morte foi corretamente declarada na sentença, nos termos do art. 78, da Lei 8.213/1991, que exige o decurso mínimo de seis meses de ausência do segurado; VI – Apelação conhecida e improvida" (TRF-2.ª Reg. – AC 2001.51.10.001422-9 – 4.ª T. – rel. Des. Federal Arnaldo Lima – *DJU* 19.04.2004 – p. 273).

Art. 79. Não se aplica o disposto no art. 103 desta Lei ao pensionista menor, incapaz ou ausente, na forma da lei.

* **Remissão:** Lei 3.071, de 01.01.1916, Código Civil, art. 169.

Anotação

Trata-se de verdadeira regra geral relativa à capacidade das pessoas, tal como estabelecido pelo art. 198 do Código Civil pátrio.

JURISPRUDÊNCIA

"*Previdenciário. Pensão por morte presumida. (...). Inaplicabilidade do art. 103 da Lei 8.213/1991.* I – Não se aplica o disposto no art. 103 da Lei

8.213/1991 ao pensionista menor, incapaz ou ausente, na forma da lei (art. 169, I, c/c art. 5.º, IV, ambos do CPC); (...); VI – Apelação e remessa oficial conhecidas, mas improvidas" (TRF-2.ª Reg. – AC 2001.51.15.002032-8/RJ – 4.ª T. – rel. Des. Federal Arnaldo Lima – j. 18.02.2004).

Subseção IX
Do auxílio-reclusão

Art. 80. O auxílio-reclusão será devido, nas mesmas condições da pensão por morte, aos dependentes do segurado recolhido à prisão, que não receber remuneração da empresa nem estiver em gozo de auxílio-doença, de aposentadoria ou de abono de permanência em serviço.

Parágrafo único. O requerimento do auxílio-reclusão deverá ser instruído com certidão do efetivo recolhimento à prisão, sendo obrigatória, para a manutenção do benefício, a apresentação de declaração de permanência na condição de presidiário.

✳ **Remissão:** art. 201, IV, da CF/1988; art. 13 da EC 20/1998; art. 45 da CLPS.

✎ **Anotação**

O auxílio-reclusão, em conformidade com a restrição imposta pela EC 20/1998, será devido aos dependentes do segurado de baixa renda, enquanto ele estiver cumprindo pena privativa de liberdade. Se o segurado se evadir, o benefício será suspenso.

A Portaria Interministerial MPS/MF 15/2013, fixou em R$ 971,78 (novecentos e setenta e um reais e setenta e oito centavos) o valor máximo da remuneração percebida pelo segurado, portanto, o valor da baixa renda, que autoriza a percepção, pelo dependente, do benefício.

O art. 2.º da Lei 10.666, de 08.05.2003, dispõe:

"Art. 2.º O exercício de atividade remunerada do segurado recluso em cumprimento de pena em regime fechado ou semiaberto que contribuir na condição de contribuinte individual ou facultativo não acarreta a perda do direito ao recebimento do auxílio-reclusão para seus dependentes.

§ 1.º O segurado recluso não terá direito aos benefícios de auxílio-doença e de aposentadoria durante a percepção, pelos dependentes, do auxílio-reclusão, ainda que, nessa condição, contribua como contribuinte individual ou facultativo, permitida a opção, desde que manifestada, também, pelos dependentes, ao benefício mais vantajoso.

§ 2.º Em caso de morte do segurado recluso que contribuir na forma do § 1.º, o valor da pensão por morte devida a seus dependentes será obtido mediante a realização de cálculo, com base nos novos tempos de contribuição e salário de contribuição correspondentes, neles incluídas as contribuições recolhidas enquanto recluso, facultada a opção pelo valor do auxílio-reclusão".

JURISPRUDÊNCIA

"Previdenciário. Auxílio-reclusão. Qualidade de segurado, dependência econômica e recolhimento à prisão comprovados. Limitação imposta pela EC 20/1998. Remessa oficial não provida. 1. A EC 20/1998 em seu art. 13 estabeleceu o requisito de renda bruta mensal igual ou inferior a R$ 360,00 (trezentos e sessenta reais) para o deferimento do benefício de auxílio-reclusão. 2. O auxílio-reclusão será devido, nas mesmas condições da pensão por morte, aos dependentes do segurado recolhido à prisão, que não receber remuneração da empresa nem estiver em gozo de auxílio-doença, de aposentadoria ou de abono de permanência em serviço (art. 80 da Lei 8.213/1991). 3. Considerando que o último salário de contribuição do segurado recluso foi de R$ 1.800,00 (mil e oitocentos reais), conforme documento acostado às f., não é devido à impetrante o referido benefício previdenciário. 4. Remessa oficial a que se dá provimento para denegar a segurança" (TRF-1.ª Reg. – REO 2006.38.14.005060-8/MG – 1.ª T. – rel. Des. Federal Antônio Sávio de Oliveira Chaves – j. 22.10.2008 – DJe 22.04.2009 – p. 38).

"Previdenciário. Auxílio-reclusão. Qualidade de segurado, dependência econômica e recolhimento à prisão comprovados. Limitação imposta pela EC 20/1998. Remessa oficial não provida. 1. A Emenda Constitucional 20/1998 em seu art. 13 estabeleceu o requisito de renda bruta mensal igual ou inferior a R$ 360,00 (trezentos e sessenta reais) para o deferimento do benefício de auxílio-reclusão. 2. O auxílio-reclusão será devido, nas mesmas condições da pensão por morte, aos dependentes do segurado recolhido à prisão, que não receber remuneração da empresa nem estiver em gozo de auxílio-doença, de aposentadoria ou de abono de permanência em serviço (art. 80 da Lei 8.213/1991). 3. Considerando que o último salário de contribuição do segurado recluso foi de R$ 1.800,00 (mil e oitocentos reais), conforme documento acostado às f., não é devido à impetrante o referido benefício previdenciário. 4. Remessa oficial a que se dá provimento para denegar a segurança" (TRF-1.ª Reg. – REO 2006.38.14.005060-8/MG – 1.ª T. – rel. Des. Federal Antônio Sávio de Oliveira Chaves – j. 22.10.2008 – DJe 22.04.2009 – p. 38).

Art. 81 • LEI DOS PLANOS DE BENEFÍCIOS DA PREVIDÊNCIA SOCIAL

"*Processual civil e previdenciário auxílio-reclusão. Prova do recolhimento do segurado. Data do início do benefício. Menor impúbere. Prescrição. Parcelas vencidas. Atualização. Juros de mora. Honorários advocatícios.* 1. A prescrição não corre contra o menor impúbere (CC, art. 169, I). 2. Nos termos do art. 80 da Lei 8.213/1991, o auxílio-reclusão será devido, nas mesmas condições da pensão por morte aos dependentes do segurado recolhido à prisão, que não receber remuneração da empresa nem estiver em gozo de auxílio-doença, de aposentadoria ou de abono de permanência em serviço. Preenchimento dos requisitos, tendo em vista a prova documental trazida aos autos (atestado de reclusão do segurado, declaração fornecida pela Diretora da Penitenciária Lemos Brito e termo de rescisão de contrato de trabalho). 3. Na vigência do Dec. 2.172/1997, não há que se cogitar da possibilidade de concessão do benefício a partir do pedido administrativo. (...). 7. Apelação do INSS e remessa oficial improvidas" (TRF-1.ª Reg. – AC 33000073535/BA – 1.ª T. – rel. Des. Federal Eustaquio Silveira – *DJU* 26.09.2002 – p. 82).

"*Auxílio-reclusão. Requisitos preenchidos. Perda da qualidade de segurado. Inocorrência.* O benefício de auxílio-reclusão é devido aos dependentes do segurado recolhido à prisão, nas mesmas condições da pensão por morte, desde que o preso não esteja recebendo remuneração da empresa ou qualquer outro benefício previdenciário, nos termos do art. 80 da Lei 8.213/1991. Preenchidos os requisitos necessários à concessão do benefício, a perda da qualidade de segurado não interfere no direito do dependente à percepção do auxílio-reclusão" (TRF-3.ª Reg. – AC 95.03.103942-8/SP – 1.ª T. – rel. Des. Federal Oliveira Lima – *DJU* 21.09.1999).

"*Processual civil. Previdenciário. Auxílio-reclusão. Legitimidade ativa* ad causam *dos dependentes*. I – Os dependentes do segurando recolhido à prisão detêm legitimidade ativa para pleitear o auxílio- reclusão, nos termos do art. 80, da Lei 8. 213/1991. II – Apelação provida" (TRF-3.ª Reg. – AC 475.604 – 7.ª T. – rel. Des. Federal Newton de Lucca – *DJU* 27.08.2003 – p. 408).

Subseção X

Dos pecúlios

Art. 81. (*Caput* revogado pela Lei 9.129, de 20.11.1995, *DOU* 21.11.1995).

I – (Inciso revogado pela Lei 9.129, de 20.11.1995, *DOU* 21.11.1995).

II – (Inciso revogado pela Lei 8.870, de 15.04.1994, *DOU* 16.04.1994).

III – (Inciso revogado pela Lei 9.129, de 20.11.1995, *DOU* 21.11.1995).

❋ **Remissão:** arts. 6.º, § 7.º, 19, 55 a 57 e 216 da CLPS.

TÍTULO III – DO REGIME GERAL DE PREVIDÊNCIA SOCIAL • **Art. 81**

Anotação

Consistente no pagamento de prestação única, o regime dos pecúlios compreendia tanto a devolução de contribuições vertidas por aqueles que não lograram cumprir os requisitos de elegibilidade aos benefícios, como as fórmulas de indenização acidentária.

JURISPRUDÊNCIA

"*Previdenciário. Pecúlio. Art. 81, II, da Lei 8.213/1991. Contribuições a cargo da empresa. Dec. 89.312/1984*. Cabendo ao empregador o recolhimento das contribuições previdenciárias dos empregados, nos termos do disposto no art. 139 do Dec. 89.312/1984, não pode ser atribuído ao autor o ônus de provar o recolhimento. Comprovado o exercício de atividade remunerada, depois de deferida a aposentadoria, faz *jus* o autor ao pagamento do pecúlio previsto no art. 81, II, da Lei 8.213/1991. Correção monetária devida, nos termos da Súmula 148/STJ. Apelação a que se dá provimento" (TRF-2.ª Reg. – AC 97.02.18232-8 – 4.ª T. – rel. Juíza Federal convidada Valéria Medeiros de Albuquerque – *DJU* 30.06.2003 – p. 252).

"*Previdenciário. Pecúlio. Art. 81, II, e 82, da Lei 8.213/1991. Aposentado por Regime Especial de Previdência. Ingresso posterior no regime previdenciário. Rio comum. Inexistência do direito ao benefício, devido somente aos aposentados pelo Regime Geral da Previdência Social*. 1 – Pecúlio, outrora previsto no art. 55 do Dec. 89.312/1984 (CLPS) e, depois, no inc. II do art. 81 e no art. 82 da Lei 8.213/1991, formado pelas contribuições vertidas à Previdência Social. 2 – Benefício que era devido somente aos aposentados pelo Regime Geral da Previdência Social, que permanecessem em atividade ou a ela retornassem, visto que não tinham nenhum outro direito, a não ser aqueles poucos previstos no § 2.º do art. 18 da referida Lei. 3 – Restrições que não se aplicam a aposentados por regimes previdenciários especiais e que venham a ingressar no regime comum, visto que têm todos os direitos dos demais segurados, inclusive aposentadoria por invalidez e por idade. 4 – Inexistência do direito ao pecúlio por aquele que era aposentado pelo Ipesp. 5 – Improcedência do pedido. 6 – Apelação provida" (TRF-3.ª Reg. – AC 293881 – 2.ª T. – rel. Juiz Federal convocado Rubens Calixto – *DJU* 16.06.2003 – p. 253).

"*Previdenciário. Pecúlio. Viúva. Direito ao benefício*. 1 – É devido pecúlio ao segurado aposentado por idade ou por tempo de serviço pelo Regime Geral da Previdência Social que voltar a exercer atividade abrangida pelo mesmo, quando dela se afastar (art. 81 da Lei 8.213/1991, revogado pelo art. 7.º da

Lei 9.129/1995). 2 – Tratando-se de direito patrimonial, se o segurado não o exercitou em vida, o valor pertence ao habilitado à pensão por morte" (TRF-4.ª Reg. – AC 2001.71.00.037622-7/RS – 5.ª T. – rel. Des. Federal A. A. Ramos de Oliveira – DJU 25.06.2003 – p. 807).

"Previdenciário. Pecúlio. Art. 81, II, da Lei 8.213/1991. Revogação pela Lei 8.870/1994. Inobstante atualmente extinto o pecúlio, ao segurado ou dependentes de segurado que, anteriormente à Lei 8.870/1994, tenha continuado a desenvolver atividade de vinculação cogente com o RGPS após sua inativação, fica assegurado o direito ao recebimento daquele benefício, relativamente às contribuições vertidas até a data da edição da lei. Pagamento condicionado, apenas, à rescisão contratual por ato voluntário ou pela morte do segurado" (TRF-4.ª Reg. – Recurso contra Sentença 2005.72.95.005076-7 – Turma Recursal da SJSC – rel. Juíza Eliana Paggiarin Marinho – j. 16.06.2005).

"*Enunciado 23/CRPS: Seguridade social. CRPS. Pecúlio previsto no inciso II do art. 81, da Lei 8.213/1991. Pagamento aos dependentes ou sucessores, relativamente às contribuições vertidas até 14.04.1994, salvo se prescrito.* O pecúlio previsto no inc. II do art. 81 da Lei 8.213/1991, em sua redação original que não foi pago em vida ao segurado aposentado que retornou à atividade quando dela se afastou, é devido aos seus dependentes ou sucessores, relativamente às contribuições vertidas até 14.04.1994, salvo se prescrito" (Resolução 1/CRPS, de 11.11.1999, DOU 12.11.1999).

▶ Assim dispunha o *caput* do art. 81 revogado:

Art. 81. Serão devidos pecúlios:

▶ Assim dispunha o inc. I do art. 81 revogado:

I – ao segurado que se incapacitar para o trabalho antes de ter completado o período de carência;

▶ Assim dispunha o inc. II do art. 81 revogado:

II – ao segurado aposentado por idade ou por tempo de serviço pelo Regime Geral de Previdência Social que voltar a exercer atividade abrangida pelo mesmo, quando dela se afastar;

▶ Assim dispunha o inc. III do art. 81 revogado:

III – ao segurado ou a seus dependentes, em caso de invalidez ou morte decorrente de acidente do trabalho.

Art. 82. (Artigo revogado pela Lei 9.032, de 28.04.1995, *DOU* 29.04.1995).

✻ **Remissão:** art. 19 da CLPS.

✎ Anotação

Vide anotação ao art. 81.

▶ Assim dispunha o art. 82, na versão original:

Art. 82. No caso dos incisos I e II do art. 81, o pecúlio consistirá em pagamento único de valor correspondente à soma das importâncias relativas às contribuições do segurado, remuneradas de acordo com o índice de remuneração básica dos depósitos de poupança com data de aniversário no dia primeiro.

▶ Assim dispunha o art. 82 revogado:

Art. 82. No caso do inciso I do art. 81, o pecúlio consistirá em pagamento único de valor correspondente à soma das importâncias relativas às contribuições do segurado, remuneradas de acordo com o índice de remuneração básica dos depósitos de poupança com data de aniversário no dia primeiro. (Redação dada pela Lei 8.870/1994).

Art. 83. (Artigo revogado pela Lei 9.032, de 28.04.1995, *DOU* 29.04.1995).

✻ **Remissão:** arts. 167 e 168 da CLPS.

✎ Anotação

Vide anotação ao artigo 81

▶ Assim dispunha o art. 83 revogado:

Art. 83. No caso do inciso III do art. 81, o pecúlio consistirá em um pagamento único de 75% (setenta e cinco por cento) do limite máximo do salário de contribuição, no caso de invalidez e de 150% (cento e cinquenta por cento) desse mesmo limite, no caso de morte.

Art. 84. (Artigo revogado pela Lei 8.870, de 15.04.1994, *DOU* 16.04.1994).

✳ **Remissão:** art. 55, parágrafo único, da CLPS.

✎ **Anotação**

A manutenção dessa elementar diretriz de equidade, conforme também com a regra da contrapartida – art 195, § 5.º, da Constituição – segundo a qual não pode haver contribuição sem prestação, teria evitado discussões como a que agora se trava perante o STF a respeito dos efeitos do pagamento de contribuições pelos aposentados que retornam ao trabalho e a repercussão desses valores no benefício ou na desaposentação.

JURISPRUDÊNCIA

"*Previdenciário. Pecúlio. Restituição*. I – Os segurados aposentados que recolheram para a previdência na vigência de normas que previam a restituição das contribuições, devem ter assegurado esse direito, ainda que Lei posterior tenha extinguido o pecúlio. II – tendo a segurada, já na condição de aposentada, exercido nova atividade laboral e contribuído por força de Lei, junto à previdência social faz *jus* à percepção das restituições relativas às contribuições pagas a título de pecúlio. III – o disposto no art. 84 da Lei 8.213/1991, estipula um prazo de 36 meses para requerer as contribuições vertidas e não o período em que o aposentado recolheu as contribuições IV – Recurso improvido" (TRF-2.ª Reg. – EIAC 97.02.30865-8/RJ – 1.ª S. – rel. Juíza Tânia Heine – *DJU* 24.06.2003 – p. 118).

▶ Assim dispunha o art. 84 revogado:

> Art. 84. O segurado aposentado que receber pecúlio, na forma do art. 82, e voltar a exercer atividade abrangida pelo Regime Geral de Previdência Social somente poderá levantar o novo pecúlio após 36 (trinta e seis) meses contados da nova filiação.

Art. 85. (Artigo revogado pela Lei 9.032, de 28.04.1995, *DOU* 29.04.1995).

✳ **Remissão:** art. 57 da CLPS.

✎ **Anotação**

Preceito de direito intertemporal. Como não poderia deixar de ser, o efeito da legislação relativa ao custeio só pode ser aplicado a partir da respectiva vigência, sendo vedada a retroação.

▶ Assim dispunha o art. 85 revogado:

> Art. 85. O disposto no art. 82 aplica-se a contar da data de entrada em vigor desta Lei, observada, com relação às contribuições anteriores, a legislação vigente à época de seu recolhimento.

Subseção XI

Do auxílio-acidente

Art. 86. O auxílio-acidente será concedido, como indenização, ao segurado quando, após consolidação das lesões decorrentes de acidente de qualquer natureza, resultarem sequelas que impliquem redução da capacidade para o trabalho que habitualmente exerce (Redação dada ao *caput* pela Lei 9.528, de 10.12.1997, *DOU* 11.12.1997).

§ 1.º O auxílio-acidente mensal corresponderá a cinquenta por cento do salário de benefício e será devido, observado o disposto no § 5.º, até a véspera do início de qualquer aposentadoria ou até a data do óbito do segurado (Redação dada ao parágrafo pela Lei 9.528, de 10.12.1997, *DOU* 11.12.1997).

§ 2.º O auxílio-acidente será devido a partir do dia seguinte ao da cessação do auxílio-doença, independentemente de qualquer remuneração ou rendimento auferido pelo acidentado, vedada sua acumulação com qualquer aposentadoria. (Redação dada ao parágrafo pela Lei 9.528, de 10.12.1997, *DOU* 11.12.1997).

§ 3.º O recebimento de salário ou concessão de outro benefício, exceto de aposentadoria, observado o disposto no § 5.º, não prejudicará a continuidade do recebimento do auxílio-acidente (Redação dada ao parágrafo pela Lei 9.528, de 10.12.1997, *DOU* 11.12.1997).

§ 4.º A perda da audição, em qualquer grau, somente proporcionará a concessão do auxílio-acidente, quando, além do reconhecimento de causalidade entre o trabalho e a doença, resultar, comprovadamente, na redução ou perda da capacidade para o trabalho que habitualmente exerce. (Parágrafo revogado pela Lei 9.032/1995 e restabelecido com nova redação pela Lei 9.528/1997).

§ 5.º. (Parágrafo revogado pela Lei 9.032, de 28.04.1995, *DOU* 29.04.1995).

✱ **Remissão:** art. 165, § 1.º, da CLPS.

✎ Anotação

O auxílio-acidente indeniza o segurado das sequelas que remanescem do sinistro, mesmo após a cessação do auxílio-doença. As sequelas implicam, por presunção legal, redução da capacidade de trabalho do segurado.

Não recebem o benefício: o empregado doméstico, o contribuinte individual e o facultativo.

Por ter caráter indenizatório, o auxílio-acidente pode ser acumulado com outros benefícios pagos pela Previdência Social, exceto a aposentadoria. O benefício deixa de ser pago quando for deferida a aposentadoria ao segurado.

JURISPRUDÊNCIA

"*Agravo de Instrumento. Direito Previdenciário. Ação ordinária com pedido de tutela antecipada objetivando auxílio-acidente. Demonstração dos requisitos exigidos para o deferimento do provimento de urgência. Conhecimento e provimento da pretensão recursal. Consoante o art. 86, caput, da Lei 8.213/1991, o auxílio-acidente será concedido, como indenização, ao segurado quando, após a consolidação das lesões decorrentes de acidente de qualquer natureza, resultar sequelas que impliquem redução da capacidade para o trabalho que habitualmente exerce*" (TJRN – AI 2009.004764-1 – 1.ª Câm. Cív. – rel. Des. Dilermando Mota – j. 24.11.2009).

"*Previdenciário. Apelação Cível e remessa necessária em ação ordinária. Acidente de trabalho. Concessão de benefício em espécie. Julgamento concomitante. Recurso ex officio e recurso voluntário. Perda de metade da acuidade visual. Capacidade laborativa comprovadamente diminuída. Auxílio-acidente devido independente do nexo causal com o trabalho exercido pelo segurado. Art. 86 da Lei 8.213/1991, com nova redação pela Lei 9.528/1997. Juros de mora de 1% ao mês a contar da citação. Verba de natureza alimentar. Súmula 204/STJ. Precedentes do STJ. Honorários advocatícios conforme art. 20 do CPC. Manutenção do decisum. Conhecimento e provimento parcial do apelo e da remessa necessária*" (TJRS – AC 2009.001769-3 – rel. Des. Saraiva Sobrinho – j. 17.09.2009).

"*Processual civil. Agravo legal em Agravo de Instrumento. Art. 557, § 1.º, do CPC. Contribuição previdenciária sobre o pagamento dos quinze dias que antecedem os benefícios de auxílio-doença e auxílio-acidente. 1. O STJ pacificou entendimento no sentido de que não incide a contribuição previdenciária sobre o pagamento dos quinze dias que antecedem o benefício de auxílio-doença. 2. Contudo, o auxílio-acidente, previsto no art. 86 da Lei 8.213/1991, não* tem qualquer semelhança com o auxílio-doença, mesmo quando este último benefício foi concedido em razão de acidente propriamente dito ou de doença ocupacional: muito ao contrário, ele pressupõe não o afastamento, mas o retorno do segurado às atividades laborais, embora com redução da produtividade em razão das sequelas. 3. No auxílio-acidente, dada sua natureza indenizatória, e sendo devido após a cessação do auxílio-doença, não cabe a discussão quanto às contribuições relativas aos quinze dias anteriores à sua concessão. 4. Agravo a que se nega provimento" (TRF-3.ª Reg. – AI 394.859/SP – 2.ª T. – rel. Des. Federal Henrique Herkenhoff – j. 23.02.2010 – DJe 04.03.2010 – p. 306).

"*Acidente do trabalho. Auxílio-acidente*. Lesão na mão esquerda, provocada por agressão de funcionário. Nexo causal e incapacidade laborativa comprovados. Ação procedente. Benefício devido. Termo Inicial: dia seguinte ao da cessação do auxílio-doença. Art. 86. § 2.º, ambos da Lei 8.213/1991. Atualização monetária. Apelação do autor provida. Reexame necessário com modificações" (TJSP – AC/Reexame Necessário 994.061.038.350/SP – 17.ª Câm. de Direito Público – rel. Nelson Biazzi – j. 04.05.2010 – Reg. 18.05.2010).

"*Acidente do trabalho. Auxílio-acidente. Disacusia. Nexo causal comprovado. Ausência de incapacidade para o trabalho. Ação improcedente.* Entendimento que não contraria o disposto no art. 86, da Lei 8.213/1991 e na Súmula 44/STJ. Recurso desprovido" (TJSP – Ap 994.071.694.590 – 17.ª Câm. de Direito Público – rel. Nelson Biazzi – j. 04.05.2010 – Reg. 18.05.2010).

"*Previdenciário. Cumulação de auxílio-acidente e auxílio-doença. Benefícios motivados pela mesma causa. Impossibilidade*. 1. Como ainda não cessou o auxílio-doença relativo aos mesmos fatos que eventualmente ensejariam a concessão do auxílio-acidente postulado, este não é devido, pois só tem início a partir do dia seguinte ao do término daquele, conforme dispõe o art. 86, § 2.º, da LBPS. 2. *In casu*, tendo os benefícios origem na mesma causa, inviável sua cumulação" (TRF-4.ª Reg. – AC 3.268/RS – 5.ª T. – rel. Celso Kipper – j. 10.06.2008 – DJe 23.06.2008).

"*Acidente do trabalho. Auxílio-acidente. Preliminar de incompetência da Justiça Estadual. Reajuste de benefício. Retroatividade da Lei 9.032/1995. Matéria de ordem pública. Lei infortunística mais benéfica. Recurso e remessa desprovidos.* Desde a entrada em vigor da Lei 9.032, de 28.04.1995, que alterou o disposto no art. 86, § 1.º da LBPS, o percentual do benefício do auxílio acidente passa para 50% (cinquenta por cento)" (TJSC – AC 202.436/SC – 2.ª Câm. Cív. – rel. Mazoni Ferreira – j. 30.11.2000).

"*Processual e previdenciário. Acidente do trabalho. Segurado aposentado. Auxílio-acidente. Perda de qualidade. Legitimidade para agir. Termo inicial.* I

– Não perde a qualidade de segurado aquele em gozo de benefício, sendo-lhe dispensada a carência. II – Atendidos os requisitos do art. 86, da Lei 8.213/1991, isto é, a causalidade e a redução laboral, o segurado tem direito ao auxílio-doença. III – O início do benefício conta-se da juntada do laudo aos autos. Precedentes. IV – Recurso conhecido em parte e, nessa, provido" (STJ – REsp 263.112/SP – 5.ª T. – rel. Min. Gilson Dipp – *DJU* 05.11.2001 – p. 00129).

"*Acidente do trabalho. Benefício. Cumulação. Vedação do § 2.º do art. 86, da Lei 8.213/1991, com redação da Lei 9.528/1997 (MedProv 1.596/1997), vigente na data da propositura da ação. Aplicabilidade.* Estando o trabalhador aposentado à época do ajuizamento da ação, há óbice legal à cumulação de aposentadoria por tempo de serviço com auxílio-acidente, posto que já em vigência a Lei 9.528/1997" (2.º TACSP – Ap. s/Rev. 620.716-00/9 – 11.ª C. – rel. Juiz Artur Marques – *DJ* 19.10.2001).

"*Previdenciário. Acidente do trabalho. Trabalhador, beneficiado pela aposentadoria especial, arquivamento de atos constitutivos.* Impossibilitado de continuar prestando o mesmo serviço, sob pena de agravamento de *disacusia neurossensorial bilateral* já instalada. Cumulatividade da indenização de acidente de trabalho com a aposentadoria especial. A jurisprudência já se pacificou no sentido de que o auxílio-acidente e cumulável com a aposentadoria especial, uma vez que os pressupostos fáticos para a concessão de ambos os benefícios são evidentemente diversos e o próprio custeio dos infortúnios oriundos de fontes diferentes. Recurso conhecido pela letra *a* do permissivo constitucional, mas desprovido, a unanimidade" (STJ – REsp 16121-0/SP – 1.ª T – rel. Min. Demócrito Reinaldo – j. 16.03.1992 – *DJ* 27.04.1992 – p. 5483).

"*Previdenciário. Processual civil. Dispositivos constitucionais. Apreciação. Impossibilidade pela via do recurso especial. Auxílio-acidente. Majoração. Incidência imediata. Precedentes. Prescrição quinquenal. Ocorrência. Agravo Regimental parcialmente provido.* 1. A via especial, destinada à uniformização do direito federal, não se presta à análise de dispositivos da CF/1988, ainda que para fins de prequestionamento, sob pena, inclusive, de usurpação de competência da Suprema Corte. 2. A 3.ª Seção desta Corte de Justiça, no julgamento do REsp Representativo da Controvérsia 1096244/SC, consolidou seu entendimento no sentido de que o art. 86, § 1.º, da Lei 8.213/1991, alterado pela Lei 9.032/1995, tem aplicação imediatamente, atingindo todos os segurados que estiverem na mesma situação, sem exceção, seja referente aos casos pendentes de concessão ou os já concedidos, pois a questão encerra uma relação jurídica continuativa, sujeita a pedido de revisão quando modificado o estado de fato, passível pois, de atingir efeitos futuros de atos constituídos no passado, sem que isso implique em retroatividade da lei e ofensa ao ato jurídico perfeito e ao direito adquirido. 3. Agravo regimental parcialmente provido, para ressalvar que as parcelas anteriores ao quinquênio que antecederam o ajuizamento do feito não serão devidas pois, a teor do Enunciado sumular 85/STJ, estão fulminadas pela prescrição" (STJ – AgRg no REsp 1087201/SP – 6.ª T – rel. Min. Maria Thereza de Assis Moura – j. 23.02.2010 – DJe 15.03.2010).

Súmula 44/AGU, de 14.09.2009, DOU 20.01.2012

"É permitida a cumulação do benefício de auxílio-acidente com benefício de aposentadoria quando a consolidação das lesões decorrentes de acidentes de qualquer natureza, que resulte em sequelas definitivas, nos termos do art. 86 da Lei 8.213/1991, tiver ocorrido até 10 de novembro de 1997, inclusive, dia imediatamente anterior à entrada em vigor da MedProv 1.596-14, convertida na Lei 9.528/1997, que passou a vedar tal acumulação."

Súmula 65/AGU: "Para a acumulação do auxílio-acidente com proventos de aposentadoria, a lesão incapacitante e a concessão da aposentadoria devem ser anteriores às alterações inseridas no art. 86, § 2.º, da Lei 8.213/1991, pela MedProv 1.596-14, convertida na Lei 9.528/1997". (AGU – Súmula 65 – DOU 09.07.2012).

▶ Assim dispunha o art. 86, na versão original:

Art. 86. O auxílio-acidente será concedido ao segurado quando, após a consolidação das lesões decorrentes do acidente do trabalho, resultar sequela que implique:

I – redução da capacidade laborativa que exija maior esforço ou necessidade de adaptação para exercer a mesma atividade, independentemente de reabilitação profissional;

II – redução da capacidade laborativa que impeça, por si só, o desempenho da atividade que exercia à época do acidente, porém, não o de outra, do mesmo nível de complexidade, após reabilitação profissional; ou

III – redução da capacidade laborativa que impeça, por si só, o desempenho da atividade que exercia à época do acidente, porém não o de outra, de nível inferior de complexidade, após reabilitação profissional.

§ 1.º O auxílio-acidente, mensal e vitalício, corresponderá, respectivamente às situações previstas nos incisos I, II e III deste artigo, a 30% (trinta por cento), 40% (quarenta por cento) ou 60% (sessenta por cento) do salário de contribuição do segurado vigente no dia do acidente, não podendo ser inferior a esse percentual do seu salário de benefício.

▶ Assim dispunha o art. 86, na redação dada pela Lei 9.032, de 28.04.1995:

Art. 86. O auxílio-acidente será concedido, como indenização, ao segurado quando, após a consolidação das lesões decorrentes de acidente de qualquer natureza que impliquem em redução da capacidade funcional.

▶ Assim dispunha o art. 86 alterado:

Art. 86. O auxílio-acidente será concedido, como indenização, ao segurado quando, após a consolidação das lesões decorrentes de acidente de qualquer natureza, resultar sequelas que impliquem redução da capacidade funcional. (Redação dada ao *caput* pela Lei 9.129, de 20.11.1995).

▶ Assim dispunha o § 1.º do art. 86 alterado:

§ 1.º O auxílio-acidente mensal e vitalício corresponderá a 50% (cinquenta por cento) do salário de benefício do segurado. (Redação dada ao § pela Lei 9.032, de 28.04.1995, *DOU* 29.04.1995).

▶ Assim dispunha o § 2.º art. 86 alterado:

§ 2.º O auxílio-acidente será devido a partir do dia seguinte ao da cessação do auxílio-doença, independentemente de qualquer remuneração ou rendimento auferido pelo acidentado.

▶ Assim dispunha o § 3.º do art. 86 alterado:

§ 3.º O recebimento de salário ou concessão de outro benefício não prejudicará a continuidade do recebimento do auxílio-acidente.

▶ Assim dispunha o § 4.º do art. 86 revogado:

§ 4.º Quando o segurado falecer em gozo do auxílio-acidente, a metade do valor deste será incorporada ao valor da pensão se a morte não resultar do acidente do trabalho.

▶ Assim dispunha o § 5.º do art. 86 revogado:

§ 5.º Se o acidentado em gozo do auxílio-acidente falecer em consequência de outro acidente, o valor do auxílio-acidente será somado ao da pensão, não podendo a soma ultrapassar o limite máximo previsto no § 2.º do art. 29 desta Lei.

Subseção XII
Do abono de permanência em serviço

Art. 87. (*Caput* revogado pela Lei 8.870, de 15.04.1994, *DOU* 16.04.1994).

Parágrafo único. (Dispositivo revogado pela Lei 8.870, de 15.04.1994, *DOU* 16.04.1994).

✱ **Remissão:** art. 34 de CLPS.

▶ Assim dispunha o *caput* do art. 87 revogado:

Art. 87. O segurado que, tendo direito à aposentadoria por tempo de serviço, optar pelo prosseguimento na atividade, fará jus ao abono de permanência em serviço, mensal, correspondendo a 25% (vinte e cinco por cento) dessa aposentadoria para o segurado com 35 (trinta e cinco) anos ou mais de serviço e para a segurada com 30 (trinta) anos ou mais de serviço.

▶ Assim dispunha o parágrafo único do art. 87 revogado:

>Parágrafo único. O abono de permanência em serviço será devido a contar da data de entrada do requerimento, não variará de acordo com a evolução do salário de contribuição do segurado, será reajustado na forma dos demais benefícios e não se incorporará, para qualquer efeito, à aposentadoria ou à pensão.

Seção VI

Dos serviços

Subseção I

Do serviço social

Art. 88. Compete ao Serviço Social esclarecer junto aos beneficiários seus direitos sociais e os meios de exercê-los e estabelecer conjuntamente com eles o processo de solução dos problemas que emergirem da sua relação com a Previdência Social, tanto no âmbito interno da instituição como na dinâmica da sociedade.

§ 1.º Será dada prioridade aos segurados em benefício por incapacidade temporária e atenção especial aos aposentados e pensionistas.

§ 2.º Para assegurar o efetivo atendimento dos usuários serão utilizadas intervenção técnica, assistência de natureza jurídica, ajuda material, recursos sociais, intercâmbio com empresas e pesquisa social, inclusive mediante celebração de convênios, acordos ou contratos.

§ 3.º O Serviço Social terá como diretriz a participação do beneficiário na implementação e no fortalecimento da política previdenciária, em articulação com as associações e entidades de classe.

§ 4.º O Serviço Social, considerando a universalização da Previdência Social, prestará assessoramento técnico aos Estados e Municípios na elaboração e implantação de suas propostas de trabalho.

✱ **Remissão:** arts. 103 a 204 da CF/1988.

✎ Anotação

A prestação de fazer devida pela Previdência Social é o serviço social. Operada por intermédio de esclarecimentos, informações, discussões sobre os problemas da Previdência Social, além de intervenção técnica dos assistentes sociais, é instrumental em ordem à concessão e manutenção dos benefícios.

Subseção II
Da habilitação e da reabilitação profissional

Art. 89. A habilitação e a reabilitação profissional e social deverão proporcionar ao beneficiário incapacitado parcial ou totalmente para o trabalho, e às pessoas portadoras de deficiência, os meios para a (re)educação e de (re)adaptação profissional e social indicados para participar do mercado de trabalho e do contexto em que vive.

Parágrafo único. A reabilitação profissional compreende:

a) o fornecimento de aparelho de prótese, órtese e instrumentos de auxílio para locomoção quando a perda ou redução da capacidade funcional puder ser atenuada por seu uso e dos equipamentos necessários à habilitação e reabilitação social e profissional;

b) a reparação ou a substituição dos aparelhos mencionados no inciso anterior, desgastados pelo uso normal ou por ocorrência estranha à vontade do beneficiário;

c) o transporte do acidentado do trabalho, quando necessário.

* **Remissão:** arts. 61 e 62 da CLPS.

Anotação

Habilitar significa preparar alguém, com incapacidade física adquirida ou hereditária, para o exercício de certa atividade. Reabilitar, habilitar novamente, pressupõe a perda da habilidade para o exercício de determinada atividade, por motivo de doença ou acidente. Esses serviços são assegurados também aos dependentes dos segurados.

JURISPRUDÊNCIA

"*Previdenciário. Indenização acidentária. Perda auditiva. Redução da capacidade e nexo causal. Ausência. Inversão dos pressupostos aferidos pelo tribunal de origem. Óbice da Súmula 7/STJ.* 1. A norma legal estabelece que o auxílio-acidente será devido como indenização ao segurado quando, após consolidação das lesões decorrentes de acidente de qualquer natureza, resultarem sequelas que impliquem redução da capacidade para o trabalho que habitualmente exerce (art. 86 da Lei 8.213/1991, com a redação dada pela Lei 9.528/1997).

2. A *mens legis* é indenizar aquele que passar a empreender maior esforço em face da redução de sua capacidade para a mesma atividade, além de prestar reabilitação para o beneficiário parcialmente incapacitado a fim de inseri-lo novamente no mercado de trabalho (art. 89 da Lei 8.213/1991). Não objetiva ressarcir qualquer redução ou perda, mas tão somente a que dificultar o exercício do trabalho habitual do segurado. 3. Uma vez negados o nexo causal e a redução da capacidade, forçoso manter o julgado proferido pelo Tribunal de Justiça paulista. Sem contar que rever a matéria altercada importaria reexame de prova, incabível em sede de recurso especial, nos termos da Súmula 7/STJ. 4. Agravo regimental improvido" (STJ – AgRg/EDcl/Ag 1.090.452/SP – 5.ª T. – rel. Min. Jorge Mussi – j. 18.03.2010 – *DJe* 12.04.2010).

"*Súmula 7/STJ: reexame de prova. Recurso especial.* A pretensão de simples reexame de prova não enseja recurso especial" (STJ – Súmula 7 – j. 28.06.1990 – *DJ* 03.07.1990).

Art. 90. A prestação de que trata o artigo anterior é devida em caráter obrigatório aos segurados, inclusive aposentados e, na medida das possibilidades do órgão da Previdência Social, aos seus dependentes.

* **Remissão:** art. 203, IV e V, da CF/1988; arts. 30, 36 e 103 da CLPS.

Anotação

É incompatível com a técnica jurídica o preceito em comento. Nenhum comando legal deixa de cominar atividades em "caráter obrigatório". As leis não contêm conselhos ou recomendações. A parte final do preceito, ademais, intenta reduzir a "quase-direito" a pretensão dos dependentes, em preceito incompatível com o ordenamento constitucional da Seguridade Social que cuida de garantir direitos humanos fundamentais.

Art. 91. Será concedido, no caso de habilitação e reabilitação profissional, auxílio para tratamento ou exame fora do domicílio do beneficiário, conforme dispuser o Regulamento.

* **Remissão:** art. 101 da CLPS.

Art. 92 • Lei dos Planos de Benefícios da Previdência Social

✎ Anotação

O auxílio para tratamento ou exame fora do domicílio do beneficiário é devido para: o habilitando, o reabilitando, o sujeito a exame médico e o acompanhante.

Art. 92. Concluído o processo de habilitação ou reabilitação social e profissional, a Previdência Social emitirá certificado individual, indicando as atividades que poderão ser exercidas pelo beneficiário, nada impedindo que este exerça outra atividade para a qual se capacitar.

✱ Remissão: CLPS, de 1976, art. 108.

✎ Anotação

A certificação individual, fornecida pelo Serviço de Reabilitação Profissional, qualifica o segurado para certas e determinadas atividades.

Art. 93. A empresa com 100 (cem) ou mais empregados está obrigada a preencher de 2% (dois por cento) a 5% (cinco por cento) dos seus cargos com beneficiários reabilitados ou pessoas portadoras de deficiência, habilitadas, na seguinte proporção:

I – até 200 empregados 2%;
II – de 201 a 500 .... 3%;
III – de 501 a 1.000 .... 4%;
IV – de 1.001 em diante .... 5%.

§ 1.º A dispensa de trabalhador reabilitado ou de deficiente habilitado ao final de contrato por prazo determinado de mais de 90 (noventa) dias, e a imotivada, no contrato por prazo indeterminado, só poderá ocorrer após a contratação de substituto de condição semelhante.

§ 2.º O Ministério do Trabalho e da Previdência Social deverá gerar estatísticas sobre o total de empregados e as vagas preenchidas por reabilitados e deficientes habilitados, fornecendo-as, quando solicitadas, aos sindicatos ou entidades representativas dos empregados.

✱ Remissão: art. 203, V, da CF/1988; art. 103 da CLPS.

✍ Anotação

Preceito que atribui função social à empresa, quer proporcionar ao grupo vulnerável das pessoas com deficiência, consoante garantia constitucional, a respectiva integração ao mercado de trabalho.

O Dec. 6949, de 25.08.2009, promulgou a Convenção Internacional sobre os Direitos das Pessoas com Deficiência, cujo art. 27, I, h, em plena harmonia com o dispositivo ora anotado, determina que cumpre:

"*h) Promover o emprego de pessoas com deficiência no setor privado, mediante políticas e medidas apropriadas, que poderão incluir programas de ação afirmativa, incentivos e outras medidas*".

Saliente-se que esse Diploma Internacional foi o primeiro introduzido no ordenamento jurídico brasileiro com *status* de norma constitucional, uma vez que a respectiva aprovação observou o *quorum* especial de que cuida o § 3.º do art. 5.º da CF/1988, incluído pela EC 45/2004.

JURISPRUDÊNCIA

"*Ação civil pública reserva legal. Lei 8.213/1991, art. 93.* A Lei 8.213/1991, em seu art. 93, é expressa, ao preconizar que a empresa com 100 (cem) ou mais empregados está obrigada a preencher de 2% (dois por cento) a 5% (cinco por cento) dos seus cargos com beneficiários reabilitados ou pessoas portadoras de deficiência, habilitadas, na seguinte proporção: I – até 200 empregados, 2%; II – de 201 a 500, 3%; III – de 501 a 1000, 4% e, IV – de 1001 em diante, 5%. Não há falar-se em reserva legal calculada por estabelecimento e não empresa, pois a norma é expressa. Também não há que se excluir os vigilantes do total de empregados, para cálculo da reserva legal. Embora, em princípio, possa causar estranheza a empregabilidade do deficiente físico no serviço de vigilância, é imperioso excluir o preconceito do raciocínio lógico para concluir que deficiências menores, tais como perda de um dedo ou, quiçá, encurtamento de um membro inferior, sem prejuízo de outros, não impedem que o trabalhador mantenha a higidez imprescindível para efeito da prestação de serviços oferecida pela ré. Conforme relatado pela empresa M2 Centro de Formação e Aperfeiçoamento de Vigilantes, Ltda. em atendimento à consulta do Ministério Público do Trabalho, deficientes físicos são contratados para a função de vigilante que trabalhe com CFTV (Circuito Fechado de TV). Portanto, não há razões técnicas nem jurídicas para que se excluam os vigilantes da base de cálculo da totalidade do quadro de pessoal, para efeito de cumprimento da reserva legal*" (TRT/SP – RO em

Art. 93 • LEI DOS PLANOS DE BENEFÍCIOS DA PREVIDÊNCIA SOCIAL

Ação Civil Pública 01296.2006.090.02.00-4 – 4.ª T. – rel Des. Federal Paulo Augusto Câmara – j. 2006).

"*Estabilidade. Empregado deficiente físico. Condição para a sua dispensa. Ausência da contratação de outro empregado também deficiente físico. Reintegração deferida.* Lei 8.213/1991. Tendo a empresa contratado empregado deficiente físico dentro da fração prevista no art. 93, caput, da Lei 8.213/1991, a condição para a sua dispensa fica subordinada à admissão de outro empregado também deficiente físico, hipótese em que não atendida essa condição, deve aquele ser reintegrado, nos termos em que autoriza o § 1.º da mesma lei e art. citados, sendo inconsistente a alegação da empresa que o empregado não tenha sido vítima de acidente de trabalho ou que não adquiriu doença profissional durante o contrato de trabalho mantido entre as partes" (TRT-14.ª Reg. – AC 1.390/02/RO – rel. Juiz Pedro Pereira de Oliveira – DJe 11.11.2002).

"*Pedido de reintegração. Art. 93 da Lei 8.213/1991. Garantia de emprego indireta. Deferimento.* O art. 93, § 1.º, da Lei 8.213/1991 estabelece garantia indireta de emprego, pois condiciona a dispensa do trabalhador deficiente à contratação de substituto que tenha condição semelhante. Trata-se de limitação à despedida imotivada, pois, uma vez não cumprida a exigência legal, devida é a reintegração no emprego" (TRT-20.ª Reg. – RO 01606-2005-002-20-00-9 – rel. Des. Jorge Antônio Andrade Cardoso – j. 07.08.2007).

"*Empregado reabilitado resilição. Critérios estabelecidos no art. 93, § 1.º, da Lei 8.213/1991. Garantia de emprego indireta. Reintegração.* I – Enquanto o caput do supracitado art. 93 estabelece cotas a serem observadas pelas empresas com cem ou mais empregados, a serem preenchidas por beneficiários reabilitados ou pessoas portadoras de deficiência habilitadas, o seu § 1.º cria critério para a dispensa desses empregados (contratação de substituto de condição semelhante), ainda que seja para manter as aludidas cotas. II – Significa dizer que, não obstante o critério de dispensa pudesse visar a manutenção das cotas previstas no art. 93, a interdição do poder potestativo de resilição consagrado no § 1.º traz consigo a concessão de garantia de emprego. III – Porém, não se trata de concessão de uma garantia de emprego por tempo indeterminado, mas sim, de garantia provisória subordinada à comprovação de posterior contratação de substituto de condição semelhante. Assim, se a reclamada comprovar, na liquidação de sentença, que após a dispensa do reclamante contratara outro empregado de condição análoga, deve ser convertida a reintegração em indenização substitutiva constituída dos salários e demais direitos trabalhistas do período mediado entre a resilição contratual e a nova admissão. IV – De outro lado, não comprovada a contratação de substituto, poderá a embargante, após a reintegração, exercer o direito potestativo de resilição se atendido o requisito do § 1.º do art. 93 da Lei 8.213/1991. V – Recurso conhecido e provido" (TST – RR 869/2004-242-02-00.3 – 4.ª T. – rel. Ministro Barros Levenhagem – *DJ* 19.12.2006).

"*Cerceamento de defesa. Prova inútil. Inocorrência.* Considerando-se o entendimento exarado pelo MM. Juízo de origem e no sentido de que o art. 93 da Lei de Benefícios da Previdência Social não revela direito de estabilidade no emprego, não há que se falar em cerceamento de produção de prova, e consequente violação ao art. 5.º, LIV e LV da CF/1988, eis que a pretensão do reclamante se trata de diligência absolutamente inútil, nos termos do art. 130 do CPC. Reserva de mercado. Art. 93 da Lei de Benefícios. Inexistência de estabilidade. No que tange à alegada estabilidade, com esteio no art. 93, § 1.º, da Lei 8.213/1991, entendo que o referido diploma legal não garante a impossibilidade do ato demissional de empregado reabilitado, ou portador de deficiência, tratando-se de norma de cunho meramente indicativo a respeito da existência da reserva de mercado, resultando a sua eventual inobservância pelo empregador em simples infração administrativa" (TRT-2.ª Reg. – RO 20080318015 – 4.ª T. – rel. Odette Silveira Moraes – j. 15.04.2008 – *DJ* 29.04.2008).

"*Estabilidade*. O art. 93 da Lei 8.213/1991 tão somente estabelece cotas a serem preenchidas nas empresas com mais de cem empregados por beneficiários reabilitados ou portadores de deficiências. O § 1.º sofre interpretação que não pode ser dissociada do conjunto e limita-se a criar mecanismo que impede a redução dessas cotas, não estabelecendo garantia de emprego ou estabilidade em caráter individual ao trabalhador beneficiário reabilitado ou portador de deficiência" (TRT-2.ª Reg. – RO 20020798100 – 8.ª T. – rel. Catia Lungov – j. 09.12.2002 – 14.01.2003).

"*Garantia de emprego. Trabalhador reabilitado ou readaptado pelo INSS.* O art. 93, § 1.º, da Lei 8.213/1991 não traz qualquer 'estabilidade' ao empregado reabilitado, mas sim garante que a empresa mantenha em seus quadros um número mínimo de profissionais deficientes ou reabilitados, como uma 'cota' que deva ser preservada. O § 1.º deve ser lido tendo como prisma o *caput* do referido artigo, que estabelece as faixas percentuais de reserva de vagas para tais trabalhadores, devendo, por conseguinte, o empregador, para manter tal equilíbrio, ao despedir um nessa situação, contratar outro em posição idêntica. Isso não traz, em absoluto, estabilidade ou garantia de emprego para o trabalhador reabilitado ou o deficiente empregado, sendo infração administrativa a ser apurada pelos órgãos competentes se a despedida do autor não foi sucedida pela admissão de outro trabalhador reabilitado" (TRT-5.ª Reg. – AC 013316/2008/RO – rel. Des. Luíza Lomba – 2.ª T. – *DJ* 03.07.2008).

Seção VII
Da contagem recíproca de tempo de serviço

Art. 94. Para efeito dos benefícios previstos no Regime Geral de Previdência Social ou no serviço público é assegurada a contagem recíproca do tempo de contribuição na atividade privada, rural e urbana, e do tempo de contribuição ou de serviço na administração pública, hipótese em que os diferentes sistemas de previdência social se compensarão financeiramente. (Redação dada ao *caput* pela Lei 9.711, de 20.11.1998, *DOU* 21.11.1998).

§ 1.º A compensação financeira será feita ao sistema a que o interessado estiver vinculado ao requerer o benefício pelos demais sistemas, em relação aos respectivos tempos de contribuição ou de serviço, conforme dispuser o Regulamento (Parágrafo renumerado pela LC 123, de 14.12.2006, *DOU* 15.12.2006).

§ 2.º Não será computado como tempo de contribuição, para efeito dos benefícios previstos em regimes próprios de previdência social, o período em que o segurado contribuinte individual ou facultativo tiver contribuído na forma do § 2.º do art. 21 da Lei 8.212, de 24 de julho de 1991, salvo se complementadas as contribuições na forma do § 3.º do mesmo artigo. (Parágrafo incluído pela LC 123, de 14.12.2006, *DOU* 15.12.2006).

❋ **Remissão:** arts. 40, § 3.º, e 201, § 9.º, da CF/1988; arts. 70 a 78 da CLPS.

✐ **Anotação**

A contagem recíproca de tempo de serviço é técnica de apuração destinada a conjuminar os distintos regimes previdenciários, permitindo que o segurado aproveite de todo o tempo de trabalho em apenas um deles.

A compensação financeira, regulamentada pela Lei 9.796, de 05.05.1999, é da essência do instituto e elemento indispensável à garantia do equilíbrio atuarial do plano previdenciário que recepciona o tempo e que, afinal, concede o benefício.

JURISPRUDÊNCIA

"Previdenciário. Aposentadoria por tempo de serviço proporcional. Possibilidade de contagem recíproca de tempo de serviço. Data de início do benefício. Prescrição. Data de incidência dos juros de mora. 1. Os comprovantes nos autos demonstram que o autor possui mais de 30 anos de tempo de serviço, fazendo *jus* à aposentadoria por tempo de serviço proporcional. 2. Não há impedimento de contagem recíproca de tempo de serviço na atividade privada e na administração pública, hipótese em que os diferentes sistemas de previdência social se compensarão financeiramente. (art. 94 da Lei 8.213). 3. A evidente falha do órgão ao se omitir e deixar de se pronunciar sobre o requerimento administrativo do benefício não pode ser eliminada pela suposta demora administrativa em exigir uma resposta, devendo o benefício ter início na data do requerimento administrativo. 4. Os juros de mora devem ser contados a partir da citação, quando se constitui em mora o devedor (Súmula 204/STJ). 5. Apelação e remessa parcialmente providas" (TRF-2.ª Reg. – AC 412.581/RJ – 2.ª T. – rel. Des. Federal Liliane Roriz – j. 21.10.2009 – DJU 27.10.2009 – p. 56).

"Previdenciário e processual civil. (...). Contagem recíproca. Aposentadoria mais vantajosa. Honorários periciais. (...). .11. O art. 94 da LBPS assegura a contagem recíproca do tempo de contribuição na atividade privada, rural e urbana, e do tempo de contribuição ou de serviço na administração pública, quando devidamente comprovado. 12. Comprovado o exercício de trabalho rural, atividade especial (devidamente convertida) e tempo de serviço público passível de contagem recíproca, tem o autor direito à concessão do benefício de aposentadoria integral, na forma que lhe for mais vantajosa, a contar da data do requerimento administrativo. 13. Deve ser suprida, de ofício, a omissão do julgado para determinar ao INSS o pagamento dos honorários periciais" (TRF-4.ª Reg. – REO 4.364/RS – 5.ª T. – rel. Celso Kipper – j. 17.04.2007 – DJe 24.05.2007).

"Recurso Extraordinário. Servidor público estadual. Aposentadoria. Tempo de serviço prestado em condições insalubres em período anterior à superveniência do estatuto dos funcionários públicos do Estado. Contagem recíproca. Possibilidade. 1. A contagem recíproca é um direito assegurado pela CF/1988. O acerto de contas que deve haver entre os diversos sistemas de previdência social não interfere na existência desse direito, sobretudo para fins de aposentadoria. (...)" (STF – RE 255.827/SC – 1.ª T. – rel. Min. Eros Grau – j. 25.10.2005 – DJ 02.12.2005 – p. 00014).

▶ Assim dispunha o art. 94, na versão original:

Art. 94. Para efeito dos benefícios previstos no Regime Geral de Previdência Social, é assegurada a contagem recíproca do tempo de contribuição ou de serviço na administração pública e na atividade privada, rural e urbana, hipótese em que os diferentes sistemas de previdência social se compensarão financeiramente.

▶ Assim dispunha o art. 94 alterado:

Art. 94. Para efeito dos benefícios previstos no Regime Geral de Previdência Social, é assegurada a contagem recíproca do tempo de contribuição na atividade privada, rural

Art. 95 • Lei dos Planos de Benefícios da Previdência Social

e urbana, e do tempo de contribuição ou de serviço na administração pública, hipótese em que os diferentes sistemas de previdência social se compensarão financeiramente. (Redação dada ao *caput* pela Lei 9.528, de 10.12.1997, *DOU* 11.12.1997).

Art. 95. (*Caput* revogado pela MedProv 2.187-13, de 24.08.2001, *DOU* 27.08.2001).

Parágrafo único. (Dispositivo revogado pela MedProv 2.187-13, de 24.08.2001, *DOU* 27.08.2001).

✻ **Remissão:** art. 114 da CLPS.

▶ Assim dispunha o *caput* do art. 95 revogado:

Art. 95. Observada a carência de 36 (trinta e seis) contribuições mensais, o segurado poderá contar, para fins de obtenção dos benefícios do Regime Geral de Previdência Social, o tempo de serviço prestado à administração pública federal direta, autárquica e fundacional.

▶ Assim dispunha o parágrafo único do art. 95 revogado:

Parágrafo único. Poderá ser contado o tempo de serviço prestado à administração pública direta, autárquica e fundacional dos Estados, do Distrito Federal e dos Municípios, desde que estes assegurem aos seus servidores a contagem de tempo do serviço em atividade vinculada ao Regime Geral de Previdência Social.

Art. 96. O tempo de contribuição ou de serviço de que trata esta Seção será contado de acordo com a legislação pertinente, observadas as normas seguintes:

I – não será admitida a contagem em dobro ou em outras condições especiais;

II – é vedada a contagem de tempo de serviço público com o de atividade privada, quando concomitantes;

III – não será contado por um sistema o tempo de serviço utilizado para concessão de aposentadoria pelo outro;

IV – o tempo de serviço anterior ou posterior à obrigatoriedade de filiação à Previdência Social só será contado mediante indenização da contribuição correspondente ao período respectivo, com acréscimo de juros moratórios de zero vírgula cinco por cento ao mês, capitalizados anualmente, e multa de dez por cento. (Redação dada ao inciso pela MedProv 2.187-13/2001) (Vide MedProv 316/2006).

V – (Inciso excluído pela Lei 9.528, de 10.12.1997, *DOU* 11.12.1997).

✻ **Remissão:** art. 201, § 9.º, da CF/1988; arts. 70 a 78 da CLPS.

TÍTULO III – DO REGIME GERAL DE PREVIDÊNCIA SOCIAL • Art. 96

✍ Anotação

A contagem em dobro não é da praxe do regime geral, e sim do regime próprio. Este, por seu turno, não mais admite – por expressa vedação da CF/1988 – a contagem do tempo fictício.

Quanto ao tempo concomitante, em certas situações ele poderia, se contado, valer como contagem em dobro, o que o comando veda. Porém, se o segurado esteve ligado a dois regimes distintos, embora o tempo seja o mesmo no mundo fenomênico, representa dupla carga temporal e a pessoa poderá perceber dois benefícios, mediante contribuição para dois regimes distintos.

JURISPRUDÊNCIA

"*Previdenciário. Aposentadoria por idade concedida pelo INSS. Majoração da RMI. Tempo de serviço vinculado ao rgps concomitante ao prestado como servidor público, não utilizado para a concessão de aposentadoria como estatutário. Arts. 96 e 98 da Lei 8.213/1991. Ausência de vedação legal. Juros de mora. 1. O inc. I do art. 96 da LBPS veda a contagem recíproca do mesmo período de labor já computado em um Regime para fins de percepção de benefício em outro, e não a contagem de tempos de serviços diversos, apenas prestados de forma concomitante. 2. O inc. II do art. 96 da Lei 8.213/1991 não proíbe toda e qualquer contagem de tempos de serviço concomitantes, prestados um como celetista e outro como estatutário; ao contrário, veda unicamente a utilização de um destes períodos, por meio da contagem recíproca, para acréscimo e percepção de benefício no regime do outro, ou seja, proíbe que os dois períodos laborados de forma concomitante sejam considerados em um mesmo regime de previdência com a finalidade de aumentar o tempo de serviço para uma única aposentadoria. (...)*" (TRF-4.ª Reg. – AC 24.353/RS – 5.ª T. – rel. Celso Kipper – j. 12.12.2006 – DJe 19.01.2007).

▶ Assim dispunha o inc. IV do art. 96, na versão original:

IV – o tempo de serviço anterior ou posterior à obrigatoriedade de filiação à Previdência Social só será contado mediante indenização da contribuição correspondente ao período respectivo, com os acréscimos legais;

▶ Assim dispunha o inc. IV do art. 96 alterado:

IV – o tempo de serviço anterior ou posterior à obrigatoriedade de filiação à Previdência Social só será contado mediante indenização da contribuição correspondente

Art. 97 • Lei dos Planos de Benefícios da Previdência Social

ao período respectivo, com acréscimo de juros moratórios de um por cento ao mês e multa de dez por cento. (Redação dada ao inciso pela Lei 9.528/1997).

▶ Assim dispunha o inc. V do art. 96 excluído:

V – o tempo de serviço do segurado trabalhador rural, anterior à data de início de vigência desta lei, será computado sem que seja necessário o pagamento das contribuições a ele correspondentes, desde que cumprido o período de carência.

Art. 97. A aposentadoria por tempo de serviço, com contagem de tempo na forma desta Seção, será concedida ao segurado do sexo feminino a partir de 25 (vinte e cinco) anos completos de serviço, e, ao segurado do sexo masculino, a partir de 30 (trinta) anos completos de serviço, ressalvadas as hipóteses de redução previstas em lei.

✴ **Remissão:** art. 201, § 9.º, da CF/1988; EC 20/1998; art. 73 da CLPS.

✎ Anotação

O preceito é mais uma expressão da garantia do direito adquirido. Agora, porém, a EC 20/1998 exige tempo de trinta anos para a mulher e de trinta e cinco anos para o homem.

Art. 98. Quando a soma dos tempos de serviço ultrapassar 30 (trinta) anos, se do sexo feminino, e 35 (trinta e cinco) anos, se do sexo masculino, o excesso não será considerado para qualquer efeito.

✴ **Remissão:** arts. 74 e 116 da CLPS.

✎ Anotação

Esse preceito deveria ser problematizado à luz do que dispõe a Lei 9.876/1999, cujo art. 3.º previu que todo o período contributivo deve ser considerado no cálculo da prestação.

Seria medida de justiça social, ademais, que aqueles segurados que permaneceram no trabalho para além dos limites legais fossem, a seu modo, aquinhoados com certa vantagem, à moda do abono de permanência que foi concedido ao servidor público, nos termos do art. 2.º, § 5.º, da EC 41/2003.

JURISPRUDÊNCIA

"*Previdenciário. Aposentadoria por idade concedida pelo INSS. Majoração da RMI. Tempo de serviço vinculado ao rgps concomitante ao prestado como servidor público, não utilizado para a concessão de aposentadoria como estatutário. Arts. 96 e 98 da Lei 8.213/1991. Ausência de vedação legal. Juros de mora.* (...). 3. O art. 98 da LBPS visa impedir a utilização do tempo excedente para qualquer efeito no âmbito da aposentadoria concedida, e não para obtenção de benefício em regime diverso. 4. Tendo o autor laborado como professor, vinculado a regime próprio de previdência, e, concomitantemente, em atividade privada, ligada ao RGPS, sem que todo o tempo de serviço vinculado ao INSS tenha sido computado para fins de aposentação como estatutário, é possível o acréscimo do período não utilizado aí para majoração da renda mensal inicial do benefício obtido junto ao Regime Geral pelo demandante. 5. Implementados mais de 30 anos de tempo de serviço urbano, mediante o cômputo do tempo já referido, deve ser majorada a renda mensal inicial da aposentadoria por idade do autor para 100% do valor do salário de benefício, nos termos do art. 50 da Lei 8.213/1991. 6. Os juros de mora devem ser fixados à taxa de 1% ao mês, a contar da citação, com base no art. 3.º do Dec.-lei 2.322/1987, aplicável analogicamente aos benefícios pagos com atraso, tendo em vista o seu caráter eminentemente alimentar. Precedentes do STJ e Súmula 75/TRF-4.ª Reg." (TRF-4.ª Reg. – AC 24.353/RS – 5.ª T. – rel. Celso Kipper – j. 12.12.2006 – Dje 19.01.2007).

"*Previdenciário. Conversão de aposentadoria por tempo de serviço em aposentadoria especial. Contagem recíproca de tempo de serviço. Certificação.* 1. É cabível a conversão de aposentadoria por tempo de serviço comum para especial quando o segurado, na data da concessão daquela, implementou 30 anos de atividade especial como professor. 2. As normas da Lei 8.213/1991 que regem o direito à contagem recíproca do tempo de serviço prestado na administração pública e atividade privada, por força inclusive de regra constitucional, aplicam-se ao RGPS e a todos os regimes de servidores federal, estadual e municipal. 3. A proibição contida no art. 98 da LBPS incide apenas quando o segurado efetivamente obteve o benefício, por qualquer sistema previdenciário, mediante a contagem recíproca de tempo de serviço na atividade privada e pública. 4. O art. 96 da Lei 8.213/1991 e o art. 203 do Dec. 611/1992 impedem a certificação de tempo já utilizado na concessão, somente, de aposentadorias, em qualquer regime previdenciário, não podendo o INSS negar certidão, para efeito de contagem recíproca de tempo de serviço e concessão de aposentadoria no regime estatutário, baseado na circunstância de o segurado ter contado o tempo a ser certificado na concessão de abono de permanência em serviço. 5. Apelação do INSS e remessa oficial improvidas" (TRF-4.ª Reg. – AC 26.818/SC – 5.ª T. – rel. Altair Antonio Gregório – j. 15.05.2000 – DJ 14.06.2000 – p. 296).

Art. 99. O benefício resultante de contagem de tempo de serviço na forma desta Seção será concedido e pago pelo sistema a que o interessado estiver vinculado ao requerê-lo, e calculado na forma da respectiva legislação.

✳ **Remissão:** art. 201, § 9.º, da CF/1988; art. 76 da CLPS.

Anotação

Aplica-se a regra deste artigo aos regimes de cada um dos entes da Federação brasileira (Município, Estado, Distrito Federal e União (Lei 8.112/1990).

JURISPRUDÊNCIA

"*Previdenciário aposentadoria por tempo de serviço. Contagem recíproca. Segurado não vinculado ao RGPS na DER. Art. 99 da Lei 8.213/1991.* 1. O benefício de aposentadoria deve ser requerido pelo segurado junto ao regime a que estiver então vinculado, não podendo optar aleatoriamente pelo regime de aposentação. 2. É possível a contagem recíproca de tempo de serviço exercido com vínculo a regime próprio, mediante a indenização dos sistemas de previdência. Não obstante, o seu aproveitamento não pode ser efetivado para a obtenção de benefício no Regime Geral se não houver retorno a este após o exercício de labor junto ao outro sistema, consoante art. 99 da LBPS. 3. Apelação improvida (TRF-4.ª Reg. – AC 1.915/PR – T. Suplementar – rel. Des. Federal Luís Alberto D'Azevedo Aurvalle – j. 18.02.2009 – DJ 02.03.2009).

"*Previdenciário. Aposentadoria por tempo de serviço. Aposentadoria por idade. Tempo de serviço urbano. Contador, prefeito e subprefeito municipal. Vereador. Empregado. Sócio-gerente. Servidor público estadual. Prescrição quinquenal. Honorários advocatícios.* (...). 5. É possível a contagem recíproca de tempo de serviço exercido com vínculo a regime próprio, mediante a indenização dos sistemas de previdência. Não obstante, o seu aproveitamento não pode ser efetivado para a obtenção de benefício no Regime Geral se não houver retorno a este após o exercício de labor junto ao outro sistema, consoante art. 99 da LBPS. (...)" (TRF-4.ª Reg. – AC 30.919/RS – 5.ª T. – j. 13.03.2007 – DJe 12.04.2007).

Súmula 27/AGU, de 09.06.2008 – Publicada no *DOU*, Seção I, de 10.06; 11.06 e 12.06.2008.

"Para concessão de aposentadoria no RGPS, é permitido o cômputo do tempo de serviço rural exercido anteriormente à Lei 8.213, de 24 de julho de 1991, independente do recolhimento das contribuições sociais respectivas, exceto para efeito de carência."

Seção VIII
Das disposições diversas relativas às prestações

Art. 100. VETADO (pela Mensagem n. 381, de 24.07.1991, *DOU* 25.07.1991).

▶ Assim dispunha o art. 100 vetado:

> Art. 100. Fica assegurada a concessão do salário-família e do salário-maternidade para o segurado especial, definido no inciso VII do art. 11 desta Lei, conforme dispuser o Regulamento.

Art. 101. O segurado em gozo de auxílio-doença, aposentadoria por invalidez e o pensionista inválido estão obrigados, sob pena de suspensão do benefício, a submeter-se a exame médico a cargo da Previdência Social, processo de reabilitação profissional por ela prescrito e custeado, e tratamento dispensado gratuitamente, exceto o cirúrgico e a transfusão de sangue, que são facultativos. (Redação dada ao artigo pela Lei 9.032, de 28.04.1995, *DOU* 29.04.1995).

✳ **Remissão:** arts. 26, § 5.º, e 30, § 6.º, da CLPS.

✎ Anotação

O controle da sanidade do segurado é condição para a manutenção da prestação.

JURISPRUDÊNCIA

"*Previdenciário. Remessa oficial. Aposentadoria por invalidez. Cura por cirurgia. Inexigência de sua realização. Honorários advocatícios.* 1. Incabível o reexame necessário quando se verifica mediante simples consulta aos autos que a condenação não ultrapassa o valor de sessenta salários mínimos. 2. Tratando-se de aposentadoria por invalidez ou auxílio-doença, para constatação da incapacidade, o Julgador firma a sua convicção, via de regra, por meio da prova pericial. 3. Considerando as conclusões periciais, percebe-se que a autora está incapacitada para o trabalho até que realize o tratamento cirúrgico indicado. Porém, cabe frisar que, embora tenha o laudo destacado a possibilidade de cura do requerente mediante intervenção cirúrgica, não está a parte autora obrigada a sua realização, conforme consta no art. 101, *caput*, da Lei 8.213/1991 e no art. 15 do CC brasileiro. 4. O fato de a autora, porventura, vir a realizar cirurgia e, em consequência desta, recuperar-se, não constitui óbice à concessão do benefício de aposentadoria por invalidez, já que tal benefício pode ser cancelado, conforme o disposto no art. 47 da LBPS. 5. Assim, é devida à autora a aposentadoria por invalidez desde a data do requerimento administrativo (16.07.2004), ressalvados os valores recebidos na esfera administrativa, seja a título de auxílio-doença, seja a título de aposentadoria por invalidez. 6. Os honorários advocatícios devem ser fixados em 10% sobre o valor das parcelas vencidas até a data da sentença, a teor das Súmulas 111/STJ e 76 desta Corte" (TRF-4.ª Reg. – AC 894/SC – 5.ª T. – rel. Celso Kipper – j. 12.08.2008 – *DJe* 25.08.2008).

▶ Assim dispunha o art. 101 alterado:

> Art. 101. O segurado em gozo de aposentadoria por invalidez ou de auxílio-doença e o pensionista inválido, enquanto não completarem 55 (cinquenta e cinco) anos de idade, estão obrigados, sob pena de suspensão do benefício, a submeter-se a exame médico a cargo da Previdência Social, processo de reabilitação profissional por ela prescrito e custeado, e tratamento dispensado gratuitamente, exceto o cirúrgico e a transfusão de sangue que são facultativos.

Art. 102. A perda da qualidade de segurado importa em caducidade dos direitos inerentes a essa qualidade (Redação dada ao *caput* pela Lei 9.528, de 10.12.1997, *DOU* 11.12.1997).

§ 1.º A perda da qualidade de segurado não prejudica o direito à aposentadoria para cuja concessão tenham sido preenchidos todos os requisitos, segundo a legislação em vigor à época em que estes requisitos foram atendidos. (Parágrafo incluído pela Lei 9.528, de 10.12.1997, *DOU* 11.12.1997).

§ 2.º Não será concedida pensão por morte aos dependentes do segurado que falecer após a perda desta qualidade, nos termos do art. 15 desta Lei, salvo se

TÍTULO III – DO REGIME GERAL DE PREVIDÊNCIA SOCIAL • Art. 102

preenchidos os requisitos para obtenção da aposentadoria na forma do parágrafo anterior. (Parágrafo incluído pela Lei 9.528, de 10.12.1997, *DOU* 11.12.1997).

* **Remissão:** art. 5.º, XXXVI, da CF/1988; art. 3.º da EC 20/1998; arts. 8.º e 98 da CLPS.

Anotação

A regra assegura que a caducidade não atinge os direitos já incorporados ao patrimônio jurídico do beneficiário.

JURISPRUDÊNCIA

"*Previdenciário. Pensão. Presença dos requisitos para concessão.* 1 – Para a concessão da pensão por morte há que se analisar a presença dos requisitos legais a seguir enunciados. 2 – Primeiramente, a dependência econômica, no caso dos autos, é presumida, não tendo ocorrido prova em contrário. Com a manutenção de fato de casamento dissolvido judicialmente, há que se falar em relação concubinária, devidamente comprovada nos autos. 3 – Inexistente carência para a obtenção da pensão por morte. 4 – Por último, é indispensável, para a concessão da pensão por morte, que o segurado tenha mantido esta condição no momento do óbito. 5 – No caso da pensão por morte, há que se observar regra própria, constante do art. 102, §§ 1.º e 2.º da Lei 8.213/1991. Da leitura conjugada destes dispositivos percebe-se que não será concedida pensão por morte aos dependentes do segurado que falecer após a perda da qualidade de segurado, observado o disposto no art. 15 da lei de benefício. 6 – No caso dos autos, presentes todos os requisitos, há que se manter a concessão do benefício. 7 – Concessão a partir do óbito em vista do direito adquirido. 8 – Não há como se fixar o valor da renda mensal inicial, como desejado em apelação, por falta de elementos, nos autos, para tanto. 9 – Não houve decurso do quinquídio prescricional em relação às parcelas devidas. 10 – Apelação do INSS e remessa oficial improvidas" (TRF-4.ª Reg. – AC 514.348/SP – 5.ª T. – rel. Juiz convocado em auxílio Marcus Orione – j. 10.06.2002 – *DJU* 21.10.2002 – p. 463).

"*Previdenciário. Pensão. Presença dos requisitos para concessão. Remessa oficial. Recurso adesivo. Juros de mora. Correção monetária. Honorários advocatícios. Tutela do art. 461 do CPC.* 1 – Para a concessão da pensão por morte, há que se analisar a presença dos requisitos legais. 2 – A dependência econômica, no caso dos autos, não é presumida, tendo sido comprovada.

3 – Inexistente carência para a obtenção da pensão por morte. 4 – É indispensável, para a concessão da pensão por morte, que o segurado tenha mantido esta condição na época do óbito. 5 – No caso da pensão por morte, há que se observar regra própria, constante do art. 102, §§ 1.º e 2.º, da Lei 8.213/1991. 6 – Comprovada a atividade laboral até junho de 2001, não houve, a perda da condição de segurado, já que a data do óbito se deu no dia 03.06.2001, há que se conceder a pensão por morte ao dependente. (...). 11 – Remessa oficial e recurso adesivo da autora a que se dá parcial provimento, bem como apelação do INSS a que se nega provimento" (TRF-3.ª Reg. – AC 1.009.808/SP – 10.ª T. – rel. Juiz convocado em Auxílio Marcus Orione – j. 12.04.2005 – DJU 11.05.2005 – p. 269).

"*Recurso especial fundado em violação de lei federal e dissídio pretoriano. Não demonstração analítica das teses tidas por divergentes. Deficiência recursal. (...). Previdenciário. Benefício. Pensão por morte. Perda da qualidade de segurado.* Art. 102 da Lei 8.213/1991. 1. Em havendo contribuição por mais de 180 (cento e oitenta) meses para os cofres da Previdência Social (art. 25, II da Lei 8.213/1991), a posterior perda da condição de segurado, em função de desemprego, não impede a concessão do benefício da pensão, *ex vi* do art. 102, § 2.º do diploma em apreço. É que o *de cujus*, antes da perda daquela condição, já reunira os requisitos próprios à aposentadoria, cifrados na observância do período de carência. (...). 3. Recurso não conhecido" (STJ – REsp 282.588/PE – 6.ª T. – rel. Min. Fernando Gonçalves – j. 27.03.2001 – DJ 23.04.2001 – p. 196).

"*Embargos infringentes. Previdenciário. Pensão por morte. Requisitos para aposentadoria. Perda da qualidade de segurado.* 1. A perda da qualidade de segurado não necessariamente inviabiliza o deferimento de aposentadoria ou pensão (art. 102 da Lei 8.213/1991). É preciso, porém, que o segurado, originador do benefício, tenha implementado todos os requisitos necessários à concessão de aposentadoria, antes do óbito, para que os dependentes façam *jus* à pensão. 2. Só há dependente se, em primeiro lugar, houver segurado. Se o *de cujus* perdera a qualidade de segurado antes de implementar todos os requisitos para a concessão de aposentadoria, não há falar em pensão por morte aos dependentes. 3. Embargos infringentes improvidos" (TRF-4.ª Reg. – EIREO 42.168/SC – 3.ª S. – rel. Luís Alberto D'Azevedo Aurvalle – j. 12.07.2007 – DJe – 20.07.2007).

"*Embargos infringentes. Previdenciário. Pensão por morte. Requisitos para aposentadoria. Perda da qualidade de segurado.* 1. A perda da qualidade de segurado não necessariamente inviabiliza o deferimento de aposentadoria ou pensão (art. 102 da Lei 8.213/1991). É preciso, porém, que o segurado, originador do benefício, tenha implementado todos os requisitos necessários à concessão de aposentadoria, antes do óbito, para que os dependentes façam *jus* à pensão. 2. Só há dependente se, em primeiro lugar, houver segurado. Se o *de cujus* perdera a qualidade de segurado antes de implementar todos os requisitos para a concessão de aposentadoria, não há falar em pensão por morte aos dependentes. 3. Embargos infringentes improvidos" (TRF--4.ª Reg. – 42.168/SC – 3.ª S. – rel. Luís Alberto D'Azevedo Aurvalle – j. 12.07.2007 – *DJe* 20.07.2007).

"(...). Para efeito de concessão de aposentadoria por idade, desde que preenchidos todos os requisitos legais, o segurado faz *jus* ao benefício, por força do art. 102 da Lei 8.213/1991" (STJ – REsp 218.995/SP – 6.ª T. – rel. Min. Hamilton Carvalhido – *DJ* 29.05.2000 – p. 00194).

"*Súmula 26/AGU*: Para a concessão de benefício por incapacidade, não será considerada a perda da qualidade de segurado decorrente da própria moléstia incapacitante" (AGU – Súmula 26 – j. 09.06.2008 – *DOU* 10.06; 11.06 e 12.06.2008).

▶ Assim dispunha o *caput* do art. 102 alterado:

> Art. 102. A perda da qualidade de segurado após o preenchimento de todos os requisitos exigíveis para a concessão de aposentadoria ou pensão não importa em extinção do direito a esses benefícios.

Art. 103. É de dez anos o prazo de decadência de todo e qualquer direito ou ação do segurado ou beneficiário para a revisão do ato de concessão de benefício, a contar do dia primeiro do mês seguinte ao do recebimento da primeira prestação ou, quando for o caso, do dia em que tomar conhecimento da decisão indeferitória definitiva no âmbito administrativo. (Redação dada ao *caput* pela Lei 10.839, de 05.02.2004, *DOU* 06.02.2004).

Parágrafo único. Prescreve em cinco anos, a contar da data em que deveriam ter sido pagas, toda e qualquer ação para haver prestações vencidas ou quaisquer restituições ou diferenças devidas pela Previdência Social, salvo o direito dos menores, incapazes e ausentes, na forma do Código Civil (Dispositivo incluído pela Lei 9.528, de 10.12.1997, *DOU* 11.12.1997).

✳ **Remissão:** art. 98 da CLPS.

✍ **Anotação**

O tom imperativo do preceito da LOPS condizia melhor com o escopo da previdência social: o direito ao benefício não prescreverá... A limitação imposta, presentemente, pelo preceito, ignora as finalidades constitucionais da proteção social.

Até 27 de junho de 1997 não havia nenhum prazo decadencial para a revisão do benefício. De 28 de junho de 1997 a 22 de outubro de 1998, com a MedProv 1.523-9/1997, convertida na Lei 9.528/1997, o segurado deveria requerer em 10 anos a revisão do ato de concessão do benefício. A partir de 23 de outubro de 1998, com a MedProv 1.663-15, convertida na Lei 9.711/1998, o prazo de decadência passou a ser de cinco anos. Finalmente, a MedProv 138/2003, convertida na Lei 10.839/2004, fixou em dez anos o prazo decadencial para a revisão.

Tais vacilações não condizem com a certeza e segurança das relações jurídicas e não podem prevalecer sobre os comprovados estados de necessidade dos beneficiários.

JURISPRUDÊNCIA

"(...) A decisão agravada deu provimento ao recurso da autora por considerar que o art. 103 da Lei 8.213/1991, com a modificação introduzida pela MedProv 1.523/1997, posteriormente convertida na Lei 9.528/1997, somente pode atingir as relações jurídicas constituídas a partir de sua vigência, vez que não é expressamente retroativa e trata do instituto de direito material, não sendo aplicável ao caso em exame, pois o benefício previdenciário foi concedido à segurada em data bem anterior à nova regência normativa" (STJ – AgRg/REsp 717.036/RJ – 6.ª T. – rel. Min. Paulo Gallotti – *DJ* 23.10.2006).

"(...). I – Quando da concessão do benefício, não existia prazo decadencial do direito à revisão dos benefícios previdenciários, restando assim configurada uma condição jurídica definida conforme a legislação vigente à época das aposentadorias. Precedentes. II – Se a Lei 8.213/1991, em seu art. 103, com a redação dada pela MedProv 1.523/1997, introduziu tal prazo decadencial, essa restrição superveniente não poder incidir sob situações já constituídas sob o pálio da legislação anterior. (...)" (STJ – AgRg/Ag 863.051/ PR – 5.ª T. – rel. Min. Félix Fischer – *DJ* 06.08.2007).

"(...). O prazo decadencial para a revisão de ato de concessão de benefício previdenciário, instituído pela MP 1.523/1997, posteriormente convertido na Lei 9.528/1997, que alterou o art. 103 da Lei 8.213/1991, não tem o condão de interferir nas relações jurídicas realizadas anteriormente à sua vigência, por importar em inequívoco gravame ao segurado. Precedentes do STJ" (STJ – AgRg/Ag 891.845/RS – 5.ª T. – rel. Min. Napoleão Nunes Maia Filho – *DJ* 10.09.2007).

"(...). 2. O prazo decadencial estabelecido no art. 103 da Lei 8.213/1991, e suas posteriores alterações, não pode retroagir para alcançar situações pretéritas, atingindo benefícios regularmente concedidos antes da sua vigência" (STJ – EDcl/REsp 527.33/SP – 5.ª T. – rel. Min. Arnaldo Esteves Lima – *DJe* 23.06.2008).

"*Recurso especial. Previdenciário. Benefício. Revisão da renda mensal inicial. Prazo decadencial. Art. 103 da Lei 8.213/1991, com a redação da MedProv 1.523/1997, convertida na Lei 9.728/1997. Aplicação às relações jurídicas constituídas sob a vigência da nova lei.* 1. O prazo de decadência para revisão da renda mensal inicial do benefício previdenciário, estabelecido pela MedProv 1.523/1997, convertida na Lei 9.528/1997, que alterou o art. 103 da Lei 8.213/1991, somente pode atingir as relações jurídicas constituídas a partir de sua vigência, vez que a norma não é expressamente retroativa e trata de instituto de direito material. 2. Precedentes. 3. Recurso especial não conhecido" (STJ – REsp 479.964/RN – 6.ª T. – rel. Min. Paulo Gallotti – *DJ* 10.11.2003 – p. 00220).

"*Processual e previdenciário. Recurso especial. Dissídio não caracterizado. Revisão de benefício. Prazo decadencial. Art. 103 da Lei 8.213/1991, com a redação da MedProv 1.523/1997 convertida na Lei 9.528/1997 e alterado pela Lei 9.711/1998.* I – Desmerece conhecimento o recurso especial, quanto à alínea *c* do permissivo constitucional, visto que os acórdãos paradigmas se referem aos efeitos de lei processual, enquanto o instituto da decadência se insere no campo do direito material. II – O prazo decadencial do direito à revisão de ato de concessão de benefício previdenciário, instituído pela MedProv 1.523/1997, convertida na Lei 9.528/1997 e alterado pela Lei 9.711/1998, não alcança os benefícios concedidos antes de 27.06.1997, data da nona edição da MedProv 1.523/1997. III – Recurso conhecido em parte e, nessa desprovido" (STJ – REsp 254.186/PR – 5.ª T. – rel. Min. Gilson Dipp – *DJU* 27.08.2001).

"*Previdenciário. Processual civil. Apelação Cível. Revisão da renda mensal inicial. Prescrição. Incidência do art. 103 da Lei 8.213. Revisão dos reajustes. Aplicação da Súmula 260/TFR. Prescrição de todas as parcelas teoricamente devidas. Não provimento do recurso.* 1. A hipótese é de apelação em face de sentença pela qual o processo foi extinto, com resolução do mérito, nos termos do art. 269, IV, do CPC, haja vista o pronunciamento da decadência em relação ao pedido de revisão da renda mensal inicial do benefício previdenciário (pensão) e improcedente quanto ao pleito de revisão dos reajustes aplicados à pensão. 2. Não obstante a orientação contida em precedentes desta Corte e até mesmo do col. STJ no sentido de que a alteração introduzida no art. 103, da Lei 8.213/1991, através da redação dada pela MedProv

1.523/1997, aplica-se somente aos benefícios concedidos após a sua inserção no direito previdenciário, deve prevalecer o entendimento segundo o qual é cabível a aplicação de tal preceito, a partir de sua vigência, inclusive em relação aos benefícios concedidos anteriormente à aludida Medida Provisória, pois tal exegese encontra suporte jurídico e jurisprudencial em precedentes do próprio STJ e também desta Turma Especializada, além de incidir, no caso concreto, o disposto no enunciado n. 16 do 1.º Fórum Regional de Direito Previdenciário – Foreprev, *in verbis*: 'decai em 10 anos o direito de pleitear a revisão do ato concessório dos benefícios concedidos anteriormente a 28.06.1997 (data da edição da MedProv 1.523-9), sendo o termo inicial o dia 01.08.1997'. 3. No mesmo sentido a Súmula 8 da Turma Regional de Uniformização que dispõe: 'em 01.08.2007 operou-se a decadência das ações que visem à revisão de ato concessório de benefício previdenciário instituído anteriormente a 28.06.1997, data da edição da MedProv 1.523-9, que deu nova redação ao art. 103 da Lei 8.213/1991'. 4. Ressalte-se que o próprio STJ, na apreciação do MS 9.157/CF (Corte Especial, rel. Min. Eliana Calmon, *DJ* 07.11.2005, p. 71), decidiu que o prazo decadencial previsto na Lei 9.784/1999, no caso dos atos administrativos anteriores a sua vigência, tem início a partir do advento do aludido diploma, de acordo com a lógica interpretativa, haja vista que não seria possível retroagir a referida norma para limitar a Administração em relação ao passado, exegese que, dada a inegável similitude com a hipótese de decadência prevista na norma previdenciária, deve se aplicar ao disposto no art. 103 da Lei 8.213/1991. 5. Tendo a Administração que se submeter ao prazo legal para anulação de seus próprios atos, mesmo em relação aos que foram efetivados antes da Lei 9.784/1999, nada justifica que os benefícios concedidos antes da alteração promovida pela MedProv 1.523/1997, não se sujeitem também ao estipulado no art. 103 da Lei 8.213/1991. 6. Cumpre refutar a alegação de violação à CF/1988 por suposta retroação da Lei 8.213/1991, haja vista que o posicionamento acima explanado não implica operação de efeitos retroativos, mas somente a partir da vigência da alteração da redação do art. 103 da Lei de benefícios. 7. Ressalte-se, ademais, que ainda que pudesse ser superada a questão relativa à decadência ou prescrição, como a rigor entendo, a pretensão autoral não prosperaria, visto que o STF já firmou jurisprudência quanto à impossibilidade de majoração do percentual da pensão por força da alteração introduzida pela Lei 9.032/1995, a benefícios concedidos antes da sua vigência, bem como seria improcedente a revisão dos reajustes, uma vez que a autora só teria direito à revisão, com base na Súmula 260, se tivesse proposto a ação até março de 1994, o que não ocorreu, restando, assim, prescritas todas as parcelas teoricamente devidas. 8. Apelação conhecida, mas não provida"

(TRF-2.ª Reg. – AC 466.586/RJ – 1.ª T. – rel. Des. Federal Maria Helena Cisne – j. 07.04.2010 – DJe 04.05.2010 – p. 07-08).

"*Processual civil. Embargos declaratórios. Omissão. Benefício previdenciário. Revisão da RMI. Prazo decadencial. Art. 103 da LBPS. Inaplicabilidade.* I. Esta Corte já se pronunciou no sentido de que o prazo decadencial previsto no art. 103 da Lei 8.213/1991 com redação dada pela Lei 9.528/1997 e prevista na atual Lei 10.839/2004, somente começa a fluir a partir da vigência da lei instituidora. No caso, o benefício foi concedido em 1983, não se aplicando, portanto, o mencionado dispositivo. II. Ademais, tratando-se de benefício previdenciário, de natureza alimentar e de trato sucessivo, não ocorre a prescrição do fundo de direito, mas tão somente atinge as parcelas vencidas anteriores aos cinco anos do ajuizamento da ação. III. Embargos de declaração providos, apenas para sanar a omissão apontada, sem lhes atribuir efeitos infringentes" (TRF-5.ª Reg. – APELREEX 418.201/CE – 4.ª T. – rel. Des. Federal Margarida Cantarelli – j. 02.06.2009 – DJ 18.06.2009 – p. 236).

"*Processual civil. Previdenciário. Agravo de Instrumento. Revisão de benefício. IRSM 02.1994. Tutela antecipada. Cabimento. Prescrição e decadência afastadas. Risco de dano presente. Recurso improvido.* I – Afigura-se incabível, nesta fase, debate acerca da aplicação da prescrição quinquenal, tema a ser abordado na sentença, haja vista que, mesmo mantida a medida aqui questionada, somente terá efeito para o futuro. II – No que pertine à decadência, o STJ já sedimentou, por suas 5.ª e 6.ª Turmas, o entendimento de que a modificação introduzida no art. 103 da Lei 8.213/1991, pelas Leis n. 9.528/1997, e n. 9.711/1998, não pode operar efeitos retroativos para regular benefícios concedidos sob a égide de diploma jurídico sem a referida previsão, como se mostra o caso dos autos, em que as aposentadorias foram deferidas com termo inicial entre os anos de 1995 e 1997. III – Em ação revisional de benefício previdenciário, versando a alteração da renda mensal inicial do benefício, mediante a aplicação da variação integral do IRSM de fevereiro de 1994 na correção dos salários de contribuição, a verossimilhança do pedido se encontra amplamente demonstrada, por imposição do princípio constitucional que prevê a atualização monetária de todos os salários de contribuição integrantes do período básico de cálculo. IV – O perigo da demora devidamente assentado, vez que se trata de pessoa em gozo de benefício previdenciário, com direito reconhecido pelo Governo Federal, e que não pode mais aguardar a longa tramitação da execução para ter a renda mensal atualizada. V – Agravo improvido" (TRF-3.ª Reg. – AI 22.075/SP – 9.ª T. – rel. Des. Federal Marisa Santos – j. 14.03.2005 – DJU 13.05.2005 – p. 919).

"*Enunciado 19/JRPS: Seguridade social. CRPS. Benefício.* Transcorridos mais de 5 anos da data da concessão do benefício, deferido sob a égide da legislação anterior à Lei 8.213/1991, não poderá haver sua suspensão ou cancelamento na hipótese de o interessado não mais possuir a documentação que instruiu o pedido. Transcorridos mais de dez anos da data da concessão do benefício, não poderá haver sua suspensão ou cancelamento na hipótese de o interessado não mais possuir a documentação que instruiu o pedido, exceto em caso de fraude ou má-fé" (CRPS – Enunciado 19 – Resolução 2/CRPS, de 30.03.2006 – DOU 07.04.2006).

▶ Assim dispunha o *caput* do art. 103, na versão original:

Art. 103. Sem prejuízo do direito ao benefício, prescreve em 5 (cinco) anos o direito às prestações não pagas nem reclamadas na época própria, resguardados os direitos dos menores dependentes, dos incapazes ou dos ausentes.

▶ Assim dispunha o *caput* do art. 103, na redação da Lei 9.528, de 10.12.1997:

Art. 103. É de dez anos o prazo de decadência de todo e qualquer direito ou ação do segurado ou beneficiário para a revisão do ato de concessão de benefício, a contar do dia primeiro do mês seguinte ao do recebimento da primeira prestação ou, quando for o caso, do dia em que tomar conhecimento da decisão indeferitória definitiva no âmbito administrativo. (Redação dada ao *caput* pela Lei 9.528, de 10.12.1997, *DOU* 11.12.1997).

▶ Assim dispunha o *caput* do art. 103 alterado:

Art. 103. É de cinco anos o prazo de decadência de todo e qualquer direito ou ação do segurado ou beneficiário para a revisão do ato de concessão de benefício, a contar do dia primeiro do mês seguinte ao do recebimento da primeira prestação ou, quando for o caso, do dia em que tomar conhecimento da decisão indeferitória definitiva no âmbito administrativo. (Redação dada ao *caput* pela Lei 9.711, de 20.11.1998, *DOU* 21.11.1998).

Art. 103-A. O direito da Previdência Social de anular os atos administrativos de que decorram efeitos favoráveis para os seus beneficiários decai em dez anos, contados da data em que foram praticados, salvo comprovada má-fé. (Artigo incluído pela Lei 10.839, de 05.02.2004, *DOU* 06.02.2004).

§ 1.º No caso de efeitos patrimoniais contínuos, o prazo decadencial contar-se-á da percepção do primeiro pagamento. (Parágrafo incluído pela Lei 10.839, de 05.02.2004, *DOU* 06.02.2004).

§ 2.º Considera-se exercício do direito de anular qualquer medida de autoridade administrativa que importe impugnação à validade do ato. (Parágrafo incluído pela Lei 10.839, de 05.02.2004, *DOU* 06.02.2004).

✳ **Remissão:** Lei 10.839/2004.

Título III – Do regime geral de Previdência Social • **Art. 103-A**

✍ Anotação

Se não comprovada a má-fé, a Previdência Social só pode anular os atos administrativos de que decorram efeitos favoráveis para os seus beneficiários no prazo de dez anos, contados da data em que foram praticados.

No caso de má-fé do beneficiário, não há prazo de revisão porque a fraude, a falsificação ideológica e o dolo não criam direito.

Seguindo a lógica do art. 54 da Lei 9.874/1999, o art. 103-A da Lei 8.213/1991 não permite a extinção do direito-dever de a Administração revisar os seus atos em caso de comprovada má-fé, como homenagem ao princípio da moralidade administrativa.

JURISPRUDÊNCIA

"*Mandado de segurança. Previdenciário. Administrativo. Isenção. Cebas. Denegação.* 1. O art. 103-A da Lei 8.213/1991, determina que 'o direito da Previdência Social de anular os atos administrativos de que decorram efeitos favoráveis para os seus beneficiários decai em dez anos, contados da data em que foram praticados, salvo comprovada má-fé'. 2. Inexistência de consumação da decadência, na hipótese em julgamento, haja vista que o deferimento da Renovação da Certidão de entidade Beneficente e de Assistência Social – Cebas ocorreu em 13.07.1988 e o ato revisor que a cancelou data de 30.01.2006. 3. O Cebas outorga ao beneficiário o direito de gozar, pelo prazo estipulado, isenção da cota patronal da contribuição previdenciária. Relação jurídica, portanto, de natureza previdenciária. 4. Ausência de comprovação por parte da impetrante de que tenha: a) direcionado as suas ações administrativas para benefício de pessoas carentes e para o atendimento de suas necessidades básicas, nos termos do art. 203 da CF/1988, em c/c o art. 1.º da Lei 8.242/1993; b) aplicado o percentual de 20% da sua receita bruta anual em gratuidade; c) concedido bolsas com observância dos critérios legais. 5. Concessão, ainda, pela impetrante, de descontos lineares nas prestações que lhe eram devidas, o que não pode ser considerado como serviços prestados de forma gratuita. 6. Ausência de direito adquirido ao gozo da isenção pretendida. 7. Denegação da segurança. Agravo regimental prejudicado" (STJ – MS 12.460/DF – rel. Min. José Delgado – 1.ª S. – j. 27.06.2007 – DJ 13.08.2007 – p. 316).

"*Recurso especial repetitivo. Art. 105, III, 'a' da CF/1988. Direito Previdenciário.* Revisão da renda mensal inicial dos benefícios previdenciários concedidos em data anterior à vigência da Lei 9.787/1999. Prazo decadencial de 5 anos, a contar da data da vigência da Lei 9.784/1999. Ressalva do ponto de vista do relator. Art. 103-A da Lei 8.213/1991, acrescentado pela MedProv 19.11.2003, convertida na Lei 10.839/2004. Aumento do prazo decadencial para 10 anos. Parecer do Ministério Público federal pelo desprovimento do recurso. Recurso especial provido, no entanto. 1. A colenda Corte Especial do STJ firmou o entendimento de que os atos administrativos praticados antes da Lei 9.784/1999 podem ser revistos pela Administração a qualquer tempo, por inexistir norma legal expressa prevendo prazo para tal iniciativa. Somente após a Lei 9.784/1999 incide o prazo decadencial de 05 anos nela previsto, tendo como termo inicial a data de sua vigência (01.02.1999). Ressalva do ponto de vista do Relator. 2. Antes de decorridos 05 (cinco) anos da Lei 9.784/1999, a matéria passou a ser tratada no âmbito previdenciário pela MedProv 138, de 19.11.2003, convertida na Lei 10.839/2004, que acrescentou o art. 103-A à Lei 8.213/1991 e fixou em 10 anos o prazo decadencial para o INSS rever os seus atos de que decorram efeitos favoráveis a seus beneficiários. 3. Tendo o benefício do autor sido concedido em 30.07.1997 e o procedimento de revisão administrativa sido iniciado em janeiro de 2006, não se consumou o prazo decadencial de 10 anos para a Autarquia Previdenciária rever o seu ato. 4. Recurso especial do INSS provido para afastar a incidência da decadência declarada e determinar o retorno dos autos ao TRF da 5.ª Região, para análise da alegada inobservância do contraditório e da ampla defesa do procedimento que culminou com a suspensão do benefício previdenciário do autor" (STJ – REsp 1.114.938/AL – 3.ª S. – rel. Min. Napoleão Nunes Maia Filho – j. 14.04.2010).

"Ação ordinária. Revisão. Benefício previdenciário. Prejudiciais. Decadência. Prescrição. Rejeição pensão por morte. Lei posterior mais benéfica. Aplicação. Juros de mora. Honorários advocatícios. Súmula 111/STJ. As novas disposições do art. 103 da Lei 8.213/1991, no tocante ao prazo decadencial, não se aplicam ao caso dos autos, uma vez que o benefício fora concedido anteriormente à modificação introduzida pela Lei 10.839/2004. – Observada pela sentença combatida a prescrição quinquenal, deve ser rejeitada a prejudicial suscitada. – Tendo em vista o cunho social a que se propõe a legislação previdenciária, deve ser aplicada a lei posterior mais benéfica aos benefícios previdenciários já concedidos. – Os juros moratórios fixados no percentual de 1% ao mês a partir da citação foram fixados em observância ao disposto no art. 406 do CC/2002, que se aplica à espécie. – Devem prevalecer os honorários advocatícios estipulados no percentual de 10%, que deverão incidir sobre as prestações vencidas até a prolação da sentença, conforme Súmula 111/STJ" (TJMG – AC 1.0702.05.257172-7/001/MG – 13.ª Câm. Cív. – rel. Des. Cláudia Maia – j. 23.08.2007).

TÍTULO III – DO REGIME GERAL DE PREVIDÊNCIA SOCIAL • **Art. 103-A**

"*Súmula 473/STF*: a administração pode anular seus próprios atos, quando eivados de vícios que os tornam ilegais, porque deles não se originam direitos; ou revogá-los, por motivo de conveniência ou oportunidade, respeitados os direitos adquiridos, e ressalvada, em todos os casos, a apreciação judicial" (STF – Súmula 473 – Sessão Plenária – j. 03.12.1969 – *DJ* 11.06.1970 – p. 2381).

"*Súmula 85/STJ: relação jurídica de trato sucessivo. Fazenda Pública devedora. Prescrição.* Nas relações jurídicas de trato sucessivo em que a Fazenda Pública figure como devedora, quando não tiver sido negado o próprio direito reclamado, a prescrição atinge apenas as prestações vencidas antes do quinquênio anterior à propositura da ação" (STJ – Súmula 85 – j. 18.06.1993 – *DJ* 02.07.1993).

Súmula 15/AGU, de 16.10.2002, *DOU* 20.01.2012: "A suspeita de fraude na concessão de benefício previdenciário não enseja, de plano, a sua suspensão ou cancelamento, mas dependerá de apuração em procedimento administrativo, observados os princípios do contraditório e da ampla defesa."

▶ Assim dispunha o *caput* do art. 103-A, alterado pela MedProv 242, de 24.03.2005, posteriormente rejeitada pelo Ato Declaratório 1, do Senado Federal de 20.07.2005:

Art. 103-A. O direito de a Previdência Social anular os atos administrativos de que decorram efeitos favoráveis para os seus beneficiários decai em dez anos, contados da data em que foram praticados, salvo nos casos de fraude ou comprovada má-fé do beneficiário.

▶ Assim dispunha o § 2.º do art. 103-A, alterado pela MedProv 242, de 24.03.2005, posteriormente rejeitada pelo Ato Declaratório 1, do Senado Federal de 20.07.2005:

§ 2.º Qualquer medida de autoridade administrativa que importe impugnação à validade do ato considera-se exercício do direito de anular e interrompe, de imediato, o decurso do prazo decadencial.

▶ Assim dispunha o § 3.º do art. 103-A, inserido pela MedProv 242, de 24.03.2005, posteriormente rejeitada pelo Ato Declaratório 1, do Senado Federal de 20.07.2005:

§ 3.º A partir da impugnação da validade do ato administrativo, a Previdência Social terá o prazo de três anos para decidir sobre sua manutenção ou revisão.

Art. 104 • LEI DOS PLANOS DE BENEFÍCIOS DA PREVIDÊNCIA SOCIAL

▶ Assim dispunha o § 4.º do art. 103-A, inserido pela MedProv 242, de 24.03.2005, posteriormente rejeitada pelo Ato Declaratório 1, do Senado Federal de 20.07.2005:

§ 4.º Presume-se a má-fé do beneficiário nos casos de percepção cumulativa de benefícios vedada por lei, devendo ser cancelado o benefício mantido indevidamente.

Art. 104. As ações referentes à prestação por acidente do trabalho prescrevem em 5 (cinco) anos, observado o disposto no art. 103 desta Lei, contados da data:

I – do acidente, quando dele resultar a morte ou a incapacidade temporária, verificada esta em perícia médica a cargo da Previdência Social; ou

II – em que for reconhecida pela Previdência Social, a incapacidade permanente ou o agravamento das sequelas do acidente.

✱ **Remissão:** art. 7.º, XXIX, da CF/1988; arts. 176, I a III da CLPS.

✎ Anotação

A disciplina da ação, direito processual, não se confunde com o regramento a respeito do direito ao benefício. O que prescreve não é este último e, sim, a prestação não reclamada em tempo oportuno, isto é, o benefício cujo pagamento está vencido há mais de cinco anos.

O *dies a quo* da prescrição é estabelecido em dois momentos distintos, consoante os dois incisos do preceito: a data do acidente que tenha como resultado a morte ou a incapacidade temporária ou, ainda, a data em que for reconhecida a incapacidade permanente. Esta se confunde com a da concessão da aposentadoria por invalidez em sede administrativa.

JURISPRUDÊNCIA

"Acidente do trabalho. Prescrição. De acordo com o inc. III, do art. 18 da Lei 6.367/1976 e com o Enunciado da Súmula 230/STF, 'a prescrição da ação de acidente do trabalho conta-se do exame pericial que comprovar a enfermidade ou verificar a natureza da incapacidade, pelo que reconhecida pelo INPS a incapacidade do autor em 1969, em 12.11.1985, quando veio a propor a ação, de há muito já se completara o quinquênio previsto na norma referida. Recurso conhecido e provido'" (STJ – REsp 1733/SP – 1.ª T. – rel. Min. Armando Rolemberg – j. 18.12.1989 – *DJ* 19.03.1990 – p. 1935).

"*Processual civil e administrativo. Ação indenizatória. Acidente do trabalho. Marco prescricional.*

1. A sentença foi proferida em 28.12.2004 (e-STJ f.), portanto, antes da promulgação da EC 45/2004, de 30.12.2004. Assim, a despeito de cuidar-se de ação de indenização que decorre de acidente de trabalho, não se altera a competência para julgamento da lide, consoante pacífica jurisprudência do colendo STF. 2. Nas ações indenizatórias por acidente de trabalho, o marco prescricional é a data em que o autor ficou ciente da definitividade do dano. Precedentes. 3. Tendo sido comprovado que apenas em 10.07.1995 fora diagnosticada a perda efetiva da visão do recorrente, não está prescrita a ação indenizatória ajuizada em 09.11.1999. 4. Recurso especial provido" (STJ – REsp 1154258/MG – 2.ª T. – rel. Min. Castro Vieira – j. 06.04.2010 – *DJe* 14.04.2010).

"*Acidente do trabalho. Ação. Prescrição.* 1. O Colendo STF, na Súmula 230, firmou o entendimento de que 'a prescrição da ação de acidente do trabalho conta-se do exame pericial que tenha por objeto específico a constatação do acidente do trabalho ou enfermidade profissional, segundo as anotações que lhes são próprias" (RTJ 102.02.871). 2. Jurisprudência que se mantém na atualidade. 3. Recurso especial não provido" (STJ – REsp 5504/SP – 1.ª T. – rel. Min. José Delgado – j. 20.06.1996 – *DJ* 04.11.1996 – p. 42431).

"*Previdenciário. Acidente de trabalho.* Acórdão que, desprezando a data de alta médica concedida pela autarquia previdenciária, afastou a alegada prescrição, em face de perícia judicial comprobatória da incapacidade e do nexo causal. Recurso especial. Pretendida violação do art. 18, I, da Lei 6.367/1976 e da Súmula 230/STF. Dispositivo legal inaplicável à espécie que, ao revés, se subsume a hipótese prevista no seu inciso II. Prazo prescritivo que se conta, por isso, a partir do laudo judicial. Dissídio indemonstrado. Recurso não conhecido" (STJ – REsp 2163/SP – 2.ª T. – rel. Min. Ilmar Galvão – j. 28.03.1990 – *DJ* 16.04.1990 – p. 2873).

Art. 105. A apresentação de documentação incompleta não constitui motivo para recusa do requerimento de benefício.

✱ **Remissão:** art. 112 da CLPS.

Art. 106 • LEI DOS PLANOS DE BENEFÍCIOS DA PREVIDÊNCIA SOCIAL

✍ **Anotação**

Em plena conformidade com o devido processo legal, o preceito se contrapõe à absurda restrição imposta pelo art. 112 da CLPS.

JURISPRUDÊNCIA

"*Previdenciário. Reexame necessário cível. Mandado de segurança. Negativa de protocolo a requerimento administrativo de benefício. Violação ao art. 5.º, XXXIV, da CF/1988, e ao art. 105 da LBPS.* Negado o protocolo de requerimento de benefício de aposentadoria por idade, sob justificativa de falta de documentos suficientes, cabível a via mandamental" (TRF-4.ª Reg. – REOAC 3.152/PR – 5.ª T. – rel. Fernando Quadros da Silva – j. 03.11.2009 – DJe 16.11.2009).

"*Constitucional. Mandado de segurança. Requerimento administrativo de aposentadoria rural. Recusa de protocolo. Direito de petição.* 1. Configura lesão ao direito constitucional de petição (art. 5.º, XXXIV, a da CF/1988) a recusa da administração em protocolizar e/ou processar requerimento administrativo de aposentadoria rural pretendida pelos impetrantes. 2. Ademais, a própria Lei 8.213/1991, em seu art. 105, expressamente determina que 'a apresentação de documentação incompleta não constitui motivo para recusa do requerimento de benefício'. 3. Remessa oficial desprovida" (TRF-1.ª Reg. – REO/MS 23/RR – 2.ª T. – rel. Des. Federal Francisco de Assis Betti – j. 30.07.2008 – DJ 03.10.2008 – p.139).

Art. 106. A comprovação do exercício de atividade rural será feita, alternativamente, por meio de: (Redação dada ao *caput* pela Lei 11.718, de 20.06.2008, *DOU* 23.06.2008).

I – contrato individual de trabalho ou Carteira de Trabalho e Previdência Social; (Redação dada ao inciso pela Lei 11.718, de 20.06.2008, *DOU* 23.06.2008).

II – contrato de arrendamento, parceria ou comodato rural; (Redação dada ao inciso pela Lei 11.718, de 20.06.2008, *DOU* 23.06.2008);

III – declaração fundamentada de sindicato que represente o trabalhador rural ou, quando for o caso, de sindicato ou colônia de pescadores, desde que homologada pelo Instituto Nacional do Seguro Social – INSS; (Redação dada ao inciso pela Lei 11.718, de 20.06.2008, *DOU* 23.06.2008).

IV – comprovante de cadastro do Instituto Nacional de Colonização e Reforma Agrária – Incra, no caso de produtores em regime de economia familiar; (Redação dada ao inciso pela Lei 11.718, de 20.06.2008, *DOU* 23.06.2008).

V – bloco de notas do produtor rural; (Redação dada ao inciso pela Lei 11.718, de 20.06.2008, *DOU* 23.06.2008).

VI – notas fiscais de entrada de mercadorias, de que trata o § 7.º do art. 30 da Lei 8.212, de 24 de julho de 1991, emitidas pela empresa adquirente da produção, com indicação do nome do segurado como vendedor; (Inciso incluído pela Lei 11.718, de 20.06.2008, *DOU* 23.06.2008).

VII – documentos fiscais relativos a entrega de produção rural à cooperativa agrícola, entreposto de pescado ou outros, com indicação do segurado como vendedor ou consignante; (Inciso incluído pela Lei 11.718, de 20.06.2008, *DOU* 23.06.2008).

VIII – comprovantes de recolhimento de contribuição à Previdência Social decorrentes da comercialização da produção; (Inciso incluído pela Lei 11.718, de 20.06.2008, *DOU* 23.06.2008).

IX – cópia da declaração de imposto de renda, com indicação de renda proveniente da comercialização de produção rural; ou (Inciso incluído pela Lei 11.718, de 20.06.2008, *DOU* 23.06.2008).

X – licença de ocupação ou permissão outorgada pelo INCRA; (Inciso incluído pela Lei 11.718, de 20.06.2008, *DOU* 23.06.2008).

✳ **Remissão:** art. 194, parágrafo único, II, da CF; art. 33, § 3.º, da CLPS.

✎ Anotação

O legislador cuidou de apresentar amplo rol de elementos comprobatórios que, também eles, devem ser considerados como meramente enunciativos. Melhor dito, a comprovação poderá se dar pelos meios admitidos em direito, em razão do excessivo grau de informalidade que, desde sempre, caracterizou a atividade do rurícola.

JURISPRUDÊNCIA

"*Previdenciário. Aposentadoria rural por idade. Regime de economia familiar. Requisitos legais. Comprovação. Início de prova material, complementada por prova testemunhal. Requerimento administrativo. Falta de interesse de agir descaracterizado. Trabalho urbano eventual. Não descaracterização do regime.* 1. Procede o pedido de aposentadoria rural por idade quando atendidos os requisitos previstos nos arts. 11, VII; 48, § 1.º e 142, da Lei 8.213/1991. 2. Comprovado o implemento da idade mínima (sessenta anos para o homem e de cinquenta e cinco anos para a mulher), e o exercício de atividade rural ainda que de forma descontínua por tempo igual ao número de meses correspondentes à carência, é devido o benefício de aposentadoria rural por idade à parte autora. 3. Considera-se comprovado o exercício de atividade rural havendo início de prova material complementada por prova testemunhal idônea, sendo dispensável o recolhimento de contribuições para fins de concessão do benefício. 4. Afastada a preliminar de carência de ação por falta de interesse de agir, uma vez que foi oportunizado à autora, formular o pedido na via administrativa, o que, efetivado, ensejou o indeferimento do benefício. 5. O fato de o cônjuge da segurada ter sido proprietário de um pequeno bar não chega a descaracterizar o regime de economia familiar realizado conjuntamente, porquanto a prova produzida evidencia a preponderância da atividade agrícola, tratando-se da principal fonte de renda, bem como o fato de ela não ter se afastado das lides rurais" (TRF-4.ª Reg. – AC 2009.71.99.003735-2 – T. Suplementar – rel. Ricardo Teixeira do Valle Pereira – j. 19.08.2009 – DJ 31.08.2009).

"Agravo Regimental. Recurso especial. Benefício previdenciário. Prova material. Início. Prova testemunhal. Carência. Art. 143 e art. 26, III, Lei 8.213/1991. O rol de documentos hábeis à comprovação do exercício de atividade rural, inscrito no art. 106, parágrafo único da Lei 8.213/1991, é meramente exemplificativo, e não taxativo, sendo admissíveis, portanto, outros documentos além dos previstos no mencionado dispositivo. No que pertine à carência, o trabalhador rural tem direito ao benefício da aposentadoria previdenciária, desde que comprovados os requisitos de idade e de atividade rural. Não é exigível o período de carência de contribuições, ex vi do art. 26, III, c/c o art. 143 da Lei 8.213/1991. Recurso desprovido" (STJ – AgR/REsp 700.298/CE – rel. Min. José Arnaldo da Fonseca – 5.ª T. – j. 15.09.2005 – DJ 17.10.2005 – p. 341).

"Recurso especial. Previdenciário. Tempo de serviço rural. Prova exclusivamente testemunhal. Impossibilidade. Súmula 149/STJ. 1. Está consolidado, no âmbito do STJ, o entendimento de que a prova exclusivamente testemunhal, não corroborada por razoável prova material, é insuficiente para a comprovação da atividade laborativa do trabalhador rural. 2. A declaração fornecida pelo Sindicato de Trabalhadores Rurais juntada aos autos, não serve para comprovação da atividade rurícola por falta de homologação por parte do Ministério Público, ou por outra entidade constituída, definida pelo CNPS, consoante exigência do art. 106 da Lei 8.213/1991. 3. Recurso conhecido e provido" (STJ – REsp 359.480/RN – 6.ª T. – rel. Min. Paulo Gallotti – j. 18.12.2002 – DJ 01.03.2004 – p. 202).

"*Previdenciário. Processual civil. Pensão por morte. Trabalhador rural. Início razoável de prova material corroborada por prova testemunhal. Art. 106, da Lei 8.213/1991.* Rol *exemplificativo. Prova filiação/inscrição no RGPS. Desnecessidade. Óbito posterior à Lei 9.528/1997. Correção monetária. Juros de mora. Tutela antecipada de ofício.* 1. É pacífica a jurisprudência no sentido de que o rol do art. 106 da Lei 8.213/1991 é meramente exemplificativo, sendo admissíveis, portanto, outros documentos hábeis à comprovação do exercício de atividade rural, além dos ali previstos. 2. No caso dos segurados especiais, tem-se ainda que a prova de filiação é desnecessária, eis que esta decorre do próprio exercício da atividade rural. 3. O prazo previsto no art. 143 da Lei Previdenciária foi estendido até 26 de julho de 2008, em face da edição da MedProv 312/2006, convertida na Lei 11.368/2606. E, em face da MedProv 410, de 28 de dezembro de 2007, esse prazo foi prorrogado até o dia 31 de dezembro de 2010. 4. A pensão por morte é devida ao conjunto dos dependentes do segurado que falecer, aposentado ou não, a contar da data do óbito ou do requerimento administrativo, nos termos do art. 74 da Lei 8.213/1991. Tendo o óbito ocorrido posteriormente à Lei 9.528/1997, defere-se a pensão a partir do óbito, se requerida até trinta dias do falecimento, do requerimento administrativo, após o citado prazo e, na ausência deste, da citação válida. 5. As certidões de nascimento de filhos em comum do casal (f.) comprovam a condição de companheira e, como tal, presume a dependência (art. 16, I, da Lei 8.213/1991). 6. A certidão de óbito ocorrido em 23.01.2001 (f.), a certidão eleitoral emitida em 30.07.1976 (f.) e o certificado de Dispensa de Incorporação expedido em 26.06.1978 (f.), nos quais constam a profissão de lavrador do companheiro, configura o início de prova material da atividade rural do *de cujus*. 7. A CTPS do falecido (f.), em que consta vínculo de labor rural de 21.01.1991 a 23.02.1991 configura prova plena pelo período nela declarado. 8. Eventual vínculo de labor urbano do *de cujus*, conforme aponta a primeira testemunha e de acordo com o registro na CTPS, no período de 23.05.1978 a 12.11.1978, não descaracteriza a condição de rurícola dele. 9. Prova documental complementada pela prova testemunhal (f.). 10. A correção monetária incide sobre o débito previdenciário, a partir do vencimento de cada prestação, nos termos da Lei 6.899/1981, conforme Manual de Orientação de Procedimentos para os Cálculos na Justiça Federal. 11. A teor do Enunciado 20/CEJ/CJF, 'a taxa de juros de mora a que se refere o art. 406 é a do art. 161, § 1.º, do CTN, ou seja, 1% ao mês', a contar da citação, no tocante às prestações a ela anteriores e, da data do vencimento, para as posteriores (Orientação da 1.ª Seção desta Corte e do STJ). 12. Em respeito ao disposto no art. 273 do CPC a tutela deferida de ofício deve ser cassada. Apesar disso, o benefício já implantado não deverá sofre solução de continuidade. Tal entendimento busca garantir ao jurisdicionado o direito a uma prestação jurisdicional justa e em tempo razoável (art. 5.º, LXXVIII, CF/1988), além de prestigiar a economia processual. 13. Apelação do INSS não provida. Remessa oficial provida parcialmente, nos termos dos itens 10 a 12" (TRF-1.ª Reg. – AC 0007953-83.2009.4.01.9199/GO – 2.ª T. – rel. Des. Federal Francisco de Assis Betti – j. 03.03.2010 – DJe 29.03.2010 – p. 118).

"*Previdenciário. Trabalhador rural. Direito à aposentadoria especial aos 60 anos. Art. 201, § 7.º, II, da CF/1988. Ausência da prova da condição de trabalhador rurícola.* 1. O trabalhador rural tem direito à aposentadoria especial aos 60 anos de idade, de acordo com o art. 201, § 7.º, II, da CF/1988 e a contagem do tempo de serviço, se anterior à Lei 8.213/1991, independe de prova do recolhimento de contribuições (arts. 55, § 2.º e 96, V, da LBPS). 2. Todavia, não basta para provar a condição de trabalhador rural a declaração do sindicato dos trabalhadores rurais sem a devida homologação pelo Ministério Público, como estabelece o art. 106 da Lei 8.213/1991, modificado pela MedProv 528/1994 convertida na Lei 9.063/1995. 3. Requisito não comprovado, sentença confirmada. 4. Apelação improvida" (TRF-5.ª Reg. – AC 228.419/CE – 4.ª T. – rel. Des. Federal Napoleão Maia Filho – j. 17.10.2000 – DJ 17.11.2000 – p. 492).

"*Súmula 149/STJ: Prova testemunhal. Atividade rurícola. Benefício previdenciário.* A prova exclusivamente testemunhal não basta a comprovação da atividade rurícola, para efeito da obtenção de benefício" (STJ – Súmula 149 – 07.12.1995 – DJ 18.12.1995).

▶ Assim dispunha o *caput* do art. 106, na versão original:

> Art. 106. A comprovação do exercício de atividade rural far-se-á, alternativamente, através de:

▶ Assim dispunham o art. 106 e incisos, na redação dada pela Lei 8.861, de 25.03.1994, *DOU* 28.03.1994:

> Art. 106. A comprovação do exercício da atividade rural far-se-á pela apresentação obrigatória da Carteira de Identificação e Contribuição referida nos §§ 3.º e 4.º do art. 12 da Lei 8.212, de 24 de julho de 1991, e, quando referentes a período anterior à vigência desta lei, através de:
>
> I – contrato individual de trabalho ou Carteira de Trabalho e Previdência Social;
>
> II – contrato de arrendamento, parceria ou comodato rural;

III – declaração do sindicato de trabalhadores rurais, desde que homologada pelo Ministério Público ou por outras autoridades constituídas definidas pelo CNPS;

IV – declaração do Ministério Público;

V – comprovante de cadastro do Incra, no caso de produtores em regime de economia familiar;

VI – identificação específica emitida pela Previdência Social;

VII – bloco de notas do produtor rural;

VIII – outros meios definidos pelo CNPS.

▶ Assim dispunham o art. 106 e parágrafo único, na redação da Lei 8.870, de 15.04.1994, *DOU* 16.04.1994:

Art. 106. Para comprovação do exercício de atividade rural, a partir da vigência desta Lei, será obrigatória a apresentação da Carteira de Identificação e Contribuição (CIC) referida no § 3.º do art. 12 da Lei 8.212, de 24 de julho de 1991.

Parágrafo único. A comprovação do exercício de atividade rural referente a período anterior à vigência da Lei 8.861, de 25 de março de 1994, far-se-á alternativamente através de:

▶ Assim dispunha o art. 106, parágrafo único e incisos, alterado:

Art. 106. Para comprovação do exercício de atividade rural será obrigatória, a partir 16 de abril de 1994, a apresentação da Carteira de Identificação e Contribuição – CIC referida no § 3.º do art. 12 da Lei 8.212, de 24 de julho de 1991. (Redação dada ao *caput* pela Lei 9.063, de 14.06.1995, *DOU* 20.06.1995).

Parágrafo único. A comprovação do exercício de atividade rural referente a período anterior a 16 de abril de 1994, observado o disposto no § 3.º do art. 55 desta Lei, far-se-á alternativamente através de: (Redação dada ao dispositivo pela Lei 9.063, de 14.06.1995, *DOU* 20.06.1995).

I – contrato individual de trabalho ou Carteira de Trabalho e Previdência Social; (Redação dada ao inciso pela Lei 8.870, de 15.04.1994, *DOU* 16.04.1994).

II – contrato de arrendamento, parceria ou comodato rural; (Redação dada ao inciso pela Lei 8.870, de 15.04.1994, *DOU* 16.04.1994).

III – declaração do sindicato de trabalhadores rurais, desde que homologada pelo Ministério Público ou por outras autoridades constituídas definidas pelo CNPS; (Redação dada ao inciso pela Lei 8.870, de 15.04.1994, *DOU* 16.04.1994).

IV – declaração do Ministério Público; (Redação dada ao inciso pela Lei 8.870, de 15.04.1994, *DOU* 16.04.1994).

V – comprovante de cadastro do Incra, no caso de produtores em regime de economia familiar; (Redação dada ao inciso pela Lei 8.870, de 15.04.1994, *DOU* 16.04.1994).

VI – identificação específica emitida pela Previdência Social; (Redação dada ao inciso pela Lei 8.870, de 15.04.1994, *DOU* 16.04.1994).

VII – bloco de notas do produtor rural; (Redação dada ao inciso pela Lei 8.870, de 15.04.1994, *DOU* 16.04.1994).

VIII – outros meios definidos pelo CNPS. (Redação dada ao inciso pela Lei 8.870, de 15.04.1994, *DOU* 16.04.1994).

III – declaração do sindicato de trabalhadores rurais, desde que homologada pelo INSS; (Redação dada ao inciso pela Lei 9.063, de 14.06.1995, *DOU* 20.06.1995).

IV – comprovante de cadastro do Incra, no caso de produtores em regime de economia familiar; (Redação dada ao inciso pela Lei 9.063, de 14.06.1995, *DOU* 20.06.1995).

V – bloco de notas do produtor rural. (Redação dada ao inciso pela Lei 9.063, de 14.06.1995, *DOU* 20.06.1995).

Art. 107. O tempo de serviço de que trata o art. 55 desta Lei será considerado para cálculo do valor da renda mensal de qualquer benefício.

✷ **Remissão:** CLPS, art. 33, § 3.º.

✍ Anotação

O preceito, de certo modo, carece de sentido por duas ordens de razão. A uma, porque já não é de tempo de serviço que o sistema cuida, e sim de tempo de contribuição, segundo o adequado conceito introduzido no ordenamento pátrio pela EC 20/1998. A duas, porque no modelo introduzido pela sistemática do assim chamado "fator previdenciário", todo o tempo de trabalho deve ser considerado para todos os efeitos legais, como parte do patrimônio previdenciário do trabalhador.

De todo modo, a tentativa de se impor restrição à contagem de tempo, ao estilo do que intentara fazer a MedProv 1523/1996, foi rechaçada pelo Congresso Nacional que, naturalmente, não quer manter nenhum tipo de desigualação entre os trabalhadores urbanos e rurais.

Art. 108. Mediante justificação processada perante a Previdência Social, observado o disposto no § 3.º do art. 55 e na forma estabelecida no Regulamento, poderá ser suprida a falta de documento ou provado ato do interesse de beneficiário ou empresa, salvo no que se refere a registro público.

✷ **Remissão:** art. 215 da CLPS.

✍ Anotação

A demonstração indireta efetuada perante a Previdência Social é operada por intermédio do procedimento denominado Justificação Administrativa (JA).

TÍTULO III – DO REGIME GERAL DE PREVIDÊNCIA SOCIAL • **Art. 109**

Trata-se de caminho comprobatório genérico, de nítida feição cautelar, apto a comprovar qualquer fato de interesse dos beneficiários.

Em preceito didático, o Regulamento da Previdência Social (Dec. 3.048/1999) esclarece:

"Art. 142. A justificação administrativa constitui recurso utilizado para suprir a falta ou insuficiência de documento ou produzir prova de fato ou circunstância de interesse dos beneficiários, perante a previdência social.

§ 1.º Não será admitida a justificação administrativa quando o fato a comprovar exigir registro público de casamento, de idade ou de óbito, ou de qualquer ato jurídico para o qual a lei prescreva forma especial.

§ 2.º O processo de justificação administrativa é parte de processo antecedente, vedada sua tramitação na condição de processo autônomo".

Art. 109. O benefício será pago diretamente ao beneficiário, salvo em caso de ausência, moléstia contagiosa ou impossibilidade de locomoção, quando será pago a procurador, cujo mandato não terá prazo superior a doze meses, podendo ser renovado. (Redação dada ao *caput* pela Lei 8.870, de 15.04.1994, *DOU* 16.04.1994).

Parágrafo único. A impressão digital do beneficiário incapaz de assinar, aposta na presença de servidor da Previdência Social, vale como assinatura para quitação de pagamento de benefício.

✳ **Remissão:** arts. 106 e 107 da CLPS.

✍ Anotação

O ato de pagamento da prestação deve acercar-se dos cuidados inerentes a qualquer negócio jurídico, o que exige até maior atenção nas situações em que o credor está impossibilitado de perceber diretamente o valor devido.

Naturalmente, com o avanço dos sistemas informatizados de processamento das prestações, muito mais se exige de cuidados, para que o benefício chegue ao seu real destinatário.

JURISPRUDÊNCIA

"*Administrativo. Remessa* ex officio *em mandado de segurança. Item 5 do Memorando Circular 6/1994 do INSS. Conflito com dispositivo legal. Prevalên-*

Art. 110 • LEI DOS PLANOS DE BENEFÍCIOS DA PREVIDÊNCIA SOCIAL

cia deste sobre aquele. Confirmação da sentença. I – Segundo o disposto no art. 109 da Lei 8.213/1991, 'o benefício será pago diretamente ao beneficiário, salvo em caso de ausência, moléstia contagiosa ou impossibilidade de locomoção, quando será pago a procurador, cujo mandato não terá prazo superior a doze meses, podendo ser renovado'. II – Destarte, não poderia ato hierarquicamente inferior, item 5 do Memorando Circular 16/1994, mesmo que amparado no art. 611/1992 do Dec. 611/1992, trazer restrição não prevista em lei, determinando que, para efeito de recebimento de benefícios, os procuradores somente podem representar um segurado. III – Remessa *ex officio* desprovida" (TRF-2.ª Reg. – REO/MS 96.02.40409-4 – 6.ª T. – rel. Sérgio Schwaitzer – j. 31.03.2004).

▶ Assim dispunha o *caput* do art. 109 alterado:

> Art. 109. O benefício será pago diretamente ao beneficiário, salvo em caso de ausência, moléstia contagiosa ou impossibilidade de locomoção, quando será pago a procurador cujo mandato não terá prazo superior a 6 (seis) meses, podendo ser renovado.

Art. 110. O benefício devido ao segurado ou dependente civilmente incapaz será feito ao cônjuge, pai, mãe, tutor ou curador, admitindo-se, na sua falta e por período não superior a 6 (seis) meses, o pagamento a herdeiro necessário, mediante termo de compromisso firmado no ato do recebimento.

Parágrafo único. Para efeito de curatela, no caso de interdição do beneficiário, a autoridade judiciária pode louvar-se no laudo médico-pericial da Previdência Social.

✻ **Remissão:** art. 109 da CLPS.

✎ Anotação

A tutela tem por escopo substituir o poder familiar. Complexo de direitos e obrigações conferidos pela lei a um terceiro, para que proteja a pessoa do menor que não se acha sob o poder familiar, e que administrará os bens do tutelado.

"Art. 1.728. Os filhos menores são postos em tutela: I – com o falecimento dos pais, ou sendo estes julgados ausentes; II – em caso de os pais decaírem do poder familiar (CC, 2002)".

A curatela é um instituto jurídico pelo qual o juiz nomeia alguém para cuidar dos interesses do incapaz.

"Art. 1.767. Estão sujeitos a curatela: I – aqueles que, por enfermidade ou deficiência mental, não tiverem o necessário discernimento para os atos da vida civil; II – aqueles que, por outra causa duradoura, não puderem exprimir a sua vontade; III – os deficientes mentais, os ébrios habituais e os viciados em tóxicos; IV – os excepcionais sem completo desenvolvimento mental; V – os pródigos (CC, 2002)".

O exame médico, realizado pela Previdência Social, serve para instruir a decisão judicial. Não obstante, em homenagem ao contraditório, o interessado poderá valer-se de *expert* de sua confiança, submetendo a pendência ao Juízo competente.

Art. 111. O segurado menor poderá, conforme dispuser o Regulamento, firmar recibo de benefício, independentemente da presença dos pais ou do tutor.

✱ **Remissão:** EC 20/1998.

✑ Anotação

Certos atos da vida previdenciária poderão ser praticados pelo segurado menor, entre os quais o aqui referido.

Art. 112. O valor não recebido em vida pelo segurado só será pago aos seus dependentes habilitados à pensão por morte ou, na falta deles, aos seus sucessores na forma da lei civil, independentemente de inventário ou arrolamento.

✱ **Remissão:** art. 108 da CLPS.

✑ Anotação

Habilitação de herdeiros: terá direito à pensão por morte o dependente. Os sucessores do segurado, na forma da lei civil, independentemente de inventário ou arrolamento, farão jus ao saldo dos benefícios que não tenham sido recebidos.

JURISPRUDÊNCIA

"*Previdência Social. Sucessão processual.* 1. Os valores não recebidos em vida pelo segurado devem ser pagos à(s) pessoa(s) habilitada(s) à pensão por morte e, somente na falta dessa, ao conjunto de sucessores (art. 112 da Lei 8.213/1991). 2. Se a filha do casal era menor de idade à data do óbito deve também suceder processualmente o falecido segurado. 3. Dado parcial. Provimento ao agravo interno" (TRF-2.ª Reg. – AC 2001.51.01.524929-5/RJ – 2.ª T. Especializada – rel. Des. Federal Liliane Roriz – j. 21.06.2007).

"*Embargos de divergência. Recurso especial. Previdenciário. Processual civil.* Postulação de recebimento, pelo herdeiro e em nome próprio, de valores devidos e não pagos ao segurado morto, independentemente de habilitação em inventário ou arrolamento. 'Direito subjetivo conferido pelo art. 112 da Lei 8.213/1991. Legitimidade ativa do herdeiro para propor ação judicial específica em nome próprio'. Embargos rejeitados" (STJ – 3.ª S. – EREsp 498.336/PB – rel. Min. José Arnaldo da Fonseca – *DJU* 30.08.2004 – p. 199).

"*Previdenciário. Benefício. Prévio requerimento. Sucessores legítimos de ex-titular. Valores não recebidos pelo de cujus. Poder Judiciário. Dispensa de inventário/arrolamento. Aplicabilidade do art. 112 da Lei 8.213/1991. Direito material. Não consideração. Exaurimento na via administrativa. Desnecessidade. Entendimento terceira seção. (...). Principiologia. Proteção ao segurado. Restrição legal. Inexistência. Recurso desprovido.* I – O cerne da controvérsia diz respeito à exigência de os sucessores do ex-titular do benefício solicitarem o benefício previdenciário, no âmbito judiciário, somente após prévia realização de inventário ou arrolamento ou se existe possibilidade de pleitear valores independentemente destes. II – Conforme é consabido, assim preceitua o art. 112, da Lei 8.213, *verbis*: 'o valor não recebido em vida pelo segurado só será pago aos seus dependentes habilitados à pensão por morte ou, na falta deles, aos seus sucessores na forma da lei civil, independentemente de inventário ou arrolamento'. Este artigo encontra-se disposto na Seção VIII, sob o título 'Das Disposições Diversas Relativas às Prestações'. Neste contexto, a interpretação deste artigo deve ser no sentido da desnecessidade de realizar-se inventário ou arrolamento para os sucessores indicados pela Lei Civil, nos termos do mencionado artigo. III – No âmbito do Poder Judiciário, não há como se proceder a uma restrição em prejuízo ao beneficiário que não existe na Lei. Da leitura do referido artigo, constata-se não haver exigência de se produzir um longo inventário ou arrolamento, mesmo porque na maioria das vezes, não haverá bens a inventariar. IV – *In casu*, não há que se cogitar de direito material. Se a interpretação caminhasse no entendimento de, sendo entendimento material, limitar-se, tão somente, sua aplicabilidade ao âmbito administrativo, o beneficiário teria, de muitas vezes, sentir-se obrigado a exaurir a via administrativa a fim de evitar um processo mais longo e demorado de inventário ou arrolamento, onde o único bem a ser considerado seria um módico benefício previdenciário. V – Quanto ao tema, já decidiram as Turmas da 3.ª Seção, segundo a orientação da Súmula 213, do extinto Tribunal Federal de Recursos, do seguinte teor: 'o exaurimento da via administrativa não é condição para a propositura de ação de natureza previdenciária'. VI – Ademais, a principiologia do direito previdenciário pretende beneficiar o segurado desde que não haja restrição legal. No caso específico, o art. 112 da Lei 8.213/1991 não se resume ao âmbito administrativo. Portanto, se não há restrição legal, não deve o intérprete fazê-lo. VII – Não se pode exigir dos possíveis sucessores a abertura de inventário ou arrolamento de bens, pois tal interpretação traz prejuízos aos sucessores do ex-segurado já que, repita-se, têm eles de se submeter a um longo e demorado processo de inventário ou arrolamento para, ao final, receber tão somente um módico benefício previdenciário. VIII – Recurso especial conhecido, mas desprovido" (STJ – REsp 496.030 – 5.ª T. – rel. Min. Felix Fischer – j. 18.12.2003 – *DJU* 19.04.04 – p. 229).

"*Agravo de Instrumento. Previdenciário. Execução de sentença. habilitação. Herdeiros. Inventário. Desnecessidade. Art. 112 da Lei 8.213/1991.* 1. Nos termos do art. 112 da Lei 8.213/1991, o valor não recebido em vida pelo segurado só será pago aos seus dependentes habilitados à pensão por morte, ou, na falta deles, aos seus sucessores na forma da lei civil, independentemente de inventário ou arrolamento. 2. Havendo filho menor, os demais descendentes do segurado não têm direito de receber as diferenças devidas no processo. 3. Irregular a representação processual do único dependente habilitado, inviável a expedição de requisição para pagamento dos valores em tese devidos" (TRF-4.ª Reg. – AI 2009.04.00.021774-0/SC – T. Suplementar – rel. Des. Federal Ricardo Teixeira do Valle Pereira – j. 02.09.2009).

"*Agravo De Instrumento. Previdenciário e processual civil. Benefício previdenciário. Óbito do autor. Habilitação tardia da sucessora. Desconhecimento da ação. Prescrição intercorrente. Não ocorrência.* 1. Tratando-se de habilitação concernente a benefícios previdenciários, aplica-se o disposto no art. 112 da Lei 8.213/1991, literal ao preconizar que 'o valor não recebido em vida pelo segurado só será pago aos seus dependentes habilitados à pensão por morte ou, na falta deles, aos seus sucessores na forma da lei civil, independentemente de inventário ou arrolamento'. 2. Inexistindo expresso texto legal fixando prazo prescricional para o requerimento de habilitação de sucessor, em processo onde o sucedido figure como parte descabe falar em impedimento ao exercício do referido direito só pelo decurso de cinco anos do óbito. 3. Os sucessores do falecido teriam que ser chamados à habilitação nos autos, para que, só então, se pudesse cogitar do início cômputo do prazo prescricional, o que não ocorreu. 4. Aplicação dos princípios processuais da instrumentalidade das formas e aproveitamento dos atos processuais quanto àqueles praticados após o óbito da autora, por ausência de prejuízo para as partes. 5. Agravo não provido" (TRF-2.ª Reg. – AG 85.136/RJ – 1.ª T. – rel. Des. Federal Abel Gomes – j. 18.05.2005 – DJU 31.05.2005 – p. 184).

"Previdenciário. Alvará judicial. Competência, Justiça Federal. Prescrição. Cobrança de resíduos previdenciários. Beneficiário falecido. Valor não recebido em vida por segurado. Art. 112 da Lei 8.213/1991. Habilitação de herdeiros. Possibilidade. O 'alvará judicial' para levantamento de diferenças devidas pelo INSS, embora ostente natureza de procedimento de jurisdição voluntária, converte-se, quando há pretensão resistida, em processo contencioso, desse modo atraindo a competência da Justiça Federal. A prescrição, sendo direito patrimonial, somente pode ser analisada quando arguida. O art. 112 da LBPS é aplicável à habilitação de dependente à pensão por morte de segurado, tanto na esfera administrativa, como na judicial" (TRF-4.ª Reg. – REO 68.509/SC – 5.ª T. – rel. Paulo Afonso Brum Vaz – j. 13.06.2002 – DJ 26.06.2002 – p. 669).

"Previdenciário. Revisão de benefício. Execução. Segurado exequente. Morte. Menor sob guarda. Habilitação. Maioridade superveniente. Efeitos. 1. O art. 112 da Lei 8.213/1991 estabelece que o valor não recebido em vida pelo segurado só será pago aos seus dependentes habilitados à pensão por morte ou, na falta deles, aos seus sucessores na forma da lei civil, independentemente de inventário ou arrolamento. A Jurisprudência desta Casa é segura no sentido de que referida norma se aplica aos processos judiciais. Está demonstrado nos autos que D.M.H. era pensionista do falecido autor F.H. Como bem observado pelo INSS (que está de acordo com a pretensão da agravante), a parte não pode ser prejudicada pela demora na tramitação do processo. Tivesse o débito sido pago integralmente antes de a agravante atingir a maioridade, todos os valores a ela tocariam. A situação deve ser apreciada à luz da situação fático-jurídica então vigente. As diferenças devidas são referentes a período em que a agravante era dependente do segurado e, mais do que isso, o óbito dele ocorreu quando ela ainda detinha esta condição. 2. Na redação anterior à Lei 9.528/1997, – o óbito ocorreu em 1995 – o § 2.º do art. 16 da LBPS equiparava o menor sob guarda judicial ao filho para efeito de dependência. 3. Agravo provido" (TRF-4.ª Reg. – AI 25.164/RS – 5.ª T. – rel. Alcides Vettorazzi – j. 26.02.2008 – DJe 05.05.2008).

"Execução. Previdenciário e processual civil. Habilitação de dependente habilitada à pensão por morte como sucessora do segurado falecido. Desnecessidade de litisconsórcio ativo entre todos os sucessores segundo a lei civil. Art.

112 da LBPS. 1. O art. 112 da Lei 8.213/1991 torna suficiente, para que os habilitandos em função do falecimento de segurado da Previdência sejam considerados parte legítima a propor ação ou dar-lhe prosseguimento em sucessão ao *de cujus*, o fato de serem dependentes deste, habilitados à pensão por morte ou, não os havendo, o fato de serem seus sucessores segundo a Lei Civil, independentemente de inventário ou arrolamento. 2. A observância das regras gerais do CPC a propósito da legitimação ativa dos dependentes ou da habilitação de todos os sucessores nos autos acaba por inviabilizar o direito de ação para essas pessoas, especialmente quando há filhos maiores, que devem ser localizados e trazidos aos autos por meio de procuração e comprovação da filiação. Tal resultaria em indevido prestigiamento das normas instrumentais, em detrimento da efetiva realização do direito substancial, especialmente quando há norma especial de processo previdenciário que autoriza solução adequada a torná-lo efetivo. Precedentes do STJ. 3. Perfeitamente cabível o deferimento da habilitação à viúva do segurado, habilitada à pensão por morte, sem a inclusão, no polo ativo do feito, dos demais sucessores do demandante segundo a Lei Civil" (TRF-4.ª Reg. – AC 3.655/RS – 5.ª T. – rel. Celso Kipper – j. 24.07.2007 – *DJe* 13.08.2007).

Art. 113. O benefício poderá ser pago mediante depósito em conta corrente ou por autorização de pagamento, conforme se dispuser em regulamento.

Parágrafo único. (Dispositivo revogado pela Lei 9.876, de 26.11.1999, *DOU* 29.11.1999).

✳ **Remissão:** arts. 106 e 110 da CLPS.

Anotação

Aquilo que se disse, aqui, sobre os avanços na automação bancária torna o procedimento de pagamento das prestações objeto de constantes aperfeiçoamentos. Mediante contrato com o sistema bancário, o INSS estipula prazos de pagamento de benefícios em datas escalonadas, tudo em ordem a tornar funcional o recebimento da prestação por parte do beneficiário.

JURISPRUDÊNCIA

O Acórdão 1921, aprovado em 16 de dezembro de 2003, pelo plenário do Tribunal de Contas da União – TCU, que na alínea *c* do item 3.12.6

determina ao INSS o cumprimento do estabelecido no § 3.º do art. 166 do RPS, na redação dada pelo Dec. 4.729/2003. Destacam-se desse julgado os seguintes tópicos:

"Auditoria. INSS. Dataprev. Inconsistências na base de dados de benefícios da Previdência Social. Deficiência na identificação única dos beneficiários. Determinação. Remessa de cópia às autoridades interessadas.

'Constatou-se a existência de recebedores de benefícios com pagamentos feitos por meio de conta bancária pertencente a outrem ou conta bancária não localizada pelo Banco do Brasil, bem como acúmulo irregular de benefícios previdenciários com benefícios estatutários. Foram encontrados benefícios do tipo pensão com data de início (data do óbito do instituidor) até 40 anos antes da data de entrada do requerimento ou mesmo anterior à data de nascimento do titular, que configuram situações bem anormais, porém sem tratamento especial nas bases ou sistemas de informação. Foi evidenciada, ainda, a carência de controles com relação a entidades e seus representantes legais para fins de pagamento de benefícios do tipo amparo a pessoas idosas e deficientes.'

'Verificou-se que a qualidade dos dados constantes das bases de benefício é baixa, sendo, até hoje, incluídos benefícios sem preenchimento integral de dados essenciais. A deficiência na identificação única dos titulares de benefícios, instituidores e representantes legais é grave, pois possibilita a existência de situações irregulares, como a não identificação de segurados mortos e consequente pagamento de benefícios a pessoas falecidas e até mesmo instituidoras de pensão.

Avaliou-se, ainda, a forma de execução de algumas transações/operações excepcionais nos sistemas, como também os dados delas oriundos. Neste sentido, trabalhamos conjuntamente com a base de dados relativa a Pagamento Alternativo de Benefícios – PAB e com operações de reativações de benefícios. Verificaram-se algumas disfunções nos processos que envolvem essas operações, tais como: carência de controles na consecução dessas operações sensíveis, falta ou distorções no processo de validação (homologação), inserção de dados inconsistentes, reativações de benefícios já cessados por óbito do titular, operações via PAB decorrentes de decisões judiciais sem informação ou com informação incompleta/inconsistente da ação judicial que determinou o pagamento.

c) Cadastro Nacional de Informações Sociais – CNIS: não foi utilizado, pelo volume dos dados a serem solicitados de cada segurado (todos os vínculos e remunerações) e pela exiguidade do tempo de execução da auditoria;

d) cadastro de contas do Banco do Brasil: para os benefícios pagos por intermédio de conta corrente do Banco do Brasil, foram solicitadas desse banco as informações relativas à titularidade das contas (anexo II, f.), tendo sido atendido o pedido (anexo II, f.);

e) cadastro de contas da Caixa Econômica Federal: a mesma providência foi solicitada à Caixa (anexo II, f.), tendo sido devidamente atendida (anexo II, f.);

f) cadastro de Óbitos – Sisobi: foi fornecido pela Dataprev, juntamente com a base de benefícios.

2.7 Para maior esclarecimento e compreensão deste relatório, entende-se oportuno fazer uma breve descrição dos sistemas relacionados à concessão e manutenção de benefícios do INSS.

a) Prisma – Projeto de Regionalização de Informações e Sistemas: É o sistema de entrada de dados para solicitação e concessão dos benefícios nas Agências e Unidades de Atendimento da Previdência Social – APS e UAA. Em cada APS, há uma base local do Prisma. Havendo a concessão do benefício, os dados são transmitidos para o SUB. Os vínculos e remunerações podem ser importados do sistema CNIS ou podem ser informados pelos servidores da agência, ao cadastrarem o benefício.

b) SUB – Sistema Único de Benefícios: É a base central de benefícios. É o sistema de manutenção e controle dos benefícios. Compõe-se de cinco áreas principais: consultas, concessão, atualização, perícia médica e pagamento, cada uma composta de vários subsistemas, entre eles o Sistema de Benefícios – Sisben. Quando há a transmissão do Prisma para o SUB, é feita uma crítica dos dados do benefício, confrontando-se toda a base, por exemplo, para pesquisar a existência de outros benefícios para o mesmo titular. Caso seja detectada alguma anomalia, o benefício é devolvido para o Prisma com pendência, cabendo à agência tomar as providências para resolvê-la.

c) CNIS – Cadastro Nacional de Informações Sociais: É o cadastro decorrente de consórcio formado pela Caixa Econômica Federal – CEF, o Ministério do Trabalho e Emprego – MTE e o Ministério da Previdência Social – MPS. Esse sistema é depositário dos Números de Identificação do Trabalhador – NIT, utilizado pelos sistemas do INSS para identificação dos entes envolvidos nos benefícios (titular, instituidor, representante legal, representante de entidade). Constam ainda do CNIS as informações sobre remunerações, desde 1994, e vínculos, desde julho/1976, para os segurados em atividade nessa época. A interligação entre o CNIS e o SUB reveste-se de extrema importância, especialmente a partir da Lei 10.403, de 08.01.2002, que inverteu o ônus da prova para o INSS, quanto às informações de vínculos e remunerações a partir de julho de 1994. Ou seja, a partir dessa data, a obrigação de comprovar os dados sobre vínculos e remunerações passou para o INSS, que se utiliza dos dados constantes do CNIS. Os dados da versão-consórcio do CNIS não podem ser atualizados pelo INSS.

d) CNISVR: Versão do CNIS em que o INSS pode proceder a atualizações em vínculos e remunerações. Geralmente, essas atualizações referem-se a informações não constantes da versão-consórcio, mas que o segurado comprova por meio de documentos. Entretanto, as modificações somente são consideradas no benefício após a homologação pelo sistema HIPnet.

h) IUB – Sistema de Identificação Única de Benefícios: foi instituído com o objetivo de proceder ao acerto de dados cadastrais inexistentes ou inconsistentes nos benefícios já cadastrados, havendo a validação das atualizações junto ao CNIS (cf. Orientação Interna INSS/Dirben 75, de 19.12.2002 – anexo II, f.).

i) Sisobi – Sistema de Óbitos: transcrevemos o disposto na página relativa ao sistema na internet (http://www.dataprev.gov.br/sisobi), 'foi desenvolvido com a finalidade de agilizar o envio dos dados de óbitos pelos cartórios de registro civil de todo o país, permitindo que os dados sejam usados mais rapidamente na identificação de beneficiários mortos'. É estabelecida uma rotina periódica de confrontação do Sisobi com o SUB, para a identificação de eventuais beneficiários falecidos e a correspondente cessação ou suspensão do pagamento do benefício. Existem critérios para batimento das informações e ações a serem tomadas em cada caso (anexo II, f.).

j) SABI – Sistema de Administração de Benefícios por Incapacidade: ainda não está implantado em todas as APS. Como principais funcionalidades, são citadas a padronização dos procedimentos médicos e administrativos, o controle e gestão do processo de trabalho dos médicos e servidores administrativos, concessão de benefício pela internet, controle e agendamento de perícias médicas e documentação de todas as fases da concessão dos benefícios por incapacidade, entre outras. Nas agências que não dispõem do SABI, a concessão dos benefícios por incapacidade é feita no Prisma. Conforme informações prestadas no Ofício INSS/Dirben/n. 018 (anexo II, f.), à data do documento (16 de maio de 2003), havia 90 Gerências Executivas e 239 agências com o SABI implantado, além de outras 10 gerências e 71 agências em fase de implantação.

3.12.6 – Encaminhamento: Determinar ao INSS que:

a) inclua, no convênio com a Febraban, a obrigatoriedade de encaminhamento ao INSS, pelos bancos, das informações cadastrais não protegidas pelo sigilo bancário e a situação da conta (ativa, inativa etc.), para que seja estabelecida rotina periódica de confrontação com a base de benefícios, com o fim de serem identificados depósitos em contas não ativas ou contas cujo recebedor do benefício não conste como titular;

b) encaminhe à sua Auditoria-Geral a relação das contas apontadas no item 3.12.1 (CD anexo, arquivos 'BB_contas_divergentes_total' e 'BB_contas_divergentes_restrito') a fim de que sejam tomadas as medidas que julgar pertinentes, priorizando os benefícios cujas contas apresentem maiores divergências;

c) estabeleça procedimentos documentados para pagamentos de benefícios por meio de depósitos em conta bancária, exigindo comprovação pelo beneficiário da titularidade da conta por ele informada, a fim de dar o devido cumprimento ao art. 166, do Dec. 3.048/1999 (com redação alterada pelo Dec. 4.729/2003).

Acórdão:

Vistos, relatados e discutidos estes autos que cuidam de auditoria realizada no INSS e na Dataprev com o objetivo de avaliar a ocorrência de fraudes nas bases de dados de benefícios da Previdência Social,

Acordam os Ministros do Tribunal de Contas da União, reunidos em Sessão Plenária, diante das razões expostas pelo Relator, em:

9.1 fazer as seguintes determinações, esclarecendo que os itens indicados em cada uma delas referem-se à numeração do relatório de auditoria, transcrito integralmente no relatório que consubstanciou este Acórdão:

9.1.1 ao INSS que:

9.1.1.1 tome todas as providências necessárias ao cumprimento da meta prevista no Plano de Ação da Diretoria de Benefícios para 2003, no sentido de 'promover o batimento on-line de CPF com a Secretaria da Receita Federal em todas as operações de concessão e atualização' de benefícios, contemplando, além da verificação da existência do CPF na base da Receita Federal, a confrontação dos demais dados cadastrais (itens 3.2.1.5 e 3.2.1.6);

9.1.1.2 estude e defina a quantidade ideal máxima de benefícios para um mesmo representante legal, não sendo este representante de entidade (item 3.8);

9.1.1.3 proceda a modificações nos sistemas de benefícios pertinentes para (item 3.8):

– inibir a vinculação de benefícios a representantes legais que já tenham atingido a quantidade ideal máxima definida no subitem acima;

– caso haja necessidade, exigir homologação superior quando essa quantidade tiver que ser comprovadamente ultrapassada;

– garantir o cadastramento efetivo de entidades e respectivos representantes, a fim de evitar as inconsistências apontadas no item 3.8.1;

9.1.1.4 averigúe os casos relacionados no CD anexo, arquivo 'amparos_via_cartao', a fim de verificar a regularidade dos representantes e corrigir os dados necessários no sistema, promovendo, se for o caso, a cessação e a cobrança de pagamentos indevidos, além da responsabilização por atos praticados indevidamente (item 3.8.1.2);

9.1.1.5 inclua, no convênio com a Federação Brasileira dos Bancos – Febraban, a obrigatoriedade de encaminhamento ao INSS, pelos bancos, das informações cadastrais não protegidas pelo sigilo bancário e a situação da conta (ativa, inativa etc.), para que seja estabelecida rotina periódica de confrontação com a base de benefícios, com o fim de serem identificados depósitos em contas não ativas ou contas cujo recebedor do benefício não conste como titular (itens 3.12 e 3.13);

9.1.1.6 encaminhe à sua Auditoria-Geral a relação dos benefícios com titulares de conta bancária divergente do recebedor do benefício (CD anexo, arquivos 'BB_contas_divergentes_total', 'BB_contas_divergentes_restrito', 'CEF_contas_divergentes'), a fim de que sejam tomadas as medidas que julgar pertinentes, priorizando os benefícios cujas contas apresentem maiores divergências (itens 3.12 e 3.13);

9.1.1.7 estabeleça procedimentos documentados para pagamentos de benefícios por meio de depósitos em conta bancária, exigindo comprovação, pelo beneficiário, da titularidade da conta por ele informada, a fim de dar o devido cumprimento ao art. 166, do Dec. 3.048/1999, com redação alterada pelo Dec. 4.729/2003 (itens 3.12 e 3.13);

9.1.1.8 averigúe os casos apontados no item 3.17.1, a fim de identificar se houve emissão irregular de PAB, promovendo, quando for o caso, a cobrança de pagamentos indevidos, além da responsabilização por atos praticados indevidamente;

9.1.1.9 investigue as emissões de PAB sem quaisquer informações da sentença judicial, discriminadas no CD anexo, arquivo 'PAB_judicial_sem_info' (item 3.19);

9.1.1.10 averigúe os casos listados no item 3.22.1, relativos a benefícios cujo CPF do titular pertence a servidores do INSS, providenciando ações para ressarcimento ao erário das importâncias indevidamente pagas e responsabilização dos servidores, quando for o caso;

9.1.1.11 faça estudo para aprimoramento dos controles de pagamentos de benefícios via cartão magnético, com vistas a aperfeiçoar o processo de identificação do recebedor do benefício na rede bancária. Nesse estudo, considere as sugestões da Força-Tarefa/RJ e a possibilidade de acordar novas cláusulas contratuais com a Febraban, ou modificar as já existentes, a fim de contemplar as necessidades identificadas (item 3.25.1.34);

9.1.1.12 adote as providências necessárias para a resolução das questões levantadas a seguir, informando ao Tribunal, no prazo de 180 (cento e oitenta) dias, sobre as ações tomadas para a sua solução:

9.1.1.12.1 plano de ação e cronograma de atualização do cadastro de pessoas vinculadas aos benefícios, especificando as informações a serem atualizadas, metas regionalizadas e prioridades, bem como contemplando a possibilidade do batimento com outras bases de dados, incluindo a base de CPF, e aventando a possibilidade de utilização de suas informações para preencher e/ou corrigir dados não cadastrados ou incorretos na base de benefícios (item 3.1);

9.1.1.12.2 plano de ação e cronograma para acerto das inconsistências apontadas pela Coordenação de Auditoria de Sistemas da Dataprev, que não estão contempladas pelo Sistema de Identificação Única de Beneficiários – IUB, incluindo as relacionadas no item 3.24.1.3.

9.1.1.12.3 estudo de viabilidade e cronograma de implantação de sistemática de (item 3.8):

– batimento dos dados das entidades com o cadastro de CNPJ da SRF, considerando os dados de situação e natureza jurídica da entidade;

– pagamento exclusivo por meio de conta bancária da entidade, para os benefícios cujos titulares estão sob sua responsabilidade.

9.1.2 ao INSS e à Dataprev que:

9.1.2.1 procedam a modificações no sistema de benefícios pertinente para realmente suspender aqueles em que não consta informação de CPF, após o prazo de tolerância estipulado pela Diretoria de Benefícios (item 3.2.1.2);

9.1.2.2 corrijam o sistema de benefícios pertinente para que não mais sejam concedidos/atualizados benefícios sem informação de NIT e sem matrículas dos responsáveis por inclusões e atualizações (item 3.3);

9.1.2.3 procedam à correção do sistema de benefícios pertinente para que não permita que o servidor emita PAB em nome próprio (item 3.17);

9.1.2.4 procedam à correção do sistema de benefícios pertinente para que sejam exigidos os dados de ação judicial de PAB, quando for esse o motivo do pagamento, bem como realize críticas básicas nesses dados a fim de que não ocorra inserção de informações inválidas, como as citadas no item 3.19.1.

9.1.2.5 adotem as providências necessárias para a resolução das questões levantadas a seguir, informando ao Tribunal, no prazo de 90 (noventa) dias, sobre as ações tomadas para a sua solução:

9.1.2.5.1 interligação dos sistemas de benefícios com os sistemas da Procuradoria do INSS, de forma a validar a existência e o estado das ações judiciais que fundamentam qualquer concessão, modificação ou pagamento de benefícios, prevendo mecanismos de atualização imediata dos benefícios, dependendo do desfecho dos processos judiciais (item 3.14);

9.1.2.5.2 plano de integração entre o SUB e o CNIS, de forma a identificar segurados que sejam também servidores públicos federais, estaduais e municipais, de forma a coibir o pagamento indevido de benefícios, enviando também o calendário de implantação da rotina para novos benefícios e para o batimento dos benefícios já concedidos, priorizando as situações em que a legislação, de pronto, já veda a percepção de outra renda, como o caso dos amparos (item 3.21).

9.1.3 à Dataprev que encaminhe a este Tribunal, no prazo de até 60 (sessenta) dias:

9.1.3.1 cronograma para implantação integral da versão 8.2 do Prisma/SUB, especialmente no que se refere às funcionalidades tratadas no item 2, assunto CNIS da citada versão, que não foram implementadas (item 3.23);

9.1.3.2 estudo de viabilidade para o desenvolvimento de ferramenta de extração de dados de benefícios da Previdência Social, de forma a tornar mais acessíveis essas bases, tanto ao Ministério da Previdência Social e INSS, quanto aos órgãos de controle interno e externo (item 4.2).

9.1.4 ao Ministério da Previdência Social, ao INSS e à Dataprev que tomem providências no sentido de facilitar a disponibilização dos dados para as unidades internas dessas entidades, voltadas à auditoria e detecção de irregularidades, de forma a tornar mais ágil a averiguação de situações potencialmente lesivas à Previdência Social, bem como forneçam o devido suporte técnico e logístico para que se desenvolvam plenamente as atividades da APE, dos grupos de Força-Tarefa atuantes nos vários estados da Federação e da comissão instituída pela Portaria MPAS 797/2003 (item 4.1).

9.1.5 ao INSS e à Secretaria de Recursos Humanos, do Ministério do Planejamento, Orçamento e Gestão, para que, no prazo de 180 (cento e oitenta) dias, se coordenem, formulem e encaminhem a este Tribunal cronograma de análise e suspensão dos pagamentos decorrentes de acumulações indevidas no Siape e no SUB, priorizando as situações que legalmente já vedam a acumulação, como os amparos, passando pelas situações de alto risco, e verificando as demais situações elencadas pela equipe de auditoria, constantes do CD anexo, arquivos 'Servidores_Siape_beneficios_1' e 'Servidores_Siape_beneficios_2'. Seja, ainda, dado conhecimento do teor do item 3.21 do relatório de auditoria ao Sr. Secretário de Recursos Humanos do Ministério do Planejamento, Orçamento e Gestão (item 3.21).

9.2 determinar à Segecex que:

9.2.1 programe a realização de inspeção no INSS e no Banco do Brasil, a ser coordenada pela 4.ª Secex, com a participação da 2.ª Secex, para elucidação da destinação dos créditos decorrentes de benefícios pagos pelo INSS em contas não localizadas pelo Banco do Brasil, conforme relatado no item 3.11 do relatório de auditoria.

9.2.2 preveja, no Plano de Auditorias relativo ao 2.º Semestre de 2004, a realização de nova auditoria nas bases de dados de benefícios, para verificar o cumprimento das determinações oriundas deste trabalho e para avaliar os efeitos da auditoria ora realizada.

9.3 encaminhar os autos à 4.ª Secex para que:

9.3.1 verifique a possível influência das determinações ora exaradas nas conclusões a serem propostas no TC 020.539/2003-4;

9.3.2 avalie as determinações propostas pela equipe de auditoria nos itens 3.4, 3.5, 3.7, 3.9, 3.15, 3.16 e 3.18 do relatório de auditoria, em função das constatações feitas no TC 020.539/2003-4, verificando a conveniência de efetivar tais determinações, com os ajustes que porventura se façam necessários.

9.4 determinar à 4.ª Secex que programe, para os próximos planos de auditoria, na medida de sua disponibilidade de recursos humanos, a realização de novas auditorias para a avaliação da legalidade da concessão e manutenção de benefícios previdenciários.

9.5 encaminhar cópia do presente Acórdão, bem como do Relatório e Voto que o fundamentam, ao Ministro da Previdência Social, ao Diretor-Presidente do Instituto Nacional do Seguro Social – INSS, ao Presidente da Empresa de Tecnologia e Informações da Previdência Social – Dataprev, ao Diretor da Diretoria de Benefícios do INSS, ao Auditor-Geral do INSS, ao Coordenador-Geral de Auditoria Interna da Dataprev, ao Coordenador-Geral de Auditoria dos Programas da Área de Previdência Social da Secretaria Federal de Controle Interno, à Comissão de Assuntos Sociais do Senado Federal, à Comissão de Seguridade Social e Família e à Comissão de Fiscalização Financeira e Controle, ambas da Câmara dos Deputados" (TCU – AC-1921-49/03-P – Plenário – rel. Ubiratan Aguiar – j. 10.12.2003 – Aprov. 16.12.2003 – *DOU* 23.12.2003).

Art. 114 • Lei dos Planos de Benefícios da Previdência Social

▶ Assim dispunha o parágrafo único do art. 113 revogado:

> Parágrafo único. Na hipótese da falta de movimentação a débito em conta corrente utilizada para pagamento de benefícios, por prazo superior a sessenta dias, os valores dos benefícios remanescentes serão creditados em conta especial, à ordem do INSS, com a identificação de sua origem.

Art. 114. Salvo quanto a valor devido à Previdência Social e a desconto autorizado por esta Lei, ou derivado da obrigação de prestar alimentos reconhecida em sentença judicial, o benefício não pode ser objeto de penhora, arresto ou sequestro, sendo nula de pleno direito a sua venda ou cessão, ou a constituição de qualquer ônus sobre ele, bem como a outorga de poderes irrevogáveis ou em causa própria para o seu recebimento.

✶ **Remissão:** art. 194, IV, da CF/1988; arts. 104 e 219 da CLPS.

✎ **Anotação**

Impenhorabilidade e inalienabilidade. A lei protege genericamente as prestações, assim como tutela os salários, em homenagem à natureza alimentar de tais valores. Sob pena de nulidade de pleno direito, o benefício não pode ser penhorado, arrestado ou sequestrado; nem vendido, cedido ou onerado de alguma forma. Apenas são permitidos os descontos legais do art. 115 do PBPS.

JURISPRUDÊNCIA

"*Previdenciário. Processo civil. Procuração outorgada à entidade de previdência privada responsável pela complementação do benefício. Cláusula de cessão de direitos. Ofensa ao art. 114 da Lei 8.213/1991. Nulidade. Reconhecimento. Isenção de custas. Descabimento. Honorários corretamente aplicados.* 1. O segurado da previdência social oficial que recebe complementação do benefício de entidade de previdência privada tem legitimidade para propor ação em face do Instituto Nacional do Seguro Social, requerendo a revisão de seu benefício previdenciário (Súmula 18/TRF-2.ª Reg.). 2. O fato de o segurado ser filiado à entidade de previdência privada, e ter percebido complementos desta, não isenta o INSS da incumbência de efetuar o pagamento dos reajustes dos benefícios de sua competência, em razão de Lei. 3. O STJ entendeu que a cláusula de cessão de direitos torna a procuração nula de pleno direito, pacificando também o entendimento de que não teria a previ--Banerj legitimidade ativa ad causam, uma vez que inexiste relação material entre ela e a autarquia previdenciária. 4. Quanto ao pagamento de custas, o art. 128 da Lei 8.213/1991, vigente à época da sentença, protege apenas a parte hipossuficiente, destinando-se tão somente à pessoa física do segurado da previdência, não podendo, assim, ser estendida à previ-Banerj. 5. Quanto aos honorários advocatícios, o referido art. não se refere a estes, mas unicamente às custas judiciais, de forma que, mesmo reconhecida a isenção de custas por parte do autor, deverá ele arcar com os honorários nos termos a que foi condenado pela sentença. 6. Negado provimento ao recurso. Decisão unânime" (TRF-2.ª Reg. – AC 99.02.00592-6/RJ – 5.ª T. – rel. Juiz Alberto Nogueira – *DJU* 11.06.2003 – p. 185).

Art. 115. Podem ser descontados dos benefícios:

I – contribuições devidas pelo segurado à Previdência Social;

II – pagamento de benefício além do devido;

III – Imposto de Renda retido na fonte;

IV – pensão de alimentos decretada em sentença judicial;

V – mensalidades de associações e demais entidades de aposentados legalmente reconhecidas, desde que autorizadas por seus filiados;

VI – pagamento de empréstimos, financiamentos e operações de arrendamento mercantil concedidos por instituições financeiras e sociedades de arrendamento mercantil, públicas e privadas, quando expressamente autorizado pelo beneficiário, até o limite de trinta por cento do valor do benefício (Inciso incluído pela Lei 10.820, de 17.12.2003, *DOU* 18.12.2003).

§ 1.º Na hipótese do inciso II, o desconto será feito em parcelas, conforme dispuser o regulamento, salvo má-fé. (Parágrafo renumerado pela Lei 10.820, de 17.12.2003, *DOU* 18.12.2003).

§ 2.º Na hipótese dos incisos II e VI, haverá prevalência do desconto do inciso II (Parágrafo incluído pela Lei 10.820, de 17.12.2003, *DOU* 18.12.2003).

✱ **Remissão:** art. 153, § 2.º, II, da CF/1988; art. 219 da CLPS.

Anotação

A série de descontos que a norma permite sejam efetuados sobre o valor das prestação deve respeitar, sobretudo, a natureza alimentar do benefício.

Há, como se percebe, certa hierarquia entre os descontos a serem efetuados. Mesmo assim, melhor teria sido que a lei limitasse a determinado percentual o máximo das deduções.

O incremento da concessão dos chamados créditos consignados faz com que, em muitas situações, o segurado se veja em extrema dificuldade para solver elementares obrigações com os meios indispensáveis de sobrevivência. Aplicar-se-á, nesses casos, a regra da razoabilidade, ordenando ao INSS uma reprogramação dos pagamentos e dos descontos.

JURISPRUDÊNCIA

"*Apelação em mandado de segurança. Auxílio-reclusão. Restabelecimento. Descontos de pagamentos a maior*. 1. É devido o benefício de auxílio-reclusão nos termos do art. 80 da Lei 8.213/1991. 2. Dada a manifesta natureza alimentar do benefício previdenciário, a norma do inc. II, do art. 115, da Lei 8.213/1991 deve restringir-se às hipóteses em que, para o pagamento a maior feito pela Administração, tenha concorrido o beneficiário. Precedentes do STJ pela aplicação do princípio da irrepetibilidade ou não devolução dos alimentos. Voto vencido pela autorização dos descontos" (TRF-4.ª Reg. – AMS 8.082/PR – 5.ª T. – rel. José Paulo Baltazar Junior – j. 04.04.2006 – *DJ* 19.04.2006 – p. 721).

"*Previdenciário. Abono de permanência em serviço. Aposentadoria por tempo de serviço. Concessão. Início razoável de prova material. Comprovação de trabalho no período controvertido. Prova de recolhimentos. Art. 115 da LBPS/1991*. 1. É de manter-se a sentença que concedeu os benefícios de abono de permanência em serviço e aposentadoria por tempo de serviço, de vez, que o período controvertido foi objeto de justificação administrativa homologada pela Autarquia, constituindo início razoável de prova material a documentação apresentada, a autorizar a complementação por prova testemunhal. 2. Descabida a pretensão da Autarquia, no sentido de recolher-se as contribuições previdenciárias no período em discussão, porquanto a obrigação de contribuir não foi objeto de discussão e no feito e não se deve condicionar a reparação justa do Autor à prova de tais recolhimentos, sob pena de inversão dos princípios processuais e do princípio da proteção, ressalvado o direito da Previdência Social de fazer uso da autorização posta no art. 115 da Lei de Benefícios" (TRF-4.ª Reg. – AC 10.410/RS – 5.ª T. – rel. Virgínia Amaral da Cunha Scheibe – j. 26.11.1998 – *DJ* 10.03.1999 – p. 977).

Título III – Do regime geral de Previdência Social • Art. 117

Art. 116. Será fornecido ao beneficiário demonstrativo minucioso das importâncias pagas, discriminando-se o valor da mensalidade, as diferenças eventualmente pagas com o período a que se referem e os descontos efetuados.

✱ **Remissão:** Não há.

✍ Anotação

O extrato registrará a fórmula pela qual se chegou ao valor da renda mensal e servirá para a preservação e defesa dos direitos do titular.

Art. 117. A empresa, o sindicato ou a entidade de aposentados devidamente legalizada poderá, mediante convênio com a Previdência Social, encarregar-se, relativamente a seu empregado ou associado e respectivos dependentes, de:
 I – processar requerimento de benefício, preparando-o e instruindo-o de maneira a ser despachado pela Previdência Social;
 II – submeter o requerente a exame médico, inclusive complementar, encaminhando à Previdência Social o respectivo laudo, para efeito de homologação e posterior concessão de benefício que depender de avaliação de incapacidade;
 III – pagar benefício.
 Parágrafo único. O convênio poderá dispor sobre o reembolso das despesas da empresa, do sindicato ou da entidade de aposentados devidamente legalizada, correspondente aos serviços previstos nos incisos II e III, ajustado por valor global conforme o número de empregados ou de associados, mediante dedução do valor das contribuições previdenciárias a serem recolhidas pela empresa.

✱ **Remissão:** art. 5.º, XXI, e 8.º, III, da CF/1988.

✍ Anotação

Pela importância que o direito brasileiro conferiu às organizações sindicais, é imprescindível que elas venham, cada vez mais, a cooperar com os Poderes Públicos na melhoria da prestação aos beneficiários.

É particularmente significativo que o corpo médico dos Sindicatos seja acionado para apoiar os segurados e dependentes na instrumentalização dos laudos indispensáveis à concessão das prestações.

Art. 118. O segurado que sofreu acidente do trabalho tem garantida, pelo prazo mínimo de doze meses, a manutenção do seu contrato de trabalho na empresa, após a cessação do auxílio-doença acidentário, independentemente de percepção de auxílio-acidente.

Parágrafo único. (Dispositivo revogado pela Lei 9.032, de 28.04.1995, *DOU* 29.04.1995).

✻ **Remissão:** arts. 7.º, *caput*, I e II, e 8.º, VIII, da CF/1988.

✎ Anotação

A estabilidade representa proteção social adicional ao segurado acidentado. Não se trata, propriamente, de direito previdenciário, mas se ajusta bem ao valor social do trabalho consagrado pelo art. 1.º da CF/1988.

Pondera Annibal Fernandes (cit., p. 216) que a garantia deveria ser estendida, também, aos aposentados por invalidez acidentária que se reabilitarem e tenham direito de retornar ao trabalho.

JURISPRUDÊNCIA

"*Acidente do trabalho. Reintegração no emprego.* Dois requisitos devem ser preenchidos para que o empregado faça *jus* à estabilidade acidentária, quais sejam: a ocorrências de acidente do trabalho e a percepção de benefício previdenciário daí decorrente. Os mesmos se constituem em condição *sine qua non* à garantia de emprego decorrente de acidente do trabalho, não estando eles preenchidos na espécie. Recurso desprovido" (TRT-4.ª Reg. – RO 00249.511/98-3 – 3.ª T. – rel. Juíza Vanda Krindges Marques – j. 22.11.2000).

"*Trabalhador temporário. Estabilidade provisória por acidente de trabalho.* O segurado que sofreu acidente de trabalho tem garantia, pelo prazo mínimo de doze meses, à manutenção de seu contrato de trabalho na empresa, após a cessação do auxílio-doença acidentário, independentemente de percepção de auxílio-doença (Lei 8.213/1991, art. 118). Recurso de Revista conhecido e não provido" (TST – RR 215.539-95.8 – 2.ª T. – rel. Min. Moacyr Roberto Tesch Auersvald – j. 22.10.1997 – *DJU* 27.02.1998).

"*Acidente do trabalho. Contrato de experiência.* A superveniência de acidente de trabalho no curso do contrato de experiência não dilata o termo final até a data da alta médica, nem tampouco gera direito a estabilidade provisória prevista no art. 118, da Lei 8.213/1991. O referido dispositivo versa sobre a despedida arbitrária ou sem justa causa, não se aplicando aos contratos a termo" (TRT-1.ª Reg. – RO 20.333/96 – 1.ª T. – rel. Juiz Eduardo Augusto Costa Pessôa – j. 30.03.1999 – DJ 20.04.1999).

"*Estabilidade provisória. Acidente do trabalho.* A estabilidade do acidentado é resultante de lesão corporal sofrida pelo obreiro que deverá ficar afastado do serviço por mais de 16 dias, de modo que o mesmo desfrute do auxílio--doença acidentário, ou pelo menos faça *jus* ao benefício, nos termos do art. 118 da Lei 8.213/1991" (TRT-4.ª Reg. – AC 00279.202/96-2/RO – 2.ª T. – rel. Juiz Leonardo Meuler Brasil – j. 13.10.1998 – DJ 09.11.1998).

"*Estabilidade provisória. Acidente do trabalho.* Garantia de emprego de doze meses, conforme art. 118 da Lei 8.213/1991. A aquisição do direito à garantia de emprego nasce com a alta do benefício previdenciário. O pressuposto, portanto, é o afastamento do obreiro para gozo de benefício junto ao órgão previdenciário e seu retorno ao serviço. O não implemento deste requisito impede o reconhecimento do direito vindicado e, em consequência, o deferimento da indenização de doze meses de salário postulada. Ruptura do vínculo de emprego que não se caracterizou como ilegítima" (TRT-4.ª Reg. – RO 00162.341/98-9 – 1.ª T. – rel. Juíza Maria Inês Cunha Dornelles – j. 26.10.2000).

"*Acidente do trabalho.* Se à luz do direito posto e em consonância com a jurisprudência consagrada no Precedente Normativo 135 da SDI do TST, o contrato de trabalho só se extingue pelo decurso do aviso prévio e os efeitos da dispensa 'só se concretizam depois de expirado o benefício previdenciário', inquestionável se encontre preenchido o suporte fático do art. 118 da Lei 8.213/1991, quando o acidente do trabalho propicia a suspensão do contrato de trabalho. Recurso provido em parte" (TRT-4.ª Reg. – RO 00443.373/98-1 – 3.ª T. – rel. Juíza Maria Guilhermina Miranda – j. 10.08.2000).

"*Estabilidade acidentária. Aquisição no período do aviso prévio cumprido.* – Acidente de trabalho ocorrido no curso do aviso prévio cumprido gera direito à estabilidade acidentária, eis que a rescisão somente se torna efetiva depois de expirado o prazo do pré-aviso. Ademais, a inaptidão temporária do empregado para o serviço também o torna inapto para buscar nova colocação no mercado de trabalho, finalidade social do instituto" (TRT-9.ª Reg. – RO 9536/1999 – AC 07635/2000 – 5.ª T. – rel. Juiz Arnor Lima Neto – DJ 07.04.2000).

"*Garantia de emprego do acidentado. Requisito.* Na CTPS da reclamante não constou afastamento da reclamante por motivo de acidente do trabalho perante o INSS. A inicial não trouxe documentos demonstrando que a reclamante recebeu auxílio-doença acidentário para fazer *jus* à previsão do art. 118 da Lei 8.213. Dessa forma, a autora não tem direito à garantia de emprego" (TRT-2.ª Reg. – RO 20010322226 – 3.ª T. – rel. Juiz Sérgio Pinto Martins – DJ 12.03.2002).

"*Garantia de emprego. Lei 8.213/1991. Art. 118. Acidente de trabalho. Alcance.* A garantia de emprego, prevista no art. 118, da Lei 8.213/1991, alcança os acidentes de trajeto, ainda que sem concorrência de culpa do empregador" (TRT-15.ª Reg. – RO 013321/2000 – rel. Juiz Luiz Antônio Lazarim – DJ 04.03.2002).

"*Estabilidade. Art. 118 da Lei 8.213/1991. Percepção de auxílio-doença acidentário. Fator determinante do direito.* A exigência de afastamento do empregado para percepção do auxílio-doença é fator determinante do direito à estabilidade, conclusão que emana de interpretação teleológica da norma. Sua razão está no fato de que, se o empregado precisou afastar-se do trabalho por período superior a 15 (quinze) dias, o acidente foi de gravidade comprometedora de sua normal capacidade laborativa na empresa, daí fazer *jus* ao período de adaptação, com consequente restrição ao poder potestativo de seu empregador de rescindir o contrato. Nesse sentido orienta-se a iterativa jurisprudência desta Corte: 'O afastamento do trabalho por prazo superior a 15 dias e a consequente percepção do auxílio-doença acidentário constituem pressupostos para o direito à estabilidade prevista no art. 118 da Lei 8.213/1991, assegurada por período de 12 meses, após a cessação do auxílio-doença' (Orientação Jurisprudencial 230/SDI-1). Recurso parcialmente conhecido e provido" (TST – RR 596.491 – 4.ª T. – rel. Min. Milton de Moura França – DJU 22.08.2003).

"*Recurso de Revista. Estabilidade provisória. Art. 118 da Lei 8.213/1991. Percepção de auxílio-doença.* Consoante a redação do art. 118 da Lei 8.213/1991, o direito à estabilidade tem como requisito a percepção, pelo empregado do auxílio-doença acidentário. Por 'independentemente da percepção de auxílio--acidente', expressão contida na parte final do citado dispositivo, equivale dizer mesmo sem o recebimento da indenização pecuniária de que trata o art. 86 da Lei 8.213/1991 (auxílio-acidente), o empregado terá a garantia temporária do emprego, bastando, para tanto, ter usufruído do benefício do auxílio-doença acidentário, hipótese que não ficou demonstrada no presente caso. Recurso de Revista de que não se conhece" (TST – RR 646.351 – 5.ª T. – rel. Min. João Batista Brito Pereira – DJU 29.08.2003).

▶ Assim dispunha o parágrafo único do art. 118 revogado:

Parágrafo único. O segurado reabilitado poderá ter remuneração menor do que a da época do acidente, desde que compensada pelo valor do auxílio-acidente, referido no § 1.º do art. 86 desta lei.

Art. 119. Por intermédio dos estabelecimentos de ensino, sindicatos, associações de classe, Fundação Jorge Duprat Figueiredo de Segurança e Medicina do Trabalho – Fundacentro, órgãos públicos e outros meios, serão promovidas regularmente instrução e formação com vistas a incrementar costumes e atitudes prevencionistas em matéria de acidente, especialmente do trabalho.

✻ **Remissão:** art. 177 da CLPS.

✎ Anotação

As diferentes medidas de prevenção fazem parte do conjunto de políticas sociais albergadas pela seguridade social. A Fundacentro, instituída em 1966, está habilitada e aparelhada para trabalhar, de maneira eficiente, em colaboração com as empresas e respectivas comissões de prevenção, em prol da redução dos riscos sociais.

Art. 120. Nos casos de negligência quanto às normas padrão de segurança e higiene do trabalho indicados para a proteção individual e coletiva, a Previdência Social proporá ação regressiva contra os responsáveis.

✻ **Remissão:** Lei 3.071, de 01.01.1916, Código Civil, art. 159 e 1.524.

✎ Anotação

Ação regressiva da Previdência Social: a previsão de ressarcimento do INSS a que se refere este dispositivo não pretende apenas recompor o erário, mas também servir de instrumento de prevenção e cautela contra a incidência de acidentes de trabalho. Trata-se de uma medida respaldada no art. 7.º, XXII, da CF/1988, que assegura como direito dos trabalhadores urbanos e rurais, além de outros que visem à melhoria de sua condição social, a redução dos riscos inerentes ao trabalho, por meio de normas de saúde, higiene e segurança.

O pagamento ao trabalhador ou aos seus dependentes, pelo INSS, de prestações por acidente do trabalho, como auxílio-doença acidentário, pensão por morte, aposentadoria por invalidez e auxílio-acidente, gera para a Previdência Social o direito de ação de regresso contra a empresa empregadora, desde que seja possível comprovar o dolo ou a culpa de terceiro ou do empregador no evento que deu causa ao dano.

O regime da reparação do dano instituído pela regressiva não difere, em substância, da sistemática do regresso prevista pelo direito privado. Daí a remissão que se faz, nesta anotação, aos comandos do revogado Código Civil de 1916.

JURISPRUDÊNCIA

"Civil e processual civil. Responsabilidade civil. Ação de ressarcimento de danos (art. 120 da Lei 8.213/1991). Legitimidade ativa ad causam do INSS. Sentença anulada. Aplicação do art. 515, § 3.º, do CPC. Julgamento do mérito. Vítimas fatais. Acidente de trânsito causado por preposto da empresa demandada. Negligência configurada. 1. O art. 120 da Lei 8.213/1991 expressamente confere legitimidade ao INSS para ajuizar ação regressiva contra empregadores que negligenciam a aplicação das normas de segurança do trabalho, como ocorre no caso em exame, porquanto a negligência de preposto da empresa demandada, motorista de caminhão, deu ensejo à ocorrência de trágico acidente, que resultou em vítimas fatais. Precedentes deste Tribunal. 2. Configurada a legitimidade do INSS para figurar no polo ativo da lide, anula-se a sentença que extinguiu o processo, sem resolução de mérito, passando-se a julgar a causa originariamente, mediante a aplicação do art. 515, § 3.º, do CPC. 3. Comprovados o evento danoso, o nexo de causalidade entre este e os óbitos de vários trabalhadores, assim como o pagamento de pensão e outros benefícios, pelo INSS, aos parentes das vítimas, deve o órgão de previdência ser ressarcido dos valores que pagou a título de pensão acidentária, pecúlio por morte e demais reflexos legais, conforme demonstram os documentos que instruem os autos. 4. Apelação provida, para anular a sentença, e, apreciando originariamente a lide, julgar procedente o pedido. 5. Remessa oficial prejudicada" (TRF-1.ª Reg. – AC 0036776-97.2001.4.01.0000/MG – 6.ª T. – rel. Des. Federal Daniel Paes Ribeiro – j. 08.03.2010 – DJe 03.05.2010 – p. 57).

"Processual civil. Responsabilidade civil. Ação regressiva. INSS. Vítimas de acidente de trabalho fatal. Ressarcimento dos valores pagos a título de benefícios previdenciários. Cerceamento de defesa. Agravo retido. Desprovimento. Preliminares de inconstitucionalidade do art. 120 da Lei 8.213/1991, ilegitimidade ativa e impossibilidade jurídica do pedido, rejeitadas. Constituição de capital. Arts. 20, § 5.º e 475-Q, do CPC. Honorários advocatícios. 1. O julgador não está obrigado a determinar a produção de todas as provas requeridas pelas partes, podendo, sempre que o processo estiver instruído com documentação suficiente para formar a sua convicção, indeferir as provas que considerar desnecessárias. 2. Na hipótese, a documentação constante dos autos é suficiente ao deslinde da controvérsia trazida a exame, não constituindo cerceamento

Título III – Do regime geral de Previdência Social • Art. 120

de defesa o indeferimento de prova testemunhal, perfeitamente dispensável à apreciação do *meritum causae*. 3. Preliminar de inconstitucionalidade do art. 120 da Lei 8.213/1991, que se rejeita, visto que referida norma é compatível com os princípios fundamentais que norteiam a CF/1988, não servindo para suscitar eventual inconstitucionalidade os argumentos genéricos articulados pelo recorrente que, em nenhum momento, demonstrou a existência da alegada incompatibilidade entre o dispositivo legal e o texto da Lei Maior. 4. Superadas as prejudiciais de ilegitimidade passiva e impossibilidade jurídica do pedido, porquanto o art. 120 da Lei 8.213/1991, expressamente, confere legitimidade ao INSS para ajuizar ação regressiva contra os empregadores que negligenciaram a aplicação das normas de segurança do trabalho. 5. Não há como prevalecer laudo pericial unilateralmente elaborado pela recorrente, que diverge substancialmente dos laudos periciais apresentados por órgãos públicos, em relação aos quais não ficou demonstrado nenhum vício capaz de comprometer a presunção de veracidade de que são dotados. 6. Desnecessária a constituição de capital na hipótese em que a autarquia já instituiu pensão por morte em favor dos dependentes dos operários falecidos, e reclama da empresa o reembolso dos gastos realizados com o pagamento dos benefícios em favor dos dependentes dos obreiros, nos termos do art. 20, § 5.º, combinado com o art. 475-Q do CPC. 7. Honorários advocatícios reduzidos para 10% (dez por cento) sobre o valor da condenação. 8. Sentença parcialmente reformada. 9. Apelação provida, em parte" (TRF-1.ª Reg. – AC 0030078-92.1999.4.01.3800/MG – 6.ª T. – rel. Des. Federal Daniel Paes Ribeiro – j. 08.03.2010 – DJe 20.04.201 – p. 224).

"*Previdenciário e civil. Responsabilidade civil. Acidente de trabalho. Ação regressiva ajuizada pelo INSS contra o empregador. art. 120 da Lei 8.213/1991. Denunciação da lide. Incompetência da Justiça Federal para julgar lide secundária.* 1. O art. 120, da Lei 8.213/1991, estabelece ação regressiva da autarquia previdenciária contra os responsáveis por acidente de trabalho em razão 'de negligência quanto às normas padrão de segurança e higiene do trabalho indicados para proteção individual ou coletiva'. 2. Estando caracterizado a negligência em relação à segurança do trabalho, especialmente a ausência de mecanismos de proteção coletiva, evidencia-se a responsabilidade civil da empresa Usiminas no fatídico evento que vitimou J.C.F. 3. A denunciação da lide feita pela Usiminas à Companhia Seguradora Aliança da Bahia não pode ser aqui examinada porquanto denunciante e denunciada não possuem foro na Justiça Federal e, assim, não podem aqui litigar na demanda secundária. 4. Anulo, de ofício, a parte da sentença que trata da denunciação da lide, ante a incompetência da Justiça Federal para julgamento da lide secundária, determinando a exclusão da Companhia de Seguros Aliança da Bahia do feito. 5. Apelação da Usiminas ao qual se nega provimento. 6. Apelação da Companhia de Seguros Aliança da Bahia prejudicada" (TRF-1.ª Reg. – AC 2001.01.00.013352-0/MG – 6.ª T. – rel. Des. Federal Daniel Paes Ribeiro – j. 03.04.2009 – DJe 27.04.2009 – p. 265).

Art. 121. O pagamento, pela Previdência Social, das prestações por acidente do trabalho não exclui a responsabilidade civil da empresa ou de outrem.

✳ **Remissão:** art. 7.º, XXVIII, da CF/1988.

✍ Anotação

A cobertura do risco acidentário integra a proteção constitucional devida pela Previdência Social. Nada obsta que, à vista da comprovação de culpa ou dolo do empregador, ou mesmo de terceiro, este seja condenado, com base na responsabilidade civil de direito comum.

JURISPRUDÊNCIA

"*Indenização por dano material. Acidente de trabalho. Configuração de culpa do reclamado. Presença dos elementos caracterizadores da responsabilidade civil. Possibilidade de cumulação com benefício previdenciário.* 1. Segundo o art. 7.º, XXVIII, da CF/1988, é garantido ao trabalhador seguro contra acidentes de trabalho, a cargo do empregador, sem excluir a indenização a que este está obrigado, quando incorrer em dolo ou culpa. 2. O art. 121 da Lei 8.213/1991 estabelece que o pagamento, pela Previdência Social, das prestações por acidente do trabalho não exclui a responsabilidade civil da empresa ou de outrem. 3. Na hipótese dos autos, a Corte – *a quo* – reconheceu que o Reclamado agiu com culpa no acidente de trabalho que ocasionou a morte do Empregado, na medida em que não respeitou as normas de medicina e segurança do trabalho. 4. Nesse contexto, ao contrário do que sustenta o Reclamado, o Regional observou os arts. 121 da Lei 8.213/1991 e 7.º, XXVIII, da CF/1988, tanto que, reconhecendo a ocorrência de culpa do Empregador e a presença dos elementos caracterizadores da responsabilidade civil, deferiu a indenização por danos materiais, determinando o pagamento de pensão à dependente do Empregado. 5. Ademais, verifica-se que não caracteriza – *bis in idem* – o recebimento de benefício previdenciário e a indenização por dano material, uma vez que possuem natureza jurídica diversa. Uma detém natureza previdenciária, resultante da relação de trabalho e a outra de reparação de dano civil causado, de forma dolosa ou culposa. Nesse sentido têm decidido essa Corte Superior (TST – RR 1.626/2005-012-18-00.8 – 5.ª T. – rel. Min. Gelson de Azevedo – DJ 18.05.2004 e TST – RR 10.642/2002-900-03-00.4 – 5.ª T. – rel. Juiz Convocado José Pedro de Camargo – DJ 17.03.2006). Recurso de revista parcialmente conhecido e desprovido" (TST – RR 5417/2005-036-12-00.6 – 7.ª T. – rel. Min. Ives Gandra Martins Filho – j. 26.03.2008 – DJ 28.03.2008).

"*Indenização por dano material. Pensão vitalícia compatibilidade com percepção de benefício previdenciário decorrente de aposentadoria por invalidez c/c art. 950; Lei 8.213/1991, art. 121. Violação configurada.* 1. O art. 950 do CC contempla a hipótese de pensão vitalícia por lesão que incapacite total ou parcialmente o lesado para o trabalho, admitindo, em seu parágrafo único, a opção do lesado por receber uma indenização única, a ser arbitrada pelo juiz. 2. Já o art. 12 da Lei 8.213/1991 distingue, em matéria de acidente de trabalho, o benefício previdenciário da indenização por danos materiais decorrente da responsabilidade civil. 3. Do cotejo de ambos os dispositivos, como também da distinção que faz o art. 7.º, XXVIII, da CF/1988 entre o seguro contra acidente de trabalho e a indenização por dano material ou moral decorrente de dolo ou culpa do empregador, conclui-se que, em princípio, não há excludente da pensão vitalícia pela percepção de benefício previdenciário. 4. *In casu*, entendeu o Regional que, se a indenização por danos materiais se destina ao retorno das coisas lesadas ao seu *status quo*, não teria a Reclamante direito à pensão vitalícia de R$ 350,00 deferida pela sentença, já que estava apenas parcialmente incapacitada para o trabalho e a renda mensal recebida do INSS corresponde ao último salário que percebia antes da jubilação por invalidez (R$ 378,29). 5. Ora, se os proventos da aposentadoria efetivamente restabelecessem as coisas na mesma situação em que se encontrava o lesado, este poderia, uma vez jubilado, obter novo trabalho, duplicando sua fonte de renda. No entanto, a incapacitação total ou parcial do lesado impõe que a indenização pelos danos materiais sofridos leve em conta essa circunstância, como também o fato de que o jubilado por invalidez passa a ter diminuída sua capacidade para o desenvolvimento normal de suas atividades vitais. 6. Assim sendo, é de se cassar a decisão recorrida, por violadora dos arts. 950 do CC e 121 da Lei 8.213/1991, determinando o retorno dos autos ao TRT de origem, para que, afastado o óbice da impossibilidade de percepção de pensão vitalícia a cargo do Reclamado e de benefício previdenciário concomitantemente, decida o Regional sobre o direito em si à pensão ou a uma indenização em valor único, pelos danos materiais eventualmente sofridos.

Recurso de revista provido" (TST – RR 1287/2004-096-15-00 – 7.ª T. – rel. Min. Ives Gandra Martins Filho – *DJU* 22.02.2008).

"*Súmula 229/STF: Indenização acidentária. Exclusão do direito comum. Dolo ou culpa grave do empregador*. A indenização acidentária não exclui a do direito comum, em caso de dolo ou culpa grave do empregador" (STF – Súmula 229 – j. 13.12.1963).

"*Súmula 37/STJ: Indenizações. Danos. Material e moral. Mesmo fato. Cumulação*. São cumuláveis as indenizações por dano material e dano moral oriundos do mesmo fato" (STF – Súmula 37 – j. 12.03.1992 – *DJ* 17.03.1992).

Art. 122. Se mais vantajoso, fica assegurado o direito à aposentadoria, nas condições legalmente previstas na data do cumprimento de todos os requisitos necessários à obtenção do benefício, ao segurado que, tendo completado 35 anos de serviço, se homem, ou 30 anos, se mulher, optou por permanecer em atividade (Artigo restabelecido com nova redação pela Lei 9.528, de 10.12.1997, *DOU* 11.12.1997).

✱ **Remissão:** art. 100 da CLPS.

✍ **Anotação**

Essa regra – a da concessão do benefício mais vantajoso a que o beneficiário faça jus – bem deveria ser considerada verdadeiro corolário do princípio constitucional da universalidade da cobertura e do atendimento. Ocorre que nasceu antes mesmo do preceito constitucional. É fruto do labor interpretativo da linha jurisdicional administrativa que, em 1971, formulou o Prejulgado n. 1. Assim dispunha o didático precedente:

"Constituindo uma das finalidades primordiais da previdência social assegurar os meios indispensáveis de manutenção do segurado, nos casos legalmente previstos, deve resultar, sempre que ele venha a implementar as condições para adquirir o direito a um ou a outro benefício, na aplicação do dispositivo mais benéfico, e na obrigatoriedade de o Instituto segurador orientá-lo, nesse sentido" (Portaria Ministerial 3.286, de 27.09.1973, *DOU* 08.10.73).

A mesma orientação seria, como não poderia deixar de ocorrer, assentada no Enunciado n. 5, que se transcreve na jurisprudência a seguir colacionada.

JURISPRUDÊNCIA

"*Previdenciário e processual civil. Embargos de declaração. Julgamento extra petita. Aposentadoria. Direito adquirido. Direito à melhor proteção social. Enunciado 5/JR/CRPS. Prejulgado1/MTPS. Abono de permanência em serviço. Incentivo contra a aposentadoria precoce. Recálculo da RMI segundo lei vigente à época da reunião dos requisitos. Súmula 359. Precedentes do STF. À falta de congruência entre o pedido e o acórdão, cumpre sanar o equívoco apontado. O segurado tem direito à melhor proteção social e a Previdência Social deve assegurar-lhe a aplicação do dispositivo mais benéfico. Se o abono de permanência em serviço era destinado a barrar as aposentadorias precoces, é preciso garantir ao segurado a situação mais vantajosa, desprezada a prejudicial, se ele se conduziu de acordo com o incentivo legal. Incorporado ao patrimônio do segurado o direito à aposentadoria de acordo com a CLPS (Dec. 89.312/1984), justifica-se o recálculo da renda mensal inicial com base nessa legislação, por ser mais vantajosa do que a da Lei. 8.213/1991. Súmula 359 e precedentes do STF e STJ. Embargos de declaração acolhidos, com efeito modificativo.*

Encontrado em: do Relator. *DJU* 28.03.2007 – p. 1039 – 28.03.2007 – AC 440450 AC 78591/SP – 98.03.078591-5 (TRF-3) – Juiz Castro Guerra

a) Enunciado n. 5: Referência: art. 1.º do Dec. 611/1992 (Vide art. 1.º do Dec. 3.048/1999). Remissão: Prejulgado n. 1: A Previdência Social deve conceder o melhor benefício a que o segurado fizer jus, cabendo ao servidor orientá-lo nesse sentido.

Resolução 2/CRPS, *DOU* 07.04. 2006

▶ Assim dispunha o *caput* do art. 122 revogado:

rt. 122. Ao segurado em gozo de aposentadoria especial, por idade ou por tempo de serviço, que voltar a exercer atividade abrangida pelo Regime Geral de Previdência Social, será facultado, em caso de acidente do trabalho que acarrete a invalidez, optar pela transformação da aposentadoria comum em aposentadoria acidentária.

▶ Assim dispunha o parágrafo único do art. 122 revogado:

Parágrafo único. No caso de morte, será concedida a pensão acidentária quando mais vantajosa.

Art. 123. (Artigo revogado pela Lei 9.032, de 28.04.1995, *DOU* 29.04.1995).

✷ **Remissão:** art. 100 da CLPS.

Art. 124 • Lei dos Planos de Benefícios da Previdência Social

✍ Anotação

Tratava de facultar ao segurado a opção pela prestação que melhor atenda à respectiva necessidade. Naturalmente, o critério não envolvia, tão somente, o valor da renda mensal. Poderia ocorrer da situação não ser impeditiva do exercício do trabalho e, nesse caso, a atividade que o segurado exercesse estaria vedada com a concessão da aposentadoria por invalidez.

▶ Assim dispunha o art. 123 revogado:

> Art. 123. O aposentado pelo Regime Geral de Previdência Social que, tendo ou não retornado à atividade, apresentar doença profissional ou do trabalho relacionada com as condições em que antes exercia a sua atividade, terá direito à transformação da sua aposentadoria em aposentadoria por invalidez acidentária, bem como ao pecúlio, desde que atenda às condições desses benefícios.

Art. 124. Salvo no caso de direito adquirido, não é permitido o recebimento conjunto dos seguintes benefícios da Previdência Social:

I – aposentadoria e auxílio-doença;

II – mais de uma aposentadoria; (Redação dada ao inciso pela Lei 9.032, de 28.04.1995, *DOU* 29.04.1995).

III – aposentadoria e abono de permanência em serviço;

IV – salário-maternidade e auxílio-doença; (Inciso incluído pela Lei 9.032, de 28.04.1995, *DOU* 29.04.1995).

V – mais de um auxílio-acidente; (Inciso incluído pela Lei 9.032, de 28.04.1995, *DOU* 29.04.1995).

VI – mais de uma pensão deixada por cônjuge ou companheiro, ressalvado o direito de opção pela mais vantajosa (Inciso incluído pela Lei 9.032, de 28.04.1995, *DOU* 29.04.1995).

Parágrafo único. É vedado o recebimento conjunto do seguro-desemprego com qualquer benefício de prestação continuada da Previdência Social, exceto pensão por morte ou auxílio-acidente. (Dispositivo incluído pela Lei 9.032, de 28.04.1995, *DOU* 29.04.1995).

✱ **Remissão:** art. 20 da CLPS.

✍ Anotação

A percepção simultânea (recebimento conjunto) de mais de uma prestação previdenciária não condiz com a natureza da proteção social, informada pelo princípio constitucional da distributividade.

As ressalvas do texto se explicam pela atenta observância ao direito adquirido.

JURISPRUDÊNCIA

"*Benefício rural. Acúmulo.* Tácita a condição rural da segurada, o pagamento acumulado da pensão por morte do marido e da aposentadoria por velhice é devido. Hipótese não vedada em lei. Inteligência do art. 124 da Lei 8.213/1991 e art. 20 – CLPS/84" (TRF-4.ª Reg. – AC 93.04.42937-4/RS – 3.ª T. – rel. Juiz Volkmer de Castilho – *DJU* 01.06.1994).

"*Previdenciário. Rural. Pensão por morte da esposa. Dependência presumida. Acumulação com aposentadoria rural por idade. Lei 8.213/1991, art. 16, I, § 4.º, art. 74 e art. 124.* 1. O marido da trabalhadora rural falecida após a vigência da Lei 8.213/1991 faz jus à pensão por morte, na condição de dependente, a qual é presumida, segundo o art. 16, I, § 4.º, da Lei 8.213/1991. 2. Não há vedação legal ao recebimento conjunto dos benefícios de pensão por morte e de aposentadoria por idade, ambos da área rural, nos termos do disposto no art. 124 da LBPS. 3. Apelação improvida" (TRF-4.ª Reg. – AC 16.940/RS – 6.ª T. – rel. Carlos Antônio Rodrigues Sobrinho – j. 09.06.1998 – *DJ* 24.06.1998 – p. 661).

"*Previdenciário. Pensão por morte. Ex-companheira que recebia alimentos. Dependência econômica presumida. Opção pela mais vantajosa. Honorários advocatícios.* 1. Manutenção da sentença ao reconhecer o direito da parte autora ao benefício de pensão por morte do segurado, seu ex-companheiro, pois ainda que a união estável tivesse sido dissolvida judicialmente, ela recebia alimentos, permanecendo a sua condição de dependente econômica presumida, nos termos do art. 16, I, § 4.º e do art. 76, § 2.º, da Lei 8.213/1991. 2. Como a autora goza de pensão por morte de seu primeiro companheiro desde 1985 e é vedada a sua cumulação com a pensão por morte do segundo companheiro, poderá ela optar pela que lhe for mais vantajosa, nos termos do art. 124 da LBPS, tal como determinado na sentença. 3. Nas ações previdenciárias, os honorários advocatícios devem ser fixados no percentual de 10% (dez por cento) sobre o valor das parcelas devidas até a data da sentença, consoante Súmula 76 desta Corte" (TRF-4.ª Reg. – APELREEX 2.454/RS – 6.ª T. – rel. João Batista Pinto Silveira – j. 15.10.2008 – *DJe* 30.10.2008).

"*Previdenciário. Auxílio-doença. Incapacidade laboral. Impossibilidade de cumulação com aposentadoria. Termos inicial e final.* 1. Tratando-se de aposentadoria por invalidez ou auxílio-doença, o Julgador firma a sua convicção, via de regra, por meio da prova pericial. 2. Considerando, então, as conclusões do perito judicial, no sentido de que a autora apresenta limitações para exercer serviços que requeiram força física, e tendo em vista a qualificação profissional da segurada restringir-se a funções que, indubitavelmente, exigem o emprego de força física, entende-se que restou caracterizada a incapacidade da demandante para suas atividades habituais. Considerando, ainda, a conclusão do perito judicial de que as patologias que acometem a autora têm solução, esta faz *jus* ao benefício de auxílio-doença até a efetiva recuperação. 3. Porém, tendo em vista a impossibilidade de cumulação do auxílio-doença com qualquer aposentadoria, nos termos do art. 124, I, da LBPS, o benefício de auxílio-doença deve ser concedido à requerente até 07.08.2007, data em que passou a perceber administrativamente o benefício de aposentadoria por idade. 4. O termo inicial do benefício que deve ser fixado na data do cancelamento administrativo efetuado em 13.05.2005, uma vez que as moléstias que motivaram a concessão administrativa do auxílio-doença são praticamente as mesmas que foram diagnosticadas na perícia judicial" (TRF-4.ª Reg. – AC 1420/SC – 5.ª T. – rel. Celso Kipper – j. 26.08.2008).

"*Processual civil e administrativo. Ação cautelar. Requisitos. Aparência do bom direito e perigo da demora. Servidor público federal. Falecimento. Pensão. Mãe. Dependência econômica. Prova. Necessidade.* I – Trata-se de ação cautelar em que a autora pretende o restabelecimento da antecipação da tutela inicialmente concedida na ação originária, até o julgamento do recurso de apelação interposto em face da sentença de improcedência. II – Na ação principal, a autora pleiteia a percepção de pensão por morte de seu filho, servidor público federal, pretendendo demonstrar a dependência econômica em relação a ele. III – No presente caso, não está presente o requisito do perigo da demora, uma vez que a requerente já percebe uma outra pensão pelo Regime Geral de Previdência, não ficando demonstrado nos autos que a pensão estatutária ora pleiteada é indispensável à sua sobrevivência. Assim, a prudência recomenda aguardar-se o julgamento da ação principal. IV – Quanto à aparência do bom direito, outro requisito para a concessão da medida cautelar, é de se ver que, embora haja na legislação previdenciária dispositivo legal que admite a opção pela pensão mais vantajosa, em caso de falecimento do cônjuge (art. 124, VI, da Lei 8.213/1991, com a redação dada pela Lei 9.032/1995), a legislação estatutária não possui dispositivo correspondente. V – Apenas no julgamento da ação principal é que se poderá examinar melhor se a autora preenche o requisito da dependência econômica que assegura ao genitores a pensão por morte do filho, servidor público federal (art. 217, I, *d*, da Lei 8.112/1991). VI – Pedido julgado improcedente" (TRF-2.ª Reg. – MCI 1.674/RJ – 5.ª T. – rel. Des. Federal Antonio Cruz Netto – j. 28.05.2008 – *DJU* 16.07.2008 – p. 178).

"*Previdenciário. Beneficiário de aposentadoria por tempo de serviço. Impossibilidade de cumulação com aposentadoria por idade. Mesmo regime jurídico. RGPS. Violação ao inc. II do art. 124 e § 2.º do art. 18 da LBPS. Apelo não provido.* 1. Segundo os expressos termos do art. 124, II c/c art. 18, § 2.º, da LBPS, impossível a concessão da aposentadoria por idade pleiteada pelo Recorrente, tendo em vista que o mesmo já percebe aposentadoria por tempo de contribuição, sendo a adquirida e a pleiteada pertencentes ao mesmo regime jurídico: Regime Geral da Previdência Social. 2. Inexistência de direito adquirido à cumulação. 3. Apelação não provida" (TRF-5.ª Reg. – AC 463.986/AL – 2.ª T. – rel. Des. Federal Francisco Barros Dias – j. 09.02.2010 – DJ 04.03.2010 – p. 462).

▶ Assim dispunha o inc. II do art. 124 alterado:

II – duas ou mais aposentadorias;

Título IV
DAS DISPOSIÇÕES FINAIS E TRANSITÓRIAS

Art. 125. Nenhum benefício ou serviço da Previdência Social poderá ser criado, majorado ou estendido, sem a correspondente fonte de custeio total.

✳ Remissão: art. 195, § 5.º, da CF/1988; art. 94 da CLPS.

Anotação

É a reprodução da regra da contrapartida estampada no art. 195, § 5.º, da CF/1988 e que fora introduzida na Lei Magna em 1965.

Só podem ser criados, majorados ou estendidos benefícios que tenham sido, adrede, estimados atuarialmente, e cujo custeio tenha sido claramente definido. Do mesmo modo, só terá legitimidade a instituição de fontes de custeio que, de modo cabal, tenham direta repercussão nas prestações atuais ou futuras.

JURISPRUDÊNCIA

"*Benefício previdenciário. Piso. Fonte de custeio.* As regras contidas nos §§ 5.º e 6.º do art. 201, da CF/1988, tem aplicabilidade imediata. O disposto no § 5.º, do art. 195, da CF/1988, não as condiciona, já que dirigido ao legislador ordinário, no que vincula a criação, majoração ou extensão de benefício ou serviço da seguridade social a correspondente fonte de custeio total" (STF – RE 168.756/SC – 2.ª T. – rel. Marco Aurélio – j. 26.04.1994 – DJ 21.10.1994 – p. 28414).

"I. Ação direta de inconstitucionalidade (...). IV. Seguridade Social: norma que concede benefício: necessidade de previsão legal de fonte de custeio, inexistente no caso (CF/1988, art. 195, § 5.º); precedentes" (STF – ADI 3205 – Tribunal Pleno – rel. Sepúlveda Pertence – j. 19.10.2006 – DJ 17.112006 – p. 00047).

"Direito Previdenciário. Revisão de benefício. Cômputo de tempo de serviço na previdência privada sem a contraprestação pactuada. Descabimento. Precedente do E. STJ. (...). Nesse sentido, ressalto que nenhum benefício ou serviço da seguridade social poderá ser criado, majorado ou estendido, sem a correspondente fonte de custeio total (CF, art. 195, § 5.º c/c art. 125, da Lei 8.213/1991). (...). 5 – Apelação dos Autores conhecida, mas improvida" (TRF-2.ª Reg. – AC 92.02.02129-5 – 5.ª T. – Juiz Federal convocado Guilherme Calmon Nogueira da Gama – j. 28.05.2003).

Art. 125-A. Compete ao Instituto Nacional do Seguro Social – INSS realizar, por meio dos seus próprios agentes, quando designados, todos os atos e procedimentos necessários à verificação do atendimento das obrigações não tributárias impostas pela legislação previdenciária e à imposição da multa por seu eventual descumprimento. (*Caput* incluído pela MedProv 449, de 03.12.2008, *DOU* 04.12.2008, convertida na Lei 11.941, de 27.05.2009, *DOU* 28.05.2009).

§ 1.º A empresa disponibilizará a servidor designado por dirigente do INSS os documentos necessários à comprovação de vínculo empregatício, de prestação de serviços e de remuneração relativos a trabalhador previamente identificado (Parágrafo incluído pela MedProv 449, de 03.12.2008, *DOU* 04.12.2008, convertida na Lei 11.941, de 27.05.09, *DOU* 28.05.2009).

§ 2.º Aplica-se ao disposto neste artigo, no que couber, o art. 126 desta Lei (Parágrafo incluído pela MedProv 449, de 03.12.2008, *DOU* 04.12.2008, convertida na Lei 11.941, de 27.05.2009, *DOU* 28.05.2009).

§ 3.º O disposto neste artigo não abrange as competências atribuídas em caráter privativo aos ocupantes do cargo de Auditor-Fiscal da Receita Federal do Brasil previstas no inciso I do *caput* do art. 6.º da Lei 10.593, de 6 de dezembro de 2002 (Parágrafo incluído pela MedProv 449, de 03.12.2008, *DOU* 04.12.2008, convertida na Lei 11.941, de 27.05.2009, *DOU* 28.05.2009).

✳ Remissão: Não há.

TÍTULO IV – DAS DISPOSIÇÕES FINAIS E TRANSITÓRIAS • **Art. 126**

✍ Anotação

Com a transferência de atribuições fiscais para a Receita Federal do Brasil, outros agentes deverão ser incumbidos de examinar o cumprimento, pelas empresas e demais contribuintes e responsáveis, dos deveres instrumentais que servirão, a seu tempo, para a comprovação do *status* previdenciário dos beneficiários.

O servidor designado será investido de poderes para examinar documentos necessários à comprovação de vínculo empregatício, de prestação de serviços e de remuneração relativos a trabalhador previamente identificado.

Art. 126. Das decisões do Instituto Nacional do Seguro Social – INSS nos processos de interesse dos beneficiários e dos contribuintes da Seguridade Social caberá recurso para o Conselho de Recursos da Previdência Social, conforme dispuser o Regulamento. (Redação dada ao *caput* pela Lei 9.528, de 10.12.1997, *DOU* 11.12.1997).

§ 1.º (Parágrafo revogado pela Lei 11.727/2008).

§ 2.º (Parágrafo revogado pela Lei 11.727/2008).

I – (Inciso revogado pela MedProv 413, de 03.01.2008, *DOU* 03.01.2008).

II – (Inciso revogado pela MedProv 413, de 03.01.2008, *DOU* 03.01.2008).

§ 3.º A propositura, pelo beneficiário ou contribuinte, de ação que tenha por objeto idêntico pedido sobre o qual versa o processo administrativo importa renúncia ao direito de recorrer na esfera administrativa e desistência do recurso interposto (Parágrafo incluído pela Lei 9.711, de 20.11.1998, *DOU* 21.11.1998).

✱ **Remissão:** art. 5.º, XXXIV e XXXV, da CF/1988; arts. 183 a 189 da CLPS.

✍ Anotação

A regra, hoje em dia, só se aplica ao processo de benefícios, uma vez que a matéria relativa ao custeio está sob a tutela administrativa do Conselho Administrativo de Recursos Fiscais (CARF).

É absurda a restrição contida no parágrafo. O direito constitucional ao devido processo congloba as esferas administrativa e judicial e exige que o beneficiário ou o contribuinte tenham resposta aos questionamentos que efetuarem.

JURISPRUDÊNCIA

"*Procedimento administrativo. Recurso administrativo. Depósito prévio. Art. 126, parágrafo único, Lei 8.213/1991. Constitucionalidade reconhecida pelo STF.* 1. A questão cinge-se à constitucionalidade do art. 126, § 1.º, da Lei 8.213/1991, que exige o depósito prévio de 30% para que seja apreciado recurso interposto contra decisões proferidas pelo Instituto Nacional do Seguro Social. 2. Por diversas vezes, em decisões proferidas anteriormente, manifestei-me no sentido de que a exigência de depósito prévio ofende o princípio da ampla defesa, consagrado na CF/1988 (art. 5.º, LV) por entender que a CF/1988 conferiu ao administrado a possibilidade de interpor recursos para o superior hierárquico, objetivando preservar a legalidade administrativa. 3. A Corte Suprema posicionou-se em situações análogas no sentido de que a exigência de depósito prévio, como requisito de admissibilidade de recurso administrativo, não viola o disposto nos incs. LIV e LV do art. 5.º, da CF/1988, por não existir garantia ao duplo grau de jurisdição em nosso ordenamento jurídico. 4. Diante da jurisprudência dominante do E. STF ao qual compete, precipuamente, a guarda da CF/1988, bem como à posição dos ilustres Magistrados da Turma que integro, curvo-me a tal orientação, ressalvando, todavia, o meu entendimento. 5. Agravo de instrumento provido" (TRF-3.ª Reg. – AI 216.635/SP – 1.ª T. – rel. Des. Federal Yesna Kolmar – j. 12.04.2005 – DJU 19.05.2005 – p. 268).

"*Recurso administrativo. Depósito. §§ 1.º e 2.º do art. 126 da Lei 8.213/1991. Inconstitucionalidade.* A garantia constitucional da ampla defesa afasta a exigência do depósito como pressuposto de admissibilidade de recurso administrativo" (STF – RE 389.383/SP – Tribunal Pleno – rel. Min. Marco Aurélio – j. 28.03.2007 – DJe-047 28.06.2007).

▶ Assim dispunha o *caput* do art. 126 alterado:

Art. 126. Das decisões administrativas relativas à matéria tratada nesta lei, caberá recurso para o Conselho de Recursos do Trabalho e da Previdência Social – CRTPS, conforme dispuser o regulamento.

▶ Assim dispunha o § 1.º do art. 126, inserido pela Lei 9.639, de 25.05.1998:

§ 1.º Em se tratando de processo que tenha por objeto a discussão de crédito previdenciário, o recurso de que trata este artigo somente terá seguimento se o recorrente, pessoa jurídica, instruí-lo com prova de depósito, em favor do Instituto Nacional do Seguro Social – INSS, de valor correspondente a 30% (trinta por cento) da exigência fiscal definida na decisão.

TÍTULO IV – DAS DISPOSIÇÕES FINAIS E TRANSITÓRIAS • **Art. 127**

▶ Assim dispunha o § 1.º do art. 126 revogado:

§ 1.º Em se tratando de processo que tenha por objeto a discussão de crédito previdenciário, o recurso de que trata este artigo somente terá seguimento se o recorrente, pessoa jurídica ou sócio desta, instruí-lo com prova de depósito, em favor do Instituto Nacional do Seguro Social – INSS, de valor correspondente a trinta por cento da exigência fiscal definida na decisão. (Redação dada ao parágrafo pela Lei 10.684, de 30.05.2003).

▶ Assim dispunha o § 2.º do art. 126 revogado:

§ 2.º Após a decisão final no processo administrativo fiscal, o valor depositado para fins de seguimento do recurso voluntário será: (Parágrafo incluído pela Lei 9.639, de 25.05.1998).

▶ Assim dispunha o inc. I do § 2.º do art. 126 revogado:

I – devolvido ao depositante, se aquela lhe for favorável; (Inciso incluído pela Lei 9.639, de 25.05.1998).

▶ Assim dispunha o inc. II do § 2.º do art. 126 revogado:

II – convertido em pagamento, devidamente deduzido do valor da exigência, se a decisão for contrária ao sujeito passivo (Inciso incluído pela Lei 9.639, de 25.05.1998).

Art. 127. (Artigo revogado pela Lei 9.711, de 20.11.1998, *DOU* 21.11.1998).

✱ **Remissão:** CLPS de 1976, art. 179, § 6.º

✎ Anotação

Ainda que tenha sido revogado, é evidente que o Código de Processo Civil, parte integrante do ordenamento jurídico pátrio, opera como legislação subsidiária, em matéria processual, nos litígios que envolvem o sistema previdenciário.

▶ Assim dispunha o art. 127 revogado:

Art. 127. Sem prejuízo do disposto no artigo anterior, o Código de Processo Civil será aplicável subsidiariamente a esta lei.

Art. 128. As demandas judiciais que tiverem por objeto o reajuste ou a concessão de benefícios regulados nesta Lei cujos valores de execução não forem superiores a R$ 5.180,25 (cinco mil, cento e oitenta reais e vinte e cinco centavos) por autor poderão, por opção de cada um dos exequentes, ser quitadas no prazo de até sessenta dias após a intimação do trânsito em julgado da decisão, sem necessidade da expedição de precatório (Redação dada ao *caput* pela Lei 10.099, de 19.12.2000, *DOU* 20.12.2000).

§ 1.º É vedado o fracionamento, repartição ou quebra do valor da execução, de modo que o pagamento se faça, em parte, na forma estabelecida no *caput* e, em parte, mediante expedição do precatório. (§ incluído pela Lei 10.099, de 19.12.2000, *DOU* 20.12.2000).

§ 2.º É vedada a expedição de precatório complementar ou suplementar do valor pago na forma do *caput*. (Parágrafo incluído pela Lei 10.099, de 19.12.2000, *DOU* 20.12.2000).

§ 3.º Se o valor da execução ultrapassar o estabelecido no *caput*, o pagamento far-se-á sempre por meio de precatório. (Parágrafo incluído pela Lei 10.099, de 19.12.2000, *DOU* 20.12.2000).

§ 4.º É facultada à parte exequente a renúncia ao crédito, no que exceder ao valor estabelecido no *caput*, para que possa optar pelo pagamento do saldo sem o precatório, na forma ali prevista. (Parágrafo incluído pela Lei 10.099, de 19.12.2000, *DOU* 20.12.2000).

§ 5.º A opção exercida pela parte para receber os seus créditos na forma prevista no *caput* implica a renúncia do restante dos créditos porventura existentes e que sejam oriundos do mesmo processo. (Parágrafo incluído pela Lei 10.099, de 19.12.2000, *DOU* 20.12.2000).

§ 6.º O pagamento sem precatório, na forma prevista neste artigo, implica quitação total do pedido constante da petição inicial e determina a extinção do processo. (Parágrafo incluído pela Lei 10.099, de 19.12.2000, *DOU* 20.12.2000).

§ 7.º O disposto neste artigo não obsta a interposição de embargos à execução por parte do INSS (Parágrafo incluído pela Lei 10.099, de 19.12.2000, *DOU* 20.12.2000).

✳ **Remissão:** art. 100 da CF/1988.

✍ Anotação

As demandas judiciais para pleitear valores maiores que o estipulado no *caput* do artigo em comento, ficam sujeitas à demora dos precatórios.

Atualmente, o valor a que faz referência o preceito foi corrigido pela Portaria Interministerial 15/MPS-MF, de 10.01.2013, publicada no *Diário*

Oficial de 11.01.2013, está em R$ 40.680,00 (quarenta mil, seiscentos e oitenta reais), a partir de 1.º de janeiro de 2013.

A noção de pequeno valor foi objeto de disciplina específica pela Lei 10.259/2001, que atribuiu aos Juizados Especiais Federais a tarefa de julgamento das causas cujo valor seja de até sessenta salários mínimos.

JURISPRUDÊNCIA

"*Ação direta de inconstitucionalidade – Débito judicial – Dispensa de precatório tendo em consideração o valor da condenação – Art. 128 da Lei 8.213/1991 – Inconstitucionalidade parcial da norma referente ao disposto no art. 100 da CF/1988 – Res. 5 do Conselho Nacional de Previdência Social – Art. 5.º – Não conhecimento.*

1. O preceito ínsito no art. 100 da CF/1988 proíbe a designação de casos ou pessoas nas dotações orçamentárias e nos créditos adicionais, tendo em vista a observação de preferência. Por isso, a dispensa de precatório, considerando-se o valor do débito, distancia-se do tratamento uniforme que a CF/1988 objetivou conferir à satisfação dos débitos da Fazenda.

1.1 Inconstitucionalidade da expressão contida no art. 128 da Lei 8.213/1991: 'e liquidadas imediatamente, não se lhes aplicando o disposto nos arts. 730 e 731 do CPC'.

2. Art. 5.º da Res. 5 do Conselho Nacional de Previdência Social. Controvérsia que se circunscreve à legalidade e não constitucionalidade do ato normativo. Ação Direta de Inconstitucionalidade não conhecida, nesta parte.

2.1 A resolução está umbilicalmente vinculada ao art. 128 da Lei 8.213/1991, e a declaração de inconstitucionalidade parcial deste preceito retira-lhe o sustentáculo para a sua existência na ordem jurídica, e por consequência, a sua aplicabilidade.

Ação Direta de Inconstitucionalidade parcialmente procedente" (STF – ADIn 1.252-5/DF – Plenário – rel. Min. Maurício Corrêa – DJ 24.10.1997 – p. 54156).

"*Agravo de instrumento. Levantamento de verba considerada de pequeno valor. Ofício requisitório.* 1. A Lei 10.099, de 19.11.2000, regulamentou o § 3.º do art. 100 da CF/1988, definindo obrigação de pequeno valor para a Previdência Social, fazendo constar no art. 128 da Lei 8.213 que as demandas judiciais que tiverem por objeto o reajuste ou a concessão de benefícios previdenciários, cujos valores não forem superiores a R$ 5.180,25 (cinco mil, cento e oitenta reais e vinte e cinco centavos) poderão ser quitados sem a necessidade de expedição de precatório. 2. Com relação à Fazenda Pública da União, a Lei 10.259/2001 – Lei dos Juizados Especiais da Justiça Federal – em seu art. 3.º c/c art. 17, § 1.º estabeleceu como créditos de pequeno valor aqueles iguais ou inferiores a 60 (sessenta) salários mínimos. 3. No caso dos autos, trata-se de crédito no importe de R$ 3.024,69 (três mil, vinte e quatro reais e sessenta centavos), o que, sob a ótica de quaisquer dos critérios acima, enquadra-se no conceito de 'obrigação de pequeno valo', portanto, justificando a expedição de ofício requisitório. Por tais razões, merece ser mantida a decisão recorrida, ainda que por diverso fundamento. Isto posto, nego provimento ao agravo de instrumento" (TRF-3.ª Reg. – AI 151.198/SP – 6.ª T. – rel. Des. Federal Lazarano Neto – j. 14.01.2010 – *DJe* 22.02.2010 – p. 1313).

"*Agravo Interno. Embargos a execução. Gratificação natalina integral. Isenção de honorários. Art. 128 da Lei 8.213/1991.* 1. Incabível o cálculo integral das gratificações natalinas de 1988 e 1989, sob pena de violação ao princípio geral da fidelidade ao título executivo, eis que tal parcela constitui pedido específico, não tendo integrado a sentença exequenda. 2. A condenação do segurado em honorários advocatícios, não pode ser afastada pela invocação do art. 128, da Lei 8.213/1991, seja porque, em sua redação original, este só aludia à isenção de custas, seja porque em sua novel redação, cuja alteração se deu pela Lei 10.099, de 19.12.2000 (anteriormente à propositura da presente ação), trata da dispensa de pagamento por precatório para a execução de demandas judiciais que tiverem por objeto o reajuste ou concessão de benefícios previdenciários, em nada se referindo à isenção de custas ou honorários. 3. Agravo interno desprovido" (TRF-2.ª Reg. – AC 389.370/RJ – 2.ª T. – rel. Des. Federal Marcelo Pereira da Silva – j. 21.06.2007 – *DJU* 29.06.2007 – p. 245).

▶ Assim dispunha o *caput* do art. 128, na versão original:

> Art. 128. As demandas judiciais que tiverem por objeto as questões reguladas nesta lei, de valor não superior a Cr$ 1.000.000,00 (um milhão de cruzeiros) obedecerão ao rito sumaríssimo e serão isentas de pagamento de custas e liquidadas imediatamente, não se lhes aplicando o disposto nos arts. 730 e 731 do Código de Processo Civil.

▶ Assim dispunha o *caput* do art. 128, na redação dada pela Lei 8.620, de 05.01.1993, *DOU* 06.01.1993:

> Art. 128. As demandas judiciais que tiverem por objeto as questões reguladas nesta lei, de valor não superior a Cr$ 1.000.000,00 (um milhão de cruzeiros) por autor, serão

TÍTULO IV – DAS DISPOSIÇÕES FINAIS E TRANSITÓRIAS • **Art. 129**

isentas de pagamento de custas e liquidadas imediatamente, não se lhes aplicando o disposto nos arts. 730 e 731 do Código de Processo Civil.

▶ Assim dispunha o *caput* do art. 128 alterado:

Art. 128. As demandas judiciais que tiverem por objeto as questões reguladas nesta lei e cujo valor da execução, por autor, não for superior a R$ 4.988,57 (quatro mil, novecentos e oitenta e oito reais e cinquenta e sete centavos), serão isentas de pagamento de custas e quitadas imediatamente, não se lhes aplicando o disposto nos arts. 730 e 731 do Código de Processo Civil. (Redação dada ao *caput* pela Lei 9.032, de 28.04.1995, *DOU* 29.04.1995).

Art. 129. Os litígios e medidas cautelares relativos a acidentes do trabalho serão apreciados:

I – na esfera administrativa, pelos órgãos da Previdência Social, segundo as regras e prazos aplicáveis às demais prestações, com prioridade para conclusão; e

II – na via judicial, pela Justiça dos Estados e do Distrito Federal, segundo o rito sumaríssimo, inclusive durante as férias forenses, mediante petição instruída pela prova de efetiva notificação do evento à Previdência Social, através de Comunicação de Acidente do Trabalho – CAT.

Parágrafo único. O procedimento judicial de que trata o inciso II deste artigo é isento do pagamento de quaisquer custas e de verbas relativas à sucumbência.

✳ **Remissão:** arts. 7.º, XXVIII, e 201, I, da CF/1988; art. 175 da CLPS.

✍ **Anotação**

A duplicidade processual, a que faz expressa referência o art. 5.º, LV, da CF/1988, é aqui posta em evidência. Há litígios em sede administrativa – que serão resolvidos pelos órgãos próprios (como já anotado aqui, o CRPS dirime, em grau de recurso, essas questões) – e lides judiciais, resolvidas nos termos constitucionais, pela justiça ordinária estadual e do Distrito Federal, em matéria acidentária, e pela Justiça Federal nos demais casos.

Advirta-se, porém, que a reparação de danos morais e patrimoniais decorrente de acidentes do trabalho será apreciada pela Justiça do Trabalho, consoante os termos da solução que o STF deu ao Conflito de Competência referido na jurisprudência abaixo transcrita.

Art. 130 • LEI DOS PLANOS DE BENEFÍCIOS DA PREVIDÊNCIA SOCIAL

JURISPRUDÊNCIA

"*Previdenciário. Benefício acidentário. Auxílio-suplementar. Infortúnio decorrente do serviço. Ausência de previsão regulamentar. Irrelevância. Princípio da hierarquia das normas. Honorários advocatícios. Isenção. Impossibilidade. (...).* Em tema de concessão de benefício previdenciário decorrente de acidente de trabalho, o art. 9.º, da Lei 6.367/1976 é expresso ao estatuir que o auxílio-suplementar é devido uma vez demonstrado o nexo de causalidade entre a redução da capacidade laborativa e o infortúnio sofrido no desempenho do serviço. – em função do princípio da hierarquia das normas, consolidou-se o entendimento de que as tabelas anexas ao Dec. 76.037/1976, regulamento do seguro do trabalho possuem elenco meramente exemplificativo, sendo certo que a redução da capacidade funcional mediante enfermidade não incluída dentre as especificadas não pode constituir óbice a concessão do beneficio. A isenção do pagamento da verba honorária advocatícia em sede de ação acidentária, à luz do disposto no parágrafo único, do art. 129 da Lei 8.213 (...). Recurso especial não conhecido" (STJ – REsp 90866/RJ – 6.ª T. – rel. Min. Vicente Leal – j. 09.04.1997 – DJ 05.05.1997 – p. 17139).

"*Processual civil. Honorários advocatícios. Ação acidentária. Isenção.* – Somente o segurado está isento da verba honorária, na ação acidentária. O INSS não goza do privilégio. Inteligência do art. 129, parágrafo único, da Lei 8.213/1991. – Recurso especial não conhecido" (STJ – REsp 48.126/SP – 6.ª T. – rel. Min. William Patterson – j. 25.09.1995 – DJ 04.12.1995 – p. 42143).

Súmula 12/AGU, de 19.04.2002, DOU 20.01.2012

"É facultado ao segurado ajuizar ação contra a instituição previdenciária perante o Juízo Federal do seu domicílio ou nas Varas Federais da capital do Estado-membro."

Art. 130. Na execução contra o Instituto Nacional do Seguro Social – INSS, o prazo a que se refere o art. 730 do Código de Processo Civil é de trinta dias (Redação dada ao artigo pela Lei 9.528, de 10.12.1997, *DOU* 11.12.1997).

✱ Remissão: arts. 100 e 167, II, da CF/1988; art. 204 da CLPS.

✍ Anotação

A execução contra o INSS segue os trâmites do pertinente procedimento executório contra a Fazenda Pública.

Para a apresentação dos embargos à execução, nos termos do artigo em comento, o prazo será de trinta dias.

JURISPRUDÊNCIA

"Processual civil. Prazo de trinta dias. Embargos à execução. Art. 130 da Lei 8.213/1991. I – o art. 130 da Lei 8.213, de 24 de julho de 1991, com a redação dada pela Lei 9.528, de 10.12.1997, DOU 11.12.1997, confere ao instituto nacional do seguro social o prazo de trinta dias para opor embargos às execuções contra ele intentadas. II – Agravo de instrumento a que se dá provimento" (TRF-3.ª Reg. – AG 59.912/SP – 10.ª T. – rel. Des. Federal Sérgio Nascimento – j. 23.09.2003 – DJU 10.10.2003 – p. 276).

"Processual civil. Previdenciário. Recurso em mandado de segurança contra ato judicial. Efeito suspensivo. Agravo de Instrumento. 'Suspenso cautelarmente o art. 130 da Lei 8.213 (ADI 675-4 – DJ 04.02.1992), concede-se a segurança em favor da autarquia, para dar-se efeito suspensivo a seu recurso' (RMS 2.356 – DJ 15.02.1993)" (STJ – RMS 3.509/SP – 6.ª T. – rel. Min. Anselmo Santiago – j. 02.04.1996 – DJ 10.06.1996 – p. 20386).

▶ Assim dispunha o art. 130 alterado:

Art. 130. Os recursos interpostos pela Previdência Social em processo que envolvam prestações desta lei, serão recebidos exclusivamente no efeito devolutivo, cumprindo-se, desde logo, a decisão ou sentença, através de processo suplementar ou carta de sentença.

Parágrafo único. Ocorrendo a reforma da decisão, será suspenso o benefício e exonerado o beneficiário de restituir os valores recebidos por força da liquidação condicionada.

Art. 131. O Ministro da Previdência e Assistência Social poderá autorizar o INSS a formalizar a desistência ou abster-se de propor ações e recursos em processos judiciais sempre que a ação versar matéria sobre a qual haja declaração de inconstitucionalidade proferida pelo STF – STF, súmula ou jurisprudência consolidada do STF ou dos tribunais superiores. (Redação dada ao caput pela Lei 9.528, de 10.12.1997, DOU 11.12.1997).

Parágrafo único. O Ministro da Previdência e Assistência Social disciplinará as hipóteses em que a administração previdenciária federal, relativamente aos créditos previdenciários baseados em dispositivo declarado inconstitucional por decisão definitiva do STF, possa: (Dispositivo incluído pela Lei 9.528, de 10.12.1997, DOU 11.12.1997).

Art. 131 • Lei dos Planos de Benefícios da Previdência Social

a) abster-se de constituí-los; (Alínea incluída pela Lei 9.528, de 10.12.1997, *DOU* 11.12.1997);

b) retificar o seu valor ou declará-los extintos, de ofício, quando houverem sido constituídos anteriormente, ainda que inscritos em dívida ativa; (Alínea incluída pela Lei 9.528, de 10.12.1997, *DOU* 11.12.1997);

c) formular desistência de ações de execução fiscal já ajuizadas, bem como deixar de interpor recursos de decisões judiciais. (Alínea incluída pela Lei 9.528, de 10.12.1997, *DOU* 11.12.1997).

❋ **Remissão:** Não há.

✍ Anotação

A boa-fé processual deve ser constante na atuação processual do Poder Público.

Os precedentes firmados pelo Poder Judiciário devem ser mais do que suficientes para convencer a autoridade administrativa a cumprir o direito social.

Incumbe ao CNPS, nos termos do inc. VIII do art. 2.º da Resolução do Conselho Nacional de Previdência Social 1.212, de 10.04.2002, *DOU* 16.04.2002, que aprovou o Regimento Interno do CNPS, estabelecer os valores mínimos em litígio, acima dos quais será exigida a anuência prévia do Procurador-Geral Federal ou do Diretor-Presidente do Instituto Nacional do Seguro Social (INSS), para formalização de desistência ou transigência judiciais, conforme o disposto no art. 132 da Lei 8.213, de 24.07.1991; além de aprovar os critérios de arrecadação e de pagamento dos benefícios (inc. IX do art. 2.º do citado Regimento).

Vide anotação ao preceito subsequente.

JURISPRUDÊNCIA

"Da interpretação sistemática e conjunta dos arts. 7.º e 10.º da Lei 9.469/1997 e do art. 131 da Lei 8.213/1991, com a redação que lhe foi dada pela MedProv 1.596-14, de 10.11.1997, constata-se que o duplo grau de jurisdição previsto para as sentenças desfavoráveis às autarquias federais não se aplica às ações acidentárias promovidas contra o INSS, por ser manifesta a incompatibilidade entre o reexame obrigatório e a faculdade de desistência do recurso voluntário ou sua não interposição por parte da autarquia. O reexame necessário contraria a norma específica que regulamenta as ações acidentárias que autorizam a não interposição de recurso voluntário ou sua desistência pelo órgão autárquico" (2.º TACiv.-SP – Ap. 521.216-0-0/SP – rel. Juiz Pereia Calças – j. 12.05.1998).

▶ Assim dispunha o *caput* do art. 131, na versão original:

Art. 131. A autoridade previdenciária poderá formalizar desistência ou abster-se de recorrer nos processos judiciais sempre que a ação versar matéria sobre a qual Tribunal Federal houver expedido Súmula de Jurisprudência favorável aos beneficiários.

▶ Assim dispunha o *caput* do art. 131 alterado:

Art. 131. O INSS poderá formalizar desistência ou abster-se de recorrer nos processos judiciais sempre que a ação versar matéria sobre a qual o Tribunal Federal houver expedido Súmula de Jurisprudência favorável aos beneficiários. (Redação dada ao *caput* pela 8.620, de 05.01.1993, *DOU* 06.01.1993).

Art. 132. A formalização de desistência ou transigência judiciais, por parte de procurador da Previdência Social, será sempre precedida da anuência, por escrito, do Procurador-Geral do Instituto Nacional do Seguro Social – INSS, ou do presidente desse órgão, quando os valores em litígio ultrapassarem os limites definidos pelo Conselho Nacional de Previdência Social – CNPS.

§ 1.º Os valores, a partir dos quais se exigirá a anuência do Procurador-Geral ou do presidente do INSS, serão definidos periodicamente pelo CNPS, através de resolução própria.

§ 2.º Até que o CNPS defina os valores mencionados neste artigo, deverão ser submetidos à anuência prévia do Procurador-Geral ou do presidente do INSS a formalização de desistência ou transigência judiciais, quando os valores, referentes a cada segurado considerado separadamente, superarem, respectivamente, 10 (dez) ou 30 (trinta) vezes o teto do salário de benefício.

Parágrafo único. (Dispositivo revogado pela Lei 11.941, de 27.05.2009, *DOU* 28.05.2009).

✻ **Remissão:** Não há.

✎ Anotação

Na estrutura da Advocacia-Geral da União desapareceu a figura do Procurador-Geral do INSS. Ao Procurador-Geral Federal incumbe dirigir todos os órgãos da advocacia da União e de suas autarquias.

Atualmente, a Resolução 1.303/CNPS, de 26.11.2008, fixa em R$ 50.000,00 (cinquenta mil reais) o valor passível de desistência ou transigência.

Ademais, o procedimento obedece aos trâmites estabelecidos no Dec. 4.250, de 27.05.2002 e na Portaria 109/AGU, de 30.01.2007.

JURISPRUDÊNCIA

"*Processual civil. Homologação de acordo. Art. 132 da Lei 8.213/1991.* I – A formalização de desistência ou transigência judicial, por parte de procurador da Previdência Social, será precedida de anuência, por escrito, do Procurador-Geral do Instituto Nacional do Seguro Social – INSS, ou do presidente desse órgão, quando os valores em litígio ultrapassarem os limites definidos pelo CNPS (art. 132 da Lei 8.213/1991). II – Acordo firmado pelas partes antes da apuração do valor devido. III – Recurso provido para anular o processo a partir da sentença homologatória do acordo" (TRF-2.ª Reg. – AC 2003.02.01.007345-8 – 1.ª T. – rel. Des. Federal Carreira Alvim – *DJU* 17.12.2003 – p. 81).

▶ Assim dispunha o parágrafo único revogado:

Parágrafo único. A autoridade que reduzir ou relevar multa já aplicada recorrerá de ofício para a autoridade hierarquicamente superior.

Art. 133. A infração a qualquer dispositivo desta Lei, para a qual não haja penalidade expressamente cominada, sujeita o responsável, conforme a gravidade da infração, à multa variável de Cr$ 100.000,00 (cem mil cruzeiros) a Cr$ 10.000.000,00 (dez milhões de cruzeiros) (Atualizações decorrentes de normas de hierarquia inferior).

Parágrafo único. (Dispositivo revogado pela Lei 11.941, de 27.05.2009. *DOU* 20.05.2009.

✱ **Remissão:** art. 221 da CLPS.

✍ Anotação

O preceito não é autoaplicável. Depende da instauração de devido processo administrativo e lavratura do competente auto de infração.

Título IV – Das disposições finais e transitórias • **Art. 134**

Os valores a que faz referência o preceito foram corrigidos pela Portaria Interministerial 15/MPS/MF, de 10.01.2013, *DOU* 11.01.2013, são de R$ 1.717,38 (um mil setecentos e dezessete reais e trinta e oito centavos) a R$ 171.736,10 (cento e setenta e um mil setecentos e trinta e seis reais e dez centavos).

JURISPRUDÊNCIA

"*Processual e previdenciário. Benefício. Revisional. Reajustamentos. Art. 201, § 2.º, da CF/1988. Art. 133 da Lei 8.213/1991.* 1. O recurso especial não se presta a infirmar acórdão fincado em matéria constitucional. 2. A multa do art. 133 da Lei 8.213/1991 depende da comprovação de culpa, defeso reexaminar-se na via do especial. 3. Recurso não conhecido" (STJ – REsp 179076/SP – 5.ª T. – rel. Min. Gilson Dipp – j. 19.10.1999 – *DJ* 08.11.1999 – p. 86).

▶ Assim dispunha o parágrafo único revogado:

Parágrafo único. A autoridade que reduzir ou relevar multa já aplicada recorrerá de ofício para a autoridade hierarquicamente superior.

Art. 134. Os valores expressos em moeda corrente nesta Lei serão reajustados nas mesmas épocas e com os mesmos índices utilizados para o reajustamento dos valores dos benefícios. (Redação dada ao artigo pela MedProv 2.187-13, de 24.08.2001, *DOU* 27.08.2001). (Vide MedProv 316/2006).

✱ **Remissão:** CLPS 1976, art. 225; CLPS 1984, art. 211.

✍ Anotação

Como anotado anteriormente, os valores expressos em moeda são, periodicamente, fixados por intermédio de ato normativo interministerial.

▶ Assim dispunha o art. 134 alterado:

Art. 134. Os valores expressos em cruzeiros nesta lei serão reajustados, a partir de maio de 1991, nas mesmas épocas e com os mesmos índices utilizados para o reajustamento dos benefícios.

Art. 135. Os salários de contribuição utilizados no cálculo do valor de benefício serão considerados respeitando-se os limites mínimo e máximo vigentes nos meses a que se referirem.

※ **Remissão:** CLPS, art. 212.

✎ Anotação

Salário de contribuição – conceito: arts. 28 e 29 do Plano de Custeio da Seguridade Social. Definição de salário de benefício: arts. 28 e 29 da presente lei. A descrição de Renda Mensal Inicial é efetuada pelos arts. 33 a 39 da presente lei.

Art. 136. Ficam eliminados o menor e o maior valor-teto para cálculo do salário de benefício.

※ **Remissão:** arts. 23 e 102 da CLPS.

✎ Anotação

Jurisprudência

"*Previdenciário. Recurso especial. Divergência jurisprudencial. Revisão de benefício. RMI. Valor-teto. Salário de contribuição e salário de benefício. Arts. 29, § 2.º, 33 e 136, da Lei 8.213/1991.* – Divergência jurisprudencial comprovada. Entendimento do art. 255, §§, do RISTJ. – No cálculo do salário de benefício deve ser observado o limite máximo do salário de contribuição, na data inicial do benefício. Inteligência do art. 29, § 2.º, da Lei 8.213/1991. Precedentes. – As disposições contidas nos arts. 29, § 2.º, 33 e 136, da Lei 8.213/1991 não são incompatíveis e visam a preservar o valor real dos benefícios. Precedentes. Recurso conhecido e provido" (STJ – REsp 251.574/SP – rel. Min. Jorge Scartezzini – 5.ª T. – j. 15.06.2000/DJ – 19.02.2001).

"*Recurso especial. Previdenciário. Benefícios. Valor limite. Lei 8.213/1991, art. 136.* – O art. 29, § 2.º, da Lei 8.213/1991, estabelece, literalmente, o valor do salário de benefício, não superior ao limite máximo do salário de contribuição na data do início do benefício. A mesma orientação está expressa no art. 33, ao disciplinar a Renda Mensal do Benefício. O reajustamento é tratado no art. 41. Nesse contexto deve ser interpretado o disposto no art. 136, da referida lei, ao mencionar que 'ficam eliminados o menor e o maior valor teto para cálculo do salário de benefício'. Não faz sentido, o contexto disciplinar o valor do salário de benefício, casuisticamente, e, ao depois, adotar norma geral de eliminação dos respectivos valores. Bastaria, então, dispor que não haverá teto, ou simplesmente silenciar. A inteligência do disposto no art. 136, *data venia*, é a seguinte: a regra geral, ou seja, a relação – salário de contribuição/salário de benefício – é constante, a fim de manter integro o valor da respectiva relação" (STJ – REsp 133849/SP – 6.ª T. – rel. Min. Luiz Vicente Cernicchiaro – j. 14.10.1997 – DJ 02.03.1998 – p. 157).

Art. 137. Fica extinto o Programa de Previdência Social aos Estudantes, instituído pela Lei 7.004, de 24 de junho de 1982, mantendo-se o pagamento dos benefícios de prestação continuada com data de início até a entrada em vigor desta Lei.

* **Remissão:** art. 93 da CLPS.

Anotação

O preceito não impede que o estudante ingresse no Regime Geral na categoria de segurado facultativo, consoante os termos do art. 13, desde que tenha idade adequada.

Art. 138. Ficam extintos os regimes de Previdência Social instituídos pela LC 11, de 25 de maio de 1971, e pela Lei 6.260, de 06 de novembro de 1975, sendo mantidos, com valor não inferior ao do salário mínimo, os benefícios concedidos até a vigência desta Lei.

Parágrafo único. Para os que vinham contribuindo regularmente para os regimes a que se refere este artigo, será contado o tempo de contribuição para fins do Regime Geral de Previdência Social, conforme disposto no Regulamento.

* **Remissão:** art. 194, II, da CF/1988.

Anotação

A uniformidade e equivalência dos benefícios e serviços entre as populações urbana e rural implicou, necessariamente, a extinção dos regimes de proteção social diferenciada do trabalhador e do empregador rural.

Art. 138 • LEI DOS PLANOS DE BENEFÍCIOS DA PREVIDÊNCIA SOCIAL

JURISPRUDÊNCIA

"*Tributário. Agravo Regimental. Recurso especial. Contribuição sobre a comercialização de produtos agrícolas. Extinção. Lei 8.213/1991.* 1. Até a entrada em vigor, em 25.07.1991, da Lei 8.213, que trata do Plano de Benefícios da Previdência Social, era devida a contribuição social incidente sobre a comercialização de produtos agrícolas. O art. 138 desse texto, expressamente, extinguiu os regimes previdenciários tratados pela LC 11/1971. Precedentes. 2. Agravo regimental provido" (STJ – AgRg/REsp 321.920/RS – 2.ª T. – rel. Min. Castro Meira – j. 12.12.2006 – DJ 01.02.2007,– p. 445).

"*Tributário. Processual civil. Contribuição para o Incra. Empresa vinculada à previdência urbana. Incidência. Extinção. Lei 8.212/1991 e 8.213/1991. Honorários advocatícios. Apreciação equitativa. Súmula 7/STJ.* 1. É firme o entendimento jurisprudencial no sentido de que até a vigência da Lei 8.212 e 8.213, de 24.07.1991, a contribuição social para o Incra era devida pelas empresas urbanas. 2. A Lei 8.213/1991, que tratou do plano de benefícios, no seu art. 138, expressamente, extinguiu a contribuição destinada ao Incra: 'Ficam extintos os regimes de Previdência Social pela LC 11, de 25 de maio de 1971, e pela Lei 6.260, de 6 de novembro de 1975, sendo mantidos, com valor não inferior ao do salário-mínimo, os benefícios concedidos até a vigência desta Lei'. 3. O art. 18 da Lei 8.212/1991, outrossim, não relacionou aquela instituição como entidade beneficiada pelo custeio da seguridade social. Aplica-se aqui a máxima *inclusio unius alterius exclusio*, ou seja, o que a lei não incluiu é porque desejou excluir, não devendo o intérprete incluí-la. 4. O Tribunal de origem, ainda que de maneira implícita, fixou os honorários com respaldo nas alíneas *a*, *b* e *c* do § 3.º do art. 20 do CPC, e por conseguinte, apreciou questões de fato. Análise mais aprofundada do tema demandaria revolver as circunstâncias fático-probatórias dos autos o que é vedado pelo teor do disposto na Súmula 7/STJ. 5. Recurso especial improvido" (STJ – REsp 709.158/PR – 2.ª T. – rel. Ministro Castro Meira – j. 01.09.2005 – DJ 03.10.2005 – p. 212).

"*Tributário. Contribuição para o Incra. LC 11/1971. Empresa vinculada à previdência urbana. Incidência. Extinção. Lei 8.212/1991 e 8.213/1991.* 1. É firme o entendimento jurisprudencial no sentido de que até a entrada em vigor da Lei 8.213, que trata do Plano de Benefícios da Previdência Social, em 25.07.1991, a contribuição social incidente sobre a comercialização de produtos agrícolas era devida pelas empresas urbanas. O art. 138 deste texto, expressamente, extinguiu os regimes previdenciários tratados pela LC 11/1971. 2. Recurso especial provido" (STJ – REsp 375.305/SC – 2.ª T. – rel. Min. Castro Meira – j. 02.06.2005 – DJ 15.08.2005 – p. 230).

"*Súmula 7/STJ: reexame de prova. Recurso especial.* A pretensão de simples reexame de prova não enseja recurso especial" (STJ – Súmula 7 – j. 28.06.1990 – DJ 03.07.1990).

> **Art. 139.** (*Caput* revogado pela Lei 9.528, de 10.12.1997, *DOU* 11.12.1997).
> § 1.º (Parágrafo revogado pela Lei 9.528, de 10.12.1997, *DOU* 11.12.1997).
> I – (Inciso revogado pela Lei 9.528, de 10.12.1997, *DOU* 11.12.1997).
> II – (Inciso revogado pela Lei 9.528, de 10.12.1997, *DOU* 11.12.1997).
> III – (Inciso revogado pela Lei 9.528, de 10.12.1997, *DOU* 11.12.1997).
> § 2.º (Parágrafo revogado pela Lei 9.528, de 10.12.1997, *DOU* 11.12.1997).
> § 3.º (Parágrafo revogado pela Lei 9.528, de 10.12.1997, *DOU* 11.12.1997).
> § 4.º (Parágrafo revogado pela Lei 9.528, de 10.12.1997, *DOU* 11.12.1997).
>
> **Remissão:** arts. 203, V, e 230 da CF/1988; arts. 63 a 69 da CLPS.

Anotação

A Renda Mensal Vitalícia continua sendo paga aos beneficiários que obtiveram a prestação até a data da publicação da Lei 9.528, de 10.12.1997.

No sistema da seguridade social, as prestações pecuniárias de cunho assistencial são objeto da disciplina específica definida, em larga medida, pela Lei 8.742/1993 (Lei Orgânica da Assistência Social).

JURISPRUDÊNCIA

"*Previdenciário e processual civil. Renda mensal vitalícia. Polo passivo. Art. 139 da LBPS. Requisitos. Não preenchimento.* 1. A ação, proposta antes da edição da LOAS, Lei 8.742/93, está bem dirigida contra o INSS. 2. A autora não faz *jus* ao benefício pleiteado, pois é dependente do marido, razão pela qual não foram preenchidos os requisitos do art. 139 da LBPS. 3. Apelação improvida" (TRF-4.ª Reg. – AC 15.917/SC – 5.ª T. – rel. Marga Inge Barth Tessler – j. 22.08.1996 – DJ 25.09.1996 – p. 72245).

▶ Assim dispunha o *caput* do art. 139 revogado:

> Art. 139. A Renda Mensal Vitalícia continuará integrando o elenco de benefícios da Previdência Social, até que seja regulamentado o inciso V do art. 203 da Constituição Federal.

▶ Assim dispunha o § 1.º do art. 139 revogado:

§ 1.º A Renda Mensal Vitalícia será devida ao maior de 70 (setenta) anos de idade ou inválido que não exercer atividade remunerada, não auferir qualquer rendimento superior ao valor da sua renda mensal, não for mantido por pessoa de quem depende obrigatoriamente e não tiver outro meio de prover o próprio sustento, desde que:

▶ Assim dispunham os incisos do § 1.º do art. 139 revogados:

I – tenha sido filiado à Previdência Social, em qualquer época, no mínimo por 12 (doze) meses, consecutivos ou não;

II – tenha exercido atividade remunerada atualmente abrangida pelo Regime Geral de Previdência Social, embora sem filiação a este ou à antiga Previdência Social Urbana ou Rural, no mínimo por 5 (cinco) anos, consecutivos ou não; ou

III – se tenha filiado à antiga Previdência Social Urbana após completar 60 (sessenta) anos de idade, sem direito aos benefícios regulamentares.

▶ Assim dispunha o § 2.º do art. 139 revogado:

§ 2.º O valor da Renda Mensal Vitalícia, inclusive para as concedidas antes da entrada em vigor desta lei, será de 1 (um) salário mínimo.

▶ Assim dispunha o § 3.º do art. 139 revogado:

§ 3.º A Renda Mensal Vitalícia será devida a contar da apresentação do requerimento.

▶ Assim dispunha o § 4.º do art. 139 revogado:

§ 4.º A Renda Mensal Vitalícia não pode ser acumulada com qualquer espécie de benefício do Regime Geral de Previdência Social, ou da antiga Previdência Social Urbana ou Rural, ou de outro regime.

Art. 140. (*Caput* revogado pela Lei 9.528, de 10.12.1997, *DOU* 11.12.1997).

§ 1.º (Parágrafo revogado pela Lei 9.528, de 10.12.1997, *DOU* 11.12.1997).

§ 2.º (Parágrafo revogado pela Lei 9.528, de 10.12.1997, *DOU* 11.12.1997).

§ 3.º (Parágrafo revogado pela Lei 9.528, de 10.12.1997, *DOU* 11.12.1997).

§ 4.º (Parágrafo revogado pela Lei 9.528, de 10.12.1997, *DOU* 11.12.1997).

§ 5.º (Parágrafo revogado pela Lei 9.528, de 10.12.1997, *DOU* 11.12.1997).

§ 6.º (Parágrafo revogado pela Lei 9.528, de 10.12.1997, *DOU* 11.12.1997).

✱ **Remissão:** art. 39 da CLPS.

TÍTULO IV – DAS DISPOSIÇÕES FINAIS E TRANSITÓRIAS • **Art. 140**

✎ Anotação

O auxílio-natalidade será devido como modalidade assistencial, nos termos da Lei 8.742/1993.

▶ Assim dispunha o *caput* do art. 140 revogado:

Art. 140. O auxílio-natalidade será devido, após 12 (doze) contribuições mensais, ressalvado o disposto no § 1.º, à segurada gestante ou ao segurado pelo parto de sua esposa ou companheira não segurada, com remuneração mensal igual ou inferior a Cr$ 51.000,00 (cinquenta e um mil cruzeiros).

▶ Assim dispunha o § 1.º do art. 140 revogado:

§ 1.º Não serão exigidas, para os segurados especiais definidos no inciso VII do art. 11, as 12 (doze) contribuições mensais.

▶ Assim dispunha o § 2.º do art. 140 revogado:

§ 2.º O auxílio-natalidade consistirá no pagamento de uma parcela única no valor de Cr$ 5.000,00 (cinco mil cruzeiros).

▶ Assim dispunha o § 3.º do art. 140 revogado:

§ 3.º O auxílio-natalidade, independente de convênio para esse fim, deverá ser pago pela empresa com mais de 10 (dez) empregados, até 48 (quarenta e oito) horas após a apresentação da certidão de nascimento, sendo que o ressarcimento à empresa será efetuado por ocasião do recolhimento das contribuições previdenciárias, mediante compensação.

▶ Assim dispunha o § 4.º do art. 140 revogado:

§ 4.º O pagamento do auxílio-natalidade deverá ser anotado na Carteira de Trabalho do empregado, conforme estabelecido no Regulamento.

▶ Assim dispunha o § 5.º do art. 140 revogado:

§ 5.º O segurado de empresa com menos de 10 (dez) empregados e os referidos nos incisos II a VII do art. 11 desta lei receberão o auxílio-natalidade no Posto de Benefícios, mediante formulário próprio e cópia da certidão de nascimento, até 48 (quarenta e oito) horas após a entrega dessa documentação.

▶ Assim dispunha o § 6.º do art. 140 revogado:

§ 6.º O pagamento do auxílio-natalidade ficará sob a responsabilidade da Previdência Social até que entre em vigor lei que disponha sobre os benefícios e serviços da Assistência Social.

Art. 141. (*Caput* revogado pela Lei 9.528, de 10.12.1997, *DOU* 11.12.1997).

§ 1.º (Parágrafo revogado pela Lei 9.528, de 10.12.1997, *DOU* 11.12.1997).

§ 2.º (Parágrafo revogado pela Lei 9.528, de 10.12.1997, *DOU* 11.12.1997).

✱ **Remissão:** art. 46 da CLPS.

✎ **Anotação**

O auxílio-funeral será devido como modalidade assistencial, nos termos da Lei 8.742/1993.

▶ Assim dispunha o *caput* do art. 141 revogado:

Art. 141. Por morte do segurado, com rendimento mensal igual ou inferior a Cr$ 51.000,00 (cinquenta e um mil cruzeiros), será devido auxílio-funeral, ao executor do funeral, em valor não excedente a Cr$ 17.000,00 (dezessete mil cruzeiros).

▶ Assim dispunha o § 1.º do art. 141 revogado:

§ 1.º O executor dependente do segurado receberá o valor máximo previsto.

▶ Assim dispunha o § 2.º do art. 141 revogado:

§ 2.º O pagamento do auxílio-funeral ficará sob a responsabilidade da Previdência Social até que entre em vigor lei que disponha sobre os benefícios e serviços da Assistência Social.

Art. 142. Para o segurado inscrito na Previdência Social Urbana até 24 de julho de 1991, bem como para o trabalhador e o empregador rural cobertos pela Previdência Social Rural, a carência das aposentadorias por idade, por tempo de serviço e especial obedecerá à seguinte tabela, levando-se em conta o ano em que o segurado implementou todas as condições necessárias à obtenção do benefício: (Artigo e tabela com nova redação dada pela Lei 9.032, de 28.04.1995, *DOU* 29.04.1995).

Ano de implementação das condições	Meses de contribuição exigidos
1991	60 meses
1992	60 meses
1993	66 meses

Ano de implementação das condições	Meses de contribuição exigidos
1994	72 meses
1995	78 meses
1996	90 meses
1997	96 meses
1998	102 meses
1999	108 meses
2000	114 meses
2001	120 meses
2002	126 meses
2003	132 meses
2004	138 meses
2005	144 meses
2006	150 meses
2007	156 meses
2008	162 meses
2009	168 meses
2010	174 meses
2011	180 meses

✽ Remissão: art. 18 da CLPS.

✎ Anotação

Regra de transição, cuja eficácia se encontra esgotada, serviu de instrumento para a implantação gradual do período de carência para segurados que se submeteram ao regime da Lei 8.213/1991.

JURISPRUDÊNCIA

"*Agravo Regimental em Recurso especial. Direito Previdenciário. Aposentadoria por idade. Trabalhador urbano. Não preenchido o requisito da carência. Agravo improvido*. 1. A aposentadoria por idade, consoante os termos do art. 48 da Lei 8.213/1991, é devida ao segurado que, cumprida a carência exigida nesta lei, completar 65 anos de idade, se homem, e 60, se mulher. 2. A Lei Previdenciária exige, ainda, para a concessão do benefício de aposentadoria por idade para trabalhador urbano, um mínimo de 180 contribuições mensais (art. 25, II, da Lei 8.213/1991) relativamente aos novos filiados, ou contribuições mínimas que variam de 60 a 180 (art. 142 da Lei 8.213/1991), relativamente aos segurados já inscritos na Previdência Social, na data da publicação da Lei 8.213/1991. 3. A regra de transição, prevista no art. 142 da Lei 8.213/1991, aplica-se à autora, ficando sujeita ao cumprimento de 120 contribuições para efeito de carência, tendo em vista que o preenchimento do requisito etário deu-se em 2001, ano em que implementou as condições necessárias. 4. Contando a segurada com o número de contribuições aquém do legalmente exigido, não faz *jus* ao benefício de aposentadoria por idade. 5. Agravo regimental improvido" (STJ – AgRg/REsp 869.993/SP – 6.ª T. – rel. Min. Hamilton Carvalhido – j. 21.06.2007 – DJ 10.09.2007 – p. 327).

"*Recurso especial. Previdenciário. Prazo de carência para a concessão de aposentadoria por idade. Trabalhadores que perderam a qualidade de segurado. Regra geral. 180 meses.* 1. A norma do art. 142 da Lei 8.213/1991, que fixa prazos reduzidos de carência, destina-se tão somente ao 'segurado inscrito na Previdência Social Urbana na data da publicação desta lei', restando excluídos da sua incidência aqueles que perderam a qualidade de segurado e somente voltaram a contribuir para a Previdência Social após a edição da Lei 8.213/1991. 2. Para os que perderam a qualidade de segurado, assim como para os novos filiados, o prazo de carência para a concessão de aposentadoria por idade aplicável é o geral, de 180 meses, fixado no art. 25, II, da Lei 8.213/1991. 3. Recurso provido" (STJ – REsp 494.570/RS – 6.ª T. Rel. Min. Hamilton Carvalhido – j. 23.03.2004 – DJ 17.05.2004 – p. 297).

"*Previdenciário. Aposentadoria por idade. Período de carência. Art. 142 da Lei 8.213/1991. Interrupção temporária das contribuições. Contribuinte facultativo.* 1. Tendo o autor promovido o recolhimento das contribuições até então devidas antes do prazo estabelecido na legislação previdenciária para a perda da qualidade de segurado, assim não se havendo cogitar de sua ocorrência, e cumprindo a idade e carência nela preconizadas, faz *jus* à aposentadoria vindicada. 2. Em se tratando de prestações previdenciárias vencidas e cobradas judicialmente após a entrada em vigor da Lei 6.899/1981, a correção monetária incide desde o momento em que cada uma se tornou devida, observando os índices decorrentes da aplicação do mencionado diploma legal, conforme enunciados no Manual de Orientação de Procedimentos para os cálculos na Justiça Federal, aprovado pela Resolução 242, de 03 de julho de 2001, do eg. Conselho da Justiça Federal. 3. Recurso de apelação a que se nega provimento, parcialmente provida a remessa oficial" (TRF-1.ª Reg.

– AC 1999.01.00.024100-4/MG – 2.ª T. – rel. Des. Federal Carlos Moreira Alves – j. 26.08.2003 – *DJ* 09.09.2003 – p. 90).

"REsp 494.570 – RS (2003/0018037-3).

Relatório

Exmo. Sr. Ministro Hamilton Carvalhido (Relator): Recurso especial interposto pelo Instituto Nacional do Seguro Social – INSS, com fundamento no art. 105, III, *a*, da CF/1988, impugnando acórdão da Sexta Turma do Tribunal Regional Federal da 4.ª Região, assim ementado:

'*Previdenciário. Aposentadoria por idade. Art. 142 da Lei 8.213/1991. Preenchimento dos requisitos. concessão. Correção monetária. Juros. Custas processuais. Honorários advocatícios.*

1. A concessão de aposentadoria por idade depende do preenchimento de três requisitos: idade mínima, carência e qualidade de segurado.

2. A regra transitória do art. 142 da Lei 8.213/1991 tem aplicação a todos os segurados que tenham exercido atividade vinculada à Previdência Social Urbana até a data daquela Lei, sendo desnecessário que, na data da Lei, mantivesse qualidade de segurado.

3. Apelação provida.

4. A correção monetária deve ser calculada na forma prevista na Lei 6.899/81, incidindo a partir da data em que deveria ter sido paga cada parcela, nos termos das Súmulas 43 e 148/STJ, pelos índices oficiais.

5. Em benefícios previdenciários atrasados, os juros moratórios são devidos no percentual de 1% ao mês a contar da citação.

6. Às ações previdenciárias tramitadas na Justiça Estadual do Rio Grande do Sul, aplica-se o comando da Súmula 2/TARGS, devendo as custas processuais a cargo do INSS serem pagas por metade.

7. Os honorários advocatícios são devidos em 10% sobre as parcelas vencidas até a data deste julgado, excluídas as vincendas' (f.).

Alega o recorrente que o acórdão recorrido violou os arts. 8.º do Dec. 89.312/1984, 24, 25, II, e 142, da Lei 8.213/1991 e cujos termos são os seguintes:

'Art. 8.º: a perda da qualidade de segurado importa na caducidade dos direitos inerentes a essa qualidade, ressalvado o disposto no parágrafo único do art. 98'.

'Art. 24: período de carência é o número mínimo de contribuições mensais indispensáveis para que o beneficiário faça *jus* ao benefício, consideradas a partir do transcurso do primeiro dia dos meses de suas competências.

Parágrafo único. Havendo perda da qualidade de segurado, as contribuições anteriores a essa data só serão computadas para efeito de carência depois que o segurado contar, a partir da nova filiação à Previdência Social, com, no mínimo, 1/3 (um terço) do número de contribuições exigidas para o cumprimento da carência definida para o benefício a ser requerido.

Art. 25: a concessão das prestações pecuniárias do Regime Geral de Previdência Social depende dos seguintes períodos de carência, ressalvado o disposto no art. 26:

(...).

II – aposentadoria por idade, aposentadoria por tempo de serviço, aposentadoria especial e abono de permanência em serviço: 180 (cento e oitenta) contribuições mensais'.

'Art. 142: para o segurado inscrito na Previdência Social Urbana na data da publicação desta lei, bem como para os trabalhadores e empregados rurais cobertos pela Previdência Social Rural, a carência das aposentadorias por idade, por tempo de serviço e especial, prevista no inciso II do art. 25, obedecerá à seguinte tabela, levando-se em conta o ano em que o segurado implementou todas as condições necessárias à obtenção do benefício:

(...).

E os teria violado, porque, como se recolhe nas próprias razões recursais:

(...).

O segurado que, em data anterior à Lei 8.213/1991 perdera sua condição de segurado, não era detentor de qualquer expectativa de direito a ser amparada pela regra transitória do art. 142, pois o fato de alguma vez ter sido segurado da Previdência Social para nada lhe servia (Dec. 89.312/1984, art. 8.º: a perda da qualidade de segurado importa na caducidade dos direitos inerentes a essa qualidade).

A Lei 8.213/1991, ao ampliar o período de carência de 60 para 180 meses, tratou de não operar a transição de maneira drástica, evitando, dessa maneira, frustrar as expectativas de quem estava inscrito na Previdência Social, ou seja, de quem realizara contribuições na expectativa de se aposentar após cumprida a carência de 60 meses.

Mas aquele para quem ocorrera a caducidade dos direitos inerentes à qualidade de segurado, que expectativa detinha? A mesma que qualquer um que fosse se inscrever pela primeira vez na Previdência Social, nem mais, nem menos.

Resta claro, pelas razões expostas, que o termo 'até' foi empregado no texto do art. 142 no seu sentido literal. (...). Não há espaço, nessa regra transitória, para a interpretação de 'até' no sentido de 'data anterior', hipótese em que a regra alcançaria situações que há muito não possuíam qualquer relevância jurídica.

Assim, no caso concreto, a carência deve ser determinada pelo art. 25 da Lei 8.213/1991 e não pelo art. 142 da mesma lei. Isso se justifica pelo fato de que a parte autora perdeu sua qualidade de segurado antes de entrar em vigor a Lei 8.213/1991. O art. 142 é aplicado para as pessoas inscritas na Previdência Social até 24 de julho de 1991.

Feita esta explicação, conclui-se que a carência que a parte autora necessita comprovar, para que tenha direito a se aposentar por idade, é de 180 contribuições mensais, restando contrária à legislação federal a decisão que condenou o recorrente a conceder o benefício sem que tenha sido recolhido esse número de contribuições.

(...).

Além disso, para nada se aproveitam os recolhimentos anteriores à perda da qualidade de segurado, sejam eles no número que forem, se não houver novo recolhimento de 1/3 das contribuições fixadas para carência. Trata-se de uma espécie de 'pedágio' legal para quem saiu do sistema e pretende nele reingressar. Não importa que a carência tenha sido cumprida anos antes de completa a idade: se o segurado saiu do sistema terá de atender a regra do art. 24, parágrafo único, para que possa ver computados aqueles recolhimentos' (f.).

Recurso tempestivo (f.), respondido (f.) e admitido (f.).

É o relatório.

REsp 494.570/RS (2003/0018037-3).

VOTO – *O Exmo. Sr. Min. Hamilton Carvalhido* (relator): Senhores Ministros, a Constituição Federal de 1988, ela mesma, no Título 'Da Ordem Social' (VIII), compreendendo-as embora no Capítulo da Seguridade Social, II, trata a Previdência Social e a Assistência Social em Seções diversas, respectivamente, III e IV, estabelecendo o caráter contributivo da primeira (art. 201, *caput*) e a natureza assistencial da última, assegurando a sua prestação aos necessitados, independentemente de contribuição para a seguridade social.

E a E. 3.ª Seção desta Corte Superior de Justiça firmou-se em que, na concessão do benefício previdenciário, a lei a ser observada é a vigente à época do fato jurídico produtor do direito ao benefício.

Tal orientação, aliás, se harmoniza com a Súmula 359/STF, revista no julgamento do ERE 72.509/PR, rel. Min. Luiz Gallotti, in *DJ* 30.03.1973, com indubitável incidência analógica na espécie, *verbis*:

'Ressalvada a revisão prevista em lei, os proventos da inatividade regulam-se pela lei vigente ao tempo em que o militar, ou o servidor civil, reuniu os requisitos necessários'.

Tem-se, assim, que os benefícios previdenciários devem ser regulados pela lei vigente ao tempo do fato que lhe determinou a incidência, da qual decorreu a sua juridicização e consequente produção do direito subjetivo à percepção do benefício, no caso concreto, a Lei 8.213/1991.

Posto isso, é de se ter em conta a disciplina jurídica da aposentadoria por idade, prevista no art. 48 da Lei 8.213/1991, cuja letra é a seguinte:

'Art. 48. A aposentadoria por idade será devida ao segurado que, cumprida a carência exigida nesta Lei, completar 65 (sessenta e cinco) anos de idade, se homem, e 60 (sessenta), se mulher'.

Ao que se tem do dispositivo legal supratranscrito, são três os requisitos da aposentadoria por idade, a saber:

1) a condição de segurado do beneficiário;

2) preenchimento da carência prevista em lei; e

3) 65 (sessenta e cinco) anos de idade, se homem, ou 60 (sessenta), se mulher.

No que diz respeito ao primeiro requisito, vale dizer, o da condição de segurado do beneficiário, o art. 10 da Lei 8.213/1991 estabelece que: 'os beneficiários do Regime da Previdência Social classificam-se como segurados e dependentes, nos termos das Seções I e II deste capítulo'.

Os arts. 11 e seguintes da Lei 8.213/1991 enumeram as várias espécies de segurados, identificando-lhes um elemento comum, qual seja, a necessidade de contribuição ao Regime Geral de Previdência Social. Desse modo, em observância ao caráter contributivo da Previdência Social previsto no art. 201, *caput*, da CF/1988, pode-se dizer que, em regra, serão segurados da Previdência os seus contribuintes.

É de se anotar, contudo, que o próprio Plano de Benefícios da Previdência Social excetua algumas hipóteses em que o beneficiário manterá a qualidade de segurado independentemente de contribuições, tal como resulta da letra do seu art. 15, *verbis*:

'Art. 15. Mantém a qualidade de segurado, independentemente de contribuições:

I – sem limite de prazo, quem está em gozo de benefícios;

II – até 12 (doze) meses após a cessação das contribuições, o segurado que deixar de exercer atividade remunerada abrangida pela Previdência Social ou estiver suspenso ou licenciado sem remuneração;

III – até 12 (doze) meses após cessar a segregação, o segurado acometido de doença de segregação compulsória;

IV – até 12 (doze) meses após o livramento, o segurado retido ou recluso;

V – até 3 (três) meses após o licenciamento, o segurado incorporado às Forças Armadas para prestar serviço militar;

VI – até 6 (seis) meses após a cessação das contribuições, o segurado facultativo.

§ 1.º O prazo do inciso II será prorrogado para até 24 (vinte e quatro) meses se o segurado já tiver pago mais de 120 (cento e vinte) contribuições mensais sem interrupção que acarrete a perda da qualidade de segurado.

§ 2.º Os prazos do inciso II ou do § 1.º serão acrescidos de 12 (doze) meses para o segurado desempregado, desde que comprovada essa situação pelo registro no órgão próprio do Ministério do Trabalho e da Previdência Social.

§ 4.º A perda da qualidade de segurado ocorrerá no dia seguinte ao do término do prazo fixado no Plano de Custeio da Seguridade Social para recolhimento da contribuição referente ao mês imediatamente posterior ao do final dos prazos fixados neste art. e seus §§'".

É, ainda, da jurisprudência desta Corte Superior de Justiça que o segurado que deixa de contribuir para a Previdência Social por estar incapacitado para o labor não perde esta qualidade (cf. REsp 84.152/SP, da minha Relatoria, *in DJ* 19.12.2002; REsp 409.400/SC, rel. Min. Edson Vidigal, *in DJ* 29.04.2002; EDclREsp 315.749/SP, rel. Min. Jorge Scartezzini, *in DJ* 01.04.2002; REsp 233.639/PR, rel. Min. Gilson Dipp, *in DJ* 02.04.2001).

O segundo requisito refere-se à idade do beneficiário, sendo devido o benefício de aposentadoria por idade ao segurado homem que completar 65 anos e à mulher que completar 60 anos de idade.

Por fim, o terceiro requisito da aposentadoria por idade – carência –, a Lei Previdenciária exige para a concessão do aludido benefício, um mínimo de 180 (cento e oitenta) contribuições mensais (art. 25, II, da Lei 8.213/1991) relativamente aos novos filiados, ou, contribuições mínimas que variam de 60 a 180 (art. 142 da Lei 8.213/1991), relativamente aos segurados já inscritos na Previdência Social, na data da publicação da Lei 8.213, em 24 de julho de 1991.

In casu, recolhe-se dos autos que a autora, à época do requerimento administrativo, em 26 de julho de 1999, já havia completado 60 anos de idade, pois nasceu em 23 de dezembro de 1936.

Por outro lado, tem-se que a autora, quando do requerimento, vinha contribuindo regularmente para a Previdência Social, na qualidade de autônoma, preenchendo, desta forma, a condição de segurada.

O requisito da carência, contudo, não restou demonstrado, senão vejamos. Extrai-se dos autos, que a autora deixou de contribuir para a Previdência Social em fevereiro de 1987, perdendo, em fevereiro de 1988, (art. 15, II e § 4.º, da Lei 8.213/1991), a qualidade de segurada, que somente veio a ser novamente alcançada em janeiro de 1994, quando voltou a efetuar os recolhimentos das contribuições previdenciárias, e permaneceu recolhendo, a partir daí, as contribuições, até a data do requerimento de concessão do benefício previdenciário, feita em 1999.

Decidiu o acórdão recorrido que o prazo de carência aplicável na espécie é o de 108 meses, havendo a autora preenchido o requisito com base no art. 142 da Lei 8.213/91, *verbis*:

'Art. 142: para o segurado inscrito na Previdência Social Urbana na data da publicação desta lei, bem como para os trabalhadores e empregados rurais cobertos pela Previdência Social Rural, a carência das aposentadorias por idade, por tempo de serviço e especial, prevista no inciso II do art. 25, obedecerá à seguinte tabela, levando-se em conta o ano em que o segurado implementou todas as condições necessárias à obtenção do benefício:

(...)'.

E no parágrafo único do art. 24 da Lei 8.213/1991:

'Havendo perda da qualidade de segurado, as contribuições anteriores a essa data só serão computadas para efeito de carência depois que o segurado contar, a partir da nova filiação à Previdência Social, com, no mínimo, 1/3 (um terço) do número de contribuições exigidas para o cumprimento da carência definida para o benefício a ser requerido'.

Ocorre, entretanto, que a norma do art. 142 destina-se tão somente ao 'segurado inscrito na Previdência Social Urbana na data da publicação desta lei', restando excluídos da sua incidência, por induvidoso, aqueles que perderam a qualidade de segurado e somente voltaram a contribuir para a Previdência Social após a edição da Lei 8.213, em 24.07.1991.

E, para os que perderam a qualidade de segurado, assim como para os novos filiados, aplicável é a regra do art. 25, II, do mesmo diploma legal, *verbis*:

'Art. 25: a concessão das prestações pecuniárias do Regime Geral de Previdência Social depende dos seguintes períodos de carência, ressalvado o disposto no art. 26:

(...).

II – aposentadoria por idade, aposentadoria por tempo de serviço, aposentadoria especial e abono de permanência em serviço: 180 (cento e oitenta) contribuições mensais'.

Na espécie, em 24 de julho de 1991 a autora não ostentava a qualidade de segurada, condição perdida, como já ressaltado, desde fevereiro de 1988 e somente recuperada, por meio de nova filiação, a partir de janeiro de 1994.

Incidente, portanto, o prazo geral de carência de 180 meses, que, *in casu*, não autoriza a concessão do benefício, mesmo se adotada a regra do parágrafo único do art. 24 da Lei 8.213/1991, que permite o cômputo das contribuições anteriores, porque, até a data do requerimento, foram recolhidas apenas 118 contribuições.

Tem-se, desse modo, que, mesmo implementados, à época do requerimento administrativo, os requisitos de idade e de condição de segurada, é de se reconhecer que a autora não preencheu o requisito da carência, fixado em 180 meses, em face de perda anterior da qualidade de segurada.

Entender o contrário, acarretaria, inarredavelmente, a violação dos princípios constitucionais do caráter contributivo e do equilíbrio financeiro e atuarial da Previdência Social (CF/1988, art. 201, *caput*), pois se estaria concedendo benefício previdenciário, que é de natureza contributiva, sem a correspondente fonte de custeio prevista em lei.

Gize-se, de resto, que a interpretação finalística a ser dada às normas de cunho social não tem o condão de subverter o sistema constitucional previdenciário, concedendo-se benefício a quem não contribuiu segundo o legalmente exigido para o custeio do Regime Geral de Previdência.

Pelo exposto, dou provimento ao recurso para restabelecer a sentença.

É o voto.

A Turma, por unanimidade, deu provimento ao recurso, nos termos do voto do Sr. Ministro-Relator.

Os Srs. Ministros Paulo Gallotti e Paulo Medina votaram com o Sr. Ministro Relator.

Presidiu o julgamento o Sr. Ministro Hamilton Carvalhido.

O referido é verdade. Dou fé.

Brasília, 23 de março de 2004.

Eliseu Augusto Nunes de Santana. secretário" (STJ – REsp 494.570/RS – 6.ª T. – rel. Min. Hamilton Carvalhido – j. 23.03.2004).

"*Previdenciário. Aposentadoria rural por idade. Lei 8.213/1991. Requisitos. Pescador artesanal.* 1. A concessão de aposentadoria por idade ao trabalhador rural, inclusive pescador artesanal, depende do preenchimento de três requisitos: idade mínima, qualidade de segurado e carência. 2. No âmbito judicial a qualidade de segurado especial é comprovada através de documentos e depoimentos testemunhais, aplicando-se o poder de livre valoração da prova pelo juiz (art. 131, do CPC). 3. Por força do art. 143 da Lei 8.213/1991 a carência envolve apenas comprovação do efetivo exercício da atividade pesqueira, aplicando-se a regra transitória do art. 142 da mesma lei. 4. Hipótese em que demonstrado o cumprimento dos três requisitos, afigurando-se presente o direito à aposentação desde a data do ajuizamento da ação. 5. Apelação da autora provida" (TRF-4.ª Reg. – AC 47629/SC – 6.ª T. – rel. Eliana Paggiarin Marinho – j. 08.08.2000/DJ – 23.08.2000 – p. 357).

"*Previdenciário. Aposentadoria por idade. Trabalhadora urbana. Início de prova material e prova testemunhal. Perda da qualidade de segurada. Irrelevância. Cumprimento dos requisitos idade e carência. Arts. 48, 102 E 142 da Lei 8.213/1991. Falta de prova de recolhimento de contribuições. Data do início do benefício. Correção monetária. Juros de mora. Custas e despesas processuais. Honorários advocatícios. Preenchimento dos requisitos legais para o deferimento da antecipação de tutela. Concessão de ofício.* I. Tratando-se de trabalhadora urbana que completou a idade e a carência necessária à concessão da aposentadoria por idade sob a égide da Lei 8.213/1991, sujeita-se à regra de transição estabelecida em seu art. 142. Inteligência dos arts. 48 e 142 da Lei 8.213/1991. II. Conforme art. 55, § 3.º, da Lei 8.213/1991, é possível ao trabalhador urbano comprovar tempo de serviço com início de prova material, corroborado por prova testemunhal. III. Se o autor comprova o preenchimento dos requisitos idade e carência, devida é a aposentadoria por idade, sendo irrelevante tenha ele perdido a condição de segurado. Inteligência dos arts. 48, 102 e 142, todos da Lei 8.213/1991. IV. Não procede a alegação de falta de prova de recolhimento, uma vez que, tanto no ordenamento jurídico pretérito quanto no atual, cumpre ao empregador efetuar os recolhimentos das contribuições que desconta de seus empregados (arts. 79, I, da Lei 3.807/1960, e 30, I, *a*, da Lei 8.212/1991), bastando ao trabalhador comprovar o vínculo empregatício. V. Não havendo pedido administrativo, a data de início do benefício deve ser fixada a partir da citação. Inteligência do art. 219 do CPC. VI. A correção monetária das prestações vencidas, deve ser fixada nos termos da Súmula 8 deste Tribunal, Súmula 148/STJ e Lei 6.899/1981 e legislação superveniente. VII. Os juros moratórios, a partir da data da citação, são fixados em 0,5% ao mês no período sob vigência do CC/1916, por força de seu art. 1.062, e a partir da vigência do CC/2002, devem incidir à taxa de 1% ao mês, com fundamento no § 1.º do art. 161 do CTN. VIII. O art. 5.º da Lei Estadual Paulista 4.952, de 27.12.1985, isentou da taxa judiciária a União e respectivas autarquias, por essa razão, a autarquia é isenta do pagamento de custas processuais, contudo, as despesas devidamente comprovadas nos autos devem ser reembolsadas. IX. Nas ações que versam sobre benefícios previdenciários os honorários devem ser fixados em 10 % e a base de cálculo deve abranger somente a soma das parcelas vencidas até a prolação do acórdão (Súmula 111/STJ). X. Presentes os requisitos do art. 461, § 3.º, CPC, é de ser deferida a antecipação de tutela, para permitir a imediata implantação do benefício postulado na presente ação. XI. Apelação provida" (TRF-3.ª Reg. – AC 65407/SP – rel. Juíza Marisa Santos – j. 28.06.2004 – DJU 12.08.2004 – p. 522).

"*Previdenciário. Aposentadoria por velhice. Perda da qualidade de segurado.* – Preenchidos todos os requisitos exigidos para a concessão da aposentadoria, a perda de qualidade de segurado não implica na perda de direito ao benefício. – Precedentes do STJ. – Recurso especial provido" (STJ – REsp 198901/SP – 5.ª T. – rel. Min. Felix Fischer – j. 16.03.1999).

▶ Assim dispunha o *caput* do art. 142 alterado:

Art. 142. Para o segurado inscrito na Previdência Social Urbana na data da publicação desta Lei, bem como para os trabalhadores e empregados rurais cobertos pela Previdência Social Rural, a carência das aposentadorias por idade, por tempo de serviço e especial, prevista no inciso II do art. 25, obedecerá à seguinte tabela, levando-se em conta o ano da entrada do requerimento:

▶ Assim dispunha a tabela alterada:

Ano da Entrada do Requerimento	Meses de contribuição exigidos
1991	60 meses
1992	60 meses
1993	66 meses
1994	72 meses
1995	78 meses
1996	84 meses
1997	90 meses
1998	96 meses

Ano da Entrada do Requerimento	Meses de contribuição exigidos
1999	102 meses
2000	108 meses
2001	114 meses
2002	120 meses
2003	126 meses
2004	132 meses
2005	138 meses
2006	144 meses
2007	150 meses
2008	156 meses
2009	162 meses
2010	168 meses
2011	174 meses
2012	180 meses

Art. 143. O trabalhador rural ora enquadrado como segurado obrigatório no Regime Geral de Previdência Social, na forma da alínea *a* do inciso I, ou do inciso IV ou VII do art. 11 desta Lei, pode requerer aposentadoria por idade, no valor de um salário mínimo, durante quinze anos, contados a partir da data de vigência desta Lei, desde que comprove o exercício de atividade rural, ainda que descontínua, no período imediatamente anterior ao requerimento do benefício, em número de meses idêntico à carência do referido benefício. (Redação dada ao artigo pela Lei 9.063/2005).

✱ Remissão: arts. 194, III, e 195, § 8.º, da CF/1988; Lei 11.368, de 09.11.2006.

✎ Anotação

A situação do trabalhador rural, a partir da isonomia constitucional fixada pelo inc. II do art. 194, parágrafo único, da CF/1988, exigiu a adaptação transitória do modelo assistencial ao modelo previdenciário.

JURISPRUDÊNCIA

"*Embargos infringentes em Apelação Cível. Previdenciário. Aposentadoria rural por idade. Prova documental e testemunhal. Certidão de casamento. Princípio do livre convencimento motivado. Período de carência. Art. 143 da Lei 8.213/1991. Inexigibilidade.* 1. O juiz, em conformidade com o art. 131 do CPC, é livre para apreciar a prova dos autos, devendo decidir de acordo com o seu livre convencimento, desde que motivando suas decisões. 2. Não se pode desprezar a prova testemunhal, quando, na maioria das vezes, é o único meio de que se dispõe para provar determinado fato, cabendo ao magistrado a apreciação da sua idoneidade e força probante. 3. Sendo o segurado especial, não existe período de carência nos termos do art. 143, II, da Lei 8.213/1991 bem como, nos termos dos arts. 55 e 96, da referida LBPS, necessidade de comprovação de pagamento de contribuições referente a tempo de serviço de segurado trabalhador rural. A alteração do art. 143 da Lei 8.213/1991 pela Lei 9.063/1995, não passou a exigir a carência em termos de contribuição, mas, tão somente, em termos de comprovação da atividade rural em número de meses idêntico à carência do referido benefício, o que *in casu*, restou suprida pelas provas constantes dos autos. 4. Esta foi lavrada com base no entendimento esposado no voto condutor do Des. Federal Petrucio Ferreira, conforme notas taquigráficas de f. 5. Embargos infringentes improvidos" (TRF-5.ª Reg. – EINF/AC 237.556/CE – Pleno – rel. Des. Federal Joana Carolina Lins Pereira (substituta) – j. 21.09.2005/ DJ – 06.04.2009 – p. 143).

"*Previdenciário. Trabalhador rural em regime de economia familiar com período intercalado de atividade urbana. LBPS, art. 143.* 1. O art. 143 da Lei 8.213/1991 não exige do trabalhador rural, para o fim de obtenção de aposentadoria por idade, que o exercício de atividade campesina seja ininterrupto, bastando que a soma total de atividade rurícola seja igual ou superior ao número de meses da carência do benefício na data do requerimento e que a atividade rural ocorra em período imediatamente anterior ao seu requerimento. 2. Não prejudica o direito à aposentadoria etária o fato de a segurada especial ter se afastado da atividade rural para trabalhar de empregada urbana, se retornou ao campo antes de requerer o benefício e comprovou que a soma de seu tempo de atividade rural é superior ao da carência exigida. 3. Se a parte estava vinculada ao regime geral de previdência social quando do advento da Lei 8.213/1991, a ela se aplica a regra de transição cotidiano art. 142 do referido diploma. 4. Incidente conhecido e provido" (TNU – PU de Interpretação de Lei Federal 200.783.035.010.200/PE – rel. Juiz Federal Cláudio Roberto Canata – j. 14.09.2009).

"*Previdenciário. Administrativo. Cancelamento de benefício. Trabalhador rural em regime de economia familiar com período intercalado de atividade urbana. LBPS, art. 143. Correção monetária*. 1. O art. 143 da Lei 8.213/1991 não exige do trabalhador rural, para o fim de obtenção de aposentadoria por idade, que o exercício de atividade campesina seja ininterrupto, bastando que não haja perda da qualidade de segurado e que a soma total de atividade rurícola seja igual ou superior ao número de meses da carência do benefício na data do requerimento. 2. Não prejudica o direito à aposentadoria etária o fato de a segurada especial ter se afastado por um ano e cinco meses da atividade rural para trabalhar de empregada urbana, se retornou ao campo antes de requerer o benefício e comprovou que a soma de seu tempo de atividade rural é superior ao da carência exigida. 3. Segundo cediça jurisprudência desta Corte (Súmula 9), a correção monetária de benefício previdenciário, dada a sua natureza alimentar, deve ser feita a partir do vencimento de cada parcela a fim de evitar o enriquecimento sem causa do devedor, em prejuízo do segurado. 4. A correção monetária de benefícios previdenciários em atraso, a partir de maio/1996, deve ser feita pelo IGP-DI, por força do art. 8.º da MedProv 1.415/1996 e art. 10 da Lei 9.711/1998. 5. Apelação do INSS improvida. Remessa oficial parcialmente provida para alterar o índice de correção monetária" (TRF-4.ª Reg. – AC 27.622/RS – 6.ª T. – rel. Sérgio Renato Tejada Garcia – j. 12.09.2000 – *DJ* 04.10.2000 – p. 308).

"*Súmula 32/AGU*: para fins de concessão dos benefícios dispostos nos arts. 39, I, parágrafo único, e 143 da Lei 8.213/1991, serão considerados como início razoável de prova material documentos públicos e particulares dotados de fé pública, desde que não contenham rasuras ou retificações recentes, nos quais conste expressamente a qualificação do segurado, de seu cônjuge, enquanto casado, ou companheiro, enquanto durar a união estável, ou de seu ascendente, enquanto dependente deste, como rurícola, lavrador ou agricultor, salvo a existência de prova em contrário" (AGU – Súmula 32 – *DOU* 10, 11 e 12.06.2008).

▶ Assim dispunha o art. 143, na versão original:

Art. 143. O trabalhador rural ora enquadrado como segurado obrigatório do Regime Geral de Previdência Social, na forma da alínea *a* do inciso I, ou do inciso IV ou VII do art. 11 desta Lei, ou os seus dependentes, podem requerer, conforme o caso:

I – auxílio-doença, aposentadoria por invalidez, auxílio-reclusão ou pensão por morte, no valor de 1 (um) salário mínimo, durante 1 (um) ano, contado a partir da data da vigência desta lei, desde que seja comprovado o exercício de atividade rural com relação aos meses imediatamente anteriores ao requerimento do benefício, mesmo que de forma descontínua, durante período igual ao da carência do benefício; e

II – aposentadoria por idade, no valor de 1 (um) salário mínimo, durante 15 (quinze) anos, contados a partir da data da vigência desta lei, desde que seja comprovado o exercício de atividade rural nos últimos 5 (cinco) anos anteriores à data do requerimento, mesmo de forma descontínua, não se aplicando, nesse período, para o segurado especial, o disposto no inciso I do art. 39.

▶ Assim dispunha o art. 143 alterado:

Art. 143. O trabalhador rural ora enquadrado como segurado obrigatório no Regime Geral de Previdência Social, na forma da alínea *a* dos incisos I e IV e nos incisos VI e VII do art. 11 desta lei, pode requerer aposentadoria por idade, no valor de 1 (um) salário mínimo, durante 15 (quinze) anos, contados a partir da data da vigência desta lei, desde que comprove o exercício de atividade rural, ainda que descontínua, no período imediatamente anterior ao requerimento do benefício, em número de meses idênticos à carência do referido benefício. (Redação dada ao artigo pela Lei 9.032/1995).

Art. 144. (Artigo revogado pela MedProv 2.187-13, de 24.08.2001).

Parágrafo único. (Dispositivo revogado pela MedProv 2.187-13, de 24.08.2001).

▶ Assim dispunham o art. 144 e parágrafo único revogados:

Art. 144. Até 1.º de junho de 1992, todos os benefícios de prestação continuada concedidos pela Previdência Social, entre 5 de outubro de 1988 e 5 de abril de 1991, devem ter sua renda mensal inicial recalculada e reajustada, de acordo com as regras estabelecidas nesta Lei.

Parágrafo único. A renda mensal recalculada de acordo com o disposto no *caput* deste artigo, substituirá para todos os efeitos a que prevalecia até então, não sendo devido, entretanto, o pagamento de quaisquer diferenças decorrentes da aplicação deste artigo referentes às competências de outubro de 1988 a maio de 1992.

✳ **Remissão:** Art. 58 do ADCT.

✎ Anotação

É conhecida a problemática da defasagem no valor dos benefícios, que se explica, mas não justifica pela ausência de indexador idôneo, apto a medir a perda do poder aquisitivo decorrente da inflação. Com o propósito de garantir o cumprimento imediato do principio da irredutibilidade (art. 194, parágrafo único, IV, da Constituição de 1988) o ADCT proveu a respeito do passado, fixando comando transitório a respeito do passado.

Ocorre que a mora legislativa decorrente do longo período de tramitação da lei ora anotada criou a lacuna a respeito do critério de atualização dos benefícios no período compreendido entre outubro de 1988, data da promulgação da Constituição e abril de 1991, data a que se aplicam os efeitos, com critério retroativo, da Lei ora anotada.

Daí a necessidade de disciplina do tema, por comando transitório.

JURISPRUDÊNCIA

"*Previdenciário. Constitucional. Revisão de benefícios concedidos antes da CF/1988. Reajuste pelo inpc/ibge no período de outubro/88 a maio/92. Impossibilidade. Critérios de reajuste. Preservação do valor real. Revisão prevista no art. 144 da Lei 8.213/1991. Inaplicabilidade*. 1. Os benefícios dos autores foram concedidos em datas anteriores à CF/1988, portanto alcançados pela determinação inserta no art. 58 do ADCT, que assegurou aos benefícios concedidos até 05.10.1988 o direito à equivalência com o número de salários mínimos estabelecido na ocasião da concessão, no período de abril/1989 até a implantação do novo Plano de Benefício da Previdência Social, que se deu com a Lei 8.213/1991. 2. O reajustamento dos benefícios previdenciários, a partir da entrada em vigor do novo Plano de Benefícios da Previdência Social, deve observar o disposto no art. 41, II, da Lei 8.213/1991 e alterações subsequentes, atendendo à determinação constitucional de que a preservação do valor real dos benefícios se dá com a aplicação dos critérios de reajuste previstos em lei. 3. Inaplicabilidade do INPC/IBGE no reajuste dos benefícios previdenciários com relação ao período anterior à edição da Lei 8.213/1991, em cujos períodos eles foram reajustados com base em legislação específica. 4. Não há previsão legal para o reajuste dos benefícios previdenciários pelo INPC após dezembro de 1992, em face da superveniência da Lei 8.542/1992, que revogou expressamente o art. 41, II, da Lei 8.213/1991. 5. Previsão inserida na Lei 11.430, de 26.12.2006, que atualizou a Lei 8.213/1991 estabelecendo que 'o valor dos benefícios em manutenção será reajustado, anualmente, na mesma data do reajuste do salário mínimo, *pro rata*, de acordo com suas respectivas datas de início ou do último reajustamento, com base no Índice Nacional de Preços ao Consumidor – INPC, apurado pela Fundação Instituto Brasileiro de Geografia e Estatística – IBGE'. 6. A preservação do valor real dos benefícios previdenciários ocorre com observância aos critérios e índices estabelecidos em lei, defeso ao Poder Judiciário estabelecer a aplicação de índices de reajuste diferentes, não havendo falar, pois, em ofensa às garantias de irredutibilidade do valor dos benefícios e da preservação do seu valor real, bem assim em qualquer inconstitucionalidade na Lei 8.213/1991. 7. A revisão prevista no art. 144 da Lei 8.213/1991 trata do recálculo da renda mensal inicial dos benefícios concedidos entre 05.10.1988 e 05.04.1991, para que adequado o seu valor inicial às regras estabelecidas no novo Plano de Benefícios da Previdência Social, a qual não se aplica aos autores, porque os seus benefícios foram concedidos antes da CF/1988 e, assim, fora do período contemplado no referido dispositivo legal. 8. Remessa oficial provida" (TRF--1.ª Reg. – REO 0008221-84.2002.4.01.9199/MG – 2.ª T. – rel. Des. Federal Neuza Maria Alves da Silva – j. 05.05.2010 – DJe 20.05.2010 – p. 72).

"*Agravo Regimental recebido como embargos de declaração. recurso especial. Previdenciário. Lei 8.213/1991. Art. 144. Benefício concedido entre 05.10.1988 e 05.04.1991. Diferenças. Pagamento.* Apesar de o *decisum* embargado afirmar ser indevido o pagamento de quaisquer diferenças no período retroativo citado no art. 144 da Lei 8.213/1991, deixou de consignar tal posicionamento em sua conclusão, restringindo-se a afastar a ORTN/BTN. Recebo o agravo regimental como embargos de declaração, aclarando a decisão no sentido de somente ser devido o pagamento de diferenças relativas às competências após maio de 1992. Embargos recebidos" (STJ – AgRg/REsp 233.853/SP – 5.ª T. – rel. Min. José Arnaldo da Fonseca – j. 04.05.2000 – DJ 12.06.2000 – p. 128).

"*Previdenciário. Revisional de benefício. Recálculo de RMI. Direito adquirido a teto previdenciário. Inexistência. Art. 144 da LBPS aplicado no âmbito administrativo, porém com a utilização de coeficiente diverso de 100%. Sucumbência recíproca. Agravo legal da parte autora desprovido e agravo legal do INSS parcialmente provido.* – O reconhecimento do direito de recálculo da renda mensal inicial em data anterior às modificações introduzidas pela Lei 7.787/1989, quando já implementados os requisitos para a aposentação, não implica que o benefício da parte autora não fique sujeito à legislação superveniente, em especial aos limites (tetos) fixados para fins de pagamento da renda mensal, tendo em vista que o regime jurídico (no que tange à política de reajustes tanto dos benefícios previdenciários como do teto do salário de contribuição) pode ser modificado pela legislação posterior, inexistindo direito a sua manutenção. Precedentes do STF. – No caso em foco, não logrou a parte autora comprovar ter direito à aposentadoria antes da égide da Lei 7.787/1989 não tendo, igualmente, demonstrado, nem sequer trazido aos autos, os salários de contribuição anteriores a 07.1989 que integrariam a base de cálculo de eventual benefício a que teria direito e que redundaria em valor de renda mensal mais vantajosa do que a percebida na data em que efetivamente requereu o seu benefício. – O art. 144 da Lei 8.213/1991, que teve expressa eficácia retroativa, obviamente respeitou o direito adquirido daqueles segurados que eventualmente experimentariam prejuízo com a modificação. De maneira alguma, todavia, permitiu a conjugação das vantagens da nova legislação com as vantagens da legislação anterior, de modo a criar um regime híbrido. – Não há, tal qual pretendido pela parte autora-agravante em sua exordial, direito à revisão com base no art. 144 da Lei 8.213/1991, corrigindo-se todos os salários de contribuição considerados no período básico de cálculo, mas com utilização dos limitadores da legislação revogada. – O coeficiente de cálculo de 100% para fins de apuração do valor do benefício da parte autora não restou respeitado porquanto não aplicado pela autarquia federal quando da revisão administrativa imposta pelo art. 144 da LBPS, em afronta, também, ao disposto na redação original do art. 57, § 1.º, da Lei 8.213/1991. – A majoração imposta pela decisão agravada não se pautou na redação dada pela 9.032/1995 ao art. 57, § 1.º, da LBPS, mas sim na redação original de referido dispositivo. No caso em foco, a parte autora possuía, à época da concessão de seu benefício, 27 anos 05 meses e 04 dias trabalhados, efetivamente, em condições especiais, o que redunda no dever de aplicação do coeficiente de 100%, nos exatos termos do disposto no art. 144 e na redação original do art. 57, § 1.º, ambos da Lei 8.213/1991. – Dada a sucumbência recíproca, cada parte deverá arcar com os honorários advocatícios de seus respectivos patronos. – Agravo legal da parte autora desprovido. Agravo legal do INSS parcialmente provido" (TRF-3.ª Reg. – AC 4.537/SP – 7.ª T. – rel. Des. Federal Eva Regina – j. 12.04.2010).

Art. 145. (Artigo revogado pela MedProv 2.187-13, de 24.08.2001).

Parágrafo único: (Dispositivo revogado pela MedProv 2.187-13, de 24.08.2001).

▶ Assim dispunham o art. 145 e parágrafo único revogados:

Art. 145. Os efeitos desta Lei retroagirão a 5 de abril de 1991, devendo os benefícios de prestação continuada concedidos pela Previdência Social a partir de então, terem, no prazo máximo de 30 (trinta) dias, suas rendas mensais iniciais recalculadas e atualizadas de acordo com as regras estabelecidas nesta Lei.

Parágrafo único. As rendas mensais resultantes da aplicação do disposto neste artigo substituirão, para todos os efeitos as que prevaleciam até então, devendo as diferenças de valor apuradas serem pagas, a partir do dia seguinte ao término do prazo estipulado no caput deste artigo, em até 24 (vinte e quatro) parcelas mensais consecutivas reajustadas nas mesmas épocas e na mesma proporção em que forem reajustados os benefícios de prestação continuada da Previdência Social.

✳ **Remissão:** Art. 58 do ADTC.

Os efeitos referidos neste artigo retroagiram à data em que, nos termos do art. 59 do Ato das Disposições Constitucionais Transitórias, deveria ter obtido eficácia plena a disciplina infraconstitucional da Previdência Social. A noção é a mesma que justificou a edição do art. 58 do ADCT, referido na anotação ao preceito anterior.

TÍTULO IV – DAS DISPOSIÇÕES FINAIS E TRANSITÓRIAS • **Art. 146**

JURISPRUDÊNCIA

"*Previdenciário. Recurso especial. Reconhecimento de tempo de serviço rural em regime de economia familiar. Aposentadoria na atividade de servidor público mediante junção do tempo de serviço rural. Art. 202, § 2.º, da CF/1988. Art. 145, da Lei 8.213/1991.* 1 – Nos termos constitucionais (art. 202, § 2.º, da CF/1988) é assegurado, para fins de aposentadoria, a contagem recíproca do tempo de contribuição na Administração Pública e na atividade Privada, rural ou urbana. Contudo, o Pretório Excelso já asseverou que para contagem recíproca propriamente dita, isto é, aquela que soma o tempo de serviço público ao da atividade privada, não pode ser dispensada a prova de contribuição, pouco importando que determinada categoria profissional houvesse sido anteriormente dispensada de contribuir. A aposentadoria na atividade urbana, mediante junção de tempo de serviço rural somente é devida a partir de 05 de abril de 1991, isto por força do disposto no art. 145 da Lei 8.213/1991, e na Lei 8.212/1991, no que implicaram modificação, estritamente legal do quadro decorrente da Consolidação das Leis da Previdência Social. Dec. 89.312 de 23 de janeiro de 1984" (ADIN 1.664 – rel. Min. Octávio Gallotti – *DJU* 19.12.1997). 2 – No caso dos autos, o período em que o autor exerceu atividade rurícola em regime de economia familiar, foi compreendido entre 01.01.1968 a 31.03.1974, anteriormente ao advento da Lei 8.213/1991, que permitiu a junção de tempo de serviço rural e urbano para fins previdenciários, mediante prova das devidas contribuições. 3 – Recurso conhecido mas desprovido, mantendo o v. acórdão atacado em todos os seus termos" (STJ – REsp 590.199/CE – 5.ª T. – rel. Min. Jorge Scartezzini – 16.12.2003 – *DJ* 08.03.2004 – p. 329).

"*Previdenciário. Acidente de trabalho. Termo de vigência da Lei 8.213/1991. Termo inicial do benefício.* – Aplicação retroativa da Lei 8.213 a 05.04.1991, por força da norma contida no seu art. 145. – No particular do termo inicial do auxílio-acidente deve ser observada a data da cessação do auxílio-doença. – Honorários advocatícios na forma da orientação sumulada neste tribunal (...). Precedentes. – Recurso conhecido em parte" (STJ – REsp 114.679/SP – 6.ª T. – rel. Min. William Patterson – 11.03.1997 – *DJ* 22.04.1997 – p. 14486).

"*Súmula 111/STJ*: os honorários advocatícios, nas ações previdenciárias, não incidem sobre prestações vincendas" (STJ – Súmula 111 – *DJ* 13.10.1994, p. 27430).

Art. 146. (Artigo revogado pela MedProv 2.187-13, de 24.08.2001).

▶ Assim dispunha o art. 146 revogado:

Art. 146. As rendas mensais de benefícios pagos pela Previdência Social incorporarão, a partir de 1.º de setembro de 1991, o abono definido na alínea *b* do § 6.º do art. 9.º da

Lei 8.178, de 1.º de março de 1991, e terão, a partir dessa data, seus valores alterados de acordo com o disposto nesta Lei.

* Remissão: art. 194, IV, da CF/1988.

✍ Anotação

Este dispositivo preparava a transição para o comando permanente sobre o reajustamento dos benefícios de pagamento continuado, do art. 41 do PBPS, por duas disposições básicas: incorporação de abono e, depois disso, remissão do cálculo à regra geral de atualização.

JURISPRUDÊNCIA

"Recurso especial. Prequestionamento. Previdenciário. Reajuste de benefício. Abono da Lei 8.213/1991, art. 146. Incorporação. 1. Não se conhece do Recurso especial no quanto buscou lastro em eventual ofensa a normas cujo trato não foi objeto do acórdão recorrido. 2. O percentual de 147,06%, referente ao reajuste das prestações de benefício de setembro de 1991, não incide sobre o abono definido pela Lei 8.178/1991, uma vez que, por força do art. 146 da Lei 8.213, este foi incorporado apenas em 01.09.1991. 2. Recurso parcialmente conhecido e nesta parte provido" (STJ – REsp 195.914/SP – 5.ª T. – rel. Min. Edson Vidigal – j. 07.10.1999 – DJ 03.11.1999 – p. 127).

"Previdenciário. Reajuste de benefício. Abono do art. 146 da Lei 8.213/1991. Incorporação. 1. O percentual de 147,06%, referente ao reajuste das prestações de benefício de setembro de 1991, não incide sobre o abono definido pela Lei 8.178/1991, uma vez que, por força do art. 146 da Lei 8.213, este foi incorporado apenas em 01.09.1991. 2. Recurso não conhecido" (STJ – REsp 81.037/SC – 5.ª T. – rel. Min. Edson Vidigal – j. 09.04.1996 – DJ 06.05.1996 – p. 14446).

Art. 147. (Artigo revogado pela MedProv 2.187-13, de 24.08.2001).

▶ Assim dispunha o art. 147 revogado:

Art. 147. Serão respeitadas as bases de cálculo para a fixação dos valores referentes às aposentadorias especiais, deferidas até a data da publicação desta Lei.

* Remissão: art. 35 da CLPS.

TÍTULO IV – DAS DISPOSIÇÕES FINAIS E TRANSITÓRIAS • **Art. 148**

✍ Anotação

As aposentadorias especiais foram disciplinadas pelos arts. 57 e 58 da presente lei.

Art. 148. (Artigo revogado pela Lei 9.528, de 10.12.1997, *DOU* 11.12.1997).

✱ **Remissão:** arts. 36 – 37 e 79 – 83 da CLPS.

JURISPRUDÊNCIA

"*Previdenciário. Recálculo da RMI. Impossibilidade de conversão do período trabalhado como jornalista.* 1. Não se pode aplicar índice de conversão ao período em que o autor trabalhou como locutor-redator, sendo o caso do art. 1.º da Lei 3.529/1959 relacionado aos segurados que desempenharam atividades jornalísticas por, no mínimo, 30 anos, sendo sua aposentadoria regida por essa lei, por força do art. 148 da LBPS. 2. Tendo-se o autor aposentado pelo regime da Lei 8.213/1991, o tempo de 23 anos trabalhados como locutor-redator é somado sem que lhe seja aplicado qualquer índice de conversão" (TRF-4.ª Reg. – AC 12.195/RS – 5.ª T. – rel. Ana Paula de Bortoli – j. 18.04.2002 – *DJ* 29.05.2002 – p. 559).

"*Previdenciário. Recálculo da RMI. Impossibilidade de conversão do período trabalhado como jornalista.* 1. Não se pode aplicar índice de conversão ao período em que o autor trabalhou como locutor-redator, sendo o caso do art. 1.º da Lei 3.529/1959 relacionado aos segurados que desempenharam atividades jornalísticas por, no mínimo, 30 anos, sendo sua aposentadoria regida por essa lei, por força do art. 148 da LBPS. 2. Tendo-se o autor aposentado pelo regime da Lei 8.213/1991, o tempo de 23 anos trabalhados como locutor-redator é somado sem que lhe seja aplicado qualquer índice de conversão" (TRF-4.ª Reg. – AC 12.195/RS – 5.ª T. – Ana Paula de Bortoli – j. 18.04.2002 – *DJ* 29.05.2002 – p. 559).

▶ Assim dispunha o art. 148 revogado:

Art. 148. Reger-se-á pela respectiva legislação específica a aposentadoria do aeronauta, do jornalista profissional, do ex-combatente e do jogador profissional de futebol, até que sejam revistas pelo Congresso Nacional.

Art. 149. As prestações, e o seu financiamento, referentes aos benefícios de ex-combatente e de ferroviário servidor público ou autárquico federal ou em regime especial que não optou pelo regime da Consolidação das Leis do Trabalho, na forma da Lei 6.184, de 11 de dezembro de 1974, bem como seus dependentes, serão objeto de legislação específica.

* **Remissão:** arts. 79 a 82 da CLPS; art. 53 do ADCT.

Anotação

A Lei 4.297, de 23.12.1963, posteriormente revogada pela Lei 5.698, de 31.08.1971, criava certo regime jurídico para o benefício do ex-combatente. Esta última lei pode ser considerada a última palavra, em termos normativos, a respeito do tema.

Ocorre que o Ato das Disposições Constitucionais Transitórias fixou as linhas gerais do benefício devido a esse grupo especial de beneficiários. A aposentadoria seria concedida com o implemento de vinte e cinco anos de serviço, em qualquer regime jurídico e, naturalmente, a pensão por morte seguiria a fórmula genérica aplicável ao cálculo dessa prestação devida ao dependente.

Ademais, o preceito constitucional concedia uma pensão especial correspondente ao subsídio do segundo-tenente, para quem não fizesse jus à prestação previdenciária especial.

Toda a sistemática relativa ao reajustamento de tais benefícios se encontra, presentemente, sob apreciação do STF que, inclusive, concedeu repercussão geral ao tema, no bojo do RE 699.535, de que é relator o Ministro Luiz Fux.

Quanto ao pessoal ferroviário, é sabido que ao longo da acidentada história do sistema ferroviário nacional o Poder Público ora assumia diretamente o controle das ferrovias, admitindo trabalhadores dessa categoria em seu quadro de pessoal, ora o fazia por intermédio de autarquia. Posteriormente, com a criação da Rede Ferroviária Federal, hoje extinta, com o formato jurídico de sociedade anônima, o respectivo pessoal passou a ser admitido pelo regime da CLT e, consequentemente, a integrar o regime geral de previdência social. Essas distintas situações foram objeto de regramento específico e, a seu tempo, geraram mecanismo de complementação de benefícios por parte da União.

JURISPRUDÊNCIA

"Mandado de segurança. Constitucional e administrativo. Inaplicável a legislação da previdência social aos militares. Ex-combatentes. Art. 37, XI, da

CF/1988 é de eficácia limitada. 1. Não há que se aplicar aos ex-combatentes a legislação da Previdência Social, consoante expressamente prevê o art. 149 da Lei 8.213/1991. 2. Inviável, pois, a imposição de teto nos proventos e pensões de ex-combatentes, com base na legislação previdenciária. 3. STF, em sessão administrativa de 24 de junho de 1998, assentou que a referida normatividade constitucional é de eficácia limitada, só incidindo plenamente, especialmente para os fins do art. 37, XI, da CF/1988, quando editada a lei, a que se refere o art. 48, XV, da CF/1988, redação da EC 19/1998 (STF – Ação Originária 543 – *DJ* 15.03.2002). 4. Art. 17 do ADCT/CF/1988, determina a redução dos proventos da aposentadoria, que estejam sendo percebidos em desacordo com a CF/1988 (STF, RE 171235 – *DJ* 23.08.1996), salvo em relação às vantagens de caráter pessoal (STF – ADI 14 – *DJ* 1.12.1989), o que permite a redução, observada esta restrição, enquanto não implementada a EC 20/1998. 5. Inadmissível, assim, qualquer redução de vantagens com base no texto da ECl 2098, eis que a própria emenda que prevê o teto, estipula condições formais para o seu implemento, como o processo legislativo, que ainda não foi realizado. 6. Remessa Necessária e Recurso Voluntários desprovidos" (TRF-2.ª Reg. – AMS 2000.02.01.038596-0/RJ – 6.ª T. – rel. Poul Erik Dyrlund – j. 02.04.2003).

Súmula 7/AGU de 19.12.2001, *DOU* 20.01.2012

"A aposentadoria de servidor público tem natureza de benefício previdenciário e pode ser recebida cumulativamente com a pensão especial prevista no art. 53, inciso II, do Ato das Disposições Constitucionais Transitórias, devida a ex-combatente (no caso de militar, desde que haja sido licenciado do serviço ativo e com isso retornado à vida civil definitivamente – art. 1.º da Lei 5.315, de 12.09.1967)".

Súmula 8/AGU, de 19.12.2001*, *DOU* 20.01.2012

"O direito à pensão de ex-combatente é regido pelas normas legais em vigor à data do evento morte. Tratando-se de reversão do benefício à filha mulher, em razão do falecimento da própria mãe que a vinha recebendo, consideram-se não os preceitos em vigor quando do óbito desta última, mas do primeiro, ou seja, do ex-combatente."

Art. 150. (*Caput* revogado pela Lei 10.559, de 13.11.2002, *DOU* 14.11.2002).

Parágrafo único. (Dispositivo revogado pela Lei 10.559, de 13.11.2002, *DOU* 14.11.2002).

✳ **Remissão:** EC 26/1985; art. 121 da CLPS.

Art. 151 • LEI DOS PLANOS DE BENEFÍCIOS DA PREVIDÊNCIA SOCIAL

▶ Assim dispunha o *caput* do art. 150 revogado:

Art. 150. Os segurados da Previdência Social, anistiados pela Lei 6.683, de 28 de agosto de 1979, ou pela EC 26, de 27 de novembro de 1985, ou ainda pelo art. 8.º do Ato das Disposições Constitucionais Transitórias da Constituição Federal terão direito à aposentadoria em regime excepcional, observado o disposto no Regulamento.

▶ Assim dispunha o parágrafo único do art. 150 revogado:

Parágrafo único. O segurado anistiado já aposentado por invalidez, por tempo de serviço ou por idade, bem como seus dependentes em gozo de pensão por morte, podem requerer a revisão do seu benefício para transformação em aposentadoria excepcional ou pensão por morte de anistiado, se mais vantajosa.

Art. 151. Até que seja elaborada a lista de doenças mencionadas no inciso II do art. 26, independe de carência a concessão de auxílio-doença e aposentadoria por invalidez ao segurado que, após filiar-se ao Regime Geral de Previdência Social, for acometido das seguintes doenças: tuberculose ativa; hanseníase; alienação mental; neoplasia maligna; cegueira; paralisia irreversível e incapacitante; cardiopatia grave; doença de Parkinson; espondiloartrose anquilosante; nefropatia grave; estado avançado da doença de Paget (osteíte deformante); síndrome da deficiência imunológica adquirida – AIDS; e contaminação por radiação, com base em conclusão da medicina especializada.

✳ **Remissão:** art. 18, § 2.º, *a*, da CLPS.

✎ Anotação

A lista de doenças já foi elaborada pelas autoridades competentes. Vide anotação ao art. 26 deste texto.

JURISPRUDÊNCIA

"*Previdenciário e processual civil. Habilitação dos dependentes legais. Auxílio--doença. Requisitos comprovados. Correção monetária. Juros de mora. Honorários advocatícios. Súmula 111/STJ.* 1. Em que pese a notícia do falecimento da autora no curso do processo, em atenção aos princípios da celeridade e da economia processual, a habilitação dos dependentes legais deve ser realizada em 1.ª Instância, nos autos do processo de origem, uma vez que o presente feito encontra-se em condições de julgamento. 2. O benefício previdenciário auxílio-doença é devido ao segurado em razão de incapacidade temporária,

Título IV – Das disposições finais e transitórias • Art. 151

enquanto permanecer a inabilidade para o exercício de suas atividades habituais, devendo a doença ser posterior à filiação à Previdência Social, salvo em caso de progressão ou agravamento dessa doença; e o cumprimento da carência, se for o caso. 3. No caso concreto, a incapacidade para o trabalho foi admitida pelo INSS, restando prejudicado o requisito da carência, uma vez que se trata de doença de Parkinson, moléstia prevista no art. 151 da Lei 8.213/1991. 4. A documentação trazida ao processo comprova que a doença que acomete a autora é preexistente à sua filiação ao RGPS, não logrando, o INSS, desconstituir o direito da segurada. (...). 6. Os juros de mora são devidos à razão de 1% ao mês, devendo fluir da citação quanto às prestações a ela anteriores, em sendo o caso, e da data dos respectivos vencimentos no tocante às posteriormente vencidas. (...) 7. Honorários advocatícios fixados em 10% sobre o valor da condenação, devendo ser calculados apenas sobre as parcelas vencidas, não incidindo sobre as parcelas vincendas (Súmula 111/STJ). 8. Apelação e remessa oficial parcialmente providas" (TRF-1.ª Reg. – AC 2000.38.00.021120-2/MG – 1.ª T. – rel. Des. Federal José Amilcar Machado – j. 12.08.2009 – DJe 01.09.2009 – p. 09).

"*Previdenciário. Aposentadoria por invalidez. Requisitos. Alienação mental. Art. 1.561 da Lei 8.213/1991. Isenção. Data de início de benefício.* 1. Comprovada por meio de laudo pericial incapacidade total para o trabalho, existe invalidez geradora de direito à aposentadoria. 2. Independe de carência concessão de aposentadoria por invalidez ao segurado filiado ao Regime Geral da Previdência Social, acometido de doença elencada no art. 151 da Lei 8.213/1991" (TRF-1.ª Reg. – AC 1.751/DF – 1.ª T. – rel. Juiz Aloísio Palmeira Lima – j. 16.05.2001 – DJ 01.10.2001 – p. 181)

"*Previdenciário. Ausência de interesse de agir. Intimação pessoal procurador autárquico. Auxílio-doença. Carência. Cumprimento. Art. 151 da LBPS.* Conforme jurisprudência pacífica deste Tribunal, havendo contestação do mérito não se verifica a carência de ação em virtude da ausência de requerimento administrativo do benefício, pois resta caracterizada a pretensão resistida. Não se vislumbra a existência de direito à intimação pessoal dos procuradores credenciados do INSS, mas apenas àqueles integrantes da carreira de Procurador Federal. O auxílio-doença é devido ao segurado que, havendo cumprido o período de carência exigido pela lei, quando for o caso, ficar incapacitado para o seu trabalho ou para sua atividade habitual por mais de quinze dias consecutivos (art. 59 da Lei 8.213/1991). Sendo a segurada portadora das moléstias elencadas no art. 151 da LBPS, não há falar em implemento de carência para a concessão do auxílio-doença e/ou aposentadoria por invalidez" (TRF-4.ª Reg. – AC 1962/RS – T. Suplementar – rel. Luciane Amaral Corrêa Münch – j. 25.04.2007 – DJe 11.05.2007).

"*Previdenciário. Ausência de interesse de agir. Intimação pessoal procurador autárquico. Auxílio-doença. Carência. Cumprimento. Art. 151 da LBPS.* Conforme jurisprudência pacífica deste Tribunal, havendo contestação do mérito não se verifica a carência de ação em virtude da ausência de requerimento administrativo do benefício, pois resta caracterizada a pretensão resistida. Não se vislumbra a existência de direito à intimação pessoal dos procuradores credenciados do INSS, mas apenas àqueles integrantes da carreira de Procurador Federal. O auxílio-doença é devido ao segurado que, havendo cumprido o período de carência exigido pela lei, quando for o caso, ficar incapacitado para o seu trabalho ou para sua atividade habitual por mais de quinze dias consecutivos (art. 59 da Lei 8.213/1991). Sendo a segurada portadora das moléstias elencadas no art. 151 da LBPS, não há falar em implemento de carência para a concessão do auxílio-doença e/ou aposentadoria por invalidez" (TRF-4.ª Reg. – AC 1.962/RS – T. Suplementar – rel. Luciane Amaral Corrêa Münch – j. 25.04.2007 – DJe 11.05.2007).

"*Previdenciário. Auxílio-doença. Arts. 59 da Lei 8.213/1991. Período de carência. Alienação mental. Art. 151 da LBPS.* Comprovado que a autora é portadora de alienação mental, moléstia isenta do cumprimento do período de carência conforme o art. 151 da Lei 8.213/1991, mantém-se a sentença que concedeu o benefício de auxílio-doença" (TRF-4.ª Reg. – AC 47.238/SC – 6.ª T. – rel. Vladimir Passos de Freitas – j. 15.03.2006 – DJ 20.03.2006 – p. 1008).

"*Súmula 19/TRF-1.ª Reg.*: o pagamento de benefícios previdenciários, vencimentos, salários, proventos, soldos e pensões, feito, administrativamente, com atraso, está sujeito a correção monetária desde o momento em que se tornou devido" (TRF-1.ª Reg. – Súmula 19 – DJ 16.02.1994 – p. 4381).

"*Súmula 111/STJ*: os honorários advocatícios, nas ações previdenciárias, não incidem sobre prestações vincendas" (STJ – Súmula 111 – DJ 13.10.1994 – p. 27430).

Art. 152. (Artigo revogado pela Lei 9.528, de 10.12.1997, *DOU* 11.12.1997).

✱ **Remissão:** arts. 40, I, e 201, § 1.º, da CF/1988; art. 35 da CLPS.

✎ Anotação

O comando, em verdade, pretendia substituir regra de menor posição hierárquica no quadro das fontes do direito – o regulamento – por preceito legal, sem qualquer utilidade prática ou vantagem em termos de proteção social devida ao segurado.

Em ato normativo ministerial sempre se dispôs a respeito, como exemplificativamente, se deu com o Dec. 53.831/1964, que fora revigorado pela Lei 5.527/1968. No direito imediatamente anterior, o Regulamento dos Benefícios, aprovado pelo Dec. 89.080/1979, cuidava da questão.

▶ Assim dispunha o art. 152 revogado:

Art. 152. A relação de atividades profissionais prejudiciais à saúde ou à integridade física deverá ser submetida à apreciação do Congresso Nacional, no prazo de 30 (trinta) dias a partir da data da publicação desta lei, prevalecendo, até então, a lista constante da legislação atualmente em vigor para aposentadoria especial.

Art. 153. O Regime Facultativo Complementar de Previdência Social será objeto de lei especial, a ser submetida à apreciação do Congresso Nacional dentro do prazo de 180 (cento e oitenta) dias.

✴ **Remissão:** art. 201, § 7.º, da CF/1988; art. 96 da CLPS.

✍ Anotação

Na modificação introduzida pela EC 20/1998, o § 7.º do art. 201 passou a cuidar de regras do regime geral.

O regramento da previdência complementar, disciplinado pelo art. 202, na redação que lhe deu a EC 20, de dezembro de 1998, e a disciplina infraconstitucional do tema, foi operado pelas LC 108 e 109/2001.

Art. 154. O Poder Executivo regulamentará esta Lei no prazo de 60 (sessenta) dias a partir da data da sua publicação.

✴ **Remissão:** art. 195, § 6.º, da CF/1988; art. 58 do ADCT.

✍ Anotação

O Dec. 357, de 07.12.1991, aprovou o Regulamento dos Benefícios da Previdência Social, que teve diversas alterações levadas a efeito pelo Dec. 611/1992, até ser revogado pelo Dec. 2.172/1997.

Até então, as leis de custeio e de benefícios eram objeto de disciplina regulamentar mediante atos.

Art. 155 • LEI DOS PLANOS DE BENEFÍCIOS DA PREVIDÊNCIA SOCIAL

✷ Remissão: Art. 58 do ADCT.

Art. 155. Esta Lei entra em vigor na data de sua publicação.

✷ Remissão: art. 195, § 6.º, da CF/1988.

✎ Anotação

Recorde-se que esta Lei entraria em vigor, quanto aos respectivos efeitos, em termos retroativos, no dia 05.04.1991, em tudo que se referisse à respectiva aplicabilidade às prestações em manutenção àquela época. Quanto ao que dispõe de novo, a respectiva vigência se deu de imediato.

Art. 156. Revogam-se as disposições em contrário.

✷ Remissão: Não há.

✎ Anotação

Aqui, assim como relativamente à Lei 8.212, da mesma data, que cuida da Organização e do Custeio, as disposições em contrário se encontravam disciplinadas pela vetusta Lei Orgânica da Previdência Social (LOPS: Lei 3.807, de 23.08.1960) – inúmeras vezes alterada e afinal consolidada pelo Dec. 89.312, de 23.01.1984 (Consolidação das Leis da Previdência Social – CLPS).

Brasília, em 24 de julho de 1991; 170.º da Independência e 103.º da República.

FERNANDO COLLOR
Antonio Magri

Este texto não substitui o publicado no *DOU* 25.07.1991, republicado em 11.04.1996 e republicado em 14.08.1998.

OUTRAS OBRAS DO AUTOR

Sistema de seguridade social. 6. ed. São Paulo: Ed. LTr, 2012.

Noções preliminares de direito previdenciário. 2. ed. São Paulo: Quartier Latin, 2011.

Competência jurisdicional da previdência privada. São Paulo: Quartier Latin, 2006.

Processo administrativo previdenciário – Benefícios. São Paulo: Ed. LTr, 1999.

O seguro-desemprego no direito brasileiro. São Paulo: Ed. LTr, 1993.

A seguridade social na Constituição de 1988. São Paulo: Ed. RT, 1989.

O direito dos pobres. São Paulo: Paulinas, 1982.

Diagramação eletrônica:
Microart Comércio e Editoração Eletrônica Ltda.
CNPJ 03.392.481/0001-16

Impressão e encadernação:
Edelbra Indústria Gráfica e Editora Ltda.
CNPJ 87.639.761/0001-76

A.S. L8429